清华大学百年校庆
TSINGHUA UNIVERSITY
CENTENARY CELEBRATION

清华大学志

1911—2010

第三卷

陈　旭　贺美英　张再兴　主编

清华大学出版社
北京

内 容 简 介

《清华大学志（1911—2010）》回顾了清华大学从 1911 年建校至 2010 年的百年历程，上自 1911 年 4 月清华学堂建立，适当追溯到 1905 年"庚子赔款"退款办学的经过，下至 2010 年 12 月，忠实地记录了清华大学在每个阶段的发展进程。本书以志为主体，设章、节、目三个层次，文字采用记叙体，横分门类，纵写历史与现状，并辅以图表。前有《总述》，略述学校历史梗概；后加有附录，回顾百年校庆盛典。

本书为研究者提供了一份翔实可靠的宝贵资料，可作为国内外高校校史研究的参考。

图书在版编目（CIP）数据

清华大学志:1911—2010 / 陈旭，贺美英，张再兴主编 .—北京：清华大学出版社，2018
ISBN 978-7-302-49042-5

Ⅰ.①清⋯ Ⅱ.①陈⋯ ②贺⋯ ③张⋯ Ⅲ.①清华大学-校史- 1911—2010 Ⅳ.①G649.281

中国版本图书馆 CIP 数据核字（2017）第 292623 号

责任编辑：李艳青
封面设计：王红卫 朴香善 刘星池
责任校对：王荣静 王凤芝
责任印制：李红英

出版发行：清华大学出版社
　　网　　　址：http://www.tup.com.cn，http://www.wqbook.com
　　地　　　址：北京清华大学学研大厦 A 座　　　　　　邮　　编：100084
　　社 总 机：010-62770175　　　　　　　　　　　　邮　　购：010-62786544
　　投稿与读者服务：010-62776969，c-service@tup.tsinghua.edu.cn
　　质量反馈：010-62772015，zhiliang@tup.tsinghua.edu.cn
印 装 者：三河市铭诚印务有限公司
经　　销：全国新华书店
开　　本：210mm×297mm　　　印　　张：193　　　　　　字　　数：4877 千字
版　　次：2018 年 4 月第 1 版　　　　　　　　　　　　印　　次：2018 年 4 月第 1 次印刷
印　　数：1～1500
定　　价：1680.00 元（全四册）

产品编号：061976-01

总 目 录

第三卷目录

第十九章

院系简介

第一节　建筑学院

一、沿革

1945 年 3 月梁思成在四川宜宾李庄致信梅贻琦校长，建议在清华大学创办建筑系；1946 年夏季，在工学院下正式组建建筑工程学系，聘梁思成为系主任。暑期招收第一班学生 15 人，本科学制四年。清华大学复员后，于 10 月正式开学，系馆借用水力实验馆二楼。同时清华大学与中国营造学社签署合设建筑研究所契约。

1949 年，建筑工程学系改名为营建学系。

1950 年首批学生毕业，计 7 人。1951 年春季，先后成立建筑设计、市镇计画、造园、工艺美术 4 个教学组。5 月，为教学与实践相结合并服务社会，成立建筑设计服务部。同年，第一次招收研究生 1 人。1951 年 9 月与北京农业大学（今中国农业大学前身）合作成立造园组，开创了我国现代风景园林学科，第一期学生均为从北京农大园艺系转来的三年级学生。

1952 年初，开始进行全国高等院校院系调整，原北京大学工学院建筑工程系并入清华。9 月，营建学系改名为建筑系，招收新生 146 人，入学后分为六年制本科生和二年制专科生各两个班。设置了建筑设计、建筑历史、建筑工程技术、建筑美术、城市规划等 5 个教学研究组，并设立资料室、图书室。

1953 年夏，原北京市建筑专科学校部分教师及二年级专科生 27 人并入建筑系。1954 年第一次接收外国留学生 1 人。1955 年建筑系正式增设建筑物理实验室，并首次在建 5 班开设毕业设计课程。

1956 年，与中国科学院土木建筑研究所合设建筑历史与理论研究室，梁思成任主任。后于 1959 年初停办。

1958 年，建筑系与土木系联合组建清华大学土木建筑设计院。后于 1961 年更名为土建综合设计院。

1960 年，建筑系与土木系合并成立土木建筑系（简称土建系）。全系设置建筑学、工业与民用建筑、给水排水、供热通风、建筑材料与制品 5 个专业，建筑学专业仍设 6 个教研组，聘教师 76 人，建筑学专业学生总计 516 人。

1970 年，土建系改名为建筑工程系（简称建工系），建筑学专业停办。6 月，建工系招收建筑工程公司老工人班学员，部分建筑学专业教师参加工民建专业教学工作，赴首都钢铁厂、第二通用机械厂开门办学。1972 年开始恢复招收建筑学专业学生，第一批招收三年半制学生 35 人和来自解放军铁道兵战士的二年制进修班学生 25 人。

1977 年暑期，全国恢复高考招生，建工系建筑学专业没有招生。1978 年度恢复招收建筑学专业本科生 78 人，学制为五年，另招二年制专科学生 20 人。同年恢复研究生招考，录取建筑学研究生 21 人。

1978 年恢复清华大学土建综合设计院，一室属建工系编制，二室属校基建处编制。1979 年组建《世界建筑》杂志社及编辑部，1980 年 10 月，《世界建筑》正式出版，为国家一级刊物。同年，建筑工程系改组，分为建筑系和土木与环境工程系两系，建筑系共聘教师 99 人。

1981 年，国家教委第一批批准建筑系设立城市规划与设计专业博士点，当年招收第一批博士研究生 3 人。同时批准建筑系设立城市规划与设计、建筑设计及其理论、建筑历史与理论、建筑技术科学 4 个专业的硕士点。

1984 年，清华大学建筑与城市研究所成立。

1985 年至 1986 年，经国家教委批准，增设建筑设计及其理论专业和建筑历史与理论专业博士点。

1988 年 4 月，校长工作会通过成立建筑学院，学院设建筑系、城市规划系两系。7 月，城市规划设计、建筑设计及其理论两个博士点被确认为第一批全国重点学科。1987 年 7 月土建综合设计院获建设部颁发的建筑设计综合甲级资质证书。1989 年 11 月，清华大学土建综合设计院更名为清华大学建筑设计研究院，改为校内独立单位，其教工不再包含于建筑学院编制内。

1991 年 11 月，本科教学第一批通过全国高等学校建筑学专业教育评估委员会评估，因而获准自 1992 届起有权授予建筑学学士学位。

1992 年 11 月，建筑馆新馆举行奠基典礼，邮电部发行梁思成纪念邮票。

1992 年 9 月，学校批准成立城市规划设计研究院，1993 年 2 月，清华大学城市规划设计研究院获建设部颁发的城市规划设计甲级资质证书。3 月，建筑学院建筑物理实验室通过了国家技术监督局的资格认证，成立"清华大学建筑物理环境检测中心"。同年，国务院学位委员会增补建筑学院建筑技术科学专业为博士点。至此，建筑学院拥有建筑学一级学科所属全部 4 个二级学科博士点。

1995 年 3 月，建筑学院建筑工程顾问公司正式在工商管理部门注册为北京清华安地建筑设计顾问有限责任公司，获建设部颁发的建筑工程设计甲级资质（建筑专项）。11 月，经学校批准成立跨院系组织的清华大学人居环境研究中心，吴良镛任主任，中心办公室设在建筑学院。同年，建筑学院首批通过建筑学硕士教育评估，获建筑学硕士学位授予权；获国家人事部全国博士后管委会正式批准设建筑学博士后流动站。

1998 年 4 月经学校批准，建筑学院成立景观园林研究所。6 月，通过首次城市规划与设计硕士教育评估。

1999 年 12 月，校务委员会决定，原属热能工程系的建筑环境与设备研究所及其专业转入建筑学院，与建筑学院建筑技术研究所合并，组建建筑技术科学系。

建筑环境与设备研究所的前身是 1952 年在土木工程系设立的"暖气通风"专修科。为满足第一个五年计划工业建设的需要，学校从当年入学的土建类新生中动员报名，组成了 29 人的"暖气通风"专修班。次年，由北京建筑专科学校转来 9 名学生并入该班，1954 年首批"暖气通风"专业学生 26 人毕业。1953 年夏成立"暖气通风"教研组。同年夏，招入第一批五年制学生，两班共 60 人。参照原苏联普通高等学校"供热、供燃气与通风"（简称"暖通"）专业教学计划培养。从 1958 年起，本科学制改为六年，共招 7 届；1965 年全校本科学制改为五年。"供热与通风"专业在 20 世纪 60 年代初至 70 年代末均隶属于土建系（后称建工系）。

1964 年，根据我国当时燃气工程规模很小，只有少数毕业生分配到燃气部门的实际情况，"供热、供燃气与通风"专业取消燃气类专业课程，并将专业名称改为"供热与通风"。1979 年，

为适应我国现代化发展及人民生活改善的需要和加强专业的学科基础及机电类技术基础的培养，"供热与通风"本科专业更名为"空气调节工程"专业，并由建工系转入热能工程系。1988年通过全国高校"供热通风与空调工程"专业本科生培养质量评估（全国试点）。

1998年教育部颁布的新专业目录将"供热、供燃气、通风与空调工程"专业调整为"建筑环境与设备工程"专业，空调教研组更名为"建筑环境与设备研究所"。1999年12月调入建筑学院，与"建筑与技术研究所"共同组成"建筑技术科学系"。

2000年9月，遵照学校关于"取消教研组，建立研究所"的体制改革方针，建筑系原第一、第二、第三建筑设计教研组合并组建建筑设计研究所。11月学校批准建筑学院成立住宅与社区研究所。5月，原清华大学城市规划设计院完成了改制，通过资格审查，在工商管理部门注册为"北京清华城市规划设计院"。

2002年1月，国务院学位委员会办公室批复，建筑学院城市规划与设计、建筑设计及其理论两个二级学科（又一次）和供热、供燃气、通风及空调工程被评为全国重点学科。建筑环境与设备工程专业（简称建环专业）通过首次全国高校本专业本科生教育评估。

2003年10月，学校批准建筑学院成立景观学系，自主设置景观规划与设计二级学科。学校聘请美国著名景观建筑师、美国科学与艺术院院士、宾夕法尼亚大学教授劳瑞·欧林（Laurie Olin）为讲席教授并担任景观学系主任。

2004年2月揭晓的2003年全国高等院校与科研院所一级学科评估中，建筑学院建筑学一级学科排名第一。

2005年3月建筑学院超低能耗试验楼落成。6月，学校批准成立清华大学建筑节能研究中心，2006年在此基础上成立了教育部工程研究中心，2008年中心通过验收。

2006年1月，清华大学建筑学院与美国麻省理工学院建筑城规学院签署了共同成立"城市化研究中心"（Urbanization Laboratory）的协议。3月，建筑学院和宾夕法尼亚大学设计学院签署了关于建立"建筑模拟与节能研究中心"的合作协议。2007年以清华大学建筑技术科学系、自动化系、工程物理系为依托，与美国联合技术公司UTC成立了"清华大学-联合技术公司建筑节能、安全、控制联合研究中心"。

2007年建环专业第二次通过全国高校建环专业本科生专业教育评估。

2008年全国高等院校与科研院所一级学科第二次评估，建筑学院在建筑学一级学科继续排名第一。建环专业2008年被评为国家级特色专业。同年10月学校组织专家对建筑节能研究中心进行国际评估。

历任系主任（院长）与系党委（总支）书记名录见表19-1-1。

表 19-1-1 建筑系（学院）历任系主任（院长）与系党委（总支）书记名录

院 系 名	系 主 任	任 职 时 间	系党委（总支）书记	任 职 时 间
建筑工程学系	梁思成	1946—1949		
营建学系	梁思成	1949—1952		
建筑系	梁思成	1952—1960	李德耀（教师支部） 刘小石（总支）	1953—1956 1956—1959
土木建筑系	梁思成 陶葆楷	1960—1966	刘小石（总支）	1960—1966
建筑工程系	吴良镛	1978—1980	刘小石	1978—1980
建筑系	吴良镛 李道增	1980—1983 1983—1988	刘小石 楼庆西	1980—1983 1983—1988

续表

院 系 名	系 主 任	任 职 时 间	系党委（总支）书记	任 职 时 间
建筑学院	李道增（院长） 赵炳时（院长） 胡绍学（院长） 秦佑国（院长） 朱文一（院长）	1988—1990 1990—1994 1994—1997 1997—2004 2004—	楼庆西 左　川 边兰春	1988—1988 1988—2006 2006—

说明：1966 年至 1976 年"文化大革命"时，系革委会主任与党支部书记未列入。

院学术委员会主任先后由栗德祥（1999—2004）、王贵祥（2004—2008）和秦佑国（2008—　）担任。

二、教学科研组织

建筑系初创时期，教师不分教学组，每人均承担多门课程。同时建筑系与中国营造学社合作成立建筑研究所。

1951 年春季，除原有的建筑设计教学组外，创办市镇设计教学组；与北京农业大学联合成立造园组；继之，成立工艺美术组。

1952 年全国高等院校院系调整后设置建筑设计、建筑历史、都市设计、美术、建筑工程技术5 个教研组。1954 年，教师总数达 75 人，建筑设计教研组（22 人）、建筑历史教研组（17 人）、都市设计教研组（8 人）、美术教研组（13 人）、建筑工程技术教研组（15 人）均已形成规模。

1956 年在苏联建筑教学体制影响下，调整设置民用建筑设计（17 人）、工业建筑设计（17人）、建筑构造与建筑物理（9 人）、城市规划（9 人）、建筑历史及理论（7 人）、美术（12 人）6个教研组；历经与土木系合并为土建系（后为建工系），直至 1981 年建筑系从原建工系中分出时，仍保持民用建筑设计（31 人）、工业建筑设计（7 人）、城市规划（14 人）、建筑历史与理论（18人）、建筑构造与建筑物理（20 人）、美术（4 人）6 个教研组建制，并一直延续至 1988 年。

1984 年学校批准新设校级建筑与城市研究所（6 人）。

1988 年 4 月成立建筑学院后，撤销民用建筑设计、工业建筑设计、建筑物理与构造、建筑历史与理论等 4 个教研组和原建筑研究所及其 3 个研究室（城市、公共、工业）设置。建筑系成立第一（17 人）、第二（16 人）、第三（19 人）建筑设计教研组，美术教研组（5 人，原有）；城市规划系（13 人）成立住宅及住宅区教研组、城市规划教研组（原有）。学院还成立建筑与技术研究所（14 人）、建筑历史与文物建筑保护研究所（10 人）、建筑与城市研究所（10人，原有）。

1995 年 11 月跨院系的清华大学人居环境研究中心成立，办公室设在建筑学院。

1998 年 4 月经学校批准，建筑学院成立景观园林研究所。

1999 年 12 月，校务委员会决定，原属热能工程系的建筑环境与设备工程研究所及其专业转入建筑学院，与建筑学院建筑与技术研究所合并，组建建筑技术科学系。

2000 年 9 月，建筑系原第一、第二、第三建筑设计教研组合并组建建筑设计研究所。11 月学校批准建筑学院成立住宅与社区研究所。

2003 年 10 月，学校批准建筑学院成立景观学系，同时成立资源保护与风景旅游研究所。至此，建筑学院按学科发展要求基本完成了建筑、规划、景观、建筑技术科学 4 个系和与之相应的10 个研究所的布局，见表 19-1-2。

表 19-1-2　建筑学院教学科研组织机构（2003 年）

系	所属研究所
建筑系	建筑设计研究所
	建筑历史与文物建筑保护研究所
	美术研究所
城市规划系	城市规划研究所
	建筑与城市研究所
	住宅与社区研究所
景观学系	景观园林研究所
	资源保护与风景旅游研究所
建筑技术科学系	建筑与技术研究所
	建筑环境与设备工程研究所

2005 年 6 月，学校批准成立清华大学建筑节能研究中心。2006 年在此基础上成立了建筑节能教育部工程研究中心，2008 年通过验收。

2008 年 7 月，成立国家文化与自然遗产保护研究中心。

三、教职工

（一）概况

建筑学院历年教职工人数统计见表 19-1-3。

表 19-1-3　建筑学院历年教职工人数统计

年份	教职工总数	教师总数	其中		年份	教职工总数	教师总数	其中	
			教授	副教授				教授	副教授
1946	3	3	2		1960	173	95	3	9
1947	11	8	1	1	1961	185	105	6	20
1948	16	12	1	1	1962		104	5	20
1949	17	15	1	1	1963	122	94	5	20
1950	19	17	2	2	1964	121	93	5	20
1951	25	23	3	7	1965	116	88	5	19
1952	35	28	3	7	1969	116	88	5	18
1953	77	58	6	7	1978	127	99	3	16
1954		75	6	8	1979	127	99	3	16
1955		77	5	7	1980	127	99	3	16
1956		85	5	8	1981	158	99	7	28
1957		79	5	8	1982	160	98	7	28
1958		71	4	9	1983	164	104	11	32
1959		91	4	9	1986	185	123	14	46

续表

年份	教职工总数	教师总数	其 中		年份	教职工总数	教师总数	其 中	
			教授	副教授				教授	副教授
1987	188	122	14	44	1999	110	86	24	34
1988	167	121	18	45	2000	125	100	32	39
1989	169	106	19	47	2001	127	103	36	39
1990	134	97	18	37	2002	123	99	36	39
1991	136	99	20	35	2003	125	103	37	42
1992	133	96	24	32	2004	124	103	39	42
1993	130	93	25	26	2005	121	101	40	40
1994	133	97	23	29	2006	123	103	43	41
1995	121	89	22	29	2007	119	100	38	43
1996	118	87	23	32	2008	122	103	37	44
1997	120	89	25	34	2009	127	108	38	46
1998	108	84	24	34	2010	128	110	38	50

说明：1960 年至 1980 年教职工总数为原土建（建工）系中建筑学 6 个教研组教师、教辅人员及 1960 年合并前的建筑系教职工数之和。

（二）任职于建筑学院的教授名录

建筑学院教授名录见表 19-1-4。

表 19-1-4　建筑学院教授名录

姓名（任职时间）	姓名（任职时间）	姓名（任职时间）
梁思成（1946—1972 逝世）	刘致平（1947—1957 离校）	林徽因（1949—1955 逝世）
王　逊（1951 与哲学系合聘—1952 离校）	赵正之（1952—1962 逝世）	戴志昂（1953—1977 逝世）
王之英（1953—1958 离校）	关广志（1953—1954 离校）	王兆霖（1953—1987 退休）
莫宗江（1961—1985 离休）	汪　坦（1961—1989 离休）	吴良镛（1961—　）
周卜颐（1980—1985 退休）	张守仪（1980—1989 退休）	王炜钰（1980—1990 退休）
吴增菲（1980—1982 调经管学院）	张昌龄（1980—1987 退休）	朱畅中（1983—1988 离休）
蔡君馥（1983—1993 退休）	李道增（1983—　）	汪国瑜（1983—1987 离休）
关肇邺（1985—　）	车世光（1985—1990 退休）	朱自煊（1985—1993 退休）
华宜玉（1985—1987 退休）	彦启森（1985—1995 退休）	刘鸿滨（1986—1992 退休）
高亦兰（1986—1999 退休）	胡允敬（1987—1987 离休）	辜传海（1987—1987 退休）
周维权（1987—1992 退休）	吴焕加（1987—1999 退休）	李德耀（1988—1988 离休）
徐伯安（1988—1995 退休）	李承祚（1988—1990 退休）	王乃壮（1988—1994 退休）
胡绍学（1988—1990 调校建筑设计研究院，2003 退休）	吕俊华（1988—1999 退休）	陈志华（1988—1994 退休）
赵荣义（1988—2000 退休）	赵炳时（1989—2001 退休）	楼庆西（1989—1995 退休）
冯钟平（1990—1997 退休）	詹庆璇（1990—2004 退休）	徐莹光（1990—1998 退休）
秦佑国（1990—　）	李元哲（1990—1991 退休）	王炳麟（1991—1998 退休）
林爱梅（1991—1991 退休）	栗德祥（1991—2009 退休）	江　亿（1991—　）
林贤光（1992—1992 退休）	郑光中（1992—2002 退休）	李晋奎（1992—1999 退休）

续表

姓名（任职时间）	姓名（任职时间）	姓名（任职时间）
田学哲（1992—1999 退休）	张家璋（1992—1994 逝世）	薛恩伦（1992—1993 退休）
袁 镔（1992—2007 退休）	蔡啟林（1992—1994 退休）	赵大壮（1993—1998 逝世）
单德启（1993—2004 退休）	陈保荣（1993—1994 退休）	郭黛姮（1993—2003 退休）
薛殿华（1993—1996 退休）	孙凤岐（1994—2007 退休）	凤存荣（1994—1995 退休）
高冀生（1995—2002 退休）	刘凤兰（1995—2008 退休）	曾昭奋（1995—1995 退休）
陈君燕（1995—1996 退休）	石兆玉（1995—1999 退休）	沈三陵（1996—2007 退休）
赵庆珠（1996—1997 退休）	肖曰嵘（1996—1997 退休）	彭培根（1997—2008 退休）
文国玮（1997—2007 退休）	俞靖芝（1997—2007 退休）	羊 熔（1997—1997 退休）
岑幻霞（1997—1999 逝世）	邹瑚莹（1998—2004 退休）	陈衍庆（1998—1999 退休）
尹 稚（1998— ）	朱文一（1998— ）	许为全（1998—2000 退休）
朱颖心（1998— ）	邓雪娴（1999—2007 退休）	毛其智（1999— ）
吕 舟（1999— ）	狄洪发（1999—2010 退休）	张寅平（1999— ）
左 川（2000—2008 退休）	张 杰（2000— ）	吴唯佳（2000— ）
徐卫国（2000— ）	王贵祥（2000 调入— ）	王 路（2001— ）
金笠铭（2001—2005 退休）	张复合（2001— ）	吕富珣（2002— ）
袁 莹（2002—2003 退休）	毛 锋（2002— ）	李先庭（2003— ）
王丽方（2003— ）	杨 锐（2003— ）	李晓东（2004 调入— ）
王 沽（2004—2007 退休）	邓 卫（2004— ）	单 军（2004— ）
许懋彦（2004— ）	谭纵波（2005— ）	庄 宁（2004— ）
纪怀禄（2005—2005 退休）	窦春鹏（2005—2005 退休）	杨旭东（2005 调入— ）
周燕珉（2006— ）	党安荣（2006— ）	顾朝林（2006 调入— ）
张 利（2007— ）	程 远（2007— ）	石文星（2008— ）
宋晔皓（2008— ）	朱育帆（2009— ）	付 林（2009— ）
李树华（2009 调入— ）	边兰春（2010— ）	贾 珺（2010— ）

说明：1955年梁思成当选为中国科学院学部委员，1980年吴良镛当选为中国科学院学部委员，1995年吴良镛、关肇邺当选为中国工程院院士，1999年李道增当选为中国工程院院士，2001年江亿当选为中国工程院院士。2006年3月杨旭东入选长江学者特聘教授。

四、教学

（一）概况

办学思想密切结合学科发展和国家建设前沿是清华建筑教育的特色。建筑学院的办学思想在建院之初是建立在梁思成的"体形环境论"基础上的。经过60余年的发展，建筑学院在"广义建筑学"和"人居环境科学"理论的指导下，继承和发扬清华大学建筑教育的优良传统，逐步确立了"立足人居环境·探索中国特色·跻身世界一流"的办学思想。在此基础上，明确了以下教育理念：①建筑学科的定位是科学与艺术的结合；②建筑教育是理工与人文的结合；③学科架构突出建筑、城市、景观和技术四位一体；④建筑教学强调基本功训练与建筑理解相结合；⑤学生能力培养突出创造力与综合解决问题能力相结合；⑥学生思想教育强调思想品德教育与建筑师职业道德教育相结合；⑦学生培养目标是职业建筑师与专业帅才（professional leadership）。

1946 年至 2010 年，建筑学院培养各类学生 5 500 余名，见表 19-1-5。

表 19-1-5　建筑学院历年学生人数

时间	本专科 入学	本专科 毕业	研究生 入学	研究生 毕业
1946	15			
1947	20			
1948	19			
1949	20			
1950	57	7		
1951	99	13	1	
1952	146	34	1	
1953	87	5	22	
1954	95	113	12	
1955	91			4
1956	89	72	3	9
1957	64	3	1	5
1958	111	42		
1959	89	79	4	
1960	79	89		
1961	52	81	11	
1962	32	85	2	
1963	37	77		
1964	33	98	1	4
1965	31	85	5	1
1966		3		
1967		76		
1968		117		3
1969				
1970		65		
1971				
1972	60			
1973	59			
1974	71	25		
1975	72	35		
1976	33			
1977		59		

时间	本专科 入学	本专科 毕业	硕士 入学	硕士 毕业	博士 入学	博士 毕业
1978	98	70	21			
1979	62	71	10			
1980	91	31	2			
1981	90		2	24	3	
1982	91		5	4		
1983	100	72	20	3		
1984	97	60	22	2		1
1985	113	88	38	5		1
1986	103	88	35	20	1	
1987	102	82	22	16	1	
1988	94	103	28	1	7	
1989	86	95	20	50	1	
1990	73	107	23	9	1	
1991	78	94	24	29	2	4
1992	80	98	28	16	6	4
1993	76	84	32	26	11	
1994	80	78	32	26	8	
1995	87	84	35	24	5	2
1996	88	84	37	28	14	3
1997	84	79	44	33	9	11
1998	85	77	50	30	18	6
1999	84	75	47	37	17	9
2000	92	83	98	39	24	4
2001	119	161	118	54	38	15
2002	123	97	82	54	40	9
2003	120	108	83	91	41	17
2004	121	106	86	105	29	17
2005	129	100	66	90	34	20
2006	130	110	61	101	40	40
2007	127	102	76	84	32	29
2008	128	106	71	106	45	32
2009	131	118	125	99	35	24
2010	133	118	88	64	64	29

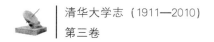
建筑学院 1954 年开始招收外国留学生 1 人，"文革"前共招收 19 人。1974 年后恢复招收至今总数 200 余人。2010 年底，清华大学建筑学院共有注册留学生 82 人，其中本科生 28 人，硕士研究生 36 人，博士研究生 10 人，专业进修生 8 人，分别来自美国、法国、新西兰、澳大利亚、加拿大、哥伦比亚、德国、荷兰、西班牙、瑞典、瑞士、日本、韩国、新加坡、克罗地亚、哈萨克斯坦、沙特阿拉伯、马来西亚、印度尼西亚、菲律宾等 20 个国家。

目前建筑学院本科含两个专业：建筑学（一级学科）和建筑环境与设备工程（土木工程之二级学科）。

1. 建筑学专业

1946 年，成立建筑系，招生 15 人，学制四年。

1952 年，经院系调整，全面学苏后，设置建筑学一个专业，学制定为六年制。至 1965 年全校大学本科学制均改为五年，1966 年"文革"开始后停止招生。

1972 年至 1976 年，招收了五届建筑学专业三年半制学生。

1977 年，恢复全国高校统考，建筑学专业于 1978 年度开始招生，学制五年。

1988 年，成立建筑学院，设建筑系、城市规划系，本科仍只设建筑学一个专业。

1991 年，建筑学专业本科教学第一批通过全国高等学校建筑学专业教育评估委员会评估，有效期 6 年。自 1992 年起，有权授予建筑学学士学位。

1998 年 5 月，建筑学院建筑学本科和建筑设计硕士教育第二次通过全国高等学校建筑学专业教育评估，有效期 6 年。

2000 年，六年本硕统筹培养建筑学硕士学制启动。制订了相关的新教学计划（草案），从秋季入学的建 0 级学生正式开始实行。

2004 年 5 月，建筑学院建筑学本科和建筑设计硕士教育第三次通过全国高等学校建筑学专业教育评估，有效期 7 年。

2. 建筑环境与设备工程专业

1952 年在土木系设立"暖气通风"专修科，学制二年。

1953 年夏，招收第一批五年制学生，自 1961 年起改为六年制。1965 年恢复五年制。1966 年"文革"开始后停止招生。

1970 年至 1976 年，共招收了 6 届暖通专业三年半制学生。

1978 年暖通专业恢复统考招生，学制五年。

1979 年"供热与通风"专业更名为"空气调节工程"。

1996 年全校实行本硕统筹培养，本科学制四年。

1998 年教育部颁布的新专业目录将"供热、供燃气、通风与空调工程"本科专业名称调整为"建筑环境与设备工程"专业。

（二）本科课程设置

1. 建筑学专业

清华建筑系的创办者梁思成是中国建筑教育的奠基人之一，他学贯中西，在关注中国建设问题的同时长期保持国际视野，使清华大学建筑系具有很高的办学起点。他不仅继承了在美国宾夕法尼亚大学学习的巴黎美术学院教学体系，还紧随世界建筑学科的新趋势，提出采用包豪斯的建筑教育方法；他呼吁教育要"理工与人文结合"、追求"住者有其房"的社会理想，明确提出把建筑的范围扩大到"包括人类一切的体形环境"等学术思想，长期指导和影响着清华大学的建筑学科发展。

1946年10月第一届学生入学时，梁思成正在访美考察，课程设置主要借鉴美国宾夕法尼亚大学的教学计划并满足全校必修公共课要求，见表19-1-6。

表 19-1-6　建筑工程学系 1946 级的学程表

学程（学分）	学程（学分）	学程（学分）	学程（学分）
第一学年　1946—1947 年度		第三学年　1948—1949 年度	
国文读本（4）	画法几何（2）	中级建筑图案（12）	钢筋混凝土
国文作文（2）	制图初步（2）	中国建筑史（3）	市镇计划
英文读本及作文（6）	古典型范（1）	结构学（6）	市镇计划技术
微积分（8）	素描（一）（二）（1）	结构设计（4）	素描（五）（六）
普通物理演讲（6）	投影法（4）	工程材料学（2）	水彩（三）（四）
普通物理实验（2）	预级图案（1）	近代建筑（2）	体育
	体育（3）		
第二学年　1947—1948 年度		第四学年　1949—1950 年度	
初级图案（8）	材料与结构（4）	高级建筑图案（11）	雕塑（一）（二）（2）
应用力学（4）	素描（三）（四）（2）	钢筋混凝土（3）	论文（3）
材料力学（4）	水彩（一）（二）（2）	中国绘塑史（2）	专题演讲（1）
欧美建筑史（4）	透视画（1）	欧美绘塑史（1）	业务（0.5）
经济学简要（4）	测量（2）	建筑设计概论（1）	唯物辩证法、历史唯物论（3）
社会学概论（6）	体育	视觉与图案（0.5）	新民主主义论（3）
		通风、暖气、水电（0.5）	

说明：此表根据1946级校友保存的学生证成绩单所列各学年学程名称制成。

1947年梁思成访美归国后，根据考察所见酝酿制订更为完整的教学计划。1948年在向当时教育部申请更改系名及增添市镇计划学组课程的报告中已附有新的课程设置表。1949年6月，建筑工程学系改名营建学系；7月，梁思成在《文汇报》发表的文章《清华大学营建学系学制及学程计划草案》（以下简称"草案"）中完整表述了他的办学理念和指导思想。《草案》首次提出"体形环境"的概念："这思潮（指现代建筑之新思潮）的基本目的就在为人类建立居住或工作时适宜于身心双方面的体形环境。"关于课程设置，《草案》中写道："本系的课程，既然须兼顾适用（社会）、坚固（工程）、美观（艺术）三个方面，所以学科分为下列五个类别：A—文化及社会背景；B—科学及工程；C—表现技术；D—设计课程；E—综合研究；每学年之内，按学程进展将五类配合讲授。"关于本科学制，《草案》考虑到课程较多，学生负担繁重，且"国外大多数大学营建学院的课程，都是五年制的"，建议"为适合实际情形，我们认为改五年制是比较妥当的"。

《草案》所列教学计划是为 1949 年入学的学生制订的，见表 19-1-7。

表 19-1-7　《草案》所列营建学系 1949 级课程设置

课程类别	建　筑　组	市镇体形计划组*	造园学系△	工业艺术系※
文化及社会背景	国文、英文、社会学、经济学、体形环境与社会、欧美建筑史、中国建筑史、欧美绘塑史、中国绘塑史			
科学工程	物理、微积分、力学、材料力学、测量、工程材料学、建筑结构、房屋建造、钢筋混凝土、房屋机械设备、工场实习（五年制）	物理、微积分、力学、材料力学、测量、工程材料学、工程地质学、市政卫生工程、道路工程、自然地理	物理、生物学、化学、力学、材料力学、测量、工程材料、造园工程（地面及地下泄水、道路、排水等）	物理、化学、工程化学、微积分、力学、材料力学
表现技术	建筑画、投影画、素描、水彩、雕塑			建筑画、投影画、素描、水彩、雕塑、木刻
设计理论	视觉与图案、建筑图案概论、市镇计划概论、专题讲演	视觉与图案、市镇计划概论、乡村社会学、都市社会学、市政管理、专题讲演	视觉与图案、造园概论、园艺学、种植资料、专题讲演	视觉与图案、心理学、彩色学
综合研究	建筑图案、现状调查、业务、论文（即专题研究）	建筑图案（二年）、市镇图案（二年）、现状调查、业务、论文（专题）	建筑图案、造园图案、业务、论文（专题研究）	工业图案（日用品、家具、车船、服装、纺织品、陶器）、工业艺术实习
选修课程	政治学、心理学、人口问题、房屋声学与照明、庭园学、雕饰学、水彩（五）～（六）、雕饰（三）～（四）、住宅问题、工程地质、考古学、中国通史、社会调查			

注：　* 市镇组由三年级部分学生组成。

　　△ 造园学系并未成立，1951 年设造园组，由北京农大园艺系三年级学生组成。

　　※ 工业艺术系并未成立，仅 1951 年有 2 名进修生在林徽因指导下学习，称工艺美术组。

随着社会政治、经济、文化、科技的变化发展，建筑学专业的课程设置、教学内容和方法均发生着变化。

1952 年学习苏联的教育体制后，学制改为六年，以苏联当时所采用的教学计划为蓝本，实施了新的教学计划。六年制教学计划的特点是：基础训练扎实，课程门数较多，并有相当多的实习和毕业设计作为实践环节。在建筑的基础教学中，采用中西方古典并重的"学院派"体系，此计划执行到 20 世纪 50 年代末，由于 1958 年的教育革命，受到了一定的冲击。

1960 年，建筑系与土木系合并成立土木建筑系，仍然招收六年制建筑学专业本科生。1961 年，中央提出了"调整、巩固、充实、提高"的方针，以高教六十条为指导，调整了教学计划，还制定了有关保证低班基础课教学秩序的一些规定。在低班建筑基础教学中，保留并简化了原来的中西古典训练，适当增加了一些较实用的内容。建筑系 1961 年调整后的教学计划和课程设置见表 19-1-8。

表 19-1-8　1961 年制订的建筑学专业六年制教学计划

课程名称（学时）	课程名称（学时）	课程名称（学时）	课程名称（学时）
必修课程			
政治（416）	钢筋混凝土结构（137）	专题讲课（108）	美术（428）
体育（126）	钢、木结构（83）	建筑施工（90）	绿化（49）
外文（306）	结构设计（28）	建筑构造（77）	工业建筑设计原理（39）
数学（163）	给水排水（49）	建筑物理（94）	城市规划原理（76）
画法几何（77）	暖气通风（68）	工程地质（44）	民用建筑设计（747）
理论力学（39）	配电照明（33）	建筑概论（34）	工业建筑设计（179）
材料力学（85）	测量（40）	建筑初步（226）	城市设计（160）
结构力学（78）	建筑材料（90）	建筑史（253）	毕业设计（474）
加选课程			
雕塑（29）	美术史（52）	马列主义美学（34）	
教学与生产实习			
工人实习（8 周）	测量实习（1 周）	工人实习（8 周）	设计院实习（10 周）
测绘实习（2 周）	水彩实习（2 周）	工长助手实习（6 周）	参观实习（3 周）

1965 年夏，全校学制改为五年。

1978 年改革开放后，学制仍为五年，新的五年制教学计划的整体结构与 20 世纪 60 年代六年制教学计划接近，只是在课程设计及教学内容方面进行了删减和浓缩。

20 世纪 80 年代末，我国开始酝酿实行注册建筑师制度。受国家教委委托，建设部于 20 世纪 90 年代初进行建筑学专业教育评估的试点工作，建筑系属于第一批评估试点单位。为了适应专业学位的要求，又调整了教学计划。新教学计划的特点主要体现在加强职业教育，即增设了建筑师业务基础知识课，并将原来 5 周的施工图实习课改为 16 周的建筑师业务实践课。此外结合国外经验和评估标准的要求，在低班增设了建筑设计基本原理课，见表 19-1-9。

表 19-1-9　建筑学院建 1990 级课程设置

课程（学分/学时）	课程（学分/学时）	课程（学分/学时）
1. 必修课		
（1）校定必修课		
中国革命史（8/64）	体育（12/192）	计算机语言及程序（7/56）
当代资本主义（4/32）	大学英语（37/256）	计算机辅助建筑图形设计（7/56）
中国社会主义建设（4/32）	高等数学（25/160）	法律基础（3/32）
马克思主义哲学原理（8/64）	工程力学（12/64）	军事理论（3/32）
（2）系定必修课		
建筑经济概论（4/32）	外国建筑史（4/32）	建筑设计（四）（19/96）
素描（10/128）	外国近现代建筑史（4/32）	建筑设计（五）（19/96）
水彩（10/128）	建筑物理（一）（12/80）	居住区规划与设计（19/96）
建筑初步（19/160）	建筑设计基本原理（4/32）	建筑师业务实践（42/324）

续表

课程（学分/学时）	课程（学分/学时）	课程（学分/学时）
画法几何与阴影透视（10/80）	工业建筑设计原理（3/24）	建筑设备（4/32）
结构力学（11/64）	城市规划与设计原理（6/48）	专业外语阅读（6/32）
建筑构造（一）（7/56）	建筑设计（一）（18/96）	建筑师实践基础知识（4/32）
建筑结构（10/64）	建筑设计（二）（18/96）	毕业前设计（25/160）
中国古代建筑史（5/40）	建筑设计（三）（19/96）	
2. 限定性选修课		
外语限选（科技外语，二外，英美文学）（12/64）		
城市规划类		
城市经济（4/32）	城市交通（4/32）	城市绿化（4/32）
设计计算机类		
建筑构造（2）（3/24）	室内设计（3/24）	
建筑历史类		
外国古建与古城保护（2/16）	中国古典建筑营造法（4/32）	建筑构造（2）（3/24）
建筑物理（2）（3/24）		
3. 任选课		
中国古代建筑雕饰（2/16）	结构选型（2/16）	中西方美术史（4/32）
园林植物（2/16）	中国古代园林（2/16）	中国古典建筑（2/16）
近现代旅馆评价（2/16）	宗教建筑发展史（2/16）	建筑名作介绍（4/32）
理性建筑（3/24）	传统民居建筑与乡土建筑（2/16）	建筑理论讲座（2/16）
建筑色彩（2/16）	建筑创作概论与手法分析（2/16）	形态构成（2/16）
4. 夏季学期安排（每学年平均6周，共24周左右）		
第一学年		
学军（5~6周/10~12学分）		
第二学年		
构造设计实习（2周/4学分）	水彩实习（2周/4学分）	建筑画实习（2周/4学分）
第三学年		
工地劳动及调研实习（2周/4学分）		
第四学年		
绘画技法提高训练（2周/4学分）	古建测绘实习（2周/4学分）	外地建筑调研实习（2周/4学分）
5. 毕业设计（42学分）		

说明：所有专题组限定性选修课对非本专题组学生而言，均为任选课。

　　由于高校建筑学专业本科教育评估的基础是五年制，毕业生授建筑学学士学位，因而 1996 年全校实行六年本硕统筹培养时，建筑学专业仍保留本科五年学制。2000 年六年本硕统筹培养建筑学硕士学制启动，增加了相应的本科四年学制教学计划，从秋季入学的 2000 级开始执行。

　　清华大学建筑学院现行的本科教学计划为 2009 年制订，分五年和四年两种学制。

　　（1）本科学制四年，毕业授予工学学士学位。四年制本科培养总学分 175。其中春秋学期课程学分 141；集中实践环节由两部分组成：实践环节 19 学分，综合论文训练 15 学分。

（2）本科学制五年，毕业授予建筑学学士学位。五年制本科培养总学分 200。其中课程学分 155；集中实践环节由两部分组成：实践环节 30 学分，综合论文训练 15 学分。

两种学制的课程设置与学分分布见表 19-1-10。

表 19-1-10　建筑学四年制及五年制本科课程设置与学分（2009 年制订）

课程名称（学分）	课程名称（学分）	课程名称（学分）
1. 人文社会科学类课程（30 学分）		
思想道德修养与法律基础（3）	中国近现代史纲要（3）	马克思主义基本原理（4）
毛泽东思想、邓小平理论和"三个代表"重要思想概论（4）	体育（4）	
外语（4）	文化素质课（8）	
2. 自然科学基础课程（12 学分）		
微积分（一）（3）	几何与代数（一）（4）	
计算机文化基础（2）	建筑数学（3）	
3. 专业相关课程（99 学分）		
（1）设计类课程（必修 42 学分）		
建筑设计（一）（6）	建筑设计（二）（6）	建筑设计（三）（6）
建筑设计（四）（6）	建筑设计（五）（6）	建筑设计（六）（3）
建筑·城市·景观设计（3）	住区规划与住宅设计（3）	城市设计（3）
模型制作基础（选修）（1）		
（2）视觉艺术类课程（必修 12 学分）		
素描（一）（3）	素描（二）（3）	水彩（一）（3）
水彩（二）（3）	建筑色彩（选修）（1）	西方现代美术史（选修）（1）
建筑美术基础（选修）（2）	建筑色彩设计（选修）（1）	造型艺术鉴赏（选修）（1）
（3）建筑理论类课程（必修 3 学分）		
建筑设计概论（1）	建筑设计原理（1）	专业外语阅读（1）
当代建筑设计理论（选修）（1）	当代建筑设计思潮（选修）（1）	理性建筑（选修）（1）
中国古典园林（选修）（1）	传统民居与乡土建筑（选修）（1）	形态构成（选修）（1）
生态建筑概论（选修）（1）	建筑创作概论与手法分析（选修）（1）	现代艺术与现代建筑运动（选修）（1）
现代木构造设计（选修）（1）	地区建筑学概论（选修）（1）	建筑师与计算机（选修）（1）
建筑与心理（选修）（1）	建筑设计精品案例分析（选修）（1）	开放空间概论（选修）（1）
空间信息技术导论（选修）（1）	建筑设计基础（一）（选修）（1）	建筑设计基础（二）（选修）（1）
概念设计（选修）（1）	传统村落的保护与更新（选修）（1）	建筑前期与项目管理（选修）（1）
住宅设计实务（选修）（1）	公共建筑室内设计（选修）（1）	生态设计与技术构造（选修）（1）
（4）规划理论类课程（必修 2 学分）（规划方向必修 4 学分）		
城市规划原理（2）	城市交通与道路系统规划基础（规划方向必修）（2）	
航空测量及遥感技术（选修）（1）	城市规划理论与实践（选修）（1）	房地产概论（选修）（1）
中国古代城市营建史概论（选修）（1）	住区规划与设计原理（选修）（1）	中国城市史（选修）（1）

续表

课程名称（学分）	课程名称（学分）	课程名称（学分）
西方古代城市史（选修）（1）	西方近现代城市史（选修）（1）	场地设计（选修）（1）
（5）景观理论类课程		
景观学导论（1）	城市景观设计（1）	植物配置（1）
中国古代园林史（1）	西方古典园林史（1）	世界遗产概论（1）
（6）建筑历史类课程（必修6学分）		
外国古代建筑史纲（2）	中国古代建筑史纲（2）	外国近现代建筑史纲（2）
中国近代建筑史专题（选修）（1）	西方古典建筑制度（选修）（1）	欧洲中世纪建筑（选修）（1）
西方现当代建筑与流派（选修）（1）	中国礼制建筑（选修）（1）	中国宗教建筑（选修）（1）
西方古典建筑制度与理论（选修）（1）	十九世纪西方建筑（选修）（1）	
（7）技术类课程（必修15学分）		
空间形体表达基础（2）	建筑技术概论（1）	工程力学（2）
结构力学（2）	建筑结构（3）	CAAD方法（2）
建筑声环境（1）	建筑热环境（1）	建筑光环境（1）
计算机图形学导论（选修）（1）	建筑智能化（选修）（2）	建筑防灾（选修）（1）
太阳能技术与建筑一体化（选修）（1）		建筑节能（选修）（1）
建筑学意义下的构造和材料及建构概论（选修）（1）		
（8）职业类课程（必修9学分）（规划方向必修8学分）		
工程经济学（2）	建筑师业务基础知识（2）	建筑构造（一）（2）
建筑构造（二）（规划以外方向必修）（1）		建筑设备（2）
（9）专业选修课程（10学分（规划方向9学分），其中跨专业选修课不少于2学分）		
4. 实践环节（19学分）		
军事理论与技能训练（3）	建筑认知实习（2）	渲染实习（2）
素描实习（1）	水彩实习（2）	快速设计与表现（2）
建筑测量学实习（1）	工地劳动及调研实习（1）	金工实习D（1）
古建测绘实习（2）	计算机实习（2）	
5. 综合论文训练（15学分）		
综合论文训练（15）		
6. 五年制学生在完成以上1～5项175学分要求的同时，还应满足此项培养环节和25学分的要求		
（1）设计类课程（10学分）		
建筑设计（七）（4）	设计专题（6）	
（2）专业选修课程（4学分，其中跨专业选修课不少于2学分）		
（3）实践环节（11学分）		
建筑师业务实践（11）（第4学年春季学期及夏季学期）		

2. 建筑环境与设备工程专业

1999 年 12 月，原属热能工程系的建筑环境与设备工程专业转入建筑学院，本科设建筑环境与设备工程专业，学制四年。

1953 年至 1960 年本科生学制为五年（见表 19-1-11），自 1961 年起改为六年制。1965 年恢复到五年制，1978 年恢复统考招生时依然为五年制。从 1996 年入学的本科生开始，学制改为四年。

1961 年的教学特点是学制长（六年）、学时多（4 390），专业课学时量大，种类多，教学内容很细，重视实践性教学环节（见表 19-1-12）。

1995 年开始把教学计划向四年制调整，并逐步实行学分制。通过深入研究探索，创建新的专业基础课"建筑环境学"，课程体系强调既要突出本专业核心基础，又要有利于学生自主拓宽专业知识面，并保持重视实践教学环节的优点。1999 年，专业名称从"供热、供燃气、通风与空调"向"建筑环境与设备工程"的改变，进一步推动了教学改革：除了创建"建筑环境学"课程外，还提炼专业课程中的共性基础，形成新的专业课平台。通过课程的重组，压缩了讲授型环节的学时比例，加大了学生动手型环节（课程设计、实验、实习）的学时比例。体现了"重基础、强实践、培养有创新意识的高端技术人才"的教学理念。使培养方案、教学计划、课程体系既能满足综合性大学的"通识"培养要求，又能够兼顾注册公用设备工程师教育评估的"专才"培养要求。1999 年此项成果被纳入全国建环专业教学指导委员会指导性教学计划框架，在全国 130 多个设置建环专业的院校得到推广。2001 年，专业评估委员会又将"建筑环境学"定为专业评估必备的教学内容。

现行教学计划见表 19-1-13。

表 19-1-11　暖通专业 1953 年本科五年制课程设置

课程名称（学时）	课程名称（学时）	课程名称（学时）
中国革命史（102）	金属工艺学（102）	建筑组织规划及经济（108）
俄文（304）	政治经济学（128）	建筑学（12）
高等数学（360）	机械零件及机械理论（32）	燃料燃烧与锅炉装置（24）
普通化学（102）	工程热力学及热机学（132）	水泵及扇风机（60）
建筑技术概论（36）	电工学（108）	给水及下水（108）
画法几何（102）	热传导（72）	安全及防火（36）
工程画及机械画（138）	水力学（110）	自动学基础（48）
体育（136）	建筑及装配施工（92）	测量教学实习（3 周）
物理学（216）	建筑力学及建筑结构（142）	建筑及装配施工（32）
测量（48）	燃料燃烧与锅炉装置（水处理）（147）	金工实习（84）
理论力学（184）	暖气设备及通风（340）	认识实习（3 周）
建筑材料（84）	辩证唯物论及历史唯物论（60）	生产实习（一）（9 周）
马列主义基础（102）	建筑学（75）	生产实习（二）（9 周）
素描（48）	瓦斯供给（144）	毕业生产实习（5 周）
材料力学（188）	热力供给（及热水供给）（156）	毕业论文（17 周）

表 19-1-12　暖通专业 1961 年本科六年制课程设置

课程名称（学时）	课程名称（学时）	课程名称（学时）
形势与任务（161）	电工学（77）	供热工程（84）
中国革命史（96）	施工技术（施工劳动）（32）	制冷工程（45）
体育（课外）（0）	热力学和热机学（72）	建筑经济与组织（54）
第一外国语（课外）（0）	传热学（68）	气体管道工程（54）
高等数学（220）	建筑材料（48）	专业新技术（54）
普通化学（64）	建筑学（32）	公益劳动（10 周）
画法几何与工程画（48）	机械原理及零件（54）	测量实习（3 周）
专业概论（32）	泵与扇风机（45）	认识实习（2 周）
测量学（48）	给水与排水工程（54）	金工厂劳动（2 周）
普通物理（150）	燃料燃烧室与锅炉设备（93）	配管工/通风工加工厂劳动（5 周）
理论力学（102）	测量仪表与自动学基础（75）	管道施工工人劳动（5 周）
金属工学（87）	供暖工程（76）	土建施工实习（4 周）
马列主义基础（182）	施工技术（52）	供热运转实习（4 周）
材料力学（36）	通风工程（146）	通风运转实习（4 周）
水力学与空气动力学（84）	结构力学与工程结构（78）	

表 19-1-13　建环专业 2009 年本科四年制课程设置

课程名称（学时）	课程名称（学时）	课程名称（学时）
思想道德修养与法律基础（48）	自然科学选修课（160）	热质交换原理和应用（48）
体育（64）	马克思主义基本原理（64）	建筑自动化（48）
英语（64）	物理实验 A（32）	供热工程与锅炉（64）
几何与代数（一）（64）	工程力学 A（64）	电子与计算机类课程（112）
微积分（一）（48）	工程热力学（64）	暖通空调课程设计（192）
大学化学 B（32）	流体力学（48）	流体网络原理（48）
大学化学实验 B（16）	毛邓理论三个代表（64）	专业选修课（96）
机械设计课（128）	传热学（64）	金工实习 C（2 周）
文化素质选修课（208）	建筑环境学（32）	专业认识实习（3 周）
军事理论与技能训练（3 周）	现代生物学导论（48）	建筑实习（2 周）
中国近现代史纲要（48）	体育专项（0）	专业教育与认知（2 周）
大学物理 B（128）	建筑环境测试技术（32）	运行实习（5 周）
建筑概论（32）	空调与制冷技术（64）	综合论文训练（16 周）
微积分（三）（64）	泵与风机（16）	

（三）研究生培养

建筑学专业 1951 年招收第一名研究生，导师梁思成。1953 年，开设了第一个研究生班，招收研究生 22 人，其后每年招生人数变化较大，截至"文革"前共招收了研究生 63 人。

1978 年恢复研究生招生，招收建筑学研究生 21 人。

1981 年我国实行学位制，建筑学一级学科设"建筑设计及其理论""城市规划与设计""建筑历史与理论""建筑技术科学" 4 个专业招收研究生，授工学硕士学位。20 世纪 80 年代中期至 90 年代中期，建筑学院每年招收硕士研究生 20～40 人。硕士生学习年限 2.5～3 年。1995 年 12 月，建筑学院建筑设计与理论硕士点通过全国高等学校建筑学专业教育评估委员会的评估。毕业生授予建筑学硕士学位。1996 年，经国务院学位委员会办公室批准，建筑学院获建筑学一级学科博士、硕士学位授予权；另从本年度起，开始招收建筑与土木工程领域工程硕士研究生，授予工程硕士学位（限 5 年内毕业，无学历）。1998 年 6 月城市规划硕士教育通过全国高等学校城市规划专业首次教育评估，有效期 6 年，并于 2004 年第二次通过评估。2000 年，建筑环境与设备工程专业进入建筑学院，开始招收供热、供燃气、通风与空调工程专业工学硕士。2002 年招收美术学硕士，学制三年，授予文学硕士学位。2007 年招收风景园林专业硕士，授予风景园林硕士学位（限 5 年内毕业，无学历）。2009 年招收建筑学全日制专业学位硕士研究生，学制二年（含半年实践，培养计划单定），授予建筑学硕士学位。2008 年，面向全球学生的"建筑学硕士英文班"招生，学制二年。2000 年和 2009 年的硕士研究生课程设置分别见表 19-1-14、表 19-1-15 和表 19-1-16。

表 19-1-14　2000 年建筑学硕士研究生课程

二级学科名称	课程名称（学分）	课程名称（学分）
	1. 学位课程（≥15 学分，考试）	
	（1）马克思主义理论课程	（2）第一外国语（2 学分）
	自然辩证法（2）	
	社会主义与当代世界（1）	
	（3）基础理论课（≥4 学分）	（4）专业基础课和专业课（≥6 学分）
建筑设计及其理论	现代建筑引论（2）	近现代住宅（2）
	环境行为概论（2）	人居环境科学概论（2）
	建筑评论（2）	中国古典建筑与法式制度（2）
		文物建筑保护基本理论（1）
		景观设计概论（1）
城市规划与设计	近现代住宅（2）	建筑评论（2）
	城市历史与理论（2）	城市交通与道路系统规划设计（2）
	人居环境科学概论（2）	景观设计概论（1）
	城市设计理论与实践（2）	城乡土地利用规划（1）
		城市改造理论与实践（1）
		城市基础设施（1）
		城市经济学（2）

续表

二级学科名称	课程名称（学分）	课程名称（学分）
建筑历史与理论	现代建筑引论（2）	中国古典建筑与法式制度（2）
	环境行为概论（2）	文物建筑保护基本理论（1）
	建筑评论（2）	城市历史与理论（2）
		城市设计理论与实践（2）
		景观设计概论（1）
建筑技术科学	建筑数学（2）	建筑物理环境（3）
	人居环境科学概论（2）	建筑物理环境工程设计（3）
	2. 必修环节（3～4学分）	
	文献综述与选题报告（1）	社会实践（2）
	学术活动（1）	
	3. 非学位课程（≥5学分，其中考试学分≥3）可选择课程40门（目录略）	
	4. 自学课程	
	5. 补修课程	

表 19-1-15　2009 年建筑学专业（一级学科）硕士研究生课程

课程名称（学分）	课程名称（学分）	课程名称（学分）
1. 公共必修学分（5学分）		
（1）马克思主义理论课程		
自然辩证法（2）	社会主义与当代世界（1）	
（2）第一外国语（2学分）		
2. 学科专业要求学分（≥22学分，≥6门课）		
（1）基础理论课（≥6学分）		
现代建筑引论（2）	环境行为概论（2）	建筑评论（2）
人居环境科学概论（2）	城市历史与理论（2）	近现代住宅（2）
城市交通与道路系统规划评析（2）	城市改造理论与实践（1）	城市经济学（2）
中国古典建筑与法式制度（2）	文化遗产保护（2）	
（2）专业课程（≥16学分）		
①建筑学院专业课（≥12学分）		
文物保护规划及复原设计（建筑历史与理论专业必修）（4）	建筑与城市设计（建筑设计及其理论专业必修）（4）	城市规划与城市设计（城市规划与设计专业必修）（4）
建筑物理环境工程设计（建筑技术科学专业必修）（4）	建筑与风景绘画（2）	建筑与城市理念（1）
体验建筑（1）	室内设计（1）	建筑策划导论（2）
建筑艺术专题（2）	前卫建筑（1）	印度建筑（1）
建筑理论与原创性思维（1）	住宅精细化设计（2）	西方当代建筑思想纲要（1）
中国古代建筑典籍文化（1）	中西建筑文化比较概论（2）	文物建筑保护技术（1）

课程名称（学分）	课程名称（学分）	课程名称（学分）
西方建筑理论史（2）	建筑物理环境（3）	地理信息系统工程应用（2）
遥感数字图像处理与地图制图（2）	遥感技术原理及其规划应用（1）	GIS 空间分析及其规划应用（1）
建筑环境模拟与辅助设计（2）	城市基础设施与规划（1）	房地产开发与策划（1）
城市规划方法论与技术应用（1）	城乡土地利用规划（1）	城市土地使用规划与控制（1）
近现代城市规划引论（1）	环境与社会影响评价（1）	城市政策与法规（1）
城市生态理论与应用（1）	数字城市概论（1）	城市社会学研究专题（1）
区域规划概论（1）	城市地理学（1）	交通规划方法论（1）
20 世纪巴黎城市规划实践评介（1）	城市规划实践（1）	规划理论与实践（2）
规划研究方法（1）	景观学史纲Ⅱ（欧美部分）	风景名胜区规划与设计（1）
景观学史纲（亚洲部分）（2）	景观生态学（2）	景观技术一：竖向和道路（2）
景观地学基础Ⅰ：地质、地貌、土壤（2）	景观水文（1）	植物与植物景观规划设计（2）
景观设计理论（2）		
②建筑学专业文献阅读（必修 2 学分）		
③跨一级学科研究生相关专业课程（≥2 学分）		
3. 学位必修环节（2 学分）		
文献综述与选题报告（1）	学术活动（1）	
4. 学位论文（理论研究型）		

表 19-1-16　2009 年供热、供燃气、通风与空调工程专业硕士研究生课程

课程名称（学分）	课程名称（学分）	课程名称（学分）
1. 公共必修学分（5 学分）		
（1）马克思主义理论课程		
自然辩证法（2）	社会主义与当代世界（1）	
（2）第一外国语（2 学分）		
2. 学科专业要求学分（≥18 学分，≥6 门课）		
（1）基础理论课（1～2 门，≥4 学分）		
数值分析 A（4）	高等数值分析（4）	偏微分方程数值解（4）
应用随机过程（4）	基础泛函分析（4）	最优化方法（4）
（2）专业基础课、专业课及相关学科课程（4～6 门，≥12～14 学分）		
①专业基础课（至少选一门，≥3 学分）		
高等传热学（4）	高等热力学（4）	分析与计算流体力学（3）
②专业课		
暖通空调系统过程模拟分析（必修）（3）	室内空气流动数值模拟（必修）（3）	建筑物理环境（3）
暖通空调与制冷新进展（2）	城市生态理论与应用（1）	数字城市概论（1）
专业英语阅读与写作（2）	建筑节能原理和应用（2）	建筑室内热环境模拟及应用（1）
防疫建筑技术（2）	建筑环境模拟与辅助设计（2）	温湿度独立调节空调系统（2）

续表

课程名称（学分）	课程名称（学分）	课程名称（学分）
商业建筑节能诊断技术（英文授课）（2）		
③研究生专业实践（必修1学分）		
④导师认可的相关学科课程		
3. 学位必修环节（2学分）		
文献综述与选题报告（1）	学术活动（1）	
4. 补修课程		
5. 论文工作		

1981年建筑系获教育部批准设城市规划与设计博士点，1985年增设建筑设计及其理论博士点，1986年增设建筑历史与理论博士点，1993年增设建筑技术科学博士点。1998年获得建筑学一级学科博士学位授予权。2002年建筑学院还与社会学系联合跨学科招收城市研究方向的博士生。

建筑学院在20世纪80年代共计招收博士生13人；90年代招生数有所增长，共计招收博士生105人。博士生学习年限3～5年不等。

2000年以后，建筑学院硕士研究生招收人数每年达60～100人，博士生招生人数每年40人左右，各类研究生在校生数量和本科生在校生数量大致相等，分别为500余人。历年招生数目详见表19-1-5。

自1978年至2010年，清华大学建筑学院指导完成博士论文277篇，硕士论文1831篇。其中有3篇博士论文入选全国百篇优秀博士论文。

（四）教学成果

1. 课程建设

建筑学院设计类课程由于综合性实践性强、坚持面对面的个性化辅导方式、注意调动学生学习主动性和创造能力、师生互动等鲜明特点成为学校传统的优秀课程，始终保持高质量教学水平，1992—1993学年度和1994—1995学年度，建筑设计课与住宅设计课先后被评为校级一类课程。

2004年，"建筑环境学"被评为国家级精品课程；2008年"建筑设计"（本科）被评为国家级精品课程；2009年，"建筑自动化"被评为北京市精品课程；此外，"城市规划原理""理性建筑""住宅精细化设计"等理论课也先后被评为清华大学校级精品课程。

2. 教材建设

建筑系创办初期，主要使用和借鉴国外教材。20世纪50年代学苏期间，翻译部分苏联专家的讲义，如《苏维埃建筑史》《房屋建筑学》《城市规划学》等。

20世纪60年代编写、出版了《建筑构图原理》《民用建筑设计原理》《建筑画的渲染与构图》《外国建筑史（19世纪以前）》和《城乡规划》（四校合编）等全国教学用书。此外，还编写了《中国古代建筑史》《建筑光学》《剧院中的声学问题》等讲义。

20世纪80年代以来，陆续编写、出版了《建筑初步》《建筑声环境》《建筑光环境》《建筑热环境》《城市交通与道路系统规划设计》《中国古典园林史》《广义建筑学》《人居环境科学导论》《环境行为学概论》《建筑环境学》《城市经济学》等数十种教材，清华大学广义建筑学系列教材入选普通高等教育"十一五"国家级规划教材，教学参考书更是数量众多。其中，《外国建筑史（19世纪以前）》获1987年国家教委优秀教材一等奖，《建筑初步》1987年获城乡建设环境保护部优秀教材奖，《广义建筑学》获1986年国家教委科技进步一等奖，《建筑声环境》1992年获建设部优秀科技图书二等奖，《城市交通与道路系统规划设计》1996年获建设部优秀教材二等奖，《中国建筑史（幻灯）》获1989年国家教委优秀电化教材一等奖。部分教材还发行了海外版。

3. 教学获奖情况

1991年，建筑学院"真刀真枪毕业设计"获北京市教学成果优秀奖。

1993年9月，建筑学院教学成果"提高教学质量，迈步走向世界"获国家教委教学优秀成果一等奖。

"以广义建筑学和人居环境科学为指导，探索新时代建筑教育"2004年获北京市高等教育教学成果奖一等奖，2005获国家级高等教育教学成果奖二等奖。

2008年，"建筑环境与设备工程本科专业实践教学改革"获北京市教学成果一等奖。

"建筑设计教学基础平台的革新与实践"与"研究型城市规划设计课程改革与建设"分别于2006年和2008年获清华大学教学成果一等奖。

建筑学院教师多次获得建筑教育领域国际和国家大奖。其中，吴良镛1996年获国际建协（UIA）建筑评论与建筑教育奖，2005年获中国建筑学会建筑教育奖特别奖；秦佑国2006年获中国建筑学会建筑教育奖；陈志华、高亦兰、赵炳时、栗德祥先后获中国建筑学会建筑教育奖特别奖；朱颖心2008年获北京市高等教育教学名师称号。2004年，中华全国总工会授予清华大学建筑学院设计系列课教师组"全国职工创新示范岗"荣誉称号。2009年吴良镛、关肇邺、李道增、秦佑国、江亿、周干峙获北京市学位与研究生教育改革与发展突出贡献奖。

建筑学院研究生与本科生在国际设计大赛中取得的优异成绩也是教学成果的集中体现。1998年—2010年有96名学生在国际建筑师协会、国际景观建筑师联盟等组织的11项重要学生竞赛中获奖。2009年，在中国制冷学会专业指导委员会和美国采暖制冷空调工程师协会（ASHRAE）共同主办的首届暖通空调学生设计大赛中2005级本科生获第一名。

五、科学研究与建筑规划实践

建筑学院（系）的科学研究从建系之初至今具有三个明显特点：其一是以国家和社会的发展为目标，围绕城乡建设的重大问题，开展多学科的综合性研究，在建筑学一级学科包括的各专业领域全面协调发展；其二是贯彻理论研究与规划设计创作紧密联系的原则，实行教学、科研、实践相结合相促进的方针；其三是重视理论建设，从梁思成的"体形环境论"到吴良镛的"广义建筑学"和"人居环境科学"，学术思想随着时代发展，始终追求学术前沿。

1946年梁思成创办建筑系的同时，就与中国营造学社合作成立建筑研究所，合作协议（"契约"）中有关研究所工作范围、组织结构等内容说明，建系伊始梁思成已把"研究"和"服务"（"古建筑之修葺及新建筑之设计工程"）当作重要工作内容，60多年来院系始终遵循了教学、科研、服务相结合的方针。

1947年，梁思成作为联合国大厦设计组的成员参与了设计工作。北京解放前后，为在解放战争中尽可能保护重要文物建筑，梁思成绘制北京城文物建筑图录并主持编制《全国重要建筑文物保护简目》。新中国成立后，在梁思成主持下，营建学系师生参与了首都规划工作，完成了中南海怀仁堂改建工程、中华人民共和国国徽设计、人民英雄纪念碑设计等历史性光荣任务。1950年2月，梁思成与陈占祥《关于中央人民政府行政中心区位置的建议》提出在北京旧城西部建立新首都行政中心区，完善保留和改善北京旧城，是北京城市规划建设史中的重要文献。1950年6月20日，在周恩来主持的国徽设计审查会议上，梁思成主持的清华营建学系设计组设计的国徽方案中选。毛泽东主席在政协大会上宣布通过此方案，后经高庄修改定型。9月23日，毛主席发布命令正式公布了修订的国徽图案和浮雕模型。梁思成、林徽因、高庄、莫宗江、李宗津、朱畅中、汪国瑜、胡允敬、张昌龄、徐沛贞等老师为此作出历史性重大贡献。同时期又先后创办营建服务部（建筑设计）、造园组、市镇设计组、工艺美术组，除开展了建筑、城市、造园、工艺美术方面的教学科研，还承担了多项实际设计任务。1952年配合院系调整，全系师生承担了北大、清华、燕京三校建委会委托的各校校园规划、建筑设计和组织施工工作。1958年在国庆十大工程中，建筑系师生参加了人民大会堂、中国美术馆、革命历史博物馆、国家剧院、科技馆等五项工程的方案设计，其中革命历史博物馆设计方案被采用，并由清华建筑系与北京市建筑设计研究院合作完成建筑工程设计。这一时期，清华筹备并组建了建筑设计院，扩大了建筑物理实验室。20世纪60年代又参加和承担了天安门广场、长安街、清华大学主楼建筑群、左家庄装配式住宅区等首都和各省市的城市规划和建筑设计任务。与之相适应的基础理论研究包括大型公共建筑（主要是剧场和图书馆）设计、剧场声学、居住建筑及住宅小区等。工业建筑教研组的防微振研究解决了国防工业的相关技术难题。由于建系同时即与营造学社联合成立建筑研究所，中国建筑史和颐和园研究一直没有中断过，并列入学校科研计划。

"文革"后，在改革开放的形势下，建筑系继续发扬教学、科研、实践相结合的传统，在建筑学科的各主要领域均获得丰硕成果。1984年成立清华大学建筑与城市研究所。1988年组建建筑学院后，下设建筑、城市规划两个系，建筑历史理论、建筑技术科学等研究所，建筑物理、视觉艺术、计算机应用等实验室及《世界建筑》杂志社等机构。1995年成立清华大学人居环境研究中心，与土水学院、公管学院、环境系、社会学系及美术学院等不同学科互动交叉，拓展了建筑学的学科领域，迈上多角度、全方位的发展轨道。2001年增设建筑技术科学系，2003年增设景观学系。至此形成"一院、四系、多所"的多元化架构，体现了人居环境科学"建筑—规划—景观"三位一体的基本理念。清华大学建筑设计研究院、北京清华城市规划设计研究院、北京清华安地建筑设计顾问有限责任公司共持有5种国家颁发的甲级设计资质证书；北京清华城市规划设计研究院按照人居环境科学的学科框架布局，成立了20余个设计所。形成了支撑建筑学教学、研究、实践三结合，实践人居环境科学思想的坚实平台。

2010年底建筑学院科学研究内容涵盖建筑学一级学科及建筑环境与设备工程的所有领域。

在建筑设计及其理论领域，有建筑理论与评论、建筑教育研究、公共建筑设计、历史建筑改造设计、地域建筑研究、室内设计、绿色建筑设计、参数化设计、建筑美术研究、城市设计、建筑经济、建筑策划等学术研究方向。

在城市规划与设计领域，有城市历史与理论、城市历史保护与改造、住宅与社区、土地利用规划、区域规划、新技术在城乡规划中的应用，以及城市经济学、房地产开发建设与管理研究等学术研究方向。

在景观规划与设计领域，有景观规划、景观设计、自然遗产保护研究、风景旅游规划、西方园林史、中国园林史、园林植物配置等学术研究方向。

在建筑历史与文化遗产保护领域，有中国古代建筑历史研究、中国近代建筑历史研究、西方古代建筑历史研究、西方近现代建筑历史研究、乡土建筑研究、文化遗产保护等学术研究方向。

在建筑技术科学领域，有建筑声环境、建筑光环境、建筑热环境、建造工艺技术、绿色建筑技术、建筑与计算机信息技术等学术研究方向。

在建筑环境与设备工程领域，有建筑环境系统、建筑环境科学、建筑环境设备、建筑自动化、城乡能源系统等学术研究方向。

清华大学建筑学院学术研究成果丰硕，其中最具代表性的成果有：

梁思成主持的中华人民共和国国徽设计和人民英雄纪念碑设计；梁思成与陈占祥《关于中央人民政府行政中心区位置的建议》；梁思成、林徽因为首的"中国古代建筑理论及文物建筑保护研究"（获国家自然科学一等奖）；梁思成等完成的扬州鉴真和尚纪念堂设计（获1984年建设部全国优秀设计一等奖和1993年建筑学会优秀建筑创作奖）。

吴良镛主持的北京菊儿胡同旧城居住区更新研究（获1992年世界人居奖和亚洲建筑师协会金奖）；吴良镛提出的"广义建筑学"和"人居环境科学"理论写入第20次国际建筑师大会通过的《北京宪章》；《发达地区城市化进程中建筑环境的保护与发展研究》；《京津冀地区城乡空间发展规划研究》；吴良镛作为领衔专家、建筑学院为三个参编单位之一的《北京城市总体规划2004—2020》（获2005年度建设部部级优秀城市规划设计一等奖和2006年度全国优秀工程设计金奖）；北京奥林匹克建设规划研究和《广义建筑学》分获1986年、2001年国家教委科技进步一等奖。

学院有200余项设计与研究获国家和省部级科技进步奖及优秀设计奖，其中有重要影响的如关肇邺主持的清华大学图书馆新馆，李道增主持的天桥剧场翻建工程，汪国瑜等完成的黄山云谷山庄，吕俊华等完成的台阶式花园住宅，王丽方主持的清华大学附小新校舍，秦佑国等负责的绿色奥运建筑评估体系等。2009年中国建筑学会为新中国成立60年评选建筑创作大奖，共选出全国范围内300个1949年以来的优秀作品，其中清华大学（建筑学院、建筑设计院、安地公司）入选28个，是高校中获奖最多的。

近5年来，学院中青年教师积极参与国际竞争，作品开始具有一定的国际影响。李晓东设计的丽江"玉湖完小"获得联合国教科文组织亚太地区文化遗产奖评委会创新大奖、亚洲建协建筑奖金奖，福建平和桥上书屋获英国《建筑回顾》杂志世界新锐建筑奖第一名；胡洁主持完成的奥林匹克森林公园获美国风景园林师协会综合设计类奖、国际风景园林师联合会亚太地区设计类总统奖等；张利获2010年上海世博会中国馆国际竞赛第一名（并列）；朱育帆主持的北京CBD现代艺术中心公园获英国国家景观金奖等。

建筑环境与设备工程专业自专业建立至改革开放前，科研工作主要集中在建筑物的采暖、通风和空调系统的设计、运行和相关设备的研制开发。改革开放至20世纪末，围绕国家经济建设和学科发展的需要，研究领域又扩充了人体动态热舒适、建筑热环境特性模拟等内容；同时，在地铁热环境仿真与控制、建筑自动化、集中供热网的优化控制与故障诊断等应用领域都做出了一流的成果。获得的主要学术奖项包括国家科技进步二等奖1项、省部级奖10余项。21世纪以来，随着经济建设的飞速发展，能源和环境成为可持续发展的关键问题，以江亿为学科带头人的建筑环境与设备工程专业团队，承担了大量国家"十五""十一五"科技支撑计划项目课题和国家自然基金重点课题等纵向课题和国际合作课题，纵向研究经费超过3 000万元；并取得多项重大成

果，如 2007 年 "溶液式带有全热回收的模块化空气处理装置及其系统" 获国家技术发明二等奖，2008 年 "建筑节能模拟分析平台 DeST 及其应用" 项目获国家科技进步二等奖，"适用于西部干燥地区的间接蒸发冷水机研发与应用" 2009 年获国家技术发明奖二等奖。目前的研究重点是城乡建筑节能、建筑湿热环境与室内空气品质等。

2005 年至 2010 年，建筑学院共有 131 项科研项目获奖，获得专利 105 项。

2005 年至 2010 年，建筑学院师生共出版学术著作 170 种，发表学术文章 1 478 篇。

部分重要的学术著作有：《梁思成全集》（获第 6 届国家图书奖荣誉奖、第十一届全国优秀科技图书奖荣誉奖）；吴良镛《广义建筑学》《北京宪章》《人居环境科学导论》等；周维权《中国古典园林史》；乡土建筑系列丛书；《中国建筑节能年度发展研究报告》（2007、2008、2009、2010）；《绿色奥运建筑评估体系》等。2004 年至 2010 年在国外学术刊物、国际会议上发表文章 400 余篇，其中 SCI/EI 检索约 172 篇，年均发表国际文章约 50 篇、SCI/EI 文章 25 篇。

作为教育学术园地，建筑学院现主编出版 6 本专业杂志：《世界建筑》（发行量 4 万册，创刊于 1984 年）、*China City Planning Review*（《城市规划》英文版）、《建筑史》（原名：《建筑史论文集》，创刊于 1964 年）、《城市与区域规划研究》（商务印书馆出版，创刊于 2008 年）、*Building Simulation*（《建筑模拟》，清华大学出版社与斯普林格出版社联合出版，创刊于 2007 年，SCI 源期刊），在业界均有广泛影响。2010 年 3 月《生态城市与绿色建筑》创刊号出版。

六、对外合作与交流

建筑学院在教学和科研方面广泛开展国际合作与交流，根据人才培养、师资建设及学科发展的需要，逐步形成了以合作教学与研究、人员交流与互访、国际会议与展览为主要形式的国际合作交流机制。通过签署合作协议的方式，与世界各地近 30 所著名建筑院校和学术机构建立了长期稳定的合作关系，合作伙伴遍及亚洲、欧洲和美洲的 14 个国家和地区。

与国外建筑院、系合作进行 "联合设计专题"（Joint Studio）是研究生教学的重点课程之一，始于 1985 年、清华- MIT 创办的北京什刹海、海淀镇城市设计联合设计研究生班（每两年举办一次，已持续 24 年），至 2009 年已举办了 70 余次。从 2008 年起，"联合设计专题" 教学已纳入教学计划，进入制度化常规化轨道。仅以 2005 年至 2010 年计，共举办 52 次，有近 300 名清华大学建筑学院的在读研究生和近 600 名境外建筑院校的学生参加，且教学过程中本院学生回访外方国家的机会逐渐增加。除清华- MIT 联合设计专题（与麻省理工学院建筑与规划学院合作），"四国五校" 联合设计专题（与法国拉维莱特建筑学院、意大利米兰工业大学建筑学院和那波利建筑学院、韩国汉阳大学建筑学院等多国建筑院校合作，始于 2002 年，每年举办一次），清华-马拉盖联合设计专题（与巴黎-马拉盖国立高等建筑设计学院合作，始于 2004 年，每年举办一次）定期举行外，还与美国哈佛大学、宾夕法尼亚大学、加州大学伯克利分校，澳大利亚墨尔本大学和新南威尔士大学，意大利罗马大学、都灵理工大学，荷兰代尔夫特工业大学，西班牙加泰罗尼亚理工大学等多所著名大学的建筑学院合作，不定期地举办 "联合设计专题"。自 2008 年开始，"联合设计专题" 教学已扩展到本科生的建筑设计教学。

1966 年之前，只有极少数在校学生有过出国访问机会。1991 年 8 月，27 名学生代表学院走出国门，应邀赴利比亚进行世界文化遗产格达梅斯古镇测绘。此后，学生以各种形式出国学习交流日渐频繁。1991 年至 2000 年，短期出国访问学生仅 38 人次；2001 年至 2010 年，短期出国访问学生达 774 人次。

学院积极推动以学生交换和公派留学生为主要形式的学生交流项目，2005 年至 2010 年，清华大学建筑学院先后派出 86 名在读学生赴海外进行交换学习，同时接收了来自多个国家的交换学生 95 名。除了借助国家留学基金委和清华大学提供的学生交流平台外，还先后与美国、英国、德国、法国、意大利、荷兰、丹麦、西班牙、比利时、瑞士学、日本、韩国等国家的近 20 所知名大学的建筑学院签署了学生交流协议，2006 年建筑学院与美国宾夕法尼亚大学合作成立了"清华-UPenn 建筑模拟与建筑节能研究中心"，从当年 9 月至今，有 10 名建环专业的研究生和本科生赴宾大工作 3 个月到半年不等，对 UPenn 校园建筑进行节能诊断。此外，结合建筑学专业的建筑师业务实践课程，与国外建筑事务所签署合作协议，建立了若干长期合作的建筑师业务实践海外基地，自 2008 年以来，先后派出本科生 34 人赴海外实习。

自 20 世纪 80 年代初开始，学院将高水平学术报告视为对常规建筑教育的重要补充。近 5 年来共举办各类学术报告近 300 场，平均每周举办学术报告 1.5 场。其中近半数学术报告人来自世界各地的知名建筑院校和设计公司，包括：美国华裔建筑师贝聿铭，美国建筑理论家肯尼斯·弗兰普顿、罗伯特·文丘里，城市学家曼纽尔·卡斯特尔，美国建筑师弗兰克·盖里、迈耶，哈佛大学设计学院前任院长彼得·罗、景观学泰斗彼得·沃克，耶鲁大学建筑学院院长罗伯特·斯特恩，宾夕法尼亚大学设计学院现任院长玛丽琳·泰勒和前任院长盖里·海克，哥伦比亚大学建筑学院院长马克·维格利；荷兰建筑师雷姆·库哈斯，代尔夫特工业大学建筑学院前任院长约根·罗斯曼；瑞士建筑师马里奥·博塔；法国建筑师多米尼克·佩罗；印度建筑师查尔斯·柯里亚；英国建筑师理查德·罗杰斯勋爵，建筑师泰瑞·法罗爵士，城市规划理论家彼得·霍尔爵士；德国慕尼黑工业大学建筑学院前任院长托马斯·赫尔佐格，建筑师冯·格康；澳大利亚建筑师格兰·马科特；日本建筑师卢原义信、桢文彦、丹下健三、黑川纪章、安藤、伊东丰雄、小川俊朗、偎修武；国际建筑师协会历任主席；联合国副秘书长、德国环境部长克劳斯·托埃佛等。

另外，自 1989 年以来，建筑学院主办或承办大规模、高层次的国际会议累计达 41 场次，其中重要的国际会议见表 19-1-17。还先后主办或承办国际学术展览 30 余场次。

表 19-1-17　建筑学院主办的重要国际学术会议

时　间	会 议 名 称	合 办 单 位
1989-11	转变中的亚洲城市与建筑学术研讨会	国际建协、中国建筑学会
1996-04	"1996 年北京大城市发展"国际学术研讨会	加拿大哥伦比亚大学、世界人类聚居学会
1998	第 20 次国际建协大会科学委员会工作会议	国际建协、中国建筑学会
1999-06	第 20 次国际建协大会学生活动节	国际建协、建筑学会中国建筑学会
2000-09	第十二届亚洲建筑师大会学生联谊活动	亚洲建筑师协会
2005	第十届建筑模拟国际学术会议（Building Simulation）	
2006	"城市可持续发展"国际学术会议	德国柏林工业大学
2006	现代化与地域性	荷兰代尔夫特工业大学
2007	第十届室内空气国际学术会议（Indoor Air）	
2007-05	"雅典卫城与北京紫禁城修复"国际研讨会	希腊驻华使馆
2007-11	"改变与演变：城市设计与城市形态"国际研讨会	美国易道公司、《建筑实录》杂志
2008-11	2008 年世界人类聚居学会（WSE）年会	世界人类聚居学会、东南大学和江苏省建设厅

续表

时 间	会 议 名 称	合 办 单 位
2009-11	"国际大城市地区发展前景"国际研讨会	英国剑桥大学
2010-07	2010年中国近代建筑史国际研讨会	东京大学生产技术研究所、中国文化遗产研究院、中国建筑学会建筑史学分会近代建筑史学术委员会
2010-11	清华-哈佛建筑论坛："城市主义再思考"	美国哈佛大学设计学院

2005年—2010年，教师赴国外建筑院校和相关机构讲学逐年增加，平均每年出国讲学65人次，全院教师累计400余人次参加各类国际学术会议并在大会上发言。

与国外知名高校、科研机构及大型公司合作，正在进行的重要国际合作研究项目包括：清华-东京大学"近代现代建筑研究"（1987—　），清华-宾夕法尼亚大学TC-Chen能源中心"校园节能研究"（2006—　），清华-剑桥大学"国际大城市发展研究"（2009—　），清华-剑桥大学-MIT低碳能源联盟首发项目"低碳城市研究"，清华-哈佛大学"室内环境与人体健康研究"（2009—　）。

七、实验室和研究基地

（一）建筑物理实验室

建筑物理实验室（建筑物理环境检测中心）成立于1954年，是国内最早进行建筑物理试验的单位之一。1993年，实验室通过国家技术监督局的资格认证，成为高校中唯一的"建筑物理环境检测中心"。实验室包括建筑声学、建筑光学及建筑热工三部分。

几十年来实验室的建设有了很大的发展，实验室的建筑面积由最初的几十平方米扩大到目前的500平方米。实验仪器设备不断充实更新，目前建筑物理实验室拥有隔声实验室、混响实验室、光与色彩实验室等多个符合ISO标准的实验室，拥有实验测试设备、模拟软件200台（件），价值800余万元。

按照教学计划，建筑物理实验室为建筑学本科建筑物理课开设六项声、光、热方面的实验，并为研究生提供进行论文研究所需的各项实验。此外还配合建筑技术科学研究所承担的科研任务进行了大量实验工作。例如，框架轻板住宅体系中的轻质隔墙的隔声及热工性能研究，建筑部下达的"七五"重点课题"改善城市住宅功能与质量"中的城市住宅声环境和光环境的研究，以及自"六五"以来的重点课题"太阳能在建筑中的综合利用及太阳房设计研究"等。

（二）清华大学人居环境信息实验室

清华大学人居环境实验室成立于1995年，是清华大学"211工程""人居环境科学"学科建设的重点之一。实验室的目标是发展遥感和地理信息系统在城乡规划和人居环境研究中的应用，成为全校性的人才培养基地和科研中心。

在教育部"211工程""985工程""北京市教委高等院校重点学科群建设项目"、国家"863"高技术项目、国家"十一五"支撑项目、美国环境系统研究所（ESRI）、ESRI中国（北京）有限公司、北京超图软件股份有限公司、武汉中地数码集团等的支持下，人居环境信息实验室研发构建了中国大陆第一个校园网络地理信息系统教学科研平台"清华大学校园网络GIS教学科研平台"，采用场地许可管理办法，校园用户原则上没有用户数量限制。目前，在该平台上运行的软件系统包括 ArcGIS、SuperMap、MapGIS 等国内外流行的 GIS 软件系统。自投入使用以来，据不完全统计，全校先后有 15 个院系、30 多个研究所、1 000 多名师生应用该平台提供的 GIS 软件开展教学科研工作，得到校内外的普遍好评。

（三）建筑环境与设备研究所实验室

建筑环境与设备研究所实验室的前身是 1953 年成立的暖通教研组实验室，现有实验室的总面积约为 1 050 平方米，仪器设备总值约 3 000 万元。建有人工环境气候实验室、空气处理设备测试台、散热器热工性能检测室、微型离心式冷水机组性能实验台。室内空气品质检测室、室内空气流动与污染物传播实验平台、室内材料或物品化学污染散发全尺寸检测实验室等 7 个大型固定实验台和一系列小型活动式实验台。专门用于本科生教学的实验台占地约 77 平方米，包括空调与制冷设备展示及操作实验室、空调系统实验台、制冷装置调控特性实验台和制冷原理实验台四个主要实验台，主要服务于建筑环境与设备工程主要专业课（空调与制冷技术、建筑环境测试技术、建筑自动化）的实验教学和课程后学生的动手实验。实验室完成了多项国家"十五"和"十一五"科技攻关项目和大量国家自然科学基金课题及政府和社会委托的其他项目。在实验室完成研究及开发过程的溶液除湿空调机组和适用于西部干燥地区的间接蒸发冷水机分别于 2008 年和 2009 年获得国家技术发明奖二等奖。2005 年 3 月竣工的清华大学超低能耗试验楼，应用世界先进水平的建材及设备，体现建筑节能领域的最新成就，对建筑节能教学及研究有很大推动。

在整合原有实验室资源的基础上，2008 年 12 月教育部批准在建筑学院成立"生态规划与绿色建筑教育部重点实验室"，并在 2009 年成立建筑学院教学实验中心。在"211 工程"三期经费支持下，教学实验设备和环境进一步改善。

（四）院图书馆及资料室

1947 年，梁思成赴美考察时从美国购回一批书刊，加上从校图书馆借调出部分建筑书刊，成立了建筑系最早的图书室。院系调整后图书室正式成为校图书馆的分室，现为清华大学图书馆分馆之一。经过 60 余年的发展，特别是在国家"211 工程""985 工程"建设经费支持和社会赞助下，图书馆藏书量有显著增长。2010 年底拥有藏书及期刊合订本近 6 万册（中文 26 845 册，外文 31 071 册），图书类型以建筑学一级学科为主，另藏有相当数量的哲学、历史、艺术等相关人文学科的书籍，其中包括部分珍贵的线装善本书及样式雷图纸、烫样等；并订阅中文期刊 148 种、外文期刊 156 种，并藏有大量珍贵的中外文过刊。院馆拥有阅览座位 90 席，主要面向建筑学院、美术学院的师生及建筑设计院的专业人员开放，绝大部分的图书均开架阅览，并与校图书馆联网，检索快捷，已实现部分善本图书内部网上阅览，是国内重要的建筑专业图书信息中心之一。

1958 年，在 1952 年成立的建筑设计、城市规划、建筑历史、建筑物理四个教研室分别设立的资料室基础上成立了系资料室，任务是准备教学资料，绘制挂图，保存学生作业，与幻灯片厂联系制作幻灯，收藏教学档案、内部刊物及视觉资料，由原来的只面向教师转向面向全系师生。

1960 年，土木、建筑系合并，资料室进一步扩大并将照相室的业务纳入统一管理。资料室还与全国各大设计院建立了情报资料交流关系。至 20 世纪 60 年代中期，资料室已拥有国内外建筑图片 1 万余张，底片数千张，国内优秀建筑的成套施工图 100 多项，标准图 400 余册。

20世纪80年代以来，多媒体技术的快速发展，使资料从以文字资料、施工图纸为主，逐步转向以视听资料为主。由于幻灯使用量的快速增长，资料室开展了幻灯片的制作服务。后又扩大到音像资料的制作与收藏，并负责资料数字化处理。截至2010年，资料室收藏中文资料4 000多种，教学档案346卷，科研档案430卷，光盘资料1 364种3 189张，音像资料315盘，馆藏底片3万余张。

截至2010年，建筑学科共拥有藏书90 000册，24 000册由校图书馆收藏，66 000册（中文31 000册，外文35 000册）由建筑学院分馆收藏。

资料室收藏中国营造学社测绘图约2 600张（含未完成稿）以及其他研究图纸190张；古建筑照片17 600帧；清宫样式雷图档300余件和算房高档册589本。

第二节　土木水利学院

一、概况

土木水利学院（简称土水学院）成立于2000年2月，其前身是土木工程系和水利水电工程系。

土木工程系源于1916年清华学校招收的土木工程科留美专科生。1926年清华学校大学部成立工程学系，设土木、机械、电机三科，1927年合并为实用工程科，1928年改为市政工程学系。1929年又恢复工程学系，专办土木科，改称土木工程学系（简称土木系），附属于理学院。1932年成立工学院，土木系属工学院，学生在四年级分组选学铁路道路工程组或水利及卫生工程组。同年建土木工程馆、水力实验馆。1938年5月，在云南昆明以清华大学土木系为主建立西南联大土木系，学生在四年级分4个选修组学习，即结构、铁路道路、水利、市政卫生。1946年10月清华大学复员回到北京。

1952年高校院系调整时，在水利组的基础上建立了水利工程系，设河川及水力发电站的技术建筑物、水能利用两个专业。土木工程系设工业与民用建筑设计、建筑施工、给排水、暖通、建筑材料5个专业。学制五年。20世纪60年代土木工程系和建筑系曾一度合并，成立土木建筑系，1970年改称建筑工程系。1980年土木工程系和建筑系分开，成立土木与环境工程系，1984年给排水专业分离后，恢复了土木工程系，1986年土木工程系增设"建筑管理"专业。1988年水利工程系更名为水利水电工程系。

2000年1月22日，校务会通过决议，决定成立土木水利学院；2月24日召开土木、水利两系全体教职工大会，学校宣布成立学院和干部任命；4月20日学校召开庆祝大会，同时成立建设管理系。十多年来，土木水利学院已逐渐形成以工程和管理并举、重视基础研究、紧密结合工程实践、加强对学生综合素质和能力培养的办学模式。

历任院长、副院长及党委书记名录见表 19-2-1。

表 19-2-1　土水学院历任院长、副院长及党委书记名录

院　　长		副　　院　　长		党委书记	
姓名	任职时间	姓名	任职时间	姓名	任职时间
袁　驷	2000-02—2008-06	金　峰	2000-01—2005-06	胡和平	2000-02—2002-12
		钱稼茹	2000-01—2003-07		
		谢树南	2000-01—2001-02		
		陈永灿	2001-02—2003-07	陈永灿	2002-12—2004-10
		石永久	2002-03—2007-01		
		辛克贵	2000-01—2002-03 常务副院长 2003-07—2010-07		
		张建民	2003-07—2004-11		
		李庆斌	2004-11—	张建民	2004-10—2008-09
		王忠静	2005-06—		
陈永灿	2008-06—	刘洪玉	2007-01—	石永久	2008-09—
		宋二祥	2010-07—		

院学术委员会主任先后由雷志栋（2000—2008）和张建民（2008—　）担任。

主要教学和科研组织见表 19-2-2。

表 19-2-2　土水学院主要教学和科研组织

系	土木工程系	建设管理系	水利水电工程系
研究所	结构工程研究所	房地产研究所	水沙科学与水利水电工程国家重点实验室
	防灾减灾工程研究所	工程管理研究所	河川枢纽研究所
	建筑材料研究所	国际工程项目管理研究院	项目管理与建设技术研究所
	交通研究所		河流研究所
	地球空间信息研究所		水力学研究所
	结构力学教研室		水文水资源研究所
	地下工程研究所		岩土工程研究所
			水利水电工程设计研究所

　　土木水利学院还先后成立了一批多学科交叉的研究机构，如清华大学国际工程项目管理研究院（2000）、黄河研究中心（2000）、FIDIC-TSINGHUA-CNAEC 培训中心（2001）、跨境河流水资源与生态安全研究中心（2006）等。

　　土木水利学院现有土木工程、水利工程和工程管理 3 个本科专业，每年招收本科生 7 个班（约 210 名），2010 年底在校本科生 853 名。土木水利学院现有土木工程、水利工程、管理科学与工程 3 个一级学科，均有博士、硕士授予权。3 个一级学科下设有若干个研究方向，它们是：结构工程、岩土工程、地下结构、抗震抗爆工程、桥梁结构、土木工程信息技术、土木工程材料、建设项目管理、房地产经济与管理、建设施工技术、水工结构工程、水力学及河流动力学、水文学及水资源、水利水电工程、港口海岸及近海工程。土木工程系还设有 1 个一级学科硕士点：交

通运输工程，1个二级学科硕士点：大地测量学与测量工程。在两个领域授予专业硕士学位：建筑与土木工程领域、交通运输工程领域。每年招收硕士生和博士生近200名，2010年底在校研究生604人。土木水利学院的3个一级学科下均设有博士后科研流动站。

2010年底，全院在编教职工人数为184人，其中教授、研究员65人，副教授、副研究员53人，高级工程师、高级实验师22人，讲师、助理研究员17人，工程师、实验师15人，助理工程师2人，教育职员7人，工人3人。教师中有中国科学院和中国工程院院士8人，国家级教学名师1人，并有6人被聘为"长江学者奖励计划"特聘教授。

二、主要工作

2000年2月24日在校蒙民伟楼召开了清华大学土木水利学院成立大会。原土木工程系和水利水电工程系的全体教工参加了大会。时任校党委副书记陈希宣布校务会关于成立土木水利学院的决定并宣布学院干部任免通知，任命袁驷为土水学院院长；宣布经校党委决定，土水学院成立临时党委，待一年后改选。任命胡和平同志为土水学院党委书记。袁驷和胡和平在大会上讲话。

2000年4月20日在校大礼堂召开了清华大学土木水利学院成立庆祝大会。常务副校长何建坤宣布清华大学校务会议关于成立土木水利学院的决定及成立隶属土木水利学院的建设管理系的决定，校党委常务副书记陈希宣读土水学院干部任命名单，校党委书记贺美英和土木水利学院院长袁驷为土水学院揭牌。袁驷院长以"建一流学科、育一流人才、面向主战场、共创新辉煌"为题发言，中国工程院副院长、学校双聘教授潘家铮院士和国家建设部姚兵总工程师到会祝贺学院成立，并发表热情讲话，希望今后土水学院为祖国培养更多更好的优秀人才。最后，贺美英同志对土木水利学院成立表示祝贺并提出要求和希望。两院院士张维、张光斗先生，土木系第一届系主任施嘉炀先生，建设部、水利部、国家电力公司、中国建筑工程总公司、中国水利水电工程总公司、中国建筑科学研究院、中国水利水电科学研究院、中国冶金建筑研究总院、中国铁道科学研究院等单位的负责人，部分合作企业代表及学校各院系、部处负责同志出席会议。当日晚7时在大礼堂举行了庆祝清华大学土木水利学院成立的联欢晚会。

2000年5月，经全院工会会员投票选举产生土水学院第一届工会委员会，季如进任工会主席。在院党委重视和支持下，院工会积极开展多项活动，内聚人心，外塑形象，为土水学院成为一个大家庭发挥了重要作用，当年即被评为校级先进部门工会。

2000年11月，学校批准成立国际工程项目管理研究院，袁驷任院长。

2001年5月25日，召开全院党员大会，选举产生土水学院党委会，胡和平任党委书记。

2008年6月，陈永灿担任土水学院院长。

人才培养是学校的根本任务。建院伊始，学院就结合清华大学第21次教育讨论会，启动了人才培养理念、培养模式、教学计划和教学内容的大幅度调整，进行了凝练方向、明确目标、确立模式、构建平台四个方面的工作。结合学院学科布局和高层次专业人才需求特点，确立了面向国家建设主战场、面向未来、面向世界，培养"高素质、高层次、多样化、综合性"的拔尖创新人才和中国土木水利工程与管理领域的领军人物的教育理念；形成了有技术、懂管理、会经营、善开拓的人才培养目标和宽口径厚基础、知识与能力并重、为学与为人并重、技术＋管理的人才培养模式，打造了由学校基础课、学院基础课、专业课和专业方向课组成的四级教学平台。先后建成了结构力学、水力学、土力学、水工建筑学、混凝土结构、水文学原理与应用等多个国家级精品课程，并获得了国家级教学成果一等奖等多项教学奖励。同时，传承土木与水利学科注重实践与工程教育的传统，精心营造实践与工程教育文化，适时调整实践与工程教育模式，全面打造实践与工程教育队伍，广泛开拓实践与工程教育基地。

在具体教学过程中，学院还注重采取多种措施，加强学生实践能力、创新能力和全面素质的培养，毕业生深受用人单位欢迎，就业率高。学院重点建设了8个教学实验室，包括土木工程系的工程结构实验室、建筑材料实验室、测量实验室和CAD/CAE教学训练实验室，水利系的水力学、土力学、工程地质实验室和地质之角，建设管理系的项目管理实验室，与航空航天学院共同建设的力学实验教学中心入选了教育部"国家级实验教学示范中心建设单位"。土木工程系主持的结构设计大赛、水利工程系主持的水利创新设计大赛和建设管理系主持的建设管理创新大赛，为学生素质和创新能力培养，发挥了积极的作用。此外，学院还与中国建筑工程总公司、中国交通建设集团、中国三峡总公司、中海地产等大型企业合作，建立了一大批国家级、校级本科生、研究生教学实践基地。

土水学院推进"985"学科规划，确立了"以人才培养为根本，以团队创新为主线，以学科建设为核心，以项目实施为载体，以品牌打造为目标"的指导思想，以"建设一支结构合理、规模稳定的高水平攻坚队伍，打造堪称清华土木水利品牌的创新成果，把土木水利学院建设成为国内第一、世界一流的研究群体和人才培养基地"为总体目标。在全院的努力下，"985"学科建设取得了多项突破性进展，例如游荡性河流的演变规律及在黄河与塔里木河整治工程中的应用，流域水量调控模型及在黄河水量调度中的应用，钢-混凝土组合结构关键技术的研究及应用等。2009年4月，校"985"建设办公室主持召开了土水建环学科群建设项目验收会，院长陈永灿做了关于"985"学科建设项目完成的总体报告，专家们认为该建设项目成效显著，在学科建设、科学研究、人才培养、队伍建设等方面达到了预期目标，并建议学校今后进一步给予支持，加快建设世界一流土木水利工程学科的步伐。

2010年，成功举办庆祝建院10周年系列活动。院长陈永灿、党委书记石永久以"十年耕耘创新路，固本溯源谱华章"为主题进行了回顾总结。校长顾秉林、校党委书记胡和平以贺信表示祝贺，充分肯定建院10年取得的骄人业绩，并希望学院在培养拔尖创新人才、加快建设世界一流学科的奋斗历程中谱写新的篇章。通过庆祝大会、院庆文艺晚会、《新清华》院庆专刊、土木水利与建设管理教育创新论坛、签订教育科技合作协议等活动宣传了学院方方面面的发展成就，增强了广大校友的凝聚力，争取到社会各界的支持，推动了学院科学发展。

第三节 土木工程系

一、沿革

土木工程系的前身是工程学系，在发展过程中系的建制与系名多次变更。

1916 年，清华学校开始招收土木工程科留美专科生，至 1925 年共招收 17 名。1925 年学校成立大学部，1926 年秋成立工程学系，系主任为周永德，设土木、机械、电机三科，1927 年合并为实用工程科，1928 年秋改为市政工程学系。同年冬因经费不足被裁撤，在校的部分二、三年级学生分别转学到上海交通大学和唐山交通大学。1929 年秋又恢复工程学系，专办土木科，改称土木工程学系（简称土木系），附属于理学院。1932 年成立工学院，土木系属工学院。同年建土木工程馆、水力实验馆。

1937 年抗日战争爆发后，土木系大部分教师都随学校迁往长沙，后又迁昆明。1938 年 5 月，以清华土木系为主建立西南联大土木系。

1946 年夏秋清华大学复员北平，10 月开学后，土木工程系在校学生增加到 200 人，教师增加到 24 人，其中教授 13 人。1947 年，建立了土木工程研究所，招收研究生 1 名，1948 年招收 2 名。复校后两届本科毕业生共 61 人。

1952 年全国进行大规模院系调整，北京大学、燕京大学两校土木工程系并入清华土木系，水利学科独立，建立水利工程系。土木系设置 5 个专业，即工业与民用建筑设计、建筑施工、给排水、暖通、建筑材料。本科学制改为五年。

1954 年，公路专业和工程测量专业并入同济大学，保留测量教研组和测量仪器室。土壤基础与工程地质教研组和实验室并入水利系。

1956 年土木系建立党总支委员会。1958 年，土木系和建筑系联合成立土建设计院，增设了建筑材料与制品专业。

1960 年，土木系与建筑系合并，成立土木建筑工程系（简称土建系），设两位系主任，由梁思成和陶葆楷担任。共设 5 个专业，即建筑学、工业与民用建筑、给水排水、供暖供燃气与通风、建筑材料与制品。由于将生产与科研引进教学，同时又要保证理论课程的学习，根据学校决定，土建系结 0 至结 2 三届学生学制由五年延长为五年半。从 1958 年入学的新生，学制改为六年，共招 7 届，1965 年招收新生改为五年制。

1963 年，建立抗爆工程研究组，主要研究在核爆炸荷载作用下，结构、材料的性能及结构设计，是学校的重点科研项目。

1970 年 10 月，招收第一届工农兵学员，房屋建筑专业 2 个班，地下建筑专业 1 个班，暖气通风专业 1 个班，给排水专业 1 个班，学制三年半。

同年，土木建筑系改称建筑工程系（简称建工系）。建工系共有工农兵学员毕业生 1 113 人，其中 6 届学制三年半毕业生 1 060 人，两届学制二年毕业生 53 人。

1977 年恢复全国统考，建工系招收建筑结构工程专业本科生 27 人，环境工程专业本科生 35 人，学制四年半。1978 年恢复了系和教研组的建制。同年，土木工程学科共招收研究生 49 名，其中 3 名为四年制研究生，1981 年转为博士生。

1980 年暑假后，建工系分为建筑系和土木与环境工程系。土木与环境工程系包括建筑结构工程专业、环境工程专业。原供热通风与空气调节专业于 1979 年暑假后并入热能工程系。

1983 年，建立结构工程研究所，下设抗震抗爆工程研究室、近海结构及钢结构研究室、钢筋混凝土结构研究室、结构力学研究室。

1984 年 8 月，土木与环境工程系分为土木工程系和环境工程系（简称土木系和环境系）。同年，结构工程专业取得博士点资格。土木系根据学科发展与建设的需要，增设城市交通与地下建筑教研组，1985 年又增设了建筑管理工程专业和计算机应用研究室。

1986 年，增加了抗震工程及防护工程博士点。1987 年建立了土木与水利学科的博士后科研流动站。1990 年增加了建筑材料博士点。1998 年 6 月获得土木工程一级学科博士学位授予权。

1988 年和 2001 年结构工程学科（联合防灾减灾）被评为国家重点学科。2007 年，土木工程一级学科被评为国家重点学科。

1999 年初，何善衡楼（新土木馆）竣工。同年 9 月，土木系从清华大学主楼 8 楼迁入新土木馆。新馆分为两区，一区为科研、办公用房，2 300 平方米；二区为大型工程结构实验室，1 740 平方米。

2000 年 2 月，学校决定在土木工程系和水利水电工程系的基础上成立土木水利学院。下设土木工程系、水利水电工程系，4 月又增设建设管理系。建设管理系是在建筑管理工程专业为主的基础上组建的。同时，绝大多数教研组和研究室改称为研究所。土木系设结构工程研究所、防灾减灾工程研究所、交通工程研究所、建筑材料研究所、地球空间信息研究所、建筑工程设计研究所和结构力学教研室。

学院成立后，各系不再设立系党委和系工会，由院统一设党委和工会。

土木系历任党政负责人名录见表 19-3-1。

表 19-3-1 土木系历任系主任和系党委（总支）书记名录

系 名	系 主 任	任 职 时 间	系党委（总支）书记	任 职 时 间
工程学系	周永德	1926—1927		
市政工程学系	笪远纶	1928		
土木工程学系	卢恩绪	1929—1930		
	施嘉炀	1930-07—1938-05		
	蔡方荫	1938-05—1940-07		
	陶葆楷	1940-07—1948-08		
	张泽熙（代）	1948-08—1950-07		
	夏震寰	1950-07—1951-10		
	李庆海（代）	1951-10—1952-07		
	张 维	1952-07—1956-07		
	陈士骅（代）	1954-01—1955-01		
	陶葆楷	1956-07—1960-07	解沛基 陈 英 周维垣	1954—1956-07 1956-07—1959-02 1959-02—1959-12
土木建筑系	陶葆楷	1960-07—1966-06	刘小石	1960-07—1966-06
	梁思成	1960-07—1966-06		
建筑工程系	吴良镛	1978—1980-07	刘小石	1978—1980-07
土木与环境工程系	王国周	1980-07—1984-08	方惠坚	1980-07—1984-01
土木工程系	陈肇元	1984-08—1988-01	王鲁生	1984-01—1992-05
	江见鲸	1988-01—1992-05		
	刘西拉	1992-05—1998-06	史其信	1992-05—1998-11
	袁 驷	1998-06—2000-04	王志浩	1998-11—2000-04

续表

系　　名	系　主　任	任　职　时　间	系党委（总支）书记	任　职　时　间
土木工程系*	石永久	2000-04—2002-02		
	宋二祥	2002-03—2010-06		
	韩林海	2010-07—		

注：＊为土木水利学院时期。

　　2000 年之前，土木系学术委员会主任先后由陈肇元（1993—1996）、方鄂华（1997—2000）担任，2000 年成立建管系后土木、建管仍设一个学术委员会，主任由江见鲸（2001—2004）、任爱珠（2005—2008）和聂建国（2008—　　）担任。

二、教学科研组织

　　1952 年，土木系设上下水道、公路、工程测量、土壤基础及工程地质、钢筋混凝土结构及工程材料、结构力学及钢木结构教研组。

　　1954 年，土木系设给水排水、工程结构、工程测量、工程材料、建筑施工技术与机械、暖气通风、结构力学教研组。

　　1965 年，土木系设给水排水、工程结构、工程测量、建筑材料、建筑施工技术与机械、供热供燃气与通风、结构力学教研组。

　　1978 年，土木系设给水排水、工程结构、测量、建筑材料、建筑施工技术与机械、供热供燃气与通风、结构力学、地下建筑教研组、地震工程研究室、综合设计研究院。

　　1986 年，土木系设工程结构、测量、建筑材料、建筑工程管理与施工技术、结构力学、城市交通与地下建筑教研组、抗震抗爆工程研究室、计算机应用研究室、设计研究院。

　　1991 年，土木系设工程结构研究室、测量教研组、建筑材料教研组、建筑工程管理与施工技术研究室、结构力学研究室、城市交通与地下建筑研究室、抗震抗爆工程研究室、计算机应用研究室、近海结构及钢结构研究室。

　　1995 年，土木系设市政工程设计所、城市交通与地下建筑教研组、计算机应用研究室、结构工程与抗震实验室、结构力学教研组、建筑材料教研组、建筑工程管理与施工技术研究室、测量教研组。

　　2000 年，土木系设建筑工程设计研究所、交通工程研究所、防灾减灾工程研究所、结构工程研究所、结构力学教研室、建筑材料研究所、地球空间信息研究所、岩土工程研究所。

　　2006 年，土木系设地下工程研究所、交通工程研究所、防灾减灾工程研究所、结构工程研究所、结构力学教研室、建筑材料研究所、地球空间信息研究所。

　　2010 年，土木系设地下工程研究所、交通工程研究所、防灾减灾工程研究所、结构工程研究所、结构力学教研室、建筑材料研究所、地球空间信息研究所。

三、教职工

　　1952 年土木系教师及职员人数为 64 人；1954 年土木系教师及职员人数为 137 人；1965 年土木系教师及职员人数为 184 人；1978 年土木系教师及职员人数为 236 人；1986 年土木系教师及职

员人数为 179 人；1991 年土木系教师及职员人数为 151 人；1995 年土木系教师及职员人数为 137 人；2000 年土木系教师及职员人数为 95 人；2006 年土木系教师及职员人数为 74 人；2010 年土木系教师及职员人数为 71 人。

1926 年至 2010 年受聘于土木系（专业）的教授（括弧内为在系聘任时间）名录见表 19-3-2。

表 19-3-2　土木系教授名录

姓名（任职时间）	姓名（任职时间）	姓名（任职时间）
周永德（1926—1927 调出）	潘文焕（1926—1927 调出）	笪远纶（1926—1931 调出）
钱昌祚（1926 调出）	罗邦杰（1926，1928—1930 调出）	杜光祖（1927 调出）
吴毓骧（1927 调出）	施嘉炀（1928—1952 调出）	孙瑞林（1928 调出）
卢恩绪（1929 调出）	许 鉴（1930 调出）	王裕光（1930—1951 调出）
钟春雍（1930 调出）	张润田（1930，1935—1937 调出）	张泽熙（1931—1950 调出）
蔡方荫（1931—1939 调出）	陶葆楷（1931—1948，1952—1980 调出）	张 任（1932，1934—1935 调出）
张乙铭（1933 调出）	李 协（1935—1936 调出）	李谟炽（1936—1947 调出）
洪 绅（1936 调出）	吴柳生（1936—1983 去世）	杨铭鼎（1938 调出）
陈永龄（1938—1939 调出）	覃修典（1938—1939 调出）	张有龄（1938—1939，1951 调出）
王龙甫（1939—1946 调出）	衣复得（1939 调出）	张昌华（1942 调出）
李庆海（1942—1954 调出）	阎振兴（1942—1946 调出）	刘恢先（1945—1946，1951 调出）
谭葆泰（1946 调出）	夏震寰（1947—1952 调出）	李丕济（1947—1952 调出）
储钟瑞（1947—1985 退休）	陈樑生（1948—1954 调出）	张光斗（1949—1952 调出）
王竹亭（1949 调出）	金 涛（1951—1952 调出）	张 维（1952—1956 调出）
李颂琛（1952—1963 调出）	杨曾艺（1952—1963 调出）	王兆霖（1953—1979 调出）
张 典（1953—1978 去世）	杨式德（1953—1976 去世）	陈祖东（1954—1958 调出）
施士升（1961—1985 退休）	王国周（1961—1987 退休）	籍孝广（1961—1986 退休）
许葆玖（1961—1984 调出）	顾夏声（1961—1984 调出）	王继明（1961—1984 调出）
龙驭球（1978—　）	李国鼎（1980—1984 调出）	黄 熊（1980—1981 去世）
王传志（1980—1988 退休）	张良铎（1980—1989 离休）	陈致忠（1980—1987 退休）
刘翰生（1980—1987 离休）	滕智明（1983—1993 离休）	陈肇元（1983—　）
沈聚敏（1983—1995 离休）	刘元鹤（1985—1987 离休）	李著璟（1985—1990 退休）
卢 谦（1985—1990 退休）	陈 聃（1985—1991 去世）	过镇海（1985—1998 退休）
裘宗濂（1986—1991 退休）	童林旭（1987—1994 退休）	包世华（1987—1991 退休）
罗福午（1988—1990 退休）	韩守询（1988—1992 退休）	庄崖屏（1988—1993 退休）
李少甫（1988—1995 退休）	冯乃谦（1988—2000 退休）	江见鲸（1988—2004 退休）
刘西拉（1988—1998 调出）	瞿履谦（1988—1989 退休）	支秉琛（1989—1994 退休）
杨德麟（1989—1997 退休）	郑金床（1989 调出）	佟一哲（1989—1993 退休）
方鄂华（1989—1998 退休）	陶全心（1990—1993 退休）	廉慧珍（1991—1994 退休）
匡文起（1991—1997 退休）	袁 驷（1991—　）	王鲁生（1991—1995 退休）
郑国忠（1992—1995 退休）	朱金铨（1992—1998 退休）	崔景浩（1992—1994 退休）

续表

姓名（任职时间）	姓名（任职时间）	姓名（任职时间）
赵光仪（1993—1994 退休）	秦　权（1993—2003 退休）	史其信（1993—2009 退休）
王际芝（1994—2001 退休）	张铜生（1994—1995 退休）	钱稼茹（1994—2010 退休）
过静珺（1995—2002 退休）	王娴明（1995—1997 退休）	吴佩刚（1996—2002 退休）
雷钟和（1996—1996 退休）	朱　嬿（1996—2009 退休）	刘洪玉（1996—　）
郭彦林（1997—　）	覃维祖（1997—2006 退休）	叶知满（1997—1997 退休）
王作垣（1997—2002 退休）	任爱珠（1997—2009 退休）	刘晶波（1997—　）
王志浩（1998—2007 退休）	朱宏亮（1998—退休）	卢有杰（1999—2006 退休）
聂建国（1999—　）	宋二祥（1999—　）	阎培渝（1999—　）
郭玉顺（2000—2004 退休）	石永久（2000—　）	季如进（2000—　）
陆化普（2001—　）	叶列平（2001—　）	那向谦（2001—2004 退休）
辛克贵（2001—　）	李永德（2002—2007 退休）	张建平（2002—　）
吴炜煜（2003—2006 退休）	董　聪（2003—　）	马智亮（2003—　）
张惠英（2004—2007 退休）	张　君（2004—　）	钟宏志（2004—　）
韩林海（2005 调入—　）	张玉良（2005—2006 退休）	时旭东（2006—　）
王元清（2006—　）	赵红蕊（2008—　）	石　京（2009—　）
路新瀛（2010—　）		

说明：龙驭球 1995 年当选中国工程院院士，陈肇元 1997 年当选中国工程院院士。袁驷 2000 年当选长江学者特聘教授，聂建国 2001 年当选长江学者特聘教授。

四、教学

（一）本科生

土木工程系初建时期，培养目标几度变更，开始希望培养实用工程人才，对土木、机械、电机各项工程的基本学识都有，故设实用工程科。1928 年秋，罗家伦任校长以后又宣布要"培养市长兼工程师的人才"，改为市政工程系，文理课程各占二分之一。1929 年改称土木工程系之后，才逐渐明确"使学生毕业后，能在我国不甚分工的情形下，对于各种土木工程事件都能做有把握的处置"，即培养具有土木工程方面有广泛基本知识的人才。因此土木系课程编制原则是：头三年务求广阔，期使学生多了解各种工程的性质与门类；最后一年力求精细，学生可以各就性能之所近，深造某一门类，期成专门人才。各年级课程分配为：一年级课程大半属于自然科学方面；二年级则多系工程学的基本训练，如测量、静动力学、材料力学、热机学及材料学等；三年级功课注重土木工程普通科目，如构造学、铁道工程及给水工程等；至四年级则分为铁路及道路工程与水利及卫生工程两组，学生得就其性之所好，选修一组。当时除河海工科大学外，一般大学没有水利组，清华土木系设水利组，在国内是一种新的做法，成为土木系重点发展的一个组。

在西南联大时期，由于课程设置的扩充和加强，将抗战前的两个组调整为结构工程、水利工程、铁路道路工程和市政工程 4 个组，但各组的课程大部相同。四年级开始选修分组课程，这种设置一直延续到 1952 年。

1952 年院系调整后，开始按专业对学生进行培养。其专业设置及变迁如系的沿革中所述。至 1993 年，设建筑结构工程（含交通工程方向）和建筑管理工程（含房地产方向）两个专业。前三年学习基础和技术基础课程。四年级学生可根据当时社会的需求和本人的志趣选学一个专业的课程。

建筑结构工程专业培养能从事工业、民用、公共建筑物和构筑物的结构设计、施工、管理，并具有广泛适应能力的高级技术人才。学生应具备扎实的基础理论、较好的外语水平和熟练的计算机应用能力。

建筑管理工程专业培养掌握现代化管理理论、方法和手段，并具有广泛适应能力的建设工程管理、施工与设计的高级技术人才。学生应具备扎实的工程技术与管理知识、较高的外语水平和熟练的计算机应用能力。

从 1996 级学生开始，土木工程系的本科学制由五年改为四年。

2000 年土木水利学院成立后，对教学计划进行了很大调整，强调加强对学生的综合素质教育和创新能力、实践能力的训练，进一步拓宽专业知识面，增加院级平台课，按"大土木工程"和"工程技术＋工程管理"的思路调整课程设置。

在 2002—2006 级土木工程专业本科培养方案中制定的培养目标是：培养具有坚实的数学和力学基础理论知识，自然科学基础和人文社会科学知识，较高的外语水平和计算机应用能力，掌握土木工程专业技术基础理论，以及一定的工程实践，获得注册结构工程师的基本训练，综合素质良好和富有创新精神的高层次科学技术和管理人才。毕业后能从事土木工程领域的结构设计、施工与工程管理、科学研究等方面的工作。

表 19-3-3 列出了不同时期土木系本科生招生和毕业人数统计。

表 19-3-3 不同时期土木系本科招生与毕业人数统计

年份	1929—1937	1938—1946	1947—1948	1949—1952	1953—1970	1971—1976	1977—1980	1981—1996	1997—2010
招生人数	不详	371	109	771	2 746	1 789	633	1 892	1 729
毕业人数	182	206	57	211	2 929*	1 060*		1 218	1 478

说明：① 1952 前数据根据《清华大学史料选编》统计，其中 1938 年—1946 年是西南联大土木系数据。
② 1953 年至 1996 年数据根据档案资料统计，由于经历过多次专业调整，各时期统计数据包含的专业不同；其中带 * 的数字不包括给排水、暖通及建筑学专业毕业生。

1926 年至 2010 年，土木系毕业本科生及研究生 10 000 余名，其中硕士生 1 208 名（含无学位研究生 107 名），博士生 276 名。

随着社会的进步、科学技术的发展和国家建设的需要，土木工程教育已有了很大的变化，土木工程系在专业设置、课程门类的开设、教学内容与教学方法的改革等方面都有很大的变迁，现将土木工程系 3 个不同年代以及 2010 年入学新生所执行的教学计划列于表 19-3-4 至表 19-3-7。

表 19-3-4 土木系 1936—1937 学年度课程设置

年级	上学期课程	上课时数*	学分	下学期课程	上课时数*	学分
一	中 101 国文	3	3	中 102 国文	2	3
	外 101 第一年英文	4	3	外 102 第一年英文	4	3
	物 103 普通物理	7	4	物 104 普通物理	7	4
	算 105 微积分	4	4	算 106 微积分	4	4

续表

年级	上学期课程	上课时数*	学分	下学期课程	上课时数*	学分
一	经101 经济学概论	3	3	经102 经济学概论	3	3
	机101 画法几何	5	2	机102 工程画	5	2
	机112 锻铸实习	3	1	机113 制模实习	3	1
	总数	29	20	总数	28	20
二	土111 平面测量	6	2	土112 高等测量	7	3
	土171 工程地质学	3	3	土114 应用天文	2	2
	机119 金工实习	3	1	土142 铁路曲线及土工	6	4
	机131 机件学	3	3	机142 热机学	3	3
	机121 静动力学	4	4	机122 材料力学	4	4
	算121 微分方程	3	3	土126 工程材料学	2	2
	化103 普通化学74	7	4	化104 普通化学	7	4
	总数	29	20	总数	31	22
三	土102.1 构造学（一）	3	3	土120.2 构造学（二）	3	3
	土131 道路工程	3	3	土120.4 构造设计	6	2
	土143 铁路工程	3	3	土124 钢筋混凝土构造	3	3
	土151 水力学	4	3	土152 水力实验	3	1.5
	土161 都市卫生及设计	3	2	土162 给水工程	4	3
	电107 直流电机	3	3	电108 交流电机	3	3
	土126 材料试验	3	1.5	电120 电机实验	3	1.5
	总数	22	18.5	总数	25	17
四	铁路及道路工程组					
	土123 地基及房屋	3	3	土174 工程估计及契约	2	2
	土121 桥梁设计	6	2	土134 道路材料试验	3	1.5
	土124.1 钢筋混凝土设计	6	2	土144 铁路设计	4	2
	土163 下水工程	3	3	土164 铁路管理及会计	4	3
	土133 道路设计	4	2	选修	10	10
	土145 高等铁路工程	3	3			
	选修	4	4			
	总数	29	19	总数	23	18.5
	水利及卫生工程组					
	土123 地基及房屋	3	3	土174 工程估计及契约	2	2
	土121 桥梁设计	6	2	土154 水电工程	3	3
	土124.4 钢筋混凝土设计	6	2	土156 水工设计	6	2
	土163 下水工程	3	3	土164 卫生工程设计	4	2
	土153 水文学	2	2	选修	10	10
	土155 河港工程	3	3			

续表

年级	上学期课程	上课时数	学分	下学期课程	上课时数	学分
	选修	4	4			
	总数	27	19	总数	25	19
	各组选修科					
四	土 127 高等构造学	4	4	土 128 高等构造设计	6	2
	土 135 高等道路学	2	2	土 146 养路工程	2	2
	土 159 灌溉工程	2	2	土 147 铁路材料管理	1	1
	土 181 专题研究	3	3	土 158 高等水力实验	4	2
				土 156 卫生工程实验	6	3
				土 182 专题研究	3	3

注：＊代表每周课时数。

说明：二年级暑期测量实习 5 周，课程为：土 119.1 地形及大地测量，土 119.2 水文测量，土 119.3 铁路及道路实践实习。

表 19-3-5 土木系 1957 届课程设置（工民建专业五年制）

课程	周学时	课程	周学时	课程设计	实习
新民主主义论	3＋3	结构力学	5＋6	建筑学设计（四、五）	测量实习
政治经济学	4＋4	电工学	5	钢筋混凝土设计（四、五）	认识实习（二）
马列主义基础	4＋4	热工学	3	钢结构与焊工（四）	生产实习（三）
高等数学	10＋6＋4	水力学	3	暖通设计（四）	生产实习（四）
普通化学	3＋3	建筑学	2＋5＋4＋4＋2	给排水设计（三）	毕业前实习（五）
普通物理学	6＋7	给水排水	5	建筑施工方法（三）	
工程画	5＋2	钢结构及焊工	5＋4＋3	木结构设计（四）	
画法几何	5	弹塑性力学	4	基础工程设计（五）	
测量学	3＋2	暖气通风	4	施工组织与规划设计（五）	
理论力学	6＋5	钢筋混凝土结构	3＋4＋5	毕业设计（五下）	
材料力学	6＋5	木结构	3		
工程材料	2＋4	工程地质	5		
体育	4×2	基础工程	4＋4		
俄语	8＋4＋2	施工组织与规划	4＋4		
素描	4	结构架设与检验	5		
建筑施工方法	4＋5＋5	保安与防火	1		
机械零件	3				
工厂实习	2＋3				

说明：土木系的测量实习，曾承担国内重点工程的测量任务，如 1951 年暑期承担长春第一汽车制造厂的厂址测量，1953 年暑期测量专业的同学承担洛阳第一拖拉机制造厂的厂址测量等。

表 19-3-6　土木系 1990 年课程设置（建筑结构工程专业五年制）

课　程	学时	学分	课　程	学时	学分	课　程	学时	学分
（1）必修课								
中国革命史	64	8	土木工程概论	16	1	钢筋混凝土结构	84	14
当代资本主义	32	4	理论力学	128	20	钢结构	64	10
中国社会主义建设	32	4	材料力学	128	9.5	混合结构设计	30	6
马克思主义哲学原理	64	8	画法几何及土建制图	128	20	电工与电子技术	72	11
法律基础	32	3	计算机软件技术基础	64	9	土力学	48	8
军事理论	32	3	建筑材料	56	8	微机系统基础	32	5
体育	192	12	测量学	64	7	弹性力学及有限元	48	8
英语	256	37	工程地质	32	4	基础工程	40	6.5
微积分	192	32	房屋建筑学	56	9	建筑施工技术	56	7
线性代数	56	9.5	结构力学	128	22	计算机文化基础	16	2.5
普通化学	56	7	水力学	48	9			
普通物理	114	24						
普通物理实验	80	11						

（2）限选课（12 组，27 门，选修不少于 85 学分）

组	课　程	学时	学分	组	课　程	学时	学分
1	人文社科类	128	12	7	结构稳定	32	5
2	外语类	64	12		建筑技术经济	40	5
3	概率论与数理统计	48	7.5	8	高层建筑结构	48	7
	工程数学	56	8.5		建筑设备	32	4
	计算方法	56	9.5	9	结构试验	48	5
4	结构可靠度	3	2		施工组织与网络计划	48	7
	预测学基础	32	5	10	建筑工程管理	48	6
5	结构矩阵分析	32	6		工程项目管理	48	8
	结构矩阵分析（英文）	32	6	11	地震工程	32	4
	建筑系统工程	48	7		建筑管理信息系统	32	4
6	地下结构	32	5	12	桥梁工程	32	5
	特殊结构	32	5		近海结构工程	32	5
	板壳结构	32	5		钢结构工程	32	5
	经济法	49	4.5				

（3）任选课（共 32 门，每人选修不少于 38 学分）

课　程	学时	学分	课　程	学时	学分	课　程	学时	学分
建筑材料特论	32	4	城市规划概论	32	4	专业英语	64	10
特种工程材料	32	4	建筑环境科学	32	4	C 语言	24	4
新型建筑材料实验	32	4	结构概念（英语）	32	5	企业经济核算与分析	32	4

续表

课　程	学时	学分	课　程	学时	学分	课　程	学时	学分
摄影测量	32	4	高等结构矩阵分析（英语）	32	5	成本估算与造价控制	32	4
实验数据处理误差分析	32	4	国外规范介绍（英语）	32	5	对外经济管理基础	32	4
建筑设计初步（一）	40	7	交通工程（一）	32	5	房地产经营与管理（一）	32	4
建筑设计初步（二）	40	7	交通工程（二）	32	5	房地产经营与管理（二）	32	4
建筑设计（一）	48	9	结构设计优化方法	32	6	港口工程	48	8
建筑设计（二）	48	9	塑性力学引论	32	4	基础工程专题	32	4
美术	32	4	结构现状与未来	32	2	建筑结构事故分析	32	4
计算机图形学基础	32	6	文献检索与利用	15	2	结构耐久性及维修理论	32	4
数据库	32	6	计算机辅助设计	32	6			

（4）实践环节

单层厂房课程设计	8	3	认识实习	5	2.5	军训	8	4
钢结构课程设计	5	2	施工实习	12	6	公益劳动	2	1
测量实习	5	2						

表 19-3-7　土木工程专业课程设置和学分要求（2010 级四年制）

课程类别	学分要求
人文社会科学基础类（35 学分）	体育：4 学分；外语：4 学分；思想政治理论课：4 门 14 学分；文化素质课：13 学分
自然科学基础类（34 学分）	数学类：必修 7 门 22 学分；物理课：2 门 6 学分；计算机基础课：2 学分；自然科学选修课：4 学分
专业基础类（57 学分）	工程制图类：2 门 5 学分；力学类课程：7 门 21 学分；专业基础课：14 门 31 学分
专业类（16 学分）	概论课：2 学分；专业必修课：A. 结构方向，5 门 11 学分；B. 交通桥梁方向 6 门 11 学分；专业限选课：2 学分；专业任选课
实践环节类（20 学分）	Project 类课程：4 门 8 学分
实习类	5 门 12 学分
任选类	结构设计大赛，经审查可替代 Project 的 SRT
综合论文训练	15 学分

（二）研究生

1947 年，土木系建立土木工程研究所，并开始招收研究生，学制三年，1952 年前招生人数很少。

1952 年院系调整后，1953 年开始聘请苏联专家来土木系任教，建筑施工方面有萨多维奇专家，钢结构方面有捷烈文斯柯夫专家。在这两个方面有大量外校来进修的青年教师和本系部分青

年教师作为研究生进行培养。因为当时培养研究生制度并不健全，大部分又是在职学习，因工作需要而流动较大，所以这一时期研究生在校人数变化也比较大。到1956年坚持学习至毕业的有30人。

正式成批培养研究生是从1959年开始，当年土木系招收15名，学制定为四年，1961年招收36名，学制改为三年。这一时期毕业的研究生不授予学位。1963年招收了一批系内教师为在职研究生。

"文革"时期，1973年从工程单位招收一个研究生班共12人，学制二年，1975年毕业。1947年至1975年土木系研究生招生和毕业人数见表19-3-8。

表19-3-8　1947年—1975年土木系研究生招生与毕业人数

年份	1947	1948	1949	1950	1951	1952	1953	1954	1955	1956	1957	1958	1959	1960	1961
招生	1	2	3	1			41	5			3		15		36
毕业				2	1					30				2	
年份	1962	1963	1964	1965	1966	1967	1968	1969	1970	1971	1972	1973	1974	1975	
招生	2	6	5	2								12			
毕业		9	11	27	1	5	7							12	

说明：统计数据中不包括建筑学研究生。

1978年，正式恢复研究生招生，学制二年半至三年，通过答辩授予硕士学位。土木系有权授予硕士学位的专业有：结构工程、抗震工程及防护工程、工程测量、建筑材料、建筑经济与建筑管理工程等专业以及城市交通、地下建筑等两个方向。每年招收硕士生35人左右。

1981年，开始招收博士生。有权授予博士学位的学科专业有：结构工程、抗震工程及防护工程、建筑材料。1998年6月国家教委批准土木系土木工程一级学科博士学位授予权。这就意味着不必再按上述二级学科招收博士研究生和授予博士学位，同时，也不必按二级学科聘任博士生导师。

1995年9月，清华大学研究生院下发了《举办工程类型硕士课程进修班的试行办法》，目的是适应国家经济、科技发展需要，培养高层次的、应用型的专门人才。从1996年6月开始，土木系陆续与建设部、工程建设企业以及有关研究院、设计院等单位合作举办了十几届工程硕士课程进修班。招生对象为上述单位的在职人员，按"宽进严出"的原则严格管理，凡通过有关规定考试者，才有资格进入论文工作阶段，由学校和合作单位的"双导师"联合指导，论文答辩通过，授予"建筑与土木工程领域"工程硕士学位。工程硕士是侧重于研究和解决工程应用技术问题的专业学位，与工学硕士处于同一层次。

从1996年到2002年土木系共招收了14个工程硕士课程进修班，进修班学生达532人，其中有265人通过资格考试，233人获得工程硕士学位（最晚至2007年底）。另外，还有马兰基地的学员和少量的分散生共26人也获得了工程硕士学位。1978年至2010年土木系研究生招生和学位授予情况见表19-3-9。

2010年，研究生培养计划按土木工程一级学科、交通运输工程一级学科制定。相关的二级学科有：结构工程，抗震抗爆工程，桥梁结构，地下结构，岩土工程，防灾减灾工程，土木工程信息技术，土木工程材料，大地测量学与测量工程。

培养计划一般按两年安排。学位要求总学分不少于23（其中考试学分不少于19），包括公共必修学分5，必修环节2，专业学位课程学分不少于16。第一学期应完成学分60%以上的课程学习，第二学期应完成全部课程学习。

表 19-3-9　1978 年—2010 年土木系招生与获学位研究生人数

年份		1978	1979	1980	1981	1982	1983	1984	1985	1986	1987	1988	1989	1990	1991	1992	1993
招生	硕士生	18	4	4	5	17	25	25	41	35	34	35	28	33	30	32	37
	博士生				2			3	7	6	8	9	4	5	8	7	11
获学位	硕士生				17	3	6+7	7	14	23	22+1	53+1	34+8	6+8	35+1	26+1	37
	博士生							1		1		2	6	3+1	5	1+1	6+1

年份		1994	1995	1996	1997	1998	1999	2000	2001	2002	2003	2004	2005	2006	2007	2008	2009	2010
招生	硕士生	35	36	41	39	55	50	83	59	56	62	59	49	52	47	68	67	56
	博士生	10	9	15	8	14	29	29	22	22	29	28	23	26	18	29	28	35
获学位	硕士生	23	32	34	39	33	38	15	17+3	22	59+1	54+1	56	81	50	115	115	115
	博士生	4	6	4	9+1	5	3+1	7	9	11	18+3	10+1	24	16	31	29	29	27

说明："＋"号后面为在职研究生人数。

（三）教学成果

1986 年 5 月，学校决定"教学上要抓好一批重点课程，以提高课程的教学质量"，为此学校开展了重点课程的建设和一类课程的评选工作。

自 1987 年至 1992 年，土木系陆续有 4 门重点课程被评为一类课程，是全校一类课程最多的系之一。它们是：结构力学（1988 年）；钢筋混凝土结构（1989 年）；工程测量（1990 年）；建筑材料（1992 年）。

土木系获精品课程和教学名师称号的情况分别见表 19-3-10 和表 19-3-11。

表 19-3-10　土木系精品课程一览

精品课名称	负责人	获奖时间	
		国家级	北京市
结构力学	袁驷	2003 年	2003 年
混凝土结构	叶列平	2005 年	2004 年
土木工程 CAD	张建平	2010 年	2006 年
建筑材料	阎培渝		2008 年
物业管理	季如进		2009 年

表 19-3-11　土木系获得教学名师称号教师名录

姓名	获奖时间	称号
袁驷	2003	国家级教学名师、北京市教学名师
叶列平	2007	北京市教学名师
张建平	2009	北京市教学名师

2002 年，龙驭球院士指导的土木系岑松获得当年全国优秀博士生论文荣誉。

1994 年，土木系承办了第一届"清华大学结构设计大奖赛"。此后每年举行一届，参赛人员有土木、水利、建筑、力学等各系的学生。从 2001 年开始，凡参加结构设计大奖赛的清华学生均可记 2 个学分。

2000年土木系邀请了香港大学、澳门大学和台湾大学的学生，成功举办了"两岸四地"的结构设计邀请赛，并发展为每两年举办一次的亚洲高校结构设计比赛。

土木系在北京市和学校团委的组织和领导下，成功举办了北京市高校第一届（2003年）和第二届（2004年）大学生结构设计大赛，北京市十多所高校的大学生参加了此项活动。

截至2010年底，土木系获国家级教学成果奖两项，见第一卷表3-8-2中的28、60项；获北京市教学成果奖7项，见第一卷表3-8-4；获清华大学校级教学成果奖24项，其中一等奖5项，见第一卷表3-8-6。

（四）教材建设

土木系办学初期，主要借鉴美国麻省理工学院和康奈尔大学等著名学校的经验，大都采用外国教材。土木系在1935年开始编写部分教材，如1935年吴柳生编《工程材料试验》，1936年陶葆楷编《给水工程学》，夏坚白、陈永龄编《应用天文学》《养路工程学》等；20世纪40年代编写的有：《下水工程》《军事卫生工程学》（陶葆楷）、《普通结构学》（蔡方荫）、《土壤力学》（阎振兴）、《铁路工程》（张泽熙）、《航空站设计》（吴柳生）等，为土木工程教育作出了贡献。

20世纪50年代开始，编译了苏联专家的讲稿作为教学讲义，如《钢结构》《建筑施工技术》等，后来又翻译出版了《建筑力学教程》，并选用出版的苏联翻译教材作为教科书，如《结构力学》《钢结构》《钢筋混凝土结构》《木结构》《普通测量学》等。

20世纪六七十年代，由于积累了比较丰富的教学经验和资料，开始编写有自己特点的教材，如《结构力学》《壳体结构概论》《普通测量学》《钢筋混凝土基本构件》《钢结构》《有限元概论》等。自己编写和国内出版的教材已基本上能满足教学的需要。历年获奖的优秀教材（或软件）和北京市精品教材见表19-3-12和表19-3-13。

表19-3-12 土木系优秀教材和软件获奖情况

教材（软件）名称	作者	奖项	时间
高层建筑结构	包世华　方鄂华	建设部优秀教材二等奖	1987
钢筋混凝土基本构件	滕智明	建设部优秀教材二等奖	1987
结构力学（上、下）	龙驭球　包世华	全国第一届国家级优秀教材奖	1988
钢筋混凝土结构理论	王传志　滕智明	首届全国优秀建筑科技图书二等奖	1989
结构力学教程（上、下）	龙驭球　包世华	全国第二届国家级优秀教材奖	1992
多层及高层建筑结构设计	方鄂华	全国第三届普通高校建筑类专业优秀教材二等奖	1995
钢筋混凝土非线性有限元分析	江见鲸		1995
建筑施工组织	朱嬿		1995
结构力学（第二版）	龙驭球等	教育部科技进步奖一等奖	1998
混凝土结构及砌体结构	滕智明等	教育部科技进步奖二等奖	1998
建筑结构CAD技术基础	任爱珠等	教育部科技进步奖三等奖	1998
普通高等学校结构力学试题库	土木系课题组	全国第二届普通高等学校CAI优秀软件评选二等奖	1997
钢筋优化配料系统	朱嬿	全国第二届普通高等学校CAI优秀软件评选三等奖	1997

续表

教材（软件）名称	作　者	奖　项	时间
结构力学计算机辅助教学课件	龙驭球　匡文起	第三届高等学校优秀教材评选二等奖	1996
多层及高层建筑结构设计	方鄂华		1996
钢筋混凝土非线性有限元分析	江见鲸　贺小岗		1996
建筑施工组织	朱　嬿　丛培经		1996
钢筋混凝土梁柱计算机仿真模拟教学实验系统	江见鲸　王际芝朱金铨等	全国第一届普通高等学校 CAI 优秀软件评选一等奖	1994
结构力学教程	龙驭球　包世华	建设部全国普通高等院校优秀教材一等奖	2002
建筑工程质量缺陷事故分析及处理	罗福午	建设部全国普通高等院校优秀教材二等奖	2002
结构力学求解器	袁　驷	建设部全国普通高等院校优秀教材二等奖	2002

表 19-3-13　土木系教师编写的北京市精品教材

教材名称	主　编	级别	出版时间
钢筋混凝土原理与分析	过镇海	重点	2001
混凝土结构及砌体结构（第 2 版）	滕智明	一般	2001
建筑工程事故分析与处理（第 2 版）	江见鲸	一般	2001
钢-混凝土组合结构	聂建国	一般	2005
高层建筑结构设计	方鄂华	一般	2003
混凝土结构	叶列平	一般	2006

五、科学研究

（一）概况

建系初期，土木系主要致力于教学和实验室建设，科研工作处于预备阶段。这一时期土木系在国内刊物上发表的论文有 60 余篇，大多为土木工程学科技术的介绍或译述，约 10% 的论文有实验数据或独立见解，主要研究有：在结构理论方面，蔡方荫的《打桩公式及桩基之承量》论文获中国工程师学会第五届年会第二名；还有水利方面施嘉炀关于黄河泥沙问题的研究，卫生工程方面陶葆楷关于北平第一区的环境卫生改良的研究，以及吴柳生关于国产建筑材料的试验研究等。

西南联大时期，在科学研究方面土木系比较突出。发表论文 70 余篇，其中有实验数据和独立见解的占 30% 左右，主要有结构方面：杨式德的《空间钢架应力分析》；水力方面：施嘉炀主持勘测设计了一批小型水力发电站，主要论文有《昆明集雨之研究》《水力发电厂木引水管设计》《云南之水力开发问题》；材料方面：结合滇产木材进行了木材的机械性能、物理性能和节点连接等研究。公路方面：由于 1940 年与交通部合作建立公路实验所，研究经费得到支持，扩大了研究领域，并注重在工程方面，如低级路面之研究、筑路材料之调查及试验、公路标准、内地城市街道改良、我国土壤调查及分类等。发表论文 23 篇，实验报告 14 篇。

在此期间，还与有关单位联合组织出版了《研究丛刊》《公路月刊》《公路丛刊》及《国立清

华大学土木工程学会会刊》等期刊。

20世纪50年代,土木系主要从事一般建筑结构的性能与应用研究,结合工程进行光测弹性力学和壳体结构的研究、竹结构研究、农村建筑研究以及激光测距仪的研究等。60年代,重点转向爆炸荷载下防护结构的研究,及相应加载设备的研制,填补了国内空白,此外还有钢结构及钢筋混凝土构件性能的研究。70年代,研究领域扩展到结构抗地震性能与地震震害研究、高强混凝土材料研究。进入80年代,又开辟了更广泛的研究领域。90年代后,科研经费、论文发表增长迅速。到21世纪初,科研经费与20世纪90年代相比有了成倍甚至几倍的增长。

(二)近年主要科研成果

获得国家级科研奖项的情况见表19-3-14。

表19-3-14　土木系教师获得的国家级奖项情况

序号	项 目 名 称	获奖名称及等级	时间	获奖者
1	结构抗爆抗震研究	国家科技进步奖二等奖	1986	张良铎
2	底层大空间上层大开间大模板高层建筑技术	国家科技进步奖二等奖	1988	方鄂华
3	掺F矿粉混凝土的研究	国家科技进步奖三等奖	1990	冯乃谦
4	混凝土结构设计规范(GBJ 1089)	国家科技进步奖二等奖	1991	滕智明
5	HF-II型红外光点位移测试系统	国家科技进步奖三等奖	1992	过静君(5)
6	高层建筑钢结构成套技术	国家科技进步奖二等奖	1993	方鄂华
7	HF-II红外光点位移测试系统研究	国家科技进步奖三等奖	1993	过静君(4)
8	高强混凝土结构——材料及结构性能、设计方法和施工技术	国家科技进步奖三等奖	1995	朱金铨
9	钢结构设计规范(GBJ 17—88)	国家科技进步奖三等奖	1995	王国周
10	结构在地震下性能的振动台试验研究	国家科技进步奖三等奖	1996	沈聚敏
11	国家标准《构筑物抗震设计规范》(GB 50191—93)	国家科技进步奖二等奖	1996	张良铎
12	GPS导航技术在农业飞防中的应用研究	国家科技进步奖三等奖	1998	过静君
13	结构力学(第二版)	国家科技进步奖二等奖	1999	龙驭球
14	钢-混凝土组合结构关键技术的研究及应用	国家科技进步奖二等奖	2004	聂建国(1) 樊建生(8)
15	复杂空间钢结构曲线滑移、非对称整体提升等施工技术的研究与应用	国家科技进步奖二等奖	2004	郭彦林(7)
16	高坝抗震分析时域显式整体分析法与场址地震动输入确定及工程应用	国家科技进步奖二等奖	2008	刘晶波(3)
17	新型组合剪力墙及筒体结构抗震理论与技术	国家科技进步奖二等奖	2009	钱稼茹(3)
18	高层混合结构体系的关键技术及应用	国家科技进步奖二等奖	2009	王元清(4) 石永久(10)
19	现代钢结构稳定性关键技术研究与应用	国家科技进步奖二等奖	2009	郭彦林(1)
20	特大异型工程精密测量与重构技术研究及应用	国家科技进步奖二等奖	2010	过静珺(4)

说明:括号内数字为获奖者排名。

六、对外合作与交流

土木工程系历来重视对外合作与交流工作，近年来，外事工作的规模与数量都有相当程度的发展。2005年至2010年，每年接待来访的境外学术团体超过40个。

人才培养：2006年，2个海外公司着手在清华设立奖学金，资助建筑材料研究方向的学生。2008年，土木系交通研究所与德国慕尼黑工业大学联合设置暑期交通工程短期课程，该课程每年组织一次，由德国教授主讲。2009年，土木系与美国交通领域研究实力最强的美国加州大学柏克利分校签订了长期的合作协议，内容涵盖学生交流、教师培训、共同研究等方面，从实质上推进两校的合作；土木系与德国慕尼黑工业大学连续三年开展了面向国内高校研究生的硕士课程，该年度有来自国内17所高校的50名在读研究生参加了本课程培训，该硕士课程在国内的影响逐年增大。截至2010年底，土木系本科生在校留学生13人，研究生在校留学生14人。此外，本科生中法4+4计划、UIUC项目计划等都是面向学生的海外合作交流机会。

科学研究：2006年，土木系结构力学教研组与英国Cardiff大学合作开展"结构频率和振型的精确求解"研究项目；包括Degussa、Sika、Grace、Lafarge、Wacker等知名企业在内的海外公司，表达了与土木工程系建立技术合作的意愿；1个香港公司启动与土木系建立联合研究中心计划。2007年，土木系参与的"清华大学—香港理工大学建设工程信息技术研究中心"第一批6个科研项目进展顺利，经费到位，取得了预计成果；土木系与美国马里兰大学筹备联合建立清华-马里兰交通研究中心。2008年，土木系参与东京大学牵头组织的东亚主要大学组成的学术联合体，共同开展"城市可持续交通研究"，土木系主要承担其中学术专著部分内容的撰写，承担了案例示范全书的编写工作。

学术交流：2007年，土木系参与在香港召开的"建设工程信息技术学术研讨会"，清华大学和香港理工大学的研究中心成员就研究成果作了学术报告，香港学术界和工业界近100人参加了会议；土木系与建筑学院共同组织了中德可持续交通国际会议，土木系陆化普教授为大会学术委员会委员，城市发展与基础设施板块的负责人；土木系与德国技术合作公司（GTZ）共同举办了"可持续交通培训研讨会"，会议得到了建设部相关部门的关心支持，同时也得到世界银行专家的帮助；土木系主办CIB International Conference on Global Unity for Safety & Health in Construction（参会外宾约80人）。2009年，土木系与新加坡政府陆运交通管理局共同举办"扩展中城市的绿色交通"——中国、新加坡及世界优秀范例国际研讨会，为参会者搭建了一个与来自中国、新加坡和其他国家的专家和业内人士交流知识和经验的平台；土木系主办了国际工程研讨会（国家基金委资助）；土木系在本年度作为中国唯一代表应邀加入了Construction Law and Economic Circle in Asia Pacific（CLECAP）并代表中国，致力于亚太区建设法律合同和经济相关的学术交流并负责中国的培训。2010年，土木系组织召开清华-MIT-剑桥三校联盟首次研讨会，题目为"地热能存贮与交换的新型土建工程技术研讨会"。

七、实验室

1926年清华大学成立工程学系伊始，就购置3万元仪器设备，主要供大学一、二年级学生进行教学实验。后来由于多种原因使学校在建工程学系问题上受阻，以至影响了实验室建设。

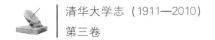
1929 年秋，土木工程系正式建立，同年增设电机实验室，添置测量仪器约 2 万元。

1930 年，增设道路工程实验室，供道路材料试验之用。同年举行了土木系第一次暑假测量实习，结合任务在青岛进行。

1931 年，由于土木系的发展，工艺馆不敷应用，决定在其东西两翼各增加一层改名为土木工程馆，另建水力实验馆，由土木系教师设计。

1932 年，土木工程馆建成，土木、电机、机械三系组成工学院。土木系有水力、材料、道路、卫生 4 个实验室及测量仪器室相继建成，设备在当时都是高水平的，如 50 000 磅压力机和扭力机，可做钢材、木材、水泥、混凝土、砖瓦等各种工程材料基本性能试验，当时北平一带所用的建筑材料大都先由材料实验室试验后才投入使用。

1938 年，西南联大土木系开始招收新生，由于原有实验室的主要设备已迁至昆明，水力、材料、道路、卫生 4 个实验室和测量仪器室建立，并很快投入使用，做出了较好的成绩。在此基础上又先后于 1939 年与交通部公路管理处合设了公路研究实验室，与云南省建设厅林务处合建了滇产木材实验室，结合当地和战时的需要开展实验研究。1939 年，由系主任蔡方荫建议与交通部合作建立土壤力学实验室，3 年建成。

1946 年，国立清华大学复员，迁回清华园。土木工程系仍设在土木工程馆，实验室开始恢复和发展。1949 年，新中国成立之后，土木系主要实验室有：测量仪器室（专供学生测量实习之用）；材料实验室（工学院学生做工程材料和材料力学试验）；道路材料实验室（包括路基土壤、砂石材料、沥青材料等方面的试验）；卫生工程实验室（有物理检测、化学分析、细菌检验和显微镜检验等，有混凝试验、氯化试验、砂滤试验、消毒试验、软水试验等）；土工实验室（有土壤分类试验、渗透试验、三轴压缩试验等）；结构工程实验室（做小型模型试验，如梁、框架的感应线，光弹性仪测应力的大小与分布等）；水力实验室（供水循环系统供水量可达 200 升/秒至 400 升/秒研究试验之用，并配有动力设备、试验水槽及蓄水库和各种测试仪器）。

1952 年院系调整之后，由于专业教学及科研需要，土木系 1956 年新建了土建实验基地，包括工程结构实验室 800 平方米，建筑施工实验室（混凝土搅拌站，钢筋加工成型）、建筑机械模型室 1 000 平方米和木工车间 800 平方米，设备是比较好的。工程结构实验室建有一个 6 米×20 米的结构实验台，增添了相应的加载与量测设备，主要进行教学试验和一般建筑结构性能及应用试验研究。

1957 年建成了给排水实验室，设在校图书馆以东，校河以北。土木工程馆一楼为暖通实验室和建筑材料实验室，二楼为结构力学实验室，利用光弹性和电测技术开展结构的内力分析和实验研究。

20 世纪 60 年代，科研重点转向爆炸荷载下防护结构的研究，1964 年又建立了抗爆工程实验室，并自己研制了爆炸压力发生器，气压-液压快速加载试验机系列，填补了国内空白。木工车间改建为暖通实验室。70 年代初期，结合防护结构研究又建立了 2 000 吨拱形试验台及相应的加载量测设备。

"文革"期间，工程结构实验室改作校办汽车厂的一个车间，建筑材料实验室全部仪器设备和土木工程馆都划归化工系。

20 世纪 70 年代末，开始恢复工程结构实验室，重建建筑材料实验室，更新测量实验室的仪器设备。1978 年后，建立抗震抗爆工程研究室，加强了地震工程的研究，建立了可以输入任意波的电磁振动台、抗推力墙（反力墙）及电液伺服拟动力加载设备。随着研究领域的扩展，80 年代又增加了混凝土三轴加载试验机、混凝土高温实验装置、长柱机、非破损检测仪器及可同时有 30 个加载点的同步液压千斤顶系统。

20 世纪 80 年代初，为了加强实验课教学，建成了 4 米×10 米的教学实验台。在量测技术方面有门类齐全的各种传感器、磁带记录仪、数据采集和分析处理系统。

1986 年，国家教委批准在清华建立结构工程与振动开放研究实验室，可接受国内外学者，开展研究工作。1999 年被教育部公布为“第一批教育部重点实验室”。

（一）土木工程安全与耐久教育部重点实验室

2007 年，教育部组织专家评估组对以工程结构实验室为主体的清华大学结构工程与振动教育部重点实验室进行了为期 3 天的评估工作。专家们充分肯定了实验室近 5 年来的工作和突出成绩，并建议实验室向更高层次的目标（国家重点实验室或国家工程中心）迈进。以结构工程研究所所长兼工程结构实验室主任聂建国教授为学术带头人、土木工程系中青年学术骨干和青年教师为主体的团队，获得教育部 2007 年度长江学者创新团队资助计划。20 000kN 多功能加载设备建设工作全面展开。经多方协商和专家论证，20 000kN 多功能加载设备方案最终确定，并委托加工单位进行设备加工和定制。2007 年结构工程研究所科研经费创历史新高，总科研经费 1 500 余万元，人均科研经费近 100 万元。

2008 年，原“结构工程与振动教育部重点实验室”正式获准更名为“土木工程安全与耐久教育部重点实验室”。召开“土木工程安全与耐久教育部重点实验室”学术委员会工作会议，参加会议的有土木工程安全与耐久教育部重点实验室学术委员会委员、清华大学科研院领导及土木水利学院领导，会议总结了过去两年实验室的工作，并确定了实验室下一步工作的重点和研究方向。获准正式成立中国建筑学会抗震防灾分会建筑结构抗倒塌专业委员会，挂靠清华大学土木工程系，该委员会旨在减轻自然灾害和人为失误造成房屋建筑的倒塌，对我国房屋建筑防灾减灾研究和工程实践有重大意义。王元清、石永久、叶列平和郭彦林四位教授获得 2009 年度国家科学技术进步二等奖，获奖题目包括：“新型组合剪力墙及筒体结构抗震理论与技术”“高层混合结构体系的关键技术及应用”“现代钢结构稳定性关键技术研究与应用”。

经过 4 年多的努力，20 000kN 多功能重型加载装置于 2009 年底正式承接结构或构件的加载试验，2010 年完成 10 余个桥梁支座和结构构件试验。上述装置已在结构实验室投入使用，使得本实验室的试验能力又上了一个新台阶。

（二）测量实验室

2007 年，在“985”项目的大力扶持下，测量实验室完成了 200 号教学实习基地的建设。共埋设实习控制点 34 个，并对其进行了精密测量，确定了每点的三维坐标。完成了校内教学实验基地的建设，共埋设教学控制点 41 个，目标点 20 个，为校内实验课的顺利进行提供了保障，改善了实验课的环境。完成仪器校正台的更新安装工作，购买了比较先进的水准仪校正台和经纬仪校正台，它不但满足了水准仪经纬仪的校正，也满足了全站仪的校正。完成“学校创新基金”全站仪校正基线场的建设，保证了实验课的顺利进行，也提高了导线实验课的质量。

2008 年实验室全站仪加常数检测基线场地通过学校实验室处验收。该项目的建成，对实验室已有的 3 种型号全站仪的检验和校正精度要求提供了保障，使实验室教学和科研工作得以正常进行。

2009 年，实验室从山维新技术公司购买 3 台 PDA，使电子平板测图技术有了一个新的发展。完善了 200 号教学实习基地设施，并和核能院达成合作意向，对于每年的水利系、土木系约 200 多学生的野外测量实习提供了保障。购买了 5 台拓普康 GTS-102N 全站仪。

2010 年，从拓普康北京公司购买 10 台 GTS-102N 全站仪及 22 台件脚架和配件。大大改善了教学面貌，提高了教学质量。

（三）建筑材料实验室

2007 年，基于"985 工程"二期对研究所的支持，建材实验室自制了双通道的混凝土绝热温升测定仪和非接触式混凝土自收缩测试仪。该设备的研制对于测试和评估大体积混凝土的温升历程和体积变化历程具有重要作用。

2008 年，基于"985 工程"二期对本科生实验教学和研究生科研工作的支持，以及实验室创新基金的资助，建材实验室自制了多用途混凝土抗氯离子渗透性测定仪，购置了用于本科生教学的净浆搅拌机、胶砂搅拌机、混凝土搅拌机和混凝土养护仪等设备。这些设备的购置对保障本科生教学需要和提高研究生的科研水平具有重要作用。

2009 年，建材实验室利用"985"经费和专项基金，购置了高低温环境箱和高低温湿热交变试验箱。其中，高低温环境箱可与 MTS 试验机配合使用，用于研究建筑材料在低温和高温下的力学行为；高低温湿热交变试验箱用于在模拟的试验条件下，研究水泥基胶凝材料在温度和湿度的作用下对长期耐久性的影响。

2010 年，建材实验室使用科研专款和基金等，购置了 Brookfield 流变仪、高压反应釜、日本 Keyence 三维超景深显微镜、岩石切割机等设备。其中，流变仪用于测试外加剂、水泥品种和温度等对新拌浆体流动性能的影响；高压反应釜用于在设备的温度和压力下，通过化学合成的方法来制备外加剂；三维超景深显微镜用于测试硬化混凝土浆体中的微观裂缝和孔隙分布等；岩石切割机用于混凝土试样的切割，作为耐久性和形貌测试的前期制样工具。这些设备的购置，有力地促进了水泥基材料和化学外加剂性能的研究，为高性能和高耐久性材料的制备提供了有力的支持。

（四）力学计算与仿真实验室

2009 年，实验室购置了 32 台计算机主机，目前实验室全部 65 台计算机主机已全部更新完毕，实验条件得到全面改善。

2010 年，实验室与普华公司合作，获赠惠普服务器，安装 Primavera P6 软件，由教师专门讲授该软件在工程管理中的应用。

第四节　水利水电工程系

一、沿革

水利水电工程系（简称水利系）的前身是清华大学工学院土木工程系的一部分。1929 年学校恢复工程学系时专办土木科，改称土木工程系，至 1932 年有教师 15 人左右，学生 120 人左右，四年级分组选学铁路道路工程或水利及卫生工程。1932 年建水力实验馆（即现在的旧水利馆）。西南联大时期，四年级开始分 4 个选修组，即结构、铁路道路、水利、市政卫生。1946 年复员后，水力实验馆得到恢复。1951 年秋，新中国为发展水利事业，在清华大学工学院设立水利工程学系和水力发电工程学系。1952 年院系调整后正式成立水利工程系（简称水利系），全系教职工 41 人，系主任是张任教授。设有河川及水力发电站的技术建筑物、水能利用 2 个专业。招收本科生 3 个班，学制为四年（后改为五年），并招收专科生，学制为二年。

1953 年，水利系开始批量选留研究生，并接受外国留学生。

1955 年，兴建新水利馆，翌年竣工。

1956 年，水利系设党总支。

1958 年，成立水利电力部清华大学水利水电勘测设计院，张光斗教授任院长。水利系师生参加了北京市密云水库、青石岭水电站等工程的设计。1958 年毕业班（水 8 班）结合密云水库等工程项目，真刀真枪进行毕业设计，创造了教学与生产、科研三结合的经验。1966 年"文化大革命"后，水利水电勘测设计院被撤销。

1969 年，清华大学进行教改，水利系 40 名教工去河南省三门峡市，参加三门峡工程改建设计和劳动，并进行教改试点。另有一部分教工去江西省鲤鱼洲农场劳动，还有一部分教工去河北省张家口和湖北省丹江口等地进行教改试点，开门办学。

1970 年，国家决定试招工农兵学员上大学，水利系的办学基地设在三门峡市原水利部技工学校，大部分教职工和当年招收的学员集中到此。1972 年，由于教学实验需要，农水 0 班率先从三门峡回到清华园上课，其他班级师生陆续返回。

1977 年，清华大学恢复系与教研组建制。当年全国恢复高考招生，水利系招生 2 个班，分别为农田水利和水力机械专业，学制为五年。

1978 年，三门峡基地撤销，教职工全部回到清华园。当年水利系设置有 6 个教研组和 1 个研究室：水工结构、水文及水电站、农田水利、水力机械、水力学、土力学教研组和泥沙研究室，并设立系党委。同年水工结构专业招收 2 个班，学制五年，并开始招收硕士研究生；筹建泥沙馆，1981 年建成。

1979 年，水利系招收本科生 4 个班，包括水工结构、农田水利、水力机械专业，水利系本科招生重新步入正轨。

1980 年开始招收博士研究生。

1985 年，成立中国水电建设工程咨询公司清华业务部，先后派出 20 多名教师到伊拉克、巴基斯坦、尼泊尔、伊朗、泰国等地参加工程建设。

1988 年，系名更改为水利水电工程系，简称水利系。

1989 年，经国家教委同意成立清华大学水利水电工程设计室，1992 年更名为清华大学建筑设计研究院水利水电工程设计研究所。

1990 年，开办市政工程专科，学制三年。1993 年再次招生时学制改为二年。1994 年停止招生。

1993 年，水工结构专业和水资源工程专业合并更名为水利水电工程建筑专业，水力机械专业更名为流体机械与流体工程专业，学制仍为五年。另有一个市政工程专科专业，学制二至三年。有 3 个博士点学科，6 个硕士点学科。

1996 年，按照学校安排，1996 级本科生开始执行六年学制的本科—硕士统筹培养模式。

1998 年，首批获准按水利工程一级学科培养博士生。

1999 年，按照国家教委专业目录调整要求，水利水电工程建筑专业更名为水利水电工程专业，流体机械与流体工程专业转入热能工程系，与热能工程专业合并为热能动力工程专业。

2000 年 2 月，水利水电工程系和土木工程系联合组建土木水利学院。建立院临时党委，水利水电工程系不单设党委。

2001 年教育部批准建立水沙科学教育部重点实验室。2006 年 7 月国家科技部批准建设水沙科学与水利水电工程国家重点实验室，2009 年 1 月通过科技部的验收。

历任系主任、系党委（总支）书记名录见表 19-4-1。

表 19-4-1　水利系历任系主任、系党委（总支）书记名录

系主任	任 职 时 间	系党委（总支）书记	任 职 时 间
张　任	1952-09—1966-06	李恩元	1956-02—1959-02
张光斗	1977-06—1978-05	张思敬	1959-02—1966-06 1978-05—1982-03
张宪宏	1978-05—1984-10	张永良	1963-09—1966-06（代理）
董曾南	1984-10—1994-01	朱爱菁	1982-03—1984-10
雷志栋	1994-01—2000-01	虞石民	1984-10—1990-11
陈永灿	2000-01—2001-02	刘亶仁	1990-11—1992-04
张建民	2001-02—2003-07	李树勤	1992-04—1995-12
余锡平	2003-07—2008-12	翟大潜	1995-12—2000-02
金　峰	2008-12—		

说明：1966 年—1976 年由驻系工宣队和军宣队的负责人担任系的党政领导。

系学术委员会主任先后由董曾南（1994-01—2000-01）和雷志栋（2004—　）担任。

二、教学科研组织

1952 年建系后，教学组织为教研组。随着科学研究工作的开展，全系建立了水利水电科学研究所，1978 年又建立了以科研为主的泥沙研究室。1999 年实行教学科研体制改革，撤销教研组，设立研究所，全系的水利水电科学研究所自动撤销。

不同年代设置的教学和科研组织名称不尽相同。

1952 年设 3 个教研组：水工结构，工程水文及水能利用，水力学教研组。

1957 年设 5 个教研组：水工结构，工程水文与水能利用，水力学，土力学及基础与工程地质，水力动力装置教研组。

1964 年设 8 个教研组：水工结构，工程水文与水能利用，水力学，工程地质，土力学及基础工程，水利工程施工，水力动力装置，930（抗震防爆）教研组。

1978 年设 7 个教研组和 1 个研究室：水工结构，水文及水电站，水力学，工程地质、土力学及基础工程，农田水利，水力机械教研组，泥沙研究室。1986 年，水文及水电站教研组分为水文水利规划和水电站两个教研组。

1993 年设 7 个教研组和 1 个研究室：水工结构，水文，水力学，土力学与基础工程，水电站，水资源及环境水利，流体机械及流体工程教研组，泥沙研究室。

1998 年设 6 个教研组和 1 个研究室：水工建筑，水文及水资源，水力学，土力学，水电站，流体机械及流体工程教研组，泥沙研究室。

1999 年设 4 个研究所和 1 个国家专业实验室：河流海洋，水文水资源，岩土工程，水利水电工程设计研究所，高坝大型结构实验室。

2001 年设 5 个研究所：河川枢纽，河流海洋，水文水资源，岩土工程，水利水电工程设计研究所。

2004 年设 6 个研究所：河川枢纽，河流海洋，水文水资源，岩土工程，项目管理与建设技术，水利水电工程设计研究所。

2006 年设 7 个研究所：河川枢纽，水力学，河流，水文水资源，岩土工程，项目管理与建设技术，水利水电工程设计研究所。

2010 年设有 7 个研究所：河川枢纽，水力学，河流，水文水资源，岩土工程，水利水电工程设计，项目管理与建设技术研究所。全系教职工 99 人，其中高级职称 76 人，包括教授（含研究员）37 人，中国科学院院士 3 人，中国工程院院士 3 人。另有双聘教授 4 人，兼职教授 4 人。

三、教职工

（一）历年聘任教授（含研究员）

水利系历年聘任教授（含研究员）名录见表 19-4-2。

表 19-4-2　水利系教授（含研究员）名录

姓名（任职时间）	姓名（任职时间）	姓名（任职时间）
施嘉炀（1952—2001 去世）	陈士骅（1952—1973 去世）	张　任（1952—1986 退休）
夏震寰（1952—1986 离休）	＊张光斗（1952—　）	李丕济（1952—1968 去世）
黄万里（1953—1986 离休）	陈樑生（1954—1986 离休）	＊黄文熙（1956—2001 去世）
陈祖东（1958—1968 去世）	＊钱　宁（1973—1986 去世）	张宪宏（1978—1991 离休）
余常昭（1980—1987 离休）	刘光廷（1980—2003 退休）	梅祖彦（1983—1998 退休）
陈仲颐（1983—2003 退休）	陈兴华（1985—1991 退休）	董曾南（1985—2000 退休）
惠遇甲（1985—1987 退休）	张　仁（1985—1992 离休）	施熙灿（1986—1987 离休）
丁金粟（1986—1994 退休）	周维垣（1986—1992 离休）	谷兆祺（1987—1993 退休）
费祥俊（1987—1994 退休）	惠士博（1987—1993 退休）	林汝长（1987—1995 退休）
＊张楚汉（1988—　）	冬俊瑞（1988—1991 退休）	曾昭扬（1988—1993 退休）
沈之良（1988—1988 退休）	丁则裕（1988—1988 离休）	周景星（1988—1994 退休）
＊雷志栋（1988—　）	廖　松（1988—1988 退休）	王树人（1988—1988 退休）
裴觉民（1989—1992 退休）	林翔岳（1989—1992 退休）	濮家骝（1989—2001 退休）
张训时（1990—1995 退休）	高莲士（1990—1998 退休）	府仁寿（1990—1999 退休）
王綦正（1991—2003 退休）	李广信（1991—2007 退休）	王桂仙（1991—1998 退休）
张受天（1991—1993 退休）	李玉樑（1992—2001 退休）	吴媚玲（1992—1996 退休）

续表

姓名（任职时间）	姓名（任职时间）	姓名（任职时间）
吴玉林（1992—1999 转热能系）	王士强（1992—2002 退休）	高建铭（1992—1994 退休）
王燕生（1992—1994 退休）	王光纶（1993—2007 退休）	杨诗秀（1993—1998 退休）
杨若琼（1993—1995 退休）	姚耀武（1993—1995 退休）	王可钦（1993—1997 退休）
陈稚聪（1993—2010 退休）	姚汝祥（1993—1994 退休）	王　宙（1993—1994 退休）
王兴奎（1993—　　）	陈长植（1994—2000 退休）	吕贤弼（1994—2001 退休）
沈　英（1994—1994 退休）	萧佐庭（1994—1997 去世）	＊△王光谦（1994—　　）
翁文斌（1995—2001 退休）	周雪漪（1995—2000 退休）	彭守拙（1995—1996 退休）
周建军（1995—　　）	吴之明（1996—2002 退休）	瞿伦富（1996—1999 转热能系）
张　超（1996—1998 退休）	王洪瑾（1996—1997 退休）	杨美卿（1996—1998 退休）
陈乃祥（1997—1999 转热能系）	李玉柱（1997—2006 退休）	金　峰（1997—　　）
赖敏儿（1997—1997 退休）	李永祥（1997—1997 退休）	张　庄（1997—1999 退休）
钱涵欣（1998—1999 转热能系）	曹树良（1998—1999 转热能系）	谢枏南（1998—2001 转校机关）
△陈永灿（1998—　　）	张建民（1998 调入—　　）	谢森传（1998—1999 退休）
张富德（1998—2000 退休）	王曾璇（1998—1998 退休）	李仲奎（1999—　　）
△李庆斌（1999—　　）	贺五洲（1999—2010 退休）	张红武（1999 调入—　　）
才君眉（1999—2001 退休）	＊沈珠江（2000 调入—2006 去世）	许洪元（2000—2001 转热能系）
马吉明（2000—　　）	胡和平（2000—　　）	翟大潜（2000—2001 退休）
聂孟喜（2001—　　）	杨　强（2001—　　）	方红卫（2001—　　）
麦家煊（2001—2005 退休）	△余锡平（2001 调入—　　）	江春波（2002—　　）
王忠静（2002—　　）	安雪晖（2002 调入—　　）	＊王思敬（2002 调入—　　）
韩文亮（2002—2005 退休）	张思聪（2003—2007 退休）	王恩志（2003—　　）
邵学军（2003—　　）	杨大文（2004 调入—　　）	张丙印（2004—　　）
吴保生（2004—　　）	杨铁笙（2004—2006 退休）	强茂山（2005—　　）
段云岭（2005—　　）	曹德成（2005—2005 退休）	＊李焯芬（2005 调入—　　）
张永良（2006—　　）	王兆印（2007 调入—　　）	倪广恒（2007—　　）
于玉贞（2008—　　）	茅泽育（2008—　　）	徐千军（2009—　　）
傅旭东（2009—　　）	黄跃飞（2010—　　）	王　虹（2010—　　）

说明：注 ＊ 者为中国科学院院士或（和）中国工程院院士，注△者为长江特聘教授。

历年聘任兼职教授和双聘教授名录见表19-4-3。

表 19-4-3　水利系兼职教授和双聘教授名录

姓　名	类　别	聘任时间	姓　名	类　别	聘任时间
徐缅唐	兼职教授	1952	卓洛塔廖夫（苏）	兼职教授	1954—1955
古宾（苏）	兼职教授	1959—1960	许协庆	兼职教授	1979—1995
林秉南	兼职教授	1979—2001	潘家铮	兼职教授	1985—1995
张蔚榛	兼职教授	1986—1996		双聘教授	1995—2008
娄溥礼	兼职教授	1987—1989	何孝俅	兼职教授	1987—1995

姓　　名	类　别	聘任时间	姓　　名	类　别	聘任时间
万兆惠	兼职教授	1992—1998	何憬	兼职教授	1994—2003
陆佑楣	兼职教授	1994—2007	刘颖	兼职教授	1995—1999
	双聘教授	2007—	尹双增	兼职教授	1995—1997
窦国仁	兼职教授	1995—2002	梁应辰	兼职教授	1995—2005
陈祖煜	兼职教授	1995—	邱大洪	兼职教授	1996—2006
马洪骐	兼职教授	1996—2006	张津生	兼职教授	1996—2000
谢鉴衡	兼职教授	1996—2006	董哲仁	兼职教授	1996—2006
陈厚群	兼职教授	1997—2008	汪恕诚	兼职教授	1997—
朱伯芳	兼职教授	1997—2004	王钊	双聘教授	1998—2003
王家柱	兼职教授	1999—2004	杨秀敏	兼职教授	2000—2003
林皋	兼职教授	2000—2006	张超然	兼职教授	2001—
胡四一	兼职教授	2001—2004	刘宁	兼职教授	2002—2008
	双聘教授	2005—		双聘教授	2008—
韩其为	双聘教授	2002—2005	谢四楞	兼职教授	2002—2005
王浩	兼职教授	2003—2006	李鹏程	兼职教授	2004—2007
	双聘教授	2007—	陈云华	兼职教授	2010—

（三）历年教职工人数

历年教职工人数见表19-4-4和表19-4-5。

表 19-4-4　1952 年—1977 年水利系教职工人数

年份	总人数	教师人数	职工人数	年份	总人数	教师人数	职工人数
1952	41	24	17	1965	231	128	103
1953	69	41	28	1966			
1954		51		1967			
1955		48		1968			
1956		66		1969			
1957		60		1970	298	144	154
1958	142	86	56	1971	299	142	157
1959	191	76	115	1972	306	164	142
1960	248	77	171	1973	301	164	137
1961				1974	301	191	110
1962		109		1975	329	200	129
1963	209	107	102	1976	348	206	142
1964				1977	368	227	141

说明：表中空格为无统计。

表 19-4-5　1978 年—2010 年水利系教职工人数

年份	总人数	教师人数	职工人数	年份	总人数	教师人数	职工人数
1978		173		1995	163	97	66
1979				1996	153	97	56
1980				1997	130	83	47
1981				1998	121	84	37
1982	278	160	118	1999	109	79	30
1983	274	159	115	2000	109	78	31
1984	272			2001	100	70	30
1985	245	148	97	2002	104	74	30
1986	248	143	105	2003	105	74	31
1987	233	135	98	2004	108	80	28
1988	225	125	100	2005	107	79	28
1989	220	130	90	2006	103	72	31
1990	223	133	90	2007	102	70	32
1991	216	117	99	2008	99	69	30
1992	204	125	79	2009	101	71	30
1993	181	109	72	2010	99	74	25
1994	160	97	63				

说明：表中空格为无统计。

（四）典型年份教职工队伍状况

1952 年水利系建系时，有教职工 41 人，其中教授 5 人，讲师 5 人，助教 14 人；职员 5 人，工人 12 人。

1965 年底，有教职工 231 人，其中教授 9 人，副教授 6 人，讲师 61 人，助教 51 人，教员 1 人；实验技术员 6 人，实验员 46 人，职员 20 人，工人 31 人。

1977 年底，有教职工 368 人，其中教授 7 人，副教授 6 人，讲师 77 人，助教 137 人；实验员 54 人，职员 21 人，工人 62 人，其他 4 人。

2002 年建系 50 周年时，有在职教职工 109 人，其中教授、研究员 33 人，副教授、副研究员 26 人，高级工程师、高级实验师 12 人，讲师、助理研究员 10 人，工程师、实验师、会计师 8 人，助教、实习研究员 7 人，技术员未定职 2 人，职员 5 人，工人 6 人。

2010 年底，全系在编教职工人数为 99 人，其中教授、研究员 37 人，副教授、副研究员 27 人，高级工程师、高级实验师 12 人，讲师、助理研究员 10 人，工程师、实验师 8 人，助理工程师 1 人，教育职员 3 人，工人 1 人。

四、教学

（一）概况

自 1952 年建系以来，培养大学本专科毕业生共计 6 700 多人，未实行学位制研究生 89 人，授予学位研究生近 1 400 人,其中硕士 988 人、工程硕士 102 人,博士 306 人。2010 年在读学生人数为:本科生 350 人、硕士生 124 人(普通硕士生 94 人,工程硕士生 30 人)、博士生 182 人。从 1985 年开始设立土木、水利博士后流动站,1999 年独立建站。至 2010 年,水利水电工程系博士后累计进站 185 人,出站 142 人,2010 年在站 43 人。其中很多毕业生成为我国水利水电建设和治国的栋梁之材。被评为中国科学院或中国工程院院士的有张涵信、葛修润、罗绍基、周丰峻、张楚汉、王三一、马洪琪、张超然、王浩、陈祖煜、雷志栋、王光谦,国家部级及以上干部有胡锦涛、汪恕诚等。

历年招生、毕业或授予学位学生人数见表 19-4-6 和表 19-4-7。

表 19-4-6　1952 年—1977 年水利系招生和毕业学生人数

年份	招 生 人 数			毕 业 人 数			年份	招 生 人 数			毕 业 人 数		
	本科生	专科生	研究生	本科生	专科生	研究生		本科生	专科生	研究生	本科生	专科生	研究生
1952	94		1	34			1965	88		7	135		12
1953	179		40	127			1966			30	122		19
1954	194		1	198		1	1967				105		3
1955	189			222		1	1968				88		7
1956	159					39	1969				101	30	
1957	148			86			1970	116	84		180		
1958	193			166			1971						
1959	140		7	155			1972	121					
1960	146			163			1973	170	27			84	
1961	85		23				1974	323			116	27	
1962	82		9	170			1975	210	51		123		
1963	97		6	133			1976	111			213	43	
1964	92		1	180		7	1977	67	86		378	8	

表 19-4-7　1978 年—2010 年水利系招生、毕业或授予学位学生人数

年份	招 生 人 数				授予学位人数			毕业人数*	
	本科生	专科生	硕士生	博士生	学士	硕士	博士	本科生	专科生
1978	58		32					152	86
1979	120		7					102	
1980	121		1	4					
1981	118		5	1		20		19	
1982	109		19		65	11			
1983	119		20		57	4			
1984	118		29	2	118	9			
1985	121		36	4	118	17	2		1
1986	114		40	11	120	25	3		5
1987	115		32	3	107	23	1		1

续表

年份	招 生 人 数				授予学位人数			毕业人数*	
	本科生	专科生	硕士生	博士生	学士	硕士	博士	本科生	专科生
1988	116		37	2	118	30	3		
1989	89		22	3	121	51	9		5
1990	102	30	34	6	114	20	3		2
1991	110		27	10	115	25	6		1
1992	110		33	15	116	22	1		1
1993	104	25	29	6	111	26	2		30
1994	107		36	8	91	30	6		
1995	110		37	11	102	29	10		20
1996	111		44	10	107	41	14		
1997	109		30	17	101	32	6		
1998	97		38	19	104	30	8		1
1999	88		30	13	98	44	11		
2000	89		144	24	211	34	9		4
2001	90		67	20	83	38	5		1
2002	92		47	26	73	35	10	15	2
2003	89		50	34	73	62+12	13	6	1
2004	88		53	35	76	41+12	10	3	1
2005	90		39	38	71	46+33	20	1	2
2006	91		41	36	72	70+26	24	2	
2007	88		42+11	33	79	52+10	25		
2008	94		45+1	37	78	34+5	32		
2009	95		41+3	34	84	53+9	36		1
2010	91		40+23	41	86	39+15	34		

说明："+"后数字是工程硕士人数，其中招生人数统计未全；"*"为未授学位毕业人数。

（二）本科教学

1. 专业设置

1952 年设有河川及水力发电站的技术建筑物、水能利用 2 个专业。

1955 年设有河川及水力发电站的技术建筑物、水力动力装置 2 个专业。

1958 年设有水工建筑、水电站和水电站动力设备 3 个专业。

1960 年设有水工结构及水电站建筑（含水工结构及水电站建筑、水利规划、水利工程防护（930）3 个专门化）、水电站动力设备 2 个专业。1963 年秋，水工结构及水电站建筑专业更名为河川结构及水电站建筑专业。

1970 年设有水利工程建筑、水电站动力设备、农田水利工程 3 个专业。1974 年，三门峡基地增设治河工程及泥沙专业。

1978 年设有水利水电工程建筑、农田水利工程、水力机械 3 个专业。1983 年农田水利工程专业更名为水资源工程专业，1988 年水力机械专业更名为流体机械与流体工程专业。1992 年将水利水电工程建筑与水资源工程 2 个专业合并为水利水电工程建筑专业。

1999 年水利水电工程建筑专业更名为水利水电工程专业，流体机械与流体工程专业转入热能工程系。

2. 学习年限

1952 级起学制为五年；1958 级起改为六年；1965 级为五年；1970 级为三年；1978 级为五年；1996 级起改为四年。

3. 课程设置

本科专业的课程设置见表 19-4-8 至表 19-4-11。

表 19-4-8　1952 年河川及水力发电站的技术建筑物专业的课程设置

课 程 名 称
中国革命史、马列主义基础、政治经济学、辩证唯物论及历史唯物论、俄文、高等数学、普通化学、物理学、画法几何、工程制图、绘画、测量学、理论力学、材料力学、建筑力学及弹性理论、建筑材料、电工学、热工学概论、机件学、建筑机械及建筑施工技术、建筑工作的工厂实习、营造学、工程地质学、土壤力学地基及基础、钢结构、钢筋混凝土结构、木结构、水力学、水文学及水文测验、水力机械、水道及港口、建筑组织及计划、保安及防火技术、水利经济、水工结构、水能利用、钢筋混凝土补充课、工程的土壤改良及供水、体育

表 19-4-9　1963 年水工结构及水电站建筑专业的课程设置

课 程 名 称
政治思想教育、马克思列宁主义基础理论、体育、水工概论、俄文、高等数学、普通物理、画法几何及制图、普通化学、理论力学、材料力学、普通测量学、建筑材料、工程地质、金属工学、机械零件、电工学、水力学、土力学地基及基础、钢木结构、钢筋混凝土结构、水电站的机电设备、水利施工技术、施工组织与计划、水工模型与量测技术、工程水文学、建筑力学及弹性理论、农田水利、水资源综合利用、水电站、水工建筑

表 19-4-10　1991 年水工建筑专业的课程设置

课程类别		课 程 名 称
必修课	校定	中国革命史、当代资本主义及中国社会主义建设、马克思主义哲学原理、微积分、英语、体育、画法几何与土建制图、普通化学、普通物理、法律基础、军事理论、线性代数
	系定	计算机文化基础、测量学、普通物理实验、理论力学、材料力学、材料力学实验、结构力学与弹性力学、电工电子技术、钢结构、工程地质、土力学、工程水文学、有限单元法、建筑材料、钢筋混凝土、建筑工程经济、水电站及工业厂房、水利水电规划、水工建筑物（一）、建筑工程施工、水资源利用与保护
选修课	限选	计算机软件技术基础、概率与数理统计、计算方法　人文社会科学、科技英语、第二外语、文学选读、基础工程、土壤物理、系统工程、结构可靠性设计、地下水动力学、河流及海岸动力学、环境水化学、计算机硬件技术基础、计算机辅助设计、结构动力学、波浪理论与海洋水文、环境水利、水处理工程、公路工程、航运工程、港口工程、桥梁工程、房屋建筑学、地下工程、灌溉排水、水工建筑物（二）、岩石力学、水工结构设计（一）、水电站及工业厂房设计、建筑工程施工设计、港口工程设计、水工结构设计（二）、国际经济合作与招标、工程设计计划与管理
	任选	经济法、文献检索与利用、水力学专题实验、水力量测技术、建筑环境科学、水电站机电设备、国外工程设计管理、水工模型试验、高等材料力学、专业英语阅读
毕业设计		

表 19-4-11　2010 年水利水电工程专业的课程设置

课 程 类 别			课 程 名 称
必修课	人文社会科学基础		思想道德修养与法律基础、中国近现代史纲要、马克思主义基本原理概论、毛泽东思想和中国特色社会主义理论体系概论、体育、外语
	自然科学基础		微积分 1、微积分 2、微积分 3、几何与代数 1、概率论与数理统计或随机数学方法、大学物理 B1、物理实验 A1
	专业基础课		工程图学基础、工程计算机制图、工程力学 1、结构力学 1、水力学 1、水力学 2、土力学 1、河流动力学概论、土力学 2、工程力学 2、结构力学 2、建筑材料、建筑材料实验、钢筋混凝土、水文学原理与应用 1、水文学原理与应用 2、工程地质、工程项目管理 1、工程经济学、测量学
	专业课		水科学与工程概论、水工建筑学、建筑工程施工、水资源规划与管理、水电站
	实践环节		专业课程设计：水电站设计或水工建筑物设计或道路与桥梁工程设计、建筑工程施工设计或投标报价训练、工程水文设计； 暑期实践：军事理论与技能训练、大一外语强化训练、水利概论与认识实习、地质实习、测量实习、生产实习、钢筋混凝土结构设计、综合论文训练
选修课	人文社会科学类		文化素质课：哲学与人生、历史与文化、语言与文学、艺术与审美、科技与社会、当代中国与世界、基础社会科学、数学与自然科学
	自然科学基础		数学：几何与代数 2、复变函数引论、数学实验、运筹学；计算机基础：计算机文化基础、计算机程序设计基础、计算机语言与程序设计；其他自然科学：现代生物学导论、大学化学 B、大学物理 B2、物理实验 A2
	专业基础课提高课		计算流体力学、弹性力学及有限元基础、水资源学基础
	专业课	水工结构工程方向	钢结构、结构可靠性设计、岩石力学、结构动力学
		水利水电工程方向	地下洞室工程、中国水文化专题
		水资源方向	水资源系统工程、灌溉与排水、环境水利、预测方法及应用
		灾害学方向	工程灾害学
		水力学及河流动力学方向	水工模型试验、治河防洪工程
		港口与近海工程方向	海岸科学与工程概论、港口工程、航运工程
		市政工程方向	公路工程、城市水环境工程、桥梁工程、城市岩土工程

（三）研究生培养

1. 学科专业设置

1966 年前培养的研究生未授学位，招生专业先后有：水工结构、水能利用、水力学及河流动力学、水文及水利规划、水利施工、工程地质、土力学及基础工程、水力机械、水利工程防护等。

1978 年恢复招收研究生，学科专业设有：水工结构、水力学及河流动力学、水文及水利规划、土力学及地基、水力机械等。

1993 年设有 6 个二级学科：水工结构工程，水文及水资源，水力学及河流动力学，水力发电工程，岩土工程（以上均属土木、水利一级学科）和流体机械及流体动力工程（属动力工程与工程热物理一级学科）。按二级学科招收培养研究生，有 6 个研究生专业，均有硕士学位授予权，其中水工结构工程、水力学及河流动力学、岩土工程具有博士学位授予权。

1997 年水利工程成为单独的一级学科。1998 年，水利水电工程系首批获准按一级学科培养博士生和硕士生，即水利水电工程系具有水利工程一级学科涵盖的 5 个专业（水工结构工程，水文学及水资源，水利水电工程，水力学及河流动力学，港口、海岸及近海工程）以及岩土工程（属土木工程一级学科）和流体机械及流体动力工程（属动力工程与工程热物理一级学科）的硕士和博士学位授予权。

1988 年水工结构工程被评为国家重点学科，2001 年水工结构工程和水力学及河流动力学被评为国家重点学科，2007 年水利工程一级学科被评为国家重点学科。

2. 硕士研究生课程设置

硕士研究生课程设置见表 19-4-12 和表 19-4-13。

表 19-4-12　1993 年水工结构工程专业硕士研究生课程设置

课程类别		课程名称或要求
学位课	公共课	科学社会主义理论与实践、自然辩证法、第一外国语、外语专业阅读
	基础理论课	数值分析、偏微分方程数值解法、工程数学方法、随机过程及应用、张量分析
	专业基础课	运筹学、有限元法、弹塑性力学、断裂力学、数据结构
	专业课	高等土力学、高等水工结构、结构动力学、施工管理、水工计算机辅助设计、计算机图形学基础
非学位课	必修环节和必修课	文献综述与选题报告、学术活动、社会实践、教学实践、法学基础、文献检索与利用、软件工程概论、微处理机及其应用、导师指定考试课程
	任选课	实验应力分析（二）、岩土工程数值方法或导师指定考试课程

表 19-4-13　2010 年水工结构工程专业硕士研究生课程设置

课程类别	课程名称或要求
公共必修课	自然辩证法、社会主义与当代世界、第一外语（基础部分）
必修环节	文献综述与选题报告、学术活动、强化专业教育
专业课（按不同专业方向选修一定学分的课程）	数值分析 A 或偏微分方程数值解或最优化方法或应用随机过程或张量分析（五选一）、有限元及变分法基础、结构动力学、弹塑性力学、断裂力学、高等水工结构、地下结构工程、水利水电工程经验及案例分析、计算动力学、岩土与结构工程数值方法、钢筋混凝土有限元、实验应力分析、高等土力学、土动力学与土工抗震工程、环境岩土工程、工程流体力学基础、工程流体力学专题、环境流体力学、多孔介质流体动力学及其应用、渗流力学与计算分析、计算流体力学、水质模拟、水沙两相流动力学、高等海岸动力学、河口与海岸动力学、河床演变学、河流综合管理、量纲分析与相似原理、河工模型试验、高等水文学、生态水文学、现代水资源规划、可靠性理论与工程、宏观决策与决策支持系统、地理信息系统原理及应用、软件工程技术和设计、岩土灾害、高等弹塑性力学、数字流域、水利专业英语、河流动力学、钢筋混凝土原理、相关学科的研究生课程

3. 博士生课程设置

博士生课程设置见表 19-4-14。

表 19-4-14　2010 年水工结构工程专业博士生课程设置

课 程 类 别		课程名称或要求
必修环节		文献综述与选题报告、学术活动与学术报告、资格考试、社会实践、强化学科专业教育
公共必修课程		现代科学技术革命与马克思主义、英语或其他语种相应课程
学科专业课程	必修	水利工程学科前沿系列讲座
	选修基础类课程	高等数值分析、偏微分方程数值解、最优化方法、应用随机过程、张量分析、有限元及变分法基础、结构动力学、弹塑性力学、断裂力学、高等水工结构、地下结构工程、水利水电工程经验及案例分析、计算动力学、岩土与结构工程数值方法、实验应力分析、岩土灾害、高等土力学、土动力学与土工抗震工程、环境岩土工程、工程流体力学基础、工程流体力学专题、环境流体力学、多孔介质流体动力学及其应用、钢筋混凝土原理、渗流力学与计算分析、计算流体力学、水质模拟、水沙两相流动力学、河流动力学、高等海岸动力学、河口与海岸动力学、河床演变学、河流综合管理、量纲分析及相似原理、河工模型试验、高等水文学、生态水文学、现代水资源规划、可靠性理论与工程、宏观决策与决策支持系统、地理信息系统原理及应用、软件工程技术和设计、数字流域、水利专业英语、高等弹塑性力学、相关学科的研究生课程
自学课程		由导师指定内容，列入培养计划
补修课程		在本门学科上欠缺的硕士层次业务基础，一般应在导师指导下补修有关课程

（四）教材建设

1958 年以前教材多是编译苏联专家的讲稿与讲义，如《水工结构》《工程水文》《水能利用》《水力学》等。也有少数自编教材，如 1956 年陈樑生和陈仲颐合编的《土力学与基础工程》等。

1959 年提倡集体写书。教师根据我国生产实践情况，重视调查研究，并吸收国外经验，开始编写有我国特色的教材。1959 年由夏震寰主持集体编写了《工程水力学》（上、中、下三册），经教育部工科力学教材编审组审定为全国统一试用教材。在 1964 年至 1965 年，又按"少而精"原则，由夏震寰与李丕济主编修订为《水力学》（上、下两册），由高等教育出版社出版，成为按照水利类专业水力学大纲编写的第一本全国统一教材。

在 1960 年至 1966 年，以施嘉炀为首的一些教师编写了《水资源综合利用》，曾在全国范围交流。由张光斗任主编，几所院校共同编写了《水工建筑物》教材。

在 20 世纪 70 年代，各专业各教研组都编写过教学讲义，例如 1973 年清华大学印行的《水工建筑物》教材、全国出版发行的《引洪淤灌》等。

在 1980 年以后，水利系的教材编写出现了新局面。从 1980 年至 2010 年，全系出版了水工、水资源、水力学、土力学、水电站、水力机械、泥沙等方面的教科书、参考书以及学术专著 200 多部。其中获得一等奖的图书情况见表 19-4-15。

表 19-4-15　水利系获得一等奖的图书情况

序号	年份	书　名	奖 项 名 称	获 奖 人
1	1983	泥沙运动力学	全国优秀图书	钱 宁等
2	1987	水力学	国家教委优秀教材	余常昭等
3	1987	水电站建筑物	水利电力部优秀教材	王树人等

序号	年份	书　名	奖项名称	获奖人
4	1992	基础工程学	全国优秀图书	陈仲颐等
5	1992	河床演变学	水利部优秀科技图书	钱　宁等
6	1992	土壤水动力学	水利部优秀科技图书	雷志栋
7	1992	水利水能规划	能源部优秀教材	施熙灿*等
8	1995	高含沙水流运动	全国优秀图书	钱　宁等
9	1995	环境流体力学导论	水利部优秀教材	余常昭
10	2001	中国塔里木河水资源与生态问题研究	新疆维吾尔自治区科技进步奖	雷志栋*等

注：*非第一获奖人。

（五）教学成果

一类课：从1986年下半年起，水力学、水工建筑、土力学3门课程先后被评为清华大学一类课程。

精品课：国家精品课有水力学（2005）、土力学（2006）、水工建筑学（2007）及水文学原理和应用（2009）；北京市精品课有土力学（2004）、水力学（2005）及水文学原理和应用（2009）。

教学获奖：从20世纪90年代开始评定教学成果奖以来，共获7项省部级及以上奖励，见表19-4-16。

表19-4-16　水利系获奖教学成果

序号	年份	项目名称	奖项名称	等级	获奖人	
1	1993	水力学课程的建设与改革	北京市普通高等学校优秀教学成果奖	一	董曾南（1） 周雪漪（3） 陈长植（5）	李玉柱（2） 萧佐庭（4）
2	1997	探索生产实习管理新模式，提高实践教育办学效应	北京市普通高等学校优秀教学成果奖	一	聂孟喜（1） 方洁灵（3） 曹德成（5）	强茂山（2） 金　峰（4）
3	1997	发展继续教育，为我国水电企业培养高层次人才	北京市普通高等学校优秀教学成果奖	二	谢树南（1） 姚汝祥（3） 曹德成（5）	郑树楠（2） 王綦正（4）
4	2001	紧密结合重大水利水电工程建设，培养具有创新能力的高层次人才	北京市普通高等学校优秀教学成果奖 国家优秀教学成果奖	一 一	张光斗（1） 才君眉（3） 陈永灿（5）	张楚汉（2） 王兴奎（4）
5	2008	探索适应新世纪国家水利战略需求的高层次人才的培养之路	北京市普通高等学校优秀教学成果奖	二	金　峰（1） 聂孟喜（3） 丛振涛（5）	张建民（2） 杨大文（4）
6	2008	继承传统 发挥优势 持续推进水利专业基础课程建设	北京市普通高等学校优秀教学成果奖	二	贺五洲（1） 邵学军（3） 茅泽育（5）	于玉贞（2） 徐艳杰（4）

说明：括号内数字为获奖人排名。

全国优秀博士论文：从1999年开始评选全国优秀博士学位论文以来，共有4篇入选，见表19-4-17。

表 19-4-17　水利系获优秀博士学位论文篇目

序号	年份	论文作者	指导教师	论 文 篇 名	学　科
1	1999	张红武	夏震寰	黄河下游洪水模型相似律的研究	水力学及河流动力学
2	2000	刘沛清	余常昭	挑射水流对岩石河床的冲刷机理研究	水力学及河流动力学
3	2002	周厚贵	刘光廷	深水截流的堤头坍塌机理与稳定性研究及工程应用	水利水电工程
4	2004	陈湘生	濮家骝	人工冻结粘土力学特性研究及冻土地基离心模型实验	土木工程

五、科学研究与工程设计

水利水电工程系始终面向我国水利水电建设实际，并密切关注世界科技发展动向，开展应用基础理论和工程建设关键技术的研究。科学研究工作在 1978 年以后有了迅速发展，项目与经费不断增加，水平不断提高。

（一）主要科学研究方向

1. 水工结构工程研究

主要研究方向包括高坝结构、水工抗震、水工新材料和结构控制。

2. 水力学及河流动力学研究

主要研究方向包括高含沙水流、泥沙运动力学、河床演变学、工程泥沙、工程水力学、环境水力学与计算水力学等方面。

3. 岩土工程研究

主要研究方向包括土的本构关系与土工建筑物、土动力学与土工抗震、基础工程与地下工程。近十多年来先后在土工合成材料及其工程应用、冻土力学和环境岩土工程等方面开展了一系列新的探索。

4. 水文水资源研究

水文水资源研究目前形成了以水文学、水资源规划与管理、农田水利、水环境、防洪抗旱减灾为主要研究方向的学科体系，并结合国内外学科动态和国民经济重大需求，开展与宏观经济、生态环境、信息科学技术和公共政策等学科的交叉研究。

（二）主要科学研究项目

自 1980 年以来先后参加并承担了多项国家自然科学基金重大及重点项目、国家科技攻关项目、"863" 和 "973" 计划国家项目。

1. 参加并承担的国家自然科学基金重大项目及重点项目

（1）岩土与水工建筑物相互作用；（2）华北平原节水农业应用基础研究；（3）淮河上中游防

洪调度决策系统；（4）我国北方典型流域对气候变化的生态水文响应研究；（5）水工结构和材料及施工；（6）大型水库污染物输移扩散特性及水力调控机理研究；（7）高危堰塞湖形成、溃决机理与风险调控理论；（8）非均匀泥沙输移的基础理论；（9）城市大型地下工程结构抗震安全理论研究；（10）高拱坝真实工作性态仿真和设计的理论与方法；（11）西部强震区高拱坝抗震功能设计的若干基础理论研究；（12）水电企业流域化、集团化、科学化管理理论和方法研究；（13）大坝混凝土的高性能化应用基础及关键问题研究；（14）流域生态水文模型研究及其在黄河流域的应用；（15）高土石坝变形分析与安全控制；（16）高水头、大流量泄洪洞和长距离引水隧洞水力学关键技术问题研究；（17）深埋长大引水隧洞和洞室群的安全与长期稳定研究；（18）高拱坝地震灾变机理与破损全过程；（19）河流、海岸动力学及泥沙研究；（20）波浪与泥质海床之间的相互作用；（21）极端条件下城市山洪灾害的形成机理与模拟方法研究；（22）高水头复杂裂隙岩体突泥涌水机理与模拟方法研究等。

2. 参加并承担的国家科技攻关项目

（1）晋东南、准噶尔、雁北三个地区煤浆物化特性及管道输送参数试验研究（长距离管道输煤技术开发）；（2）华北水资源利用；（3）黄淮海平原农业综合治理；（4）水电工程筑坝技术；（5）高坝建设关键技术研究；（6）污水净化和资源的技术研究；（7）黄河治理与水资源开发利用；（8）三峡工程枢纽建设关键技术研究；（9）西北地区水资源利用与生态环境保护；（10）混凝土拱坝筑坝技术研究；（11）深水枢纽港建设关键技术及示范工程；（12）三峡工程泥沙问题研究；（13）溃坝、洪水及其引发重大灾害的综合预测预警与智能决策技术；（14）洪水资源综合利用策略研究；（15）洪水资源评价体系研究及在我国各大流域的应用；（16）维持黄河主槽不萎缩的水沙条件研究；（17）面向循环经济的社会发展模式与节水防污关键技术研究；（18）三峡水库上游来水来沙变化趋势研究；（19）PCCP数值计算方法研究；（20）平面二维数学模型横向输沙和河岸变形模拟研究；（21）三峡水库运用后初期长江中下游干流河道河势、河型变化趋势研究；（22）基于生态健康和环境友好的灌区节水改造模式；（23）三峡工程运用后对长江中下游防洪的影响评价研究；（24）基于RS和GPS的数字灌区渠系特征计算机识别技术与软硬件产品研究；（25）雨洪资源化利用技术研究及应用；（26）海河典型流域生态需水和典型流域洪水资源利用实时调度系统研究；（27）海河流域典型水库和区域实时洪水预报技术研究；（28）地震作用下山体的稳定和变形研究及安全性评价；（29）干旱区膜下滴灌农田盐分调控与微咸水利用技术研究。

3. 参加并承担的"863"和"973"计划项目

（1）黄河流域水资源演化规律与可再生性维持机理；（2）中国西部干旱地区生态环境演变与调控机理；（3）流域生态与水利工程优化调控；（4）考虑功能蜕化的重大工程结构在地震作用下的破坏模拟与对应方法的研究；（5）黄河下游泥沙和地貌预报模拟；（6）以三峡为中心的水流泥沙调控方法和方式研究；（7）现代城市"病"的系统识别理论与生态调控机理；（8）灾害环境下重大工程安全性的基础研究；（9）纵向岭谷区生态系统变化及西南跨境生态安全；（10）黄淮海地区湿地生态过程、水环境效应和生态安全调控；（11）复杂条件下坝堤溃决机理与风险调控理论；（12）坡沟系统中的侵蚀-产沙-输移耦合关系；（13）人类活动干扰下的典型单元水循环机理研究；（14）农田作物与区域植被耗水规律及尺度转换效应研究；（15）密集储库群的破坏机理与时空演化；（16）坝堤溃决灾害综合诊断与风险调控；（17）多场条件下的多体相互作用机理；（18）坝堤灾变系统特征及灾害场时空分布规律；（19）地质灾害体流动过程及其规律的跨尺度力学方法等。

4. 结合我国重大水利工程进行的科研项目

（1）为凤滩、牛路岭、枫树坝、石泉做了大量的科研，提出了腹拱坝新坝型；（2）为安康、东江、凤滩等工程的大坝和石泉、黑山峡、潘家口、牛路岭、东风、东江、建溪、古田溪、三门峡等工程的坝体做了光弹应力分析或温度分析试验，为新丰江、石泉、二滩、龙羊峡、小浪底、密云、紧水滩、拉西瓦等工程做了大量动静应力分析、抗震分析；（3）为东风、牛路岭、龙羊峡、紧水滩、东江、江垭、凤滩、古城、二滩、安康、三峡、拉西瓦、溪洛渡、龙滩、彭水等工程做了大量的力学模型试验，坝体、坝头应力分析或三维有限元分析；（4）为天生桥、小浪底、龙滩、广东抽水蓄能电站等工程做了水击调压塔不稳定流试验或分析，并为天生桥、东风、大广坝、二滩、龙滩、小浪底、广东抽水蓄能电站、天湖、向家坝、溪洛渡、锦屏等地下工程做了计算分析或模型试验；（5）为新安江、丰满、三门峡、密云、怀柔、官厅、引黄济卫，包钢引水工程、潘家口、五强溪、小浪底、上海黄浦江、葛洲坝、三峡、小湾、构皮滩、溪洛渡、南水北调、白鹤滩等工程做过大量的水力学模型及河工模型试验；（6）为北京、京津唐地区、安阳、大兴县、位山灌区、长治地区、敦煌地区、塔里木河、甘肃石羊河等做过水资源利用与生态保护规划、动态调度、综合治理规划等研究；为松花江、沱江、成都南河等处做过水质模拟的研究；（7）对官厅水库、密云水库联合调度，潘家口等五水库、广东七水库联合调度，对澜沧江开发、内蒙古河套灌区调度、第二松花江规划等做了研究；（8）对抽水蓄能机组、节能水泵、两相流泵、水轮机叶轮设计和水轮机结构强度分析等做过大量研究及模型试验，对广东抽水蓄能电站、从化蓄能电站做过流过程研究；（9）对密云水库、阿尔巴尼亚费尔泽电站、鲁布革、小浪底、铜街子、王家园、公伯峡、积石峡、水布垭、瀑布沟等土石坝工程做过大量土石料动静应力试验研究等。

（三）科学研究获奖

1978 年至 2010 年先后获得全国科学大会奖和国家自然科学奖、科学技术进步奖、技术发明奖 41 项，获得省部级科技成果和科技进步奖共 160 多项。获国家级奖励的项目见表 19-4-18。

表 19-4-18　水利系获国家级奖励的科研项目

序号	获奖年份	项 目 名 称	获 奖 名 称	等级	获 奖 者
1	1978	新丰江大坝抗震研究	全国科学大会奖		水利系
2	1978	三门峡水利枢纽改建及泥沙处理	全国科学大会奖		水利系
3	1978	水坠法筑坝及水力冲填技术	全国科学大会奖		水利系
4	1978	水库地震及水工建筑物抗震设计规定	全国科学大会奖		水利系
5	1978	混凝土防渗墙技术	全国科学大会奖		水利系
6	1982	黄河中游粗泥沙来源区及其对黄河下游淤积的影响	国家自然科学奖	二	钱　宁等
7	1984	同位素低含沙量仪	国家发明奖	三	张训时（1）　黄泽民（3）

序号	获奖年份	项目名称	获奖名称	等级	获奖者
8	1984	偏振动式高分辨力激光测速仪	国家发明奖	四	孙厚钧（1）　宋传琳（2） 陶晓峰（3）
9	1984	钨弦式土压力盒	国家发明奖	四	孙厚钧（5）　刘崇杰（6）
10	1985	混凝土腹拱坝	国家科学技术进步奖	二	刘光廷（1）
11	1985	地质力学模型试验技术及其在坝工建设中的应用	国家科学技术进步奖	二	张光斗（2）
12	1987	土的本构关系的研究	国家自然科学奖	三	黄文熙（1）　濮家骝（2） 李广信（3）
13	1990	北京市水资源系统分析及其数学模型的研究	国家科学技术进步奖	二	姚汝祥（4）
14	1992	高坝坝基岩体稳定性评价及可利用的岩体质量的研究	国家科学技术进步奖	一	周维垣（2）
15	1992	高混凝土拱坝防裂技术及其在东风工程中的应用	国家科学技术进步奖	二	刘光廷（8）
16	1993	土质防渗体高土石坝研究	国家科学技术进步奖	一	李广信（6）　濮家骝（8）
17	1995	高坝安全监测技术及反馈	国家科学技术进步奖	二	陈兴华（4）
18	1997	华北地区宏观经济水资源规划管理的研究	国家科学技术进步奖	二	翁文斌（3）
19	1997	温泉堡水库碾压混凝土拱坝试验研究	国家科学技术进步奖	三	水利系（3）
20	1998	普定碾压混凝土拱坝筑坝新技术研究	国家科学技术进步奖	一	曾昭扬（9）
21	1998	北京市平原节水型农业示范研究	国家科学技术进步奖	三	惠士博（3）
22	1998	高强度大体积混凝土材料特性研究	国家科学技术进步奖	三	周维垣（3）
23	1999	高坝-地基-库水系统动、静力仿真模型研究	国家自然科学奖	三	张楚汉（1）　王光纶（2） 金　峰（3）　赵崇斌（4） 冯令民（5）
24	1999	长江三峡工程大江截流设计及施工技术研究与工程实践	国家科学技术进步奖	一	王光谦（10）
25	1999	混流式水轮机转轮设计与特性预测研究	国家科学技术进步奖	二	曹树良（1）　钱涵欣（2） 林汝长（3）　瞿伦富（4） 陈乃祥（5）
26	1999	散粒体地基上土石坝混凝土防渗墙研究	国家科学技术进步奖	三	濮家骝（4）
27	2002	叶尔羌河平原绿洲四水转化关系研究	国家科学技术进步奖	二	雷志栋（1）　尚松浩（3） 杨诗秀（5）　沈言琍（9） 毛晓敏（10）
28	2002	塔里木河干流整治及生态环境保护研究	国家科学技术进步奖	二	雷志栋（2）　胡和平（5） 杨诗秀（8）

续表

序号	获奖年份	项目名称	获奖名称	等级	获奖者
29	2005	碾压混凝土拱坝筑坝配套技术研究	国家科学技术进步奖	二	曾昭扬（5）
30	2006	流域水量调控模型及在黄河水量调度中的应用	国家科学技术进步奖	二	王光谦（1）　魏加华（2） 赵建世（5）　夏军强（6） 王忠静（7）　胡和平（8） 蔡治国（9）　傅旭东（10）
31	2007	黄河水沙过程变异及河道的复杂响应	国家科学技术进步奖	二	王兆印（7）
32	2008	游荡性河流的演变规律及在黄河与塔里木河整治工程中的应用	国家科学技术进步奖	二	王光谦（1）　张红武（3） 吴保生（4）　夏军强（5） 傅旭东（7）　钟德钰（10）
33	2008	高坝抗震分析时域显式整体分析法与场址地震动输入确定及工程应用	国家科学技术进步奖	二	王进廷（2）　张楚汉（5） 李　亮（10）
34	2009	大型多用途智能控制试验机研制及系列化与产业化	国家科学技术进步奖	二	张建民（1）　刘天云（4） 李庆斌（9）
35	2009	海河流域洪水资源安全利用关键技术及应用	国家科学技术进步奖	二	王忠静（2）
36	2009	碾压混凝土拱坝的新设计理论与实践	国家科学技术进步奖	二	刘光廷（1）　谢树南（2） 王恩志（3）　李鹏辉（5） 陈凤歧（6）　金　峰（10）
37	2009	黄河水资源统一管理与调度	国家科学技术进步奖	二	王道席（6）
38	2010	复杂地形长距离铁精矿固液两相浆体输送关键技术及应用	国家科学技术进步奖	二	傅旭东（3）　韩文亮（5）
39	2010	高混凝土坝整体稳定安全控制新理论及工程应用	国家科学技术进步奖	二	杨　强（2）　刘耀儒（5）
40	2010	水布垭超高面板堆石坝工程筑坝关键技术及应用	国家科学技术进步奖	二	水利系（5）
41	2010	200m级高碾压混凝土重力坝关键技术	国家科学技术进步奖	二	金　峰（10）

说明：括号内数字为获奖者排名。

（四）工程设计

水利水电工程系历来重视理论联系实际，注重和工程实际结合。1958年，由水利电力部和清华大学共同成立了水利水电勘测设计院，现仍设有水利水电工程设计研究所。在教学中真刀真枪搞毕业设计，曾承担密云水库等几十个水利工程的设计与科研工作。截至2010年先后承担设计的主要工程项目见表19-4-19。

表 19-4-19 水利系承担设计的主要水利水电建设工程

工程名称	坝型	坝高（米）	最大总库容（立方米）	装机容量（千瓦）	设计或建成年份	备注
密云水库	土坝	66	43.75 亿	9.3 万	1958 年设计，1960 年建成	协作单位有水电部北京勘测设计院
王家园水库	过水土坝	36.8	526 万		1958 年动工兴建	当时国内建设的第一座过水土坝，承担工程设计
渔子溪电站	混凝土闸	27.8	40.3 万	16 万	1965 年设计	后由水电部成都勘测设计院完成
三门峡水库	混凝土重力坝	106	162 亿	25 万	1969 年参加改建工程设计	
小浪底水库	土石坝	154	126.5 亿	180 万	1973 年参加工程的规划及初步设计	
半城子水库	土坝	29	1 000 万	325	1975 年动工兴建	采用了沥青混凝土斜墙防渗的新结构
密云水库引水隧洞		长 3 000	流量 12～15 立方米/秒		1991 年设计，1994 年完工	负责进水口段岩塞爆破及缓冲坑竖井部分的设计
福建溪柄一级水库电站工程	薄型碾压混凝土拱坝	63.5	1 000 万	2000	1993 年完成设计，1996 年建成	第一座碾压混凝土薄拱坝
密云水库大坝安全鉴定与加固设计		66	43.75 亿	8.8 万	1995 年设计，1998 年建成	
南水北调中线北京段大渡槽工程		长 889	流量 70～90 立方米/秒		1996 年完成初步设计	设计成果交北京市设计院汇总
南水北调中线北京段长倒虹吸工程		长 8 391	流量 70～90 立方米/秒		1996 年完成初步设计	设计成果交北京市设计院汇总
新疆石门子水库	碾压混凝土拱坝	109	5 010 万	7650	1997 年设计，2002 年建成	第一座高寒强震软基上的碾压混凝土高拱坝
宜昌官庄水库除险加固工程设计	土坝	36	1 560 万		2005 年 6 月完成初步设计，2007 年 10 月开始施工，2009 年 6 月完工	
广西贺州上程电站发电系统			1.087 亿	9 万	2004 年完成可行性研究，2009 年 11 月完成初步设计	水头 400 米，隧洞长 12 千米
山西盂县龙华口水电站	碾压混凝土重力坝	68	3 000 万	2 万	2007 年 12 月完成初步设计，2008 年 5 月开工建设	

六、对外合作与交流

水利水电工程系从建系初期就开展了对外合作与交流，20 世纪 50 和 60 年代派遣施嘉炀、夏震寰教授和 7 名年轻教师赴苏联、意大利、瑞典等国家进修和学习，聘请 7 位苏联专家教授来系任教和指导，并从 1953 年开始接受外国留学生，先后有朝鲜、阿尔巴尼亚、埃及、苏联、印度尼西亚、越南、老挝、尼泊尔、新西兰、塞内加尔和柬埔寨等国留学生来系学习和进修。1970 年以前，有张光斗教授等多名教师参团或率团外访或参加国际会议。20 世纪 60 年代有 1 名教师作为专家参加阿尔巴尼亚的水利建设。

1978 年以来，水利水电工程系对外合作和交流的规模和领域有了显著扩展，表现在如下方面。

人才培养：从 20 世纪 80 年代恢复接受外国留学生，来系留学的外籍学生逐年增加，既有本科生，也有研究生和进修生；自 20 世纪 90 年代以来，水利水电工程系先后聘用了 16 位在欧洲、美国和日本等国家获得博士学位的教师，也有多名中青年教师赴国外进修，大多数骨干教师都具有在国外从事学术研究工作的经历。还聘请了 3 位中国香港、日本和美国的教授为客座教授。

科学研究：水利水电工程系与美国、加拿大、俄罗斯、英国、德国、奥地利、荷兰、挪威、瑞典、澳大利亚、日本、韩国等国家以及中国香港和台湾地区的大学研究机构保持着长期的合作关系。近 5 年来开展对外合作项目 20 多项，涉及欧盟、美国、荷兰、德国、日本及中国香港地区，总经费 1 400 多万元。日本前田建设公司出资 500 万元人民币在水利系设立清华-前田（岗村）先进建设技术研究中心，开展混凝土生产和施工技术的研究。在黄河下游位山灌区建成的国内第一个具有国际先进水平的生态水文观测实验站，日方投资的仪器设备总价值约 150 万元人民币。

学术交流：水利水电工程系的很多教师在国际学术界有着十分重要的学术地位，张光斗教授 1981 年被选为墨西哥工程科学院外籍院士；钱宁教授 1986 年担任国际泥沙培训中心顾问委员会副主席；前系主任董曾南教授 1992 年 1 月—1995 年 12 月和 1996 年 1 月—1999 年 12 月先后任国际水利工程与研究协会（IAHR）的理事和副主席；王兆印教授 2004 年 1 月任国际泥沙研究学会的秘书长；张楚汉教授 1988 年被加拿大 Concordia 大学聘为兼职教授。在职教师中担任国际学术组织理事或委员的有 12 人，担任国际期刊主编或编委的有 10 人，近 5 年来在国际学术会议上作特邀主题报告有 12 人次；来自欧洲、美国、澳大利亚以及日本等国的国际知名学者频繁来系讲学或寻求科研合作。近 5 年来举办和参与举办了国际会议 6 次，与会代表人数超过 1 500 人，教师出国参加国际会议每年均在 20 人次左右。

七、实验室

水利水电工程系拥有水力实验馆（旧水利馆）、新水利馆和泥沙实验馆等 3 座实验馆，分设水工、水力学、泥沙、土力学、水文水资源等实验室。

水力实验馆（旧水利馆）建于 1936 年，当时除进行水工模型试验外，还曾设有水轮机试验台，户外有 80 米长的试验槽，可供船舶模型试验与流速仪校正之用。新水利馆建于 1955 年至 1956 年。1957 年后筹建了脆性材料与光弹性实验室，1958 年后筹建抽水蓄能试验室、土力学实验室，到 1960 年之后趋于完善。当时还建有电测车间与金工车间。泥沙实验馆建于 1978 年至 1981 年。1978 年后，筹建泥沙试验室、水资源试验室与土力学离心机试验室，1990 年水工实验室被确认为高坝大型结构国家专业实验室。

2001 年建立水沙科学教育部重点实验室。2006 年 7 月由科技部批准筹建水沙科学与水利水电工程国家重点实验室，2009 年 1 月通过验收。现任学术委员会主任为胡四一教授，实验室主任为王光谦教授。立足实验室的传统优势，瞄准国际学科前沿和国家重大需求，实验室确立 5 个研究方向：水文水资源科学与管理、水沙科学与水环境、岩土力学与工程、高坝新型结构、水力机械动力学与工程。实验室始终围绕国家战略目标，坚持"突出的应用基础创新""重大工程关键技术创新""自主产权的技术创新""重要的国际影响力" 4 个特色，为我国水资源利用、江河治理、水电开发和流域保护提供重要成果，为我国培养优秀水利人才。

到 2010 年底，包括水沙科学与水利水电工程国家重点实验室、水工结构实验室和土力学实验室、水资源实验室，全系实验室总面积达 13 200 平方米，实验室共配有仪器设备 2 000 余台，其中高压三轴仪、全自动光弹仪、激光磁带仪、气蚀实验台、土工离心机、万能数字测量仪、热线热膜流速仪等是目前国内较为先进的仪器设备。

主要的实验室有：

（1）水工结构实验室，由光测、结构、振动、水工水力学 4 个分室组成，配有大坝试验基座、大三轴、动三轴、堆石混凝土、数字光弹仪、振动台及自动多点量测系统。

（2）水力学实验室，为学校一级实验室，每年承担 1 200 名学生的教学实验任务，拥有一、二维激光测速仪、三通道热线/热膜流速仪及图像处理等先进试验仪器，配有波浪槽和多条实验水槽及试验场地，承担多项重大课题。

（3）泥沙实验室，为学校一级实验室，配有国内最大的自动调坡水槽等先进设备，承担着三峡模型及管道输送等多项大型研究项目，已实现实验室微机控制及数据自动检测。黄河泥沙研究中心可进行大型模型试验。

（4）土力学实验室，具有齐全的教学实验设备和录像教学片，配备有高压三轴仪、二维及三维接触面试验机、50G-T 土工离心机等多台大型设备，已承担多项研究课题。

（5）水资源实验室，配有中子测水仪、压力薄膜仪及自制盐分土壤数字采集系统等先进设备，已完成有关水资源有效利用及农业节水方面的课题研究。还建有野外水文观测试验站。

第五节　建设管理系

一、沿革

随着我国改革开放和社会、经济的不断发展，清华大学为了适应社会需要，对院、系设置也进行了调整和改革。2000年2月原土木工程系和水利水电工程系合并成立了土木水利学院。在学院成立后，又整合了两系原工程管理学科的教学科研力量，于2000年4月18日成立了建设管理系。

建设管理系的沿革，可追溯到20世纪50年代初期。那时，我国高等教育进行全面调整，并在"学习苏联"的大形势下，聘请苏联教育专家来我国各高等学校工作。就是在这种背景下，1953年清华大学土木工程系成立了建筑施工技术与机械教研组（简称施工教研组），不仅聘请苏联专家萨多维奇来亲自授教有关建筑施工课程，还派出教师去苏联高等学校进修。由于施工教研组在国内首次组建，有关建筑施工课程也是第一次开设，当时全国有土木系的高校都派教师来清华进修，聆听苏联专家讲课，并学习有关教学经验。

施工教研组教学的业务范围有建筑施工、水利施工、给排水施工、暖通施工。先后开设的课程有：建筑施工技术、建筑施工组织与计划、建筑机械、房屋结构架设、建筑保安与防火、水利工程施工技术与组织、给排水施工技术与组织、暖通施工技术与组织等。施工教研组除开设上述课程外，根据苏联专家建议，于1954年还成立了建筑施工实验室，开设混凝土搅拌、钢筋张拉、结构架设、砌砖工程、建筑机械等试验课程。每年暑假还承担生产实习任务，土木工程系的工业与民用房屋建筑、工业与民用房屋建筑结构、给水排水、供热通风专业以及水利系的水工结构专业的毕业设计均有施工环节。施工教研组的教师每年都参与各专业毕业班毕业设计的指导工作。

1977年恢复全国高校统一考试，于1978年全校恢复系和教研组建制。这时施工教研组的原有教师又集中开始开展各项教学、科研活动。1984年至2000年，还开展了对外合作，与英国、德国、中国香港和澳门等国家和地区的高等学校进行学术交流，互派学者进行访问讲学。此外，还选派教师出国参加我国对外工程承包工作。随着国家经济建设的不断发展，1986年在施工教研组的基础上建立了建筑工程管理专业，并招收培养硕士研究生，专业名称经历了管理工程、建筑经济与管理、管理科学与工程的演变。至2010年12月，已有406人获得了工学硕士或工程硕士学位（其中工学硕士162人，工程硕士244人）。从1999年开始招收博士研究生，至2010年12月已有13人获得了博士学位。2010年末，建设管理系在读博士研究生已有31人，工学硕士研究生79人，工程硕士研究生180人。通过研究生的培养以及开展的教学、科研各项活动，建设管理系又得到较快发展，适应了我国建设事业飞速发展和开拓国际建设市场对高级工程管理人才的需要，也为土木水利学院实现学科发展、战略布局由"工程技术"到"工程技术加工程管理"的转变奠定基础。

历任系主任：

刘洪玉（2000-04—2007-04）；方东平（2007-05—   ）。

二、教学科研组织

自2000年4月组建建设管理系后，设有工程管理研究所、房地产研究所、国际工程项目管理研究院和项目管理与建设技术研究所等4个教学科研机构，具有理工和管理等多学科相互交叉渗透的综合优势。此外，随着学科的发展以及对外学术活动的加强，还建立了3个联合培训（研究）中心。这3个联合培训（研究）中心，在组织上由院系选派干部参与管理，在业务上主要依托于建设管理系，有关行政日常管理工作则主要依托土木水利学院党政机构。

（一）研究所（院）教学、科研主要内容

1. 工程管理研究所

主要研究领域包括工程项目管理、建筑法律法规、建筑经济学、项目经济学、建筑施工技术与组织、工程合同管理、安全与风险管理、工程担保制度、建筑工程环境影响评价以及建筑工程信息管理技术等。

2. 清华大学房地产研究所

主要研究领域包括房地产经济学、房地产金融与投资、房地产开发、物业与资产管理、土地管理、住房政策等。

3. 项目管理与建设技术研究所

主要研究领域包括基于项目的企业管理模式、工程项目执行状况评价、管理体系和信息系统、BOT与基础设施项目投资、建设项目生命周期管理、先进建设技术等。

4. 清华大学国际工程项目管理研究院

主要研究领域包括国际工程管理（跨国工程服务涉及的文化、法律、语言、传统、国际工程市场、市场进入、竞争策略和管理特点）和工程项目前期管理（侧重投融资、担保、设计管理和风险管理等）。

（二）联合培训（研究）中心

3个联合培训（研究）中心的任务主要是对外开展培训和咨询工作，组建单位和业务范围如下：

1. 清华大学工程项目管理研究与培训中心

在世界银行和国家财政部支持下，该中心成立于1994年，是世界银行项目管理培训网的组织单位，网员单位包括天津大学、西安交通大学、同济大学和上海财经大学。该中心自成立后为社会培训了700多名项目管理人员，并给重庆市、辽宁省提供了世界银行贷款项目评估咨询。

2. （清华-金门）建筑安全研究中心

（清华-金门）建筑安全研究中心在国家建设部和香港特别行政区环境运输及工务局的支持下，由清华大学和金门建筑有限公司合作成立。研究中心以提高建筑业安全水平为目标，承担来自国内外政府、企业及非政府组织的有关建筑安全和工程风险方面的研究和咨询课题。

3. 清华大学国际工程项目管理研究院培训中心

作为清华大学国际工程项目管理研究院的培训平台，负责国际工程、项目管理类培训的组织与管理，服务于工程行业国家支柱性企业，为企业量身定制高层次工程及项目管理人才培养方案，同时开办项目管理、CIOB入会辅导、RICS入会辅导等系列培训课程。

三、教职工

（一）建设管理系教职工人数统计

建设管理系现有教职工总数 23 人，其中教师 18 人，教辅及临时工作人员 4 人。现聘教师中，有教授 10 人（其中博导 9 人），具有硕士学位的 7 人，获国外博士学位的 3 人，获国内博士学位的 8 人。2003 年至 2010 年聘任的教师人数情况见表 19-5-1。

表 19-5-1 建管系专职教学、科研人员情况一览

时间	专职教学、科研人员总数	正高职称人数	博士生导师数	副高职称人数	具有博士学位人数	具有硕士学位人数
2003	13	8	5	4	5	7
2004	14	8	6	4	6	7
2005	16	9	6	3	7	7
2006	17	9	6	3	9	7
2007	17	9	6	3	9	7
2008	19	10	9	4	11	7
2009	18	10	9	4	11	7
2010	18	10	9	4	11	7

（二）建系后历任教授名录

朱　嬿（1996—2009 退休）　　刘洪玉（1996—　）　　朱宏亮（1998—2010 退休）
卢有杰（1999—2009 退休）　　季如进（2000—　）　　张智慧（2000 调入—　）
方东平（2002—　）　　　　　安雪晖（2002—　）　　王守清（2003—　）
强茂山（2005—　）　　　　　张　红（2007—　）

四、教学

随着土木水利学院和建设管理系的成立，原隶属于土木工程系的工程管理本科专业划归建设管理系主办，并由土木工程系和土木水利学院协办，每年招收 1 个本科班约 30 人（与土木工程系的另 3 个班约 90 人一起联合招生，共 4 个班约 120 人），学制四年，授工学学士学位。

建设管理系还具有管理科学与工程一级学科工学硕士和博士学位授予权，培养工程施工技术、项目管理、房地产经济、物业管理、建设法规、建筑安全技术与安全管理等研究方向的硕士和博士研究生。硕士生、博士生每年的招生规模分别为 20 人左右和 6～8 人。

建设管理系同时设有管理科学与工程博士后流动站，每年招收博士后研究人员 5～6 人。拥有项目管理领域和建筑与土木工程领域工程硕士学位授予权，是全国项目管理领域工程硕士教育协作组（100 多所大学）组长单位，每年招收 50 名左右工程硕士研究生。

（一）本科生概况

本科生历年招收人数和毕业人数见表19-5-2。建管系招生是与土木工程系联合进行的，入学后一年按志愿再分配。表中"本科招生人数"一栏是两系招生人数的总数，"本科毕业人数"则是分系后的学生毕业人数。

表 19-5-2　建管系历年本科招生、毕业人数

时　　间	2000	2001	2002	2003	2004	2005	2006	2007	2008	2009	2010
本科招生人数	127	128	128	122	121	125	126	129	130	124	122
本科毕业人数	82 结 48 管	68 结 26 管	59 结 35 管	84 结 31 管	87 结 30 管	96 结 27 管	92 结 30 管	79 结 40 管	85 结 31 管	87 结 27 管	99 结 22 管

（二）工程管理专业本科教学要求

1．培养目标

在本科阶段，教授土木工程设计、施工和管理的基础课程，并对学生进行工程师和项目经理基本技能的训练，使学生掌握土木工程技术及与工程管理相关的管理、经济和法律等基本理论，具有综合分析和工程项目全过程管理的初步能力，毕业后既能胜任工程项目全过程管理，也能从事一般土木工程的设计和施工工作。同时面向该领域国内外执业资格要求和考试。

2．学制与学位授予

学制：本科学制四年，按照学分制管理机制，实行弹性学习年限。
授予学位：工学学士学位。

3．基本学分学时

本科培养总学分170，其中春、秋季学期课程总学分137，实践环节和军事训练18学分，综合论文训练15学分。

4．课程设置与学分分布

2010年建管系本科课程设置情况见表19-5-3。

表 19-5-3　2010 年建管系工程管理专业本科课程设置

课 程 类 别	课 程 名 称	学分	课 程 名 称	学分
1．人文社会科学类课程 26 学分				
思想政治理论课 14 学分	思想道德修养与法律基础	2	邓小平理论概论	3
	毛泽东思想概论	3	马克思主义哲学原理	3
	马克思主义政治经济学原理	3		
体育 4 学分	体育课学分不够或不通过考核不能毕业，无学士学位			
外语 4 学分	必须通过外语水平Ⅰ考试			
文化素质课≥13 学分	必选管理学基础、经济博弈论、法律基础			

课程类别	课程名称	学分	课程名称	学分
2. 自然科学基础课程33学分				
数学类22学分	线性代数（1）	4	概率论与数理统计	3
	线性代数（2）	2	运筹学	3
	微积分A（1）	5		
	微积分A（2）	5		
物理类6学分	大学物理B（1）	4	物理实验A（1）	2
	大学物理（1）英	4		
计算机基础2学分	计算机程序设计基础	3	计算机语言与程序设计	3
自然科学（二选一）选修课限选2学分	现代生物学导论	2	大学化学B	2
3. 专业基础课程44学分				
技术类29学分	结构力学（1）	4	土力学与基础工程	3
	结构力学（1）英	4	建筑施工技术	2
	混凝土结构（1）	3	房屋建筑学	3
	工程制图基础	3	建筑材料	2
	工程计算机制图	2	建筑材料（英）	1
	工程力学A	4	测量学	3
管理类4学分	工程项目管理（1）	2	工程合同管理	2
经济类6学分	经济学原理	4	城市与房地产经济学	2
	工程经济学	2		
法律类3学分	经济法与建设法规	3		
4. 专业课程21学分				
概论课2学分	土木工程与工程管理概论	2	土木工程与工程管理前沿	0
专业主干课10学分	房地产开发经营与管理	2	工程估价原理与实践	3
	建筑施工组织	2	工程项目管理（2）	2
	建筑安全与健康	1	因材施教导师制研讨课	0
专业选修课 限选≥5学分 任选≥4学分	地下空间开发利用概论	1	会计学原理	3
	智能交通系统概论	2	建筑市场交易与行业规划	1
	城市规划与设计原理	2	结构概念设计	2
	城市规划与交通	2	土木工程CAD技术基础	2
	工程管理英语	2	交通工程	2
	交通规划	3	风险管理与安全管理	2
	水力学（1）	2	物业管理	2
	建筑设计（1）	3	建筑设计（2）	3

续表

课 程 类 别	课 程 名 称	学分	课 程 名 称	学分
专业选修课 限选≥5学分 任选≥4学分	房地产评估理论与实务（英）	3	工程结构事故分析与管理	2
	面向对象程序设计	2	建筑企业管理	2
	土木工程合同文件（英）	2	项目融资	2

5. 实践环节 18 学分

课程设计 5 学分	建筑设计概论	1	建设管理课程综合设计	2
	建筑施工组织课程设计	1		
实习类 14 学分	大一外语强化训练	2	军事理论与技能训练	3
	施工实习	4	测量实习	2
	房地产市场调研	2	认识实习	1
选修类	结构设计大赛	2	建筑工程与管理创新竞赛	2
	经审查认可的设计大赛可替代设计类课程 1～3 学分			

6. 综合论文训练

综合论文训练 15 学分	综合论文训练（设计实习/科研实践），要求不少于 18 周，集中安排在第 7 学期 第 9 周至第 8 学期期末			

（三）研究生概况

建设管理系 2000 年建系前已招收硕士研究生，并于 1998 年 6 月设"管理科学与工程"学科博士点。建系前后历年硕士研究生招生数量见表 19-5-4。硕士研究生、博士研究生的课程设置及学分分布，分别见表 19-5-5、表 19-5-6 和表 19-5-7。

表 19-5-4　建管系历年硕士研究生招生人数

时间	2000	2001	2002	2003	2004	2005	2006	2007	2008	2009	2010
硕士生	21	18	16	12	16	21	21	37	20	18	12

表 19-5-5　2010 年建管系硕士研究生课程与学分设置

课 程 类 别	课 程 名 称	学分	课 程 名 称	学分
公共必修课 5 学分	自然辩证法	1	中国特色社会主义理论与实践研究	2
	第一外国语（基础部分）	2		
必修环节 2 学分	文献综述与选题报告	1	学术活动	1
基础理论课≥4 学分 （不少于 1 门）	数值分析 A	4	应用统计	3
	应用随机过程	4	运筹学	4
	基础泛函分析	4	高级微观经济学	3
	高等计量经济学	3	高级微观计量经济学	3
专业课≥16 学分 （不少于 6 门）	项目计划与控制	2	技术经济评价理论与方法	3
	决策与对策模型方法	4	区域和城市经济学	2
	比较国际私法	3	房地产经济学	3
	建设工程风险管理	2	建设与房地产应用法律	2

续表

课程类别	课程名称	学分	课程名称	学分
专业≥16学分（不少于6门）	建设工程担保	1	房地产金融与投资	3
	工程项目环境影响评价	2	房地产投资项目评估与案例分析	2
	IT与工程建设管理	2	学科前沿讲座	2
	项目融资	2	人居环境科学概论	2
	工程与管理创新	2	城市改造理论与实践	1
公共选修课程学术与职业素养课程（不少于1门）	城市化与房地产热点问题	1	英文科技论文写作与学术报告	1
	当代中国研究	1	成功心理训练	1
	环境科学与工程前沿讲座	1		

表 19-5-6　2010 年建管系普博生课程与学分设置

课程类别	课程名称	学分	课程名称	学分
公共必修课4学分	中国马克思主义与当代社会思潮	2	博士生英语（或其他语种）	2
基础理论课≥3学分（不少于1门）	应用随机过程	4	高等计量经济学	3
	运筹学A	4	高等计量经济学	3
	基础泛函分析	4	高级微观经济学	3
	高等数值分析	4		
本学科或相关学科的研究生课程≥4学分（不少于2门）	技术经济评价理论与方法	3	房地产经济学	3
	房地产投资项目评估与案例分析	2	工程项目环境影响评价	2
	决策理论	3	可持续发展引论	2
	数理经济学专题	2	企业战略学专题	2
	决策与对策模型方法	4	项目计划与控制	2
	工程项目管理案例	2	项目人力资源和沟通管理	2
	建设工程风险管理	2	房地产金融与投资	3
	项目融资	2	区域和城市经济学	2
	学科前沿讲座	2	建设与房地产应用法律	3
	建设工程担保	1	比较国际私法	3
	工程与管理创新	2	城市改造理论与实践	1
	人居环境科学概论	2		
公共选修课程（不少于1门）	城市化与房地产热点问题	1	环境科学与工程前沿讲座	1
	当代中国研究	1	英文科技论文写作与学术报告	1
必修环节5学分	文献综述与选题报告	1	资格考试	1
	社会实践	1	学术活动	2
自学课程	涉及与研究课题有关的专门知识，由导师指定内容系统地自学，可列入个人培养计划			
补修课程	凡在本门学科上欠缺硕士层次专业基础课的博士研究生，一般应在导师指导下补修有关课程，补修课程可记非学位要求课程学分			

表 19-5-7　2010 年建管系直博生课程与学分设置

课 程 类 别	课 程 名 称	学分	课 程 名 称	学分
公共必修课　5 学分	自然辩证法	1	博士生英语或其他语种	2
	中国马克思主义与当代社会思潮	2		
基础理论课≥4 学分（不少于 1 门）	应用随机过程	4	高等计量经济学	3
	运筹学	4	高级微观经济学	3
	应用数理统计	3	基础泛函分析	4
	高等数值分析	4	高级微观计量经济学	3
专业基础课≥6 学分（不少于 2 门）	房地产经济学	3	系统规划决策基础	3
	技术经济评价理论与方法	3	高等计量经济学	3
	决策与对策模型方法	4	决策理论	3
	IT 与组织	3	学位分委会批准的其他课程	
	项目计划与控制	2	项目管理	2
	项目经济学	2	项目采购管理	2
	项目人力资源与沟通管理	2	项目融资	2
	建设工程担保	1	工程与管理最佳实践	1
	区域和城市经济学	2	工程建设管理	3
	房地产金融	3	房地产投资	3
	房地产投资项目评估与案例分析	2	国际经济法	2
	建筑施工前沿	2	工程项目管理案例	
	工程项目环境影响评价	2	IT 与工程建设管理	2
	IT 与项目管理软件	2	建筑工程管理计算机软件应用	3
	风险管理	2	人居环境科学概论	2
	建设与房地产应用法律	2	城市改造理论与实践	1
	城市基础设施	1	计算机与信息系统导论	3
	导师推荐的其他课程			
必修环节 5 学分	文献综述与选题报告	1	学术活动	2
	资格考试	1	社会实践	1
公共选修课程学术与职业素养课程	城市化与房地产热点问题	1	成功心理训练	1
	当代中国研究	1	社会分层与社会流动	1
	环境科学与工程前沿讲座	1	科技伦理	1
	英文科技论文写作与学术报告	1		
自学课程	涉及与研究课题有关的专门知识，由导师指定内容系统地自学，可列入个人培养计划			

（六）教材编写及教学成果获奖情况

建系以来根据工程管理专业的学科要求，共编写本科生、研究生的教材 32 本，其中获省、部级及清华大学校级奖 9 项，部分获奖情况见表 19-5-8。

表 19-5-8　建管系编写教材和软件获奖情况

序号	教材（软件）名称	出版社	主编	评选时间	获奖名称	获奖等级
1	建筑施工组织	科学技术文献出版社	朱嬿	1996	第三届高等学校优秀教材评选	省（部）级二等奖
2	钢筋优化配料系统		朱嬿	1997	全国第二届普通高等学校CAI优秀软件评选	省（部）级三等奖
3	国际经济合作法律基础	中国建筑工业出版社	朱宏亮	2001	清华大学优秀教材评选	一等奖
4	房地产经济学	清华大学出版社	张红	2008	清华大学教材评选	一等奖
5	物业管理	首都经济贸易大学出版社	季如进	2008	清华大学教材评选	一等奖

五、科学研究工作

（一）科学研究工作概况

清华大学管理科学与工程学科（建设管理领域）分为两个主要研究方向，其一是建设工程与项目管理，其二是房地产经济与管理。两个主要研究方向所涉及的研究内容如下。

1. 建设工程与项目管理方向

（1）建设管理，包括建设法律法规、公共工程管理、建设领域反腐败、建筑企业管理、建设工程环境影响和生命周期分析、工程经济学、建设项目经济评价、建筑业循环经济与可持续发展等。

（2）工程项目管理，包括组织级项目管理（多项目资金流集成与优化、组织内及跨组织资源集成、项目和利益关系者的绩效评价与激励等），伙伴关系管理模式（Partnering），（特许经营）项目融资（BOT/PFI/PPP），国际工程市场与进入模式，工程建设安全管理与风险管理，工程项目环境管理体系（EMS），信息技术在工程管理中的应用等。

（3）建筑施工技术与组织，包括建造自动化技术、堆石混凝土技术、纳米水泥技术以及钢筋混凝土结构生命周期预测等。

2. 房地产经济与管理方向

（1）城市与房地产经济学，包括城市发展与住房市场互动机理、城市空间结构及其演变规律、房地产市场和土地市场运行规律、房地产价格与地价决定机制等。

（2）住房政策与土地政策，包括住房/土地政策及其经济学基础、住房机会和住房支付能力的测度与分析、房地产税收与地方财政、房地产市场的政府干预及其效果评价、房地产业与住宅产业政府设计、可持续建设政策设计等。

（3）房地产投资与金融，包括房地产资本市场运行模式、商业房地产投资模式及定价方法、房地产衍生证券设计及定价、房地产资产管理和物业管理、房地产上市公司绩效评价方法、房地产企业发展战略设计。

自建系以来至2010年底，本学科领域承担国家自然基金重点项目36项，科技部"十五"科技攻关重点课题 3 项，科技部国际合作课题 1 项，欧盟等资助的国际合作项目 13 项，建设部、国土资源部、国家安监总局、国资委、奥组委以及各地方政府和企业的研究和咨询项目 74 项。

（二）科学研究成果

通过历年承担的大量科研任务，在管理学科的杂志上发表论文和出版专著合著若干篇，表 19-5-9 为发表论文情况。

表 19-5-9　建管系发表论文情况

时　　间	2000	2001	2002	2003	2004	2005	2006	2007	2008	2009	2010
发表论文（篇）	66	64	78	73	93	94	57	78	106	102	88

六、对外合作与交流

建管系与剑桥大学、麻省理工学院、哈佛大学、加州大学伯克利分校、哥伦比亚大学、里丁大学、拉夫堡大学、宾夕法尼亚大学、普渡大学、佛罗里达大学、新加坡国立大学、香港大学等大学及建设与房地产学科研究机构保持有密切合作的关系，为各自的教师和学生提供深度交流的机会。鉴于建设与房地产学科培养的毕业生就业后需获取相应执业资格要求的现实，建管系与英国皇家特许测量师学会（RICS）、国际咨询工程师联合会（FIDIC）、英国皇家特许建造师学会（CIOB）、美国项目管理学会（PMI）和国际项目管理协会（IPMA）等保持有密切的合作。建管系与国内兄弟院校及政府、行业协会、企业有合作关系。如由清华大学建管系作为主要发起单位，天津大学、同济大学和香港大学参加的"China Network"就是一例。同时，建管系还与建设和房地产领域的近 10 个国家级学会（协会）、教学指导委员会、教学评估委员会保持密切联系。这些交流与合作均搭建了建管系开展国际、国内广泛而深入交流与合作的重要平台。

建设管理系教师在多个国际组织和国际学术期刊编委会中担任重要职务，包括国际建筑施工研究创新理事会理事、规划委员会主席，世界华人不动产学会常务理事、副秘书长，亚洲房地产学会理事，*Journal of Real Estate Research*（SSCI）编委，*International Real Estate Review* 主编，*Journal of Housing Economics*（SSCI）编委、*Safety Science*（SCI）编委等。

建管系 2004 年—2010 年对外交流包括出访和来访的交流活动，总计有 22 个国家和地区的高等院校、科学协会和企业公司等。承办或参与主办的国内外大型学术会议、论坛、年会总计 12 次。在海外学术机构和团体任职的有教师 4 人，在海外获奖的教师有 2 人。

七、实验室和研究基地

（一）项目管理创新实验室

建管系从 2009 年开始，着手筹建项目管理创新实验室，以能够模拟项目管理的全过程为目标，通过对项目生命周期中产生的信息进行收集、储存、检索、分析和分发，研究改善项目管理的理论、手段和方法，实现项目管理的创新与发展。

项目管理创新实验室目前已投入使用的硬件设施包括 2 部高配置服务器并配 Tesla S1070 图形处理器，用于图形处理和提供各自基于网络的服务；17 台移动终端，1 个电子投影仪

（EMP1735）；三维控制器 logitech SpacePilot。

已购置和使用的软件设施包括虚拟现实软件 Vega Prime 3.0 主要使用模块，组织模拟软件 ProjectSim 标准版，文本挖掘软件 QSR Nvivo V.9，建筑地理信息软件 ArcGIS 10.0，企业项目管理软件 Primavera 6.2，自开发的视频会议软件 epims。

已购置的数据库包括 70 个城市 GIS 图层，居民微观数据。

（二）绿色建造技术与管理教学实验室

为进一步加强建设管理系课程实践性教学环节，促进教与学的和谐统一，提高教学效果，把理论和实践有机地结合起来，加强学生实际专业技能的培养，建设管理系在 2010 年进行了"绿色建造技术与管理教学实验室"的平台建设，它同时也是促进建设管理系在工程施工领域的科技创新，促进科技成果的迅速转化的平台。

本实验室的建设包括数字实验平台和物理实验平台两部分构成。其中数字实验平台建设包括重大土木工程施工演示平台、购置有关硬件和软件；物理实验平台包括构件模型、施工机具、施工工艺、质量检测仪器等。通过建设绿色建造技术与管理实验室平台，实现以实体模型、数学模型和数字仿真三位一体化为核心，实现教学与科研互动、技术创新与应用研究的互动，促进现代信息技术与传统实验技术与工程建设的紧密结合发展。通过本实验平台的建设，极大地提升施工技术的教学能力，并促进本学科科研能力的提高，为人才培养和科学研究提供了有效的保证和支撑。

目前在"985 工程"三期教学实验室经费的支持下，已初步具备实验室办公条件，可组织项目会议和交流。实验室已购入大屏幕液晶显示屏，可进行工程施工过程的演示，购入可检测施工现场的粉尘采样器。

第六节　环境科学与工程系

一、沿革

环境科学与工程系（简称环境系）成立于 1984 年 8 月，其渊源可追溯至 1926 年 9 月清华学校组建的包括土木、机械和电机三科的工程学系。1928 年 8 月，清华学校改为国立清华大学，9月，工程学系更名为市政工程学系；次年 5 月，改称土木工程学系，附属于理学院。土木工程学系内设铁路及道路工程组和水利及卫生工程组，后者即环境系前身。1931 年，陶葆楷受聘执教于土木工程学系，着手建立卫生工程实验室。1932 年，土木工程学系与增设的机械工程学系和电机工程学系合组为工学院，梅贻琦兼任院长。

1933 年，土木工程学系水利及卫生工程组与协和医学院公共卫生系及美国洛氏基金会合作，在北京东城区卫生事务所设环境卫生实验区。1934 年，在清华建成卫生工程实验室。

1937 年—1945 年，国立长沙临时大学和西南联合大学时期，工学院土木工程学系设置市政及卫生工程组。为了适应战时需要，陶葆楷开设军事卫生工程课，并编著《军事卫生工程》一书出版。因仪器设备所限，卫生实验室比战前还要局促。1940 年 7 月，陶葆楷出任西南联大土木系主任，同时兼任云南省抗疟委员会委员及抗疟工程队队长。

1946 年，国立清华大学复校。复建工学院土木工程系，设置市政卫生工程组。陶葆楷任系主任并代理工学院院长。卫生工程实验室得以添置新设备和恒温箱、培养箱、消毒室等设施，教学质量比战前有所提高，能进行水化学、水微生物学及给水排水处理等多项试验，实验条件居全国高校前列。

1952 年 8 月，北京大学和燕京大学的土木工程系并入清华，水利学科从土木工程系分出，成立水利工程系。新的土木工程系设上水道及下水道专业，原市政卫生工程组改为上下水道工程组，陶葆楷任主任。1953 年末，请哈尔滨工业大学苏联专家莫尔加索夫来校讲学并指导教学工作，学制改为五年并扩建试验室。1954 年 7 月更名为给水排水教研组。

1957 年，学校首次面向社会招收副博士研究生，同年，陶葆楷重新担任土木系主任。建成约 1 000 平方米的给水排水试验室及约 700 平方米的露天污水处理试验场，可以进行半生产性给水及排水处理试验。

1958 年，为贯彻"教育必须为无产阶级政治服务，必须与生产劳动相结合"的教育方针，加强思想教育，把生产劳动与科研引入教学，又要保证理论学习，从给 0 班到给 2 班学制延长为五年半，1958 年入学的给 4 班新生学制改为六年，直至 1965 年入学的新生学制重新改为五年。

1960 年 6 月，土木和建筑二系合并为土木建筑系（简称土建系）。梁思成和陶葆楷一同担任系主任。同年，为培养原子能科学技术专门人才，由给水排水教研组抽调 7 人，组建代号为 0303 的原子能反应堆供水与放射性废水处理专门化教研组（简称"03 教研组"）。后来曾一度并入校原子能基地（代号"200 号"，后更名为"试验化工厂"）、工程物理系和工程化学系。

1966 年"文化大革命"，正常的教学科研秩序受到严重冲击，各项工作一度停顿。1970 年，土木建筑系更名为建筑工程系（简称"建工系"），各专业按连队编制，由军（工）宣队派人领导。给水排水专业为土建系第二连，教工共有 51 人。此后的 6 年中，共招收工农兵学员（生）计 6 届 180 人，学制一般为三年半。

1977 年恢复全国高考招生。在陶葆楷等的积极推动下，在给水排水专业的基础上正式建立了中国首个环境工程专业，并招收第一届本科生 35 人，学制为四年半。从 1979 年开始每年招收 60 名环境工程专业本科生，学制改为五年。1978 年招收环境工程专业第一届硕士研究生 16 人。同年招收放射性废物处理工程研究生 5 人。1979 年在国内率先成立环境系统工程研究室。

1980 年，建筑工程系拆分为建筑系和土木与环境工程系（简称土环系）。

1981 年，首批获得环境工程和核环境工程硕士点。同年，由国务院环境保护领导小组办公室批准，清华大学与中国环境科学研究院合办"环境工程研究所"，挂靠土环系，陶葆楷出任首任所长。后更名为"清华大学环境工程设计研究院"，井文涌担任院长。1982 年，该院直属城乡建设环境保护部环保局领导。

1984 年 1 月，环境工程成为可授予博士学位的学科。8 月，环境工程系（简称环境系）正式成立，原"03 教研组"从工程化学系并入环境系。

1986 年设立环境科学与工程博士后流动站，增设市政工程硕士点和放射性废物处理（后改称核工业环境工程）博士点。同年，建筑面积 3 000 平方米的环境系馆落成。设立水物理化学处理、环境生物工程、大气污染控制、环境系统工程、环境工程化学与监测、核工业环境工程和环境工程设计等 7 个教研组。

1988 年环境工程学科被评为全国环境类唯一的重点学科。

1989 年，我国环境科学与工程领域规模最大的国家重点联合实验室，即环境模拟与污染控制国家重点联合实验室正式立项，重点实验室以清华大学、中国科学院生态环境研究中心、北京大学、北京师范大学 4 家机构为依托，钱易担任实验室主任。

1993 年，根据国家环境保护事业的发展和学科建设的需要，教研组调整为 6 个：水污染控制、给水排水、环境工程化学与监测、环境规划与管理、大气污染与控制和固体废物处理与处置，形成了较为系统的环境工程学科布局。

1994 年，环境科学与工程学科群被列为清华大学"211 工程"优先发展和重点支持的学科群之一。

1997 年，更名为环境科学与工程系。国务院学位办当年组织学位点评估，环境工程博士点、硕士点，核环境工程博士点、硕士点，市政工程硕士点均顺利通过评估。1998 年，新增市政工程博士点和环境科学硕士点。

1999 年，学校启动"985 工程"（一期）"环境科学与工程学科"建设项目，组建清华大学环境科学与工程研究院。为适应研究型大学建设，取消教研组建制，设立水质科学与工程研究所、大气污染与控制研究所、固体废物污染控制与资源化研究所、环境系统分析研究所和环境模拟与污染控制国家重点联合实验室等 5 个二级机构。同年，本科生招生规模扩大为 3 个班计 90 人。

2001 年，环境工程专业再次被评为国家重点学科。

2002 年，为加强环境科学专业方向，增设"环境科学研究所"。启动"现代环境生物学研究平台"和"环境观测与分析平台"建设。

2003 年，学校启动"十五""211 工程"大型水体污染控制与修复理论和技术项目。增设"环境生态学"学科方向。

2005 年，学校启动"985 工程"（二期）"区域与全球环境安全"重点创新平台项目。

2007 年，面积达 2 万平方米的中意清华环境节能楼启用，成为环境系的新系馆。环境工程学科第三次被评为国家重点学科。成立清华大学全球环境研究中心。

2008 年，学校启动"211 工程"（三期）环境科学与工程建设项目。

2009 年，环境科学与工程一级学科在教育部组织的学科评估中获得第一名。"985 工程"（二期）"区域与全球环境安全"重点创新平台项目通过验收。

截至 2010 年夏季，累计培养 329 名博士、1 148 名硕士和 2 162 名学士，317 名博士进入博士后流动站。环境学科不断发展壮大，成为我国环境科学与工程领域高层次人才的培养基地和高水平科研成果的研究中心。

环境系历任系主任和系党委书记名录及学术委员会名录，分别见表 19-6-1 和表 19-6-2。

表 19-6-1　环境系历任系主任与系党委书记名录

系主任	任职时间	系党委书记	任职时间
井文涌	1984-08—1994-12	王鲁生*	1984-08—1987-03
		叶书明	1987-03—1992-08
		卜　城	1992-08—1994-12

系主任	任 职 时 间	系党委书记	任 职 时 间
郝吉明	1994-12—1999-07	陆正禹	1994-12—2001-03
陈吉宁	1999-07—2006-04	李振瑜	2001-03—2007-06
余　刚	2006-04—	杜鹏飞	2007-06—

注：＊为土木与环境工程系党委书记。

表 19-6-2　环境系历任学术委员会主任名录

系学术委员会主任	任 职 时 间
傅国伟	1986-09—1998-08
程声通	1998-05—2003-10
黄　霞	2003-10—

二、教学科研组织

解放前，设水利及卫生工程组或市政卫生工程组，1952 年院系调整后始设教研组，其变化情况见表 19-6-3。

表 19-6-3　1928 年—1970 年环境系分组与教师概况

年　　度	组　名　称	教师	其中教授	职工	年　　度	组　名　称	教师	其中教授	职工
1928	（市政工程学系）	5*	5*		1952—1953	上水道及下水道组	6	2	
1930—1938	水利及卫生工程组	12*	7*		1953—1959	给水排水组	17	4	5
1938—1948	市政卫生工程组	3	1		1959—1964	给水排水组**	17	4	5
1948—1952	市政卫生工程组	2			1965—1970	给水排水组	16	3	5

注：＊包括水利方面教师。

＊＊ 1960 年从给水排水教研组中分出设立 03 教研组（原子能工程给排水处理教研组），"文革"期间 03 教研组并入试验化工厂。

1985 年，调整设立 7 个教研组：水物理化学处理教研组、环境生物工程教研组、大气污染控制教研组、环境系统工程教研组、环境工程化学与监测教研组、核工业环境工程教研组和环境工程设计教研组。

1993 年，调整设立 6 个教研组：水污染控制工程教研组、给水排水工程教研组、环境工程化学与监测教研组、环境规划与管理教研组、大气污染与控制教研组和固体废物处理与核环境工程教研组。

1999 年，取消教研组建制，设立水质科学与工程研究所、大气污染与控制研究所、固体废物污染控制与资源化研究所、环境系统分析研究所和环境模拟与污染控制国家重点联合实验室 5 个二级机构。

2006 年，调整设立 10 个研究所，在环境工程方向设立水环境保护研究所、饮用水安全研究所、地下水与土壤环境研究所、大气污染与控制研究所、固体废料控制研究所和环境工程设计研究所；在环境科学方向设立环境化学研究所和环境生物学研究所；在环境管理方向设立环境系统分析研究所和环境管理与政策研究所。

三、教职工

环境系历任教授名录见表 19-6-4。

表 19-6-4　环境系教授名录

姓名（任职时间）	姓名（任职时间）	姓名（任职时间）
陶葆楷（1931—1992 去世）	＊顾夏声（1960—　）	王继明（1960—1986 离休）
许保玖（1960—1989 退休）	李国鼎（1980—1990 离休）	傅国伟（1984—2000 退休）
王占生（1985—1999 退休）	＊钱　易（1987—　）	黄铭荣（1987—1991 退休）
陈志义（1988—1988 退休）	胡纪萃（1988—1994 退休）	井文涌（1988—2000 退休）
程声通（1989—2005 退休）	蒋展鹏（1990—2004 退休）	＊郝吉明（1990—　）
俞　珂（1992—1994 退休）	张兰生（1992—1994 退休）	杨志华（1992—1996 退休）
张晓健（1993—　）	席德立（1994—1999 退休）	聂永丰（1995—　）
何　强（1995—2001 退休）	贺克斌（1996—　）	卜　城（1997—1999 退休）
黄　霞（1997—　）	祝万鹏（1998—2009 退休）	施汉昌（1998—　）
陈吉宁（1998—　）	余　刚（1998—　）	陆正禹（1999—2007 退休）
王　伟（1999—　）	白庆中（2000—2007 退休）	李广贺（2000—　）
胡洪营（1999 调入—　）	王洪涛（2001—　）	文湘华（2001—　）
张天柱（2002—　）	周中平（2002—2006 退休）	徐康富（2002—2007 退休）
傅立新（2003—　）	陈吕军（2003—　）	左剑恶（2004—　）
李金惠（2004—　）	刘　翔（2005—　）	单立志（2005—2009 退休）
汪诚文（2006—　）	刘文君（2006—　）	李俊华（2007—　）
徐　冰（2008 调入—　）	王凯军（2008 调入—　）	张彭义（2008—　）
何　苗（2008—　）	王　慧（2009—　）	蒋建国（2009—　）
王　毅（2010 调入—　）	解跃峰（2010 调入—　）	周集中（2010 调入—　）
杨云锋（2010—　）	王　灿（2010—　）	段　雷（2010—　）

说明：注 ＊ 者为中国科学院院士或中国工程院院士。

环境系历年教职工人数见表 19-6-5。截至 2010 年底，环境系聘用非事业编制科研和管理人员共 300 人，成为正式编制人员的重要补充。

表 19-6-5　环境系建系以来历年教职工人数统计

年份	1984	1985	1986	1987	1988	1989	1990	1991	1992
人数		74	95	96	97	87	91	95	96
年份	1993	1994	1995	1996	1997	1998	1999	2000	2001
人数	114	107	106	108	106	103	109	117	119
年份	2002	2003	2004	2005	2006	2007	2008	2009	2010
人数	118	119	122	127	127	134	139	142	150

四、教学

（一）本科教学

1. 专业概况

解放前设市政卫生工程专修科，是我国最早培养卫生工程专门人才的学校之一。1952 年院系调整时设置上水道及下水道专业，一年后调整为给水排水专业，培养了大批给排水高级人才。为适应学科发展和满足国家需求，1977 年创建我国首个环境工程专业。1990 年恢复给水排水专业。目前，在高年级设置环境工程专业和给水排水工程专业的分组选修课，由学生自行选择本科专业。

2. 课程设置

（1）解放前

除工学院共同必修课外，共开设测量、工程制图、铁路曲线及土工、结构学、结构设计、钢筋混凝土结构、水力试验、工程地质、道路工程、道路设计、市政卫生工程、卫生工程设计、水力学、定线实习等 14 门课程，共 36 学分。

（2）解放后至 1966 年

解放后经过院系调整，教学工作得到迅速恢复和发展，加强了专业性基础理论技术课程和实践环节，培养又红又专、德智体全面发展、既能设计施工又能管理的工程师。此段时期的教学计划见表 19-6-6。

表 19-6-6　1953 年—1966 年给排水专业的教学计划

课 程 名 称	周学时	学期	课 程 名 称	周学时	学期
中国革命史	2，2	1～2	钢筋混凝土结构	4	8
政治经济学	3，4	5～6	基础工程	3	8
马列主义基础	3，3	3～4	安全防火	2	9
高等数学	8，5，4，6	1～4	金工及焊工	4	4
普通物理	3，2，3	2～4	工程地质及水文地质	3	6
普通化学	2，2	1～2	给水工程	3，3，3，2	6～9
建筑技术概论	1	1	排水工程	3，3，2，2	6～9
工程画	2，3	1～2	泵与泵站	2，2	6～7
画法几何	2，1	1～2	水工结构	3，2，1	7～9
测量	1，5，3	1～2	房屋卫生设备	3，2，1	7～9
理论力学	1，5，3	2～3	力学	3	5
材料力学	3，2	3～4	建筑经济组织与规划	3，3	8～9
建筑力学	2	5	给水排水自动化	3	9
俄语	8，4，3，3	1～4	钢木结构	3	9

续表

课 程 名 称	周学时	学期	课 程 名 称	周学时	学期
建筑学	3	7	暖气通风	2，2	8～9
素描	2，2	1～2	水分析化学与水生物学	3	7
机械零件	3	5	给水排水工程施工	3	
工厂实习	2，2，2，2	1～4	体育		
电工学及拖动	3	5	其他——实习、设计、考查、和考试等		
热工学	3	5			

（3）1984 年建立环境工程系后

1984 年独立建系后，本科教学逐步完善，增加了大气、固体等专业课程。1996 年学制调整为四年，课程体系和学分要求均有较大调整。以 2002 年以来实施的新的培养方案为例，总学分要求 170，其中正常学期总学分不少于 140，夏季学期学分 15 学分，军训 2 学分。学士学位论文 15学分（15 周）。教学计划见表 19-6-7。

表 19-6-7　2002 级环境工程及给排水工程专业（四年制）的课程设置

编号	课程名称	学分	编号	课程名称	学分
人文社会科学类课程 35 学分					
自然科学基础类课程 35 学分（数学类课程带 * 的为选修≥6 学分，化学类课程必修≥6 学分，生物类课程选修≥4 学分）					
1	微积分（1）	3	9	物理学导论	5
2	微积分（2）	3	10	物理实验 A（1）	2
3	微积分（3）*	4	11	物理实验 B（2）	2
4	几何与代数（1）	4	12	无机与分析化学	4
5	几何与代数（2）*	2	13	无机与分析化学实验 B	2
6	随机数学方法 *	3	14	生物化学原理	4
7	概率论与数理统计 *	3	15	现代生物学导论	2
8	数理实验 *	3	16	分子生物学	4
工程技术基础课 9 学分（带 * 为选修≥2 学分）					
1	机械设计基础 B（1）	3	4	计算机软件技术基础 *	3
2	电工技术与电子技术	4	5	计算机信息管理基础 *	3
3	计算机文化基础 *	2			
专业基础课程 35 学分（必修课程 30 学分，带 * 为选修≥5 学分）					
1	有机化学 B	3	7	流体力学（1）	3
2	物理化学 B	3	8	流体力学（2）	2
3	物理化学实验 B（1）	1	9	环境监测	3
4	物理化学实验 B（2）	1	10	环境工程微生物学	3
5	工程力学 A	4	11	环境工程原理	4
6	工程结构	3	12	有机化学实验 *	1

续表

编号	课程名称	学分	编号	课程名称	学分
13	仪器分析 B ＊	2	16	环境化学 ＊	2
14	仪器分析实验 ＊	1	17	环境土壤学 ＊	2
15	生态学原理 ＊	2			

专业课 26 学分

（1）专业核心课（各专业必修）

1	水处理工程（含实验）	5			

（2）专业限选课 B 类课程≥8 学分

1	城市与建筑给水排水工程	4	3	大气污染控制工程（含实验）	4
2	固体废物处理处置工程	4	4	环境数据处理与数学模型	4

（3）专业限选课 C 类课程≥3 学分

1	给水排水工程设计	3	3	大气污染控制工程设计	3
2	固体废物处理处置设施	3	4	数据库与信息技术	3

（4）专业选修课 D 类课程≥10 学分

1	给排水与环境工程施工	2	6	环境评价与工业环境管理	2
2	环境工程技术经济和造价管理	2	7	环境管理与环境社会学方法	2
3	环境物理性污染与控制	2	8	流域面源污染控制与生态工程	2
4	水资源利用工程与管理	2	9	专业外语	2
5	环境中有害化学物质的迁移、归宿及去除	2			

实践必修环节 15 学分

1	军事理论与技能训练	3	5	校园环境质量监测	2
2	认识实习	2	6	生产实习	2
3	测量	2	7	水处理工程设计	3
4	金工实习 C	3			

综合论文训练 15 学分

3. 历年招生、毕业人数统计

环境系历年本科生招生、毕业人数统计结果见表 19-6-8。

表 19-6-8　环境系历年本科生招生、毕业人数统计

入学时间	招生人数	留学生人数	毕业时间	毕业人数	结业人数	留学生毕业
1977	35		1982	35		
1979	59		1984	58		
1980	60		1985	59		
1981	60		1986	62		
1982	62		1987	61		
1983	64		1988	59	2	

续表

入学时间	招生人数	留学生人数	毕业时间	毕业人数	结业人数	留学生毕业
1984	60		1989	60		
1985	64		1990	62		
1986	61		1991	59		
1987	61		1992	62	1	
1988	60		1993	59		
1989	58		1994	55	2	
1990	62		1995	64		
1991	60		1996	61		
1992	60		1997	58	1	
1993	63		1998	62	1	
1994	66		1999	65		
1995	61		2000	58		
1996	62		2000	61	2	
1997	63		2001	51	6	
1998	61		2002	54	5	
1999	96		2003	85	3	
2000	96		2004	83	2	
2001	104	1	2005	93	3	
2002	92		2006	87	1	
2003	90	1	2007	75	6	1
2004	88	2	2008	86	3	2
2005	83	3	2009	75	2	2
2006	90	3	2010	87	2	
2007	90					
2008	93	5				
2009	84	8				
2010	88	5				

（二）研究生培养

1. 专业概况

研究生教育始于1953年，但学位教育始于1978年。1978年招收第一批硕士研究生，1981年招收第一批博士研究生。1984年获博士学位授予权。硕士学位设环境工程、市政工程和核环境工程3个专业；博士学位设环境工程和核环境工程2个专业。

2000年获环境科学与工程一级学科博士学位授予权，2002年开始硕士生和博士生按一级学科招生和授予学位。环境科学与工程一级学科下设4个专业方向：环境科学、环境工程学、环境管理、环境生态学；同时有土木工程一级学科下的市政工程二级学科和核科学与技术一级学科下的辐射防护环境保护二级学科的硕士和博士学位授予权。

2. 课程设置

2009 年环境系为研究生开设的课程有 50 门，其中普通研究生课程 30 门，专门为留学生全英文项目开设的全英文课程 16 门，专门为应用型工学硕士开设的案例分析课程 4 门，见表 19-6-9。

表 19-6-9　2009 年环境系开设研究生课程一览

课　号	课　程　名　称	学分	课程说明
70050042	高等水处理工程	2	普通研究生课程
70050012	气溶胶力学	2	普通研究生课程
80050012	能源与环境	2	普通研究生课程
90050012	可持续发展引论	2	普通研究生课程
70050082	多孔介质污染物迁移动力学	2	普通研究生课程
70050252	环境核辐射及其示踪技术	2	普通研究生课程
80050122	危险废物管理	2	普通研究生课程
70050222	环境遥感技术及其应用	2	普通研究生课程
70050072	现代环境生物学	2	普通研究生课程
70050192	环境土壤学	2	普通研究生课程
80050142	环境与市政工程实践与案例分析（I）	2	普通研究生课程
70050182	高等环境化学	2	普通研究生课程
70050032	大气污染化学和物理	2	普通研究生课程
80050022	污染控制实验技术	2	普通研究生课程
80050152	环境保护投融资	2	普通研究生课程
70050062	水处理过程化学	2	普通研究生课程
70050172	地下水污染控制理论与治理工程	2	普通研究生课程
70050022	大气污染防治原理	2	普通研究生课程
80050161	暴雨径流与非点源控制	1	普通研究生课程
70050092	固体废物资源化工程	2	普通研究生课程
70050102	固体废物控制工程	2	普通研究生课程
70050112	环境风险分析	2	普通研究生课程
70050232	固体废物热处理技术	2	普通研究生课程
80050082	环境规划	2	普通研究生课程
80050092	环境系统建模理论与复杂模型	2	普通研究生课程
70050162	环境经济	2	普通研究生课程
70050262	废水生物处理的数学模型与新技术	2	普通研究生课程
80050112	废水生物处理的过程控制与自动监测	2	普通研究生课程
70050242	现代环境微生物监测原理与技术	2	普通研究生课程

课　号	课　程　名　称	学分	课程说明
80050342	全球大气污染传输与模拟	2	普通研究生课程
80050312	固体废物处理处置工程案例分析	2	应用型硕士课程
80050302	大气污染控制案例分析	2	应用型硕士课程
80050322	水环境污染控制工程与管理案例分析	2	应用型硕士课程
80050352	战略环境评价与环境管理案例分析	2	应用型硕士课程
70050323	Advanced Environmental Chemistry	3	留学生课程
80050233	Advanced Wastewater Treatment	3	留学生课程
80050243	Restoration Ecology and Applications	3	留学生课程
80020253	Global Environmental Issues	3	留学生课程
80050263	Hazardous Waste Disposal	3	留学生课程
80050333	Air Pollution Control Technology	3	留学生课程
70050172	Groundwater Pollution Control Technology	3	留学生课程
70050313	Fundamentals of Environmental Biotechnology	3	留学生课程
80050193	Advanced Water Distribution System and Management	3	留学生课程
80050203	Advanced Water Supply Engineering	3	留学生课程
80050213	Environmental Management and Policy	3	留学生课程
80050223	Environmental Remote Sensing and Application	3	留学生课程
80050273	Integrated Solid Waste Management	3	留学生课程
80050283	Air Pollution Control Technology	3	留学生课程
80050322	Internship	1	留学生课程
69990041	Social Practice	1	留学生课程

说明：以上课程均适用于各类型研究生。

3. 历年招生、授予学位人数统计

1981年至1993年，共有213名研究生毕业，其中获博士学位33人，获硕士学位180人。1993年以来招收和授予硕士、博士学位情况见表19-6-10。

表 19-6-10　环境系历年授予硕士、博士学位人数

年份	招 生 人 数			授予学位人数		
	硕士	博士	当年合计	硕士	博士	当年合计
1993	24	10	34	12	4	16
1994	25	6	31	19	5	24
1995	24	14	38	25	9	34
1996	20	13	33	24	8	32
1997	22	15	37	26	9	35
1998	23	17	40	28	7	35

年份	招 生 人 数			授予学位人数		
	硕士	博士	当年合计	硕士	博士	当年合计
1999	28	28	56	21	14	35
2000	77+1*	40	118	26	8	34
2001	51	20+1*	72	39	15	54
2002	68	32	100	82	13	95
2003	68	33+1*	102	74	27	101
2004	73+2*	35+1*	111	74	19	93
2005	59+2*	30	91	97	26	123
2006	56	27	83	125	21	146
2007	55	28+1*	84	99	22	121
2008	57+4*	31+2*	94	47	32	79
2009	74+7*	32+1*	114	50	36	86
2010	74+10*	46+3*	133	46	22	68

说明：标＊者为留学生人数。

（三）教学成果

1. 教学名师

环境系国家级教学名师情况统计见表 19-6-11。

表 19-6-11　环境系国家级教学名师统计

序号	时　间	姓　名	级　别
1	2006-09	郝吉明	国家级
2	2007-09	钱 易	国家级

2. 精品课程

环境系获得的国家级精品课程统计见表 19-6-12。

表 19-6-12　环境系国家级精品课程统计

序号	获 得 时 间		课 程 名 称	课程负责人
	国家级	高级		
1	2004	2004	大气污染控制工程	郝吉明
2	2006	2006	环境保护与可持续发展概论	钱 易
3	2008	2008	环境工程原理	胡洪营
4	2009	2007	环境监测	余 刚
5	2010	2003	水处理工程	黄 霞

3. 精品教材和优秀获奖教材

环境系在教材建设方面获得北京市精品教材和省部级以上奖励的情况分别见表 19-6-13 和
表 19-6-14。

表 19-6-13　环境系获北京市精品教材情况

序号	时间	教 材 名 称	编 著 者	级 别
1	2005	大气污染控制工程（第二版）	郝吉明等	北京市
2	2007	环境工程原理	胡洪营等	北京市
3	2008	水处理生物学（第四版）	顾夏声等	北京市
4	2008	清洁生产导论	张天柱等	北京市

表 19-6-14　环境系获省部级以上教材奖情况

时间	教 材 名 称	奖项与等级	获 奖 人
1987	环境学导论	国家教育委员会部委级优秀教材一等奖	王翊亭　井文涌　何　强
1987	当代给水与废水处理原理讲义	城乡建设环境保护部部级优秀教材二等奖	许保玖
1987	水处理工程	城乡建设环境保护部部级优秀教材三等奖	顾夏声　黄铭荣　王占生　叶书明　卜　城
1992	水处理微生物学基础（第二版）	国家教委优秀教材二等奖	顾夏声
1995	环境工程学	国家环保局和国家教委环境教育优秀教材三等奖	祝万鹏
2000	三废处理工程技术手册（废气废水固体废物卷）	化工部第六届优秀图书奖一等奖	王洪涛
2000	汽车排气污染治理及催化转化器	国家化工局（部）优秀科技图书奖	傅立新
2002	环境保护与可持续发展	全国普通高等学校优秀教材一等奖	钱　易　唐孝炎
2002	环境保护与可持续发展	全国普通高等学校优秀教材二等奖	钱　易　余　刚
2007	环境系统分析教程	中国石油和化学工业科技图书二等奖	程声通　贾海峰　苏保林等

4. 教学成果奖

环境系获得省部级以上教学成果奖情况见表 19-6-15。

表 19-6-15　环境系获省部级以上教学成果奖情况

获奖时间	获奖成果名称	奖　项	获 奖 人
1993	水处理工程系列课教学改革	北京市高校优秀教学成果奖一等奖	张晓建　陆正禹　黄　霞　左剑恶　徐本源
1993	地下水动力学形象化教学法	吉林省高等学校优秀教学成果奖青年奖	王洪涛

获奖时间	获奖成果名称	奖 项	获 奖 人
1997	提高学生的工程设计能力，改革课程设计	北京市高等学校教学成果一等奖	陆正禹　卜　城　张晓建　左剑恶
2005	环境类专业人才培养方案及教学内容体系改革的研究与实践	第五届高等教育国家级教学成果奖一等奖	钱　易　郝吉明　顾国维　张晓健陈　文
2005	给水排水专业课程体系改革、建设的研究与实践	第五届高等教育国家级教学成果奖二等奖	蒋展鹏（第三完成人）
2008	践行可持续发展理念，创建大学绿色教育体系	北京市高等教育教学成果特等奖	钱　易　胡洪营　杜鹏飞　何　苗张文雪
2009	创建及规范再生资源科学与技术专业的探索与实践	第六届高等教育教学成果一等奖（国家级）	郝吉明（第二完成人）
2009	践行可持续发展理念，创建大学绿色教育体系	第六届高等教育教学成果二等奖（国家级）	钱　易　胡洪营　杜鹏飞　何　苗张文雪

5. 全国优秀博士学位论文

环境系获得全国百篇优秀博士学位论文及提名的情况见表19-6-16。

表 19-6-16　环境系获得全国优秀博士学位论文及提名情况

年份	作者	导师	论文题目	备注
1999	何　苗	顾夏生	杂环化合物和多环芳烃生物降解性能的研究	
2001	刘文君	王占生	饮用水中可生物降解有机物和消毒副产物特性研究	
2003	段　雷	郝吉明	中国酸沉降临界负荷区划研究	
2004	刘　锐	钱　易	一体式膜-生物反应器的生物代谢特性及膜污染控制	提名
2005	杨宏伟	蒋展鹏	有机物厌氧生物降解性及其与定量结构关系的研究	提名
2007	段凤魁	贺克斌	北京市含碳气溶胶污染特性及来源研究	
2009	杨　波	余　刚	基于钯修饰电极的多氯联苯电催化还原脱氯研究	提名
2010	赵　瑜	郝吉明	中国燃煤电厂大气污染物排放及环境影响研究	

五、科学研究

解放前市政卫生工程组科研工作较少，仅陶葆楷等进行了下列工作：北平市第一卫生区的环境卫生工作（陶葆楷、王树芳），中国都市垃圾之处理（陶葆楷）。

解放后到"文革"前开展的部分科研工作见表19-6-17。

表 19-6-17　1949 年—1976 年环境系开展的部分科研工作

序号	年　份	研　究　题　目	完　成　人
1	1958—1960	雨量分析	陶葆楷　钱　易
2		永定河河水处理	许保玖　陈志义
3		黄河高浊度水处理	许保玖等
4		有机固体废弃物厌氧消化与沼气的利用	顾夏声等
5	1961	焦化废水处理	陶葆楷　顾夏声　钱　易
6	1962	利用藻类处理污水	陶葆楷　顾夏声　钱　易
7	1963	大面积屋面雨水排除的研究	王继明等
8	1964	电镀废水处理	

说明：2～4 项大约在 1960 年前后。

"文革"以后，于 1979 年成立了环境系统工程研究室。为了适应我国环境保护形势发展的需要，充分发挥高等学校科研优势，由国务院环境保护领导小组办公室批准，1981 年春，由清华大学与中国环境科学研究院合办环境工程研究所，任命陶葆楷为所长。由于财务和科研协作方面的困难，1982 年 11 月 27 日，由城乡建设环境保护部李锡铭部长批准，将清华大学环境工程研究所直属部环保局领导，基建、科研经费由部直接下达，具体业务上仍与中国环境科学研究院合作。

1984 年扩大了清华大学环境工程研究所，由环境工程系、核能技术研究所、水利工程系、化学工程系有关环境保护的研究室参加。1985 年由李国鼎担任所长。随后热能工程系、汽车工程系、化学系、工程物理系有关环境保护研究室也作为成员单位参加了研究所。为了加强对研究所的指导，由国家环保局、清华大学共同建立了所务委员会，陶葆楷担任主任，国家环保局副局长张坤民担任副主任。

1987 年，由环境工程系主任井文涌兼任研究所所长，李国鼎担任所务委员会主任。

1993 年 4 月 2 日，经 1992—1993 学年度第 15 次校务会议决定，将清华大学环境工程研究所更名为国家环保局清华大学环境工程设计研究院，并在院内增设中国有害废物管理处置培训与技术转让中心和国家环保局北京水污染处理设备质量监督检验中心。由井文涌兼院长，郝吉明、曲德林（化工）、薛大知（核研院）为副院长，倪维斗担任院务委员会主任，国家环保局张坤民、清华大学程声通担任副主任。

1996 年，北京市城市管理委员会和环境系联合建立了"北京市节水技术研究开发培训中心"。

1997 年，挂靠在国家环保局、清华大学环境工程设计研究院的"亚洲太平洋地区危险废物管理培训与技术转让中心（北京）"揭幕。

1998 年，"北京国环清华环境工程设计研究院"完成注册，成为拥有多项环境工程设计资质的专业设计单位。此后依托环境系建立的研究机构见表 19-6-18。

表 19-6-18　环境系校级研究机构一览表

成立时间	名　　称	负责人
2001	清华大学持久性有机污染物（POPs）研究中心	余　刚
2003	国家环境保护生态工业重点实验室	石　磊
1993 建立，2006 年更名	清华大学环境质量检测中心	段　雷
2007	新能源与环境国际研发中心	余　刚

续表

成立时间	名　　称	负责人
2007	清华大学全球环境研究中心	郝吉明
2008	清华大学循环经济研究院	钱　易
2009	固体废物处理与环境安全教育部重点实验室	蒋建国
2009	清华大学污染物总量与环境质量控制技术政策研究中心	陈吕军
2010	国家环境保护技术管理与评估工程技术中心	王凯军
2010	清华大学战略环境评价研究中心	刘　毅

　　建系以来，承担了科研项目共计 1991 项，其中国家科技攻关计划、"863"计划、"973"计划、国家重大科技专项、国家自然科学基金等 754 项。2008 年到系科研经费达到 1.3 亿元，2009 年突破 1.74 亿元，2010 年达到 3.77 亿元。

　　建系以来累计获得国家科技三大奖 16 项，见表 19-6-19。获省部级奖励 100 多项，环境系及教师获得部级集体和个人奖励近 50 项。

表 19-6-19　环境系获国家级科技奖项一览

序号	获奖时间	获奖成果名称	奖项与等级	获奖人（系内）
1	1985	丹东大沙河水质评价及污染控制系统规划研究	国家科技进步奖三等奖	傅国伟　张兰生　刘存礼
2	1985	深圳市污水排往珠江口规划设计研究	国家科技进步奖三等奖	黄铭荣　何　强　井文涌
3	1987	主要污染环境容量研究*	国家科技进步奖二等奖	黄铭荣等
4	1989	城市污水的处理和再利用	国家科技进步奖二等奖	王占生　刘兆昌　张兰生　钱　易　陈志义　卜　城　杨志华　聂永丰
5	1993	高浓度有机废水的厌氧生物处理技术	国家科技进步奖三等奖	钱　易　胡纪萃
6	1997	染料工业废水综合治理技术与工艺	国家科技进步奖二等奖	蒋展鹏　杨志华　祝万鹏　余　刚　李中和
7	1998	中国酸沉降及生态环境影响研究*	国家科技进步奖一等奖	郝吉明
8	1998	YHG 系列水平轴转刷曝气机	国家技术发明奖三等奖	钱　易　陈吕军　沈英鹏　胡纪萃　汪诚文
9	1999	氨浸法从电镀污泥和不锈钢酸洗废液中回收重金属*	国家科技进步奖三等奖	杨志华
10	2002	持久性污染物的环境界面化学与控制技术原理*	国家自然科学奖二等奖	钱　易
11	2002	城市生活垃圾卫生填埋示范工程**	国家科技进步奖二等奖	环境系
12	2003	有毒有害有机废水高新生物处理技术	国家科技进步奖二等奖	钱　易　黄　霞　文湘华　陆正禹

续表

序号	获奖时间	获奖成果名称	奖项与等级	获奖人（系内）
13	2003	难降解有机工业废水新型预处理技术及关键设备*	国家科技进步奖二等奖	余　刚　蒋展鹏　张彭义
14	2009	低能耗膜-生物反应器污水资源化新技术与工程应用	国家科技进步奖二等奖	黄　霞　文湘华　汪诚文　俞开昌　陈福泰
15	2009	大气颗粒物及其前体物排放与复合污染特征	国家自然科学奖二等奖	贺克斌　郝吉明　段凤魁
16	2010	特大城市空气质量改善理论与技术及其应用	国家科技进步奖二等奖	郝吉明　贺克斌　王书肖　傅立新　吴　烨　许嘉钰　李俊华　马永亮　王丰绚　段　雷

注：*清华大学非第一获奖单位；**仅有单位获奖证书。

　　截至 2010 年，环境系已获得国家授权专利 207 项，出版专著和译著 200 多部，发表论文 5 000 余篇，其中被 SCI 收录的论文超过 900 篇。2010 年被 SCI 收录的论文达 163 篇，与世界一流大学的相关学科水平相当。

　　2007 年，《环境科学与工程前沿》（英文刊）（*Frontiers of Environmental Science & Engineering*）创刊号正式由高等教育出版社和德国施普林格公司出版发行并开通网络版。该刊是教育部主管、高等教育出版社有限公司和清华大学联合主办、海外发行的 Frontiers 系列英文学术期刊之一，以网络版和印刷版两种形式出版，为全英文双月刊。该刊由环境系主导创办，主编为钱易教授，2009 年成为 SCI 收录期刊。

　　环境系在难降解有机工业废水的处理、城市污水处理与回用、流域面源污染控制、微污染饮用水源水处理、地下水污染防治、酸雨和汽车尾气污染控制、固体废物和放射性废物的处理处置方面取得了一大批技术创新成果，其中部分已经成功地投入实际应用，包括设计了我国第一座符合国际标准的有毒有害废物填埋场、设计建成我国第一个省级环境管理信息系统、设计建设我国第一个大规模的流域面源污染控制工程、设计亚洲第 1 个 3 万吨级以上规模的城市污水膜生物反应器深度处理工程等。

　　环境系许多科研成果直接为国家重大行动与环境保护重大决策提供支撑，包括国家酸雨和二氧化硫两控区规划与技术政策、国家机动车排放污染防治技术政策及控制规划、危险废物国家管理行动计划及建设支持系统、国家二噁英类持久性有机污染物控制战略与行动计划、清洁生产和循环经济立法与技术政策、西部水资源开发利用战略、南水北调工程水环境规划、三河三湖"十五"水环境规划、三峡库区水污染防治行动方案、松花江重大污染事件生态环境影响评估与对策、圆明园东部湖底防渗工程环境影响评价、太湖蓝藻暴发导致的无锡供水危机的应对与解决、汶川地震灾区环境安全评估以及北京奥运环境质量保障等，取得了显著的经济效益、社会效益和环境效益。

六、对外合作与交流

　　教学方面，与意大利威尼斯国际大学、德国亚琛工业大学、荷兰瓦赫宁根大学、日本东北大学、法国巴黎矿校、里昂国立应用科学研究院、美国斯坦福大学、伊利诺伊大学香槟分校、康奈尔大学、挪威生命科学大学、丹麦科技大学、比利时根特大学等大学联合实施了环境科学与工程学科的研究生联合培养计划。2004 年环境系实施了清华大学讲席教授计划,聘请美国斯坦福大学、德国亚琛工业大学教授组及挪威生命科学大学、挪威水研究所等大学和科研机构的著名学者授课。

科研方面,1997 年成立依托于环境系的"联合国环境规划署巴塞尔公约亚洲太平洋地区协调中心",是亚太区域唯一的协调中心。2001 年在教育部和日本 JSPS 共同支持下启动中日据点大学城市环境项目。2005 年在美国美铝基金会(Alcoa)资助下开展"中国农村地区可持续发展国际合作项目"。2006 年,新系馆中意清华环境节能楼竣工落成,该项目由意大利环境国土与海洋部和中国科技部联合负责,是意大利政府资助的最大海外科技示范工程。同时环境系还与联合国开发计划署、联合国环境规划署、世界自然基金会、亚洲开发银行等国际组织、研究机构以及著名大学和知名企业开展了广泛合作研究。

环境系与国际知名企业合作建立了一批高水平的科技研发中心,包括:清华大学-富士电机环境教育与科研合作中心、清华大学-丰田研究中心、清华大学-三洋电机环境技术联合研究中心、清华大学-美国哈希水质监测联合研究中心、清华大学-苏伊士环境科学与工程实验实践教学中心、清华大学-威立雅环境集团先进环境技术联合研究中心。此外还与美国耶鲁大学、法国威立雅环境等国外知名大学及全球著名环境企业联合开展可持续发展方面为国家和地方主管城市建设和环境保护的高级政府官员的教育培训。

2007 年 4 月,由教育部、国家外国专家局共同组织实施的"高等学校学科创新引智计划"(111 计划)批准环境系成立创新引智基地。

2007 年 8 月,环境系基于与意大利环境国土与海洋部及威尼斯国际大学已有的合作成果,向国家科技部申请成立国际科技合作重点科研机构。同年 12 月,环境系获准成立"新能源与环境国际研发中心"。

七、实验室

1932 年,土木馆建成后筹建市政卫生工程试验室,于 1934 年建成,可进行水质分析及水处理试验。同年,与协和医学院公共卫生系及美国洛氏基金会合作,在北京东城区卫生事务所设环境卫生实验区。

1937 年至 1945 年,国立西南联合大学工学院土木系建有卫生工程实验室。由于学校南迁过程中仪器设备遭受损失,并且受到战时经费等条件制约,实验条件很有限。

1946 年至 1948 年,在清华园复建卫生工程实验室。得到庚子赔款的资助,得以添置仪器设备,改善实验条件。在当时,试验设备在国内属较高水平。

1957 年,建成 1 000 平方米给水排水试验室,在清华大学校园内建 700 平方米实验污水处理厂(后因无污水来源而撤销)。

1987 年,建成系馆及综合实验楼,实验室面积扩展至约 5 000 平方米。

1989 年经国家计委、国家教委批准立项,建立了我国第一个环境科学与工程领域的国家重点实验室,环境模拟与污染控制国家重点联合实验室由清华大学、中国科学院生态研究中心、北京大学与北京师范大学联合共建,钱易为主任,井文涌为学术委员会主任。作为国家重点实验室的分室,在清华大学建立了水污染控制实验室,并与北京大学联合建立了大气环境模拟实验室。1995 年联合实验室通过由国家计委组织进行的验收,向国内外开放。1998 年在教育部世行贷款

重点实验室和开放研究实验室统一评估中获学科组第一名。2000 年、2005 年、2010 年在科技部组织的国家重点实验室评估中取得良好成绩。清华大学施汉昌担任第二、三届联合实验室主任，中国科学院孙鸿烈担任学术委员会主任。

重点实验室基于环境科学与工程一级学科，针对国家在环境与生态保护上的重大需求以及本领域的国际学术前沿，充分发挥联合优势，围绕区域性大气复合污染、水污染控制与水环境质量改善和饮用水安全保障等重大科学问题，系统开展应用基础研究，在深入阐明环境污染过程机理的基础上，发展污染控制和环境修复新理论、新方法和新技术，为我国的环境与生态改善和可持续发展提供全方位的科学技术及人才支撑。

水污染控制实验室主要研究方向是：水污染控制理论与技术，大气污染理论与控制技术，危险化学品污染控制理论与技术，环境系统分析与信息技术，循环经济与工业生态学。

2002 年，建立了公共研究平台，包括现代环境生物学研究平台和环境观测与分析平台，完善了环境科学与工程学科布局。与东北大学、中国环境科学研究院共同组建"国家环境保护生态工业重点实验室"。此外，还成立"清华大学-国中环境技术研究所""清华大学（环境科学与工程系）-广东南方科学城环保科技产业有限公司环保技术研究所""清华-哈希水质测试实验室"。

1992 年经国家环保总局批准建立了"国家环保局北京水污染设备质量监督检验中心"，1993 年通过了国家计量认证。1999 年更名为"清华大学水污染设备质量监督检验中心"。2006 年再次更名为"清华大学环境质量检测中心"，2008 年通过国家计量认证，作为公共研究平台对外服务的窗口。

2004 年 10 月，环境科学与工程系成立"环境技术实验与实践教学中心"，2008 年 4 月，与苏伊士环境集团联合成立"清华-苏伊士环境科学与工程实验实践教学中心"，2009 年 4 月被评为清华大学一级实验室，2009 年 7 月被评为北京市实验教学示范中心，2009 年 12 月由教育部批准为 2009 年度国家级实验教学示范中心建设单位。2010 年 6 月，实验教学中心顺利通过了 ISO 9001：2008 质量管理体系认证。目前中心拥有 2 000 余平方米的专业实验教学基地，价值 1 000 余万元的专业实验设备和仪器。面向全校环境工程、环境科学、给水排水、水利、生物、自动化、热能、化工等 8 个相关专业的本科生和研究生，开设有环境监测实验、校园环境监测、环境工程微生物实验、环境土壤学实验、水处理实验、大气污染与控制实验、固体废物处理处置工程实验、环境工程原理实验等专业实验课。

2007 年，中意环境节能楼投入使用，实验室面积得到较大拓展。科技部批准成立国际科技合作重点科研机构"新能源与环境国际研发中心"。

2009 年，固体废物处理与环境安全教育部重点实验室成立，聂永丰任实验室主任。

2010 年，为适应国家的需求和进一步完善学科布局，恢复了核环境工程实验室。

环境工程实验室是在学校正式注册的系级中心实验室，是环境科学与工程系开展科研与教学的实验基地。自 2007 年环境科学与工程系机构调整以来，实验室有了迅速的发展，包括环境生物与技术、环境分析与监测、环境功能材料、环境信息与模拟四个公共实验平台和设置在各研究所的专业实验室，作为实验基地支持系内水环境保护研究所、大气污染与控制研究所、饮用水安全研究所、地下水与土壤环境研究所、环境化学研究所和环境生物学研究所等的教学与科研实验，同时为跨所建立的"膜技术研发与应用中心"和"环境生物技术研究中心"等多个研究中心提供了开展实验研究的依托条件。

第七节 机械工程学院

一、历史沿革

1932 年夏，清华大学工学院成立，下设机械工程学系、电机工程学系和土木工程学系。机械工程学系由庄前鼎先生筹建并担任系主任，以造就各项机械工程专门人才，适应国内社会需要为宗旨，建系之初设立 3 个学科组：原动力工程组、机械制造工程组、飞机及汽车工程组。

1933 年，机械工程馆（位于现二校门东侧，现热能工程系系馆）动工。

1934 年，飞机及汽车工程组更名为航空工程组，而其中的汽车工程部分则并入原动力工程组。

1935 年春，机械工程馆落成，其一层为热工实验室。在一院（清华学堂）东边建有金、木、锻、铸等机械制造工场。当时的实验室设备大多从欧美购置，比之欧美各大学机械实验设备，实不相上下，堪称国内最完备之机械实验室。

1935 年秋，全国机械工程界拟筹设"中国机械工程学会"。在 7 位发起人中，有清华机械工程学系 4 位教授：刘仙洲、庄前鼎、李辑祥、王士倬，筹备处设在清华大学。1936 年 5 月该学会正式成立，庄前鼎先生曾连任前几届副会长，直至 1945 年后由刘仙洲先生担任该学会的副会长。

西南联大期间，机械工程学系是工学院中规模最大、学生人数最多的系。长沙临大和西南联大期间的系主任是李辑祥。

1945 年抗战胜利，次年 10 月清华大学复员北平。复员后的机械工程学系有学生 340 人，为全校最大之系。此后两年内，机械工程学系除恢复了原有的热工实验室及金工厂外，还新设了金属学实验室。1950 年李辑祥病休，庄前鼎再任系主任。

1949 年北平解放时，机械工程学系大部分教师和工作人员都留在学校，参与了建国初期清华大学的建设。新清华机械工程学系的第一届系主任是庄前鼎。至 1952 年夏，每届机械工程学系学生为 100 人左右，不分专业，不分小班，前三年级一起上课，第四年级才按原动力组、制造组分组选课。1951 年至 1952 年原动力组分为动力组和汽车组。

1952 年全国高校院系调整，北京大学和燕京大学两校的机械系转入清华大学，与清华的机械工程学系合并组成了机械制造系和动力机械系。新成立的机械制造系系主任是来自北大的李西山，系内设 4 个专业：机械制造工程、金属切削机床及其工具、铸造机械及铸造工程、金属压力加工及加工机械，同时设置两个专修科：金工工具，铸造工程。动力机械系系主任是庄前鼎，系内设有 2 个专业：热力动力装置专业（后改名为热力发电设备专业）和汽车专业（后改为汽车拖拉机专业），两系除专业教学外，分别承担全校的一些技术基础课，如机械制图、机械原理与设

清华大学志（1911—2010）
第三卷

计、金工实习、热工学等。

1954年，留美知名学者、清华校友吴仲华教授回到动力机械系工作，于1956年建立了燃气轮机专业。同年，又由王补宣教授负责新建工业热工专业，1957年底改名为工程热物理专业，1960年，该专业转到工程力学系。

1955年，建成铸造、锻压、焊接及金属热处理实验楼（即焊接馆）及铸造和锻压试验基地。

1956年，机械制造工程专业与金属切削机床及其工具专业合并为机械制造工艺、金属切削机床及工具专业。同年"汽车楼"和汽车试验室、发动机试验室落成。

1958年，机械制造系增设精密仪器制造专业。

1960年，机械制造系分为"精密仪器及机械制造系"和"冶金系"，分别负责冷热加工两类专业的教学工作，但两系仍建同一党总支，精仪系主任为邹致圻，冶金系主任为李西山，部分行政工作统一管理。1960年10月，在动力机械系原有汽车拖拉机专业的基础上，建立了农业机械系，系主任是李辑祥，但与动力机械系合署办公，同一党总支、同一行政领导班子，庄前鼎和李西山轮流主持每周系务会议。1962年7月庄前鼎去世后，李西山兼动力、农机两系系主任。1963年，两系改名为动力与农机系。

1965年，精密仪器及机械制造系系馆（9003大楼）落成。精密仪器及机械制造系和冶金系完全分开。

1970年初，动力农机系和冶金系撤销。汽车拖拉机专业改为汽车专业，与冶金系各原有专业、精仪系的机械制造专业和学校机械厂合并，成立清华大学汽车厂，"以厂带学"。原动力机械系的热能动力装置专业改称锅炉专业，并与燃气轮机专业并入当时的电机系（改称为电力工程系）；热工量测及自动控制专业并入自动控制系；热工教研组转到化学工程系。

1972年，校汽车厂停止生产汽车，恢复校机械厂，而计划入厂的冶金系各专业（铸、锻、焊、金属材料）连同汽车专业、机械制造专业合成为机械制造系。同年，精密仪器及机械制造系改称精密仪器系。

1972年，精密仪器专业改为陀螺导航与自动控制专业。

1977年，汽车专业连同1970年被归属于电力工程系的锅炉（原热能动力装置）、燃气轮机两专业回归动力机械系建制，机械制造专业也回归精密仪器系。于是，机械制造系只留下了原冶金系的4个专业：铸造、锻压、焊接和金属与热处理，系名改为现在的机械工程系。

1978年，动力机械系更名为热能工程系，锅炉专业改名为热能工程专业，并增设内燃机专业。

1979年，供热与通风专业从土木工程系转入热能工程系，更名为空气调节工程专业。同年，实验电厂归属热能工程系，锅炉教研组改名为热能工程教研组。

1980年7月，由热能系的汽车专业和内燃机专业组建汽车工程系，但仍与热能工程系合署办公，共有一个系党委和一套行政班子。

1984年，精密仪器系更名为现今的精密仪器与机械学系。

1989年，精密仪器专业和光学仪器专业合并为精密仪器仪表专业（1995年改称测控技术与仪器专业）。1997年精密仪器与机械学系增设工业工程专业。

1990年，热能工程系和汽车工程系的党政机构正式分开。热能工程系设有热能工程、热力涡轮机（现为动力机械工程）、空调3个专业。汽车工程系设有汽车和内燃机2个专业。

1993年，热能工程系的热力涡轮机专业改称动力机械及工程专业，汽车工程系的汽车、内燃机2专业合并成汽车工程专业。1997年汽车工程专业改名为车辆工程专业，仍包含发动机方向。

1996年1月，为了适应科学技术与教育发展的需要，进一步提高机械工程学科的教学、科研水平，学校决定由机械工程系、精密仪器与机械学系和汽车工程系组成机械工程学院。金国藩院士担任学院第一任院长，副院长由各系主任选任；设立院学术委员会，由各系著名教授组成；设立机械工程学院办公室，协调处理学院公共事务。原由各系负责的教学、科研、行政、人事等工作仍由各系分别进行。

1998年10月，为了加强学科建设，促进多学科交叉、融合，学校又决定将热能工程系和工程力学系并入机械工程学院。热能工程系各专业、工程力学系的工程热物理专业以及汽车工程系"动力机械及工程"学科的研究生均属于"动力工程与工程热物理"一级学科。汽车工程系"车辆工程"学科的研究生则同机械工程系、精密仪器与机械学系各专业的研究生同属于"机械工程"一级学科。1999年1月，过增元院士担任学院第二任院长。

2001年8月，为了在建立现代企业制度、加强企业内部科学管理、落实国家可持续发展战略、技术创新等重大举措中发挥作用，学校决定成立工业工程系，隶属于机械工程学院。

2004年5月，清华大学航天航空学院成立，工程力学系从机械工程学院划转入航天航空学院。

2008年7月，由机械工程系和精密仪器与机械学系相关教师成立航空宇航制造工程二级学科，挂靠机械工程系。

2008年1月，精密仪器与机械学系系主任尤政担任学院第三任院长。同年11月，学校调整清华大学基础工业训练中心的隶属关系，将该中心由清华产业系统划转至机械工程学院。至此，清华大学机械工程学院形成了目前以机械工程学科为主，包括机械工程系、精密仪器与机械学系、热能工程系、汽车工程系、工业工程系以及基础工业训练中心的局面，开始了新的发展时期。

机械工程学院建院以来历任院长、副院长名录见表19-7-1。

表 19-7-1　机械工程学院历任院长、副院长名录

院　　长	任 职 时 间	副院长	任 职 时 间
金国藩	1996-01—1998-12	陈全世	1996-01—1998-12
		鹿安理	1996-01—1998-12
		周兆英	1996-01—1998-12
过增元	1999-01—2007-12	贾惠波	1998-12—2007-12
		钟约先	1998-12—2007-12
		汪劲松	1999-05—2000-16
		符　松	2002-06—2004-06
尤　政	2008-01—	姚　强	2007-12—
		曾　攀	2007-12—
		郑　力	2007-12—
		李克强	2007-12—

二、学院概况

机械制造业是国民经济的支柱和原动力，很多国家都将振兴机械制造业作为增强国力的重要战略部署。现代机械工程要求革新现有制造技术，并与信息技术和管理技术紧密结合。因此，多学科联合和交叉则是加速机械工程学科内容更新与发展的必由之路，也是培养基础理论扎实、专业面宽、适应性强的高层次人才的需要。机械工程系、精密仪器与机械学系、热能工程系、汽车工程系和工业工程系源于一体，现又回归成院，对实现多学科综合和优势互补，在更大范围内进行教学工作、学科建设、科技规划和承担更多的重大工程项目有重要意义。

学院 2010 年底共有在职教职员工 551 人，其中两院院士 10 人，国家"千人计划"教授 10 人，长江学者特聘教授 15 人，国家级教学名师奖获得者 2 人，教授 143 人，副教授 181 人，具有博士学位者 333 人。在校学生共计 3 717 人，其中本科生 1 967 人，硕士研究生 1 010 人，博士研究生 740 人。

学院拥有光学工程、机械工程、仪器科学与技术、动力工程及工程热物理、管理科学与工程、材料科学与工程等 6 个国家一级学科，包含材料加工工程、光学工程、精密仪器及机械、机械设计及理论、机械制造及其自动化、车辆工程、工程热物理、热能工程、动力机械及工程、流体机械及工程、管理科学与工程等 11 个国家二级学科；以及机械工程、光学工程、仪器科学与技术、材料科学与工程、动力工程及工程热物理、车辆工程、动力机械及工程、管理科学与工程等 8 个博士后流动站。拥有摩擦学、精密测试技术及仪器、电力系统及发电设备控制和仿真、水沙科学与水利水电工程、汽车安全与节能等 5 个国家重点实验室，以及国家工程实验室、国家工程研究中心、国防重点实验室及教育部重点实验室共 9 个。学院积极推动多学科交叉融合和相互渗透，融工程和管理于一体，形成了"能源装备的设计与制造技术""微纳制造与微系统技术""新能源汽车的先进设计与制造技术""成形制造模拟仿真创新"等学院四大集成创新平台，具有鲜明的大机械学科特色。

学院立足于国际科技前沿和产业发展的关键核心技术，承担并完成多项国家重大科技专项、科技部"973""863"及科技支撑项目、国家自然科学基金项目及其他科技任务，形成一系列重大科研成果，有力地推动了我国机械学科整体水平的提高及相关产业的发展。近年来成功研制出国内首颗微小卫星与纳型卫星，形成具有完全自主知识产权和中国特色的循环流化床燃烧技术，2009 年设计完成的 3.6 万吨大口径钢管挤压机为同类型装备世界之最。2007 年—2010 年，学院获得国家科技奖励 20 项，获得国家发明专利授权 826 项，全院师生在国内外学术刊物及学术会议上共发表论文 7 500 余篇，其中 SCI 收录论文 1 848 篇。

学院共设有机械工程、测控技术与仪器、车辆工程、热能动力系统及自动化、工业工程等 5 个本科招生专业，每年招生 17 个班级，学生 500 余名。学院以培养复合型工科人才为目标，构建机械大类教学平台，在加强通识教育基础上开展宽口径专业教育；同时，注重理论与实践结合，通过综合性实验课程、课外科技活动、专题训练、生产实习等实践环节，培养学生的专业技术基础、解决实际问题能力及创新意识。学院拥有国家级教学名师 2 名，建设有国家工科机械基础课程教学基地，承担全校机械类主要平台课与基础课的教学工作。现有 13 门国家级精品课程、18 门北京市精品课程、31 门校级精品课程。

在研究生培养方面，学院秉承"高素质、高层次、多样化、创造性"的创新人才培养的核心目标，致力于打造"研究型、管理型、创新型、国际型"的机械工程领域卓越领军人才。学院各系已形成 195 人规模的博士生导师队伍，每年招收 470 余名博士和硕士研究生。学院从全院角度进行资源的合理配置，不断巩固和完善教学平台建设和研究生培养机制，规范专业课、课程组以及教学实验室建设。对于不同类别、不同阶段的研究生，分别进行基础研究培养、交叉领域研究培养、面向重大工程培养等分类指导。近 5 年来，共有 2 篇博士论文被评为"全国百篇优秀博士论文"，5 位博士生获得"教育部博士生学术新人奖"。

学院各系为国家建设培养了大批德才兼备的优秀人才。新中国成立以来，已毕业本科生28 000余人、硕士研究生 6 250 余人、博士研究生 1 760 余人，多数毕业生成为国家各行各业的骨干和中坚力量。

学院与国际学术界和工业界保持着密切的交流与合作，与美国哈佛大学、麻省理工学院、加州大学伯克利分校、哥伦比亚大学、普渡大学、明尼苏达大学、乔治亚理工学院，英国曼彻斯特大学，日本东京大学、东北大学、大阪大学，俄罗斯莫斯科大学，加拿大多伦多大学，法国巴黎高科，德国柏林工业大学、亚琛工业大学等国际著名大学建立了联合培养关系；每年定期派出200 余名本科生、研究生到国外进行短期以及半年至两年的交流和联合双学位培养。同时，与美国 Forst Wheeler 公司、利宝互助保险集团、摩托罗拉公司、GM 公司、卡特彼勒公司、英国石油公司、Rolls-Royce 航空发动机公司、ABB 公司、日本三菱、东芝、德国西门子公司、法国 Stain公司、EDF 公司、IHI 公司等世界著名公司建立了密切合作关系，及时掌握国际产业界的最新发展动态。

三、主要工作

1996 年 1 月 30 日，机械工程学院成立大会召开，国务院经贸办副主任陈清泰、国家自然科学基金委副主任孙枢等校外领导，王大中、贺美英等校领导，以及机械工程学院的全体教师参加了成立大会。机械工程学院下辖精密仪器与机械学系、机械工程系和汽车工程系。第一任院长为金国藩院士。期间学院重点推动"211 工程"的"先进制造学科群"规划及其可行性论证报告的组织与评审，并于 1997 年启动"211 工程"，购置了新的设备，争取了新的项目，并借助"211 工程"项目，积极争取与相关部委及企业的合作联系，例如 1998 年与北京市开展了"双向""双百"活动。

同时，学院还重点推动了"4+2"本硕贯通教学培养计划的改革，规划和建设了机械工程学院的平台课程，其中包括计算机 5 门平台课、机械类 4 门平台课，以及先进制造讲座等。并将加强能力与素质培养的教育思想融入教学计划与教学环节中。

1998 年 10 月，校务会议通过《关于热能工程系和工程力学系进入机械工程学院的决定》，旨在"加强相关的学科规划和建设，促进学科间的交叉、联合和补充，拓宽专业面向"。

在对外交流方面，学院还积极拓展社会资源，加强与国内外单位合作。学院先后与美国艾默生公司成立"博士论文研究资助项目"基金；与上汽集团建立协作关系，并争取到 300 万元人民币的资助；与美国福特公司争取到"福特赞助能源、经济及环境研究项目"资助计划等。

1999 年 1 月，机械工程学院领导班子换届，过增元担任第二任院长。学院确立了"985 工程"二期学科规划以"高新技术改造传统产业，发展新的学科增长点，加强国防和军事科技研究，加强基础研究和应用基础研究"为指导思想，以"振兴机械行业，为国民经济主战场作重要贡献，学科水平达到国际一流"为目标。在项目规划中，学院争取到的校级重点项目有：先进制造系统、清洁煤燃烧、固体力学和微机电系统等方面。在1999年至2003年期间，"985工程"二期学科建设取得了多项突破性进展，例如先进制造装备项目中的仿生人工骨盆已得到临床应用；新型结构数控龙门式虚拟轴机床研制出样机；镁合金开发应用及产业化项目开发出镁合金专用铸机等。2003年10月，校"985工程"建设办公室主持召开了机械工程学院学科建设项目验收会，院长过增元做了关于"985工程"学科建设项目完成的总体报告，专家们审阅了有关验收材料，并认为该建设项目成效显著，在学科建设、科学研究、人才培养、队伍建设等方面达到了预期目标，并建议学校今后进一步给予支持，加快建设世界一流机械工程学科的步伐。

在课程建设方面，学院积极进行课程改革，建设新的机类教学平台课程体系。针对本科生、研究生模块课进行重组，形成工程力学、热力学、机械设计基础、工程材料、测试技术和信号分析5个系列课程；加强实验教学，培养学生综合运用知识的能力、创新意识和创新能力，同时配合公共平台课程的建设，推出了力学系列教学实验基地、工程热物理和热工实验中心、工程材料实验室和现代测控技术教学实验室5个课程实验基地，并建设了现代制造工程及工业工程基础训练中心这一面向全校学生开放的综合实验和训练基地。于2004年春季学期完成了机类培养方案和课程内容简介的编写，制定了相应的教学手册。2006年10月，机械工程学院本科教学"985工程"（二期）重点项目得到专家认证；2007年3月，机械工程学院机械系、精仪系和汽车系的研究生教育中长期规划暨"985工程"（二期）建设项目得到了专家论证。通过"985工程"（二期）项目的建设，机械大类本科生、研究生教学平台的建设进一步加强，课程的内涵建设以及实践教育成为教学重点，课程体系得到进一步完善。

1999年至2004年，学院先后与大连市甘井子区签订科技合作与人才培养协议；与无锡小天鹅股份有限公司签订合作协议，在微机电生产、清洁制造等多方面达成技术合作；与华晨控股有限公司联合建立清华汽车工程开发研究院，致力于开发设计具有中国自主知识产权的汽车技术等。

2008年1月，机械工程学院领导班子换届，尤政担任学院院长。2008年至今，学院坚持每月召开一次院长例会，商讨学院发展事宜。按照"发挥学科优势，形成特色创一流"的总体思路，学院以"985工程"三期工程启动和"十二五"开局为契机，在召开全院院士、责任教授、学科负责人大会，召开教学负责人座谈会以及人事负责人座谈会的基础上，编写了《机械工程学院三期"211工程/985工程"学科建设规划》。规划的总体思路是：发挥传统学科优势争创一流，以学科评估的促进、迎接百年校庆以及三期"985"的建设为契机，在建设一流学科、争创一流院系的基础上，为清华大学建设世界一流大学发挥作用。具体工作思路为：以一级学科为龙头，二级学科建设为基础，全面规划，以系所为责任主体建设二级学科；以"3＋1"平台建设为主线，带动学科发展，争取基础研究与重大项目双丰收。规划面向未来20～30年技术发展与国家中长期规划，紧密结合国家重大工程项目与国防安全的需求，在二级学科全面规划的基础上，突出集成优势，构建面向重大需求背景的制造技术平台，这些平台包括：重大能源装备的设计与制造技术平台、微纳制造与微系统技术平台、新能源汽车的先进设计与制造技术平台、成形制造模拟仿真创新平台以及国防科技方面的尖端技术研究。规划旨在引领与推动全院的应用基础研究、关键技术突破与人才培养工作，促进和推动学院学科建设的全面发展。

规划中，在教学方面，对本科与研究生教学规划进行了补充和修订，主要包括机械工程类院平台课的建设和完善、规范专业课与课程组建设、教学实验室建设、创新人才与卓越工程师培养机制探索等方面。目的在于巩固和完善学院教学平台建设和研究生培养机制，拟从全院角度寻求资源合理配置的解决方法。

在人才引进方面，探讨了如何制定有利于组织重大科研项目的人事政策，推动学院人事工作的规范化和制度化建设。

2009 年 6 月，恒基兆业地产集团主席李兆基先生与清华大学签订合同，捐赠 2 亿元人民币用于清华大学"李兆基科技大楼"建设（机械学院大楼）。2009 年 6 月 27 日，"李兆基科技大楼"奠基仪式举行；2009 年 10 月，校领导陈吉宁、张凤昌和程建平一行检查了"李兆基科技大楼"建设用地拆迁工作；预计 2011 年 4 月清华大学百年校庆之际，将举行大楼工程启动仪式。

"李兆基科技大楼"位于校园南门东侧，是一个结合教学、科研的综合性大楼，主要功能为教学、科研和研究生培养，兼顾学术交流等功能，总建筑面积约 11 万平方米，涉及学院下属热能工程系、机械工程系、汽车工程系、院级教学实验平台等。

第八节　机械工程系

一、沿革

机械工程系源于 1932 年成立的机械工程学系，是清华最早成立的工科系之一。

1932 年夏，清华大学成立工学院，工学院下设机械工程学系、土木工程学系、电机工程学系。机械工程学系由庄前鼎任系主任，设有原动力工程组、机械制造工程组（1936 年才真正建立）、飞机及汽车工程组（1934 年改为航空工程组）。1933 年初动工建造机械工程学系系馆，1935 年春落成，建筑面积为 2 652 平方米。

至 1937 年，共招生 95 人，毕业两届学生共 52 人。在西南联大时期，原设的航空工程组另建航空系。

1946 年清华在北平复员后，机械工程学系教师队伍逐渐扩大，至 1948 年已有教师 31 人，其中教授 11 人，副教授 2 人。

1952 年院系调整，燕京大学、北京大学的机械系并入清华，机械工程学系拆分为机械制造系和动力机械系。

新成立的机械制造系设 2 个专业：金属切削机床及其工具和铸造工艺与机械；同时设置两个专修科：金工工具、铸造工程。后又增设机械制造工程和金属压力加工及机械 2 个专业，并筹建了金属学实验室。

1953 年后又陆续增设了焊接工艺及其设备（1953 年）、金相热处理（1955 年）、工程物理（1955 年）、精密仪器制造（1958 年）等专业，并相继建立金属学实验室、铸工实验室、压力加

工实验室、焊接实验室、机床实验室、机械零件实验室、公差实验室、机械原理实验室及1个实习工厂。

从1952年院系调整到1960年，机械制造系已成为一个大系，系属实习工厂的规模也较大，计有教职工977人，其中教师246人，设有8个专业、8个实验室及1个实习工厂。

1960年，机械制造系拆分为冶金系、精密仪器及机械制造系（简称精仪系）两个系。其中热加工部分留在冶金系，冷加工部分归入精仪系，系属实习工厂划归学校。此时，冶金系设4个专业，即铸造工艺及其设备、金属压力加工工艺及其设备、焊接工艺及其设备、金属学及热处理设备，简称铸、压、焊、金，并有相应的4个实验室。

1961年，为适应航天工业的需要，冶金系在原有专业的基础上增设了特种冶金及材料专业。

1962年，将热加工的有关专业合并为热加工工艺及其设备专业，下设金属压力加工及工艺设备、铸造工艺及其设备、焊接工艺及其设备等3个专门化方向。1963年，又将金属学及热处理设备与特种冶金及材料专业合并为金属材料专业。

1968年7月，工宣队进校后，提出"校办工厂，厂带教学"。于1969年10月成立清华大学汽车厂，由机械厂、设备厂、冶金系、农机系的汽车专业及精仪系的机械制造专业共同组成，以连排编制，并于1970年开始招收工农兵学员。1972年汽车停产，汽车厂改称机械厂。

之后，学校撤销系厂建制，将原有的五个专业连同机械制造专业一起定名为机械制造系，重新设立教研组。机械厂划归学校，脱离机械制造系。1977年底，机械制造系招收了恢复高考后的第一批本科生，招生人数为32人，全部为铸造专业。

1978年，机械制造专业回到精密仪器系，机械制造系改名为机械工程系（简称机械系），后来汽车专业又恢复为热能系的一部分，机械工程系则由铸造、锻压、焊接、金属材料4个专业组成，并分别招收新生。1988年学校成立材料科学与工程系，金属材料专业转至材料科学与工程系。1989年，为适应经济发展的需要，拓宽专业，全系只设机械工程专业，下设6个学习方向，包括机械电子工程、机械材料工程、无损检测、铸造及其自动化、塑性加工及其自动化、焊接及其自动化，学制五年。1996年，本科学制由五年改为四年。1997年，本科专业名称改为机械工程及自动化。

2000年，延续多年的教研组管理体制中止，机械工程系根据自身学科特点，成立了两个研究所：材料加工技术研究所和材料加工工程及自动化研究所。每个研究所下各设3个研究室，分别是：材料加工模拟与设计研究室、材料精确成形研究室、材料与表面工程研究室、加工过程控制研究室、激光加工与快速成型研究室、检测技术与信息管理研究室。

1997年国务院学位办公室对所有学科进行了调整，由机械系整合的"材料加工工程学科"于2001年参加学科调整后的首次全国重点学科评选，以满分的成绩位居本学科全国第一名。2007年所在"材料科学与工程学科"进入全国首批重点一级学科（排名第一）；"材料加工工程学科"第二次参加全国重点二级学科复评（名列前茅）。2008年设立"航空宇航制造工程"二级学科。2010年所在"材料科学与工程"一级学科通过国际学科评估，所在的材料学科所发表的论文位列世界前4%（据美国ESI数据库）。2004年在学科整合的基础上成立了"清华大学先进成形制造重点实验室"，2006年2月通过了教育部组织的专家论证，开始筹建"先进成形制造教育部重点实验室"，2007年7月正式挂牌运行。

2008年底，机械系配合学校新清华学堂等基建建设，汽车楼被拆迁，系办公室与实验室分布于焊接馆、西主楼四层二区、三区及机北楼（原环境系系馆）一、二层和三层等处，使用面积约

6 000 平方米。

机械系历任系主任与党委（总支）书记名录见表 19-8-1。

表 19-8-1　机械系历任系主任、党委（总支）书记名录

系名	系主任	任 职 时 间	党委（总支）书记	任职时间
机械工程学系	庄前鼎	1932—1937（1935—1937 年庄前鼎请假期间由李辑祥代理）		
	李辑祥	1937-10—1938-01（长沙临大系教授会主席）		
	庄前鼎	1938-01—1938-07（同年 7 月调任航空系主任）		
	李辑祥	1938-07—1940-06		
	孟广喆	1940-06—1941-05		
	李辑祥	1941-05—1952-09（1951-02—1952-09 李辑祥因病由庄前鼎代理）		
机械制造系	李西山	1952-09—1960-01（1952-09—1953-08 李西山借调哈尔滨工业大学，邹致圻代理）	王震寰	1954—1959
			夏镇英	1959—1960
冶金系	李西山	1960-01—1966-06	夏镇英	1960—1963
			陈栋豪	1963—1966
机械工程系	潘际銮	1978—1991	张东明	1977—1979
			陈丙森	1979—1985
	鹿安理	1991—1996	田芝瑞	1986—1996
	钟约先	1996—1999	李先耀	1996—2002
	陈　强	1999—2005	王昆林	2002—2007
	曾　攀	2005—	单际国	2007—

系学术委员会主任先后由鹿安理（1997）、陈武柱（1998—　）（2000—2008）、都东（2009—　）等担任。

二、教学科研组织

1932 年设有两个专业组：原动力工程组、飞机及汽车工程组（1934 年改为航空工程组）。1936 年正式设立机械制造工程组。西南联大时期，1938 年航空工程组分出，组建航空工程学系。

1952 年院系调整后机械制造系设有如下教研组：工程画教研组，金属工学教研组，金属切削加工教研组，热处理教研组，铸造、焊接及压延加工教研组，机械零件及机械原理教研组。

1953 年后，随着新专业的增设，陆续成立了一些新的教研组，到 1958 年共设如下教研组：机械制造工学教研组、金属切削机床及工具教研组、铸造工艺及其设备教研组、金属压力加工工艺及其设备教研组、焊接工艺及其设备教研组、机械制造企业组织与计划教研组、金属学热处理及其设备教研组、机械原理及机械零件教研组、画法几何及工程画教研组、金属工学教研组。

1960 年建立冶金系后至 1965 年设有如下教研组：铸造工艺及其设备教研组、焊接工艺及其设备教研组、金属压力加工工艺及其设备教研组、金属学金属材料教研组、金属工学教研组、机械制造经济及组织教研组。

1978 年调整为：铸工教研组、锻压教研组、焊接教研组、金属材料教研组。1979 年金属材

料教研组一分为二，一部分归属金属材料教研组（1988年转至材料科学与工程系），另一部分组建金属学教研组。1990年，从铸造教研组和焊接教研组抽调力量，组成了无损检测教研组。

2000年，教研组撤销，全系教学、科研人员按照材料成形工艺和材料成形控制及装备两大方向划分为两个研究所，分别是材料加工技术研究所和材料加工工程及自动化研究所。

三、教职工

机械系历年教职工人数见表19-8-2。

表 19-8-2　机械系历年教职工人数

时间	教职工人数	其中教师人数	备注
1948	不详	31	教授11人，副教授2人
1952	63		教授12人，副教授2人，讲师7人，助教9人，助理2人，技术员4人，技工22人，普通工5人
1960	977	246	工厂、行政人员731人

时间	教职工人数	其中教师人数	时间	教职工人数	其中教师人数
1963	192	134	2002	104	72
1965	195	142	2003	102	75
1978	240	151	2004	98	69
1991	160	100	2005	94	65
1993	166	111	2006	88	60
1998	115	75	2007	83	61
1999	106	74	2008	81	59
2000	105	76	2009	84	62
2001	106	78	2010	86	65

各时期教授名录见表19-8-3。

表 19-8-3　机械系教授名录

姓名（任职时间）	姓名（任职时间）	姓名（任职时间）
庄前鼎（1932—1952调出）	王仕倬（1932—1935调出）	*刘仙洲（1932—1952调出）
李辑祥（1934—1960调出）	殷祖澜（1935—1946调出）	殷文友（1935—1946调出）
史久荣（1935—不详）	汪一彪（1936—1946调出）	冯桂连（1936—1946调出）
华敦德（F. L. Wattendort）（1936—1946调出）	秦大钧（1937—1946调出）	张有生（1937—1946调出）
孟广喆（1937—1946调出）	陈继善（1937—1946调出）	周承佑（1939—1946调出）
张闻骏（1939—1946调出）	徐叔渔（1940—1946调出）	金希武（1940—1960调出）
王师羲（1942—1946调出）	刘德慕（1942—1952去世）	王遵明（1942—1986离休）
童大埙（1942—1942调出）	吴学蔺（1943—1944调出）	曾叔岳（1943—1946调出）
褚士荃（1944—1960调出）	*钱伟长（1946—1952调出）	孟庆基（1947—1948调出）
*张　维（1947—1952调出）	董树屏（1947—1952调出）	曹国惠（1948—1952调出）

续表

姓名（任职时间）	姓名（任职时间）	姓名（任职时间）
强明伦（1948—1952 调出）	孟少农（1948—1948 调出）	宋镜瀛（1951—1952 调出）
邹致圻（1952—1960 调出）	李酉山（1952—1968 去世）	曹继贤（1952—1960 调出）
杜庆华（1952—1952 调出）	郭世康（1961—1987 离休）	＊潘际銮（1978— ）
陈南平（1978—1988 调材料系）	王祖唐（1980—1987 离休）	于震宗（1980—1990 退休）
黄惠松（1983—1988 退休）	＊柳百成（1984— ）	俞新陆（1984—1995 退休）
任家烈（1985—1997 退休）	曹起骧（1985—1994 退休）	刘家浚（1985—1997 退休）
唐祥云（1985—1988 调材料系）	陈伯蠡（1986—1992 退休）	张人豪（1986—1997 退休）
方鸿生（1987—1988 调材料系）	苏 毅（1988—1988 离休）	何方殿（1988—2000 退休）
吴德海（1988—1999 退休）	张家骏（1988—1995 退休）	陈丙森（1988—1995 退休）
何德誉（1988—1994 退休）	颜永年（1989—2007 退休）	吴浚郊（1989—1999 退休）
叶庆荣（1989—1989 退休）	刘 庄（1989—1997 退休）	白天申（1990—1994 退休）
徐济民（1990—1991 离休）	汪复兴（1990—1995 退休）	朱允明（1990—1991 退休）
区智明（1991—2010 退休）	鹿安理（1991—2002 退休）	郭和德（1991—1992 退休）
包芳涵（1991—1992 退休）	姜不凡（1992—2001 退休）	吴志强（1992—1997 退休）
郑明新（1992—1993 退休）	陈武柱（1992—2005 退休）	马喜腾（1992—1994 调科技处）
田 燕（1992—1994 退休）	施克仁（1993—2004 退休）	曾大本（1993—2003 退休）
陈森灿（1993—1995 退休）	曾 攀（1993— ）	孟凡中（1993—1994 退休）
陈 强（1994— ）	钟约先（1994— ）	朱宝亮（1994—1997 退休）
童本行（1994—2000 退休）	田芝瑞（1994—1996 调离退休处）	盛 达（1994—1996 退休）
方惠珍（1995—1997 退休）	程荫芊（1995—1996 退休）	李德华（1996—1996 调设备处）
唐国翌（1996—1996 调材料系）	王莲芳（1996—1997 退休）	高志栋（1996—1997 退休）
李春立（1997—1997 退休）	都 东（1997— ）	黄天佑（1997— ）
张人佶（1997— ）	刘文今（1998— ）	梁 吉（1998— ）
李言祥（1998— ）	朱张校（1999—2007 退休）	赵大庆（1999 调入— ）
张晓萍（1999—2004 调深圳研究生院）	林 亨（2000—2001 调工业工程系）	熊守美（2000— ）
李先耀（2000—2002 调纪委）	姚可夫（2001— ）	卢清萍（2001—2005 退休）
吴爱萍（2001— ）	吴 甦（2001—调工业工程系）	王昆林（2002— ）
陈国学（2002—2005 退休）	李培杰（2002— ）	庄大明（2003— ）
李路明（2003—2004 调航院）	王克争（2003—2007 退休）	单际国（2003— ）
荆 涛（2004— ）	王振家（2004—2006 退休）	马庆贤（2004— ）
钟敏霖（2005— ）	吴运新（2005—2005 调国际处）	吴伯杰（2005—2006 退休）
朱志明（2006— ）	闫双景（2006—2007 退休）	邹贵生（2007— ）
张 弓（2008— ）	林 峰（2009— ）	朱宏伟（2009— ）
沈厚发（2010— ）	李 默（2010 调入— ）	孙 伟（2010 调入— ）

说明：注 ＊ 者为中国科学院院士或中国工程院院士。

四、教学

（一）本科教学

1. 概况

1948年至2010年历年的毕业生人数见表19-8-4，1977年至2010年各专业招生人数见表19-8-5。

表 19-8-4　1948年—2010年机械系历年毕业生人数

年份	毕业人数	年份	毕业人数	年份	毕业人数
1948	25	1969	124	1993	108
1949	81	1970	251	1994	91＋（29）
1950	45	1974	259	1995	120＋（52）
1951	170	1976	245	1996	117
1952	59	1977	289	1997	108
1953	11	1978	278	1998	119
1954	44	1979	237	1999	108
1955	25	1980	—	2000	154
1956	3	1981	—	2001	111
1957	76	1982	32	2002	116
1958	216	1983	129	2003	114
1959	267	1984	147	2004	116
1960	36	1985	144	2005	75＋〈1〉
1961	292	1986	152	2006	73
1962	237	1987	142	2007	80＋〈1〉
1963	159	1988	141	2008	69
1964	164	1989	117	2009	77
1965	153	1990	109	2010	85＋〈4〉
1966	183	1991	110	合计	7 275＋（81）＋〈6〉
1967	173	1992	109		

说明：（）内数字为大专班毕业生人数，〈〉内数字为留学生毕业生人数。

表 19-8-5　1977年—2010年机械系各专业招生人数

年份	铸造	锻压	焊接	金属材料	合计
1977	32				32
1978	27	35	31	36	129
1979	34	35	42	36	147
1980	30	60	31	30	151

续表

年份	铸造	锻压	焊接	金属材料	合计
1981	61	31	31	30	153
1982	31	31	60	31	153
1983	31	60	32	31	154
1984	59	32	30	32	153
1985	30	32	54	35	151
1986	30	50	34	30	144
1987	30	32	53	30	144
1988	31	51	30		112
1989	按机械工程专业招生，本科生 95 人，大专生 31 人				
1990	按机械工程专业招生，本科生 120 人，大专生 32 人				
1991	按机械工程专业招生，本科生 122 人，大专生 30 人				
1992	按机械工程专业招生，本科生 118 人，大专生 34 人				
1993	按机械工程专业招生，本科生 119 人，大专生 27 人				
1994	按机械工程专业招生，本科生 120 人				
1995	按机械工程专业招生，本科生 121 人				
1996	按机械工程专业招生，本科生 120 人				
1997	按机械工程及自动化专业招生，本科生 116 人				
1998	按机械工程及自动化专业招生，本科生 123 人，留学生 1 人				
1999	按机械工程及自动化专业招生，本科生 121 人				
2000	按机械工程及自动化专业招生，本科生 119 人				
2001	按机械工程及自动化专业招生，本科生 94 人，留学生 1 人				
2002	按机械工程及自动化专业招生，本科生 93 人				
2003	按机械工程及自动化专业招生，本科生 90 人，留学生 1 人				
2004	按机械工程及自动化专业招生，本科生 78 人，留学生 1 人				
2005	按机械工程及自动化专业招生，本科生 94 人，留学生 1 人				
2006	按机械工程及自动化专业招生，本科生 91 人，留学生 8 人				
2007	按机械工程及自动化专业招生，本科生 93 人，留学生 4 人				
2008	按机械工程及自动化专业招生，本科生 95 人，留学生 2 人				
2009	按机械工程及自动化专业招生，本科生 96 人，留学生 11 人				
2010	按机械工程及自动化专业招生，本科生 88 人，留学生 9 人				

2. 课程设置与培养方案

解放前，机械工程系的课程基本上是按照美国加州理工学院和密执根大学的课程来设置的。四年的课程分配为：一年级为自然科学与绘图实习；二年级的课程是一般工程技术的基本训练，有静动力学、材料力学、机械学、热力工程、金工实习等；三年级的课程多为本系的普通科目，有热力工程、机械设计原理、机械设计图画、机动力学、热工实验等；四年级则进行分组，学习若干带有专门性质的课程，约占 17.3%，仅及各类基础课程的 1/4。

1952 年院系调整后，按专业设置课程，变化较大。据 1985 年系教学计划，全系课程设置，见表 19-8-6。

表 19-8-6　1985 年机械系教学计划

课程类别		课程名称
基础课及技术基础课		中国革命史、哲学、体育、外语、微积分、常微分方程与线性代数、普通物理、机械制图、材料力学、物理化学、电工学、电路与控制、数字电子技术基础、机械原理、机械零件、机械原理课程设计、机械零件课程设计、计算机语言、微机原理及应用、计算方法、热工基础、金属工艺学、理论力学、金属学与热处理、应用电子学、模拟电子技术基础 共 26 门课，总学时为 2 150 小时左右，约占课内总学时的 82%
专业课	铸造专业	冶金原理、铸件成形理论基础、铸造合金与熔化、铸造工艺设计基础、铸造工艺工装设计、铸造系统设计、铸造合金专题、特种铸造工艺专题、铸件凝固过程数值模拟
	锻压工艺及设备专业	弹塑性理论基础、液压传动、有限单元法、金属塑性成形原理、模具设计、锻压设备、锻压原理及工艺
	焊接专业	焊接冶金学、焊接金属学、弧焊电源、弧焊工艺及设备、焊接应力与变形、焊接强度学、焊接断口金相学、特种材料焊接、近代焊接设备、焊接过程控制原理、电阻焊、焊接结构断裂安全评定

1989 年起，全系只设 1 个机械工程专业，下设 6 个学习方向，各学习方向专业课程设置，见表 19-8-7。

表 19-8-7　1989 年机械工程专业各学习方向专业课设置

学习方向	专业课程
铸造及其自动化	金属凝固原理、造型材料、铸造合金及熔炼、铸造工艺学、特种成形工艺、铸造系统设计、铸造工艺设计、微机控制实验专题、冶金过程数值模拟、复合材料
塑性加工及其自动化	弹塑性理论基础、液压元件传动及控制、微机控制实验专题、计算机绘图、金属塑性成型原理、模具设计、锻造工艺学、曲柄压力机原理、工艺及设备实验、液压机
焊接及其自动化	焊接冶金原理、焊接冶金专题实验、弧焊电源、弧焊工艺及设备、微机控制专题实验、焊接应力与变形、焊接强度学、弧焊工艺及设备实验
机械电子工程	机械电子学概论、自动控制原理、微机控制实验专题、机械量检测及传感器、机械系统计算机仿真、功率电子学、微机控制机械系统
机械材料工程	材料加工工艺学、非金属材料及复合材料、X 光衍射方法、微机控制实验专题、材料物理化学性能、电子显微分析技术、现代测试新技术、物理冶金、金属表面改性技术、失效分析、热物质迁移及模拟
无损检测	无损检测概论、无损检测物理基础、微机控制专题实验、超声检测、射线检测、电磁检测、无损检测实验技术、无损检测新技术、无损检测信息处理

1996 年学制由五年改为四年。

1997 年本科专业改为机械工程及自动化。

2000 年按本科—硕士研究生统筹培养修订培养计划，统筹培养方案中取消了原来按几个课组方向设置的专业课程，重组专业主干课。将原铸、压、焊、热处理的部分专业课整合改设为"材料加工原理"和"材料加工工艺"课程，并增开"材料加工系列实验""专题训练"等课程。本硕贯通培养方案的课程总学分（包括本科生和研究生阶段的课程）为 193，其中本科培养阶段课程学分不少于 170。另外要求实践环节学分不少于 30。

2002 年学校为充分调动学生的学习主动性和强调自主学习、主动学习以及研究型的教与学的学习方式，开始进一步减少课程学习的课内学时，本科培养要求的最低总学分由 200 学分减为

171 学分，其中春季、秋季学期课程总学分 140，平均周学时为 20；夏季学期实践环节 16 学分，综合论文训练 15 学分。

2004 年开始实行机械大类培养方案，机械工程系的机械工程及自动化本科专业的培养目标是：毕业生应具有坚实的自然科学、人文社会科学和工程技术基础，受到较强工程实践和研究能力的训练，具有较强的计算机应用能力并熟练掌握一门外语，掌握机械制造、材料加工过程及其机电控制的基本原理、方法、工艺和设备的专业知识，能从事机械工程领域内的设计制造、生产运行、科技开发及技术经济管理等工作。具体培养方案见表 19-8-8。

表 19-8-8 　 2004 年按机械大类培养的机械系机械工程及自动化专业的培养方案

课 程 类 别	课 程 安 排
人文社会科学类课程（35 学分）	思想政治理论课、体育、外语、文化素质课
自然科学基础类课程（35 学分）	数学（7 门，≥20 学分）： 必修课，5 门，16 学分，包括：微积分（1）、微积分（2）、微积分（3）、几何与代数（1）、几何与代数（2） 在下列课程中选修≥4 学分：随机数学方法、概率论与数理统计、数理方程引论、复变函数引论
	物理（12 学分）：大学物理 B（1）、大学物理 B（2）、物理实验 A（1）、物理实验 A（2）
	生物与化学类（3 学分）：大学化学 A、大学化学实验 B、现代生物学导论、现代生物学导论实验
信息技术基础课程（≥10 学分）	电工电子类课程：电工技术与电子技术（1）、电工技术与电子技术（2）
	计算机应用基础类：计算机文化基础、计算机程序设计基础、实用软件技术基础、计算机硬件技术基础
	信号与系统基础：信号与系统
机械大类核心课程（40 学分）	设计与制造类（4 门，12 学分）：机械设计基础 A（1）、机械设计基础 A（2）、机械设计基础 A（3）、制造工程基础
	力学与材料类（4 门，12 学分）：材料力学、理论力学、工程材料、基础力学系列实验
	热学与流体类课程（3 门，11 学分）：工程热力学、传热学、流体力学
	测量检测与控制工程基础（2 门，6 学分）：测试与检测技术基础、热工过程参数测试与控制、控制工程基础
专业方向课（22 学分）	技术基础及专业基础课程（7 学分）：材料加工工程概论、工程材料基础、材料加工原理
	专业课程（10 学分）：机电控制系统实践、机械系统微机控制、材料加工工艺、材料加工系列实验
	专业选修课程（5 学分）：有限元分析、工艺过程仿真、制造过程管理信息系统、复合材料、现代材料分析技术、激光加工技术基础、激光加工概论、快速成形技术、特种加工工艺、无损检测与评估、功率电子技术及应用、人工智能在机械加工中应用、信号处理、液压传动与控制、机械系统计算机仿真、机器人工程基础及应用、控制工程基础系列实验、检测技术探索与创新实验、系统工程学、质量管理学、科研思维方法、科技商务、产品设计与开发、航空航天材料及其应用基础、生命体的人工制造、文献检索与利用（理工类）、生物材料工程与器件、材料成形工艺实验或学校其他院系开设的课程
实践环节（33 学分）	军事理论与技能训练、英语综合运用训练、金工实习 B、现代制造系统概论及实验、专题训练、机械设计课程设计、生产实习、综合论文训练

3．教学成果

（1）教材建设

解放前，大多直接选用美国大学的英文教材。为了使外国先进的科学技术在中国得到普及与发展，刘仙洲等教授满怀爱国热情，带头提倡用中文讲课，自编中文教材。他所编撰的《机械原理》，是我国工科大学第一本中文教材，1940年被列为"部定"大学用书。此外，由大学用书编辑委员会特约编著的教科书还有：《热工学》（刘仙洲）、《画法几何》（刘仙洲，褚士荃）、《汽阀机关》（刘仙洲，曹国惠）、《空气动力学》（庄前鼎，刘维政）、《制造方法》（刘德慕）等。

1952年院系调整后，大部分课程采用苏联教材（中译本），以后逐步编著我国教材。

1978年—1993年，编著《热加工工艺学》《复合材料》《冶金原理》《专业外语》《无损检测》《表面缺陷检测》《金属塑性加工原理》《有限单元法概论》《应力与应变状态分析》《X射线研究方法》《金属学及热处理》《热物质迁移》等12本讲义。正式出版4本教科书：

《焊接冶金原理》（陈伯蠡），清华大学出版社，1991年；

《工程材料》（郑明新），清华大学出版社，1983年；

《焊接区断口金相分析》（田燕），机械工业出版社，1990年；

《曲柄压力机》（何德誉），机械工业出版社，1983年。

其中，《曲柄压力机》获1988年国家级优秀教材奖，同时获部委级优秀教材一等奖。此外，《密栅云纹法原理及应用》（曹起骧）、《金属焊接性基础》（陈伯蠡）获1988年清华大学优秀教材一等奖；《铸造设备》（吴浚郊等）、《热加工工艺学》（陈森灿等）获1988年清华大学优秀教材二等奖。

1994年至2010年，编写出版教材（教参）27种，获得各类优秀教材、讲义和CAI优秀软件奖共14项，其中机械部优秀教材二等奖1项；教育部科技进步优秀教材三等奖1项；国家教委优秀软件三等奖1项；国家教委工科优秀CAI二、三等奖各1项；清华大学校级优秀教材一等奖6项，二等奖2项；清华大学校级优秀讲义二等奖1项；北京市精品教材2本，入选"十一五"国家级教材6种，入选2009年北京高等教育精品教材建设重大项目1项。获得省部级以上教材奖项目的具体情况见表19-8-9。

表 19-8-9　1994年—2010年机械系获部委级优秀教材及优秀CAI软件奖项目

时间	教材与软件名称	编著者	奖励级别	奖励等级
1996	工程材料	郑明新等	机械部	二等奖
1997	液压传动计算机教学软件	骆建彬	教委	三等奖
1997	液压传动多媒体课件	骆建彬	教委工科优秀CAI	二等奖
1997	计算机仿真多媒体课件	张晓萍	教委工科优秀CAI	三等奖
1998	工程材料（第二版）	郑明新等	教育部	科技进步三等奖

（2）教学工作获奖情况

1989年至2010年，先后获得的省部级教学奖有：第六届高等教育国家级教学成果二等奖1项，北京市高等教育教学成果一等奖1项、二等奖4项，见表19-8-10。2007年通过本科教学工作水平评估，2009年通过全国工程教育专业认证。

表 19-8-10　1989 年—2010 年机械系获得国家及省部级教学成果奖项目

序号	获奖时间	成 果 名 称	获 奖 人 员	获 奖 名 称	奖励等级
1	2009 年	材料加工工程学科建设与创新型人才培养	曾 攀　黄天佑　吴爱萍　吴德海　陈 强	第六届高等教育国家级教学成果	二等奖
2	2008 年	材料加工工程学科建设与创新型人才培养	曾 攀　黄天佑　吴爱萍　吴德海　陈 强	北京市高等教育教学成果奖	一等奖
3	2004 年	以创新求实科学精神建设高质量《工程材料》立体化教材	朱张校　王昆林　张人佶　张华堂　王振家　吴运新　张 欣　丁连珍	北京市高等教育教学成果奖	二等奖
4	2001 年	材料加工工程专业基础课的教改与创新能力培养	曾 攀　石 伟　荆 涛　吴爱萍　严京滨	北京市高等教育教学成果奖	二等奖
5	2001 年	"工程材料"系列课程教学改革与实践	张人佶　朱张校　姚可夫　王昆林　张华堂	北京市高等教育教学成果奖	二等奖
6	2001 年	近代材料加工原理（教材）	吴德海　任家烈　陈森灿　魏秉庆　梁 吉	北京市高等教育教学成果奖	二等奖

（3）精品课程建设

焊接冶金原理课和工程材料课先后于 1990 年和 1993 年被评为校一类课。"工程材料及其加工"教学团队入选 2010 年北京市优秀团队与 2010 年度国家级教学团队。精品课建设成果见表 19-8-11。

表 19-8-11　机械系精品课建设成果

精品课名称	校级	市级	国家级	精品课名称	校级	市级	国家级
工程材料	2006	2003	2005	机械系统微机控制	2006		
材料加工	2006	2005	2006	工程材料基础	2008		
				机电控制系统实践	2008		

（二）研究生培养

1. 招生

自 1959 年夏开始批量招收研究生，主要生源是本校的本科应届毕业生，少数外招在职人员或外校生。

1960 年分系后，冷加工划归精密仪器系，热加工方向留在冶金系，形成 4 个专业。冶金系 4 个专业招收研究生人数与分配情况见表 19-8-12。

1978 年后研究生招生人数见表 19-8-13。

表 19-8-12　1959 年—1965 年机械系各专业研究生招生人数与分配情况

年　份	招 生 人 数				分 配 方 向
	铸造	压力加工	焊接	金属材料	
1959	5	2	2	4	高校 6 人，研究所 4 人，工厂 3 人
1960—1961	6	5	2	2	高校 8 人，工厂 1 人，研究所 5 人，部队 1 人

续表

年 份	招 生 人 数				分 配 方 向
	铸造	压力加工	焊接	金属材料	
1963	4	2	2	2	
1964	1	1	2		
1965	2	1	4	3	

说明：① 1953 年以后，机械制造专业、铸造专业、压力加工专业、焊接专业聘请苏联专家来校讲学，由苏联专家指导的研究生班先后毕业了数十人。

② 1956 年，王遵明曾招收工程师邓良澄来校读研究生，研究方向为球墨铸铁钢锭模。

③ 因"文革"影响，1963 级研究生只有部分完成论文，1964、1965 级均未完成学业。

④ 1963 年招收本系教师为在职研究生，如陈丙森、俞新陆、张家骏，后因"文革"未结业。

⑤ 1959 年招收研究生时尚无完整的培养方案，至 1961 年制订《研究生培养细则》（称"黄皮书"）规定要学外语、政治、基础课、专业课，并由一名导师指导写出毕业论文，进行答辩后毕业。

表 19-8-13　1978 年—2010 年机械系研究生招生人数

年份	硕士生	博士生	合计	年份	硕士生	博士生	合计
1978	30		30	1995	39	16	55
1979	32		32	1996	42	26	68
1980	9	4	13	1997	46	21	67
1981	9	1	10	1998	49	22	71
1982	15	1	16	1999	121	29	150
1983	35	4	39	2000	75	24	99
1984	35	12	47	2001	61	30	91
1985	47	16	63	2002	114	21	135
1986	45	27	72	2003	85	23	108
1987	44	16	60	2004	82	24	106
1988	36	15	51	2005	49	18	67
1989	31	13	44	2006	45	20	65
1990	39	15	54	2007	46	21	67
1991	29	19	48	2008	50	21	71
1992	36	15	51	2009	72	20	92
1993	37	18	55	2010	51	25	76
1994	35	20	55	总计	1 571	557	2 128

从 1978 年至 1993 年，获硕士学位研究生 356 人，获博士学位研究生 90 人。此外，其他形式招收培养研究生计有：定向生 42 人，委托培养生 31 人，论文博士生 6 人，自筹生 4 人，自费生 1 人。

1994 年至 2010 年，机械工程系共招收 1 443 名研究生，其中博士研究生 381 人，硕士研究生 1 062 人（含在职工程硕士 197 人）。共招收定向研究生 32 人（其中博士生 16 人，硕士生 16 人），委托培养研究生 39 人（其中博士生 22 人，硕士生 17 人，不含在职工程硕士研究生）。

从 1994 年至 2010 年，机械工程系共有 1 011 人获得硕士学位（其中工学硕士学位 890 人，工程硕士专业学位 121 人），294 人获得博士学位。1994 年至 2010 年授学位研究生人数见表 19-8-14。

表 19-8-14　1994 年—2010 年机械系授学位研究生（含专业学位）人数

年份	博士学位	硕 士 学 位			年份	博士学位	硕 士 学 位		
		工学硕士学位（含直博确硕）	工程硕士专业学位	合计			工学硕士学位（含直博确硕）	工程硕士专业学位	合计
1994	13	31	—	31	2003	12	72	20	92
1995	16	52	—	52	2004	28	56	18	74
1996	13	34	—	34	2005	18	72	17	89
1997	18	43	—	43	2006	22	71	15	86
1998	16	38	—	38	2007	23	75	14	89
1999	18	36	4	40	2008	21	44	10	54
2000	16	49	3	52	2009	17	44	1	45
2001	15	55	5	60	2010	14	39	3	42
2002	14	79	11	90	总计	294	890	121	1 011

2. 培养

在研究生培养方面，机械系一直根据学科的发展和人才培养的需求变化，对研究生的培养方案进行不断的调整和修订。1999 年至 2010 年期间机械工程系修订的工学博士生、工学硕士生和工程硕士生的培养方案，分别见表 19-8-15 至表 19-8-18。

表 19-8-15　机械系博士生培养方案

	类　别	1999 年	2002 年	2006 年
普博生	学位要求学分	不少于 11 学分	不少于 11 学分	不少于 14 学分
	课程要求	学位课程（包括政治和第一外国语）学分不少于 4，非学位课程（学科前沿课程）不少于 2 学分	公共必修课程（包括政治和第一外国语）4 学分，学科专业要求课程不少于 2 学分	公共必修课程（包括政治和第一外国语）4 学分，学科专业要求课程不少于 5 学分
	必修环节	学科综合考试、学术活动与学术报告、文献综述与选题报告等，不少于 5 学分	资格考试、学术活动与学术报告、文献综述与选题报告、社会实践，5 学分	资格考试、学术活动与学术报告、文献综述与选题报告、社会实践，5 学分
直博生和提前攻博生	学位要求学分	不少于 28 学分（其中考试学分不少于 21）	不少于 28 学分	不少于 30 学分
	课程要求	学位课程（包括政治和第一外国语、基础理论课、专业基础课）不少于 18 学分，非学位课程不少于 5 学分	公共必修课程（包括政治和第一外国语）不少于 6 学分，学科专业要求课程（包括基础理论课、专业基础课、其他课程）学分不少于 17	公共必修课程（包括政治和第一外国语）不少于 6 学分，学科专业要求课程（包括基础理论课、专业基础课、专业及相关课程）学分不少于 19
	必修环节	文献综述与选题报告、学术活动与学术报告、社会实践，不少于 5 学分	文献综述与选题报告、学术活动与学术报告、社会实践、资格考试，5 学分	文献综述与选题报告、学术活动与学术报告、社会实践、资格考试，5 学分

表 19-8-16　机械系工学硕士生培养方案

类　　别	1999 年	2002 年
学位要求学分	不少于 23 学分（其中考试学分不少于 17）	不少于 23 学分（其中考试学分不少于 17）
课程要求	学位课不少于 14 学分（包括马克思主义理论课、第一外国语、基础理论课、专业及专业基础课），非学位课不少于 5 学分	公共必修学分（包括政治和第一外国语）不少于 5、学科专业课程（包括基础理论课程、专业及专业基础课、专业相关选修课程）不少于 16 学分
必修环节	文献综述与选题报告、学术活动、社会实践，不少于 4 学分	文献综述与选题报告、学术活动，2 学分

表 19-8-17　机械系在职工程硕士生培养方案

年　　份	1999 年	2002 年	2004 年
学位要求学分	不少于 23 学分，总课程门数为 10～12 门	不少于 23 学分，总课程门数为 10～12 门	不少于 30 学分（其中考试学分不少于 22）
课程要求	学位课程不少于 17 学分，包括工程硕士英语、自然辩证法、工程硕士数学和专业基础课（不少于 8 学分）；必修课（工程领域学科前沿讲座）2 学分，跨学科选修课程不少于 2 门	学位课程不少于 17 学分，包括工程硕士英语、自然辩证法、工程硕士数学和专业基础课（不少于 4 门考试课，每门 2～3 学分）；必修课（工程领域学科前沿讲座）2 学分，跨学科选修课程不少于 2 门	必修课程（自然辩证法、工程硕士英语、文献检索与论文写作、学科前沿讲座、基础理论课、专业基础和专业课）学分不少于 23 学分，选修课程不少于 6 学分，专业基础和专业课要求至少 11 学分
必修环节	文献综述与选题报告、中期汇报，1 学分	文献综述与选题报告、中期汇报，1 学分	文献综述与选题报告、中期汇报，1 学分

表 19-8-18　机械系全日制工程硕士生培养方案

类　　别	2009 年	2010 年
学位要求学分	不少于 25 学分，其中考试学分不少于 17 学分	不少于 25 学分，其中考试学分不少于 17 学分
课程要求	学位课程不少于 21 学分，包括英语（第一外国语，2 学分）、自然辩证法（2 学分）、工程硕士数学（4 学分）、专业基础课（不少于 5 学分）、专业课（不少于 5 学分）、行业讲座（2 学分）、职业素质课程（不少于 1 门课）	学位课程不少于 21 学分，包括英语（第一外国语，2 学分）、自然辩证法（2 学分）、工程硕士数学（4 学分）、专业基础课（不少于 5 学分）、专业课（不少于 5 学分）、行业讲座（2 学分）、职业素质课程（不少于 1 门课）
必修环节	文献综述与选题报告（1 学分）、专业实践（3/6 学分）*	文献综述与选题报告（1 学分）、专业实践（3/6 学分）*

注：＊半年累计 18 周计 3 学分或一年累计 36 周计 6 学分。

1981 年至 2010 年机械系开出的研究生课程门数统计见表 19-8-19。

表 19-8-19　机械系研究生课程开课门数

年份	1981	1982	1983	1984	1985	1985	1987
开课门数	10	16	20	18	26	29	30
年份	1988	1989	1990	1991	1992	1993	1994
开课门数	32	26	28	29	26	29	20
年份	1995	1996	1997	1998	1999	2000	2001
开课门数	23	22	20	20	23	22	23

年份	2002	2003	2004	2005	2006	2007	2008
开课门数	28	30	30	26	25	24	26
年份	2009	2010					
开课门数	26	27					

机械系先后开设的研究生课程包括（不完全统计）：金属物理、机械系统计算机控制、焊接电源与控制的设计基础、有限元分析、有限元分析及应用、多元相平衡图、专家系统、铸型材料硅酸盐物理化学、金属材料焊接性、材料磨损原理及耐磨性、电子显微镜实验技术、金属凝固、铸造设备、超声无损检测技术、现代焊接学、专业英语、机械系统数字仿真、机电系统控制原理及应用、机电系统自动控制原理、铸铁冶金学、弹塑性力学、特种成型工艺、现代材料工艺学、功率电子设备、现代激光加工、塑性加工模拟技术、无损检测与质量控制、检测物理学、激光快速成形的原理及应用、现代材料加工、材料加工计算机模拟与仿真、现代材料分析技术、检测技术基础、材料加工前沿、科技报告实践、现代检测技术、表面工程、材料无损评价、科技商务、虚拟产品开发、超声检测技术、近净成形先进技术、故障诊断技术、工程应用的有限元分析专题、生物制造工程概论、机器人工程基础及应用、合金热力学、材料流变学及其应用、功能材料概论、生物制造工程原理与方法、英文科技论文写作、机械工程领域现状与发展、航空航天材料成形技术、机电产品设计理论与实践。

出版的研究生教材《有限元分析及应用》（曾攀）于 2005 年被教育部推荐为研究生教学用书。

研究生课程"有限元分析及应用"于 2007 年被评为首批校级研究生精品课，2010 年通过复审，再次被评为校级研究生精品课。

3. 学科专业调整与重点学科建设

1981 年《中华人民共和国学位条例》实施以后，机械系首批获得金属材料及热处理、铸造、焊接、金属塑性加工 4 个专业博士和硕士学位授予权，1987 年焊接被评为重点学科。1995 年增加了电磁测量技术及仪器硕士研究生专业。1999 年，金属材料及热处理、铸造、焊接、金属塑性加工 4 个专业合并设立材料加工工程二级学科，归属于材料科学与工程一级学科，招收博士、硕士研究生。电磁测量技术及仪器改名为测试计量技术及仪器，该二级学科，归属于仪器科学与技术一级学科，招收硕士研究生。2004 年开始实行研究生按一级学科材料科学与工程招生、培养、授予学位。2008 年设立航空宇航制造工程二级学科（归属于航空宇航科学与技术一级学科）。

1996 年机械系开始招收工程硕士专业学位研究生，招生的工程领域为材料工程、机械工程和工业工程。2003 年工业工程领域划归新成立的工业工程系，2009 年开始招收机械工程领域全日制工程硕士研究生。

4. 优秀学位论文

自 1999 年评选全国优秀博士学位论文以来，机械系共有 3 篇博士学位论文被评为全国优秀博士学位论文，见表 19-8-20。

表 19-8-20 机械系获全国优秀博士学位论文

年份	作 者	导 师	学位论文题目
2004	曹安源	吴德海	定向生长碳纳米管薄膜的研究
2005	朱宏伟	吴德海	单壁碳纳米管宏观体的合成及其性能研究
2007	韦进全	吴德海	双壁碳纳米管的合成及其电学与光学性能的研究

自 1998 年开始评选清华大学校级优秀博士学位论文和校级优秀硕士学位论文至 2000 年，机械系有 4 篇论文入选，2001 年至 2010 年，有 21 篇校级优秀博士学位论文和 36 篇校级优秀硕士学位论文入选。

五、科学研究

20 世纪 50 年代后，为适应国民经济发展的需要，提出"在战斗里成长"的口号，一批年轻教师在完成国家重点科研项目中得到锻炼和成长，成为后来系教学、科研的中坚力量，并在科学研究中获得了丰硕成果。1958 年，研制了大截面电渣焊电源及控制系统，制造了板极电渣焊机，由冶金部、一机部联合召开现场会向全国推广；结合生产需要对球墨铸铁进行系统的科学研究，国家技术委员会和铁道部在我校召开现场会，向全国推广球铁铁轨。1964 年，研制的 ZD -30 真空电子束焊机获国家计委、经委和科委联合颁发的工业新产品二等奖。1965 年参与完成的"在复杂地质险峻山区建成昆铁路新技术"，1985 年获国家级科技进步特等奖。

1978 年，机械系获得全国科学大会授予奖励的科研成果有五项：

（1）铝合金氩弧焊气孔形成机理的研究（焊接）；

（2）车用高速 490Q 柴油机（汽车）；

（3）汽车操纵稳定性的研究（汽车）；

（4）大直径厚壁管全位置自动焊机（焊接）；

（5）新型等静压机的研制（锻压）。

改革开放后，机械系的科研工作获得长足发展，特别是 20 世纪 90 年代后期，机械系以"211 工程""985 工程"一期工程建设为契机，建设先进制造技术学科群科研平台，使其成为材料加工高新技术和现代生产模式的科研开发基地，以此带动材料加工工程学科的发展。

20 世纪 70 年代，在国务院重大装备办和一机部重矿局的领导和支持下，清华大学与国内多家单位合作开始了我国预应力钢丝缠绕技术的研发，在预应力钢丝缠绕理论上取得了突破，与北京特殊钢厂合作研制成功我国首台 15MN（1 500 吨）热等静压机，与太原重型机器厂合作研制成功我国第一台热模锻水压机和第一台橡皮囊压机等。

20 世纪 80 年代，机械系获得国家级奖励 11 项，其中，"新型 MIG 焊接电弧控制法（QH—ARC 法）"获得国家发明一等奖（1984 年），这是我校获得的第一个国家发明奖；"20MnTiB 钢高强螺栓"获国家科技进步二等奖（1984 年）；"F-FG 反光型密栅云纹版"获国家发明二等奖（1984 年）；"新型中碳、中高碳空冷贝氏体钢"获国家发明二等奖（1987 年）。

1985 年至 2000 年期间，先后研制了上百台 50MN～400MN 系列板式换热器成形压机，其中 1994 年为广州龙归研制的 400MN 换热器波纹板成形液压机是当时国内吨位最大的液压机，这一成果在 1997 年获国家科技进步三等奖。

20 世纪 90 年代初，机械系在国内率先开展了快速成形技术的研究，结合了多种快速成形工艺，研制了多功能快速成形制造系统——M-RPMS，并获得 2002 年国家科技进步二等奖。

"十五"期间，在"三峡电站装备国产化"的工作中，承担了水轮机转轮叶片铸造工艺分析、下环缺陷和质量分析、叶片修复机器人等多项科研任务，为我国大型装备设计和制造作出了重要贡献。承担了国家"973 计划""863 计划"、科技攻关等国家级项目，解决本学科所面向的产业及行业的前沿技术需求。取得的科研成果"碳纳米管宏观体的研究"获 2006 年国家科技进步奖自然科学二等奖。

"十一五"期间，机械系抓住"系十一五规划"实施、构筑重点实验室大科研平台等契机，面向国家发展和市场需求，瞄准学科发展前沿，以提升国家重大技术装备制造水平和掌握关键共性技术为建设目标，提高自主创新能力，注重高新技术成果转化，积极参与国家重点行业和重点工程建设，成为机械系科研工作的重心。潘际銮院士作为首席科学家，率机械系教师依靠自身技术力量研制生产百万级核电低压焊接转子攻关任务中的重要组成部分将直接服务于我国目前在建的最大核电站。由机械系设计的 3.6 万吨钢管垂直挤压机组在内蒙古北方重工集团投入试生产运行。全系主持及承担"十一五"国家科技支撑计划课题 8 项、"973 计划" 6 项、"863 计划" 9 项以及国家自然科学基金重点项目 1 项。

机械系的科研工作针对国家在制造、能源、运输、航空航天等领域的重大需求，以构建"成形制造模拟仿真创新平台"为龙头，基于已有的基础，以积极争取在能源装备成形制造方向建设国家级平台为建设思路，与国内外企业合作开展以机械系为技术主导，对国家建设有重要影响的项目研发，积极参与国家重点行业和重点工程建设，解决本学科所面向的产业及行业的前沿技术需求。在基础工科面临激烈竞争的形势下，通过国家高层次人才引进计划，积极培育学科的交叉点和开拓新的增长点，加强和促进新兴学科——生物制造、数字化仿真模拟的发展。

1981 年至 2010 年的科研项目及经费见表 19-8-21。

表 19-8-21　1981 年—2010 年机械系累计在研项目数及经费

年　　度	在研项目数	国家重大项目	国家基金项目	部委、省市计划项目	横向项目	自选项目	总经费（万元）
1981—1985	35	8	5	13	6	3	257
1986—1990	156	17	30	45	56	8	562
1991—1995	328	9	33	43	172	20	1 658
1996—2000	618	0	55	102	375	49	4 939
2001—2005	940	51	93	91	502	135	7 275
2006—2010	1 228	86	171	113	696	18	17 440

1981 年至 2010 年，机械系获得专利 250 余项，获得省部级奖励 100 余项。1981 年至 2010 年获得的国家级科研成果奖励见表 19-8-22。

表 19-8-22　1981 年—2010 年机械系科研获奖情况（国家级奖励）

序号	获奖时间	项 目 名 称	奖 励 名 称	获奖级别
1	2010	金属压力容器和常压储罐声发射检测及安全评价技术与应用*	国家科技进步奖	二等
2	2008	《彩图科技百科全书》*	国家科技进步奖	二等
3	2006	碳纳米管宏观体的研究	国家自然科学奖	二等
4	2002	多功能快速成形制造系统 M - RPMS 技术	国家科技进步奖	二等

续表

序号	获奖时间	项 目 名 称	奖 励 名 称	获奖级别
5	1998	预应力缠绕式板式换热器系列成形液压机技术开发	国家科技进步奖	三等
6	1998	广州华宝空调器厂 CIMS 应用工程*	国家科技进步奖	二等
7	1988	铸型涂料研究	国家科技进步奖	三等
8	1988	星火示范企业奖	国家科委星火奖	
9	1987	新型中碳、中高碳空冷贝氏体钢	国家发明奖	二等
10	1987	造型材料发气性测定仪	国家发明奖	三等
11	1985	封接合金	国家科委发明奖	三等
12	1985	GCr15 圆锥轴承套圈冷挤压组合模具	国家科委科技进步奖	三等
13	1985	稀土灰口铸铁高压暖气片	国家科技进步奖	三等
14	1984	新型 MIG 焊接电弧控制法	国家发明奖	一等
15	1984	F-FG 反光型密栅云纹版	国家发明奖	二等
16	1984	20MnTiB 钢高强螺栓	国家科委科技进步奖	二等
17	1981	FG 密栅云纹版及制造工艺	国家发明奖	三等

注：* 表示清华大学为参加单位。

随着科研规模不断扩大和重大课题的研究进展，2000 年以来论文数量持续上升，高水平论文逐步增多。在所发表的 3 500 余篇学术论文中，有近 800 篇被 SCI 检索，其中 70 余篇论文发表在影响因子大于 2.0 的学术期刊上。1998 年 SCI 收录论文（光盘版）仅 12 篇，现已保持在年均 80 余篇（SCI 网络版）。博士生朱宏伟在学期间以第一作者身份在 *Science*（2002，296：884～886）上发表论文，截至 2010 年底，该论文被引用 383 次，受到国内外的关注。

六、对外合作与交流

20 世纪 50 年代，苏联专家受聘在机械系讲学，并指导研究生班，促进了各专业的建设和发展。改革开放以后，机械系对外合作与交流的规模和领域有了显著扩展，具体表现在以下几个方面。

（一）人员交往

从 20 世纪 80 年代开始，机械系陆续选派骨干教师到美国、德国、英国、日本等国家和地区进修学习。同时，积极邀请海外学者来校讲学，例如俄罗斯萨马拉国立技术大学副校长马利克夫教授、德国亚琛大学焊接研究所 Ulrich Dilthey 教授、美国麻省理工学院（MIT）Merton C. Flemings 教授、俄罗斯国家自然科学院通信院士、俄罗斯工程院院士、俄罗斯西伯利亚大学 V. Gromov 教授、日本大阪大学焊接研究所荒田吉明（Yoshiaki Arata）教授、美国宾州州立大学讲席教授 Randall M. German、美国艾奥瓦大学 C. Beckermann 教授、英国帝国理工学院材料系 Peter D. Lee 教授、美国 Drexel 大学 Jack Keverian 教授等一批国外大学或研究单位的知名专家学者来校交流。

其中，荒田吉明教授为日本资深科学院士（日本学士院院士），受聘为清华大学客座教授，他先后邀请了近十名机械系教师至大阪大学焊接研究所进修、合作研究或联合培养博士。Merton

C. Flemings 教授为美国工程院及美国科学与艺术院院士，他在讲学的同时，对机械系的学科建设、培养计划与目标及科学研究等提出建议，2005 年被聘为清华大学客座教授。Jack Keverian 教授 1991 年来校交流快速成形技术，促进了该技术在中国的启动和发展。

（二）举办国际会议

自 1998 年，机械系先后组织召开第一、二、三届快速成形制造国际会议（International Conference on Rapid Prototyping Manufacturing），第一、三、五届中韩先进制造技术与科学学术交流会议，2005 年国际焊接峰会（IURS 2005）等。

2000 年后，交叉学科生物制造逐渐兴起，机械系于 2005 年举办"生物制造国际研讨会"，得到美国 NSF、中国 NSFC 和中国机械工程学会的支持。

2008 年，美国激光学会联合清华大学和中国光学学会激光加工专业委员会主办了"第三届太平洋国际激光与光学应用会议"（3rd Pacific International Congress on Applications of Lasers and Optics，PICALO-2008）。

（三）国际合作

机械系于 1994 年与奥地利 EMCO MAIYER 公司合作成立 EMCO 教学实验室；1999 年分别与瑞士 GF-Disa 公司、德国 Laempe 公司、韩国启明大学等签订合作协议。

2000 年与韩国工业技术研究院签订了开展全面科研合作备忘录。2001 年清华大学中俄"轻金属材料"国际合作实验室成立，2003 年被科技部批准为中俄"轻金属材料"国际合作研发中心。2002 年，清华-东洋镁铝合金成形技术研究开发中心成立。2007 年清华大学分别与莫斯科大学、俄罗斯国家工艺大学及俄罗斯鲍曼国立技术大学签订科研教学合作协议。

2008 年机械系与美国特拉华大学（University of Delaware）签订了双边合作协议。2008 年机械系与日本新东工业株式会社签订设立奖学金的备忘录，选拔优秀生到该公司进行实习。2010 年与英国曼彻斯特大学机械、航空与土木工程学院签订合作协议。

自 20 世纪 90 年代以来，机械系的国际合作呈强劲上升趋势，与国外知名大学和研究机构开展多层次、多元化的合作，优势互补，参与具有重大科学理论意义的国际合作项目，为国家科技进步和社会发展作贡献。

（四）引进人才

2009 年，英国曼彻斯特大学教授兼激光加工中心主任李琳受聘中国"长江讲座教授"；2010 年机械系从美国 Drexel 大学、美国佐治亚理工学院引入国家"千人计划"特聘教授孙伟和李默；同时，机械系也注意从国外引进优秀青年骨干人才。

七、实验室和联合研究机构

（一）实验室

1948 年设有一室两厂：热力工程实验室、小型火力发电厂、实习工厂（包括金工、木、锻、铸）。

1953 年设有四个实验室和一个实习工厂：金属学实验室、金属切削实验室、机械零件实验室、公差实验室、金属工学实习工厂，使用面积约为 7 300 平方米。

1958 年设有八个实验室和一个实习工厂：铸工实验室、压力加工实验室、焊接实验室、金属学实验室、机床实验室、机械零件实验室、公差实验室、机械原理实验室、实习工厂。

1960 年调整后，改称冶金系，设有四个实验室：铸工实验室、压力加工实验室、焊接实验室、金属材料实验室，使用面积约 6 000 平方米，设备资产为 230 万元。

1984 年成立机械工程研究所，下设四个研究室：铸造、锻压、焊接、摩擦与磨损研究室。

1988 年成立材料系时将金属材料实验室划归材料系，机械系增设无损检测实验室、金属学实验室。

2000 年，全系学科方向合并成立材料加工技术研究所和材料加工工程及自动化研究所后，设有材料加工技术实验室、材料加工工程及自动化实验室，以及一个系管教学中心实验室。

2006 年，经学校批准，在舜德楼西侧修建轻钢结构的"重型缠绕机器人实验室"，归属材料加工工程及自动化实验室管理，实验室面积 588 平方米，简称"588"实验室。

2008 年汽车楼拆迁，原汽车楼的实验室搬至机北楼（原环境系系馆）的一层、二层及三层的部分房间。

（二）先进成形制造教育部重点实验室

2004 年 11 月，经 2004—2005 学年度第 4 次校务会议讨论通过，机械系建立"先进成形制造清华大学重点实验室"，时任系主任陈强教授担任重点实验室主任；2005 年 12 月教育部批准机械系筹建"先进成形制造教育部重点实验室"，2006 年 2 月，教育部科技司组织的由我国制造领域知名学者组成的专家组，通过了"先进成形制造教育部重点实验室"的建设计划；2007 年 7 月，教育部科技司组织的专家组在清华大学通过了对"先进成形制造教育部重点实验室"的验收。重点实验室学术委员会由 16 位知名学者和来自企业的专家组成，陆燕荪研究员担任名誉主任，关桥院士担任主任，潘际銮院士和柳百成院士担任副主任，委员有胡正寰、周尧和、徐滨士、张小虞、宋天虎、缪文民、曾祥东、陈强、冯吉才、裴雪涛、欧阳明高和符松。重点实验室主任由系主任曾攀教授担任，重点实验室下设 5 个分室，分别为数字化成形制造分室、轻金属成形制造分室、快速成形制造分室、机器人成形制造分室、重大装备成形制造分室。主要研究方向为数字化成形制造、轻金属成形制造、快速成形制造、成形制造机器人及重大装备成形制造。截至 2010 年，重点实验室已组织了 5 次专题研讨会，出版 5 本学术论文专辑。

（三）与企业（国内外）建立的联合研究机构

2000 年至 2010 年，机械系先后与企业合作建立了 14 个联合研究机构，如清华-力劲压铸高新技术研究中心、清华-东洋镁铝合金成形技术研究开发中心、中-俄轻金属材料国际合作研发中心、北京紫色光激光快速制造技术研究所、智能化焊接技术与装备研究所（昆山华恒）、冶金装备技术研究所（中冶赛迪）、重型装备成形制造工程研究所（中冶京唐）等。

第九节 精密仪器与机械学系

一、沿革

（一）概况

精密仪器与机械学系（简称精仪系）渊源于1932年夏成立的机械工程学系。当初，其下分三组：原动力工程组、机械制造工程组、飞机及汽车工程组（1934年改称航空工程组）。由于条件限制，直到1936年机械制造工程组才真正建立。1935年春季，机械工程馆落成，在该馆东侧建有发电厂；在一院（清华学堂）东边建有机械制造工场；在一院东北方建有航空工程馆及飞机风洞实验室。

1938年，由清华大学、北京大学和南开大学三校组成的西南联合大学工学院在昆明拓东路上课，但原有设备仅有小部分陆续运抵，勉强应付实习和构造设计研讨之用。是年秋，航空工程组独立建系后，机械工程学系在原动力工程组的基础上，添设关于机械制造方面的课程，力图设置机械制造工程组。

1945年抗战胜利后，三校分别复员。到1946年10月开学时，系馆建筑和设备基本恢复到抗战前的情况。

1952年院系调整，机械工程学系与北京大学及燕京大学机械系合并后，分为机械制造系和动力机械系。机械工程馆归动力机械系所有。机械制造系曾先后设在一院东南角、新航空馆等处，1959年迁入西主楼。

1960年，机械制造系分为精密仪器及机械制造系和冶金系，分别负责冷热加工两类专业的教学工作，但两系仍同建一党总支，有些行政工作统一管理。

1965年，精密仪器及机械制造系系馆（9003大楼）落成。精密仪器及机械制造系和冶金系完全分开。大楼内包括精密仪器及机械制造系各教研组（但工程画教研组仍在一院）、实验室及精密仪器工厂。该楼面积16 000平方米，其中恒温室占1 000平方米。1971年改称精密仪器系，1984年改称精密仪器与机械学系（简称精仪系）。

1988年，建立清华大学第一个国家重点实验室（摩擦学国家重点实验室）；1992年，与自动化系、机械工程系共建的CIMS国家工程研究中心通过验收；1995年，与天津大学精密仪器系共建的精密测试技术与仪器国家重点实验室正式成立；1996年建立光盘国家工程技术中心。

1996年，精密仪器与机械学系、机械工程系、汽车工程系联合成立机械工程学院，之后工程力学系、热能工程系、工业工程系、基础工业训练中心也分别并入机械工程学院。

（二）专业设置

1. 本科专业设置

1952年，机械制造系本科设四个专业：机械制造工程，金属切削机床及其工具，铸造机械及铸造工程，金属压力加工及加工机械。为了适应急需人才而同时设了两个专修科：金工工具、铸造工程。

以后机械制造系陆续增设了一些新专业：焊接工艺及其设备专业（1953年），金相热处理专业（1955年），工程物理专业（建于1955年，1956年调出成立工程物理系），精密仪器和光学仪器专业（1959年），特种冶金专业（1961年）。另外，1956年机械制造工程专业与金属切削机床及其工具专业合并为一个专业，先后更名为机械制造工程专业（1956年）和机械制造工艺、金属切削机床及工具专业（1957年—1959年）。

1960年至1966年，精密仪器及机械制造系所设置的专业有：金属切削机床及自动化（1963年后改为机械制造工艺及设备专业），精密仪器，光学仪器。1972年，自动控制系和工程力学系的有关教研组调入，精密仪器专业改为陀螺导航与自动控制专业。

1979年，教育部直属工科重点院校专业调整会议后，精密仪器系的专业设置如下：机械制造工艺、设备及自动化专业，光学仪器专业，陀螺仪器及导航自动控制专业。

1984年至1988年，上述专业改为：机械设计、制造及自动化，光学仪器，精密仪器。

1989年，为适应社会发展及经济体制改革的要求，进一步拓宽专业，扩大知识面，以增强学生的适应能力和竞争能力，专业设置由原来的三个减为两个：

（1）精密仪器仪表专业。以精密机械、微电子、计算机技术和现代光学技术为基础，进行精密仪器设计理论及实践的教学与研究。专业的主要方向有：现代光学与光学信息处理、精密计量与测试、激光技术的应用、传感器及测试技术、微细工程、精密仪器与控制、导航与自动控制。

（2）机械设计与制造专业。机械设计与制造是国民经济发展的基础学科，在经济建设、国防和科学研究中发挥着重大作用。专业的主要方向包括：现代制造系统、数控技术、计算机辅助设计（CAD）与辅助制造（CAM）、机器人学、摩擦学、精密与特种加工。

1995年至1997年，专业设置变更为机械设计与制造（学位名称：机械设计制造与自动化）、测控技术与仪器（学位名称：精密仪器与测控技术）。

1997年增设工业工程专业。

1998至2003年专业设置为：机械工程及自动化、测控技术与仪器、工业工程。其中，2001年工业工程专业变更编制，成立工业工程系；为加强国防建设，从2000年始，机械工程及自动化专业招收国防生。

2004年，增设微机电系统工程专业，并在2005年对2003级学生进行分流培养。

2004年，为拓宽学生专业知识面，本系实行按系"制造自动化与测控技术专业"统一招生，前两年为基础平台课程，第三年按"机械工程及自动化""测控技术与仪器""微机电系统工程"3个专业方向分流培养。

1992年至1998年，招收机械工程二学位；1999年招收机械工程及自动化二学位。

从1996年起，本科学制由五年改为四年。

2. 研究生的学科、专业设置

1978 年至 1993 年研究生专业有：

(1) 机械学专业（1981 年批准可授予硕士学位及博士学位）；

(2) 机械制造专业（1981 年批准可授予硕士学位，1985 年批准为可授予博士学位）；

(3) 光学仪器专业（1981 年批准可授予硕士学位及博士学位）；

(4) 精密机械及仪器专业（1981 年批准可授予硕士学位及博士学位）；

(5) 工程图学专业（1990 年批准可授予硕士学位）；

(6) 测试计量技术及仪器专业（1990 年批准可授予硕士学位）；

(7) 机电控制及自动化专业（1990 年批准可授予硕士学位）；

(8) 工业工程专业（1993 年批准可授予硕士学位）。

1988 年，机械学、光学仪器、精密机械及仪器 3 个学科被评为全国高等学校重点学科。

2001 年，光学工程（一级学科）、精密仪器及机械、机械设计及理论、机械制造及其自动化 4 个学科被评为全国高等学校重点学科。

2008 年，光学工程（一级学科）、机械工程（一级学科）、精密仪器及机械（二级学科）被评为全国高等学校重点学科。

目前，精仪系拥有光学工程、仪器科学与技术、机械工程三个一级学科。其中，仪器科学与技术学科拥有一个二级学科：精密仪器及机械，机械工程学科拥有三个二级学科：机械制造及其自动化、机械设计及理论、机械电子工程。

3. 博士后流动站建设

1988 年 2 月设光学仪器博士后流动站，1988 年 7 月设仪器仪表博士后流动站，1991 年 6 月设机械工程博士后流动站。1988 年至 2010 年精仪系博士后在站人数见表 19-9-1。

表 19-9-1　1988 年—2010 年精仪系博士后在站人数

年份	人数	年份	人数	年份	人数	年份	人数
1988	2	1994	10	2000	32	2006	50
1989	6	1995	10	2001	40	2007	61
1990	7	1996	11	2002	46	2008	69
1991	6	1997	12	2003	48	2009	73
1992	9	1998	8	2004	63	2010	74
1993	10	1999	17	2005	64		

(三) 历任系领导名录

精仪系历任系主任和系党委（党总支）书记名录见表 19-9-2 和表 19-9-3。

表 19-9-2　精仪系历任系主任名录

系　名	系主任	任　期
机械工程学系	庄前鼎	1932—1937（1935—1937 年庄请假期间由李辑祥代理）
	李辑祥	1937-10—1938-01（长沙临大机械系教授会主席）

续表

系　名	系主任	任　期
机械工程学系	庄前鼎	1938-01—1938-07（同年7月调任航空系主任）
	李辑祥	1938-07—1940-06
	孟广喆	1940-06—1941-05
	李辑祥	1941-05—1952-09（1951-02—1952-09 李辑祥病由庄前鼎代理）
机械制造系	李酉山	1952-09—1960-01（1952-09—1953-08 李酉山借调哈尔滨工业大学，邹致圻代理）
精密仪器及机械制造系	金希武	1960-01—1966
精密仪器系	沈钊	1978-06—1984
精密仪器与机械学系	金国藩	1984—1990-04
	周兆英	1990-04—1997-06
	田芊	1997-06—2000-06
	汪劲松	2000-06—2001-07
	丁天怀	2001-07— 2005-07
	尤政	2005-07—

表 19-9-3　精仪系历任系党委（党总支）书记名录

系　名	姓　名	任　期	系　名	姓　名	任　期
机械制造系	王震寰	1954—1959	精密仪器与机械学系	钟国治	1982-09—1989-09
	夏镇英	1959—1960		胡显章	1989-09—1991-09
精密仪器及机械制造系	夏镇英	1960—1966		范荫乔	1991-09—1994-06
				田芊	1994-06—1997-06
精密仪器系	夏镇英	1971-12—1974-10		贾惠波	1997-06—1998-12
	凌瑞骥	1974-10—1978-06		王东生	1998-12—2003-10
	朱述恭	1978-06—1979-06		郁鼎文	2003-10—2009-12
	冯城	1979-06—1982-09		冯平法	2009-12—

精仪系学术委员会主任先后由温诗铸（2002—2007-03），雒建斌（2007-03—　）等担任。

二、教学科研组织

（一）教研组

1952年院系调整后，机械制造系设有：工程画，金属工学，机械原理及机械零件，金属切削加工，热处理、铸造、焊接及压延加工共5个教研组，1953年增设机械制造工学教研组。1954年时，教研组调整为7个：画法几何及工程画，金属工学，机械原理及机械零件，金属切削机床及工具，机械制造工学，金属压力加工，铸造及金相热处理。1955年又增设了焊接和机械制造企业经济与组织两个教研组。1956年至1958年期间，教研组调整为10个：画法几何及工程画，金属工学，机械原理及机械零件，金属切削机床及工具，机械制造工学，压力加工及其机械，铸造工程及其机械，焊接工程及其设备，机械制造企业经济与组织，金属学及热处理车间设备。1958年，机械制造工学、金属切削机床及工具两教研组合并为机械制造工艺及设备教研组。1959年增设陀螺与导航仪器教研组和光学仪器教研组。

1960年冶金系分出后，精仪系设：画法几何及工程画，机械原理及机械零件，机械制造工艺及设备，陀螺与导航仪器，光学仪器共5个教研组。1978年，陀螺与导航仪器教研组分为精密仪器与量测教研组和陀螺导航及自动化控制教研组。1979年，机械制造工艺及设备教研组更名为机械制造工艺、设备及自动化教研组，画法几何及工程画教研组更名为工程制图教研组。1982年，机械原理及机械零件教研组分为机械原理教研组、机械零件教研组。1984年，工程制图教研组更名为工程图学与计算机辅助设计教研组。1987年，原传感器科研组由机械原理教研组分出，成立传感器教研组，机械零件教研组更名为机械设计教研组。至1991年全系教研组设置有：工程图学与计算机辅助设计，机械原理，机械设计，机械制造工艺、设备及自动化，陀螺导航及自动控制，精密仪器与量测，传感器，光学仪器。1996年，精密仪器与量测教研组更名为测试教研组。

1999年前后全系机构调整，教学和科研有机结合，将教研组整合为研究所。

（二）研究所

1985年，由精密仪器与机械学系（机械零件教研组）、化学系、机械工程系、工程物理系的相关单位联合成立摩擦学研究所，并开始筹建清华大学摩擦学国家重点实验室。1988年11月，清华大学摩擦学国家重点实验室通过验收。

1986年成立微细工程研究所。1986年前后成立机器人研究室。1991年成立微系统与控制技术研究室。1999年成立微光机电系统与集成技术研究室。

1987年组建假肢研究室，隶属于清华大学生物医学工程研究所。1989年在原假肢研究室的基础上成立康复工程研究中心。1998年机械原理和机械设计两个教研组合并成立设计工程研究所。

1994年，机械制造工艺、设备及自动化教研组与机器人研究室合并成立制造工程研究所。1999年，由原"制造工程研究所"与原"工程图学及计算机辅助设计教研组"合并成立"制造工程研究所"，是覆盖设计、制造与管理的综合制造科学与技术的教学和研究单位。

1998年，由原"光学仪器教研组"和"精密测试技术与仪器国家重点实验室中心实验室"联合成立"光电工程研究所"。该研究所目前科学研究的主要方向为：信息光学、精密计量与测试、激光与光电技术、现代光学与光电子器件。

1999年，由陀螺导航及自动化控制教研组、测试教研组、传感器教研室、微细工程研究所、微光机电系统与集成技术研究室、微系统与控制技术研究室等单位联合成立仪器科学与技术研究所。围绕现代科学仪器的研究领域，主要研究方向包括微米纳米技术、光存储技术、精密仪器和测试技术、导航与控制技术、传感技术与智能仪器、智能微系统及控制技术和生命科学仪器等。

1999年，由原"设计工程研究所"与"摩擦学研究所"联合成立设计工程研究所。主要科研方向包括机械系统动力学、机构学、摩擦学、康复工程及仿生技术、机械设计理论与方法、机械故障诊断技术、机械关键零部件研究与开发等。

2002年，摩擦学国家重点实验室从设计工程研究所中分开，成为独立的行政单位，2004年

成立摩擦学研究所。

2003 年成立激光与光子技术研究室。该研究室致力于激光与光电子领域的科学研究与技术应用研发。

2000 年成立清华大学导航技术工程中心，该中心于 2009 年从仪器科学与技术研究所中拆分出来，独立为精密仪器与机械学系所级机构。

2004 年国家工科机械基础课程教学基地通过教育部验收，2007 年机械工程实验教学中心被评为北京市高等学校实验教学示范中心和国家级实验教学示范中心建设单位。

精仪系各学科教学研究单位的变迁情况如下：

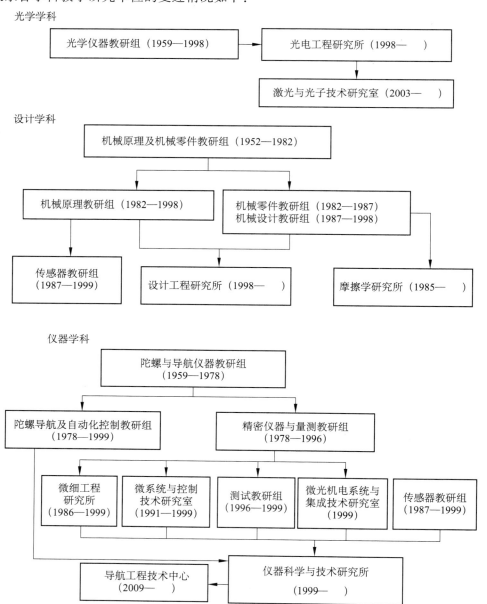

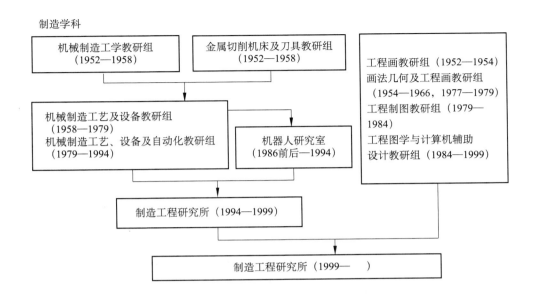

制造学科

三、教职工

（一）不同时期的教职工人数

1933 年至 2010 年全系教职工人数见表 19-9-4。

表 19-9-4　1933 年—2010 年精仪系教职工人数

年　份	教职工总人数	教师人数	职工人数	年　份	教职工总人数	教师人数	职工人数
1933	4	4		1997	277	182	95
1936	21	16	5	1998	256	178	78
1936—1946	42	41	1	1999	217	163	54
1947	27	22	5	2000	250	169	81
1952-02	63	30	33	2001	242	165	77
1953	173	88	85	2002	204	149	55
1957	330	233	97	2003	188	139	49
1960	904	251	653	2004	183	134	49
1964	250	160	90	2005	174	130	44
1979	499	280	219	2006	177	138	39
1993	357	226	131	2007	169	129	40
1994	322	202	120	2008	165	130	35
1995	296	198	98	2009	175	141	34
1996	282	188	94	2010	186	152	34

（二）教授名单

1960 年精密仪器系成立时有教授金希武（1940—　）、褚世荃（1944—　）、邹致圻（1952—1979）等。此后不同年代聘任的教授名录见表 19-9-5。

表 19-9-5　精仪系教授名录

姓名（任职时间）	姓名（任职时间）	姓名（任职时间）
郑林庆（1961—1989 离休）	梁晋文（1980—1991 退休）	严普强（1980—1993 退休）
章燕申（1980—1993 退休）	＊金国藩（1983—　）	张伯鹏（1983—1996 退休）
＊温诗铸（1983—　）	韩至骏（1983—1993 退休）	唐锡宽（1983—1998 去世）
吴宗泽（1983—1994 退休）	沈钊（1983—1985 去世）	王民强（1983—1992 退休）
石光源（1983—1992 退休）	王先逵（1983—1996 退休）	许隆文（1983—1994 退休）
冯铁荪（1986—1988 退休）	李达成（1986—1988 退休）	池去病（1986—1988 退休）
顾启泰（1986—2002 退休）	周积义（1986—1988 退休）	张济川（1986—1992 退休）
殷纯永（1986—2002 退休）	徐端颐（1986—2005 退休）	卢道江（1986—1988 退休）
周兆英（1986—2005 退休）	高钟毓（1989—　）	金之垣（1989—1995 退休）
薛实福（1989—1995 退休）	冯冠平（1989—1993 调科技处）	邬敏贤（1990—1999 退休）
黄靖远（1990—2003 退休）	童秉枢（1990—2002 退休）	花国梁（1990—1993 退休）
黄少昌（1990—1991 退休）	蔡复之（1990—1997 退休）	金元生（1991—2002 退休）
韦文林（1991—1995 退休）	林敬煌（1991—1993 退休）	张正松（1992—　）
徐世朴（1992—1993 退休）	金德闻（1992—2003 退休）	申永胜（1992—　）
孙培懋（1992—1998 退休）	高政一（1992—1997 退休）	彭福荫（1992—1993 退休）
黄纯颖（1993—1999 退休）	于德潜（1993—1995 退休）	王旭蕴（1993—1996 退休）
沈乐年（1993—2003 退休）	严瑛白（1993—2002 退休）	陈大融（1993—　）
李春江（1993—1995 退休）	胡元中（1993—　）	李庆祥（1994—2005 退休）
尤政（1994—　）	滕云鹤（1994—1996 退休）	傅尚新（1994—1997 退休）
曹芒（1994—1996 退休）	贾惠波（1994—2010 退休）	姚健（1995—2001 调工业工程系）
罗振璧（1995—2001 调工业工程系）	张书练（1995—　）	汪劲松（1995—2001 调教务处）
杨友堂（1995—1995 退休）	赵立人（1995—1997 退休）	田芊（1996—2000 调公共管理学院）
冯之敬（1996—　）	张昆（1996—1998 退休）	吴正毅（1996—1996 退休）
丁天怀（1996—2010 退休）	李克兰（1996—1997 退休）	王东生（1997—　）
张玉峰（1997—2004 退休）	郑力（1997—2001 调工业工程系）	雷田玉（1997—1997 退休）
方仲彦（1997—1999 退休）	潘龙法（1997—　）	段广洪（1998—　）
毛文炜（1998—2009 退休）	陆润民（1998—2010 退休）	汤全安（1998—1998 退休）
赵长德（1998—1999 退休）	曾理江（1998—　）	陈恳（1998—　）
巩马理（1998 调入—　）	李立峰（1999 调入）	

姓名（任职时间）	姓名（任职时间）	姓名（任职时间）
孟明辰（1999—2008 退休）	孟永钢（1999— ）	王伯雄（1999— ）
叶雄英（1999— ）	孔宪梅（1999—2000 退休）	徐家球（1999—2001 退休）
徐毓娴（2000—2002 退休）	雒建斌*（2000— ）	褚福磊（2000— ）
刘兴占（2000—2001 退休）	王永梁（2001— ）	刘朝儒（2001—2005 退休）
毛乐山（2001—2003 调深圳研究生院）	余兴龙（2001— ）	章恩耀（2001— ）
杨昌喜（2001 调入— ）	董景新（2002— ）	何庆声（2002—2006 退休）
王 慧（2002—2005 退休）	路新春（2003— ）	季林红（2003— ）
李 岩（2003— ）	周 凯（2003— ）	何树荣（2003—2005 退休）
李学志（2003—2007 退休）	王立平（2004— ）	杨小庆（2004—2007 退休）
林喜荣（2004—2005 调深圳研究生院）	杨惠英（2004—2004 退休）	叶蓓华（2004—2006 退休）
李 勇（2004— ）	田 凌（2005— ）	许纪旻（2005—2006 退休）
王玉坤（2005—2006 退休）	魏喜新（2005—2006 退休）	闫 平（2005— ）
邵天敏（2005— ）	崔瑞祯（2005—2006 退休）	贾维浦（2005—2007 退休）
董永贵（2006— ）	王 佳（2006—2010 退休）	徐 峰（2006—2007 退休）
叶佩青（2006— ）	阎绍泽（2007— ）	王玉明*（2007 调入— ）
王 雪（2007— ）	朱 煜（2007— ）	张 嵘（2007— ）
刘向峰（2007— ）	郁鼎文（2008—2009 调房管处）	朱 荣（2008— ）
冯平法（2009— ）	陈非凡（2009— ）	田 煜（2009— ）
融亦鸣（2010 调入— ）	孙利群（2010— ）	王晓浩（2010— ）
韩福柱（2010— ）		

说明：注 * 者为中国科学院院士或中国工程院院士；原机械系聘任的教授名录见本章第八节。

四、教学

（一）概况

1932 年至 1948 年本科学制四年，1952 年至 1962 年本科学制五年，1954 年大专学制两年，1963 年至 1966 年本科学制六年，1965 年机械制造专业试办半工半读班。1970 年至 1977 年学制三年（另加半年补习文化，共三年半），培养工农兵大学生。1978 年以后本科学制五年，大专学制三年。1996 年，清华大学改革本科生培养模式，试行本科生—硕士生统筹（贯通）培养方式。精仪系作为首批试点的工程院系，从 1995 级学生开始试行本科生贯通培养计划，纳入贯通培养的学生本科学制四年，非贯通培养学生学制五年。从 1996 起，全部本科生学制改为四年。

1955 年至 1966 年研究生学制二至三年，不授学位，1981 年后硕士生学制二年半至三年，博士生学制四至五年。

（二）毕业生人数

1936 年至 1993 年毕业生情况见表 19-9-6。

表 19-9-6　1936 年—1993 年精仪系历年毕业人数

年份	本科	专科	研究生			年份	本科	专科	研究生		
			无学位	硕士	博士				无学位	硕士	博士
1936	13					1963	64		6		
1937	49					1964	146		4		
1938	23					1965	148		9		
1939	12					1966	139		3		
1940	32					1967	150				
1941	25					1969	139				
1942	20					1970	294				
1943	52					1974	199				
1944	68					1975	154				
1945	34					1976	197				
1946	35					1977	232				
1947	40					1978	226				
1948	45					1979	177				
1949	25					1981				28	
1950	81					1982				23	
1951	45					1983	105			8	
1952	222					1984	120			19	3
1953	58					1985	132			12	2
1954		89				1986	119			27	
1955	74			8		1987	114			36	4
1956	25			33		1988	152			74	8
1957	158			5		1989	149			68	18
1958	351					1990	145			26	8
1959	354					1991	146			48	16
1960	55	10				1992	120			29	5
1961	174					1993	144			35	13
1962	76										

1994 年至 2010 年招生及毕业情况见表 19-9-7。

表 19-9-7　1994 年—2010 年精仪系招生及毕业生人数

年份	本 科 生			研 究 生			
	招生人数	毕业人数		招生人数		毕业人数	
		本科	专科	硕士	博士	硕士	博士
1994	149	97		49	30	41	15
1995	164	128	30	55	46	55	12
1996	161	155	56	51	47	66	23
1997	184	145	22	60	55	64	16
1998	185	160		66	60	66	23
1999	156	131	1	130	79	46	34
2000	184	213	3	118	70	58	38
2001	161	151		118	55	87	40
2002	155	147	5	93	59	112	33
2003	152	151		110	55	100	45
2004	145	137	1	110	58	101	57
2005	139	151		96	56	105	50
2006	158	132		83	61	107	54
2007	155	141		72	59	123	52
2008	163	123		73	64	82	47
2009	154	118		113	70	73	51
2010	152	137		86	82	69	62

(三) 课程设置

1. 本科课程

以机械设计与制造专业（五年制）为例，课程设置（校定必修课略）见表 19-9-8，总学分 490.5～496（包括课程学分、毕业设计学分、夏季学期学分）。

表 19-9-8　1993 年精仪系机械设计与制造专业（五年制）的课程设置

课 程 名 称	学分	课 程 名 称	学分
系定必修课18门			
计算机语言	8	电子技术基础	12
微机原理及应用	8	机械电子学	6.5
概率统计	8	机械原理	12
计算方法	9	互换性与技术测量	7
画法几何及机械制图	15	机械零件	11
理论力学	18	机械零件课程设计	9
材料力学	12	机械制造原理及工艺	8

续表

课 程 名 称	学分	课 程 名 称	学分
工程材料	5	金属工艺学	10
电工技术基础	10	专业外语	4
限定选修课（一）6门			
马列主义理论限选课	4	控制工程基础	6.5
二外	16	材料力学实验	4
英语选修课	10	测试技术	7.5
分组限定选修课（二）：Ⅰ组6门，Ⅱ组6门，Ⅲ组7门			
Ⅰ 有限元与弹性力学基础	7.5	Ⅲ 流体动力系统	7.5
计算机辅助机械设计与绘图	13	机器人控制系统	10
典型机械设计（一）	4	设计概论	5
机械系统课程设计（一）	12	典型机械设计（一）	4
机构设计	6	机械系统课程设计（一）	12
机器人工程设计	6	机器智能控制基础	5
金属切削原理	5	机器人工程基础	6
流体动力系统	7.5		
Ⅱ 数控技术	5		
典型机械设计（一）	6		
机械制造工艺课程设计	10		
机械系统课程设计（一）	10		
系开设及推荐性任选课23门			
工程热力学与传热学	7	机械优化设计	6
工程光学基础	12	机械设计学	6
测试信号分析与处理		摩擦学原理	
机械设计电算方法		机械系统性能实验	
机械性能实验		精密加工技术	
机械振动		机械制造自动化	
计算机辅助机械设计		计算机应用专题	
计算机绘图		机器人工程	
计算机辅助制造		微细工程	
工业造型设计（一）		机械故障诊断学概论	
工业造型设计（二）		时间序列分析	
机构动力学			

说明：① 限定选修课为本专业必须的限选课，其中二外与英语选修课选一门即可，其他各课程分组选修。

② 学分数为课内、外学时之和。

　　1996年学制由五年改为四年，以2007级机械工程及自动化专业（四年制）为例，课程设置（人文社会科学类课程略）见表19-9-9，总学分175（包括课程学分、综合论文训练学分、夏季学期学分）。

表 19-9-9　2007 级精仪系机械工程及自动化专业（四年制）的课程设置

课 程 名 称	学分	课 程 名 称	学分
自然科学基础类课程			
微积分（1）	3	大学物理 B（1）	4
微积分（2）	3	大学物理 B（2）	4
微积分（3）	4	物理实验 A（1）	2
几何与代数（1）	4	物理实验 A（2）	2
几何与代数（2）	2	大学化学 A*	3
随机数学方法*	3	大学化学实验 B	1
概率论与数理统计*	3	现代生物学导论*	2
数理方程引论*	2	现代生物学导论实验（任选）	1
复变函数引论*	2		
* 随机数学方法和概率论与数理统计二选一，同时与数理方程引论和复变函数引论三选二；化学和生物类课程选修学分大于 2 学分			
信息技术基础课程			
电工技术与电子技术（1）	4	计算机程序设计基础 *	3
电工技术与电子技术（2）	4	计算机硬件技术基础 *	3
* 计算机程序设计基础和计算机硬件技术基础课程二选一			
机械大类核心课程			
机械设计基础 A（1）	3	工程材料 A	3
机械设计基础 A（2）	3	工程热力学	4
机械设计基础 A（3）	3	传热学	3
制造工程基础	3	流体力学	4
材料力学	3	测试与检测技术基础	3
基础力学系列实验	2	控制工程基础	3
理论力学	4		
专业方向课：专业必修课			
现代设计技术	3	机械系统课程设计	2
现代制造技术	3	光学工程基础	2
专业方向课：专业选修课 *			
机械振动学	2	生产系统规划与设计	2
摩擦学原理与应用	2	液压传动与控制	2
产品数据管理（PDM）技术	2	数字控制技术	2
工业产品造型设计	2	机器人技术与应用	2
机械创新设计	2	光电检测技术	2
精密与特种制造	2	微机电系统技术	2

续表

课　程　名　称	学分	课　程　名　称	学分
绿色制造概论	2	固体光电子技术导论	2
制造系统	2		

＊专业选修10学分，学生在导师的指导下可跨本系专业选修4～6学分

2．硕士生课程

光学工程一级学科专业课程6门（每门3学分）：高等物理光学、非线性光纤光学、精密计量与测试、现代光学信处理、光栅的电磁场理论、现代光学实验。

仪器科学与技术一级学科专业课程5门（每门3学分）：测试信号分析与处理、测试技术、嵌入式计算机及机电系统接口应用、计算机控制系统、机电控制工程。

机械工程一级学科专业课程6门（每门3学分）：现代设计理论与方法、振动理论、摩擦学原理、摩擦学实验及分析方法、现代CAD技术、机电智能控制工程。

另外还有二十多门相关专业课程。

硕士生必须修完学位要求总学分不少于23（其中课程考试学分不少于21学分），相应学分要求如下：

（1）公共必修学分（考试学分5）

自然辩证法2学分、社会主义与当代世界1学分、第一外国语2学分。

（2）学科专业学分（考试学分≥16）

① 基础理论课（考试学分4）

数值分析（A）4学分、高等数值分析4学分、应用随机过程4学分、或其他数学类学位课4学分。

② 一级学科专业课（考试学分≥6）。

③ 相关学科专业课（考试学分≥6）。

（3）必修环节（考查学分2）

学术活动1学分、文献综述与选题报告1学分。

3．博士生课程

以光学工程专业为例，该专业研究方向：精密计量与测试、信息光学、激光与光电技术。课程学习要求博士研究生应具有坚实宽广的基础理论和系统深入的专业知识。本专业的博士研究生应具备以下知识：

（1）数学方面，应掌握微积分、数理方程、特殊函数、场论、概率论与数理统计、数值分析等，并能结合论文中的实际问题加以应用。

（2）光学方面，应掌握几何光学、物理光学、激光原理、信息光学以及光学实验方面的知识。对于信息光学研究方向的研究生，还需掌握电磁场理论、光电子学、非线性光学等方面的知识。对于精密计量与测试研究方向的研究生，还需掌握误差理论、精密计量与测试等方面的知识。对于激光与光电技术研究方向的研究生，还需掌握光电检测技术、光电仪器等方面的知识。

（3）电子技术及计算机技术方面，应掌握模拟和数字电路、数字信号处理、控制工程等，特别着重于这些知识与光学机械的综合应用。

除课程学习外，在培养期间还应参加校、系、研究所和课题组的有关学术活动。从第三学期开始每学期作学术报告至少一次。学习期间发表的学术论文不少于 2 篇，其中至少有一篇发表在本学科一级刊物上，最后完成博士论文。论文要坚持理论联系实际的原则，应对我国科技发展、经济建设或社会发展有一定的理论意义或使用价值，在科学或专门技术上做出创新性成果，并表明作者具有独立从事科学研究的工作能力。

（四）教学成果

1987 年至 1993 年，精仪系共获得各类优秀教材、讲义和 CAI 优秀软件奖共 28 项。其中：国家级优秀教材奖 1 项；国家教委优秀教材一、二等奖各 1 项；机电部优秀教材一、二等奖各 1 项；全国高校优秀 CAI 软件三等奖 1 项；清华大学校级优秀教材一等奖 2 项，二等奖 5 项；清华大学优秀讲义一等奖 1 项，二等奖 7 项；清华大学校级优秀电教教材一等奖 1 项，二等奖 6 项。主要获奖项目情况见表 19-9-10。

表 19-9-10　精仪系获国家级、部委级优秀教材

时间	教材与软件名称	编著者	奖励级别	奖励等级
1987	互换性与测量技术基础	花国梁等	国家级	优秀教材
1987	机械零件	郑林庆等	国家教委	一等奖
1992	计算机图形学	许隆文等	机电部	一等奖

1988 年至 1993 年，精仪系共获得清华大学教学工作优秀成果奖 13 项，其中一等奖 2 项、二等奖 11 项。机械原理、机械设计基础和机械制图课程分别于 1988 年、1989 年和 1990 年被批准为清华大学一类课程，后经多次复审，均一直保持该称号。

1994 至 2010 年，精仪系获得各类教学奖项 112 项；其中，国家级 10 项，市级 22 项，校级 80 项。共 9 门本科生课程被评为精品课程，其中国家级精品课程 5 门，北京市级精品课程 7 门，校级精品课程 10 门。1994 年以来所获得的省部级以上教学（材）成果奖见表 19-9-11，精品课见表 19-9-12。1999 年至 2010 年，共有 6 篇博士论文获"全国优秀博士论文"称号，见表 19-9-13。

表 19-9-11　1994 年—2010 年精仪系获得的省部级以上教学（教材）成果奖

序号	获奖时间	项目名称	获奖人			奖项名称	奖励等级
1	1997	机械设计系列课程体系改革与实践	申永胜　黄纯颖　刘朝儒　童秉枢　雷田玉			普通高等学校优秀教学成果奖	国家级二等奖
2	2000	机械原理多媒体软件	申永胜　汤晓瑛　郝智秀			第四届全国多媒体教育软件奖	国家级三等奖
3	2000	机械原理立体化教材建设	申永胜　翁海珊　郝智秀　汤晓瑛　方嘉秋			国家级教学成果奖	国家级二等奖
4	2001	机械系统方案设计	申永胜　郝智秀　闫绍泽　汤晓瑛			第五届全国多媒体教育软件奖	国家级二等奖
5	2002	机械原理教程及辅导与习题	申永胜			全国普通高等学校优秀教材	国家级一等奖
6	2002	机械设计学	黄靖远				国家级二等奖
7	2002	机械创新设计	黄纯颖				国家级二等奖
8	2003	教学名师	申永胜			教育部第一届高等学校教学名师	

续表

序号	获奖时间	项目名称	获奖人	奖项名称	奖励等级
9	2007	机械设计与制造系列课程教学团队	带头人：申永胜	北京市及国家级教学团队奖	
10	2009	强化师资队伍建设，提高机械基础系列课程教学质量	申永胜　田　凌　郝智秀 刘向锋　刘　莹	第六届高等教育国家级教学成果	国家级二等奖
11	2009	机械设计（第二版）	吴宗泽　高　志	普通高等教育精品教材（教育部）	
12	2009	机械CAD技术基础（第三版）	童秉枢　吴志军　李学志 冯　涓		

表 19-9-12　精仪系入选精品课程

序号	课程	负责人	国家级入选时间	市级入选时间	校级入选时间
1	机械原理	申永胜	2004	2004	2006
2	制造工程基础	冯之敬	2005	2005	2006
3	机械制图	田　凌	2006	2006	2006
4	测试与检测技术基础	王伯雄	2007	2004	2006
5	控制工程基础	董景新	2008	2004	2006
6	机械设计基础理论与实践	申永胜		2003	2006
7	光学工程基础	毛文炜		2008	2006
8	机械设计	刘向锋			2007
9	现代制造技术	郁鼎文			2008
10	精密仪器设计	李玉和			2009

表 19-9-13　精仪系获"全国优秀博士论文"题录

获奖时间	获奖学生	导师	论文题目
1999	王文陆	金国藩	光学子波变换及其在图像处理中的应用
2001	冯文毅	金国藩	光学子波并行处理技术及应用研究
2003	丁建宁	温诗铸	多晶硅微机械构件材料力学行为及微机械粘附问题研究
2004	田　煜	温诗铸	电流变机理及应用研究
2006	赵景山	冯之敬	空间并联机构自由度的终端约束分析理论与数学描述方法
2010	吴　军	汪劲松	四自由度冗余混联机床的分析、辨识及控制

五、科学研究

（一）概况

解放初期，精仪系与全校一样，均以教学为主，学术上有些科学论文和著作。

从1958年开始贯彻"教育与生产劳动相结合"的方针，毕业生开始进行真刀真枪的毕业设计，如制八的毕业设计有计算机程序控制铣床、光电显微镜等。

1958 年，与自动控制系、电机工程系和北京第一机床厂合作研制计算机程序控制铣床。当年 9 月 29 日，我国第一台电子管数字程序控制铣床研制成功，开创了我国数控技术研究与跟踪世界先进水平的先河。该成果受到国家领导人的高度重视和好评。周恩来总理曾先后陪同朝鲜国家领导人金日成主席、柬埔寨西哈努克亲王参观了该机床。

1964 年，我国第一台数控机床通过了国家级鉴定并获国家科委三等奖。

1965 年，研制和生产的科研成果有国防科工委下达的"劈锥铣床"和与之配套的"三坐标劈锥测量机"（与自动控制系合作完成），以及陀螺马达动平衡机等。

20 世纪 70 年代初，研制开发了晶体管数字计算机程序控制中型铣床、激光定位自动分步重复照相机、双频激光干涉仪、大型飞机壁板数控铣床等一批高精度产品。

1972 年，精密仪器教研组（810）、自动控制系"510"教研组和力学系"650"教研组三个单位组建了静电陀螺科研组，承担船舶工业部和海军第三研究院委托的静电陀螺和稳定平台科研任务。

20 世纪 80 年代研制成功精缩机、光刻机等半导体工艺设备；90 年代，与自动化系、机械系等单位合作建成了我国第一个 CIMS 实验工程中心，获得美国制造工程师学会（SME）颁发的"大学领先奖"。摩擦学国家重点实验室的基础研究成果达到国际先进水平，微米、纳米技术也取得了国际水平的研究成果，清华大学小卫星发射升空。2000 年以后，"纳米润滑的研究和实验""先进制造中空间几何尺寸测量的现场校准方法和装置""基于 MEMS 的载体测控系统及其关键技术"等多项科研项目获得国家科技进步二等奖或国家技术发明二等奖，清华大学 NS-1 纳型卫星在我国西昌卫星发射基地顺利发射入轨，飞行试验取得成功。

精仪系拥有精密仪器及机械、光学工程、机械设计及理论和机械制造及其自动化等四个全国重点学科，在全国一级学科评估中，仪器科学与技术、光学工程、机械工程三个一级学科均名列前茅。

（二）科研成果及奖励

"七五"期间，精仪系获得各种奖励 32 项。"八五"期间，科研经费显著增加，获得国家级和省部级奖励 33 项，其中国家发明奖：二等奖 1 项，三等奖 2 项，四等奖 4 项。"九五"期间，获得国家级和省部级奖励 40 项，其中国家发明奖二等奖 3 项，国家科技进步二等奖 5 项；"十五"期间获得国家级和省部级奖励 23 项，其中国家发明奖二等奖 3 项，国家科技进步二等奖 5 项。获得国家级科技奖励情况见表 19-9-14。

表 19-9-14　1985 年—2010 年精仪系获得的国家级科技奖项

序号	时间	项目名称	完成单位及排序	校内主要完成人	奖励名称	奖励等级
1	1985	四频环形激光角度传感器及环形激光测角仪			国家科技进步奖	二等
2	1985	紫外曝光分步重复照相机			国家科技进步奖	三等
3	1987	三自由度支撑系统扇叶动平衡机		冯冠平	国家发明奖	四等
4	1987	两自由度肌肉电控前假肢		张济川	国家发明奖	三等
5	1987	石油机械难加工关键件的切削加工技术			国家科技进步奖	三等
6	1988	一种微机化现场动平衡仪		韦文林	国家发明奖	三等

序号	时间	项 目 名 称	完成单位及排序	校内主要完成人	奖 励 名 称	奖励等级
7	1990	切削过程声发射刀具监视装置与方法		张伯鹏	国家发明奖	四等
8	1991	计算机磁盘精密带式振动研抛机		王先逵	国家发明奖	四等
9	1992	运动姿态测量方法及装置		殷纯永	国家发明奖	三等
10	1992	磁盘盘片平面度测量仪		曹 芒	国家发明奖	四等
11	1992	优化设计方法（QDS）及应用			国家科技进步奖	三等
12	1993	镜板平面度测量仪	精仪系（1）	刘兴占	国家发明奖	四等
13	1993	磁盘测试设备	精仪系（1）	梁晋文	国家科技进步奖	三等
14	1995	激光扇面法直接实时测量侧滑角的方法和系统	精仪系（1）	李达成	国家发明奖	三等
15	1995	光/热效应型光盘读、写、擦除技术及系统	精仪系（1）	徐端颐	国家发明奖	二等
16	1996	高衍射效率二元光学器件的设计与制备技术	精仪系（1）	邬敏贤	国家科技进步奖	三等
17	1996	NGY-2型纳米级润滑膜厚度测量仪	精仪系（1）	温诗铸	国家发明奖	三等
18	1996	非接触式激光调频光纤位移测量仪	精仪系（1）	田 芊	国家发明奖	三等
19	1999	THUSI-500、600型超声手术仪的研制	精仪系（1）	周兆英	国家科技进步奖	三等
20	1999	多束激光热轧带钢板形测量技术研究及装置的开发	精仪系（3）	方仲彦	国家科技进步奖	三等
21	2001	纳米润滑的理论和实验研究	精仪系（1）	温诗铸	国家自然科学奖	二等
22	2002	电影数字制作系统及应用研究开发	精仪系（2）	陆 达	国家科技进步奖	二等
23	2003	石英数字式力传感器及系列全数字电子衡器的研究与产业化	精仪系（1）	冯冠平	国家技术发明奖	二等
24	2004	先进制造中空间几何尺寸测量的现场校准方法和装置	精仪系（1）	殷纯永	国家技术发明奖	二等
25	2004	超大容量光盘数据库应用信息系统	精仪系（1）	裴 京	国家科技进步奖	二等
26	2005	基于MEMS的载体测控系统及其关键技术研究	精仪系（1）	周兆英	国家技术发明奖	二等
27	2007	空间微系统及纳型卫星	精仪系（1）	尤 政	国家科技进步奖	二等
28	2008	超精表面抛光、改性和测试技术及其应用研究	精仪系（1）	雒建斌	国家科技进步奖	二等
29	2010	光学元件内应力、双折射和光学波片相位延迟测量的新原理和仪器	精仪系（1）	张书练	国家技术发明奖	二等

20世纪80年代以前的项目横向课题所占比重较大，80年代以后以纵向课题为主。1976年至2010年科研项目分类及总经费见表19-9-15。

1985年至2010年底，获得各类奖励249项，其中国家级奖项36项，省部级奖项111项，还有国际奖2项，其他奖项101项。

1985年至2010年获得成果专利共455项，发表论文14 677篇。

表 19-9-15　1976 年—2010 年精仪系科研项目分类及总经费

时　间	项目数	项 目 来 源									总经费（万元）
		攻关	"973"计划	"863"计划	国家基金	教委博士点	省市部委	横向	校基金	自选	
1976—1980	77					1	23	41	1	11	125.43
1981—1985	80	7			2	8	25	26		12	667.53
1986—1990	135	25		14	26	8	23	31	5	3	2 014.30
1991	17	3		3	6	3	1	1			196.60
1992	63	13		15	20		9	6			486.00
1993	65	17		6	22		12	7		1	526.00
1994*											
1995*											
1996*											
1997	115	7		12	23	3	12	38	1	11	1 657.31
1998	95	7		11	24	2	13	16		12	1181.00
1999	134	11	3	21	34	3	14	34		11	1 749.10
2000	189	11	4	24	32	3	31	58		21	2 658.40
2001	151		4	3	32		14	41	43	7	1 981.95
2002	174		9	14	42	3	16	52	49	3	2 784.80
2003	175		13	12	42	2	10	22	22	1	4 994.30
2004	211		13	26	55	3	21	61	10		5 200.00
2005	175		14	31	74	4	27	99	13		6 688.30
2006	271	6	7	16	72	3	17	133			5 257.20
2007	276	12	12	20	73	1	17	115			7 934.30
2008	374	14	17	20	82	2	12	86			11 680.70
2009	367	17	20	19	89	6	15	98	5		14 999.90
2010	442	12	19	21	92		15	106	7		30 839.40

注：* 为数据暂缺。

　　随着改革开放与经济体制的转变，精仪系的一批高新技术科研成果已用于生产。在 1976 年至 1980 年间，获奖项目中有多项成果得以推广应用，其中生产最多的当属集成电路专用设备 ZFJ-1-2 及 ZFJ-1-3 型自动分步重复照相机。该产品在国内生产了 200 多台，每台售价为 5.5 万元至 7.5 万元。此外，还有紫外曝光机、图形发生器和双频激光干涉仪等均有一定批量的生产。

　　20 世纪 80 年代以后，肌电控制两自由度前臂假肢、AE 刀具监控仪、电涡流传感器、GMT-CNC 数控系统、光盘技术应用等得到较大的推广，取得较好的经济效益和社会效益。

六、对外合作与交流

（一）人才培养

　　精仪系自 1994 年至 2010 年共招收本科留学生 58 人，分别来自韩国、越南、马来西亚、尼泊

清华大学志（1911—2010）
第三卷

尔等 14 个国家，其中 26 人已获得本科学士学位。

2006 年至 2008 年，每年分 3 次邀请德国柏林工大教授来系为微机电系统工程专业本科生授课，并进行学术和科研交流。在此期间，该专业每年有 10 名本科生赴柏林工大进行为期 4 周的生产实习。

1993 年至 2010 年，精仪系共有 5 名硕士留学生毕业，6 名博士留学生毕业，30 名研究生参与清华大学与国外大学联合培养项目。

（二）交流与合作

全系十分重视开展国内外学术交流，和国外许多著名大学和研究机构保持着密切的联系和合作，已组织召开了多次国际学术会议，主办了多次全国性的学术会议。2003 年至 2010 年全系对外合作交流情况见表 19-9-16。

表 19-9-16　精仪系 2003 年—2010 年外事活动主要数据

年份	来访人员数	合作交流项目	海外任职	年份	来访人员数	合作交流项目	海外任职
2003	62	5		2007	150	15	4
2004	76	8		2008	94	11	1
2005	38	18		2009	141	15	4
2006	97	11	4	2010	74	19	2

七、实验室

精仪系建有"摩擦学"和"精密测试技术与仪器"两个国家重点实验室，"国家 CIMS"（Computer Integrated Manufacturing System）和"光盘"两个国家工程研究中心，"高精度惯性仪表系统技术"和"智能微系统"两个教育部国防重点实验室以及微米纳米技术研究中心，还建有国家工科机械基础教学示范中心，现代测试教学中心和创造性设计实验室等 7 个教学中心或基地。精仪系一般实验室概况见表 19-9-17。

表 19-9-17　精仪系一般实验室概况

时间	实验室名称
1935—1948	热力工程、飞机风洞、金属、汽车
1954—1960	机床、精密测量、金相、锻压、铸造、焊接
1960—1966	程序控制机床、机械制造工艺（机床）、技术测量（精密测量）、光学仪器、精密仪器、机械原理及机械零件、金属切削
1979—1990	机床数控技术、光学及长度计量、机械学、制图、陀螺导航仪器及自动控制
1991—1993	摩擦学（校管）、图学及辅助设计、机械电子学、微细工程、机械设计、机械原理、光学及长度计量、导航与自动控制、数控技术、机器人、机械制造工程、精密仪器量测
1995—1997	摩擦学实验室、图学及辅助设计实验室、机械电子学实验室、微细工程实验室、机械设计实验室、机械原理实验室、光学及长度计量实验室、导航与自动控制实验室、数控技术实验室、机器人实验室、机械制造工程实验室、精密仪器量测实验室、机械 CAD 实验室

续表

时间	实验室名称
1998—1999	摩擦学国家重点实验室、精密测试技术及仪器国家重点实验室、机械创新实验室、光学及长度计量实验室、制造工程实验室、计算机辅助设计教学中心实验室、导航与自动控制实验室、图学及辅助设计、微细工程实验室、机械电子学实验室、精密仪器量测实验室
2000—2007	摩擦学国家重点实验室、精密测试技术及仪器国家重点实验室、机械创新实验室、光学及长度计量实验室、制造工程实验室、计算机辅助设计教学中心实验室、导航与自动控制实验室、微系统及控制实验室、微细工程实验室、机械电子学实验室、精密仪器量测实验室
2008—	摩擦学国家重点实验室、精密测试技术及仪器国家重点实验室、机械创新实验室、光学及长度计量实验室、制造工程实验室、计算机辅助设计教学中心实验室、微米纳米技术研究实验室、仪器科学与技术实验室、测控技术实验教学实验室

（一）国家重点实验室

1. 摩擦学国家重点实验室

该实验室于 1986 年开始建设，1988 年建成。为清华大学获准建立的第一个国家重点实验室。在多学科组成的综合研究领域，研究以机械学、表面科学与技术、摩擦学材料、摩擦化学为主，在更深的层次上揭示摩擦与润滑的实质。该实验室承担了"973"计划、"863"计划、国家自然科学基金重大和重点项目、国际合作和企业合作等科研项目，研究成果对促进科学技术进步和国民经济发展做出了重要贡献，成为国内摩擦学与微纳制造领域重要的科学研究和人才培养基地。学术带头人为郑林庆、温诗铸、陈大融、雒建斌。

2. 国家计算机集成制造系统工程技术研究中心

1989 年开始建设，于 1993 年 3 月建成并通过国家验收。其中制造环境实验室设在精仪系。主要致力于我国信息化技术与管理领域的研究开发和推广应用。自组建以来，CIMS 工程中心完成了大量高水平和有影响的研究开发项目及工程应用项目，其中"CIMS 实验工程"项目获得了美国制造工程师学会颁发的国际大奖"大学领先奖"，其他项目还获得了国家科技进步二等奖 5 项，三等奖 1 项，省部级科技进步一等奖 10 项，二、三等奖 12 项。其中制造环境实验室设在精仪系。该中心的学术带头人有：蔡复之、王先逵、段广洪。

3. 精密测试技术及仪器国家重点实验室

1991 年，国家计委批准由天津大学和清华大学精仪系联合建设精密测试技术及仪器国家重点实验室，于 1995 年通过国家正式验收。该实验室覆盖了"光学仪器"和"精密机械仪器"两个重点学科、两个博士点以及"仪器仪表"博士后科研流动站。清华大学实验区是"仪器科学与技术"和"光学工程"两个一级学科的实验和教学基地。目前有 1 个中心实验室、4 个分室：光电工程中心实验室、微细工程分室、传感器分室、精密测试分室、微型机械分室。该实验室的建立为探索精密测试技术及仪器学科领域的前沿发挥了重要作用，为精密测试技术及仪器方面的基础理论和关键技术的研究创造了坚实的物质基础。实验室学术带头人有：金国藩、梁晋文、李达成、严普强、张书练、尤政。

4. 国家光盘工程研究中心

光盘国家工程研究中心（简称光盘中心）由原国家计委在 1996 年 2 月批准设立，是以清华大学为依托单位的国家级研究机构。光盘中心为我国光盘产业化发展解决了许多关键性的技术难题，培养了大批光存储领域的专业技术人才。目前，光盘中心设有 6 个实验室，它们是：高密度光存储实验室、光电子与控制实验室、先进网络存储实验室、数字媒体技术实验室、知识库工程实验室和信息存储集成实验室。10 多年来，光盘中心积累了科研成果向产业转移的理念和经验，坚持走高等教育与社会发展、经济发展相结合的道路。光盘中心将继续发扬将学术界与产业界联系起来的传统，承担起国家光存储产业持续发展的发动机角色。该中心的学术带头人有：徐端颐、潘龙法、贾惠波、陆达。

5. 国家工科机械基础课程教学示范中心

1996 年教育部首批批准立项建设 45 个"国家工科基础课程教学基地"。清华大学国家工科机械基础课程教学基地是其中之一。清华大学国家工科机械基础课程教学基地面向清华大学机械学院和全校与机械基础相关的本科生教学需要，承担包括机械设计系列课程、机械制造基础课程、机械设计实践系列课程、CAD 系列课程等教学工作，为全校机类和近机类专业约 21 个行政班的学生提供包括基础实验、实践训练在内的教学支持，是我校重要的机械基础教学和训练平台；同时也是我校唯一正式挂牌的"学生课外科技活动基地"。是清华大学学生四大赛事之一的"机械创新设计大奖赛"的发起、组织以及技术支持单位，此"示范中心"是机械学院 SRT 活动的重要实施基地。2008 年在国家工科机械基础课程教学基地的基础上，建设了国家工科机械基础课程教学示范中心。

（二）联合实验室

为加强与企业界的合作，为国家经济建设服务，自 2001 年开始，精仪系陆续与国内外企业建立联合实验室，见表 19-9-18。

表 19-9-18　精仪系联合实验室概况

序号	成立时间	机 构 名 称
1	1999-12-01	清华大学-昆机股份先进制造技术研究所
2	2001-04-01	清华至卓绿色制造研发中心
3	2001-04-28	清华大学（精仪系）-至卓飞高线路板（深圳）有限公司清华至卓绿色制造研发中心
4	2003-04-01	国家光刻设备工程技术研究中心清华大学精密机械与测控研究基地
5	2003-04-04	清华大学（精仪系）-上海微电子装备有限公司国家光刻设备工程技术研究中心清华大学精密机械与测控研究基地
6	2005-05-01	清华大学-日立维亚激光实验室
7	2005-07-08	清华大学（精仪系）-大连光洋科技工程有限公司数控技术工程化联合实验室
8	2005-07-11	清华大学（精仪系）-航天东方红卫星有限公司微小卫星技术联合实验室
9	2005-10-26	清华大学（精仪系）-中国空空导弹研究院测控联合实验室
10	2006-02-22	清华大学（精仪系）-中国一航陕西宝成航空仪表有限责任公司微惯性技术及器件联合实验室

续表

序号	成立时间	机 构 名 称
11	2007-01-04	清华大学（精仪系）-北京普析通用仪器有限责任公司光栅与测试仪器实验室
12	2008-05-01	清华大学（精仪系）-南通科技投资集团股份有限公司数控机床技术联合研发中心
13	2009-06-03	清华大学（精仪系．自动化）－CAMA 测控联合实验室

八、工厂

1935 年，建成机械制造工场（锻铸工场、木工场、金工场），占地约 1 000 平方米，位于一院东边和南边，供金、木、锻、铸实习用。

1951 年，将原 3 个工场连成一个整体建筑，总面积约 2 000 平方米，成为校内各系实习的金工厂。

1957 年，调整全校制造厂的组织形式和领导关系，由机械制造系和科学处成立工厂管理委员会，领导金属工学实习及设备制造。李酉山（机械制造系）任主任委员，张徽（科学处）任副主任委员。设专职厂长 1 人，副厂长 3 人。

1958 年至 1960 年，实习工厂部分为适应半工半读的需要，改由机械制造系领导，在此期间成批生产了锅驼机和车床产品。

1965 年，成立精密机械实验工厂，由系直接领导，为机械制造专业提供半工半读教学基地，每年有一个班的学生在机修车间进行劳动教学。实验工厂同时为 3 个专业教研组的科研提供加工，并完成从科研向产品转化的中间实验。科研成果形成产品的有数控劈锥铣床、数字式三坐标劈锥自动测量机、陀螺马达动平衡机、数控中型铣床等。

1965 年，工厂设有机加工、光学、装配等车间。固定资产有 430 万元，5 万元以上的设备有中型铣床、光学坐标镗床、精密螺纹磨床、块规磨床、精密高速小孔磨床、精密长圆刻线机等。

1965 年工厂有 138 人，1966 年在厂人数为 141 人，其中机加工车间有 45 人。

1978 年工厂在编人数为 185 人，其中技术组 29 人，机加工车间 72 人。主要任务是研究、开发和生产大规模集成电路专用设备，如：分步重复照相机、图形发生器、紫外曝光机、自动对准光刻机（DSW 系统）等。

1982 年以后，由于校内产业政策的调整，国内机械行业的不景气以及大量进口产品的冲击，工厂经营处于十分困难的境地，产品下马，大批技术人员和技术工人相继脱离工厂。1984 年以后在厂人员锐减到 60 人维持生产活动。

1989 年生产形势有所好转，1992 年利润达到 160 万元，有力地支持了校系的改革。

由于系办企业运行机制的限制与市场竞争日趋激烈的等因素的影响，2000 年精仪系决定撤销精密仪器厂建制。当时系工厂共有在职职工 32 人，16 人校内提前退休，校内调动 4 人，系内调动 6 人，交人才中心 6 人。

系工厂于 2001 年 7 月 1 日正式撤销。

第十节　热能工程系

一、沿革

　　热能工程系的前身是 1932 年设立的机械工程学系原动力工程组。1933 年动工建造机械工程馆（即现在的热能系系馆），于 1935 年春落成，建筑面积 2 652 平方米。1952 年全国院系调整，北京大学工学院、燕京大学的工学系并入清华大学，9 月 19 日，原动力工程组自机械系分出，建立动力机械系。1970 年动力机械系各专业及教研组合并到电力、机械和化工系，动力机械系不复存在。1978 年以后恢复动力机械系原建制，改名为热能工程系。

　　1952 年成立动力机械系时设有两个专业：热力发电设备专业（1956 年改名为热能动力装置专业）、汽车专业。1952 年招收了热力发电专科与暖气通风专科两个两年制的大专班（1953 年暖气通风专科转到土木工程系）。

　　1956 年增设燃气轮机专业。同年增设工业热工专业，后于 1957 年改为工程热物理（当年简称 410）专业，1960 年并入工程力学数学系。同年，热能动力装置专业中分为 4 个培养方向，即热电站与热网、锅炉设备、汽轮机和热工量测及自动化 4 个专门化。

　　1958 年建立实验电厂，1962 年工人下放回乡，电厂停产，设备封存。

　　1960 年，热能动力装置专业热工量测及自动化专门化改建为热工量测及自动化专业。同年，原汽轮机专门化并入燃气轮机专业。

　　1960 年 10 月，成立农业机械系，汽车专业及教研组归属农业机械系，动力机械系与农业机械系合署办公，合称动农系。

　　1970 年，动力机械系与电机系合并组成电力工程系，热能动力装置专业、燃气轮机专业、热工教研组部分教师并入电力工程系。热能动力装置专业改名为锅炉专业。热工专业及教研组并入化学工程系，热工量测及自动化专业及教研组并入自动化系，汽车专业并入机械系。1970 年，电厂恢复生产并作为教学基地，归属电力工程系。

　　1978 年，恢复动力机械系原建制并更名为热能工程系，设置热能工程专业、燃气轮机专业、汽车专业、内燃机专业。

　　1979 年，供热与通风专业自土木系调入热能工程系，更名为空气调节工程专业。实验电厂归属热能工程系。燃气轮机专业按原教育部本科专业目录正名为热力涡轮机专业，1993 年与热能工程专业合并，设立热能与动力工程专业。2004 年，热能与动力工程专业改名为能源动力系统及自动化专业。

　　1980 年，汽车专业、内燃机专业组建成汽车工程系，但仍与热能工程系合署办公，合称热汽系。

　　1983 年，与工程力学系热物理专业合建了热能工程与热物理研究所。

1990年，汽车工程系与热能工程系分开独立办公，至此汽车工程系完全与热能工程系脱离。

1999年，水利系的流体机械专业调入热能工程系。

2000年9月，空气调节工程专业调出到建筑学院。

历任系主任与系党委（总支）书记名录见表19-10-1，历届学术委员会主任名录见表19-10-2。

表 19-10-1　热能系历任系主任与系党委（总支）书记名录

系　　名	系主任	任职时间	系党委（总支）书记	任职时间
动力机械系	庄前鼎 李辑祥	1952—1962 1962—1966	蒋企英	1953—1966
热能工程系	朱志武	1978—1981	杜建寰	1978—1984
	钱振为	1981—1984		
	倪维斗	1984—1988	金龙乾	1984—1994
	叶大均	1988—1994		
	吴占松	1994—1997	陈昌和	1994—1997
	彭晓峰	1997—2002	朱颖心	1997—2000
			吕俊复	2000—2002
	姚　强	2002—2010	姜培学	2002—2008
			袁　新	2008—

表 19-10-2　热能系历任学术委员会主任名录

学术委员会主任	任 职 时 间
任泽霈	1989—1993
陈佐一	1994—1996
杨瑞昌	1997—2000、2001—2003、2004—2007
曹树良	2008—2010、2010—

二、教学科研组织

1952年9月19日动力机械系成立后，设置3个教研组：热力发电设备教研组，学科方向为热电厂锅炉、汽轮机的设计、运行；汽车教研组，学科方向为汽车底盘与发动机的设计及工作性能；热工学教研组，学科方向为传热学、热力学、热机原理及工程应用。

1956年2月23日，热力发电设备教研组分成3个教研组，即热电站及电网教研组、锅炉设备教研组、汽轮机教研组。各自的学科方向与教研组名称相同。12月，又增设热力设备自动化教研组，其学科方向为电厂自动控制及热工仪表。同年还建立汽车拖拉机发动机教研组和燃气轮机教研组，其学科方向分别为发动机设计与性能提高、燃气轮机内部工作过程及设计基础。

1960年，热工量测及自动化专业建立后，原热力设备自动化教研组改名为热工量测及自动化教研组，学科方向扩大为工业中热过程的热工测试技术和自动控制。汽轮机教研组并入燃气轮机教研组，其他学科方向不变。同年，设置燃烧学教研组，学科方向是燃烧机理及技术。

1964年，热电站及热网教研组取消，人员并入锅炉教研组，学科方向为锅炉燃烧及锅内水循环。

1979年，锅炉教研组改名为热能工程教研组，学科方向扩大为煤的清洁燃烧、两相流、热能利用系统工程。燃气轮机教研组改名为热力涡轮机教研组，学科方向扩大到整个热力叶轮机械系统工作过程与控制。热工学部分教师从化工系调回，加强了热工学教研组，学科方向是热力学、传热理论及工程。同年还建立了热工测试技术教研组，学科方向为大型发电机组动态模拟及热工测试技术。空气调节教研组自土木系调回热能系，学科方向为供热、制冷及空气调节理论和工程技术。汽车教研组和内燃机教研组自机械系回到热能工程系，学科方向分别为汽车操纵性能及稳定性能和内燃机模拟。

1980年，汽车教研组和内燃机教研组组建成立了汽车工程系，但仍与热能工程系合署办公，合称热汽系。

1991年，热力涡轮机教研组改名为动力工程及控制教研组，学科方向为动力机械本体与系统的工作过程及其控制技术。

1999年，水利系的流体机械教研组调入热能工程系。同年9月在原专业和教研组的基础上，合并为五个研究所。热能工程教研组改名为热能工程研究所，动力工程及控制教研组与流体机械教研组合并为动力机械及工程研究所，热工测试技术教研组改名为热能动力仿真与控制研究所，热工学教研组改名为工程热物理研究所，空气调节教研组改名为空调研究所。

2000年9月空调研究所调出到建筑学院。

2001年原流体机械教研组从动力机械及工程研究所分出，成立流体机械及工程研究所。

表19-10-3列出了热能系各研究所的名称及学科方向。

表 19-10-3　2010 年热能系研究所名称与学科方向

研究所名称	性　质	学科和工作方向
工程热物理	技术基础	热力学、传热理论及工程
热能动力仿真与控制	技术基础	火电站仿真技术、热工测试技术
热能工程	专业	煤的清洁燃烧、两相流传热、热能系统工程
动力机械及工程	专业	动力机械及系统的工作过程及自动控制
流体机械及工程	专业	水轮动力装置、流体机械及工程

三、教职工

（一）教职工队伍状况

表19-10-4和表19-10-5是不同时期热能系教职工队伍发展状况。

表 19-10-4　热能系不同时期的教职工人数

年份	教师人数	教辅人员人数	职工人数	年份	教师人数	教辅人员人数	职工人数
1948	44			1997	116	30	45
1952	17			2000	75	18	36
1965	101	24	34	2005	70	13	11
1986	140	27	45	2007	62	14	12
1993	119	32	57	2010	64	16	10

表 19-10-5　2010 年热能系教师人数

研究所名称	教授/研究员	副教授/副研究员	讲师/助研	助教	小计
工程热物理	6	4	0		10
热能动力仿真及控制	3	4	4		11
热能工程	12	10	4		26
动力机械及工程	6	2	2		10
流体机械及工程	2	4	1		7
合计	29	24	11		64

（二）教授名录

历年聘任的教授（研究员）名录见表 19-10-6。

表 19-10-6　热能系教授（含研究员）名录

姓名（任职时间）	姓名（任职时间）	姓名（任职时间）
李辑祥（1934—1975 病故）	庄前鼎（1952—1962 病故）	宋镜瀛（1952—1990 转汽车系）
吴仲华（1952—1992 调出）	耿耀西（1960—1990 转汽车系）	*王补宣（1961—　）
方崇智（1961—1970 转自动化系）	王兆霖（1965—1987 退休）	董树屏（1966—1986 退休）
冯俊凯（1978—1989 退休）	程宏（1978—1990 转汽车系）	林灏（1979—1985 病故）
徐大宏（1980—1990 转汽车系）	王洲（1982—2003 退休）	*倪维斗（1983—　）
梅祖彦（1983—1989 退休）	蒋孝煜（1983—1990 转汽车系）	余志生（1983—1990 转汽车系）
李天铎（1984—1992 退休）	鲁钟琪（1985—1992 退休）	*徐旭常（1985—　）
彦启森（1985—1995 退休）	罗棣菴（1985—1995 退休）	任泽霈（1985—1996 退休）
敦瑞堂（1987—1987 离休）	蒋滋康（1987—1995 退休）	叶大均（1987—2001 退休）
林汝长（1987—1995 退休）	沈幼庭（1987—2000 退休）	朱明善（1988—1998 退休）
陈启民（1988—1988 离休）	焦树建（1988—1995 退休）	赵荣义（1988—2000 转建筑学院）
张绪祎（1988—2003 退休）	杜建寰（1988—1995 离休）	徐秀清（1988—1995 退休）
容文盛（1989—1994 退休）	吕崇德（1989—2000 退休）	曹柏林（1990—1994 退休）
杨瑞昌（1990—2010 退休）	李元哲（1990—1991 退休）	陈佐一（1990—2001 退休）
胡震岗（1991—1993 退休）	毛健雄（1991—1996 退休）	江亿（1991—2000 转建筑学院）
高建铭（1992—1994 退休）	赵士杭（1992—1995 退休）	孙锡九（1992—1996 退休）
张慰钧（1992—1997 退休）	蔡启林（1992—2000 转建筑学院）	吴玉林（1992—2007 退休）
徐向东（1992—2008 退休）	吴占松（1993—　）	*岳光溪（1993—　）
施德强（1993—1995 退休）	薛殿华（1993—1996 退休）	林兆庄（1993—1997 退休）
徐忠净（1993—1998 退休）	李兰馨（1993—1999 退休）	陈昌和（1994—　）
秦瑞平（1994—1996 退休）	金茂庐（1994—1997 退休）	王存诚（1994—1999 退休）

续表

姓名（任职时间）	姓名（任职时间）	姓名（任职时间）
陆致成（1994—2000 转建筑学院）	韩礼钟（1995—1997 退休）	郑洽余（1995—1997 退休）
陈君燕（1995—2000 转建筑学院）	石兆玉（1995—2000 转建筑学院）	曾瑞良（1995—1995 退休）
彭晓峰（1995—2009 病故）	何光新（1996—1997 退休）	肖曰嵘（1996—1997 退休）
瞿伦富（1996—1999 退休）	赵庆珠（1996—2000 转建筑学院）	杨献勇（1996—2008 退休）
姜培学（1997— ）	赖敏儿（1997—1997 退休）	岑幻霞（1997—1997 退休）
陈乃祥（1997—2008 退休）	李定凯（1997—2009 退休）	袁 新（1998— ）
曹树良（1998— ）	王曾璇（1998—1998 退休）	钱涵欣（1998—2000 病故）
许为全（1998—2000 转建筑学院）	朱颖心（1998—2000 转建筑学院）	雷树业（1998—2006 退休）
姜学智（1998—2007 退休）	姚 强（1999 调入— ）	张学学（1999— ）
狄洪发（1999—2000 转建筑学院）	张寅平（1999—2000 转建筑学院）	吕泽华（2000—2006 退休）
李 政（2000— ）	何 榕（2000— ）	许洪元（2000—2009 退休）
朴 英（2001 调入—2004 转航院）	史 琳（2001— ）	蔡宁生（2002 调入— ）
孙恒虎（2002-04 调入—2002-11 转材料系）	罗 锐（2002— ）	祁海鹰（2003— ）
段远源（2003—2004 转教务处）	王维城（2003—2006 调出）	朱 民（2004 调入— ）
*蒋洪德（2004 调入— ）	柯道友（2004— ）	李俊明（2004— ）
顾春伟（2005 调入— ）	蒋东翔（2005— ）	吕俊复（2005— ）
吴学安（2005—2010 退休）	唐多元（2005—2007 退休）	李立勤（2006—2007 退休）
由长福（2006— ）	王正伟（2007— ）	任 静（2008 调入— ）
张衍国（2008— ）	禚玉群（2009— ）	张 海（2010— ）
罗忠敬（2010 调入— ）		

说明：注 * 者为中国科学院院士或中国工程院院士。

四、教学

（一）教学简况

1. 本科教学

1952 年动力机械系建立后，在教学计划、课程设置、教材、实验、实习、毕业设计诸方面大体上均以苏联高校相应的专业为蓝本。1955 年毕业生（1951 年入学）是第一届按学习苏联的教学计划培养的学生。1954 年至 1959 年期间先后聘请了 4 位苏联专家来系教学，主要培养教师并指导研究生（全国各高等学校也派进修教师来系学习），见表 19-10-7。

表 19-10-7　动力机械系聘用苏联专家名录

来系时间	专家姓名	任教专业
1954—1956	米哈辽夫	热能动力装置
1956—1958	齐斯佳阔夫	热力设备自动化
1957—1958	马尔金	燃气轮机
1954—1956	季瓦阔夫	汽车拖拉机

1951 年入学的学生学制为四年。四年制的教学计划大体是：一、二年级学习基础课及技术基础课，三、四年级学习专业课及课程设计。为了加强基础课教学，从 1952 年入学的学生起学制改为五年。一、二年级为基础课教学，三年级为技术基础课，四、五年级为专业课、课程设计及毕业设计。生产实习共安排三次：专业认识实习、安装运行实习及毕业前实习。毕业设计是学生毕业前的一次综合培养，包括毕业前实习在内，长达一个学期，毕业前进行毕业设计答辩。1958 年以后，逐步结合中国实际改进教学内容及教学方法，适当扩大专业范围，增加与国家建设密切相关部分的教学内容，增加工程实践环节与加强科学研究的教学时间，设置教学实验，在课程讲授上强调少而精，在人才培养上注重因材施教。1962 届至 1966 届的学制为六年，其中毕业设计或论文的工作时间为一年。

1978 年恢复热能工程系以后，学制一律为五年，本科生每年招生 90 人。在教学上进行了较大的改革，实行了学分制，除了基础学科为必修课程外，设专业限选课与任选课。各专业都扩大了专业口径，较多地增加了新技术的教学内容。全系增开了计算机科学与技术、系统科学、控制技术、环境科学与技术等学科交叉的课程。在毕业论文中强调对新学科与新技术的研究工作。在人才培养上实施因材施教，并注意双学士学位的培养及与研究生教育接轨。

自 1996 级始，学制改为四年。1995 年以来在本科教学中贯彻"通识教育基础上的宽口径专业教育"的培养理念，在全校率先进行本科教育的改革，最早全面实施本科生导师制，为学生提供大学学业和生活的指导。

2. 研究生培养

1954 年开始，以苏联专家为指导招收以授课进修为主要内容的研究生。1955 年，动力机械系招收研究生，先后在燃气轮机、热工学和锅炉专业中培养。1981 年全国恢复研究生制度，经国务院学位委员会批准，首批于 1981 年 7 月成立工程热物理、热能工程、热力涡轮机三个硕士点（专业），1986 年，批准成立建筑热能工程硕士点。1990 年，热力涡轮机改名为热力涡轮机械，建筑热能工程更名为供热、供燃气、通风及空调工程专业。1981 年，首批批准成立工程热物理博士点；1984 年 6 月，第二批成立热能工程、热力涡轮机械博士点；1990 年，成立供热、供燃气、通风及空调工程博士点。1990 年开始招收工程硕士。研究生每年招生规模硕士生 40 人，博士生 30 人。

1988 年，批准设立动力工程及工程热物理博士后流动站。至 2010 年共吸收国内外博士后研究人员 140 人，其中包括外籍博士 2 人，在国外取得博士学位者 9 人。

2010 年 12 月，全系各类在校生人数为：本科生 359 人，硕士生 156 人，博士生 189 人。

热能工程系共培养各类毕业生人数如下：1952 年至 2010 年，本科生 6 724 人；1984 年至 2010 年，硕士生 699 人；博士生 387 人；论文博士生 10 人；工程硕士生 93 人；2009 年至 2010 年，中法硕士 11 人。

（二）课程设置

2010 年，热能工程系为本科生设置课程约 60 门，开设各类实验 30 个。本科生课程设置见表 19-10-8。硕士生学位课程设置见表 19-10-9。

表 19-10-8　2010 年热能工程系本科生课程设置

所属类别		课 程 名 称	学分	课 程 名 称	学分
机械大类核心课	设计与制造类 4 门 12 学分	机械设计基础 A（1）	3	机械设计基础 A（2）	3
		机械设计基础 A（3）	3	制造工程基础	3
		制造工程基础	3		
	力学与材料类 4 门 12 学分	材料力学	4	理论力学	4
		工程材料	3	基础力学系列实验	2
	热学与流体类课程 3 门 11 学分	工程热力学	4	传热学	3
		流体力学	4	流体力学	3
	测量检测与控制工程基础 2 门 6 学分	测试与检测技术基础	3	热工过程参数测试与控制	4
		控制工程基础	3	控制工程基础	3
专业课	专业基础课 2 门 6 学分	燃烧理论	3	应用流体力学	3
		制冷技术原理	3	动力系统建模与仿真	3
	专业课 8 学分，ABC 类须交叉选，即 $A_i + B_i + C_j$（$i \neq j$）或 $\sum C_j + B_i$（B 类任选一门）	A 类			
		热力设备传热与流体动力学	4	动力机械及工程原理	4
		流体机械原理及设计	4		
		B 类			
		热能工程课程设计	2	动力机械及工程课程设计	2
		流体机械课程设计	2		
		C 类			
		热能工程基础	2	动力机械及工程基础	2
		流体机械基础	2		
	专业选修课 ≥10 学分	热工实验技术及数据处理	2	受压容器强度	2
		联合循环系统	2	热力涡轮机装置	2
		热能动力系统	2	弹性力学与有限元	2
		流体机械系统仿真与控制	2	液力传动	2
		专业英语阅读	2	多相流动基础	2
		可再生能源及其利用技术	2	现代热物理测试及分析技术	2
		高新科技中的传热学及应用	2	工程声学基础	2
		先进控制系统	2	热力系统综合自动化技术	2
		动力系统监测与诊断原理	2	制冷技术原理	2
		风机原理及设计	2	燃料电池发电技术基础	2

所 属 类 别		课 程 名 称	学分	课 程 名 称	学分
专业课	专业选修课≥10学分	煤炭转化原理机煤化工技术	2	燃气轮机燃烧理论机装置	2
		数值传热学	2	燃煤污染控制技术	2
		先进燃气轮机的理论和实验技术	2		
实践环节	实践环节30学分	军事训练	2	综合论文训练	15
		能源与环境认识实践	2	金工实习C（集中）	2
		专业认识实习	3	能源动力系统及其仿真实验	1
		机械设计基础课程设计	2	生产实习	3

表 19-10-9　2010 年热能工程系硕士点学位课程名称

课 程 名 称	学分	课 程 名 称	学分
高等传热学	3	黏性流体力学	3
高等热力学	3	燃烧过程的计算方法	2
分析与计算流体力学	3	叶轮机械气动热力学	2
沸腾放热及两相流动	2	流体机械流动理论	3
动力系统及设备优化	2	热工动态学	3
现代控制理论	3	过程数据的计算机处理	3

（三）教学成果

1993 年动力工程及工程热物理一级重点学科建设获第二届国家普通高校优秀教学成果二等奖。

"工程热力学"课分别于 1992 年、1996 年、1998 年被评为清华大学一类课程。2005 年，"工程热力学"课（史琳主讲）获评清华大学校级精品课、北京市精品课、国家精品课。"传热学"课（姜培学主讲）获评清华大学校级精品课。2007 年，"传热学"课（姜培学主讲）获评北京市精品课、国家精品课。"燃烧理论"课（姚强主讲）获评清华大学校级精品课。2009 年，"燃烧理论"课（姚强主讲）获评北京市精品课、国家精品课。

1989 年，任泽霈教授获国家教委、人事部、教育工会联合颁发的"全国优秀教师奖章"。1994 年，张艳春副教授获"北京市优秀教师"称号。1996 年，朱颖心教授获"北京市优秀教师"称号。2003 年，段远源教授获"北京市青年教师师德标兵"称号。2009 年，史琳教授获"第五届北京市教学名师"称号。2010 年，姜培学教授获"第六届北京市教学名师"称号；史琳教授获"北京市师德标兵"称号；热工学教学团队被评为北京市优秀教学团队。

热能工程系历年教材获奖情况见表 19-10-10。

表 19-10-10　热能工程系历年教材获奖情况

序号	获奖时间	教 材 名 称	获 奖 等 级	获 奖 人
1	1987	工程传热传质学（上）	国家优秀教材奖	王补宣
2	1992	能量系统实用分析	能源部优秀教材一等奖	朱明善

续表

序号	获奖时间	教材名称	获奖等级	获奖人
3	1992	建筑热过程	国家优秀教材奖；城建部优秀教材一等奖	彦启森
4	1995	燃煤燃气-蒸汽联合循环装置	国家教委学术著作优秀奖	焦树建
5	1996	锅炉原理与计算（第二版）	机械工业部第三届高等学校优秀教材一等奖	冯俊凯　沈幼庭
6	1997	锅炉原理与计算（第二版）	全国高校国家级优秀教学成果二等奖	冯俊凯　沈幼庭
7	1997	锅炉水自然循环原理、计算及试验方法	国家科委科技进步二等奖	冯俊凯　杨瑞昌
8	1998	工程热力学	国家教委科技进步三等奖	朱明善　刘颖　林兆庄　彭晓峰
9	2005	热工基础	北京市教学成果二等奖	张学学

五、科学研究

1949年以前，主要科研成果有：刘仙洲教授编著的《英汉对照机械工程名词》《中国机械工程发明史》。

1952年至1965年主要科研成果有：吴仲华教授的叶轮机械气体动力学及燃气轮机研究，1956年获首届国家自然科学二等奖。王补宣、彭秉璞、罗棣菴等为四川化工厂研制的三重冷管内件氨合成塔，1965年获全国重大发明奖，1978年获全国科学大会奖。

1978年以来，热能工程系加强了科学前沿及与国民经济重点建设有关的重大课题研究。在技术科学与工程开发研究上组织了循环流化床锅炉、大型煤粉锅炉燃烧器、煤气-蒸汽联合炉、大型火电站及联合循环电站仿真培训系统、动力系统控制工程、大型热网计算机控制系统、核反应堆内传热工程、人工环境工程、大型煤气工程及其余热锅炉、高效换热器及煤油混烧工程等大型研究课题。在基础研究课题上组织了传热理论、多孔介质传热、多相流传热、气固两相流、叶轮机械内部流动、热工动态学、热能系统工程、仿真学、人工环境学及动态仿真、能源环境学等学科前沿与交叉学科的研究。自1956年至2010年，共获得省部级二等奖以上的奖项55项，其中国家级二等奖以上的科研成果，见表19-10-11。

表19-10-11　热能工程系历年获得国家级奖项的科研成果

序号	获奖年份	项目名称	获奖等级	获奖人
1	1956	叶轮机械气体动力学及燃气轮机研究	首届国家自然科学二等奖	吴仲华
2	1965	三重冷管内件氨合成塔	全国重大发明奖	王补宣　彭秉璞　罗棣菴
3	1978	三重冷管内件氨合成塔	全国科学大会奖	王补宣　彭秉璞　罗棣菴
4	1985	大型火电机组模拟培训系统	国家科技进步奖一等奖	吕崇德等
5	1992	大型火电机组仿真技术	全国十大科技成就奖	吕崇德等
6	1992	旋涡内分离循环流化床锅炉	国家发明奖三等奖	曹柏林　吴学安
7	1998	大型火电机组性能与振动远程在线监测及诊断系统	国家科技进步奖二等奖	倪维斗　蒋东翔

续表

序号	获奖年份	项目名称	获奖等级	获奖人
8	1999	混流式水轮机转轮设计与特性预测研究	国家科技进步奖二等奖	曹树良　钱涵欣　林汝长等
9	2000	清华系列绿色制冷剂	国家技术发明奖二等奖	朱明善　史　琳　韩礼钟等
10	2006	循环流化床锅炉本体和动态仿真关键技术的研究及产业化	国家科技进步奖二等奖	岳光溪　李　政　倪维斗等
11	2007	紊流模拟技术及其在水利水电工程中的应用	国家科技进步奖二等奖	戴会超　许唯临　吴玉林等

王补宣获 1985 年人类利用能源"国际大奖"。吕崇德获 1996 年国际仿真学会"突出贡献奖"。徐旭常获 1995 年何梁何利科学技术进步奖。焦树建获 1997 年美国 American Biographical Institute 颁发的"热能工程领域"国际社会杰出贡献金奖。王补宣获 1998 年何梁何利科学技术进步奖。岳光溪获 2008 年第七届光华工程科技奖。

自 1985 年以来，热能工程系共申请专利 300 余项，已获准专利 260 余项，其中徐旭常的"带火焰稳定器的煤粉燃烧器"发明专利获 1989 年中国专利发明创造金奖，"船型体直流煤粉燃烧器"获 1994 年中国专利局和世界知识产权组织专利金奖。

1980 年以来，热能工程系在国内外学术刊物及国际学术会议上共发表论文 7 000 余篇。

六、对外合作与交流

1985 年，由热能工程系主办第一届国际传热学术会议，该会议每四年举办一次，至 2010 年已经连续主办了七届国际传热学术会议，均由王补宣院士担任会议主席。

1987 年，主办第一届国际煤燃烧学术会议，作为热能工程学科的重要国际交流平台，该会议每四年举办一次，至 2010 年已经连续主办了六届国际煤燃烧学术会议。第一至第三届会议主席为冯俊凯；第四至第六届会议主席为徐旭常。

1996 年，主办第一届中-韩清洁能源利用双边学术会议，该会议每两年一次，交替在中国和韩国举行。至 2010 年已经举办了七届中—韩清洁能源利用双边学术会议。第一、三、五届会议主席为徐旭常；第七届会议主席为陈昌和。

2009 年 5 月，主办了第 20 届国际流化床燃烧会议，岳光溪担任会议主席。

2010 年 8 月，主办了第 33 届国际燃烧会议，姚强担任组委会主席。这是国际燃烧界学术水平最高、规模最大的学术会议，会议代表达 1 000 多人。

2003 年 3 月，与英国 BP 公司合作，成立清华 BP 清洁能源研究与教育中心。

2003 年 7 月，与日本三菱重工公司合作，成立清华大学-三菱研究开发中心。

2008 年 4 月，与日本东芝公司联合，成立清华大学（热能工程系）-东芝能源与环境研究中心。

1988 年至 2010 年，先后聘请了客座教授 19 名，顾问教授 1 名，2010 年共有客座教授 8 名（佐藤顺一、戴瑞克·杰克逊、牧野启二、青木素直、西道弘、Derek Jackson、田井一郎、长岛利夫），顾问教授 1 名（阿赫思）。

七、实验室

1952 年动力机械系建立后，开始在系馆楼下大厅内建设热工学和热能动力装置实验室。1956 年建设 200 千瓦实验电厂装置。1956 年建设燃气轮机实验室。"文革"期间，实验室遭到破坏，"文革"后得到恢复并有很大发展。

1991 年经批准以世界银行贷款开始兴建煤的高效低污染燃烧国家重点实验室，1995 年通过国家验收，1997 年通过国家第一次评估，成绩为 B。2003 年参加国家第二次评估，成绩为 C。2004 年 5 月对原实验室进行重组整合，加入热科学基础研究和燃气轮机关键技术基础研究的内容，并以清华大学热能动力工程及热科学重点实验室开始运行。教育部在 2005 年 6 月组织专家组进行论证，8 月确认正式以"热科学与动力工程"教育部重点实验室开始对外开放运行。2007 年下半年参加教育部重点实验室的部门重点实验室评估，评估专家对实验室给予了肯定，被评为 A 类，并被推荐参加 2008 年国家重点实验室系列的评估，评估结果为良好。先后由倪维斗院士、陈昌和教授、姚强教授任实验室主任，倪维斗院士、徐益谦（东南大学）任学术委员会主任。

1991 年经正式批准以世界银行贷款兴建电力系统及设备的安全性与仿真国家重点实验室（分室），与电机系合建，热能工程系承担动力系统动态安全及仿真的研究。

1993 年经国家计委与世界银行审查批准建立工业锅炉及民用煤清洁燃烧国家工程研究中心。中心拥有在清华大学热能工程系建设的以技术开发为核心的实验室，以及与美锦能源集团合作建设的工程示范基地，先后由张绪祎、姚强任中心主任。

2003 年建立水沙国家重点实验室分室。

2008 年 1 月国家发展与改革委员会批准筹建燃气轮机与煤气化联合循环国家工程研究中心。中心由清华大学联合东方电气集团东方汽轮机有限公司、哈尔滨汽轮机厂有限责任公司、南京汽轮电机（集团）有限责任公司、上海电气电站设备集团公司、中船重工集团第 703 研究所共同发起，2008 年 7 月 5 日挂牌成立。2008 年至 2010 年蒋洪德院士任中心主任。

2008 年 4 月成立清华大学盐碱地区生态修复与固碳研究中心。2008 年 11 月成立清华大学-阳光基业工业节能减排联合研发中心。2010 年 1 月成立清华大学（热能工程系）-力源水电水轮发电机组技术联合研究中心。2010 年 8 月成立清华大学燃烧能源中心。

截至 2010 年，热能工程系有 2 个国家重点实验室分室，2 个国家工程研究中心，1 个教育部重点实验室，2 个校管实验室，6 个系管实验室，2 个国内合作研究中心。

系管实验室情况见表 19-10-12。

表 19-10-12　2010 年热能系系管实验室情况

实验室名称	建立时间	实验室面积（平方米）	人员组成			仪器（件）	设备金额（万元）
			教师	技术人员	其他		
动力工程及工程热物理实验教学中心	1955	1 200	1	2	2	991	1 717.49
热能工程实验室	1970	2 850	1	4	3	1 684	6 442.79
热工测试技术实验室	1980	1 500	1	3	0	502	591.50
燃气轮机实验室	1958	2 100	0	4	0	877	1 670.99
流体机械及工程实验室	1952	1 300	1	1	0	406	585.86
液态金属技术实验室	1989	686	0	1	0	105	115.74
总计		9 636	4	15	5	4 565	11 124.38

第十一节　汽车工程系

一、沿革

（一）概况

1932年，清华大学建立机械工程学系，设有3个学科组：原动力工程组、飞机及汽车工程组和机械制造工程组。1934年飞机及汽车工程组改为航空工程组，而汽车工程课列入原动力工程组的授课计划，内燃机课仍是全系共同必修课。1951—1952学年原动力工程组分为动力组和汽车组。1952年秋全国高校院系调整，清华大学在动力机械系内设置汽车拖拉机专业，成立了汽车拖拉机教研组，1956年增设汽车拖拉机发动机教研组。

1960年，以汽车拖拉机专业为主成立农业机械系，与动力机械系合署办公。1969年秋农机系撤销，汽车拖拉机专业改称汽车专业，并与冶金系各专业及精仪系机械制造专业一起和校机械厂合并成立清华大学汽车厂。1970年又由前述各专业组成机械工程系，以专司教学工作。1978年汽车专业回归动力机械系，同年该系改称热能工程系。1979年热能工程系增设内燃机专业。

1980年7月，学校决定以汽车、内燃机两专业组建汽车工程系，仍与热能工程系合署办公。1990年两系办公机构分开。

（二）专业设置

1. 本科专业设置

1980年至1993年汽车工程系设汽车工程专业和内燃机专业，1993年后合并为1个汽车工程专业，包含3个专业方向：汽车底盘、汽车发动机、汽车车身，每年招生90名左右。1997年依教育部专业调整目录改名为车辆工程专业。2000年起车辆工程专业的汽车车身方向扩展为汽车车型与车身设计方向。2004年车辆工程专业首次招收兵器工业总公司（简称"兵总"）定向生，同年学校决定由汽车工程系行政代管1个兵总定向生班。2008年车辆工程专业被列入国家高等学校特色专业建设点。

2. 研究生的学科或专业设置

1981年开始汽车工程系有硕士点2个（汽车设计制造专业和内燃机专业）、博士点1个（汽车设计制造专业）。

1997 年开始汽车工程系有车辆工程和动力机械及工程两个二级学科的博士、硕士学位点。其中车辆工程学科是机械工程一级学科的重要组成部分，动力机械及工程学科由本系原内燃机硕士点与热能工程系原热力涡轮机械博士、硕士点合成，并属于全校的动力工程及工程热物理一级学科。这两个二级学科和所属的一级学科在 2001 年均被评为国家重点学科，从该年起本系培养的研究生按一级学科授予博士、硕士学位。

（三）博士后流动站

1991 年学校获准建立机械工程博士后流动站，本系即成为机械工程博士后流动站的汽车设计制造学科点，并从 1997 年起成为动力工程博士后流动站动力机械及工程学科的一个点。截至 2010 年 12 月，汽车工程系总共有 136 名博士后出站，博士后在站人数 39 名。

（四）历任党政负责人名录

历任系主任、系党委书记名录见表 19-11-1。

表 19-11-1　汽车工程系历任系主任与系党委书记名录

系主任	任 职 时 间	系党委书记	任 职 时 间
朱志武	1980-07—1981-01	杜建寰	1980-07—1984-10
钱振为	1981-01—1984-08		
倪维斗（兼）	1984-08—1988-09	金龙乾	1984-10—1991-10
刘惟信	1988-09—1991-11		
赵六奇	1991-11—1994-10	胡师金	1991-10—1994-10
陈全世	1994-10—1997-10	孟嗣宗	1994-10—1997-12
孟嗣宗	1997-10—1998-11	卢青春	1997-12—2008-07
吕振华	1998-11—2001-02		
欧阳明高	2001-02—2007-06		
李克强	2007-06—	帅石金	2008-07—

（五）历任学术委员会主任名录

蒋孝煜（1990-03—1996-09）；吕振华（1996-09—2004-05）；连小珉（2004-05—　）。

二、教学科研组织

（一）教研组

1952 年在动力机械系下设有汽车拖拉机教研组，1956 年增设汽车拖拉机发动机教研组，1960 年合并成汽车拖拉机及发动机教研组。1980 年汽车工程系设有汽车工程教研组和内燃机教研组。2001 年改称车辆工程学科组、动力机械及工程学科组，并增设车型设计与车身工程学科组。2006 年以后三个学科组分别改称车辆与交通研究所、车用动力研究所、汽车车型与车身设计研究所。1989 年以后，本系的教研组（及其后的学科组、研究所）只从事本科及研究生教学工作，不兼管科研工作。

（二）研究所

1989 年，清华大学与中国汽车工业总公司联合建立清华大学汽车研究所，由汽车工程系实施。同年 11 月，经国家计委和国家教委批准，开始筹建依托清华大学的汽车安全与节能国家重点实验室，由汽车系筹办。1993 年底作为国家重点实验室配套建设条件的汽车研究所科研楼及实验室竣工。1995 年底汽车安全与节能国家重点实验室通过国家验收，正式投入运行。

三、教职工

（一）代表性年份教职工队伍状况

1980 年汽车工程系建立至今教职工队伍变化状况见表 19-11-2。

表 19-11-2　汽车工程系建立至今教职工人数

年份	正高职称	副高职称	中级职称	初级职称	无职称	小计
1980	4	12	32	15	11	84
1990	12	24	26	17	10	89
2000	13	22	19	7	11	72
2010	20	41	7	0	8	76

2000 年 72 名教职工中，最终学历为博士者 32 人、硕士者 14 人、本科毕业 12 人、其他 14 人。2010 年教职工 76 人中，最终学历为博士者 49 人、硕士 11 人、本科毕业 6 人、其他 10 人。

（二）教授名录

1952 年至 1979 年在动力、农机系汽车拖拉机专业及汽车专业任教的和 1980 年以后在本系任教的教授名录，见表 19-11-3。

表 19-11-3　汽车工程系教授名录

姓名（任职时间）	姓名（任职时间）	姓名（任职时间）
宋镜瀛（1951—1987 离休）	耿耀西（1961—1986 离休）	程　宏（1978—1990 退休）
徐大宏（1980—1981 调离）	余志生（1983—1991 离休）	蒋孝煜（1983—1996 退休）
蔡祖安（1987—1994 退休）	黄世霖（1987—1997 退休）	管迪华（1987—1998 离休）
钱振为（1988—1993 退休）	刘惟信（1988—1994 离休）	陆际清（1989—2000 退休）
伦景光（1989—1998 退休）	刘　峥（1990—1999 退休）	赵六奇（1990—2001 退休）
沈祖京（1992—1994 退休）	郭少平（1992—1998 退休）	王绍铣（1993—2001 退休）
孙大立（1993—1994 退休）	徐石安（1994—2000 退休）	胡师金（1995—1996 退休）
袁大宏（1996—1997 退休）	连小珉（1996—　　）	孟嗣宗（1996—1998 调出）
吕振华（1996 调入—　　）	夏群生（1998—2009 退休）	欧阳明高（1998—　　）
范子杰（1999 调入—　　）	陈全世（1999—2010 退休）	宋　健（1999—　　）

续表

姓名（任职时间）	姓名（任职时间）	姓名（任职时间）
王建昕（2000— ）	李克强（2000 调入— ）	卢青春（2001— ）
周 青（2003 调入— ）	张扬军（2003— ）	李一兵（2003— ）
张金换（2004— ）	成 波（2005 调入— ）	谢起成（2005—2006 退休）
裴普成（2005— ）	帅石金（2006— ）	侯之超（2007— ）
张俊智（2008— ）	田光宇（2009— ）	李佳峰（2010 调入— ）
李建秋（2010— ）	张剑波（2010 调入— ）	

四、教学

（一）本科教学

1. 概况

机械工程学系于1951—1952学年设立汽车组，1952年汽车组毕业110人。动力机械系1953年汽车专业毕业生（来自清华、北大、燕京三校）66人；1951年至1965年间招收的汽车拖拉机专业学生共有955人，其中1951年入学的学制四年，1952年至1954年入学的学制五年，1955年至1958年入学的学制五年半，1959年至1965年入学的学制六年。此期间汽车拖拉机专业所有学生按同一教学计划上课，只在专业实践环节上区分出汽车、拖拉机和发动机三个方向。

机械工程系于1970年至1976年间招过6届三年至三年半学制的汽车专业学生，有264人于1974年至1980年初毕业，还有两届一年半年制的学员，有61人毕业。

1977年恢复高考后学制改为五年，其教学安排则与1966年以前汽车拖拉机专业的教学安排基本一致。1978年至1979年动力机械系和1980年至1992年汽车工程系招收汽车、内燃机两个专业的学生，相应在1982年至1997年全系共有1328名毕业生。

1996年以后招入的学生改为4年本科加2年研究生的"4＋2"本硕贯通式学制。1998年至2000年共有360名五年制毕业生，2000年至2010年共有882名毕业生。1996年至1997年还有两年制专科生共56人毕业。

此外，2004年起车辆工程专业招收兵总定向生，每年不超过10人。

2. 课程设置

（1）1993年汽车工程专业本科五年制的课程安排

教学计划中的公共课和人文社会科学课程与全校一致。基础课与全校机械类专业相同。工程技术基础课大部分与机械类专业一致，但热工基础和工程流体力学的学分介于机械类和热工类专业之间，同时单开汽车制造工艺课。专业课分必修、限选和任选三类。具体安排如下（括号内数字为该课程学分数或学分×学期数）。

专业必修课：汽车构造（3×2）、汽车工程概论（1）、汽车发动机原理（4）、汽车理论（4）、汽车及发动机总体设计（1）和专业英语阅读（1×3）共6门。

专业限选课按底盘、发动机、车身三个方向分为三组：汽车结构设计与计算（4）及汽车课程设计（4）；汽车发动机设计（4）及发动机课程设计（4）；车身结构与造型设计（3）及车身制造工艺（1）。每位学生限选一组，同时就选定了其毕业设计的选题方向。

专业任选课：内燃机燃料供给（2）、内燃机增压（2）、内燃机测试技术（2）、汽车电子学（2）、汽车电器（1）、有限元法在汽车中的应用（2）、随机振动与数据处理（2）、最优化设计（1）、可靠性设计（2）、汽车噪声控制（2）、汽车安全性与法规（1）、美术（2）。

实践环节：电子工艺实习（2）、金属工艺学实习（4）、军事训练（3）、公益劳动（1）、机械原理课程设计（2）、机械设计课程设计（3）等，均与机械类专业一致；专业性实践环节有汽车驾驶实习（2）、汽车结构拆装实习（2）、汽车生产实习（3）、毕业设计（20）。

（2）2000年车辆工程专业本科生4年制课程安排分为底盘、发动机方向和汽车造型与车身设计方向两种情况。

底盘、发动机方向课程安排为：（1）人文社科基础课程35学分（政治理论课14，体育4，外语4，文化素质选修课13）；（2）自然科学基础课程36学分（数学必修16，限修5，物理及实验12，化学3）；（3）信息技术基础课程11学分（电工与电子技术（1，2）8，计算机应用基础3）；（4）机械大类核心课程40学分（机械设计基础9，制造工程基础3，材料力学3，理论力学4，力学系列实验2，工程材料3，工程热力学4，传热学3，流体力学3，测量与检测技术基础3，控制工程基础3）；（5）专业方向课24学分（必修课15学分，包括汽车构造4，汽车试验学2，汽车发动机原理3，汽车理论3，发动机设计或底盘设计（2选1）3；任选课9学分，由学生在汽车概论、汽车电子与控制、有限元分析基础、机械CAD技术基础、振动分析基础、内燃机燃料供给、内燃机增压与增压技术、质量工程等专业课程中自选）；（6）实践环节33学分（军训3，大一外语强化训练2，金工实习4，机械设计综合训练4，生产实习2，汽车结构拆装2，驾驶实习1，综合论文训练15），其中综合论文训练历时16周。

汽车造型与车身设计方向与底盘、发动机方向课程安排的差别为：自然科学基础课程改为24学分；机械大类核心课程改为33学分；增加美术类课程21学分，包括色彩基础、透视与结构素描、设计思维与产品设计战略、汽车动感形态设计、汽车二维设计表达、立体设计表达、计算机辅助造型设计等。其他课程安排和实践环节的安排则基本相同。

（二）研究生培养

1. 概况

（1）学位授予点和培养方向

1981年至1996年汽车系有汽车设计制造和内燃机两个硕士点和汽车设计制造专业博士点。汽车设计制造硕士点培养方向包括汽车动力学、汽车整车及部件的结构分析与设计方法、汽车安全性分析与措施、汽车电子控制、汽车测试技术等。内燃机硕士点的培养方向包括发动机工作过程、整机及部件的结构分析与设计方法、发动机电子管理系统、节能与排放控制、发动机测试技术等。汽车设计制造博士点培养方向包括汽车理论与设计、汽车安全与人机工程、汽车控制工程、智能交通系统、汽车发动机理论、设计及控制等。

1997年以后汽车系车辆工程二级学科（080204）的硕士点、博士点的培养方向与此前汽车设计制造硕士点、博士点培养方向相同。动力机械与工程二级学科（080703）的硕士点的培养方向除了原内燃机硕士点的培养方向外，还增加了其他汽车动力系统（混合动力系统、燃料电池系统）的理论与设计；博士点的培养方向为车用内燃机理论与设计、汽车动力系统理论与设计、车

用动力控制工程等。

自 1997 年起汽车系招收车辆工程领域和动力工程领域的工程硕士生。

从 2001 年起汽车系与德国亚琛工业大学联合培养硕士生。学生在清华学习部分学位课程，在亚琛工业大学完成部分学位课程学习、专题论文答辩和实习，回清华完成学位论文，通过后同时获得清华硕士学位和清华-亚琛联合硕士学位。

（2）历年硕士、博士学位授予人数

1981 年至 1996 年硕士生毕业 187 人、1985 年至 1996 年博士生毕业 32 人，1997 年至 2000 年硕士生毕业 91 人、博士生毕业 22 人，2001 年至 2009 年硕士生毕业 515 人、博士生毕业 67 人，2010 年硕士生毕业 44 人、博士生毕业 12 人。

截至 2010 年，有 44 名汽车系研究生和 19 名来汽车系的亚琛工业大学研究生获中、德两国的硕士学位。

2. 研究生课程

关于公共基础课方面的要求与全校机械类学科完全相同。1997 年以前硕士生的专业课有：汽车设计制造专业的汽车动力学、信号处理技术、自适应智能控制专题、实验模态分析技术、机械最优化设计、工程振动及试验分析、有限元分析及其应用等；内燃机专业的机构动力学、自动适应智能控制专题、内燃机工作过程热物理基础、过程数据的计算机处理、计算机辅助设计控制系统、摩擦学原理、有限元分析及其应用等。

1996 年以后招入的学生实行"4＋2"本硕贯通式学制，在硕士生阶段（2～2.5 年）的课程安排与本科衔接。对于"车辆工程"学科的硕士生，其专业基础课为控制工程、机械原理制图、力学等的拓展课程，专业课则有汽车动力学、车辆控制工程、动态测试与分析等。对于"动力机械及工程"学科的硕士生，其专业基础课为热力学、传热学和流体力学的拓展课程，专业课则有高等内燃机学、发动机控制工程、发动机热流体分析、汽车及其动力发展前沿等。

此外，逐步开设和完善英语授课课程，目前已开出汽车工程 1、内燃机 1、汽车机电系统、汽车耐撞性及乘员保护、汽车控制工程等 10 余门，初步形成了英语课程体系，供本校和留学生学习。

（三）教学成果

1. 获奖教材

1992 年《机械最优化设计》第 1 版（刘惟信、孟嗣宗）获全国高校机械类优秀教材二等奖，该书第 2 版（刘惟信）于 1996 年获全国高校机械类优秀教材一等奖，又于 1997 年获国家教委教学成果二等奖。1996 年《汽车理论》第 2 版（余志生等）获全国高校机械类优秀教材二等奖，该书第 3 版（余志生、赵六奇、夏群生等）于 2002 年获上海汽车工业教育基金会优秀著作一等奖。2004 年《汽车发动机原理教程》（第 3 版）（刘峥、王建昕）获清华大学优秀教材一等奖。2006 年《汽车电子学》（王绍铦、夏群生、李建秋）被评为北京市高等教育精品教材。2008 年《立体设计表达—汽车油泥模型设计制作》（周力辉）被评为北京高等教育精品教材。

2002 年《汽车电子技术》（王绍铦、夏群生、赵六奇）获清华大学优秀教学软件一等奖。2008 年《汽车构造教学软件》（赵淑莉、张明）获清华大学优秀教学软件一等奖。

2. 校级一类课和精品课

1993 年，"汽车理论"课被评为校级一类课，1999 年再次被评为校级一类课。

2007 年，"汽车耐撞性及乘员保护"被评为清华大学精品课程（研究生）。

2009 年，"汽车理论""汽车发动机原理""汽车电子与控制""立体设计表达"四门课程获评为清华大学精品课程。

2009 年，"汽车理论"被评为北京市精品课程，2009 年又被评为国家精品课程。

2010 年，"汽车碰撞安全基础"被评为清华大学精品课程（研究生）。

3. 优秀博士论文

2003 年，《利用试验模态参数对轮胎侧偏特性的建模研究》（研究生：尚进，导师：管迪华）获全国优秀博士论文。

自 1988 年至 2010 年入选清华大学优秀博士论文共 11 篇。

4. 教学成果奖

1988 年以来获清华大学教学工作优秀奖一等奖 2 项：1988 年至 1989 年"汽车专业课程设计与毕业设计"（赵六奇、徐石安等）、2006 年"工程与艺术的有机融合——汽车车身造型设计专业课组实践教学探索"（王波、周力辉）。

五、科学研究

（一）概况

1958 年，汽车专业开展了微型汽车的研究。1977 年完成了 490Q 型柴油机的研制，该项目和汽车操纵稳定性研究项目均获 1978 年全国首届科学大会颁发的奖状。此后在汽车振动模态分析、汽车前轮摆振、汽车齿轮传动、汽车噪声测量与控制、汽车安全性、内燃机进排气系与喷油系一维非定常流动、甲醇与 LPG 等燃料利用等研究项目中都获得良好成果。1992 年，建立整车碰撞试验台，开展了汽车碰撞安全性试验研究。"八五"期间（1991 年—1995 年），承担了沙漠重型运输车、汽车发动机电控汽油喷射、沙漠车用内燃机应用陶瓷材料抗磨损和电动汽车等国家攻关课题。

"九五"期间，承担了柴油机电控、防抱死制动系统 ABS 技术等国家攻关课题，实现了产业化推广应用，并先后获得了国家科技进步奖和汽车行业科技进步奖。"十五"和"十一五"期间汽车系承担了燃料电池城市客车、燃料电池城市客车示范运行、混合动力轿车等新能源汽车国家"863"计划和缸内直喷汽油机实现 HCCI 燃烧的基础研究等国家"973"项目，还承担了智能交通系统关键技术开发和示范工程等科技重点攻关项目，并与南方集团等企业单位合作承担了多项整车与汽车关键零部件技术的设计开发工作。目前，汽车系已经形成汽车设计、汽车动力学、汽车安全性、汽车电子与控制、新型动力系统、车用发动机、汽车产业系统工程等 7 个主要科研方向。

（二）科研成果

1. 承担课题

在 1996 年汽车安全与节能国家重点实验室成立以前，汽车工程系共承担国家科技攻关项目 4 项、国家自然科学基金项目 2 项、省（市）部委项目 4 项、横向课题 109 项、国际合作 2 项。

1997 年至 2010 年共承担国家科技支撑计划 17 项攻关项目、"863"计划项目 65 项、"973"计划项目 6 项、国家自然科学基金项目 43 项、军工项目 63 项，省部委计划项目 69 项、横向课题 806 项、国际合作项目 146 项。

2. 获奖成果

1996 年以前获国家科技进步奖三等奖 2 项，国家攻关重大科技成果奖 2 项（汽车电子控制技术、15 吨 6×6 物探专用沙漠车研制），省部级科技进步奖一等奖 1 项，二等奖 9 项，三等奖 10 项。

1997 年至 2010 年获国家科技进步奖二等奖 2 项，三等奖 2 项，国家技术发明奖二等奖 3 项，省部级科技进步奖一等奖 5 项，二等奖 13 项，三等奖 11 项。

以上成果中获得国家级奖项的项目见表 19-11-4。

表 19-11-4　汽车工程系获国家级奖项的主要科研成果

获奖时间	获奖科研成果	获奖类别及等级	获奖人员
1997	汽车碰撞试验与测试分析处理系统研究	国家科技进步奖二等奖	黄世霖（1）等
2007	车用柴油发动机新型电控系统及其应用	国家技术发明奖二等奖	欧阳明高（1）等
2009	混合动力城市客车节能减排关键技术	国家科技进步奖二等奖	张俊智（3）等
2010	运动汽车噪声综合识别及控制技术	国家技术发明奖二等奖	连小珉（1）等
2010	城市客车多能源一体化混合动力系统及其系列化车型应用	国家技术发明奖二等奖	欧阳明高（1）等

说明：括号内数字为获奖人排名。

3. 发明专利

1997 年至 2010 年共获授权发明专利 133 项，实用新型专利 77 项，计算机软件著作权 70 项，外观设计专利 2 项。

4. 发表论文

1989 年至 1996 年国际学术会议发表论文 14 篇，国外期刊论文 34 篇、国内核心期刊 66 篇、国内发表论文 138 篇。

1997 年至 2007 年国际学术会议发表论文 229 篇、国外期刊论文 125 篇、国内核心期刊论文 1 051 篇、国内会议论文 226 篇、国内一般期刊 246 篇，SCI 收录 96 篇，EI 收录 376 篇。

2008 年至 2010 年国际学术会议发表论文 256 篇、国外期刊论文 147 篇、国内核心期刊论文 336 篇、国内一般期刊 63 篇，SCI 收录 121 篇，EI 收录 368 篇。

5. 专著

（1）《模态分析技术》，管迪华，清华大学出版社，1996 年；

（2）《汽车排气污染治理及催化转化器》，王建昕等，化学工业出版社，2000 年 5 月；

（3）《汽车碰撞与安全》，黄世霖等，清华大学出版社，2000 年 12 月；

（4）《声强技术及其在汽车工程中的应用》，蒋孝煜、连小珉等，清华大学出版社，2001 年 6 月；

（5）《燃料电池电动汽车》，陈全世等，清华大学出版社，2005 年 5 月；

（6）《内燃机中一维不定常流动》，刘峥，张扬军，清华大学出版社，2007 年 1 月；

（7）《汽车新型动力系统：构型、建模与控制》，欧阳明高等，清华大学出版社，2008 年 12 月；

（8）《汽车底盘设计》，王霄锋，清华大学出版社，2010 年；

（9）《汽油车近零排放技术》，帅石金等，机械工业出版社，2010 年 4 月；

（10）*Natural Gas*，马凡华等，SCIYO. COM，2010 年 9 月。

六、对外合作与交流

（一）留学生及研究生联合培养

汽车工程系从 2001 年至 2009 年联合培养外国留学生 74 人。其中与德国 Aachen 工业大学自 2001 年开始联合培养硕士研究生，2003 年至 2006 年联合培养德国留学生 19 人，2002 年至 2008 年赴德研究生 42 人。2004 年至 2006 年间培养韩国留学生 9 名。

2004 年至 2010 年期间，公派留学人员 55 人至德国 Aachen 工业大学进行交流学习。同时，还向美国斯坦福大学、密歇根大学、普渡大学、麻省理工学院、威斯康星大学密尔沃基分校、威斯康星大学麦迪逊分校，日本上智大学，法国 Belfort-Montbeliard 科技大学，加拿大协和大学等世界知名大学公派留学师生 45 名。

（二）邀请海外学者短期讲学

汽车工程系于 1991 年聘请日本小野测器株式会社小野义一郎为客座教授，2003 年聘请德国亚琛工业大学副校长 Henning Wallentowitz 教授为客座教授，2008 年聘请美国工程院院士、美国韦恩州立大学杰出教授 Albert I. King 为汽车工程系名誉教授。从 2001 年至 2009 年先后聘请美国斯坦福大学 Joseph Christian Gerdes、日本东京大学须田义大、日本国立交通安全环境研究所小高松男、德国 ZF 公司 Roph Frank、美国国际汽车工程师学会（SAE）年度主席 Neil Arthur Schilke 等几十位专家学者到校进行学术交流和讲学。2010 年聘请美国普渡大学印第安纳波利斯校区电气与计算机工程系系主任陈耀斌教授为客座教授。同年，邀请了 10 位国内外一流学者到校进行学术交流（如英国伯明翰大学徐宏明教授、美国哥伦比亚大学陈曦教授、美国密歇根大学彭晖教授、美国汽车工程学会主席詹姆斯·史密斯、德国大众品牌董事会成员哈肯贝格、亚琛工大 Lutz Eckstein 教授等）。

（三）进行学术互访活动

2003 年以来来访国外学者每年在 310 人次以上，其中包括美国 SAE 学会主席 Ted Robertson 先生、国际汽车工程联合会副主席英国 Leeds 大学教授 David A. Crolla、美国能源部部长 Spencer Abraham 先生、欧盟科技委员会 Philippe Busquin 先生、宝马集团董事长赫穆特·庞克先生、

加拿大国家研究院副总裁 Michael Raymont 先生等许多大学和研究单位的知名学者。

2003 年以来，汽车工程系出访和进修达 200 余人次，其中有 13 名教职研究人员分别在德国亚琛工业大学、日本交通安全环境研究所、美国威斯康星大学、韩国高等工程研究院等进行 3～12 个月的访问研究。2010 年，固定人员出国（境）短期交流访问 56 人次，学生 42 人次。据不完全统计，2004 年至 2010 年接待海外来访人员 1 800 余人次，接待海外来访组团 500 余个。

（四）举办国际会议

1995 年，汽车工程系与福特汽车公司合办"95 中国汽车技术学术会议及研讨会"。自 2004 年起，与中国汽车工程学会和内燃机学会合办的"中国汽车动力系统国际论坛"（APC）每两年一次，已连续举办两届。举办双边学术交流会 5 次，其中包括第 10～12 届清华大学-丰田汽车公司先进汽车技术研讨会。2010 年主办"替代燃料和新能源汽车 2010 国际论坛"，参加人数约 120 人。

（五）开展国际合作研究

参加我国政府主导的与欧盟和美国的氢能燃料电池客车国际合作计划（欧盟第六框架计划（FP6）、UNDP-GEF 项目）4 次。承担国际合作项目 46 项。

七、实验室和研究基地

汽车安全与节能国家重点实验室 1995 年底正式投入运行，建筑面积约 3 000 平方米。经不断建设，现已拥有大型汽车力学参数实验台，汽车碰撞试验台，12 个发动机实验台架，5 套大型排放测试分析系统，汽车转鼓试验台，电动汽车电机试验台及电池试验台，进行汽车 CAD 的计算机工作站和两套发动机工作过程模拟及热流体分析并行计算系统等多项先进研究手段及设施。

汽车安全与节能国家重点实验室历任主任：郭少平（1996-02—1998-12），孟嗣宗（1998-12—1999-12），欧阳明高（1999-12— ）；学术委员会历任主任：邬惠乐（1996-02—2004-06），蒋德明（2004-06—2008-08），柳百成（2008-08— ）。

汽车安全与节能国家重点实验室 2003 年有固定人员 42 名，其中：教授 15 人、副教授 15 人，拥有博士学位者 23 人。2007 年有固定人员 60 人，其中：正高级职称 20 人、副高级职称 29 人、中级职称 11 人，全部人员中拥有博士学位 43 人。

汽车工程系的"汽车机电系统实验室""汽车结构系统分析实验室"和"汽车造型设计实验室"，是学校"机械工程实验室教学中心"的主要组成部分。该中心已于 2008 年经教育部批准为"国家级实验教学示范中心建设单位"，经北京市教委批准为"北京市高等学校实验教学示范中心"。此前，在 2006 年"汽车电子实验室"成为教育部与飞思卡尔公司（Freescale）在国内创办的三个嵌入式系统联合实验室之一。

1999 年清华大学与沈阳华晨金杯汽车有限公司共建汽车工程开发研究院，与上海汽车工业（集团）总公司合作建立汽车碰撞安全与电子控制联合实验室。

2000 年以来，在北京市支持下，汽车系成立了北京清华新能源汽车工程中心，并与广东瑞图万方和日本丰田等企业成立了清华大学-瑞图万方交通导航技术联合开发中心、清华大学-丰田研究中心与一汽启明公司合作成立了车载电子电器平台联合研究中心等校级联合研究中心。

同时还成立了清华大学（汽车系）-南方重型商用车技术研究开发中心、清华大学（汽车系）-福达汽车系统技术开发研究所、清华大学（汽车系）-恒隆汽车转向系统研究所、清华大学（汽车系）-日绵技术联合研究所、清华大学（汽车系）-元丰汽车电控技术研究所等多家系级校企联合研究机构。

第十二节　工业工程系

一、沿革

清华大学工业工程学科的发展始于 20 世纪 90 年代。机械学院精密仪器与机械学系 1993 年第一批获准设立工业工程硕士研究生专业，1997 年起设立本科专业并开始招生，并获准按"管理科学与工程"一级学科授予工业工程方向工学硕士和博士学位。2001 年 10 月清华大学正式成立工业工程系，特聘美国工程院院士、普渡大学萨文迪（Gavriel Salvendy）教授出任系主任和讲席教授。

工业工程系设有"工业工程"本科专业。在"管理科学与工程"一级学科下，设有"工业与系统工程"和"物流工程与管理"两个研究生培养二级学科，并于 2001 年开始"管理科学与工程"博士后流动站工作。

历任党政负责人名录见表 19-12-1。

表 19-12-1　工业工程系历任党政负责人名录

系主任	任职年份	常务副系主任	任职年份	系党委（总支）书记	任职年份
萨文迪	2001—	郑力	2001—	林　亨	2001—2009
				郑　力	2009—

高起点、高目标、建设世界一流的工业工程学科和教学体系是工业工程系的发展目标。2006 年 10 月 30 日—31 日，由 6 名国际工业工程领域权威学者组成的评估专家组对工业工程系进行了国际学科评估。评估报告认为：以美国近 150 所高校工业工程领域教学研究水平为参照，清华大学的本科教育达到了全美前 20 名的水平，研究生教育达到了全美前 25 名的水平。

二、教学科研组织

2001 年 10 月建系后，工业工程系对物流工程、先进制造和人因工程 3 个大的学科领域进行了规划，成立了物流工程、先进制造和人因工程 3 个学科组。随后，成立系学术委员会和系教学委员会。2006年起，系学术委员会和系教学委员会合并为系学术委员会，全面负责系学术和教学工作。表19-12-2和表19-12-3为历任系学术委员会和系教学委员会主任名录。2006年，工业工程系由3个学科组正式成立运筹与物流研究所、生产工程研究所和人因与工效学研究所3个研究所，分别由黄四民、成晔和饶培伦担任所长。

表 19-12-2　工业工程系学术委员会主任名录

主　任	任 职 时 间
郑　力	2002-10—2004-10；2004-10—2005-10；2005-10—2010-12

表 19-12-3　工业工程系教学委员会主任名录

主　任	任 职 时 间
吴　甦	2002—2004-10
赵晓波	2004-10—2005-12

三、教职工

2001年清华大学工业工程系成立时，仅有教师13人，教辅人员2人，来自清华大学精密仪器与机械学系、机械工程系和经济管理学院。之后，每年新引进教师2~4人，多数为海外留学的博士。至2010年底，全系共有在职教职员工32人。自2001年10月至2010年底共有20名博士后来系工作。

首任系主任萨文迪是美国普渡大学教授、国际工业工程领域的著名学者，长期从事人因工程与工效学研究，成就卓著。聘请外国学者担任系主任在新中国成立后的清华大学尚属首次，在全国高校中也不多见。萨文迪教授同时还被聘为清华大学讲席教授。聘请各学科领域的权威学者担任讲席教授，是清华大学争取使相关学科在较短时间内达到世界一流水平的重要举措。

在萨文迪教授的带领和推动下，工业工程系本着高起点、高水平、开放式的办学方针，以"在教育与研究方面建成世界一流的工业工程系，致力于提高中国和世界的生产力、提高人民的生活质量与生活水平"为建系目标，在全体教职员工的共同努力下，工业工程系各项工作取得了长足进展，在国内同行中奠定了领先的地位。

鉴于萨文迪教授的杰出成就，2003年9月，他荣获北京市政府颁发给外国专家的"北京市长城友谊奖"；2006年9月获得中国政府授予来华外国专家的最高荣誉奖项"友谊奖"。

工业工程系历年教职工人数见表19-12-4（不含讲席教授），部分年份的教师队伍情况见表19-12-5，教授及客座教授名单见表19-12-6和表19-12-7。

表 19-12-4　工业工程系历年教职工人数

年份	教师人数	教辅人员人数	职员人数	总数	年份	教师人数	教辅人员人数	职员人数	总数
2001	13	2	0	15	2006	23	2	3	28
2002	15	2	2	19	2007	24	2	3	29
2003	18	2	3	23	2008	24	2	3	29
2004	19	2	3	24	2009	24	2	3	31
2005	19	2	3	24	2010	27	2	3	32

表 19-12-5　工业工程系部分年份教师队伍情况

年份	教授人数	副教授人数	讲师人数	具有博士学位人数	年份	教授人数	副教授人数	讲师人数	具有博士学位人数
2001	5	5	3	9	2007	5	12	7	23
2004	4	11	4	18	2010	6	15	6	27

表 19-12-6　工业工程系教授名录

姓名（聘任时间）	姓名（聘任时间）	姓名（聘任时间）
姚　健（1995—2003 退休）	罗振璧（1995—2003 退休）	郑　力（1997—　　）
林　亨（2000—2009 退休）	吴　甦（2001—　　）	赵晓波（2003—　　）
饶培伦（2005—　　）	李志忠（2008—　　）	张　伟（2009—　　）

表 19-12-7　工业工程系客座教授名录

姓　名	聘　期	曾任职务及学衔
Hubertus Christ	2002—2008	德国工程师协会（VDI）主席
Tom Leamon	2002—2005	美国利宝互助保险集团副总裁、安全研究室主任
Yiu-Wing Mai（米耀荣）	2002—2005	香港城市大学制造工程与工程管理系荣誉教授、澳大利亚科学院、工程院院士
陈振国	2003—2006 2006—2009 2009—2012	前美国德州大学（PA 分校）工业工程系系主任、理工学院院长，现 Foxconn 集团董事长特别助理
Ian Noy	2006—2009	前国际人类工效学协会（IEA）主席
郭位	2007—2010	美国工程院院士，香港城市大学校长
吴建福	2007—2010	美国工程院院士，美国佐治亚理工大学教授
Edward F. Crawley	2008—2011	美国国家工程院院士，美国麻省理工学院教授

四、教学

（一）本科教学

1. 概况

1997 年起，清华大学在精密仪器与机械学系设立工业工程本科专业并招生，每年一个班（约 30 人），直至 2000 年。2001 年工业工程系成立时，精密仪器与机械学系工业工程专业的本科生（工7，工8，工9，工0）全部转入工业工程系，同时招生 3 个班（约 90 人）。从 2002 年起至今每年招生 2 个班（约 60 人）。每年在校本科生约 270 人。历年本科招生人数和毕业人数见表 19-12-8。

表 19-12-8　工业工程系历年本科招生人数和毕业人数

年份	招生人数	招收留学生人数	毕业生总人数	学位授予人数	年份	招生人数	招收留学生人数	毕业生总人数	学位授予人数
1997	31	0	0		2004	65	6	28	24
1998	30	0	0		2005	63	0	83	79
1999	32	0	0		2006	65	4	64	63
2000	32	0	0		2007	61	7	60	59
2001	95	2	29	29	2008	62	3	62	62
2002	65	0	29	25	2009	61	11	59	59
2003	65	0	29	28	2010	59	3	60	58

2. 课程设置

工业工程系的本科专业为工业工程专业，学制四年。4 年本科课程共有 173 个学分，包括 140 个春、秋季学期的课程学分、18 个暑期实践与军训学分和 15 个综合论文训练学分。表 19-12-9 为本科课程五大类列表。

表 19-12-9　2006 年工业工程系本科课程设置

课程设置	子类别	学分	总计	课程类别	子类别	学分	总计
人文社科课程	马克思主义理论课和思想品德课	14	35	实践环节	军训	3	18
	体育	4			英语夏令营	2	
	外语	4			金工实习	3	
	人文选修	13			工业系统实践	2	
自然科学基础课程	数学	16	30		现代制造系统概论及实验	3	
	物理	12			生产实习	5	
	化学	2					
专业相关课程	工程基础	19	75	综合论文训练			15
	专业基础	33					
	专业限选	17					
	专业任选和跨学科任选	6					
	总学分			173			

专业基础课程和专业限选课程由本系开课。自 2006 年起，本科生第三学年分为工业工程和物流管理两个专业（限选）方向。表 19-12-10 和表 19-12-11 为专业基础课课程和专业限选课程等课程列表。

表 19-12-10　工业工程系专业基础课程

课程名称	学分	课程名称	学分
工业工程概论	2	运筹学（Ⅱ）（应用随机模型）	3
工程经济学	2	概率论与应用统计学	3

课 程 名 称	学分	课 程 名 称	学分
管理学基础	2	数据结构与算法	3
制造工程概论	3	数据库原理	3
人因工程基础	3	管理信息系统	3
运筹学（Ⅰ）（数学规划）	3	建模与仿真	3
总计	33学分		

表 19-12-11 工业工程系专业方向限选课程（从下列两组课程中任选一组）

课 程 名 称	学分	课 程 名 称	学分
A组：工业工程方向		B组：物流管理方向	
实验设计	2	运筹学Ⅲ（决策方法）	2
供应链管理	2	物流管理概论	2
生产计划与控制	2	需求与库存管理	3
质量控制与质量管理	3	企业生产与物流管理	2
生产自动化与制造系统	3	物流网络系统规划	3
现代人因工程	3	交通系统规划与控制	3
产品开发技术与管理	2	服务运作管理	2
安全工程	2	国际物流	2
项目管理原理与实践	2	物流装备与信息化	2
设施规划与物流分析	2	商务沟通	2

（二）研究生培养

1. 概况

工业工程系在"管理科学与工程"一级学科下，设有"工业与系统工程"和"物流工程与管理"两个研究生培养二级学科。工业工程系的硕士生分为四类：工学硕士生（学制二年），其中国际留学生（学制一年），赴德留学生（学制三年至三年半）；工程硕士（学制三至五年）。自2001年起，工业工程系和德国亚琛工业大学开展了中德政府间双向联合培养硕士项目。每年选派部分研究生赴德国亚琛工业大学学习一年，然后回清华完成硕士学位论文，可分别获得两校授予的硕士学位；同时，每年接受来工业工程系学习的一些德国学生，完成学业后，两校分别授予硕士学位。历年研究生招生和毕业的人数见表 19-12-12。

表 19-12-12 工业工程系历年研究生招生人数和毕业人数

年份	招 生 人 数		赴德学生人数	来华留学生人数	毕 业 人 数	
	硕士	博士	直硕/直博	攻读硕士	硕士	博士
2001	22	3	17/2	0	0	0
2002	21	5	0	2	0	0
2003	29	9	19/1	3	4	0

续表

年份	招生人数		赴德学生人数	来华留学生人数	毕业人数	
	硕士	博士	直硕/直博	攻读硕士	硕士	博士
2004	44	12	19/1	4	22	1
2005	48	9	19/1	15	27	0
2006	39	8	17	15	33	5
2007	37	7	8/2	22	67	1
2008	40	7	8	16	40	4
2009	46	10	6	36	58	10
2010	44	16	5	35	60	9

工业工程系还从工厂企业里招收工业工程和物流工程两个领域的工程硕士生，学制三至五年。自1993年至2010年底，已举办工程硕士22期，参加研究生课程学习910人，录取为工程硕士生人数763人，录取比例为80%。获得学位人数522人。

2. 课程设置

2006年起，工业工程系研究生课程设置见表19-12-13至表19-12-16。

硕士学位研究生总学分不少于30（其中考试课程不少于22学分），包括公共必修课9学分，必修环节2学分，学科专业课不少于19学分。常规学生的课程设置见表19-12-13。

表 19-12-13　工业工程系工学硕士生的课程设置

课程类别	课程名称（学分）		
公共必修课（9学分，考试）	自然辩证法（2）		
	社会主义与当代世界（1）		
	一外（2）		
	数值分析 A（4）		
必修环节（2学分，考查）	学术研究专题讲座（1）		
	文献综述与选题报告（1）		
学科专业课（不少于19学分）	专业基础必修课	高级运筹学（4）	
		高级统计学（3）	
	专业必修课（选2）	高等物流学（3）	
		现代生产工程（3）	
		高级人因学（3）	
专业方向必修课（选1）	物流系列	现代库存管理理论（2）	
		配送系统建模与分析（2）	
		交通工程与管理（2）	
	制造系列	生产调度原理与算法（2）	
		高等质量管理（2）	
		企业信息资源管理（2）	

续表

课 程 类 型	课程名称（学分）	
专业方向必修课（选1）	人因系列	人机交互（2）
		现代安全工程（2）
		工作组织（2）
专业方向任选课	企业诊断与效率改善（3）	
	项目管理（2）	

国际学生的课程设置（英文授课）如下：

工业工程系工学硕士中的国际生来校学习一年，第一学期为课程学习，第二学期为课程学习加学期论文。必修课不少于 15 学分，任选课不少于 8 学分。表 19-12-14 为国际学生课程安排情况。

工程硕士学位研究生：要求课程总学分不少于 30 学分（其中考试学分不少于 22 学分，必修课程不少于 23 学分，选修课程不少于 6 学分，必修环节 1 学分）。表 19-12-15 是工业工程领域和物流工程领域的工程硕士课程设置情况。

表 19-12-14　工业工程系国际学生的课程设置

课程名称（学分）		课程名称（学分）	
第一学期（A，B任选一组）			
A组	制造技术Ⅰ（3）	B组	运筹学（4）
	质量工程学（3）		应用统计学（3）
	生产管理Ⅰ（3）		物流工程与管理基础（3）
	工效学与工作组织（3）		生产工程基础（3）
	系统化工程设计Ⅱ（3）		人因工程基础（3）
第二学期（A，B任选一组）			
A组	制造工程概论（3）	B组	与常规学生的专业必修课程及专业任选课一致
	生产自动化与制造系统（3）		
	企业生产与物流管理（3）		
	物流分析与设施规划（3）		
	工程经济学（2）		
	交通系统规划与控制（3）		
	焊接技术Ⅰ（3）		
	学期论文（3）		

表 19-12-15　工业工程系工程硕士学位研究生课程设置

课 程 类 别	工业工程领域课程（学分）	物流工程领域课程（学分）
公共必修课程	工程硕士英语（3）	工程硕士英语（3）
	运筹学（3）	运筹学（3）
	应用统计学（2）	应用统计学（2）
	系统仿真及应用（3）	系统仿真及应用（3）
	学科前沿讲座（2）	学科前沿讲座（2）
	文献检索与论文写作（1）	文献检索与论文写作（1）

续表

课 程 类 别	工业工程领域课程（学分）	物流工程领域课程（学分）
专业必修课	生产运作管理（3）	物流管理基础（3）
	质量工程学（3）	生产与库存管理（3）
	管理信息系统（3）	交通运输与配送管理（3）
	工效学与工作组织（3）	物流系统信息技术（3）
	管理经济学（3）	物流商务（3）
选修课	产品开发管理（2）	服务运作管理（2）
	物流分析与设施规划（3）	工程经济学（2）
	项目管理（2）	项目管理（2）
	管理学基础（2）	管理学基础（2）
必修环节	文献综述与选题报告（1）	文献综述与选题报告（1）
	中期汇报	中期汇报

工业工程系每年招收的博士生（管理科学与工程一级学科，授工学博士学位），有普博生（学习年限 3～4 年）和直博生（学习年限 4～5 年）两类。

直博生课程设置：必修学分不少于 36 学分，考试课程不少于 30 学分。课程设置见表 19-12-16。

表 19-12-16　工业工程系直博生课程设置

课程类别（学分）	课程名称（学分）	
公共必修课程（10 学分）	自然辩证法（2）	
	现代科学技术革命与马克思主义（2）	
	博士生英语（2）	
	高等数值分析（4）	
专业必修课（考试学分≥13 学分）	高级运筹学（4）	
	高级统计学（3）	
	高等物流学（3）	
	现代生产工程（3）	
	高等人因学（3）	
专业方向必修课（考试学分≥8）	A. 物流系列	现代库存管理理论（2）
		配送系统建模与分析（2）
		交通工程与管理理论（2）
	B. 制造系列	生产调度原理与算法（2）
		高等质量管理学（2）
		企业信息资源管理（2）
	C. 人因系列	人机交互（2）
		现代安全工程（2）
		工作组织（2）

课程类别（学分）	课程名称（学分）
专业方向选修课	企业诊断与效率改善（3）
	项目管理（2）
必修环节（5学分）	文献综述与选题报告（1）
	学术活动与学术报告（2）
	资格考试（1）
	社会实践（1）

普博生课程设置：同直博生，必修学分不少于 22 学分。

（三）教学成果

开放式办学、开展国际合作和重视实践教育是工业工程系的鲜明特色，并取得了丰硕成果。2007 年"物流实验室"获国际工业工程师学会（IIE）唯一一项国际奖——教学创新奖，2008 年"面向经济全球化的工程教育改革战略研究"获北京市教育教学成果一等奖。从 2004 年至 2010 年，工业工程系还获得学校教学成果一等奖 4 项，二等奖 1 项。

获得学校及北京市精品课的课程见表 19-12-17。

表 19-12-17 工业工程系精品课程

年份	课程名称	负责人	级　别
2006	运筹学	赵晓波	校级
2006	人因工程	饶培伦	校级
2008	运筹学	赵晓波	北京市
2009	人因工程	饶培伦	北京市
2010	运筹学	赵　磊	教育部（双语示范课）

五、科学研究

工业工程系于 2002 年确定了学科建设发展框架，并对物流工程、先进制造和人因工程三大学科前沿进行了规划。现下设三个研究所，涵盖了工业工程的核心领域，分别是：

运筹与物流研究所：主要研究数学规划、随机模型、决策理论、算法与优化、数理统计、实验设计等学术问题以及采购管理、运作管理、库存管理、配送管理、顾客需求管理、网络与交通管理、协调机制等应用问题。

生产工程研究所：主要研究生产系统设计与仿真、生产计划与控制、质量与可靠性、制造过程与系统优化、企业集成与信息化、智能监控、可视化管理、企业诊断与效率改善、生产物流与供应链管理等。

人因与工效学研究所：主要研究人类与机器、环境之间的交互作用，涉及生产工效、组织工效、可用性、安全工程、人机界面、职业安全与健康等。

工业工程系历年科研经费统计见表 19-12-18。

表 19-12-18　工业工程系历年实到科研经费　　　　　　　　　　　万元

年份	自然科学基金	"863"／"973"	其他	国际合作	横向	合计
2002	2 076.00	10.00	1.75		243.83	257.60
2003	26.20	35.00	131.30	84.64	36.00	313.14
2004	60.40	35.00	46.20	84.02	50.40	276.02
2005	79.99	80.00	42.00	58.18	352.80	612.97
2006	296.00			305.49	222.26	557.35
2007	113.40	9.00	17.90	271.80	147.00	559.2
2008	99.30	50.00	8.60	306.24	232.39	696.51
2009	143.80	30.08	192.19	377.74	594.70	1 315.43
2010	141.30	24.00		273.30	832.49	1 271.07

2002 年至 2010 年，工业工程系教师在国内外刊物发表论文 319 篇，在国内外学术会议上发表论文 180 篇，出版专著 10 部，国际合著 8 部。2005 年，郑力、李志忠参加的内部专项获得国家科技进步一等奖。

工业工程系教师担任国际工业工程领域学术期刊的编委和国内学术组织重要职务的情况，见表 19-12-19。

表 19-10-19　工业工程系教师担任国际期刊编委和国内学术组织重要职务情况

姓名	学 术 组 织	职 务	起止时间
郑　力	International Journal of Human-Computer Interaction	Associate Editor（P. R. China）	2005—2008
	International Journal of Integrated Computer Aided Engineering	Editorial Board	2004—2009
	International Journal of Industrial and Systems Engineering	Editorial Board	2006—
	International Journal of Internet Manufacturing and Services	Editorial Board	2006—
	International Journal of Electronic Business Management	Editorial Board	2005—
	Robotics and Computer-Integrated Manufacturing	Associate Editor（P. R. China）	2005—2009
	工业工程与管理	副主编	2003—
	中国机械工程	编委	2008—
	机床	编委	2002—2005
	国际工业工程师学会（IIE）中国分部	首任主席	2004—2005
	中国机械工程学会工业工程分会	副主任委员	2007—
	中国机械工程学会生产工程分会	副总干事长	2002—
吴　甦	International Journal of Production Economics	Editorial Board	2005—
赵晓波	Journal of Operations Management	Associate Editor Board	2004—2006
	运筹与管理	分区主编	2010—
	工业工程与管理	编委	2000—
	中国运筹学学会排队论专业委员会	副主任委员	2007—

姓名	学 术 组 织	职 务	起止时间
饶培伦	Safety Science	Associate Editor	2004—
	Human Factors	Editorial Board	2009—
	International Journal of Human-Computer Interaction	Editorial Board	2005—
	Theoretical Issues in Ergonomics Science	Editorial Board	2002—
	Universal Access in the Information Society	Editorial Board	2007—
	International Journal of Mobile Communication	Editorial Board	2009—
	Human Factors and Ergonomics Society	Chair of China Chapter	2007—
		Chapter Affairs Committee	2009—
李志忠	Applied Ergonomics	Editorial Board	2007—2010
	Reliability Engineering & System Safety	Chinese Regional Submission Editor	2004—2007
	International Journal of Industrial Ergonomics	Associate Editor（P. R. China）	2006—2010
	Human factors and Ergonomics in Manufacturing and Service Industries	Editorial Board	2009—
	Society of Reliability Engineers	Vice-Chairman of China Chapter	2005—
	中国运筹学学会可靠性分会第七届委员会	委员	2005—2009
	中国运筹学学会可靠性分会第八届委员会	委员	2009—
	中国人类工效学学会	理事	2008—
	全国人类工效学标准化技术委员会（TC 7）	委员	2003—
	全国个体防护装备标准化技术委员会（TC 112）	委员	2003—
张 伟	Human Factors and Ergonomics in Manufacturing and Service Industries	Editorial Board	2002—
	Universal Access in the Information Society	Editorial Board	2003—
	International Journal on Injury Control and Safety Promotion	Editorial Board	2008—
	International Journal on Interactive Design and Manufacturing	Editorial Board	2008—
	中国人类工效学学会	常务理事	2008—
	中国人类工效学学会管理工效学专业委员会	副主任委员	2009—
	中国图形图像学会虚拟现实专业委员会	委员	2003—
刘大成	总后勤部军事物流专业委员会	委员	2008—
	国际工业工程师学会（IIE）中国分部	秘书长	2006—
	北京价值工程学会	常务理事	2005—
于 明	中国机械工程学会工业工程分会	副总干事	2003—
蔡临宁	中国仿真学会	理事	2008—
	北京2008奥运会组委会	技术专家	2004—2005

续表

姓名	学 术 组 织	职 务	起止时间
黄红选	Journal of Global Optimization	Editorial Board	2002—
	Optimization Letters	Editorial Board	2005—
	Computers and Operations Research	Editorial Board	2007—2009
	中国系统仿真学会第五届离散系统仿真专业委员会	委员	2006—
于瑞峰	中国人类工效学学会管理工效学专业委员会	理事	2008—
黄四民	IIE Transactions	Associate Editor	2005—
	工业工程	编委	2010—
	中国物流学会	常务理事	2006—
李乐飞	IEEE Transactions on Intelligent Transportation Systems	Associate Editor	2009—
	IEEE Intelligent Systems	Department Editor	2009—
王凯波	Quality Technology & Quantitative Management	Associate Editor	2010—
	Journal of the Chinese Institute of Industrial Engineers（Taiwan）	Editorial Board	2007—
皋琴	Human Factors and Ergonomics Society	Secretary of China Chapter	2007—
	International Journal of Human-Computer Interaction	Editorial Board	2009—
李斌锋	北京 2008 奥运会组委会	技术专家	2005—2008
李平科	Fuzzy Optimization and Decision Making	Associate Editor	2010—
姚健	全国工业工程领域工程硕士培养协作组	负责人	2001—2003

六、对外合作与交流

2001 年，学校聘请美国工程院院士、美国普渡大学萨文迪教授担任首任系主任，在他的带领下，工业工程系参照国际标准，建立了与世界一流大学接轨的工业工程学科和教育体系。广泛开展国际合作是工业工程系教学的鲜明特色，自 2001 年起，清华大学工业工程系与德国亚琛工业大学开展的中德政府间联合培养硕士项目一直顺利进行。每年双方各派 10～20 名研究生到对方学校学习一年，在完成规定的学分和论文要求后，获得两个学校授予的硕士学位。2007 年起工业工程系留学生人数已超过本年度入学学生总人数的 20％。

每年夏季小学期，工业工程系邀请海外知名教授来校给本科生集中授课。还提供学生出国参加实习的机会，如组织学生到美国 Yellow Roadway 公司、荷兰 CORDYS 公司、日本早稻田大学实习，每年选派学生参加国际学术会议和交流，参加专业竞赛并获得好成绩，有关信息见表 19-12-20。

表 19-12-20 工业工程系学生国际获奖情况

时间	获 奖 人	获 奖 内 容
2005	张 鹏（工 1）	第一届法国工业设计大赛第二名
2007	肖 建（博士）	美国电气与电子工程学会（IEEE）IEEM 2007 会议论文奖
2008	高 斐 高 超 董俊杰（工 3）	美国工业工程学会（IIE）第二届精益生产学生论文竞赛第一名

工业工程系积极推动科研方面的国际合作，与多家国际知名公司和大学建立了战略伙伴关系，见表 19-12-21。2003 年以来 20％～50％的科研经费来自国际合作项目。每年有数十个团组上

百人次海外专家学者和企业人士来访，有数十人次教师出访进行国际合作交流，自 2003 年至
2010 年，总计来访者 982 人次，出访教师 206 人次。由工业工程系主办或承办的大型国际学术会
议有 11 次，见表 19-12-22。

表 19-12-21　工业工程系对外合作研究项目/中心

时　间	研究项目/中心名称
2002-10	清华大学-利宝（美国）集团职业安全研究项目
2002-05	清华大学-罗依斯罗尔斯（英国）航空发动机公司合作协议
2005-05	清华- Caterpillar（美国）公司合作研究项目
2005-05	清华-三菱重工（日本）研究中心合作项目
2005	清华-荷兰科迪思公司合作研究项目
2005-12	中法 PLM 创新中心（法国达索公司，惠普公司，法国教育部合作项目）
2006	清华-韩国 LG 电子有限公司合作研究项目；清华-德国西门子公司合作研究项目；清华-美国 INTEL 公司合作研究项目；清华-诺基亚公司合作研究项目；清华-宝洁公司合作研究项目；清华-美国通用汽车公司合作研究项目；清华-日本 NTT Data 公司合作研究项目
2007	北卡（美国）-清华物流与企业发展研究中心；清华-美国 IBM 公司合作研究项目；清华-美国 GM 公司合作研究项目；清华-日本三菱重工合作研究项目；EADS European Aeronautic Defense and Space Company 合作研究项目
2008	清华-三菱重工业株式会社合作研究项目；清华-美国 INTEL 公司合作研究项目；清华- Philips-FIMI 合作研究项目；清华-德国西门子公司合作研究项目；清华-美国通用汽车合作研究项目
2009	清华-三菱重工业株式会社合作研究项目；清华-芬兰诺基亚公司合作研究项目；清华-美国通用汽车合作研究项目；清华-荷兰 RSM Erasums University 合作研究项目；清华-德国西门子公司合作研究项目；清华-日本 NEC 合作研究项目；清华-美国波音公司合作研究项目
2010	清华-德国西门子公司合作研究项目；清华-日本三菱重工集团公司合作研究项目；清华-美国通用集团公司（GM）合作研究项目；清华-美国 Intel 公司合作研究项目；清华-美国北卡罗来纳大学教堂山分校合作研究项目

表 19-12-22　工业工程系主办的国际会议

时　间	会议名称	地点
2002-09-19—21	第九届工业工程与工程管理国际学术会议（IE&EM' 2002）及第二届电子商务工程（IceCE' 2002）	北京
2005-02	第一届奥运物流国际研讨会（与美国北卡罗来纳大学共同举办）	北京
2006-12-29	东亚工业工程系主任论坛	北京
2007-07-24—28	第 12 届人机交互（HCI）国际会议	北京
2007-09-12—14	第九届国际智能质量控制学术会议	北京
2008-05-19—23	2008 年度敏捷商务国际会议	北京
2009-04-24—26	数学化仿真与教育科技国际研讨会	北京
2009-05-10	2009 食品安全、健康及物流国际会议	北京
2009-12-19—20	行为运筹学与行为运作管理国际研讨会	北京
2010-07-16—18	数字化仿真与教育科技国际研讨会	北京
2010-12-18—19	行为运筹学与行为运作管理国际研讨会	北京

七、实验室和研究中心（研究所）

根据工业工程系 3 个大的学科研究方向（运筹和物流、生产工程和制造系统、人因工程与工效学）和开设的课程要求，工业工程系建成了 3 个实验室，包括物流系统实验室，生产工程与系统仿真实验室（有 2 个分室），人因工程实验室（有 4 个分室）。

物流系统实验室：混流生产线、配送中心、立体仓库、物流仿真与管理系统。

生产工程与系统仿真实验室：生产工程实验室、系统仿真实验室。

人因工程实验室：人性化产品与工作地设计实验室、可用性评测与人机交互实验室、虚拟现实与人机交互技术实验室、生理工效学与安全工程实验室。

工业工程系的实验室为本系和外系的十余门课程开设 40 多个教学实验。于 2004 年、2006年、2007 年举办过三次全国高校工业工程实践教学和实验室建设方面的研讨会，在推进高校工业工程的实验教学和实验室建设方面发挥了积极的作用。2007 年 5 月，在美国 Nashville 召开的美国工业工程学会（IIE）年会上，工业工程系以物流实验室为主体申报的项目参加了"教学创新奖"评审和答辩并最终成为唯一的获奖者。工业工程系的实验室还多次获得清华大学的奖项。

2009 年 3 月，工业工程系与广东东莞华坚鞋业有限公司合作成立了清华-华坚工业工程应用联合研究所，同年 9 月与中石化茂名分公司合作成立了清华-茂名石化生产仿真与优化研究所。

第十三节　电机工程与应用电子技术系

一、沿革

清华大学电机工程与应用电子技术系（简称电机系）原名电机工程学系，成立于 1932 年秋。建系之初，系主任由清华大学工学院院长顾毓琇教授兼任。1934 年秋，电机系设电力和电讯两个组，并动工兴建电机工程馆（1935 年落成）。

1937 年七七事变后，电机系随校南迁。1939 年，西南联大电机系附设了电讯专修科，学制为两年，培养了抗战时期国家急需的电讯人才。西南联大电机系造就了不少优秀人才，其中一些人在新中国建立后担任了中科院学部委员、研究员，大学教授，国家各部委技术型领导和国有大企业负责人。在海外，也有不少系友取得了出色成绩，成为了著名专家、学者。

抗日战争胜利后，电机系随校于 1946 年 10 月回到清华园。当时全系的首要工作就是恢复教学、恢复受到严重破坏的电机系馆和实验室。1946 年学校恢复全国招生，电机系设立了电机研究所，开始招收研究生。

解放初期，电机系仍分为电力组和电讯组。1952 年院系调整时，电讯组从电机系剥离出去成立了无线电工程系；北京大学工学院电机工程系和燕京大学机电系并入清华大学电机系，且电机系也更名为电机工程系（仍简称电机系）。调整后的电机系，设有电机及电器、发电厂输电网及配电系统、工业企业电气化3个专业。按1951年全国工学院院长会议提出的"工学院招收的新生应有一半以上是专修科学生"的精神，电机系从1952年起办了发电厂和输配电两个专修科，为国家培养了急需的人才。随后，电机系设立了电力机械、发电及输配电、工业企业电气化、基本电工、电工学、工业电子学等6个教研组。

1952年全国高校进行院系调整后，进行了以学习苏联先进经验为主要内容的教学改革。经过3年时间，到1955年秋，电机系的专业设置调整为电机及电器制造、发电及输配电工程、高电压工程、工业企业电气化等4个专业。1956年，周恩来总理主持了我国科学技术发展规划的讨论和制定，部署搞"两弹"。为此，电机系先后成立自动学与远动学、运筹学教研组，承担了计算机专业主要专业课的教学任务；参加了中科院计算技术研究所的筹建。在钱学森先生指导下，电机系当时开设了运筹学专业和自动化研究班。这些教研组和专业，于1958年7月独立建制，成立了自动控制系。

1957年，电机系完成了院系调整后第一轮5年制本科教学的各主要环节，教研组设置也调整成10个，分别是电机、电器、发电及输配电、高压、工业企业电气化、基本电工、电工学、工业电子学、自动学与远动学、运筹学。其中，电机、电器教研组于1955年成立，高压教研组于1956年成立。这样的专业设置和教研组建制（自动学与远动学、运筹学两个教研组于1958年划出）延续到1966年。

1958年清华大学主楼落成，电机系从电机工程馆迁入西主楼。这一时期，电机系每年招收国内本科生180～200名，并招收了朝鲜、越南和老挝等国留学生。随着学校人才培养学制的变化，电机系本科生学制也有所变化：1958届和1959届为五年制，1961届和1962届为五年半制，1964至1966届则改为六年制。此外，1958年至1959年，电机系还为产业部门举办了两期干部进修班，学制为两年，学员为国内多家大电厂、电业局和电机制造厂等单位的领导干部。

自1953年起，电机系重新开始招收研究生，截至1966年，共招收研究生145名。

1970年8月，电机系的工业电子学教研组、工业企业电气化教研组及工业企业电气化专业与原动力机械系热工仪表自动化教研组及热工专业组建成了工业自动化系；发电及输配电、电机、高压、基本电工和电工学等5个教研组与原动力机械系的锅炉、燃气轮机和热工学3个教研组组建成了电力工程系。从1970年至1976年，电力工程系中的电力系统及其自动化、电机、高电压工程3个专业招收了6届工农兵学员共917名，办了4个进修班，共培训学员151名。

1978年11月，电力工程系分为电力工程系和热能工程系。原电机系的5个教研组和3个专业留在电力工程系。1979年，电工学教研组改名为应用电子学及电工学教研组。1980年10月，电力工程系又恢复原系名，即为电机工程系（仍简称电机系）。

1977年全国恢复高考，电机系招收1个电工师资班，学制为四年半。1978年，电机系3个专业恢复招生，其中电力系统及其自动化专业2个班，电机专业1个班，高电压技术专业1个班，学制为五年。与此同时，应用电子学及电工学教研组在承担好全校非电类系专业的电工技术和电子技术课程教学基础上，积极在生物医学工程领域开展科研，筹办新学科、新专业，于1979年开始招收研究生；1982年在电机系正式设立生物医学工程与仪器专业；1988年，电机工程系改名为电机工程与应用电子技术系（简称电机系）。2002年，生物医学工程与仪器专业从电机系转出，并入清华大学医学院。

1978 年国家恢复研究生招生制度，1981 年底，电机系电力系统及其自动化、电机及其控制、高电压技术、理论电工 4 个二级学科点获得全国首批硕士学位授予权和首批博士学位授予权。1989 年，这 4 个博士点均被评为全国重点学科点，且名列全国同类学科点第一名。生物医学工程与仪器学科点先后于 1981 年和 1986 年获得硕士学位授予权和博士学位授予权。电力电子及电气传动学科点先后于 1991 年和 1996 年获得硕士学位授予权和博士学位授予权。为了给企事业单位培养急需的高层次技术和管理人才，电机系从 1996 年开办研究生课程进修班，并基于课程进修班培养工程硕士。自 20 世纪 80 年代初开始，电机系不断进行专业改造，并于 1989 年将原电力系统及其自动化、高电压技术、电机 3 个专业合并为一个宽口径的电气工程及其自动化专业。1998 年 7 月，全国本科专业由 540 个调整为 249 个，"电气工程及其自动化"正式取代了原"电力系统及其自动化""高电压技术"和"电机"3 个专业。

此外，为了适应国家以经济建设为中心的发展需求，满足生产、科研和教育第一线广大科技工作者和教师知识更新的迫切需要，电机系还开展了大学后的继续教育。如 1985 年起，电机系连续举办了 5 期电力设计院院长、总工程师研修班。从 1988 年起，又连续开办了电力系统调度员研讨班共 4 期、电力系统调度科长研讨班 1 期。

自 20 世纪 90 年代中期起，学校先后实施学分制（1994 年）和本硕统筹培养（1998 年），进一步深化了教育教学改革。在这一过程中，电机系的涉及课程结构体系和课程内容的人才培养方案也随之变化。自 1998 年起，电机系本科专业实行分阶段、有统筹的培养模式，即大约一半本科生用 4 年左右时间完成本科学习，然后直接进入研究生学习阶段，再用 2～2.5 年时间完成硕士阶段的学习；或再用 4～5 年时间完成博士阶段的学习。没有直接进入研究生阶段学习的学生，可以用 4 年时间完成本科学业后毕业；或用 5 年时间完成本科双学位的学习后毕业；或到外专业、其他高校或科研院所攻读硕士、博士研究生。

1980 年以来，电机系不但承担了学校电子（包括微电子）、计算机、自动化、电机等电类系所有专业共 20 多个班级"电路原理"课程的理论课教学和实验教学任务，还承担了机械、精仪、汽车、力学、热能、工物、化工等系每年 50 多个班的"电工技术与电子技术"课程的教学任务。1991 年，在为本系学生开设单片机、微机硬件基础等课程基础上，电机系成立了微机硬件教学组，并逐步承担起全校非电类院系的微机硬件技术基础类课程的教学任务；到 2007 年，全校每年有 50 多个班的本科生选修该课程。

2000 年，学校决定成立"电工电子实验教学中心"，电机系原"基本电工实验室"和"应用电子学与电工学实验室"承担的实验教学任务的主要部分改由该中心承担，进入该中心的原电机系实验室人员的人事关系仍隶属于电机系。

1985 年 11 月，电机系建立了电工博士后流动站，成为全国首批博士后流动站之一。建立在电机系的电工博士后流动站的主要研究方向和合作导师，就是电机系的主要科研方向以及在这些方向上聘任的院士、教授、博士生导师等。

到 2010 年底，建立在电机系的电工博士后流动站已出站博士后 147 名。近两年，电工博士后流动站每年进站 7～8 名博士后人员。电工博士后流动站与一些大型企业已建立了很好的科研合作关系，一些很有实力的企业也积极资助、支持流动站接纳博士后人员。电工博士后流动站涌现出了一批学术水平高、科研业绩突出的博士后人员，成为高校电气工程学科领域青年教师队伍和科研院所青年科研人员队伍中的有生力量。

电机系历任系主任及党组织负责人名录见表 19-13-1。

表 19-13-1　电机系历任系主任与系党委（总支）书记名录

系　主　任	任　职　时　间	系党委（总支）书记	任　职　时　间
顾毓琇	1932—1935		
倪　俊	1935—1937		
赵友民	1938—1940		
倪　俊	1940—1942		
章名涛	1942—1945		
任之恭	1945—1945（底）		
叶　楷	（未到任）		
黄　眉（代理）	1945（底）—1948		
章名涛	1948—1966	杨秉寿（教工支部）	1953—1955
		吕　森	1955—1957-08
		周维垣	1957-08—1957-11
		凌瑞骥	1957-12—1962-10
		王遵华	1962-10—1966-06
		张思敬（代理）	1965-01—1965-08
		蒋企英	1971-11—1978-11
杨秉寿	1978-11—1984-05	文学宓	1978-11—1984-05
吴维韩	1984-05—1989-03	杨秉寿	1984-05—1987-07
韩英铎	1989-03—1995-05	周子寿	1987-07—1993-02
		关志成	1993-02—1993-11
		王赞基	1993-11—1995-08
王赞基	1995-05—2001-06	周双喜	1995-08—2000-04
梁曦东	2001-06—2007-12	邱阿瑞	2000-04—2006-12
闵　勇	2007-12—	赵　伟	2006-12—

电机系学术委员会第一届至第九届主任：高景德（第一、二届）、张仁豫、陈丕璋（第四、第五届）、罗承沐、卢强、王赞基、赵伟。

二、教学科研组织

电机系的教研组设置与变迁如下。

电工学教研组（1952—1979）改为应用电子学及电工学教研组（1979—1999）；基本电工教研组（1952—1999）；发电及输配电教研组（1952—1955 左右）曾分成"发电"和"输配电"两个教研组，不久又合在一起。电力系统及其自动化教研组（1978—1999）；高压教研组（1956—1988）改为高电压技术及其信息处理教研组（1988—1999）；电力机械教研组（1952—1955）分为电机教研组（1955—1999）、电器教研组（1955—1970）；工业电子学教研组（1956—1970）、工业企业电气化教研组（1952—1979）转入工业自动化系（1970—　　）（自动化系）；自动学与远动学教研组（1958）、运筹学教研组（1958）转为自动控制系（1958—　　）（1979 年更名为计算机系）；电讯组

（1934—1952）转为无线电工程系（1952—　）（1989 年更名为电子工程系）。

1991 年，成立了计算机硬件技术基础教学组，到现在，一直承担全校非电类院系微机硬件技术基础类课程的教学任务。

1999 年，电机系原有教研组变更为研究所，具体是：电力系统及其自动化教研组变更为电力系统研究所，1994 年成立的电站自动化研究室变更为柔性输配电系统研究所，高电压技术及其信息处理教研组变更为高电压与绝缘技术研究所，电机教研组变更为电力电子与电机系统研究所，基本电工教研组变更为电工新技术研究所，应用电子学及电工学教研组变更为生物医学工程研究所。

2001 年，生物医学工程研究所又变更为生物医学工程系和电工学教学组两部分，前者后并入校医学院，后者与计算机硬件技术基础教学组，是电机系除研究所之外以教学为主的 2 个教学组。

20 世纪 80 年代初至 1993 年，电机系形成的主要学科方向见表 19-13-2。

表 19-13-2　1993 年电机系主要学科方向

二级学科名称		学 科 方 向
电工学科	电力系统及其自动化	电力系统辨识、监测及控制
		电力系统分析、仿真和调度自动化
		电站自动化
		柔性交流输电
		电力系统继电保护
	高压技术	电力系统过电压
		有机外绝缘材料及技术
		高电压测试及电力设备在线检测与故障诊断技术
		高压电器气体放电与等离子（包括大功率脉冲电源）
	电机	电机分析与控制
		电机电子系统
		电机电磁场
		微特电机
	理论电工	电路理论及其应用
		电磁场理论及其应用
		电力系统谐波检测与治理
		电磁测量技术与仪器
	电力电子技术	电力电子技术在电气传动系统中的应用
		电力电子技术在电力系统中的应用
		电力电子技术在电源中的应用
	生物医学工程与仪器	医学成像系统及医学图像处理
		生物医学信息检测及处理
		康复工程与运动医学
		生理系统的建模与仿真

1999 年以来，电机系学科方向适应国家需求，逐渐发展、调整，形成的主要学科方向见表 19-13-3。

表 19-13-3　2010 年电机系二级学科点及其主要研究方向

二级学科名称	主要研究方向
电力系统及其自动化	电力系统非线性控制，智能电网能量管理与运行控制，低碳电力技术，新能源发电形势下的电力系统稳定分析与控制技术，电力系统广域保护与灾变防治，智能电网快速仿真与模拟，微电网构建及协调控制技术
高电压与绝缘技术	高电压外绝缘及合成绝缘子，新型输电技术，过电压防护及接地技术，电磁环境技术，新型电介质材料及储能材料，电气设备在线监测与故障诊断，智能化设备及数字变电站，脉冲功率及等离子体，大气压辉光放电，电磁生物效应
电力电子与电机系统	大电机系统理论与应用，大容量电力电子变流装置，特种电机系统及其控制，高性能交流电力传动与控制，双馈与直驱风力发电系统，光伏发电系统
柔性输配电系统	灵活交流输电系统，先进静止无功补偿，电能质量的分析、评估与治理，电力系统广域控制，次同步振荡分析与抑制，电力系统储能技术，电力物联网，新能源发电接入技术
电工理论与新技术	电路与系统，电磁场与电磁兼容，电磁测量技术及仪器，电磁发射与核爆防护，电力设备特快速暂态过程，电气化铁路供电系统电能质量检测与控制，无损检测与电磁超声探伤，大型电力电子设备水冷却，照明节能，数字通信对抗技术，无线能量传输技术

三、教职工

电机系建系初期（1932—1937），教授有顾毓琇、倪俊、章名涛、李郁荣、赵友民、任之恭（与物理系合聘）、维纳（Norbert Wiener）（与数学系合聘）、威尔兹（K. L. Wildes）等。

西南联大时期（1938—1946），电机系的教授有赵友民、倪俊、章名涛、朱物华、张友熙、范绪筠、马大猷、董维翰、任之恭、叶楷、范崇武、钱钟韩、杨津基、毛启爽、张钟俊、陈宗善、朱兰成、周荫珂等。

抗战胜利后复员时期（1946—1948），电机系先后应聘到任的教授有叶楷、章名涛、黄眉、范崇武、马大猷（兼任）、胡筠（兼任）等。到 1948 年，全系共有教授、副教授 8 人，专任讲师 1 人，教员、助教 14 人，职员 4 人。

1952 年院系调整前，电机系有教授章名涛、闵乃大、黄眉、范崇武、杨津基、钟士模、孙绍先、常迥、胡筠（兼任）等 9 人。院系调整后，电机系有教授章名涛、黄眉、艾维超、范崇武、杨津基、钟士模、孙绍先、程式、余谦六、王宗淦、陈克元等。

学习苏联时期，自 1953 年起，苏联先后派巴然诺夫、斯捷潘诺夫、翟可夫、奥梅里钦柯、绍尔达特金娜和日里兴等 6 位专家来电机系工作，在教学、实验室建设、科研和指导研究生等方面给予电机系许多帮助。在这期间，电机系也派了多位教师赴苏联进修或攻读研究生。

1965 年，电机系有教职工 264 名，其中教授 11 名，副教授 16 名，讲师 75 名，助教 65 名，教辅人员和职工共 97 名。

1981 年，电机系有教职工 281 名，其中教授 11 名，副教授 34 名，讲师 70 名，助教 57 名，教辅人员和职工共 109 名。

1993 年，电机系有教职工 230 名，其中教师 153 名，教辅人员和职工共 77 名。教师中，有教授 36 名，副教授 67 名，讲师 35 名，助教 15 名。教辅人员和职工中，有高级职称的 4 名，中

级职称的 22 名，初级职称的 18 名，其余的 33 名。

截至 2010 年，电机系有教职工 127 名，其中教师 91 名，教辅人员和职工 36 名。教师中，有教授 31 名，研究员 5 名，副教授 30 名、副研究员 10 名，讲师 1 名、助研 14 名。教辅人员中，有高级工程师 8 名、高级实验师 2 名，工程师 14 名、实验师 1 名，其余 11 名。除此之外，还有由各个科研组聘用的临时科研人员及管理人员 82 名。

电机系各个时期的教授名录见表 19-13-4。

表 19-13-4　电机系教授名录

姓名（任职时间）	姓名（任职时间）	姓名（任职时间）
＊章名涛（1932—1985 逝世）	顾毓琇（1932—1937）	倪　俊（1933—1945）
李郁荣（1934—1937）	任之恭（1934—1945）	赵友民（1935—1940）
董维翰（1938—1946）	马大猷（1938—1946）	张友熙（1938—1946）
朱物华（1938—1946）	范绪筠（1939—1946）	叶　楷（1942—1948）
范崇武（1943—1986 离休）	钱钟韩（1944—1946）	黄　眉（1946—1986 离休）
杨津基（1946—1987 离休）	钟士模（1948—1958 转自控系）	胡　筠（1949—1952）
闵乃大（1949—1952）	孙绍先（1950—1992 离休）	＊常　迵（1950—1952 调无线电系）
王宗淦（1952—1986 退休）	艾维超（1952—1966 调上海工学院）	陈克元（1952—1966 逝世）
程　式（1952—1987 离休）	余谦六（1952—1976 退休）	＊高景德（1956—1996 逝世）
唐统一（1978—1987 离休）	肖达川（1978—1991 离休）	王先冲（1980—1987 离休）
宗孔德（1980—1987 离休）	张宝霖（1983—1992 退休）	张仁豫（1983—1989 离休）
陈丕璋（1985—1992 逝世）	吴维韩（1985—1997 退休）	杨福生（1985—1991 退休）
蔡宣三（1985—1992 离休）	周礼杲（1986—1999 退休）	戚庆成（1986—1998 退休）
白秀庭（加拿大籍，1986 年来校工作，1995 退休）	＊韩英铎（1987—　）	陈允康（1987—1995 退休）
	钱家骊（1987—1997 退休）	相年德（1987—1994 退休）
郑逢时（1987—1993 退休）	杨秉寿（1987—1991 离休）	周荣光（1987—1987 退休）
＊卢　强（1988—　）	陈寿孙（1988—2000 退休）	马信山（1988—1999 退休）
倪以信（1988—1997 调香港大学）	朱德恒（1988—1999 退休）	孙树勤（1988—1988 退休）
王维俭（1988—1993 退休）	王仲鸿（1989—2000 退休）	宫　莲（1989—1991 退休）
江缉光（1989—1995 退休）	张节容（1989—1994 退休）	李发海（1990—1995 退休）
刁颐民（1990—　）	容观澳（1990—1990 退休）	王世缨（1990—1992 退休）
薛家麒（1990—1995 退休）	王伯翰（1991—1995 逝世）	白　净（1991—2001 调医学院）
关志成（1991—1997 调学校）	朱东起（1991—2003 退休）	陈昌渔（1991—1993 退休）
高上凯（1992—2001 调医学院）	郭永基（1992—2000 逝世）	丁海曙（1992—2002 退休）
胡元德（1992—1998 退休）	沈善德（1992—1994 退休）	王承煦（1992—1993 退休）
王鸿明（1992—1995 退休）	王祥珩（1993—2005 退休）	张伯明（1993—　）
顾永昌（1993—1994 退休）	黄炜纲（1993—1996 退休）	王赞基（1993—　）
黄益庄（1993—2003 退休）	沈以鸿（1993—1995 退休）	赵良炳（1993—2001 退休）
朱泽煌（1993—1998 逝世）	黄立培（1994—　）	罗承沐（1994—2002 退休）

姓名（任职时间）	姓名（任职时间）	姓名（任职时间）
谈克雄（1994—2002 退休）	梁毓厚（1994—1994 退休）	王心丰（1994—2003 退休）
张麟征（1994—1996 退休）	姜建国（1995—2003 退休）	蒲以康（1995—2005 调工物系）
叶大田（1995—2001 调医学院）	陈雪青（1995—1996 退休）	金启玫（1995—1996 退休）
张菊鹏（1995—2002 退休）	胡广书（1996—2001 调医学院）	李永东（1996—　）
赵　伟（1996—　）	韩　旻（1996—2002 退休）	罗　铸（1996—1996 退休）
梁曦东（1997—　）	孙元章（1997—2010 调武汉大学）	杨学昌（1997—2010 退休）
周双喜（1997—2006 退休）	李隆年（1997—1998 退休）	瞿文龙（1998—　）
夏　清（1998—　）	何丽静（1998—1996 退休）	马维新（1998—1999 退休）
唐庆玉（1998—2010 退休）	闵　勇（1999—　）	邱阿瑞（1999—　）
赵争鸣（1999—　）	陆文娟（1999—2010 退休）	王新新（2000—　）
徐国政（2000—　）	袁建生（2000—　）	何金良（2001—　）
蒋晓华（2001—　）	崔文进（2001—2006 逝世）	童陆园（2001—2007 退休）
王士敏（2001—2007 退休）	陈建业（2002—　）	王黎明（2002 调深圳研究生院）
李芙英（2002—2004 退休）	李福祺（2002—2005 退休）	刘卫东（2002—　）
朱守真（2002—2004 调学校）	刘文华（2003—　）	梅生伟（2003—　）
沈永林（2003—2006 退休）	苏鹏声（2003—2006 退休）	徐　云（2003—　）
董新洲（2004—　）	周远翔（2004—　）	汪晓光（2004—2007 退休）
王树民（2004—2006 退休）	康重庆（2005—　）	孙宏斌（2005—　）
李志康（2005—2007 退休）	郭静波（2006—　）	姜齐荣（2006—　）
侯国屏（2006—2006 退休）	刘廷文（2006—2007 退休）	王家森（2006—2007 退休）
徐福媛（2006—2007 退休）	柴建云（2007—　）	江伟华（2007 调入—2010 调离）
曾　嵘（2007—　）	陈水明（2008—　）	沈　沉（2009—　）
宋永华（2009 调入—　）	张贵新（2010—　）	黄松岭（2010—　）

说明：注 * 者为中国科学院院士或中国工程院院士。

四、教学

（一）本科教学概况

建系之初（1932—1937），电机系开出电力和电讯两方面的课程约 45 门。在教学方面，因系主任顾毓琇教授和负责教务工作的李郁荣教授都是毕业于美国麻省理工学院电机工程系的博士，故当时电机系从教学宗旨、教育制度至课程设置和教材选择等，都采用的是美国麻省理工学院电机工程系的模式，并曾聘请该系的王尔兹教授来系指导、讲学一年。顾毓琇教授认为，学生在未毕业前，基本科学知识和专门知识学习都是偏重于学术方面的。在当时的电机系《学程总则》（即培养方案）中规定："自三年级起分电力、电讯两组：电力组注重发电工程、输电工程及配电工程，电机之设计及制造；电讯组注重电报、电话及无线电工程，电讯设计及真空管制造"，以"造就各项电机工程专门人才"。学生在一年级学习工学院共同的必修课，如普通物理、微积分、英文、国文、画法几何、工程画、经济学概论等课程。二年级除学习本系的电工原理与电磁测量课程外，还学习外系开设的静动力学、机件学、热机学、金工实习、微分方程及化学等课程。学生从三年级开始，分电力组和电讯组，除继续共同学习电工原理、电工实验、测量等课程外，电力组学生还要学习交流电路与交流电机、电照学、工程材料、热力工程、电力传输、配电工程、发电所设计、电机设计与制造等课程，且还要选修原动力厂设计等课程；而电讯组的学生则还要学习电讯原理、电报电话学、电讯网络、无线电及其实验课程，并还要选修真空管制造等课程。当时课程设置的特点为：基础课约占 4 年总学时的 72%，技术知识课占总学时的 12.9%；既重视理论基础，也比较注重实验与教学实习。

1935 年电机工程馆落成后，电机实验室、高压实验室、电机制造实验室、电车实验室、电梯实验室、电灯实验室、电报电话及自动电话实验室、无线电实验室、真空管制造实验室、无线电收发机制造实验室等都相继建成，实验设备也是当时国内先进的。如电机实验室有几十台各种类型的交、直流电动机和发电机、变压器及电工仪表，还有一台九线示波器；高压实验室拥有 25 万伏交流 50Hz 高压电源设备一套，还有能产生 15 万伏直流电压的高压整流器和能产生 250 万伏雷电冲击波的发生器，成为当时国内设备水平最高的高压实验室。电机制造实验室制造了国内首台笼型异步电动机（7.35 千瓦）和直流发电机（10 千瓦）。

西南联大时期（1938—1946），应电机系和航空系的要求，联大工学院加强了数学课程。在大一开设微积分及大二开设微分方程课程基础上，还增设了高等数学选修课。此外，电机系还对某些课程进行更新，开设了电磁学和应用电子学课程，吸收了物理电子学及微波器件的一些新内容；还开设了电波学、传音学、运算微积分等选修课。抗战时期，联大电机系仍然尽可能加强与生产部门的联系，在大三年级暑假都给学生安排生产实习。当时的联大电机系与昆明电工厂、昆明无线电器材厂、昆明电厂、耀龙电力公司、昆明广播电台、昆明电信局等单位都保持着良好的关系。

电机系对学生要求很严格。电机系的教学过程中，平时常有小测验，着重考查学生灵活运用基本概念的能力；且实验课的要求也十分严格，比如，要求学生课前要交预习报告，实验后一周内必须交实验报告，迟交不仅扣分，甚至不给成绩；金工实习达不到要求的学生，同样不能升级；若一学期缺 8 次体育课，就不给成绩，即使毕业后有了工作，也扣发文凭，必须就近找个学校补足体育课并达标，经过证明才能正式毕业。所以，那时电机系大部分学生都养成了刻苦钻研、严肃认真的学习习惯，形成了良好学风。

电机系复系至院系调整时期（1946—1952），全系主要集中力量，逐步恢复了曾遭破坏的直流电机实验室、交流电机实验室、高压实验室、电机制造实验室、无线电实验室。之后，又新建了电报电话实验室，系图书馆也按原样得到了恢复。

这一时期，电机系的课程设置、教学制度等变化不大。由于聘任了几位从国外回来的教授、副教授，引入了当时国际科技新成就，教学水平有所提高，开出了一些新课，如电子学及其实验、开关设备、电工材料、高压工程、电工数学、对称分量、汞弧整流器等选修课程。

院系调整（1952 年）后，电机系以莫斯科动力学院和列宁格勒工学院为效仿模式，开始了以"学习苏联先进经验"为主的教育教学改革，全面学习当时苏联高等学校的教育思想、教学方法，学习苏联高校的学生培养目标、学制、教研组设置、专业及课程设置、教材以及讲课、辅导、考试、毕业设计、生产实习等一系列教学和培养环节。从 1952 年秋季开始，按专业制定和修改教学计划及教学大纲。

1958 年，学校开始贯彻"教育为无产阶级政治服务，教育与生产劳动相结合"的教育方针，对教育教学进行改革。电机系师生参加了十三陵水库劳动，开展勤工俭学，自行设计制造交流计算台，参与建设实验电厂（当时称土电厂），参与程控立式铣床设计制造，开展"真刀真枪"的毕业设计，兴办电工厂，等等，还派出小分队到河南登封县去"支援地方工业化，技术下厂，与工农结合，改造思想"。周恩来总理来清华大学参观了"应届毕业生红专跃进展览"，对电机系王伯翰等同学毕业设计制作的土开关给予了很高评价。这一时期，电机系的教学计划比较注重数理化等基础课，也重视电工基础、电机学、电子学等技术基础课，并注重外文课程；同时，学生在校期间要有 8～10 周生产实习，要完成 2～3 个课程设计和半年时间的毕业设计，教学实践环节大大加强。这一时期，各教研组都编写了不少教材，有的还成为了教育部统编教材，如范崇武编写的《电机设计》，章名涛主编的《电机学》，高景德编著的《交流电机过渡过程及运行方式》等。

1977 年恢复高考、1978 年恢复研究生招生制度以后，伴随着国家改革开放步伐的不断加快，电机系的教育教学改革不断深入，教学面貌日新月异。

在本科教学方面，根据电子技术、计算机和信息技术学科迅速发展以及广泛渗透到电气工程学科各个领域的形势需要，自 20 世纪 80 年代初起，上述新学科相关知识被引入电机系的课程教学，同时，原发电、高电压、电机 3 个专业的名称也分别拓展为电力系统及其自动化、高电压技术及其信息处理、电机及其控制。随着国家社会主义市场经济的发展，毕业生分配也逐步向"自主择业"过渡。为了适应新形势对有宽广专业知识的高层次技术人才的需要，电机系于 1989 年又将上述 3 个专业合并为一个宽口径的电气工程及其自动化专业。同时，对课程设置和教学计划也相应进行了较大调整。除全校统一的人文社会科学、外语和数理化三类公共基础课外，电气工程及其自动化专业的专业基础课包括三类：一是电工技术基础课，有电路原理、电磁场、电磁测量、电机学、自动控制原理、可靠性原理、现代电磁检测等课程；二是电子技术基础课，有电子技术与计算机、信号分析两个系列的多门新增课程；三是机械类基础课程，有工程制图与机械设计、工程力学、金属工艺实习等课程。专业课程设置采取了两段式结构，覆盖了原 3 个专业甚至更宽广的领域。第一段有 6 门公共专业课，即电力系统稳态分析、电力系统暂态分析、电力传动与控制、电力电子技术、电绝缘及测试技术、电器原理与应用；第二段为原 3 个专业各以工程设计为主和以实验测试为主的共 2 门课程。此外，还有一组以扩大专业知识面和介绍新技术、新进展为主的任选课程。毕业设计时间为一个学期。

电工学教研组 1982 年创建生物医学工程与仪器专业后，一直致力于课程建设和实验室建设，逐渐建成了微机在生物医学工程中应用、数字信号处理、生物医学电子学、电生理学、工程生理学等实验室，开出的专业课程有生物医学测量与传感器、医用电子仪器、微机在生物医学中的应用、信号与系统、数字信号处理、随机信号分析、医学模式识别、人体运动信号检测、工程生理学等 10 多门课程。

电机系本科教学中的一个突出特点是，多数学生在大学二、三年级就到科研组参与科研工作或参加科研训练项目（SRT），电机系本科生的毕业设计绝大多数都结合指导教师承担的科研项目进行（从 1999 年起，拟在本校直读研究生的改称为本科生综合论文训练，其他学生的仍称为毕业设计；2001 年起，在所有本科四年级学生范围内统一改称为本科生综合论文训练）。

此外，电机系学生业余科技活动也十分活跃，学生科技协会组织低年级学生开展科技培训和实践活动；组织高年级学生参加一些科技开发工作，系里选派教师做学生科技活动辅导员。

电机系 20 世纪 80 年代初开始的本科专业合并，并非简单变更名称，而是经历了教学内容和课程设置的改革、探索过程，且这个过程一直延续了 20 多年，至今仍在继续。首先，技术基础课和专业基础课的课程设置和内容得到了拓展。电工基础、电子学、电机学这些传统技术基础课的教学内容得到了更新，课时有所压缩；计算机系列课、现代控制理论、信号与系统等信息科学基础以及电力电子技术等课程，已经被规定为电机系本科生的必修课程。此外，网络和通信基础、数字信号处理、现代电磁测量等也列入了选修课程。其次，专业课程设置经历了从"拼盘"到"重组"的改造，即由原来 3 个专业各自开出的若干门专业课组成、合并成若干专业课，变为打破专业课设置的原有框框，按照新的内容体系重新组织新的专业课程。

电机系本科专业的教育教学改革获得了校内外好评。1997 年，电机系"电气工程及其自动化专业的改革"获得了国家级教学成果二等奖和北京市教学成果一等奖。

2000 年以来，电机系本科生培养方案的总学分 175 学分中，各类课程的学分数和课时比例为：人文社会科学类课程 35 学分、20%学时；自然科学基础课程 38 学分、22%学时；专业相关课程 70 学分（包括必修技术基础课 34 学分、必修专业课 16 学分和 20 学分的专业选修课）、40%学时；实践环节 17 学分、10%学时；论文综合训练 15 学分、8%学时。

为不断提高教学质量，从 2002 年起，电机系建立了系教学工作咨询委员会、系教学督导组以及与课程建设紧密相关的 8 个教学组；建立健全了教学工作管理体系；更为明确地确立了本系人才培养的总体目标，即为国家培养基础扎实、创新能力突出的电气工程高层次人才，使毕业生成为电气工程学科的技术专家和学术带头人；电力工业的拔尖创新人才、管理者和决策者；部分素质全面、有领导能力的毕业生进入行政管理岗位。

学校教育教学改革带动了教学管理体制的变化，教研组改为研究所后，电机系电气工程及其自动化专业的教学按照课程设置内容分成计算机类、信号与控制类、电磁场类、系统分析与控制类、电机与电力电子类、高电压工程类、实践类等 7 个教学课组组织，由系教学副系主任和系业务办公室直接管理，业务上接受系教学指导委员会的指导。

截至 2010 年，电机系确立的本科生教学管理架构为：系学术委员会决定系教育教学体系改革和发展的重大事项，并责成系核心组委派系主管教学工作副主任具体负责组织实施。系主管教学工作的副主任领导各研究所主管教学工作的副所长，根据实际情况，安排确定讲授某门课程的任课教师人选。在系主管教学工作副主任负责下，电机系成立了由教学经验丰富的离退休教师及在职老教师组成的教学督导组，通过随机听课、系统听课、个别指导等方式，帮助年轻教师尽快提高课程教学水平，并对新开课申请进行审批。

电机系将公共课以外的本科生课程按类分成 8 个课组，其中，属于专业基础课的有 5 个课组，具体为电路与电磁场类课程、电工电子技术类课程、计算机与电子信息类课程、信号自控通信类课程、实践实习类课程；属于专业课的有 3 个课组，包括电力系统类课程、高电压工程类课程和电机与电力电子类课程。各课组组长在系主管教学工作副主任领导下，具体承担本课组师资队伍建设、课程教学改革、新开课申请等工作。教师确定了应承担的具体课程教学任务后，要服从所属课组组长的安排，参与所在课组的教学研究、集中备课、相互听课等活动。

电机系建系 78 年来，共培养了 13 000 多名毕业生。各届本科和专科毕业生人数统计见表 19-13-5。

表 19-13-5　电机系本科和专科毕业生人数统计

1935 年—1993 年（括号内数字为专修班或大专班毕业生人数）

毕业年份	人数	毕业年份	人数	毕业年份	人数
1935	3	1953	105＋（32）	1974	114
1936	11	1954	（97）	1976	133
1937	14	1955	65	1977	108
1938	18	1956	13	1978	205
1939	17	1957	158	1979	101＋（104）
1940	14	1958	234	1980	119＋（37）
1941	11	1959	276	1974—1980 小计	780＋（141）
1942	16	1960	288	1982	36
1943	23	1961	385	1983	114
1944	43	1962	197	1984	141
1945	17	1963	0	1985	125
1946	19	1964	285	1986	123
1947	17	1965	217	1987	128
1948	22	1966	212	1988	158
1936—1948 小计	245	1967	130	1989	156
		1968	152	1990	152
1949	18	1969	178	1991	155
1950	61	1970	172＋167	1992	159
1951	105	1949—1970 小计	3 723＋（129）	1993	159＋（29）
1952	189			1982—1993 小计	1606＋（29）

1994 年—2010 年（括号内数字为生物医学工程专业毕业生人数）

毕业年份	本科生	专科生	毕业年份	本科生	专科生
1994	124（29）	2	2003	128	2
1995	153（29）	54	2004	119	2
1996	160（32）	1	2005	115	2
1997	151（31）	2	2006	127	
1998	168（36）		2007	108	3
1999	246（51）	3	2008	119	2
2000	196（44）	3（1）	2009	114	
2001	131（29）	1	2010	117	
2002	152（30）	5	合计	2 426	83

（二）研究生培养

电机系早在抗战胜利、清华大学刚复员时期，就开始招收研究生。电机系开始批量招收和培养研究生，则始于1950年。截至1965年，电机系共招收研究生145名。1978年全国恢复研究生招生制度以后，电机系便立即恢复招收研究生。

1981 年底，电机系的电力系统及其自动化、电机及其控制、高电压技术、理论电工 4 个二级学科点获得全国首批硕士学位授予权和首批博士学位授予权。1989 年，这 4 个博士点均被评为全国重点学科点，且均名列全国同类学科点第一。电机系的生物医学工程与仪器学科点分别于 1981 和 1986 年获得硕士学位授予权和博士学位授予权；之后，电力电子技术学科点分别于 1991 和 1996 年获得硕士学位授予权和博士学位授予权。

1995 年，在国家进行的关于按一级学科学位授权综合评估中，电机系电工学科点在全国综合评估中，在学科建设、人才培养、科学研究和综合水平等各项成绩均名列全国第一名。1996 年 6 月，电机系电工学科点被国务院学位委员会批准为全国首批按一级学科博士学位授权的试点单位。电机系的硕士点、博士点及批准时间见表 19-13-6。

表 19-13-6　电机系硕士点、博士点批准时间

一级学科名称	二级学科名称	硕士点批准时间	博士点批准时间	是否重点学科
电工学	电力系统及其自动化	1981	1981	是
	电机	1981	1981	是
	高电压技术	1981	1981	是
	理论电工	1981	1981	是
	电力电子技术	1991		否
	生物医学工程与仪器	1981	1986	否

1997 年我国进行了学科调整，一级学科电工改名为电气工程，下设的 5 个二级学科调整为电机与电器、电力系统及其自动化、高电压与绝缘技术、电力电子与电力传动、电工理论与新技术；原二级学科生物医学工程与仪器改名为生物医学工程，并上升为一级学科。电机系的硕士点、博士点的更名时间，见表 19-13-7。

表 19-13-7　电机系硕士点、博士点更名时间

一级学科名称	二级学科名称	硕士点更名时间	博士点更名时间	是否重点学科
电气工程	电力系统及其自动化	1997	1997	是
	高电压与绝缘技术	1997	1997	是
	电机与电器	1997	1997	是
	电力电子与电力传动	1997	1996 批准	否
	电工理论与新技术	1997	1997	是
	生物医学工程*	1997	1997	是

注：* 自 2003 年起，生物医学工程学科划入清华大学医学院相关学科范围。

在 2001 年全国再次按二级学科申报重点学科时，电机系的电力系统及其自动化、高电压与绝缘技术、电机与电器、电工理论与新技术 4 个二级学科再次被评为重点学科；生物医学工程学科也榜上有名。

在 2003 年、2006 年全国进行的两次一级学科评估中，电机系电气工程一级学科点均荣获全国第一。2007 年，电机系电气工程一级学科点又被评为全国一级重点学科点。

截至 2010 年 12 月，电机系共培养硕士学位毕业生 1 395 名，博士学位毕业生 474 名，见表 19-13-8 和表 19-13-9。

1991 年，国家教委首次表彰在工作中做出突出贡献的博士学位、硕士学位获得者 695 名，电机系占有 7 名。1994 年至 2010 年，电机系电工（1997 年之前）、电气工程学科点授予工学博士学位 470 人、硕士学位（含直接攻读博士学位的研究生确认工学硕士学位、工程硕士学位）1 708人。

表 19-13-8　电机系研究生毕业人数统计（截至 1993 年）

毕业时间	研究生	毕业时间	研究生	毕业时间	硕士生	博士生	毕业时间	硕士生	博士生
1952	1	1959	21	1981	22		1988	62	9
1953	24	1961	32	1982	12		1989	69	16
1954	2	1962	12	1983	6	2	1990	11	6
1955	8	1963	9	1984	7	2	1991	38	19
1956	4	1964	10	1985	10	2	1992	50	7
1957	4	1965	18	1986	32	1	1993	37	23
		合计	145	1987	38	2	合计	394	89

表 19-13-9　1994 年—2010 年电机系研究生毕业人数统计

毕业时间	硕士生	博士生	毕业时间	硕士生	博士生	毕业时间	硕士生	博士生
1994	43	7	2000	83	15	2006	121	51
1995	47	16	2001	92	21	2007	82	41
1996	43	16	2002	156	20	2008	68	51
1997	73	20	2003	166	42	2009	66	36
1998	48	16	2004	83	35	2010	63	49
1999	82	14	2005	79	24	合计	1 395	474

截至 1993 年，电机系电工学科开出的研究生学位课程如下：电路分析、电磁场数值计算、数字信号处理、高等电力网络分析、随机信号的统计处理、动态电力系统、气体放电、电磁暂态的数值计算、电磁测量选论、现代电力电子学、交流电机及其系统暂态、一外（英语）专业阅读、电工学科前沿讲座；其他专业选修课约 10 门。

1994 年后，研究生学位课程几经调整，有的减少了课时和学分，同时又据实际需求增设了一些课程。截至 2010 年 12 月，电机系开出的研究生学位课程有：电路与系统、现代控制理论、现代电力电子学、电磁场数值计算、高等电力网络分析、动态电力系统、气体放电、电磁暂态分析、电磁测量选论、交流电机及其系统暂态、微型计算机原理及应用技术、现代高电压实验技术、脉冲功率技术基础、演化计算及其应用、电工技术和电力系统新进展、辨识技术、电磁兼容、供电系统谐波、现代电力通信、电力电子与电机系统集成、FACTS/DFACTS 的原理及应用、继电保护、LabVIEW 编程及虚拟仪器设计、电力系统不确定性分析、高电压外绝缘、现代能量管理系统专题（2009 年更名为现代能量管理系统）、电气设备可靠性工程、电气工程仿真技术、电力系统动态控制理论与技术（2009 年更名为电力系统广域监测与控制）、电力电子器件原理与应用、磁性物理与电磁检测、高压输电技术、脉冲功率应用与高功率微波、电力系统理论与分析、磁测量原理与技术。

生物医学工程与仪器学科并入医学院前，在电机系开出的学位课程如下：生理系统仿真与建模、数字信号处理、随机信号的统计处理、医学成像系统、生物医学工程前沿动态讲座；其他任选专业课程 3 门。

表 19-13-10 所列为电机系开办的工程硕士课程进修班情况。

表 19-13-10　1996 年—2010 年电机系开办工程硕士课程进修班情况

序号	开班时间	合作单位	开班人数
1	1996	华北电力局	47
2	1996	东北电力集团	52
3	1996	德阳电机厂	18
4	1998	北京班	23
5	1999	黑龙江省电力公司	39
6	1999	广东电力工业局	17
7	1999	北京班	26
8	2000	吉林省电力公司	43
9	2000	东北电力集团公司	27
10	2001	贵州省电力公司	41
11	2001	中国电力企业联合会（一期）	13
12	2002	中国电力企业联合会（一期）	45
13	2004	中国电力企业联合会（二期）	32
14	2004	华北电网集团公司（一期）	37
15	2005	陕西航空电气有限责任公司	33
16	2006	中国石油化工集团公司（一期）	17
17	2006	中国电力企业联合会（三期）/华北电网（二期）	66
18	2007	广东省气象局	30
19	2007	中国石油化工集团公司（二期）	35
20	2008	中国电力企业联合会（四期）/华北电网（三期）	46
21	2009	北京能源投资集团有限公司	40
22	2009	国家电网公司	25
23	2010	华北电网（四期）	40
24	2010	内蒙古电力集团公司	32

电机系为电气工程领域开出的工程硕士课程为：电力系统分析与控制、高电压工程、现代高电压测试技术、电路与系统、电磁场理论、现代雷电防护技术、运筹学、电力规划理论与方法、独立电力系统、电力电子仿真技术、计算机系统及应用、计算机语言、电力市场技术支持系统与运行规则、电力市场、交流电机数字控制系统。

（三）教学成果

1. 教学成果奖和精品课程

表 19-13-11 至表 19-13-13 分别为电机系历年来获得国家级、北京市教学成果奖和精品课程的情况。

表 19-13-11　电机系获得的国家级教学成果奖

获奖时间	成 果 名 称	主要完成人	主要完成单位	获奖等级
1997	面向国民经济建设主战场，培养高质量电工学科高层次人才	高景德　韩英铎　卢　强 张仁豫　萧达川	清华大学	特等
1997	电气工程及自动化专业的建设	姜建国　崔文进　黄立培 陈　刚　王伯翰	清华大学	二等
2005	优化理论课程，强化实践环节——电力系统本科专业课改革	孙宏斌　孙元章　陈永亭 姜齐荣　童路园	清华大学	一等
2005	计算机基础教学系列课程与实验基地建设	钟玉琢　王行言　汤志忠 张菊鹏　张曾科	清华大学	二等
2009	国家级教学名师	孙宏斌	清华大学	

表 19-13-12　电机系获得的北京市级教学成果奖

获奖时间	成 果 名 称	主要完成人	主要完成单位	获奖等级
1997	面向国民经济建设主战场，培养高质量电工学科高层次人才	高景德　韩英铎　卢　强 张仁豫　萧达川	清华大学	一等
1997	电气工程及其自动化专业建设	姜建国　崔文进　黄立培 陈　刚　王伯翰	清华大学	一等
1997	持续有效办好高层次继续教育	陈寿孙　郭永基　周双喜 杨　钺等	清华大学	二等
1997	电工技术与电子技术课程改革与建设	高上凯　王鸿明　何丽静 王家森　王士敏	清华大学	二等
2004	优化理论课程，强化实践环节——电力系统本科专业课改革	孙宏斌　孙元章　陈永亭 姜齐荣　童路园	电机系	一等
2004	计算机基础教学系列课程与实验基地建设	钟玉琢　王行言　汤志忠 张菊鹏　张曾科	信息学院，电机系	一等
2004	"电工与电子技术"课程的教学改革	唐庆玉　段玉生　王艳丹 汪晓光　刘廷文	电机系	二等
2004	研究生英文教材（专著）*Nonlinear Control Systems and Power System Dynamics*	卢　强　孙元章　梅生伟	电机系	二等
2008	融合行业前沿，引导探索型学习——"高电压工程"专业基础课程教学改革	梁曦东　周远翔　曾　嵘 刘瑛岩　高胜友	电机系	一等
2008	技术基础课的挑战与突破——清华大学电路原理课程的研究型教改实践	于歆杰　朱桂萍　陆文娟 徐　云　刘秀成	电机系	二等
2008	北京市教学名师	陆文娟	电机系	
2009	北京市教学名师	唐庆玉　孙宏斌	电机系	

表 19-13-13　电机系获评的国家级和北京市级精品课程

课 程 名 称	课程负责人	北京市精品课程	国家精品课程
电工技术与电子技术	唐庆玉	2003	2008
电路原理	陆文娟	2005	2007
电力系统分析	孙宏斌	2006	2007
高电压工程	梁曦东	2007	2007

2. 主要获奖教材

《电机过渡过程的基本理论及分析方法》，高景德、张麟征著，科学出版社，1983 年获全国优秀科技图书一等奖，1988 年获全国高校优秀教材奖。

《电机电磁场理论与计算》，陈丕璋、严烈通、姚若萍著，科学出版社，1988 年获全国优秀科技图书一等奖。

《交流电机及其系统的分析》，高景德、王祥珩、李发海著，清华大学出版社，1995 年获全国优秀科技图书一等奖。

《输电系统最优控制》，卢强、王仲鸿、韩英铎著，科学出版社，1983 年获全国优秀科技图书一等奖。

《电机学》，李发海、陈汤铭、郑逢时、张麟征、朱东起著，科学出版社，1987 年获全国优秀教材二等奖，1988 年获国家机械委优秀教材二等奖。

《异步电机中谐波磁场的作用》，章名涛、俞鑫昌译，机械工业出版社，1984 年获全国优秀科技图书二等奖。

《电子技术（电工学Ⅱ）》，杨福生、张贵媛、王悦敏、何丽静编著，高等教育出版社，1992 年国家优秀教材奖。

《随机信号分析》，杨福生著，清华大学出版社，1996 年获电子工业部优秀教材二等奖。

《电工技术与电子技术》（上、下册），王鸿明著，清华大学出版社，1996 年获国家教委优秀教材二等奖。

Nonlinear Control System and Power System Dynamics［研究生英文教材（专著）］，卢强、孙元章、梅生伟著，Kluwer Academic Publishers，2004 年获北京市优秀教材二等奖。

《电路原理》，于歆杰、朱桂萍、陆文娟著，清华大学出版社，2008 年被评为教育部精品教材。

3. 全国优秀博士学位论文

电机系获得的全国优秀博士学位论文及提名情况见表 19-13-14。

表 19-13-14　电机系获得的全国优秀博士学位论文及提名情况

项　目	作者	导　师	博士学位论文题目	评审年度
全国优秀博士学位论文	程志光	陈丕璋　马信山	电力变压器电磁场分析	1999
	涂愈明	萧达川　江缉光	超高压变压器油流静电带电的计算模型及实验研究	2000
	邹晓兵	罗承沐	喷气式 Z 箍缩等离子体实验研究	2006
	刘　峰	卢　强	基于微分代数模型的电力系统非线性控制	2007

续表

项 目	作者	导 师	博士学位论文题目	评审年度
全国优秀博士 学位论文提名	王绍武	关志成　梁曦东	污秽地区有机绝缘外特性的研究	2003
	汪芙平	王赞基	混沌背景下信号盲分离及其在混沌通信中的应用研究	2004

五、科学研究

（一）各时期科研发展概况

电机系建系初期（1932—1937），教学任务繁重，科学研究处于初级阶段。顾毓琇教授在美国答辩的博士学位论文为《交流电机之瞬变分析》，他回国任教后，又继续在课题方向从事研究，发表研究成果论文 14 篇，其中，1935 年他在中国工程师学会年会上宣读的《感应电机之串联运行》一文，获该会论文奖第一名。同年，他还发表了《同步机运算分析》的文章，用运算微积分与双反应学说分析了同步电机的运行状况。1937 年，他在美国电机工程师学会会刊上发表了《双反应学说对多相同步机之应用》，进一步用上述两种方法研究了多相同步电机中存在的复杂问题。章名涛教授在电动机分析与运算方面发表了研究成果论文 10 篇，其中他在 1937 年发表的《单相感应电动机之理论及张量分析》一文中，把张量分析方法应用于电机工作原理的理论分析，所推导出的有关感应电动机工作原理的公式更为简明、物理概念清晰；且以变换矩阵即可以求得感应电动机笼条中的电流。此外，李郁荣在电讯网络方面也发表了 3 篇论文。维纳（N. Wiener）教授在清华大学工作期间，与李郁荣博士合作进行了电网络的研究设计工作，并发表了 2 篇研究成果论文。

西南联大时期（1938—1946），由于国家工业落后，获取图书期刊资源十分困难，加上师资紧张，教学任务繁重，限制了当时电机系科研工作的开展。尽管如此，电机系教师都寄希望于抗战胜利后的建设，认为有可能发展电气铁道，争取到当时资源委员会的资助项目。章名涛论中国电气铁道问题的文章，范崇武论述钢铁事业用电的文章，马大猷和唐统一论及电压稳定法的文章等先后发表出来，在国内引起重视。

解放初期，电机系的主要任务是恢复教学和学习苏联进行教学改革。1956 年，系主任章名涛教授参加了国家 12 年科学技术发展规划的制定。回校之后，他立即和各教研组主要教师研究确定了电机系科研的两个主攻方向：一是大电力系统中高压输电及主要设备的制造问题；二是有关工业企业电气化和远距离控制问题。这两个科研方向的确定，对电机系当时和以后的科研事业发展起了很大作用。当时，电机系成立的电机工程科学研究工作委员会，是全校十个科学研究工作委员会之一。在苏联专家奥梅里钦柯的关心下，由钟士模教授和郑维敏教授共同研制的"脉冲宽度电子调节器"被苏联专家认定达到世界水平。1957 年，在清华大学东区建成了新的高电压工程实验室，装备的交流 50 万伏和冲击电压 100 万伏试验设备，对开展高电压领域的科研起了积极作用。1958 年，在贯彻党的教育方针、实行教育改革过程中，电机系师生一起动手，自行设计制造了交流计算台和电子计算机程序控制立式铣床，是当时校内较早产出的高技术成果。彭真、刘仁等北京市领导人多次带人来电机系参观。周恩来总理和陈毅副总理也曾陪同朝鲜首相金日成来参观过电机系的科研成果。

1960 年，电机系建成的电力系统动态模拟实验室投入运行，其中的发电机、变压器、输电线和负荷元件的参数均是模拟大电力系统的，这种科研条件，当时在世界上也是少有的。1961 年，电机系又研制成功了双水内冷发电机，该项科研成果当时在国内也是技术领先的。值得一提的是，电机系的电工厂在研制交流计算台、制造模拟大机组参数的发电机和双水内冷发电机等过程中均发挥了很大作用。电机系利用动态模拟和交流计算台对华东、华北、东北等电力系统的规划设计及运行状况等进行了模拟实验研究，还研究了单相重合闸、相复励调节器、三相不对称负荷对电力系统运行的影响、长距离输电的稳定性等难题。这一时期，电机系在电机方面重点开展了过渡过程的研究；在高电压方面，则开展了绝缘子受染污后性能改变和高压电器等的研究；在工业企业自动化方面，开展了北京首钢小型轧机自动控制的研究；继研制出程控铣床之后，又与机械系继续合作，研制了其他若干种程控机床；同时，基本电工实验室也建成了有 1 800 个连接点、可模拟电磁场的网络模拟台。1963 年，经高教部批准，电机系成立了电工研究所。

"文化大革命"后期，电机系教师虽身处逆境，承受着各种压力，但仍潜心钻研业务，开展学术研究。高景德教授等从江西、青海、山西等地电力系统出现的实际问题出发，在理论上进行了深入研究，写出了《串联电容引起的电动机自激》的专著。该书 1978 年出版，在理论上提出了新创见，应用于实际，解决了重要的技术问题。此书后来被评为优秀著作。电机教研组还进行了异步电机同步化、特殊电机与节能技术方面的研究。发电教研组对北京、湖北、山西、东北东部、大庆和江西等电力系统的运行稳定性、传输能力和电压质量等问题进行了大量试验研究，开展了电力系统可靠性、线性最优化控制、电力系统稳定器、自并励励磁控制等方面的研究，并积极探索计算机在电力系统中的应用。高压教研组开展了高压开关、增容、新型高压熔断器、50 万伏精密直流高压分压器和静电电压表、白山地下电站防雷模拟，以及东北、华北、华东地区首批 50 万伏变电站防雷模拟和气体放电等科研工作。

1978 年起，在党的十一届三中全会所制定的路线方针政策的正确指引下，电机系的科学研究和学科建设事业开始走上正轨，并逐渐进入前所未有的大发展时期。

为适应国家将工作重点转移到经济建设上的需要，电机系在重视基础理论研究之同时，从国情出发，密切与企业合作，用新的科研成果改造传统产业，为国民经济建设主战场服务，取得了丰硕的科研成果和可观的社会效益。电机系共承担"七五""八五"科技攻关项目 36 项，国家自然科学基金 55 项，国家各部委科学基金 40 多项，横向科技合作项目数百项。

1984 年至 1993 年期间，电机系共获得国家级科技三大奖 17 项，省部委级科技奖 66 项，国家专利授权 38 项；科研经费快速增长，如 1986 年 103 万元，1990 年 274 万元，1993 年就达到了 830 万元。

1994 年以来，电机系科研发展更为迅速，承担的各类科研项目数不断增加，项目经费增长，重大项目增多，基于完成科研项目取得成果的获奖数量也在增加，见表 19-13-15。

表 19-13-15　1994 年—2010 年电机系科研数据统计汇总　　　项

年份	"863"计划项目	"973"计划项目	教育部新世纪人才支持计划	教育部博士点基金项目	国家自然基金项目	年科研经费（万元）	省部级奖	授权发明专利
1994						1 100		
1995						1 200		
1996						1 600		
1997						2 300		

续表

年份	"863"计划项目	"973"计划项目	教育部新世纪人才支持计划	教育部博士点基金项目	国家自然基金项目	年科研经费（万元）	省部级奖	授权发明专利
1998						2 300		
1999		1		4	5	2 690	4	
2000			1		7	3 370	2	6
2001	4			1	6	3 600	3	3
2002	6	1			6	2 862	5	1
2003	3				9	3 600	2	30
2004	4	6	1	1	12	3 455	12	24
2005	2		2	1	11	4 700	3	14
2006	2		1	4	12	4 531		13
2007	4	1	2	1	14	6 195	27	34
2008	0	2	1	3	14	10 400	10	25
2009	0	1	0	2	8	11 300	18	43
2010	0	2	0	2	17	13 700	19	29
合计	25	14	8	19	121	78 903	107	222

20世纪80年代初至1993年，电机系先后开辟出一批既跟踪国际先进水平，又面向国家经济建设主战场的科研方向。这些方向主要有电力系统分析与控制、电力系统运筹学、电站自动化、柔性交流输配电、过电压和绝缘配合、有机外绝缘、电气设备在线监测与故障诊断、高压电器、气体放电与等离子、电机分析与控制、电机电子系统、电力电子技术、电磁场理论与应用、电路理论及其应用、谐波治理与无功补偿、生理系统的建模与仿真、医学超声和图像、人体运动医学、康复工程、微机在生物医学工程中的应用，等等。在这些科研方向上取得的大批科研成果，在电力系统运行、电工制造行业中被广泛推广和应用。

1989年，电机系与热能系开始筹建电力系统及发电设备控制和仿真国家重点实验室。1990年，电机系与自动化系、核研院、微电子所等单位共同建立了电力电子工程研究中心。1993年，电机系与力学系等单位共建了生物医学工程研究所。

1999年以来，电机系与国内外著名大学和企业建立了联合研究所，形成了一批相对稳定的甚至是长期的科研合作关系，见表19-13-16。

表 19-13-16 **电机系与国内外大学或企业建立的联合研究所**

成立年度	联合研究所名称	合 作 方	电机系负责人	有效期
1999	许继清华大学机组保护研究所	许继电气股份有限公司集团	王祥珩	3年
2001	清华大学（电机系）-保定天威集团有限公司电工技术研究所	保定天威集团有限公司	王赞基	3年
2001	清华南自电力电子应用技术研究所	南京电子自动化设备总厂	赵争鸣	5年
2002	清华四方电力系统稳定控制联合研究所	四方同创保护与控制设备有限公司	童陆园	3年
2003	清华大学 AREVA 输配电研究中心	AREVA 公司	董新洲	8年

续表

成立年度	联合研究所名称	合 作 方	电机系负责人	有效期
2003	北京平高电气清华研究所	北京平高电气有限责任公司	徐国政	3 年
2004	清华南自电网调度自动化研究所	国电南京自动化股份有限公司	张伯明	3 年
2005	清华北银电力系统自动化研究所	北海银河高科技产业股份有限公司	卢 强	3 年
2005	清华大学（电机系）-辽宁高科能源集团有限公司微电网研究所	辽宁高科能源集团有限公司	闵 勇	3 年
2007	清华大学（电机系）-河南平高电气股份有限公司电气技术研究所	河南平高电气股份有限公司	刘卫东	3 年
2007	清华大学（电机系）-常熟开关制造有限公司电力电子应用技术研究所	常熟开关制造有限公司	赵争鸣	3 年
2009	清华大学（电机系）-中国石油化工集团胜利油田管理局油田电气工程联合研究中心	中国石油化工集团胜利油田管理局	黄松岭	3 年
2010	清华大学（电机系）-北京领翼中翔科技有限公司智能电力设备技术联合研究中心	北京领翼中翔科技有限公司	高文胜	3 年
2010	清华大学（电机系）-陕西省地方电力（集团）有限公司智能配电网技术联合研究中心	陕西省地方电力（集团）有限公司	梅生伟	3 年

1994 年至 2010 年，电机系紧紧依托电力系统及大型发电设备安全控制和仿真国家重点实验室、电力电子工程研究中心、生物医学工程研究所以及与国内外著名大学和企业建立的联合研究所，瞄准国际前沿基础理论问题，面向国民经济建设重大和战略需求，开拓新的科研方向，积极开展产学研合作，承担了大批科研项目。其中，主持完成和正在进行的重大科研项目有：2002年至2006年，负责完成首批国家重大基础研究发展计划项目即"973"项目"我国电力大系统灾变防治和经济运行重大科学问题的研究"；2004年，与中国电力科学研究院共同获准承担本学科第二个"973"项目"提高大型互联电网运行可靠性的基础研究"，并负责主持其中5个课题的研究工作；2005年，获得国家自然科学重大基金项目"电力系统广域安全防御基础理论及关键技术研究"。这一时期新开辟的科研方向主要有：电力系统非线性控制理论、广域监测和控制保护理论、调度自动化理论和技术、电力市场运营理论、电力系统动态过程分析和计算技术、分布式发电及接入、智能电网能量管理与运行控制、低碳电力技术、新能源发电形势下的电力系统稳定分析与控制技术、电力系统广域保护与灾变防治、智能电网快速仿真与模拟、微电网构建及协调控制技术、电网的弱阻尼分析及控制、电力系统的次同步振荡分析与控制、电网暂态电压稳定及大容量 STATCOM 研制、用户侧电能质量分析与控制、电力系统储能技术、电力物联网、新能源发电接入技术、高电压外绝缘及合成绝缘子、新型输电技术、过电压防护及接地技术、新型电介质材料及储能材料、电磁环境技术、电气设备在线监测与故障诊断、脉冲功率及离子体、大气压辉光放电、电磁生物效应、智能化设备及数字变电站、交流电机系统的动态过程及控制、特种电机及其系统的分析/设计与控制、高性能/大容量/全数字化交流电机控制系统的理论和应用、大容量电力电子变流装置的拓扑结构/控制方法/驱动保护技术/器件可靠性分析、光伏发电的最大功率点跟踪与大规模并网技术、双馈与直驱风力发电系统发电机设计/并网变流器/变桨控制器研

制、电磁场理论在电磁发射/核爆防护领域的应用、现代数字信号处理理论在通信对抗中的应用、多传感器数据融合的不确定度评定、无损检测、电磁超声探伤、风电消纳、特高压输电、高级量测体系、舰船独立电力系统、无线能量传输、电力电子装置冷却系统、电动汽车充电技术，等等。在这些新的科研方向上陆续取得了一批科研成果，并积极促进将它们应用于电力系统运行、电工制造行业的技术改造与升级换代。

（二）获国家级科技成果奖情况

电机系获国家级科技成果奖情况见表 19-13-17。

表 19-13-17　电机系获国家级科技成果奖情况

获奖时间	项目名称	主要获奖人	奖项名称及等级	合作单位
1988	电机及电力系统过渡过程分析和控制	高景德　卢强　刘取等	国家自然科学奖二等奖	
1991	低频电磁场三维边值问题的理论及分析方法的研究	王先冲　陈丕璋　马信山等	国家自然科学奖四等奖	
1993	沿染污介质表面放电研究	张仁豫　关志成　薛家麒等	国家自然科学奖三等奖	
1985	电机节能风扇、风罩	俞鑫昌　陈丕璋等	国家科技进步奖二等奖	
1985	75 千伏安稀土钴永磁发电机	陈丕璋等	国家科技进步奖二等奖	东方电机厂等
1988	电机电磁场数值计算	陈丕璋　胡显承　严烈通等	国家科技进步奖二等奖	
1988	第二级大规模集成电路计算机辅助设计系统	陈允康等	国家科技进步奖二等奖	清华计算机系等
1988	超声多普勒牲畜妊娠检查仪	沈以鸿等	国家发明奖四等奖	
1989	雷击发射塔分流模拟试验	宫莲　王树民　周国富等	国家科技进步奖三等奖	
1990	多变量优化励磁控制系统	王仲鸿　卢强　崔文进等	国家科技进步奖三等奖	
1992	东北电网实时状态估计	张伯明　王世缨　相年德等	国家科技进步奖二等奖	
1992	东北电网仿真系统	顾永昌　王心丰　李文平等	国家科技进步奖二等奖	
1992	多大区互联系统频率动态过程的分析及低频减载装置的整定	韩英铎　闵勇等	国家科技进步奖二等奖	
1992	并联柴油发电机组的电压、转速和均分功率的最优控制系统	王仲鸿　吴壬华　韩英铎等	国家发明奖四等奖	
1992	高海拔地区线路绝缘	张仁豫等	国家科技进步奖三等奖	武汉高压所等
1992	YLT 低噪声 12 级系列 YD-DL 系列低噪声双速三相异步电动机	胡元德　金启玫等	国家科技进步奖三等奖	
1992	HF-II 红外光点运动分析系统	丁海曙　王广志　容观澳等	国家科技进步奖三等奖	

续表

获奖时间	项目名称	主要获奖人	奖项名称及等级	合作单位
1995	2 500kW 轧机主传动同步电机交交变频调速系统	李发海等	国家科技进步奖二等奖	冶金部自动化院
1995	大型汽轮机及调速系统在线参数辨识技术	沈善德　朱守真等	国家科技进步奖三等奖	
1996	供电系统谐波检测与治理	唐统一　孙树勤　潘隐萱　戴先中　陆祖良等	国家科技进步奖三等奖	
1997	超高压合成绝缘子	张仁豫　薛家麒　梁曦东等	国家科技进步奖二等奖	清华紫光集团
1997	多变量优化励磁控制系统	王仲鸿　卢强　崔文进等	国家科技进步奖三等奖	
1997	大型发电机稳定安全监视与无刷励磁检测系统	沈善德　朱守真等	国家科技进步奖三等奖	
1997	全封闭组合电器绝缘配合的研究及应用	张纬钹　吴维韩　覃利明等	国家科技进步奖三等奖	
1998	新型 CCD 摄像终点计时及判读系统	洪玉民　容观澳　丁海曙等	国家科技进步奖三等奖	
2001	500kV 紧凑型输电线路关键技术及试验工程	黄炜纲等	国家科技进步奖二等奖	华北电力集团公司、中国电力科学研究院等
2002	电力系统新型静止无功发生器（ASVG）的研制	王仲鸿　刘文华　姜齐荣等	国家科技进步奖二等奖	河南省电力公司
2003	基于 CC‑2000 支撑平台的 EMS 高级应用软件	王心丰等	国家科技进步奖二等奖	中国电力科学院等
2007	基于行波原理的电力线路在线故障测距技术	徐丙垠　董新洲　葛耀中等	国家科技发明奖二等奖	山东理工大学等
2008	输电系统中灵活交流输电（可控串补）关键技术研究和推广应用		国家科技进步奖一等奖	中国电力科学研究院等
2008	电力大系统非线性控制学	卢强　梅生伟　孙元章　刘锋等	国家自然科学奖二等奖	
2008	三维协调的新一代电网能量管理系统关键技术及应用	张伯明　孙宏斌　吴文传　郭庆来　汤磊　王鹏等	国家技术发明奖二等奖	
2008	防止配电网雷击断线用穿刺型防弧金具、箝位绝缘子和带间隙避雷器	何金良等	国家技术发明奖二等奖	中国电力科学研究院

六、对外合作与交流

电机系建系近 80 年，在人才培养、教学改革和科学研究等方面，从未间断与国内外开展合作与交流，且规模和数量不断增加，对教学水平提高、人才培养环境改善、科研实力增强和社会影响扩大等起到了很大的促进作用。

在人才培养方面，1958 年至 1964 年，电机系每年除招收 180～200 名本科生外，还招收了一批朝鲜、越南和老挝等国的留学生。"文化大革命"时期，电机系招收外国留学生数量较少，其中前几年几乎没有，1970 年至 1976 年，仅招收了非洲国家的 3 名留学生。1977 年以来，电机系招收培养外国留学生以及中国港澳台地区学生的数量逐渐增加，截至 2007 年 12 月，共招收了 99 名，其中博士生 4 名，硕士生 15 名，本科生 56 名，高级进修生 8 名，普通进修生 16 名；已取得学位 41 名，其中博士学位 2 名，硕士学位 12 名，学士学位 27 名；在学留学生 11 名，其中香港地区学生 1 名，澳门地区学生 3 名，台湾地区学生 1 名；外国留学生主要来自朝鲜、韩国、斯里兰卡、巴基斯坦、加纳、日本、美国等国家。

在派出教师、学生出国深造进修访问方面，在全面学习苏联时期，电机系就曾派出多位教师赴苏联进修或深造。改革开放以后，电机系出国进修深造人数有了明显增加，包括教学进修、出国考察、高级访问、科研合作、攻读学位、暑期实习，等等。2000 年至 2010 年电机系开展对外交流与合作的人员（教师、学生）出境情况统计见表 19-13-18。

表 19-13-18　电机系 2000 年—2010 年外派出境教师、学生情况统计

年　份	2000	2001	2002	2003	2004	2005	2006	2007	2008	2009	2010
国际会议	28	31	23	26	36	22	27	27	34	32	49
合作研究	14	19	17	9	19	16	3	3	6	1	9
考察访问	10	15	18	11	7	5	5	10	4	4	19
长期出国	6	5	4	12	7	1	4	5	5	5	5
合计	58	70	62	58	69	44	39	45	49	42	82

截至 2010 年 12 月，电机系在境外取得学位的教师共 21 人，解放前，有顾毓琇（美国，博士）、李郁荣（美国，博士）、章名涛（英国，硕士）、程式（美国，博士）、王宗淦（美国，硕士）、孙绍先（美国，硕士）、唐统一（英国，学士）等；"文化大革命"前，有高景德（苏联，博士）、吴维韩（苏联，副博士）、吉嘉琴（苏联，副博士）等；改革开放以来，有韩英铎（德国，博士）、郭永基（苏联，博士）、杨学昌（德国，博士）李永东（法国，博士）、赵伟（苏联，副博士）、柴建云（日本，博士）、肖曦（俄罗斯，副博士）、江伟华（日本，博士）、李国杰（新加坡，博士）、陈基和（中国香港，博士）、张贵新（新加坡，博士）、王小宇（加拿大，博士）、郑泽东（中法联合培养，博士）。

改革开放以来，电机系对外合作交流频繁，不仅走出国门的教师、学生数量明显增加，而且接待境外来访专家教授等也越来越多。进入 21 世纪，电机系在人才培养和科研合作方面与境外大学的接触和交流就更为频繁，例如，仅 2007 年，电机系就直接接待或参与校方接待的境外高校代表团就有 9 个之多，分别来自德国、英国、南非、意大利、美国及中国台湾等国家和地区。

改革开放以来，电机系积极参与国际学术会议的举办，主办和联合主办的有较大影响的国际学术会议主要有：

（1）1988 年承办了第二届国际电介质性能与应用会议（2nd ICPADM），参会近 300 人，其中境外近 100 人，是当时在校内举办的规模最大的国际会议之一。

（2）1992 年承办了 ICDMP（International Center of Dense Magnized Plasma）会议，有包括俄罗斯、法国、日本、英国、意大利、美国等 15 个国家和地区的科学家参加了会议。

（3）2000 年 8 月承办了第三届国际电力电子技术及运动控制会议（IPEMC 2000）。来自 26 个国家和地区的 281 名代表参加了会议，IEEE 电力电子学会前主席 Fred C. Lee 教授担任大会主席。本次会议共录用国内外论文 264 篇，是一次高水平的国际会议。

（4）2005 年 8 月，与深圳研究生院共同承办了第 14 届国际高电压工程会议 ISH 2005（The 14th International Symposium on High Voltage Engineering），来自 40 多个国家和地区的知名专家、教授及工程技术人员等 700 多人（其中境外人员 360 多人）参加了大会。大会收录论文 600 多篇，特邀报告 9 篇。

（5）2006 年 11 月 4 日—5 日，与北京电力电子学会、中国电器协会电力电子分会联合举办了"2006 年国际电力电子学术年会暨第六届电力电子论坛"，来自国外及国内 250 名专家、学者及研究生等参加了该论坛。

（6）2009 年 10 月 12 日—14 日，在北京协助举办了第三届 IASTED 亚洲电力与能源系统大会（The Third IASTED Asian Conference on Power and Energy Systems，Asia PES 2009）。电机系康重庆教授担任大会主席。卢强院士作了题为"Smart Power Systems and Smart EMS"的主旨演讲。来自 12 个国家和地区的约 100 位代表出席。

（7）2010 年 4 月 12 日—16 日，承办了亚太电磁兼容国际会议，电机系何金良教授任大会主席。本次会议是在中国首次举办的大型电磁兼容国际会议，许多国际知名学者都参加了本次会议。参会人数近 700 人，其中国外代表 400 余人。

长期以来，电机系一直重视在教学和科研等方面开展国际合作与交流，2002 年—2010 年，电机系就先后与境外多所大学、科研院所及公司等签订科研合作课题 150 多项，课题经费折合人民币逾 9 915 万元。

七、实验室和研究基地

随着时代的变迁，电机系的教学和科研实验室几经改造、调整、扩大和发展，截至 2007 年 12 月，建有隶属电气工程实验教学中心的 8 个教学实验室，以及依托于电力系统及大型发电设备安全控制和仿真国家重点实验室的 7 个科研实验室，见表 19-13-19 和表 19-13-20。

表 19-13-19　电气工程实验教学中心下设的 8 个教学实验室

教学实验室名称	为学生开出实验类别
电力系统教学实验室	电力系统类实验
高电压教学实验室	高电压类实验
电气设备及智能化教学实验室	
气体放电与等离子体教学实验室	
电机教学实验室	电机类实验
电力电子与电机控制教学实验室	电力电子类实验
电气工程自动化教学实验室	通用类实验
电工与热工计量教学实验室	

电气工程实验教学中心 2008 年获清华大学一级实验室、北京市实验教学示范中心、国家级实验教学示范中心称号。

表 19-13-20　电机系的科研实验室

科研实验室名称	隶属的二级学科
电力系统实验室	电力系统及其自动化
高电压实验室	高电压与绝缘
电气设备及智能化实验室	高电压与绝缘
气体放电与等离子体实验室	高电压与绝缘
电力电子与电机控制实验室	电力电子技术
电机实验室	电机与电器
电工与热工计量实验室	电工理论与新技术

　　电力系统及大型发电设备安全控制和仿真国家重点实验室，是1989年经国家计委批准，依托清华大学，在电机系原有的电力系统动态模拟实验室、电机实验室和热能系的大机组仿真实验室、热力系统控制实验室的基础上联合进行建设的。

　　电力系统及大型发电设备安全控制和仿真国家重点实验室覆盖电气工程和动力工程与热物理两个一级学科，目前共有9个研究分室和一个实验中心，它们是：大电网安全与经济运行研究分室、新能源发电与分布式电力系统研究分室、交直流输电技术与电磁环境研究分室、柔性输配电技术研究分室、大电机与电气设备智能化研究分室、电力电子与电能变换研究分室、电工新技术研究分室、热力系统仿真研究分室（热能系）、热力系统控制研究分室（热能系）；实验中心又具体建有电力系统动态模拟、电力电子综合实验、高电压与强电磁环境、热力系统检测（热能系）等4个实验平台。

　　电力系统及大型发电设备安全控制和仿真国家重点实验室与国内外高校、科研院所以及生产制造企业等有着广泛的学术交流与科研合作，设有研究基金和开放基金，用以资助国内外客座科研人员前来从事基础理论和实验研究工作。

　　电力系统及大型发电设备安全控制和仿真国家重点实验室1998年通过了国家教委组织的评估，成绩为A；2003年，在国家科技部委托国家自然科学基金委进行的评估中，被评为优秀；2004年，获得"国家重点实验室计划先进集体奖（金牛奖）"；2008年，在国家科技部委托国家自然科学基金委进行的评估中，再次被评为优秀。

　　2007年10月，与南方电网公司共同组建了特高压工程技术（昆明）国家工程实验室（国家工程研究中心）。

第十四节　信息科学技术学院

一、沿革

　　清华大学信息科学技术学院（简称"信息学院"）组建于1994年4月。目前由4个系（电子工程系、计算机科学与技术系、自动化系、微电子与纳电子学系）、2 个研究实体（微电子学研究所、信息技术研究院）、1 个国家示范性软件学院（软件学院）组成。此外，学院还建有 1 个国家集成电路人才培养基地、CIMS（计算机集成制造系统）和企业信息化应用支撑软件 2 个国家工程技术研究中心以及下一代互联核心网和数字电视（北京）2 个国家工程实验室。学院是全国首批筹建的 5 个国家实验室之一——"清华信息科学与技术国家实验室"（简称"信息国家实验室"）的依托单位。

学院所涵盖的电子技术、无线电通信、自动控制、计算机等学科均源于 1932 年成立的国立清华大学工学院，紧紧伴随着世界电子信息科技进步和国家发展需要而成长。

1934 年，电机系内设电力组和电讯组。1939 年，面对抗战对电讯人才的急需，以清华大学电机系为主体的西南联大电机系附设了电讯专修科，学制两年。1946 年夏，西南联大结束办学使命，电机系回迁清华园，仍设电力组和电讯组两个专业方向。

1952 年，全国进行院系调整，北京大学工学院并入清华大学工学院。9 月，两校电机系的电讯组合并后创立清华大学无线电工程系（电子工程系前身）。

1952 年，电机系增设工业企业电气化（工企）专业，首届招生 60 人。

1955 年，工企专业更名为工业企业电气化与自动化，增设自动学与远动学专业。

1956 年，周恩来总理主持了我国科学技术发展规划的讨论和制定，部署研制两弹，清华承接重要任务。电机系自动学与远动学、运筹学两个教研组承担了计算机专业教学，抽调清华电机系及全国高校大二以上学生 287 名，开办首届自动化研究班。1956 年 12 月，机械系增设热力设备自动化教研组（1960 年更名为热工量测及自动化教研组）。

1958 年，学校批准在计算机、自动学与远动学、运筹学等教研组基础上成立自动控制系（计算机科学与技术系前身）。

1970 年 5 月，清华大学将电机系工企教研组、工业电子学教研组、可控硅元件及装置车间和动力机械系热工量测及自动化控制教研组合并，成立工业自动化系（自动化系前身）。8 月，招收首届工农兵学员 140 人。

1980 年，以无线电系半导体专业为基础，成立微电子学研究所。

1994 年 4 月，为了迎接世界科技革命的挑战，适应我国经济发展需要，加快提高信息学科学术研究水平，加速信息学科高层次人才培养，促进学科交叉与联合，为清华大学承担重大科技任务与发展国家信息产业和培养更多高质量人才做出应有贡献，学校决定由电子工程系、计算机科学与技术系、自动化系和微电子研究所联合组建信息科学技术学院（虚体），统筹协调校内电子科学与技术、信息与通信工程、控制科学与工程、计算机科学与技术四个一级学科建设。学院设院长、副院长，实行院长负责制。学院的办院方针和重大决策由院务会议讨论，副院长分工协助院长工作。设立信息学院办公室，配合院长、副院长落实相关工作。学院内教学、科研、行政、人事工作由各系所行政机构完成。

2001 年，清华大学成立软件学院，是国家首批在高校中建设的 35 所示范性软件学院之一，其前身是 1999 年 9 月在昌平校区开办的以两年制第二学士学位教育为主的清华大学应用技术学院。

2003 年 4 月，学校决定在信息学院内组建信息技术研究院，从事信息领域工程技术创新，争取承担国家重大科技任务。

2003 年 11 月，学校依托信息学院筹建的"清华信息科学与技术国家实验室"获得科技部批准，成为首批筹建的 5 个国家实验室之一。2005 年 3 月，信息国家实验室（筹）第一届理事会组成名单得到教育部批准。2005 年 4 月，第一届理事会在校内召开，标志着国家实验室筹建工作进入新阶段。

信息科学与技术诞生于 20 世纪中期，其科学技术成就快速应用于工业、农业、军事、社会等各个领域，已经并将继续对人类社会产生巨大的影响。21 世纪仍将是信息科技大有作为的时代，一方面，信息产业仍将成为推动全球经济发展的主导产业之一；另一方面，信息与物理、材料、生命、工程、经济、社会等领域的交叉融合是信息学科发展的必然趋势。信息学院的使命是促进学科交叉与融合创新，培养基础宽厚扎实、视野开阔、创新能力强的高层次信息科技人才，对国家信息科技和产业发展作出重要原创性贡献。

到 2010 年底，学院有教职工 593 人（教师 447 人），有中科院院士 5 人，工程院院士 5 人，教授 165 人，副教授 204 人。在校学生 6 858 人，其中本科生 2 776 人，硕士生 2 762 人，博士生 1 320 人。

信息学院承担着国家重点基础研究发展计划（"973"计划）项目、国家高技术研究发展计划（"863"计划）项目、国家科技支撑计划项目、国家自然科学基金项目、国家科技重大专项项目、中央各部委和全国各省市重点科研项目以及学院教授自行选择的创新研究项目，成果丰硕。信息学院与国内外许多高校、著名科研机构和企业建立了紧密的合作关系，保持着广泛的学术联系与交流；多次主持召开国际学术会议；邀请国内外知名学者来院讲学；聘请讲席教授组开展国际交流与合作。

信息学院有 4 个一级学科，17 个二级学科，4 个博士后流动站，所有一级学科均有硕士和博士学位授予权，每年接纳国内外访问学者和博士后研究人员百余人。下设电子信息科学与技术（2010 年由电子信息工程、电子科学与技术合并）、微电子学、计算机科学与技术、自动化、计算机软件 5 个本科专业，其中电子信息科学与技术专业（即 2010 年前的电子信息工程、电子科学与技术两个专业）与微电子学专业从 2005 年起按"电子信息科学类"统一招生。

信息学院建院以来历任党政负责人名录见表 19-14-1；学术委员会负责人名录见表 19-14-2。

表 19-14-1　信息学院历任院长、副院长和党的工作负责人名录

院　　长		副　院　长		党委书记、党的工作领导小组组长	
姓名	任职时间	姓名	任职时间	姓名	任职时间
李衍达	1994-04—2004-03	江剑平	1994-04—1997-05	张凤昌	党委书记 2003-01—2003-11
		董在望	1994-04—2002-01		
		钱佩信	1994-04—2002-01		
		王鼎新	1994-04—2002-01		
		刘祖照	1997-05—2003-02		
		王　京	2002-01—2004-04		
龚　克	2004-03—2006-10	贾培发	2002-01—2007-01	贾培发	党委书记 2003-11—2005-09 党的工作领导小组组长 2005-09—2007-11
		邓丽曼	2003-02—2005-04		
		李艳和	2003-02—2007-01		
		李　军	2003-02—2007-01		
		牛志升	2004-04—		
		汪　蕙	2005-04—2010-11		

院 长		副 院 长		党委书记、党的工作领导小组组长	
姓名	任职时间	姓名	任职时间	姓名	任职时间
孙家广	2006-10—	李 军	常务副院长 2007-01—2010-11	张 佐	党的工作领导小组组长 2007-11—
		王希勤	2010-11—		
		吴建平	2010-11—		
		周东华	2010-11—		
		魏少军	2010-11—		

表 19-14-2　信息学院学术委员会主任名录

姓名	任职时间	姓名	任职时间	姓名	任职时间
李志坚	1997-05—2003-05	张 钹	2003-05—2007-08	周立柱	2007-08—

二、主要工作

1. 信息学科群规划与国家实验室建设

在信息学科群范围内，组织实施"211 工程"和"985 工程"各阶段学科规划与建设任务。信息学院成立之时恰逢国家启动"211 工程"。按照学校要求，学院从 1994 年开始负责制定信息学科群建设规划。以追赶世界先进水平的信息学科为目标，认真分析校内信息学科的学术和队伍状况，提出各学科都应围绕国际学科前沿和国家信息化战略做好针对性的规划和布局，强化开展跨学科交叉研究。学院组织了系列学科发展研讨、国内外调研，协调各单位发展思路，提出将计算机网络、多媒体信息处理、无线移动通信、量子器件与量子信息、复杂系统控制优化、人工智能、信息与生命科学交叉等作为学科群未来发展重点，分别设计了院系两级重点任务，其中网络多媒体被列为首次由学院在院内跨系组织建设的重点任务。1996 年信息学科群建设正式立项并启动。学院聘请了院内相关单位教师建立网络多媒体实验室，与广电总局、广东省南海市政府签署战略合作协议，取得了很多研究成果。1999 年 11 月 10 日，"211 工程"一期学科群建设任务通过校内专家组验收。1999 年至 2005 年间，学院继续按照统筹学科规划，强化前沿与交叉研究，设立院系两级重点任务，分别组织实施了"985 工程"一期和"211 工程"二期学科建设。在此期间，院重点项目分为两类：一是跨学科问题，如生物信息学、量子信息；二是重大战略应用，如新一代无线通信系统研究与芯片设计、高性能微处理器研发、新一代互联网络。

探索科技体制创新。2002 年至 2003 年，学校召开以科技创新推动科研管理体制改革为主题的第 15 次科技工作讨论会，对"在信息领域建一个信息研究院"的必要性达成共识。按照这一思路，信息学院在全院工程型、系统型研究基础较好的领域抽调一部分教师组成若干技术研究中心，于 2003 年 4 月组建了全新建制的信息技术研究院，由信息学院下辖，与各系分开独立管理。

筹建信息科学与技术国家实验室。2003 年初，科技部策划建设若干国家实验室。信息学院立足校内资源，依托已有 3 个国家重点实验室（智能技术与系统、微波与数字通信、集成光电子学—清华大学分室）和 2 个教育部重点实验室（普适计算、生物信息学—信息学院分室），2 个国家工程技术研究中心（国家计算机集成制造系统工程技术研究中心、国家企业信息化应用支撑软件技术工程研究中心）与1个教育部工程研究中心（教育部计算机网络技术工程研究中心），1个原国家计委建设的国家级研发基地（北方微电子基地）以及跨系的多学科实体性研发基地（信息技术研究院），进一步整合清华大学信息科学技术学科内的优势资源，大力吸收国内外信息科技的优秀资源，提出按照国家实验室定位来建立一个开放共享的、国际一流的信息科学技术研究平台。筹建方案获得学校支持并上报科技部，同年11月，获科技部批准开始筹建，实行理事会决策和主任负责制。2005年3月，信息国家实验室筹建通过专家论证成为"985工程"二期校级平台之一。同年4月12日，第一届理事会成立并召开第一次会议，通过理事会工作条例，任命实验室主任（龚克）和副主任，原则同意建设任务书。信息国家实验室的建设，对加速信息学科发展、发挥人才资源能力、理顺科研创新体制、扩展对外科技服务有很好的推动作用。作为依托单位，学院统筹规划"985工程"二期、三期、"211工程"三期建设任务和经费，并与国家实验室年度引导经费（2007年开始由科技部投入）一起，继续落实学科规划、队伍建设等学科群和国家实验室重点任务。国家实验室日常运行由主任负责，重要事项在主任办公会讨论决定前，须充分征求信息学院党政班子的意见，学院和实验室成立联合办公室，负责各项行政运行。国家实验室完成的主要工作包括：（1）研究设立恰当的组织机构和运行机制。目前，国家实验室由3个重点实验室（其前身均为国家重点实验室）、7个学科实验室、1个公共平台与技术部、1个技术创新与开发部、3个跨学科研究中心和若干与国内外知名学术机构组建的联合研究中心组成，中心（或研究部）实行主任负责制。（2）建设专兼结合、固定与流动结合的高水平、团队协作型研究队伍。到2010年底，信息学院部分教师和博士后为国家实验室成员（固定和流动），其中固定人员约280人，除首批"千人计划"学者张奇伟外，其余均为各系在学术上有突出贡献的教师和学术团队成员。（3）合理规划和分配科研资金。经不断发展完善，到2010年，学院和实验室可以分配的"985"学科建设经费和国家实验室引导经费主要划分成创新平台建设项目、重点基础研究基金、基础研究基金、重点实验室项目、基础理论研究项目、重点团队项目、跨学科重大项目、拔尖人才支持项目、面上研究项目、学科交叉基金和学术交流基金等。（4）组织重点实验室和重点团队发展评估，开展课题全过程管理，探索可持续发展道路。学院和实验室联合制定各种基金管理办法；联合办公室负责组织各级基金项目的项目征集、指南发布、立项评审、学术交流和中期报告、结题验收的组织工作，审议经费使用，监控经费运行；对重点实验室，以三年为周期邀请专家进行发展评估。2010年11月底，宽带通信、集成光电子学和智能技术与系统三个重点实验室接受第一次委托国家自然科学基金委实验室工作办公室参照国家重点实验室评估标准进行的专家现场评估。

组织国际学科评估。为加深对学科发展的认识，迎接百年校庆的到来，信息学院按国际惯例分成电子工程、计算机科学与技术两个学科先后组织国际学科评估。电子工程学科的评估准备由电子系牵头，自动化系和微电子所参加，计算机学科的评估准备由计算机系牵头，软件学院、理论计算机科学研究中心、网络中心参加。2010年7月和8月，由来自国际知名大学、机构的专家组成的两批国际评估专家组到校进行现场评估，他们在高度评价学科成绩的同时，还就学科方向、学术合作、青年教师成长等工作提出十余条建设性意见。

2. 人才队伍建设

建院之初，学院就将结合学科规划、加快引进和培养高水平的人才队伍列入学院主要工作。

创造条件，加快优秀青年人才引进和培养。1996 年，学院组织了首届青年学术沙龙，鼓励青年教师展开跨系、跨学科交流。2004 年起，获得邓峰校友捐赠，设立了"中青年人才启动基金"，经评审，对来学院工作的海内外优秀学者（副高职务及以上）给予每人 1 万美元的人才津贴资助。2007 年起，牵头组织信息学科教师系列副高职务专家评审会，由学院党政负责人和院学术委员会组成评议组，负责评审、差额投票表决信息学院以及网络中心、计算中心、电教中心所有申请人，聘任结果报学校批准后生效。

成立人才工作小组，统筹高水平队伍建设。2005 年，围绕着信息学院整体发展目标，在充分依靠各院系具体人事管理的基础上，通过明确各院系人事管理由学院归并后与人事处对接的工作流程，学院逐步加强人员总体调控和协调服务。学院成立了人才工作小组，负责制定高层次人才引进和培养政策，明确业务规范，评审引进人才。

推动讲席教授组工作。在充分认识到讲席教授组对学科建设的积极作用后，学院于 2007 年决定积极筹资，按照学科群规划，积极引进高水平讲席教授团组，促进人才队伍尤其是青年教师水平提升。学院获得校教育基金会的支持并募得多项捐赠资金。到 2010 年底，在学院工作过的讲席教授团组包括：姚期智（理论计算机科学）、何毓琦（复杂网络化系统理论与技术）、黄煦涛（智能信息）、Michael S. Waterman（生物信息学与系统生物学）、Frans Kaashoek（计算机系统结构、存储、操作系统、编译与计算机网络）、Joseph Sifakis（计算机软件与图形学）、P. R. Kumar（无线通信）、Michael Merzenich（神经与认知计算）、黄铠（分布式计算与应用）等 9 个讲席教授组，成员约 100 人。

3. 人才培养改革

1994 年以来，学校教育教学改革进入新阶段，学院开展多方面工作。

组织教育思想讨论。发动各系干部和教师认真研讨教育思想，学院领导积极参加学校教育思想大讨论（1996 年），院长李衍达院士在第 21 次教育工作讨论会上做典型发言，对学校确立培养高素质、厚基础、多样化、创新性人才培养目标和本科大类培养改革作出贡献。

推进本科按信息大类培养。2003 年开始，组织制定信息大类培养方案，确立院平台课，其中新增一门由院长负责、学院组织、邀请知名教授主讲的"信息科学技术概论"学科大类基础课。大类培养方案经多年实施逐步调整优化，2010 级培养方案要求本科毕业最低总学分为 172 学分。其中，公共课程 40 学分，平台课程 80 学分（包括数学、自然科学基础和学科基础课程），专业核心与选修课程 37 学分，综合论文训练 15 学分。

开设教改实验班，探讨拔尖创新人才培养。信息学院和理学院达成"理科基础强化班"培养协议，从 2004 级开始，允许强化班学生选修理科数学和物理课程并替代工科数学和工科物理。2006 年，在学院和计算机系的支持下，由计算机图灵奖获得者姚期智教授主持的"软件科学实验班"首次开设。该班隶属"计算机科学与技术"专业，瞄准理论计算机科学拔尖人才培养，单独制定培养方案，更加重视数学、计算理论、软件理论与实践的紧密结合，大四全年安排研究实践和综合论文训练，在教学上充分利用校内外优秀师资和微软的研究环境，以期培养具有国际水平的一流计算机人才。

协调推进"985 工程"二期教学建设。2005 年 7 月，信息学院整体教学"985 工程"二期立项申报通过论证，共设立 7 个子项目，包括各个系的教学建设以及跨系的电工电子中心建设、信息学科大类培养改革。

募集资金，设立奖学金。2005 年至 2010 年间，学院募集到英特尔、诺西、飞利浦、中芯微电子等公司捐赠的 128.3 万元，奖励研究生 111 人次。

4. 学术交流与国内外合作

信息学院成立以来，积极组织学术交流，国内外合作踊跃。

设立信息大讲堂。2004 年起，学院设立"清华信息大讲堂"，邀请知名学者开讲。为保持高水准，学院积极吸引捐赠，先后有 DoCoMo、Nokia、Hitachi、Boeing、Intel 捐赠，至 2010 年，共获得捐赠 54 万元，开设讲座 93 讲。

设立研究生国际会议基金。在信息学院的积极联系下，校友邓峰慷慨捐款支持信息学院研究生参加高水平国际会议。学院严格执行捐款人意图，并争取到研究生院的配套资金，统筹负责该项基金的申请受理、审批、资助、财务手续、结题总结全过程服务。2005 年至 2010 年，共资助学生出国（境）开会 688 人次。

开展学生国际交流。信息学院与斯坦福大学、南加州大学先后签订协议，支持学生互访。

举办高水平国际国内学术会议，扩大清华信息学科和学院整体影响力。定期组织清华-日立论坛（2002 年起，每年一次）、清华-南加州大学教师论坛（2007 年起，每年一次），定期参与学校组织的两岸清华、清华-东京大学、清华-早稻田大学、清华-鲁汶等学术交流。2009 年 5 月，信息学院和国家实验室联合承办 NSFC 主办的"未来信息技术发展趋势研讨会"暨全国重点院所信息学院院长（所长）论坛在京举行，并将汇集的论坛研讨结果提交 NSFC，作为其制定"十二五"规划的参考。2010 年 7 月，举办"清华信息科学与技术国家实验室学术峰会——信息科学技术2020 展望"。

成立联合机构，探索科技创新与成果转化机制。信息学院及各单位与国内外 IT 企事业单位建立了多家联合研究机构，每年在册联合机构超过 20 家。2005 年 1 月，信息学院上海微电子中心在上海浦东举行开工仪式。2007 年 12 月，信息学院颁布《信息学院与国内外企事业单位共建联合研究机构的管理办法》，规定联合实验室须挂靠实体系，学院负责各联合研究机构之间以及联合研究机构与相应院系之间的统筹与协调工作。

组织对口支援新疆大学信息和软件学院。接受学校安排，从 2010 年 8 月起，学院负责对口支援新疆大学信息学科建设，帮助对方改善学科、新专业、师资队伍和行政管理等。

面向社会开展信息主管培训。为满足社会对信息化素养的需求，改善学院办学条件，从 2003 年起，信息学院有计划地开展技术培训。2005 年至 2010 年，共进行 66 个班次、7 000 多学时的信息主管培训。

接待国内外来访。学院重视国际国内交流，仅 2005 年至 2010 年，学院共接待海外来访1 000多团（组）、4 000 多人次。

5. 行政运行与体制改革试点

1994 年，信息学院成立，主要负责协调学科和队伍规划，以虚体运行。2002 年起，伴随"985 工程"二期科研平台、本科大类培养改革、信息技术研究院创建等契机，学校推动信息学院试点行政管理实体化改革。此阶段，实体化改革的主要举措有：建立信息学院党委、行政班子和行政办公室，统一各系科研经费和公共财务管理办法，统一分配新建的信息大楼（FIT），统筹制定本科培养方案。此后随形势变化，调整部分管理措施。2005 年 9 月，校党委决定成立信息学院

党的工作领导小组，同时撤销信息学院党委。2007 年之后，信息学院行政管理改革重点聚焦在国家实验室的建设方面，相应地优化调整了学科、财务、人事、教学、科研工作部分制度和流程。

第十五节　电子工程系

一、沿革

（一）历史沿革

电子工程系原名无线电工程系（后称无线电电子学系），源于 1932 年成立的电机工程学系的电讯组。1932 年清华大学设立电机工程学系，系内设电力和电讯两个方向。倪俊、李郁荣、任之恭、马大猷、孟昭英、叶楷等先后在电讯组任教，美籍教授威尔兹（K. L. Wildes）、控制论的创始人维纳（N. Wiener）也曾在电讯组工作。1934 年清华大学筹建无线电研究所，1937 年南迁到长沙时正式成立无线电研究所，所长任之恭。1938 年迁至昆明，当时研究所教授还有孟昭英、叶楷和范绪筠。研究人员先后还有林家翘、戴振铎、王天眷、陈芳允、慈云桂、张恩虬、林为干、沈庆垓、黄宏嘉、洪朝生、王先冲等。他们后来都成为享誉中外的学者。

在西南联大时期和 1946 年抗战胜利复员后，电机工程学系仍分电力、电讯两组。常迵、胡筠、闵乃大等教授先后加入电讯组任教。至 1952 年，基本上维持原来的格局。在此期间，开展了电真空器件、电波传播、无线通讯等一批高水平的科研项目。自 1934 年起先后培养 16 届学生 222 名。

1952 年，全国进行院系调整，北京大学电机系并入清华大学电机系。当时教育部的苏联顾问提出的方案是清华电机系只设立电力方面的专业，拟将电讯组调出成立专门学院，后经当时负责高校工作的领导及学校有关教授力争，提出多学科性工业大学中应有电子工程方面的学科，才确定清华大学、北京大学两校电机系的电讯组合并后创立清华大学无线电工程系。该系于 1952 年 9 月正式成立。建系之初，无线电系设在电机馆三楼，后又先后在二院、立斋、新水利馆、旧水利馆等处建立了电真空、半导体实验室。

1952 年 9 月无线电工程系正式成立时，孟昭英教授出任第一任系主任，常迵教授任无线电工程教研组主任，1956 年任副系主任。建系时的教师和职工还有马世雄、陈阅德、杨弃疾、王华俭、吴佑寿、南德恒、陆家和、陆大缝、韩丽瑛、冯子良、孙观朝、陈嘉瑞、温宏庚、李文华、王蕡阶、马国良、潘泰珊等 17 人。

1952 年底，蒋南翔到校任校长，他十分重视无线电工程系的建系工作，邀请了当时的总参通信兵部主任王诤、二机部十局副局长王士光等电子电信工业部门领导来校座谈，确定了无线电工程系为我国电子工业发展服务的方针，并得到了工业部门对建系的支持。

1952 年，无线电工程系只设立了无线电技术专业，1953 年增设电真空技术专业，学制五年。

1955 年，在蒋南翔校长率中国教育代表团赴苏考察后，决定设立工程物理方面的几个专业，1956 年确定其中的半导体物理、电子物理、无线电物理三个专业归属无线电工程系。

1956 年，无线电工程系设有五个专业：半导体物理与器件、电子学、电真空技术、无线电技术、无线电物理。其中无线电物理专业偏重电磁场理论、微波技术；无线电技术专业偏重电路系统。其后又考虑到电子学与电真空器件十分接近，将二专业合并为电真空器件与物理专业，再加上半导体专业，故 20 世纪 50 年代末 60 年代时全系设 4 个专业，学制六年。

1958 年，无线电工程系更名为无线电电子学系。李传信任主任，他为争取高教部、四机部和国防科委的支持，建立与各研究机构的合作，对调整学科方向做了大量工作；李传信重视人才、强调又红又专、倡导"严谨、勤奋、求实、创新"，对系的发展起了关键作用。李传信 1981 年调到学校工作，多年来仍一直关注无线电子工程系的建设。1959 年东主楼建成，全系迁入新楼。1962 年，由国防科委第十研究院（该院后改为隶属电子工业部）和清华大学联合在系内建设无线电电子学研究室。由十院派出一批青年科技人员与无线电电子学系教师一起进行研究工作，称为"协作队"。研究计划由孙俊人院长制定，研究经费直接由十院拨付。该研究室工作到"文革"开始后终止。无线电系的发展得到了国家领导人的关心。刘少奇主席和周恩来总理曾多次到系参观指导。

从 1952 年建系至 1965 年共招收本科生 3 194 人，研究生 93 人。到 1966 年，无线电系在校学生已达 1 200 人。从建系到"文革"前入学的学生到 1970 年 3 月全部毕业，共毕业本科生 16 个年级，3 078 人，他们工作在各种岗位上，为国家的建设和发展起了巨大的作用。其中 11 人后来成为中科院和工程院院士。

从 1956 年至 1966 年的十年中，完成了电视发射中心、气象雷达、雷达动目标显示、雷达数据录取、数传机、PCM 通信终端、周期磁场聚焦宽频带行波管、质谱检漏仪、硅材料和器件、固态低噪声参量放大器等国内领先的项目，并在国内率先开始了平面硅晶体管和集成电路的研究工作。

从 1952 年建系以后，经过十几年的发展，清华无线电系从一个只有一个专业的新系迅速发展成一个紧跟电子学和信息科学前沿，学科齐全，招生人数、学生总数和录取标准居全校最前列的有影响的大系。

1969 年底至 1971 年底，无线电电子学系的绝大部分分批迁往四川绵阳分校。1970 年开始招收"工农兵学员"，学制三年半。设有雷达、多路通信、电子管和半导体器件等专业；1974 年增设激光专业，翌年又增设无线电机械结构专业。无线电电子学系留在北京的一小部分，设电视专业，该专业由当时的电子工程系（即现在的计算机科学与技术系）管理。绵阳分校地处山沟，生活艰苦，信息闭塞，政治运动频繁。分校师生参加修路建房，当运输工、泥瓦工，在这样艰辛的环境里，广大教职工努力奋斗，自力更生，克服各种困难，进行新的创业。在一片山坡地上从无到有建设起一个具有先进水平和相当规模的科研、教学、生产基地，设有雷达、通信、电真空、半导体、激光及电子机械 6 个专业，以及机械和电子两个生产车间。在绵阳分校 10 年期间，无线电系取得了一批科研成果，包括靶场引导雷达改装、空管雷达、微波参放和微带电路、保密电话网、微波数字通信、高速数传机、微波大功率正交场放大管、无油超高真空系统、高频结型场效应晶体管、耿氏振荡管、He-Ne 激光器、He-Cd 激光器等。其中 7 项成果在 1978 年第一次全国科技大会上获奖。分校建设初期，0 字班、00 班两届学生有 120 多人留校，当时称为新工人。他们在分校建设和后来电子系的发展中起了重要作用。绵阳分校期间在绵阳共培养了六届 1 429 名学生。在学生入学水平参差不齐的情况下，努力创造条件使教学保持了较高的水平。这些学生后来发挥了很好的作用，其中不乏优秀人才。

无线电系的大部分搬迁绵阳时，电视教研组和其他教研组的部分人员留在北京，成立无线电技术专业，隶属电子厂，即后来的计算机系。他们在困难的条件下，克服干扰，研制了液晶大屏幕投影电视、集成电路彩色电视机等科研成果，培养无线电技术专业学生 224 名。

1978 年清华大学决定撤销绵阳分校，师生迁回北京，恢复无线电电子学系建制，无线电技术专业也回归无线电电子学系。系馆仍设在东主楼。

回京后，无线电系开始第三次创业。"抢回失去时间，重振往日雄风，再创新的辉煌"成为全系员工的统一意志。全系掀起了学习光电子技术、数字技术、计算机技术和外语的热潮；高速数字信号处理、光电子及光纤通信、图像、文字、语音处理与识别、新型通信系统、专用集成电路设计等一批新课题陆续启动。按照学科方向重新调整了教研组。逐渐恢复和建立了线路、电磁场与微波技术、信息检测、图像信息、电子物理、激光、计算机与信息系统教研组。

重建后的无线电电子学系，设置无线电技术、物理电子与激光技术、半导体物理及器件（后改称微电子学）三个专业，学制五年。

1980 年成立微电子学研究所，直属学校。微电子学专业仍作为无线电电子学系的一个专业，由系负责教学组织管理，微电子所负责该专业的专业教学、毕业设计和研究生培养。其后，又恢复了无线电电子学研究所（原名无线电电子学研究室），以上两个所均为国家教委批准建立的机构。

1986 年，国家实施高科技研究发展计划即"863 计划"，无线电电子学系主任和多位教师分别担任"863"信息领域首席科学家、主题专家组长和成员。全系承担了光电子、信息获取与处理、智能计算机等主题的多项"863 计划"课题研究。

1989 年，无线电电子学系更名为电子工程系。截至 1993 年，全系设无线电技术与信息系统、微电子学、物理电子与光电子技术等 3 个本科专业和 6 个硕士点及博士点。其中，通信与电子系统、物理电子学与光电子学、半导体器件与微电子学等 3 个二级学科为全国重点学科。

从 1996 年起，本科学制改为四年，在课程设置上，进一步加强了基础和专业基础课的教学，拓宽了专业面，加强了计算机教学。研究生的招生规模扩大。

在"科教兴国"基本国策的指引下，电子工程系走上了快速发展的轨道。1999 年，学校启动了"985 工程"，加大了学科建设、教学改革、环境建设、队伍建设的投入，开始了跻身世界一流的奋斗。一批具有重要意义的和前瞻性、交叉性的科研项目启动。电子系承担了"高速光通信网络""新一代无线通信技术"等研究课题，参加了信息学院的"集成电路设计""人机交互""高速互联网"及"复杂系统研究""纳米技术"等基础研究课题，取得了一些突破性进展。为适应研究型大学的需要，电子工程系改变了教研组的组织形式，下设 5 个研究所和 1 个教研室。教学由系统一管理。

1999 年起本科专业合并为两个，电子科学与技术、电子信息工程。2000 年起，为适应社会对电子信息专业的需求，本科招生规模扩大为 11 个班，330 人。其中，含国防定向班 1 个。

2005 年起，本科以"电子信息科学类"大类招生，不分专业。招生规模为 270 人，10 个班。为加强学生的数理基础，与本校理学院联合以数理基科班的名义招收一个班，在理学院培养两年后分流回电子系。所有学生在两年后分为两个专业："电子信息科学与技术"和"微电子学"。

电子工程系现有两个一级学科，即信息与通信工程（包括通信与信息系统、信号与信息处理 2 个二级学科）和电子科学与技术（包括物理电子学、电磁场与微波技术、电路与系统、半导体器件与微电子学 4 个二级学科）。

在 2001 年国家重点学科评审中，电子工程系有 4 个二级学科被评为重点学科，微电子所的半导体器件与微电子学也被评为重点学科；2 个一级学科在 2002 年的全国评审中双获第一。在 2006 年的再一次评审中，仍然保持这个成绩。

建系 50 多年来为国家培养了大批人才，其中，本科生 11 695 人，研究生 3 806 人（截止到 2010 年 9 月）。他们中有国家和各级政府领导人，重点企业和研究单位负责人，重点大学校长，学术优秀人才等。据不完全统计，在电子工程系学习和工作过的两院院士有 34 人，授将军军衔的有 10 人。截至 2010 年 9 月，电子工程系在校本科生 1 040 余人，硕士研究生 419 人，博士研究生 421 人。电子工程系现有电子科学与技术、信息与通信工程两个博士后流动站。

（二）历任党政负责人名单

历任系主任与党委（总支）书记名录见表 19-15-1。

表 19-15-1　电子工程系历任系主任与系党委（总支）书记名录

系　名	系主任	任职时间	系党委（总支）书记	任职时间
无线电工程系	孟昭英	1952—1958	李传信	1953—1957
无线电电子学系	李传信 李传信 吴佑寿 张克潜	1959—1966 1979—1980 1980—1984 1984—1989	李传信 张绪潭 刘润生	1957—1966 1979—1982 1982—1988
电子工程系	张克潜 董在望 龚　克 冯正和 王希勤	1989—1992 1992—1997 1997—1998 1998—2006 2006—	江剑平 刘序明 彭吉虎（代） 陈　旭 刘小明 冯振明	1988—1994 1994—1996 1996—1997 1997—2006 2006—2008 2008—

表 19-15-2　电子工程系历任学术委员会主任名录

姓　名	任职时间
林行刚	1994—1998
范崇澄	1999—2003
谢世钟	2004—2010

二、教学科研组织

1952 年设立一个教研组，即无线电技术教研组。

1953 年增设电真空技术教研组。

1954 年至 1957 年，无线电技术教研组陆续改为 4 个教研组，即无线电基础、无线电发送、无线电接收和电磁场与天线教研组。1955 年底增设电视教研组。

1953 年至 1957 年，电真空技术教研组陆续分为真空工艺、电真空技术（电子学）、超高频管等 3 个教研组。

1956 年建立半导体物理与器件教研组。

1958 年至 1966 年，教研组调整为 310 教研组（半导体器件与物理）、330 教研组（电子学、真空技术）、340 教研组（超高频管与电真空工艺）、350 教研组（雷达）、360 教研组（通信）、370 教研组（无线电基础与电视）、390 教研组（电磁场微波技术与天线）。

1970 年后绵阳分校期间设立：半导体器件教研组、电真空器件与技术教研组、通信教研组、雷达教研组、激光教研组，1976 年增设计算机应用教研组。

1978 年恢复无线电电子学系建制后设立：线路与系统教研组、通信教研组、图像信息教研组、信息检测与处理教研组、电磁场与微波工程教研组、真空物理与技术教研组、电子物理教研组、激光教研组、半导体器件与微电子技术教研组（1980 年后属微电子所领导，教学工作由系负责安排）。1985 年增设信息系统与计算机应用教研组。

1993 年，全系共设 10 个教研组，见表 19-15-3。

表 19-15-3　1993 年电子系教研组简况

教研组名称	教职工人数	研　究　方　向
线路与系统教研组	25	电路与系统的理论设计与应用，CAD 技术，HDTV
信息系统与计算机应用教研组	15	语音信号压缩编码与处理，语音信号识别技术，信息传输与交换
通信教研组	25	语音图像信息的处理、传输，数字通信技术专用集成电路的设计
图像信息教研组	25	图像处理，图形，遥感技术，文字处理，电视技术
信号检测与处理教研组	20	高速、实时的信号检测与处理
微波工程与天线教研组	20	微波电路的设计，CAD 技术，电磁波辐射，微波工程系统的设计与研究
激光物理与技术教研组	25	信息光电子学，激光物理与器件，半导体光电子学，集成光电子学，光纤通信与光纤传感技术
电子物理与器件教研组	25	电子材料及微细加工，薄膜技术，光纤光学及导波光学，光纤通信，微波声学、静磁波，荷电粒子光学摄像与显示技术
电真空技术与物理教研组	10	超高真空技术，表面分析技术，现代分析测试技术，气固界面电子学
半导体器件与微电子技术教研组	编制属微电子学研究所	半导体器件物理与微电子技术

随着学科的发展，教研组也在不断调整。到 1999 年，全系的教研组从名称到人员组成都发生了较大的变动。另外，随着学科内容的变化和交叉化，教研组的职能也作了适当调整，即教学主要由系直接管理，因此，教研组改名为研究所，同时加强了教学办公室的力量。全系把九个教研组合并为五个研究所和一个教研室，即信息光电子研究所、通信与微波研究所、高速信号处理和网络传输研究所、网络和人机语音通信研究所、图形图像研究所、电路与系统教研室。系机关也作了调整，把原来的教务科和研究生科合并，成立教学办公室；原来的办公室和科研科合并为系办公室。

2003 年底，全系设 1 个教研室和 5 个研究所，见表 19-15-4。

表 19-15-4　2003 年电子工程系研究所和教研室简况

教研室和研究所名称	教职工人数	研 究 方 向
电路与系统教研室	13	通信与数字媒体处理芯片；电子系统设计自动化，低功耗电路，多核芯片，可靠性，快速电路模拟；模拟及数模混合集成电路；射频与微波集成电路
网络与人机语音通信研究所	18	语音信号处理；互联网技术与应用，网络海量信息处理，网络安全，信息隐藏，网络测量；多媒体技术；无线通信网络技术
通信与微波研究所	41	无线通信，卫星通信，数字电视，语音图像信息处理，数字通信技术专用集成电路的设计；天线，微波电路 CAD 技术，电波传播，微波系统的设计与研究
图像图形研究所	19	图像处理，图形，遥感技术，文字处理，电视技术
高速信号处理与网络传输研究所	15	高速、实时的信号检测与处理。包括：雷达信号处理，信息网络与复杂系统，导航与定位，媒体信号处理，智能交通信息系统
信息光电子研究所	39	电子材料特别是薄膜材料、半导体材料和新一代光纤材料及其基础上的光电子器件、电子器件及其应用系统。智能高速光通信网络、集成光电器件、光放大器、调制器、光电传感器、光纤传感器、太阳能利用、真空技术

2010 年全系的研究所按学科方向进行了调整，设 6 个研究所，调整后的状况见表 19-15-5。

表 19-15-5　2010 年电子工程系研究所简况

研究所名称	教职工人数	研 究 方 向
电路与系统研究所	10	通信与数字信号处理芯片；电子系统设计自动化，低功耗电路，多核芯片，可靠性，快速电路模拟；模拟及数模混合集成电路；射频与微波集成电路
信息认知与智能系统研究所	26	语音和图形图像信号处理；互联网技术与应用，网络海量信息处理，网络安全，信息隐藏，网络测量；多媒体技术；遥感技术，文字处理，电视技术
通信研究所	26	无线通信，卫星通信，数字电视，语音图像信息处理，数字通信技术专用集成电路的设计
微波与天线研究所	6	天线，微波技术，电波传播，电磁场理论和计算方法，电磁兼容，微波系统及应用
信息系统研究所	18	高速、实时的信号检测与处理，包括：雷达信号处理，信息网络与复杂系统，导航与定位，媒体信号处理，智能交通信息系统
信息光电子研究所	28	电子材料特别是薄膜材料、半导体材料和新一代光纤材料及其基础上的光电子器件、电子器件及其应用系统。智能高速光网络、集成光电器件、光放大器，调制器，光电及光纤传感器、太阳能利用、真空技术
电子工程实验教学中心	10	本科教学实验

三、教职工

(一) 历年教职工人数统计

全系历年的教职工人数见表 19-15-6。

表 19-15-6　电子工程系历年教职工人数

年　份	1952	1965	1976	1978	1983	1986	1988	1992	1993
教职工人数	19	330*	约700**	348	305	298	301	276	282
年　份	1994	1995	1996	1997	1998	1999	2000	2001	2002
教职工人数	283	261	240	224	219	206	197	188	192
年　份	2003	2004	2005	2006	2007	2008	2009	2010	
教职工人数	176	162	157	136	127	125	129	133	

注：* 含国防科委第十研究院在清华无线电电子学研究室工作人员；** 系绵阳分校人数。

1986 年，批准建立二个博士后流动站，即电子科学与技术，信息与通信工程博士后流动站。到 1993 年底，已出站的有 13 人，1993 年底仍在站的有 5 人；到 2007 年底，出站人数 137 人，在站人数为 29 人。到 2010 年 12 月，出站博士后 189 人，在站博士后 48 人。电子系有三人获全国优秀博士后称号。

（二）代表性年份人员状况统计

代表性年份人员分布情况见表 19-15-7。

表 19-15-7　电子工程系代表性年份人员分布情况

年份	正高	副高	中级	初级	其他	博士学位
1993	45	102	94	12	27	11
2003	50	56	45	8	17	61
2010	47	50	26	0	10	90

（三）教授名录

1932 年至 1946 年，在电机系电讯组任教的教授先后有：倪俊、李郁荣、任之恭、毛启爽、朱兰成、马大猷、孟昭英、叶楷等。曾在电机系工作的美籍教授有威尔兹（K. L. Wildes）、维纳（N. Wiener），都是控制理论和信息处理专家。

1938 年至 1945 年期间，在昆明清华无线电研究所工作过的教授有任之恭、孟昭英、叶楷、范绪筠，研究人员有林家翘、戴振铎、王天眷、陈芳允、慈云桂、张恩虬、林为干、沈庆垓、黄宏嘉、洪朝生等。

1946 年至 1952 年，在电讯组任教的教授先后有叶楷、胡筠、闵乃大、常迵。孟昭英为物理系教授，同时在电机系讲课。

1952 年设立无线电工程系后，教授有孟昭英、常迵。1970 年孟昭英调入物理教研组，1975 年常迵调入自动化系。二人均为中国科学院学部委员。1970 年至 1978 年，赵访熊、金希武先生曾在绵阳分校工作过。

20 世纪五六十年代，曾在无线电系工作的苏联专家（括号内数字为在系工作时间）有：发送专家霍佳阔夫（Хотяков，1953—1955）、电视专家萨普雷金（Сапрыкин，1955—1957）、电真空工艺专家勃里斯库诺夫（Блискунов，1955—1957）、数字通信专家鲍里索夫（Борисов，1957—1959）、通信专家别宁（Пенин，1958—1959）、半导体专家奇尔金（Челкин，1958—1960）、超高频管专家郭洛瓦夫斯基（Голованевский，1963—1964）。

1978 年至 2010 年教授名录见表 19-15-8。

表 19-15-8　电子工程系教授名录

姓名（任职时间）	姓名（任职时间）	姓名（任职时间）
*吴佑寿（1978— ）	*李志坚（1978—1980 调微电子所）	杨弃疾（1983—1990 退休）
陆大绘（1983—1993 退休）	陆家和（1983—1993 退休）	张克潜（1984—2000 退休）
冯重熙（1984—1995 退休）	*周炳琨（1985— ）	茅于海（1985—1995 退休）
马世雄（1986—1990 退休）	葛成辉（1987—1994 退休）	何　炜（1987—1995 退休）
高葆薪（1987—2000 退休）	刘润生（1987—1999 退休）	朱雪龙（1987—2002 退休）
李叔梁（1988—1994 退休）	廖延彪（1988—2001 退休）	殷志强（1988—1998 退休）
王作英（1988—2001 退休）	钱亚生（1988—1994 自动离职）	董在望（1988—2003 退休）
尹达衡（1989—1998 退休）	范崇澄（1989—2003 退休）	郑君里（1989—2003 退休）
姚　彦（1989—2003 退休）	彭应宁（1989—2006 退休）	高以智（1990—2001 退休）
林德云（1990—1998 退休）	冯一云（1990—1994 退休）	彭吉虎（1990—2004 退休）
林行刚（1990— ）	郭奕理（1991—1997 退休）	王贻良（1991—1999 退休）
冯正和（1991— ）	曾烈光（1991— ）	侯世昌（1991—1993 调校科研处）
杨行峻（1992—1999 退休）	肖华庭（1992—1993 退休）	江剑平（1992—1998 退休）
应根裕（1992—1998 退休）	李德杰（1992— ）	丁晓青（1992—2006 退休）
杨为理（1992—2001 退休）	罗　毅（1992— ）	诸昌清（1993—1995 退休）
吴国威（1993—1997 退休）	甄汉生（1993—1994 退休）	张雪霞（1993—1998 退休）
曹志刚（1993—2006 退休）	查良镇（1993—2002 退休）	李　星（1993— ）
彭江得（1993—2005 退休）	唐　昆（1994— ）	霍玉晶（1994— ）
陈戈林（1994—2001 退休）	龚　克（1994—1999 调出）	朱正中（1994—1996 退休）
秦　士（1994—1995 退休）	陈丕瑾（1994—1996 退休）	张汉一（1994—2007 退休）
薛祖庆（1994—2002 退休）	俞　昌（1995—2001 退休）	谢世钟（1995— ）
石长生（1995—1997 退休）	洪兴楠（1995—2000 退休）	吴伯瑜（1995—2002 退休）
陈长彦（1995—1995 退休）	乐光启（1995—1995 退休）	沈学英（1995—2001 自动离职）
杨知行（1996— ）	李国定（1996—2001 退休）	李宗谦（1996—2002 退休）
王　京（1996—2003 调出）	田立生（1996—1997 退休）	吴家庆（1996—1997 退休）
张　剑（1996—2002 退休）	林孝康（1997—2003 调出）	山秀明（1997—2010 退休）
章毓晋（1997— ）	汪　蕙（1997— ）	王志华（1997—2000 调出）
刘宝琴（1997—1999 退休）	李普成（1997—1998 退休）	梅顺良（1998— ）
王德生（1998— ）	杨华中（1998— ）	周祖成（1998—2006 退休）
查开德（1998—1999 退休）	钱建中（1998—1998 退休）	应启珩（1998—1999 退休）
杜秉初（1999—1999 退休）	孟宪元（1999—2001 退休）	孙卫东（1999 调入— ）
李艳和（1999—2007 调出）	刘小明（1999—2008 去世）	马樟荨（1999—2000 退休）

续表

姓名（任职时间）	姓名（任职时间）	姓名（任职时间）
牛志升（1999— ）	冯振明（1999— ）	刘序明（1999—2008 退休）
陆建华（2000— ）	娄采云（2000— ）	雷有华（2000—2001 退休）
姚敏玉（2000— ）	刘 加（2001— ）	王秀坛（2001—2010 退休）
任 勇（2001— ）	王一超（2001—2006 调出）	史月艳（2001—2002 退休）
高文焕（2001—2005 退休）	廖庆敏（2002—2004 调出）	杨 健（2002— ）
樊平毅（2002— ）	罗淑云（2002—2007 退休）	陈雅琴（2002—2007 退休）
黄翊东（2003 调入— ）	崔慧娟（2003—2009 退休）	徐士良（2003—2006 退休）
王生进（2003 调入— ）	赵华凤（2003—2007 退休）	王希勤（2003— ）
苏光大（2003— ）	佘京兆（2004—2006 退休）	何 芸（2004— ）
周世东（2004— ）	杨 林（2004 调入—2007 自动离职）	王 蔷（2004—2007 退休）
陈兆武（2004—2005 退休）	宋 健（2005— ）	郑小平（2005— ）
陈 旭（2005—2006 调出）	孙成城（2005—2006 退休）	李凤亭（2005—2006 退休）
朱明方（2005—2008 退休）	周淑华（2006—2007 退休）	杜正伟（2006— ）
陈明华（2006— ）	谭耀麟（2006—2010 退休）	张英香（2006—2007 退休）
胡思正（2006—2007 退休）	乐正友（2006—2007 退休）	葛 宁（2007— ）
张志军（2007 调入— ）	王昭诚（2008 调入— ）	张 利（2008— ）
陆明泉（2009— ）	孙长征（2010— ）	徐正元（2010 调入— ）
袁 坚（2010— ）	杨 帆（2010 调入— ）	

说明：注＊者为中国科学院或中国工程院院士。

改革开放后，电子系聘请了多位国内外著名专家作为名誉教授、客座教授（国外）和兼职教授（国内），他们对系的发展和促进国内外交流合作起了重要作用。

表 19-15-9　电子工程系名誉教授、客座教授、兼职教授名录

名誉教授

厉鼎毅（1987— ）	高 琨（1995— ）	张立纲（1996— ）	

客座教授

末松晴安（1991—2004）	斯华龄（1994—2004）	林清隆（1995—2004）	多田邦雄（1997—2000）
李天培（1998—2004）	桑任守二（1999—2003）	钟宝璇（1999—2004）	张亚勤（1999—2006）
凌复云（2002—2005）	孙 彦（2005—2008）	李德富（2007—2010）	陈长汶（2008— ）
高须秀视（2008— ）	Anil. K. Jain（2009— ）	松重和美（2010— ）	

长江学者讲座教授

李安国（2006—2009）	常瑞华（2009— ）		

兼职教授

朱高峰（1995—2004）	顾学道（1998—2004）	陆建勋（1998—2006）	梁春广（1998—2003）
邬贺诠（1999—2004）	韦乐平（1999—2004）	李 劲（2000—2003）	侯朝焕（2000—2006）
牛憨笨（2001—2003）	王世明（2008— ）		

四、教学

（一）本科教学

1952 年以前为电机工程学系电讯组，在三、四年级先后开设的课程有：电报电话学、电讯原理、电讯网络、真空管制造、无线电原理、电波学、传音学等。开设的实验有：电磁测量（电力组的学生也选，为全系必修）、电报电话、无线电原理实验、实用无线电等。

1952 年建系后，按苏联教学计划的模式组织教学，学制改为五年，1958 年后改为六年。考虑到部分调干学生年龄较大，对他们仍按五年制安排。

五年制的课程设置基本上按苏联电子工程有关的教学计划中的课程设置，在实行过程中做了必要的调整，学时也有一些变化。如无线电技术专业的课程设置有：无线电基础、低频电子线路、无线电发送设备、无线电接收设备、脉冲技术、电磁场与微波技术、电波与天线、无线电材料与结构设计、无线电测量等。其后，在加强实验的基础上取消了无线电测量课，对无线电材料和结构设计内容作了大幅调整。为解决急需的教材，组织全系教师翻译出版了阿谢也夫著《无线电基础》及富拉索夫著《电子管》两本苏联教材，这是国内首批出版的无线电专业的苏联教材。1955 年开设了电视原理课程。1958 年起开设了多路通信（是国内首次开设的课程）、雷达原理与技术课程。同时还建设了一批教学实验室，如放大、发送、接收、微波天线实验室，自制了大量教学实验用设备。1955 年第一批毕业学生进行了毕业设计。1958 年起全系毕业设计普遍结合科研与科技开发，使学生的实践能力显著提高。

1958 年后学制改为六年。部分年龄较大的调干学生仍按五年制安排。

20 世纪 60 年代初，根据国际上电子技术的发展趋势，中小型电子管逐步为半导体器件所代替，在低频电子线路、脉冲与数字电路两门课程中讲授半导体电子线路学，逐步加入中小规模集成电路的内容。

1965 年起，开始从事激光和量子电子学方面的研究工作，给少数毕业班同学讲授这方面的知识，进行毕业设计。

半导体物理和器件专业教学内容也在不断地变化，因而逐步加入集成电路内容。

1978 年恢复无线电电子学系建制，对系的专业设置作了调整，共设三个专业，即无线电技术与信息系统、物理电子技术和光电子技术、半导体器件与物理。

在课程设置上，以无线电技术信息系统专业为例，为拓宽专业面，加强基础专业方向，设置了信号与系统、数字信号处理、随机过程、模拟电子线路、数字电路、通信电路等课程；为加强实践，增设实验课程、专题实验，对信号系统、数字信号处理也安排实验环节；为加强计算机教学，从一门计算机语言课程，逐步改为程序设计与语言，计算机算法，计算机原理，软件基础四门课程；开设大量选修课程；电子线路重点讲解与集成电路有关知识。

1996 年入学的新生起，学制改为四年。

1999 年起，本科专业合并为二个，电子科学与技术、电子信息工程。2000 年起，为适应社会对电子信息专业的需求，本科招生规模扩大为每年 11 个班，330 人。其中含国防定向班一个。

2000 年到 2001 年，全系教师对教学思想、教学内容和教学方法进行了大讨论，确定了新的课程体系结构。新的教学计划体现有专业背景通识教育的培养目标，教师引导下学生主动学习的教学方法和加强设计性、研究性、实践性教学内容。加强了各课程的有机衔接，增加了设计性、研究性的实践教学内容。在专业基础课程方面，系重点抓好五个系列课程的建设，即信号与系统（信号与系统、随机过程、通信原理）、电路技术（模拟、数字、通信）、计算机（原理、算法、语言、数据库等）、电磁场与微波（电磁场理论、微波技术）及量子与半导体（量子、固体物理、半导体物理等）系列课程。为加强实验教学，电子系重点建设了现代通信教学实验室（包括高频、微波、通信）、计算机教学实验室（包括软件、硬件），及模拟/数字电路教学实验室。

2009 年全系进一步对专业基础和专业实验室集中管理，建立了"电子工程系教学实验中心"，并大大改善了实验条件和实验环境。

2005 年起，本科以"电子信息科学类"大类招生，不分专业。招生规模为每年 270 人，10 个班。为加强学生的数理基础，另外与本校理学院联合以数理基科班的名义招收一个班，在理学院培养两年后分流回电子系。所有学生在两年后分为两个专业："电子信息科学与技术"和"微电子学"，由于这二个专业的基础和专业基础教学相同，而专业教学在二年后进行，因此教学体系没有大的变化。从数理基科班回系的学生，适当补一些专业基础课。

为适应宽口径大类培养，从 2008 年起，系里组织了教学讨论，对学生的整个知识体系结构和教学方法进行了深入研究和专题讨论。这个讨论包括数理基础课、专业基础课和专业课，特别从学生的认知过程和知识体系架构出发，分别对基础课与专业基础课的衔接、重点专业基础课的内容和教学方法、专业课的设置等进行了深入讨论，逐渐形成一个新的教学体系。

（二）本科毕业人数

1936 年至 1946 年（共 10 届），电机系电讯组毕业人数约 80 人；

1947 年至 1952 年（7 届），电机系电讯组毕业人数约 150 人；

1953 年（四年制，提前一年毕业），无线电工程系毕业人数约为 48 人；

1955 年（四年制），无线电工程系毕业人数约为 31 人；

1957 年至 1970 年（五/六年制），无线电电子学系毕业人数约为 2 935 人，毕业外国留学生为 4 人；

1974 年至 1980 年（绵阳分校期间，含在京学生），毕业人数为 1 653 人；

1982 年至 2000 年（19 届，五年制），毕业本科生 4 277 人，大专生 88 人，外国留学生 10 人；

2001 年至 2010 年（10 届，四年制）毕业本科生 2 687 人，大专生 31 人，外国留学生 11 人。

（三）研究生培养

1950 年起招收研究生，1950 年闵乃大教授招收 1 名电讯网络方向的研究生；1952 年、1953 年起孟昭英、常迥教授招收了多名研究生。1959 年后增加了研究生导师李志坚、吴佑寿、陆大绘、冯子良、杨弃疾、张克潜，方向遍及四个专业。

1978 年恢复招收研究生，1981 年 11 月国家学位委员会批准清华设立通信与电子系统、半导体与微电子学两个博士点（微电子学后划归微电子所负责），导师为吴佑寿、李志坚。1984 年 1 月批准设立电磁场与微波技术、物理电子学与光电子学两个博士点，导师为杨弃疾、张克潜。以后，陆续增加的博士生导师有徐葭生、钱佩信、周炳琨、陆家和、廖延彪、陆大绘、冯重熙、茅于海、钱亚生、朱雪龙、高葆新。1990 年 10 月批准增设电路与系统博士点，导师为刘润生。并把通信与电子系统博士点分为通信与电子系统、信号与信息处理两个博士点。至此，全系有 6 个博士点均隶属于一级学科电子学与通信。其中通信与电子系统、物理电子学与光电子学、半导体器件与微电子学为全国重点学科。

1998 年起，一级学科电子学与通信分为两个。物理电子学、微电子学、电路与系统、电磁场与微波 4 个二级学科隶属于一级学科电子科学与技术，通信与电子系统、信号与信息处理 2 个二级学科隶属于一级学科信息与通信工程。其中物理电子学、微电子学、电路与系统、通信与电子系统、信号与信息处理为全国重点学科。

研究生培养情况：

1950 年招收 1 人，方向为电讯网络；1952 年招收 1 人，方向为电真空技术；1953 年招收 9 人，方向为无线电技术，电真空技术；1955 年招收 6 人，方向为电视；1957 年招收 3 人，方向为无线电技术；1959 年招收 6 人，方向为无线电技术；1961 年至 1965 年共招收 68 人，方向为无线电技术、电真空技术、半导体物理与器件、电磁场与微波技术。

1978 年以后，研究生培养规模有较大发展。1978 年至 1992 年授予博士学位共 62 人，授予硕士学位共 653 人。

1993 年至 2010 年 12 月，授予博士学位共 777 人，授予硕士学位共 2 220 人。

1998 年，国务院学位办批准增设电子与通信工程硕士学科。从该年起开始招收电子与通信工程领域全日制工程硕士，到 2010 年共招收 108 人。

从 2001 年起，电子工程系在清华大学深圳研究生院开始招生，他们的教学计划及培养过程由系负责，授学位人数已包括在本系学生数中。

除了全日制学生，从 1997 年起，在企业、研究所、国防企业中举办电子与通信工程领域的在职工程硕士研究生班，到 2010 年底，共举办 30 个班，累计授予该领域的工程硕士学位 443 人。

自国家开始评选全国优秀博士论文起，电子系先后有 8 篇入选，4 篇获全国优秀博士论文。

（四）教学成果

1987 年电子线路课程组（包括模拟电子线路、数字电路、通信电路原理、电子线路实验课）被评为校一类课程。1990 年和 1993 年经复审，继续授予"一类课程"称号。

1988 年信号与系统、激光原理被评为校一类课程。1991 年复审后继续授予"一类课程"。

教学成果奖、优秀教材奖、精品课程、精品教材等教学获奖情况，分别见表 19-15-10 至表 19-15-13。

表 19-15-10　电子系教学成果获奖情况

序号	时间	成 果 名 称	奖 项 等 级	主要完成人
1	1989	建立电子线路教学新体系	北京市市级奖	董在望　肖华庭　诸昌清
2	1989	信号与系统课程建设	北京市高教局局级奖	郑君里
3	1989	系教学管理	北京市高教局局级奖	陆大绘　夏玲玲　赵国湘
4	1993	激光系列课	北京市教育教学成果奖一等奖	周炳琨　高以智　彭江得　赵华凤
5	1997	微波与光电子学中的电磁理论	高等教育国家级教学成果奖二等奖	张克潜　李德杰
6	1997	"物理电子学与光电子学"重点学科建设	北京市教育教学成果奖一等奖	周炳琨　张克潜　陆家和　高以智　李德杰

续表

序号	时间	成 果 名 称	奖 项 等 级	主要完成人
7	1997	电子线路系列课程建设	北京市教育教学成果奖二等奖	董在望　刘宝琴　雷有华　高文焕　陈雅琴
8	2001	《激光原理》教材	北京市教育教学成果奖一等奖	周炳琨　高以智　陈家骅
9	2001	创建信息科学领域优秀课程	北京市教育教学成果奖二等奖	郑君里
10	2001	《半导体物理学》教材	北京市教育教学成果奖二等奖	顾祖毅　田立林　富立文
11	2004	MOS集成电路设计与实践	北京市教育教学成果奖一等奖	王志华　李冬梅　董在望
12	2004	《应用信息论基础》（教材）	北京市教育教学成果奖一等奖	朱雪龙　邓北星
13	2008	宽口径、厚基础、强实践、重创新——电子信息类实验教学的改革与实践	北京市教育教学成果奖二等奖	王希勤　邓北星　马晓红　徐淑正

表 19-15-11　电子系优秀教材获奖情况

序号	时间	教 材 名 称	出 版 单 位	作 者	获奖名称及等级
1	1987	激光原理	国防工业出版社	周炳琨　高以智　陈家骅	第一届高等学校优秀教材评选 国家级优秀教材 部委级优秀教材一等奖
2	1987	信号与系统	高等教育出版社	郑君里　杨为理　应启珩	第一届高等学校优秀教材评选 国家级优秀教材
3	1987	高频电路	人民邮电出版社	吴佑寿　郑君里	第一届高等学校优秀教材评选 国家级优秀教材 部委级优秀教材特等奖
4	1992	通信电路原理	高等教育出版社	董在望　肖华庭	第二届高等学校优秀教材评选 部委级优秀教材二等奖
5	1992	随机过程及其应用	清华大学出版社	陆大缯	第二届高等学校优秀教材评选 部委级优秀教材一等奖
6	1992	光电子技术基础	清华大学出版社	彭江得等	
7	1992	电子器件	清华大学出版社	应根裕	
8	1992	集成电路制造技术原理与实践	电子工业出版社	庄同曾	
9	1992	摄像与显示器件原理	国防工业出版社	孙伯尧　应根裕	
10	1992	表面分析技术	电子工业出版社	陆家和　陈长彦	
11	1992	微波电路计算机辅助设计	清华大学出版社	高葆薪　洪兴楠　陈兆武	第二届高等学校优秀教材评选 部委级优秀教材二等奖
12	1992	导波光学	北京理工大学出版社	范崇澄　彭吉虎	
13	1992	MOS集成电路分析与设计基础	电子工业出版社	张建人	
14	1992	电视接收机	北京出版社	秦士等	
15	1992	微波声学	电子工业出版社	陈戈林　乐光启	

序号	时间	教材名称	出版单位	作者	获奖名称及等级
16	1996	电子线路实验（二版）	高等教育出版社	诸昌清　武元祯　雷有华	第三届高等学校优秀教材评选部委级优秀教材一等奖
17	1996	人工神经网络	高等教育出版社	杨行俊　郑君里	第三届高等学校优秀教材评选部委级优秀教材二等奖
18	1996	微波与光电子学的电磁理论	电子工业出版社	张克潜　李德杰	
19	1996	现代通信原理	清华大学出版社	曹志刚　钱亚生	第三届高等学校优秀教材评选部委级优秀教材一等奖
20	1996	电子离子光学计算机辅助设计	清华大学出版社	孙伯尧　汪健如	
21	1996	超大规模集成电路设计方法学导论	清华大学出版社	杨之廉	
22	1996	软件应用技术原理	清华大学出版社	徐士良　朱明方	
23	1996	微波有源电路	国防工业出版社	赵国湘　高葆新	
24	1996	数字电路与系统	清华大学出版社	刘宝琴	第三届高等学校优秀教材评选部委级优秀教材二等奖
25	1996	电视原理实验	哈工大出版社	尤婉英等	
26	1996	微波技术	西交大出版社	李宗谦　余京兆	
27	1996	MOS数字大规模及超大规模集成电路	清华大学出版社	徐葭生	
28	1998	电子电路的计算机辅助分析与设计方法	清华大学出版社	汪蕙　王志华	教育部科技进步奖科技教材三等奖
29	2002	图像工程（上、下册）	清华大学出版社	章毓晋	全国普通高等学校优秀教材一等奖
30	2002	超大规模集成电路设计方法学导论（二版）	清华大学出版社	杨之廉　申明	全国普通高等学校优秀教材二等奖
31	2002	信号与系统（上、下）（第二版）	高等教育出版社	郑君里　应启珩　杨为理	

表 19-15-12　电子系获奖精品课程

序号	课程名称	负责人	入选时间	入选类别
1	信号与系统	山秀明	2005	北京市精品课程
2	通信电路原理	陈雅琴	2009	北京市精品课程
3	通信电路原理	陈雅琴	2010	国家精品课程

表 19-15-13　电子系获奖精品教材

序号	入选时间	教材名称	作者	出版单位	获奖名称
1	2004	通信电路原理（第2版）	董在望　陈雅琴　雷有华　肖华庭	高等教育出版社	北京市精品教材
2	2004	数值分析与算法	徐士良	机械工业出版社	北京市精品教材

续表

序号	入选时间	教 材 名 称	作 者	出版单位	获奖名称
3	2004	电磁场理论基础	王 蔷 李国定 龚 克	清华大学出版社	北京市精品教材
4	2004	应用信息论基础	朱雪龙	清华大学出版社	北京市精品教材
5	2006	电子线路基础（2版）	高文焕 李冬梅	高等教育出版社	北京市精品教材
6	2006	C程序设计	徐士良	机械工业出版	北京市精品教材
7	2008	图像工程（第2版）	章毓晋	清华大学出版社	北京市精品教材
8	2008	高等模拟集成电路	董在望 李冬梅 王志华 李永明	清华大学出版社	北京市精品教材
9	2008	图像工程（上、中、下册）（第2版）	章毓晋	清华大学出版社	教育部精品教材
10	2008	计算机软件技术基础（第2版）	徐士良 葛 兵	清华大学出版社	教育部精品教材

五、科学研究

（一）概况

1937年成立无线电研究所，翌年春迁到昆明，所长任之恭，无线电研究所主要从事抗战期间急需的短波无线电台及真空管研究工作。

1949年，闵乃大教授由德国回国，之后于1950年与邮电部合作建立了一个电信网络研究室，从事网络研究工作。1952年院系调整，该研究室随闵乃大教授迁至中国科学院数学所。

1952年至1955年，系的主要力量用于教学，培养新生力量，科研工作主要围绕实验室建设进行，还做一些基础研究工作。1955年，清华聘请到一位苏联电视专家，从而开展电视设备的研究工作，由清华大学、中央广播事业局、北京广播器材厂三个单位合作进行，研制的实验电视设备于1958年五一节起在北京试播，当时称北京电视台，设在现国家广电总局大楼，后来成为中央电视台，为国庆十周年电视转播提供了技术基础。1958年科研工作全面展开，主要有PCM数字通信、超高频大功率管的研究、单晶硅和气象用测风雷达的研制等工作，并参加全国组织的超远程110雷达研究工作。其中测风雷达交付工厂批量生产。

1961年起，无线电电子学系的科研工作以雷达、数字通信、电视、微波技术、微波电子器件、光电摄像器件、硅材料与器件等方面为重点课题，承担了多项国家的研究任务，包括四机部、国防科委、通信兵部和北京市下达的科研任务。1962年，经教育部批准设立无线电电子学研究室，由清华大学和国防科委第十研究院共同领导，陆大绘任研究室主任。研究室设四个分室：半导体材料与器件分室，电真空器件分室，通信与电视分室，雷达与无线电分室。当时的研究课题有高反压硅三极管、周期磁场聚焦行波管、大功率行波管、参量放大器、雷达数据录取、数据传输及脉冲编码通信新型天线的研究设计等，到1965年陆续取得成果。其中，重大的科研成果有：

① 厘米波低噪声参量放大器。用于多种远程雷达的高灵敏度接收，提高雷达的作用距离，当时被认为国家的重大发明。

② 硅单晶。1959年与中国科学院半导体所同时研制成硅单晶，为我国半导体工业的发展作出突出贡献。

③ 1200/2400 波特数传机。1965 年完成，转南京 734 厂生产，在我国第一颗人造卫星发射过程中应用，得到了中央军委的嘉奖。

④ X 波段周期磁场聚焦宽带行波管，1964 年研制成样管，1965 年通过国防科委的验收后转交 774 厂生产（系我国自行研制生产的第一只周期磁场聚焦行波管）。后与 774 厂合作研制成金属陶瓷行波管，1967 年投入生产，以上两种管型持续生产了 10 年。

⑤ 气象用测风雷达。由国防部门、气象局等组织鉴定，后移交生产，大量装备于气象站，至今仍在使用。

⑥ 质谱探漏仪。1964 年完成，获国家计委、经委、科委联合颁发的国家新产品一等奖。

1966 年，由于"文革"的开始，研究室建制中断，少部分教师走出校外仍继续进行科研工作，如激光测距仪的研究和生产、数传机的改进和移交工厂试生产等。

1970 年迁往绵阳。在分校期间，信息闭塞，物资缺乏，广大教职工仍尽可能开展科研工作并取得一定成果。如：①与周围工厂结合，参与了航空管制雷达的研制，共同完成了样机；②120 路微波数字通信系统，增量调制终端，完成样机并自己生产了一部分产品交付使用；③4800 波特数传机和 1024Kb/s 群路数传机移交工厂生产；④研制生产了数字电压表、数字频率计；⑤研究生产了金属陶瓷电离真空计；⑥研究试制生产了多种类型的气体激光器件；⑦研究试制了激光测距仪交付试用；⑧研究试制了多种固态微波放大、混频等混合集成电路供有关部门选用；⑨ 研制连续波注入式正交场放大管，交付试用。还开展了对场效应晶体管、集成电路、微波晶体管的研究工作。

1978 年恢复无线电电子学系建制后，根据国际上电子学发展的现状和趋向，以及清华的特点，确定全系科研工作的几个重点研究方向为：

① 高速、实时及多维的信息和信号处理；

② 数字通信与光通信；

③ 专用集成电路与集成系统的设计与应用；

④ 信息光电子学及集成光电子学；

⑤ 微细加工及微细检测与分析技术。

当时的任务来源有："863"高技术项目，国家科技攻关项目，国家自然科学基金项目，以及各部委下达的研究项目与开发项目。还有国内各企业、事业、研究所之间的合作项目，约百余项。

1993 年以后，电子工程系在光通信、无线通信、网络技术、集成电路、图像、语音、微波、导航、遥感等领域都取得了大量成果。其中卫星接收、第三代移动通信、文字识别、长距离光传输、数字电视传输技术、集成电路设计技术（三次获奖）及我国新一代网络等代表性成果获国家科技进步二等奖，大容量高速光网络成为我国实验网的基础设施。

这一时期，在国际著名学术刊物上发表的论文数也大大增加，被 SCI 检索的论文数从 1997 年的不足 10 篇增加到 2002 年的 109 篇，以后每年都保持在 100 篇以上。被 EI、ISTP 等检索系统的论文数更达数千篇。

1999 年至 2001 年连续三年获全校人均效益第一名。

在建设一流大学"985 工程"一期任务中，一批具有重要意义和前瞻性、交叉性的科研项目启动，承担的"高速光通信网络""新一代无线通信技术"等研究课题取得了一些突破性进展，还积极参加了信息学院的"集成电路设计""人机交互""高速互联网""复杂系统研究""纳米技

术"等基础研究课题。

2002 年，电子系确定重点发展方向为：光电集成器件、宽带无线通信与移动因特网、光通信器件与光网络、多维信息获取、处理与融合、基于网络的多媒体信息系统、集成电路设计工具及系统芯片集成。

在此期间，国家对科技加大了投入，纵向的科技项目增加很快。电子系承担了大量包括"973""863"、重大专项和国防科研等基础研究、应用研究和工程项目。另外这期间与国外著名企业的合作项目也开始迅速增加，包括基础研究和工程应用项目。因此科研经费在这个阶段增加很快。

1979 年至 2010 年科研经费见表 19-15-14。

表 19-15-14　电子系 1979 年—2010 年科研经费　　　　　　　　　　　　　　万元

年　　　份	科研经费	年　　　份	科研经费
1979—1980	240	1996—2000（"九五"期间）	20 164
1981—1985（"六五"期间）	1 200	2001—2005（"十五"期间）	30 187
1986—1990（"七五"期间）	3 400	2006—2010（"十一五"期间）	48 442
1991—1995（"八五"期间）	4 860		

（二）科研成果

1. 科技成果获奖

1978 年在全国第一次科学大会上，激光通信系统可视电话数字编码终端机、数据传输设备系列、脉码调制 120 路数字电话终端机、增量调制数字电话终端机系列、激光测高仪及高差仪和雷达在航测中的应用等五项成果获全国科学大会奖。1988 年，李传信、吴佑寿、张克潜、茅于海、朱雪龙等获国防科工委授予的"献身国防科技事业"荣誉证章。

20 世纪 80 年代以来，科研工作有了较大发展，水平不断提高，取得了一批高水平的科研成果，"自适应数字可控非相参频率捷变雷达系统""二次群数字微波系统"等 22 项研究成果分别获国家发明奖和国家级科技进步奖二等奖以上的奖励。

获得国家级科研奖励情况见表 19-15-15。

表 19-15-15　电子系获国家级奖励的科研成果

序号	获奖时间	获奖科研成果	获奖名称及等级	获　奖　人
1	1984	自适应和数字电可控非相参频率捷变雷达系统	国家发明奖一等奖	茅于海　周广元　乔学礼　吕柏等
2	1985	二次群数字微波系统	国家科技进步奖二等奖	姚　彦　冯重熙
3	1987	模型砝码速调整数字复接技术及复接器	国家发明奖二等奖	曾烈光　冯重熙
4	1987	YAG-染料-喇曼移频宽带调谐激光系统	国家科技进步奖二等奖	郭奕理　娄采芸
5	1987	TJ—82 图像计算机	国家科技进步奖二等奖	吴佑寿　葛成辉　王汉生　李淑梁等

序号	获奖时间	获奖科研成果	获奖名称及等级	获奖人
6	1989	微波电路 CAD 及微波集成电路放大器的技术研究	国家科技进步奖二等奖	高葆新　洪兴楠　陈兆武　吕洪国等
7	1989	可编程雷达信号处理机与低速目标检测技术	国家科技进步奖二等奖	彭应宁　马樟尊　丁秀冬　王秀坛等
8	1990	减小抖动正码速调整技术及新型复接设备	国家发明奖二等奖	曾烈光　冯重熙
9	1990	卫星通信数字群路制应用试点工程	国家科技进步奖三等奖	梅顺良　姚　彦　侯幼卿　徐世斌等
10	1992	高双折射光纤拍长测试装置	国家发明奖三等奖	廖延彪　陈国霖　吴庚生
11	1992	新型反射式声显微镜	国家发明奖三等奖	陈戈林　胡思正　罗淑云　李德杰等
12	1992	多字体多字号印刷汉字识别系统	国家科技进步奖三等奖	吴佑寿　丁晓青　杨淑兰　郭繁夏等
13	1992	彩电 CAD 系统与 Mu 两片机电路优化设计	国家科技进步奖三等奖	刘润生　王贻良　汪　蕙　高文焕
14	1992	舰载雷达自适应多功能可编程信号处理机	国家科技进步奖三等奖	王秀坛　彭应宁　丁秀冬　马樟尊等
15	1993	微波电子回旋共振等离子体	国家科技进步奖三等奖	甄汉生　吴锦发　周邦伟　彭吉虎
16	1993	单模窄线宽可调谐外腔半导体激光器	国家科技进步奖三等奖	张汉一　谢世钟　周炳琨　柴燕杰等
17	1993	温度补偿型光频分复用鉴频器	国家技术发明奖四等奖	张汉一　柴燕杰　谢世钟　孙波等
18	1995	专项项目	国家科技进步奖二等奖	朱雪龙　杨为理　周淑华　杨行峻等
19	1997	多重优化分配泵浦系列掺铒光纤放大器研制	国家技术发明奖三等奖	彭江得　刘小明　唐平生　姜新等
20	1997	2.5Gb/s 比特误码测试系统	国家技术发明奖三等奖	杨知行　阳　辉　柴燕杰　姚　彦　范崇澄　周炳琨
21	1998	程控/手动单模可调谐外腔半导体激光器	国家技术发明奖三等奖	张汉一　潘仲琦　周炳琨　杨金强　毕可奎
22	1998	微波与光电子学中的电磁理论	国家科技进步奖三等奖	张克潜　李德杰　吴金生
23	1999	THOCR-97 综合集成汉字识别系统	国家科技进步奖二等奖	丁晓青　吴佑寿　郭繁夏　刘长松　陈　明　征　荆　林晓帆　郭　宏　彭良瑞
24	2000	遥感卫星中频通用接收解调系统	国家技术发明奖二等奖	杨知行　郭兴波　潘长勇　党小川　阳　辉　吴佑寿
25	2000	全玻璃真空太阳集热管，集热器及热水系统	国家科技进步奖二等奖	薛祖庆　殷志强　张　剑　沈长治　严锡元等
26	2002	统计预测时钟恢复技术及其系列 SDH 专用芯片与系统	国家技术发明奖二等奖	曾烈光　王瀚晟　金德鹏　秦晓懿
27	2003	高性能东方文字文档智能全信息数字化系统	国家科技进步奖二等奖	丁晓青　刘长松　吴佑寿　陈　明　彭良瑞　方　驰　张嘉勇　文　迪　郭繁夏　郑治枫

续表

序号	获奖时间	获奖科研成果	获奖名称及等级	获奖人
28	2003	中国第三代移动通信系统研究开发项目	国家科技进步奖二等奖	王　京等
29	2004	专项项目	国家科技进步奖二等奖	石长生
30	2005	时域同步正交频分复用数字传输技术（TDS-OFDM）	国家科技进步奖二等奖	杨知行　杨　林　龚　克　潘长勇 董　弘　吴佑寿
31	2007	WDM超长距离光传输设备（ZXMW-M900）	国家科技进步奖二等奖	彭江得　陈明华
32	2007	专项项目	国家技术发明奖二等奖	彭应宁
33	2008	TH-ID人脸和笔迹生物特征身份识别认证系统	国家科技进步奖二等奖	丁晓青　方　驰　王争儿　刘长松 彭良瑞　马　勇　王贤良　杨　琼 吴佑寿　王生进
34	2008	专项项目	国家科技进步奖一等奖	陆建华
35	2009	无线多媒体通信传输与终端系统关键技术的创新及应用	国家科技进步奖二等奖	曹志刚　郑紫微

2. 获奖论文发表统计

电子工程系重视国内外学术交流，积极参与组织国际学术会议，发起和组织国内外学术会议数十个，并与国外20余所大学及研究所建立了良好的合作交流关系。

1978年至2010年科研成果获奖数、发表论文数及专利数统计，见表19-15-16。

表 19-15-16　1978 年—2010 年电子系科研成果获奖数、发表论文数及专利数统计

年份	获奖情况（项）			发表论文数（篇）	专利数（项）		
	共计	国家级	省市部委		共计	发明类	实用类
1978	6		1（还有全国科学大会奖5项）	未统计			
1980	3		3				
1981	13		13				
1983	4	1	3				
1984	17	1	16				
1985	10	2	8		20	10	10
1986	30		30	177	4		4
1987	23	3	20	214	10	3	7
1988	6	1	5	118	5	3	2
1989	11	1	10	176	4	2	2
1990	2	2		90	3	3	
1991	13		13	210	3	1	2
1992	14	5	9	155	5	2	3
1993	15	3	12	236	12	0	12

年份	获奖情况（项）			发表论文数（篇）	专利数（项）		
	共计	国家级	省市部委		共计	发明类	实用类
1994				289	5	0	5
1995	10	1	9	350			
1996	13*		13	390	3		3
1997	7	2	5	425	6	2	4
1998	11	2	9	467	2	0	2
1999	5	1	4	500	10	5	5
2000	8	2	6	555	9	6	3
2001	2		2	741	9	7	2
2002	12	1	11	481	4	3	1
2003	7	2	5	596	41	37	4
2004	7	1	6	553	39	39	0
2005	1	1	0	549	43	42	1
2006	2	0	2	674	44	43	1
2007	4	2	2	655	57	57	0
2008	3	2	1	648	52	51	1
2009	6	1	5	709	105	104	1
2010	1	0	1	722	79	79	0
总计	266	37	234	10 680	574	499	75

（三）科研成果转化与技术开发

电子工程系在国内较早地重视电子系统的集成化和计算机辅助设计的研究工作，"七五"期间配合电视接收机的国产化进行了 CAD 工具的开发，80 年代和 14 个电子行业企业集资建立了专用集成电路（ASIC）的联合实验室，开发了几种通信用 ASIC 的芯片。80 年代起就开始研究开发微波电路的 CAD 软件，该软件 80 年代中在国内外推广使用。

微波技术和声学成像技术的研究，是在国内独树一帜的研究工作。1983 年研制成 500 兆赫透射式声学显微镜分辨率 2 微米，1991 年研制成用于材料内部成像的智能化 150 兆赫反射式声学显微镜，获 1992 年国家发明三等奖。该类显微镜已成为实用化的设备，正式提供研究生产单位使用，并出口到新加坡，一台创汇 4.8 万美元。

80 年代中期，无线电电子学系在薄膜技术及真空管太阳能集热器创新性研究成果的基础上，与校外企业联合建立了太阳能电子厂，生产太阳能集热器及其装置；1992 年与北京玻璃仪器厂合资，成立清华阳光公司，进一步扩大太阳能集热器及其装置的生产规模，形成了产、学、研结合的中心，清华阳光成为一个知名品牌，产品在国内外市场上占有相当比例。

80 年代末，以数字通信和集成电路设计技术为基础，电子系成立了华环电子有限公司，设计研制通信用专用集成电路芯片、光通信设备、网络设备和终端设备，成为一家高科技、高效益的公司。

1992 年，以微波技术为基础，成立了吉兆电子公司，生产广播发射设备和微波设备，也形成了相当的规模，在广播电视行业有相当的知名度。

其他还有北京清华紫光文通信息技术有限公司（主要从事汉字识别系统的开发），北京天朗语音科技有限公司（语音识别和应用），体现了科研成果为社会服务的方向。

这些公司，在 2005 年转给学校产业集团管理。

六、对外合作与交流

（一）学生培养

1. 短期出国

电子系与国外数十个大学建立了合作关系，以派遣交换生（至少一个学期）、海外实习生（利用假期去国外大学实习）和参加交流访问等形式，给学生提供国际交流的途径。

2008 年至 2010 年，本科生交换生 45 人，海外实习 30 人，交流访问 36 人。短期出国参加国际学术会议和双边或多边的学术交流的人数为 707 人次。

2. 联合培养研究生

派学生出国在大学和研究机构开展研究工作半年以上，2008 年至 2010 年为 46 人。

3. 培养留学生

电子系近年来毕业的留学生人数如下：1997 年至 2010 年毕业研究生 31 人（其中硕士 20 人，博士 11 人）；1984 年至 2010 年毕业本科生 78 人。

（二）科研合作机构

与境内外企业先后合作建立的联合研究机构有：清华-波维达联合实验室（2001 年），清华-TIDSP 联合培训中心（1996 年），威盛-清华通信技术开发中心（2000 年），清华大学-亿恒科技联合设计实验室，清华-Bell Lab 联合光网络系统实验室（2000 年），清华-朗讯贝尔通信联合实验室（2000 年），清华-日立未来先驱 IP 联合实验室（2000 年），清华大学-中国华录信息技术研究所等。

七、实验室和研究基地

（一）1952 年前电讯组设 4 个实验室（教学）

① 无线电原理实验室；
② 实用无线电实验室（供同学安装一台超外差式收音机或推挽式扩大机）；
③ 电报电话实验室（有 3 套自动电话设备，供同学了解电话局内设备的工作原理）；
④ 电磁测量实验室（电讯、电力组同学均选用，1952 年后由电机系电工基础教研组负责）。
实验室总面积约 250 平方米。

（二）1953 年—1966 年

（1）1953 年至 1957 年陆续建设无线电基础、放大、接收、发送、无线电测量、无线电元件与设备工艺实验室，均按苏联的模式建立。

（2）1953 年建设电真空技术实验室。

（3）1954 年建设电磁场与天线实验室。

（4）1956 年建立电视技术实验室。

（5）1958 年建立通信、雷达实验室。

1956 年以前实验室主要为教学服务。1956 年以后随着毕业设计和科研工作的展开，实验室供教学和科学研究共用。

（三）绵阳分校期间

除了设立化学、物理、电工等三个教学专用实验室外，其余均改为专业实验室，承担本专业的教学实验和科研工作。

设通信、雷达、电真空技术、半导体物理与器件、激光技术五个专业实验室，后又建立了计算机实验室，面积约 2 000 平方米。

（四）1978 年—1993 年

全系设 14 个实验室，其中有国家重点实验室 2 个、系重点实验室 4 个、其他实验室 8 个。线路与系统实验室被评为校一级实验室。截至 1993 年底电子系实验室概况见表 19-15-17。

表 19-15-17　1993 年底电子系实验室概况

	实验室名称	建立年份	面积（平方米）
国家重点实验室	集成光电子学实验室	1989	
	微波与数字通信技术实验室	1992	
系管重点实验室	通信专用集成电路 CAD 设计实验室	1987	80
	线路与系统实验室	1978	200
	计算机实验室	1979	100
	信息与图像处理实验室	1985	100
其他实验室	物理电子学实验室	1978	200
	真空物理与技术实验室	1978	150
	太阳能应用及工艺实验室		150
	激光物理与技术实验室	1978	200
	信号与检测实验室	1975	200
	通信实验室	1978	100
	电磁场与微波实验室	1978	200
	图像信息实验室	1978	200

（五）1994 年—2007 年

为加强实验教学，提高学生学习的主动性，1999 年起，在国家"985 工程"项目的支持下，电子系建立了系管教学实验室。其中，清华大学-安捷伦现代通信教学实验室（射频、通信、微波）还得到了安捷伦公司的大学教学项目的赞助，装备了一批一流的实验仪器，使之成为水平最高的实验室。计算机教学实验室和电路教学实验室也完全使用了当时最新的软件、仪器设备，其中电路教学实验室归校电子电路实验中心，由电子工程系教师进行管理。

从 2000 年起，在实验教学中，加强了学生学习主动性。教学实验按基本技能和电路原理、部件和系统实验、独立自主实验三个层次进行。最后一个层次，学生分组，独立提出实验内容（通常是小系统）、自己设计、制作、测试到最后答辩评比，完成从创意到实现的全过程。

另外计算机软件实验，专题实验（安排小学期进行）及 SRT（大学生研究训练）等都列入教学计划，丰富和加强了实践教学。

除了课堂教学，第二课堂也成为学生实践的重要组成部分，电子系在大学生挑战杯上屡次获得好成绩，在全国集成电路设计大赛中多次取得第一名，学生自己组织的大一电子知识竞赛每年举行，学生科协成为学生进行创新实验的基地。

截至 2007 年底时电子系实验室概况见表 19-15-18。

表 19-15-18　2007 年底电子系实验室概况

实验室名称		建立年份	面积（平方米）
系管重点实验室	现代通信教学实验室（射频、通信、微波）	2001	350
	计算机教学实验室	2001	150
	模拟和数字电路教学实验室	2001	200
研究所实验室	光电子学实验室	1978	200
	电路与系统实验室	1978	150
	信号与检测实验室	1975	200
	通信实验室	1978	100
	电磁场与微波实验室	1978	200
	图像信息实验室	1978	200

电子工程系先后建成 3 个国家重点实验室或分室，即微波与数字通信技术国家重点实验室、集成光电子学国家重点联合实验室（清华大学实验区）、智能技术与系统国家重点实验室（智能图形图像分室）。

1987 年，电子系利用世界银行贷款筹建微波与数字通信实验室，1990 年教育部验收作为开放研究实验室提前运行，1995 年通过验收作为国家重点实验室开放运行。

1988 年，国家批准由清华大学、吉林大学、中科院半导体所共同建设"集成光电子学国家重点联合实验室"，1991 年正式对外开放运行。实验室的首任主任是电子系张克潜教授，第二任主任是吉林大学的刘式墉教授，第三任主任是电子系罗毅教授。该实验室在电子系设立清华分区。

1987 年，清华大学的计算机系、电子系和自动化系共同筹建"智能技术与系统国家重点实验室"，1990 年建成运行。电子系设立"图形图像分室"。

在 2002 年的全国重点实验室的评估中，电子系的这 3 个实验室都取得了好成绩，在同类实室中 2 个为第一，1 个为第二。

2003 年，清华大学开始筹建"信息技术国家实验室"，电子工程系以这 3 个国家重点实验室为基础，参与了国家实验室的筹备工作，建立了相应的通信、光和图像研究部。

3 个国家重点实验室概况见表 19-15-19。

表 19-15-19　设置在电子系的国家重点实验室

实验室名称	建立时间	实验室主任	学术委员会主任	研究方向
微波与数字通信技术国家重点实验室	1995	姚　彦（1995—1999） 龚　克（1999—　）	冯重熙（1995—1999） 孙　玉（1999—　）	无线通信，微波与天线，网络，多媒体
集成光电子学国家重点实验室（清华分区）	1991	张克潜（1988—1992） 江剑平（1993—1995） 罗　毅（1995—　）		集成光电子学
智能技术与系统国家重点实验室（图形图像分室）	1990	林行刚（1990—1996） 郭繁夏（1996—1999） 丁晓青（2000—　）		图形及图像技术

（六）2008 年—2010 年

在统一整合人员、设备和空间资源的基础上成立了电子工程实验教学中心，下设 5 个专业基础实验室和 5 个专业实验室，另外还设有与国内外著名企业合作成立的 7 个教学联合实验室。中心总面积约 1 500 平方米，拥有设备 110 台件，设备总额近 1 200 万元。中心每年支持实验课程 29 门，接纳学生 1 200 余人，平均年完成实验人时数约 16 万。课程实验中心有专职实验技术人员 12 人。中心实行空间、时间和内容的全方位开放的运行机制，为电子工程系和清华大学相关专业提供全面的实验教学支持，并为学生开展课外竞赛等实践活动提供指导和支持。2008 年 9 月中心被评为清华大学一级实验室，被命名为"清华大学电子工程实验教学中心"。2009 年中心获"清华大学先进集体"称号。

电子工程实验教学中心概况见表 19-15-20 和表 19-15-21。

表 19-15-20　电子工程实验教学中心实验室

实验室类型	实验室名称	建立年份	面积（平方米）
专业基础实验室	物理电子与光电子技术实验室	1978	110.8
	国防系列课程与研讨课系列实验室	2008	108.8
	现代通信实验室	1978	77.9
	集成电子系统设计实验室	2001	33.0
	图像语音实验室	2008	60.0
专业实验室	信号处理实验室	2001	90.0
	计算机与网络实验室	2001	350.6
	电子电路实验室	2009	217.6
	电磁场与微波实验室	1978	137.7
	现代通信（电路）实验室	2001	174.6

表 19-15-21　电子工程实验教学中心的教学联合实验室

实验室名称	建立年份
清华-安捷伦现代通信（电路）实验室	2002
清华-安捷伦现代通信实验室	2002
清华-安捷伦电磁场与微波实验室	2002
清华-安捷伦 EEsof ADS 微波仿真联合实验室	2002
华硕-清华下一代便携式数字设备教学科研联合实验室	2008
中兴通讯 NC 教育认证管理中心清华大学电子工程系网络教学实验室	2009
清华大学- ALTERA 公司 SOPC/DSP 联合实验室与培训中心	2010

第十六节　计算机科学与技术系

一、沿革

（一）历史沿革

1956 年，清华大学根据党中央的号召，在无线电系建立了电子计算机专业，并从本校电机系、动力机械系抽调二、三年级学生转学计算机专业，从上海交通大学抽调电机专业高年级学生转入本专业四年级，同年暑期又招收了一年级新生。这样，该专业同时启动了一至四年级。1957年培养出第一批电子计算机专业毕业生。这是新中国最早建立的计算机专业。

计算机系的前身自动控制系成立于 1958 年 7 月 3 日，钟士模任系主任，凌瑞骥任党总支书记。根据当时国家建设的需要，全系设自动学与远动学（又名自动控制）和计算机两个专业。自动学与远动学专业包含自动控制理论、自动控制系统两个学科方向。自动控制系统又分为"飞行器自动控制"和"核能生产自动控制"两个专门化，分别由副系主任章燕申、唐泽圣兼任两个控制系统教研组的主任。吴麒任自动控制理论教研组主任，金兰任计算机教研组主任。随后，又新增设了"自动控制元件"专业，副系主任王继中兼任教研组主任。建系时，全系有教职工 70 多人，其中很大一部分是留校的本专业毕业生和提前抽调为教师的高年级学生；各年级学生共有400 余人。

1966 年"文化大革命"开始后，学校停课，教学、科研和生产也告中断，直到 1970 年才开始复课，招收工农兵学员，学制三年。

1970 年，工程力学数学系的计算数学专业部分教师转入自动控制系，组建计算机软件专业。此外，学校又将无线电电子学系（迁往四川绵阳分校）留在校本部的无线电技术专业和半导体车间并入自动控制系，系名改为电子工程系。电子工程系设自动控制、计算机、计算机软件、无线电技术、半导体物理与器件等 5 个专业。

1978 年至 1979 年，学校的学科建设逐渐走向正轨，对系级建制进行了调整，电子工程系的专业设置和专业方向发生了较大变化：①学校成立应用数学系，软件专业部分教师调往应用数学系；②新建自动化系，自动控制理论专业的部分教师调往该系；③恢复无线电电子学系，原并入电子工程系的无线电技术专业、半导体物理与器件专业调回无线电系；④半导体教研组独立为微电子学研究所。这样，电子工程系由原有 5 个专业减缩为 2 个：计算机专业和计算机软件专业。

1979 年 5 月，电子工程系更名为计算机工程与科学系；1984 年 12 月又改称计算机科学与技术系。系内专业进一步拓宽，全系本科设置一个计算机科学与技术专业。

本科教育蓬勃发展之时，计算机系也着力向培养更高级人才的方向迈进。1978 年，获得硕士学位授予权，1981 年获得博士学位授予权，1988 年建立计算机科学与技术博士后科研流动站。这样，计算机系在国内首次实现了各层次人才培养模式的全面覆盖。

计算机系成为国内信息技术的领跑者的同时，并着力为学校人才培养和其他学科发展贡献自身的力量。1976 年，抽调部分教师组建清华大学计算中心；1980 年参与建设清华技术服务公司（后改建为清华大学软件中心）；1994 年，计算机系吴建平教授领衔成立中国教育科研网网络工程中心；2001 年，以计算机系 CAD 教研组教师为主要力量，孙家广教授领衔成立了软件学院。2010 年，以计算机理论科学研究所为基础，姚期智院士领衔成立了交叉信息研究院。这些机构的建立，在不同的方面提高了计算机学科的研究实力，也为学校创建世界一流大学提供了扎实的计算服务环境。

计算机科学与技术学科在 1996 年全国学科评估的该学科中排名第一，在国内首批获得按一级学科招收和培养研究生的资格；2002 年的学科评估中，在总共 4 个分项指标中 3 项（学术队伍、人才培养、学术声誉）在全国排名第一；2006 年，以总分满分 100 分的成绩排名第一；2010 年，在首次国际学科评估中，由图灵奖获得者 Hopcroft 教授任组长、由 7 位来自计算机学科各领域的国际专家组成的评估组一致认为——清华的计算机科学与技术学科已经发展成为世界级（world-class）的计算机科学研究与教学机构之一。

截至 2010 年底，计算机科学与技术系共有教职工 125 人，博士后约 50 人，本科生 576 人，工学硕士 471 人，工程硕士 256 人，工学博士 438 人。经过 52 年的发展，已经成为国内一流的计算机系，不少领域的研究已经达到国际水平。

（二）历任党政负责人名单

历任系主任与系党委（总支）书记名录见表 19-16-1。

表 19-16-1 计算机系历任系主任与系党委书记名录

系主任	任职时间	系党委（总支）书记	任职时间
钟士模	1958—1971	凌瑞骥	1958-07—1966-06
		唐美刚	1970—1974-09
		夏镇英	1974-10—1975-07
		荣泳霖	1975-08—1976-10

续表

系主任	任职时间	系党委（总支）书记	任职时间
唐泽圣	1979-05—1986-10	唐美刚	1978-05—1988-08
周远清	1986-11—1988-03		
王尔乾	1988-04—1991-07	罗建北	1988-09—1994-02
王鼎兴	1991-08—1996-07	张再兴	1994-02—1995-10
周立柱	1996-08—2003-10	黄汉文	1995-10—1997-10
		张凤昌	1997-10—1999-11
		林学闾	1999-11—2003-11
林闿	2003-11—2007-03	杨士强	2003-11—2010-11
孙茂松	2007-04—2010-11		
吴建平	2010-12—	孙茂松	2010-12—

（三）历任系学术委员会主任

历任学术委员会主任名录见表 19-16-2。

表 19-16-2　计算机系历任学术委员会主任名录

学术委员会主任	任职时间
张钹	1998—1999
周立柱	2000—2001
张钹	2002—2003
周立柱	2004—2006
林闿	2007—2010

注：学术委员会 1998 年前资料缺失。

二、教学科研组织

1958 年，自动控制系成立，设立 510、520、530、550 和 570 共 5 个教研组，其对应的专业方向分别为：飞行器控制、自动控制元件、自动控制理论、计算机、核反应堆控制。另外，设立自动控制系工厂，承担样机试制任务。

1970 年，更名为电子工程系，设立自动控制、计算机、计算机软件、无线电、半导体共 5 个教研组。工厂改名为电子工程系电子厂。

1979 年，更名为计算机工程与科学系，共设置计算机系统与结构、计算机系统与应用、微机计算机系统、计算机软件、人工智能与智能控制、计算机外部设备共 6 个教研组，工厂也改称为计算机工厂。

1980 年，增设计算机辅助设计教研组；1984 年，计算机外部设备教研组更名为计算机信息处理与应用教研组；1985 年，增设计算机设计自动化教研组；1986 年，设立计算机基础理论教研组。1996 年，根据学校的要求，计算机工厂脱离计算机系，并入清华同方公司。

1999 年，学校对科研体制进行了调整，系一级取消教研组建制，成立研究所。计算机系撤销原有的 9 个教研组，成立 6 个研究所，分别是：高性能计算研究所、计算机网络技术研究所、计算机软件研究所、人机交互与媒体集成研究所、智能技术与系统国家重点实验室、国家 CAD 支撑软件工程技术研究中心；另外，还成立了教学实验室与培训中心。

2001 年，根据国家需要和学校部署，国家 CAD 支撑软件工程技术研究中心脱离计算机系，并以其为主体建立清华大学软件学院。

2005 年，原计算中心从事计算机基础教学的 12 位教师调入计算机系，并成立计算机基础教学部。

2010 年，根据学校部署，计算机理论科学研究所脱离计算机系，并以其为主体建立清华大学交叉信息研究院。

截至 2010 年底，计算机系共设 4 个研究所，1 个国家重点实验室，1 个教学实验室和 1 个基础教学部，见表 19-16-3。

表 19-16-3　2010 年计算机科学与技术系教学与研究机构与方向

机 构 名 称	教职工人数	研 究 方 向
高性能计算研究所	21	集群计算，CPU 设计，网格计算，网络存储，网格与集群计算，图形图像与可视化
计算机网络技术研究所	19	网络体系结构与网络协议测试，路由与交换，网络服务质量与传输控制，网络与信息安全，分布式信息系统，无线自组网与计算机协同工作
计算机软件研究所	20	数据工程，知识工程，计算机与 VLSI 设计自动化，可视化技术与计算机图形学，软件工程与系统软件
人机交互与媒体集成研究所	15	智能媒体处理，和谐人机交互，普适计算环境
智能技术与系统国家重点实验室	28	神经和认知科学，信息处理理论与方法，计算机科学理论，机器学习理论、方法与应用，智能建模与控制理论，智能信息处理与控制理论，自然语言文字处理的理论与方法、模式识别
教学实验室与培训中心	6	
计算机基础教学部	11	

三、教职工

（一）历年教职工人数

历年教职工人数见表 19-16-4。

表 19-16-4　计算机系历年教职工人数

时间	教师	教辅人员	职工	时间	教师	教辅人员	职工
1956	20 人左右			1986	177	56	74
1958	80 人左右			1993	168	55	51
1965	145	22	35	2000	124	16	6
1976	245	162	41	2010	103	18	4

（二）教授名录

自动控制系成立时，仅有 1 名教授（钟士模，1948—1971 任职）。截至 2010 年底，计算机系共有在职教授 38 名。表 19-16-5 是全部教授名录。其中，中科院院士 1 名，中国工程院院士 3 名，长江学者 4 名。

表 19-16-5　计算机系教授名录

姓名（任职时间）	姓名（任职时间）	姓名（任职时间）
钟士模（1948—1971 逝世）	金 兰（1980—1991 退休）	卢开澄（1985—1994 退休）
＊张 铖（1985— ）	方棣棠（1986—1994 退休）	＊李三立（1986— ）
朱家维（1986—1997 退休）	林行良（1987—1998 退休）	唐泽圣（1987—2000 退休）
王尔乾（1987—1998 退休）	周远清（1988—1992 调往教育部）	林尧瑞（1988—1995 退休）
洪先龙（1988—2007 退休）	王鼎兴（1988—2003 退休）	徐光祐（1989—2005 退休）
陈其明（1989—1991 离职）	苏伯琪（1989—1992 离职）	石纯一（1990—2001 退休）
史美林（1990—2003 退休）	黄昌宁（1990—1999 退休）	＊孙家广（1990—2002 调往软件学院）
蒋维杜（1990—2000 退休）	房家国（1990—1992 退休）	石定机（1991—1993 退休）
郑纬民（1991— ）	孙增圻（1991—2008 退休）	王爱英（1991—1998 退休）
吴文虎（1991—2005 退休）	袁曾任（1992—1995 退休）	张公忠（1992—2000 退休）
贾培发（1992— ）	夏 莹（1992—1998 退休）	吴企渊（1992—1999 退休）
何克忠（1993—2000 退休）	汤志忠（1993— ）	严蔚敏（1993—2001 退休）
＊张尧学（1993— ）	△吴建平（1993— ）	周立柱（1993— ）
钟玉琢（1993—2006 退休）	沈美明（1994—2003 退休）	陆玉昌（1994—2001 退休）
吕文超（1994—1996 退休）	马群生（1994—2003 退休）	蔡莲红（1994— ）
谢树煜（1995—1996 退休）	周之英（1995—2003 退休）	杨 品（1995—1996 退休）
薛宏熙（1995—2001 退休）	林学闾（1995—2005 退休）	周嘉玉（1996—1998 退休）
李 伟（1996—2001 离职）	王泽毅（1996—2006 退休）	王克宏（1996—2007 退休）
杨长贵（1997—1997 逝世）	胡起秀（1997—1999 退休）	巴林凤（1997—1999 退休）
唐 龙（1997—2002 退休）	王家廞（1997—2007 退休）	△应明生（1998 调入— ）
马少平（1998— ）	郭木河（1998—2000 退休）	赵致格（1998—2000 退休）
王 诚（1998—2003 退休）	戴一奇（1998— ）	秦开怀（1998— ）
史嘉权（1999—2001 退休）	边计年（1999— ）	刘 斌（1999— ）
陈玉健（1999—2002 调往软件学院）	杨士强（1999— ）	林 闯（2000 调入— ）
张素琴（2000—2007 退休）	戴梅萼（2000—2009 退休）	邓志东（2000— ）
苑春法（2001—2006 退休）	温冬婵（2001—2010 退休）	朱小燕（2001— ）
孙茂松（2001— ）	林福宗（2002—2006 退休）	赵雁南（2002—2006 退休）

姓名（任职时间）	姓名（任职时间）	姓名（任职时间）
汪东升（2002—2003 调往信研院）	△胡事民（2002—　）	史元春（2002—　）
田金兰（2003—2006 退休）	艾海舟（2003—　）	孙富春（2003—　）
叶 榛（2003—2006 退休）	朱纪洪（2003—　）	陈群秀（2004—2007 退休）
殷人昆（2004—2006 退休）	杨广文（2004—　）	李 芬（2005—2006 退休）
黄连生（2005—2007 退休）	徐明伟（2005—　）	蔡懿慈（2005—　）
△冯 铃（2006 调入—　）	舒继武（2006—　）	赵有健（2007—　）
冯建华（2007—　）	温江涛（2008 调入—　）	李涓子（2008—　）
陈文光（2008—　）	任丰原（2009—　）	徐 恪（2009—　）
武永卫（2010—　）	尹 霞（2010—　）	

说明：注 * 者为中国科学院院士或中国工程院院士，注△者为长江学者。

四、教学

（一）本科教学

1. 概况

自 1985 年起，计算机系本科实行宽口径、厚基础的教学体系，本科设置计算机科学与技术 1 个专业。2003 年起，开始招收国防生班。国防生班的教学计划和其他普通班教学计划基本相同，只是增加了必要的军事训练课程。2005 年起，图灵奖获得者姚期智作为学术带头人在计算机系开设软件科学实验班（从 2004 级开始招收学生，2009 年 4 月改称计算机科学实验班），该班教学计划由姚期智亲自制订，加强了计算机理论方面的课程和训练。计算机科学实验班于 2010 年 11 月转入交叉信息研究院。本科生人数统计情况见表 19-16-6。

表 19-16-6　计算机系本科生人数统计

年份	招生人数			毕业生获得学位人数	年份	招生人数			毕业生获得学位人数
	总数	其中国防生	其中实验班			总数	其中国防生	其中实验班	
1993	161			163	2002	187			147
1994	156			138	2003	171	21		145
1995	153			156	2004	166	20	27	172
1996	155			145	2005	172	25	31	180
1997	172			152	2006	167	30	27	178
1998	158			168	2007	177	23	28	168
1999	156			224	2008	163	23	30	157
2000	181			200	2009	165	22	30	161
2001	192			165	2010	156	21	31	165

2. 课程设置

计算机科学与技术专业本科生的培养目标是：运用所掌握的理论知识和技能，从事计算机科学理论、计算机系统结构、计算机网络、计算机软件及计算机应用技术等方面的科研、开发与教育工作。以"宽口径、厚基础、强实践、重创新"为要旨，从1985年起全系只设计算机科学与技术一个专业，在课程设置方面，除公共课程、信息学院对学生在数学及自然科学基础、学科基础、实践环节等方面统一要求的平台课程外，计算机系设有8门专业核心课程及3个方向的专业限选课程。

（1）专业核心课组：学习专业核心课程可以使学生掌握专业所需要的相关基础理论和知识以及相应的基本能力。

核心课程8门：计算机系统结构，操作系统，编译原理，计算机网络原理，形式语言与自动机，嵌入式系统，人工智能导论，专业实践。

（2）专业限选课组：学生在专业指定的三个方向中根据本人兴趣选修若干门课程，以便获得较深入的知识或者拓展其他专业领域的相关知识。

计算机系统结构方向开设课程12门：微计算机技术，数字系统设计自动化，VLSI设计导论，网络编程与计算技术，通信电路，通信原理课组，计算机网络安全技术，存储技术基础，网格计算，高性能计算前沿技术，网络安全与隐私原理，互联网工程设计。

计算机软件与理论方向开设课程6门：初等数论，高性能计算导论，数据库系统概论，软件开发方法，软件工程，计算机软件前沿技术。

计算机应用技术方向开设课程15门：模式识别，数字图像处理，多媒体技术基础及应用，计算机图形学基础，计算机实时图形和动画技术，系统仿真与虚拟现实，现代控制技术，信息检索，电子商务平台及核心技术，数据挖掘，机器学习概论，人机交互理论与技术，人工神经网络，媒体计算，搜索引擎技术基础。

另外，开设专题训练课程5门：计算机网络专题训练，操作系统专题训练，编译原理专题训练，数据库专题训练，以服务为中心的软件开发设计与实现。

（二）研究生培养

1. 概况

计算机系按一级学科招收博士和硕士研究生，一级学科的名称是"计算机科学与技术"，下设3个二级学科和16个学科方向。

（1）计算机系统结构（二级学科），学科方向有：网络与高性能计算，网络存储与高性能计算，CPU设计，计算机网络，网络与信息系统安全，可信计算与系统性能评价。

（2）计算机软件与理论（二级学科），学科方向有：软件理论与系统，数据工程及知识工程，软件工程，计算机图形学、可视化及CAD技术，计算机及VLSI设计自动化，计算机科学理论、量子计算。

（3）计算机应用技术（二级学科），学科方向有：人工智能，智能控制及机器人，多模态人机交互与普适计算，计算机视觉与媒体信息处理，数字几何与图形图像处理和可视化技术。

2. 历年授学位人数

自 1980 年以来，计算机系共有 672 名学生获得博士学位，3 756 名学生获得硕士学位，见表 19-16-7。

表 19-16-7　计算机系历年学位授予情况

年份	授予学位人数				年份	授予学位人数			
	合计	工学硕士	工学博士	工程硕士		合计	工学硕士	工学博士	工程硕士
1981	10	10			1997	118	94	24	
1982	19	19			1998	64	59	5	
1983	9	9			1999	133	101	32	
1984	35	35			2000	134	98	27	9
1985	7	7			2001	158	104	32	22
1986	23	23			2002	241	156	41	44
1987	33	32	1		2003	281	165	42	74
1988	80	78	2		2004	302	159	43	100
1989	69	68	1		2005	361	200	44	117
1990	32	28	4		2006	462	226	57	179
1991	49	44	5		2007	413	234	61	118
1992	57	52	5		2008	309	192	65	52
1993	62	56	6		2009	351	186	65	100
1994	75	67	8		2010	358	177	80	101
1995	81	71	10		总计	4 428	2 840	672	916
1996	102	90	12						

3. 课程设置

博士生的学习年限为 4～5 年。主要课程由公共必修学分、必修环节及学科专业课三大部分组成，分别包括政治理论课、外国语、基础理论课以及学科专业课程。在课程选择上注重培养博士生在计算机科学与技术以及相关交叉学科上掌握坚实宽广的基础理论与系统深入的专门知识，熟练掌握 1～2 门外国语，并且注重开始学科前沿的课程和结合当前研究课题需要的课程。

硕士生的学习年限为 2～3 年。主要课程由公共必修学分、必修环节及学科专业课三大部分组成，分别包括政治理论课、外国语、基础理论课以及学科专业课程，注重培养学生在计算机科学与技术相关学科上掌握坚实的基础理论和系统的专门知识，具有从事科学研究和独立担负专门技术工作的能力。

计算机系的主要研究生课程包括：组合数学，数据结构，软件工程技术和设计，人工智能，微型计算机系统接口技术，计算机图形学基础，高等计算机系统结构，计算机网络体系结构，人工智能原理，计算机控制理论及应用，计算语言学，分布式数据库系统，智能控制，计算机视觉，数据安全，知识工程，VLSI 设计基础，语音信号数字处理，多媒体计算机技术，计算机辅助几何设计技术，超大规模集成电路布图理论与算法，数字系统自动设计，算法与算法复杂性理论，分布式多媒体系统与技术，计算机图形学，计算机网络和计算机系统的性能评价，并行计算，高级编译及优化技术，高等数值算法与应用，计算智能及机器人学，计算机网络中的形式化方法与协议工程学，现代优化算法——设计与实践，计算科学与工程中的并行编程技术，网格计算，计算机网络前沿研究，软件项目管理，算法分析与设计，计算理论导论，计算机系统性能测试，信息检索的前沿研究，网络系统的建模与分析，流媒体技术，网络存储技术，小波分析及其工程应用，人工智能基础理论选讲，无线网络和移动计算，计算机网络安全技术，计算机网络管理，数据挖掘：理论与算法，信息隐藏和数字水印技术，可信计算平台与可信网络连接，计算机专业英文论文写作与投稿，网络测量与分析技术，高性能计算实验，下一代互联网。

（三）学生科技活动

计算机系以培养人作为根本任务，落实"重基础，强实践"的教学思想，培养高质量人才。在历届举行的学校乃至全国的"挑战杯"大赛中，计算机系学生多次获得一等奖；在1997年的全国大学生程序设计竞赛中，计算机系囊括了前三名。1998年计算机系组队代表清华、代表中国首次参加ACM世界大学生程序设计大赛，在参赛的1 250个队中，夺得亚洲第一、世界第七的成绩。之后，连年组队参加ACM大赛，每年都有不俗的表现。

研究生结合课题研究，通过参与国际比赛将研究成果推向国际舞台，也是计算机系的一个特色。在国际文本信息检索TREC比赛、RoboCup国际足球机器人竞赛、Pennysort排序竞赛、国际网格互操作服务竞赛（Plug tests）等多项国际赛事中也取得突出成绩。

（四）教学成果

计算机系历来重视人才培养和教学工作，结合计算机学科的发展，对教学内容和教学方法进行改革，一直保持了较高的教学质量。2000年后获得的国家级及北京市教学奖励情况见表19-16-8，获全国和北京市优秀博士学位论文情况见表19-16-9。

表 19-16-8　2000 年—2010 年获得国家级和北京市教学奖励情况

获奖时间	获奖项目名称	获奖类型及等级	获奖人/课程负责人/作者（教材出版单位）
2001	《微型计算机技术与应用——16 位到 32 位》及《习题与实验题集》（第二版）	国家级教学成果二等奖北京市教学成果一等奖	戴梅萼　史嘉权
	《PASCAL 程序设计》《PASCAL 程序设计习题与选解》	北京市教学成果一等奖	郑启华
	探索新的教育模式培养具有创新能力的高素质信息科技人才	北京市教学成果一等奖	吴文虎　郑　方　徐明星　王　帆
	《计算机系统结构》	北京市教学成果二等奖	郑纬民　汤志忠
	《数字系统设计自动化》	北京市教学成果二等奖	薛宏熙　边计年　苏　明
2002	《计算机操作系统教程》（第二版）	全国普通高等学校优秀教材一等奖	张尧学　史美林（清华大学出版社）
	《多媒体计算机技术基础及应用》	全国普通高等学校优秀教材二等奖	钟玉琢　蔡莲红　李树青　史元春（高等教育出版社）

获奖时间	获奖项目名称	获奖类型及等级	获奖人/课程负责人/作者（教材出版单位）
2003	计算机语言与程序设计	北京市与国家精品课程	吴文虎
	计算机文化基础	国家精品课程	王行言
2004	计算机基础教学系列课程与实验基地建设	北京市教学成果一等奖	钟玉琢　王行言　张菊鹏　汤志忠　张增科
	"程序设计基础"课程改革	北京市教学成果一等奖	吴文虎　经彤　徐明星　赵强　孙辉
	大力加强教学资源建设，实现计算机组成原理课程教学模式的重大变革	北京市教学成果一等奖	王诚　刘卫东　宋佳兴　董长洪
	"计算机网络和计算机系统的性能评价"课程	北京市教学成果二等奖	林闯
	计算机组成原理	北京市与国家精品课程	王诚
	《微型计算机技术及应用》（第3版）	北京市精品教材	戴梅萼（清华大学出版社）
	《IBM－PC汇编语言程序设计》（第2版）	北京市精品教材	沈美明　温冬婵（清华大学出版社）
	《程序设计基础》（第2版）	北京市精品教材	吴文虎（清华大学出版社）
	《多媒体技术基础》（第2版）	北京市精品教材	林福宗（清华大学出版社）
	《计算机组成与结构》（第3版）	北京市精品教材	王爱英（清华大学出版社）
	《计算机组成与设计》	北京市精品教材	王诚（清华大学出版社）
	《人工智能》	北京市精品教材	马少平（清华大学出版社）
2005	计算机基础教学系列课程与实验基地建设	国家级教学成果二等奖	钟玉琢　王行言　汤志忠　张菊鹏　张曾科
	面向对象的程序设计	国家精品课程	王行言
2006	《计算机组成原理》	北京市精品教材	王诚（清华大学出版社）
	《计算机组成原理（习题解答、实验指导）》	北京市精品教材	谢树煜（清华大学出版社）
	《C语言程序设计》	北京市精品教材	黄维通（清华大学出版社）
	《C++语言程序设计案例教程》	北京市精品教材	郑莉（清华大学出版社）
	《Java程序设计与案例》	北京市精品教材	刘宝林（高等教育出版社）
2008	计算机系统结构	国家精品课程	郑纬民
	计算机图形学基础	北京市精品课程	胡事民
	《数据结构（用面向对象方法与C++语言描述）》（第二版）	教育部普通高等学校精品教材	殷人昆　邓俊辉　舒继武　朱仲涛　吴及（清华大学出版社）
	《Java程序设计》	北京市精品教材	郑莉（清华大学出版社）

续表

获奖时间	获奖项目名称	获奖类型及等级	获奖人/课程负责人/作者（教材出版单位）
2008	《C++程序设计教程》（第二版）	北京市精品教材	孟威（机械工业出版社）
	《嵌入式系统原理与应用开发》	北京市精品教材	陈渝（机械工业出版社）
	《数据结构与算法（Java语言描述）》	北京市精品教材	邓俊辉（机械工业出版社）
	《Java语言应用开发基础》	北京市精品教材	柳西玲（清华大学出版社）
	《数据库系统设计与原理》（第二版）	北京市精品教材	冯建华（清华大学出版社）
	《计算机组成与结构》（第四版）	北京市精品教材	王爱英 王尔乾 蔡月茹
	《计算机网络原理实验教程》	北京市精品教材	徐明伟（机械工业出版社）
2009	高层次创新型计算机专业博士生培养体系	北京市教学成果一等奖	胡事民 林闯 郑纬民 冯建华 蔡莲红
	计算机公共基础系列课程教学团队	国家级教学团队	吴文虎
2010	计算机图形学基础	国家精品课程	胡事民

表 19-16-9　计算机系获得全国和北京市优秀博士学位论文情况

年份	论文题目	作者	导师	奖项名称
1999	视觉导航中环境建模的研究	朱志刚	石纯一	全国优秀博士学位论文
2000	机械手的神经网络稳定自适应控制	孙富春	张钹	全国优秀博士学位论文
2003	曲线曲面造型中几何逼近问题的研究	雍俊海	孙家广	全国优秀博士学位论文
2006	量子信息的分辨、克隆、删除与纠缠转化	冯元	应明生	全国优秀博士学位论文
2010	特征敏感几何处理	来煜坤	胡事民	全国优秀博士学位论文
2008	高性能旋转不变多视角人脸检测	黄畅	艾海舟	北京市优秀博士学位论文
2010	结构化和半结构化数据的关键字检索研究	李国良	冯建华	北京市优秀博士学位论文

计算机系有两位教授获得北京市高等学校教学名师称号：吴文虎（2006年）、郑纬民（2009年）。

2008年，计算机系计算机实验教学中心被教育部评为国家级实验教学示范中心建设单位。

五、科学研究

计算机系从1958年以来一贯重视科研工作，所取得的科研成果大部分在我国自动控制和计算机领域中是具有开创性的。全系历年科研情况见表19-16-10。

表 19-16-10　计算机系历年科研情况

年份	项目数	成果数（项）		获奖数（项）				专利授权（项）	发表论文数（篇）
		鉴定	登记	合计	国家级	省部级	其他		
1958—1977		26							
1978—1980		7	11	19		11	8		
1981—1982		9	7	11		11			

续表

年 份	项目数	成果数（项）		获奖数（项）				专利授权（项）	发表论文数（篇）
		鉴定	登记	合计	国家级	省部级	其他		
1983		5	9	1		1			26
1984		8	11	8		5	3		106
1985		16	12	3	2		1	2	85
1986	39	18	17	20	2	5	13		90
1987	76	9	15	7		6	1		141
1988	92	7	9	8		6	2	1	109
1989	88	17	16	11		5	6	3	167
1990	67	35	13	16	5	8	3	2	167
1991	49	7	30	15		3	12		190
1992	42	13	11	11	1	5	5		284
1993	116	17	15	11	1	7	3	1	242
1994	107	18	18	10	0	8	2	2	343
1995	120	13	6	10	2	5	3	3	442
1996	94	18	21	21	2	5	14	1	424
1997	123	5	4	25	1	8	16	3	414
1998	173	10	10	12	2	9	1	3	446
1999	179	8	3	14	3	10	1	3	458
2000	202	6	1	4	0	4	0	0	488
2001	206	12	12	26	1	10	15	2	614
2002	269	3	3	8	2	5	1	2	656
2003	291	3	3	2	0	2	0	4	679
2004	348	6	6	8	1	3	4	16	639
2005	366	4	7	13	1	5	7	20	746
2006	400	3	2	4	0	1	3	26	917
2007	475	3	0	4	2	2	0	48	668
2008	474	0	0	10	3	5	2	50	593
2009	495	0	0	7	1	3	3	51	728
2010	521	1	2	6	1	3	2	48	754

1958 年，与机械系、电机系合作研制成功我国第一台自制的程序控制铣床。

1958 年至 1964 年，设计并制造完成 911 大型通用电子管计算机，这是我国高等院校中第一台自制成功的通用数字电子计算机。

1959 年，与机械系合作研制了我国第一台三自由度飞行模拟实验台，我国的几种新型号歼击机的驾驶仪都是在这个实验平台上做出的。同年，还研制成我国第一台自行设计、制造的核反应堆的控制系统。

1964 年，在自动控制元件试制方面取得了丰硕成果，制成我国最早的印刷电机和一批其他微

型及特殊电机。

1966 年，研制成功全晶体管小型通用数字计算机——112 机，这是我国高校中第一台第二代通用计算机。同年在协作厂家投产，后即送往日本展出，这也是我国第一台在国外展出的数字计算机。

1968 年，与精仪系研制成两个型号的 102 型劈锥测量机，通过了五机部鉴定，解决了全国光学仪器工业的劈锥测量问题。

1971 年，为国防需要承担了 724 集成电路计算机的研制任务。该计算机用于监控卫星的飞行轨迹。

1973 年，按照周总理有关系列机生产的指示，四机部成立以清华大学电子工程系为组长、由七个科研生产单位参加的小型机联合设计组，并于 1974 年研制成功 DJS130 计算机，在清华通过了部级鉴定。DJS130 的诞生标志着我国系列机的开端。DJS130 经过扩充和配置，获得全国科学大会科技成果优秀奖。

1975 年，研制成功 724 集成电路中型电子计算机，该机型多次成功地完成跟踪测量人造地球卫星的任务，受到国防科工委的嘉奖。1977 年，研制的 DJS-050 微型机通过鉴定，这是我国自制的第一台微机。1978 年，DJS-050 获全国科学大会优秀成果奖。

在实现该机过程中，首先研制的 15 种 40 片的一整套中、小规模集成电路，也是我国生产的第一批为微机配套的 MOS 集成电路。

1979 年，从 1974 年开始研制的 DJS140 计算机获国防科工委和四机部科技成果一等奖。接着，计算机总局又组织电子工程系与若干厂家进行 DJS142 机的联合设计。该机采用了引进的大规模集成电路，功能较强，于 1985 年 5 月通过了电子工业部的鉴定。1980 年，与四机部 1933 所等单位协作完成 Rep-1 软磁盘驱动器的研制，为我国计算机外部设备领域填补了一项空白；1983 年研制成功 ZPC-5 型双面倍密度软磁盘驱动器。这两项成果获得了 1985 年国家科技进步二等奖。

1984 年始，承担了"六五"重点科技攻关项目微型机局部网络的研制工作，实现了 OMNINET 局部网络国产化的任务。这是国内第一个可供工业化批量生产的微机局部网络，并于 1985 年获国务院三委一部的嘉奖，1986 年获电子部科技一等奖及国家级科技进步成果奖。

1986 年，计算机系开发的大规模集成电路计算机辅助设计软件系统和大规模集成电路辅助制版系统，分别获国家教委科技进步一等奖和国家科委进步三等奖。

1981 年至 1987 年期间，完成了我国第一次向海外出口的计算机软件。与日本富士通公司开展技术合作，完成 FORTRAN77 程序动态分析系统、FORTRAN77 程序静态分析系统和 C 语言编译系统等三项支撑软件和系统软件。

1989 年，以计算机系为总设计单位设计的"集成电路计算机辅助设计二级系统"，获国家科技进步二等奖和国家经委重大技术开发奖。1991 年，接着开发的"国家集成电路 CAD 三级系统——CPANDA 系统"，获得了机电部科技进步一等奖等多项奖励。

1989 年，参与研制的"微机远程通信系统"获国家科技进步三等奖。

1990 年，"语音输入电话自动查号系统"获国家发明三等奖；"三位体素造型系统"获国家科技进步三等奖；参与研制的"印刷体汉字文本识别系统"也获国家科技进步三等奖。

1992 年，国家"七五"攻关项目"具有交互和自学功能的脱机手写汉字识别系统和方法"，获国家发明四等奖。

1993 年，由清华计算机系牵头研制的"熊猫集成电路 CAD 系统"获机械电子部科技进步一等奖和国家科技进步一等奖。同年，"THDMDS 数字多媒体开发系统"通过鉴定，是我国第一个汉化全数字多媒体开发系统。

1995 年，"人工智能问题分层求解理论及其研究"和"微型计算机辅助绘图及设计系统"分别获得国家自然科学三等奖和国家科技进步三等奖。

1996 年，"电脑控制无位置传感器无刷直流电动机"获得国家发明三等奖。

1997 年，"北京商品交易所计算机交易系统"获得国家科技进步三等奖。

1998 年，研制成功我国第一台自主研制的路由器——SED-08 路由器，"计算机网络产品 SED-08 路由器"于当年获得国家科技进步二等奖；同年，"高华 CAD 二位绘图及设计系统"也被评为国家科技进步二等奖。

1999 年，研制成功的面向 ISDN 的并行多功能单板智能交换机获得国家技术发明三等奖；"地面军用智能机器人"和"IBMPC 汇编语言程序设计"均获国家科技进步三等奖。

2001 年，"高速网络路由器 SED-08B"获国家科技进步二等奖；2002 年，参与建立的"中国高速信息示范网"获得国家科技进步二等奖；2004 年，由计算机系和清华紫光比威公司共同研制的我国第一台 IPv6 核心路由器获得成功，标志着我国下一代互联网关键技术获得重大突破，并于 2005 年获国家科技进步二等奖。2004 年，"基于索普卡（SOPCA）网络结构的索普卡电脑"获国家科技进步二等奖，其核心专利技术"一种本地无操作系统的网络计算机"获 2005 年第九届中国专利奖优秀奖。

2007 年，"高性能集群计算机与海量存储系统"获国家科技进步二等奖。

2008 年，"非经典计算的形式化模型与逻辑基础"项目获国家自然科学二等奖；参与完成的"中国教育科研网格"获国家科学技术进步二等奖。

2009 年，参与完成的"超声亚微米 SOC 物理级 CAD 关键技术及其应用"获国家科学技术进步二等奖。

2010 年，参与完成的"网络教育关键技术及其示范工程"获得国家科学技术进步二等奖。

六、对外合作与交流

计算机系注重国际交流和合作，近年来，在教学科研方面的对外合作取得了累累硕果。

（一）留学生培养

为了适应国际化发展的要求，从 20 世纪 70 年代开始，计算机系开始招收留学生来校学习。

2009 年，计算机系启动"先进计算"全英文硕士项目，并于 2010 年 9 月正式开课。首批录取的学生人数在全校理工类英文项目中位列前茅。学生来自亚、非、欧、美洲的 8 个国家和地区，其中既有来自法国 SUPLEC 大学的学生，也有来自美国 UIUC 的毕业生。项目中，组织了体现学科研究热点及前沿内容的全英文课程体系，从软、硬两个方面对学生进行先进计算的培养。课程体系中还专门设置了中国传统文化方面的课程，帮助留学生更好地了解中国。

（二）合作培养

计算机系在学生培养方面，积极与境外著名大学进行合作。截至 2010 年，已累计派出 74 名

博士生赴美国、欧洲的著名大学参加科研活动。本科生方面，与中国香港科技大学等建立了互换计划。

2007年，计算机系与加拿大滑铁卢大学开始交换项目。加拿大滑铁卢大学是世界一流大学之一，尤其是计算机科学软件学科方面在世界上享有盛名，他们在国际最著名的计算机ACM竞赛中连续十年名列前茅。截至2010年，计算机系共派遣本科生12人赴加学习，滑铁卢大学已经派遣5人来清华学习。

（三）主持召开的学术会议

近年来，计算机系主持召开了多个国际学术会议，对扩大计算机系在国际上的影响和知名度起到了重要作用，见表19-16-11。

表19-16-11　计算机系召开国际学术会议情况

年份	会 议 名 称
2002	第三届网络时代信息管理国际会议
	太平洋图形学国际会议
2005	第十届数据库系统的先进应用国际化会议
	IEEE粒度计算国际会议
	面向服务的系统工程国际会议
2006	第一届京港博士论坛
	第一届亚洲语义网络会议
	系统应用中的计算工程国际会议
2007	微软亚洲研究院-清华大学互联网服务主题研讨会
	第一届清华大学计算机科学与技术系与新加坡国立大学电子与计算机工程系合作研讨会
2008	第一届ACM中国教育峰会
	未来计算技术论坛
	第三届京港博士论坛
	互联网服务与云计算研讨会
2009	嵌入、实时计算系统与应用暨普适计算系统国际会议
	第十五届移动计算与网络国际会议
	中国以色列图形学与几何计算双边会议
	中澳信息技术与教育研讨会
2010	第18届计算机网络国际服务质量学术会议
	可编程逻辑阵列技术国际学术会议

（四）讲席教授组

从2003年开始，计算机系已经先后成立了4个讲席教授组，见表19-16-12。讲席教授通过授课、报告、研讨会、合作研究等方式全方位地提高了计算机系教学和科研工作水平。

表 19-16-12　计算机系讲席教授组情况

理论计算机科学讲席教授组（2003—2006）

首席教授	姚期智，美国普林斯顿大学教授，图灵奖获得者，美国科学院院士	
成员	葛可一，美国纽约州立大学石溪分校 邵　中，美国耶鲁大学 堵丁柱，美国明尼苏达大学 蔡进一，美国威斯康星大学 姜　涛，美国加州大学河滨分校	邓小铁，中国香港城市大学 滕尚华，美国波士顿大学 尹依群，美国普林斯顿大学 李　明，加拿大滑铁卢大学 刘燕虹，美国纽约州立大学石溪分校

智能信息讲席教授组（2003—2006）

首席教授	黄煦涛，美国伊利诺伊大学教授，美国 IEEE、美国光学学会、国际光学学会（SPIE）和国际模式识别学会的 Fellow，美国工程院院士	
成员	孙明廷，美国华盛顿大学 Alfred M. Bruckstein，以色列 Technion 大学 Helmut Pottmann，奥地利维也纳科技大学 张大鹏，中国香港理工大学 黄正能，美国华盛顿大学 蒙美玲，中国香港中文大学	J. K. Aggarwal，美国德州大学奥斯汀分校 Michael Lew，荷兰莱顿大学 Mark Johnson，美国伊利诺伊大学 张建伟，德国汉堡大学 刘志强，中国香港城市大学 翟树民，IBM TJ Watson 研究院

系统与网络讲席教授组（2008—2011）

首席教授	Frans Kaashoek，美国麻省理工学院教授，美国工程院院士	
成员	李　凯，美国普林斯顿大学 张立霞，美国加州大学洛杉矶分校 周源源，美国加州大学圣迭戈分校 吴　杰，美国佛罗里达大西洋大学 沈学明，加拿大滑铁卢大学 杨　杨，美国耶鲁大学 刘云浩，中国香港科技大学	游本中，美国明尼苏达大学 高光荣，美国特拉华大学 张晓东，美国俄亥俄州立大学 杨　庆，美国罗德岛大学 李金扬，美国纽约大学 黄　凯，美国南加州大学

认知科学讲席教授组（2010—2013）

首席教授	Michael Merzenich，神经科学家，加州大学旧金山分校教授（荣誉退休），美国科学院院士	
成员	庄炳煌，佐治亚理工学院 John Rinzel，纽约大学 Peter Dayan，伦敦大学学院 党建武，日本北陆先端科学技术大学院大学	王小勤，约翰霍普金斯大学 汪小京，耶鲁大学 李兆平，伦敦大学学院 Steven S. Hsiao，约翰霍普金斯大学

七、联合实验室及研究中心

计算机系与众多国际知名企业成立研究中心或联合实验室。1992 年至 2001 年期间共成立 10 个校级以上联合实验室和研究中心：清华-英特尔公司多媒体技术实验室，清华-微软多媒体技术实验室，清华-摩托罗拉联合实验室，清华-SUN 计算机网络技术研究实验室，清华-AST 株式会社知识工程联合实验室；清华-英特尔新技术研究中心，清华-康柏培训中心，清华-天腾培训中心，清华-天时软件研究中心，数据安全研究中心。

2010 年，计算机系拥有校级以上联合实验室及研究中心共 9 个，包括：普适计算（教育部）重点实验室（2003 年成立），媒体与网络技术教育部-微软重点实验室（2004 年成立），可视媒体智能处理与内容安全北京市高等学校工程研究中心（2007 年成立），清华大学-搜狐搜索技术联合实验室（2007 年成立），清华大学- HP 多媒体联合实验室（2007 年成立），清华大学-滑铁卢大学互联网信息获取联合研究中心（2009 年成立），密码理论与技术研究中心（2009 年成立），清华大学-新加坡国立大学下一代搜索技术研究中心（2010 年成立）。2010 年，计算机系还成立了两个系级研究中心：清华大学（计算机系）互联网服务及系统研究中心，以及清华大学（计算机系）物联网研究中心。

第十七节　自动化系

一、沿革

清华大学早在 20 世纪 50 年代就设置了与自动化学科有关的一批专业，包括：工业企业电气化与自动化专业（1955 年设在电机工程系）、自动学与远动学专业（1955 年设在电机工程系，1958 年 6 月并入新成立的自动控制系，改名为自动控制专业）和热工量测及自动控制专业（1960 年设在动力机械系，其前身为 1956 年设置的热能动力装置专业中的热力设备自动化专门化）等。1970 年，清华大学将电机系的工业企业电气化与自动化教研组、工业电子学教研组、可控硅元件及装置车间和动力机械系的热工量测及自动控制教研组合并成立工业自动化系（后改名为自动化系），并设立工业自动化教研组（郑维敏、任守榘、戴忠达、吴秋峰和徐文立先后任主任）、工业电子学教研组（童诗白、阎石、胡东成和华成英先后任主任）和热工量测及自动控制教研组（方崇智、徐用懋先后任主任）3 个教研组和可控硅元件及装置车间（夏绍玮、常沛田负责）。

1978 年，将可控硅元件及装置车间收缩、调整，并在系金工间基础上组建自动化仪器厂。

1978 年，在中国科学院学部委员常迵教授的主持下，建立了信息处理与模式识别教研组（后改名为模式识别与智能系统教研组）以及相应的博士点（常迵、阎平凡、李衍达、张贤达和张学工先后任主任）。

1978 年，自动化系在全国较早建立了系统模拟实验室（后改名为系统仿真实验室，熊光楞、肖田元先后任主任）。1997 年正式并入新成立的 CIMS 工程技术研究中心。

1979 年 9 月，学校统筹进行专业布局调整，将原来在计算机系（前自动控制系）从事自动控制理论研究与教学的部分教师调入自动化系，成立了控制理论教研组（吴麒、解学书、慕春棣先后任主任）。

1979 年，在郑维敏教授的主持下建立了系统工程研究室（郑维敏、夏绍玮、杨家本先后任主任）。

1981 年，原热工量测及自动控制教研组分为两个教研组：过程控制教研组和自动检测及仪表教研组。方崇智、徐用懋和王桂增先后任过程控制教研组主任，师克宽、王家祯和王俊杰先后任自动检测及仪表教研组主任。

1981 年，成立自动化科学与技术研究所，常迥担任所长。

1987 年，开始实施我国高技术计划（"863"计划）自动化领域的重点项目——"CIMS 实验工程"。该项目由清华大学牵头，以自动化系相关教师为主，精密仪器与机械学系、机械工程系、计算机系等单位部分教师参加，并联合了校外 11 家单位参加，吴澄任实验工程项目负责人。

1987 年 7 月，自动化系筹建"智能技术与系统国家重点实验室（分室）"，1990 年正式运行，主要从事地震信号处理和指纹识别的研究，荣钢任分实验室主任。

1992 年，"CIMS 实验工程"通过国家验收，开始筹建国家计算机集成制造系统（CIMS）工程技术研究中心，于 1994 年正式由国家科委挂牌成立，吴澄任主任，主题办公室挂靠在清华。

1996 年，成立"自动化系教学实验中心"（阳宪惠任主任），2006 年在原自动化系教学实验中心的基础上成立"自动化系实验教学研究中心"（杨耕任主任）。

1999 年 10 月进行机构改革，撤销原有的工业自动化教研组、过程控制教研组、控制理论教研组、电子学教研组、信息处理与模式识别教研组、自动检测及仪表教研组、系统工程研究室和系统仿真实验室建制，成立了 6 个研究所：系统集成研究所（肖田元、范玉顺先后任所长）、信息处理研究所（张学工、周杰先后任所长）、过程控制工程研究所（阳宪惠、周东华、叶昊先后任所长）、控制理论与技术研究所（徐文立、钟宜生先后任所长）、检测与电子技术研究所（杨士元、罗予频、王红先后任所长）和系统工程研究所（王书宁任所长），保留 CIMS 工程研究中心和自动化系教学实验中心。

为迎接清华大学 90 周年校庆，学校对中央主楼进行加固和改造，1999 年底自动化系临时迁至旧电机馆等地办公，2001 年 8 月迁回主楼。

2001 年 10 月 15 日，以何毓琦教授为首的讲席教授组正式成立，并在此基础上建立了"智能与网络化系统研究中心"，管晓宏任主任。

2002 年 6 月，清华大学教育部生物信息重点实验室自动化系分室成立，2004 年该分室成为新筹建的清华信息科学与技术国家实验室生物信息学研究部，张学工任研究部主任。

2003 年，成立生态环境和能源控制研究室，朱善君任主任。

2004 年，清华大学筹建信息科学与技术国家实验室，自动化系整合相关力量组建了"自动化科学与技术"研究部和"生物信息学研究部"。

2007 年，成立"导航与控制研究中心"，梁斌任主任。

自动化系历任系主任及系党委（总支）书记名录见表 19-17-1。

表 19-17-1　自动化系历任系主任和系党委（总支）书记名录

系主任	任职时间	系党委（总支）书记	任职时间
张思敬	1971—1976	张思敬	1971—1975
		邝守仁	1975—1976
陶森	1977—1982	庞文弟	1977—1978
		张慕薄	1979—1980
		余兴坤	1980—1984
王森	1983—1992	贺美英	1984—1986
		刘松盛	1987—1992

续表

系主任	任职时间	系党委（总支）书记	任职时间
李衍达	1993—1994	孙崇正	1993—1997
胡东成	1994—1997		
王桂增	1997—2003	刘文煌	1997—2003
管晓宏	2003—2008	张　毅	2003—2006
周东华	2008—	张　佐	2007—

自动化系历任学术委员会主任为：常迵（不详—1990）、李衍达（1991—1993）、金以慧（1994—2002）、钟宜生（2003—2006）、肖田元（2006—　）。

自动化系历任教学委员会主任为：李衍达（1991—1993）、郑大钟（1994—2002）、萧德云（2002—2004）。2004年，根据学校安排，系教学委员会并入系学术委员会。

二、教学科研组织

自动化系现有6个研究所：系统集成研究所、信息处理研究所、过程控制工程研究所、控制理论与技术研究所、检测与电子技术研究所、系统工程研究所；5个研究中心：CIMS工程技术研究中心（与系统集成研究所属同一个实体）、导航与控制研究中心、智能与网络化系统研究中心、生态能源研究中心和自动化系实验教学研究中心（原名教学实验中心）；2个重点实验室分室：智能技术与系统国家重点实验室分室、教育部生物信息学重点实验室自动化系分室（这两个实验室分室与信息处理研究所属同一个实体）。

三、教职工

自动化系教职工情况见表19-17-2。

表19-17-2　自动化系教职工情况

年份	教学、科研系列				实验、职工系列	合计
	正高级	副高级	中、初级	总数		
1971	2	5	156	163	101	264
1981	5	19	156	180	86	266
1991	24	56	79	159	83	242
2001	43	61	33	137	37	174
2010	43	35	11	89	30	119

自动化系有中国科学院院士2名（常迵、李衍达）和中国工程院院士1名（吴澄）；讲席教授2名（何毓琦和Michael S. Waterman）；教育部"长江学者奖励计划"特聘教授4名：张贤达（1999受聘西安电子科技大学特聘教授）、管晓宏（2000受聘西安交通大学特聘教授）、周东华（2008）和戴琼海（2009）；教育部"长江学者奖励计划"讲座教授3名（张奇伟、秦泗钊、王瑶）；国家自然科学基金创新团队1个；国家杰出青年科学基金获得者6名：管晓宏（1997）、周

东华（2000）、戴琼海（2005）、张学工（2006）、周彤（2006）和刘民（2010）；教育部"新世纪优秀人才支持计划"获得者7名（张学工、赵千川、周杰、张长水、刘民、陆文凯、李梢）；中国青年科技奖获得者2名（李春文、周东华）；清华大学"百人计划"获得者2人（袁睿翕、梁斌）；国家级教学名师1人（华成英）。

自动化系自1985年建立博士后科研工作流动站至2010年，先后接受从国内外大学获得博士学位的博士256人进站工作，其中7人获校优秀博士后。

曾在自动化系任职的教授（研究员）名录见表19-17-3。

表 19-17-3　自动化系教授名录

姓名（任职时间）	姓名（任职时间）	姓名（任职时间）
＊常　逈（1947—1991 病逝）	＊李衍达（1985—　　）	＊吴　澄（1988—　　）
童诗白（1961—1990 退休）	方崇智（1961—1990 退休）	郑维敏（1978—1987 调经管学院）
师克宽（1983—1992 退休）	吴　麒（1985—1995 退休）	顾廉楚（1985—1986 调图书馆）
边肇祺（1986—2001 退休）	韩曾晋（1986—1997 退休）	夏绍玮（1987—1999 退休）
吕　林（1987—1994 退休）	王家桢（1987—1993 退休）	郑学坚（1987—1987 退休）
王　森（1988—1995 退休）	许道荣（1988—1995 退休）	阎平凡（1988—1999 退休）
阎　石（1988—2003 退休）	茅于杭（1988—1993 退休）	冯元琨（1989—1998 退休）
徐用懋（1989—2001 退休）	任守榘（1989—2002 退休）	陈禹六（1989—2003 退休）
吴秋峰（1990—2002 退休）	胡东成（1990—1997 调学校）	熊光楞（1990—2002 退休）
郑大钟（1990—2002 退休）	戴忠达（1990—1991 退休）	金以慧（1991—2002 退休）
解学书（1991—1999 退休）	高　龙（1991—1992 退休）	金国芬（1991—1993 退休）
杨家本（1992—2001 退休）	褚家晋（1992—1993 退休）	夏　凯（1992—1999 退休）
刘松盛（1992—1994 退休）	徐文立（1992—　　）	李清泉（1992—1998 退休）
张贤达（1992—　　）	王桂增（1993—2007 退休）	王文渊（1993—2007 退休）
朱善君（1993—2010 退休）	肖田元（1993—　　）	周俊人（1993—1994 退休）
李鹤轩（1993—1993 退休）	何世忠（1993—1994 调国务院台湾事务办公室）	杨素行（1993—1999 退休）
王诗宓（1994—2007 退休）	李芳芸（1994—1999 退休）	孙建华（1994—1994 退休）
李春文（1994—　　）	萧德云（1994—　　）	赵南元（1994—1999 退休）
张宝芬（1995—2001 退休）	杨士元（1995—　　）	孙崇正（1995—1997 调北京工业大学）
徐博文（1995—1996 退休）	翁　樟（1995—1995 退休）	陈崇端（1995—1996 退休）
郭仲伟（1995—1996 退休）	郭尚来（1995—1997 退休）	吴年宇（1995—1996 退休）
钟宜生（1996—　　）	高黛陵（1996—1997 退休）	沈祓娜（1996—1996 退休）
季　梁（1996—2006 退休）	荣　钢（1996—2008 退休）	邵贝恩（1996 调入—2010 退休）
王书宁（1996 调入—　　）	张曾科（1997—　　）	阳宪惠（1997—　　）
周东华（1997—　　）	余孟尝（1997—1997 退休）	刘祖照（1998—2005 退休）
刘文煌（1998—2004 调深圳研究生院）	王　雄（1998—2010 退休）	李九龄（1998—2000 退休）
范玉顺（1998—　　）	慕春棣（1999—　　）	张乃尧（1999—　　）
张长水（2000—　　）	王俊杰（2000—2009 退休）	周　彤（2000—　　）

续表

姓名（任职时间）	姓名（任职时间）	姓名（任职时间）
杜继宏（2000—2002 退休）	杨 耕（2000 调入— ）	黄德先（2000 调入— ）
张大力（2001—2009 退休）	唐竞新（2001—2006 退休）	柴跃廷（2001— ）
华成英（2002—2006 退休）	张 毅（2002—2008 调学校）	张学工（2002— ）
赵千川（2003— ）	周 杰（2003— ）	唐光荣（2003—2006 退休）
管晓宏（2003 调入— ）	孙梅生（2003—2005 退休）	崔德光（2003—2007 退休）
罗予频（2004— ）	张 佐（2004— ）	孙政顺（2004—2005 退休）
张 莹（2004—2006 退休）	范全义（2004—2005 退休）	袁睿翕（2004 调入— ）
宋靖雁（2005— ）	戴琼海（2005— ）	曹玉金（2005—2006 退休）
王锦标（2005—2005 退休）	王宏宝（2005—2008 退休）	陈慧蓉（2005—2006 退休）
宋士吉（2006— ）	高晋占（2006—2006 退休）	陆文凯（2006— ）
钱利民（2006—2009 退休）	张福义（2006—2010 退休）	王 普（2006—2006 退休）
叶 昊（2007— ）	刘 民（2007— ）	梁 斌（2007 调入— ）
程 农（2007 调入— ）	王 凌（2008— ）	李 梢（2009— ）
邹红星（2009— ）	彭黎辉（2010— ）	王子栋（2010 调入— ）

说明：注＊者为中国科学院院士或中国工程院院士。

自动化系先后聘请的客座教授有：何毓琦（美）、谈自忠（美）、Elmar Schrufer（德）、高木冬二（日）、刘瑞文（美）、徐扬生（香港）、Shankar Sastry（美）；客座副教授：彭毅（日）、J. Bode（德）。

先后聘任的兼职教授有：宋健、程民德、朱良漪、邓寿鹏、冯冠平、周纯富、康飚、蒋新松、孙优贤、郭雷、吴宏鑫、马颂德、孙柏林、杜百川、杨保华、柴天佑等。

顾问教授：李森能。

何毓琦讲席教授组（2001— ）：何毓琦（哈佛大学）、曹希仁（香港科技大学）、陆宝森（康涅狄格大学）、龚维博（马萨诸塞大学）、严厚民（香港中文大学）、管晓宏（西安交通大学）、侍乐媛（威斯康星大学麦迪逊分校）。

Michael S. Waterman 讲席教授组（2008— ）：Michael S. Waterman（南加州大学）、张奇伟（美国冷泉实验室）、刘军（哈佛大学）、王永雄（斯坦福大学）、孙丰珠（南加州大学）、姜涛（加州大学 Riverside 分校）。

长江讲座教授：张奇伟（美国冷泉实验室）、秦泗钊（美国南加州大学）、王瑶（美国纽约大学）。

国家"千人计划"引进人才：张奇伟（2009— ）、王子栋（2010— ）。

四、教学

（一）本科生教学

自动化系自 1970 年建系以来，专业设置几经变化。1970 年至 1976 年，设有工业自动化专业和热工过程自动化专业，学制 3 年。1977 年至 1984 年改为工业自动化专业和工业仪表及自动化专业，1985 年改为自动控制、生产过程自动化和工业自动化仪表 3 个专业，1988 年改为自动控制和过程自动化与自动检测 2 个专业。为了拓宽专业面，1993 年全系改为设置 1 个专业——自动化专业。1977 年至 1994 年，本科学制五年；1994 年开始，学制改为四年。

1970 年至 1976 年自动化系共培养学生 1 264 人。

1977 年至 2010 年自动化系共培养本科和大专学生 5 345 人（含转入 230 人，专科生 268 人，国防生 219 人，留学生 69 人）。表 19-17-4 所列为 1977 年至 2010 年自动化系历年本科生人数。

表 19-17-4　1977 年—2010 年自动化系历年本、专科生人数

年份	招生人数	转入人数	年份	招生人数	转入人数	年份	招生人数	转入人数
1976	—	—	1988	153	—	2000	162	28
1977	137		1989	146	—	2001	193	32
1978	—		1990	156（Z29）	—	2002	162	16
1979	158	—	1991	154（Z29）	—	2003	159（G29）	15
1980	155	—	1992	161（Z29）	—	2004	160（G30）	22
1981	154	—	1993	162（Z59）	—	2005	152（G26）	19
1982	152	—	1994	159（Z62）	—	2006	148（G28）	17
1983	157	—	1995	151（Z30）	—	2007	151（G30）	24
1984	160	—	1996	151（Z30）	—	2008	154（G30）	24
1985	157	—	1997	150		2009	139（G25）	8
1986	152	—	1998	161	—	2010	138（G21）	17
1987	153		1999	158	8			

说明：①"Z"指大专生，已含在当年的招生总数中。
　　　②"G"指国防生，已含在当年的招生总数中。
　　　③转入人数系指次年（二年级）从外系和基科班转入人数，未计入当年的招生人数中。如 2009 年，招生 139 人（含国防生 25 人），2010 年转入 8 人，随 2009 级就读。2009 级实际学生数为 147 人。

为适应经济和科技发展的需要、学科交叉和自主择业的需要，自动化系新的培养方案突出了基础理论、人文社科知识和实践活动。专业基础强调控制论、系统论和信息论、电子技术、计算机技术和网络技术。除各种理论课程之外，自动化系还开展丰富多彩的学生科技活动、大学生创意竞赛活动（如：北京市非物理专业大学生物理竞赛、全国数学竞赛、电子设计大赛、国内外各种机器人大赛、全国大学生智能汽车比赛和清华大学"挑战杯"课外科技作品竞赛等）和实践教学活动（包括金工实习、电子工艺实习、C++程序设计与训练、生产实习、综合论文训练等）。

自动化专业 2010 年课程设置与学分分布见表 19-17-5。

表 19-17-5　自动化专业 2010 年课程设置与学分分布（总学分 171）

所属类别	课　程　名　称	学分	课　程　名　称	学分
公共课 （40 学分）	思想政治理论课	14	文化素质课	13
	体育	4	军事理论与技能训练	3
	外语	6		

续表

所属类别	课程名称	学分	课程名称	学分
自然科学基础课（学分41）	数学（29学分）			
	一元微积分	4	多元微积分	4
	高等微积分 B	2	几何与代数（1）	4
	几何与代数（2）	2	数理方程引论	2
	概率论与数理统计随机数学方法	3	复变函数引论	2
	数值分析与算法	3	应用随机过程	3
	物理（10学分）			
	大学物理 B（1）	4	大学物理 B（2）	4
	物理实验（1）	1	物理实验（2）	1
	交叉科学基础（2学分）			
	现代生物学导论/大学化学 B 等	2		
学科基础课（35学分）	工程图学基础	2	电路原理	4
	电路原理实验	1	模拟电子技术基础	4
	数字电子技术基础	3	电子技术实验	2
	信息科学技术概论	1	计算机语言及程序设计	3
	信号与系统分析	4	自动控制理论（1）	4
	计算机原理及应用	4	数据结构	3
实践环节（8学分）	C++程序设计与训练	2	电子技术课程设计	3
	计算机原理实验	1	金工实习	2
专业课（32学分，不含专业实践）	必修（19学分）			
	自动控制理论（2）	3	运筹学	3
	电力电子技术基础	2	计算机网络与应用	3
	人工智能导论	2	检测原理	2
	过程控制、电力拖动与运动控制（二选一）	4	专业实践	5
	限选（9学分）			
	系统辨识基础	3	模式识别基础	2
	计算机仿真	3	计算机控制系统	3
	数字图像处理	3	系统工程导论	2
	系统工程导论	2	专题实验	1
	任选*（4学分）			
综合论文训练（15学分）				

注：*包括机器人智能控制、过程控制（2）、非线性控制理论、智能控制、随机控制、离散时间信号处理、计算机图像处理与多媒体、智能优化算法及其应用、系统的可靠性及容错生产系统计划与控制、电子测量、现代检测技术基础、智能仪表设计、现代电子技术、电力电子电路、UNIX 系统基础、微机控制、多媒体技术与应用、电子商务概论、虚拟现实技术及其应用、现场总线技术及其应用、数字视频基础与应用、嵌入式系统设计与应用、数据库系统原理、网络安全研讨等。

（二）研究生培养

自动化系原设有 1 个一级学科"控制科学与工程"和 4 个二级学科：控制理论与控制工程、模式识别与智能系统、检测技术与自动化装置、系统工程。4 个二级学科均设有 1981 年国家批准的首批博士点，其中，控制理论与控制工程、模式识别与智能系统两个二级学科是国家重点学科。1998 年，"控制科学与工程"学科获国内首批一级学科博士学位授予权。2001 年和 2007 年全国重点学科评估中，"控制理论与控制工程""模式识别与智能系统"排名全国第一。在 2006 年国务院组织的全国一级学科的评估中"控制科学与工程"名列全国第一，2007 年被教育部首批定为国家一级学科重点学科。2003 年，自动化系开始招收"导航、制导与控制"学科的研究生，并经国务院学位办备案，自主设置具有明显交叉学科特点的"企业信息化系统与工程"和"生物信息学"两个二级学科。

自动化系分别于 1978 年和 1998 年开始招收工学硕士和工程硕士研究生，1981 年开始招收博士研究生。从 2003 年起自动化系在"控制科学与工程"一级学科范围内招收控制理论与控制工程、模式识别与智能系统、检测技术与自动化装置、系统工程、导航制导与控制、企业信息化系统与工程和生物信息学 7 个二级学科（专业）的硕士和博士研究生。

攻读硕士学位的研究生以 2 年为基本学习年限，视情况可适当延长半年至一年。

攻读硕士学位研究生期间，需获得的学位学分不少于 26 分（其中考试学分不少于 19），包括：公共必修学分 5，学科专业学分不少于 19，文献综述与选题报告和学术活动 2 学分。

1982 年至 2010 年共授予工学硕士学位 1 956 人，工程硕士学位 323 人，授予博士学位 499 人，见表 19-17-6。

表 19-17-6　1982 年—2010 年自动化系授予工学（工程）硕士学位、博士学位情况

年份	工学硕士学位人数	工程硕士学位人数	工学博士学位人数	年份	工学硕士学位人数	工程硕士学位人数	工学博士学位人数
1982	4			1997	67		9
1983	4			1998	66		22
1984	8			1999	82		17
1985	28		3	2000	81		23
1986	11		4	2001	92	8	24
1987	35		6	2002	134	23	22
1988	57		5	2003	106	27	18
1989	91		8	2004	104	36	23
1990	19		3	2005	120	36	26
1991	47		4	2006	161	38	37
1992	28		5	2007	116	58	41
1993	48		8	2008	111	25	50
1994	50		15	2009	93	37	64
1995	52		9	2010	83	35	37
1996	58		16				

说明：表中授予的工学硕士学位数不含直博生确认硕士学位数。

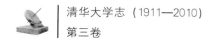

表 19-17-7 为硕士研究生课程设置和学分分布情况。

全系共为研究生开课 70 多门，为全校各系研究生开设一批公共课程，如：自动控制理论、现代控制理论、运筹学、计算机软件技术基础、微处理器应用系统设计、多媒体技术与应用、计算机网络与多媒体应用技术。

表 19-17-7 2010 年自动化系硕士研究生课程设置与学分分布（总学分不少于 26 分）

所 属 类 别	课 程 名 称	学分	课 程 名 称	学分
公共课 （5 学分）	自然辩证法	2	社会主义与当代世界	1
	外语	2		
基础课 （≥3 学分）	随机过程	4	组合数学	3
	系统与控制理论中的线性代数	3	矩阵分析与应用	3
	高等数值分析	4	基础泛函分析	4
	应用近世代数	3	分形几何	4
专业课 （≥14 学分）	专业基础课（≥8 学分）			
	线性系统理论	3	非线性系统理论	3
	系统辨识理论与实践	3	现代信号处理	3
	模式识别	3	信息论基础	2
	系统与控制中的随机方法	2	系统分析理论与方法	2
	系统学	3	离散优化	3
	凸优化	3	最优化理论与应用	3
	多传感器融合理论与应用	2	应用软件系统分析与设计	3
	实验设计与数据处理	3	统计学方法及其应用	3
	自动测试理论	3	智能技术基础	2
	系统建模理论与方法	2		
	专业课（≥6 学分）			
跨一级学科课程 （≥2 学分）	分布式数据库系统（3）、数据结构（3）、计算机网络体系结构（3）、计算机图形学（3）			

（三）教学成果

至 2008 年，自动化系有同时为北京市和国家级精品课 3 门（电子技术基础、模式识别基础和自动控制理论），北京市精品课 1 门（电力拖动与运动控制），清华大学精品课 3 门（人工智能导论、线性系统理论和现代信号处理）。

1989 年，在第一届全国普通高校优秀教学成果评奖中，自动化系童诗白等领导的"电子技术基础课程建设与改革"和常迥、李衍达等领导的模式识别与智能系统博士点建设"高水平严要求努力建设世界一流的人才培养基地"双双获得国家教学成果特等奖。1993 年至 2010 年，自动化系荣获北京市教学成果奖 12 项，国家优秀教学成果奖 9 项，见表 19-17-8。2000 年郑大钟获亚洲控制会议颁发的控制教育奖。2007 年 8 月 27 日，华成英获"第三届全国高等学校教学名师奖"。

1993 年以来，正式出版的教材或专著 160 多种，由自动化系主编的《信息、控制与系统》系列教材共 18 种：《数字信号处理》《模式识别》《过程辨识》《大系统理论及其应用》《自动控制原理》《过程控制》《过程计算机控制》《连续系统及离散事件系统仿真》《线性系统理论》《数字系统的故障诊断及可靠性设计》《系统工程概论》《信号重构理论及其应用》《自动控制理论基础》《多变量频域控制理论》《信息理论基础》《高等过程控制》《随机控制》和《自适应控制》。这套系列教材受到国内外同行的普遍重视与好评，为国内众多院校所采用。1993 年至 2010 年，自动化系获国家级优秀教材奖 4 项，省（市）部级优秀教材奖 10 项，见表 19-17-9；列入国家精品课 3门，北京市精品课 1 门；北京市高等教育精品教材 7 本，普通高等教育精品教材 3 本；北京市高等教育精品教材建设立项 4 本，普通高等教育"十五"国家级教材规划立项 2 本。

自动化系是中国自动化学会教学工作委员会的发起和牵头单位，又是教育部高等学校自动化专业教学指导分委员会的牵头单位，长期以来主持全国自动化专业教育教学学术年会，以及自动化专业教学指导分委员会的工作，对促进全国自动化专业的教育教学改革发挥了很好的作用。

表 19-17-8　自动化系获得国家级和省部级教学成果奖情况

年份	项目名称	负责人	奖励名称	等级	备注
1989	电子技术基础课程的建设与改革	童诗白　阎　石　胡东成	国家教学优秀成果奖	特等奖	
1989	高水平严要求努力建设世界一流的人才培养基地	常　迥　李衍达　边肇祺	国家教学优秀成果奖	特等奖	
1993	自动化系本科教学与管理	吕　林　郑大钟　李九龄	全国普通高校优秀教学成果北京市奖	一等奖	
1993	非计算机专业研究生微机教学	杨素行　吴秋峰　赵长德　黄益庄　刘慧银	北京市教学成果奖	二等奖	
1997	《线性系统理论》（教材）	郑大钟	国家级教学成果奖	二等奖	
1997	《信息理论基础》（教材）	常　迥	国家级教学成果奖	一等奖	
2000	《数字电子技术基础》（4 版）	阎　石	北京市高等教育教学成果奖	一等奖	
2000	神经网络与模糊控制（教材）	张乃尧　阎平凡	北京市高等教育教学成果奖	一等奖	
2004	《现代信号处理》（第二版）（教材）	张贤达	北京市教学成果奖	二等奖	
2004	计算机基础教学系列课程与实验基地建设	张曾科	北京市教学成果奖	一等奖	参加
2004	电子技术基础课程的建设与实践	华成英　王宏宝　唐竞新　徐振英	北京市教学成果奖	一等奖	
2004	《模拟电子技术基础》（第三版）（教材）	童诗白　华成英	北京市教学成果奖	一等奖	
2005	电子技术基础课程的建设与实践	华成英　王宏宝　唐竞新　徐振英　童诗白	第五届高等教育国家级教学成果奖	二等奖	
2005	计算机基础教学系列课程与实验基地建设	张曾科	第五届高等教育国家级教学成果奖	二等奖	参加
2008	生物信息学交叉学科的课程体系探索与实践	张学工　李　梢　李衍达　江　瑞　汪小我	北京市教学成果奖	一等奖	
2008	我国高等教育自动化专业人才培养面临的新问题与对策研究及实践	吴　澄　萧德云　王　雄等	北京市教学成果奖	一等奖	

续表

年份	项目名称	负责人	奖励名称	等级	备注
2009	多媒体技术及应用	胡坚明	北京高校第六届青年教师教学基本功比赛	一等奖	
2009	生物信息学交叉学科的课程体系探索与实践	张学工　李　梢　李衍达　江　瑞　汪小我	国家级教学成果奖	二等奖	
2009	我国高等教育自动化专业人才培养面临的新问题与对策研究及实践	吴　澄　萧德云　王　雄等	国家级教学成果奖	一等奖	
2009	我国控制工程领域工程硕士培养机制的研究与创新	王　雄（第二完成人）	国家级教学成果奖	二等奖	参加
2009	控制工程教学团队	华成英　王诗宓　张学工　钟宜生　杨　耕　张长水　王　红　王书宁等	北京市优秀教学团队		

表 19-17-9　自动化系教材成果奖

年份	教材名称	作者	奖励名称	等级
1993	模拟电子技术基础（第二版）	童诗白	国家级优秀教材奖	
1993	数字电子技术基础（第二版）	阎石		
1993	过程辨识	方崇智　萧德云	机械电子工业部优秀教材奖	三等奖
1993	微型计算机原理与应用	郑学坚　朱善君　严继昌		三等奖
1996	过程控制	金以慧	第三届全国工科电子类专业优秀教材奖	二等奖
1996	连续系统仿真与离散系统事件仿真	肖田元　熊光楞　张燕云		二等奖
1996	模拟系统的故障诊断与可靠性设计	杨士元		二等奖
1996	信号重构理论及应用	李衍达　常　迥		一等奖
1996	信息论基础	常　迥		一等奖
1996	自动控制原理	吴　麒		一等奖
1996	线性系统理论	郑大钟		一等奖
2002	计算机软件技术基础（第三版）	沈被娜　刘祖照　姚晓冬	全国普通高等学校优秀教材奖	二等奖
2002	人工神经网络与模拟进化计算	阎平凡　张长水		一等奖
2007	自动检测技术及仪表控制系统（第二版）	张　毅　张宝芬　曹　丽　彭黎辉	第八届中国石油和化学工业优秀教材奖	一等奖

五、科学研究

（一）1970 年—1993 年

1993 年前，自动化系有 11 个研究方向，即：控制理论、计算机控制、决策与管理系统、过程控制、系统仿真、信息处理与模式识别、系统工程、电子技术及计算机辅助设计、检测技术与自动化仪表、人工智能与机器人学、运动控制与电力电子技术。这些研究方向在总体布局上，形成了高技术研究、面向国民经济建设主战场的研究与开发、理论研究和软科学研究三个方面互相结合、共同发展的局面。

1978 年至 1993 年，自动化系先后承担了许多重大的科学研究任务，其中包括 1987 年开始的以自动化系为核心并主持进行的国家高技术"863"计划自动化领域重点项目"计算机集成制造系统（CIMS）"的许多高水平的课题，国家"六五""七五""八五"科技攻关项目，国家自然科学基金和其他各类基金项目，部委重点攻关项目及大量横向合作项目等，共 400 多项。以 1992 年为例，当年进行的科研项目有："八五"攻关课题 10 项，高技术（"863"）课题 18 项，国家自然科学基金 13 项，其他各类基金 11 项，部委项目 8 项，横向协作项目 40 项，这些项目全部计划经费约 1 800 万元，在国际国内重要学术刊物上发表论文达 1 200 多篇。

1978 年至 1992 年，先后获得各种奖励的科研项目共 85 项。其中获国家级奖励的 6 项，部委省市级奖 22 项，可产生百万元以上直接经济效益的项目 7 项，获国家专利 13 项。

在国家高技术自动化领域重点项目计算机集成制造系统（CIMS）实验工程任务中，自动化系承担了方案论证、总体设计及实施、系统设计方法及辅助软件、仿真、递阶调度及控制等许多方面的研究开发课题，经过国家鉴定，全部成果处于国内领先水平，其中 14 项达到国际 20 世纪 80 年代中期或末期的水平。由中国科技情报研究所进行的比较研究表明（与美国 NIST，欧共体 CIMS 试验中心，美、法、德、英等国的大学及研究所 CIMS 中心相比较），我国 CIMS 实验工程总体系统的水平达到 80 年代末 90 年代初的国际水平。实验工程建成以后，被命名为"国家 CIMS 工程技术研究中心"，在自动化科学技术领域和生产领域中发挥研究中心、培训中心、咨询中心和技术转让中心的重要作用。CIMS 实验工程的成功建设受到国家科委的表彰。自动化系吴澄教授和熊光楞、任守榘、陈禹六教授等一批专家做出了重要的贡献。

由科学院院士常迥教授、李衍达教授及阎平凡、边肇祺教授等领导完成的"地震勘探信号处理与识别方法及其应用"研究项目，在理论及方法上达到国际先进水平，在石油及天然气勘探技术中具有十分重要的实用价值。该项目获 1990 年国家教委科技进步奖（基础研究类）一等奖，并获 1993 年国家自然科学四等奖。

由韩曾晋教授、张乃尧副教授等完成的"自适应和专家系统相结合的高炉铁水含硅量预报计算机系统"在鞍钢九号高炉上应用成功，预报命中率达 80％以上，其技术方案为国内外首创，达到国际先进水平。该项成果获 1990 年国家级科技进步二等奖和国家教委科技进步一等奖。

由方崇智教授及王桂增、萧德云副教授等人完成的"生产过程故障诊断方法的研究"项目，着重针对长距离输油管道的故障诊断问题进行研究并取得突破，已在东北进行工业性试验。该成果获 1992 年国家教委科技进步奖（基础研究类）一等奖。

由童诗白教授等人完成的"数字电路的故障诊断"项目获得 1992 年国家教委科技进步三等奖。

由边肇祺教授等人完成的"指纹自动识别系统"受到国内外同行的高度评价，并已在北京市刑侦系统中应用，取得显著效果。该项目获 1992 年北京市科学技术进步一等奖，并获 1993 年国家级科技进步二等奖。

由夏绍玮教授等人完成的"动态投入产出模型及其交互软件在中长期宏观经济规划及大型项目评价中的应用"项目，获 1992 年国家教委科技进步三等奖。他们还参加了"三峡工程综合经济分析"的子课题"国力分析"研究，该项目获 1992 年国家科委科技进步一等奖。这些软科学研究

成果，已在若干地区规划中得到应用并受到国际国内同行的重视。

自动化系有组织有计划地对生化过程及石化过程的计算机控制系统进行了连续多年的研究开发，取得了一系列高水平高效益的成果。先后在华北制药厂、天津化工厂、广州制药厂、扬子石化公司和中原制药厂等企业中实现，并获得国家教委科技进步二等奖及中国石化总公司科技进步二等奖等多项奖励。

在完成一批重大任务的同时，自动化系也十分重视解决国家迫切需要的中小型企业的技术改造问题，并取得很好的成绩。"新型热水热量指示积算仪"获1985年国家发明三等奖。"工业锅炉的计算机节能控制系统"采用了智能控制、交叉燃烧控制等新技术，取得每台锅炉节能6％的良好效果，获1988年国家电子技术改造传统企业金奖及国家教委科技进步三等奖。"35千伏小型化变电站微处理机和集成电路WJBX型四合一集控台及推广"技术先进适用，可靠性高，已在山东、东北、内蒙古、河南的农村、工厂和铁道供电部门推广应用了数十套，获1989年国家科技进步三等奖。

自动化系积极与校内外各单位开展合作，共同建立了一些研究机构。主要有：CIMS研究所、智能技术与系统国家重点实验室分室、地球物理信号处理与识别研究所、机器人研究所、轻工自动化研究所、电力电子技术工程研究中心、宝华机电控制技术研究所等。

（二）1994年—2010年

随着改革开放的深入进行和现代化建设的需要，自动化系积极调整了科研指导思想和科研布局。在指导思想上明确提出三个结合：传统优势研究方向与新兴、交叉学科方向相结合；服务国民经济主战场与前沿学科研究相结合；民用科学技术研究与国防科学技术研究相结合。在这一思想的指导下，自动化系不仅在控制理论与工程、企业信息化与集成制造系统、模式识别与智能系统、系统工程等传统优势方向的研究规模不断扩大，研究水平不断提高，在交叉学科和新兴研究领域也得到了快速发展，如：生物信息、智能网络系统、宽带网数字媒体、智能交通系统、现代检测技术、量子控制和服务科学等。

自1994年以来，自动化系承担的科研项目总数、科研经费数，文章总数和被EI、SCI收录的文章数均有大幅度的提高。自动化系1994年在研科研开发项目数138项，总经费632万，发表文章208篇，被SCI收录6篇；2004年在研项目总数148项，研究开发经费2 670万元，发表文章541篇，SCI收录88篇；2010年在研科研开发项目数376项，总经费7 717万元，发表文章517篇，SCI收录124篇。

1994年至2010年，自动化系先后承担科研开发项目1 462项，总经费77 042万元，其中："973"项目21项，"863"项目147项，国家五年计划科技攻关（支撑）项目18项，国家自然科学基金项目215项，部委重点攻关项目、国际合作及横向合作项目等共949项。在国际国内重要学术刊物和会议上发表论文7 340篇，其中SCI收录的论文1 017篇；科研成果获省部级以上奖励101项，其中国家级自然科学奖、国家技术发明奖和国家科技进步奖13项。

这一时期自动化系的主要研究方向如下：

1. 企业信息化系统与工程

作为我国高技术计划（"863"计划）自动化领域的一个重点项目"计算机集成制造系统"（Computer Integrated Manufacturing Systems，CIMS），1987年开始实施"实验工程"，1992年

"CIMS实验工程"通过国家验收，1994年获美国制造工程师学会（SME-Society of Manufacturing Engineers）授予的CIMS应用与开发"大学领先奖"（University Leader-ship and Excellent of Application and Development in CIM），1995年正式挂牌成立国家计算机集成制造系统（CIMS）工程技术研究中心，吴澄院士任主任。后将CIMS的概念发展成为现代集成制造系统（Contemporary Integrated Manufacturing System），将信息技术、现代管理技术和制造技术相结合，并应用于企业全生命周期各个阶段，以提高企业的竞争力，并于2003年正式确立"企业信息化系统与工程"二级学科。

主要研究内容有：复杂制造系统建模、控制与优化，企业集成与服务科学，网络化制造，系统仿真与虚拟制造，现代物流与电子商务。

典型的项目有："并行工程项目调度系统"（"863"项目）、"面向创新设计的虚拟产品开发"（"863"项目）、"复杂生产制造过程实时、智能控制与优化理论和方法研究"（"973"项目）、"复杂半导体芯片制造过程实时调度与优化控制理论与算法研究及应用"（国家自然科学基金重点项目）、"复杂生产制造过程实时智能优化调度理论与算法研究"（重大专项研究课题）、"复杂产品协同设计仿真优化一体化平台研究开发及应用"（"863"重点项目）、"基于ASP产品协同设计开发平台技术研究""基于多车间协同的智能动态调度系统研究及应用示范"（"863"重点项目）、"基于开放网络的交互式工程门户系统的研究与开发"（"863"项目）、"电子商务共性关键技术研究开发"（国家支撑计划项目）和"SCM及CRM系统研究开发及与ERP集成应用"（"863"项目）等。

2. 生物信息学

在李衍达院士的领导下，1998年正式成立了跨系的生物信息学研究所，2002年成立我国第一个生物信息学教育部重点实验室，在自动化系设立分室。2004年筹建清华信息科学与技术国家实验室生物信息学研究部。2008年生物信息学学科点被批准为北京市重点交叉学科。

主要的研究内容有：功能基因组学与复杂基因组调控系统研究，中医药生物信息与系统生物学，复杂生物网络系统的计算与实验研究，机器学习和高通量组学数据挖掘等。

典型的项目有："功能基因组系统学理论与技术方法前期研究"（国家发改委基础研究重大项目前期研究专项）、"复杂系统意义下的生物信息学中若干问题研究"（国家自然科学基金重点项目）、"植入前胚胎发育遗传学诊断的分子雷达-光学相干技术系统的研究""征候的信息处理方法与复杂系统模型研究"（"973"项目）、"分子生物学技术平台的建立、完善及计算系统生物学研究"（"973"项目子课题）、"多种芯片的数据处理与挖掘方法、技术与系统"（"863"项目）、"类风湿性关节炎寒热征候的基因组信息学基础研究"（国家自然科学基金重点项目）、"寒热辨证的多层次信息挖掘及相关生物分子网络"（国家自然科学基金重大研究计划）和"疾病相关生物网络构建分析的关键方法"（"863"项目）等。

3. 控制理论与工程

主要研究内容有：多变量控制系统，离散事件动态系统的控制，鲁棒系统辨识与鲁棒控制，量子控制，复杂控制系统的分析与设计，复杂过程的建模、控制与优化，软测量技术，复杂工程系统的故障诊断、预报与维护，智能机器人系统与嵌入式系统技术，现场总线控制系统等。

典型项目有："离散事件动态系统"（攀登计划预研项目）、"时变非线性不确定系统鲁棒控制与分析"（攀登计划预研项目）、"拟人机器人技术及其系统研究"（校"985"重点项目）、"基于闭环实验数据的模型集辨识与检验"（优秀青年教师资助计划）、"基于学习机制的群智能调度理论与方法研究"（国家自然科学基金项目）、"复杂条件下的网络化控制系统故障检测技术"（国家自然科学基金项目）、"量子力学系统退相干抑制的控制方法研究"（国家自然科学基金项目）、"多变量控制系统的智能设计及软件"（国家自然科学基金重点项目）、"微纳量子控制的研究"（国家自然科学基金重点基金）、"连续过程工业的综合自动化应用理论与新技术"（自然科学重点基金项目）、"大型骨干石化生产系统控制及计算机应用"（"九五"攻关项目）、"复杂工程系统故障检测与维护理论及关键技术研究"（国家自然科学基金重点项目）、"选矿生产控制与优化研究"（国家支撑计划）、"集成电路制造先进制程控制研究"（国家科技重大专项）、"高速列车运行控制系统技术及装备研制"（"十一五"国家支撑计划）、"福建炼油化工有限公司计算机集成生产系统"（FR-CIMS）、"炼油行业面向节能降耗的集成控制与优化技术及应用"（"863"重点项目）等。

4. 系统工程

主要研究内容有：复杂网络化系统理论与分析，复杂生产制造系统的优化与调度，智能决策理论与应用，智能交通系统和传感器网络等。

2000年7月，由自动化系、土木系和紫光公司联合成立"智能交通系统联合实验室"，开始了自动化系的"智能交通系统"的研究工作。2001年10月在何毓琦讲席教授的主导下成立"智能与网络化系统研究中心"。

承担的主要研究课题有："复杂生产制造过程实时、智能优化调度理论与方法研究"（"973"项目）、"基于验证的区间型离散时间系统的鲁棒分析与控制"（国家自然科学基金项目）、"无线传感器网络定位与跟踪方法的研究"（国家自然科学基金项目）、"城市交通流诱导系统理论和方法研究"（国家自然科学基金重点项目）、"城市交通基础信息系统研究"（国家支撑计划项目）、"兰州市智能交通管理指挥中心系统设计与集成""奥运车辆智能识别检测系统与示范研究"（"十一五"科技支撑项目）、"大城市交通拥堵瓶颈的基础科学问题研究"（重大专项研究课题）、"智能与网络化系统"（教育部"高校引智计划"）、"网络安全风险评测与协同防御系统-Active NetCT"（"863"重点项目）、"网络化水资源与水火电系统的动态优化调度"（国家自然科学基金重点项目）等。

5. 模式识别与智能系统

主要研究内容有：指纹识别，机器学习，通信信号处理，地震信号处理，视频信号处理理论与应用技术等。

主要研究项目有："音频信号盲分离"（国际合作项目）、"基于感知学习的大型全局图像语义解释系统"（"863"项目）、"生物特征识别核心技术与关键问题研究"（"863"项目）、"指纹与掌纹识别的实用新算法研究"（"863"项目）、"隐藏圈闭的地质—地球物理精确预测和描述"（国家攻关项目）、"复杂条件下飞行器进近可视导航的基础理论研究"（"973"项目）、"数字媒体网络及其关键技术研究（国家自然科学基金重点项目）""数据理解的若干基本问题研究"（国家自然科学基金重点项目）、"视频数据的处理和压缩技术"（"863"项目）、"基于摄像机阵列的动态三维场景重建与绘制系统"（"863"项目）、"基于多视点视频的物体几何模型和反射特性重建及渲染技术的研究"（"863"计划目标导向类专项资助）、"立体视频内容制作、编码和重构关键技术及原型系统研究"（"863"计划专项课题目标导向类项目）等。

6. 导航、制导与控制

主要研究内容有：微小卫星工程，卫星姿态轨道控制，飞行控制系统，多信息源综合导航系统，飞行管理系统，空间机器人，多无人体智能协同控制，可视导航技术等。

主要研究项目有："微小卫星模拟器和空间机器人地面测试系统"（"863"航空航天领域重大专项）、"综合导航系统、飞行控制系统和飞行管理系统"（国家大型客机研制重大专项）、"飞机先进自主飞控技术"（"十一五"总装预研项目）、"小型无人直升机自主导航与控制"（国家自然科学基金重点基金）等。

7. 检测仪表与自动化装置

主要研究方向有：两相流的检测，多传感器信号融合，大功率电源变流技术，消费类数字电子技术和网络家电技术等。

主要研究项目有："用于测量气固两相流质量流量的梯度相关方法的研究""电容层析成像系统的软场特性及信息处理技术""基于多频率激励的电阻层析成像关键技术研究""智能家庭网络操作系统及基本框架的开发""智能家庭网络体系结构的理论研究""非线性模拟电路软故障诊断字典法的研究""数字 VLSI 电路测试技术研究"（国家自然科学基金项目）、"刺绣 CAD 的人机接口与基本功能"（国际合作项目）等。

1978 年至 2010 年，自动化系获得 1978 年全国科学大会奖、省（市）部委一等奖和国家级科技成果奖 58 项，其中国家级成果奖 25 项，见表 19-17-10。

表 19-17-10　自动化系获国家级和省部级奖情况（省部级仅列出一等奖）

序号	年份	项目名称	奖励名称	等级	获奖人
1	1978	＊20kV/100A 高频可控硅	全国科学大会奖		
2	1978	＊顺序控制器	全国科学大会奖		
3	1978	双频激光干涉仪	全国科学大会奖		
4	1978	XPK-01 型数控铣床及 102 型测量机	全国科学大会奖		
5	1978	数控五轴刻字机	全国科学大会奖		
6	1978	煤气管网运行自动化	全国科学大会奖		
7	1980	自动补偿双频激光干涉仪和双频激光器	北京市科技成果奖	一等奖	张国贞
8	1981	双频激光自动补偿装置	国家发明奖	三等奖	张国贞
9	1985	＊新型热水热量指示积算仪	国家发明奖	三等奖	刘震涛　王俊杰等
10	1985	汽车转向系统摆振问题的仿真研究	国家科学技术进步奖	三等奖	肖田元等
11	1985	莺歌海崖 13-1 天然气开发利用可行性研究	国家教委科学技术进步奖	一等奖	郭仲伟
12	1986	莺歌海崖 13-1 天然气开发利用可行性研究	国家科学技术进步奖	二等奖	郭仲伟
13	1986	＊饭店计算机管理软件开发及应用	北京市科学技术进步奖	一等奖	金国芬　赵佩琴

续表

序号	年份	项目名称	奖励名称	等级	获奖人
14	1986	*地球物理信号处理的特殊处理方法	国家自然科学奖	学术奖	常迥　李衍达　阎平凡　边肇祺
15	1988	船舶操纵训练仿真系统	国家科学技术进步奖	三等奖	熊光楞　肖田元
16	1989	2000 年中国经济结构的定量分析	国家科学技术进步奖	一等奖	夏绍玮
17	1989	*自适应和专家系统相结合的高炉铁水含硅量预报计算机系统	国家教委科学技术进步奖	一等奖	韩曾晋　张乃尧
18	1990	*自适应和专家系统相结合的高炉铁水含硅量预报计算机系统	国家科学技术进步奖	二等奖	韩曾晋　张乃尧
19	1990	35kV 小型化变电站微处理机和集成电路 WJBX 型四合一集控及推广	国家科学技术进步奖	三等奖	董登武
20	1991	*地球物理信号处理与识别方法及其应用	国家教委科学技术进步奖	一等奖	常迥　李衍达　阎平凡　边肇祺
21	1991	解决美国 MAC-34 定向强辐射器的高科技研究、机理调整与区域网络平衡工程	中国船舶工业总公司科学技术进步奖	一等奖	赵良炳
22	1992	*CAFIS 指纹图像计算机自动识别系统	北京市科学技术进步奖	一等奖	边肇祺　荣钢　董晓雪
23	1992	三峡工程综合经济分析——国力分析	国家科委科学技术进步奖	一等奖	夏绍玮等
24	1992	*生产过程故障诊断方法的研究	国家教委科学技术进步奖	一等奖	方崇智　王桂增　肖德云
25	1993	*国家 CIMS 实验工程	国家教委科学技术进步奖	一等奖	吴澄　熊光楞　董明垂
26	1993	指纹自动识别系统	国家科学技术进步奖	二等奖	边肇祺　荣钢等
27	1993	*地球物理信号处理与识别方法及其应用	国家自然科学奖	四等奖	常迥　李衍达　阎平凡　边肇祺
28	1993	*青霉素发酵多模型智能集散系统	国家科学技术进步奖	三等奖	朱善君　张曾科　吉吟东
29	1994	清华大学国家 CIMS 工程技术研究中心	美国制造工程师学会（SME）"大学领先奖"	国际奖	吴澄等
30	1995	*CIMS 实验系统的软件开发及信息集成	国家科学技术进步奖	二等奖	吴澄　熊光楞　董明垂
31	1995	*中国控制系统计算机辅助设计（CADCSC）软件系统	国家科学技术进步奖	三等奖	熊光楞　沈被娜等
32	1996	*关于 ARMA 模型辨识与谐波恢复的研究	国家教委科学技术进步奖	一等奖	张贤达　李衍达等
33	1997	*关于 ARMA 模型辨识与谐波恢复的研究	国家自然科学奖	四等奖	张贤达　李衍达等
34	1997	*经纬计算机集成制造系统工程（JW-CIMS 工程）	国家教委科学技术进步奖	一等奖	肖田元　韩向利
35	1997	成都飞机工业公司 CIMS 应用工程	中国航空工业总公司科学技术进步奖	一等奖	李芳芸　崔德光等

续表

序号	年份	项目名称	奖励名称	等级	获奖人
36	1997	＊用于地震储层分析的 SOMA 方法	联合国技术信息促进系统中国国家分部"发明创造科技之星"奖		张学工
37	1998	广东华宝空调器厂 CIMS 工程	国家科学技术进步奖	二等奖	刘文煌
38	1998	山西经纬纺织机械有限公司 CIMS 工程	中国纺织工业协会科学技术进步奖	一等奖	肖田元
39	1999	＊神经网络理论及其智能信息处理应用基础	教育部科学技术进步奖	一等奖	李衍达　阎平凡等
40	2000	＊石化生产过程多变量预估控制技术开发应用	中国石化总公司科学技术进步奖	一等奖	金以慧　王京春　叶昊
41	2001	海上中深层高分辨率地震勘探技术	中国海洋石油总公司科学技术进步奖	一等奖	张学工　陆文凯
42	2002	海上中深层高分辨率地震勘探技术	国家科学技术进步奖	二等奖	张学工　陆文凯
43	2000	加速纺机产品结构优化升级的信息集成与虚拟产品开发技术	国家科学技术进步奖	二等奖	肖田元
44	2003	＊模型集辨识及其在控制系统综合中的应用	教育部提名国家科学技术奖自然科学奖	一等奖	周彤　王凌　孙政顺
45	2004	复方丹参方药效物质及作用机理研究	国家级科学技术进步奖	二等奖	李梢
46	2004	大型深凹露天矿高效运输系统及强化开采技术研究	中国冶金矿山企业协会冶金矿山科学技术奖	特等奖	徐文立　张莹等
47	2004	＊＊广东溢达纺织有限公司集成化智能信息系统	中国纺织工业协会科学技术奖	一等奖	刘民　吴澄
48	2005	＊＊纺织业大规模生产过程智能调度技术研究与应用	广东省科学技术奖	一等奖	刘民　吴澄等
49	2006	＊＊大规模复杂生产过程智能调度与优化技术研究及应用	国家科学技术进步奖	二等奖	刘民　吴澄等
50	2006	某机载模拟轰炸系统	军队科学技术进步奖	一等奖	周东华
51	2006	数字电路板故障诊断测试集自动生成	军队科学技术进步奖	一等奖	杨士元等
52	2007	大型深凹露天矿安全高效开采关键技术研究	国家科学技术进步奖	二等奖	徐文立等
53	2008	＊基于网络融合的流媒体服务新技术	国家技术发明奖	二等奖	戴琼海　陈峰　刘烨斌　徐文立　尔桂花
54	2009	＊离散事件动态系统的优化理论与方法	国家自然科学奖	二等奖	赵千川　陈曦　贾庆山等
55	2009	城市智能交通管理指挥控制系统	国家科学技术进步奖	一等奖	李志恒
56	2009	＊异构网络下视频流媒体的处理与传输技术	广东省科技进步奖	一等奖	戴琼海　季向阳
57	2010	面向大规模城域监控的流媒体关键技术及装备	国家科学技术进步奖	二等奖	季向阳

续表

序号	年份	项目名称	奖励名称	等级	获奖人
58	2010	江铜集团铜矿石选矿过程控制系统研究与应用	中国有色金属工业科技进步奖	一等奖	王焕钢

说明：① 注＊的奖项表示第一获奖单位和第一获奖人均为清华大学自动化系。
　　　② 注＊＊的奖项表示清华大学自动化系为第一获奖人和第二获奖单位。
　　　③ 表中所列 1978 年全国科学大会奖均无获奖人名单。

六、对外合作与交流

自动化系重视国内外学术交流，加强与国外著名大学和研究机构的交流与合作。派出年轻的骨干教师到美国哈佛大学、加州大学、耶鲁大学等著名大学进修，参加国际学术会议；邀请国外著名学者来校作学术报告、讲学和合作研究。1994 年至 2010 年，共有 1 118 人次的教师和科研人员出国参加国际会议或进修；有 789 人次的研究生和本科生出国参加国际会议或参与交换生项目；主办和承办各类国际会议 5 次。接待国外专家来访或讲学 206 人次。

1993 年 8 月，自动化系与 IEEE 机器人与自动化学会、中国自动化学会和中国人工智能学会在北京共同主办了"第一届全球华人智能控制与智能自动化"大会。

2004 年 10 月，自动化系与西安交大在清华大学联合主办了"智能与网络化系统国际研讨会"，会议邀请了 4 位美国工程院院士和国内近 10 位院士参加。

2006 年自动化系承办了每三年一次的国际自动控制联合会（IFAC）技术过程的故障检测、监控与安全性国际会议。

2009 年 1 月 13 日—16 日在北京成功举行第七届亚太生物信息学大会（APBC 2009）。APBC 系列国际会议是生物信息学与计算生物学领域有重要影响的国际学术大会，这次大会是该会历史上规模最大的一次，也是中国大陆首次举办大规模的生物信息学国际会议。此次会议得到清华大学和国家自然科学基金委的资助，由清华信息国家实验室生物信息学研究部、清华大学自动化系和生物信息学教育部重点实验室承办。

自动化系还十分重视与国际知名跨国企业的合作，除分别与美国的罗克威尔自动化公司、德国的西门子公司和倍加福公司、日本的 NEC 公司和欧姆龙公司等建立联合实验室外，还与美国联合技术公司研究院、日本的兄弟公司等企业签署了合作科研项目。2007 年与建筑学院、工物系共同建设清华-联合技术研究中心，成为学校第二个校级国际联合研究中心。

在清华大学讲席教授基金资助下，自动化系设有何毓琦讲席教授组和 Michael S. Waterman 讲席教授组。讲席教授组成员每年定期到本学科点工作一段时间，开设高水平课程，指导研究生，与本学科的中青年人员开展高水平科研合作，对建设世界一流学科起到了重要的推动作用。

七、实验室和研究基地

（一）教学实验室

1993 年前，全系有 10 个实验室，实验技术装备条件逐步有所改善，管理水平不断提高。其中过程控制实验室 1992 年被评为清华大学一级实验室。

各实验室发扬艰苦奋斗精神，自行研制了许多新型实验装置，例如：水力模型控制实验台、可控硅自动调速系统、电子线路学习机、数字随动系统、倒立摆等。这些装置不仅在校内获清华大学实验技术成果奖，而且在许多校外单位推广应用，受到好评。

为了加强实验室的建设与管理，1996年成立了"自动化系教学实验中心"（阳宪惠任主任）。实验中心含系教学用计算机房、计算机网络、微机系统及应用、现场总线、传感器技术、自动化技术、智能交通系统、数字媒体、智能多媒体网络等实验室和清华-西门子自动化技术培训中心。

2006年在原实验中心的基础上成立"自动化实验教学研究中心"（杨耕任主任）。中心下设11个分室：计算机软件、工厂自动化与网络化控制、机器人控制、系统建模、嵌入式系统、过程控制、电力电子与运动控制（清华-Rockwell自动化实验室）、控制理论、传感器与检测、清华-NEC单片机技术研究与培训中心和系统监控与演示中心。新的实验研究中心加强了力量，扩大了面积，更新和增加了实验设备，成为国内一流水平的自动化教学实验基地。

（二）研究基地

自动化系设有1个国家工程中心（CIMS工程技术研究中心）和2个部级重点实验室分室（智能技术与系统国家重点实验室（分室）和教育部生物信息学重点实验室（分室））。

计算机集成制造系统（CIMS）作为我国高技术计划（"863"计划）自动化领域的一个主题，于1987年开始启动"CIMS实验工程"项目，吴澄为实验工程负责人，1992年通过国家验收，并开始筹建"国家CIMS工程技术研究中心"，1994年正式挂牌，吴澄任主任。

"智能技术与系统国家重点实验室"智能信息处理分室筹建于1987年，荣钢、张长水先后任主任。

2002年在跨系的生物信息学研究所的基础上成立我国第一个生物信息学教育部重点实验室，在自动化系、生物系和医学院设立分室，张学工任自动化系分室主任。2004年，"生物信息学教育部重点实验室"自动化系分室成为国家筹建的"清华信息科学与技术国家实验室"的生物信息学研究部。

据统计，1993年自动化系总面积4 426.4平方米，实验室面积为3 192平方米，实验室总资产898万元。2009年自动化系总面积为7 429平方米，实验室面积为3 840平方米，实验室总资产4 415万元。

自动化系实验室概况见表19-17-11。

表 19-17-11　自动化系实验室概况

序号	实验室名称	建立年份	备　注
1	电子学	1955	2000年合并到校电工、电子实验中心
2	自动化	1955	＊
3	检测技术及自动化仪表	1956	＊
4	过程控制	1956	＊
5	系统仿真	1978	2003年合并到CIMS工程研究中心
6	控制理论	1980	＊
7	系统工程	1986	

续表

序号	实验室名称	建立年份	备　注
8	信号处理与模式识别（智能技术与系统国家重点实验室分室）	1987	
9	电力电子技术	1988	与运动控制合并，成为自动化实验教学研究中心的一个分室
10	微机系统与应用	1989	＊
11	自动化系教学实验中心	1996	2006 年改为自动化系实验教学研究中心
12	多媒体网络实验室（李森能捐赠）	1996	＊
13	清华-费斯托（Festo）自动化技术中心	1996	1996 年合并到自动化系教学实验中心
14	清华- NEC 单片机技术研究与培训中心	1997	＊
15	清华- OMRON 自动化技术实验室	1997	1996 年合并到自动化系教学实验中心
16	清华- Rockwell 自动化实验室	1998	＊
17	宽带网数字媒体技术实验室	2001	
18	清华大学- P＋F 实验室传感器与 ASI 技术实验室	2001	＊
19	现代电子技术实验室	2002	＊
20	生物信息学实验室（教育部重点实验室分室）	2002	
21	自动化实验教学研究中心	2006	

说明：注 ＊ 者表示该实验室于 2006 年成为"自动化实验教学研究中心"的一个分室。

第十八节　微电子学研究所

一、沿革

（一）半导体专业和半导体教研组的创建

1955 年，蒋南翔校长率领教育代表团赴苏联考察高等教育，回国后提出了在清华创办原子能、半导体等 10 个新技术专业的建议，得到了国务院负责同志的批准。当年，学校建立了包括半导体在内的一批新专业，从校内转来一批本科生，并于次年开始招收本科生。

1956 年，学校决定将新成立专业中的半导体、电子学、无线电物理等 3 个专业划入无线电系，设立半导体教研组，办公地点在立斋，由南德恒负责筹建半导体实验室。同年黄昆、谢希德在北京大学联合开设了我国第一个半导体专业，从学校无线电系电真空技术专业三年级学生中抽调曹培栋、张建人、应联华、庄同曾、金保生、黄培中、俞鲁棣、崔君达八人前往学习，为清华大学半导体专业培养师资骨干。同时有两个班的学生也随专业转入无线电系，其中有半导体专业学生 32 名（另有代培生 2 名），半导体专业半 0（因学制由五年改为六年，1961 年毕业）两个班的学生是该专业第一批学生。

1957 年 3 月，聘请中国科学院半导体研究所研究员王守武兼教研组主任。同年，曹培栋等八人从北京大学半导体专业毕业，9 月半导体教研组正式成立。

1957 年夏高联佩、1958 年初李志坚先后分别从美国、苏联回国参加半导体教研组工作。

1958 年秋季，半导体教研组全体师生开展了多项科学研究和建设专业及实验室等活动，内容包括硅多晶和单晶材料、锗晶体三极管、光电材料与器件等，聘请了苏联专家奇尔金（Челкин）指导开展碳化硅非线性电阻的研制。

1959 年，李志坚任教研组主任。

1958 年末至 1960 年初，建立过半导体生产车间，王天爵任主任，与北京电子管厂协作生产点接触二极管、锗晶体三极管。

1960 年，半导体教研组迁入东主楼九区一层，重新建设实验室，面积扩大到 1 000 平方米。1960 年至 1963 年，在开发硅平面工艺的基础上完成了硅高反压晶体管和 TTL 集成电路、光电材料与器件等多项课题的研究，取得了一批成果。同期设立了光量子学研究组，开展了激光器件的研制，该研究组后演变为无线电系激光教研组。

1959 年至 1965 年半导体教研组教学工作也在发展，教学方面制订出了工科半导体专业教学计划，开设了本科生专业课，建立了教学实验室，在强调基础理论的同时，加强了实践环节的训练。1961 年开始招收半导体专业研究生，至 1966 年共招收 14 名研究生。

1963 年至 1966 年，与国防科委十院合作成立了半导体器件与物理研究组。

1966 年"文化大革命"开始，教学、科研工作受到干扰和影响。

1970 年 10 月，半导体教研组随无线电系迁往绵阳分校，学生、大部分教师和实验室设备迁往四川，少数教工加入到由学校在东主楼教研组原址组建的半导体车间，归属当时的电子厂（电子厂属当时的自控系，1970 年改名电子工程系，现为计算机系）。

1970 年至 1978 年，绵阳分校半导体教研组的师生在物质条件差、信息闭塞的情况下，边建设边开展教学、科学研究工作。科研项目包括微波半导体器件（微波功率晶体管和 GaAs 体效应器件等）和中小规模双极型集成电路，还组织了结型场效应晶体三极管和 TTL 集成电路的开发和生产。采取开门办学的方式，派小分队去成都九七零厂、北京半导体器件二厂、北京电子管厂开展新器件和电路的研制。在此期间取得了 1GHz、1W 微波晶体管、I^2L 型 8D 触发器、Gunn 微波二极管等科研成果。

学校本部的半导体车间 1975 年改建成净化级别达到 1 000 级的我国第一个生产 MOS 集成电路的超净车间。1975 年至 1978 年期间研制了一批工艺设备，进口了部分关键设备，开发成功了MOS 集成电路工艺，设计了一批数控集成电路，形成了小批量生产规模。1974 年底参加原电子部组织的微计算机攻关项目并于 1976 年研制成功我国第一台 8 位微计算机 DJS050 全套电路芯片。

1978 年，绵阳分校撤销，半导体教研组迁回北京，与在学校的半导体车间合并，组成新的半

导体教研组，仍由李志坚任教研组主任，归属电子工程系（现计算机系）。

（二）微电子所的成立

1980 年 8 月，为发展以大规模集成电路为核心的微电子学科学技术，清华大学 1979—1980 年度第十六次校长工作会议决定在计算机系半导体教研组、半导体车间、微处理设计组等单位基础上成立跨系、跨学科的研究所——清华大学微电子学研究所，按系一级建制。9 月成立微电子所，南德恒任所长，行政建制直属学校领导，开展以大规模集成电路为主线的微电子学新技术研究，同时承担专业教学工作。微电子所党支部归无线电系党委领导，1986 年 1 月，成立电子系党委直属的微电子所党总支，1990 年 6 月微电子所党总支获批为校党委直属党总支，2002 年 6 月 5 日微电子所党委成立。

建所后实验室及行政用房共 2 000 平方米（包括主楼九区一层及二层部分、一区四层部分、四区二层全部、空调机房及氢站），1986 年建成了面积为 7 000 余平方米的微电子所大楼，1987 年主楼一区四层部分、四区二层划归其他单位，2002 年主楼九区一层及二层部分扩建了 400 平方米后，建筑面积达 1 600 平方米。

建所后，微电子作为无线电系的一个专业，每年招收半导体器件与物理专业五年制本科生两个班，由无线电系负责教学管理，微电子所负责该专业的教学和毕业设计。2004 年 3 月学校批准成立微电子与纳电子学系，2005 年首批三年级本科生转入微纳电子系直接管理。1978 年半导体专业恢复招收研究生，建所后从无线电系接管研究生培养工作。1998 年获电子科学与技术一级学科博士、硕士学位授予权，2001 年微电子学与固体电子学被评为国家重点学科。

1985 年 11 月，微电子所获批准建立半导体物理与器件博士后流动站，1990 年更名为半导体器件与电子学博士后流动站，1996 年更名为微电子学与固体电子学博士后流动站。截至 2010 年底共出站博士后 44 名，其中企业博士后 3 名，外籍博士后 1 名。

微电子所历任所长为南德恒（1980-09—1985-12）、李志坚（1985-12—1993-05）、钱佩信（1993-05—2000-06）、陈弘毅（2000-06—2003-07）、李艳和（2003-07—2007-04）、许军（2007-04—2010-07）、魏少军（2010-07—　）。

微电子所历任党委（党总支）书记为贾松良（1986-02—1993-05）、靳东明（1993-05—2001-01）、刘泽文（2001-01—2003-07）、高志强（2003-07—　）。

微电子所从 1993 年成立所学术委员会，历任学术委员会主任为李志坚（1993-08—2003-08）、陈弘毅（2003-08—2007-06）、刘理天（2007-06—2010-09）、王志华（2010-09—　）。

二、教学科研组织

微电子所成立时，全所的教学科研机构有集成电路南区工艺线、北区工艺线和教研组。

1983 年，全所的教学科研机构变更为集成电路工艺线、集成电路设计组、器件物理组和教研组。

为了打破西方国家对中国微电子与集成电路技术的封锁，缩小我国与国外的技术差距，1983 年，微电子所开始筹建超大规模集成电路工艺线，1986 年微电子所大楼建成，工艺线位于大楼一层。同年微电子所的教学科研机构明确划分为四个部分：超大规模集成工艺研究室、专用集成电路设计研究室、半导体器件物理研究室、半导体器件与微电子技术教学组。

1986 年，原国家计委和机械工业部将工艺线（工艺研究室）建设列入"七五"国家重点科技攻关项目，通过补充计算机辅助设计系统和一批精密的物理测量设备，到 1990 年 5 月建立了 1 微米超大规模集成电路（VLSI）工艺线，这是我国第一条能够进行 1 微米 VLSI 研制与成套工艺开发的科研性工艺线。到 1993 年底，工艺线建设总计投资 4 140 万元（内含外汇 631 万美元），其中工艺线厂房与微电子所新楼投资 1 200 万元，"七五" 2 270 万元，"八五" 670 万元。工艺线洁净室共计 700 平方米，其中 10 级（0.5 微米）100 平方米，1 000 级（0.5 微米）600 平方米。"九五"期间，原国家计委投资 9 000 万元建设"北方微电子研究开发基地——集成电路开发与工业性试验线建设项目"。作为北方微电子研究开发基地的重要组成部分和主要依托单位之一，集成电路开发与工业性试验线达到 5 英寸深亚微米标准 CMOS 成套工艺设备和 5 万片年加工能力，2003 年完成项目验收。同年 3 月与中国电子信息产业集团公司（CEC）合作成立中电华清微电子有限公司，原试验线大部分人员转入公司，其余人员仍留在集成工艺研究室从事教学和科研工作。2007 年 10 月，集成工艺研究室更名为固体器件与集成技术研究室，2009 年 11 月，中电华清微电子有限公司注销。

建所后，在原有集成电路北区工艺线的基础上成立清华大学集成电路试验工厂，受清华大学原生产处和微电子所的双重领导，为独立法人单位，生产和销售的产品有通信专用单片集成信道滤波器、编解码器、EEPROM 集成电路等。1987 年 7 月，试验工厂撤销，在其基础上成立微电子所技术开发部。技术开发部是注册资金 74 万元的独立法人机构，承担专用集成电路、半导体器件及其相应装置的设计、加工、生产和销售。1989 年至 1992 年完成开发项目约 40 项，创产值 230 万元，利润约 54 万元。

1983 年成立了服务于器件物理组和设计组的 CAD 实验室，1987 年并入成立的技术开发部。同年，微处理器设计组、存储器设计组、通讯电路设计组、测试组的四个组合并为集成电路设计组，1986 年更名为专用集成电路设计研究室。1995 年 3 月，技术开发部撤销后，人员合并到专用集成电路设计室；同年，专用集成电路设计研究室更名为集成电路与系统集成设计研究室。

1986 年，器件物理组更名为半导体器件物理研究室。2006 年，半导体器件物理研究室更名为微纳器件与系统研究室。

1986 年，教研组更名为半导体器件与微电子技术教学组。1999 年半导体器件与微电子技术教学组更名为 CAD 技术研究室，从单纯负责教学工作的教学组转变为从事半导体器件物理、大规模集成电路 CAD 和 EDA、硅基微波/毫米波电路等方面研究的研究室。

建所后，除上述教学、科研机构以外，还设有保证教学、科研正常进行的技术后勤部门（如超净水房、净室空调机房、气体供应站）、行政及物资供应等科室。1999 年，技术后勤部门划归到相关研究室，行政及物资供应等科室合并为所办公室和业务办公室，所办公室负责全所党务、人事、外事及行政等日常管理工作，业务办公室负责全所科研、本科生教学及研究生教学的日常管理工作。

三、教职工

（一）历年教职工人数统计表

1993 年至 2010 年年底教职工人数统计见表 19-18-1。

表 19-18-1　微电子所历年教职工人数统计

年度	教师人数	教辅人员人数	教职工总人数	年度	教师人数	教辅人员人数	教职工总人数
1993	74	70	144	2002	55	48	103
1994	69	68	137	2003	59	47	105
1995	64	62	126	2004	63	45	108
1996	57	60	117	2005	63	41	104
1997	57	56	113	2006	63	40	103
1998	55	55	110	2007	59	40	99
1999	55	50	105	2008	57	38	95
2000	55	48	103	2009	60	38	98
2001	48	48	96	2010	57	39	96

（二）代表性年份教职工队伍状况

1980 年微电子所成立时全所人员总数为 135 人，教师 74 人（教授 1 人、副教授 9 人、讲师 33 人、助教 31 人）、技术员 3 人、职员 2 人、工人 58 人。

1993 年 12 月全所人员总数为 144 人，其中正高级 18 人，副高级 39 人，中级 23 人，初级 29 人，未定级 2 人，职员 4 人，工人 29 人。

2000 年月 12 月全所人员总数为 103 人，其中正高级 22 人、副高级 25 人、中级 19 人、初级 18 人、职员 4 人、工人 15 人。

2008 年 12 月全所人员总数为 95 人，其中正高级 17 人、副高级 34 人、中级 30 人、职员 7 人、工人 7 人。

2010 年 12 月全所人员总数为 96 人，其中正高级 15 人，副高级 39 人，中级 30 人，职员 5 人，工人 7 人。

（三）教授名录

1. 全职教授

微电子所全职教授名录见表 19-18-2。

表 19-18-2　微电子所教授名录

姓名（任职时间）	姓名（任职时间）	姓名（任职时间）
＊李志坚（1978—　　）	南德恒（1985—1991 离休）	徐葭生（1986—1995 逝世）
岳震五（1987—1992 退休）	钱佩信（1987—2003 退休）	张建人（1987—1996 退休）
杨之廉（1987—2000 退休）	陈兆龙（1988—1989 退休）	王天爵（1989—1994 退休）
李瑞伟（1989—2001 退休）	石秉学（1990—2001 退休）	陈天鑫（1990—1996 退休）
庄同曾（1991—1994 退休）	周育诚（1991—1999 退休）	陈弘毅（1991—2008 退休）
贾松良（1992—2000 退休）	周润德（1992—2010 退休）	曹培栋（1993—1994 退休）

姓名（任职时间）	姓名（任职时间）	姓名（任职时间）
顾祖毅（1993—2000 退休）	朱　钧（1993—2006 退休）	刘理天（1993—　）
朱正涌（1994—1997 退休）	蒋　志（1994—2001 退休）	申　明（1995—1996 退休）
靳东明（1996—2007 退休）	余志平（1996—2009 退休）	魏少军（1996—　）
沈延钊（1997—2003 退休）	羊性兹（1997—2003 退休）	郭懋沁（1997—1998 退休）
王志华（1997—　）	陈培毅（1998—2008 退休）	孙义和（1998—2010 退休）
王　勇（1998—2001 调出）	张树红（1998—1998 退休）	吴正立（1999—2000 退休）
齐家月（1999—2008 退休）	陈志良（1999—2009 退休）	田立林（2000—2009 退休）
杨肇敏（2000—2001 退休）	贺祥庆（2001—2008 退休）	李永明（2001—2005 退休）
许　军（2002—　）	向采兰（2002—2006 退休）	王水弟（2003—2007 退休）
任天令（2003—　）	王纪民（2004—2007 退休）	王　燕（2004—　）
林惠旺（2005—2006 退休）	岳瑞峰（2006—　）	高志强（2006—　）
刘泽文（2007—　）	△陈　炜（2007 调入—）	王喆垚（2008—　）
钱　鹤（2009 调入—）	刘玉玺（2009 调入—）	李树国（2010—　）

说明：注＊者为中科院院士，注△者为长江学者。

2. 兼职教授

王守武（中科院微电子所，1993-02—1996-01）；

胡启立（电子工业部，1998-01—2000-12）；

吕述望（中国科学院研究生院，2001-04—2004-03）；

郑厚植（中科院半导体所，2003-04—2006-03）；

郝　跃（西安电子科技大学，2006-12—　）。

3. 名誉教授

萨支唐（Chih-Tang Sah）（美国佛罗里达大学，2003-09—终身）。

4. 客座教授

葛守仁（Ernest S. Kun）（美国加州大学伯克利分校，1985-06—1988-06）；

胡正明（Chenming Hu）（美国加州大学伯克利分校，1991-10—1994-10）；

连永君（Y. Edmund Lien）（北京智能电子公司，1995-11—1998-11）；

Robert. W. Dutton（美国斯坦福大学，1992-10—1998-10）；

马佐平（TSO-PING（T. P.）MA）（美国耶鲁大学，1997-08—2000-08）；

国吉敏彦（Toshihko Kuniyoshi）（NEC 中国华虹集团，1998-02—2001-02）；

施敏（Simon M. Sze）（中国台湾新竹交通大学，2000-06—2003-06）；

徐清祥（Charles Ching-Hsiang Hsu）（中国台湾新竹清华大学，2000-10—2003-10）；

Aart de Geus（美国 Synopsys 公司，2001-07—2007-07）；

高秉强（Ping K. Ko）（香港科技大学，2002-04—2006-04）；

王康隆（Kang L. Wang）（美国加州大学洛杉矶分校，2002-09—　　）；

Nishi Yoshio（Novellus Systems Inc.，2004-05—2007-05）；

贝纳克（C. I. M. Beenakker）（荷兰德尔福特工业大学，2006-03—　　）；

Kuehlmann Andreas（美国 Cadence 研究实验室，2008-07—　　）。

四、教学

（一）本科教学

1. 概况

从 1956 年半导体教研组成立到 1980 年微电子所成立，本科生专业名称变更情况及毕业人数见表 19-18-3。

表 19-18-3　微电子学研究所成立以前历届本科生毕业人数统计

毕业时间	专业名称	学制	毕业人数	毕业时间	专业名称	学制	毕业人数
1961	半导体器件与物理	六年	34	1969	半导体材料与器件	六年	45
1962	半导体及固体电子学	六年	62	1970	半导体器件与物理	六年	44
		五年	2	1970	半导体器件与物理	五年	34
1963	半导体及固体电子学	六年	57	1974	半导体	三年	74
		五年	5	1976	半导体器件	三年	45
1964	半导体材料与器件	六年	75	1977	半导体	三年	43
1965			70	1978	半导体器件	三年	78
1966	半导体器件与物理	六年	46	1979	半导体器件	三年	79
1967	半导体材料与器件	六年	29	1980	半导体器件	四年	43
	半导体		1	备注：建所以前培养本科生共计 896 人			
1968	半导体材料与器件	六年	20				
	半导体		10				

微电子所成立后，本科生培养由无线电系（后电子工程系）统一招生，入学后划分专业。招生专业依次变更为半导体物理与器件（1985—1987）、微电子学（1988—1998）、电子科学与技术（1999—2004）、电子信息科学类（2005—　　）。

2004 年 3 月微电子与纳电子学系成立，本科生专业为微电子学，由电子工程系统一招生，本科三年级开始分流进入微纳电子系。2005 年至 2010 年间共有 404 名学生进入微纳电子系。

2001 年至 2003 年，微电子所曾招收电子科学与技术（集成电路设计与制造技术方向）全日制二学位学生，期间共招收 257 名已获得非微电子学专业的学士学位的本科毕业生，经两年学习授予其中 199 名同学第二学士学位。

本科生毕业人数见表 19-18-4。

表 19-18-4　1981 年—2010 年微电子所历届毕业生人数

半导体器件与物理专业本科毕业生人数

时间	人数	时间	人数	时间	人数	时间	人数
1980	43	1985	56	1988	60	1991	47
1983	40	1986	63	1989	66	1992	52
1984	38	1987	53	1990	56	合计	574

微电子学专业本科毕业生人数

时间	人数	时间	人数	时间	人数	时间	人数
1993	50	1998	59	2003	52	2008	67
1994	31	1999	72	2004	82	2009	62
1995	30	2000	66	2005	78	2010	66
1996	32	2001	57	2006	92	合计	1 070
1997	32	2002	55	2007	35/52		

总毕业人数　　　1 644

说明：① 1981、1982 年无本科毕业生。1983 年至 2006 年本所学生从电子工程系毕业，2007 年有 35 名在微纳电子系毕业，52 名从电子工程系毕业。从 2008 年开始本科生全部从微纳电子系毕业。
② 1990 年至 1992 年专业名称为"半导体物理与器件"。

2. 课程设置

微纳电子系按照信息学院本科培养方案框架和微电子学专业特点及专业发展情况调整了专业课程设置，新开设了一些体现微电子专业新进展的专业课程，并要求四年共完成 174 学分。2009 级本专业教学计划见表 19-18-5。

表 19-18-5　微纳电子系本科生培养课程设置及学分要求

所属类别	课程名称	学分	课程名称	学分
公共课程 （38 学分）	军训	3	外语	4
	思想政治理论课	14	文化素质课组	13
	体育课	4		
平台课程 （79 学分）	数学课	26	自然科学基础课	14
	学科基础课程	30	实践类课程	9
专业课程 （42 学分）	专业核心课程（28 学分）			
	固体物理学	3	微电子工艺技术	2
	数字集成电路分析与设计/数字集成电路分析与设计（英）	3	模拟集成电路分析与设计	3
	半导体器件电子学	3	半导体物理学	3
	微纳电子实验 A	1	微纳电子实验 B	1
	电动力学	4	专业实践	5
	专业限选课程（10 学分）			
	半导体器件基础	1	集成电路设计与实践	2
	量子信息学引论	2	通信电路	3

续表

所属类别	课 程 名 称	学分	课 程 名 称	学分
专业课程 （42学分）	超大规模集成电路CAD	3	MEMS与微系统	2
	集成电路课程设计	3	纳电子学导论	2
	专业任选课程（4学分） （包含信息学院各院系开设的专业任选课组，微纳电子系开设的专业任选课如下）			
	专业英语	2	集成传感器	2
	微纳电子材料器件分析技术	2		
综合论文训练（15学分）				

（二）研究生培养

半导体专业早在 20 世纪 60 年代开始培养研究生。"文革"后，于 1978 年重新开始招收研究生。1981 年，获得全国首批半导体物理与器件博士学位授予权。1990 年，半导体物理与器件更名为半导体器件与微电子学；1996 年学科调整，二级学科半导体器件与微电子学更名为微电子学与固体电子学；1998 年获得电子科学与技术一级学科博士、硕士学位授予权。2001 年，国家重点学科评审中，微电子学与固体电子学被评为重点学科。2004 年 3 月，学校批准成立微电子与纳电子学系。自 2006 年开始，博生研究生和硕士研究生按微纳电子系招生和培养。

2004 年，微电子与纳电子学系与清华大学深圳研究生院联合按自筹经费招收"电子与通信工程领域"全日制双证（毕业证和学位证）工程硕士研究生。2006 年，清华大学微电子与纳电子学系首批获得"集成电路工程领域"工程硕士授予权，开始招收"集成电路工程领域"全日制双证工程硕士研究生。学科方向有：微/纳电子器件及微系统、系统的芯片集成、微/纳米工艺学、微/纳器件和系统的 CAD 方法。

研究生学位必修学分的基本要求（参照 2009 年最新培养方案）如下：

（1）普博生在攻读博士学位期间，需获得学位必修学分不少于 18（其中课程考试学分不少于 12）。

（2）直博生在攻读博士学位期间，需获得学位必修学分不少于 39（其中课程考试学分不少于 33）。

（3）硕士研究生在攻读硕士学位期间，要完成公共必修课及所在学科规定的课程和各项培养环节要求。获得总学分不得少于 30，包括课程学分 28（其中考试学分不少于 25），必修环节 2 学分。

（4）攻读工程硕士专业学位的研究生，需获得学位要求学分不少于 32（其中考试学分不少于 22），必修环节 3 学分。

共开设研究生课程 26 门（参照 2009 年最新课程开设情况），见表 19-18-6。

到 1992 年底，共毕业并取得硕士学位者 115 人，毕业并取得博士学位者 18 人。

1993 年至 2010 年授学位情况统计见表 19-18-7。

表 19-18-6　微纳电子系研究生课程设置及学分

所属类别	课 程 名 称	学分	课 程 名 称	学分
专业基础课 （共8门）	数字集成系统设计	3	数字 VLSI 系统的高层次综合	3
	半导体器件物理进展	3	集成电路的计算机辅助设计（ICCAD）	3
	数字大规模集成电路	3	集成电路制造工艺及设备	2
	模拟大规模集成电路	3	射频 CMOS 集成电路设计	3

续表

所属类别	课 程 名 称	学分	课 程 名 称	学分
专业课 （共18门）	集成电路设计实践	2	微电子封装技术	2
	密码学与网络安全	3	微米/纳米技术物理	2
	新型微纳电子材料与器件	2	微机电系统（MEMS）	2
	PLL设计与时钟/频率产生	2	VLSI数字信号处理	2
	半导体存储器技术	2	纳米电子器件	2
	嵌入式系统设计与实践	2	CMOS集成电路制造实验	2
	超大规模集成网络	2	集成电路制造与生产管理	2
	微处理器结构及设计	2	IC设计与方法	2
	大规模集成电路测试方法学概论	2	微电子学最新进展	2

表 19-18-7　1993年—2010年微纳电子系研究生学位授予情况

时间	授予学位人数			时间	授予学位人数		
	工学硕士	工程硕士	博士		工学硕士	工程硕士	博士
1993	8	0	1	2003	29	3	9
1994	10	0	8	2004	32	2	13
1995	15	0		2005	32	2	9
1996	15	0	7	2006	39	11	12
1997	14	0	5	2007	47	33	10
1998	18	0	6	2008	33	61	13
1999	20	0	10	2009	30	105	19
2000	30	0	2	2010	26	94	13
2001	21	0	7	合计	459	314	150
2002	40	3	6				

表 19-18-8 至表 19-18-11 分别列出了教学成果奖、获奖专著和优秀教材、精品课建设成果以及获得全国百篇优秀博士学位论文情况。

表 19-18-8　微纳电子系教学成果奖

序号	获奖时间	获 奖 人	成果及奖项名称	发奖单位
1	2005	王志华　李冬梅　董在望	"MOS集成电路设计与实践"，荣获2004年北京市教育教学成果一等奖	北京市人民政府
2	2006	高力立　张　莉　田立林　余志平	以验证型、设计型、研究型之递进的培养思路开出有特色的本科生教学实验课，荣获2006年清华大学教学成果二等奖	清华大学
3	2008	池保勇　王自强	"模拟集成电路分析与设计"的教学改革与课程建设，获得2008年"清华大学教学成果奖"二等奖	清华大学

表 19-18-9　微纳电子系出版的获奖专著和优秀教材

序号	书　　名	作者或译者	出版社及出版时间	获奖情况
1	MOS 集成电路分析与设计基础	张建人	电子工业出版社，1987	机电部优秀教材二等奖
2	集成电路制造技术——原理与实践	庄同曾　张安康　黄兰芳	电子工业出版社，1990	1992 年机电部优秀教材一等奖
3	MOS 数字大规模及超大规模集成电路	徐葭生	高等教育出版社，1990	全国第三届优秀教材评选电子部优秀教材二等奖
4	超大规模集成电路设计方法学导论	杨之廉　申　明	清华大学出版社，2003	2002 年全国普通高等学校优秀教材一等奖
5	CMOS 射频集成电路分析与设计	池保勇　余志平　石秉学	清华大学出版社，2008	2008 年清华大学优秀教材一等奖；清华大学 2008 年精品教材

表 19-18-10　微纳电子系精品课获奖情况

序号	时间	课程名称	获奖人	奖项名称	发奖单位
1	2008	半导体物理与器件	邓　宁	清华大学精品课程	清华大学
2	2007	模拟集成电路分析与设计	池保勇	清华大学精品课程	清华大学
3	2008	模拟集成电路分析与设计	王志华	北京高等学校市级精品课程	北京市教委
4	2010	数字集成电路分析与设计	刘雷波	清华大学精品课程	清华大学

表 19-18-11　微纳电子系全国百篇优秀博士论文

序号	时间	论文题目	获奖人	指导教师
1	1999	硅基 MEMS 基础工艺技术研究及微硅麦克风的研制	邹泉波	李志坚　刘理天
2	2003	ULSI 器件中的量子力学效应和量子隧穿	马玉涛	李志坚
3	2007	MEMS 集成室温红外探测器研究	董　良	刘理天

五、科学研究

微电子所自建所以来，在满足国家重大需求和面向国际学科前沿两条主线上都取得了长足进展。在集成电路制造工艺、器件、设计方法学和集成电路设计技术方面都成为国内领先、国际知名的学科。近年来根据学科发展的新特点，全面开展了纳电子学研究，成为微电子与纳电子学领域高级科学与技术人才的培养基地。

（一）学科研究领域

微电子所的科学研究围绕当今微电子科学技术的两个主流学术方向"微电子与纳电子学"和"集成电路与系统"进行部署，分五个研究方面：

（1）微/纳电子器件与系统。重点为各种新型微电子与纳电子器件及系统，包括新型不挥发存储器、微机电器件与系统（MEMS）、纳电子器件与系统、微器件与系统，还包括用于微纳电子器件与系统的新材料、新结构及封装技术。

（2）集成电路与系统。重点研究面向高性能与低功耗数字集成系统、射频与微波集成电路设计技术、模拟与数模混合集成电路设计技术、面向通信、计算、医疗与健康、集成信息处理、信息安全的 SOC 系统芯片设计技术，研究集成电路的 IP 化及面向 SOC 的测试方法等。

（3）集成电路与微纳米工艺学。研究主流 CMOS 技术发展方向的器件结构、单元电路、新材料与相关工艺，面向 SOC 的特种工艺研究、微波集成用 SiGe 器件、非挥发性存储器器件、高压功率器件等新器件、新工艺以及微纳米工艺新技术的探索。

（4）半导体器件物理与系统的 CAD 方法。开展极小尺寸 MOS 器件输运机理研究、纳米级量子、电子器件结构和理论分析与微、纳米级新结构器件及其 CAD 软件研究、建库方法和用于 SOC 存储器类的 IP 核开发、射频（RF）电路版图设计的电路参数提取及验证等方面的研究。

（5）纳电子学与量子信息技术。研究纳米尺度的低维结构物理与实现，重点是与硅基 CMOS 工艺兼容的可集成纳电子器件、GeSi 量子点阵、分子/生物与金属电极的接触机理；研究量子位的固态实现，包括用超导器件实现多位量子位及其测量技术；用计算机模拟对纳电子器件与量子结构进行分析等。

（二）获国家及省部级科技奖励的重要科研成果

1. "六五"（1981—1985）期间

（1）"1K×4 静态随机存储器（CM2114）"，1984 年获北京市科技进步二等奖。

（2）"Cμ8085 NMOS 高速微处理器"，1984 年获电子工业部科技进步一等奖，获 1986 年国家教委科技进步一等奖。

（3）"大规模集成电路技术开发"，1985 年获国家"六五"科技攻关优秀成果奖。

2. "七五"（1986—1990）期间

（1）电话专用大规模集成电路系列"CC2911A 单片集成 PCM 编码器、CF2912 单片集成 PCM NMOS 信道滤波器"，1986 年获北京市科技进步二等奖。

（2）"大规模和超大规模集成电路研制及 3 微米工艺开发"，1987 年获国家科技进步二等奖。

（3）"HMOS 16 位微处理器（Cμ8086）的研究"，1987 年获北京市科技进步一等奖。

（4）"16K 静态随机存储器的研究"，1987 年获国家教委科技进步一等奖。

（5）"界面物理研究新技术"，1987 年获国家教委科技进步二等奖。

（6）"TEE8502—2K EEPROM 电路研制"，1988 年获国家教委科技进步二等奖。

（7）"标准单元法自动设计系统，工艺、器件与电路一体化模拟系统"，1988 年获国家教委科技进步二等奖。

（8）"超大规模集成电路高温快速热处理技术与设备"获得中国和美国专利，1990 年获国家发明二等奖，1991 年获二委一部"七五"科技攻关荣誉证书。

（9）1990 年建成国内第一条 1 微米级超大规模集成电路工艺研制线。

3. "八五"（1991—1995）期间

（1）"功率半导体器件芯片背面多层金属层制造技术"，1991 年获国家科技进步三等奖及国家

教委科技进步二等奖。

（2）"脉宽调制（PWM）专用集成电路 THP4752"，1991 年获国家教委科技进步二等奖。

（3）"G 七专集成稳压器热阻、间歇工作寿命技术攻关"，1991 年获北京市科技进步三等奖。

（4）"电阻传感式测量专用集成电路"，1991 年获国家教委科技进步三等奖。

（5）"基于优化的交互式半导体器件模型参数提取系统 MODPEX"，1992 年获家教委科技进步二等奖。

（6）"16 位微机配套主要电路"，1992 年获国家教委科技进步二等奖。

（7）参加的 "IC CAD 三级系统总体设计、软件开发和实用化" 项目，1993 年获国家科技进步一等奖。

（8）"1～1.5 微米成套工艺开发及相应水平的大规模集成电路（1 兆位汉字只读存储器）的研制" 项目，1993 年获电子工业部科技进步一等奖，1995 年获国家科技进步二等奖。

4. "九五"（1996—2000）期间

（1）"微波功率 SiGe 异质结双极晶体管的研制"，1999 年获信息产业部科技进步三等奖。

（2）"开关电源脉宽调制芯片 TH2068"，1999 年获国家教委科技进步三等奖。

5. "十五"（2001—2005）期间

（1）"公用电话 IC 卡专用芯片 DTT4C01A"，获 2001 年度北京市科技进步一等奖，获 2002 年度国家科技进步二等奖。

（2）"数字信号处理算法的芯片设计关键技术"，获 2001 年度北京市科技进步二等奖。

（3）"第二代居民身份证专用芯片（THR9904）与模块" 项目，获 2004 年度北京市科技进步二等奖。

6. "十一五"（2006—2010）期间

（1）"THU RSA-1024 高速安全芯片" 项目，获 2007 年度北京市科技进步三等奖。

（2）参加的 "90 纳米～60 纳米极大规模集成电路大生产关键技术研究" 项目，获 2007 年度国家教育部科技进步一等奖，获 2008 年度国家科技进步二等奖。

（3）参加的国家科技专项获 2008 年度国家科技进步一等奖。

（三）论文与专利

发表学术论文情况如下：

1984 年至 2010 年，在国际学术会议发表论文总数 1 040 篇，在国内学术会议发表论文总数 523 篇，在国外学术刊物发表论文总数 374 篇，在国内学术刊物发表论文总数 1 205 篇，公布的 SCI（网络版）收录的论文总数 831 篇。

1984 年至 2010 年，获得专利授权总数 165 项（其中 139 项为发明专利）。

（四）科技成果推广

科技为国民经济建设服务是清华大学微电子所一贯坚持的方向，科研成果的推广有以下几种方式：

（1）吸引社会资源和投资，完成科学成果的产业化。这种方式的典型例子是同方股份投资成立的同方微电子公司，2003 年以国家更换第二代身份证为契机，将集成电路卡芯片技术产品化。2006 年起，同方微电子连续 4 年跻身为国内 10 大集成电路设计公司。

（2）现有的技术成果向工业界转让。这类方式包括专利技术和专有技术的转让。典型的例子包括：1K SRAM、Cμ8085 N 沟单片微处理器、PCM NMOS 信道滤波器等集成电路向原上海元件五厂转让；16 位微机四种主要配套集成电路；芯片版图向上海贝岭公司转让；1 兆位 ROM 汉字库向无锡华晶集团转让；16 位微处理器 Cμ8086 和 8/16 位微处理器 Cμ8088 向香港兴华公司转让等。

（3）与企业就共同关心的技术方向开展长期合作，建立联合实验室开展研究工作。例如 2005 年与同方微电子建立射频标签技术联合研究实验室，2008 年建立的"清华大学（微电子所）-英特尔先进移动计算技术研究中心"等。

（4）企业出资，合作开展核心技术的研究。这类合作方式下，每年获得的研究经费占微电子所总研究经费的 1/3 以上。

六、对外合作与交流

微电子所积极发展与国内外的学校和科研机构的学术交流，每年平均接待国外来访 20 余批，同时每年派出本所近百人员前往世界各地参加国际学术会议及进行国际合作和学术交流，承办了多次各种形式的国际会议。

按照清华大学与比利时鲁汶大学的相关合作协议，公派学生到鲁汶大学进行交流学习；公派学生到荷兰德尔福特工业大学进行半年的交换培养；同时还接受美国大学交换生和巴基斯坦大学交换生等。

2006 年以来微电子所主办的国际会议有：中美半导体论坛（2006），亚洲固态电路会议（IEEE Asia Solid state Circuit conference，A-SSCC）（2006），国际电子器件与半导体技术会议（2007 IEEE International Workshop on Electron Devices and Semiconductor Technology，IEDST 2007），IEEE 国际固态电路会议北京分会（ISSCC'09 Highlights in Beijing，China，ISSCC 组委会首度在全球选择了 5 个城市召开本地卫星会议），第 13 届计算电子学国际会议（13th International Workshop on Computational Electronics（IWCE-13））（2009），国际电子封装技术和高密度封装会议（International Conference on Electronic Packaging Technology）（2009），第三届国际生物医疗电路与系统会议（2009 IEEE Biomedical Circuits and Systems Conference）（2009），第六届亚洲固态电路会议（IEEE Asian Solid-State Circuit Conference）（2010）。

微电子所还举办了第二届两岸顶尖大学芯片设计高峰论坛（2010）。

七、实验室及研究开发基地

（一）实验室

微电子所实验室有微电子学研究实验室和微电子学教学实验室。

微电子学研究实验室包括集成电路工艺线、微纳器件与系统实验室、集成电路与系统集成设计实验室、CAD 技术实验室。使用面积 4 585 平方米，净化实验室面积 1 481 平方米。具有 500 元/台以上、使用期一年以上的固定资产 814 台，其总价值 3 659 万元（其中总价值的 85％是国外

引进的设备）。

微电子学教学实验室在 2003 年进行了改建，包括半导体物理和器件实验室、集成电路测试实验室、计算机模拟实验和纳电子教学实验室四个组成部分，近五年共投入 320 万元进行建设工作，面积约 150 平方米，每年约有本所或其他院系的本科生 100 余人在此做实验。实验室每年还有120 小时以上的时间支持微纳电子系及电子工程系的科研项目工作。依托实验室，开设了"微纳电子学实验 A"和"微纳电子学实验 B"两门实验课。

（二）研究开发基地

1. 电子系统集成与专用集成电路技术研究中心

电子系统集成与专用集成电路技术研究中心是清华大学"信息科学和技术学科群"建设项目（国家教育部"211"重点工程）的三个平台之一，1999 年 10 月通过验收，具备从工程到集成电路级各层次设计、仿真、验证的功能完整的硬、软件环境，配置各种层次工作站 50 多台，前、后端高级 IC 设计软件工具 50 余套。

2. 微米/纳米技术研究中心微加工基地

微米/纳米技术研究中心微加工基地（教育部"211"重点工程建设项目）是设立在微电子所内、国内一流的设计、加工和测试能力的微米/纳米技术科研基地，具有完整的 1 微米级集成电路工艺线以及一套三维硅微机械加工工艺设备，是一个用于 MEMS（微电子机械系统）芯片研究与加工的开放实验室。

3. 电子封装技术研究中心

电子封装技术研究中心成立于 2004 年 1 月，以微电子所的封装研究队伍为基础，结合来自海外的封装技术专家团队，研究开发具有自主知识产权和产业化前景的先进封装技术与产品，促进校内不同学科的交叉与融合。

第十九节　软件学院

一、沿革

1997 年孙家广教授向学校领导提出书面报告，建议成立清华大学软件学院。1999 年 9 月 30日经 1999—2000 学年度第 3 次校务会讨论决定成立"清华大学应用技术学院"，简称"技术学院"，英文名称 School of Applied Science and Technology，校内编号290，学制2年，开展以软件工程专业为主的第二学士学位高层次职业技术教育。学院教工由核能技术设计研究院、计算机科学与技术系CAD教研组和国家CAD支撑软件工程中心抽调的部分人员兼职组成，时任清华大学教务长吴敏生教授兼任应用技术学院院长。学院位于清华大学昌平校区核能技术设计研究院所在地。1999年创办之初设立计算机软件工程专业，1999年7月正式招生，招生对象为已获普通高校学士学位的本科毕业生，年龄一般在35周岁以下的社会生源。2001年增加电子科学与技术专业，此专业招生、教学、管理等工作均由微电子所负责，学籍管理在应用技术学院。2001年，为适应我国经济结构战略性调整的要求和软件产业发展对人才的迫切需要，加大高等教育人才培养结构调整力度，推进高校办学体制改革，在孙家广、杨芙清等院士的推动下，2001年12月5日教育部和国家发展计划委员会联合发文《教育部 国家计委关于批准有关高等学校试办示范性软件学院的通知》（教高〔2001〕6号），决定选择部分高等学校，采用多项扶持政策，支持其试办国家示范性软件学院。清华大学是首批获准试办示范性软件学院的高等院校。2001年12月14日，经2001—2002学年度第6次校务会议讨论通过成立软件学院（英文名称：School of Software），校内编号410，为实体学院，组织上隶属清华大学信息科学与技术学院。时清华大学副校长顾秉林兼任软件学院院长，时国家CAD支撑软件工程技术研究中心主任孙家广任软件学院常务副院长。同时，国家CAD支撑软件工程技术研究中心随即挂靠软件学院，应用技术学院与软件学院合并，应用技术学院兼职教工编制全部转到软件学院，计算机软件工程专业改为计算机科学与技术、软件工程及电子商务专业招生，原在籍学生学籍转到软件学院，电子科学与技术专业学生学籍保留在应用技术学院。2006年7月，最后一批电子科学与技术专业学生毕业，应用技术学院不再承担学位教育工作。2008年7月1日，校务会通过撤销应用技术学院建制。

软件学院分清华园校区和昌平校区两部分，设计算机软件本科专业、计算机科学与技术、软件工程及电子商务第二学位和软件工程领域软件工程硕士学科，同时承担部分学籍在计算机系的计算机科学与技术工学硕士与博士培养工作及博士后合作研究工作。清华园校区主体坐落于清华大学西北角原厢白小营小区，部分行政机构位于清华大学中央主楼8层，使用面积约4 000平方米，以培养本科生和工程硕士研究生为主。昌平校区为原应用技术学院所在地，以培养二学位学生为主。2004年7月二学位停招，软件学院昌平校区设备全部搬回清华园校区，昌平校区随之取消。

软件学院以推进办学机制改革，探索软件人才培养模式，培养具有国际竞争力、高层次、创新性、应用型软件人才为使命，坚持"质量第一、素质与技术并重、理论与实践结合"的建院宗旨，以"教学立院、管理建院、学科兴院、科技强院"为办学理念，遵循"练中学、练中闯、练中创"的实践教学思想，追求并践行精品教育。2006年5月软件学院顺利通过全国示范性软件学院验收检查。2003年起，学院设立专职党委副书记主管学生工作，有力促进了学生工作的发展，同时充分保证了一线教学科研人员从事教研工作的时间。

软件学院历任党政负责人名录见表19-19-1。

表 19-19-1　软件学院（应用技术学院）历任党政负责人名录

院长/常务副院长	任职时间	党委书记	任职时间
吴敏生	1999-09—2001-12		
顾秉林（兼）/孙家广（常务）	2001-12—2003-11	郭聚豪	2002-06—2003-11
孙家广	2003-11—2007-01	王建民	2003-11—2007-01

续表

院长/常务副院长	任职时间	党委书记	任职时间
孙家广/王建民（兼常务副院长）	2007-01—2010-01	王建民	2007-01—2010-01
孙家广	2010-01—	王建民	2010-01—

软件学院的学术委员会主任先后由林国恩（2002-10—2004-12）和孙家广（2005-01—2010-12）担任。

二、教学科研组织

软件学院从成立之日起，根据教学科研方向设立了 4 个研究所，分别是计算机图形学与辅助设计研究所、软件理论与系统研究所、信息系统与工程研究所、软件工程与管理研究所。10 年来，各研究所以国家重大战略需求和国际科技前沿为导向，面向行业发展，不断凝练科研方向，聚焦研究重点。学院 2001 年成立时以及 2010 年建院十周年时的概况见表 19-19-2。

表 19-19-2　2001 年、2010 年软件学院研究所概况

研究所	2001 年		2010 年	
	研究方向	师资队伍	研究方向	师资队伍
软件理论与系统研究所	软件系统平台 信息安全 嵌入式系统	副教授 3 人	软件系统平台 信息系统安全 软件形式化验证	教授 5 人 副教授 3 人 讲师 3 人
软件工程与管理研究所	软件项目管理 软件质量与软件测试 软件体系结构	教授 1 人 副教授 1 人	软件项目管理 软件需求、质量与测试 软件体系结构	教授 1 人 副教授 2 人
信息系统与工程研究所	数据管理 信息系统技术	副教授 2 人	数据库基础技术 企业信息管理技术 信息增值服务	教授 1 人 副教授 6 人 讲师 1 人
计算机图形学与辅助设计研究所	计算机图形学 计算机辅助几何设计 计算机辅助设计与制造	教授 1 人 副教授 1 人	计算机图形学 计算机辅助几何设计 计算机辅助设计与制造	教授 2 人 副教授 5 人

三、教职工

软件学院在教师队伍建设中强调激励与约束并重、量化考核与注重实绩结合，实行分类管理，追求人尽其才，注重团队建设，形成了良性的人才培养与流动机制。同时，学院注重教师队伍国际化建设，2008 年设立了"软件理论"讲习教授组，2007 年图灵奖获得者 Joseph Sifakis 教授担任首席，其余团组成员均由海外知名专家学者组成。2010 年，学院共有教工 38 人。10 年来，学院先后有 2 名教师获"国家杰出青年基金"（向东、雍俊海），2 名教师入选教育部"新世纪优秀人才支持计划"（王建民、雍俊海），1 名北京市高等学校教学名师，2 名北京市教育创新标兵，1 名北京市师德先进个人，1 名北京高校优秀辅导员，1 名清华大学"清韵烛光——我最喜爱的教师"和多名清华大学良师益友。学院教职工队伍发展概况见表 19-19-3，教授、客座教授、兼职教

授名录见表 19-19-4。获得北京市级荣誉的教工名录见表 19-19-5。软件理论讲席教授组成员名录见表 19-19-6。

表 19-19-3 软件学院教工队伍发展概况表

时间	教授（研究员）	副教授（副研究员）	讲师	职员（含院聘合同制人员）
2001	3	7		5
2006	10	8	7	10
2010	9	16	4	9

表 19-19-4 2001 年—2010 年软件学院教授（研究员）、客座教授、兼职教授名录

姓名（任职时间）	姓名（任职时间）	姓名（任职时间）
教授		
孙家广（1990—，院士 1999）	覃 征（2003 调入— ）	王建民（2003— ）
向 东（2004— ）	支志雄（2005 调入— ）	顾 明（2005— ）
雍俊海（2006— ）	罗贵明（2006— ）	叶晓俊（2010— ）
林国恩（2002 调入—2010 聘期结束）	陈玉健（1999—2007 退休）	郭聚豪（1999—2004 退休）
客座教授		
宫 力（2002—2005）	潘 毅（2008—2011）	俞士纶（2010—2013）
兼职教授		
王田苗（2002—2005）	何新贵（2002—2005）	李伯虎（2002—2005）
李德毅（2002—2009）		

表 19-19-5 2001 年—2010 年软件学院教工获市级荣誉名录

时间	姓 名	荣 誉
2006	孙家广	北京市教育创新标兵
2006	王建民	北京市师德先进个人
2007	谌卫军	北京市教育创新标兵
2008	孙家广	第四届北京市高等学校教学名师
2008	彭 凌	2007 年—2008 年北京高校优秀辅导员

表 19-19-6 软件理论讲席教授组成员名录

姓 名	职 务	聘 期
Joseph Sifakis	法国 CNRS 研究总监，2007 年图灵奖获得者，Verimag 实验室的创始人，CNRS2001 年银质奖章获得者	2008-12—2011-12
Philippe Flajolet	法国科学院院士，欧洲科学院院士，组合分析理论创始人，法国 INRIA 研究主任	2008-12—2011-12
Jean-Daniel Boissonnat	法国 INRIA Sophia-Antipolis 分部研究主任	2008-12—2011-12
Krishnendu Chakrabarty	Duke 大学教授，IEEE 院士	2008-12—011-12
Kwan-Liu Ma	加利福尼亚州立大学 Davis 分校教授，获得美国青年科学家及工程师总统奖	2008-12—2011-12

姓　　名	职　　务	聘　　期
Jean-Claude Paul	法国 INRIA Lorraine 分部研究主任	2008-12—2011-12
François Sillion	法国 INRIA 资深研究员，欧洲图形学会渲染小组主席	2008-12—2011-12
Jean-Pierre Jouannaud	法国 Paris-Sud Orsay 大学教授，CNRS 银制奖章获得者	2008-12—2011-12
Pierre-Louis Curien	法国 CNRS 研究主任	2008-12—2011-12
宋晓宇	美国俄勒冈波特兰州立大学教授	2008-12—2011-12
Thomborson Clark	Aukland 大学教授	2008-12—2011-12

四、教学

软件学院坚持科学、技术与工程相结合的精品教育，强调人才培养的实用性和专业性，注重实践教学与案例教学。人才培养目标是努力培养具有良好的综合素质、良好的职业道德、扎实的软件理论和软件工程专业基础知识，并且具有良好的软件设计与实现能力、良好的项目管理能力、良好的交流与组织协调能力、较强的参与国际竞争能力和创新能力的计算机软件人才。

（一）本科教学

软件学院本科教育包括计算机软件专业和计算机科学与技术、软件工程及电子商务第二学位教育。

计算机软件专业学制 4 年。2002 年秋季首次招收校内理工院系二年级转系生 51 人；2003 年招收校内二年级转系生 50 人，同时面向高考生招生 40 人，此后本科生源以高考招生为主，接收转系生为辅。学生申请学位资格学分为 172 学分，课程设置包括校设 68 学分的公共基础课、4 学分学院强化英语课程、67 学分专业相关课程、18 学分夏季实习环节和 15 学分综合论文训练。其中专业相关课程包括 21 学分信息学院平台课程、13 学分专业基础课程、21 学分专业核心课程、12 学分专业限选课程，具体开设课程如下。

信息学院平台课：信息科学技术概论、工程制图基础、电路原理、电路原理实验、数字逻辑电路、系统分析与控制、信号与系统、通信原理概论、计算机组成原理。

专业基础课：离散数学（1）（2）、程序设计基础、数据结构与算法。

专业核心课：编译原理、数据库原理、操作系统、计算机网络、软件工程、软件系统设计、专业主题训练、信息系统安全。

专业限选课：形式语言与自动机、人工智能导论、算法分析与设计基础、分布式数据库原理、面向对象技术与应用、计算机图形学基础、高级数据结构、信息检索技术、软件项目管理、计算机动画的算法与技术、嵌入式系统及其软件工具。

计算机科学与技术、软件工程及电子商务第二学位专业学制 2 年。招生对象是普通高校本科毕业且获得第一学士学位者，录取方式有两种：一是通过由清华大学命题的入学考试，择优选拔；二是从当年报考硕士研究生未被录取的考生中择优录取。2004 年，按照清华大学规定，停招二学位。二学位课程设置以突出培养学生的语言编程、网络编程和数据管理编程能力以及系统分析、设计、开发、测试与管理能力为主，包括外语与专业课程 40 学分，工程实践环节 15 学分，学士学位综合论文训练 15 学分，学生修业期满、成绩合格，清华大学颁发毕业证书和学士学位证书。其中专业课程设有 C++程序设计、JAVA 程序设计、数据结构与算法、离散数学、计算机系统结构、汇编语言程序设计、操作系统与系统编程、网络设计及应用、数据库系统及应用、软件工程、应用软件平台及核心技术、软件高级技术、IT 前沿技术讲座、综合技能训练（含认证）。

（二）研究生培养

软件学院软件工程硕士培养采用系统的课程学习和工程实践相结合的方式，学习年限一般为 2.5～5 年，其中从事软件工程实践的时间不得少于 1.5 年。软件工程硕士生分为脱产研究生和在职研究生两种类型，脱产研究生从参加 1 月份全国硕士研究生入学统一考试的考生中选拔，考题水平与本校计算机系相同，录取分数线在清华大学研究生复试分数线的基础上确定。在职研究生从参加 10 月份全国联考的考生中择优录取，录取分数线由清华大学研究生招生办公室确定。学院学位课程总学分要求不少于 30 学分，其中必修课程学分不少于 23 学分，选修课程学分不少于 6 学分，必修环节 1 学分。取得规定学分并通过学位论文答辩的研究生，由培养单位学位评定（分）委员会审核批准后，授予软件工程领域工程硕士专业学位，脱产研究生同时获得毕业证书。学院专业课程设置遵循创新性、复合型与工程性原则，共计开设包括基础理论课程、技能培训课程、项目管理课程等专业必修课 14 门 39 学分、专业选修课 16 门 45 学分，具体专业课程设置如下。

专业必修课：算法分析与设计、面向对象技术与应用、软件项目管理、软件体系结构、软件过程改进、计算机网络技术、网络与信息安全技术、软件测试技术、信息系统分析与设计、软件度量技术、数据库管理技术、软件平台与中间件技术、数据仓库与数据挖掘、软件需求工程。

专业选修课：嵌入式系统及其软件工具、分布式系统、计算机图形学、知识工程、工作流技术基础、IT 企业文化、现代数据库系统概论、机器学习与知识发现、自动机与形式逻辑、电子商务概论、电子政务导论、并行程序设计、图像处理、多媒体网络通信技术、移动平台程序设计、软件安全开发技术。

学院历年招生毕业人数见表 19-19-7，历年在校生人数见表 19-19-8。

表 19-19-7　软件学院（应用技术学院）历年招生毕业人数

年份	本科生		二学位		软件工程硕士（MSE）			
	招生数	毕业数	招生数	毕业数	招生数（单）	招生数（双）	毕业数（单）	毕业数（双）
1999			118					
2000			417					
2001			509	118				
2002	51（转）		298	417	114	109		
2003	50（转）40（招）		352	508	59	91		
2004	54			297	141	115		
2005	51	50		352	72	104	88	95
2006	67（留3）	44			40	109	106	94
2007	66（留3）	36			31	117	68	105
2008	60（留2）	50			45	110	34	97
2009	57（留4）	49			60	111（留1）	40	105

续表

年份	本 科 生		二 学 位		软件工程硕士（MSE）			
	招生数	毕业数	招生数	毕业数	招生数（单）	招生数（双）	毕业数（单）	毕业数（双）
2010	64（留6）	67			42	91（留1）	35	117
合计	560	296	1 694	1 692	604	957	371	613

说明：单—在职工程硕士；双—全脱产工程硕士；转—校内转专业；招—高考统招；留—外籍留学生。

表 19-19-8　软件学院（应用技术学院）历年在校生人数

年份	二学位	本科生	MSE	合计	年份	二学位	本科生	MSE	合计
1999	118			118	2005	352	195	560	1 107
2000	535			535	2006		212	507	719
2001	926			926	2007		238	481	719
2002	807	51	200	1 058	2008		244	499	743
2003	650	141	332	1 123	2009		250	525	775
2004	352	195	573	1 120	2010		247	501	748

（三）教学成果

软件学院的学科发展以计算机科学与技术、信息安全、系统科学、计算数学和应用数学等为依托，注重跨一级学科的交叉与联合。建院以来，学院以我国经济结构调整的要求和对拔尖创新人才的需要为导向，适时更新教学内容、调整课程结构、修订培养方案、挖掘学科增长点，在课程体系建设、教学模式创新上取得了一定的成绩。2006 年，学院在深入研究和分析 ACM/IEEE CC 2005 的基础上，开展软件工程课程体系研究，结合我国软件工程专业的发展要求，编写出版了《中国软件工程学科教程》，组织研制了我国高等教育软件工程专业规范。在教学模式上，学院先后确定了案例教学、课程大作业、专业专题实践、强化英语训练等实践教学策略和教授备课制、论文盲评制、博士生开题四段制等教学管理策略；同时，为培养学生的创新创业意识、团队协作能力和综合职业素质，学院设立了软件学院科学研究奖学金项目（SSRT），主办清华大学软件设计大赛，与国外知名软件企业联合举办软件创新人才高级训练营，鼓励学生参与国内外各类相关领域赛事。

2004 年、2005 年、2006 年、2007 年、2009 年、2010 年软件学院本科生教学评估获全校第一名（参评教师人次≤20 的院系），2006 年春季学期研究生教学评估在大课类排名全校第一；2007 年，学院计算机软件专业的 5 个方向软件工程与管理、信息系统安全、软件系统设计、计算机图形学、信息系统工程入选 2007 年度高等学校特色专业建设点；"清华大学软件学院人才培养模式的探索与实践"和"软件创新人才培养的课程体系与实验平台建设"分别于 2006 年、2008 年获清华大学教学成果一等奖；"清华大学软件拔尖创新人才培养实验区"入选 2008 年教育部人才培养模式创新实验区；2010 年，学院软件工程专业成为清华大学第一批加入教育部卓越工程师计划的 6 个本科专业之一；同年参与组织申报软件工程一级学科。至 2010 年，学院共有"软件工程"和"电子商务概论"2 门国家级精品课程，"软件工程""电子商务概论""软件项目管理""计算机动画算法与编程基础"4 门校级精品课，主编的《电子商务概论》《Java 程序设计教程》（第 2 版）2 部教材被评为普通高等教育精品教材，《软件工程专业核心课程系列教材》等 7 部教材入选"十一五"国家规划教材。教学成果获奖情况见表 19-19-9。

表 19-19-9　2001 年—2010 年软件学院获省部级以上优秀教学成果奖情况

时间	成果名称	获奖人	获奖名称等级
2007	软件工程	孙家广（1/4）	国家精品课，教育部-IBM 精品课
	电子商务概论	覃　征（1/5）	国家精品课
	《电子商务概论》（第二版）	覃　征（1/4）	普通高等教育精品教材
2008	《Java 程序设计教程》（第 2 版）	雍俊海（1/1）	普通高等教育精品教材，北京高等教育精品教材
2010			首届中国大学出版社图书奖一等奖

说明：获奖人后面的括号中的数字为排序/获奖人数。

五、科学研究

　　软件学院以国家企业信息化应用支撑软件工程技术研究中心、信息系统安全教育部重点实验室、国家服务外包人力资源研究院为科研工作的支撑平台，在软件理论系统、信息系统工程、软件工程、计算机图形学和计算机辅助设计、信息系统安全等领域从事研究工作，先后承担 200 余项国家自然科学基金、"973"计划、"863"计划、国家"核高基"科技重大专项、国家"十一五"科技攻关、科技支撑计划、国家重点行业和企业信息化工程等国家级科研项目、国际合作项目和企业委托项目，科研经费累计达 1.078 亿元，2010 年人均科研经费 94 万元。学院强调教研相长、教研并重，注重科研成果转化为现实生产力，服务社会，初步形成了良好的产学研格局。至 2010 年，累计发表学术论文近千篇，在软件工程相关学科的顶级会议和期刊均有学术论文发表，如 IEEE Transactions on Computers、IEEE Transactions on Software Engineering、ACM Transactions on Software Engineering and Methodology、PAMI、TKDE、LICS、INFOCOM 等，获软件著作权 59 项，发明专利 21 项，省部级奖 4 项。同时，学院依托国家企业信息化应用支撑软件工程技术研究中心将科研成果进行转化，研发出计算机辅助设计系统、产品数据管理系统、企业应用软件支撑平台等软件系统，并在千余家企业得到应用，如东方汽轮机公司、中国北车集团等。

　　表 19-19-10 为学院获得省部级科研奖励的情况。

表 19-19-10　2001 年—2010 年软件学院省部级以上科研项目获奖情况

时间	项目名称	奖励名称	主要完成人	完成单位
2004	复杂信息环境下智能决策融合技术研究	教育部提名国家科学技术奖科技进步二等奖	覃　征（1）韩　毅（10）	软件学院（2）等 2 单位
2005	面向产品设计的几何计算理论及其应用研究	教育部自然科学一等奖	孙家广（2）雍俊海（3）张　慧（5）	软件学院（2）等
2006	可定制的产品全生命周期管理系统研制与应用	高等学校科学技术二等奖	王建民（1）孙家广（2）张　力（4）叶晓俊（22）刘英博（23）刘强（25）等 25 人	软件学院（1）等
2010	海量目标模拟器与地面集群目标跟踪系统的研究与应用	教育部科技进步一等奖	覃　征（1）	软件学院

说明：括号内的数字为主要完成人排名及完成单位排名。

六、对外合作与交流

为培养具有国际竞争力的软件人才，软件学院注重对外合作与交流。学院自成立以来，通过交流互访、建立联合实践基地、探讨1＋1合作培养国际软件工程硕士、联合申报并承担国际合作项目、主持召开国际会议、联合设立奖助金等途径，不断拓展对外合作与交流渠道，丰富了学院人才培养模式，促进了学院基础研究水平与国际影响力的提升。2002年，学院与日本株式会社五岳技研合作，开辟了首家海外实习基地，先后安排24名学生赴日本 NEC、CANNAC、BSI 三井子公司、ROA 公司和五岳公司实习；与此同时，学院与国内外知名企业，如微软、SUN、斯伦贝谢、BEA、联想集团等先后建立实践基地 60 余个，1 600 余名二学位学生在各实践基地进行为期一年的实践，极大地提高了学生的实践能力、扩展了学生的国际视野。2008年，软件学院组建软件理论讲席教授组，3 年来，学院以软件理论讲习教授组为主要纽带，先后与法国、美国、澳大利亚、荷兰、日本等国科研机构或专家学者联合开展国际合作研究 6 项，合作发表学术论文 30 余篇，应邀做主题报告 15 次，联合开设软件理论基础课程 2 门，举办短期课程及讲座 30 余场，同时承办了 2009、2010 第一届和第二届亚太地区形式化方法暑期学习班。学院主办国际会议的情况见表 19-19-11。

表 19-19-11　2001 年—2010 年软件学院主办国际会议情况

召开时间	国际/双边会议名称	境内人数	境外人数
2006-10	2nd IEEE Symposium on Service Oriented Software Engineering (Beijing China)	100	20
2009-06-26—28	IEEE International Conference on Shape Modeling and Applications	32	50
2010-03-14—15	The 1st Sino-Japan Workshop on Massive Simulation System for Earthquake Disaster	25	11
2010-08-15—17	International Conference on Wireless Algorithms，Systems and Applications	40	30

七、实验室与工程中心

软件学院有国家企业信息化应用支撑软件工程技术研究中心、信息系统安全教育部重点实验室、国家服务外包人力资源研究院 3 个科研平台。

国家企业信息化应用支撑软件工程技术研究中心原名国家 CAD 支撑软件工程技术研究中心，筹建于 1997 年，2000 年通过验收正式命名，2002 年由国家教育部（教技高〔2002〕17 号）和国家科技部（国科函计字〔2002〕63 号）发文更名为国家企业信息化应用支撑软件工程技术研究中心（以下简称中心）。中国工程院院士孙家广教授任中心主任。中心在中间件、信息系统安全、海量信息处理的理论与技术、企业信息化、电子政务、电子商务和远程教育等多个领域的应用支撑软件系统开展研究。自成立以来，中心完成多项国家科技攻关、"863"高技术发展、自然科学基金及国际合作项目，其中包括机械绘图与设计、三维产品造型与设计、产品数据管理、企业资源管理、电信业务支撑平台、电子商务构件及应用系统、网络教育等支撑应用软件，并基于具有自主知识产权的科研成果和核心技术，创立了与国外名牌 CAD 系统可抗衡的国产 CAD 系统品牌，同时在产品全生命周期数据管理的研究和应用技术方面处于国际先进、国内领先地位。中心共有研究开发人员 80 名，下设 CAD 软件开发部、PDM 软件开发部、电子商务软件开发部、电子政务软件开发部、远程教育软件开发部、应用集成部、技术支持部、质量保证部和行政办公室。

信息系统安全教育部重点实验室于 2007 年 2 月开始筹建，旨在围绕国家长远发展规划，从信息安全是国家安全的基础和根本出发，为我国信息系统安全建设提供技术、人才支持和支撑。实验室以构建一个信息系统安全体系、给出在信息系统中风险分析的模型和控制的机制为研究方向，重点研究内容包括风险分析模型、信息系统安全风险管理和评估、信息系统安全体系、新一代支持用户安全设备的安全协议、安全中间件平台。顾明教授任实验室主任，孙家广院士任学术委员会主任，主要研究人员 25 人。

2009 年 3 月，软件学院提请清华大学向上级主管部委申请成立中国现代人力资源研究中心，2009 年 8 月教育部和商务部联合发文同意清华大学成立国家服务外包人力资源研究院；同年，国家服务外包人力资源研究院依托软件学院开始筹建，主要开展服务外包人力资源的相关研究，为行政管理部门和服务外包产业提供政策咨询和服务。2010 年，学院配合国家教育部、商务部，共同举办了首届中国大学生服务外包创新应用大赛，同时配合学院卓越工程师计划，开展了面向服务外包的工程管理硕士研究生培养方案的研究和编写，并与 IBM、HP 等跨国公司开展合作，为推动国家服务外包产业发展起到了积极推进的作用。

第二十节　航天航空学院

一、沿革

（一）清华历史上的航空工程系

清华大学创建航空学科源于 1934 年，当时在工学院机械工程系设立了动力工程组、机械制造工程组和航空工程组。航空工程组是我国最早创办的航空工程专业，注重于飞机之制造，发动机之装卸、试验及比较等，均施与充分之训练，在四年级学生中挑选有志于航空工程的成绩优良生作为学员。1935 年冬由空气动力学大师冯·卡门推荐，聘请了美国华腾多夫（F. L. Wattendorf）博士担任航空讲座教授，同时筹备推进航空研究事业，开始了教学和研究工作。

1934 年至 1935 年间，由王士倬主持设计建成了我国第一座航空风洞。

1936 年，"国立清华大学航空研究所成立"，顾毓琇任所长，庄前鼎任副所长。同年，清华航空馆建成。期间，由冯桂连、张捷迁设计及制造了中国第一架滑翔机，殷文友、张捷迁设计了单

翼教练机。航空工程系成立前后培养了一批批优秀人才，许多人在国内外航空航天科技界和教育界发挥了重要作用。航空工程系建系前，航空工程组先后有 3 届毕业生共 30 人。

1937 年抗战全面爆发，北平沦陷，清华与北大、南开迁至湖南长沙，组成临时大学。1938 年，临时大学从湖南长沙西迁昆明，改称西南联合大学，以清华航空工程研究所为基础，在工学院内成立航空工程系。航空工程系的成立，对发展我国航空事业、培养航空人才，有着十分重大的意义。建系后，1939 年至 1946 年有 8 届毕业生共 126 人。其间于 1940 年，还承办了试飞员训练班，后因敌人侵入越南，昆明空袭频仍，故未继续举办。

抗日战争胜利后，清华大学于 1946 年回迁北平复校。在北平重建后的航空工程系由王德荣任系主任，并聘任钱学森、顾培慕、宁榥、陆士嘉、沈元、屠守锷、丁履德、王宏基等为专职教授（钱学森因在国外未能应聘到校）。

新中国成立后，在 1951 年 5 月全国第一次高校院系调整时，将厦门大学、西北工学院、北洋大学的航空系并入，成立了清华大学航空工程学院，院长为沈元；同时，学校又建成新航空馆。后来根据中央关于加快航空工业建设的决定和周恩来总理提出的要办专业航空院校的指示，在 1952 年全国第二次高校院系调整时，中央决定将清华大学航空工程学院调出，与四川大学、北京工业学院的航空系合并，新组建成立北京航空学院（即现北京航空航天大学）。

（二）工程力学系的历史沿革

1957 年初，为了适应经济与国防建设的需要，培养新兴科学技术中有关力学及计算数学方面的专业人才，在钱学森等学长的倡导下，经国务院决定由高教部与中国科学院在清华大学建立工程力学研究班，分两个组：流体力学、固体力学。钱伟长为首任班主任，郭永怀和杜庆华为副班主任。工程力学研究班共办了 3 届，毕业生 325 人，其中大多数成为了我国力学学科教学和科研的骨干力量。

办班初期，地点在中国科学院植物研究所院内（动物园正门的西边），于 1957 年下半年迁至清华大学诚斋。

工程力学研究班的培养目标是：培养具有社会主义觉悟，掌握力学理论基础和试验技术，有解决工程实际中力学问题能力的力学工作者；学制为两年至两年半。

生源有三个方面：（1）在职的高等院校的教师；（2）工厂及企业部门的在职技术干部；（3）高等工业院校的四年级的学生。担任工程力学研究班教学任务工作的是由中国科学院和清华大学选派的一些研究员及大学的教师。

工程力学研究班学员毕业后第一、二两部分人员回原单位，第三部分的学生由国家统一分配到全国各地高等学校和科学研究院所。其中绝大多数后来成为我国力学学科教学和科研的骨干力量。

清华大学附设工程力学研究班班务会议委员有：

钱学森，钱伟长，张 维，郭永怀，杜庆华。

先后三届的班主任分别是：

第一届 钱伟长（班主任，1957 年），杜庆华（副班主任）。

第二届 郭永怀（班主任，1958 年），杜庆华（副班主任）。

第三届 郭永怀（班主任，1959 年），杜庆华（副班主任）。

清华大学附设工程力学研究班招生人数及时间：

第一届　1957 年 2 月，127 人。

第二届　1958 年 9 月，64 人。

第三届　1959 年 11 月，134 人。

为了满足日益发展的国防与国民经济对力学人才的需求和高校对高质量力学教师的要求，1958 年 7 月 3 日，清华大学 1957—1958 学年度第七次校务行政扩大会议决议，成立工程力学数学系，设立流体力学、固体力学和计算数学 3 个专业，相应建立了 3 个专业教研组，学制为六年。

工程力学数学系是以数学、物理、力学等基础学科为基础，研究技术科学理论，又与生产实践相结合，解决工程设计提出的问题，培养有社会主义觉悟、又红又专的力学和计算数学人才。

1960 年 5 月，学校考虑到技术科学的共同性质、促进航空航天项目的进展，又将动力机械系的工程热物理专业调整到工程力学数学系（注：工程热物理专业的前身为 1955 年成立于动力系的工业热工专业。1957 年春，学校决定停办工业热工专业，并改为成立面向军工服务的热物理专业，代号 410。1958 年 2 月热物理教研组在动力系馆正式成立）。1961 年，根据国家的需要成立了固体力学专业一般力学专门化。这时的工程力学数学系有 4 个专业和 1 个专门化。

"文革"期间，从 1969 年起先后分别将计算数学调整到计算机科学与技术系和应用数学系，一般力学调整到精密仪器系，工程力学数学系改名为工程力学系。直到 1978 年，一般力学又调回到工程力学系。在 1972 年至 1976 年期间，先后招收了 5 届工农兵学员，共计 363 人。

1977 年，恢复高考招生制度。工程力学系流体力学、固体力学和工程热物理专业恢复招收本科生，学制五年。同年开始规模招收硕士研究生，学制二至三年。

1980 年，固体力学、流体力学专业开始招收博士研究生。

1982 年，基础课委员会中的理论力学和材料力学两个教研组与工程力学系合并，从此工程力学系又承担起全校力学课程的教学任务。

1983 年，为更好地开展科学研究工作，成立了工程力学研究所；工程热物理专业与热能工程系联合成立热能工程与工程热物理研究所。

1985 年，从科学发展和社会需要出发，将流体力学和固体力学专业合并为工程力学专业。

为进一步适应国民经济发展的需要和高科技对力学人才的要求，从 1990 年起，确定在本科招生中，力学系的专业改为工程力学（工程力学与计算机应用）及工程热物理（热科学、热能技术与控制）两个专业，主要培养力学及其相关的工程设计、新技术开发以及高新技术相结合的工程力学，工程热物理和计算机应用人才。

到 1991 年，全系设有 7 个教研组，设有包括 6 个研究室的工程力学研究所，还有地震波勘探开发研究所，以及装备了先进设备的 10 个实验室和计算机室。固体力学、工程热物理被评为全国重点学科。

1993 年，破坏力学实验室成为国家教委开放研究实验室。

1996 年，力学学科被首批批准按一级学科行使学位授予权。

1998 年，全面实行本科-硕士统筹培养计划，当年力学系有 41 名同学纳入本硕贯通培养计划。工程热物理专业获得动力工程及工程热物理一级学科博士学位授予权（与热能系共建）。

1999 年，逸夫技术科学楼建成，工程力学系迁入，教学和实验条件获得了极大改善；实行了系管教学，将教研组改为研究所，相继成立了固体力学、流体力学、工程热物理、工程动力学研究所。国家教委开放研究实验室"破坏力学实验室"更名为"破坏力学"教育部重点实验室，

2008 年更名为应用力学实验室。在全国首批百篇优秀博士论文的评选中，力学系有两篇博士论文入选。

2001 年，在教育部重点学科的评估工作中，固体力学列一级学科（力学）第一，流体力学列二级学科第一、一级学科第六，工程热物理专业（与热能系共建）列一级学科（动力工程及工程热物理）第一。与华南理工大学和北京工业大学三校联合组建"传热强化与过程节能"教育部重点实验室（现已退出）。

2002 年，增设国防定向的"飞行器设计与工程"专业，招收 21 名国防定向生。

2003 年，成立了"传热与能源利用北京市重点实验室"。

（三）航天航空学院的成立

为适应我国对航空航天领域高素质人才培养和战略高技术发展的迫切需求，进一步集成并发挥我校多学科综合优势，以整体性、高水平的航空航天科学技术研究为结合点，全面带动各相关学科的建设和发展，经过长期酝酿和精心筹备，2004 年 5 月 18 日，航天航空学院（简称航院）成立，恢复航空航天系，工程力学系从机械工程学院划转航天航空学院，清华大学宇航技术研究中心挂靠航院管理。

航空航天系下设 4 个研究所，分别是飞行器设计研究所、人机与环境工程研究所、推进与动力技术研究所和空天信息技术研究所；工程力学系下设 4 个研究所，分别是固体力学研究所、流体力学研究所、工程动力学研究所、工程热物理研究所。工程力学系的本科生招生与培养改为"工程力学与航天航空工程"。

清华大学宇航技术研究中心（以下简称"宇航中心"）于 1998 年 9 月成立。学校赋予宇航中心的任务是：开展航天技术、空间技术包括小卫星、深空探测器、航天器的研究开发，逐步成为我国宇航技术研究开发的重要基地和学术中心。

10 多年来，宇航中心通过有效整合学校相关院系的资源，成功地组织实施了"清华-1"微小卫星、"纳星-1"纳型卫星、"临近空间网络"原理实验系统等重要工程项目，参与了"绕月探测""载人航天"等重大专项及若干重大装备型号研制工作，在 LDPC 编码、电子侦察、星座通信、航天员医学监护等部分关键技术上取得了重要突破，锻炼了一支由年轻学术带头人/骨干、工程师组成的研究队伍，呈现了较为强劲的发展势头。

2006 年，成立生物力学与医学工程研究所。

2007 年 11 月 19 日，经校务会议讨论，决定将清华大学航天航空学院的航空航天系更名为航空宇航工程系，简称航空系。工程动力学研究所行政体制划入航空宇航工程系，学科建设依托力学学科。

航院依托航天航空的大背景制订了全院统一的教学计划。现在，学院拥有力学一级博士学位授予权（下设固体力学、流体力学、动力学与控制、飞行器力学与工程方向）和动力工程及工程热物理一级学科博士学位授予权（下设工程热物理方向），以及力学、动力工程及工程热物理和航空宇航科学与技术一级学科硕士学位授予权；拥有力学、动力工程及工程热物理两个博士后科研流动站。其中固体力学、流体力学、工程热物理 3 个二级学科均为国家重点学科。2006 年全国一级学科评估，航院力学学科以 99 分高居力学学科榜首，动力工程及工程热物理（与热能系合建）名列该学科第二。

表 19-20-1 和表 19-20-2 分别列出了历任党政负责人和学术委员会主任名录。

表 19-20-1　工程力学系历任系主任、党委（总支）书记名录

系主任	任职时间	党委（总支）书记	任职时间
张　维	1958—1977	解沛基	1958 — 1963-07
		李德鲁（代）	1963-08 — 1966-07
		解沛基	1966-08 — 1975-08
王和祥	1978—1985-09	李恩元	1975-09—1982-07
朱文浩	1985-10—1988-09	李德鲁	1982-08—1988-12
余寿文	1988-10—1992-02	叶宏开	1989-01—1994-01
岑章志	1992-02—1997-04	吴翘哲	1994-02—1994-11
		程保荣	1994-12—2001-09
杨　卫	1997-05—2004-05	梁新刚	2001-10—2004-05
郑泉水	2004-06—		

表 19-20-2　航天航空学院院长、党委书记、学术委员会主任名录

任职时间	院长	常务副院长	书记	学术委员会主任
2004-05—2004-10	王永志	杨　卫	梁新刚	杨　卫
2004-12—2005-03	王永志	梁新刚	梁新刚	郑泉水
2005-04—	王永志	梁新刚	庄　苗	郑泉水

二、教学科研组织

（一）基础课委员会力学教研组

1951 年 9 月 24 日，校务委员会通过成立 16 个教研组，力学教研组是其中之一，主任为张维教授。1952 年在编人员有杜庆华教授，张福范、万嘉镔副教授，讲师 5 人，助教 37 人。1953 年，校务会议确定各系及公共教研组教学秘书，其中邵敏为力学教研组教学秘书，庞家驹为公共教研组教学秘书，参加教学研究和协助教务长处理有关公共教研组教学工作。1953 年 6 月，校务行政会议决定力学教研组改设为理论力学教研组和材料力学教研组，分别由万嘉镔和杜庆华任主任。

1959 年，清华大学成立基础课委员会，主任委员李寿慈，副主任委员刘绍唐，另有委员 11 人，下属普通物理、数学、化学、理论力学、材料力学和俄文教研组。同年暑假成立基础课教师培训班，从各系抽调大学生入班，其中理论力学培训班 11 人，材料力学培训班 13 人。

1965 年底，理论力学教研组主任为钟一谔副教授和罗远祥副教授，副教授还有万嘉镔，讲师 14 人，助教 17 人，实验室工作人员 2 人。材料力学教研组主任为张福范教授，教授有钱伟长，副教授方萃长，讲师 20 人，助教 15 人，材力实验室工作人员 12 人。两个教研组联合办公室有工作人员 3 人。

"文革"期间，理论力学和材料力学教研组广大教师绝大多数分散到各系各专业进行教学工作。1977 年全国恢复高校招生考试制度后，基础课也相应恢复。1978 年，两教研组合并为力学教研组，主任由郑思樑担任，教授有钱伟长、张福范 2 人，另有副教授 4 人，讲师 29 人，助教

29 人。

1981—1982 学年度第 17 次校长工作会议决定基础课力学教研组并入工程力学系。

（二）工程力学系的教学科研机构

1958 年，成立工程力学数学系，设立流体力学、固体力学和计算数学 3 个专业，相应建立 3 个专业教研组。

1961 年，经过校内学科调整，工程力学数学系有 4 个专业和 1 个专门化，分别叫：610、620、630、640 和 650，后来取消代号称为：流体力学教研组、固体力学教研组、计算数学教研组、工程热物理教研组和一般力学教研组。

1969 年起，先后将计算数学调整到计算机科学与技术系和基础课数学教研组，一般力学调整到精密仪器系，工程力学数学系改称为工程力学系。

1978 年，一般力学调回工程力学系。

1982 年，基础课委员会中的理论力学和材料力学两个教研组与工程力学系合并，从此工程力学系承担起全校力学课程的教学任务。

1985 年，从科学发展和社会需要出发，将流体力学和固体力学专业合并为工程力学专业。

从 1990 年起，力学系的本科招生专业改为：工程力学（工程力学与计算机应用）及工程热物理两个专业。到 1993 年，全系设有 6 个教研组，分别是：弹塑性及计算力学教研组、材料力学教研组、流体工程教研组，流体力学教研组、工程热物理教研组和理论力学教研组。

1999 年，实行了系管教学，将教研组改为研究所，成立了固体力学、流体力学、工程热物理和工程动力学 4 个研究所。

（三）航天航空学院的教学科研机构

2004 年 5 月 18 日，航天航空学院成立，下设工程力学系和航天航空系（后更名为航空宇航工程系），宇航中心挂靠航院管理，后来又成立航空技术研究中心。

2006 年，在工程力学系内成立生物力学与医学工程研究所。

目前航天航空学院设工程力学系，航空宇航工程系和航空技术研究中心，宇航中心挂靠管理。

工程力学系下设：固体力学研究所、流体力学研究所、工程热物理研究所、生物力学与医学工程研究所。

航空宇航工程系下设：工程动力学研究所、飞行器设计研究所、人机环境工程研究所、推进与动力技术研究所、空天信息研究所。

三、教职工

1958 年，力学系初建阶段是由学校基础教学部以及各系（土木系、动力机械系、机械系等）抽调部分教师、从历届力学研究班毕业生中以及提前毕业的学生中补充了部分教师组成基本教师队伍。后来陆续从本系毕业生中选拔留校，并注意吸收国内学者和归国留学人员形成现在的老中青结合的优秀师资队伍。

截至 2010 年底，航天航空学院事业编制人员 111 人，其中教学科研系列 87 人，工程实验系列 17 人，教育职员 5 人，工人 2 人。在岗教授、研究员 41 人，其中院士 2 人，博士生导师 41 人；副教授和副研究员 38 人；讲师、助理研究员 8 人。高级工程师 7 人，高级实验师 2 人，工程师和实验师 7 人，高级技师 1 人。兼职教授 28 人，在站博士后 30 人，非事业编制合同制人员 27 人。

另外，宇航中心现有全职在编人员 12 人，副高人员 6 人，博士、博士后留校教师 5 人；双聘教授 2 人；兼职教授 4 人；博士后研究人员 5 人；以及跨院系合作人员多人。

表 19-20-3 列出了航院发展过程中各个时期的教职工人数。

表 19-20-3　航天航空学院各时期的教职工人数

年度	系　名　称	总人数	教师	教辅人员	职员	工人
（1）清华航空系时期（1952 年以前）						
1949	航空工程系	16	13	1	2	
1950	航空工程学系	22	20	1	1	
1951	航空学院	52	40	2	2	8
1952	航空学院	52	40	2	2	8
（2）院系调整后时期（1953—1957）						
1953	理力、材力教研组	45	41	1	2	1
1954	理力、材力教研组	67	56	6	4	1
1955	理力、材力教研组	46	46			
1956	理力、材力教研组	61	50	6	3	2
1957	理力、材力教研组	61	51	8	2	
（3）工程力学系时期（1958—2003）						
1958	工程力学数学系理力、材力教研组	75	60	9	6	
1959	工程力学数学系理力、材力教研组	137	95	18	7	17
1960	工程力学数学系理力、材力教研组	153	47	29	20	57
1962	工程力学数学系理力、材力教研组	197	119	27	15	36
1963	工程力学数学系理力、材力教研组	182	124	25	14	19
1964	工程力学数学系理力、材力教研组	194	123	47	20	4
1965	工程力学数学系理力、材力教研组	189	126	40	14	9
1970	工程力学系	194	93	20	13	68
1971	工程力学系	201	95	21	13	72
1972	工程力学系	179	121	20	11	27
1973	工程力学系	170	117	17	11	25
1974	工程力学系	183	129	17	11	26
1975	工程力学系	189	134	17	12	26
1976	工程力学系	197	139	17	11	30
1977	工程力学系理力、材力教研组	199	141	17	11	30

年度	系　名　称	总人数	教师	教辅人员	职员	工人
1978	工程力学系力学教研组	177	125		18	
1980	工程力学系力学教研组	152	90	17	7	38
1981	工程力学系力学教研组	179	118	17	7	37
1982	工程力学系	272	188	31	10	43
1983	工程力学系	268	183	37	10	38
1984	工程力学系	205	151	34	8	12
1985	工程力学系	257	170	37	15	35
1986	工程力学系	263	173	40	15	35
1987	工程力学系	260	156	41	15	33
1988	工程力学系	259	151	46	21	30
1989	工程力学系	258	149	44	25	30
1990	工程力学系	254	146	44	25	29
1991	工程力学系	233	130	45	25	25
1993	工程力学系	230	139	54	10	21
1994	工程力学系	215	133	49	11	20
1996	工程力学系	208	136	43	10	19
1997	工程力学系	173	117	33	10	13
1998	工程力学系	159	111	26	10	12
1999	工程力学系	141	98	22	8	13
2000	工程力学系	137	96	21	7	13
2001	工程力学系	125	84	22	7	12
2002	工程力学系	114	76	19	7	12
2003	工程力学系	105	70	16	7	12

（4）航天航空学院时期（2004 年以后）

年度	系　名　称	总人数	教师	教辅人员	职员	工人
2004	航院	109	75	18	6	10
2005	航院	108	75	18	6	9
2006	航院	109	77	18	5	9
2007	航院	105	75	17	6	7
2008	航院	110	82	17	6	5
2009	航院	110	86	15	5	4
2010	航院	112	88	17	5	2

　　航天航空学院各时期的教授名录见表 19-20-4，曾受聘过的兼职教授和双聘教授名录见表19-20-5。

表 19-20-4　航天航空学院各时期教授名录

姓名（任职时间）	姓名（任职时间）	姓名（任职时间）
（1）清华航空系时期（1952 年以前）		
冯桂连 1938	庄前鼎 1938	＊赵九章 1938
秦大钧 1939	方　毅 1939	王德荣 1939
周惠久 1939	金希武 1941	许玉赞 1941
李锦安 1942	范绪箕 1943	宁　榥 1943
柯元恒 1943	岳劼毅 1943	丁履德 1943
王宏基 1944	＊钱伟长 1944	钱学森 1946
刘诒瑾 1947	＊屠守锷 1947	＊沈　元 1947
顾培慕 1948	陆士嘉 1949	林士谔 1951
程本蕃 1951	徐迺祚 1951	黄逢昌 1951
马恩春 1951	王洪星 1951	梁炳文 1951
＊杜庆华（1952—2006 逝世）		
（2）工程力学系时期（1958—2003）		
＊张　维（1958—2001 逝世）	＊赵访熊（1958—1982 调学校）	张福范（1961—1983 退休）
＊黄克智（1978—　　）	王和祥（1980—1991 退休）	钟一谔（1980—1987 退休）
万嘉镔（1980—1987 退休）	罗远祥（1980—1987 调出）	王照林（1983—1994 退休）
戴福隆（1984—1998 退休）	郑兆昌（1984—1999 退休）	沈孟育（1984—2001 退休）
＊过增元（1984—　　）	张兆顺（1985—2001 退休）	徐秉业（1985—1998 退休）
谢志成（1985—2002 退休）	周力行（1985—1999 退休）	席葆树（1985—2001 退休）
方萃长（1986—1986 调出）	余寿文（1987—2007 退休）	蒋智翔（1987—1995 退休）
官　飞（1987—1993 退休）	王勖成（1987—1995 退休）	吴明德（1987—1987 退休）
傅维镳（1988—2002 退休）	朱之墀（1988—2001 退休）	陆明万（1988—2003 退休）
何衍宗（1988—1992 退休）	贾书惠（1988—1998 退休）	朱文浩（1988—1991 调学校）
＊杨卫（1989—2005 调出）	姚振汉（1989—2003 退休）	郑思樑（1989—1991 退休）
张如一（1989—1996 退休）	黄　炎（1989—1992 退休）	范钦珊（1990—2002 退休）
薛明德（1990—2005 退休）	杨宗发（1990—1992 退休）	董亚民（1990—1992 退休）
潘文全（1990—1991 逝世）	陈　熙（1991—2001 退休）	李方泽（1991—1991 退休）
罗学富（1991—1993 调出）	岑章志（1991—2001 调学校）	沈　熊（1992—1999 退休）
顾毓沁（1992—2001 退休）	刘宝琛（1992—1995 退休）	傅承诵（1992—1995 退休）
刘先龙（1992—1992 退休）	△郑泉水（1992—　　）	林文漪（1992—1997 调出）
杨慧珠（1992—　　）	王　正（1992—1999 退休）	傅正泰（1992—1998 退休）
王学芳（1993—2001 退休）	丁文镜（1993—1998 退休）	苏铭德（1993—2005 退休）
李德葆（1993—1996 退休）	章光华（1993—1995 退休）	周春田（1993—1993 退休）
孙庆平（1993—1997 离职）	李　旭（1993—1994 离休）	蔡敏学（1993—1995 退休）
金观昌（1994—2002 退休）	△符　松（1993—　　）	赵文华（1994—2002 退休）

续表

姓名（任职时间）	姓名（任职时间）	姓名（任职时间）
朱德忠（1994—1997 退休）	邵 敏（1994—1996 退休）	刘信声（1994—1996 退休）
丁占鳌（1994—1995 退休）	朱克勤（1994— ）	许宏庆（1995—1997 退休）
任文敏（1995—2002 退休）	胡桅林（1995—1996 退休）	周辛庚（1995—1997 退休）
李万琼（1995—1997 退休）	王保国（1995— 2002 调出）	程保荣（1995—2003 调学校）
刘秋生（1996—2004 退休）	樊友三（1996—2001 退休）	何积范（1996—1997 退休）
吴翘哲（1996—1996 退休）	吴建基（1996—1997 退休）	戴诗亮（1997—2004 退休）
孙学伟（1997—2005 退休）	谢大吉（1997—1998 退休）	李志信（1997— ）
李 苹（1997—1997 退休）	薛克宗（1997—1999 退休）	王 波（1997—2001 离职）
张怀瑾（1997—1997 退休）	△方岱宁（1997—2010 调出）	王希麟（1998—2010 退休）
蔡乾煌（1998—1998 退休）	张 健（1998— ）	梁新刚（1999— ）
刘馥清（1998—1999 退休）	△吴子牛（1999 调入— ）	李俊峰（1999— ）
施惠基（2000— ）	宋耀祖（1999—2010 退休）	△琚诒光（2000 调入—2001 调出）
庄 苗（2000— ）	△冯西桥（2001— ）	黄东涛（2001—2007 退休）
孙镇华（2001—2006 退休）	朴 英（2001— ）	张冠忠（2002—2007 退休）
任革学（2002— ）	谢惠民（2002— ）	崔桂香（2003— ）
汤荣铭（2003—2007 退休）	刘应华（2003— ）	李路明（2003— ）
张 雄 2003—		

（3）航天航空学院时期（2004 年以后）

殷雅俊（2004— ）	何 枫（2004— ）	郑钢铁（2005 调入— ）
张 兴（2005 调入— ）	钟北京（2005— ）	李喜德（2005— ）
陈 民（2006— ）	任玉新（2006— ）	陆秋海（2007— ）
许春晓（2007— ）	王浩文（2008 调入— ）	△郑丽丽（2008 调入— ）
姚学锋（2008— ）	王天舒（2008— ）	陈常青（2009 调入— ）
方 菲（2009— ）	刘 彬（2009— ）	周 明（2009— ）
岑 松（2010— ）	邱信明（2010— ）	

说明：注 * 者为中国科学院或中国工程院院士，注△者为长江学者。

表 19-20-5 航天航空学院兼职教授与双聘教授名录（不完全统计）

姓 名	原任职单位	原任职称	兼职时间
卞荫贵	中科院力学所	研究员	1983-08—1986-06
李沛滋	中科院声学所	中国科学院院士	1985-08—1997-08
张涵信	中国空气动力学研究中心	中国科学院院士	1987-07—2005-03
王西铭	国家海洋环境预报中心	研究员	1989-01—1991-01
马俊如	国家科委高技司	研究员	1991-09—1993-08
曲广吉	航空航天部 501 所	高级工程师	1992-03—1998-04
张恩仲	哈尔滨锅炉厂	高级工程师	1992-09—1995-12

姓　名	原任职单位	原任职称	兼职时间
孙恒虎	中国矿业大学	教　授	1993-09—1997-08
罗学富	中国海洋石油科技开发公司	教　授	1994-02—1996-01
洪景丰	中国核动力研究设计院	研究员	1994-09—1998-08
戴根华	中科院声学所	研究员	1996-09—1998-08
童秉纲	中国科技大学北京研究生院	中国科学院院士	1998-04—2003-05
凌国灿	中科院力学所	研究员	1999-05—2000-04
庄逢甘	中国航天科技集团科学技术委员会	中国科学院、工程院院士	2000-06—2006-06
崔尔杰	中国航天空气动力技术研究院	中国科学院院士	2002-06—2008-05
高玉臣	北京交通大学	中国科学院院士	2003-04—2005-10
周　远	中国科学院理化技术研究所	中国科学院院士	2004-05—2007-04
刘兴洲	中国航天科工集团三院三十一所	中国工程院院士	2004-05—2007-04
庄逢辰	总装备部装备指挥技术学院	中国科学院院士	2004-05—2007-04
陈一坚	中航一集团第一飞机设计研究院	中国工程院院士	2004-05—2007-04
杜善义	哈尔滨工业大学	中国科学院院士	2004-10—2007-09
马兴瑞	中国航天科技集团公司	教　授	2004-10—2007-09
张育林	国防科技大学	教　授	2004-01—2014-05
孙　聪	中航一集团沈阳飞机设计研究所	研究员	2005-04—2008-03
白以龙	中科院力学所	中国科学院院士	2005-06—
武　哲	北京航空航天大学	教　授	2005-12—2008-11
杨　卫	浙江大学	中国科学院院士	2006-03—2009-02
葛昌纯	北京科技大学	中国科学院院士	2006-06—2009-05
李　天	中航一集团沈阳飞机设计研究所	中国科学院院士	2006-11—2009-10
薛海中	中国电子科技集团公司27所	研究员	2007-03—2010-02
乙晓光	空军指挥学院	研究员	2007-03—2010-02
辛　毅	总装科技委	研究员	2007-03—2010-02
张乃通	哈尔滨工业大学	中国工程院院士	2007-07—2010-06
叶培建	中国空间技术研究院	中国科学院院士	2007-07—2010-06
俞梦孙	航空医学工程研究中心	中国工程院院士	2008-03—2011-02
由俊生	空军航空医学研究所	高级工程师	2008-05—2011-04
于　全	总参第六十一研究所	中国工程院院士	2008-07—2011-06
周国泰	总后勤部军需物资油料部	中国工程院院士	2008-12—2011-11
刘行伟	空军装备研究院装备总体论证所	高级工程师	2009-04—2012-03
赵　煦	空军某试验基地	中国工程院院士	2009-12—2012-11
刘尔琦	航天科工集团三院	研究员	2009-12—2012-11
钱永刚	解放军某研究所	高级工程师	2009-12—2012-11

四、教学

（一）本科教学

1. 招生和毕业人数

自 1960 年有第一届毕业生开始到 2010 年 12 月，航天航空学院（力学系）已为国家培养了 4 289 名本科学生（其中"文革"前入学的 1 502 名，"文革"中入学的 440 名，"文革"后入学的 2 348 名）和 193 名进修班结业学员（均为"文革"中入学）。

不同时期毕业生人数统计见表 19-20-6 至表 19-20-11。

表 19-20-6　"文革"前入学的力学系历届本科毕业生人数

毕业时间		1960	1961	1962	1963	1964	1965	1966	1967	1968	1969	1970	小计
各专业人数	流体力学			36	25	23	24	41	35	30	25	52	236
	固体力学			44	45	38	43	74	48	30	31	62	353
	一般力学					12				23	22	41	321
	计算数学	26		24	36	45	52	44	44	30	30	60	331
	工程热物理			26	27	41	34	41	32	29	27	50	257
小计		26	0	130	133	159	153	200	159	142	135	265	1 502

表 19-20-7　"文革"期间力学系入学的历届毕业生人数

毕业时间		1975	1976	1977	1978	1979	1980	小计
各专业人数	流体机械（610）			30	45	35	34	144
	机械强度与振动	34		34	88	33	30	219
	热工技术				40	37		77
小计		34		64	173	105	64	440

表 19-20-8　1982 年—1997 年航天航空学院获学士学位的历届毕业生人数

毕业时间		1982	1983	1984	1985	1986	1987	1988	1989	1990	1991	1992	1993	1994	1995	1996	1997	小计
各专业人数	流体力学	25		33	33	28	28	29	29									
	固体力学	31	2	33	32	31	28	26	32									
	工程力学									59	59	58	55	35	54	17	58	875
	工程热物理		34	35	29	29	29	26	31	29	31	29	28	29	30	0	39	428
小计		56	36	101	94	88	85	81	92	88	90	87	83	64	84	77	97	1 303

注：＊表示另有结业生 5 人、按大专（三年制）毕业生 4 人未计在内。

表 19-20-9　1998 年—2007 年航天航空学院获学士学位的历届毕业生人数

毕业时间		1998		1999		2000		2001	2002	2003	2004	2005	2006	2007	小计
		93级	94级	93级	94级	95级	96级								
各专业人数	工程力学	24	27	27	31	27	54	46	46	50	45	47	31	37	492
	工程热物理	18	14	12	22	8	28	24	24						150
	热能与动力工程									24	26	22	19	20	111
	飞行器设计与工程												21	19	40
小计		42	41	39	53	35	82	70	70	74	71	69	71	76	793
补行毕业					3				6	8	4	2	3	1	27
总计授学位数		42	41	39	53		120	70	76	82	75	71	74	77	820

说明：从 1994 年本科实行本硕六年贯通培养，部分优秀学生本科学习四年。从 1997 年招生开始，本科生学制改为四年。

表 19-20-10　2008 年—2010 年航天航空学院获学士学位的历届毕业生人数

毕业时间		2008	2009	2010	小计
专业	工程力学与航天航空工程	75	76	233	82
补行毕业		1	0	2	3
总计授学位数		76	65	84	225

表 19-20-11　力学系进修班（一年半或一年学制）毕业生人数

毕业时间		1972	1974	1976	1977	1978	小计
专业人数	工业射流进修班	43	21	30			94
	等离子技术进修班				34	29	63
	气动进修班					36	36
小计		43	21	30	34	65	193

2. 课程设置与建设

随着 2004 年 5 月 18 日工程力学系整体进入航天航空学院后，工程力学系原教学和人才培养纳入了航天航空学院规划。全院每年招收本科生约 90 人，本科人才培养由原来的工程力学专业、热能与动力工程专业、飞行器设计与工程专业转变成工程力学与航天航空工程专业。经航院学术委员会讨论决定，在 2004 年的招生、培养计划中，航院的本科生实行"一进一出"，即工程力学与航天航空工程为航院的招生专业和毕业专业。原工程力学、热能与动力工程和飞行器设计与工程专业归入该专业下的学科方向。

航院学术委员会制订了新的工程力学与航天航空工程专业教学计划，目的是加强通识教育基础上的宽口径专业教育，培养厚基础、宽口径的复合型人才。航院的本科培养目标是使毕业生具有航空宇航科学与技术、力学、动力工程及工程热物理领域的理论基础，基本掌握所学领域的专门知识；具有工程综合能力、创新意识、团队精神和社会责任感、具有较强的口头和书面交流能力、具有继续进行科学研究和探索的能力、了解所学技术领域的有关管理和政策等知识、了解社会发展的历史、文化、哲学和艺术等。

为了达到这一目标，教学计划强调理工结合，重视数理基础及外语能力，在注重打好力学基础的同时，强调教学实践环节及工程训练，并注重与航空航天的结合。为适应航空航天技术发展的趋势，增加了自动控制类课程。全院制定了统一的教学平台，在低年级时侧重公共基础课的培养，在高年级时则形成不同的侧重方向，其目的是使航院培养的学生能适合宽口径的专业背景及具有很强的专业适应性。

2009年，"钱学森力学班"即工程力学专业，首次面向全国招生29名（含二次招生6人）。清华大学钱学森力学班的创办旨在秉承钱学森先生对创新性人才培养探索的厚望，并纳入清华大学拔尖创新人才培养计划——"清华学堂计划"。

钱学森力学班的培养目标是探索高质量人才的国际化创新培养模式，建立高水平的国际化培养体系，设立专门的课程系统，采取因材施教的个性化教学方式，营造热爱科学的学术氛围，激发学生的学习兴趣，厚植学生的数学、力学基础，强化学生的创造力，力求使之具备成为力学领域顶尖人才或相关科学技术领域领军人才的潜力。

航天航空学院为全校开设了"材料力学""理论力学""基础力学系列实验"基础课，还为其他系开设了流体力学等课程。

航天航空学院开设的机械学院平台课、学院平台课、实验平台课、专业课、专业选修课及全校公共选修课共约70门。其中专业基础与专业选修课约40门，按各专业方向，主要的专业基础与专业选修课见表19-20-12和表19-20-13。

表19-20-12　2009年工程力学与航天航空工程专业课程设置目录

所 属 类 别	课 程 名 称	学分	课 程 名 称	学分
（1）自然科学基础课				
数学（25学分）	一元微积分	4	数理方程引论	2
	多元微积分	4	随机数学方法	3
	高等微积分B	2	概率论与数理统计	3
	几何与代数（1）	4	复变函数引论	2
	几何与代数（2）	2		
物理（12学分）	大学物理B（1）	4	大学物理B（2）	4
	物理实验A（1）	2	物理实验A（2）	2
生物与化学（3学分）	现代生物学导论	2	现代生物学导论实验	1
	大学化学A	3		
（2）信息类基础课				
信息（10学分）	电工与电子技术	4	信号与系统	4
	计算机文化基础	2	计算机程序设计基础	3
	Fortran语言程序设计	2	计算机硬件技术基础	3
（3）机械大类课				
设计与制造类课程（7学分）	机械设计基础A（1）	3	机械设计基础A（3）	2
	机械设计基础A（2）	2	制造工程基础	2
力学与材料类课程（11学分）	材料力学	4	理论力学	4
	材料力学（英）	4	理论力学（英）	4
	工程材料	3		

续表

所 属 类 别	课 程 名 称	学分	课 程 名 称	学分
热学与流体类课程（11学分）	工程热力学	4	流体力学	4
	传热学	3	流体力学（英）	4
测量检测与控制工程基础（5学分）	基础力学系列实验	2	热物理量测技术	3
	力学实验技术	3	飞行器基础实验	3
航院平台课（9学分）	飞行器结构力学	3	空气动力学	3
	推进原理与技术	3	航天器动力学	3
	推进原理与技术（英）	3		
（4）相关专业课程				
工程力学方向（12学分）	弹性力学	4	振动量测	2
	计算流体力学	3	断裂力学	2
	计算力学基础	3	塑性力学	2
	振动理论基础	2	固体力学实验技术	2
	黏性流体力学	3	先进实验流体力学测试技术及应用	2
动力工程与工程热物理方向（11学分）	燃烧学	3	燃烧技术	2
	黏性流体力学	3	辐射换热	2
	新概念热学	2	飞行器热控制与能源管理	2
	热物理数值计算	3	火箭发动机	2
	传热设备与技术	2	热物理测量实验	2
航天航空工程方向（11学分）	航天器总体设计	3	振动理论基础	2
	航空器总体设计	3	飞行器热控制与能源管理	2
	弹性力学基础及有限元	4	火箭发动机	2
	自动控制理论（1）	4	航空发动机	2
	飞行器结构设计	3	航天器姿态控制系统	2
	飞行力学基础	2	航空发动机控制	3
	飞行控制原理	3	航空发动机原理	3
	飞行动力学与飞行控制	3	航空发动机系统控制	3
	可靠性工程	2	新军事变革与国防科学技术发展	1
专业任选课	复合材料力学	2	新概念卫星设计	1
	振动模态分析	2	高超音速空气动力学	2
	能源工程	2	有限元数值模拟与虚拟工程	3
	航空航天材料及其应用基础	2	燃烧过程的化学动力学分析	1
	力学生物学——生命科学中的力学视野	2		
全校任选课	力学概论	2	能源结构技术经济分析	3
	航空概论	2	月球旅馆工程	2

续表

所属类别	课 程 名 称	学分	课 程 名 称	学分
全校任选课	航天概论	2	细胞与分子力学	2
	生物世界中流体力学	2	流固耦合及其控制实验技术基础	2
	非牛顿流体力学	2	趣味力学试验及制作	2
	自动化中的气动技术	2	先进材料与力学行为试验与分析	3
	"三航"通讯理论基础	2		
实践环节（17学分）	军事理论与技能训练	3	专题实验	4
	金工实习	3	生产实习	5
	暑期社会调研	2		
综合论文训练（15学分）	综合论文训练	15		

表 19-20-13　2009 年工程力学专业（钱学森力学班）课程设置目录

所属类别	课 程 名 称	学分	课 程 名 称	学分
数学（22学分）	高等微积分（1）	5	数学物理方法	3
	高等微积分（2）	5	常微分方程	2
	高等代数与几何（1）	4	概率论与数理统计	3
物理（12学分）	大学物理 B（1）	4	物理实验 A（1）	2
	大学物理 B（2）	4	物理实验 A（2）	2
生物与化学课（6学分）	大学化学 A	3	现代生物学导论	2
	大学化学实验 B	1		
信息科学概论（3学分）	现代控制理论基础	3		
材料科学概论（3学分）	工程材料	3		
科学与工程计算（13学分）	程序设计基础	3	有限元法基础	4
	科学与工程计算基础	3	计算流体力学基础	3
力学理论（23学分）	理论力学	4	弹性力学	4
	材料力学	4	振动理论基础	2
	流体力学	4	热力学与统计物理	5
力学与现代工程实验和专题（15学分）	机械设计基础（A1）	3	基础力学创新实验	2
	电工与电子技术	4	力学实验技术	3
	工程科学实验	3		
实践环节（17学分）	军事理论与技能训练	3	专题实验	4
	金工实习	3	生产实习	5学分
	社会实践/调研/实验室或重大工程探究	2		
综合论文训练（15学分）	综合论文训练	15		

3. 教学成果

精品课程建设情况见表19-20-14。

表 19-20-14　航天航空学院获国家级及北京市精品课程

序号	课　程	负　责　人	获国家精品课时间	获市级精品课时间
1	材料力学	施惠基　殷雅俊	2003	2003
2	理论力学	李俊峰	2004	2003
3	弹性力学	杨　卫　冯西桥	2004	2004
4	计算力学	刘应华　牛莉莎		2006
5	流体力学	符　松	2007	

结合课程建设，教材建设也取得了丰硕的成果，获得精品教材和省部级以上教材奖情况见表19-20-15和表19-20-16。

表 19-20-15　航天航空学院获精品教材

年份	教　材　名　称	作　者	出　版　单　位
2002	应用力学	范钦珊	中央广播电视大学出版社
2003	理解航天（译著）	张海云　李俊峰	清华大学出版社
2004	理论力学	李俊峰	清华大学出版社
2005	工程力学（Ⅰ、Ⅱ）	范钦珊	高等教育出版社
2005	有限单元法	王勖成	清华大学出版社
2005	弹性理论基础（第2版）	陆明万	清华大学出版社
2005	理论力学	李俊峰	清华大学出版社
2006	工程断裂与损伤	庄　茁	机械工业出版社
2008	材料力学	范钦珊	清华大学出版社
2010	实验力学	戴福隆　沈观林　谢惠民	清华大学出版社

表 19-20-16　航天航空学院获省部级以上奖的教材

评选时间	教　材　名　称	主　编	出　版　社	获　奖　名　称
1987	机械振动（上册）	郑兆昌　庞家驹　何积范等	机械工业出版社	机械委优秀教材评选一等奖
1992	板壳理论	黄克智　夏之熙　薛明德　任文敏	清华大学出版社	第二届高等学校优秀教材评选优秀奖
1996	工程振动测试与分析	李方泽　刘馥清　王　正	高等教育出版社	第三届高等学校优秀教材评选二等奖
1996	材料力学	谢志成　陈季筠　王瑞五参编	清华大学出版社	
1996	弹性理论基础	陆明万　罗学富	清华大学出版社	
1996	材料力学试题库（CAI）	范钦珊　刘鸿文（浙大）	高等教育出版社	

续表

评选时间	教 材 名 称	主 编	出 版 社	获 奖 名 称
1998	理论力学（第四版）	罗远祥等	高等教育出版社	1998 年教育部科技进步奖三等奖
2002	应用力学	范钦珊	中央广播电视大学出版社	2002 年全国普通高等学校优秀教材一等奖

历年来所获得的省部级以上教学成果奖见表 19-20-17，教学名师名录见表 19-20-18。

表 19-20-17　航天航空学院获省部级以上教学成果奖项

年份	成 果 名 称	获 奖 等 级	主要完成人
1989	材料力学课程改革与创新	国家级教学成果优秀奖	蒋智翔　范钦珊　张小璠
2001	坚持高标准，创建新体系	国家级教学成果二等奖	范钦珊　王　波　薛克宗　孙振华　殷雅俊
2001	坚持高标准，创建新体系	北京市教学成果一等奖	范钦珊　王　波　薛克宗　孙振华　殷雅俊
2004	新世纪工程力学课程教学资源库建设	北京高等教育教学成果奖一等奖	范钦珊　李　绯　殷雅俊　倪如慧　李　斌
2004	理论力学课程体系改革与实践	北京高等教育教学成果二等奖	李俊峰　张　雄　陆明万　高云峰　陆秋海
2009	坚持改革创新，创建高水平国家基础课程力学教学基地	国家级教学成果奖一等奖	范钦珊　李俊峰　庄　茁　殷雅俊　陆秋海
2009	新生研讨课建设与发展——新生与名师互动的研究型教学实践	国家级教学成果奖二等奖	朱克勤（第三完成人）
2009	建立中国工程教育专业认证制度的研究与实践		余寿文（第六完成人）

表 19-20-18　航天航空学院教学名师名录

姓 名	获 奖 级 别	时 间
范钦珊	国家级教学名师奖	2003（首届）
李俊峰	北京市教学名师奖	2007

除以上各项成果之外，其他奖项和课程建设情况如下：

（1）2007 年获得国家级力学实验教学示范中心；

（2）2008 年获得国家级教学团队；

（3）2009 年获第七届周培源生力学竞赛团体赛特等奖；

（4）入选 2009 年度教育部双语教学示范课程建设项目："流体力学（英）"（符松）。

（二）研究生培养

1. 概况

1957 年，中国科学院和清华大学联合设立了工程力学研究班，学制为两年。研究班不但成为工程力学系的先导，而且开启了力学系研究生培养之路。共有 3 届毕业生 325 人，其中大多数成为了我国力学学科科研和教学的学术带头人，为学科的发展作出了突出贡献。

1966 年以前共培养研究生 40 人，分设固体力学、工程热物理、计算数学等专业，指导教师有钱伟长、张维、赵访熊、杜庆华、王补宣、黄克智等教授。

从 1978 年至今（截至 2010 年 12 月），共授予博士学位 580 人，硕士学位 1 471 人。2010 年，费俊龙、聂海胜、翟志刚、刘伯明、景海鹏等 13 名现役航天员顺利通过硕士论文答辩，取得航天工程领域工程硕士学位。航院 2010 年底在读研究生 505 人，其中博士生 268 人（含挪威留学生 1 人），硕士生 173 人，工程硕士生 64 人。近年来航院每年研究生招生人数在 110 人左右，其中工学硕士生数略有下降，博士生数稳步上升。

1986 年，工程力学系制订了全校第一个博士生培养方案并不断完善。2004 年，参照国际一流大学的办学模式，航院完成了博士生课程体系的全面改革和规划。新课程体系在深度、广度及与本科教学衔接方面做了大幅度调整，在深化专业课程的同时，还增列了辅修课程的要求。对博士生的培养计划、选题报告、资格考试、学术论文的发表和最终学术报告等关键培养环节制定高标准的要求和规定，并鼓励研究生积极参加国内外学术会议等各种形式的学术交流活动。固体力学研究所 1978 年创建的每周一次的学术讨论班，至今已坚持了 32 年；2003 年"非典"期间，黄克智院士为了不间断学术讨论，在近春园的石桌上指导研究生的论文工作。目前，全院的各个研究所和研究小组都不同规模地开设了学术讨论班。讨论班经常邀请国内外知名学者前来讲学，增进了研究生与大师的直接交流与思想碰撞，对研究生的成长和创新思维大有益处。

到 2010 年，航院共开设研究生课程 50 余门，教学评估结果在全校一直名列前茅。以 2007 年春季学期为例，航院整体教学水平处于全校前五名。每个学期，航院都有评分位于全校前 5% 的研究生课程。2007 年和 2008 年，朱克勤教授负责的"高等流体力学"、薛明德与郑泉水教授负责的"张量分析"和岑松副教授负责的"弹塑性力学"等 3 门研究生课获"清华大学精品课程"荣誉称号。

工程热物理研究所过增元院士等多位老师倡导参与式教学方法，极大提高了研究生学习的积极性和热情，使研究生课程的教学效果显著提高。固体力学研究所杨卫等老师探索并实践了高水平创新性博士生的培养模式，在如何提高博士生培养质量方面总结了很好的经验，固体力学的 11 篇全国优秀博士论文就是这种探索的成果。

2. 研究生培养教学成果

表 19-20-19 列出了航院在研究生培养方面所取得的主要成果。

表 19-20-19　航天航空学院获奖的研究生教学成果

年份	成 果 名 称	获 奖 人	获 奖 等 级
1992	《板壳理论》	黄克智　夏之熙　薛明德　任文敏	国家级教材优秀奖
1992	《有限单元法基本原理与数值方法》	王勖成　邵　敏	国家教委教材二等奖
1992	《燃烧学》	傅维镳	国家教委教材二等奖
1993	固体力学重点学科建设与高水平博士生规模培养	黄克智　张　维　杜庆华　戴福隆　郑兆昌	国家级特等奖

续表

年份	成 果 名 称	获 奖 人	获 奖 等 级
1995	固体力学学科点高水平博士生规模培养	黄克智	香港柏宁顿（中国）教育基金会首届"孺子牛金球奖"杰出奖
1996	《热流体学》	过增元	第七届全国优秀科技图书奖二等奖
1996	湖北建行奖教金	黄克智　过增元	湖北建行尊师重教联合会一等奖 湖北建行尊师重教联合会二等奖
2001	参与式教学——研究生创新教学的有效途径	过增元　梁新刚　李志信 胡桅林　顾毓沁	北京市教育教学成果（高等教育）市级一等奖
2005	高水平创新性博士生培养模式与实践	杨　卫　余寿文　徐秉业 郑泉水　黄克智	国家级教学成果奖二等奖及2004年北京高等教育教学成果奖市级一等奖

　　航院也十分注重研究生培养的实践环节。从1990年开辟第一个研究生社会实践基地（山东滨州，后成为第一个校级研究生社会实践基地）以来，航院陆续开辟了门头沟、昌平、平谷、鞍山、中船重工集团702研究所（无锡）、解放军5719工厂（四川）等实践基地。经过积极建设，这些基地大部分成为了全校研究生社会实践基地。航院成立后，有更多的研究生前往"三航"（航空、航天、航海）核心部门进行专业实践。通过暑期社会实践，研究生们受教育、长才干、学以致用作贡献，受到基地单位的热烈欢迎和高度评价。同时，研究生对国家重点单位的认同感越来越高，毕业后前往西部和国家重点单位就业的同学呈增多趋势。

　　2007年，研究生和本科生共同参与的航空创新实践基地正式成立，实践基地鼓励学生自行设计制作微、小型无人飞行器。组织参加了两届全国空中机器人大赛和两届全国航空航天模型科技实践锦标赛，获得一个一等奖、两个二等奖。

　　近年来，航院研究生的学位论文的水平稳步提高。2003年至2010年的8年中，航院共获得校级优秀博士论文33篇，校级优秀硕士论文24篇。从1999年开始评选全国百篇优秀博士论文以来，航院共获得13篇优秀博士论文（固体力学学科11篇，工程热物理学科2篇），这在全国的力学相关院校中是最为突出的，见表19-20-20。

表19-20-20　航天航空学院获全国优秀博士论文名录

序号	年份	姓　名	导　师	论 文 名 称	专业/学科
1	1999	谭鸿来	杨　卫	材料断裂过程的宏微观研究	固体力学
2	1999	冯西桥	余寿文	脆性材料的细观损伤理论和损伤结构的安定分析	固体力学
3	2000	刘应华	徐秉业	结构极限与安定分析的数值方法研究及其工程应用	固体力学
4	2001	朱　廷	杨　卫	铁电陶瓷的电致失效力学	固体力学
5	2002	杜丹旭	郑泉水	多相材料有效性质的理论研究	固体力学
6	2003	杨　春	过增元	深过冷液态金属比热的分子动力学模拟及实验研究	工程热物理
7	2004	姜汉卿	黄克智	应变梯度塑性理论断裂和大变形的研究	固体力学
8	2005	刘　哲	郑泉水	碳纳米管若干力学问题的研究	固体力学
9	2006	冯　雪	黄克智	铁磁材料本构关系的理论和实验研究	固体力学
10	2008	王立峰	郑泉水	碳纳米管及相关纳米结构的力学性质研究	固体力学

序号	年份	姓 名	导 师	论 文 名 称	专业/学科
11	2009	裴永茂	方岱宁	铁磁智能材料力磁耦合行为研究	固体力学
12	2010	吴 坚	黄克智	基于原子势的碳纳米管有限变形壳体理论	固体力学
13	2010	陈 群	过增元	对流传递过程的不可逆性及其优化	工程热物理

航院毕业研究生已经在国家的许多重点行业和领域施展着才华。在他们中有张涵信、吴有生、何友声、高金吉、高玉臣、杨卫、范本尧等中国科学院和中国工程院院士，中国人民解放军63820部队副司令员桂业伟少将，我国第一颗整星出口尼日利亚的总设计师周志成研究员等一大批杰出人才。

五、科学研究

（一）概述

科学研究工作基本上可分为四个阶段：第一阶段是从1958年建立工程力学数学系至1966年，这个阶段是以我国航空、航天工程中的力学、数学和热物理等问题为主进行科学研究；第二阶段是1966年至1977年，这个阶段科学研究工作受到很大的干扰和冲击，但在解决工程实际问题中取得部分应用性科研成果；第三阶段是1977年至1998年，这个阶段面向各行各业的力学与热物理问题，无论在基础理论研究还是在应用科学研究方面都取得了一批高水平科学研究成果；第四阶段从1999年开始，在兼顾面向各领域的力学与热物理问题研究的同时，航空航天方面的研究逐步受到重视。

（二）科研项目

科研项目主要来自国家自然科学基金委、国家教育部、国家科技部、国家发改委、总装备部、国防科工委、航天科技集团、航天科工集团、航空一集团、航空二集团等，以及横向协作项目和国际合作项目。

1992年，傅维镳教授、周力行教授获国家级攀登计划项目，固体力学学科点"八五"期间主持承担一项国家重大项目，承担多项重点项目，并参加长江三峡水轮机研究重大项目。

1994年，杨卫教授获首届国家杰出青年基金；1995年，郑泉水教授获国家杰出青年基金，同时获霍英东青年教师基金和霍英东青年教师奖；符松教授获国家教委资助年轻教师基金，同时获基金委优秀中青年人才专项基金，并于1997年获国家杰出青年基金。

1996年，黄克智教授和符松教授分别获曹光彪基础研究基金。

1999年，在过增元院士主持下，"航天技术和信息技术中的微细尺度传热"申请获得了国家自然科学基金委重大项目的支持，并且主持了"航天技术中的特殊传热问题研究"课题的研究。

2000年，作为首席科学家之一，过增元院士主持了"973"项目"高效节能的关键科学问题"，李志信、宋耀祖教授负责了"传递过程强化与控制的新理论"的研究工作。该项目提出了传热强化场协同理论，并设计发展了系列换热器。2006年该项目继续获得"973"项目的支持。"宏微观固体力学与复杂结构的虚拟/智能化设计"获得清华大学"建设世界一流大学"（"985"）校重点项目支持，批准支持经费1 500万元。

2000年6月28日，"清华一号"微小卫星顺利升空并准确进入700千米太阳同步轨道。29日凌晨，卫星首次飞临北京上空，在卫星从地平线升起的瞬间，我校"清华一号"地面站成功实现对"清华一号"卫星的信号捕获，随即顺利进行了最小系统测试、软件上载、姿态调控以及收发信号、照相机载荷、GPS接收机等测试工作。1998年10月，清华大学派出10名教师组成的专业技术队伍赴英国萨瑞大学学习现代微小卫星技术，"清华一号"微小卫星是与英方人员共同设计研制的。

2001年至2004年，宇航中心在国家有关科研计划和学校"985工程""211工程"建设计划的支持下，研制了我国首颗飞行质量小于25千克的"纳星一号"纳型卫星，同时研制了S波段纳星卫星测控通信地面站，安装架设在中央主楼。2004年4月"纳星一号"成功搭载发射，通过宇航中心地面站，我校独立完成了对"纳星一号"的全部测控、实验任务。"纳星一号"纳型卫星及地面站是一次成功的创新，达到国际先进水平。

2002年，"微纳米材料的力学和智能材料的力学"获得国家自然科学基金委创新群体项目支持（2002—2004），2005年获得二期（2005—2007）的继续资助。

2005年，航天航空学院主持的清华大学"十五""211工程"建设项目"微小型飞行器的测控与实验平台"启动，包含"小型飞行器空气动力学实验平台""微小飞行器推进的真空试验与测控平台""卫星姿态动力学与控制半实物仿真平台""小型飞行器试验平台"4个课题，总计经费615万元。

2006年航天航空学院主持的"985"二期建设项目启动，力学系获得的配套经费超过2000万元，利用这些经费的支持，购买了先进的并行计算机，购置了比较齐全的数值模拟软件，建设了微/纳米力学与细胞力学测试平台、环境力学测量平台、电-磁-热-力多场耦合加载与耦合测量平台、航空航天材料制备与表征平台、dSPACE实时控制台、流体力学旋转运动实验台、纳米薄膜热物性测试平台等先进的实验系统与设备。航空宇航工程系获得的配套经费500余万元，建立了载人航天嵌入式仪器可靠性平台、飞行推进综合模拟平台及五自由度卫星控制全物理仿真气浮系统，逐步完善航空宇航学科的实验条件。

2007年，航天航空学院科研经费突破5000万元，航空航天与国防项目经费突破1000万元，新增国家自然科学基金数全校第一，经费超过1000万元。

2008年科研经费达5940万元，新批国家自然科学基金项目22项，居全校第二，资助经费额度连续第二次单年过千万。我院4位年轻教师赴上海参加大客联合工程队技术方案论证，为期6个月，他们以高度的责任心和使命感完成了大型客机技术论证得到论证组专家的肯定。

2009年科研经费突破7000万元，单项科研合同金额达到3000万元。

2010年科研经费8000万元，新增科研项目199项，总合同额突破1亿元。

自国家自然科学基金委员会成立以来，学院获得的重点项目有24项，杰出青年基金8项。

（三）科研成果

1. 学术论文

自1994年以来，航院在SCI上收录的论文逐年增长，见表19-20-21。除了数量上的增长之外，在高水平学术期刊（如 *J. Mechanics Phy. Solids*、*J. Fluid Mech.*、*Phy. Rev. B*、*J. Appl. Phy.*、*Int. J. Heat Mass Transfer* 等）上发表的学术论文也在不断地增加，引用率也在不断增加。

表 19-20-21　航天航空学院 1994 年以来被 SCI 收录的论文数

时间	1994	1995	1996	1997	1998	1999	2000	2001	2002
论文数	23	19	30	45	41	61	84	93	118
时间	2003	2004	2005	2006	2007	2008	2009	2010	
论文数	147	144	161	172	146	193	204	198	

2. 科研成果及获奖

截至 2010 年，航院共获科研成果奖励 272 项，其中国家级奖 37 项，部委、省市级奖 156 项，各种专项奖 79 项。1982 年至 2010 年所获得的国家级奖项见表 19-20-22。

表 19-20-22　航天航空学院 1982 年—2010 年获得的国家级奖项

年份	项 目 名 称	奖 励 级 别	获 奖 人
1982	交流偏量式气桥双张检测器	国家科委发明四等奖	蔡敏学
1982	广义变分原理的研究	国家自然科学二等奖	胡海昌　钱伟长　罗　恩　匡震邦　薛大为
1982	层叠式气源发生器	国家科委发明三等奖	蔡敏学　王学芳　沈同和
1982	三维应力分析的全息光弹性材料和实验技术	国家科委发明三等奖	戴福隆　钟国成
1984	共振搅拌反应器	国家发明四等奖	亓平言　戴诗亮
1985	10～19 小氮肥造气鼓风机	国家科技进步三等奖	沈天耀　吴松盛　崔良成　刘淑兰
1987	引射式平焰烧嘴	国家发明三等奖	宋湛萍　吴学曾
1987	旋启式水阻可控缓闭止回阀	国家发明四等奖	王学芳　雷赤斌　叶宏开　汤荣铭　李滨江 余　钢
1987	裂纹扩展过程与断裂准则	国家自然科学三等奖	黄克智　高玉臣　余寿文　张晓堤　戴　耀 罗学富
1987	人工心脏瓣膜性能体外检测技术与装置	国家科技进步二等奖	席葆树　祖佩贞　裴兆宏　丁启明　郑永泽 查明华　李守彦　陈福贵　杨岱强
1989	用云纹干涉法中的闪耀衍射及试栅的制配工艺	国家发明四等奖	傅承诵　吴振华　戴福隆
1989	大速差同向或旋转射流火焰稳定方法及通用煤粉燃烧器	国家发明二等奖	傅维镳　卫景彬　韩洪樵　詹焕青　孙文超 陈以理　黄家穆　黄维胜
1990	测量高温下材料力学性能的光学装置	国家发明四等奖	金观昌　章玮宝　董良金
1991	热等离子条件下颗粒的传热与阻力	国家自然科学三等奖	陈　熙
1991	离心通风机内流理论及设计计算系统的应用研究	国家科技进步一等奖	沈天耀　吴松盛　崔良成　郑幼昕　王智迅 毛忠扶　付汉章　林建忠　孙维汉　吴国经
1992	水泥回转窑带火焰稳定器的喷煤管	国家级星火四等奖	吴学曾　李荣先
1992	华丰系列高效采暖炉	国家级星火二等奖	蔡敏学　李英敏　谭子蓉　胡桂林　马乾第

续表

年份	项目名称	奖励级别	获奖人
1992	叶轮机叶片颤振研究	国家科技进步二等奖	周　盛　　宋兆泓　　冯毓诚　　胡守安　　陶德平 孙瑞莲　　杨晓东　　沈孟育　　刘秋生
1992	SCD双差动声光频移二维激光多普勒测速仪	国家发明四等奖	沈　熊　　于和生　　王宗森
1992	高能等离子喷涂厚陶瓷涂层技术	国家发明三等奖	张冠忠　　赵文华　　贺　勇　　王海军　　王　杰 解维军
1995	光谱法连续测光瞬态温度装置	国家科技进步三等奖	赵文华　　阎究敦　　张冠忠　　贺　勇　　过增元
1995	双一次风通道通用煤粉主燃烧器	国家发明四等奖	傅维镳　　张恩仲　　何裕昆　　周明德　　唐　林 韩洪樵
1995	热流体工程中的热阻力、绕流、热驱动和热稳定	国家自然科学三等奖	过增元　　李志信　　胡桅林　　宋耀祖　　桂业伟
1995	固体材料的宏细观本构理论与断裂	国家自然科学三等奖	杨　卫　　孙庆平　　黄克智　　余寿文　　罗学富
1997	高灵敏度高温全息云纹光栅	国家发明三等奖	戴福隆　　谢惠民　　石　玲　　卿新林　　邹大庆 王国韬
1997	多体充液柔性复杂系统稳定性与大幅晃动非线性动力学研究	国家科技进步三等奖	王照林　　李俊峰　　吴翘哲　　楚天广　　曾江红
1998	中国正常人体惯性参数测定和统计	国家科技进步二等奖	郑秀瑗　　郑智良　　王云德　　余桂石　　岫　昆 吴延禧　　胡德贵　　徐乃东　　孙国光
1999	煤燃烧特性的宏观通用规律研究	国家自然科学四等奖	傅维镳　　葛　阳　　张百立　　曾桃芳　　韩洪樵
2001	压力容器极限与安定性分析及体积型缺陷安全评估工程方法研究	国家科技进步二等奖	陈　钢　　徐秉业（2）　　陈学东　　沈士明 岑章志（5）　　杨铁成　　刘应华（7）　　石智豪 霍立兴　　谢铁军
2003	海洋平台结构检测维修、安全评定与实时监测系统	国家科技进步二等奖	程保荣（5）
2004	基于场协同理论的传热强化技术及其研究	国家科技进步二等奖	过增元（1）　　李志信（3）　　孟继安（5） 陈泽敬（7）　　胡桅林（9）
2004	张量函数表示理论与材料本构方程不变性研究	国家自然科学二等奖	郑泉水　　黄克智
2005	压力管道安全检测与评价技术研究	国家科技进步二等奖	刘应华　　徐秉业
2005	铁电陶瓷的力电耦合失效与本构关系	国家自然科学二等奖	杨　卫　　方岱宁　　方　菲　　朱　廷　　黄克智
2007	离散型多相湍流和湍流燃烧的基础研究和数值模拟	国家自然科学二等奖	周力行
2008	高效利用反应热副产工业蒸汽的热法磷酸生产技术	国家技术发明二等奖	宋耀祖　　张冠忠
2010	电磁固体的变形与断裂	国家自然科学二等奖	方岱宁　　刘　彬　　黄克智

3. 科技成果的推广应用

科技成果多以软件、高科技产品等形式得到推广应用。例如：模态综合技术理论及应用的计算机程序，ADINA 结构-热力分析有限元通用程序，层叠式气源发生器，人工心脏瓣膜性能检测技术和装置，大速差同向射流稳定技术及其燃烧器，大型电子玻璃熔窑模拟技术，地下低温热源开发利用技术以及获国家星火奖的高技术产品等都得到推广应用，取得了很好的经济效益。"管壳式换热器强度设计规范"领先国际同类规范 15 年，上千家企业采用；热法磷酸余热回收技术已向国内 16 个企业进行了技术转让，在新建的 28 套装置上采用，近 3 年利用本发明技术投产的项目新增产值已超过 5.13 亿元，年新增的上缴利税已达 7 309 万元，年节支 3 939 万元。依据传热强化场协同理论设计研发了系列换热器，年产值超过 1 亿元，利税超过 1 000 万元，高效换热设备的应用已超过 600 家，产生了良好的节能效果。

4. 国内外学术活动

学院各研究所常年坚持定期的学术讨论会，发扬学术民主，固体力学的破坏力学方向常年坚持每周讨论，其他研究所的学术活动也日益频繁。

自 1989 年以来的 18 年间，由航院（力学系）主持或参与主持的在校内召开的国际会议有 25 次，参加国内召开的国际会议 535 次。共有 20 人在国际理论与应用力学联合会、国际材料学会、国际传热中心、国际燃烧学会等十多个国际学术组织中担任领导工作。还有一些教授担任国际著名期刊的编委或顾问。

18 年来参加国内学术会议 800 余次。

进入 21 世纪以来，国际学术交流日益频繁，已经与一批国际一流大学建立了比较密切的合作与交流，这些大学包括美国哈佛大学、伊利诺伊大学、布朗大学，英国剑桥大学、帝国理工学院，法国多科性技术学院、巴黎矿业学院，德国马普金属研究所，日本东京大学、东京工业大学、东北大学，俄罗斯莫斯科国立大学、莫斯科航空学院等，韩国汉城大学、韩国科学技术院，澳大利亚悉尼大学等。与日本东京大学、韩国的首尔国立大学在航空航天方面建立起定期的交流，与日本京都大学、首尔国立大学在能源方面建立起了定期的学术交流机制，与新加坡南洋理工大学建立起了双边的交流机制，加入了 Asian-oceanic Top University League on Engineering（简称 AOTULE），定期参加学术交流活动。

5. 国际合作

从 1987 年开始，国际合作项目迅速增加，共执行国际合作项目 140 余项，先后与日本 SMC 株式会社建立"清华大学 SMC 气动技术研究中心"（1994-04）、与日本 IHI 株式会社建立"清华大学 IHI 研究中心"（2001-09）、与美国通用电气公司（GE）发动机公司建立"清华-通用电气推进与动力技术研究中心"（2003-09）、与日本大金工业株式会社建立了联合"清华-大金 R&D 中心"（2003-10），并且积极参加了中欧框架协议合作和日本等方面的合作。利用日本新能源产业技术综合开发机构的资助，与日本九州大学合作，在北京昌平和甘肃建立了风能发电的示范基地。

六、对外合作与交流

（一）学生培养

2001 年至 2010 年，与美国、德国、法国、荷兰、澳大利亚、日本及中国香港、台湾地区大学联合培养或者短期留学的研究生和本科生分别超过 100 人次。从 2009 年航院开始招收"钱学森力学班"，该班更加注重国际化培养，在学期间将有一个学期的时间进入国际一流大学学习。

此外，学院还培养了从朝鲜、巴基斯坦、法国、挪威以及中国香港、澳门和台湾地区来航院的留学本科生和研究生。

（二）学术交流活动

学院十分重视开展国际合作与交流，通过不断加强国际间的学术交流，保证学院的科研工作始终站在学科前沿。2001 年至 2010 年，短期或长期公派前往美、英、韩、法、日、德、葡、波兰、挪威、澳大利亚等近 20 个国家以及中国香港、澳门和台湾地区累计 400 多人次以上。近年来每年派出百余人次的教师前往国（境）外开展学术交流、访问考察、进修、探讨合作等交流活动。境外学者来访累计 400 多人次。

（三）国际会议

从 1989 年以来，学院（力学系）主持或参与主持的在校内召开的国际会议 25 场。先后承办了"2008 北京国际飞艇会议""京都-首尔国立-清华大学热能工程学术会议"、第八届断裂基础国际会议等。

（四）科研合作

学院注重与国际著名研究机构建立长期、互利的合作关系，从而有力地推动了航院各学科的发展和科研工作。1994 年与日本 SMC 株式会社合作建立了"SMC 清华大学气动技术中心"，迄今为止 SMC 累计投资近 70 亿日元。2001 年与日本 IHI 株式会社成立了"清华-IHI 研究中心"；2003 年与美国通用电气公司（GE）发动机公司建立了"清华-通用电气推进与动力技术研究中心"；2003 年与日本大金工业株式会社建立了"清华-大金研究中心"。

此外，学院与波音公司、三菱重工、西门子公司等海外知名企业一直保持着密切的科研合作，目前在研的国际合作科研项目 35 项。

七、实验室

航天航空学院拥有"应用力学"教育部重点实验室，参与了"热科学与动力工程"教育部重点实验室和"传热与能源利用"北京市重点实验室的建设，代管校强度与振动中心实验室。

强度与振动中心实验室利用世界银行贷款于 1986 年正式建立，面向全国开放，为教学科研作出了贡献，并取得了良好的社会效益。

经过"211 工程"和"985 工程"项目的支持，学院的实验设备有了显著的提高，目前拥有价值超过 20 万元的设备 68 台（件），金额达 3 747 万元。设备总额达到 8 800 多万元。

第二十一节　工程物理系

一、沿革

（一）筹建

1955 年 1 月，中共中央做出了发展核工业、研制核武器的决定，由周恩来总理亲自组织实施。为了培养急需的大批原子能方面的技术干部，1955 年夏，清华开始筹建工程物理系：在机械系设立工程物理专业，由机械、动力、电机等系调入二、三年级优秀学生组成物 8、物 9 班，并于 1955 年秋开始招收工程物理专业一年级新生。该专业设在化学馆四楼的半层房间中。

高教部于 1955 年 9 月组织了以蒋南翔为团长的中国高等教育考察团访苏，了解苏联有关核学科专业及其他尖端专业的办学情况。蒋南翔访问回国后，提出清华要办原子能有关的 10 个新专业，1956 年 3 月 27 日得到周总理的批准。其中 9 个新专业启动和设立于即将组建的工程物理系。何东昌负责新专业的筹建，参加此项工作的还有滕藤、吕应中、余兴坤等。

1956 年 10 月 27 日工程物理系正式成立，何东昌担任系主任。

工程物理系（以下简称工物系）是我国高校首批核学科院系之一。

（二）发展

自 1956 年 10 月建系至 1966 年 5 月，主要是建立系领导班子，组建教师队伍，设置各专业教研组及相应的实验室。1958 年 7 月建成了 12 000 平方米的工物系系馆。同年工物系首届学生毕业。

工物系的专业最初是参考苏联设置的。几经调整，1958 年后全系设置天然及人工放射化学工艺学（简称放化专业，代号 110）、核物理（代号 210，该专业由核电子学、实验核物理、加速器、剂量防护、理论物理等 5 个与核物理密切相关的专业组成）、同位素分离（代号 220）、核材料（代号 230）、反应堆（代号 240）等 5 个专业。

直到 1960 年 3 月放化专业调往工程化学系（简称工化系）前，工物系是国内专业最齐全的核科学技术学系、校内规模最大的系之一。

为了建立专业课，邀请了苏联莫斯科工程物理学院等高等院校有关专家陆续来系作短期讲学。通过调入汪家鼎、李恒德、张礼等专家骨干和自己培养教师，1960 年开出了全部课程。

1958 年经中央同意，在清华大学建造一座 2 兆瓦屏蔽试验反应堆。1958 年工物系反应堆专业师生开始设计、试验，1960 年动工，1964 年 10 月 1 日达到临界，它是我国自行设计建造的第一个反应堆。同时还建成了一座零功率堆及相应的核物理、核化工、材料、热工、核探测器研制等一系列实验室，从而形成一个较完整的核科学技术教学科研基地（该基地于 1963 年由系属独立为系级研究所，取名试验化工厂，简称试化厂、200 号，即现在清华大学核能与新能源技术研究院的前身）。

因"文化大革命"的干扰，1966 年 5 月至 1970 年 5 月教学工作陷入完全停顿的状态，大部分教师下放到江西鲤鱼洲农场劳动。1968 年 7 月 27 日工宣队进校，强行系、厂合并——将原工物系所属教研组，除 220、210－3 外，全部迁入试化厂。

工物系于 1977 年从 200 号迁回校本部，与留在校内的 220 及 210－3 教研组合并，恢复原工物系建制。同年，放化专业、放射性给排水专业由工物系调出。

1982 年，工物系的理论物理、固体物理、核物理 3 个教研组与基础课物理教研组合并，组成现代应用物理系（简称物理系），1984 年 4 月至 1994 年 12 月，加速器教研组也调入物理系。1984 年 5 月，工物系的生物物理研究室及其他专业的部分教师调入生物系。1987 年 12 月，工物系的材料科学专业（即原核材料专业）调入材料系。

1992 年起，每年招收第二学士学位班。1993 级率先开始试行"本—硕连读 4＋2"的培养模式。1995 年始，陆续撤销教研组，成立研究所，系管教学，所管科研，结束了"专业办学"的历史。

1996 年起开始招收定向生。1998 年，恢复了 1964 年停办的"辐射防护与环境保护"学科，工物系成为全国唯一具有"核科学与技术"一级学科的全部 4 个二级学科的院系。2004 年，学校决定公共安全研究院挂靠工物系，同年工物系成立了安全科学与技术研究所，2005 年又增设了"医学物理与工程"和"安全技术与工程"二级学科。同时，还增设了"物理学"一级学科下属的"粒子物理与核物理"二级学科，具有"核科学与技术""物理学"两个一级学科的博士和硕士学位授予权。还设有"核科学与技术"博士后流动站。工物系形成了以核科学与技术为主、多学科综合的学科布局。

2008 年 11 月，建成了 2 万平米的新工物馆——刘卿楼。

自建系以来，工物系始终坚持"理工结合、又红又专"的办学传统。至 2010 年，已培养各类毕业生 8 500 余名：其中博士 272 名，硕士 1 034 名，本科 7 200 余名。工物系校友中，迄今成长出 27 位院士，18 位将军，16 位省部级领导干部，一大批国防和国家重点单位的专家、骨干。国家教育部、人事部联合授予工物系 2007 年度"全国教育系统先进集体"称号。

（三）历任党政负责人

表 19-21-1 和表 19-21-2 分别列出了工物系历任党政负责人和学术委员会主任名录。

表 19-21-1 工物系历任系主任和系党委（总支）书记名录

系主任	任　　期	系党委（总支）书记	任　　期
何东昌	1956-10—1966-05	滕　藤	1956-10—1958-09
		余兴坤	1958-10—1966-05
		李恩元	1972-09—1978-04
许纯儒	1978-08—1981-03	余兴坤	1978-05—1981-03
张　礼	1981-04—1982-06	许纯儒	1981-04—1985-05
李恒德	1982-07—1984-12		

系主任	任　期	系党委（总支）书记	任　期
许纯儒	1985-01—1988-09	鹿大汉	1985-06—1990-08
刘桂林	1988-10—1994-11	金兆熊	1990-09—1994-12
金兆熊	1994-12—2003-01	王儒评（代）	1994-12—1995-03
		庄人遴	1995-03—1998-06
康克军	2003-01—2003-12	程建平	1998-06—2003-12
程建平	2004-01—2006-08	陈怀璧	2004-01—
唐传祥	2006-08—		

表 19-21-2　工物系历任学术委员会主任名录

学术委员会主任	任　期
张　礼	1979—1984
李恒德	1984-3—1988-9
胡大璞	1988-10—1993
赵鸿宾	1993—1996
傅瑞峰	1996—1997-8
金永杰	1997-8—2004
李惕碚	2004—

二、教学科研组织

（一）1955 年—1966 年

工物系筹建、初建阶段启动的 9 个新专业，经调整后仅保留了直接与核有关的物理和化工方面的专业。教研组与专业一一对应。1955 年至 1958 年陆续设置的专业、专门化及 9 个教研组见表 19-21-3。

表 19-21-3　1955 年—1958 年工物系陆续设置的教研组名称、代号及对应的专业

教研组名称	教研组代号	对应的专业
放射化工（即天然及人工放射化学工艺学）教研组	110	放射化工专业（含天然放射性元素化学工艺学、人工放射性物质工艺学、轻同位素分离及应用 3 个专门化）
核电子学教研组	210—1	核电子学专业
实验核物理教研组	210—2	实验核物理专业
加速器教研组	210—3	加速器专业
剂量防护教研组	210—4	剂量防护专业
理论物理教研组	210—5	理论物理专业
同位素分离教研组	220	同位素分离专业 *
核材料教研组	230	核材料专业 **

教研组名称	教研组代号	对应的专业
反应堆教研组	240	反应堆专业
金工间	807	为全系服务

注：＊曾称重同位素分离专业；＊＊曾称金属物理专业。

1960 年，放射化工专业全部调往工程化学系。1962 年，学校对工物系教研组、专业略作调整，核电子学、实验核物理两个专业合并，仍称实验核物理专业。1964 年，剂量防护专业停办。

（二）1970 年—1976 年

1970 年 6 月起，开始招收工农兵学员，学校把与核有关的专业都集中到工物系，除原有的 210、220、230、240 专业外，还调入了原属工化系的放化专业，代号 250；原属土木系的 03 专业（即原子能企业给水和放射性废水处理专业，简称放射性给排水专业），代号 260。

（三）1977 年—2010 年

"文革"后，各教研组迁回学校恢复建制，多次进行了校内、系内的机构调整。

1977 年，部分理论物理教师并入实验核物理教研组。1980 年，组建了固体物理教研组，核材料专业更名为固体物理及材料科学专业。1982 年，核电子学教研组更名为近代物理电子学教研组（代号 210-电），并由实验核物理教研组独立出来。原实验核物理教研组的一部分同志组建了应用核物理与技术教研组（代号 210-物）。1984 年，组建了生物物理研究室，同位素分离专业更名为近代物理技术专业。1988 年以后，工物系调整为五个教研组：近代物理电子学教研组，应用核物理与技术教研组，近代物理技术教研组，反应堆教研组，加速器教研组（该组 1984 年至 1994 年并入物理系）。1995 年，开始取消教研组（室），先后组建了 6 个研究所和 1 个中心：核电子学、应用核物理与技术、加速器 3 个教研组合并为核技术研究所，近代物理技术教研组（离心分离研究室）改为技术物理研究所，反应堆教研组改为核能科学与工程管理研究所，新组建了近代物理、安全科学与技术、医学物理与工程研究所，强子技术及应用中心。

截至 2010 年，工物系的研究所、中心及研究方向、涉及的学科见表 19-21-4。

表 19-21-4　2010 年工物系的研究所、中心建设情况

序号	研究所（中心）名称	组建时间	主要研究方向	涉及的学科
1	核技术研究所	1995	粒子探测和辐射成像的理论、方法和技术，加速器物理及应用，辐射物理与探测，核电子学辐射防护与环境保护核系统控制与应用等	核技术及应用、辐射防护与环境保护
2	技术物理研究所	1999	同位素分离物理与实验，离心机械、激光分离、测试技术与仪器、低温等离子体技术	核燃料循环与材料、计量测试技术及仪器
3	安全科学与技术研究所	2004	公共安全与应急技术、城市综合防灾减灾、多参数感知的监测和探测	安全科学与工程
4	近代物理研究所	2005	高能物理和天体物理的实验技术和数据获取分析	粒子物理与核物理、天体物理
5	医学物理与工程研究所	2005	核科学与技术用于医学治疗和诊断的物理原理和工程手段	医学物理与工程

续表

序号	研究所（中心）名称	组建时间	主要研究方向	涉及的学科
6	核能科学与工程管理研究所	2006	核反应堆物理、热工，核安全，先进核能系统，磁约束聚变，大科学工程管理	核能科学与工程、等离子体物理
7	强子技术及应用中心	2009	强子加速器物理与工程，激光等离子体加速物理与技术，中子源物理与工程，中子物理学及应用，大科学工程管理等	核技术及应用、等离子体物理、中子物理

清华大学高能物理研究中心、清华大学公共安全研究院、清华大学特种能源研究所等 10 个校级单位挂靠在工物系，工物系参与共建清华大学载人航天研究中心等校级机构 3 个。

三、教职工

（一）历年教职工人数

工物系历年教职工人数见表 19-21-5。

表 19-21-5　工物系历年教职工人数

年份	1956	1957	1958	1959	1960	1961	1962	1963	1964	1965
人数	59	114	141	206	356	369	132	131	196	201
年份	1966	1967	1968	1969	1970	1971	1972	1973	1974	1975
人数	202	209	210	174	214	1 486	1 543	1 474	278	282
年份	1976	1977	1978	1979	1980	1981	1982	1983	1984	1985
人数	1 768	276	209	143	178	240	251	205	165	168
年份	1986	1987	1988	1989	1990	1991	1992	1993	1994	1995
人数	169	171	146	141	137	137	131	133	114	130
年份	1996	1997	1998	1999	2000	2001	2002	2003	2004	2005
人数	112	104	102	99	90	91	88	85	84	91
年份	2006	2007	2008	2009	2010					
人数	99	104	105	115	114					

说明：1960 年人数中已扣除寒假调出的 110 专业人数；1962 年、1963 年只是教师人数（职工缺数据）；1971 年、1972 年、1973 年、1976 年是工物系加试化厂人员数；1978 年是专任教师和系机关人员数；1979 年只是教学人员数；1980 年只是专任教师数。

（二）1993 年、2000 年、2010 年教职工队伍情况

1993 年、2000 年、2010 年教职工队伍组成情况见表 19-21-6。

表 19-21-6　1993 年、2000 年、2010 年工物系教职工队伍情况

年份	院士	教授、研究员	副教授、副研究员、高级工程师、高级实验师	讲师、助研、工程师、实验师	初级	职员	工人	在编人数
1993		21	42	30	18	12	10	133
2000	2	23	28	17		11	9	90
2010	2	26	52	25		5	4	114

（三）历任教授（含研究员）名录

历任教授（含研究员）名单见表 19-21-7。

表 19-21-7　工物系教授名录

姓名（任职时间）	姓名（任职时间）	姓名（任职时间）
何增禄（1955—1979 去世）	*汪家鼎（1957—1960 调工化系）	李恒德（1961—1988 调材料系）
张　礼（1978—1982 调物理系）	王经瑾（1984—2001 退休）	应纯同（1984—2004 退休）
屈建石（1985—1997 退休）	范毓殿（1985—1988 调材料系）	梁尤能（1986—1985 调学校）
赵鸿宾（1986—2006 去世）	*柳百新（1987—1988 调材料系）	胡大璞（1988—1993 退休）
刘桂林（1988—1995 调学校）	聂玉光（1988—2002 退休）	罗征培（1989—1993 调核研院）
郑福裕（1990—1993 调学报）	金兆熊（1990—2004 退休）	林郁正（1990—2004 退休）
傅瑞峰（1991—2003 退休）	胡玉民（1991—1994 退休）	贾宝山（1992—2007 退休）
钱绍圣（1992—2000 退休）	王德武（1992—1993 退休）	冯忠潜（1992—1997 退休）
李植华（1993—1995 去世）	蒋同远（1993—1994 退休）	郭松涛（1993—1995 退休）
△康克军（1993—2004 调学校）	钱永庚（1993—2000 退休）	童德春（1993—2000 退休）
曹栋兴（1993—1994 退休）	张静懿（1993—1996 退休）	章开琁（1993—1995 退休）
赵兆颐（1994—1996 退休）	陈弟恭（1994—1997 退休）	沈祖培（1994—2004 退休）
肖承德（1994—1996 退休）	邵贝贝（1995—2010 退休）	张育曼（1995—1997 退休）
卓韵裳（1995—1996 退休）	陈　英（1995—1996 退休）	陆嘉珍（1995—1997 退休）
魏义祥（1996—2010 退休）	张志康（1996—2002 退休）	张存镇（1997—1999 退休）
金永杰（1997—2010 退休）	庄人遴（1997—2004 退休）	陈伯显（1998—2004 退休）
王汝赡（1998—1999 退休）	邢振华（1998—2000 退休）	高文焕（1998—2005 去世）
蒲以康（2005 由电机系转入— ）	臧希年（1999—2008 退休）	李泉凤（1999—2006 退休）
张小章（1999— ）	曾　实（1999— ）	张化一（2000—2008 退休）
高原宁（2000— ）	何也熙（2000 调入—2008 去世）	施　工（2001—2008 退休）
刘慧银（2001—2003 退休）	魏仁杰（2001—2002 退休）	程　曜（2004 由物理系转入— ）
程建平（2002—2006 调学校）	*范维澄（2003 调入— ）	刘以农（2003— ）
李君利（2003— ）	包成玉（2003—2006 退休）	唐传祥（2004— ）
袁宏永（2004 调入— ）	何红建（2004 调入— ）	唐劲天（2004 调入— ）
李元景（2004— ）	王悦敏（2004—2005 退休）	王　侃（2005— ）
陈怀璧（2005— ）	杜彦从（2005—2006 退休）	陈少敏（2005 调入— ）
黄全义（2006 调入— ）	陈志强（2006— ）	李荐民（2007— ）
△张　辉（2007 调入— ）	张　丽（2008— ）	李玉兰（2009— ）

续表

姓名（任职时间）	姓名（任职时间）	姓名（任职时间）
韦　杰（2009 调入—2010 出国）	周明胜（2009—　）	黄　弘（2009 调入—　）
刘亚强（2010—　）		

说明：本名单仅限于在工物系任职期间晋升或确认教授职称的；注 * 者为中国科学院或中国工程院院士，注△者为长江学者。

（四）1987 年至今双聘、兼职教授名录

1987 年至 2010 年底双聘、兼职教授名录见表 19-21-8。

表 19-21-8　1987 年—2010 年工物系双聘、兼职教授名录

姓名（任职时间）	姓名（任职时间）	姓名（任职时间）
赖祖武（1987—1989）	* 刘广均（1987—　）	鲁绍曾（1988—1996）
连培生（1989—1997）	* 李德平（1990—2000）	徐　铼（1991—1995）
* 王承书（1991—1994）	戴贵亮（1991—1995）	陈　新（1994—2000）
刘乃泉（1994—2001）	* 谢家麟（1994—2003）	* 方守贤（1996—2009）
周展麟（1996—2000）	郑志鹏（1997—1999）	* 叶铭汉（1997—2001）
李　定（2009—　）	濮继龙（1997—2005）	* 王乃彦（1998—　）
* 李惕碚（1998—　）	范如玉（1998—　）	* 毛用泽（1999—　）
* 潘自强（1999—　）	* 吕　敏（2000—2009）	* 刘国治（2000—　）
* 樊明武（2001—2007）	* 胡思得（2001—　）	汪致远（2001—　）
* 陈森玉（2002—　）	* 徐更光（2003—2006）	朱凤蓉（2003—2006）
王奎禄（2003—2006）	* 彭先觉（2005—　）	* 顾逸东（2005—　）
* 陈念念（2007—　）	雷增光（2007—　）	何学秋（2007—　）
赵　华（2007—　）	欧阳晓平（2007—　）	王群书（2007—　）
* 刘尚合（2008—　）	赵红卫（2009—　）	

说明：有 * 者为院士。

四、教学

（一）本科教学

58 届（1953 级）—00 届（1965 级）共招收学生（含调入、招生、代培等）2 921 人，毕业学生 2 017 人（见表 19-21-9）。

"文革"前本科学制基本为 6 年。其中 58 届、59 届学制为 5 年半，61 届—69 届学制为 6 年，70 届学制 5 年半，00 届学制为 5 年。

"文革"前本科课程按"理工结合"的原则设置，物理、数学基本与综合大学理科相同。在 4 800 总学时（不含约一年的毕业设计学时）中，数理基础（高等数学、普通物理、普通化学、理论力学、统计力学、电动力学、量子力学等）达 39%，实验核物理（210）专业达 40%～43%。

表 19-21-9　58 届—00 届工物系各专业本科毕业生人数统计

专　业	58届	59届	61届	62届	63届	64届	65届	66届	67届	68届	69届	70届	00届	总计
核电子学	10	36	19	15	6	17	36	44	34	35	24	146（未分专业）	144（未分专业）	
实验核物理			28	36	33	28								
剂量防护			10	20	17	44	27	52	36	31	30			
同位素分离	8	15	17	18	18	26	24	30	20	20	20			
核材料		26	18	41	20	32	38	33	30	30	23			
核反应堆	16	25	37	29	28	60	47	39	35	30	23			
加速器	9	19		20	8	22	14	14	14	10	10			
理论物理				6	5	8	5	4	5	5	5			
合　计	43	121	129	185	135	237	191	216	174	161	135	146	144	2 017

说明：00 届为 1965 年入学 1970 年毕业，70 届为 1964 年入学 1970 年毕业。

"文革"期间，工物系各专业培养了 6 届、计 1 511 名工农兵学员，学制 3 年半。毕业人数见表 19-21-10。

表 19-21-10　工物系工农兵学员毕业人数

专　业	1970 级	1972 级	1973 级	1974 级	1975 级	1976 级	合计
＊射线测量（210）	94	38	48	42	39	38	299
同位素分离（220）	31			21	20		72
核材料（230）	42	35	33	41	41	38	230
加速器（210－3）					20		20
＊＊反应堆（240）	97	35	35	77	75	71	390
放射化工（250）	85	35	35	76	76	74	381
放射性给排水（260）				42	40	37	119
合　计	349	143	151	299	311	258	1 511

注：＊ 即原实验核物理专业；＊＊ 包含反应堆工程和反应堆控制。

　　1977 级—1984 级除剂量防护、理论物理专业停办外，基本延续了"文化大革命"前的专业设置。1977 级—1993 级本科学制基本为 5 年。1986 级—1989 级全系仅设工程物理一个专业（下设四个学科方向：近代物理电子学、近代应用物理、材料科学、能源工程），1990 级—1993 级全系设两个专业：工程物理专业（下设三个学科方向：近代物理电子学、应用核物理与技术、近代物理技术）、核能与热能利用专业。每年招生三个班：工程物理专业两个班，核能与热能利用专业一个班，共约 90 人。此外，还开设了同位素分离专业和反应堆工程专业的第二学士学位班，每年一个班，约 30 人。还为相关单位承办各种继续教育学习班。自 1993 级本科学制改为 4 年。1994 年按一个专业招生，同年开始全面实施学分制。1995 年制订了全系只设一个本科——工程物理专业（对核工业定向生、二学位生，称为核工程与核技术专业）培养计划。1996 年开始招收定向生，使本科生的招生规模由 90 人扩大至 150 人，在学本科生 600 余人。1982 年至 1995 年工物系历年授予学士学位的专业和人数，见表 19-21-11。1996 年至 2010 年工物系授予学士学位的专业和人数，见表 19-21-12。

表 19-21-11　1982 年—1995 年工物系授予学士学位的专业和人数

专业	1982	1983	1984	1985	1986	1987	1988	1989	1990	1991	1992	1993	1994	1995	合计
核电子学				19	20	20	16	29	29	32	31	30			226
实验核物理	36		30	23	20	20	后并入物理系								129
应用核物理与技术										13	13	16			42
同位素分离		16	22	19	21	20	22	27	18						165
近代物理技术									10	12	15	16			53
核材料物理	33		29	30	29	30	33	28	后并入材料系						212
固体物理				20	20	21	后并入物理系								61
加速器	35	37	36	19	20	21	21								189
反应堆	35		35	31	29	31	32	25	26	28	22	24			318
工程物理													30	58	88
核能与热能利用													32	25	57
核工程与核技术（双学位）													27	22	49
合计	139	53	152	161	159	163	124	109	83	85	81	86	89	105	1 589

表 19-21-12　1996 年—2010 年工物系授予学士学位的专业和人数

专业	1996—2000	2001—2005	2006	2007	2008	2009	2010	合计
核能与热能利用	28							28
工程物理	473	331	73	81	75	78	83	1 194
核工程与核技术	63	265	62	60	56	60	51	617
核工程与核技术（双学位）	115	107		27		16		265
合计	679	703	135	168	131	154	134	2 104

本科课程设置情况见表 19-21-13。

表 19-21-13　2010 年工物系本科课程设置及学分表

课程类别（学分）	课程名称（学分）		
人文社科基础课（35）	英语（4）	政治（14）	体育（4）
	文化素质课（13）		
自然科学基础课（40）	普通物理（12）	微积分（10）	普通物理实验（4）
	线性代数（4）	化学及实验（3）	数学物理方程（3）
	生物（2）	复变函数（2）	
技术基础及专业基础课（36）	电工技术（3）	热工基础（4）	模拟电子技术基础（4）
	信号与系统（2）	计算机程序设计基础（3）	计算机硬件技术基础（4）
	数字电路与嵌入式系统（4）	工程力学（4）	量子力学（4）
	流体力学（4）	电动力学（4）	统计力学（4）
	机械设计基础（2）	金工实习（3）	电子工艺实习（2）

续表

课程类别 （学分）	课程名称（学分）		
专业平台课程 （18）	辐射防护（2）	核辐射物理及探测学（4）	概率统计分析及测量技术（4）
	核工程原理（4）	专业基础实验（4）	
专业限选课组（6） 课组一	核数据获取与处理及课程设计（2）	物理信号处理（2） 核仪器概论（2）二选一	核医学仪器与方法（2） 微控制器开发技术（2）二选一
课组二	加速器原理（2）、微波技术（2）、电磁场数值计算（2）、等离子体物理基础（2）四选三		
课组三	级联理论（2）	计算机模拟物理（2） 机电系统控制（2）二选一	同位素分离原理（2）
课组四	核反应堆热工水力学（2）	核电厂系统与设备（2） 反应堆安全（2）二选一	反应堆物理与数值计算（2）
专业任选课程 （5）	核电子学（4）	项目管理基础（2）	激光应用（2）
	核燃料与核结构材料学基础（2）	电磁兼容设计（2）	核电厂系统与运行（2）
	核聚变概念基础（2）	可靠性工程及风险分析（2）	辐射环境测量与评价（2）
	核电站仪表与控制（2）	高温等离子体物理实验（1）	
实践环节（20）			
综合论文训练（15）			

（二）研究生培养

1966年前，各专业共选拔研究生51人，毕业研究生23人。

1972年7月，根据周总理指示精神，工物系开办了固体物理研究班，招收了70届、00届毕业留校的优秀年轻教师13人。1973年初正式开班，同年10月遭到批判而停办。1978年，固体物理研究班复班并增加了5名学员，1981年完成学业，1982年补授硕士学位。该班学员工作以后几乎都成了专家，目前已有顾秉林、朱邦芬、范守善、隋森芳四人成长为中国科学院院士。

1978年，反应堆物理、反应堆工程、核电子学、同位素分离、核材料、加速器等专业始招收硕士生，以后陆续增加了辐射技术及应用、核物理、辐射防护与保健物理等硕士专业。1981年，同位素分离、核材料专业开始招收博士生，以后陆续增加了核电子学与探测技术、反应堆工程和反应堆安全、加速器物理、原子核物理等博士专业。1991年，设立"原子能科学与技术"（1997年后改为核科学与技术）博士后流动站。

目前工物系研究生学科及学位授予权见表19-21-14。1992年起，在学研究生不断增长，现在每年招收研究生150余人（含硕、博、工硕），2002年起，研究生招生人数超过本科生，博士生比例逐年加大。现在学研究生500余人：其中博士生240余人，硕士生60余人，工程硕士生近200人。硕士和博士的学位授予情况，分别见表19-21-15和表19-21-16。

表 19-21-14 工物系研究生学科及学位授予权表

一 级 学 科	二 级 学 科	学位授予权
*核科学与技术	*核能科学与工程　*核技术及应用　*核燃料循环与材料 辐射防护与环境保护　医学物理与工程	一级学科博士硕士授予权
*物理学	*粒子物理与原子核物理	一级学科博士硕士授予权
安全科学与技术	安全技术及工程	二级学科硕士授予权

说明：注 * 者为国家重点学科。

表 19-21-15　1981 年—2010 年工物系硕士学位授予情况

学 科 专 业	1981—1993	1994—2000	2001—2005	2006	2007	2008	2009	2010	合计
理论物理	5								5
固体物理	28								28
加速器物理及应用	9	11							20
同位素分离	53	17							70
核材料	26								26
光学	9								9
反应堆工程与反应堆安全	24	18							42
反应堆物理	15								15
实验核物理	45								45
核电子学与核探测技术	11	39							50
辐射技术与应用	7	16							23
*测试计量技术与仪器	1	18	6	2		2			29
辐射防护与保健物理		1							1
核聚变与等离子体物理		1							1
*核技术及应用		35	101	28	23	14	8	15	224
*核能科学与工程		12	38	12	5	7	5	6	85
*核燃料循环与材料		15	27	12	4	5	1	2	66
*辐射防护及环境保护			4	3	5	2	3	1	18
*医学物理与工程					1	5	4	3	13
*安全技术与工程					2	3	4	3	12
物理学							1		1
**核能与核技术工程			2		18	31	63	54	166
**安全工程							24	26	50
合计	233	183	178	57	58	69	112	111	1 001

说明：* 为国家学科调整后的和新增加的授予硕士学位的二级学科；** 为授予工程硕士的学科。

表 19-21-16　1987 年—2010 年工物系授予博士学位情况

学 科 专 业	1987—1993	1994—2000	2001—2005	2006	2007	2008	2009	2010	合计
核材料	2								2
同位素分离	8	9							17

续表

学 科 专 业	1987—1993	1994—2000	2001—2005	2006	2007	2008	2009	2010	合计
实验核物理	5								5
核电子学与核探测技术	7	11							18
反应堆工程与反应堆安全	5	3							8
加速器物理及应用	1	1							2
＊核技术及应用		9	36	16	12	20	18	14	125
＊核能科学与工程		2	6		4	3	5	6	26
＊核燃料循环与材料		9	16	5	6	8	4	0	48
＊辐射防护及环境保护			3	1	2	0	1	5	12
＊医学物理与工程				1	0	0	0	1	2
＊安全科学与技术							2	2	4
物理学							1	1	1
＊＊仪器科学与技术			1	1	0	0	0	0	2
合计	28	44	62	24	24	31	30	29	272

说明：＊为国家学科调整后的和新增加的授予博士学位的二级学科；＊＊为测试计量技术与仪器所属的一级学科。

研究生主要专业课程及学时、学分见表 19-21-17。

表 19-21-17　2010 年工物系研究生主要专业课程及学分、学时表

序号	编　号	课 程 名 称	学分	学时
01	60320024	嵌入式实时系统与微控制器应用	4	64
02	60320033	环境地球化学	3	48
03	60320043	放射安全与测量	3	48
04	60320053	流动与传热传质过程的数值模拟	3	48
05	60320062	复杂性科学概论	2	32
06	60320073	风险评估理论与方法	3	48
07	70320023	蒙太卡洛方法在核技术中的应用	3	48
08	70320032	辐射成像原理	2	32
09	70320042	谱分析技术	2	32
10	70320053	高等粒子动力学	3	48
11	70320062	核医学仪器与方法	2	32
12	70320073	同位素分离	3	48
13	70320083	旋转流体力学	3	48
14	70320093	计算机模拟物理	3	48
15	70320103	气体和等离子体动力论	3	48
16	70320113	高速旋转机械和转子动力学	3	48
17	70320123	激光与核技术	3	48
18	70320133	高等反应堆物理	3	48

续表

序号	编　号	课 程 名 称	学分	学时
19	70320143	高等反应堆热工分析	3	48
20	70320153	等离子体物理导论	3	48
21	70320163	聚变能引论	3	48
22	70320173	测量不确定度	3	48
23	70320193	高温等离子体物理	3	48
24	70320223	量测技术	3	48
25	70320244	粒子物理	4	64
26	70320253	粒子物理与核物理实验中的数据分析	3	48
27	70320264	规范场论	4	64
28	70320272	应急管理导论	2	32
29	70320282	强电磁脉冲辐射环境及效应	2	32
30	70320291	宇宙线粒子探测与物理实验	1	16
31	80320023	加速器最新进展	3	48
32	80320042	现代辐射探测与测量	2	32
33	80320053	反应堆热工流体数值计算	3	48
34	80320062	低温等离子体物理及应用	2	32
35	80320072	加速器技术与实验	2	32
36	80320082	环境与辐射	2	32
37	80320093	深刻微加工纳米技术及其应用	3	48
38	80320103	束流传输	3	48
39	80320113	肿瘤放疗物理	3	48
40	80320122	加速器中的脉冲功率技术	2	32
41	80320132	图像重建算法	2	32
42	80320173	磁共振成像原理	3	48
43	80320183	真空与质谱	3	48
44	80320192	高温等离子体诊断	2	32
45	80320202	低温等离子体物理最新进展	2	32
46	80320212	高等保健物理	2	32
47	80320223	核电厂事故分析	3	48
48	80320232	光电成像探测器原理及应用	2	32
49	90320013	X射线物理基础及其前沿发展	3	48

（三）定向生培养

工物系调研、借鉴了国内外做法，利用中国核工业集团总公司委托高校培养人才的契机，带头实施并逐步完善了"协议定向生（简称定向生）"培养模式，现已在学校和全国重点高校推广。

1996年学校与中国核工业集团总公司签订了培养定向生的协议，2000年与中国工程物理研究院签订了培养定向生的协议。1996年9月—2010年9月，工物系为中核集团和中物院累计招收定向本科生45个班共1 180人，累计毕业861人，其中80%以上的毕业生赴国家重点行业、重点地区建功立业。地处我国西北的3个铀浓缩厂的厂长、总工，大多是工物系毕业生。

（四）教学成果获奖情况

获得国家和省部级的教学成果奖情况见表19-21-18。

表19-21-18　工物系教学成果获国家级和省部级奖情况

序号	时间	项目	获奖等级	获奖人
1	1987	核电子学	国家、部省优秀教材奖	王经瑾　范天民　钱永庚
2	1992	离心分离理论	国家优秀教材奖	张存镇　王承书等
3	2004	本科以上定向核专业人才培养输送模式与实践	北京市教学成果一等奖	金兆熊　申世飞　王学武　王侃　程建平等
4	2004	高比压等离子体中的微观漂移不稳定性	全国优秀博士论文	高喆　导师：刘广均　应纯同
5	2008	黑洞高能辐射的观测与研究	全国优秀博士论文	冯骅　导师：康克军　李惕培
6	2008	核辐射物理及探测学	北京市精品课	陈伯显　邓景康　张智等
7	2009	核辐射物理及探测学	国家级精品课	陈伯显等

五、科学研究

（一）科研概况

1956年至1966年，科研主要为"两弹一艇"及学科基础建设服务。主要科研成果有：

建成2 000千瓦核反应堆和200号核科学技术教学科研基地；完成核燃料后处理萃取提取钚的实验研究并成功用于我国的核工业；开创了我国离心法分离铀同位素的研究，并完成C1型离心机的研制；研究成功5MeV电子感应加速器、20万伏高压电子加速器单道谱仪等。

1966年至1976年期间，C2型离心机的研制与物理试验取得成功，医用电子直线加速器（与北京市有关单位合作）和工业辐照用加速器研制成功。合并到200号的教职工几乎全都参加了"钚增殖反应堆工程"（代号820工程）相关的科研、设计和工程实验，该工程虽然已停止，但取得了多项阶段性成果。

1977年以后，工物系的科研努力为经济和国防建设服务。科研方向涉及：加速器物理及应用、辐射物理与探测、核电子学、粒子信息获取和处理、核系统控制与应用、辐射防护与环境保护、同位素分离与应用、离心机械与机电控制、激光分离与光电应用、聚变与等离子体物理、第四代先进核能系统、医学物理与工程、高能物理、天体物理和公共安全等诸多领域。工物系先后承担了国家自然科学基金、"863计划""973计划"、科技支撑计划等一大批国家重点科研项目。

近年来，工物系建成了国内首台球形托卡马克装置，建成了分离稳定同位素的实验级联装置，成功进行了氙、碲、钨、硅、铱等元素的分离实验研究；和物理系等共同承担的"973"项目"硬X射线调制望远镜HXMT"取得进展；完成了教育部重点平台"特异物质检测及处理科技创新平台"

的建设；工物系为实验主体的中国锦屏地下实验室建成，为暗物质、中微子、宇宙线通量、环境本底、地质结构等研究提供了一个优良的实验环境，标志着我国已经具备开展物理学重大基础前沿科学研究的自主地下实验平台。

目前公共安全项目、清华汤姆孙散射 X 射线源工程、微型脉冲强子源工程、射线成像及应用、新型探测器技术及应用研究、硬 X 射线项目等重大科研项目都在顺利进展中。

近十多年来，发表 SCI 收录论文 472 篇；获授权专利 403 项，其中发明专利 246 项。

自 2004 年至今，工物系的年科研经费过亿元，经费总额和人均科技效益位居学校各院系前列。工物系 2007 年获国家自然科学基金资助经费过千万元，2010 年近 3 000 万元，这两年均居学校各院系之首。

（二）科研成果获奖情况

1978 年至今工物系科研成果共获国家级奖励 10 项（见表 19-21-19），共获省部级二等以上奖 66 项。近 10 多年来，荣获奖励 33 项（其中国家级奖励 5 项，省部级二等奖以上奖励 28 项）。

表 19-21-19　工物系获国家级奖的科研项目

序号	年份	获奖项目	获奖等级	获奖人
1	1978	铀同位素离心分离（超高速气体离心机）技术研究（合作成果：电子感应和医用加速器、多道分析器、快速测氡项目等）	全国科学大会奖	同位素分离教研组、加速器教研组、核电子学教研组、核物理教研组等
2	1985	离心机稳定性和单机分离性能研究	国家科技进步二等奖	金兆熊　陆嘉珍　聂玉光　赵鸿宾　梁尤能　李一陶　陆学明　孟宪英　刘　萍　张　德
3	1985	γ 射线料位计系列的研制及推广应用		王汝赡等
4	1985	微型计算机化 γ-心脏功能仪的研制		赵希德　金永杰　王经宇等
5	1993	DD－8000 谱数据获取与处理系统	国家科技进步三等奖	屈建石　陈　英　魏义祥等
6	2003	加速器辐射源移动式集装箱检查系统系列的研制及产业化	国家科技进步一等奖	康克军　高文焕　林郁正　王经谨　陈志强　李荐民　苗齐田　刘以农　唐传祥　李元景　李君利　胡海峰　童德春　梁志忠　陈怀璧
7	2003	亚临界离心机单机研制	国家科技进步二等奖	应纯同等
8	2009	某涉密项目		张小章等
9	2010	大型装备缺陷辐射检测技术	国家技术发明一等奖	康克军　林郁正　刘以农　胡海峰　李元景　程建平
10	2010	应急平台体系关键技术与装备研究	国家科技进步一等奖	范维澄　袁宏永　黄全义　申世飞　苏国锋　陈　涛　陈　涛　孙占辉　疏学明等

（三）科技成果产业化

1984 年 10 月，工物系与海淀区联合成立了以研制开发工业核仪表为主的新技术企业"北京华海新技术开发公司"（2002 年撤销），这个公司是中关村和学校的第一批新技术企业之一。

1992年，工物系成立了推广科研成果的"清大公司"（后改称能源公司，2005年撤销）。

1996年开始对大型集装箱检查系统进行成果转化，1997年与同方公司共同组建"威视技术股份有限公司"，成功实现了集装箱检测成果的产业化，探索出了"带土移植、回报苗圃"的新模式。目前，已推出了固定式、车载移动式、组合移动式系列集装箱检查系统、整装列车不停运检测系统、液体安检系统等技术和产品。超过400套集装箱检测系统系列产品在我国各主要口岸及100多个国家和地区运行，成为反走私的先进设备和手段，使中国自有知识产权的高科技成套设备进入国际市场。

2005年组建了"北京辰安伟业科技有限公司"，成功实现了公共安全和应急技术等的产业化。工物系研制开发的安全技术与产品广泛用于地震应急指挥、北京奥运会、国庆60周年庆典、上海世博会、广州亚运会的安全保障工作。

六、对外合作与交流

工物系先后与美、英、法、德、俄、瑞士、韩、奥、加、荷、日等国以及中国港台地区科研单位、大学建立了交流合作关系，近十年来，工物系出访约700人次，邀请来访专家学者逾600人次，签署科研合作、人才培养等协议、备忘录28个，主办、承办、协办各类国际会议近40个。还与境外一些大学、实验室合作，开展了本科生、研究生的国际化培养。

七、实验室

工物系现有8个主要实验室（中心），其中教育部重点实验室1个，校一级实验室1个，见表19-21-20。工物系为科研主体的中国锦屏极深（2 400米）地下实验室于2010年底建成。

表 19-21-20　工物系主要实验室（中心）（2010 年）

实 验 室	成 立 年 份	仪器件数（台件数）	仪器金额（万元）	现任实验室主任
粒子技术与辐射成像教育部重点实验室	1993年筹建1996年验收	1531	5 808	康克军
物理分离清华大学一级实验室	1957	764	1 528	张小章
加速器实验室	1957	488	3 408	杜泰斌
等离子体科学与聚变实验室	2003	217	899	王文浩
公共安全实验室	2005	781	2 401	范维澄
强子应用及技术实验室	2009	51	115	王学武
暗物质测量实验室	2010-12	设置中	设置中	程建平
核工程与核技术实验教学中心*	2008	881	757	陈少敏

注：＊2008年3月，将近代物理电子学实验室、辐射物理与反应堆物理实验室并入微机与智能仪器实验室，并将其覆盖学科拓宽，更名为核工程与技术实验教学中心，该中心以教学为主。

粒子技术与辐射成像教育部重点实验室（清华大学）是教育部系统唯一的粒子技术与辐射成像研究基地，主要研究粒子探测与辐射成像的理论、方法和技术。实验室依托于核技术及应用、粒子物理与核物理两个国家重点学科，由工物系和物理系共同承担建设。实验室实行学术委员会领导下的主任负责制，主任由康克军担任。

第二十二节 化学工程系

一、沿革

化学工程系（简称化工系）建于 1946 年。化工系发展的历史可分为以下几个时期。

（一）1946 年—1952 年

化学工程系建于 1946 年，同年秋季招收第一届新生。当时，清华大学刚刚从昆明迁返北平复校，又处在解放战争时期，新建的化工系条件颇为简陋，系址位于二院，除办公室在电机馆内，其他教学设施均设置在平房建筑中。至 1948 年 12 月清华大学解放时，全系有教职工 11 人，其中教授 3 人，在校学生三个年级共 124 人。

1949 年 8 月，受华北人民政府委托举办化工专修班，培训焦油及燃烧方面的技术干部。1950 年 4 月，与燃料工业部合作组建燃烧研究室，对石油工业生产中的实际问题开展研究。

1950 年夏，第一届学生毕业，并开始招收研究生。1951 年，学校同石油管理总局签约，在化工系长期设置石油炼制组（专业），为该局培养炼油方面的人才。至 1952 年，化工系已设有化学工程和石油炼制两个专业。教师 24 人，其中正副教授有 10 人。

1952 年 8 月，根据教育部关于京津唐六所高等学校化工系调整的决定，清华大学化工系停办，成立石油工程系。1953 年 2 月，教育部决定以清华大学石油工程系为基础，建立北京石油学院，并于暑假后迁出清华园。

化工系自 1946 年建系起，至 1952 年 8 月停办，先后共招收学生 6 届 356 人。1950 年有首届毕业生，共毕业了三届 120 人。化工专修班毕业 23 人。

（二）1958 年—1966 年

1958 年 7 月，清华大学第 7 次校务会议决定，"为适应社会主义建设的大发展和培养新技术专业干部的需要"，建立工程化学系（简称工化系），设塑料专业，同年开始招收本科生。1960 年，学校又决定将设在工程物理系的有关原子能化工方面的专业调整到工化系，办公及专业设在化学馆和工物馆内。

经过调整，工程化学系得到了加强，全系设置三个专业：放射性物质工艺学、轻同位素分离及应用（又称 130 专业）和高分子化学工艺学专业（即原塑料专业，又称 140 专业）。放射性物质工艺学分为两个专门化，即天然放射性物质工艺学（又称 110 专业）和人工放射性物质工艺学（又称 120 专业）。前两个专业主要为我国新兴的原子能工业培养化工技术干部，后者则面向塑料

工业，培养高分子材料与工艺方面技术人才，学制均为六年。

1961年初，放射性物质工艺学专业首届学生64人毕业，这是我国自己培养的第一批原子能化工人才。1963年，高分子专业也有了第一批毕业生。1961年，各专业先后招收研究生，培养高层次的科技人才。在科研工作方面也取得了显著成绩。

至1966年"文化大革命"前夕，建立了6个教研组和化工研究室。全系教职工237人，其中教师158人。共招收本科生12届1 533人，招收培养研究生5届28人。

（三）1966年—1976年

1966年6月起，"文化大革命"开始，持续十年的动乱使化工系的发展受到严重的影响。

1970年后，工程化学系被彻底改组：有关原子能方面的教研组及人员调到校试验化工厂，土木系的建筑材料教研组和动力机械系的热工教研组调入工化系。重新组建后工化系改称为化学工程系，设四个教研组和高分子化工、无机非金属材料、化工设备（后改称化学工程）和基本有机合成四个专业，学制三年半。1970年暑假招收了第一批工农兵学员，1975年设置了两年制的化肥班，至1976年共招收6届工农兵学员1 333人。在此期间按照"校办工厂，厂带专业"的要求，高分子教研组在研究的基础上自行设计、建成了聚碳酸酯中试车间。聚碳酸酯车间既是办学基地，也是生产车间，部分产品供应市场。

（四）1977年—1989年

1978年改革开放以后，化工系的体制和专业设置有了较大的调整，重新恢复工程化学系的名称，将原放射化工专业及所属教研组调回，学校基础部的普通化学教研组也划归工化系，调整后有10个教研组和仪器分析中心。设置了高分子化工、化学工程、应用化学、无机非金属材料和物理化学及仪器分析5个专业。1977年开始招生，学制均为五年。

1980年2月，校长工作会议通过，决定将工程化学系改名为化学与化学工程系（简称为化学化工系），此时的化学化工系是当时全校规模较大的系之一。教职工人数增加到430人。

1984年，全国化学工程学科评审中清华大学化学工程学科的综合实力名列第一，被批准为国家重点学科。

1985年10月，学校决定将化学与化学工程系分成化学系和化学工程系两个系。1988年，将无机非金属材料教研组及所属专业调至材料科学与工程系。在不到两年的时间内，先后有2个专业、7个教研组和集中了全系先进设备最多的仪器分析中心调出化工系。为适应新的形势，化工系对内部的体制做了调整，按照学科组建成9个教研组，并且加强了新兴学科的建设；同时，为开展同企业的科技协作，设置了化工技术开发研究室。

1985年，化工系被首批批准建立了化学工程与技术博士后流动站，后来又建立了材料科学与工程博士后流动站。建站至今，先后招收博士后207人，在站人数最多时达年50人左右，博士后已成为科研力量的主力军，教师队伍的后备军。2005年全国博士后建立20周年时该站被评为校优秀博士后流动站。

1987年，国家计委、科委、教委联合批准建立"国家重点化学工程联合实验室"，其中"萃取分实验室"建在化工系。

（五）1990年—2010年

1993年，化工系按照发挥整体优势、积极扶植发展新兴学科和学科新生长点、深化系办专业的思路，以"二级学科"为基础把系体制调整为"三所一组一厂制"。1994 年，根据系产业发展的需要，组建了中外合资的永昌化工股份有限公司，化工制品厂停办。1997 年在学校整顿公司中，永昌化工公司划归同方公司。1998 年根据学科发展需要成立了应用化学研究所。此后，化工系的发展进入相对稳定的时期。

1995 年至 1998 年，化工系先后制定了"九五"发展规划和"211 工程"一期重点建设项目，1999 年，制定了"985 工程"一期建设项目规划。2001 年，为发展综合学科优势，促进现代化工科技领域的研究，学校批准成立了清华大学化工科学与技术研究院，金涌院士任院长。

2004 年，"十五"和"211 工程"二期建设项目通过专家论证并开始实施，2004 年至 2009 年"十一五"项目、"985 工程"二期建设项目实施并完成，2008 年，"211 工程"三期建设项目开始实施。上述规划项目的实施和完成使化工系整体实力有很大的提高，在学科建设、人才培养、科技创新、队伍建设、国际交流等方面取得较大的发展和提高。

2007 年，"生物化工"二级重点学科、"化学工程与技术"国家一级重点学科获批准。

经过多年努力和各方面的支持，2009 年 12 月份新建化工大楼（英士楼）竣工并交付使用。系里进行了学科布局、实验室和实验基地的调整，高分子研究所、生物化工研究所和应用化学研究所搬入英士楼；化学工程研究所、过程系统工程研究所、生态工业中心、膜工程与技术中心在工程物理馆内，新成立的教学实验中心搬入原反应工程小楼院内。

2010 年 1 月，为弘扬传承汪家鼎先生优秀品德，激励在校的家庭经济困难学生发奋学习，在清华大学教育基金会设立了"汪家鼎励学基金"。

历任系主任、系党委书记、学术委员会主任名录见表 19-22-1。

表 19-22-1　化工系历任系主任、系党委（总支）书记、学术委员会主任名录

职　务	姓　名	任 职 年 份	备　注
系主任	曹本熹	1947—1952	1946 年任命张大煜为系主任，未到职
	张子高	1958—1962	
	汪家鼎	1962—1966	
	曹晓文	1972—1976	系革委会主任
	汪家鼎	1978-09—1984-08	
	张孝文	1984-08—1985-01	
	苏健民	1985-02—1989-10	
	戴猷元	1989-10—1998-12	
	刘　铮	1999-01—2006-03	
	骆广生	2006-03—	
系党委（总支）书记	滕　藤	1960—1966	总支书记
	王德武	1972—1976	
	滕　藤	1978-05—1981-02	
	黄圣伦	1981-02—1982-07	
	刘述礼	1982-07—1984-02	
	曹晓文	1984-02—1990-12	
	胡献华	1991-01—1998-06	

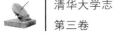

续表

职　务	姓　名	任职年份	备　注
系党委（总支）书记	汪展文	1998-06—2004-11	
	骆广生	2004-11—2006-03	
	朱　兵	2006-03—	
系学术委员会主任	陈丙珍	1994—1997	
	金　涌	1998—2003	
	费维扬	2004—2010	

二、教学科研组织

化工系复系时按专业建教研组，后来随形势发展，又按学科或研究方向建研究室或研究所。1978 年调整后，化工系建立了高分子化工、无机非金属材料、化学工程、系统工程、应用化学、物理化学、有机化学、分析化学、无机化学和普通化学等 10 个教研组及仪器分析中心。1985 年为加强学科和组织队伍，对化学工程部分进行了体制改革，按学科建立了 6 个新的教研组，即化工分离工程教研组、化学反应工程教研组、化工过程与技术经济教研组、化工热力学和动力学教研组、环境化工与核化工教研组、生物化工教研组，此改革增加了新的学科增长点。1993 年为加强学科发展，强化系办专业，以"二级学科"为基础，把全系体制调整为三所一组一厂制，即化学工程与工艺研究所、生物与医药化工研究所、高分子化工研究所、化工原理教研组、化工制品厂。1998 年因学科发展需要成立了应用化学研究所，2001 年至 2002 年又陆续建立了膜工程和技术中心、过程系统工程研究所与生态工业研究中心。各时期教学科研组织情况见表 19-22-2。

表 19-22-2　化工系各时期教学科研组织情况

年份	教学科研组织	研究领域及方向	备　注
1946—1952	化工组	化工设备与化工机械的研究设计	
	石油组	炼油及人造石油方面的化工技术研究	1950 年寒假左右设立
1958—1966	"110"组	天然放射性元素工艺及设备研究	50 年代末期建立于工物系
	"120"组	人工放射性元素工艺及设备研究	
	"130"组	轻同位素分离与应用研究	
	"140"组	高分子材料及工艺研究	1958 年建
	化工原理	专业技术基础课教学及高效分离设备研究	60 年代建
	物理化学	专业理论基础课教学与研究	
1970—1976	高分子化工	高分子材料与工艺研究	
	无机非金属材料	特种陶瓷材料的研制	
	化工设备	化工设备的研究设计，化工原理教学	
	石油化工	石油裂解工艺及设备研究	

续表

年份	教学科研组织	研究领域及方向	备注
1977—1985	高分子化工	高分子材料与工艺研究	
	无机非金属材料	高温结构陶瓷和功能陶瓷材料与工艺研究	
	化学工程	化工生产过程和设备的规律性研究，化工原理教学	
	应用化学	稀有元素有色金属元素等化学及工艺研究，化工热力学	
	化工系统工程	化工系统中的分析、模拟、最优化等研究	
	物理化学	物质结构、催化等的研究，物理化学教学	1985 年后调归化学系
	分析化学	分析化学教学与研究	
	无机化学	无机化学教学与研究	
	有机化学	有机化学教学与研究	
	普通化学	面向全校各系本科生的普通化学教学	
1986—1992	高分子化工	特种高性能高分子材料、多组分多相体高分子材料、功能高分子材料	
	化工分离工程	以特殊精馏（包括萃取精馏、真空精馏、加盐萃取等）为代表的精馏分离技术研究，液-液萃取工艺过程及设备和 CAD 及 AI 在萃取中的应用研究	
	化学反应工程	流态化和催化反应及生化反应分离	
	化工系统工程	化工系统的流程模拟、过程综合、最优化，以及人工智能在化工中的应用	
	化工热力学与动力学	化工热力学的应用基础研究，重点是金属溶剂萃取热力学、溶液理论、状态方程与高压流体热物性等	
	化工过程工程与技术经济	化工过程管理、过程分析与评价资源综合利用及精细化工领域中间歇过程的开发、操作管理及控制优化	
	环境化工与核化工	环境化学与化工，以核化工为核心的湿法冶金	
	生物化工	生物反应工程及分离工程； 食品化工：食品乳化剂及其添加剂的研制； 细胞工程：细胞融合技术在制单克隆抗体上的应用	
	化工原理	化工原理教学及化工分离过程的研究	
	无机非金属材料	高温结构陶瓷和功能陶瓷材料与工艺研究	1988 年后调归材料系
1993—1997	高分子材料研究所	特种高性能高分子材料，多组分多相体高分子材料，功能高分子材料	
	化学工程与工艺研究所	分离工程、反应工程、化工系统工程、化工热力学与动力学、化工过程工程、环境化工等	
1993—1997	生物及医药化工研究所	生物反应工程及分离工程； 食品化工：食品乳化剂及其添加剂的研制 细胞工程：细胞融合技术在制单克隆抗体上的应用	
	化工原理教研组	化工原理教学和实验，科研：分离工程	
	化工制品厂	生产洗衣粉助剂等化工产品	1994 年后成立永昌化工公司，1997 年划归同方公司

续表

年份	教学科研组织	研究领域及方向	备注
1998—2000	高分子材料研究所	高分子纳米复合材料和技术、高分子物理与化学、光电信息功能高分子、高分子生物医用材料、环境协调和友好材料、高性能高分子材料	
	化学工程与工艺研究所	分离工程：萃取设备与工艺，精馏过程与设备，多相系统平衡和传递特性，膜材料与膜过程，超临界流体技术，微结构化工系统；反应工程：多相流反应器，绿色催化，清洁能源化工，纳米材料化工，多相计算流体力学，颗粒工程学	
	生物化工研究所	生物催化技术，动物和植物细胞培养工程，生物分离工程，环境生物工程，生物医药工程，基因工程，蛋白质定向进化和代谢工程等	
	应用化学研究所	再生资源利用、生物能源工程、发酵工程与技术、生物反应器、代谢工程等	
	化工原理教研组	化工原理教学和实验、科研：分离工程	
2001—2010	过程工程与系统工程研究所	化工过程模拟和优化，人工智能应用，动态仿真、数据校正、故障诊断技术、计算机辅助分子设计等	
	高分子材料研究所	高分子纳米复合材料和技术，高分子物理与化学，光电信息功能高分子，高分子生物医用材料，环境协调和友好高分子材料，高性能高分子材料	
	化学工程与工艺研究所	分离工程：萃取设备与工艺，精馏过程与设备，多相体系平衡和传递特性，超临界流体技术，微结构化工过程；反应工程：多相流反应器，绿色催化，清洁能源化工，纳米材料化工，多相计算流体力学，颗粒工程学	
	生物化工研究所	生物催化工程、细胞培养工程、生物分离工程、环境生物工程、生物医药工程、蛋白质工程、纳米生物技术等	
	应用化学研究所	再生资源利用、生物能源工程、发酵工程与技术、生物反应器、代谢工程等	
	膜工程与技术中心	膜材料与膜过程，膜分离与蓄电储能材料，膜分离技术基础与应用	
	生态工业研究中心	生态工业与循环经济规划，生态工业系统分析与集成，资源管理与能源技术经济	
	过程系统工程研究所	化工过程事故预防与应急研究，化工系统模拟与优化，计算机辅助分子设计	

三、教职工

（一）概况

由于系体制的多次调整，教职工人数变化比较大。1980 年左右教职工人数最多达 430 多人，随着化学系、材料系、生物系的成立，教研组整编制的调出，教职工人数大幅度减少。

1995 年以来，一方面着重培养青年教师的思想素质和业务素质，完成了教学科研重担向青年人的转移。另一方面重视引进国内外优秀人才，聘请国内外高水平的专家。先后引进清华"百人计划"教授 2 人，国内外优秀骨干人才多名，聘请了双聘院士、兼职教授、双聘教授、访问教授多人。教师中有博士学位学历的已占 88%，已有 2 名青年教师入选了长江学者特聘教授，3 名教师成为杰出青年基金获得者，先后有 28 名教师享受国务院政府特殊津贴。2010 年化工系共有教职工 75 人，其中教师 63 人，34 名教授，1 名中国科学院院士，2 名中国工程院院士，博士生导师 60 余人。化工系各时期的教职工人数见表 19-22-3。

表 19-22-3　化工系各时期的教职工人数

年度	系　名　称	总人数	教师	教辅	职员	工人
1948	化学工程系	15	11		4	
1952	化学工程系	35	24		2	9
1965	工程化学系	237	158	47	12	20
1976	化学工程系	383	244	35	16	88
1980	化学与化学工程系	430	312	32	14	62
1986	化学工程系	194	136	28	10	20
1991	化学工程系	171	124	26	10	11
1993	化学工程系	158	114	21	11	12
1996	化学工程系	133	102	19	6	6
1998	化学工程系	103	76	14	5	8
2000	化学工程系	97	80	8	4	5
2001	化学工程系	92	77	8	3	4
2005	化学工程系	80	69	4	5	2
2006	化学工程系	78	68	4	5	1
2007	化学工程系	78	69	4	4	1
2008	化学工程系	78	68	5	4	1
2009	化学工程系	74	64	6	4	
2010	化学工程系	75	63	7	5	

（二）教授名录

各时期全职教授（研究员）、兼职教授、双聘教授以及长江学者讲座教授名录，分别见表 19-22-4、表 19-22-5 和表 19-22-6。

表 19-22-4　化工系教授名录

姓名（任职时间）	姓名（任职时间）	姓名（任职时间）
曹本熹（1948—1952 调出）	陈新民（1948—1952 调出）	赵锡霖（1948—1952 调出）
朱亚杰（1949—1952 调出）	施铨元（1949—1952 调出）	武　迟（1950—1952 调出）
侯祥麟（1950—1952 调出）	恽魁宏（1951—1952 调出）	张子高（1958—1966）
程耀椿（1959—1976）	＊汪家鼎（1960—2009 逝世）	徐日新（1960—1980 逝世）
滕　藤（1978—1985 调出）	周　昕（1978—1986 转生物系）	李成林（1980—1982 逝世）
江作昭（1980—1988 转材料系）	宋心琦（1983—1986 转化学系）	周其庠（1984—1998 退休）

续表

姓名（任职时间）	姓名（任职时间）	姓名（任职时间）
李以圭（1984—1998 退休）	*陈丙珍（1984— ）	苏建民（1985—1994 退休）
袁乃驹（1985—1994 退休）	张孝文（1985—1988 转材料系）	吴建铙（1985—1988 转材料系）
*金　涌（1986— ）	段占庭（1987—2001 退休）	童景山（1987—1994 退休）
蒋维钧（1988—1994 退休）	孙以实（1988—1994 退休）	*费维扬（1988— ）
沈忠耀（1988—2001 退休）	李龙土（1988—当年转材科系）	关振铎（1988—当年转材料系）
俞芷青（1989—1996 退休）	张增民（1989—2000 退休）	刘德山（1989—2004 退休）
崔秉懿（1990—1996 退休）	戴猷元（1990— ）	曾宪舜（1990—1999 逝世）
曹竹安（1990—2004 退休）	房德中（1991—1993 退休）	雷良恒（1991—1997 退休）
沈静珠（1991—2003 退休）	张桂甲（1992—1993 退休）	李　洲（1992—1997 退休）
周　啸（1992—2001 退休）	陆九芳（1992—2001 退休）	李　松（1993—1998 退休）
丁富新（1994—2008 退休）	于　建（1994— ）	△魏　飞（1996— ）
高光华（1996— ）	潘智存（1997—1999 退休）	汪昆华（1997—1999 退休）
何小荣（1997—2009 退休）	赵安赤（1998—1999 退休）	胡献华（1998—2003 退休）
刘　铮（1998— ）	王晓工（1998— ）	汪展文（1998— ）
周荣琪（1999—2005）	谢续明（1999— ）	刘德华（1999 调入— ）
朱慎林（1999—2009 退休）	王晓琳（2000 调入— ）	邢新会（2000 调入— ）
王金福（2000— ）	△骆广生（2000— ）	胡　平（2001—2005 退休）
李继定（2001— ）	杨基础（2001— ）	王德峥（2001 调入— ）
林章凛（2001 调入— ）	陈　健（2001— ）	王亭杰（2002— ）
郭庆丰（2002—2005 退休）	王运东（2002— ）	孙登文（2003—2006 退休）
余立新（2003— ）	林爱光（2003—2005 退休）	胡山鹰（2003— ）
郭宝华（2004— ）	王　涛（2004— ）	于养信（2005— ）
沈金玉（2005—2006 退休）	阚成友（2006— ）	程　易（2007— ）
赵劲松（2008— ）	向　兰（2008— ）	唐黎明（2009— ）
王保国（2010— ）		

说明：注 * 者为中国科学院或中国工程院院士；注△者为长江学者。

表 19-22-5　化工系兼职、双聘教授名录

姓名（任职时间）	姓名（任职时间）	姓名（任职时间）
滕　藤（1987-07—2005-03）	张坤民（1993-09—2005-03）	刘海燕（1996-04—2006-06）
曲德林（1999-12—2005-03）	李季伦（2001-09—2007-08）	曹祖宁（2001—2004-01）
欧阳平凯（2003-04—2010-03）	杜国盛（2003-05—2006-05）	张先恩（2003-05—2006-05
韩志超（2005-12— ）		

表 19-22-6　化工系长江学者讲座教授名录

姓名（任职时间）	姓名（任职时间）	姓名（任职时间）
卢云峰（2006-01—2009-03）	祝京旭（2009-09— ）	马晓龙（2008-04— ）

四、教学

化工系一贯重视本科教学工作。在复系 60 多年的教学实践中，本着厚基础、宽专业、重实践的人才培养理念，始终把人才培养工作放在首位。经过多次专业设置、培养方案调整，对专业及课程进行了整合与优化，逐步形成了自身的教学优势和特色。到 2010 年，总计培养本科毕业生6 473 名，硕士研究生 1 334 名，博士研究生 364 名。

（一）本科生教学

本科生培养目标是：培养在化学工程和高分子材料领域里具有良好的综合素质、较强的实践能力和创新精神的高层次科学技术和管理人才。要求掌握坚实的自然科学、人文社会科学、工程技术基础理论，具备现代化学工程专业、高分子材料专业知识和较强的实践能力。本科毕业后能从事化学工程和高分子材料领域的新工艺、新产品、新技术的研究、生产及技术经济管理方面的工作。

1. 专业设置

20 世纪 60 年代，设置了放射性物质工艺学、轻同位素分离及应用和塑料专业 3 个专业；"文化大革命"结束后，及时调整专业方向，设置了高分子化工、化学工程、应用化学（1987 年改为工业化学）、无机非金属材料和物理化学及仪器分析专业等五个专业。1985 年，物理化学及仪器分析专业调整到化学系。1988 年，无机非金属材料专业调整到材料科学与工程系。1989 年，为进一步拓宽专业口径，将专业调整为高分子材料与化工、化学工程与工艺。2003 年，为适应学科发展和产业的需求，将化学工程与工艺专业更名为化学工程与工业生物工程，并于 2004 年正式开始招生。目前，化工系共有 2 个本科专业，年招生总规模 120 人。化工系各时期本科生招生、毕业情况见表 19-22-7 和表 19-22-8。

表 19-22-7　化工系各时期本科生招生人数

年份	招生人数	年份	招生人数	年份	招生人数
1946—1952	356	1987	151	2000	121
1958—1966	1 533	1988	120	2001	118
1970—1976	1 333	1989	100	2002	119
1977	180	1990	128	2003	129
1978	32	1991	122	2004	114
1979	184	1992	130	2005	115
1980	180	1993	123	2006	117
1981	183	1994	122	2007	117
1982	181	1995	120	2008	113
1983	188	1996	125	2009	114
1984	187	1997	125	2010	120
1985	184	1998	126		
1986	152	1999	126		

表 19-22-8　化工系历届本科生毕业人数

年份	毕业人数	年份	毕业人数	年份	毕业人数
1946—1952	143	1980	232	1997	124
1960	24	1982	166	1998	133
1961	60	1983	32	1999	112
1962	74	1984	146	2000	166
1963	115	1985	172	2001	117
1964	176	1986	123	2002	117
1965	166	1987	140	2003	114
1966	217	1988	146	2004	103
1967—1968	299	1989	121	2005	105
1969	139	1990	116	2006	115
1970	286	1991	116	2007	101
1974	145	1992	119	2008	103
1975	270	1993	114	2009	107
1977	104	1994	97	2010	108
1978	327	1995	121		
1979	226	1996	116		

2. 课程设置与建设

1966 年前，学制为六年。1978 年至 1995 年，学制为五年。1996 年，化工系作为首批本硕贯通计划试点系，制订了六年本硕贯通培养方案，95 级、96 级本科生按贯通计划培养。1998 年，根据学校要求，进一步调整培养方案，制订了 200 学分的四年制培养方案。2001 年，进一步优化课程设置，压缩学时，制订了 170 学时四年制本科培养方案。

在调整培养方案过程中，本着厚基础、宽专业、大化工的人才培养理念，整合课程，优化课程设置。公共基础课整合了无机化学与分析化学、电工技术与电子技术、计算机类课程。将化工工艺设计与化工设备设计课程整合成化工设计（1）/（2）。在学时压缩的情况下，保证了实践教学环节的学时。最后确定了"化工原理""化工热力学""化学反应工程""传递过程原理""化工设计"为化工专业基础课程，"高分子化学""高分子物理""聚合物成型加工""化学工程基础"为高分子专业基础课程。在必修课程中允许学生选修不同难度的课程，按专业方向设专业选修课程。

"985 工程"建设期间，获得 200 万元重点专项支持，新建了化工过程实验室、化工仿真实验室，更新了化工原理实验室、高分子化学实验室、化工热力学实验室，极大改善了学生实验教学条件。

化学工程与工业生物工程专业本科培养阶段总学分 171，其中人文社会科学基础课程 35 学分，自然科学基础课程 46 学分，专业相关课程 61 学分，实践环节 14 学分，综合论文训练 15 学分。高分子材料与工程专业本科培养阶段总学分 171，其中人文社会科学基础课程 35 学分，自然科学基础课程 33 学分，工程技能基础课 13 学分，专业相关课程 61 学分，实践环节 14 学分，综合论文训练 15 学分。

化工系为两个专业已开出必修课和选修课 50 余门，为保持教学质量，各门课程均由教授和副教授主讲，还有多名国际著名学者参与了本科的教学。化工系本科生课程设置见表 19-22-9 和表19-22-10。

表 19-22-9　2009 年化学工程与工业生物工程专业课程设置

课程类别	课程名称	学分	课程名称	学分
自然科学基础课				
数学（21学分）	微积分（1）	3	随机数学方法（二选一）	3
	微积分（2）	3	概率与数理统计（二选一）	3
	微积分（3）	4	数学实验	4
	几何与代数（1）	4		
物理（12学分）	大学物理 B（1）	4	大学物理 B（2）	4
	物理实验 A（1）	2	物理实验 A（2）	2
工程技能基础课（13学分）	电工与电子技术	4	机械设计基础 B（1）	3
	金工实习 B（分散）	3	计算机程序设计基础	3
相关专业课程				
化学及生物类课（26学分）	无机与分析化学	4	无机及分析化学实验 B	2
	物理化学 A（1）	3	物理化学实验 B（1）	1
	物理化学 A（2）	4	物理化学实验 B（2）	1
	有机化学 B	3	有机化学实验 B	1
	仪器分析 B	2	仪器分析实验 B	1
	基础生物化学与分子生物学（1）	3	基础生物化学与分子生物学（2）	1
专业基础课（28学分）	化工原理 A（1）	4	化工原理 A（2）	3
	传递过程原理	3	反应工程基础	4
	化工热力学	3	化工工艺与设备设计	4
	化工实验（1）	2	化工实验（2）	2
	化工系统工程基础	3		
专业任选课（选修7学分）	化学工程与高分子科学导论	2	化工过程控制	3
	化工前沿讲座	1	生物化工基础	2
	流态化反应工程	2	工业催化	2
	高分子材料科学基础	2	石油化工工艺学	2
	基因工程原理与应用	2	工业微生物及其应用	2
	无机材料工艺学基础	2	细胞培养工程	2
	文献检索与利用（化工类）	1	化工安全系统工程	2
实践环节（14学分）	军事理论与技能训练	3	认识实习	2
	生产实习	3	化工过程仿真	2
	研究训练基础	3	化工概念实习	1
综合论文训练（15学分）	综合论文训练	15		

表 19-22-10　2009 年高分子材料与工程专业课程设置目录

课程类别	课程名称	学分	课程名称	学分
自然科学基础课				
数学（21 学分）	微积分（1）	3	随机数学方法（二选一）	3
	微积分（2）	3	概率与数理统计（二选一）	3
	微积分（3）	4	数学实验	4
	几何与代数（1）	4		
物理（12 学分）	大学物理 B（1）	4	大学物理 B（2）	4
	物理实验 A（1）	2	物理实验 A（2）	2
工程基础课（13 学分）	电工与电子技术	4	机械设计基础 B（1）	3
	金工实习 B（分散）	3	计算机程序设计基础	3
相关专业课程				
化学及生物类课（30 学分）	无机与分析化学	4	无机及分析化学实验 B	2
	物理化学 A（1）	3	物理化学实验 B（1）	1
	物理化学 A（2）	4	物理化学实验 B（2）	1
	有机化学 A（1）	4	有机化学实验 A（1）	2
	有机化学 A（2）	3	有机化学实验 A（2）	2
	基础生物化学与分子生物学（1）	3	基础生物化学与分子生物学（2）	1
专业基础课（21 学分）	化学工程基础	4	高分子材料仪器分析	3
	高分子化学	3	高分子化学实验	2
	高分子物理	3	高分子物理实验	2
	聚合物成型加工	3	聚合物成型加工实验	1
专业任选课（选修 10 学分）	化学工程与高分子科学导论	2	传递过程原理	3
	化工前沿讲座	1	物理有机化学	3
	聚合反应工程	2	精细高分子	1
	高分子液晶	1	材料科学基础（1）	4
	专业英语交流技巧（高分子）	2	物质结构	4
	无机材料工艺学基础	2	化工安全系统工程	2
	文献检索与利用（化工类）	1		
实践环节（14 学分）	军事理论与技能训练	3	认识实习	2
	生产实习	3	化工过程仿真	2
	研究训练基础	3	化工概念实习	1
综合论文训练（15 学分）	综合论文训练	15		

（二）研究生培养

研究生培养力求为化学工程、材料科学等相关领域培养具有坚实的基础知识和解决问题能力的创新型人才。

1. 研究生培养学科设置

化工系研究生培养始于 20 世纪 50 年代。1952 年以前共计招收两届研究生，共 5 人。复系后，60 年代初，按特种塑料生产工艺与装备、化学工程、辐射化学及辐射装置、核燃料化学工艺与装备、稳定同位素分离等 5 个方向培养硕士研究生，学制为三年。至"文化大革命"前夕，共招收培养硕士研究生 28 人。

"文化大革命"期间，1973 年试办催化研究生班，选拔了 10 名青年教师参加学习，后因政治运动停办。1978 年，学校决定恢复研究生班学习，按催化和物质结构两个研究方向培养学生，学制两年。截至 1980 年，共计毕业 20 人。

1978 年后，高分子材料、化学工程、生物化工、应用化学、无机非金属材料、物理化学均招收硕士研究生，学制两年半。1981 年，经国务院批准，化学工程学科获得博士学位授予权。1983 年，无机非金属材料学科获得博士学位授予权。1990 年，高分子材料学科获得博士学位授予权。1997 年，"化学工程与技术"学科获得一级学科博士授予权，高分子材料所在一级学科"材料工程与科学"获得一级学科博士授予权。2003 年后，不再以二级学科招生/授予学位，以两个一级学科招收/培养博士和硕士研究生，鼓励学科交叉与融合。到 2010 年，"化学工程与技术"一级学科下设十多个研究方向，包括：传递现象与分离工程、多相反应与催化工程、过程系统工程、化工热力学与动力学、能源化学工程、生态化工与清洁生产技术、材料化学工程及膜技术、超临界流体技术、环境生物技术、生物医药工程、生物工程、化工过程安全工程等。"材料工程与科学"在高分子方向设光电功能高分子、高分子自组装、高分子纳米复合材料、高分子表面与界面、高分子物理化学与新型材料、软物质纳米结构的自组织过程、精细与功能高分子等 7 个方向。导师可以跨不同方向联合培养研究生。

化工系各时期研究生毕业授学位情况见表 19-22-11。

表 19-22-11　化工系历届博士、硕士研究生毕业授学位情况

毕业年份	硕士研究生毕业人数	博士研究生毕业人数	毕业年份	硕士研究生毕业人数	博士研究生毕业人数
1946—1952	研究生 5		1995	21	3
1958—1966	研究生 28		1996	32	5
1978—1980	研究生 20		1997	34	6
1982	24		1998	34	11
1983	3		1999	46	7
1984	9		2000	58	11
1985	11		2001	70	14
1986	3	1	2002	132	21
1987	20	2	2003	89	22
1988	16	3	2004	71	23
1989	42	6	2005	89	34
1990	9	4	2006	76	31
1991	32	3	2007	78	28
1992	18	4	2008	84	36
1993	31	6	2009	70	44
1994	20	6	2010	59	33

2. 课程设置与培养环节

在研究生培养过程中，本着基础理论和工程科学研究并重的培养理念，注重学科综合、突出学科特色、强化化工基础，以满足工程学科研究需要的学术型人才和工业界需要的工程应用型人才。同时拓展能源化学工程、工业生物技术、材料化工等新兴交叉学科方向，保证研究生的培养立足于学科前沿和重大工程实践。在课程设置中，强化了学生的数学、化学、材料、生物学基础，并开设了一大批基础性、交叉性强的新课程。同时率先开设学术修养、学术论文写作等课程或讲座。

20 世纪 90 年代末以来，不断完善研究生培养过程管理。在培养环节上，改革研究生招生模式，成立教授招生工作小组，注重学生综合能力选拔。在培养过程中，通过严格的论文开题报告、论文中期检查、最终学术报告等环节，确保研究生论文质量。并建立了规范的博士生学术论坛、研究生学术活动制度等。化工系硕士生学位课程目录见表 19-22-12。

表 19-22-12　化工系硕士生学位课程目录

类别	序号	课程名称	学分	类别	序号	课程名称	学分
(1) 公共课与基础理论课							
公共课	1	自然辩证法	2	基础理论课	1	数值分析 A	4
	2	社会主义与当代世界	1		2	其他全校数学类研究生课	
	3	硕士生第一外国语	2		3	高等有机化学	3
					4	高等无机化学	3
(2) 专业课程							
化学工程与技术	1	(高等) 传递过程原理	3	化学工程与技术	12	流体计算机模拟及其进展	2
	2	高等化工热力学	3		13	表面科学与多相催化 (英)	2
	3	化工系统优化与综合	3		14	环境微生物技术	2
	4	反应器理论与分析	2		15	膜分离技术原理	2
	5	生物反应工程	2		16	(高等) 分离过程	2
	6	生物分离工程 (英)	2		17	液-液萃取化工基础	2
	7	分子酶工程	2		18	胶体与界面科学	3
	8	计算流体力学	3		19	微反应器和微型混合技术	1
	9	化工数学分析	2		20	国际生物工程前沿讲座	1
	10	化学反应动力学及机理 (英)	2		21	药物制剂工程	2
	11	分离技术最新进展					2
材料科学与工程	1	当代高分子化学	3	高分子材料	6	先进功能高分子材料	2
	2	高聚物结构与性能	3		7	高分子动力学和光散射技术	2
	3	高分子动力学及相转变	2		8	水性聚合物体系的理论与实践	2
	4	聚合物界面与表面	2		9	高分子前沿讲座	2
	5	高分子材料分子聚集态结构设计	2		10	药物递送原理与技术	2

为服务社会，为大中型企业培养骨干人才，从 1997 年至 2010 年化工系开办了高分子材料、

化学工程、制药工程等专业的工程硕士研究生班，总招生人数为 200 人，分别来自燕山石化公司、大庆石化公司、中国石油股份公司、国家药检局、神马集团、宝莫生物化工股份有限公司等大中型化工企业研发和生产第一线的科技工作人员。

（三）教学成果

化工系结合专业的特点，不断进行教学改革和建设，取得了多项成果，国家和省部委级教学成果奖见表 19-22-13。同时有国家级精品课 1 门（化工热力学）、北京市精品课 3 门（化工热力学、化工原理、传递过程原理）、校级精品课 7 门（反应工程、高分子化学等），并获清华大学教学成果一、二等奖多项。多年来出版教材和译著 30 余本、专著 40 余本、手册 8 部。2002 年至 2010 年有 6 名博士生获全国百篇优秀博士学位论文奖，为全国化工学科院校第一名。

表 19-22-13　化工系获得国家和省部级高等教育教学成果奖情况

年份	项目名称	获奖等级	获奖者
1989	立体型规范化生产实习模式	北京市教学成果奖	雷良恒 周荣琪 李总成
1993	化工系本科实践教学与东北制药总厂实践基地建设	北京市教学成果一等奖	包铁竹 李总成 崔秉一 周武
1997	化工原理系列课程建设与改革	北京市教学成果二等奖	李琳 雷良恒 刘茂林 郭庆丰 林爱光
2001	工科基础课程化工类系列 CAI 课件的研究与发展	国家级教学成果二等奖	清华大学（2）郭庆丰（3）
2004	"化工原理"课程改革与建设	北京市教学成果二等奖	戴猷元 余立新 赵洪 林爱光
2005	化工类专业创新人才培养模式、教学内容、教学方法和教学技术改革的研究与实施	国家级教学成果一等奖	清华大学（3）赵洪（10）
2009	化工类多元化和国际化研究生教育创新体系的构建	国家级教学成果一等奖	清华大学（3）余立新（5）

说明：括号内数字为获奖单位或获奖者排序。

五、科学研究

早在 20 世纪 60 年代复系初期，就在教学、科研、生产三结合办学方针指导下，积极开展科学研究工作。当时，结合辐照核燃料后处理，开展了萃取化学、萃取工艺和萃取设备方面的系统研究工作，并承担了国家重点建设项目"核燃料后处理工厂研究和设计"（"712"）任务。经过几年的艰苦努力，于 1966 年成功地完成了溶剂萃取法核燃料后处理研究，为建成我国第一个提取钚的生产厂作出了突出贡献。这项工程节约了建设投资约两亿元，并少用了数千吨不锈钢材。该成果获得了 1978 年全国科学大会奖。汪家鼎教授因此于 1988 年获国防科工委"献身国防科技事业"奖。这一时期，关于高效分离设备的研究也取得了积极成果，开发出浮动喷射塔板并在兰州炼油厂试车成功。该成果在工业企业中推广应用，取得显著的经济效益，获得了 1978 年全国科学大会奖。

高分子材料的开发研究也取得了重要成果。在国内最早建立了聚四氟乙烯生产中试车间。该成果曾获国家新产品发明奖。"文化大革命"期间，高分子教研组研究开发出聚碳酸酯工程塑料，

并建厂投产。

1978年十一届三中全会以来，化工系的科研领域不断拓宽，科学研究工作取得了较大的进展。在化学工程方面，已逐步扩展形成了包括传质分离工程、化学反应工程、化工热力学和化工系统工程的较为完整的学科。高分子材料方面的研究，已扩展到特种高分子材料、多组分多相高分子材料和功能高分子材料的领域。生物化工、医药化工、天然资源和环境化工方面的科研工作也都有相当的发展，形成了新的学科方向。

同时，化工系还加强了科研机构的建设。1983年，经国家教委批准建立了化学工程与应用化学研究所。1984年，同中国石油化工总公司、石油大学研究生部合办联合应用化学与化学工程研究所。1987年，同天津大学、华东化工学院、浙江大学共建化学工程联合国家重点实验室，化工系承建了萃取分离分室。在校内同部分系、所组建了天然再生资源研究中心及环境化工研究室等。

实验室和科研条件也有较大的改善。1987年，中国石化总公司为化工系兴建了2 000平方米的实验楼并投入150万元的设备费；国防科工委投资为高分子教研组增建了300平方米的实验室，并从德国引进了成套的特种纤维纺丝机；国家教委投资装备了400平方米的国家重点萃取分离实验室。科研条件的改善有力地推动了科研工作的发展。

至1990年，全系完成了"六五""七五"攻关课题和大量的横向合作项目，每年在研的科研项目约为50项，其中攻关项目占1/4，每年科研经费约200万元。至1990年通过技术鉴定成果82项，获国家专利19项，国际奖2项，国家级奖14项，部委级省市奖33项。获清华大学理论成果奖6项、效益奖25项，被列为全国重点推广项目3个，取得了显著的经济效益；聚碳酸酯合金纱管的年效益约1亿元；加盐萃取制无水酒精已推广约20家工厂，年效益数千万元；苯酐技术推广10余厂家，经济效益也十分显著。

化工系科学研究工作坚持基础研究与工业实验相结合、工艺和工程相结合、软件与硬件相结合。学科研究领域不断拓宽，如在反应工程方面的流态化技术和生物反应技术；分离工程中的先进萃取技术、精馏技术、膜技术和生化分离技术；化工热力学的现代溶液理论和高温高压下的相平衡和传递性能研究；化工系统工程中先进优化、仿真、人工智能以及计算机集成过程系统的研究；高分子学科中的高性能材料、材料的高性能化及功能材料的研究，都在提高水平，重点突破。在坚持为化学工业、石油工业等领域服务，促进过程及装置国产化的同时，研究的辐射面在不断扩大，努力向医药、环境、材料、能源等领域进军。同时鼓励学科融合，促进学科交叉，不断开拓科研工作的新前沿。

1997年1月，国家自然科学基金"八五"重大项目，化工过程中重大基础研究"传质分离工程与化学反应工程"通过验收，并被评为特优。

1997年，魏飞教授获国家自然科学基金杰出青年基金。

1999年，制定了清华大学"985工程"一期化工建设项目规划，当年10月批准立项并开始实施。气固超短接触裂解反应器及其工业中试、乙烯工业关键设备和过程技术被列为"985工程"一期重点项目。该项目于2004年1月完成并通过学校验收。项目的完成强化了反应工程和分离学科方向，推进了生物催化与生物转化、光电信息组织工程材料、生物材料、降解材料、先进复合材料等学科新方向。

1999年，王晓工教授获国家自然科学基金杰出青年基金。

1991年至1999年期间，完成了"985工程"和"211工程"一期建设项目以及"八五""九五""863""973"等攻关课题 19 项，国家自然科学基金课题 52 项及大量的横向合作项目，每年科研项目平均为 110 项，科研经费较大增长，最高的年份达 1 200 万元。1991 年至 2000 年通过技术鉴定成果 61 项，获国家专利 35 项，年均发表论文 300 篇。获国际奖 3 项，国家级奖 7 项，部省市级奖 34 项。

进入 21 世纪，化工系本着立足学科前沿，面向国家重大需求，努力实现基础研究与工业应用相结合，确立了以人才为核心，项目为纽带，基地为依托，促进人才、基地、项目有机结合、共同发展的科研模式，形成了以高分子材料、分离工程、反应工程、生物化工、系统工程与生态化工为主的五大研究方向。2001 年 4 月为发挥综合学科优势，促进我校现代化工科技领域的研究，学校批准成立了"清华大学化工科学与技术研究院"。2003 年，以化工系为依托单位的国家重大基础研究"973"项目"生物催化和生物转化中关键问题的基础研究"获得批准。

化工系的科研面向我国化学工业可持续发展的要求及其相关资源、能源、材料和环境问题，积极开展高分子材料、微介观结构与界面行为、多相反应和分离工程、生物催化与生物转化、光电信息材料与纳米材料等现代化学工程学科基本理论和关键技术研究，推进其在新能源、材料制造、化学品生产、生物质资源转化、绿色化工过程、生态工业园区及化工安全生产中的应用。高速湍动床反应器、碳纳米管大规模制备技术、高效萃取工艺装备、渗透汽化和纳滤技术、生物柴油、生物法生产 1-3 丙二醇、微结构反应器、聚合反应加工和光电信息材料等20 余项具有自主知识产权的新设备、新工艺、新技术相继通过成果鉴定，为新时期化工产业的发展作出了贡献。

2004 年 10 月，化工系"十五"和"211"二期建设项目规划通过专家认证开始实施。建设的总目标是：以国家需要为导向，以人才培养为核心，以师资建设为根本，发展现有优势，把握学科前沿，突出学术创新和领域拓展，形成有影响力的重要科技成果，取得建设国际先进水平的化学工程重点学科的阶段性成果。2006 年 2 月完成预定目标，通过学校验收。项目的完成使学科建设更加突出向能源、生物医药和特殊化学品领域、新材料领域和环境生态工业领域发展，并率先在国内发展有关生态化工的学科。同时探索了多层次合作机制，推进了科技成果转化，强化了与国际知名企业的合作。

2004 年，进行了"985"工程二期建设项目的规划及实施。建设的目标为以过程和关键技术的创新以及工业生物技术推动新能源和生物资源的发展，通过过程创新及强化提高现有化工产业的资源的能源利用率，实施污染和污染的源头治理；以过程集成和过程优化推动化工生产的安全、节能。项目于 2008 年完成并验收，使得学科建设取得了重要突破。

2005 年，骆广生教授获国家自然科学基金杰出青年基金。

2008 年，制定了"211"工程三期重点学科建设项目规划并开始实施。建设的目标是立足现代化学工程和工程生物技术的学科前沿，面向清洁能源化学品、微纳米与功能材料、生物质资源转化、生态与化工安全等领域内的国家重大需求，以过程集成和关键技术的创新推动新能源和生物质资源的发展，通过过程创新与强化提高现有化工产业的资源的能源利用率，以过程集成和过程优化推进化工生产的安全、节能。

2009 年，以系核心技术为主体的重大工程项目"流化床甲醇制丙烯"取得阶段性重要成果，达到国际先进水平。

2000 年至 2010 年，完成"十五""十一五""973""863"等攻关任务 73 项和"985"二期、"211"二期建设项目，国家自然科学基金 131 个项目及大量横向合作项目，年在研项目 300 余项。科研经费大幅度上升，最高年份达 9 376 万元，技术鉴定成果 88 项，获国家专利 437 项，年均发表论文 500 多篇，其中 SCI 论文年均 160 余篇，获国家级奖 4 项，省部委级奖 46 项。

在"985""211"项目的支持和科研经费大幅度增加的情况下，科研条件得到大大改善。2001 年，新建了绿色反应工程和工艺北京市重点实验室；2002 年，建成了国家环保局生态工业重点实验室（分室）；2010 年，建立了北京市膜材料与工程重点实验室；其他原有的实验室也得到补充、加强、扩大等，有力地促进了科研水平的提高。科研成果获国家级奖项目见表 19-22-14。

表 19-22-14　化工系科研成果获国家级奖项目

年份	项目名称	获奖等级	获奖人
1978	核燃料后处理工厂工程研究和设计	全国科学大会奖	汪家鼎
	新型塔板	全国科学大会奖	段占庭　蒋维钧
	新型氨合成塔构件：三重冷管内件合成塔	全国科学大会奖	彭秉朴等
	高压钠灯	全国科学大会奖	
1981	斜孔塔板	国家发明四等奖	段占庭　蒋维钧
1984	共振搅拌反应器	国家发明四等奖	亓平言　戴诗亮
1985	加盐萃取精馏制取无水乙醇	国家发明三等奖	段占庭　雷良恒　周荣琪　徐永福
	换热器网络的优化综合技术	国家科技进步三等奖	陈丙珍　何小荣　李有润　沈忠耀
	聚碳酸酯-聚乙烯合金纬纱管	国家科技进步三等奖	张增民　童筱芳
1986	煤气发生炉螺旋锥型炉算	国家发明三等奖	曾宪舜
1987	塔型立构件在萘氧化制苯酐流化床反应器中的应用	国家发明二等奖	金涌　俞芷青　张礼
	金属溶剂萃取热力学研究	国家自然科学奖四等奖	滕藤　李以圭　陆九芳　李总成　包铁竹
1989	金川资源综合利用	国家科技进步特等奖	化工系为参加单位
1990	二异辛基硫醚萃取金、银的工艺	国家发明四等奖	席德立　华亭亭　廖史书　唐晋　赵义云　丛进阳
1992	几种新型填料在低界面张力体系萃取塔中的研究与应用	国家科技进步三等奖	费维扬　张宝清　温晓明　朱慎林
1993	络合萃取法处理工业含酚废水技术	国家科技进步二等奖	戴猷元　杨义燕　汪家鼎　杨天雪
	青霉素发酵多模型智能控制	国家科技进步三等奖	曹竹安（5）
	氟塑料加工及应用技术开发（轻—2—003—02）	国家科技进步二等奖	赵安赤（6）
1995	气固湍动流态化用于丙烯腈和醋酸乙烯构件流化床反应器的工业试验	国家科技进步二等奖	金涌（1）汪展文（2）姚文虎（5）俞芷青（8）
1996	内弯弧形扁环填料	国家技术发明四等奖	费维扬　温晓明　房诗宏　张宝清
1999	复合斜孔塔板	国家技术发明三等奖	段占庭　彭建军　周荣琪　刘瑞禧
2002	丙烯腈成套工业技术开发	国家科技进步二等奖	魏飞（6）
	生物塑料 PHBHHx 的研制与开发	国家技术发明二等奖	曹竹安（4）　胡平（5）张增民（6）

续表

年份	项 目 名 称	获 奖 等 级	获 奖 人
2008	100kt/a 苯胺成套技术研开发和应用	国家科技进步二等奖	魏　飞（2）　蹇伟中（8）
2009	渗透气化透水膜、膜组建及其应用技术	国家技术发明二等奖	陈翠仙　李继定　蒋维钧　张立平 秦培勇

六、对外合作与交流

改革开放以来，化工系在人才培养，科学研究、师资进修提高方面积极开展了对外合作，提高了水平，扩大了影响，促进了系各项事业的全面发展。

在人才培养方面，随着近年来国际交往不断增加，针对国际化的趋势，着力请进来走出去，让学生在学习时就能够有机会参与国际交流。近年来，外籍和中国港台地区教师在系开设了多门基础课程和高水平的讲座。2005 年起壳牌公司每年出资 100 万元在系设立讲席教授团组基金，为学生开设高水平的课程和讲座，如荷兰皇家科学院院士 Arson 教授为研究生开设了"应用热力学"英文课程，为本科生的导论课做讲座；美国麻省理工学院前副校长 K. Smith 为本科生讲"传递过程原理"示范课，使学生感受到世界一流大学的教学水平；中国台湾新竹清华大学马振其教授的《化工创造力与创新设计》课，激发了学生的创新思维。

在学校的支持下，2005 年 1 月与日本东京工业大学签订研究生联合培养项目，实行双导师制，互派教师授课，联合培养研究生总数为 32 人，已获学位 22 人，10 人在读。与美国麻省理工学院、澳大利亚墨尔本大学、中国台湾新竹清华大学等有暑期学生交换项目。

1985 年，化工系开始招收留学生，至 2010 年先后共招收来自韩国、日本、美国、德国、澳大利亚、瑞典等国的本科生 34 人，进修生 33 人，研究生 26 人（其中硕士生 18 人，博士生 8 人）。现在校留学生本科生 16 人，研究生 9 人（其中硕士 6 人，博士 3 人）。

改革开放以来，在科研合作和学术交流方面开展了积极的交流活动，1988 年签订了首个国际合作科研合同，多年来先后与日本、美国、韩国、丹麦等国的学校和知名企业共签订国际科研合作合同 250 余个。同时与国际知名的化工企业进行了密切的交流与合作，如美国的宝洁公司，韩国的 LG 公司，德国的巴斯夫公司、汉高公司，日本的日立化成公司等。通过这些活动提高了化工系在国际上的影响力，促进了合作。在合作的基础上 2004 年与韩国 LG 化学公司成立了清华-LG 联合研究室，密切了合作关系；2010 年 11 月成立了中国清华大学-巴西气候与能源中心（中心挂靠在化工系，刘德华教授首任中心主任），开展气候变化与能源技术创新领域相关研究工作。

在国际学术交流方面也开展了很好的工作，1995 以来每年平均主请、顺访的外国知名大学和企业的专家学者约 50 多名到系作学术报告，共同探讨学科的发展。1995 年以来化工系每年平均有约 30 多人次，最多的年份达 70 多人次的教授、副教授赴多个国家参加学术交流会，开拓了视野，促进了科研水平的提高。1995 年以来，还主办和承办了 25 次国际学术交流会，大大提高了化工系在国际上的影响，促进了学科发展和学术交流。

在提高师资水平方面积极开展了派出去和请进来的工作。1978 年至 2010 年，共派往美国、日本、加拿大、法国、德国、澳大利亚、新加坡等国家的知名院校做高访和进修的教师达 180 余人，其中八九十年代最多，最多年份派出 18 人。同时，1994 年聘请了美国麻省理工学院黎念之

教授，2000 年聘请了美国普渡大学的曹祖宁教授为访问教授；2002 年聘请了荷兰 TUDelft 大学 Swaan Arons 教授为讲席教授；2006 年 4 月聘请了美国加州大学洛杉矶分校的卢云峰教授为长江学者讲座教授；2007 年聘请美国工程院院士、普林斯顿大学教授 P. Debenedetti，澳大利亚工程院院士、墨尔本大学教授 G. Stevens，法国科学研究中心居里研究所终身研究员 P. J. G. Keller，美国俄亥俄州立大学范良士院士为清华壳牌化学工程讲席教授团组成员；2008 年聘请美国密歇根大学马晓龙教授为长江学者讲座教授；2009 年聘请加拿大西安大略大学教授祝京旭为长江学者讲座教授。这些教授的参与对提高化工系学术水平和授课水平发挥了积极的作用。

七、实验和研究基地

改革开放以来，特别是在"985 工程""211 工程"项目工程的支持下，实验室的条件有很大的改观，水平有显著提高。全系有 8 个教学和科研实验室，1 个国家重点实验室，3 个省部级重点实验室，2 个校级实验室。

（一）化学工程联合国家重点实验室

化学工程联合国家重点实验室由清华大学、天津大学、华东理工大学和浙江大学等 4 个分室组成，清华大学为国家重点实验室主任单位。实验室于 1987 年经国家计委批准筹建，1991 年 4 月通过国家验收并正式开放运行。建室以来，实验室四次通过全国重点实验室评估，成绩良好。历任实验室主任为汪家鼎、戴猷元，历任学术委员会主任为时钧、袁渭康。现任实验室主任为骆广生，现任学术委员会主任为李静海。

清华大学分室主要承担化工分离工程的应用基础研究任务。根据分离学科的特点，突出创新与交叉，瞄准学科前沿，开展应用基础研究，推动化工学科的发展；同时，面向国民经济和社会发展的重大工程技术问题，结合生命、材料、能源、信息、资源和环境等领域的需求，积极推动成果转化，完成国家重大工程项目的实际应用，形成了相平衡和传递性质、分离设备强化及工程应用、分离新方法及新型分离介质、膜材料与膜分离技术、超临界流体技术和微化工系统等六大研究方向。

实验室先后承担了一大批国家自然科学基金重大、重点项目、国家支撑计划、"973 计划"和"863 计划"等应用基础研究项目和科技成果工业应用项目，取得了一批有较高学术水平的研究成果，获得重大的经济和社会效益。例如，"溶液非理想性和流体相平衡研究""化工过程涉及体系的扩散性质和热力学性质研究""络合萃取法处理工业有机废水技术""QH-1 型和 QH-2 型扁环填料""萃取塔强化、模型化和工业应用的基础研究""新型转盘萃取塔（NRDC）研究开发与工业应用""膜分散微结构反应器可控制备纳米颗粒的反应基础研究""己内酰胺高性能萃取技术和设备的研究及工业应用"等，分别获国家级和省部委级奖。

实验室始终将队伍建设及人才培养作为建设与发展的重要工作，将聚集人才、建设高水平的科研队伍作为建设的中心任务，不断涌现出新的学术带头人和学术骨干。建室以来有 1 人当选为中国科学院院士，有 1 名青年教师获得国家杰出青年科学基金的资助，并被受聘为长江学者特聘教授，培养全国百篇优秀博士论文获得者 1 名。实验室现有固定人员 19 人，其中中国科学院院士 1 人，国家杰出青年科学基金获得者 1 人，人员中具有博士学位的研究人员比例超过 85%。

根据学科发展需要，实验室建设了集组成分析、结构表征、计算模拟以及过程和设备性能研究于一体的研究平台，为开展高水平的基础和应用研究以及人才培养提供了有力的保障。

（二）化工实验教学中心

化工系实验教学中心，其前身化工原理实验室始建于 1958 年，1990 年首批迈入校"一级实验室"行列，1993 年、1997 年、2008 年经三次复评继续保持该称号。实验中心总使用面积约 580 平方米。现有化工基础及专业实验装置共 38 套，仪器设备共 80 台（件）。实验室承担着化工系、化学系、自动化系、环境系、工物系 16 个班约 400 名本科生的实验教学任务，每年开设实验 5 000～6 000人时。实验室设备多由本实验室教师集多年教学经验而自行设计、开发、研制。该实验装置系列通过国家教委组织的专家鉴定，在全国兄弟院校中得到广泛的推广和应用。近年来，实验中心虚心学习兄弟院校的经验，不断开发出新的实验装置，提高实验教学水平。中心先后多次获得清华大学实验技术成果奖和教学成果奖。

（三）绿色反应工程与工艺北京市重点实验室

绿色反应工程与工艺北京市重点实验室是 2001 年批准建立的，前身为 1978 年建立的反应工程研究室。实验室以多相化学反应工程、催化过程及颗粒处理为基础，以气固湍动流态化技术、高速流态化技术及移动床反应工程技术为核心，面向石油化工，清洁能源化学品，纳米材料等领域，开展了多相流体力学测量、多相计算流体学、绿色催化工艺与催化过程研究、纳米材料制备与工程化研究。形成了基础研究、催化过程研究、工艺开发及工程为一体的研究平台。

实验室有中国工程院院士 1 人，长江学者特聘教授 1 人，教授 6 人，副教授 5 人。建室以来，先后有 60 余台套自行设计的反应器成功获得工业化应用，"新型塔型内构件流化床反应器"获国家发明二等奖，"10 万吨/年苯胺成套技术研究开发与应用""丙烯腈成套工业技术开发""气固湍动流态化用于丙烯腈和醋酸乙烯构件流化床反应器的工业试验"获国家科技进步二等奖，此外，还有 10 余项省部级奖及 70 余项国家发明专利。发表 SCI 论文 350 余篇，培养博士生 80 余人，其中 4 人获全国"百篇优秀博士论文奖"。

（四）国家环境保护生态工业重点实验室

国家环境保护生态工业重点实验室清华分室自 2002 年成立以来，在工业生态学基础理论、生态工业发展战略规划、生态工业系统分析与集成和生态化工艺技术等方面开展了一系列工作。7 年来，获省部级科技一等奖 2 项，出版专著（含重要章节）8 部，发表学术论文 200 多篇，其中 SCI/EI 收录 100 多篇。完成 50 多项科研项目，其中生态工业园区和循环经济发展规划 7 个列为国家环保部试点，9 个成为国家发改委试点。代表性研究成果及创新包括提出生态工业系统分析决策方法、磷元素全生命周期代谢分析和循环经济发展策略和多项生态化工艺技术等。

（五）化工、材料研究设备和分析测试平台

经过多年的努力，特别是在"985 工程"及"211 工程"支持下，综合各实验室的仪器和设备，构建了一些实验平台：①材料性能、结构和形态表征的材料化工研究分析测试平台，包括高分辨率扫描电镜、透射电镜、原子力显微镜、激光光散射仪、色质联用分析仪、流变仪、热分析

仪；②含在线测量、过程集成、工艺优化和设备放大等功能的"过程与装备"的研究和推广平台，包括气固并流下行流化床反应器、循环浆态床反应器发酵罐系统、大型塔器、膜制备装置、三维激光多普勒测速仪、粒子成像速度仪等；③集分子模拟、计算流体力学、过程模拟及优化、过程仿真、生物信息学等功能的公共计算平台。这些实验平台的建设大大促进了科研的进展，提高了研究水平。

化工系各实验室概况见表 19-22-15。

表 19-22-15　化工系各实验室概况

实验室名称	成立时间	实验室面积（平方米）	仪器设备（台件）	固定资产（元）
高分子实验室	1958	2 120	585	13 188 417
萃取分离实验室	1961	1 761	895	20 271 457
化工实验教学中心	1958	578	334	4 875 830
生物化工室实验室	1986	1 523	970	17 929 244
应用化学实验室	1976	679	465	15 351 375
热力学实验室	1958	86	52	548 174
反应工程实验室	1982	1 938	1 390	28 647 975
膜技术和工程实验室	2001	826	205	4 887 555

第二十三节　材料科学与工程系

一、沿革

材料科学与工程系（简称材料系）成立于 1988 年，而材料学科在清华则有较久的历史。早在 20 世纪 20 年代，清华大学就开始了材料研究，50 年代在冶金、工程物理、土木等系先后建立了金属热处理专业、核材料专业、建筑材料专业、高分子材料专业。70 年代初建立了特殊非金属材料专业。在 70 年代末就有设立材料系之议，旋由学校报请教育部批准，于 1979 年成立材料科学研究所。随着学校教学体制改革，专业与系科调整，于 1988 年 9 月由分属工程物理系的材料科学教研组（简称材科）、机械工程系的金属材料教研组（简称金材）及化学工程系的无机非金属材料教研组（简称非金属）等 3 个专业组建成立材料科学与工程系（见图 19-23-1）。原有 3 个教研组不变，3 个专业合并为 1 个专业即材料科学与工程专业。下设 5 个"柔性"学科方向：材料物理、金属物理、无机非金属材料、电子材料、复合材料。

材料系历任系主任与系党委书记名录见表 19-23-1。

表 19-23-1 材料系历任系主任与系党委书记名录

系主任	任 职 时 间	系党委书记	任 职 时 间
吴建铣	1988-09—1991-11	顾守仁	1988-09—1991-11
黄 勇	1991-12—1998-12	顾守仁	1991-12—1998-12
潘 伟	1999-01—2002-12	李 明	1999-01—2002-12
潘 伟	2003-01—2004-12	冯庆玲	2003-01—2004-12
南策文	2005-01—2006-12	冯庆玲	2005-01—2006-12
张政军	2007-01—2008-03	冯庆玲	2007-01—2008-03
张政军	2008-04—	潘 伟	2008-04—

材料系学术委员会主任先后由李恒德、柳百新等担任。

二、教学科研组织

截至 1995 年，材料系有 3 个教研组，即材料科学教研组、金属材料教研组及无机非金属材料教研组。材料系的构成及教研组演变情况见图 19-23-1，学科方向见表 19-23-2。

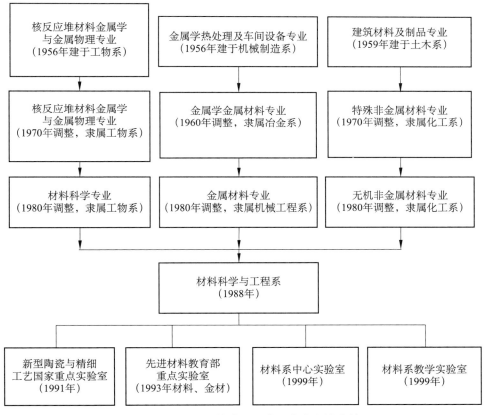

图 19-23-1 材料系构成及原来 3 个专业演变情况

表 19-23-2　1993 年材料系 3 个教研组学科方向

时间	教 研 组	博士、硕士点	学 科 方 向
1988 —1993	材料科学	材料物理	载能离子束与材料的作用，薄膜及微观结构分析，生物及仿生材料，微结构与计算材料学，表面改性
		核材料	材料设计与模拟，辐照效应，腐蚀与环境材料，反应堆结构材料
	金属材料	金属材料及热处理	强度断裂，固态相变理论及新型复相材料，电子材料与元器件工艺，复合材料，失效分析与无损检测
	无机非金属材料	无机非金属材料	信息与功能陶瓷材料，结构陶瓷材料，陶瓷基复合材料

1996 年起，根据实际情况为了更好地进行科研活动，材料系形成了以两个实验室为主体划分的研究结构。各实验室学科方向见表 19-23-3。

表 19-23-3　2010 年材料系实验室及研究方向

时间	实 验 室	重 点 学 科	学 科 方 向
2010	新型陶瓷与精细工艺国家重点实验室	无机非金属材料学	信息功能陶瓷材料，功能复合材料设计与新材料探索，高性能结构陶瓷材料，陶瓷材料先进制备工艺，能源环境与生物材料
	先进材料教育部重点实验室	材料物理与化学 材料学与材料 核燃料循环 凝聚态物理	离子束与材料作用，材料微结构形成与演变，新型金属材料，信息与电子材料，新型高分子材料，核材料，生物与仿生材料，能源环境与材料

三、教职工

材料系在不同时期的教职工人数见表 19-23-4 和表 19-23-5。

表 19-23-4　材料系 3 个教研组在代表性年份的教职工人数

教 研 组	材料科学教研组				金属材料教研组				无机非金属材料教研组			
	1956	1965	1988	1993	1956	1965	1988	1993	1956	1965	1988	1993
教职工总人数	12	33	26	18	17	52	36	31	22	33	34	31
教师	12	27	21	14	12	31	22	22	15	20	23	26
教授	1	1	3	9	0	0	3	6	0	0	5	7
副教授	0	0	8	5	1	1	12	11	1	1	9	9

表 19-23-5　材料系在代表性年份的教职工人数

时间	在编总数	正高	副高	中级	初级	职员	工人	其他	离退休
2001	94	30	35	14	4	5	5	1	54
2005	97	41	36	10	2	5	3	0	63
2010	83	30	36	11	0	4	2	0	76

截至 2010 年底，材料系有在职教师 83 人，其中教授（研究员）30 人、副教授（副研究员）20 人、高级工程师 14 人。材料科学与工程学科博士后流动站在站人数 42 人。

各个时期的教授名录见表 19-23-6。

表 19-23-6　材料系教授名录

姓名（任职时间）	姓名（任职时间）	姓名（任职时间）
*李恒德（1961—　）	陈南平（1978—1990 退休）	江作昭（1980—1997 退休）
范毓殿（1985—1995 退休）	张孝文（1985—1994 转出）	吴建铣（1985—1992）
唐祥云（1985—1994 退休）	陈振刚（1988—1989 退休）	周昌炽（1988—1994 退休）
方鸿生（1987—2002 退休）	*柳百新（1987—　）	关振铎（1988—1996 退休）
*李龙土（1988—　）	仝健民（1989—1994 退休）	苗赫濯（1989—2002 退休）
陶　琨（1989—2003 退休）	周志刚（1990—1992 退休）	潘金生（1990—2001 退休）
马莒生（1990—2002 退休）	张效忠（1991—1992 退休）	黄　勇（1991—2003 退休）
陈鹤鸣（1992—1994 退休）	江尧忠（1992—1996 退休）	吕允文（1992—1997 退休）
崔福斋（1992—　）	李建保（1992—2007 调出）	李文治（1993—1996 退休）
白新桂（1993—1997 退休）	梁开明（1993—　）	桂治轮（1994—1996 退休）
王英华（1994—1996 退休）	张中太（1994—2005 退休）	周和平（1994—　）
顾守仁（1995—2001 退休）	李力军（1996—1997 退休）	*朱　静（1996 调入—　）
夏宗宁（1996—1997 退休）	白新德（1996—2006 退休）	唐国翌（1996—2007 调出）
潘　峰（1996—　）	马春来（1997—1999 退休）	张济忠（1997—2008 退休）
潘　伟（1997—　）	顾家琳（1998—2007 退休）	周　济（1998—　）
白秉哲（1999 调入—　）	沈万慈（1999—2001 退休）	*南策文（1999 调入—　）
冯庆玲（1999—　）	刘　庆（1998 调入—2006 调出）	张文征（1999—　）
冯嘉猷（2000—　）	章晓中（1999—　）	韦　丹（2000—　）
邓海金（2001—2006 退休）	田民波（2001—2008 退休）	翁　端（2001—　）
袁　俊（2001 调入—2008 调出）	陈秀云（2002—2007 退休）	李敬锋（2002 调入—　）
谢志鹏（2002—　）	张政军（2002—　）	孙恒虎（2002—2008 调出）
姜忠良（2003—2006 退休）	安　迪（2003 调入—　）	王晓慧（2003—　）
于荣海（2003 调入—2010 调出）	杨志刚（2004—2006 转人事处）	杨金龙（2004—　）
李友国（2005—2007 退休）	刘　伟（2005—　）	汪长安（2005—　）
武庆兰（2006—2008 退休）	岳振星（2006—　）	李　明（2006—　）
盖国胜（2007—　）	林元华（2008—　）	蔡　强（2010—　）

说明：注 * 者为中国科学院或中国工程院院士。

四、教学

（一）本科教学

材料系从 1988 年建系至 2010 年，本科生招生按统一的材料科学与工程专业招生（每年招 3 个班共约 90 人）。1966 年以前，本科生学制六年，原有 3 个专业共培养本科毕业生 1 160 人，研究生毕业 26 人。1970 年至 1976 年，学制三年半（招收工农兵学员），培养本科毕业生 770 人。1977 年恢复高考招生制度后，学制五年，1977 年至 1987 年培养本科毕业生 540 人。

为了适应材料科学技术日新月异的发展以及国民经济建设的需要，使培养的人才能达到"基础要厚一些，知识面要宽一些，技能要精一些，适应能力要强一些"的要求，1988年建系后，对本科教学不断进行改革、调整和优化，打破原有3个专业的界限，由系统一制订教学计划与课程设置。材料系成立后至2010年，培养本科毕业生1 855人。

2010年材料系本科学制四年，按照学分制管理机制，实行弹性学习年限。本科培养阶段总学分171（物化系列A）、170（物化系列B），包括公共基础课（见表19-23-7）、数学和自然科学基础课（见表19-23-8）、相关专业课程（见表19-23-9）、实践环节（见表19-23-10）、综合论文训练（见表19-23-11）。

表 19-23-7　2010 年材料系公共基础课

所 属 类 别	课 程 名 称	学分	课 程 名 称	学分
思想政治基础课 4门（14学分）	思想道德修养与法律基础	3	中国近现代史纲要	3
	马克思主义基本原理	4	毛泽东思想与中国特色社会主义理论体系概论	4
体育（4学分）	第1～4学期的体育（1）～（4）为必修，每学期1个学分；第5～8学期的体育专项不设学分；其中第5～6学期的体育专项为限选，第7～8学期为任选。体育学分不够或不通过者不能获得本科学位			
外语（4学分）	大学英语教学实行目标管理和过程管理相结合的方式。学生入学后建议选修并通过4～6学分的英语课程后再参加"清华大学英语水平I"的考试。本科毕业及获得学士学位必须通过英语水平I考试。学生可选修外语系开设的不同层次的外语课程日语、德语、法语、俄语等，以提高外语水平与应用能力			

表 19-23-8　2010 年材料系数学和自然科学基础课

所 属 类 别	课 程 名 称	学分	课 程 名 称	学分
数学（必修19学分）	微积分（1）	3	微积分（2）	3
	微积分（3）	4	概率论与数理统计	3
	几何与代数（1）	4	数理方程引论	2
物理、化学按系列必修30学分（物化系列A）或29学分（物化系列B）	系列A（侧重物理基础）			
	物理8门（必修21学分）		化学5门（必修9学分）	
	力学	3	大学化学A	3
	热学	2	物理化学B	3
	电磁学	3	大学化学实验B	1
	光学	2	物理化学实验B（1）	1
	近代物理学	2	物理化学实验B（2）	1
	物理实验（1）	2		
	量子与统计（A）	4		
	固体物理学A	3		
	高新技术物理基础	3任选		
	系列B（侧重化学基础）			
	物理5门（必修14学分）		化学7门（必修15学分）	

续表

所属类别	课程名称	学分	课程名称	学分
物理、化学按系列必修30学分（物化系列 A）或29学分（物化系列 B）	大学物理 B（1）	4	化学原理	4
	大学物理 B（2）	4	无机化学	2
	物理实验（1）	2	物理化学 B	3
	量子与统计 B	2	有机化学 B	3
	固体物理学	2	分析化学	2
			大学化学实验 B	1
			物理化学实验 B（1）	1

表 19-23-9　2010 年材料系本科相关专业课程

所属类别	课程名称	学分	课程名称	学分
计算机类 2 门（5 学分）	计算机程序设计基础	3	计算机文化基础	2
	计算机语言与程序设计	2	计算机硬件技术基础	3
	计算机硬件技术基础	4	计算机网络及应用	3
	计算机网络	3	计算机辅助设计	2
	或信息学院开设的有关计算机类课程			
机电类 4 门（13 学分）	电工电子≥7 学分			
	电工与电子技术	5	电工技术	3（任选）
	电子技术	4（任选）	电工技术与电子技术（1）	4（任选）
	电工技术与电子技术（2）	4（任选）		
	机械类 ≥3 学分			
	机械设计基础 B（1）	3	工程图学基础	2（任选）
	或机械学院开设的有关机械及制图类课程			
力学类（4 学分）	工程力学	4	材料力学	3（任选）
专业基础课（材料结构与性能）6 门（19 学分）	材料科学基础（1）（英文授课）	4	材料科学基础（2）（英文授课）	4
	材料物理性能基础	3	材料化学	3
	材料力学性能基础	3	高分子化学与物理	2
专业课 13 门（共 20 学分）	A 组　材料分析与检测：7 门（11 学分）			
	X 光衍射分析	3	电子显微分析（英文授课）	3
	材料科学与工程实验系列 1	1	材料科学与工程实验系列 2	1
	材料科学与工程实验系列 3	1	材料科学与工程实验系列 4	1
	实验参量测控实验	1		
	B 组　材料制备与加工：以下课程中选 2 门（4 学分）			
	低维材料制备技术	2	冶金质量控制	2
	金属材料加工学基础	2	精细陶瓷工艺学	2
	电子材料工学	2	生物材料工艺学（英文授课）	2
	C 组　材料科学及其他：以下课程中选 3 门（5 学分）			

续表

所 属 类 别	课 程 名 称	学分	课 程 名 称	学分
专业课 13 门 （共 20 学分）	薄膜材料与应用	2	金属材料学	2
	新型金属功能材料	2	轻合金	2
	结构陶瓷材料及应用	2	功能陶瓷材料及应用	2
	电子封装	2	聚合物基复合材料	2
	无机复合材料	2	非晶材料导论	2
	新型碳材料	2	高分子材料	21
	计算材料学导论	2	零件失效分析	2
新生材料专业导引课 1 门（1 学分）	材料学概论	1		

表 19-23-10　2010 年材料系本科实践环节

所 属 类 别	课 程 名 称	学分	课 程 名 称	学分
实践环节（19 学分）	军事理论与技能训练	3	大一外语强化训练	2
	认识实习	2	金工实习 C（集中）	3
	电子工艺实习 A	2	生产实习	5

表 19-23-11　2010 年材料系综合论文训练

所 属 类 别	课 程 名 称	学分	课 程 名 称	学分
综合论文训练（15 学分）	综合论文训练	15		

（二）研究生培养

1988 年材料系有博士、硕士学位授予权的学科有：材料物理、核材料、金属材料及热处理、无机非金属材料。其中无机非金属材料为全国重点学科。2010 年有博士、硕士学位授予权的材料科学与工程学科与专业见表 19-23-12。

表 19-23-12　2010 年材料系博士点和硕士点

学 位 名 称	学 科 名 称	专 业 名 称
博士学位、硕士学位	材料科学与工程	材料物理与化学
		材料学
		材料加工工程

材料系研究生教育旨在培养材料科学和材料工程领域中的高层次专业技术人才。

材料系建系以前，1956 年至 1966 年原有 3 个专业教研组，共培养毕业研究生 26 名。1978 年学校恢复研究生招生后，实行学位制，1978 年至 1987 年 3 个专业共培养毕业硕士研究生 103 名，毕业博士研究生 11 名。材料系成立后，1988 年至 2010 年共培养硕士研究生 1 126 名，博士研究生 531 名。2010 年，在系硕士生 155 人，博士生 199 人，在站博士后 42 人。

材料系硕士点与博士点的研究方向及专业课程设置见表 19-23-13 和表 19-23-14。

表 19-23-13　2010 年材料系硕士点研究方向与专业课程设置

课程类别	课程名称	学分	课程名称	学分
硕士研究生重点专业课程（≥20 分）				
材料科学前沿	材料科学前沿	1	新型功能材料专题	1
	高分子前沿讲座	2		
数学类课程（≥3 学分）	高等数值分析	4	实验设计与数据处理	3
	其他全校数学类课程			
系级重点课程（≥9 学分，不少于 3 门）	材料科学基础	3	材料热力学	4
	材料的物理性能基础	3	材料分析与表征	3
	实验室安全学（必修）	1	高聚物结构与性能	3
	当代高分子化学	3	聚合物近代研究方法	3
	当代高分子化学	3	聚合物近代研究方法	3
	药物递送原理与技术	2		
各方向重点课程（≥4 学分 不少于 2 门）				
金属材料及热处理	材料中的相变	3	强度与断裂理论	3
	金属功能材料	3	金属及合金的塑性变形	2
	环境与能源材料进展	3		
材料科学	计算材料学	2	生物材料	2
	薄膜物理与器件	2	材料辐照效应	2
无机非金属材料	近代信息功能陶瓷材料	2	先进结构陶瓷材料	2
	陶瓷材料断裂力学	2	陶瓷先进制备工艺	2
	电子陶瓷性能测试技术	2		
其他研究生选修课	材料中的传输现象	3	电子显微学	3
	材料显微结构分析方法	3	表面与界面	3
	材料物理与化学	2	光电材料	2
	电子显示及显示材料	2	有机功能材料	2
	电子器件与封装	2	传感器与材料	2
	纳米材料及器件	3	纳米结构与测量	1
	MEMS 材料及细微制备技术	2	新型碳材料	2
	材料超塑性及应用	2	金属材料选题	2
	金属材料先进制备技术	2	稀土材料进展	2
	材料英文科技写作	1	科技论文写作与学术规范	1
	组织工程学	3	功能复合材料	2
	多组分聚合物材料	2	高分子动力学及相转变	2
	聚合物表面与界面	2	先进功能高分子材料	2
	水性聚合物体系的理论与实践	2	超微颗粒学基础	2

说明：攻读硕士研究生期间，需获得学位要求学分不少于 27，其中公共必修学分不少于 5，学科专业要求学分不少于 20，必修环节学分 2，考试课程学分不少于 18。

表 19-23-14　2010 年材料系博士点研究方向与专业课程设置

课程类别	课程名称	学分	课程名称	学分
博士研究生重点专业课程（≥20 学分）				
材料科学前沿	材料科学前沿	1	高分子前沿讲座	2
	新型功能材料专题	1		
数学类课程（≥3 学分）	高等数值分析	4	实验设计与数据处理	3
	其他全校数学类研究生课程			
系级重点课程（≥9 学分 不少于 3 门）	材料学基础	3	材料热力学	4
	材料的物理性能基础	3	材料分析与表征	3
	实验室安全学（必修）	1	高聚物结构与性能	3
	当代高分子化学	3	聚合物近代研究方法	3
各方向重点课程（≥4 学分 不少于 2 门）				
金属材料及热处理	材料中的相变	3	强度与断裂理论	3
	金属功能材料	3	金属及合金的塑性变形	2
	环境与能源材料进展	3		
材料科学	计算材料学	2	生物材料	2
	薄膜物理与器件	2	材料辐照效应	2
无机非金属材料	近代信息功能陶瓷材料	2	先进结构陶瓷材料	2
	陶瓷材料断裂力学	2	陶瓷先进制备工艺	2
	电子陶瓷性能测试技术	2		
其他研究生选修课	材料中的传输现象	3	电子显微学	3
	材料显微结构分析方法	3	表面与界面	3
	材料物理与化学（选题）	2	光电材料	2
	电子显微及显示材料	2	有机功能材料	2
	电子器件与封装	2	传感器与材料	2
	纳米材料及器件	3	纳米结构与测量	1
	MEMS 材料及微细制备技术	2	新型碳材料	2
	材料超塑性及应用	2	金属材料选题	2
	金属材料先进制备技术	2	稀土材料进展	2
	材料英文科技写作	1	科技论文写作与学术规范	1
	组织工程学	3	功能复合材料	2
	多组分聚合物材料	2	高分子动力学及相变	2
	聚合物表面与界面	2	先进功能高分子材料	2
	水性聚合物体系的理论与实践	2	高分子材料分子及聚集态结构设计	2
	超微颗粒学基础	2		

（三）教学成果

材料系有 2 门课程被评为国家级精品课程：材料科学基础（2007 年，负责人田民波）和电子显微分析（2007 年，负责人章晓中）。

截至 2010 年有 5 篇博士论文被评为全国百篇优秀博士学位论文，作者是：张政军（1999 年），王德军（1999 年），彭奎庆（2006 年），罗俊（2008 年），沈洋（2009 年）。

五、科学研究

1956 年至 1966 年，材料科学教研组（原核反应堆材料教研组，属工物系）主要承担和从事核工业部关于"锌和铀的热循环、铀的晶粒度研究"，特别是在 200 号（试验化工厂）"热室设计与建造及反应堆池壳铝体部件的阳极氧化处理"中作出了一定的成绩，后者曾获得国防科委的表扬。金属材料教研组（原金属学及金属材料教研组，属冶金系，后为机械系），在多项科研工作中最为突出的是"2500℃多功能高温拉伸装置"成果显著，曾参加全国仪器仪表重大成果展及全国高校成果展。无机非金属材料教研组（原建筑材料与制品教研组，属土木系）为北京黏土砖质量标准评估与研究工作以及北京建材工业局制定国内第一个黏土砖质量厂标作出了贡献；另外，在混凝土墙板振动成形及振动模压工艺研究方面，为北京市早期推广建筑装配式预制混凝土墙板也作出了重要的贡献。

1970 年至 1979 年，材料科学教研组主要参加了 200 号的"820"工程中核材料项目攻关研究，如"二氧化铀燃烧颗粒球的研究""包覆热解碳的研究"以及结合核潜艇所用金属锆材加工中的"锆的结构与氢化物分布研究"等，为我国发展原子能工业作出了重要贡献。金属材料教研组作为主要研究单位参与并完成"低钴瓷封合金研制"工作。无机非金属材料教研组研制出透明氧化铝陶瓷管装配的高效节能高压钠灯和高耐磨、高韧性复合氮化硅陶瓷刀具，前者获 1978 年全国科学大会奖和清华大学百万元经济效益奖。

1980 年至 1987 年，参加国家"六五"科研攻关任务，取得一批比较突出的科研成果，其中有 11 项成果获国家级奖励。材料科学教研组的研究成果"载能离子束与金属相作用"（柳百新等）获 1986 年国家教委科技进步一等奖，"邮票厂七色机打孔器表面激光强化研究"（周昌炽等）获 1987 年国家级科技进步三等奖。金属材料教研组科研成果"新型中碳及中高碳空冷贝氏体钢"（方鸿生等）获 1987 年国家发明二等奖；"细晶封接合金"（马莒生、陈南平等）获 1984 年国家发明三等奖；"20MnTiB 钢冷锻高强度螺栓"（唐祥云、王天宰等）获 1985 年国家级科技进步二等奖。无机非金属材料教研组科研成果"高耐磨性、高韧性复合氮化硅陶瓷刀具"（苗赫濯等）获 1988 年国家发明二等奖；"低温烧结 PZT 陶瓷及独石压电陶瓷变压器"（李龙土等）获 1987 年国家发明三等奖；"钢的水平连铸"（黄维琼等）获 1987 年国家级科技进步二等奖；"连续等静压成型工艺与设备及透明氧化铝陶瓷粉喷雾干燥工艺及设备"（陈振刚等）获 1988 年国家级科技进步二等奖。

材料系成立前后至 2010 年，在材料科学研究方面得到长足发展，获得了国家级科研奖 28 项（见表 19-23-15），逐步形成了以材料科学研究所为主体，全校相关专业横向学科交叉，相互渗透，加强合作的局面，培育了具有综合实力、环境优势的研究群体和研究基地。建系 20 余年来，材料系积极承担国家"973""863"、自然科学基金、科技攻关项目和各部委、省、市科研研发项目及国内外企业合作研发项目，经费由建系时年科研总经费不足 100 万元，到 2010 年度全系科研立项

364 项，计划经费 346 393 万元，实到经费 8 194 万元（该经费不包括"985"和"211"经费）。
1995 年至 2010 年底，材料系 SCI 收录 7 751 篇，发表 SCI 收录论文连续 10 年名列学校榜首。

表 19-23-15　材料系科研获国家级奖项目统计

序号	年份	项 目 名 称	获 奖 等 级	参加人员
1	1978	高温钠灯	全国科学大会奖	苗赫濯
2	1978	低钴封结合金	全国科学大会奖	马莒生
3	1984	细晶封结合金	国家技术发明奖三等奖	马莒生
4	1985	20MnTiB 钢镦高强度螺栓	国家科学技术进步奖二等奖	唐祥云
5	1987	低温烧结 PZT 陶瓷及独石压电陶瓷变压器	国家技术发明奖三等奖	李龙土
6	1987	铁红金圈结晶釉研究	国家技术发明奖四等奖	周和平
7	1987	钢的水平连铸	国家科学技术进步奖二等奖	黄维琼
8	1988	新型中碳及中高碳空冷贝氏体钢研究	国家技术发明奖二等奖	方鸿生
9	1988	高耐磨性，高韧性复合氮化硅陶瓷刀具	国家技术发明奖二等奖	苗赫濯
10	1988	连续等静压成型工艺与设备及透明氧化铝陶瓷粉喷雾干燥工艺及设备	国家科学技术进步奖二等奖	陈振刚
11	1988	邮票七色机打孔器激光强化的研究	国家科学技术进步奖三等奖	周昌织
12	1990	半导体器件外引线断裂质量控制与断裂机理的研究及推广应用	国家科学技术进步奖三等奖	马莒生
13	1992	多功能离子束增强沉积实验装置	国家科学技术进步奖三等奖	李文治
14	1993	载能离子束与金属作用下合金相形成及分形生长现象研究	国家自然科学奖二等奖	柳百新
15	1993	阳极氧化法制造可膨胀石墨新技术	国家技术发明奖三等奖	刘秀瀛
16	1993	自动防核闪光飞行头盔（TK-6B）	国家科学技术进步奖三等奖	李龙土
17	1996	高性能铁电压电陶瓷材料组成及低烧技术	国家技术发明奖二等奖	桂治轮
18	1999	离子束材料改性中若干基础性问题的研究	国家自然科学奖三等奖	柳百新
19	2005	非均质材料显微结构与性能关联：理论及实践	国家自然科学奖二等奖	南策文
20	2005	陶瓷胶态成型新工艺	国家技术发明奖二等奖	黄　勇
21	2005	高性能低温烧结软磁铁氧体材料	国家技术发明奖二等奖	周　济
22	2005	几种无机纳米材料的制备及应用研究	国家科学技术进步奖二等奖	王晓慧
23	2006	高性能铋系高温超导长带材的研制与开发	国家科学技术进步奖二等奖	刘　庆
24	2007	中高频声表面波关键材料及应用研究	国家技术发明奖二等奖	潘　峰
25	2008	纳米晶磷酸钙胶原基骨修复材料	国家技术发明奖二等奖	崔福斋
26	2009	稀土催化材料及在机动车尾气净化中应用	国家科学技术进步奖二等奖	翁　端
27	2009	移动通讯用滤波器关键技术及产业化	国家科学技术进步奖二等奖	潘　峰
28	2010	耐高温相变材料微胶囊、高储热量调温纤维及其制备技术	国家技术发明奖二等奖	唐国翌

六、对外合作与交流

材料系自建系以来，一直重视国内外学术交流，近10年来对外交流与国际合作不断增加。截至2010年，已与美国、法国、日本、韩国等十几个国家和地区建立联系，开展学术交流、科研合作；有多位知名学者在国际材联、联合国工业发展组织等有影响的学术团体兼职。据不完全统计，近5年来，材料系共接待境外来访473人次，出境参加学术会议和访问362人次（具体见表19-23-16和表19-23-17），深入广泛的学术交流，促进了教学、科研水平的提高，增强了清华材料学科在国际的学术影响力。

表 19-23-16　材料系对外交流与合作情况统计

年份	学术交流活动	研究生联合培养		国际合作研究项目	主办的国际学术会议	出境参加学术会议和访问	接待境外来访人员
		派出	接受				
2006	3	5	4	13	3	91	79
2007	7	5	10	17	3	98	112
2008	7	9	9	18	1	49	77
2009	7	18	9	24	4	59	90
2010	7	9	6	17	5	65	115

表 19-23-17　材料系参加国际会议情况统计

年份	出席国际会议（人次）		国际会议交流论文（篇）		特邀报告	
	境内	境外	境内	境外	境内	境外
2001	28	30	29	34	1	4
2002	20	14	20	14	2	4
2003	23	28	26	28	3	3
2004	68	59	78	59	15	10
2005	130	40	142	50	12	10
2006	39	63	28	50	8	29
2007	98	38	81	36	9	13
2008	31	40	37	29	11	9
2009	39	20	96	134	8	8
2010	46	19	46	19	4	8

七、实验室和研究基地

截至2010年，材料系建有新型陶瓷与精细工艺国家重点实验室、先进材料教育部重点实验室、北京电子显微镜中心、材料科学与工程研究院中心实验室及教学实验室5个实验室，这些实验室的建立为材料系教学与科研的发展提供了良好的条件。

全系重要实验室简况如下：

1. "新型陶瓷与精细工艺"国家重点实验室

"新型陶瓷与精细工艺"实验室属于国家教育部系统唯一的从事高性能陶瓷材料科研领域的科学研究与人才培养工作的国家重点实验室。实验室总面积 5 000 平方米，有各种功能齐全、水平先进的工艺装备和实验室仪器 57 台（套），如多功能烧结炉、气压烧结炉高温综合热分析仪、频谱和介温谱自动测试系统、电滞回线测试装置、高温力学测试机、高温显微镜和颗粒分布自动分析仪等。实验室以高温结构陶瓷、信息功能陶瓷、陶瓷基复合材料、能源环境材料和生物陶瓷作为主要方向，在铁电压电陶瓷材料、结构陶瓷材料的增强增韧机理、陶瓷胶态成型技术、陶瓷复合材料结构设计等基础研究方面，取得国际一流的科研成果。

2010 年，实验室主任为潘伟教授，实验室现有研究人员 40 人，其中中国科学院院士 1 人（朱静），中国工程院院士 2 人（李龙土、沈德忠），教授及研究员 24 人，副教授与副研究员 14 人，高级工程师 4 人。

该实验室自 1991 年批准建设，至 1995 年 11 月通过验收。历任主任是：李龙土（1995—1998），李建保（1998—2008），潘伟（2009 年 3 月正式任命，之前代理主任一年半）。

2. 先进材料教育部重点实验室

先进材料教育部重点实验室建于 1993 年，1995 年 1 月正式对外开放。1996 年获得"211 工程"重点支持；1999 年获得"985 工程"重点支持；2001 年实验室所涉及的"材料物理与化学""材料学""核燃料循环与材料"和"凝聚态物理"4 个二级学科均被评为全国重点学科。2006 年至 2010 年间，获国家奖 7 项，其中技术发明二等奖 5 项、科技进步奖 2 项。在国内外学术期刊上发表 SCI 收录论文 1 400 余篇。实验室现已成为多学科交叉的先进材料研究平台和基地。

实验室把当代先进材料的制备技术和表征方法的研究作为主要目标，注重基础理论与实际应用相互结合，同时注意交叉学科在材料科学与工程中的应用。主要研究方向有：纳米及低维材料的制备、结构与性能，生物与仿生材料，离子束与固体相互作用，高性能金属材料，材料在核工业中的应用，信息与电子材料，先进高分子材料，环境材料及材料的信息技术。

2010 年，实验室主任为潘峰教授。实验室固定人员 70 人，其中有正高职称 36 人，副高职称 27 人，其他在职人员 7 人；有中国科学院院士 3 人（朱静、柳百新、范守善），中国工程院院士 2 人（李恒德、翁宇庆），杰出青年基金获得者 5 人（潘峰、张政军、王晓工、段文晖、赵永刚），长江学者 2 人（张政军、段文晖）。

先后担任实验室主任的为：熊家炯（1993—1997），李建保（1997），潘峰（1998— ）。

3. 北京电子显微镜中心

"北京电子显微镜中心"成立于 2006 年，是国家科技高端创新的电子显微镜基础条件平台——国家大型科学仪器中心，由科技部、清华大学和北京市科委共建。中心是电子显微镜新方法和新技术的研究和传播中心，高水平的电子显微镜学人才的培训中心，它以高水平的科研带动高质量的技术服务为宗旨。中心装备有包括球差校正电镜的 5 台透射电镜、3 台扫描电镜、1 台原子扫描隧道显微镜，全套电镜观察试样制备装置和 2 台薄膜制备装置；中心自制了电镜的纳米力学原位测量装置，有计算平台并自编了多套计算软件。

中心成员以朱静院士为学术带头人、由教授系列与实验技术系列的 10 人组成，长期致力于发展和应用高分辨率电子显微学、分析电子显微学、原位电子显微学等材料科学的基础研究和新材料的研制；在实现材料亚埃尺度的表征、特定结构磁性材料的高空间分辨和占位分辨的定量磁结构的测量、纳米理学的系统研究方面，取得了创新性成果。

中心密切关注涉及国计民生重大需求材料的研制，和相关单位合作，在铀分离机用高强高韧钢、航空航天材料和高速列车用钢等材料系统开展了一系列基础性研究，为我国自主研发新材料作出了贡献。

中心面向全社会开展技术服务，按照用户需求采取课题合作、代为检测和人员培训等多种方式进行。中心承担着本科和研究生课程的电子显微学理论和实验教学以及人才培养工作，十多年来，已培训国内外人员 500 余人。培养博士和硕士 60 余名，其中 3 名博士获全国百篇优秀博士学位论文奖。

中心主任：朱静（2006—　　）。

4. 材料科学与工程研究院中心实验室

中心实验室始建于 1980 年，当时称为清华大学材料科学研究所中心实验室。从建立开始，就是跨多个一级学科的对全校公用开放服务的实验室。始建时建立了串列静电加速器离子束分析装置、X 射线衍射仪、扫描电子显微镜、穆斯堡尔谱仪、正电子湮没设备等 5 台仪器设备。1980 年至 1996 年期间，基本上靠自筹购买和自建了高功率 X 射线衍射仪、离子束增强镀膜机及真空退火炉等。1996 年后，国家相继实施了"211 工程"和"985 工程"，学校加强了清华大学包括材料学科群在内的 6 大学科群建设。1997 年 3 月 31 日，清华大学材料科学与工程研究院成立（原清华大学材料科学研究所撤销），实验室改名为材料科学与工程研究院中心实验室，此后实验室得到快速发展。

材料科学与工程研究院有各类大型仪器设备 550 台套，其中中心实验室直接负责管理运行的公用平台的大型精密分析仪器的总值已超过 1 亿元。实验室已成为面向校内外开放服务的校级测试分析平台，是学校 3 个校级测试分析平台之一，是材料科学与工程学科群的研究基地之一。实验室有固定人员 12 人，其中正高职称 1 人，副高职称 5 人，中级职称 6 人。

（1）公共服务平台：材料结构、组分和物性测试分析平台，该平台是满足学科群开展交叉学科研究，创一流研究成果，培养一流高层次人才的重要支撑部分。目前 X 射线衍射分室在国内同类实验室中，在仪器的数量、功能、开放程度和自有技术含量等方面处于领先位置，并连续多年大量开展培训及开放服务工作。近年来又扩展了顶级的磁学测量设备，X 射线光电子能谱、电子探针、热学测量等设备。

（2）制备工艺平台：材料制备与加工、器件制备平台。包含信息功能元器件制备实验室、样品制备加工实验室、新材料合成实验室、材料表面改性实验室。

实验室历届主任：范玉殿（1980—1988），陶琨（1988—2010）。

5. 材料科学与工程教学实验室

材料科学与工程教学实验室创建于 1999 年，是材料系为本科生实验教学专门建设的专业实验室。实验室总面积约 1 000 平方米，设有"光学显微分析""实验参量测量与控制""材料物理性能"及"材料化学"等 4 个分室，有各种教学用实验仪器设备 300 多台（件）。

材料科学与工程教学实验室自成立以来一直在探索材料科学与工程学科本科生实验教学体系改革新路，目前为本科生开设了一组共 4 门系列化的综合性研究型实验教学课程。在承担实验教学任务之余，实验室也面向全系研究生及本科生开放，为研究生学位论文工作及本科生综合论文训练提供服务。

2010 年实验室主任为龚江宏副教授。实验室目前有固定人员 4 人，兼职教师 10 余人。

八、清华大学材料科学与工程研究院

为实现建成世界一流大学，20 世纪 90 年代中期清华大学确立了以建设国际一流学科为突破口的发展战略，首选了包括"材料学科"等 5 个学科群为建设重点。为加速建设国际一流的清华材料学科，促进校内与材料相关的多学科交叉，发挥学校综合优势，于 1997 年 3 月 31 日成立了清华大学材料科学与工程研究院，统筹规划、建设清华材料学科的重任。经十余年努力，清华材料学科群的整体实力已处于国际前列，印证了当初的正确战略选择。

材料科学与工程研究院依托于材料科学与工程系，是一个包含材料科学与工程系、机械工程系、化学工程系、物理系、化学系等多个系（所）的相关专业的跨系科研联合体，涵盖的国家或部委重点实验室（中心）主要包括：新型陶瓷与精细工艺国家重点实验室、先进材料国家教育部重点实验室、先进成形制造教育部重点实验室、有机光电与分子工程教育部重点实验室、北京国家电子显微镜中心、北京精细陶瓷开放实验室等。研究院覆盖材料科学与工程、核科学与技术和物理学 3 个一级学科的 5 个二级重点学科及其相应的博士点和硕士点，即材料学、材料物理与化学、材料加工工程、核燃料循环与材料、凝聚态物理，以及上述 3 个一级学科的博士后流动站。与之相交叉的支撑学科有：固体力学、化学、机械制造、电子信息、生物、能源等。材料学科群已形成了跨系的学科交叉研究队伍，学科群现有中国科学院和工程院院士 10 人（包括成立研究院以来新增院士 5 位），国家杰出青年基金获得者 30 余人（包括新增 20 余人），长江特聘教授 20 余人，3 个国家自然科学基金委创新群体等。

自成立十余年来，学校"985 工程"和"211 工程"建设给予了重点支持，其中"211 工程"建设投入 2 800 万元（第一期约 1 600 万元、第二期约 1 200 万元），"985 工程"建设投入约 1 亿元（第一期约 6 000 万元、第二期约 850 万元、第三期约 3 000 万元）。研究院已逐步建成了一个大型、跨学科的创新平台，拥有一批先进的材料分析仪器和材料制备工艺装备，其中电子显微镜实验室已成为科技部、北京市、清华大学共建的"北京国家电子显微镜中心"——国家科技高端创新的基础条件平台。材料科学与工程研究院公共服务平台为学校的科研和教学提供了高水平的测试分析服务，为我校材料科学与工程学科群及其相关学科（物理、化学、机械、信息、电子、环境、能源等学科）的快速发展、促进学科交叉、承担及完成国家各类科研任务、建设学术梯队和培养优秀人才、实践教学等创造了良好的条件和环境，起到了至关重要的作用。同时通过对社会全方位的开放服务，也为国家和地区经济建设和社会发展作出了突出贡献，已形成材料科学领域的国家级中心，享有盛誉。同时，研究院建立了"材料科学论坛"学术交流平台，十余年来持续每年举行约 50 余人次高水平学术报告会，邀请国内外知名学者讲学，启发和交流学术思想，已成为清华材料学科学术交流的重要平台。

"十年磨一剑"，清华大学材料科学与工程学科群（研究院）在"985 工程"和"211 工程"建设的支持下，加强了我校材料学科群内部以及材料与相关学科的交叉，材料科学群整体水平不断得到明显提高。清华大学材料科学与工程一级学科已连续 2 次在国家一级学科评估中位居全国第 1 名。根据美国科学情报研究所（ISI）数据库发布的全球材料科学发表论文按机构的排名表中，在研究院成立后的第一个五年，清华大学排名从无名次跃升至第 14 名（剑桥大学第 13 名，MIT 第 16 名），也是中国高校唯一入榜单位；2004 年发表论文排名又上升至第 9 名、论文总被引用次数排名第 64 位；2006 年发表论文排名上升至第 4 名、论文总被引用次数排名上升至第 22 位；2008 年在保持发表论文排名第 4 名（在全球高校排名第 2 位）的同时、论文总被引用次数排名上升至第 14 位（在全球高校排名第 8 位）。清华大学材料学科在国际上的影响不断上升，已逐步跻身于国际一流材料学科。2008 年 11 月 25 日，《人民日报》、中央电视台《新闻联播》重点报道了清华大学材料学科群在国际上的影响，称"通过重点学科突破，清华大学缩小了与世界一流大学的差距"。

历任院长和学术委员会主任见表 19-23-18。

表 19-23-18　材料科学与工程研究院历任院长和学术委员会主任

院　　长	任　职　时　间	学术委员会主任	任　职　时　间
朱　静	1997-03—2007-01	李恒德	1997-03—2007-01
南策文	2007-01—	朱　静	2007-01—

第二十四节　理学院

一、沿革

清华大学理学院成立于 1929 年，当时包括算学、物理、化学、生物、心理、地学六个学系（除算学系于 1927 年成立、地学系于 1929 年成立外，其余各系均成立于 1926 年），工程系（1926年成立，1929 年改名为土木工程系）也附属其内。1930 年还曾一度设立医学预科，一年后又取消。1932 年工学院成立后，土木工程系并入工学院。

西南联大时期（1938—1946），联大理学院包括算学、物理、化学、生物和地质地理气象等五个学系。算学、物理、化学三系是由北大、清华、南开三校原有的相应学系联合组成的，生物学系由北大、清华的生物系联合组成，地质地理气象学系是由清华的地学系（分地质、地理、气象三组）和北大的地质学系联合组成。清华的心理学系并入联大文学院的哲学心理学系，改为心理学组，仍兼受清华理学院领导。

1946 年至 1948 年间，清华大学理学院设置数学系、物理学系、化学系、生物学系（分植物、动物、生理、医预四组）、地学系（分地质、地理两组）、心理学系，并将战前地学系的气象组单独组建为气象学系。

解放后，1950 年 3 月，地学系分为地质学系和地学系。

清华大学理学院拥有一大批全国著名的学者、教授，他们先后在各系执教。其中，数学系有熊庆来、郑之蕃、杨武之、孙光远、赵访熊、曾荣远、华罗庚、陈省身、许宝騄、江泽涵、段学复、闵嗣鹤等；物理学系有叶企孙、吴有训、周培源、萨本栋、赵忠尧、任之恭、霍秉权、王竹溪、孟昭英、余瑞璜、钱三强、彭桓武等；化学系有杨光弼、张子高、高崇熙、黄子卿、萨本铁、张大煜、苏国桢、张青莲等；生物学系有钱崇澍、陈桢、李继侗、吴韫珍、沈同、吴征镒等；地学系有翁文灏、袁复礼、谢家荣、冯景兰、张席褆、洪绂、张印堂、李宪之、赵九章、涂长望、杨遵仪、孟宪民等；心理学系有孙国华、周先庚等。

理学院各系在教学与科学研究上以实验科学为主要发展方向（除算学系外）。这在当时国内实验科学尚不发达的状况下，是比较新颖突出的。

理学院的训练，注重基本的课程，力求切实与彻底，力矫高调及空虚之弊；同时又十分重视实验教学，培养学生的实验动手能力，强调"理论与实验并重"。各系竞相利用清华经费充裕的优越条件，努力建立与扩充实验室，在国内各大学中较早地建成了一批仪器设备比较先进的理科实验室，开出了许多实验课程。同时，理学院各系都开出了反映当时最新科学成就的新课程，对在我国传播最前沿的科学技术知识起了促进作用。

理学院重视科学研究。清华设置理学院的目的，"除造就科学致用人才外，尚欲谋树立一研究科学之中心，以求国家学术之独立"（吴有训：《理学院概况》，见：清华大学校史研究室，《清华大学史料选编》，第二卷上，394 页，北京，清华大学出版社，1991）。自 1929 年起，成立了理科研究所。各系教师多数曾在国外受过一定的实验科学的训练，回国后利用清华图书资料与仪器设备较好的条件，开展科学研究，作出了一些成绩，有些工作达到了当时国内的先进水平。在 30 年代，清华物理系成为我国近代物理学发展的重要阵地；清华化学系曾被人称为全国化学研究的三个中心之一。理学院出版的三种《理科报告》，刊载理工两学院的科研成果，到 1936 年共出 4 卷 16 期，也引起了国内外科学界的注意。

清华理学院桃李芬芳，人才辈出。在 1955 年至 1993 年中国科学院历次聘选的 742 名学部委员中，有 52 人是 1929 年至 1937 年和 1948 年至 1952 年毕业于清华理学院的毕业生，有 47 人是 1938 年至 1946 年毕业于西南联大理学院的毕业生（含研究生），有 26 人曾在清华理学院（包括西南联大时期）任教，共计 125 人，占全国学部委员总数的 16.8%。而在中国科学院第一届数理化学部委员中，清华毕业生占 1/2 以上，其中大部分毕业于清华理学院。

1952 年院系调整，清华大学理学院并入北京大学，清华大学撤销理学院建制。1929 年至 1952 年理学院历任院长名录见表 19-24-1。

表 19-24-1　1929 年—1952 年理学院历任院长名录

时　期	院　长	任职时间	备　注
国立清华大学	叶企孙 吴有训	1929—1937-02 1937-02—1937-08	叶企孙休假出国期间，先后由熊庆来、吴有训代理院长
国立西南联大	吴有训 叶企孙	1937-08—1945-08 1945-08—1946-08	西南联大理学院长兼清华大学理学院院长
复员后国立清华大学	叶企孙	1946-10—1948-12	
解放后的清华大学	叶企孙	1948-12—1952-08	

1978 年后，根据国家建设和科学发展的需要，清华大学相继恢复应用数学系（1979 年）、物理系（1982 年）、化学系（1985 年）、生物科学与技术系（1984 年）。1985 年 10 月，经国家教委批准，正式恢复重建清华大学理学院，聘请中科院院长周光召院士兼任理学院院长。恢复后的理学院设有应用数学系、现代应用物理系、化学系和生物科学与技术系。1999 年为适应学科建设要求，更好地与国内外进行学术交流，应用数学系和现代应用物理系分别改名为数学科学系和物理系。1997 年 6 月 2 日成立清华大学高等研究中心，诺贝尔物理奖得主杨振宁教授任名誉主任；2009 年 4 月，为进一步加强相关学科建设和提高研究水平，清华大学决定成立高等研究院，同时撤销清华大学高等研究中心建制。2002 年 8 月 30 日成立清华大学周培源应用数学研究中心，著名应用数学家林家翘教授任名誉主任。2009 年 3 月 1 日成立清华大学地球系统科学研究中心。2009 年 9 月，清华大学生命科学学院正式成立，不再隶属理学院，同时撤销清华大学生物科学与技术系建制。

在清华大学的行政管理框架下，理学院院级行政管理属于虚体建制，下设 3 个实体建制的理科系，即数学科学系、物理系、化学系和若干研究中心。其中数学科学系下设数学与应用数学、信息与计算科学两个本科专业，物理系下设物理学本科专业，化学系下设化学本科专业。数学、物理学、化学为一级学科博士和硕士学位授予点，天体物理为二级学科博士和硕士学位授予点。理学院现设有数学、物理学、化学 3 个博士后流动站。

1985 年重建后的理学院历任院长名录见表 19-24-2。

表 19-24-2　重建后理学院历任院长副院长名录（1985—2010）

院　　长		常务副院长		副　院　长	
姓名	任职时间	姓名	任职时间	姓名	任职时间
周光召	1985—2008-01	熊家炯	1988-02—1997-01	刘乃泉	1985-10—1988
		廖沫真	1997-01—2002-09	张孝文	1985-10—1988
		周海梦	2002-09—2003-11	萧树铁	1988-03—1990
				顾秉林	1997-01—2002-09
				廖沫真	2002-09—2006-05
				邓景康	2003-03—2008-01
				白峰杉	2003-06—2008-01
朱邦芬	2008-01—2010-07			陈应华	2008-01—2009-03
				邱　勇	2008-01—2008-10
				吴念乐	2008-01—
				肖　杰	2008-01—
				张　希	2008-10—
				施一公	2009-03—2009-09
薛其坤	2010-07—				

二、主要工作

理学院以培养"高素质、高层次、多样化、创造性"的理科人才为目标。1998 年，理学院开始创办了数理基础科学班，通过强化数学和物理学的教学，使得学生在本科阶段掌握扎实的数学与物理基础理论，并具有较强的物理实验技能和接受一定的科学研究的实际训练，进入三年级后，学生根据自己的志趣与能力，开始逐步向物理学、数学及其他学科分流选定自己的发展方向。2005 年，开始将数理基础科学培养模式扩大到理学院数学系和物理系两个系全部，以及信息学院一部分，实行按照数理基础科学专业统一招生，建设跨院系的数理大类平台。基础科学班自创建以来，已毕业学生中，涌现出多位学术新星，他们在数学、物理、化学等基础科学领域取得的学术成果和发展势头引起了国际学术界的关注。

清华学堂人才培养计划是教育部基础学科拔尖学生培养试验计划的一部分，实行因材施教，个性化培养，采取比一般同学更为灵活、专业的培养模式。理学院数学系、物理系、化学系于2009 年 9 月至 2010 年相继开设数学学堂班、物理学堂班、化学学堂班。

2004 年，理学院率先在物理系试行 tenure-track 制度，通过 tenure-track 制度引进的人才配套实行年薪制，对重点招聘的国际一流的学术人才（杰出教授、全职教授、副教授、助理教授）提供有竞争力的薪酬。未直接授予 tenure 的教师一般需经过 6 年的考察期，每 3 年一个合同期，由"科学顾问委员会"组织评审，如果通过，获得 tenure 并晋升至副教授或全职教授。在 tenure-track 制度的框架下，理学院已引进了多位国际大师级专家，极大地推动了数理化学科的发展。

截至 2010 年底，清华大学理学院共有本科生 1 024 人，硕士生 210 人，博士生 607 人，博士后 86 人。教师队伍中有院士 11 人，教育部长江特聘教授 19 人，国家杰出青年基金获得者 37 人，教授（含研究员）126 人，副教授（含副研）82 人，讲师 17 人。拥有生命有机磷化学及化学生物学教育部重点实验室、有机光电子与分子工程教育部重点实验室、原子分子纳米科学教育部重点实验室，其中原子分子纳米科学教育部重点实验室已开始筹备国家重点实验室的申请。近年来，理学院每年获批的科研经费近亿元，承担各类科研项目 700 余项。

第二十五节　数学科学系

一、沿革

清华大学数学科学系建于 1927 年，最初称算学系，后改称数学系；1952 年撤系；1979 年恢复，称应用数学系；1999 年改称数学科学系。以下均简称数学系。

1927 年至 1938 年是数学系初创时期。在第一、第二届系主任郑之蕃、熊庆来主持下，聘请学有专长、在国外著名大学获得博士或硕士学位的留学生来清华任教，并留用、培养本系和他校数学系优秀毕业生。这一时期先后有 19 位教师任教，20 名学生毕业。1930 年，数学系成立的数学研究所（初称理科研究所算学部），是我国最早招收、培养数学专业研究生的机构。

1938 年至 1946 年，在昆明与北京大学和南开大学的数学系合组为西南联大数学系，杨武之长期担任系主任兼研究所主任。这一时期先后有 18 位教师任教，21 名学生毕业。

1946 年回北平复系。赵访熊、段学复先后代理系主任，1949 年段学复任主任，到 1952 年数学系被撤销。这一时期先后有 37 位教师任教，37 名学生毕业。

1952 年，全国高等学校院系调整，数学系一批教师调往中国科学院数学所和北京大学等高校，一部分教师留在清华，成立高等数学教研组，给全校学生讲授高等数学课程。1958 年，抽调部分教师组建计算数学教研组，设立计算数学专业，隶属工程力学数学系。

1979 年，正式恢复数学系，赵访熊、萧树铁先后任系主任，开始招收应用数学专业本科生及研究生，并相继建立了 6 个教研组、计算机实验室、图书资料室及行政各科室。1981 年和 1984 年分别获得计算数学博士点和应用数学博士点。1985 年，建立应用数学研究所；1986 年，建立校内跨学科的应用数学研究中心。1998 年获得基础数学博士点。

1999 年更名为数学科学系；2000 年撤销教研组，成立基础数学、应用数学与概率统计、计算数学与运筹学 3 个研究所。2000 年获得数学一级学科博士点。2001 年基础数学和应用数学被评为国家重点学科。2008 年，数学一级学科成为全国重点学科。

数学系历任系主任和系党委书记名录见表 19-25-1。

表 19-25-1　数学系历任系主任和系党委书记名录

系名	系主任	任 职 时 间	系党委书记	任职时间
数学系 （算学系）	郑之蕃 熊庆来 杨武之 江泽涵 赵访熊 段学复	1927—1928 1928—1932 - 08，1934 - 08—1937 1932 - 08—1934 - 08，1937—1942 - 11，1943 - 11—1946 1942 - 11—1943 - 06 1943 - 06—1943 - 11，1946—1947 1947—1952		
应用 数学系	赵访熊 萧树铁 蔡大用	1979—1984 1984—1995 1995—1998	周兴华 胡冠章 陈宝林 刘晓遇	1983—1986 1986—1993 1993—1996 1996—2000
数学 科学系	蔡大用 冯克勤 文志英 肖　杰	1998—2000 2000—2003 2003—2006 2006—	李海中 王殿军 李海中 卢旭光	2000—2001 2001—2003 2004—2007 2007—

数学系学术委员会主任先后由郑志勇（2004—2007-03）、周坚（2007-03—2009）、张友金（2010—　）担任。

二、教学科研组织

1979 年成立应用数学系后设立 5 个教研组，1986 年增设运筹学教研组。1993 年的教研组设置情况及研究方向见表 19-25-2。

表 19-25-2　1993 年应用数学系教研组设置情况

教研组	教 师 人 数				主要研究方向
	教授	副教授	讲师	助教	
计算数学	7	6	6	2	偏微分方程数值方法，线性与非线性方程组及最优化等大规模计算方法，并行算法和软件开发

续表

教研组	教 师 人 数				主要研究方向
	教授	副教授	讲师	助教	
离散数学	5	7	3	3	组合与图论，定理机器证明与计算机数学等
微分方程	5	7	5	0	应用偏微分方程，常微分方程规范理论及应用动力系统等
概率统计	1	7	5	1	应用概率与统计，多元分析及软件开发等
分析数学	1	7	8	1	非线性分析、泛函分析、函数论等基础数学的理论和应用
运筹学	1	6	2	0	系统建模、辨识、优化和预报等方面的理论、方法和应用
合计	20	40	29	7	

1999 年更名为数学科学系；2000 年撤销教研组，成立 3 个研究所。2010 年研究所设置情况及研究方向见表 19-25-3。

表 19-25-3　2010 年数学科学系研究所设置情况

研究所	教 师 人 数				主要研究方向
	教授	副教授	讲师	助教	
基础数学	11	8	6		数论与算术代数几何，微分几何与数学物理，群与代数表示，代数几何，代数数论，泛函分析与非线性分析，复分析和调和分析，复动力系统
应用数学与概率统计	13	12	3		数学物理，可积系统，分形几何，动力系统，偏微分方程，概率论与数理统计，随机过程，金融数学和金融计算
计算数学与运筹学	9	10	1		偏微分方程数值解，数值代数，计算地球物理，不确定数学理论和应用，应用图论，运筹优化及其应用，数据挖掘，随机算法
合计	33	30	10		

三、教职工

1927 年至 1938 年，正式任教的有 19 位教师（以下括号所注为在此时期的最高职称）。其中教授：郑之蕃、熊庆来、杨武之、孙光远、赵访熊、李达、曾远荣；专任讲师：胡坤陞；教员：唐培经、周鸿经、戴良谟、华罗庚；助教：段学复、陈鸿远、陈省身、吴新谋、徐贤修、李杏瑛、施祥林。另有 3 位兼职教授：江泽涵（北京大学教授）、阿达马（法国数学家、国际数学会副会长）、维纳（美国数学家、控制论创始人）。

1938 年至 1946 年正式任教的有 18 位教师。其中教授：郑之蕃、杨武之、赵访熊、曾远荣、华罗庚、陈省身；专任讲师：徐贤修、朱德祥；教员：陈鸿远、戴良谟、田方增、施惠同、闵嗣鹤、颜道岸；助教：段学复、徐利治、吴光磊、胡祖炽。

1946 年至 1952 年正式任教的有 37 位教师。其中教授：郑之蕃、杨武之、赵访熊、华罗庚、陈省身、段学复、闵嗣鹤、程民德；专任讲师：徐利治、吴光磊、吴祖基、蓝仲雄；教员：田方增、施惠同、胡祖炽、刘绍唐、黄克欧、周振堡、江泽坚、周毓麟、冯康、孙念增、迟宗陶；助教：孙恩厚、范宁生、汪志华、王光淑、裘光明、陈德璜、曾肯成、马良、李同孚、陈德问、丁石孙、万哲先、蔡福林、张之良。

1952 年院系调整后成立高等数学教研组。1953 年有 34 位教师，其中教授仅赵访熊一人。1958 年成立计算数学教研组，至 1966 年高等数学与计算数学两教研组共有教师 106 人，其中教授 3 人：赵访熊、栾汝书、周华章。

1979 年以后任职的教授名录见表 19-25-4（括号内为在清华大学数学系任职时间）。

表 19-25-4　1979 年以后数学系教授名录

姓名（任职时间）	姓名（任职时间）	姓名（任职时间）
赵访熊（1935—1996 逝世）	栾汝书（1961—1986 退休）	孙念增（1978—1986 离休）
李克群（1978—1989 退休）	马　良（1980—1983 逝世）	迟宗陶（1980—1986 离休）
李　欧（1980—1989 退休）	王建华（1980—1990 退休）	张鸣华（1983—1993 退休）
萧树铁（1983—1996 退休）	李庆扬（1985—1996 退休）	胡显承（1985—1996 退休）
蒲富全（1986—1992 退休）	龚光鲁（1987—2003 退休）	蔡大用（1987—2003 退休）
韩厚德（1987—2005 退休）	汪掬方（1988 退休）	胡露犀（1988 退休）
马振华（1988—1993 退休）	盛祥耀（1988 调出）	施学瑜（1989—1995 退休）
施妙根（1989—2000 退休）	陈天权（1989—2003 退休）	谭泽光（1989—2004 退休）
袁传宽（1989—1992 出国）	戚鸣皋（1990—1996 退休）	俞正光（1990—2006 退休）
陈景良（1991—1998 退休）	胡冠章（1991—2000 退休）	王　铎（1991—1997 调出）
瞿崇垲（1992—2001 退休）	唐　云（1992—2006 退休）	李大法（1992—2009 退休）
陆金甫（1993—2002 退休）	姜启源（1993—2005 退休）	张贤科（1993—2009 退休）
居余马（1994—1996 退休）	关　治（1994—2002 退休）	林元烈（1994—2002 退休）
曾云波（1994 调入—2010 退休）	步尚全（1994—　）	张元德（1995—1996 退休）
顾丽珍（1995—2001 退休）	陈　魁（1996 退休）	林翠琴（1996—2002 退休）
章梅荣（1996—　）	胡金德（1997—1998 退休）	葛余博（1997—2006 退休）
刘坤林（1997—2008 退休）	文志英（1997 调入—　）	郑建华（1997—　）
余　桂（1998 退休）	陈宝林（1998—1999 退休）	韩云瑞（1998—2004 退休）
马　力（1998—　）	李海中（1998—　）	刘宝碇（1998—　）
王祐民（1999 退休）	肖　杰（1999 调入—　）	白峰杉（1999—　）
张友金（1999—　）	郑志勇（1999 调入—2010 调出）	唐梓洲（1999 调入—2004 调出）
冯克勤（2000 调入—2009 退休）	刘晓遇（2000—2002 退休）	苏　宁（2000—　）
简怀玉（2000—　）	何坚勇（2001—2002 退休）	贾仲孝（2001 调入—　）
李　津（2001 调入—　）	卢旭光（2001—　）	印林生（2001 调入—　）
周　坚（2001 调入—　）	王飞燕（2002—2003 退休）	张贺春（2002—　）

续表

姓名（任职时间）	姓名（任职时间）	姓名（任职时间）
谢金星（2002— ）	许甫华（2003—2005 退休）	陆　璇（2003— ）
陈金文（2003— ）	华　苏（2004—2007 退休）	冯　琦（2004—2007 调出）
杨晓京（2004— ）	邢文训（2004— ）	刘庆华（2005—2007 退休）
杨顶辉（2005— ）	王小群（2005— ）	王殿军（2006—2007 调出）
邹文明（2006— ）	姚家燕（2006 调入— ）	胡家信（2007— ）
朱　彬（2007— ）	郭玉霞（2008— ）	黄忠亿（2008— ）
陆　玫（2009— ）	叶　俊（2009— ）	杨　瑛（2010— ）

　　1979 年以后，聘请林家翘、丘成桐、陈省身为名誉教授，聘请李天岩、王世全、刘军（2005— ）、陈关荣（2008— ）为客座教授，先后聘请廖山涛、张恭庆、陈希孺、万哲先、马志明、李大潜、越民义、严士健、袁亚湘、韩继业、堵丁柱、祁力群等为兼职教授，聘请金石（2001—2007）、林希虹（2008— ）为长江讲座教授，聘请巴黎第十一大学、第六大学讲席教授团（2005— ）、运筹与优化讲席教授团（方述诚等，2005— ）、微分几何与几何分析讲席教授团（曹怀东等，2005— ）、应用数学讲席教授团（林芳华等，2009— ）。

　　2010 年底，全系在职教师 73 人，其中教授 33 人（博士生导师 31 人），副教授 30 人（含高级工程师 2 人），讲师 10 人，另有博士后 10 人，其他行政和教学辅助人员 12 人（含合同制职工 6 人）。几乎所有教师都具有博士学位，50 岁以下教师占 86%。教师中有长江特聘教授 2 人，国家杰出青年基金获得者 9 人，入选教育部（跨）新世纪人才计划 5 人，学校百人计划 6 人，教育部创新研究团队 1 个。

四、教学

（一）本科教学

　　重视本科教学是数学系的传统。建系初期在熊庆来、杨武之等主任的主持下，提出本科课程以"三高"（高等分析、高等代数、高等几何）为中心，均衡发展。"三高"既是深入学习分析、代数、几何三大数学分支的基础，又为研究 20 世纪新兴数学学科所必备，是培养数学专门人才的基石。1929 年清华数学系首次开齐"三高"，到 1932 年本科课程计划就充分体现了"三高"的中心地位和三大数学分支均衡发展的构想。由于清华大学一年级新生上课不分院系，共同学习自然科学、社会科学和人文科学三方面的课程，数学系在课程计划中规定："本校第一学年所修之算学成绩在七十分以下之学生，不得以本系为主系"，以保证数学系本科生的质量。

　　西南联大时期的课程计划在承袭"三高"基础地位的同时，选修课程的广度和深度有所增加，包括了一些属于数学新领域的课程。1946 年后较短一段时间内，由于教师缺乏及战争环境使课程内容一度受到影响。1950 年以后，教学质量逐渐恢复。

　　清华数学系自 1932 年第一届本科生毕业，到 1952 年共毕业学生 18 届 78 人。据不完全统计，他们毕业后成为院士的 7 人，获得博士学位的 12 人，在大学和研究机构从事数学教学和研究工作的 47 人。

1952 年以后，学校明确地把教好全校的数学基础课作为高等数学教研组的头等任务，为把清华办成"红色工程师的摇篮"服务。讲课内容提倡少而精，讲课方法提倡启发式，习题课要抓住关键，反复练透，课后作业要举一反三。同时开展"因材施教"，培养尖子学生。

1958 年建立计算数学专业后，开设了数学系的所有数学基础课及计算数学专业课和专门化课。在 1958 年至 1979 年期间，计算数学专业共毕业 557 人。1959 年，学校抽调 30 名三年级学生组成数学师资培训班，由高等数学教研组负责培训，1962 年本科毕业，绝大多数留校任教。

1978 年"文化大革命"后招收的第一届本科生——数学师资班（称"数 7 班"）开学，是自 1952 年后第一次为数学专业的学生安排并实施完整的教学计划，被看作是复系后培养本科生的重要尝试和实战的准备与检验。数 7 班在三年级时就有 7 位同学被派出国深造，是"文化大革命"后最早出国留学的在校大学生。

1979 年后，数学系每年招收 1 个班约 30 人，属于数学与应用数学专业；2000 年以后，每年招收 3 个班约 90 人，又增添了信息与计算科学专业。1993 年以前数学系学制为五年，其后学制改为四年。数学系秉承清华教书育人和注重基础、拓宽应用的传统，一方面非常重视分析、代数与几何等基础课的教学工作，选派经验丰富、教风严谨、学术水平高的教师授课，另一方面为高年级学生开出数理统计、数据结构、数学模型等有着广泛应用前景的选修课，还借助清华理工、经管等学科水平高、门类全的优势，为学生选修各种外系课程提供机会。本科毕业论文时间约半年，采取导师制，普遍与导师的科研项目相结合。从复系后的第一届学生毕业算起，到 2010 年已有本科毕业生 1 000 余名，其中既有才智展露的学者，也有事业有成的企业家。2009 年开始启动清华学堂数学班培养计划，每年选拔一定数量的优秀学生进入清华学堂数学班，培养数学学科的拔尖人才。

除数学专业教学外，做好全校其他各系的数学基础课教学，不仅是大多数数学教师担负的主要教学任务，也是数学系在清华得以存在和发展的基础。30 多年来数学基础课教学从体系、内容，到方法、手段都一直在进行着改革，1996 年教育部立项研究"面向 21 世纪非数学专业数学教学体系和内容的改革"，项目组由萧树铁教授牵头，包括清华数学系在内的十几个单位参加，对这个项目进行研究和着手实践的过程中取得了一系列教学改革的成果。1996 年教育部在清华设立"国家工科基础课程（清华数学）教学基地"，基地的工作在全国起到了示范和辐射作用，受到国内同行的重视。2008 年成为国家基础科学数学人才培养基地。同年，设立国家级理工科数学基础课程教学团队。

数学系一贯重视精品课程的建设，国家精品课程有：微积分（2003 年）、数学实验（2005 年）、代数与几何（2008 年）；北京市精品课程有：高等代数（2004 年）。

（二）研究生教学

数学系自 1930 年正式招收研究生至 1952 年，在学 13 人，毕业 7 人，肄业 5 人，以及联大时期的研究生 4 人，其中成绩特别突出的当属 1934 年毕业、1984 年获得世界数学最高奖——沃尔夫奖的陈省身。研究生课程基础广博、高深并重，既有 20 世纪后的新兴课程，又有专题演讲与研究生和教师参加的讨论班，对于促进学术交流、培养研究兴趣、锻炼探索能力大有裨益。

1979 年复系以后，研究生的培养规模逐渐扩大。20 世纪 80 年代每年只招收一二十名，随着本科毕业生的增加和博士生导师力量的加强，招收研究生的数量有较大增长。1996 年到 2010 年，121 人获得博士学位，364 人获得硕士学位。

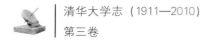

1977 年以后本科生及研究生入学人数见表 19-25-5。

表 19-25-5　1977 年后数学系本科生及研究生入学人数

入学年份	本科生人数	硕士生人数	博士生人数	备　注	入学年份	本科生人数	硕士生人数	博士生人数	备　注
1978	52*			*数学师资班	1995	26	22	3	
1979	37				1996	30	16	2	
1980	30				1997	29	9	3	
1981	30	5			1998	36	15	5	
1982	31	14			1999	32	24	9	
1983	29	2			2000	94	25	7	
1984	35	11	5		2001	103	14	11	
1985	55*	22	2	*包括少年班	2002	93	28	18	
1986	66*	25	1	*包括数学师资班	2003	90	26	17	
1987	52*	23	1	*包括代管少年班	2004	90	51	25	
1988	29	15	3		2005	83*	44	21	
1989	27	11	1		2006	72*	38	17	
1990	25	15	4		2007	75*	35	20	*基科班分流后
1991	30	6	9		2008	56*	35	26	
1992	28	13	2		2009	76*	35	23	
1993	27	10	7		2010	103*			*数理基科班
1994	28	15	3						

1996 年以后研究生授予学位人数见表 19-25-6。

表 19-25-6　1996 年后数学系研究生授予学位人数

年份	授予硕士学位人数	授予博士学位人数	年份	授予硕士学位人数	授予博士学位人数
1996	11	2	2004	17	5
1997	20	5	2005	31	5
1998	13	3	2006	39	15
1999	14	3	2007	60	17
2000	14	4	2008	35	8
2001	9	1	2009	31	19
2002	15	3	2010	27	22
2003	29	9			

　　数学系把培养具有较高科研能力的博士生作为研究生培养的首要任务。对博士生的学位要求坚持严格的资格考试和质量第一的文章发表，着重为学生构造良好的学术环境和提供充分的学术资源，尤其是接触研究前沿和通过交流启发思路的条件。在数学系的几个主要学科方向上，针对前沿问题和重要理论、方法，每年邀请国内外有造诣的专家为研究生开办短期课程和讲座，系统地介绍有关内容，使学生能扎实掌握。同时选择活跃领域和重要方向，利用暑期召开国际会议。

数学系已建立与国外大学数学系类似的博士生资格考试制度。学生在入学两年内必须通过分析、代数、近代几何、微分方程、概率论、运筹学、数值分析这 7 门考试中的 3 门。基础数学专业必须至少选前 3 门中的两门，其他方向学生至少选前 3 门中的 1 门。普博生入学数学基础考试内容与前 3 门大致相同，入学考试分数在 80 分以上等同相应的资格考试通过。资格考试有相应的课程配合，但课程考试不能替代资格考试。系里对资格考试课程重点支持。

数学系坚持在课程学习、选题和论文答辩等环节严把质量关。系研究生课程目录每年由学位委员会修订一次，优化课程结构。同时加强对论文选题的指导，开题报告环节对题目的意义、水平、可行性、学生已有的知识基础等进行充分的评议和指导。以开题报告、中期进展报告、论文答辩等措施确保博士生在导师指导下完成系统的科研训练。

（三）教材及教学研究

数学系一贯重视教材建设与教学研究。20 世纪 30 年代熊庆来编著的《高等数学分析》和 40 年代末赵访熊编著的《高等微积分》《微积分与微分方程》等是国内最早的自编教材。20 世纪 50 年代初孙念增翻译的苏联教科书《高等数学教程》在国内颇有影响。50—60 年代初，由栾汝书为首集体编写的《高等数学》和赵访熊编写的《高等数学》在国内受到好评。

1979 年以后数学系教材及教学研究成果获奖情况（省部级以上）见表 19-25-7。

表 19-25-7　1979 年后数学系教材及教学研究成果获奖情况（省部级以上）

获奖年份	项 目 名 称	获 奖 名 称	获 奖 人 员	备注
1987	《高等数学》	国家教委优秀教材二等奖	盛祥耀　居余马　李　欧	
1987	《高等数学教程》		施学瑜	
1987	《数值分析》		李庆扬等	合作
1989	保持大面积持续高质量的微积分教学	北京市高校优秀教学成果一等奖	李　欧　居余马　施学瑜	
1992	《数学模型》	国家教委全国优秀教材奖	姜启源	
1997	工程学科数学教育的改革	国家级教学成果二等奖	萧树铁　蔡大用　姜启源　白峰杉　居余马	
2001	全国大学生数学建模竞赛和教学改革		姜启源等	合作
2001	建设研究型、示范性、开放式的国家工科数学教学基地		谭泽光　白峰杉　俞正光　李建国　章纪民	
2004	《大学数学》系列教材	北京市教育教学成果（高等教育）一等奖	萧树铁　郑建华　叶　俊　章纪民等	合作
2004	倾注心血育英才——数学系代数课教学的改革实践	北京市教育教学成果（高等教育）二等奖	张贤科　王殿军　张贺春　印林生　肖　杰	
2005	数学系列课程的综合改革与整合实践	国家级教学成果二等奖	萧树铁　谭泽光　俞正光　叶　俊　扈志明	

五、科学研究

早在数学系初创时期科学研究就取得了优异成果。据不完全统计，1952 年以前数学系教师共发表论文 187 篇，主要在分析函数论、微分几何、数论等领域。比较有影响的成果有：熊庆来在亚纯函数方面所建立的无穷级亚纯函数论，杨武之关于棱锥数的华林问题的研究，华罗庚在解析数论方面、关于素数变换的 Waring 问题以及变数之素数的方程组的研究，曾远荣在泛函分析方面的研究，陈省身对微分几何中高斯-波内公式的研究以及拓扑学方面的研究等。特别是华罗庚的《堆垒素数论》，1941 年获教育部颁发的首届学术研究及著作发明国家奖励一等奖。

20 世纪 60 年代，科研工作主要在计算数学与概率统计等方面展开。如赵访熊在计算数学、周华章在工业统计、王建华在对策论的工作在国内都有一定影响。高等数学教研组和计算数学教研组还组织教师结合实际课题开展科研，如姜启源、蔡大用等参加清华几个系师生组成的大型课题组，在首钢公司从事为计算机辅助转炉优化操作建立数学模型的工作，李庆扬等为胜利油田研制的"石油地震勘探数字处理软件"，1978 年获全国科技大会成果奖。

1979 年以后，科研工作得到全面开展。20 世纪 80 年代和 90 年代，数学系教师承担的科研项目及发表的论文数量逐年上升。据不完全统计，1994 年至 2000 年在研项目 401 项，其中属于国家自然科学基金和国家"973"项目的 119 项，1979 年至 2000 年发表论文 1 480 篇，其中 SCI 收录 139 篇。这一时期与日本富士通公司和美国惠普公司合作的软件开发获得较大的经济效益及合作单位的好评，与攀枝花钢铁公司和成都飞机公司等合作开展的应用课题研究也取得多项成果。

21 世纪科研工作的进展更为迅速。2001 年至 2010 年在研项目 912 项，其中：国家自然科学基金和国家"973"项目 575 项；2001 年至 2010 年发表论文 1 621 篇，其中：SCI 收录 1 210 篇；出版科技专著 13 部，译著 1 部。2002 年、2003 年、2004 年连续三年发表 SCI 论文数量在全国高校数学学科中排名第一。

1979 年以后数学系科研成果获奖情况见表 19-25-8。

表 19-25-8　1979 年以后数学系科研成果获奖情况

获奖年份	项 目 名 称	获 奖 名 称	获 奖 人 员	备注
1985	浅层地下水资源评价攻关研究及其推广应用	国家科技进步三等奖	萧树铁等	合作
1987	电机磁场的有限元法	国家机械委科技进步二等奖	胡显承等	合作
1988	电机电磁场数值计算	国家科技进步二等奖	胡显承等	合作
1988	有限元方法及其在工程技术问题中的应用	国家教委科技进步二等奖	韩厚德等	合作
1989	华北地区水资源评价和开发利用研究	国家科技进步二等奖	萧树铁等	合作
1989	土壤水渗流的数学问题	国家教委科技进步二等奖	萧树铁　苏　宁等	合作
1992	北京市城市交通综合体系规划研究	国家科技进步二等奖	谭泽光　郑乐宁等	合作
1995	边界积分-微分方程及其在变分不等式问题的应用	国家教委科技进步一等奖	韩厚德　关　治	
1999	可积系统数学理论	教育部科技进步二等奖	曾云波	
2001	Moran 集与迭代动力系统	教育部自然科学一等奖	文志英	
2002	复杂非线性系统的动力学理论与方法	天津市自然科学一等奖	唐　云	合作
2002	无界区域上偏微分方程数值解及其应用	北京市科学技术二等奖	韩厚德　包维柱　黄忠亿　郑春雄　文　新等	合作

续表

获奖年份	项 目 名 称	获 奖 名 称	获 奖 人 员	备注
2004	调和影射与极小曲面以及等参超曲面的几何拓扑	教育部自然科学一等奖	唐梓洲	
2006	微分系统轨道吸引与矩阵 Hamilton 系统震动研究及其应用	广西科学技术进步一等奖	唐 云等	合作
2006	Hall 代数、无限维李代数和量子群	教育部自然科学一等奖	肖 杰	
2006	不确定规划及其应用	教育部自然科学二等奖	刘宝碇	
2007	先进树脂基复合材料制造模拟与优化技术	国防科学技术进步一等奖	邢文训等	合作
2008	高含水期油田地面地下整体优化技术	黑龙江省科学技术一等奖	刘宝碇等	合作
2008	人工边界方法与偏微分方程数值解	国家自然科学二等奖	韩厚德等	合作
2009	高含水期油田整体优化工艺关键技术与工业应用	国家科技进步二等奖	刘宝碇	合作

六、数学实验室与图书资料室

1952 年后建立计算实验室，主要设备是手摇计算机和电动计算机。1979 年后改名为计算机实验室，开始时主要设备有 RD11 微机及宇宙 68000 小型机，到 1993 年已有 286 微机和 386 微机 20 多台，SGI 工作站两台，以及激光打印机 1 台，图形终端 2 台和流动式绘图仪 1 台。固定资产总值 160 多万元，实验室面积 200 余平方米，成为数学系的教学、科研基地。2000 年以后随着搬进新的理科楼，数学系实验室迎来了新的跨越式发展。到 2010 年底，有各种服务器 20 多台、集群 1 台供教学科研使用；能容纳 50 人上课的实验室及其软件环境不断完善，Matlab、Sas、Lingo、Mathematica 等数学软件用于教学科研。到 2010 年底，实验室管理着数学系 1 400 多台、价值 1 300 多万的设备资产。2002 年构建的数学基础课程在线考试系统，定期应用于微积分和代数两门基础课的教学，每年均超过 1 万人次学生使用该系统进行考试测验。

20 世纪 30 年代建系之初，由于熊庆来教授等的努力，清华图书馆中的数学杂志是当时全国最齐全的，另外在清华数学系设有图书资料室。以后几经合并，大部分图书杂志转入校图书馆。1979 年复系之后重建了系图书资料室，增补了一部分杂志和书籍。2000 年以后，开始启动数学外文原版图书和网络电子文献建设，2005 年以后发展尤为迅速。2008 年开始与校图书馆合作共建系属数学图书馆，全部图书纳入校图书馆的网络管理系统。到 2010 年底，拥有中外文数学专业杂志 7 200 余册（200 余种），中外文专业书籍 15 500 余册（包括外文原版新书 3 200 余册）。与校图书馆合作购置的一批重要的数学文献网络数据库，供全校师生在校园网免费使用，有力地支持了清华大学建设高水平数学学科、培养拔尖数学人才的基本任务。

七、对外合作与交流

数学系从建系初期就积极开展对外合作与交流。1935 年到 1936 年曾聘请控制论创始人美国应用数学家 Wiener 讲学一年，聘请当时国际数学会副会长法国数学家 Hadamard 讲学 3 个月。随后又分别派遣陈省身到德国学习微分几何、派遣华罗庚到英国学习解析数论。二人成绩卓著，以

此为基础迈向世界一流数学家行列，成为国际数学大师。

1979 年复系后，数学系对外合作和交流的规模和领域有了显著扩展。从 80 年代恢复接受外国留学生，既有本科生，也有研究生和进修生。数学系现任教师中有 10 余位在欧美和日本获得博士学位，其余骨干教师也全部具有在国外进修访问从事学术研究工作的经历。系内还聘请了多位中国香港以及日本和欧美的客座教授。2005 年以来先后聘请了法国巴黎第十一大学讲席教授团、美国运筹与优化讲席教授团、美国微分几何与几何分析讲席教授团、应用数学与统计讲席教授团，每学期来系开设高级专门课程 1～3 个月。仅 2009 年参与讲席教授团工作的国际专家学者就有 18 人。

近年来数学系与美国、加拿大、俄罗斯、英国、法国、德国、奥地利、荷兰、挪威、瑞典、澳大利亚、日本、韩国、新加坡等国家以及中国香港和台湾地区的大学研究机构建立和保持了长期的合作关系，国际学术交流与合作研究稳步增长。2005 年以来，教师每年出国（境）参加国际会议和学术合作交流在 50 人次左右；每年来访国际专家学者近百人次，举办国际学术报告会50～60 场；每年举办国际学术会议 2～3 次。2009 年至 2010 年主持参加国际合作项目 15 项，涉及欧盟、美国、法国、意大利、德国、奥地利、日本、韩国及中国香港地区。

第二十六节　物理系

一、沿革

清华大学早在清华学堂时期共设十个专科，招收留美专科生，其中包括物理学留美专科生。1925 年清华学校设立大学部；1926 年秋成立物理学系，系主任是叶企孙。1929 年，清华大学成立理学院，由叶企孙主持院务。物理学系隶属于理学院。同年还成立了理科研究所物理学部，并开设研究生课程。1931 年，成立物理研究所，叶企孙任研究所主任。研究所的主要任务是培养研究生。1932 年 8 月，中国物理学会第一次年会暨成立大会在清华大学科学馆举行，叶企孙、吴有训、萨本栋等教授为领导机构成员。

抗日战争期间，物理系随校南迁，与北京大学和南开大学的物理系共同组成物理系。1937 年12 月至 1938 年 5 月，为长沙临时大学物理系；1938 年至 1946 年，为西南联合大学物理系。1946 年 5 月 4 日联大结束，同年 10 月清华大学在北平开学，物理学系师生回到清华园。

1952 年院系调整时，清华大学物理学系调入北京大学，留下人员设立物理教研组，作为公共教研组承担全校各系的普通物理及实验教学。1959 年 8 月，学校决定成立基础课师资培训班，从全校各系抽调 100 名 61 届（正要进入四年级学习）的学生提前进入各基础课教研组，物理教研组培训班有 21 名，边工作边完成后面两年的学业及毕业论文，最后于 1962 年 1 月毕业，留校任教。1973 年 3 月，学校成立 4 个研究班，其中固体物理研究班设在工物系，激光研究班设在物理教研组。研究班学员为来自各系的青年教师。1975 年 8 月，研究班停办，1978 年春又恢复。

1982 年 6 月，学校批准恢复成立物理系，同时成立近代物理研究所。物理系由基础课教学研究部的物理教研组和工程物理系的理论物理、固体物理、核物理共 4 个教研组合并组成。有博士点 2 个：理论物理、光学；硕士点 4 个：理论物理、光学、固体物理、粒子物理与原子核物理。当时行政上虽已建系，但由于历史原因，实际工作仍分为两部分，相互联系不多，称为物理系一部（原物理教研组所属部分）和物理系二部（原工程物理系的 3 个教研组）。至 1984 年 4 月，物理系一部、二部合并，此时工物系的加速器教研组也并入物理系，聘请中国科学院学部委员、当时的中国科学院副院长、理论物理所所长周光召兼任物理系主任。根据周光召提议，经 1984 年 8 月 31 日校长工作会议批准，物理系改名为现代应用物理系（简称物理系）。

现代应用物理系设应用物理专业，招收本科生。设博士点 2 个：理论物理、光学；硕士点增至 5 个：理论物理、光学、固体物理、核物理与核技术、加速器物理。

1989 年，物理系建立了物理学博士后科研流动站，涵盖理论物理、原子核物理、原子分子物理、凝聚态物理、声学、光学、天体物理 7 个二级学科点。

1993 年，物理系共有固体物理、核物理、近代光学、基础物理、实验物理、理论物理和加速器等 7 个教研组。全系博士点增至 5 个：理论物理、光学、加速器物理、原子核物理和凝聚态物理，硕士点仍为 5 个。

1995 年，加速器教研组转归工程物理系。

1998 年，物理系声学研究室成立。清华大学数理基础科学班首次招生，由物理系培养。物理系被批准为具有物理学一级学科博士学位授予权的单位之一，并在综合评定中全国排名第五。在原有的 5 个博士点的基础上可对原子与分子物理、声学、等离子体物理学科授予博士学位。

1999 年 10 月，物理系按学校要求将原来的几个搞科研的教研组合并成立了 3 个研究所：原来的理论物理教研组和核物理教研组联合成立了高能物理与核物理研究所，原有的固体物理教研组和声学研究室成为凝聚态物理研究所，近代光学教研组合并入原子分子物理和光物理研究所。

2000 年，应用物理专业改称物理学专业，分物理学和应用物理两个专业方向。

2003 年，"数理基础科学专业"获准成立，公开招生。天体物理学科博士和硕士学位授予点均获批准。

2005 年，基科班的招生从 2 个班扩展为 8 个班，不仅包括原有的 2 个数理基科实验班，还包括理学院物理系和数学系的本科生，信息学院的部分招生名额也并入数理基科班一起招生。

物理系历任系主任和系党委书记名录见表 19-26-1，历任学术委员会主任名录见表 19-26-2。

表 19-26-1　物理系历任系主任和系党委书记名录

系　　名	系主任	任职时间	系党委书记	任职时间
物理系	叶企孙	1926—1933		
	吴有训	1934—1937		
西南联大清华物理系	吴有训	1937-08—1945-08		
	叶企孙	1945-08—1946-08		
物理学系	霍秉权	1946-10—1949-03		
	叶企孙	1949-03—1949-11		
	钱三强	1949-11—1950-01		
	王竹溪	1950-01—1952-08		

系　名	系主任	任职时间	系党委书记	任职时间
物理学系	孟昭英（代）	1950-08—1951-07		
物理系	张　礼	1982-06—1984-04	李卓宝	1982-06—1984-12
现代应用物理系	周光召 刘乃泉 （常务副主任）	1984-04—1988-02	张宏涛	1984-12—1987-12
	熊家炯	1988-02—1990-05	黄贺生	1987-12—1998-11
	陈皓明	1990-05—1994-04		
	顾秉林	1994-04—1998-11		
物理系	顾秉林	1998-11—2000-09	邓景康	1998-11—2003-03
	王　青	2000-09—2003-04		
	朱邦芬	2003-04—2010-07	王　青	2003-03—
	薛其坤	2010-07—		

表 19-26-2　物理系历任学术委员会主任名录

任职时间	学术委员会主任	任职时间	学术委员会主任
1990-03—1991-12	张　礼	1997-09—1998-01	尚仁成
1991-12—1994-11	熊家炯	1998-01—2001	吴国祯
1994-11—1996-09	熊家炯	2001—2007	李惕碚
1996-09—1997-09	熊家炯	2007—2010	朱邦芬

二、教学科研组织

（一）院系调整前（1926—1952）

1930 年，物理系设有 5 个实验室：普通物理实验室、热学实验室、光学实验室、电学实验室、近代物理实验室。此外还设有金木工间、吹玻璃车间、仪器修理室和蓄电池室。

1930 年以后，物理系着重发展理科研究所物理研究部，在短期内先后建立了 X 射线、无线电、光学、磁性研究室。

西南联大时期，隶属清华大学特种研究所的清华金属研究所和无线电研究所，研究方向均属物理学领域，这两个所虽然不属于联大，但是与清华物理系关系非常密切。

1946 年至 1948 年，清华物理系复员后对普通物理实验室、电磁学实验室、光学实验室、近代物理学实验室、无线电学实验室、X 光实验室进行恢复建设。并且建设了当时新发展的电子管、无线电以及原子核物理研究室。

1950 年，物理系设有 7 个实验室：普通物理实验室、电磁学实验室、光学实验室、热学与物性实验室、无线电实验室、近代物理实验室、X 光及固体构造实验室。另外还有负责修理制作课堂演示实验的表演室。

（二）教研组时期（1952—1982）

1952 年 8 月，物理系成立物理教研组。1956 年 2 月，设立普通物理教研组与理论物理教研组。1958 年 3 月，普通物理教研组与理论物理教研组又重新合并为物理教研组，隶属于学校基础课委员会。

1952 年院系调整，物理教研组只留下了普通物理实验室和演示实验室。1952 年至 1956 年，普通物理实验室有较大调整与发展。1957 年成立中级物理实验室。1957 年至 1966 年，物理实验室下设力学与热学实验室、电学实验室、光学实验室、中级物理实验室和表演室。1978 年，恢复建立普通物理实验室和近代物理实验室。

（三）复系以后（1982—2010）

1982 年 6 月，恢复成立物理系时设有 7 个教研组：固体物理、核物理、近代光学、基础物理、低温物理、理论物理和原子分子物理；同时设有普通物理实验室、液晶科研组和工间（包括金工间、木工间、吹玻璃及磨玻璃工间）。

1984 年 4 月，工程物理系的加速器教研组并入物理系；5 月，低温物理教研组与普通物理实验室合并成立实验物理教研组。

1986 年 6 月，原子分子物理教研组并入近代光学教研组。

1992 年，液晶物理研究室（即液晶科研组）改组，建立分子晶体与液晶物理研究室，行政上隶属固体物理教研组。

1993 年，物理系设有 9 个实验室：普通物理实验室、近代物理实验室、物理演示实验室、核物理实验室、激光单原子实验室、固体物理实验室、激光物理与光谱实验室、加速器实验室以及声学实验室。另外还有为教学服务的计算机房和为教学科研服务的金工间和吹玻璃工间。

1982 年，物理系恢复初期成立了基础物理教研组，包括普通物理组、理论物理组、物理演示实验室和声学研究室。从 20 世纪 90 年代末开始，物理系由基础物理教研组统一负责全系物理教学。

1996 年，物理系成立了清华大学激光单原子分子测控科学与技术研究中心。中心下设 1 个单原子分子探测实验室以及原子分子超灵敏识别、原子分子控制和理论 3 个研究部。2001 年，实验室被教育部批准成为原子分子纳米科学教育部重点实验室。2007 年，实验室更名为低维量子物理实验室。

1997 年，清华大学成立了高等研究中心，行政关系挂靠在物理系，从 2002 年起被清华大学确定为独立建制的行政实体。

1999 年，固体物理教研组并入凝聚态物理研究所，近代光学教研组并入原子分子物理和光物理研究所，理论物理组与核物理专业联合成立高能物理与核物理研究所。

1999 年，天体物理实验室建成。2001 年，清华大学天体物理中心成立，中心为跨院系开放式研究中心，行政挂靠物理系。

1999 年，物理系建立了由基础物理实验、近代物理实验、高等物理实验组成的三级实验物理教学体系，分别由普通物理实验室、近代物理实验室和高等物理实验室承担。其中高等物理实验室由原核物理、凝聚态物理、光学等专业实验室合并扩建而成，还建设了诺贝尔奖物理实验室、物理电子学实验室等。2001 年，物理实验教学中心建立，基础物理、近代物理、高等物理三级物

理实验教学体系确立，教学活动以 3 个实验室主持、实验中心调配的方式实施。2005 年，学校正式批准实验室建制。2005 年，演示物理实验室成为实验物理教学中心的分实验室之一。

2000 年 5 月，物理系组建了超导研究中心。

2003 年 12 月，由富士康企业集团捐资与清华大学共同设立的清华-富士康纳米科技研究中心正式启用。

2004 年，由物理系与工程物理系共建的清华大学高能物理研究中心成立。

2010 年，物理系下设 3 个研究所：凝聚态物理研究所、高能物理与核物理研究所和原子分子与光物理研究所；5 个跨一级学科研究中心：原子分子纳米科学研究中心、应用超导研究中心、天体物理中心、清华富士康纳米科技中心和高能物理研究中心。

三、教职工

1926 年物理系成立时，物理系的教授有梅贻琦、叶企孙 2 人，另有教师 3 人。1928 年秋，吴有训、萨本栋两位教授先后到校，物理学系的师资力量得到了加强。周培源、赵忠尧、任之恭、霍秉权四位教授先后于 1929 年、1932 年、1934 年和 1935 年到校。至 1935 年物理学系的教师总数为 13 人，其中教授 7 人。从 1948 年至 1952 年的 3 年内，物理学系教师人数有较大增加，特别是补充了许多青年教师。1952 年物理学系教工共 46 人，其中教授 10 人，副教授 1 人，讲师 6 人，助教 17 人，技术员 3 人，职员工人 9 人。1952 年院系调整之后，物理系留下的人员成立了物理教研组，至 1966 年，物理教研组共有教职工 121 人，教授有：王明贞、谢毓章、刘绍唐、徐亦庄、徐璋本等。1982 年恢复物理系时，全系教职工 240 人，其中教授 5 人：孟昭英（学部委员、博导）、谢毓章、徐璋本、徐亦庄（博导）、张礼（博导）。20 世纪 90 年代以后，物理系加大了引进一流师资的规划和力度，同时也为在校的教师创造脱颖而出的环境。物理系教工总人数虽然由 1993 年的 227 人大幅下降到 2010 年底的 118 人，但是物理系院士人数上升到了 9 人，教授人数由 26 人上升到 52 人。此外，物理系有长江特聘教授 7 人，国家杰出青年基金获得者 9 人，师资队伍总体质量明显提高。物理系教授名录见表 19-26-3。

表 19-26-3　物理系各时期教授名录

姓名（任职时间）	姓名（任职时间）	姓名（任职时间）
院系调整前（1926—1952）		
叶企孙（1926—1941，1943—1952）	梅贻琦（1926—1927 调出）	方光圻（1927—1928 调出）
吴有训（1928—1948 调出）	萨本栋（1928—1936 调出）	周培源（1929—1943，1947—1952 调出）
赵忠尧（1931—1936，1937—1947 调出）	任之恭（1934—1941 调出）	霍秉权（1936—1952 调出）
王竹溪（1938—1952 调出）	孟昭英（1938—1943，1947—1952）	范绪筠（1946—1948 调出）
余瑞璜（1946—1952 调出）	钱三强（1947—1952 调出）	葛庭燧（1949—1952 调出）
彭桓武（1949—1952 调出）	洪朝生（1951—1952 调出）	
物理教研组（1952—1982）		
刘绍唐（1961—1976 退休）	王明贞（1955—1976 退休）	谢毓章（1957—1982）
徐亦庄（1961—1982）	徐璋本（1955—1982）	张　礼（1978—1982）

姓名（任职时间）	姓名（任职时间）	姓名（任职时间）
复系至今（1982 至今— ）		
张　礼（1982—1990 退休）	孟昭英（1982—1995 去世）	徐璋本（1982—1986 退休）
徐亦庄（1982—1990 退休）	谢毓章（1982—1986 退休）	何成钧（1983—1986 退休）
张泽瑜（1983—1987 退休）	夏学江（1983—1991 退休）	孙洪洲（1984—1999 退休）
张培林（1984—1997 退休）	张三慧（1985—1992 退休）	诸国桢（1985—1992 退休）
熊家炯（1985—1999 退休）	刘乃泉（1985—1989 调出）	*邝宇平（1985— ）
张孔时（1988 退休）	赵静安（1988—1991 退休）	秦明华（1988 退休）
陈飚延（1988—1999 退休）	陈泽民（1988—2002 退休）	*顾秉林（1988—2000 调出）
李恭亮（1988—1993 去世）	王克礼（1988—1994 调出）	张　玫（1989—2002 退休）
牟绪程（1989—2002 退休）	李兴中（1989—2006 退休）	韩丽瑛（1989—1990 退休）
丁慎训（1989—2004 退休）	崔砚生（1990—2003 退休）	丁俊华（1990 退休）
林郁正（1990—1994 调出）	刘乃泉（1990 调出）	赵　钧（1990—1999 退休）
朱嘉麟（1990— ）	陈皓明（1991—1998 调出）	桂伟燮（1991—1993 调出）
郭奕玲（1991—1992 退休）	胡玉民（1991—1994 调出）	黄贺生（1992—1999 调出）
尚仁成（1991—2006 退休）	文克玲（1992—2003 退休）	陈学俊（1992—1993 退休）
周铁英（1992—2000 退休）	徐　湛（1992—2007 退休）	许崇桂（1992—1994 退休）
何元金（1993— ）	李　丽（1994 调入—2008 退休）	史斌星（1993—1995 退休）
童德春（1993—1994 调出）	田嘉禾（1993—1994 退休）	王诚泰（1993—1998 退休）
赵朔嫣（1993—1997 退休）	朱鹤年（1993— ）	李师群（1994— ）
许祥源（1994—1996 调出）	高乃飞（1994—1995 退休）	钱启予（1994—1995 退休）
邓新元（1994—2004 退休）	曹必松（1995— ）	陈惟蓉（1995—2004 退休）
方家光（1995—1996 退休）	高炳坤（1995—1996 退休）	林琴如（1995—1999 去世）
吴国祯（1995 调入— ）	徐四大（1995—2001 退休）	*范守善（1996— ）
华基美（1996—2004 退休）	吴美娟（1996—1997）	马万云（1996— ）
*李家明（1997 调入— ）	庄鹏飞（1997 调入— ）	田德芳（1997—1999 退休）
王　青（1997— ）	邓景康（1997—2010 调出）	张连芳（1997— ）
朱胜江（1997— ）	陈信义（1998— ）	余加莉（1998 退休）
郭继华（1999—2003 调出）	倪　军（1999— ）	高　虹（1999 调出）
*王崇愚（1999 调入— ）	吴念乐（1999— ）	△张广铭（1999— ）
*陈难先（2000 调入— ）	△段文晖（2000— ）	高原宁（2000—2005 调出）
△韩征和（2000— ）	*李惕碚（2000 调入— ）	莫宇翔（2000 调入— ）
王怀玉（2000 调入— ）	薛　平（2000— ）	赵永刚（2000— ）
*朱邦芬（2000 调入— ）	刘凤英（2001—2009 退休）	马　辉（2001—2002 调出）
翁征宇（2001 调入—2002 调出）	△楼宇庆（2002 调入— ）	张双南（2002 调入—2009 调出）
程　曜（2002—2004 调工物系）	张卫平（2003 调入—2004 调出）	张留碗（2003— ）

姓名（任职时间）	姓名（任职时间）	姓名（任职时间）
阮　东（2003—　）	李　复（2003—2006 退休）	陈振鹏（2004—2007 退休）
余京智（2004—　）	*△薛其坤（2005 调入—　）	郭　永（2005—　）
王凤林（2005—2008 退休）	郁伟中（2005—2006 退休）	安　宇（2006—　）
刘长洪（2006—　）	王向斌（2006 调入—　）	贾金锋（2006 调入—　）
吴　健（2008—　）	王亚愚（2007 调入—　）	李群庆（2007—　）
姜开利（2008—　）	吕　嵘（2008—　）	孙家林（2009—　）
戴宏杰（2009 调入—　）	宫　鹏（2009 调入地学中心—　）	尤　力（2009 调入—　）
陶嘉琳（2010 调入—　）		

说明：注 * 者为中国科学院和中国工程院院士；注△者为长江学者。

历年教职工人数统计见表 19-26-4。

表 19-26-4　物理系 1984 年—2010 年教职工人数

年份	总人数	教师人数	职工人数	年份	总人数	教师人数	职工人数
1984	255			1998	147	105	42
1985		173		1999	128	90	38
1986	249			2000	136	98	38
1987	279			2001	126	96	30
1988		74		2002	122	88	34
1989	233			2003	130	92	38
1990				2004	125	87	38
1991	234			2005	121	85	36
1992	215			2006	118	85	33
1993	205			2007	116	85	31
1994	199	139	60	2008	117	86	31
1995	158	109	48	2009	117	90	27
1996	146	101	45	2010	118	93	25
1997	144	100	44				

四、教学

（一）本科生教学

1. 专业设置

1926 年至 1952 年，设物理学专业。1982 年至 1983 年，设应用物理专业。

1984 年，设物理学专业。1985 至 1992 年，设现代应用物理专业。1993 年，设应用物理专业。1994 年至 1998 年，设现代应用物理专业。1999 年，设物理学专业。

2000 年至 2001 年，设物理学专业，基础科学班开始招生。2002 年，设物理学、基础科学专业。2003 年，设物理学、基础科学（数学物理方向）专业。2004 年，设物理学、数理基础科学专业。2005 年至 2010 年，设数理基础科学专业。

2. 课程设置

各个时期本科生教学课程设置见表 19-26-5 至表 19-26-10。

表 19-26-5　1936—1937 学年度物理系课程设置

学年	课程名称（学分）		
第一年	国文（6）	英文（8）	中国通史 ⎫ 西洋通史 ⎭（8）
	逻辑、高级算学 微积分 ⎫⎭（6 或 8）	普通物理、普通化学 普通地质学、普通生物学 ⎫⎭（8）	
第二年	中级电磁学（3）	中级光学（3）	中级力学（3）
	中级热学（3）	中级物理实验（2）	普通化学（8）
	微分方程（3）	第二外国语或选修（9～15）	
第三年	力学（3）	热力学（3）	电磁学（4）
	分子运动之物质论（3）	光学（4）	第二外国语或选修（17～23）
第四年	近代物理（6）	近代物理实验（3）	无线电学（6）
	无线电实验（3）	毕业论文（4）	选修（12～18）

表 19-26-6　西南联大时期物理系课程设置

课程类别	课程名称（学分）		
公共必修课	大一国文（6）	大一英文（6）	第二外国语（6）（一般为德文或法文）
	中国通史（6）	经济学概论 政治学概论 社会学概论 ⎫⎭（6）	体育（不计学分，要求每个学期都及格）
	军训（不计学分）	三民主义（不计学分）	
专业必修课	微积分（8）	微分方程（3）	高等微积分（8）
	普通物理（8）	普通物理实验（不另计学分，基本上每周一次）	力学（6）
	电磁学（6）	电磁学实验（1.5）	热学（6）
	光学（6）	光学实验（1.5）	微子论（3）
	无线电学（8）	无线电实验（3）	近代物理（6）
	近代物理实验（1）	普通化学（8）	普通化学实验（不另计学分）
选修课	可任选全校各系的课程，如大二英文、德文二、第三外语、中国文学史、中国哲学史等		
	物理系开设过的选修课有：物性论（3）、应用电学（4）、声学（3）、普通天文学（3）、天文物理学（3）、实用无线电学（6）、实用无线电学实验（2）、大气物理（2）等		
	高年级学生还可选修研究生课程如电动力学、量子与原子光谱、统计力学等		
	物理系学生常选的数学课程有：高等代数（6）、近世代数（6）、微分几何（6）、复变函数论（6）等		

表 19-26-7　1946 年—1952 年物理系本科生课程设置

课程类别		课程名称（学分）		
必修课	一年级	国文（6）	英文壹（6）	中国通史（6）
		微积分（8）	普通物理学（8）	三民主义
		政治学概论、经济学概论、社会学概论，三选一		体育（2）
	二年级	力学（6）	电磁学（9）	普通化学（8）
		微分方程（3）	选修（2~4）	伦理学
		体育（2）		
必修课	三年级	光学（9）	热学（6）	物性论（3）
		选修（10~22）	体育（2）	
	四年级	无线电学（9）	近代物理学（9）	选修（10~22）
		体育（2）		
选修课	二年级	英文贰（6）	第二外国语壹（6）	
	三年级	声学（3）	分子运动论（3）	第二外国语贰（6）
	四年级	电力学（3）	相对论（3）	量子力学（6）
		原子核物理（3）		

表 19-26-8　1993 年物理系本科生课程设置

课程类别	课 程 名 称		
基础课	普通物理①	普通物理②	普通物理③
	普通物理④	复变函数	数理方程
	普物实验①	普物实验②	量子力学
	理论力学	统计力学	电动力学
	固体物理学	核物理与粒子物理	近代光学概论
	近代物理实验	带电粒子束物理	激光物理
	计算物理		
专业必修课	近代物理专题实验	核物理计算	加速器原理
	近代物理实验方法	中子核反应	人工微结构
	超导物理	金属物理	固体物理专题研究
	X射线及电子显微分析	材料科学总论	加速器理论
	原子分子结构与光谱	加速器原理	课程设计
	电磁场计算	微波技术	真空技术
	离子源物理与技术	激光技术	高等光学
	近代光学实验①	近代光学实验②	傅氏光学
	薄膜光学		

表 19-26-9　2003 年物理系基础科学班课程设置

课程类别（学分）		课程名称（学分）		
人文社科类课程（35）		思想道德修养（2）	毛泽东思想概论（3）	马克思主义政治经济学原理（3）
		邓小平理论概论（3）	马克思主义哲学原理（3）	体育（4）
		外语（4）		
		人文选修课（13，任选以下 6 个课组）：历史与文化、当代中国与世界、文学、环境保护与可持续发展、艺术欣赏与实践、经济管理与法律、哲学与社会思潮、科学与技术、写作、国防知识与军事体育		
自然科学基础课	数学类主干课（≥26）	高等微积分①（5）	高等微积分②（5）	高等代数与几何①（4）
		高等代数与几何②（3）	复分析（3）	概率论①（3）
		＊流型上的微积分（4）	＊数理方程（5）	
		微分几何、拓扑学、数值分析，上述三门作为一个课组，任选其中一门作为带 ＊ 限选课，另两门课程可作任选		
	物理类主干课（≥29）	普通物理Ⅰ（5）	普通物理Ⅱ（5）	普通物理Ⅲ（4）
		基础物理实验Ⅰ（2）	基础物理实验Ⅱ（2）	基础物理实验Ⅲ（4）
		量子力学（4）	＊热力学和统计物理（5）	＊电动力学（4）
		＊分析力学（3）		
	生化类（≥6）	化学原理（A/B）（4/2）	基础化学实验（2）	普通生物学（A/B）（4/2）
		普通生物学实验（2）	注：不局限于上述课程	
实践环节课（15）		军事理论与技能训练（3）	基础英语强化训练（3）	专题研究（Seminar）（6）
		交叉学科前沿专题（3）		
工程技术基础课（≥8）	计算机类	计算机文化基础（2）	计算机软件技术基础（3）	计算机硬件技术基础（3）
		计算机网络及应用（3）	注：不局限于上述课程	
	电工电子类	电工与电子技术（5）	电工技术（3）	电子技术（4）
		注：不局限于上述课程		
专业相关课程	分流到物理方向（≥12）	高等量子力学（4）	量子力学与统计力学②（4）	近代物理实验 A（3）
		近代物理实验 B（3）	近代物理实验 C（3）	近代物理实验 D（3）
		广义相对论（4）	量子力学前沿专题讨论（2）	天体物理（3）
		核物理与粒子物理（4）	固体物理①（4）	原子与分子物理（3）
		激光与近代光学（4）	计算物理（4）	现代物理选题（3）
	分流到数学方向（≥12）	泛函分析（3）	测度与积分（3）	抽象代数（3）
		数理统计（3）	数学建模（3）	数学史（2）
		微分方程①（3）	微分方程②（4）	微分流形（3）
		算法分析与设计（4）		
	分流到其他院系（≥12）	根据导师建议，选修若干门相关专业基础课/专业课		
综合论文训练		基科班学生一般到所选学科方向的各院系参加综合论文训练，训练时间一般为 15 周		

说明：注 ＊ 的限选课对参加免试推研的学生均为必修，而对毕业学生须选其中一门作为必修，另两门可作任选。

表 19-26-10　2010 年物理系基科班课程设置

课程类别		课程名称（学分）		
人文社科类课程（35）		思想政治理论课（14）	体育（4）	外语（4）
		文化素质课（13）		
基础类课程（45）	数学基础课程（14）	高等微积分①（5）	高等微积分②（5）	高等代数（4）
	物理学基础课（限选≥20）	费曼物理学①（5）	费曼物理学②（5）	费曼物理学③（4）
		基础物理学原理与实验①（7）	基础物理学原理与实验②（6）	基础物理学原理与实验③（6）
		力学（3）	热学（2）	电磁学（3）
		光学（2）	近代物理学（2）	基础物理实验 A①（3）
		基础物理实验 A②（3）	基础物理实验 A③（2）	
	化学基础课（≥3）	大学化学 B（2）	大学化学实验 B（1）	化学原理（4）
	生物学基础课（≥3）	普通生物学（4）	现代生物学导论（2）	现代生物学导论实验（1）
		生物物理学（4）		
	技术类基础课（≥5）	电工与电子技术（5）	程序设计基础（3）	计算机硬件技术基础（3）
		计算机文化基础（2）	计算机程序设计基础（3）	
专业基础课程（30）		数学、物理理论课（24）	复变函数（2）	数学物理方程（3）
		分析力学（3）	量子力学①（4）	统计力学①（4）
		电动力学（4）	固体物理①（4）	物理实验课（6）
		近代物理实验 A 组（3）	近代物理实验 B 组（3）	近代物理实验 C 组（3）
		近代物理实验 D 组（3）		
专业任选课程（≥19）		＊量子力学②（3）	＊统计力学②（3）	＊计算物理（4）
		＊广义相对论（4）	＊高等物理实验（3）	量子力学前沿专题（4）
		量子力学专题研究（2）	物理学前沿讲座（1）	物理学史与物理学方法（2）
		声学（4）	声学实验（1）	近代光学实验（4）
		原子分子物理（3）	激光与近代光学（4）	光子学物理基础（4）
		核物理与粒子物理（4）	亚原子物理实验方法（4）	核物理实验（4）
		固体物理②（4）	固体物理研究方法与实验（4）	电子技术提高课（3）
		天体物理（3）	普通天文学（3）	天文观测（3）
		宇宙学（3）	生物物理（3）	
任选课程（≥6）		可选理学院、工科各系、人文社会科学院、经济管理学院开设的专业基础课和专业课程		
科研实践类课程（≥6）		专题研究课①（3）	专题研究课②（3）	专题研究课③（3）
夏季学期实践环节（≥14）		军事理论与技能训练（3）	C＋＋程序设计实践（2）	金工实习 C（2）
		电子工艺实习（2）	Matlab 与科学计算引论（2）	Mathematica 及其应用（2）
		基于 Linux 的 C＋＋（4）		
研究训练（3）		交叉学科前沿专题（3）		
综合论文训练（15）				

说明：注 ＊ 的限选课对参加免试推研的学生均为必修，而对毕业学生须选其中一门作为必修，其他可作任选。

3. 基础科学班

1997 年底，清华大学决定开办基础科学班，并于 1998 年开始招生试办。生源主要来自：全国 4 所重点中学的理科实验班的保送生；全国及国际数学和物理等竞赛获奖的中学生；高考学生；当年考入清华各院系的新生二次招生。选拔新生的原则是：数学物理基础好，对基础学科确有兴趣、爱好或有专长。其培养方案有如下特点：在一、二年级同时强化数学和物理教学；进行大幅度教学改革，使学生尽早参加科研实践（Seminar 课）；三年级以后逐步分流，学生可根据自己的志向和兴趣确定学科方向，并有多次选择机会。基科班的培养目标是：为数学、物理学等基础科学培养富有创新意识和具有国际竞争能力的优秀人才，也为与数理学科密切相关的其他学科培养具有开拓精神和良好理科素养的新型人才。基科班还首次提出了"宽口径，厚基础，强实践"的九字办学指导方针。

1998 年至 2004 年，基科班由物理系和数学系共同制订培养方案和课程设置。教务管理和学生工作均由物理系承担。其培养特色如下：同时强化数学和物理学基础；从校内外聘请优秀教师任教；开设富有特色的 Seminar 课（学生科研训练），实施导师制；因材施教，根据个人志愿和兴趣向不同学科"分流"。

2004 年，基础科学班更名为数理基础科学班。2005 年开始，基科班的培养模式扩大到数学系、物理系和信息学院的部分同学，按大类招生，二年级下学期以后再实行分流。数理大类平台实行"统一招生、学分管理、数理平台、专业分流"的运行模式，分为 5 个分流方向：基科、数学、物理、信息、其他院系。学生在第三学年前完成专业分流，进入主修专业进行分流培养和专业训练。

4. 清华学堂物理班

"清华学堂物理班"成立于 2009 年，是"清华学堂人才培养计划"首批 4 个项目之一，属于教育部"基础学科拔尖学生培养试验计划"。清华学堂物理班旨在培养具有国际一流水平的物理学家和学术大师。清华学堂物理班建立科学的遴选机制，注重考察学生的学术兴趣、创新能力、综合素质和发展潜质，将优秀的学生选入进行培养。实行导师指导下的因人而异的培养计划。清华学堂物理班的学生实行动态进出机制和自由选择机制。入选的学生享受"清华学堂"专项奖学金。2008—2010 级共有 43 名同学入选清华学堂物理班。

（二）研究生培养

1. 学科专业设置

早在 1930 年夏，清华物理研究所就招收了第一个研究生——陆学善。此后除了 1931 年空缺和 1933 年招了 4 位外，大致每年招 1～2 人，至 1937 年一共招收了 11 人。

在昆明期间，联大物理系一共招收研究生新生 12 人，其中清华研究院 9 人。

复员时，从西南联大到清华转过来的在学研究生人数只有 1 位。从 1946 至 1951 年，清华物理共招收研究生 14 人，每年都有人入学，但每一届招生最多不超过 3 人。1952 年院系调整时，仍在学的徐锡申（三年级）、周光召（二年级）、严肃（二年级）、郭长志（一年级）等 4 人转入到北大继续学习。由于通货膨胀和经费短缺限制了实验研究的开展，大多数研究生从事理论研究。

1973年3月，学校成立4个研究班，其中固体物理研究班设在工物系，激光研究班设在物理教研组。研究班学员为来自各系的青年教师。1975年8月研究班停办，1978年春又恢复，1980年夏，大部分学员毕业并获硕士学位。

1981年，物理系有博士点2个：理论物理和光学；硕士点4个：理论物理、光学、固体物理、粒子物理与原子核物理。1984年，硕士点增加核物理及核技术。

1986年，博士点增加加速器物理。1990年，博士点增加粒子物理与原子核物理、凝聚态物理。

1994年，硕士点增加原子和分子物理、声学。

1996年，有博士点4个：理论物理、原子核物理、凝聚态物理、光学；硕士点6个：理论物理、光学、固体物理、粒子物理与原子核物理、声学、原子和分子物理。

1998年，物理系被批准为具有物理学一级学科博士学位授予权的单位之一。物理系在原有的4个博士点的基础上可对原子与分子物理、声学、等离子体物理学科授予博士学位。

2001年，在全国高校重点学科评选中，物理系3个学科获重点学科称号：凝聚态物理、原子与分子物理、粒子物理与原子核物理。

2003年，博士点增加天体物理。

2007年，理论物理学申报国家重点二级学科成功。物理学科在全国首次一级学科重点评估中被评为一级重点学科。研究方向涵盖众多学科，有理论物理、粒子物理与原子核物理、凝聚态物理、光学、原子分子物理、声学、等离子体物理、天体物理等8个二级学科。

2. 课程设置

（1）1937年，物理系为研究生设置的课程有：统计力学、电子论、光谱学及原子构造、辐射及量子论、流体力学、量子力学、向量与电路论、量子力学（二）、电力学、X射线、相对论、原子核物理学、实验物理专题研究。

（2）西南联大时期，物理系为研究生设置的课程有（括号中为学分）：流体力学（6或3）、电动力学（3）、量子力学（6）、统计力学（3）、物理学基础（3）、动力学（2）、X射线及电子（6）、X射线（3）、光之电磁论（3）、高等力学（3）、量子力学与原子光谱（3）、量子化学（3）、放射性与原子核物理（4或6）、原子核、场论（3）、广义相对论（3）、理论物理（6）。

（3）1993年，物理系为研究生设置的课程有：高等量子力学、量子场论、量子统计、粒子物理、统计物理与非平衡态选题、量子力学Ⅱ、激光物理、非线性光学、光谱理论基础、激光光谱与检测方法、量子光学、固体理论引论、物理学中的数学方法、凝聚态物理专题（一）、凝聚态物理专题（二）、凝聚态物理（三）、群论、核物理实验专题、核结构与核反应物理、高等粒子动力学、加速器最新进展、粒子理论专题。

（4）2010年物理系对物理学、天体物理学博士、硕士修读科目及学分要求见表19-26-11至表19-26-14。

表19-26-11　2010年物理学专业博士生修读科目及学分要求

课程类别（学分）	课程名称（学分）及要求
普通博士生	
公共必修课程（4）	现代科学技术革命与马克思主义（2）、博士生外语（2）

课程类别（学分）	课程名称（学分）及要求		
学科专业要求课程（≥7）	量子场论（4）、高等量子力学（4）（硕士生期间未修过量子场论和高等量子力学的学生必修其中一门）		
	近代物理新进展（硕士生期间未修过近代物理新进展的学生必修此课）		
	相关学科研究生课程（参照直博生培养方案课程，由导师指定）		
必修环节（5）	资格考试（1）	学术活动与学术报告（2）	文献综述与选题报告（1）
	社会实践（1）		
自学课程	涉及与研究课题有关的专门知识，由导师指定内容系统地自学		
补修课	凡在本门学科上欠缺硕士层次业务基础的博士研究生（直博生、提前攻博生除外），一般应在导师指导下补修有关课程。补修课可记非学位课程学分		

直读博士生

课程类别（学分）		课程名称（学分）及要求		
公共必修课程（6）		马克思主义理论课程（≥4）：自然辩证法（2）、现代科学技术革命与马克思主义（2）；第一外国语（2）：博士生英语或其他语种		
学科专业课程（≥25）	物理数学基础课程（≥12）	物理类理论课程（至少选1门）：量子场论（4）、高等量子力学（4）		
		物理类实验课程（必选）：高等物理实验专题（4）		
		数学类课程（至少选1门）：群论（4）、物理学中的数学方法（4）、微分几何（4）		
	专业基础与专业课程（≥13）	量子统计（4）	固体理论（4）	核结构与核反应物理（4）
		原子分子理论（3）	非线性光学（4）	激光物理（3）
		物理声学（4）	凝聚态物理专题（4）	原子分子物理实验方法（3）
		原子分子物理专题（2）	光谱理论基础（4）	激光光谱和检测技术（3）
		量子光学与原子光学（4）	应用声学（3）	量子场论选题（4）
		粒子理论专题（4）	超快光学与电子学（3）	近代声学导论（2）
		近代物理新进展（2）	动力学中的混沌（2）	原子分子测控学基础（3）
		近代物理实验（4）	原子分子物理新进展（3）	量子力学前沿选题（4）
		物理中的墨比乌斯逆变换（2）	高等半导体物理（4）	超导物理（4）
		高等固体理论（4）	流体与等离子天体物理（4）	量子统计理论的格林函数方法（2）
		量子信息（4）	李群与李代数（3）	量子多体物理（4）
		第一原理计算方法（4）	实验凝聚态物理选讲（4）	粒子物理（4）
		规范场论（4）	粒子物理与核物理实验中的数据分析（2）	现代辐射探测与测量（2）
		宇宙线粒子探测与物理实验（1）	粒子理论专题Ⅱ（2）	非线性动力学与混沌（4）
		宇宙学（2）		
必修环节（5）		资格考试（1）	学术活动与学术报告（2）	文献综述与选题报告（1）
		社会实践（1）		
自学课程		涉及与研究课题有关的专门知识，由导师指定内容系统地自学		
补修课		对学位课的预备知识有欠缺的学生，一般应在导师指导下补修有关课程（一般1门），补修课可记非学位课程学分		

表 19-26-12　2010 年天体物理学专业博士生修读科目及学分要求

课程类别		课程名称（学分）及要求		
普通博士生				
公共必修课程（4）		现代科学技术革命与马克思主义（2）、博士生外语（2）		
学科专业要求课程（≥7）		高等量子力学（4）、流体与等离子体天体物理（4）	广义相对论（4）	近代物理新进展（2）
			相关学科研究生课程（参照直博生培养方案课程，由导师指定）	
必修环节（5）		资格考试（1）、社会实践（1）	学术活动与学术报告（2）	文献综述与选题报告（1）
自学课程		涉及与研究课题有关的专门知识，由导师指定内容系统地自学		
补修课		凡在本门学科上欠缺硕士层次业务基础的博士研究生，一般应在导师指导下补修有关课程。补修课可记非学位课程学分		
直读博士生				
公共必修课程（6）		马克思主义理论课程（≥4）；自然辩证法（2）、现代科学技术革命与马克思主义（2）；第一外国语（2）：博士生英语或其他语种		
学科专业课程（≥25）	物理数学基础课程（≥12）	A. 物理类理论课程（至少选1门）：流体与等离子体天体物理（4）、高等量子力学（4）、广义相对论（4）、天体物理辐射机制（3）		
		B. 物理类实验课程（至少选1门）：高等物理实验专题（4）、谱分析技术（2）、电离辐射探测学（2）		
		C. 数学类课程（至少选1门）：群论（4）、物理学中的数学方法（4）、微分几何（4）、高等数值分析（4）		
	专业基础与专业课程（≥13）	量子场论（4）	量子统计（4）	核结构与核反应物理（4）
		原子分子理论（3）	光谱理论基础（4）	等离子体物理（4）
		近代物理新进展（2）	动力学中的混沌（2）	实测天体物理（3）
		天体物理数据分析	第一原理计算方法（4）	实验凝聚态物理选讲（4）
		恒星物理（3）	致密天体物理（3）	星系物理（3）
		物理宇宙学（3）	蒙特卡罗方法在核技术中的应用（3）	数字图像处理学（3）
		数字图像技术和应用（3）	辐射成像原理（2）	高等粒子动力学（3）
		量子信息（2）	李群与李代数（4）	量子多体物理（3）
		粒子物理（4）	规范场论（4）	粒子物理与核物理实验中的数据分析（2）
		现代辐射探测与测量（2）	宇宙线粒子探测与物理实验（1）	粒子理论专题Ⅱ（2）
		非线性动力学与混沌（4）	宇宙学（2）	
必修环节（5）		资格考试（1）	学术活动与学术报告（2）	文献综述与选题报告（1）
		社会实践（1）		
自学课程		涉及与研究课题有关的专门知识，由导师指定内容系统地自学		
补修课		对本学科本科层次基础理论知识有欠缺的直博生，应在导师指导下补修有关课程（一般1～2门）。补修课只计成绩，不计入研究生阶段的学位总学分		

表 19-26-13　2010 年物理学专业硕士生修读科目及学分要求

课程类别		课程名称（学分）及要求		
公共必修课程（5）		马克思主义理论课程（3）：中国特色社会主义理论与实践研究（2）、自然辩证法（1）；第一外国语（基础部分）（2）		
学科专业课程（≥18）	物理数学基础课程（≥8）	物理理论类（A 类）必选；物理实验类（B 类）和数学类（C 类）中至少选一门		
		A. 物理理论类课程：量子场论（4）、高等量子力学（4）、应用量子力学（4）（本科所修专业为物理类的硕士生须在前两门课程中至少选一门；本科所修专业为非物理类的硕士生在以上三门课程中至少选一门）		
		B. 物理实验类课程：高等物理实验专题（4）		
		C. 数学类课程：群论（4）、物理学中的数学方法（4）、微分几何（4）		
	专业基础与专业课程（≥10）	量子统计（4）	固体理论（4）	核结构与核反应物理（4）
		原子分子理论（3）	非线性光学（4）	激光物理（3）
		物理声学（4）	凝聚态物理专题（4）	原子分子物理实验方法（3）
		原子分子物理专题（2）	光谱理论基础（4）	激光光谱和检测技术（3）
		量子光学与原子光学（4）	应用声学（3）	等离子体物理（4）
		量子场论选题（4）	粒子理论专题（4）	李群与李代数（4）
		超快光学与电子学（3）	近代声学导论（2）	近代物理新进展（2）
		动力学中的混沌（2）	原子分子测控学基础（3）	近代物理实验（4）
		原子分子物理新进展（3）	量子力学前沿选题（4）	物理中的墨比乌斯逆变换（2）
		高等半导体物理（4）	超导物理（4）	高等固体理论（4）
		流体与等离子天体物理（4）	量子统计理论的格林函数方法（2）	量子多体物理（3）
		第一原理计算方法（4）	实验凝聚态物理选讲（4）	粒子物理（4）
		规范场论（4）	粒子物理与核物理实验中的数据分析（3）	现代辐射探测与测量（2）
		宇宙线粒子探测与物理实验（1）	粒子理论专题 II（2）	非线性动力学与混沌（4）
		宇宙学（2）	量子信息（4）	
必修环节（2）		文献综述与选题报告（1）	学术活动（1）	
自学课程		与研究课题有关的专门知识，可由导师指定内容系统地自学，并列入个人培养计划。学分另计		
补修课		对学位课的预备知识有欠缺的硕士生，一般应在导师指导下补修有关课程（一般一门）。补修课只记成绩，不计入研究生阶段的总学分		

表 19-26-14　2010 年天体物理学专业硕士生修读科目及学分要求

课程类别	课程名称（学分）及要求
公共必修课程（5）	马克思主义理论课程（3）：中国特色社会主义理论与实践研究（2）、自然辩证法（1）；第一外国语（基础部分）（2）

续表

课程类别		课程名称（学分）及要求		
学科专业课程（≥18）	物理数学基础课程（≥8）	物理理论类（A类）必选；物理实验类（B类）和数学类（C类）中至少选一门		
		A. 物理理论类课程：流体与等离子体天体物理（4）、高等量子力学（4）、应用量子力学（4）（本科所修专业为物理类的硕士生须在前两门课程中至少选一门；本科所修专业为非物理类的硕士生在以上三门课程中至少选一门）		
		B. 物理实验类课程：高等物理实验专题（4）、谱分析技术（2）、电离辐射探测学（2）		
		C. 数学类课程：群论（4）、物理学中的数学方法（4）、微分几何（4）、高等数值分析（4）		
	专业基础与专业课程（≥10）	量子场论（4）	量子统计（4）	核结构与核反应物理（4）
		原子分子理论（3）	广义相对论（4）	光谱理论基础（4）
		等离子体物理（4）	近代物理新进展（2）	动力学中的混沌（2）
		实测天体物理（3）	天体物理数据分析（3）	恒星物理（3）
		天体物理辐射机制（3）	致密天体物理（3）	星系物理（3）
		物理宇宙学（3）	蒙特卡罗方法在核技术中的应用（3）	数字图像处理学（3）
		数字图像技术和应用（3）	辐射成像原理（2）	高等粒子动力学（3）
		量子信息（4）	李群与李代数（4）	量子多体物理（3）
		第一原理计算方法（4）	实验凝聚态物理选讲（4）	粒子物理（4）
		规范场论（4）	粒子物理与核物理实验中的数据分析（3）	现代辐射探测与测量（2）
		宇宙线粒子探测与物理实验（1）	粒子理论专题Ⅱ（2）	非线性动力学与混沌（4）
		宇宙学（2）		
必修环节（2）		文献综述与选题报告（1）	学术活动（1）	
自学课程		与研究课题有关的专门知识，可由导师指定内容系统地自学，并列入个人培养计划。学分另计		
补修课		对学位课的预备知识有欠缺的硕士生，一般应在导师指导下补修有关课程（一般一门）。补修课只记成绩，不计入研究生阶段的总学分		

（三）教材建设

物理系 1982 年至 2010 年出版教材 70 余种，其中张三慧编写的《大学物理》再版多次，成为国内高校物理系的经典教材。教材获奖统计见表 19-26-15。

表 19-26-15　物理系获奖教材统计

序号	年份	书　名	奖项名称	等级	获奖人
1	1995	物理实验教程	第三届普通高等学校优秀教材	一	丁慎训　张孔时
2	2002	大学物理	全国优秀教材	二	张三慧
3	2004	基础物理实验教程	北京市精品教材		朱鹤年
4	2008	新概念物理实验测量引论	北京市优秀教材奖		朱鹤年
5	2009	大学物理学（第三版）：光学、量子物理；力学、热学；电磁学	北京市教委高等教育精品教材		张三慧

（四）教学成果

教学成果获奖情况见表 19-26-16，优秀教师、教学名师奖获奖情况见表 19-26-17。

表 19-26-16　物理系获奖教学成果名录

序号	年份	项 目 名 称	奖 项 名 称	等级	获 奖 人
1	1997	通过基础物理教学培养学生的科学素质和创新精神	北京市普通高等学校教学成果	二	陈泽民　崔砚生　邓新元　牟绪程　李　复
2	1997	博士生公共课"近代物理新进展"课程建设	普通高等学校教学成果	二	张　礼　陈皓明
3	2000	工科物理教学的现代化改革	北京市教学成果奖	一	陈泽民　陈信义　张连芳　刘凤英　何元金
4	2001	工科物理教学的现代化改革	高等教育国家级教学成果	二	陈泽民　陈信义　张连芳　刘凤英　何元金
5	2003	大学物理系列课 量子物理	北京市精品课		陈信义 庄鹏飞
6	2003	大学物理系列课	国家级精品课		陈信义
7	2004	基础物理实验	北京市精品课		朱鹤年
8	2004	基础科学班办学七年显见成效	北京市教学成果	一	尚仁成　阮　东
9	2005	基础物理实验	国家级精品课		朱鹤年
10	2007	量子力学	国家级精品课		庄鹏飞
11	2009	物理基础课程教学团队	国家级教学团队		朱邦芬等

表 19-26-17　物理系优秀教师、教学名师奖获奖情况

序号	年份	奖 项 名 称	等级	获奖人	序号	年份	奖 项 名 称	获奖人
1	2002	教育部霍英东青年教师	三	阮　东	8	1997	北京市优秀教师	陈信义 陈泽民
2	1998	教育部宝钢优秀教师奖	特等	顾秉林	9	2004		庄鹏飞
3	1995			邓景康	10	2009		段文晖
4	1997			陈泽民	11	2003	北京市教学名师奖	陈泽民
5	2001			牟绪程	12	2006		庄鹏飞
6	2002			庄鹏飞	13	2007		朱鹤年
7	2004			吴念乐	14	2008	国家级教学名师奖	陈信义

（五）学生培养

1925 年至 1952 年招生和毕业学生人数见表 19-26-18；1981 年至 2010 年招生和毕业学生人数见表 19-26-19；2000 年至 2010 年博士生获得全国百篇博士论文奖情况见表 19-26-20。

表 19-26-18　1925 年—1952 年物理系招生和毕业学生人数

年份	招生人数			毕业人数			年份	招生人数			毕业人数		
	本科生	专科生	研究生	本科生	专科生	研究生		本科生	专科生	研究生	本科生	专科生	研究生
1925	4						1940				8		
1928	3						1941			3	3		
1929	7			4			1942			1	1		
1930	10		1	3			1943			1	1		
1931	6			1			1944			2			
1932	10		1	2			1945			1	1		
1933	8		4	8		1	1946	57		1	1		
1934	13		1	6			1947	59		2	3		
1935	13		2	10			1948	34		2	11		
1936	14		3	10			1949	68		3	16		1
1937	3			9			1950	38		3	21		1
1938				16			1951	39		3	40		
1939			1	5			1952				42/53		1

说明：1938 年至 1946 年西南联大期间清华、北大、南开三校物理系联合招生，毕业时则分别从三校毕业。1946 年本科生招生人数为清华复员后分配到清华物理系一年级的学生人数。1952 年本科生毕业人数分别为三年级毕业的学生人数和四年级毕业的学生人数。

表 19-26-19　1981 年—2010 年物理系招生和毕业学生人数

年份	招生人数			毕业人数			年份	招生人数			毕业人数		
	本科生	专科生	研究生	本科生	专科生	研究生		本科生	专科生	研究生	本科生	专科生	研究生
1981	64						1996	66		39	76		20
1982	62						1997	61		36	94		19
1983	76		18	4		4	1998	108		45	65		31
1984	101		28	43		5	1999	112		13	63		45
1985	105		39	63		20	2000	121		60	71		28
1986	100		32	62		20	2001	135		62	57		27
1987	95		37	60		26	2002	134		73	98		36
1988	81		35	74		31	2003	134		76	112		52
1989	63		27	97		42	2004	122		89	109		41
1990	62		24	99		15	2005	247		71	128		52
1991	62		26	96		25	2006	228		65	57	5	56
1992	59		31	90		27	2007	235		59	56		78
1993	62		35	76		21	2008	233		65	90		60
1994	66		31	61		29	2009	225		70	67	1	65
1995	63		34	53		21	2010	233		74	77	2	42

说明：2005 年至 2010 年基础科学班按大类招生，人数统计为物理系和数学系两系录取本科生之和。

表 19-26-20　2000 年—2010 年物理系博士生获得全国百篇博士论文奖情况

时间	获奖人	获 奖 论 文	导师
2000	吴　健	介观系统中的电子输运	顾秉林
2002	吕　嵘	单畴磁性颗粒的宏观量子现象及拓扑相位干涉效应	朱嘉麟
2004	胡　辉	若干低维小体系中的量子特性研究	熊家炯
2005	卢军强	纳米电子器件的输运机理研究及结构设计	顾秉林
2006	邓富国	量子通信理论研究	龙桂鲁
2007	任雪光	第三代电子动量谱仪的研制及若干样品的实验研究	邓景康
2008	姜开利	碳纳米管生长机理的研究	范守善
2009	朱相雷	相对论重离子碰撞中产生夸克胶子等离子体的信号研究	庄鹏飞
2010	刘　锴	多壁碳纳米管阵列的生长机理和可控生长	范守善

五、科学研究

1926 年至 40 年代,清华物理学系的科学研究十分活跃,不少领域处于当时的学科前沿,并为国内的研究作奠基和开拓工作,许多论文在国际最重要的科学杂志上发表。科学研究中理论与实验并重,擅长动手,富于创新。系内学术空气浓厚,系内外交流活跃。科研与教学结合,毕业生的论文中有一些很有价值的研究内容。

(一) 1926 年—1937 年

这一时期,清华大学物理学系的主要研究工作有:

叶企孙在建筑声学、光学、电磁学方面的研究。

吴有训等人从事的 X 射线对单原子及多原子气体的散射研究工作,主要论著有《在康普顿效应中变线与不变线的能量分布》《在康普顿效应中变线与不变线的强度比率》《关于方解石晶体反射的 X 射线的吸收测量》《康普顿效应和第三级辐射》《由反冲电子散射的 X 射线的强度》等。

赵忠尧和欧洲几位科学家同时分别发现重元素对硬 γ 射线的反常吸收作用,后又首先发现伴随着这种反常吸收还存在一种特殊辐射。赵忠尧回国后,1933 年他在清华与龚祖同完成了有关电子对产生与湮灭的实验,这是继他在美国和德国所完成的这方面三个实验之后的第四个实验研究成果。

霍秉权等在 1935 年制成我国第一个威尔逊云室,并发表有关论文两篇。

周培源发表了《爱因斯坦引力论中引力方程的一个各向同性的稳定解》等论文,他研究并基本证实了广义相对论引力论中"坐标有关"的重要论点。

余瑞璜于 1930 年夏研制成中国第一个盖革计数器,用来测量铅片对镭的 γ 射线的吸收系数。

萨本栋等用双矢量方法解电路问题以及有关真空管性质和效能的研究。

在此期间物理系发表论文 40 余篇。

(二) 西南联大时期

这一时期,清华物理学系的主要研究工作有:周培源等对流体力学中湍流理论的研究,其中对黏滞流体运动稳定问题的计算解决了数理界 20 多年来的争论；王竹溪等对统计力学和热力学的研究；赵忠尧曾用 50 毫克镭源开展中子引起的人工放射性同位素研究，后因设备条件困难未能继续；余瑞璜于 1942 年在 *Nature* 杂志上登载了《从 X 光衍射的相对强度计算绝对强度》等 3 篇论文；孟昭英关于三极管直线性板极调幅研究；范绪筠关于半导体接触问题的研究；任之恭关于微波波谱学的研究。

西南联大时期，清华物理学系发表论文 29 篇，其中实验方面的工作论文 1 篇。周培源关于湍流理论的研究获教育部 1942 年度第二届学术审议会议自然科学奖一等奖，王竹溪的论文获教育部 1943 年度第三届学术审议会议自然科学奖二等奖。

（三）1946 年—1948 年

1946 年迁回北平后，上述理论方面的研究工作继续开展，原子核物理、X 光及固体构造、无线电等方面的实验研究条件在霍秉权、孟昭英等的带领下开始逐步恢复建立。

（四）1982 年—1993 年

物理系从 1982 年恢复建立至 1993 年，共有 40 多项科研成果获省部级以上奖励，其中获国家级奖励的 4 项。共获专利 17 项。

1. 主要研究方向

（1）凝聚态物理

主要研究方向为：固态电子结构，新型材料物理与薄膜物理，高温超导材料、物理及器件，纳米结构和原子团簇物理等。

有 6 项科研成果获部委级奖励，其中"正电子湮没对材料微观缺陷相变的理论和实验研究"（1988 年）、"半导体合金无序系统和超晶格电子结构"（1991 年）、"高温超导体晶格不稳定性和弹性性质的超声研究"（1990 年）分别获国家教委科技进步二等奖。

（2）原子核物理

主要研究方向为：原子核理论，高自旋态与原子核形变研究，激光核物理，中子物理及应用研究等。

（3）原子分子物理

主要研究方向为：激光单原子探测及超灵敏谱学，原子与分子高激发态的实验与理论研究等。有 4 项研究成果获部委级奖，其中激光单原子探测超灵敏谱学及应用研究获 1991 年国家教委科技进步二等奖。

（4）近代光学

主要研究方向为：非线性激光光谱学，红外激光化学，新型激光器与激光新机理，激光在工业中的应用等。有 16 项研究成果获省部级以上奖励，其中腔外调谐双频（塞曼）激光器获 1981 年国家发明四等奖，双频激光自动补偿装置（与精仪系合作）获 1981 年国家发明三等奖，原子的多波混频和多光子激发感生荧光检测获 1991 年国家教委科技进步二等奖。

（5）束流物理

主要研究方向为低能加速器及其他电物理装置的理论与实验研究。有 7 项科研成果获省部级以上奖励，其中 DHJ-25 电子回旋加速器（与国家计量局合作）获 1988 年国家科技进步三等奖。

（6）理论物理

主要研究方向为：粒子物理理论，非平衡态统计和等离子体物理，含氘固体中的异常核现象等。有多位教师参加了国家科委"八五"攀登计划项目，在国内粒子物理界被看成是一支活跃的有影响的力量。重夸克偶素系统的强子跃迁理论获 1987 年国家教委科技进步二等奖，邝宇平获 1989 年中国物理学会第一届吴有训物理奖，获奖项目为"重夸克物理及动力学自发破缺理论"。

（7）液晶

主要研究方向为液晶物理及液晶显示器件研究。有 5 项科研成果获省部级以上奖励。其中自存储液晶大表格汉字、字符显示装置获 1987 年国家发明三等奖，扭曲向列型液晶显示器测试方法获 1987 年电子工业部科技进步一等奖，液晶中指向波的发现及其机理研究获 1987 年国家教委科技进步二等奖，Nh-Ch 液晶存储型大表格汉字字符显示系统获 1985 年电子工业部科技进步二等奖。

（8）声学

主要研究方向为：非线性振动与波、固体中的弹性波、超声器件等。反应堆控制棒棒位及水位超声波测量系统（与核研院合作）获 1990 年国家教委科技进步一等奖。

2．教学研究

主要研究方向为：教学内容现代化；受教委委托，负责组织六校研制工科物理试题库；电化教育；计算机辅助教学；物理学史研究；教书育人等。高等学校工科物理课程试题库系统于 1993 年获北京市普通高等学校优秀教学成果一等奖；全面建设高标准的普通物理课程于 1993 年获北京市普通高等学校优秀教学成果一等奖。

3．建立博士后流动站

物理系于 1989 年建立了物理学博士后流动站。1991 年第一位博士后出站留校工作。截至 1993 年共有 3 名博士后出站，1993 年在站人数为 6 人。接收博士后研究人员的分别有理论物理、光学、原子核物理、凝聚态物理等学科点。

（五）1993 年—2010 年

清华物理系目前的主要研究领域包括：粒子物理与场论，高能天体物理实验，理论物理，天体物理，核物理实验和理论，计算凝聚态物理与新材料设计，低维、纳米、强关联体系的理论和实验研究，超导应用，激光物理，量子光学与非线性光学，量子计算和通讯，单原子分子探测识别和操作，核技术与应用，声学与应用，等等。

1．物理系各学科近年来的发展情况

（1）凝聚态物理

凝聚态物理学科有 5 个主要研究方向：纳米物理、计算凝聚态物理、凝聚态理论、表面和薄膜物理、应用超导物理，均属凝聚态物理的主流研究方向。

在纳米材料的制备、表征和物性研究方面继续保持强势，基本建立了一个具有国际先进水平的纳米结构与低维物理实验平台，取得了富有原创性的研究成果。在计算凝聚态物理和凝聚态理论研究方面，尤其是在低维结构的量子特性和调控研究方向，已做出具有国际先进水平的工作。在高温超导强电和弱电应用领域保持全国的领先地位。成功拓展了本学科的研究范围，对极端条

件下（低温、强磁场）各种物理体系（表面、薄膜等）的基本物理特性的研究有了显著进步。

（2）光学

研究方向主要有：量子光学与光子学物理，激光物理、激光技术与激光光谱，近场光学及纳米光学，精密光电测量，量子信息。

属于国家教育部量子信息与测量重点实验室（清华大学和北京大学联合实验室），建有量子光学和原子光学实验室、近场光学实验室、全固化激光实验室、纳米材料与纳米光学实验室和量子信息实验室，拥有各类激光器、光电检测仪器、信号处理仪器等先进设备。

（3）原子分子

原子分子学科有 3 个主要研究方向：原子分子及团簇理论，原子分子激发态光谱、动力学及相干控制，原子分子超灵敏谱学及应用。目前，应用基础研究的重点是：特殊环境和特殊体系中的原子分子谱学基础问题；为交叉学科提供高灵敏、高分辨、实时、原位观测新技术新方法（如：单分子探测与成像、光学相干 CT、分子雷达等）。围绕原子分子和纳米科学研究，学科及实验室始终坚持自行研制和引进先进仪器有机结合的方针，搭建了原子分子纳米科学实验平台。在学科发展的综合优势下，逐步显现出物理、化学、信息、生命科学与工程等多学科交叉研究的特色，面向国内外全面开放。

（4）天体物理

以高能天体物理为主要研究方向，研究内容包括白矮星、中子星、黑洞、超新星、伽马射线爆、活动星系核、星系、星系团、星际介质、吸积与喷流、宇宙学、天体流体和磁流体物理、理论天体物理和研发空间天文仪器。研究始终坚持走实验观测、数据分析和理论研究密切结合的发展道路。目前备受全国和世界关注的是国防科工委已经批准立项的中国第一个空间天文探测项目"硬 X 射线调制望远镜（HXMT）"，由清华大学和中国科学院高能理研究所联合研制，计划 2015 年升空。承担第二期载人航天工程中多波段天文观测设备的研制。承担中法合作小卫星的多波段空间观测设备的研制。

（5）核物理

研究方向包括实验核物理、原子核结构理论、高能核物理理论研究、中子物理研究。包括原子核高自旋态、电子动量谱学、极化电子、高能核物理、原子核结构物理、数学物理、核数据评价与计算等方面的研究。

（6）理论物理

研究领域为：粒子理论及对国际上高能物理实验的理论预言和唯象分析；中低能粒子物理及非微扰量子场理论。研究方向为：电弱对称性破缺机制和超标准模型的新物理；在 LHC 和 ILC 上各种非标准 Higgs 粒子现象学；标准模型中费米子质量产生的普适标度；Top 夸克质量产生机制及现象学；中微子理论；高维规范场和引力场理论；超对称理论；QCD 有效拉氏量及其他场论非微扰方法；标准模型圈图修正及新物理贡献；重夸克偶素等。

（7）声学

声学学科的主要研究工作有两个方向：物理声学和超声学。在物理声学的研究中包括：热声制冷研究、声致发光研究、声波在界面上的现象研究。超声学研究主要涉及应用研究，如：超声电机、超声检测、超声空化、超声焊接和超声清洗等研究和开发。

2. 物理系近年来的科研成果

2005 年以来，物理系已获得国家重大科学研究计划项目和"973"项目立项 6 项，子课题 11

项，"863"计划5项，国家自然科学基金创新研究群体项目1项。物理系现有国家杰出青年基金在研项目10项，此外还主持其他的一批国家重大和重点项目，每年获得的科研经费在4 000万～5 000万元。2005年以来，每年发表将近300篇被SCI收录的论文，其中约2/3论文的第一单位是清华物理系。

物理系科研获奖情况（1994年至2010年）见表19-26-21。

表 19-26-21　物理系科研获奖情况

序号	年度	项 目 名 称	获 奖 名 称	获 奖 人
1	1997	李代数李超代数表示及在原子核结构中的应用	国家自然科学三等奖	孙洪洲　韩其智　刘玉鑫　王稼军　龙桂鲁
2	1999	细胞膜形状的液晶模型理论研究	国家自然科学二等奖	欧阳钟灿　谢毓章等
3	2000	低维结构的量子特性及计算设计研究	国家自然科学二等奖	朱嘉麟　顾秉林　段文晖　倪军　熊家炯
4	2006	高性能铋系高温超导长带材的研制与开发	国家科技进步二等奖	韩征和
5	2009	微波通信用高温超导接收前端	国家技术发明二等奖	曹必松

六、对外合作与交流

随着物理系在人才培养和科学研究中的不断进步，物理系与国内外的合作和交流日益频繁。物理系每年都有相当数量的教师访问国内、国外的院校和研究机构，同时邀请来自世界各地的杰出学者来访和进行合作研究。物理系教师还同国外学者开展国际项目的合作，共同推进科学研究。所聘请的海外杰出青年基金获得者、讲习教授、名誉教授有力推动了物理系的教学科研工作。自2003年始，与韩国高等科技大学（KAIST）、日本东北大学进行定期互访，双方签订协议，互派学生和访问学者。2006年，国家公派留学计划实施后，物理系每年都派出学生到海外学习。物理系还同中国香港中文大学、中国台湾新竹清华大学、美国加州大学圣迭戈分校等学校有着友好往来和合作意向。

据不完全统计，1999年至2010年，物理系公派出境人员213人次，邀请来访专家348人次，物理系主办国际学术会议和活动十余次，其中包括"Heavy Flavor Production in High-Energy Collision 国际研讨会""海峡两岸清华大学物理系研讨会""中日韩A3国际会议""物理情·清华行"香港理工大学物理系师生与清华物理系师生交流活动、物理系与韩国高等科技大学物理系交流活动、物理系与日本东北大学物理系交流活动等。

七、实验室

1926年物理学系建立时，实验室的基础是原来清华学校的物理实验室。物理学系建立后，系里的经费主要用于实验仪器设备的购置，实验室的规模迅速扩大。到1930年已建成5个实验室，即普通物理实验室、热学实验室、光学实验室、电学实验室和近代物理实验室。另有自制仪器设备的金工、木工厂一所。1931年时有各种仪器3 000多种，价值6万余元，其中有迈克耳孙干涉仪，二极和三极真空管，α、β射线静电计等。以后的几年内又先后建立了X射线、无线电、光学、磁性研究

室，添置了水银抽气器、布拉格分光器、2万高斯强磁场、50毫克镭源等仪器和实验设施。

抗战爆发后，清华校园内的大部分仪器设备未能抢运出去，如当时国内唯一的X射线与原子核物理研究设备也落入日寇之手，所以西南联大时期物理学系实验室条件困难。1938年用庚子赔款和中华文化教育基金的补助费购置了少量实验仪器，仅供基础课教学使用。

1946年学校迁回北平后，恢复了普通物理、光学、电磁学和近代物理实验室。

1950年，物理学系设立7个实验室：普通物理实验室，电磁学实验室，光学实验室，热学与物性实验室，无线电实验室，近代物理实验室，X光及固体构造实验室。另外还有表演室，负责修理制作课堂演示实验。

1982年物理系恢复建立后，除全校公共课教学实验室以外，还设有专业实验室和以科研为主的实验室。1984年开始筹建激光单原子探测实验室，至1991年被批准为国家教委开放研究实验室。截至1993年，现代应用物理系共有9个实验室：普通物理实验室、近代物理实验室、物理演示实验室、核物理实验室、激光单原子实验室、固体物理实验室、激光物理与光谱实验室、加速器实验室以及声学实验室（即声学研究室）。另有为教学服务的计算机房和为教学科研服务的金工间与吹玻璃工间。

1983年，开始筹建"激光单原子探测"实验室。1990年获批准为国家教委开放实验室。1999年更名为"单原子分子测控教育部重点实验室"。实验室在发展过程中，逐步形成了由原子分子、凝聚态、光学、化学、生物医学等各学科交叉的科学研究和人才培养基地。2001年4月经教育部批准，将实验室更名为"原子分子纳米科学教育部重点实验室"。2007年，实验室更名为"低维量子物理实验室"，研究方向涉及凝聚态物理、原子分子物理和光学3个二级学科，并开始筹建国家重点实验室。

1997年筹建了科技部新材料模拟设计实验室。实验室创立和发展了以虚拟结构设计和数论反演方法为基础的晶格反演理论，对金属间化合物（特别是稀土金属间化合物）、化合物半导体、离子晶体、表面与界面体系等展开多层面研究。

2000年，清华大学物理系与北京大学共同组建教育部重点实验室。实验室主要研究方向是：量子通信与量子计算研究、超导电子学研究、量子光学与原子光学研究、量子信息材料研究。2006年，在教育部重点实验室评估中该分室撤销重点。

第二十七节　化学系

一、沿革

化学系成立于1926年。当时有教授3人，都是原留美预备部的化学教员，系主任为杨光弼。

1926 年，高崇熙到校任教授；1928 年，清华正式改名为国立清华大学，系主任改由高崇熙担任。1929 年底，张子高、黄子卿、萨本铁等应聘到清华化学系任教授。这一时期，加上高崇熙、李运华（1930 年到校）、张大煜（1933 年到校）共有教授 6 人。从 1929 年至 1938 年西南联大化学系成立，系主任一直由张子高担任。

抗日战争时期，清华、北大、南开三校化学系联合组成西南联大化学系，系主任是杨石先，1945 年由黄子卿代理。当时三校仍各有系主任负责处理本校事务，清华化学系主任由高崇熙代理。西南联大化学系教师经常有 20 人左右，其中清华教授、副教授先后有张子高、黄子卿、高崇熙、张大煜、苏国桢、张青莲等。1946 年 5 月，西南联大结束，复员后的清华大学化学系主任为高崇熙，教授除原有的张子高、黄子卿、张青莲外，先后聘请的教授、副教授还有马祖圣、严仁荫、冯新德、黄新民、唐有祺等。1950 年高崇熙离校，张子高重任系主任。

1952 年院系调整，清华大学化学系并入北京大学化学系，除留下张子高教授和少数教师外，众多著名教授均随系调入北京大学。院系调整后，清华大学设立普通化学教研组，后改称化学教研组，除承担全校的普通化学及实验教学外，还相继开设无机化学、分析化学、有机化学、物理化学等课程，隶属学校基础课委员会。

1958 年，学校决定建立工程化学系。1980 年，工程化学系更名为化学与化学工程系，简称化学化工系。1985 年，化学与化学工程系分为化学系和化学工程系两个系。

1985 年恢复重建的化学系，是以原化学与化学工程系的物理化学及仪器分析专业为基础建立的，设物理化学与仪器分析专业，后改为化学专业。经过 20 多年的努力，清华大学化学系已跻身于全国化学系先进行列。化学系本科设化学专业和化学-生物学基础科学专业。研究生培养方面拥有化学一级学科博士学位授予权，专业方向涵盖了化学各主要二级学科：物理化学、有机化学、分析化学、无机化学、高分子化学与物理等。其中分析化学为国家重点二级学科，物理化学为国家重点培育学科。

1926 年至 1952 年化学系共毕业本科生 473 人、研究生 20 余人。1985 年至 2010 年共毕业本科生 875 人，硕士生 418 人，博士生 270 人。几十年来，化学系的师生中先后有 52 位被遴选为中国科学院或中国工程院院士，如：无机化学家张青莲、申泮文，有机化学家杨石先、高振衡、张滂、陈茹玉，物理化学家张大煜、黄子卿、唐敖庆，高分子化学家冯新德、钱人元、何炳林，生物化学家邹承鲁、钮经义，药物化学家谢毓元，化学工程学家时钧、朱亚杰、陈冠荣、汪家鼎、核化学化工专家肖伦、汪德熙、曹本熹、朱永赕，石油化工专家武迟，核医学家王世真，材料科学家严东升，冶金工程学家陈新民、黄培云，科普事业奠基人袁翰青等。此外，化学系的毕业生中还有"钢铁泰斗"孙德和，腐蚀与防护学科创始人左景伊，教育家钱思亮（台湾大学校长）、张龙翔（北京大学校长），也涌现了许多著名政治家、社会活动家，如曾担任党中央政治局常委的宋平、曾担任政治局常委和国务院副总理的姚依林、曾担任联合国副秘书长的冀朝铸、长期从事党的理论研究和宣传工作的龚育之等。

化学系历任系主任、党委书记和学术委员会主任名录见表 19-27-1。

表 19-27-1　化学系历任系主任、党委书记及学术委员会主任名录

系主任	任职时间	系党委书记	任职时间	系学术委员会主任	任职时间
杨光弼	1926—1928				
高崇熙	1928—1929				

续表

系主任	任职时间	系党委书记	任职时间	系学术委员会主任	任职时间
张子高	1929—1938				
杨石先	1938—1945				
黄子卿	1945—1946				
高崇熙	1946—1950				
张子高	1950—1952				
吴国是	1985—1991	高鸿锦	1985—1999	宋心琦	1987—1993
廖沐真	1991—1997			廖沐真	1994—1997
薛芳渝	1997—2002	唐应武	1999—2000	吴国是	1998—1999
邱 勇	2002—2008	李 勇	2000—2006	李亚栋	2000—2003，2005—2010
张 希	2008—	尉志武	2006—	尉志武	2004

二、教学科研组织

1985 年恢复重建化学系，设无机及普通化学、应用化学、有机化学、物理化学、分析化学、结构化学、动力学及催化、药物化学等 8 个教研组。为适应教学、科研发展新形势的需要，1999 年对原有教学机构作重大调整，取消了教研组，成立无机化学、有机化学、物理化学、分析化学 4 个研究所，后又成立了高分子化学与物理研究所以及基础化学实验教学中心。化学系还设有清华大学分析中心和有机光电子与分子工程教育部重点实验室、生命有机磷化学及化学生物学教育部重点实验室、微量分析测试方法与仪器研制北京市重点实验室。

（一）无机化学研究所

无机化学研究所成立于 1999 年，主要从事无机化学相关专业的教学与科研工作。2010 年，研究所有教授 9 人，副教授 5 人，在站博士后 12 人，其中中国工程院院士 1 人，长江特聘教授 2 人，长江特聘讲座教授 1 人，国家杰出青年基金获得者 3 人，教育部新世纪人才基金获得者 3 人。全国优秀博士学位论文获得者 4 人。

主要研究领域与方向：无机合成与纳米材料，配位化学与无机结构化学，固体化学与人工晶体，理论无机化学。

（二）有机化学研究所

有机化学研究所成立于 1999 年，主要从事有机化学相关专业的教学与科研工作。2010 年，研究所有教授 9 人，副教授 9 人，其中中国科学院院士 1 人，杰出青年基金获得者 3 人，国家级教学名师奖获得者 1 人，教育部跨世纪人才基金获得者 1 人。全国优秀博士学位论文获得者 1 人。

主要研究领域与方向：化学生物学，金属有机化学，药物合成化学，液晶化学，有机磷化学。

（三）物理化学研究所

物理化学学科曾经是清华化学系的优势和骨干学科。1999 年由当时的化学系物理化学、催化与动力学和结构化学 3 个教研组结合组建了物理化学研究所，2007 年成为国家级重点培育学科。2010 年，研究所有教授 9 名，副教授 5 名，其中教育部长江特聘教授 3 人，国家杰出青年基金获得者 4 人。本学科聘请陈立泉、佟振合、曹镛为双聘教授，招收和指导博士研究生，同时还聘请 Enrique Iglesia 教授（UC Berkeley 催化专家）、Peter Quinn 教授（英国伦敦大学国王学院）和 Itamar Willner 教授（耶路撒冷希伯来大学，以色列科学院院士）为本学科的客座教授。

主要研究领域与方向：化学热力学、催化化学、有机光电子与光化学、表面与界面化学、能源电化学、理论与计算化学。

（四）分析化学研究所

分析化学研究所是一个集教学、科研和对外测试服务为一体，以现代分析化学方法学研究和分析仪器研制为主要研究方向的一个研究群体。分析化学学科是国家重点学科，国家能谱中心、微量分析测试方法与仪器研制北京市重点实验室、北京-清华材料与生命科学研究与测试中心、教育部中医药现代化网上合作研究中心，以及国家纳米中心的协作实验室均设在本学科点。2010 年，研究所有教授 8 人，副教授 3 人，高级工程师 6 人，其中国家杰出基金获得者 3 人，教育部长江特聘教授 2 人，清华大学"百人计划"引进 2 人。在站博士后 22 人，在读博士和硕士研究生 50 余人。

主要研究领域与方向：生命与药物分析化学，环境分析化学，表面与材料分析化学，光谱分析化学，电分析化学，质谱分析，化学发光，微流控芯分析及相关仪器的研制。

（五）高分子化学与物理研究所

高分子化学与物理研究所成立于 2008 年。研究定位为新型高分子的研究，目前主要从事高分子自组装、功能高分子材料、高分子合成等方面的教学与科研工作。2010 年，研究所有教授 5 人，副教授 5 人，高级实验师 1 人，其中中国科学院院士 1 人，"千人计划"入选者 1 人，国家杰出青年基金获得者 3 人，教育部长江特聘教授 2 人。

主要研究领域与方向：高分子合成化学，超分子组装与有序薄膜，聚合物单分子力谱，高分子器件，导电高分子材料，生物大分子超分子结构组装，功能仿生高分子材料。

（六）基础化学实验教学中心

清华大学基础化学实验教学中心成立于 1999 年，是校管实验中心，隶属化学系管理。2010 年实验室面积约 2 000 平方米，专、兼职人员 24 人，其中：杰出青年基金获得者 2 人，学校百人计划 3 人，专职教师 12 人，都具有博士学位；其中：高级职称 8 人，中级 4 人。另外中心每年聘任多名具有博士学位和高级职称的高水平教师担任课程负责人，同时还有多名优秀的助教博士生参加实验课程的主讲和指导工作。

实验教学中心每年承担全校十多个系、3 000 多名学生的化学实验课，实验教学人时数达 15 万人时左右。2006 年成为北京市实验教学示范中心。目前主要开设的实验课程有：面对全校的"普通化学实验"；面对理学院的"现代基础化学实验"；面对生物、化工、化学、环境、材料等

院系的"无机化学实验""分析化学实验""仪器分析实验""有机化学实验""物理化学实验"及化学系高年级学生的"综合化学实验"，共 8 门 16 种类型的课程。

近年来通过调整实验课程体系和内容，实施分类、分层次的实验教学模式。建立了 3 个实验教学平台，即：基础实验教学平台，开放式、研究型实验教学平台和与科研结合比较紧密的综合性实验教学平台。每年在中心做 SRT 项目训练的学生约 20 人。

三、教职工

由化学系的历史沿革可见，1926 年至 1952 年化学系云集许多著名教授。

1952 年院系调整后，清华化学系停办，成立化学教研组，为全校公共教研组之一，隶属清华大学基础课委员会。1966 年"文革"前，化学教研组教职工 56 人，其中教授 1 人，副教授 2 人。"文革"中基础课教师分散到其他系，教职工人数略有变化。1978 年化学教研组并入工程化学系。

1985 年复系至今，化学系注重教职工队伍建设，调整组成结构，引进高端人才，营造成才良好环境，提高了学术水平，增强了实力。在 2010 年底，化学系有教职工 99 人，其中教师 68 人，教辅人员 23 人，职员 6 人，工人 2 人。在职教师中有教授 41 人，他们中绝大多数不仅具有博士学位，而且大都有在国外大学工作或学习的经历。2010 年底，化学系有在站博士后 59 人，各类合同制人员 156 人。近年来化学系师资队伍的发展概况见表 19-27-2。

表 19-27-2　2001 年—2010 年化学系师资队伍概况

	2001	2002	2003	2004	2005	2006	2007	2008	2009	2010
教师总数	83	66	67	67	68	62	62	62	67	68
教授	31	29	30	34	39	32	36	36	42	41
国家杰出青年基金获得者	2	4	6	8	9	9	10	12	15	16
长江特聘教授	1	1	2	2	3	3	5	6	8	9
院士	2	2	2	2	2	2	3	3	3	3

不同时期在化学系任职的教授（研究员）名录见表 19-27-3。

表 19-27-3　化学系教授（研究员）名录

姓名（任职时间）	姓名（任职时间）	姓名（任职时间）
杨光弼（1926—1928 调出）	高崇熙（1926—1950 调出）	张子高（1929—1976 逝世）
*黄子卿（1929—1952 调出）	萨本铁（1929— 1937 离校）	李运华（1930— 1935 调出）
*张大煜（1933—1945 离校）	苏国桢（1937—1946 出国）	*张青莲（1946—1952 调出）
马祖圣（1945—1948 出国）	严仁荫（1946—1952 调出）	*冯新德（1948—1952 调出）
黄新民（1950—1952 调出）	*唐有祺（1951—1952 调出）	宋心琦（1983—1995 退休）
郑用熙（1986—1992 离休）	吴国是（1986—2006 退休）	刘芸（1987—1994 退休）
*赵玉芬（1988— 　）	邓勃（1988—1998 退休）	廖松生（1988—1989 退休）
李如生（1988—1995 逝世）	孙扬名（1988—1993 离职）	刘庄（1989—1991 退休）
王良御（1989—1994 退休）	洪啸吟（1991—2004 退休）	朱起鸣（1991—2001 退休）

姓名（任职时间）	姓名（任职时间）	姓名（任职时间）
曹立礼（1992—2002 退休）	廖沐真（1992—2003 退休）	陈邦和（1992—1999 退休）
秦建侯（1992—1993 退休）	宁永成（1993—1998 退休）	王致勇（1993—2001 退休）
蔡丽英（1993—1995 退休）	薛芳渝（1993—2010 退休）	丁廷桢（1994—2001 退休）
张克铉（1994—1997 退休）	高鸿锦（1994—2003 退休）	胡鑫尧（1994—2001 退休）
姚乃燕（1994—2001 退休）	罗国安（1994— ）	白广美（1995—1997 退休）
郭金梁（1995—1997 退休）	李隆弟（1995—2002 退休）	郁鉴源（1995—2002 退休）
李晋鲁（1996—2002 退休）	徐功骅（1996—1998 退休）	曹小平（1996—1997 退休）
张复实（1996— ）	徐寿颐（1997—2003 逝世）	刘金尧（1997—1999 退休）
袁书玉（1997—1999 退休）	陈培榕（1998—1999 退休）	刘密新（1998—2003 退休）
王芹珠（1998—1998 退休）	杨傅子（1998 调入—2006 退休）	武增华（1998—2002 退休）
△徐柏庆（1998 调入— ）	张新荣（1998 调入— ）	李艳梅（1998— ）
吴华武（1999—2000 退休）	*沈德忠（1999 调入— ）	△李亚栋（1999 调入— ）
杨增家（1999—2006 退休）	陈德朴（1999—2010 退休）	陶家洵（2000—2001 退休）
朱文涛（2000—2010 退休）	李 强（2000 调入— ）	△石高全（2000 调入— ）
△邱 勇（2000— ）	唐应武（2001—2010 退休）	王义明（2001—2005 退休）
沈光球（2001—2009 退休）	朱永法（2001— ）	王军民（2002—2006 退休）
胡跃飞（2002 调入— ）	华瑞茂（2002 调入— ）	李广涛（2002 调入— ）
尉志武（2002— ）	石鸿昌（2003—2006 退休）	*△张 希（2003 调入— ）
王治强（2003 调入— ）	巨 勇（2003— ）	童爱军（2003— ）
潘伟雄（2004—2008 退休）	△李景虹（2004 调入— ）	△林金明（2004 调入— ）
贺德华（2004— ）	王如骥（2004— ）	冯玉萍（2005—2007 退休）
吴洪开（2005 调入—2007 调出）	王立铎（2005— ）	席婵娟（2005— ）
邱新平（2005— ）	孙素琴（2006— ）	△李 隽（2007— ）
王 训（2007— ）	寇会忠（2007— ）	刘 磊（2007— ）
△帅志刚（2008— ）	李兆陇（2008— ）	付 华（2008— ）
危 岩（2009— ）	王梅祥（2009— ）	刘冬生（2009— ）
崔爱莉（2009— ）	丁明玉（2009— ）	魏永革（2010— ）

说明：注 * 者为中国科学院或中国工程院院士，注△者为长江学者。

1985 年以来的兼职、双聘教授情况见表 19-27-4 和表 19-27-5。

表 19-27-4 化学系兼职教授名录

姓名	工 作 单 位	职 务	清华聘任时间
唐敖庆	吉林大学	中科院院士、教授、校长	1985-09—1999-09
彭少逸	中科院山西煤化所	中科院院士、研究员	1985-09—1995-08
徐光宪	北京大学	中科院院士、教授	1985-09—1995-08
李方华	中科院物理所	中科院院士、研究员	1987-07—1993-08

姓名	工作单位	职务	清华聘任时间
杨光华	石油大学	教授、校长	1984-07—1989-06
徐广智	中科院化学所	研究员	1986-06—1990-08
汪燮卿	石油科学研究院	研究员	1986-06—1990-08
陈念贻	中科院上海冶金研究所	研究员	1988-01—1996-01
金声	北京大学	教授	1988-01—1996-01
唐有琪	北京大学	中科院院士，教授，中国化学会理事长	1989-08—2006-01
薛群基	中科院兰州化物所	工程院院士、研究员、所长	1996-04—1998-04
欧阳钟灿	中科院理论物理研究所	中科院院士、研究员、所长	1996-04—2003-05
万梅香	中科院化学所	研究员	2001-10—2004-09
白春礼	中国科学院	中科院院士、副院长	2001-01—2009-10
朱鹤孙	北京理工大学	教授、校长	2001-01—2006-09
姚守拙	湖南师范大学、湖南大学	中科院院士、教授	2002-04—
钱逸泰	中国科技大学	中科院院士、教授	2003-04—
刘云圻	中科院化学所	研究员	2003-04—2009-05
汪尔康	中科院长春应化所	中科院院士、研究员	2003-07—
朱道本	中科院化学所	中科院院士、研究员	2004-04—2010-04
陈洪渊	南京大学	中科院院士、教授	2005-06—
李灿	中科院大连化物所	中科院院士、研究员	2006-06—
程津培	南开大学、国家科技部	中科院院士、教授、副部长	2007-12—2010-11
杨玉良	复旦大学	中科院院士、教授、校长	2007-12—2010-11
林国强	中科院上海有机所	中科院院士、研究员	2007-12—2010-11
支志明	香港大学化学系	中科院院士、教授	2009-04—

表 19-27-5　化学系双聘教授名录

姓名	工作单位	职务	聘任时间
曹镛	华南理工大学	中科院院士、研究员	2001-07—2010-04
佟振合	中科院理化技术所	中科院院士、研究员	2000-09—
陈立泉	中科院物理所	工程院院士、研究员	2000-09—

四、教学

（一）本科教学

1926 年至 1937 年，化学系本科生学制四年。本科生课程设置基本上是仿照美国著名大学的办法，规定必修课共计 127 学分，其中数学、物理、外语及人文课程占总学分的 48%～50%，必修的本系课程共计 63 学分，占总学分的 47.7%，另外还有选修课程。本科生必修的课程，除了全校学生都应学的国文、英文、物理、微积分及中国通史（或西洋通史）、德文等外，化学系必修课程一年级为普通化学及定性分析；二年级为定量分析；三年级为物理化学及有机化学；四年级为工业化学、化学史及有机分析。此外，四年级需作毕业论文一篇。在选修课中，属化学方面的，则因时制宜，分别设置，计有高等无机化学、稀有元素化学、生物化学、高等有机化学、有机反应、热力学溶液理论、电化学、胶体化学及化学工程等。此类选修课凡二年级以上学生，皆可分年选修。

化学系自初创时起，就十分重视实验教学，在开出的二十多门化学课程中，仅化学史没有实验。课堂讲授与实验的学时比例大体上是 1∶3。在实验中，很重视学生实验基本技能方面的训练，实验过程中主讲教师亲自指导学生，学生在实验中所得结果，要用英文写出实验报告。由于对实验基本技能的严格训练，在培养学生严格认真的科学态度方面取得了良好的效果。

西南联大时期，化学系课程基本上是遵照部订理学院及化学系必修课程安排的。其中化学系必修课程的名目和门数与战前清华大学化学系大致相同，并有以下特点：

（1）除必修课程外，还有大量的选修课程。属于理论性的专门化学有生物化学、发酵化学、植物碱、醣与萜、甾体化学、胶体化学等；属于较高深的理论课程有高等无机化学、高等有机分析、分子光谱、溶液理论、应用热力学、热力学、量子力学、统计力学和动力学等。总计每年开设各类课程在 20 门上下。

（2）与抗战前清华化学系比较，联大化学系增添了一些实用性的专门课程，如定性有机分析、国防化学、药物化学、化工计算、染料化学、酿酒化学等。

这一时期，由于经费不足，实验条件很差。抗战前化学系设有实验的课程有二十多门，这时只有五门。以实验为主的课程也只有为数很少的几个实验。抗战中期，由于日寇南进，昆明经常遭到空袭，一部分实验不能按预定计划进行，甚至一度完全停顿。当时的实验仪器设备很差，如定量分析实验必备的精度为万分之一的分析天平只有五六架，学生要在堂上堂下排好队来做；又如真空油泵只有一台；实验时没有煤气加热设备，做实验时只好用酒精灯代替，后来连酒精也买不起，只好改用炭炉。没有蒸馏水，有时接雨水来代替。一些常用的试剂药品，如双氧水、盐酸、硝酸、硝酸银等在市场上买不到，只好自行制备。由于仪器所限或试剂纯度不够，实验误差往往很大。在这种艰难困苦的条件下，教师仍能认真教学，学生仍能孜孜不倦地勤学苦练，尽最大努力掌握实验技能，培养理论联系实际的能力。

抗战胜利、返回北平后，化学系开出一些新课程，如显微化学、微量有机分析、高等无机实验、无机制备等，全系课程设置与抗战前基本相同。由于清华园在沦陷期间，化学馆受到日本侵略者的严重破坏，实验设备几乎荡然无存，虽经过教师的努力，各课程仍只能开出部分实验，达不到抗战前的水平。当时开出的有普通化学、定性分析化学、定量分析化学、有机化学、有机分析、物理化学等实验和高等无机分析、无机合成选修实验。

化学系在 1985 年复系后，本科生设物理化学与仪器分析一个专业，学制为五年，以培养化学基础科学研究和应用开发工作两类高层次人才为目标。基础教学采取以化学为主，数理化和外语全面训练的方针，本科生前三年主要学习无机化学、有机化学、物理化学、分析化学、生物化学、高分子化学等基础理论与实验技术，同时学习高等数学、线性代数、计算机软硬件基础以及电子技术等课程。专业课有配位化学、高等无机化学、中级无机化学实验、高等有机化学、统计热力学、量子力学、物质结构、中级物理化学实验等。在专业课中，着重培养学生应用现代化学理论和先进的实验技术在化学及相关学科的前沿领域从事基础理论研究和开发新技术的能力。学

有余力的同学可同时选修另一专业的学位。一部分优秀学生在毕业后，可免试直接攻读硕士或博士学位。

为了入主流、上档次、拓宽本科培养目标，以适应国家与化学系发展的需要，1993 年清华大学化学系将本科五年学制改为四年，本科生统一设化学专业。增加招生名额为每年 60 人。2003年，学校为加强基础科学人才的培养，在化学系增设基础科学化学-生物学班，每年招生 30 人。

化学系实行学分制教学计划，给学生提供了较多的自主权，充分发挥各类学生的才能和特长。为加强学生的数理知识和综合能力，2003 年清华大学理学院建立了统一的本科教学平台。包括中国科学院院士和教育部长江特聘教授在内的一批既有丰富的教学经验又有高水平科研能力的教师给本科生上课。学生在四年内共需完成 170 个学分，其中必修课占 70% 左右，各类选修课占 30% 左右，最后一学期在实验室完成毕业论文工作。本科生课程设置见表 19-27-6。

化学教学实验中心实施分类、分层次的实验教学，构建了三级实验教学平台：基础化学实验平台（基本技能训练）、现代化学实验平台（综合能力训练）、创新实验平台（创新能力训练），培养学生综合实验能力和创新素质。

化学系每年开设本科生课程大约 97 门次，其中公共基础课 36 门次，专业及专业基础课 33 门次，实验课 22 门次，全校性任选课 6 门次，共接收选课学生 6 600 人次。其中包括大学化学及实验、无机化学及实验、有机化学及实验、分析化学及实验、物理化学及实验、仪器分析及实验、天然产物化学、高分子化学导论、化学生物学、有机电子学、化学与社会等。

表 19-27-6　2009 年化学系本科生课程设置

课程名称（学分）	课程名称（学分）	课程名称（学分）
1. 理论基础课程（必修课程 72 学分）		
数理类课程（21 学分）		
微积分 B（1）（5 学分）	微积分 B（2）（4 学分）	线性代数（1）（4 学分）
大学物理 B（1）（4 学分）	大学物理 B（2）（4 学分）	
化学类课程（51 学分）		
化学现状与未来（1 学分）	化学原理（4 学分）	无机化学及实验（6 学分）
分析化学及实验（4 学分）	仪器分析及实验（6 学分）	有机化学及实验（11 学分）
物理化学及实验（11 学分）	结构化学（4 学分）	高分子化学导论（4 学分）
2. 专业限修课程（≥9 学分）		
数学（≥2 学分）		
随机数学方法（3 学分）	复变函数引论（2 学分）	数理方程引论（2 学分）
概率论与数理统计（3 学分）		
物理（≥4 学分）		
物理实验 A（1）（2 学分）	物理实验 A（2）（2 学分）	近代物理实验（3 学分）
原子分子物理（3 学分）		
计算机（≥3 学分）		
计算机程序设计基础（3 学分）	程序设计基础（3 学分）	数据库技术及应用（3 学分）
3. 化学限选课程（≥10 学分）		
高分子物理（4 学分）	化学生物学（2 学分）	物理有机化学（3 学分）

续表

课程名称（学分）	课程名称（学分）	课程名称（学分）
有机化合物谱图解析（2学分）	聚合物成型加工（3学分）	化学工程基础（4学分）
纳米化学（1学分）	天然产物化学（2学分）	催化动力学（2学分）
高等无机化学（2学分）	绿色化学（2学分）	高分子化学实验（2学分）
生物化学原理（4学分）	可持续发展社会的化学（1学分）	有机合成（2学分）
有机电子学（2学分）	分离原理与技术（2学分）	文献检索与利用（1学分）
环境分析化学（2学分）	有机电子学（2学分）	前沿材料化学（1学分）
4. 实践环节（夏季学期）（13学分）必修/限选		
军事理论与技能训练（3学分）必修	大一外语强化训练（2学分）必修	电子工艺实习（2学分）必修
认识实习（1学分）必修	中级化学实验（4学分）可替代	科学写作（1学分）可替代

化学系一贯重视教材的建设和教学质量的提高，1985年以来，共出版教材20多部（见表19-27-7），其中《简明无机化学教程》《分析化学》和《有机化合物结构鉴定与有机波谱学》均获教委优秀教材二等奖。在此期间，还获校级优秀教材奖7项，其中，《仪器分析》（2002版）获2004年一等奖、《有机化学实验》获2004年二等奖等。物理化学课程1989年被评为校级一类课程。李艳梅、李兆陇、席婵娟、麻远和阴金香等完成的"突出创新、强化实践——研究型有机化学教学改革探索"项目获得国家级教学成果二等奖（2005年）和北京市教学成果一等奖（2004年）。2005年、2007年化学系入选的国家精品课程有：有机化学及实验（李艳梅）、仪器分析（张新荣），李艳梅获"第五届高等学校教学名师奖"和"第二届北京市高等学校教学名师奖"，张新荣获"第六届北京市高等学校教学名师奖"。邱勇获2007年"全国教育系统模范教师"称号。化学系现有国家级教学名师奖获得者1人，北京市教学名师奖获得者2人。

表 19-27-7　化学系出版的部分教材及获奖情况

序号	教材名称	主编	出版社	出版日期	获奖情况
1	分析化学中的数理统计方法	郑用熙	科学出版社	1985	
2	大学化学	刘国璞等	清华大学出版社	1985	
3	分析化学	薛　华	清华大学出版社	1986	
4	简明无机化学教程	王致勇等	高等教育出版社	1988	1992年国家教委二等奖
5	有机化合物结构鉴定与有机波谱学	宁永成	清华大学出版社	1989	
6	仪器分析	邓勃等	清华大学出版社	1991	
7	物理化学实验	物理化学实验编写组	清华大学出版社	1991	1992年清华大学优秀教材
8	物理化学（上）（下）	朱文涛	清华大学出版社	1995	
9	有机化学	王芹珠等	清华大学出版社	1997	2001年清华大学优秀教材二等奖
10	普通有机化学	刘　庄等	高等教育出版社	1998	
11	现代化学基础	沈光球等	清华大学出版社	1999	
12	有机化合物结构鉴定与有机波谱学（第二版）	宁永成	科学出版社	2000	2004年清华大学优秀教材一等奖

续表

序号	教 材 名 称	主　编	出 版 社	出版日期	获 奖 情 况
13	有机化学实验	李兆陇等	清华大学出版社	2001	2004年清华大学优秀教材二等奖
14	有机合成化学与路线设计	巨　勇等	清华大学出版社	2002	
15	仪器分析	刘密新等	清华大学出版社	2002	2004年北京市高等教育精品教材；2004年清华大学优秀教材一等奖
16	现代仪器分析实验与技术（第二版）	陈培榕等	清华大学出版社	2006	2008年清华大学优秀教材二等奖
17	现代分离方法与技术	丁明玉等	化学工业出版社	2006	
18	现代化学实验基础	袁书玉等	清华大学出版社	2006	2008年北京市高等教育精品教材
19	有机合成化学与路线设计（第二版）	巨　勇等	清华大学出版社	2007	2008年北京市高等教育精品教材，2010年"首届中国大学出版社图书奖"优秀教材一等奖
20	化学生物学基础	刘　磊等	科学出版社	2010	

（二）研究生培养

解放前，化学系研究生人数很少。从1931年起设立化学研究所（1933年改称理科研究所化学部），开始招收研究生，至1937年共招三届11人。1934年毕业2人，1937年在读研究生只有4人。1946年复员后至1952年院系调整前，共招收研究生7人，毕业2人。当时化学系研究生学习年限为两年，除跟随指导教师进行专题研究外，每年还需选修两门课程，学分总计须24学分。为研究生开设的课程有：高等无机化学、有机反应及实验、高等有机化学、统计力学、热力学、溶液理论、胶质化学、电化学等。研究生在学习和研究中，实验占总时数的50％以上。

1985年恢复重建化学系后，研究生培养规模有较大的发展。

截至2010年，化学系拥有化学一级学科博士学位点，可以招收所有二级化学学科的博士和硕士研究生。2001年设立化学博士后流动站。目前每年招收硕士生30余人、博士生60余人。截至2010年底，在校本科生264名、硕士生96名、博士生201名，在站博士后59名。化学系十分重视研究生的培养和训练，开设了30多门化学和与化学专业相关的生命科学、材料科学等课程供学生选择。化学系研究生直接参与国际前沿的科研工作，在科学作风、学术思想和科研能力等方面得到全面的培养和锻炼，取得了高水平的科研成果。化学系经常邀请国内外知名教授和学者来学校进行学术报告和交流，并通过举办研究生学术节、博士生论坛和参加国内外的学术会议与科研合作研究，使研究生开拓了科学视野，学术水平和科研能力大大提高。毕业生中涌现出了一批佼佼者，获得的奖励包括全国优秀博士论文奖、国际化学热力学联合会优秀博士论文奖（Doctorate Award）、国际催化理事会青年科学家奖（Young Scientist Prize）、国际纯粹及应用化学联合会青年化学家奖（2005 IUPAC Prize for Young Chemists）等。

化学系设置的研究生课程有：理论与计算化学、高等无机化学、材料化学导论、高等分析化学、有机波谱学、高等有机化学、合成有机化学、高等物理化学、理论化学物理、超分子化学、功能高分子化学、现代化学前沿问题讲座、现代仪器分析方法与实验、固体化学、配位化学、X-射线晶体结构分析、功能晶体材料导论、分离方法基础与技术、环境污染物分析理论与技术、电子能谱学、现代色谱分析导论、材料分析化学、生命分析化学、天然有机化学、元素有机化学、生物有机化学、催化化学、光化学原理、化学动力学、电化学原理、高分子合成化学等30多门课程。

近20年化学系各类学生招生、毕业人数见表19-27-8。

表 19-27-8　1994年—2010年化学系各类学生招生与毕业人数

年度	招 生 人 数			毕 业 人 数		
	本科生	硕士生	博士生	本科	硕士	博士
1994	44	17	13	31	11	2
1995	46	21	11	28	12	4
1996	47	20	9	32	17	5
1997	50	25	14	74	18	7
1998	49	24	14	44	21	9
1999	46	28	23	43	17	9
2000	60	36	29	48	21	3
2001	65	36	25	47	22	12
2002	60	34	27	42	23	14
2003	84	45	28	44	27	13
2004	85	44	33	53	36	29
2005	78	35	28	56	32	19
2006	79	36	37	61	47	31
2007	80	33	42	73	41	28
2008	69	33	41	62	26	23
2009	73	33	53	59	24	36
2010	69	29	65	64	23	29

说明：本表未含历年本科结业20名，本科转大专7名；硕士生结业1名；博士生肄业3名，结业2名，未授学位1名。

五、科学研究

（一）1926年—1952年

化学系于1930年起逐步开展科学研究，取得了相当好的成绩，在20世纪30年代，被称为全国化学研究的三个中心之一。抗战前，化学系的科研选题大都是教师过去在国外进行工作的继续，又多与各自所授课程相关联。在有机化学方面，侧重合成方法的研究。高崇熙利用国产原料制造纯净的有机药品，利用大麻子油研究制造高级脂肪族化合物；萨本铁研究各种酯的合成。此外，萨本铁关于鉴定各类有机化合物试剂的合成研究，促进了有机分析的发展。高崇熙、萨本铁等人先后在国内外发表了《乙酮戊酸及其酯》《从中国大麻子油制备辛醇-2和甲基乙基酮》等数十篇论文，仅发表在《中国化学会志》一个刊物上就有39篇。

在无机化学方面，侧重于稀有元素的研究。当时国内在无机化学方面的研究工作甚为薄弱，清华大学化学系所发表的研究成果，在数量上和水平上都居于首位，其中以《用过热水蒸气活化木炭，活化温度与时间》《二价金属硒盐与苯胺的络合物》等论文较为重要。无机分析方面，高崇熙等在铼的定性分析中，找到了它在诺埃斯系统中的位置，是极为重要的研究成果。

在物理化学方面，侧重在热力学及溶液理论的研究。黄子卿等关于热力学的研究及等张比容的测定成绩比较突出，先后在国内外发表了《气体之能及熵之普通方程式》《非理想气体之热力学特性——温度与压力的函数》等十多篇论文。另外，在生物化学和营养化学方面萨本铁等也发表了约 15 篇论文。

西南联大时期，由于战时仪器设备条件的限制和生活不安定，联大化学系只有个别教师做些科学研究工作。张青莲进行重水的研究，材料和仪器都是他自己从国外带回的，从 1939 年至 1949 年，张青莲先后在《科学》《自然》《美国化学会志》和《中国化学会志》上发表关于重水的研究论文 12 篇，曾获教育部 1943 年度第三届学术审议会自然科学类二等奖。

解放初期，由于美国等西方国家对新中国实行经济封锁，仰赖进口的化学实验仪器及高纯化学试剂断档。高崇熙带领部分教师、实验技术人员进行高纯试剂的研制和硬质玻璃成分剖析，取得突破性进展。1950 年在北京市人民政府的支持下，在清华西校门外筹建成立了北京新华试剂研究所，在十间平房内，因陋就简地生产硫酸、硝酸、盐酸、草酸、苯、甲苯等 50 余种化学试剂，以供当时教学、科学研究和生产部门的急需。后来新华试剂研究所迁往东郊发展，成为我国重要的化学试剂生产企业——北京化工厂。

（二）1952 年—1985 年

1952 年院系调整后到 1985 年恢复重建化学系之前，这一时期清华大学化学领域的教师，结合当时工农业生产和国家任务、新兴专业的创立以及化学学科前沿课题，带领学生开展了持续不断的化学课程体系、内容、方法的教学研究和大量的化学科学研究，内容几乎涉及当时的全部化学二级学科，即无机化学、有机化学、物理化学、高分子化学、分析化学、放射化学、应用化学以及环境化学。他们取得了许多有科学和使用价值的成果，撰写出版多部教材、学术专著和许多学术论文，并获得多项专利和国家、省部级科技奖。

1952 年至 1957 年，化学教师集中在基础课普通化学教研组，主要研究工作是以"学苏"为主的普通化学教学内容更新和开设无机化学、有机化学、物理化学、分析化学新课程的教学研究。

1958 年至 1965 年，以物理化学、有机化学、分析化学（1961 年以后回到普化教研组）为方向的教师进入工程化学系。以无机化学和普通化学为方向的教师继续留在普通化学教研组，主要研究工作有：中国化学史研究，高纯铯盐等化学试剂制备和分析鉴定以及阳极氧化新工艺，镍、镉新型电池，电镀铬版新工艺的电化学研究。

1966 年至 1977 年"文化大革命"期间，承担四大化学基础课的教师，分别在普化教研组、工程化学系以及与化学关系密切的工科系和专业，坚持开展化学科学研究。主要工作有：以锌-空气新型高能电池、耐磨金-镍合金光亮电镀新工艺为主的电化学，以液晶为主的有机化学合成和显示用液晶材料的制备，以物质结构和催化动力学两个研究班带动下的激光化学、络合物化学、磁共振波谱学和石油化工、一碳化工中的有机合成新工艺和新型催化剂的基础及应用研究，聚碳酸酯生产过程的高分子化学，核燃料化学工程中的熔盐化学、核化学研究，金属腐蚀及防腐电化学研究，精密铸造新工艺，煤燃烧过程中的脱硫新工艺，MOS集成电路制造新工艺，新型水泥减水剂以及各类体系的分析化学鉴定。此外，结合当时推荐入学的大学生的实际水平，进行了编写新化学教材和改革化学实验内容的教学研究。

1978年至1985年，在物理化学与仪器分析化学理科专业的创立和建设带动下，主要研究工作有：一碳化学中的新型催化剂和新工艺，从头算为核心的量子化学，以激光诱导荧光为主的光化学，非平衡态热力学与耗散结构，溶液及热化学，彩色感光胶片剖析、原子吸收光谱、分光光度等分析化学，以新型液晶显示器件和材料为目标的液晶分子有机化学合成和材料的制备，食品香料添加剂的有机合成，反应堆核燃料化学工业中的化学问题研究。同时，为开设化学理科专业课程进行化学教学的研究工作。

（三）1985年—2010年

1985年化学系恢复重建之后，确定重点科研方向有两个：一是生命有机磷化学，课题设置与主要研究内容有氨基酸（肽、蛋白）及糖（多糖），多醇化合物（类酯）、核苷、氨基酸复合物的磷酰化，以及磷酰化对这些生物分子的化学和生物化学特性的影响，微型活化酶对RNA、DNA的剪切作用，开发新型的工具酶、人工模拟酶等。二是激光化学与应用光化学，课题设置与主要研究内容有过渡态分子及激发态分子的结构与谱学，荧光、诱导荧光的光纤多导传感，超分子的光诱导物及构象变化的规律，高敏感光敏物的光谱特性、结构与性能的关系等。

鼓励研究的课题方向也有两个：一是微原子簇结构与性能的量子化学研究，课题设置及主要研究内容有：研究新型原子簇化合物的结构规则，探索几何构型、化学键和性能间的关系，为合成新型原子簇化合物提供依据，建立和发展簇模型量子催化理论，深入揭示催化作用的本质。二是化学中的非线性现象和非平衡问题，课题设置与主要研究内容是化学反应的非平衡态热力学和非平衡统计理论及化学自组织现象的研究，非线性生长过程、周期沉淀反应——扩散过程的模拟、分形和分维，非线性动力学的研究等。

这个时期，科学研究与工业生产相结合的突出例子是液晶材料的研究与开发。化学系液晶研究始于1969年（当时是化学教研组）。在长期不懈努力下，为将科研成果转化为生产力，1987年，化学系与河北省石家庄市联合兴办清华液晶材料厂，开始大批量生产混合液晶材料，开创了我国液晶产业材料国产化的先河，也取得显著的经济效益。直到现在仍然是我国重要的液晶材料生产基地。在此基础上，1991年，在国家及北京市有关部门的支持下成立液晶技术工程研究中心，承担了北京及国家多项科研任务，其成果获2000年国家科技进步二等奖。对发展我国液晶产业产生积极作用。

在"入主流、上档次"的指导思想下，突出特色，全面发展，在前些年发展的基础上，进入2000年之后，化学系的学科发展已经跃上了一个新的台阶。学科建设、科研布局与过去相比都发生很大的变化，更加注重学科交叉，强调面向国际前沿的基础性原创性研究。以生命有机磷化学及化学生物学教育部重点实验室、有机光电子与分子工程教育部重点实验室及校分析中心为主的学科平台建设已初具规模。化学系的科研方向不仅涵盖了现代化学的各主要方面，而且也包括了当前化学发展的众多最新生长点。特别是在生命过程中的化学问题及酶的作用机理与应用、有机光电子材料及器件、生命中的分析化学、超分子自组装和纳米结构材料的研究、中药复方的分子生物学研究、导电高分子材料合成与性能研究、以新能源及环境保护为目标的新催化系统的研究开发等科研领域，显示了化学系的科研特色。

2006 年至 2010 年，化学系每年发表 SCI 论文总数基本保持在 300 篇左右，约占全校 SCI 论文总数的 10%，论文的他人引用逐年升高，2010 年引用次数占全校约 1/3。有 11 位教授获得 2010 年纪念梅贻琦学术论文奖，占全校获奖人数的 57.9%。论文水平也有大幅度提高，2010 年化学系人均发表高影响因子论文的水平已接近国际一流大学水平（见表 19-27-9）。

表 19-27-9　化学系近年来 SCI 论文发表情况

年度	论文数（全校）	IF＞10	IF＞5	IF＞3	IF＞2
2006	321（2 801）	1	17	109	180
2007	318（2 553）	1	34	111	165
2008	344（2 724）	3	41	129	187
2009	269（2 749）	10	60	164	188
2010	278（2 730）	6	84	190	216

化学系重视基础研究成果与应用技术创新相结合。1995 年，化学系才开始在有机电致发光材料与显示技术方面开展工作，起步较晚，但基础扎实、目标明确。于 2002 年建成了中国大陆第一条 OLED 中试生产线，2004 年实现了批量生产，基于上述中试技术的大规模工业生产线已在 2008 年建成投产。这标志着我国在 OLED 这一新型平板显示技术领域通过多年自主创新已取得重大突破。

2006 年，张希教授成为化学系首位"973"首席科学家，其研究领域为分子聚集体的化学：分子自组装与组装体的功能；李亚栋教授成为科技部重大基础研究计划首席科学家，其研究领域为单分散纳米晶结构、尺寸、形貌的控制合成和宏量制备。邱勇教授担任了科技部"十五""863"重大专项总体专家组组长。李亚栋教授主持的"金属与金属间化合物纳米晶的可控合成与催化反应"以及危岩教授（千人计划）主持的"仿生纳米通道能量转换材料体系及器件"获得 2010 年重大科学研究计划（"973"计划）立项。

近 10 年来，化学系教师多次获得各种重要奖项：李亚栋获得国家自然科学二等奖；罗国安、王义明、张新荣等 3 人共获得国家科技进步二等奖 3 项；王训获得 2005 年国际纯粹及应用化学联合会（IUPAC）"青年化学家奖"，这也是自 IUPAC 成立以来，中国学者第一次获此奖项；邱勇获得第六届"中国青年科技创新优秀奖"，获周光召基金会"应用科学奖"（2009）和信息产业部"信息产业重大技术发明奖"（2009）等。

在科研平台建设方面，化学系在过去几年中获得重要的进展，先后获得两个教育部创新团队和一个国家自然科学基金创新团队称号：

（1）2005 年，以有机化学研究所所长胡跃飞为学术带头人的"生命现象中的小分子调控"研究团队获得教育部创新团队称号。

（2）2006 年，以无机化学研究所所长李亚栋为学术带头人的"纳米材料的合成、结构、功能化及其应用"研究团队获得教育部创新团队称号。

（3）2009 年，以无机化学研究所所长李亚栋为学术带头人的"纳米材料的合成、结构、功能化及其应用"研究团队获得国家自然科学基金委创新团队称号。

化学系的科研经费从复系当年的几十万元，1994 年的 266 万元，增长到 2010 年的 5 383.1 万元。1985 年至 2010 年化学系获省市部委级以上奖励 40 余项，其中获国家级奖 12 项（见表 19-27-10），2000 年至 2010 年出版专著多部（见表 19-27-11），发表 SCI 收录的论文 2 849 篇，获得专利授予权 319 项。

表 19-27-10　1985 年—2010 年化学系获国家级科技成果奖项目

序号	年份	项　目　名　称	奖　项	等级	主要完成者（排序）
1	1987	铁红金圈结晶釉	国家发明奖	四等	杨根
2	1987	我国九省市自然经济区农业土壤及主要粮食作物环境背景值研究	国家科技进步奖	三等	
3	1987	熔盐与合金的化学键理论研究	国家自然科学奖	四等	
4	1997	煤的催化燃烧研究与应用开发	国家科技进步奖（丙类）	二等	武增华等
5	2000	超扭曲液晶显示器（STN-LCD）中试工艺研究	国家科技进步奖	二等	高鸿锦（1）　张百哲（2）万博泉（3）　董友梅（4）
6	2001	纳米非氧化物的溶剂热合成与鉴定	国家自然科学奖	二等	李亚栋（3）
7	2002	大尺寸新型光电晶体 KTP 的研究	国家科技进步奖	二等	沈德忠（1）
8	2004	复方丹参方药效物质及作用机理研究	国家科技进步奖	二等	王义明（5）
9	2006	方剂组分活性跟踪与配伍方法的建立与实践	国家科技进步奖	二等	罗国安（2）王义明（5）梁琼麟（7）
10	2008	功能纳米材料的合成、结构、性能及其应用探索研究	国家自然科学奖	二等	李亚栋　王　训　彭　卿孙晓明　李晓林
11	2010	小型质谱仪关键技术创新及整机研制	国家科技进步奖	二等	张新荣（2）

表 19-27-11　化学系出版的专著（部分）

序号	著　作　名　称	主　编	出　版　社	出版日期
1	离子色谱原理与应用	丁明玉等	清华大学出版社	2001
2	平板显示技术	应根裕　邱　勇等	人民邮电出版社	2002
3	分析化学辞典	邓　勃等	化学工业出版社	2003
4	先进电池材料	李景虹	化学工业出版社	2004
5	化学发光基础理论与应用	林金明	化学工业出版社	2004
6	Structural Identification of Organic Compounds With Spectroscopic Techniques	Yongcheng Ning	Wiley-VCH	2005
7	磷与生命化学	赵玉芬等	清华大学出版社	2005
8	毛细管电色谱及其在生命科学研究中的应用	罗国安等	科学出版社	2005
9	生物有机质谱	赵玉芬	郑州大学出版社	2005
10	现代有机合成试剂——性质、制备和应用	胡跃飞等	化学工业出版社	2006
11	大分子自组装	张　希等	科学出版社	2006
12	液晶与平板显示技术	高鸿锦等	邮电大学出版社	2007
13	药物与毒物分析技术	罗国安等	化学工业出版社	2007
14	化学发光免疫分析	林金明等	化学工业出版社	2008
15	现代有机反应（1～5卷）	胡跃飞等	化学工业出版社	2008
16	中药指纹图谱：质量评价，质量控制与新药研发	罗国安等	化学工业出版社	2009
17	中医药系统生物学	罗国安等	科学出版社	2010
18	中药红外光谱分析与鉴定	孙素琴等	化学工业出版社	2010
19	有机波谱学谱图解析	宁永成	科学出版社	2010

六、对外合作与交流

化学系在各个发展时期都非常重视对外合作与交流，开放式的办学大大促进了化学系各方面工作的开展。特别是 1985 年复系以来，在国家和学校的支持下，对外合作与交流工作取得了很大的成绩。

（一）队伍建设与人才培养

选派青年教师去国际著名大学进修学习或者攻读学位是化学系教师队伍建设的重要内容。例如李如生被选派到比利时布鲁塞尔自由大学跟随诺贝尔奖得主普利高津学习，获得博士学位后回校任教，是化学系最早的博士生导师之一。尉志武到英国伦敦大学攻读博士学位，回国后成为化学系化学热力学方向的学术带头人，2002 年至 2006 年期间担任了中国化学会化学热力学与热分析专业委员会主任。化学系现在的绝大多数教师都在国外学习和进修过，张希、帅志刚、张新荣、刘冬生连续入选英国皇家化学会会士，李隽入选美国科学促进会会士，帅志刚当选国际量子分子科学院院士和欧洲人文与自然科学院外籍院士。洪啸吟多年担任亚洲辐射固化协会主席，退休后还担任了该组织的名誉主席；2010 年李勇当选亚太电子顺磁共振协会副主席。此外许多化学系教师担任了国际重要期刊的编委或副主编，如张希受聘美国化学会期刊 *Langmuir* 副主编。截至 2010 年，化学系 7 人担任了 11 种国际期刊的主编或者副主编，16 人担任了 40 种国外期刊的编委。

化学系从 1999 年开始对外招收留学生，至 2010 年底已招收 15 名本科生和 9 名博士或硕士研究生，他们分别来自日本、韩国、巴基斯坦、刚果（布）、肯尼亚、蒙古、伊朗。

（二）邀请海外学者到校任教

化学系 2002 年起先后从国外聘请多位著名学者任客座教授，到校短期讲学或开展合作课题研究。2010 年，化学系共有 11 位客座教授，分别是：比利时学院（Collège Belqique）院长、比利时皇家科学院院士 Jean-Marie André 教授，德国明斯特大学纳米技术中心主任 Harald Fuchs 教授，美国霍普金斯大学医学院分子药理系和神经科学系刘钧教授，以色列耶路撒冷希伯来大学有机化学系 Itamar Willner 院士，日本产业技术综合研究所中部中心主任田中一彦研究员，日本东京理工大学中西洋志教授，日本北海道大学触媒化学研究中心主任高桥保教授，日本东北大学寺前纪夫教授，英国伦敦大学 Peter Quinn 教授，美国俄亥俄州立大学蔡明道教授，美国普渡大学 Robert Graham Cooks 教授。此外，2007 年 9 月，学校授予了美国科学院院士、斯坦福大学化学系主任 Richard N. Zare 教授为清华大学名誉教授。

（三）进行学术互访活动

化学系始终重视同国内外的学术交流与合作，1994 年以来的 17 年间，化学系主请海外学者来校作短期访问、讲学的就有 217 人次，其中 2002 年起获得第一批清华大学海外知名学者邀请支持计划项目资助的境外专家有 157 人次。同一时期内，共接待顺访境外专家、学者 664 人次，这包括了诺贝尔化学奖得主 Richard R. Ernst 和 Jean-Marie Lehn 教授的多次来访；共派出参加国际学术会议、长短期出境访问交流师生 720 人次，其中 200 余人次作大会和邀请报告，如张希应邀在 IUPAC 世界高分子大会和国际胶体界面化学家大会上作大会报告，帅志刚在国际量子化学大会上作大会报告。广泛而深入的学术交流对提高教学和科研水平、扩展师生国际视野起了重要作用，同时也增进了国际学术界对清华大学化学系的了解。

（四）举办国际学术会议

化学系复系早期即重视举办国际学术会议。1989 年 8 月举办的"国际化学热力学与量热学大会"的筹办始于 1987 年，是国际纯粹与应用联合会（IUPAC）和中国化学会共同赞助的。至 2010 年，共承办各类国际或双边学术会议 33 次。其中较重要的有 1996 年"第一届国际生命化学学术会议"，2004 年"第一届中德科学家化学生物学会议"，2006 年"首届中英双边化学交流会"，2007 年"功能超分子体系：自组装与纳米技术"国际香山科学会议，2008 年"第十届中国国际多肽会议"和"清华-东大周"前沿化学研讨会，2009 年"第八届国际共轭高分子光探测大会""第六届国际后基因组生命科学技术学术论坛"和"超分子中美青年学者研讨会"，2010 年"功能超分子体系：多层次的分子组装体"国际香山科学会议和"中英超分子化学前沿交流会"，所有这些活动都取得了圆满成功。

（五）开展国际合作研究

化学系复系以来十分重视科研项目的国际合作，20 多年来与美国、日本、德国、英国以及中国香港、台湾地区的企业、研究机构和高校开展了多种类型的研究合作，共签署 132 份合同，取得了良好的研究成果和经济效益。2008 年化学系成功申请到国家自然科学基金委和德意志联邦研究基金会联合资助的首个中-德跨学科长期资助项目（TRR61），张希教授为中方首席科学家，与德方明斯特大学展开了卓有成效的合作。

七、实验室

化学系刚建立时，全系的办公室、教室和实验室占科学馆三楼的全部及一楼的两间房。随着学生人数的增多，教学用房、教学设施已不敷需要，乃于 1932 年春开始建筑化学馆，1933 年夏落成，秋季化学系全部迁入新馆。化学馆共分四层，面积约 5 000 平方米。化学馆内绝大部分是化学实验室，分为物理化学、无机化学、有机化学、分析化学、工业化学、电化学、普通化学、生物化学等实验室，同时还有授课教室及办公室、图书室、陈列室等。

1952 年以前，化学系的实验室设置基本上按上述布局未变。

1985 年恢复重建化学系后，曾多次对原有化学馆实验室进行大规模改造，新添置教学与科研设备和仪器。由香港资深银行家及企业家何添博士捐资 1 000 万元港币，清华大学注资 1 400 万元人民币，兴建化学新馆，于 2003 年 10 月动工，2004 年 12 月落成，总建筑面积 7 000 平方米。实际使用面积 3 400 平方米。其中实验室共 41 间，办公室共 65 间。

现在，清华大学化学系拥有两个教育部重点实验室（生命有机磷化学及化学生物学教育部重点实验室、有机光电子与分子工程教育部重点实验室），一个北京市重点实验室（微量分析测试方法与仪器研制北京市重点实验室），五个二级学科研究所（无机化学、有机化学、物理化学、分析化学、高分子化学与物理研究所），清华大学分析中心及国家能谱中心。化学系拥有原子力显微镜（AFM）、透射电镜（TEM）、扫描电镜（SEM）、扫描俄歇探针（SAM）、X 射线光电子能谱（XPS）、等离子发射光谱（ICP）、激光拉曼光谱（LRS）、核磁共振谱仪（NMR）、顺磁共振谱仪（ESR）、气-质和液-质联用谱仪（GC-MS，LC-MS）、高效液相色谱（HPLC）以及紫外、红外、原子吸收光谱等先进的大型分析仪器。化学系的仪器设备总价值超过了 1.37 亿元，40 万元以上的仪器达 57 台。

（一）有机光电子与分子工程教育部重点实验室

有机光电子与分子工程教育部重点实验室以化学为基础，以分子工程学为手段，以发展新型有机光电功能材料为目标，重点发展跨化学、材料、信息及能源等领域的有机光电子学和分子工程学。

经过 7 年的发展，实验室不但实现了重大的学术和技术创新，并且培养了一批具有学科交叉优势的创新性人才。目前实验室拥有一支高水平的研究队伍：教授 20 人、副教授 11 人；其中中国科学院院士 1 人，长江特聘教授 5 人，杰出青年基金获得者 7 人和教育部跨世纪人才 3 人。

（二）生命有机磷化学及化学生物学教育部重点实验室

生命有机磷化学及化学生物学教育部重点实验室筹建于 1989 年，经教育部批准于 1993 年正式对外开放。实验室在不断建设与完善中，已经形成了一支 33 人的研究队伍，其中中国科学院院士 1 人，教育部长江学者特聘教授 3 人，国家杰出青年科学基金获得者 7 人，教授 19 人，副教授 7 人。实验室学术委员会由来自全国科研单位的 15 位专家组成。

实验室以基础研究为主，同时开展应用基础研究。实验室以小分子与大分子相互作用为重点，面向国家重大需求。以小分子和生物大分子相互作用研究为中心，研究单一小分子与生物大分子的相互作用、小分子群与生物大分子群的相互作用，从分子水平揭示生命运动的内在规律和本质，发展具有应用潜力的活性分子，发明新的方法和技术来研究和调控生命过程。

（三）微量分析测试方法与仪器研制北京市重点实验室

微量分析测试方法与仪器研制北京市重点实验室成立于 2010 年。拥有一支含教师、工程技术人员、项目聘用人员、博士后、研究生共 100 余人的研究队伍，其中教育部长江学者特聘教授 2 人，国家杰出青年科学基金获得者 3 人，教授 10 人，副教授 3 人。实验室学术委员会由来自全国科研单位的 15 位专家组成。

实验室依托分析化学国家重点学科，主要进行分析测试新方法研究及相关仪器的研制，推动具有自主知识产权常用分析仪器的产业化和国产化；研制开发便携式、高灵敏、高选择性的专用型检测仪器以及可用于实时原位在线检测的特殊应用仪器等原创性仪器设备和创新方法。为化学和生命科学等学科前沿研究、食品安全、环境监测、重大疾病标志物的筛查等国家重大需求提供支撑。

第二十八节　生命科学学院

一、沿革

清华大学生物学系成立于 1926 年秋，第一任系主任钱崇澍。1927 年刘崇乐任第二任系主任。陈桢从 1928 年起任第三任系主任，直至 1952 年。1929 年 6 月，清华大学 15 个系分为文、理、法三个学院时，生物学系属理学院。1930年夏成立了理科研究所生物学部，招收研究生，在工作上归属生物学系管理。1934年8月，清华大学成立农业研究所，主要从事科学研究，设虫害、病害两组，该所不属生物学系。

1937年抗日战争爆发后，在西南联大时期，联大生物系由北大、清华、南开三校生物系组成，李继侗任系主任，但清华生物学系陈桢的系主任职务仍保留。清华大学农业研究所也迁至昆明，除病害、虫害两组外，又增设植物生理组。抗战胜利后，1946年8月至10月清华师生全部返回清华园，生物学系变动不大。学校将农业研究所扩充为清华大学农学院，院长汤佩松。农学院设植物病理学系（系主任戴芳澜）、昆虫学系（系主任刘崇乐）、植物生理学系（系主任汤佩松，该系后易名为农业化学系）和农艺学系（系主任韩德章），1947年农学院开始招本科生。1952年全国高校院系调整，清华大学生物学系并入北京大学。

清华大学生物系在中断了32年后，于1984年6月恢复，定名为生物科学与技术系（简称生物系）。生物系设生物物理、生物化学、分子生物学及遗传工程三个教研组，当年仅招硕士生。1985年清华大学恢复理学院，生物科学与技术系成为理学院的一部分，并于1985年夏开始招本科生，设生物科学与技术一个专业，学制五年。2009年9月，学校撤销生物系建制，成立生命科学学院。

重点学科建设及评估情况：1987年生物物理学获得博士学位授予权，次年在教育部所属高校中率先被批准为国家重点学科；1998年生化与分子生物学被批准为博士点；同年设立生物学博士后流动站；2000年获生物学一级学科博士学位授予权，2002年生化与分子生物学被评为国家重点学科；2005年获得海洋生物学二级学科博士点；2007年新增发育生物学国家重点学科。

历任系主任（院长）、系党委（总支）书记名录和学术委员会主任名录，分别见表19-28-1和表19-28-2。

表 19-28-1　生物系（生命科学学院）历任党政负责人名录

院、系名	系主任（院长）	任 职 时 间	系党委（总支）书记	任 职 时 间
生物系	钱崇澍	1926—1927		
	刘崇乐	1927—1928		
	陈　桢	1928—1952		
	李继侗	1937—1946 西南联大生物系主任		
生物科学与技术系	蒲慕明①	1984-06—1986-08	鲍世铨③④	1984-09—1988-11
	赵南明②	1986-09—1992-12	张秀芳	1988-11—1992-12
	隋森芳	1992-12—1995-11	张秀芳	1992-12—1996-04
	赵南明	1995-12—1999-06	张秀芳	1996-04—1999-07
生物科学与技术系	周海梦	1999-07—2002-07	张秀芳⑤	1999-07—2002-07
	陈应华	2002-10—2006-10	吴庆余	2002-10—2006-10
	陈应华	2006-10—2009-01	吴庆余	2006-10—2009-02
	施一公	2009-01—2009-09	陈应华	2009-02—2009-09
生命科学学院	施一公	2009-09—	陈应华⑥	2009-09—

注：① 蒲慕明为台湾新竹清华大学校友，当时为加州大学（欧文分校）生理与生物物理系教授。
　　② 赵南明 1984-06—1986-08 任常务副系主任，主持系日常工作。
　　③ 系党总支于 1985 年 9 月成立，此前为校直属支部。
　　④ 陆懋荣 1984-06—1984-09 任支部书记，鲍世铨接任。
　　⑤ 2001 年 5 月系党总支改为系党委。
　　⑥ 2009 年 9 月，学校撤销生物系建制，成立生命科学学院，生物系党委改为生命科学学院党委。

表 19-28-2　生物系学术委员会主任名录

学术委员会主任	任 职 时 间
赵南明	1995—2001
周海梦	2001—2003
孟安明	2003—2008
王志新	2008—

二、教学科研组织

1926 年至 1952 年，清华生物学系不设教研组，但教师和学生分为两个组：植物学组和动物学组。1984 年复系后至 1992 年的教研组设置见表 19-28-3。

表 19-28-3　生物系教研组设置情况

教 研 组	学 科 方 向
生物物理	膜生物物理，分子生物物理，神经生物学，细胞生物学等
生物化学	分子酶学与蛋白质化学，免疫生物化学，无机生物化学，微生物生物化学等
分子生物学及遗传工程	植物分子生物学，分子遗传学等

1993 年初，取消了教研组，以课题组为基础，成立了两个"学科片"和中药及生物制品研究室，主要研究方向见表 19-28-4。

表 19-28-4　1993 年生物系学科片及其研究方向

学 科 片	主要研究方向
生物物理学科	分子生物物理，膜与细胞生物物理，神经生物学，结构分子生物学
生物化学与分子生物学科	生物大分子的结构与功能，分子免疫学，微生物生化，无机生化，分子生物学与遗传工程
中药及生物制品研究室	中药现代化，生物制品的研究与开发

1997 年又成立了 3 个教研组，它们是生物物理与结构生物学教研组、生物化学与分子生物学教研组和细胞与发育生物学教研组，分别由赵南明（兼）、周海梦（兼）和戴尧仁担任教研组主任。

1999 年，学校实施教学科研管理体制改革，教研组撤销，改建研究所。历年建立的研究所和研究室见表 19-28-5。

表 19-28-5　1999 年生物系开始成立的研究所与研究室

研究所与研究室	成立时间	所长、室主任
生物物理与结构生物学研究所	1999	饶子和
生物化学与分子生物学研究所	1999	周海梦
细胞与发育生物学研究所	1999	戴尧仁
生物技术研究所	1999	吴庆余
中药研究室	1999	王 钊

研究所与研究室	成立时间	所长、室主任
海洋生物技术研究所	2000	张荣庆
药理学研究室	2000	杜力军
人类基因组研究所	2001	傅新元
植物分子生物学研究所*	2007	谢道昕

注：* 2006 年 8 月成立"植物分子生物学中心"，2007 年 10 月改为"植物分子生物学研究所"。

三、教职工

（一）历年教职工人数统计

生物系（生命科学学院）教职工人数统计见表 19-28-6。

表 19-28-6 生物系（生命科学学院）教职工人数

年份	教师	教辅	职工	年份	教师	教辅	职工
1926	3			1998	33	15	6
1937	14			2000	42	12	10
1952	16	5	2	2002	47	15	10
1984	24	1		2004	40	11	7
1986	40	11	7	2006	44	11	7
1993	36	15	4	2008	51	13	7
1994	38	15	5	2009	50	15	7
1996	33	15	5	2010	52	18	5

（二）教师队伍状况

生物系（生命科学学院）1993 年至 2010 年教师队伍情况见表 19-28-7。

表 19-28-7 1993 年—2010 年生物系（生命科学学院）教师队伍人数

年份	全系教师	教授（含研究员）	副教授（含副研究员及高级工程师）	讲师（含助理研究员）	助教
1993-07	36	9	16	8	3
1994	38	10	14	9	5
1996	33	16	13	3	1
1997	33	19	10	4	
1998	33	20	10	2	1
1999	41	23	13	3	2
2000	42	24	14	2	2
2001	47	26	14	4	3
2002	47	27	13	7	

续表

年份	全系教师	教授（含研究员）	副教授（含副研究员及高级工程师）	讲师（含助理研究员）	助教
2003	46	26	14	6	
2004	40	26	9	5	
2005	44	30	11	3	
2006	44	30	11	3	
2007	43	30	10	3	
2008	51	36	13	2	
2009	72	36	21	1	
2010	52	38	19	3	

2003年，生物系教师队伍中有：院士2人（王志新、饶子和）；长江特聘教授6人（陈应华、陈晔光、罗永章、孟安明、饶子和、程京）；长江讲座教授1人（钟毅）；百人计划教授6人（程京、陈晔光、罗永章、孟安明、周兵、吴嘉炜）。

2006年，生物系教师队伍中有：院士1人（王志新）；长江特聘教授7人（陈应华、陈晔光、罗永章、孟安明、李蓬、谢道昕、陈国强）；长江讲座教授2人（钟毅、吴瑛）；百人计划教授9人（陈晔光、罗永章、孟安明、周兵、吴嘉炜、李蓬、谢道昕、刘栋、刘玉乐）。

2008年，生物系教师队伍中有：院士2人（王志新、孟安明）；国家级教学名师奖1人（吴庆余）；长江特聘教授7人（陈应华、陈晔光、罗永章、孟安明、李蓬、谢道昕、陈国强）；长江讲座教授4人（钟毅、吴瑛、施一公、薛定）；百人计划教授10人（陈晔光、罗永章、孟安明、周兵、吴嘉炜、李蓬、谢道昕、刘栋、刘玉乐、高海啸）；讲席教授组成员5人（施一公、王小凡、林海帆、薛定、鲁白）；双聘教授4人（贺福初、王晓东、翟中和、饶子和）。

2010年，生命学院共有专职教师52人，其中教授38人，副教授11人，讲师3人。专职教师中具有博士学位者48人，占教师总数的92%。中科院院士4人（王志新、饶子和、孟安明、隋森芳）；千人计划4人〔施一公（2008）、黄子为（2009）、马剑鹏（2010）、罗永章（2009）（海外高层次创业人才）〕；国家级教学名师奖1人（吴庆余）；长江特聘教授11人（陈应华、饶子和、陈晔光、罗永章、孟安明、李蓬、谢道昕、陈国强、黄子为、柴继杰、潘俊敏）；长江讲座教授4人（钟毅、吴瑛、施一公、薛定）、清华百人计划教授10人（孟安明、陈晔光、罗永章、周兵、吴嘉炜、李蓬、谢道昕、刘栋、刘玉乐、高海啸）。杰出青年基金获得者16人（王志新、吴庆余、潘宪明、孟安明、陈应华、陈晔光、陈国强、罗永章、吴嘉炜、谢道昕、罗敏敏、周兵、刘玉乐、施一公、李蓬、潘俊敏）。

（三）教授名录

生物系任教的教授名录见表19-28-8。

表19-28-8　生物系教授名录

1923年—1952年教授名录		
姓名（任职时间）	姓名（任职时间）	姓名（任职时间）
钱崇澍（1923—1927调离）	胡经甫（1926—1927）	刘崇乐（1926—1928，1934—1949）
陈　桢（1928—1952院系调整）	吴韫珍（1928—1941）	寿振璜（1928—1936调离）

续表

姓名（任职时间）	姓名（任职时间）	姓名（任职时间）
李继侗（1929—1952 院系调整）	戴芳澜（1934—1949 调离）	彭光钦（1934—1940 调离）
赵以炳（1935—1952 院系调整）	崔芝兰（1947—1952）	沈　同（1933—1952 院系调整）
张肇骞（1951—1952 院系调整）		

1984 年复系后聘任的教授（研究员、特别研究员）名录

姓名（任职时间）	姓名（任职时间）	姓名（任职时间）
教　授		
陆祖荫（1984—1985 调离）	周广业（1998 退休）	周　昕（1984—2004 退休）
区耀华（1984—1992 退休）	赵南明（1984—2004 转医学院）	周海梦（1990—　）
隋森芳（1991—　）	张秀芳（1992—2009 退休）	刘进元（1992—　）
郑昌学（1993—1999 退休）	刘祖同（1993—1995 退休）	张日清（1993—2002 退休）
沈子威（1993—1998 退休）	曾耀辉（1993—1995 退休）	鲍世铨（1994—1998 退休）
谢佐平（1995—2008 退休）	周玉祥（1995—2003 转医学院）	戴尧仁（1996 调入—2000 退休）
徐育敏（1996—1997 退休）	吴庆余（1996 调入—　）	李一勤（1996 调入—2007 逝世）
陈应华（1996—　）	刘　强（1996—2003 逝世）	饶子和（1997 调入—2004 转医学院）
王希成（1997—2010 退休）	陈国强（1997—　）	程　京（1997 调入—2003 转医学院）
孙之荣（1998—　）	孟安明（1998 调入—　）	张荣庆（1998—　）
昌增益（1998—2003 调出）	蔡国平（1999—2003 调出）	杜力军（1999 调入—2009 调出）
段明星（2000—　）	陈晔光（2000—　）	公衍道（2001—　）
罗永章（2001 调入—　）	周　兵（2002 调入—　）	吴嘉炜（2003 调入—　）
王志新（2003 调入—　）	屠萍官（2004 退休）	刘　栋（2004 调入—　）
李　蓬（2004 调入—　）	谢道昕（2004 调入—　）	吴　畏（2005 调入—　）
潘俊敏（2006 调入—　）	刘玉乐（2006 调入—　）	施一公（2007 调入—　）
张大鹏（2008 调入—　）	俞　立（2008 调入—　）	高海啸（2008 调入—　）
陶庆华（2008 调入—　）	罗敏敏（2009 调入—　）	柴继杰（2009 调入—　）
王宏伟（2010 调入—　）	张贵友（2010—　）	
研　究　员		
丁　怡（2002 调入—　）	罗　弘（2004 调入—　）	潘宪明（2004 调入—　）
潘　勋（2010—　）		
特别研究员		
杨茂君（2008—　）	王新泉（2008—　）	雷建林（2008—　）

四、教学

生物学（生命科学学院）历年在校学生人数见表 19-28-9。

表 19-28-9　生物系（生命科学学院）历年在校学生人数

年份	本科生	研究生	年份	本科生	研究生	年份	本科生	研究生
1926	3		1994	155	46	2004	617	394
1937	44	1~2	1996	150	76	2006	593	406
1952	约50		1998	162	95	2008	600	432
1984	0	25	2000	234	182	2009	602	427
1986	65	36	2002	379	266	2010	622	474
1993	156	36						

（一）本科教学

1．概况

现代生物科学的发展与数学、物理学、化学、信息和计算机等学科的理论和方法的发展密切相关，相互渗透。面对 21 世纪的生命科学人才，不仅需要扎实而广博的生物学知识，同时也需要具有较深厚的数理化、信息科学与计算机等学科的基础。生物科学与技术系正是依托于清华大学的理工优势，不断探索培养具有较宽的现代科学理论和高技术基础的、高层次的生命科学教学与科学研究人才的新路。

2010 年确定的培养目标：培养具有深厚的人文底蕴、宽厚的自然科学基础、扎实的生命科学专业知识和技能、强烈的创新意识、宽广的国际视野，融知识、能力、素质全面协调发展的有理想、有抱负的创新型人才。

学制：本科学制四年，按照学分制管理机制，实行弹性学习年限。

授予学位：理学学士学位。

本科生的入学分数，自 1985 年首届至 1992 年，8 年间在全校一直名列前茅（例如在北京地区，7 年第一，1 年第二）。

表 19-28-10 为 1994 年至 2010 年生物系（生命科学学院）历年招生及毕业学生人数。

表 19-28-10　1994 年以后生物系（生命科学学院）历年招生及毕业人数

年份	本　科　生		年份	本　科　生		协和医学院本科生人数
	招生人数	毕业人数		招生人数	毕业人数	
1994	32	22	2003	91	62	73
1995	30	30	2004	88	99	76
1996	33	37	2005	88	131	57
1997	29	54	2006	91	107	96
1998	30	32	2007	86	87	72
1999	64	31	2008	78	94	72
2000	112	32	2009	76	89	86
2001	126	28	2010	77	89	77
2002	97	29				

说明：本科生人数中未含协和医学院的本科生人数。

专业设置：1997 年以前为生物科学与技术专业，1998 年以后为生物科学专业和生物技术专业。学科重点发展方向为生物物理（结构生物学）、分子细胞生物学（生物医学）、发育生物学（模式动植物）和神经生物学。

2. 课程设置

1937 年以前，生物学系的课程分为三类：必修、选修及高级学程。

必修课程：除一年级的公共必修学程之外，还有普通生物学，植物形态学，无脊椎动物学，脊椎动物学，生物学史，普通化学，显微学方法，植物分类学，植物生理学，体素学，胚胎学，遗传学，遗传学实验，动物生理学，生物学讨论等 15 门。

选修课程除第一、第二两年的德文或法文外，有算学系、物理学系、化学系、地学系、心理学系及社会学系开设的有关课程。

这时的一般课程都采用美国教材。实验在教学中占很大比重。开设的 20 门必修课中，只有生物学史等两门没有实验。暑期野外实习也属实验教学。

西南联大时期至 1952 年院系调整，这一时期课程变化不大。不同之处有两点：一是学生从三年级才开始分组（植物学组与动物学组）；二是开设了二年必修的普通生物学和普通动物学，后又开设了选修的化学生物学。

1940 年开始由吴韫珍、李继侗、张景钺编写《普通植物学》讲义，这本讲义至今仍作为植物学界的参考书而被采用。

教学上就人所长设课的特点较为明显，如清华农业研究所有昆虫室，室主任刘崇乐教授就开昆虫学选修课，沈同教授研究营养学就开设了生物化学。

1984 年生物系恢复至 1993 年生物系开设本科生课程共 26 门，其中为本系开设 22 门，为全校非生物系的本科生开设 4 门。

生物系本科生的必修课有：普通生物学，普通生物学实验，生物化学（一）、（二），生物化学实验技术，生物化学大实验，细胞生物学，细胞生物学实验，遗传学，遗传学实验，分子生物学，分子生物学实验，微生物学，微生物学实验，生物物理学，生物物理实验技术及实验，动物生理学，动物生理学实验。

生物系本科生的主要选修课有：神经生物学，植物生理学，免疫学，生物工程导论，生态学实习等。

为外系开设的本科生课程有：生物化学原理（化学系、化工系、环境系等），环境与生态（环境系），仿生学（全校），现代生物学导论（全校，为全国首次开设）。

此外，还为化学、化工、环境系的部分研究生开设了生物化学实验、普通生物学实验、微生物学实验、细胞生物学实验等课程。

1998 年首次为全校本科生开设选修课"生态学"；1999 年又开设了"生物药学工程学"。2002 年首次为全校本科生开设选修课"营养与健康"。

（二）研究生培养

1. 概况

2000 年获得生物学一级学科博士学位授予权，2005 年获得海洋生物学二级学科博士点。

表 19-28-11 为 1994 年至 2010 年生物系（生命科学学院）研究生招生及毕业人数。

表 19-28-11　1994 年—2010 年研究生招生和毕业人数

年份	硕　士　生		博　士　生		年份	硕　士　生		博　士　生	
	招生人数	毕业人数	招生人数	毕业人数		招生人数	毕业人数	招生人数	毕业人数
1994	12	10	5	1	2003	45	31	59	20
1995	20	13	7		2004	61	27	59	23
1996	20	10	6		2005	59	23	46	28
1997	29	13	10	5	2006	52	31	53	25
1998	21	19	15	2	2007	51	56	58	38
1999	28	22	25	9	2008	39	53	63	30
2000	29	12	54	1	2009	48	39	78	30
2001	29	19	52	13	2010	37	39	106	41
2002	32	24	65	9					

2. 课程设置

复系后为生物系研究生开设的课程有：生物波谱学、酶的作用原理、分子免疫学、膜分子生物学、基因分子生物学、蛋白质生物化学等。

1995 年从 1994 级起重新修改研究生培养方案，共开设研究生课程 18 门，其中校级公共学位课 3 门：现代生物学专题、生物化学原理、生化大实验；专业基础课 3 门：生物波谱学、基因分子生物学、现代生命科学与生物技术实验；专业课 4 门：生物大分子的结构与功能、生物物理专题、膜与细胞生物物理、生物工程导论；系任选课 8 门：微生物学及实验、现代微生物、发育生物学、神经生物学、生物无机化学、免疫学、酶的作用原理、植物分子生物学与基因工程研究进展。1996 年增加校级公共学位课 1 门：生物物理研究前沿。

1998 年为研究生新开 5 门课程：蛋白质晶体结构、细胞生物学进展、高等生物化学、微藻生物技术、海洋生物技术。

2002 年新开"蛋白质折叠机理"和"药理学"2 门研究生课程。

（1）1999 年修订的硕士学位研究生培养方案

① 适用学科、专业为生物学（一级学科，理学门类），下设二级学科、专业为生物物理学、生物化学与分子生物学、细胞生物学。

② 学分要求：学位课程不少于 17，必修环节不少于 4，非学位课程不少于 5，总学分不少于 26（其中考试学分不少于 20），自学学分另计。

③ 课程设置

学位课程：马克思主义理论课程（自然辩证法、社会主义与当代世界）、第一外国语。

基础理论课：数值分析 A、线性与非线性规划。

专业基础课：生物大分子结构与功能、生物波谱学、基因分子生物学、现代生命科学与生物技术实验。

专业课：生物物理专题、高等生物化学、膜与细胞生物物理、细胞生物学进展。

必修环节：文献综述与选题报告、学术活动、社会实践。

非学位课程：分子生物学与基因工程研究进展、生物工程导论、酶的作用原理、分子免疫学、神经生物学、生物无机化学、蛋白质晶体结构导论、生物物理研究前沿、发育生物学进展、微藻生物技术、海洋生物学。

自学课程：与研究课题有关的专门知识，可由导师指定内容自学，并列入个人培养计划，学分另计。

补修课程：凡非生物学科生源的研究生，一般需补修 2 门大学本科的课程。

（2）1999 年制订的博士学位研究生培养基本要求

① 适用学科、专业为生物学（一级学科，理学门类），下设二级学科、专业为生物物理学、生物化学与分子生物学。

② 培养方式实行导师负责制，必要时可设副导师。跨学科或交叉学科培养博士生时，应从相关学科中聘请副导师协助指导。

③ 知识结构及课程学习的基本要求：要求具有坚实宽广的基础理论知识和专业基础知识；对生物物理学科、生物化学与分子生物学发展及动向有深入广泛的了解，掌握本学科的前沿知识。普通博士生的学位课程学分不少于 4、必修环节学分不少于 5、总学分不少于 9。直博生的学位课程学分不少于 18、必修环节学分不少于 5、非学位课程学分不少于 8、总学分不少于 31（其中考试学分不少于 21）。

④ 主要培养环节及有关要求：入学 3 个月内制订完成个人培养计划；一年左右完成选题报告，至少阅读 30 篇文献，其中外文文献不少于 10 篇；入学第二学期末或第三学期初进行学科综合考试；每学期至少在二级学科范围内作一次学术报告，至少有一次在全国或国际学术会议上宣读自己撰写的论文；至少要在核心期刊上发表 4 篇学术论文，其中至少有 2 篇 SCI，或 1 篇 SCI 与 2 篇 EI。

（3）经数次修订后的 2009 年的硕士生培养基本要求

适用学科、专业：生物学（一级学科，理学门类），海洋科学（一级学科，理学门类），海洋生物学（二级学科，理学门类）。

① 学分要求：攻读硕士学位期间，研究生需获公共必修课程不少于 5 学分，学科专业课程要求学分不少于 16 学分，必修环节 2 学分，学位要求总学分不少于 23 学分（其中考试学分不少于 21）。自学和补修课程学分另计，不包含在学位要求总学分中。

② 入学后完成两周强化学科、专业教育，由两部分组成：学科专业及前沿动态讲座与研讨；专业文献检索、阅读，要求在导师指导下写出不少于 3 000 字的阅读报告。

③ 课程设置

公共必修课程：马克思主义理论课程（自然辩证法、社会主义与当代世界）、第一外国语。

学科专业课程：现代生命科学（必修）、实验设计与处理（必修之一）、基因分子生物学（必修之一）、生物工程前沿、生物大分子结构与功能、生物波谱学、生物物理前沿、基因分子生物学、生物药学工程前沿、分子免疫学、生物信息学与功能基因组学、神经生物学、海洋生物科学前沿及其进展、细胞信号转导与疾病的发生、发育生物学进展、酶作用原理、生物统计学、医学免疫新技术与新进展、细胞骨架、细胞运动及人类疾病、动物胚胎图式形成机理、科学写作基本要素、植物分子遗传研讨课、肿瘤生物学专题讨论课、新生血管生成及其在人类疾病中的作用。

非学位课程：现代生命科学与生物技术实验。

必修环节：文献综述与选题报告、学术活动。

自学课程：与研究课题有关的专门知识，可由导师指定内容自学，并列入个人培养计划，学分另计。

补修课程：凡非生物学科生源的研究生，一般需补修2门大学本科的课程。

④ 主要培养环节及有关要求：入学三个月内制订完成个人培养计划；一年左右完成选题报告，至少阅读20篇文献，其中外国文献不少于10篇；在学期间应参加10次以上（其中2次为跨二级学科）的学术活动，并写出不少于500字的小结。在学期间每学年应至少参加3次系内组织的定期研究生学术交流研讨会。在学期间2年内发表或接收1篇SCI论文，或3年内发表或接收1篇核心期刊论文。

（4）2009年的博士生培养基本要求

① 适用学科、专业为生物学（一级学科，理学门类），下设二级学科、专业为生物物理学、生物化学与分子生物学。

② 博士生培养实行导师负责制，鼓励组成指导小组集体指导。跨学科或交叉学科培养博士生时，应从相关学科中聘请副导师或联合导师协助指导。博士生应在导师指导下，学习有关课程，查阅文献资料，参加学术交流，确定具体课题，独立从事科学研究，取得创造性成果。

③ 知识结构及课程学习的基本要求：要求具有坚实宽广的基础理论知识和专业基础知识。对生物学领域发展及动向有深入广泛的了解，掌握本学科的前沿知识。普通博士生攻读博士学位期间，需获得公共必修课程4学分，学科专业课程要求学分不少于1学分（本学科研究生课程不少于1门），必修环节5学分，总学分不少于10。直博生攻读博士学位期间，需获得公共必修课程6学分，学科专业课程要求学分不少于17学分，必修环节5学分，总学分不少于28学分。

④ 主要培养环节及有关要求：入学三个月内制订完成个人培养计划；普博生一年左右完成选题报告，直博生二年左右完成选题报告。至少阅读30篇文献，其中外国文献不少于15篇；入学第二学期末或第三学期初进行学科综合考试；每学期至少在二级学科范围内作一次学术报告，至少有一次在全国或国际学术会议上宣读自己撰写的论文；应参加不少于30次的一级与二级学科的学术活动。在学期间应至少在系内组织的定期的学术交流研讨会中做一次学术报告，且每学年应至少参加6次系内组织的定期研究生学术交流研讨会。至少发表4篇文章，其中两篇SCI，两篇国内核心期刊。或发表3篇SCI文章。或发表1篇影响因子≥5.0的文章。或所有发表或接收SCI论文的总影响因子大于或等于7；作为并列第一作者，对文章有同等贡献，且论文工作内容相对独立：影响因子≥10的文章：并列第一作者第一人和第二人同时满足学位条件，其余并列第一作者可视为等同于发表一篇<5.0的SCI文章。10.0>影响因子≥5.0的文章：并列第一作者第二人等同于发表1篇<5.0的SCI文章。在国际会议上发表1篇论文（被SCI收录），等同于在国内核心刊物上发表论文1篇。

3. 教学成果

表19-28-12为生物系（生命科学学院）获得国家级和省部级教学成果、精品课程、优秀教材奖情况。

表 19-28-12　生物系（生命科学学院）获得国家级和省部级教学成果、精品课、优秀教材奖情况

序号	年份	项 目 名 称	获 奖 等 级	获 奖 人
1	1997	生物化学系列实验课程建设	北京市普通高等学校教学成果二等奖	周广业　段明星　程　玲　王希成　郑昌学
2	2000	现代生物学导论课程多媒体教学课	全国多媒体教育软件大奖赛一等奖	

序号	年份	项目名称	获奖等级	获奖人
3	2000	细胞生物学实验多媒体教学课	全国多媒体教育软件大奖赛三等奖	
4	2001	生物学基础科学人才培养基地建设	北京市教学成果一等奖	周海梦 吴庆余 王希成 周玉祥 李运燕
5	2001	清华大学生物学基础科学人才培养基地建设	教育部国家级优秀教学成果二等奖	周海梦 吴庆余 王希成 周玉祥 李运燕
6	2001	普通生物学多媒体系列教学软件	北京市教学成果和国家级教学成果一等奖	
7	2002	生物物理学	全国普通高等学校优秀教材一等奖	赵南明 周海梦等
8	2003	现代生物学导论	教育部精品课程	吴庆余
9	2003	教学名师奖	北京市高等学校教学名师奖和教育部国家级教学名师奖	吴庆余
11	2005	全彩色基础生命科学教材及教辅材料研制	北京市教学成果一等奖	吴庆余 刘金龙 吴琼
12	2006	全彩色基础生命科学教材及教辅材料研制	教育部国家级教学成果二等奖	吴庆余 刘金龙 吴琼
13	2007	生物学教学团队	北京市优秀教学团队	吴庆余等
14	2007	生物化学课	北京市精品课	李珍 刘栋
15	2008	生物化学课	入选教育部双语教学示范课程建设项目	李珍 刘栋
16	2008	生命科学实验教学体系的改革与创新	北京市教学成果一等奖	张荣庆 陈应华 张贵友 余冰宾 吴庆余
17	2009	生命科学实验教学体系的改革与创新	教育部国家级教学成果二等奖	张荣庆 陈应华 张贵友 余冰宾 吴庆余
18	2009	生物工程与生物技术专业创新人才和实践能力培养的探索与实践	第六届高等教育国家级教学成果二等奖	天津大学等四校联合申请。孙之荣（排名2）、陈国强（排名7）

表 19-28-13 为生物系（生命科学学院）编写出版专著、教材与译著情况。

表 19-28-13 生物系（生命科学学院）编写出版专著、教材与译著情况

年份	著作名称	作者	出版社	著作类别
1998	蛋白质化学修饰	周海梦 王洪睿	清华大学出版社	专著
1999	现代生物学导论实验	吴庆余	清华大学出版社	教材
1999	蛋白质的分子结构	阎隆飞 孙之荣	清华大学出版社	专著
2000	生物物理学	赵南明 周海梦	高等教育出版社 施普林格出版社	教材
2000	生物信息学	李衍达 孙之荣	清华大学出版社	译著
2000	植物分子生物学实验指南	刘进元 吴庆余	科学出版社	译著
2001	英日汉生物工程辞典	刘进元	清华大学出版社	专著

续表

年份	著 作 名 称	作 者	出 版 社	著作类别
2001	分子生物学精读要览	刘进元　李文君	科学出版社	译著
2001	Biochip Technology	Cheng J. and Kricka L. J.	Harwood Academic Publishers，PA，USA	专著
2001	Capillary Electrophoresis of Nucleic Acids（Ⅰ）	Mitchelson, K. R and Cheng, J.	Humana Press，Totowa，U. S. A.	专著
2001	Capillary Electrophoresis of Nucleic Acids（Ⅱ）	Mitchelson, K. Rand Cheng, J.	Humana Press，Totowa，U. S. A.	专著
2001	激光指纹术	程　京	清华大学出版社	专著
2001	生物芯片技术	邢婉丽　程　京	清华大学出版社	专著
2002	二十世纪生物学的分子革命——分子生物学所走过的路	昌增益	科学出版社	译著
2002	后基因组信息学	孙之荣 等	清华大学出版社	译著
2002	基础生命科学	吴庆余	高等教育出版社	教材
2003	普通遗传学实验指导	张贵友等	清华大学出版社	教材
2003	Biochips-Technology and Applications	邢婉丽　程　京	Springer-Verlag，Heidelberg，Germany	专著
2003	The Frontiers of the Biochip Technologies	邢婉丽　程　京	Kluwer Academic Publishers	专著
2003	生物芯片概论	邢婉丽　程　京	清华大学出版社	专著
2003	激光指纹术	程　京	清华大学出版社	专著
2003	膜分子生物学	隋森芳	高等教育出版社	编著
2003	花卉病毒病及防治	孔宝华　蔡　红 陈海如　刘进元	中国农业出版社	专著
2004	生物高分子（第 3a 卷）聚酯Ⅰ-生物系统和生物工程法生产	陈国强等	化学工业出版社	译著
2004	生物高分子（第 4 卷）聚酯Ⅲ-应用和商品	陈国强等	化学工业出版社	译著
2004	探索（基因组学、蛋白质组学和生物信息学）	孙之荣	科学出版社	译著
2004	营养学-概念与争论	王希成等	清华大学出版社	译著
2004	转录因子实用技术	刘进元　赵广荣	清华大学出版社	译著
2004	生物化学实验指导	余冰宾主编	清华大学出版社	教材
2005	生物化学（第二版）	王希成	清华大学出版社	教材
2005	生物化学学习指导（第二版）	王希成	清华大学出版社	教材
2005	生物化学原理	周海梦等	高等教育出版社	译著
2005	微生物学实验指导	陈金春　陈国强	清华大学出版社	教材
2006	分子细胞生物学	陈晔光	清华大学出版社	教材

续表

年份	著作名称	作者	出版社	著作类别
2006	生物信息学与功能基因组学	孙之荣等	化工出版社	译著
2006	基础生命科学（第二版）	吴庆余	高等教育出版社	教材
2006	Essentials of Life Science	吴庆余	Thomson Press	教材（新加坡出版）
2006	分子生物学实验指导	刘进元　张淑平　武耀廷　主编	高等教育出版社	教材
2007	微生物学实验指导（修订版）	陈金春　陈国强	清华大学出版社	教材
2007	分子生物学（第二版）	刘进元等	清华大学出版社	译著
2008	聚羟基脂肪酸酯生态产业链	陈国强　罗容聪　徐　军　吴　琼	化学工业出版社	专著
2008	表面等离体激元共振生物传感器	隋森芳　肖才德　杨　军	上海科学技术出版社	专著
2008	系统生物学的哲学基础	孙之荣	科学出版社	译著
2008	生物学	谢莉萍　张荣庆　张贵友	清华大学出版社	译著
2009	生命科学与工程	吴庆余　高上凯等	高等教育出版社	专著
2009	Plastics from bacteria：Natural functions and applications.	陈国强（主编）	Springer	专著
2009	Transgenic maize（转基因玉米）	刘　栋（参编）	Humana Press	专著
2009	分子生物学（导读版）	刘进元	科学出版社	编译
2009	Essentials of Life Science	吴庆余　许建平	高等教育出版社	教材
2009	基础生命科学实验指导	王洪钟等	清华大学出版社	教材

五、科学研究

（一）概况

1. 1926 年—1937 年

这一时期的科学研究大致分为：本国植物的采集与研究，本国动物的采集与研究，以试验方法研究动物的生理、遗传与进化等三个方面。在国内外发表论文 70 篇左右，主要是吴韫珍、寿振璜有关植物、动物分类，陈桢有关遗传与进化以及李继侗有关植物生理、生态研究的论文。

此时的农业研究所在科学研究方面，虫害组在防治棉蚜虫和玉米钻心虫方面取得较好成果，对具有杀虫功能的中国药材进行毒性研究。刘崇乐编的《寄生昆虫录》14 册，对当时昆虫学界有较大贡献。该组先后写成论文十多篇，病害组写有《河北栽培植物病虫害志略》等 4 篇论文。

2.1938 年—1952 年

西南联大时期至 1952 年院系调整，这一时期的生物系，科学研究主要是：陈桢在动物行为方面，李继侗在植物生理方面，吴韫珍在植物标本、图谱方面，赵以炳在动物生理，沈同等在维生素等方面的研究，在国内外发表论文 20 篇左右。

此时的农业研究所，病害组主要对云南经济植物、植物病害进行调查研究，其中在抗病育种方面取得较好成果，获得多种抗病力强、产量高、早熟、质优的优良品种，分别命名为清华 3613、7194 小麦两种，清华 1268 大麦一种，清华 1582、1544 大豆两种，此外在小麦病害防治、病原菌生理分化、果木蔬菜病害防治研究及真菌分类方面，完成研究报告计 43 篇，发表 34 篇，未刊者 9 篇。虫害组对昆明邻近各县，乃至边远地区的虫害种类、分布、危害程度以及气候对害虫的影响进行了调查，发表了《云南虫害调查简报》。植物生理组成立较晚，在应用研究方面，取得的成果有：从云南产蓖麻子提取的油，作适当处理可用作动力机械的润滑机油等多项。在理论研究方面，先后在国内外有关的学术杂志上发表论文计 80 余篇。

抗战胜利后新成立的农学院出版了《农业记录》并发起成立了北平生物科学会。

3.1984 年—1993 年

生物系自 1984 年复系后科研工作快速发展，其科研的重点方向是生物物理、生化与分子生物学、细胞和发育生物学、神经生物学、微生物学和生物技术等。共完成各类科研课题 209 项，在研课题 68 项。这些项目中大多数是国家重要的基础研究项目，如国家自然科学基金的重大项目、重点项目、一般项目、"863" 高技术项目、"攀登计划" 等。共发表论文 475 篇，其中国外学术刊物上 92 篇，国内一级学术刊物上发表 383 篇。

这一时期获得部委级以上奖的项目有：细胞膜蛋白（或受体）的 DMT 理论及原位电泳理论，获 1991 年国家教委科技进步一等奖；肌酸激酶的结构与功能研究，获 1992 年国家教委科技进步二等奖；生物核糖体小分子 RNA 的序列分析与比较研究，获 1992 年国家教委科技进步三等奖；麦芽醇抗活性氧化损伤及其机制的研究，获 1992 年卫生部科技进步三等奖；矽肺发病机理研究，获 1991 年卫生部科技进步三等奖；治疗矽肺新药汉防己甲素，获 1987 年国家发明三等奖；胸腺肽的研究，获 1985 年北京市科技三等奖；抗肝炎免疫核酸制备，获 1989 年解放军总后科技三等奖。其中，后五项生物系是参加单位。

获清华大学基础性研究成果奖的有超声波诱导基因转移方法等 5 项。

通过鉴定的科技成果有 DR.—1 多功能细胞融合仪的研制等 6 项。

共申请专利 9 项，已获专利 6 项。

4.1994 年—2010 年

生物系主要研究目标聚焦于重大国际科学前沿和对国民经济与国家安全有重大影响的技术领域，至 2008 年主要的研究方向包括：膜分子生物学、分子生物物理学、结构生物学、蛋白质组学、分子酶学、分子免疫学、分子细胞生物学、发育生物学、神经生物学、微藻生物学、海洋生物学、生物信息与系统生物学、生物芯片、膜生物工程、微生物学与发酵工程、植物分子生物学与基因工程、生物医用材料与组织工程、中药现代化与生物制剂等。

主要科研成果及获奖情况及发表论文、申请专利情况见表 19-28-14 和表 19-28-15。

表 19-28-14　生物系主要科研成果及获奖情况

序号	年份	项目名称	获奖等级	获奖人
1	1987	蛋白质功能基团的修饰与其生物活性之间的定量关系	国家自然科学奖一等奖	周海梦（排名 6）
2	1991	细胞膜蛋白（或受体）的 DMT 理论及原位电泳理论	国家教委科技进步一等奖（甲类）	赵南明　蒲慕明（美国加州大学）
3	1994	生物活性磷钾复合肥	第六届中国新技术产品博览会金奖	刘进元　曲长芝等
4	1996	氨基酰化酶的结构与功能研究	国家教委科技进步二等奖（甲类）	周海梦　王希成等
5	1996	藻类热解成烃研究	国家教委科技进步二等奖	吴庆余等
6	1996	胸腺肽生产和临床应用	卫生部科技进步二等奖	郑昌学
7	1996	冲绳海槽中部和钓鱼岛附近海域勘察	国家"八五"科技攻关重大科技项目奖	黄大明
8	1997	氨基酰化酶的结构与功能的研究	国家教委科技进步奖二等奖（甲类）	周海梦　王希成　张　彤　王洪睿　王志新等
9	1997	分子组装与生物膜的模拟研究	国家教委科技进步奖三等奖（甲类）	隋森芳　吴　桦　刘　铮　肖才德　王少鹏　覃　宏等
10	1997	玉米遗传转化体系的建立及可育转基因玉米植株的获得	国家教委科技进步二等奖（甲类）	许　宁　赵南明
11	1997	穆斯堡尔效应在生物物理与医学物理中的应用研究	清华大学基础性研究成果奖	张秀芳　赵南明等
12	1998	金属离子对酶分子的构象和生物活性的影响	北京市科学技术进步奖二等奖	周海梦　张英侠等
13	1999	酶的活性部位柔性	国家自然科学奖二等奖	中科院生物物理所和周海梦
14	1998	肌酸激酶的去折叠与折叠机制的研究	教育部科技进步二等奖（基础类）	周海梦　王希成等
15	1998	与生物分子 LB 膜有关的若干问题的研究	教育部科技进步奖三等奖（基础类）	隋森芳等
16	1998	鲜动物抗癌新药金龙胶囊的新药研制及治疗原发性肝癌的研究	北京市科技进步奖三等奖	李健生　鲍世铨
17	2000	长白山生态保护与可持续发展战略和模式研究	教育部科技进步奖三等奖	黄大明
18	2001	膜脂/蛋白相互作用：蛋白插膜及其膜结合态结构的研究	中国高校科学技术奖一等奖	隋森芳等
19	2001	生物塑料 PHBHHx 的产业化和应用研究	北京市科技进步一等奖	陈国强　陈金春　吴　琼等
20	2002	生物塑料 PHBHHx 的研制与开发	国家技术发明二等奖	陈国强　陈金春　吴　琼等
21	2002	艾滋病病毒跨膜蛋白生物学功能研究	教育部提名国家科学技术奖自然科学奖一等奖	陈应华等
22	2003	锯缘青蟹碱性磷酸酶活力调控的分子机理研究	教育部科技进步二等奖（第二完成单位）	周海梦

续表

序号	年份	项 目 名 称	获 奖 等 级	获 奖 人
23	2002	云南省园艺植物主要病毒类病害的系统鉴定和分子检测	云南省科学技术进步奖二等奖（第二完成单位）	刘进元（排名第二）
24	2002	水稻抗稻瘟病基因的分子标记系统建立及其抗病相关基因的分子克隆	云南省科学技术进步奖三等奖（第二完成单位）	刘进元（排名第二）等
25	2005	膜脂/蛋白相互作用：蛋白质在膜脂作用下结构与功能的变化	国家自然科学二等奖	隋森芳等
26	2006	蛋白质的序列折叠机制与中间体的研究	教育部高等学校科学技术奖（自然科学奖）一等奖	周海梦　闫永彬等
27	2008	血管抑制剂抗肿瘤新药的药物设计、千克级制备技术及临床应用	国家技术发明奖二等奖（第二完成单位）	罗永章
28	2008	基于序列的蛋白质功能研究	教育部自然科学二等奖（第一完成单位）	孙之荣　华苏军　张松等
29	2008	下丘脑-垂体激素在消化系统的定位研究及功能分析	教育部科技进步二等奖（第三完成单位）	张荣庆（第三）谢莉萍（第五）
30	2008	生产内皮抑制素的方法	第十届中国专利金奖	罗永章　周　兵
31	2009	二类新药双活感冒胶囊	新药证书：国药证字Z20090020	杜力军　丁　怡　邢东明王　伟

表 19-28-15　1994 年—2010 年生物系发表的论文和申请专利数

年份	论文总数	其中 SCI	申请专利	授权专利	年份	论文总数	其中 SCI	申请专利	授权专利
1994	94	5			2003	194	113	45	6
1995	63	12			2004	203	117	22	15
1996	96	21			2005	194	153	13	25
1997	91	22	1		2006	179	127	12	26
1998	207	38	7	2	2007	210	136	19	16
1999	224	60			2008	154	117	9	6
2000	232	55			2009	234	110	13	14
2001	205	85		2	2010	180	112	17	9
2002	213	102	35	4					

生物系（生命科学学院）教师在国内和国际获得的各项荣誉有：

饶子和、陈应华获 1999 年香港求实科技基金会生物医学类杰出青年学者奖；

孟安明获 2000 年香港求实科技基金会杰出青年学者奖；

吴庆余获 2000 年宝钢基金会优秀教师特等奖；

程京等"我国在世界上首创电磁式生物芯片"入选 2000 年"中国十大科技进展"；

谢莉萍获 2001 年国家高技术研究发展计划做出贡献先进个人奖；

程京获 2001 年国家高技术研究发展计划做出重要贡献先进个人奖；

孟安明获 2001 年教育部"高校青年教师奖";

陈国强获 2002 年第四届教育部"高校青年教师奖";

孟安明获 2002 年全国高校优秀骨干教师;

陈国强的"生物塑料"获 2003 年德国纽伦堡新思维、新发明、新产品展银奖;

饶子和获 2003 年度"何梁何利基金科学与技术进步奖";

陈国强 2003 年获第七届茅以升北京青年科技奖;

陈晔光获 2002—2003 年度美国李氏基金杰出成就奖;

周海梦获 2003 年度"清华大学纪念梅贻琦学术论文奖"一等奖;

陈应华、隋森芳获 2003 年度"清华大学纪念梅贻琦学术论文奖"二等奖;

程京、陈国强 2004 年获第八届"中国青年科技奖";

孟安明、陈晔光主持完成的"调控动物胚胎中胚层形成的一种新机理"入选 2004 年度"中国高等学校十大科技进展";

饶子和 2004 年当选为第三世界科学院院士;

罗永章获得 2006 年中国科协求是杰出青年成果转化奖;

陈晔光 2006 年获第九届"中国青年科技奖";

孟安明获 2007 年度"何梁何利基金科学与技术进步奖";

吴庆余的"利用微藻细胞工程技术"获 2007 年第十七届全国发明铜奖;

陈晔光获 2008 年度"何梁何利基金科学与技术进步奖";

陈晔光入选 2007 年"新世纪百千万人才工程";

李蓬于 2008 年获第一届 Arthur Kornberg Memorial Lecture Award,该奖项主要表彰中国、日本、澳大利亚等所有亚太国家及地区为推动分子生物学发展作出重要贡献的科学家;

陈国强、孙之荣获 2008 年度"清华大学纪念梅贻琦学术论文奖"二等奖;

罗永章获 2009 年度"何梁何利基金科学与技术创新奖";

陈国强获 2009 年度"清华大学纪念梅贻琦学术论文奖"二等奖;

杜力军研制的新药"双活感冒胶囊"获得国家食品药品监督管理局颁发的新药证书;

施一公获 2010 年度赛克勒国际生物物理学奖;

施一公 2009 年入选美国科学促进协会(AAAS)会士(Fellow);

施一公 2010 年获第三届"谈家桢生命科学成就奖";

施一公获 2010 年度"求是杰出科学家奖"。

六、对外合作与交流

2005 年 11 月,清华大学(生物科学与技术系)与隆力奇生物科技股份有限公司联合成立"生物科技研究所"。

2009 年 10 月,将"清华大学(生物科学与技术系)·江苏隆力奇生物科技股份有限公司生物科技研究所"更名为"清华大学(生命科学学院)·江苏隆力奇生物科技股份有限公司生物科技研究所"。

表 19-28-16 列出了生物系(生命科学学院)对外学术交流的主要情况。

表 19-28-16　生物系对外交流及学术活动情况

年份	重要学术会议	来访团组数	教师出境人数	学术报告场数
2000	①国际生物芯片技术大会；②后基因组战略研讨会；③全国高校生物技术人才培养研讨会；④21世纪生命科学和高等教育座谈会	56	21	49
2002	①第二届蛋白质科学国际研讨会；②第二届生物芯片技术国际研讨会	20	4	52
2004	①国际生物芯片技术论坛；②"生态塑料、可持续发展、新材料产业以及促进绿色奥运"研讨会	27	1	17
2004	①国际生物聚酯大会（微生物实验室主办）	230		
2006	①北京细胞生物学学会成立大会暨第一次学术研讨会；②生物系建系八十周年第八届全国生命科学学院院长论坛；③中英发育生物学与人类疾病研讨会；④脂肪酸和脂肪毒性与肥胖症和糖尿病国际研讨会	30		18
2007	①细胞信号转导、干细胞、发育与癌症国际研讨会；②International Microbiology Day（国际微生物节）；③Green Olympics，Green Materials and White Biotechnology（绿色材料和绿色奥运研讨会）；④"生物膜与膜生物工程国家重点实验室"2007年学术研讨会；⑤北京生物化学与分子生物学学术年会	37	12	36
2008	①冰冻电镜技术与结构生物学北京国际研讨会——首届郭可信电子显微学与晶体学暑期学校；②抗肿瘤新生血管基础研究与临床治疗国际论坛	8	36	68

七、实验室和研究基地

（一）系管实验室

1993年，全系设普通生物学、生物化学、生物物理学、生物科学与技术等4个实验室（见表19-28-17），生物膜与膜生物工程国家重点实验室的膜生物物理与膜生物工程分室也设在生物系。

表 19-28-17　1993年生物系系管实验室概况

实验室名称	始建年份	面积（平方米）	工作人员				固定资产		主要贵重仪器设备
			教师	技术人员	其他	合计	总件数	总金额（万元）	
普通生物学	1985	85	2	1		3	59	6.8	
生物化学	1985	320	15	4		19	361	131.35	超速离心机，高压液相色谱，紫外分光光度计
生物物理学	1985	170	12	4	1	17	308	284.38	差热分析仪，荧光分光光度计，圆二色光谱仪，DNA合成仪，荧光显微镜等
生物科学与技术	1985	115	5	5	2	12	102	428.3	X射线发生器，液体闪烁计数器，高速离心机

（二）重点实验室

1. 生物膜与膜生物工程国家重点实验室（清华分室）

生物膜与膜生物工程国家重点实验室由中国科学院动物所、清华大学生物系、北大生物系三家联合组建，批准时间1988年。设在清华大学生物科学与技术系的为膜生物物理与膜生物工程分室。表19-28-18和表19-28-19分别为该实验室历届负责人情况及清华分室概况。

表19-28-18　生物系生物膜与膜生物工程国家重点实验室及清华分室负责人情况

届别	实验室主任	单位	任职时间	清华分室主任
第一届	刘树森	中国科学院动物研究所	1988-05—1991-04	赵南明
第二届	赵南明	清华大学	1991-05—1996-04	赵南明
第三届	吴才宏	北京大学	1996-05—2001-04	周玉祥
第四届	陈佺	中国科学院动物研究所	2001-05—2006-04	陈晔光
第五届	陈晔光	清华大学	2006-05—2011-04	陈晔光

表19-28-19　1993年生物系国家重点实验室膜生物物理与膜生物工程分室概况

始建年份	面积（平方米）	工作人员			固定资产		主要贵重仪器设备
		教师	技术人员	合计	总件数	总金额（万元）	500MHz核磁共振波谱仪，高速离心机，荧光显微镜，圆二色光谱仪，DNA合成仪，荧光光谱仪等
1988	400	12	4	16	410	710	

设备使用获奖情况如下。

透射式电子显微镜：2000年获清华大学大型仪器设备使用效益三等奖，2002年获清华大学大型仪器设备使用管理奖，2003年、2004年、2005年分别获清华大学大型仪器设备使用效益二等奖。

500兆赫超导核磁共振波谱仪：2000年、2003年、2004年、2005年分别获清华大学大型仪器设备使用效益二等奖，2002年获清华大学大型仪器设备使用管理奖，2006年获清华大学大型仪器设备使用效益三等奖。

2. 蛋白质科学教育部重点实验室

批准时间：2000年8月17日，主任：孟安明。

3. 生物信息学教育部重点实验室（挂靠生物系）

批准时间：2002年6月27日，主任：王志新。

4. 抗肿瘤蛋白质药物国家工程实验室

批准时间：2008年5月19日，主任：罗永章。

5. 蛋白质药物北京市重点实验室

批准时间：2007年12月，主任：罗永章。

（三）生物系（生命科学学院）实验室设备情况

表 19-28-20 列出了生物系（生命科学学院）2001 年至 2010 年实验室设备情况。

表 19-28-20　2001 年—2010 年生物系（生命科学学院）实验室设备情况

年份	当年增加台数	金额（元）	其中 10 万元以上台数	全系设备总台数	其中 10 万元以上台数	总金额（元）
2001	706	11 197 453	15	2 621	77	52 762 653
2002	654	15 761 151	27	3 240	104	65 280 888
2003	513	16 928 560	22	3 556	129	80 925 431
2004	343	5 295 261	10	3 822	134	86 782 532
2005	445	9 922 776	17	3 957	131	90 823 883
2006	362	7 552 050	12	4 104	143	95 826 727
2007	1 001	15 826 619	30	4 687	173	106 947 280
2008	709	14 167 623	26	5 396	199	121 114 903
2009	1 017	18 887 324	34	6 413	232	140 002 228
2010	725	9 997 771	28	7 020	249	150 000 000

第二十九节　经济管理学院

一、沿革

（一）发展历程

清华大学经济学系成立于 1926 年秋，朱彬元任系主任。

1930 年秋，设经济学研究所。

1938 年，清华与北大、南开三校经济系联合组成昆明西南联合大学经济学系。

1946 年，三校复员。

1952 年院系调整，清华大学经济学系并入北京大学。1928 年至 1952 年，一直由陈岱孙任系主任。

1978 年，党的十一届三中全会以后，清华大学开始酝酿建立经济管理系；年底，由政治经济学教研组和工业企业管理教研组部分教师组成筹备小组，进行筹建。1979 年下半年，正式成立经济管理工程系，开始招收管理工程、技术经济专业的硕士研究生。

1980 年，开始招收经济管理数学及计算机技术应用专业的本科生。

1981 年初，开始举办干部研究生班，招收具有大学本科毕业学历和丰富实际工作经验的在职干部，进行系统的培训。

1984 年 4 月，经济管理工程系扩建为清华大学经济管理学院（简称清华经管学院），聘请朱镕基担任首任院长。成立初期下设以下四个系：经济系、管理工程系、国际贸易与金融系、管理信息系统系；一个研究所：经济管理研究所。在研究生教育方面，陆续获准成立系统工程、工业工程、数量经济学等硕士点，建立起系统工程和技术经济博士点，以及管理科学与技术博士后科研流动站。在举办干部研究班的经验基础上，经国家教委批准，试办干部研究生班和研究生班，招收管理干部硕士生。

1991 年，试行招收我国首批工商管理硕士生（MBA）。在本科教育方面，将经济管理数学及计算机技术应用专业改为管理信息系统专业；举办一期国民经济管理干部本科生班，1987 年设国民经济管理专业并招收本科生（1989 年停招）；同时与清华有关理工各系共同培养双学位（工程技术与经济管理相结合）复合型人才。

1992 年以来，清华经管学院开始筹建若干个新专业。

1993 年新设了国际金融与财务专业，并开始招收本科生，同时从全校理工各系招收三年级转科生。同年开始招收在职工商管理硕士研究生。

1997 年，学院迁往由利国伟夫妇捐资建成的伟伦楼；与美国麻省理工学院斯隆管理学院合作的"国际 MBA"招收首届学生。

1998 年，获得数量经济学和企业管理博士学位授予权。

2000 年，顾问委员会成立，朱镕基院长担任名誉主席；获得"工商管理"博士学位授予权。

2001 年，赵纯均担任第二任院长；管理科学与工程、技术经济及管理、数量经济学三个学科被评为国家重点学科；与哈佛商学院合办的"清华-哈佛高层经理研修项目"正式开办。教育部组织的全国 MBA 教学合格评估中，清华大学 MBA 教育项目排名第一。

2002 年，成为首批正式开展高级管理人员工商管理硕士（EMBA）学位教育的学院之一；由伍舜德先生捐资的舜德楼落成并投入使用。

2003 年，获得政治经济学博士学位授予权（联合）。

2004 年，举行建院 20 周年庆典活动。

2005 年，常务副校长何建坤兼任第三任院长。

2006 年，钱颖一担任第四任院长；获得理论经济学和应用经济学博士学位授予权。在教育部学位与研究生教育发展中心组织的全国一级学科评估中，清华大学工商管理学科整体水平排名第一，管理科学与工程学科整体水平排名第二。

2007 年，通过国际商学院联合会（AACSB）的认证，成为中国内地首家获得此认证的学院；管理科学与工程、工商管理、数量经济学三个学科被评为国家重点学科。清华-INSEAD EMBA 双学位项目开始招生。

2008 年，通过欧洲质量发展认证体系 EQUIS 的认证，成为中国内地首家获此认证的大学商学院。

2009 年，实施新版 MBA；实施新版本科培养方案。开始举办会计专业硕士项目。

2010 年，信息战略一期工程建设完成；启动 MBA 招生改革；启动硕士教育改革，推出中国第一个"管理硕士"项目（MiM）。

（二）经管学院历任负责人名录

表 19-29-1 和表 19-29-2 分别列出了经管学院历任党政负责人和学术委员会主任名录及任职时间。

表 19-29-1　经管学院历任党政负责人

序号	年　份	院　长（系主任）	党委（总支）书记
1	1979—1984	系主任 董新保	邵　斌（总支）
2	1984—2001	院长 朱镕基 常务副院长 赵纯均	何介人（兼）1984—1985 邵　斌 1985—1991 陈章武 1992—1998 朱宝宪 1998—1999 吴　栋 1999—2000
3	2001—2005	院长 赵纯均	陈章武 2001—2006
4	2005—2006	院长 何建坤	
5	2006—	院长 钱颖一	杨　斌 2006—

表 19-29-2　经管学院历任学术委员会主任

序号	学术委员会主任	任职时间
1	傅家骥	1997
2	宋逢明	1998—2003
3	陈国青	2004—

二、教学科研组织

从 1979 年起，随着我国经济体制改革的不断深入和学科的发展，清华经管学院陆续新建教研组和系所如下：

1979 年，新建管理工程、技术经济、经济管理数学与计算机应用技术 3 个教研组。

1984 年，新建经济学、国际贸易与金融、管理信息系统（MIS，由原经济管理数学与计算机应用技术教研组发展而成）、经济管理数学（后并入管理信息系统教研组）4 个教研组。

1985 年，新建经济法教研组。

1987 年，新建系统工程教研组。

1993 年，新建企业管理、工业工程（以上两个教研组由原管理工程教研组发展而成）、国际工商管理、国际金融与财务（以上两个教研组由原国际贸易与金融教研组发展而成）4 个教研组。至 1993 年 7 月，全院共有 9 个教研组，分别是：经济学、技术经济、企业管理、工业工程、国际工商管理、国际金融与财务、管理信息系统、系统工程和经济法。

1996 年，中国经济研究中心成立。

1998 年 11 月，学校设立公共管理系，行政隶属经管学院，常务副院长赵纯均兼任系主任，至 2000 年 10 月公共管理学院成立。

2000 年，技术创新研究中心、中国企业研究中心和中国创业研究中心成立。

2002 年，清华大学中国金融研究中心成立。

2004 年至 2010 年，全院共有 8 个系和 1 个教研组，分别是：会计系、企业战略与政策系、经济系、金融系、人力资源与组织行为系、技术经济与管理系、管理科学与工程系、市场营销系和经济法教研组。

2004 年，清华大学中国与世界经济研究中心和中国零售研究中心成立。

2006 年，中国公有资产研究中心成立。

2008 年，中国财政税收研究所、中国保险与风险管理研究中心、领导力研究中心、清华大学-国家开发银行规划研究院和医疗健康管理研究中心先后成立。

2010 年，中国经济社会数据中心、公司治理研究中心、清华大学绿色跨越研究中心、中国企业成长与经济安全研究中心和中国与拉美管理研究中心先后成立。

三、教职工

（一）教职工队伍

1979 年，经济管理系有教职工 15 人，其中教师 10 人，教学辅助人员 3 人，职工 2 人。1993 年，教职工增至 104 人，其中教师 86 人，教学辅助人员 7 人，职工 11 人。截至 2010 年底，学院拥有教职工 386 人，其中教师为 144 人，职员 242 人（非事业编制 223 人）。清华经管学院教师队伍发展状况见表 19-29-3，教授名录见表 19-29-4。

表 19-29-3　经管学院教师队伍发展概况

年份	教师				合计	年份	教师				合计
	教授	副教授	讲师	助教			教授	副教授	讲师	助教	
1979		4	5	1	10	2004	36	44	39		119
1984	1	10	31	3	45	2006	40	47	34		121
1993	15	34	24	13	86	2009	47	57	32		136
1997	16	37	25	16	94	2010	47	61	36		144
2000	26	38	39	5	108						

（二）教授名录

表 19-29-4　经管学院教授名录

姓名（任职时间）	姓名（任职时间）	姓名（任职时间）
郑维敏（1978—1993 退休）	吴增菲（1980—1988 退休）	傅家骥（1985—1996 退休）
潘家韶（1987—1994 退休）	叶焕庭（1987—1995 退休）	赵纯均（1988—2009 退休）
李端敏（1988—1996 退休）	谢文惠（1988—1988 退休）	董新保（1989—1993 退休）
徐国华（1989—1997 去世）	赵家和（1989—1998 退休）	黎诣远（1990—1991 退休）
王承继（1990—1996 退休）	李子奈（1992—　　）	刘冀生（1992—2001 退休）
吴贵生（1992—　　）	侯炳辉（1993—1996 退休）	姜彦福（1993—2009 退休）

续表

姓名（任职时间）	姓名（任职时间）	姓名（任职时间）
曾道先（1993—2000 退休）	△陈　剑（1994—　　）	罗绍彦（1994—1995 退休）
张金水（1994—　　）	孙礼照（1995—1996 去世）	王永县（1995—2006 退休）
吴　峨（1995—1996 退休）	杨　炘（1995—2004 退休）	陈章武（1996—　　）
沈瑞芸（1996—1997 退休）	宋逢明（1996—　　）	夏冬林（1996—　　）
陈小悦（1997—2001，2001—2007（双聘教授），2007—2010 去世）	曲文新（1997—2002 退休）	张　德（1997—2007 退休）
△陈国青（1998—　　）	程佳惠（1998—2005 退休）	魏　杰（1998 调入—　）
吴　栋（1998—2009 退休）	武康平（1998 调入—　　）	赵　平（1998—　　）
华如兴（1999—2010 退休）	蓝伯雄（1999—　　）	刘丽文（1999—　　）
仝允桓（1999—　　）	金占明（2000—　　）	卢家仪（2000—2002 退休）
陈国权（2001—　　）	雷家骕（2001—　　）	王以华（2001 调入—　）
姜旭平（2002—　　）	朱武祥（2002—　　）	陈　晓（2003—　　）
陈秉正（2003—　　）	朱宝宪（2003—2006 去世）	△白重恩（2004 调入—　）
黄京华（2004—　　）	△李稻葵（2004 调入—　）	廖　理（2004—　　）
徐瑜青（2004—2005 退休）	高　建（2005—　　）	宁向东（2005—　　）
谢德仁（2005—　　）	李　飞（2006—　　）	钱小军（2006—　　）
钱颖一（2006 调入—　）	王一江（2006 调入—2010 调出）	△杨百寅（2006 调入—　）
周　立（2006 研究员调入—）	胡左浩（2007—　　）	△李宏彬（2007 调入—　）
刘玲玲（2007—　　）	谢　伟（2007—　　）	陈涛涛（2008—　　）
文　一（2008 调入—　）	吴维库（2008—　　）	鞠建东（2009 调入—　）
杨之曙（2009—　　）	朱玉杰（2009—　　）	杨　斌（2010—　　）
杨德林（2010—　　）	朱　岩（2010—　　）	
＊于增彪（1999 调入—　）	＊郝振平（2001—　　）	

说明：注△者为长江学者；注＊者属会计研究所（此研究所隶属于清华大学，两位教师的人事关系隶属于经管学院）。

（三）博士后流动站概况

"管理科学与工程"博士后流动站，不分二级专业，是1985年11月批准建立的我国第一批博士后流动站。此流动站于2005年10月被国家评为全国优秀博士后科研流动站，这是全国所有院校"管理科学与工程"博士后流动站中唯一获此殊荣的流动站。应用经济学博士后流动站2003年批准建立。至2010年，经管学院拥有四个博士后流动站（管理科学与工程、工商管理、应用经济学、理论经济学）。

（四）名誉教授、兼职教授、特聘教授、客座教授

清华经管学院从国内外知名学者、企业领导人和政府官员的佼佼者中聘请名誉教授、兼职教授、特聘教授和客座教授，他们的研究与实践使学院的教学科研始终活跃在国际经济理论和当代管理问题的前沿。

1. 名誉教授

曾聘：陈岱孙　李卓敏　马　洪

现聘：罗伯特·巴罗　刘遵义　埃里克·马斯金　闵建蜀　埃德蒙德·菲尔普斯

丹尼尔·瑞奇　奥利弗·伊顿·威廉姆森　袁宝华

2. 兼职教授

曾聘：曹尔阶　陈清泰　陈　元　成思危　戴相龙　房维中　冯淑萍　贡华章

桂世镛　洪　虎　华建敏　江春泽　蒋一苇　姜均露　金德琴　梁小民

廖季立　林少宫　刘国光　刘鸿儒　马　宾　马　凯　潘承烈　秦荣生

沙　叶　汪建熙　王建明　王岐山　乌家培　吴俊扬　项怀诚　徐礼璋

徐联仓　杨纪琬　杨友龙　赵新先

现聘：郭树清　姜建清　李剑阁　刘士余　楼继伟　马建堂　马蔚华　秦　晓

沈联涛　吴敬琏　吴晓灵　谢伏瞻　徐荣凯　许宪春　张为国　周小川

朱镕基

3. 特聘教授

曾聘：艾春荣　白重恩　陈　宏　陈　旗　陈志武　高　滨　黄海洲　李稻葵

李志文　Bengt-Aake Lundvall　梅建平　钱颖一　宋京生　谭国富

田国强　王　江　王　坦　王一江　谢丹阳　张　春　周国富　周　林

现聘：白聚山　曹泉伟　戴建岗　洪永淼　李　奇　Michael R. Powers

石寿永　魏尚进　肖志杰　谢劲红　许成钢　姚大卫　赵修利　朱晓冬

4. 客座教授

曾聘：柯尼西　刘遵义

现聘：斯图尔特·哈特　沃伦·麦克法兰　约翰·桑顿

四、教学

（一）本科生教学

清华经管学院本科教育是从 1980 年开始的，在全国率先建立管理信息系统专业，并从 1980
年起招生。1985 年，我国首届现代经济管理信息处理专门人才毕业。国民经济管理专业从 1985
年开始招生，1989 年起暂停招生。1992 年底设置国际金融与财务专业，1993 年招收第一届新生。

学院拥有全国最优秀、最具有培养潜质的本科生源。从 1980 年的 31 人，发展至 2010 年在校
生 996 人。近几年招收的本科生中，有将近一半来自各省高考前十名，其中 2008 年的高考招生
中，有 23 名文理高考第一名进入清华经管学院。

本科项目学制四年，文理兼收，执行学分制教学计划。2002 年至 2008 年，招生时按"经济
与金融"和"工商管理类"两大类招生，入学初不分专业，学习英语、数学等专业基础平台课
程，第四学期分流进入专业培养。专业分配以本人申请、双向选择为原则，分入"经济与金融"

（含保险方向）、"会计学""信息管理与信息系统"专业。学院大力推进本科教育的国际化，50%以上本科专业课程采用英文授课，有近一半的学生大三秋季学期有机会被选派到国外一流商学院进行为期一个学期的交换学习。

2009年4月，配合第23次教育工作讨论会的召开，学校把经济管理学院确定为本科教学改革的试点学院之一。此后两年中，经管学院充分调研，进行了一系列改革，提出了通识教育与个性发展相结合的本科教育理念。通识教育融合价值塑造、能力培养、知识传授，特别强调对学生的好奇心、想象力、批判性思维能力的培养；个性发展既关注学生个性的发展，又对学生实行个性化的培养。在这一新的教育理念的指引下，学院调整了本科课程设置。新版课程中，前两年以通识教育为主，后两年以专业教育为主。通识教育方面，增加了诸如"中文写作""中文沟通""中国文明""西方文明""批判性思维与道德推理""艺术与审美""心理学概论""中国与世界"等多门新课程或课程组。个性发展方面，为大一新生开设了12门"新生研讨课"，为大三、大四的学生开设了学术、创业、领导力三个方向的"优秀人才培养计划"，同时开设了多层次的英语和数学课程以及多种本科第二学位供学生选择。第一批39名2007级本科生已从"优秀人才培养计划"毕业。

至2010年，本科教育改革已初见成效。超过一半的本科毕业生在国内或国外继续深造，其中一些学生毕业后直接进入国外顶尖大学攻读博士学位。学院2007级本科生有多名申请者获得美国顶尖名校经济学博士项目的录取通知和全额奖学金，包括哈佛、MIT、斯坦福、耶鲁、芝加哥等在内的美国经济类排名前十的所有名校，取得了国内高校经济管理学院迄今为止最令人瞩目的成绩。选择就业的学生平均获得2个以上的录用通知，就业单位包括国内外著名金融机构、咨询公司、跨国公司、大型国有企业，以及政府机关和研究机构等。

1. 培养目标

清华经管学院遵循清华大学的基本方针，把人才培养作为学院的根本任务。经管学院本科生教育的理念是培养每一位学生成为有良好素养的现代文明人，同时创造一种环境使得杰出人才能够脱颖而出。由此确定的本科培养方案由通识教育、专业教育和任选课程三部分组成。

2. 学习目标

培养学生的人文素养，掌握基本的社会科学、自然科学知识；培养学生掌握基本的数理分析方法、计算机应用技能和信息技术工具，培养严谨的逻辑思维模式；培养学生学习经济学、管理学的基本原理、现代理论和分析方法，熟练使用英语交流，为学生未来职业发展奠定基础。

3. 培养方案

学分要求为总学分170分，包括课程140分和必修环节30分。课程设置分为三类：人文社会科学基础（包括思想政治理论课、体育、外语和文化素质课）、数学与自然科学基础（包括数学类、物理类、化学类和生物类）和专业相关课程（包括专业基础课和专业课）。

4. 课程

本科课程由通识教育课程、专业知识课程和任选课程组成。前两年以通识教育课程为主，后两年以专业课程为主。通识教育课程包括思想政治理论课和体育课，中文、英文和数学三种基础技能课，以及通识教育核心课（即文化素质教育核心课）。在完成专业课学习的同时，根据个人兴趣跨越专业界限，选修任选课程。不同专业对毕业生的要求为：

信息管理与信息系统专业要求学生具有坚实的数学基础、系统的管理学基础、必要的经济学知识和较强的中英文沟通能力，掌握计算机专业知识，并有一定的信息系统和数据分析以及信息资源开发利用的技能。

会计学专业不仅需要学习大量的会计、审计、财务、税务、会计信息系统等专业知识，还要学习经济学、金融学、战略管理、市场营销、法律以及数学、计算机等课程。毕业后应具备在企业管理和资本市场中运用现代会计学知识分析问题、解决问题的能力，和从事研究型工作的能力。

经济与金融专业的特点是更好地融合经济学与金融学教学，将学生对金融学的分析技巧和操作方法的掌握，建筑在更加全面和扎实的经济学基础之上，使之更加深入和灵活；而金融学专业知识与技能的训练，也为经济学的学习提供用武之地，达到理论和实践的融合。课程设置上，既包括必修的经济学与金融学基础理论课，也包括较多可供学生选择的理论或应用性选修课。此外，培养目标强调学生达到较高的国际化水平，成为具有国际化视野、能在国际竞争中立足的高素质专业人才。

5. 学制与学位授予

本科学制为四年。经济与金融（含保险方向）专业授予经济学学士学位，会计学专业、信息管理与信息系统专业授予管理学学士学位。

6. 基本学分学时

春、秋季学期课程总学分不低于 140 学分，夏季学期实践环节 15 学分，综合论文训练 15 学分。

（二）研究生培养

经管学院办学是从培养各种类型的研究生开始。1979 年通过全国统考招收第一届授予工学硕士学位的硕士研究生，以后连续招生。1981 年初开始连续举办三届全国大中型企业具有大学本科学历和丰富实践经验的厂长、经理为主的干部研究班。1984 年开始试办了两个类型的研究生班：一是以培养高校师资和科研人员为目标的研究生班；一是从有实践经验的在职干部中招收的管理干部研究生班。学员两年在校修完全部研究生课程，然后回到工作岗位结合实际工作撰写论文，通过在职人员申请学位的途径获硕士学位。从 1987 年至 1990 年又招收四届管理干部硕士生。在总结培养有实践经验的管理干部的经验基础上，1991 年开始全国首批试行培养工商管理硕士（MBA），招收有实际经验的干部，为企业管理部门培养具有综合管理能力的实务型的高级管理人才。

2010 年起，学院实行新的硕士培养方案。改革之后，清华经管学院硕士项目定位于三个类型：研究型硕士（经济学、管理科学与工程）、综合应用型硕士（管理）及专业应用型硕士（金融、会计）。

硕士项目面向本科毕业直读硕士的学生，每年秋季开始招生，标准学制为全日制 2 年。该项目培养计划分为课程学习、实践和学位论文三个环节。其中课程学习包括公共基础课、核心理论

课和开放性选修课。

1. 学术型硕士研究生

清华经管学院有 9 个硕士学位授予点：管理科学与工程、工商管理（企业管理、技术经济及管理、会计学）、应用经济学（数量经济学、国际贸易学、金融学）、理论经济学（西方经济学、政治经济学），这四门学科均为一级学科。清华经管学院的硕士教育致力于培养学生具备扎实的经济学或管理学基础知识，熟练掌握一门外国语，能够应用经济学或管理学的相关理论和方法解决现实问题，能够从事经济、管理领域的应用研究及实践工作。在硕士项目中，有 80％的生源来自免试推荐，近 20％为全国统考生，另外还有近 10％的港澳台和外国留学生。硕士生的学制为两到三年。从 2006 年开始，学院加大了硕士生出国交换的比例，2008 年有 20 名硕士生交换到国外一流院校学习。毕业生中除有部分继续深造攻读博士学位外，就业单位包括国内外著名投资银行，证券、基金等金融服务机构等，单位多为国有企业和外资企业。

2. 博士研究生

系统工程学科于 1987 年由自动化系转来经管学院时即为博士点，设博士后流动站。导师为郑维敏、赵纯均。研究方向为大系统理论及应用，其中包括工业系统、社会经济系统、环境系统、生态系统以及国防系统等。

技术经济学科于 1987 年建立博士点，相继建立博士后流动站。导师为朱镕基、傅家骥、叶焕庭。研究方向为技术实践经济效果及技术促进经济增长规律，包括技术经济、创新经济学、经济系统分析。

至 2010 年，清华经管学院有 4 个一级学科博士学位授予点：管理科学与工程、工商管理、应用经济学、理论经济学。旨在培养掌握坚实的管理经济理论基础和系统深入的学科专门知识，具有独立从事科学研究工作的能力，在科学和专门技术上取得创造性成果的高级科学专门人才。

2010 年起，学院由考生报考博导改为考生报考以系为单位的博士项目，目前共开设 8 个博士项目，每一个博士项目对应一个学系。博士生在通过资格考试以后再选导师。

博士项目招收具有学术研究潜质的优秀学生，每年秋季开始招生，标准学制为三至五年。从 2009 年开始，学院推进了多项博士生培养环节的改革，以提高博士生培养的质量，其中包括为每个博士生提供参加博士生论坛的机会，展示其研究成果；在规定年限内通过博士资格考试，博士生论文全部实行双向隐名评审制；博士生在通过资格考试后，将有机会按要求选择由三名教师组成的论文指导小组；以及优秀博士生在读博期间可申请免费到海外著名研究型大学交换学习一学期或一学年等。

3. 工商管理硕士（MBA）项目

（1）项目概况

清华 MBA 项目始于 1991 年，是中国开办最早、最具影响力和品牌效应的 MBA 项目之一，也是国内最大的 MBA 培养基地。清华 MBA 项目分为：国际 MBA 项目（英文）、全日制 MBA 项目、秋季在职 MBA 项目，以及分别在北京和深圳授课的清华-香港中文大学金融 MBA 项目。

（2）培养目标

培养具有综合管理能力的未来领导者。

（3）项目特色

① 教育理念

于 2009 年实施的新版清华 MBA 培养方案，实现了三个突破：一是既重视传授知识也重视培养学生的能力与品德；二是增加整合性课程；三是增加基于经验的学习。新版清华 MBA 的核心课程设计集中体现以上教育理念，共分为四个模块："自我认知""分析基础""管理基础""整合性实践"。四个模块的内容不仅包括知识的传授，也包括能力和品德的培养；不仅有职能性课程，也有整合性课程；不仅有书本知识，也有管理实践。它们一起构成了由"认知"（being）、"知识"（knowing）和"实践"（doing）三个环节构成的完整的核心课程教育。

② 教学资源

至 2010 年，MBA 项目开设的课程超过 100 门，其中全英文授课的课程超过 1/3。每年举办讲座论坛等活动 200 多场。MBA 教育以案例教学为主，注重理论联系实际。学院设有"中国工商管理案例库"，由哈佛商学院前高级副院长麦克法兰教授担任案例中心联席主任，并取得了哈佛案例库和加拿大毅伟商学院案例库的使用权，这为 MBA 教学提供了丰富的本土与国际案例资源。

③ 国际和地区间交流

国际 MBA 项目：从 1996 年开始，清华经管学院与美国麻省理工学院斯隆管理学院（MIT Sloan School）合作开办国际 MBA 项目（International MBA Program），是中国影响力最大的国际 MBA 项目之一。2010 年入学的 124 名国际 MBA 项目学生中，来自 19 个国家的海外学生占 46%。此外，清华 MBA 项目拥有与美国斯坦福大学商学院合作的 STEP 项目、与麻省理工斯隆管理学院合作的 China Lab 项目和与智利天主教大学合作的 Doing Business in Chile 项目。国际 MBA 项目的学生在清华就读一年后还可以申请美国麻省理工斯隆管理学院的 MS 学位和法国高等商学院（HEC）的双学位。同时，MBA 项目每年定期开展前往日本、印度和中国香港等国家和地区的境外学习之旅，帮助学生增加跨文化经验和开拓国际化视野。

海外交换学习：清华 MBA 项目广泛开展与世界著名商学院的学生交换，目前已与全球 60 所商学院签署互免学费的学生交换协议，是亚洲最大的 MBA 海外交换项目。每年有近百名来自世界各国的 MBA 交换学生在清华学习一个学期，同等数目的清华 MBA 学生有机会走向世界各地，在国外著名商学院学习一个学期。

④ 校友群体

截至 2010 年 7 月，遍布世界各地的清华 MBA 校友已达 6 758 人。清华 MBA 校友行业分布多样，具有强烈校友认同文化。"清华 MBA 校友导师计划"把优秀校友和在校生联系在一起，让在校生得到校友的指导和事业上的支持。清华 MBA 学生成立了金融协会、创业俱乐部、投资俱乐部、人力资源俱乐部、管理咨询协会、房地产俱乐部等 20 多个社团组织，丰富多样的活动帮助 MBA 学生拓展行业认知与人脉。

4. 高级管理人员工商管理硕士（EMBA）项目

（1）项目概况

清华 EMBA 项目以"培养产业领袖，塑造中国企业未来"为使命，将世界前沿管理理念与中国国情相结合，以培养既具有创新精神又能驾驭国际竞争的高层管理人才为目标。

清华 EMBA 项目自 2002 年开办，至 2010 年，学生人数超过 3 000 人，办学规模居国内首

位。清华 EMBA 学生主要是国内外知名国营、民营及跨国公司的高层管理人员以及现任政府官员。84% 的清华 EMBA 学生为公司的副总经理以上级别，其中董事长或总经理占全部学生的 55% 以上，企业资产多数在 10 亿元人民币以上。

（2）发展历程

2002 年 9 月，清华经管学院作为我国首批试行培养 EMBA 的高等院校之一，正式推出 EMBA 学位教育。2003 年，清华大学 EMBA 项目成为全球 EMBA 理事会正式会员。2004 年，清华 EMBA 项目承办全球 EMBA 理事会亚洲及环太平洋区域会议。2005 年，在国务院学位委员会对 EMBA 教育的首次官方评估中，成绩突出。2007 年，清华 EMBA 获《经理人》杂志 2007 年度中国最佳 EMBA 排行第一名。2007 年，清华-INSEAD 双学位 EMBA 课程首期班开课，标志清华 EMBA 项目国际化程度迈上新台阶。

（3）教学特色

清华 EMBA 项目摆脱传统的教育模式，将国外的前沿管理理念与中国国情相结合，通过大量深入的商业案例分析、实战模拟、团队合作、实地考察等多种方式来提高学生的综合管理能力。清华 EMBA 独创的移动校园将课堂搬到各地并进行企业走访，同学们运用多年积累的丰富实践经验和 EMBA 课堂所学的前沿理论知识，共同为当地企业出谋划策。

（4）国际视野

从 2003 年开始，多批 EMBA 学生走出国门，出访 MIT 斯隆管理学院、伦敦经济学院等世界知名院校，倾听世界顶尖管理大师的授课；伦敦商学院（LBS）、法国高等工商学院（HEC）等著名商学院 EMBA 也来到清华沟通交流。前高盛总裁约翰·桑顿教授开设的"全球领导力"课程邀请了国内外众多商界名家、政界要人作为授课嘉宾，为提升清华 EMBA 的国际化视野打开了一扇窗口。

（三）教学成果

经管学院在全国最早开始系统地举办适应改革开放需要的管理干部研究班，相继培养干部研究生和管理硕士研究生，不断地探索与我国深化经济体制改革相适应的管理干部的培养模式，取得了有益的经验，为我国试行工商管理硕士学位（MBA）提供了实践基础。"探索具有中国特色的管理干部研究生培养模式"的总结，获 1993 年北京市优秀教学成果二等奖。

经管学院在全国工科院校中最早开设西方经济学课程，系统讲授有关市场经济基本知识，适应建设我国社会主义市场经济的需要。

始终坚持理论与实践相结合，全国首次建立起中国经济管理案例库。

以傅家骥教授为首编著的《工业技术经济学》获 1992 年国家教委优秀教材一等奖。以徐国华教授为首编著的《管理学》获 1992 年国家教委优秀教材二等奖。

由赵纯均、陈国青、仝允桓、钱小军和陈涛涛负责的项目"开放式国际化的办学模式的研究与实践"分别荣获 2004 年北京高等教育教学成果奖市级一等奖、2005 年国家级教学成果奖二等奖。2006 年，李子奈获第二届北京市高等学校教学名师奖；2008 年，宋逢明获第四届北京市高等学校教学名师奖。2009 年，由陈章武、仝允桓、刘玲玲、朱恒源、朱玉杰五位老师主持的"贯穿经管类本科生培养全过程的递进式实践教育体系"入选北京市教育教学成果二等奖。

关于精品课、教材和全国优秀博士论文获奖情况，分别见表 19-29-5、表 19-29-6 和表 19-29-7。

表 19-29-5　经管学院入选国家、市级、校级精品课程情况

序号	课　程	负责人	入选类别与时间		
			国家级	市级	校级
1	计量经济学	李子奈	2004	2003	2006
2	金融工程	宋逢明	2006	2006	2006
3	创业管理	雷家骕	2007	2007	2007
4	管理信息系统	陈国青	2007		2007
5	中级微观经济学	李稻葵			2007
6	经济学原理	钱颖一	2008	2008	2007
7	质量管理	孙　静			2008
8	信息管理导论	朱　岩			2009
9	高等计量经济学	李子奈			2009
10	管理经济学	陈章武			2009
11	中级宏观经济学	白重恩			2010
12	创业机会识别和商业计划（1）	高　建　梅　萌			2010
13	领导与团队	杨　斌			2010

表 19-29-6　经管学院教材获奖情况

序号	获奖时间	教 材 名 称	项目负责人	奖项名称及等级
1	2001	高新技术创业管理	雷家骕	北京市高等教育精品教材
2	2001	会计学	夏冬林	北京市高等教育精品教材
3	2002	创业投资管理	高　建	北京市高等教育精品教材
4	2002	创意开发方法	杨德林	北京市高等教育精品教材
5	2002	金融工程	宋逢明	北京市高等教育精品教材
6	2002	技术创新管理	吴贵生	全国普通高等学校优秀教材一等奖
7	2003	领导学	吴维库	北京市高等教育精品教材
8	2003	创业学	姜彦福	北京市高等教育精品教材
9	2003	供应链管理：教程与案例	谢　滨	北京市高等教育精品教材
10	2004	网络营销	姜旭平	北京市高等教育精品教材
11	2006	创业管理学	姜彦福　张　帏	北京市高等教育精品教材
12	2006	高技术创业管理：创业与企业成长	雷家骕	北京市高等教育精品教材
13	2007	管理信息系统	陈国青	北京市高等教育精品教材

表 19-29-7　经管学院入选全国优秀博士论文情况

序号	年份	论 文 题 目	奖项名称	论文作者	导师
1	2004	单位根和协整及其结构突变的理论与应用研究	全国优秀博士论文提名	王少平	李子奈
2	2008	关联规则属性值域扩展研究	全国优秀博士论文	闫　鹏	陈国青
3	2010	考虑数据分布的 K-均值聚类研究	全国优秀博士论文	吴俊杰	陈　剑

五、科学研究

（一）概况

科学研究是清华大学经管学院发展的重要内容之一。自 1984 年建院以来，学院从国家经济建设与管理实际出发，紧密结合教学、科研与学科建设工作，积极承担国家、政府部门和企事业单位的研究课题。

经过 20 多年的发展，学院学科建设日臻完善。学科领域涵盖经济与管理两大学科门类，拥有 3 个国家重点学科（管理科学与工程（一级）、工商管理（一级）、数量经济学（二级）），5 个一级学科博士学位授予权（管理科学与工程、工商管理、政治经济学（联合）、理论经济学和应用经济学），建成 3 个国家级重点研究基地，其中包括"国家哲学社会科学创新基地"（现代管理与技术创新研究基地），教育部"普通高等学校人文社会科学重点研究基地"（现代管理研究中心、技术创新研究中心）。

此外，学院还建成 8 个校级研究中心（中国经济研究中心、中国金融研究中心、中国与世界经济研究中心、中国财政税收研究所、清华大学经济社会数据中心、清华大学-国家开发银行规划研究院、清华大学中国企业成长与经济安全研究中心、清华大学绿色跨越研究中心）和 13 个院级研究中心（中国创业研究中心、中国企业研究中心、中国零售研究中心、中国公有资产研究中心、中国保险与风险管理研究中心、领导力研究中心、医疗管理研究中心、公司治理研究中心、中国工商管理案例中心、中国-拉丁美洲管理研究中心、国际经济研究中心、家族传承与发展研究中心、中国产业发展研究中心）。

（二）研究领域

1. 会计学

会计与资本市场、会计准则与会计监管、财务分析与企业价值评估、成本和绩效管理、经营风险评估与控制、税收征管与税务战略。

2. 企业战略与政策

企业制度安排、战略管理理论与方法、领导与管理、企业环境与政策、企业战略与产业政策、企业国际化战略、企业战略与资本运营。

3. 经济学

数量经济学理论、方法与应用、非经典计量经济学理论与方法研究、国家（地区）间连接模型、可计算一般均衡模型、金融市场计量经济学研究、微观经济学及应用、组织与激励经济学、公司治理、产业经济学、卫生经济学和中国医疗卫生体制改革研究、企业理论与中国企业制度研究、网络经济与电子商务研究、宏观经济学理论及应用、中国宏观经济模型、中国宏观经济调控理论与政策研究、公共财政研究、发展经济学与转型经济学、经济制度变迁、"三农"问题研究、土地政策、中国国民收入分配与实证研究、中国区域经济发展及规划研究、国际贸易、国际金融。

4. 金融学

金融工程与金融经济学、中国资本市场研究、资产定价、公司财务与投资银行、中央银行与货币政策、金融机构监管与管理、国际金融、国际资本流动、保险、精算与风险管理、房地产金融与定价、开放经济与商业环境、跨国公司与国际投资、外汇与外贸模型。

5. 人力资源与组织行为

战略人力资源管理、组织学习和学习型组织、跨文化管理、组织文化、组织变革、胜任能力、劳动关系、知识管理、人力资源测评、领导力开发、企业创新、绩效管理、薪酬管理。

6. 技术经济及管理

技术创新管理、技术创新经济学、技术管理、技术战略、服务创新、管理创新、产品创新、创业与创业投资、创业管理、创业投资、技术创业、公司创业、公司成长、技术经济评价理论与方法、科技战略与政策、项目管理。

7. 管理科学与工程

面向管理问题的复杂系统理论与方法、复杂系统理论、知识管理、决策理论与决策系统、可持续发展战略与研究、运作管理、供应链与物流管理、服务系统与服务管理的理论及方法、面向运作管理的人工智能技术及优化方法、信息管理与信息系统、管理信息系统、商务智能及其应用、电子商务理论与应用、信息管理与战略。

8. 市场营销

消费者购买行为、品牌战略与管理、零售管理、分销渠道管理、网络营销、客户关系管理、整合营销沟通。

9. 经济法

金融法、商法。

(三) 科研成果

从 1979 年以来，承担了许多国家、地方和企业的科研任务。1986 年至 1993 年承担的重要项目有 174 项，其中有国家自然科学基金重大课题 1 项，国家自然科学基金面上基金 21 项，国家自然科学基金青年基金 3 项，国家哲学社会科学基金 1 项，"七五"攻关项目 4 项，"八五"攻关项目 1 项，"863"高技术科研项目 4 项。其中，达到国际先进水平和国际首创的成果 7 项。

1994 年至 2010 年学院共承担国家、地方和企业的研究任务 1 000 多项，获得的国家自然科学基金项目名列国内管理学院前茅，共 222 项，包括：国家创新群体 1 项、国家自然科学基金重大项目 1 项、国家杰出青年项目 6 项、重点项目 9 项、国家社科基金 21 项。学院在相关学科方向开展研究并取得了一批重要成果，在国内外学术刊物和学术会议上发表学术论文 5 000 多篇，其中在国外学术刊物发表论文 438 篇，被 SCI、SSCI、EI 等国际检索论文 530 篇。发表学术论文情况见表 19-29-8。

表 19-29-8　经管学院历年发表学术论文情况　　　　　　　　　　　篇

年度	国内学术刊物	国内学术会议	国际学术刊物与会议	合计	年度	国内学术刊物	国内学术会议	国际学术刊物与会议	合计
1987	32	29	3	64	1999	224	16	25	265
1988	50	42	26	118	2000	283	26	57	366
1989	55	13	6	74	2001	186	5	50	241
1990	41	25	6	72	2002	163	17	100	280
1991	49	44	16	109	2003	153	11	126	290
1992	58	25	13	96	2004	243	38	133	414
1993	73	27	12	112	2005	264	27	81	372
1994	90	29	9	128	2006	253	44	126	423
1995	126	28	32	186	2007	299	39	182	520
1996	122	16	46	370	2008	266	28	156	450
1997	103	20	21	144	2009	230	42	156	428
1998	153	17	45	215	2010	232	24	190	446

　　获奖方面：建院以来，学院获得各类科技进步奖和优秀成果奖 47 项。科研成果获奖情况见表 19-29-9，获国家级和省部级奖情况见表 19-29-10。

表 19-29-9　经管学院科研成果获奖情况

奖项名称	获奖数			合计
	一等奖	二等奖	三等奖	
国家级科技进步奖			2	2
省部级科技进步奖	1	8	1	10
市、地区级科技进步奖	1			1
省部级研究成果奖	8	13	4	25
省部级科学技术奖	1		5	6
社会力量科技进步奖		3		3
总计	11	24	12	47

表 19-29-10　经管学院历年获国家级和省部级奖情况

序号	获奖时间	项目名称	奖项名称及等级	颁奖部门	获奖者
1	1988-06	多分区电力长期规划模型及其在长江中上游（四川）电力规划的运用	水利电力部科学技术进步二等奖	水利电力部	叶焕庭
2	1991	设备更新改造方针政策和经济决策理论与方法的研究	国家教委科技进步奖二等奖	国家教育委员会	傅家骥
3	1992	设备更新改造方针政策和经济决策理论与方法的研究	国家科技进步奖三等奖	科技部	傅家骥

续表

序号	获奖时间	项 目 名 称	奖项名称及等级	颁 奖 部 门	获奖者
4	1993	北京市外商投资工业企业在现阶段作用和地位问题的探讨	北京市科技进步奖二等奖	北京市人民政府	曾道先
5	1994-12	技术出口对中国经济的影响及其信贷政策研究——成套设备出口对中国经济的影响	对外经济贸易科学技术工作重大成果一等奖	中华人民共和国对外贸易经济合作部	杨 炘
6	1994	技术创新——中国企业发展之路	北京市第三届哲学社会科学优秀成果奖	中共北京市委、北京市人民政府	傅家骥
7	1995	技术创新——中国企业发展之路	全国高等学校人文社会科学优秀成果二等奖	国家教育委员会	傅家骥
8	1995	培育水稻良种遗传过程的系统分析与控制	国家教委科技进步二等奖	国家教育委员会	郑维敏
9	1996-12	技术出口对中国经济的影响及其信贷政策研究——成套设备出口的影响	国家科技进步奖三等奖	国家科学技术委员会	杨 炘（第六以后完成人）
10	1998-01	我国管理科学学科发展战略研究	国家教委科技进步二等奖	国家教育委员会	傅家骥
11	1999	中国技术创新理论研究	国家教育部科技进步奖一等奖	教育部	傅家骥 姜彦福 雷家骕
12	1999	长白山生态保护与可持续发展战略和模式研究	国家教育部科技进步奖三等奖	教育部	吕春燕 孙荣玲
13	1999	我国实施汽油无铅化问题研究	国家科技部科技进步二等奖	科学技术部	吴贵生
14	2000-12	金融工程原理——无套利均衡分析	北京市第六届哲学社会科学优秀成果一等奖（专著）	中共北京市委、北京市人民政府	宋逢明
15	2000-12	技术创新学	北京市第六届哲学社会科学优秀成果一等奖（专著）	中共北京市委、北京市人民政府	傅家骥 雷家骕
16	2000-12	电子商务教程	北京市第六届哲学社会科学优秀成果二等奖（教材）	中共北京市委、北京市人民政府	黄京华
17	2000-03	云南省高技术产业发展规划研究	云南省科技进步二等奖	云南省人民政府	吴贵生（1） 仝允桓（2） 杨德林（5） 朱恒源（7）
18	2001-12	基于神经网络和定性推理的智能化决策支持方法研究	北京市科技进步奖二等奖	北京市人民政府	陈 剑
19	2002-12	企业剩余索取权：分享安排与剩余计量	北京市第七届哲学社会科学优秀成果奖二等奖（专著）	中共北京市委、北京市人民政府	谢德仁

续表

序号	获奖时间	项目名称	奖项名称及等级	颁奖部门	获奖者
20	2002-12	接近零不合格过程的质量控制	北京市第七届哲学社会科学优秀成果奖二等奖（专著）	中共北京市委、北京市人民政府	孙 静
21	2002-12	对外承包工程对中国经济的影响及其扶植政策仿真研究	对外贸易经济合作部第四届全国对外经贸研究成果奖三等奖	对外贸易经济合作部	杨 炘
22	2003-07	中国外债适度规模定量分析模型和外债风险管理方法研究	教育部第三届中国高校人文社会科学研究优秀成果奖经济学二等奖	教育部	杨 炘
23	2004-03	WTO与北京科技计划体系研究	北京市科学技术奖三等奖	北京市人民政府	吴贵生
24	2004-12	Differences between Learning Processes in Small Tigers and Large Dragons（"小虎"和"大龙"的学习过程差异）（论文）	北京市第八届哲学社会科学优秀成果一等奖	中共北京市委、北京市人民政府	谢 伟
25	2004-12	异文化圈社会规范层次结构模型的比较研究	北京市第八届哲学社会科学优秀成果二等奖	中共北京市委、北京市人民政府	郑晓明
26	2004-12	民航专项基金征管改革研究（清华大学、民航总局规划发展财务司、民航学院）	2004年度中国民用航空协会科学技术奖一等奖	中国民用航空总局	赵纯均（2）陈 晓（4）宋衍蘅 肖 星 胡谨颖
27	2005-12	企业内部控制制度（研究报告）	北京市哲学社会科学"十五"规划项目优秀成果奖	北京市哲学社会科学规划办公室	陈关亭
28	2005	银行信息化管理体制与运行机制研究	北京市科学技术奖三等奖	北京市人民政府	陈 剑
29	2005	接近零不合格过程的质量控制	北京市科学技术奖三等奖	北京市人民政府	孙 静
30	2005	北京服务贸易的历史、现状和发展前景研究	北京市科学技术奖三等奖	北京市人民政府	杨 炘
31	2006-12	主要贸易伙伴实施的技术性贸易壁垒对我国经济安全的影响	全国商务发展研究成果奖研究报告二等奖	商务部	雷家骕
32	2006-12	《企业剩余所取权：分享安排与剩余计量》（著作）	第四届中国高校人文社科研究优秀成果二等奖	教育部	谢德仁
33	2006-12	《虚拟企业建构与管理》（著作）	第四届中国高校人文社科研究优秀成果三等奖	教育部	陈 剑

续表

序号	获奖时间	项目名称	奖项名称及等级	颁奖部门	获奖者
34	2008-07	《研究型大学科技企业衍生与成长研究》	北京市第五届教育科学研究优秀成果二等奖	北京市教育委员会/北京市教育科学规划领导小组	杨德林（1）于增彪（2）孙 静（4）
35	2008-12	《全球创业观察中国报告》（调研报告）	北京市第十届哲学社会科学优秀成果奖一等奖	中共北京市委、北京市人民政府	高 建
36	2008-12	《区域科技论》（专著）	北京市第十届哲学社会科学优秀成果奖二等奖	中共北京市委、北京市人民政府	吴贵生
37	2009-09	《中国服务业发展的问题和对策》（研究报告）	高等学校科学研究优秀成果奖（人文社会科学）二等奖	教育部	白重恩
38	2009-09	《全球生产网络中的中国轿车工业》（论文）	高等学校科学研究优秀成果奖（人文社会科学）二等奖	教育部	谢 伟
39	2009-09	《中国信息系统管理关键问题研究》（论文）	高等学校科学研究优秀成果奖（人文社会科学）三等奖	教育部	陈国青
40	2009-09	《接近零不合格过程的有效控制》（著作）	高等学校科学研究优秀成果奖（人文社会科学）三等奖	教育部	孙 静
41	2009	小额林权抵押贷款及森林保险研究	北京市科学技术奖三等奖	北京市人民政府	宋逢明 王 珺 冷慧卿 高 峰 孙霄翀 马菁蕴 林 森
42	2009	考虑使用寿命约束的耐用品的动态批量问题研究	天津市第十一届社会科学优秀成果奖二等奖	天津市人民政府	陈 剑（第二作者）
43	2010	复杂系统的建模与决策方法研究	高等学校科学研究优秀成果奖（科学技术）自然科学奖二等奖	教育部	陈 剑 徐泽水

六、对外合作与交流

经管学院建立后，即与中国香港中文大学商学院建立起合作关系。聘请该院院长闵建蜀教授为名誉教授，连续选派教师前往进修与讲学，邀请闵建蜀等教授前来讲学，合作培养博士生。从1992年起，与该校经济系建立起合作关系，共同进行沪港经济发展比较研究。

1984年3月，根据中国与加拿大合作CIDA项目，经管学院先后与加拿大西安大略大学商学院、滑铁卢大学和麦克马斯特大学签订了合作协议并已进行了两期。学院赴加拿大访问学者61

人，派留学生 9 人；加方前来讲学学者 33 人。共同举办 7 期培训班，一期为案例教学高等培训班，全国 28 所管理院校教师参加学习，其余为厂长、经理等管理人员培训班，双方教师共同上课。双方教师共同研究并编译了《国际工商管理案例丛书》5 册。

经过 20 余年的发展，清华经管学院在国际交流与合作中呈现出"高层次、高水平、全方位"的局面。2000 年 10 月成立的清华大学经济管理学院顾问委员会，由 50 余位全球著名跨国公司的董事长、总裁以及国际著名学者等组成。朱镕基担任名誉主席，前高盛集团董事长兼首席执行官、美国前财长亨利·保尔森先生和 BP 集团前首席执行官约翰·布朗勋爵先后担任主席，现任主席为沃尔玛百货公司总裁兼首席执行官李斯阁。顾问委员会作为学院和世界联系的纽带，为学院跻身世界一流商学院之列起到了重要的推动作用。

学院的师资队伍也朝着国际化的方向迈进。20 多年来，学院先后派出百余名教师赴外进修、访问、讲学、参加学术活动，为学院借鉴国际最先进的教学内容、方法和手段提供了良好的条件，并建立了学术交流网络，使学院教师的科研水平与国际前沿保持了同步发展。学院从 2002 年起就开始部署和实施国外和中国香港特别行政区师资引进计划，至 2010 年共引进 67 名，其中 2007 年一年就引进教师人数为 17 人，达到了一个历史高峰。

此外，学院还经常组织各种形式的学生国际交流活动。

（一）与知名国际性商学院组织的紧密关系

（1）AACSB：2002 年 10 月，成为国际商学院联合会（AACSB）会员；2007 年 4 月，成为中国内地首家获得 AACSB 认证的商学院；2008 年，钱颖一院长担任 AACSB 理事会理事；2010 年，钱颖一院长担任 AACSB 蓝绶带认证质量委员会委员。

（2）AAPBS：2004 年，参与发起并创立亚太管理学院联合会（AAPBS）；2005 年在清华经管学院成功举办第一届年会；2008 年钱颖一院长担任 AAPBS 主席。

（3）CEMS：2006 年，成为管理硕士国际联盟（CEMS）伙伴成员。

（4）EFMD：2006 年 11 月，成为欧洲管理发展基金会（EFMD）会员；2008 年 2 月获得该组织的 EQUIS 认证，成为中国内地首家获得 EQUIS 认证的大学商学院；2009 年，钱颖一院长成为 EQUIS 认证委员会委员。

（5）GMAC：2008 年，成为美国商学院协会研究生入学管理委员会（GMAC）成员。

（6）PIM：2005 年，成为国际商学院合作组织（PIM）正式成员；2010 年，陈国青副院长担任 PIM 亚太地区主席。

（二）与世界顶尖商学院的深度合作

1997 年起，与美国麻省理工学院斯隆管理学院（MIT Sloan School）合办国际 MBA 项目。

1998 年起，与法国高等商学院（HEC Paris）合作教师交流、高级培训以及 MBA 双学位等项目。

2001 年起，与美国哈佛大学商学院（Harvard Business School）合办高层管理培训项目。

2005 年起，与美国斯坦福大学商学院（Stanford GSB）合作 MBA 学生交流项目。

2006 年起，与位于法国和新加坡的欧洲工商管理学院（INSEAD）合办 EMBA 双学位项目。

2010 年起，与美国宾夕法尼亚大学沃顿商学院合作本科学生交换项目。

（三）广泛的学生境外交换网络

清华经管学院与海外著名大学和商学院学生交换合作已进入一个稳步发展阶段。截至 2010 年，学院已与海外 93 所院校签署了互免学费互认学分的学生交换合作，为清华经管学院学生提供大量开拓国际化视野的机会。2010 年清华经管学生共有超过 300 个海外交换名额，这让大批学生有机会走出国门到境外著名大学学习。同时，学院在 2010 年接待了 240 名来访的境外交换学生，这也为没有参加出国交换的清华经管学生提供了国际化环境下的学习体验。

（四）部分参与学生交换的院校

（1）北美：西北大学凯洛格商学院、密歇根大学罗斯商学院、斯坦福大学商学院、麻省理工学院斯隆管理学院、耶鲁大学管理学院、西安大略大学毅伟商学院、多伦多大学罗特曼管理学院。

（2）欧洲：西班牙 ESADE 商学院、意大利博科尼商业大学、法国巴黎高等商业学院。

（3）亚太：新加坡国立大学、日本早稻田大学、韩国首尔大学、中国香港中文大学、澳大利亚墨尔本大学。

（4）拉美：智利天主教大学。

七、实验室、图书馆和研究基地

（一）管理信息系统实验室

始建于 1981 年。1997 年，实验室随学院迁入伟伦楼，2003 年，教学机房又迁入舜德楼新馆。实验室包括 1 个教学机房和 2 个科研机房。教学机房位于舜德楼，面积约为 140 平方米，有机位 40 个；科研机房位于伟伦楼，面积分别为 90 平方米和 50 平方米，共有机位 55 个。管理信息系统实验室面向全院学生开放，其功能包括：学习各种计算机语言和软件的使用；连入互联网进行学术交流，获取国内外最新科技成果及知识；使用校园网提供的各种资源和查阅图书馆藏的资料；为学院整班上机的教学任务（包括各种多媒体教学）提供机位；为学院各课题组提供科研用机等。

（二）中国工商管理案例中心

中国工商管理案例中心于 2000 年 9 月 21 日经教育部批准立项。案例中心隶属于清华经管学院，是从事工商管理案例研究、案例开发、案例库建设的专业研究和教学服务机构。中国工商管理案例中心以"集聚商业智慧、推动管理教育"为宗旨，依托清华经管学院卓越的学术资源，努力建设一流的案例库。

中国工商管理案例中心积极拓展与国际优秀商学院案例中心的合作与交流。在全国 MBA 教育指导委员会和清华经管学院的主持下，案例中心协助承办和运作的"案例教学与编写研讨班"已举办十期，接受培训的商学院教师超过 500 人，推动了中国企业管理案例研究和案例教学创新。同时，中国工商管理案例中心在整合已有 300 多个案例的基础上，全面优化素材搜集、主题构建、内容撰写、案例评审、案例发布、教学培训等以案例为主体的服务流程，建立多元化的信息交互平台和案例应用通道，激励优质案例开发，推动案例广泛运用。

（三）电子商务实验室

清华经管学院在 1999 年英特尔公司资助全球 5 所著名学府成立电子商务研究与教学实验室从事相关的研究和教学的招标中，成为其本土以外唯一中标的单位，并在此基础上成立了电子商务实验室。学院教师承担了多项与电子商务有关的课题，其中有国家自然科学基金项目、清华大学重点软科学项目等。实验室的成立进一步推动了我院电子商务的教学，提高教学水平，更重要的促进电子商务学科的发展。

（四）金融工程实验室

"中信清华金融工程开放实验室"由清华经管学院与中信证券股份有限公司于 2000 年联合建立。实验室主要进行对中国金融工程技术的研究与开发，向社会提供各类基础性的研究成果和研究工具，推动中国金融工程的应用和发展。该实验室主要任务如下：作为清华大学金融工程学科建设的实验基地；作为中信证券公司金融产品开发的理论基地；承接社会各界委托的有关金融创新项目的研究任务；吸收国内外有志于中国证券市场金融工程研究的访问学者、客座研究员和博士后研究人员，进行专门委托或自行申报项目的研究；向社会提供各类基础性的研究成果和研究工具，推动中国金融工程的应用和发展。

（五）企业资源规划实验室

由清华大学经济管理学院和德国的 SAP 公司于 1998 年合作建立。实验室主要目标在于支持教学。在学院的"运作管理""信息系统""企业资源规划""会计信息系统"课程和部分高级管理培训课程中引入相应实验环节，面向学院的本科生、研究生、MBA 和企业经理人员。每年参与相关实验环境的学员超过 200 人，教学效果良好。

（六）行为与沟通实验室

2005 年 4 月 27 日，清华大学批准正式成立"行为与沟通实验室"，该实验室为清华大学"211工程"支持项目之一。行为与沟通实验室的建设紧密围绕着人力资源管理、组织行为学、市场营销等学科及课程提供充分的研究、教学实验研究平台，规范管理行为的理论研究和教学活动。

（七）图书情报中心

经管学院图书情报中心同时也是清华大学图书馆经管分馆，主要为经管学院师生提供服务，还担负为清华大学其他院系读者提供服务的任务。图书情报中心成立于 1985 年，至 2009 年，面积 900 平方米。馆藏经济、管理类中文图书 10 多万册，其中外文图书 1 万余册，每年新增图书 6 000 册左右。另外学院还投入了大量资金用于订购中外文的高水平学术期刊，以及有影响力的财经类杂志和报纸。至 2009 年，订购的期刊、杂志有 600 种，其中 160 种为外文期刊和杂志。为了适应电子化的发展方向，清华大学图书馆采用三位一体，共建共享方式建设了大量数据库，这些数据库包括 Blackwell、EBSCO、Elsevier、JSTOR、OCLC、Springer、SAGE 等国际知名的经济与管理数据库，另外图书情报中心和学校图书馆联合订购了 PROQUEST、EMERALD、中宏等电子数据库。2009 年夏季，学院利用"985"项目经费又增加购买了万得（WIND）数据库和国泰安（CSMAR）数据库（目前这两个数据库在金融研究中心）。作为学院教学与科研的学术支撑机构，本着践行学院使命、营造书香氛围、真诚服务读者的工作理念，图书情报中心各项工作正在向建设数字化、研究型的现代化专业型图书馆方向迈进。

（八）现代管理与技术创新研究基地

2005 年清华大学批准该基地建设方案。该基地是教育部批准的 70 家国家级哲学社会科学创新基地之一，也是清华大学建设一流大学的一个重要举措。现代管理与技术创新基地的建设包含经管学院现有的管理科学与工程及工商管理等 2 个国家重点学科、现代管理研究中心和技术创新研究中心等 2 个教育部人文社科重点研究基地。目前这些重点学科和人文社科重点研究基地在国内具有较强的优势地位。对基地的建设将有助于经管学院现有研究方向的进一步聚焦，有利于整合我国现代管理和技术创新领域的研究力量。基地的管理研究平台（数据库、案例库、资料库、实验室等）将为校内外的研究人员提供一个良好的研究环境。基地将广泛开展国际合作研究，吸引优秀的管理研究人才，提供高质量的理论研究和应用研究成果，以适应我国管理学科的发展和经济建设的需要。

八、高级管理培训

2001 年底，在学院顾问委员会的积极推动下，清华经管学院成立高级管理培训中心，将原有的各类非学历、学位培训项目进行系统整合，并纳入学院整体教学计划之中，形成了四大类脱产和在职培训项目的高级管理培训课程体系，设立了专门的定制课程项目组为大企业提供专业的培训服务。

多年来，高级管理培训中心先后举办各类高级管理培训项目 600 多期，3 万多名学员从清华经管学院走向全国乃至世界各地，为中国改革开放和经济发展作出了重要贡献。本着"高起点、国际化、专业化"的原则，清华经管学院先后与哈佛商学院、悉尼科技大学、巴黎 HEC 商学院、法国时尚学院、美国百森商学院等成功合作多个国际合作项目，使清华经管 EDP 逐渐成为中国乃至世界企业领导人汇聚的平台、交流的中心和学习的驿站。

第三十节　公共管理学院

一、沿革

（一）历史渊源

1996 年清华大学成立 21 世纪发展研究院。当时为适应 21 世纪国际、国内迅速发展的形势，加强软科学研究，充分发挥清华大学综合学科的优势，更好地对国家的重大决策提出有价值的咨询意见，经 1995—1996 学年度第 10 次校务会议（1996 年 3 月 14 日）讨论，决定成立清华大学 21 世纪发展研究院。发展研究院的长远目标是成为中国一个有重要影响的决策咨询学术机构，对中国 21 世纪发展决策的若干重要问题进行研究，争取对国家有关部门的决策提出参考意见。发展研究院成立大会于 1996 年 3 月 26 日召开，由时任校长的王大中兼任院务委员会主任，方惠坚、倪维斗、何建坤为院务委员会副主任，方惠坚为院长，胡显章、邱大雄、侯世昌为副院长。成立初期，发展研究院下设综合研究部、《清华大学发展研究通讯》编辑部和办公室，依托管理科学与工程博士后流动站招收博士后研究人员。1996 年至 1999 年，陆续成立了公共科技政策研究中心、区域发展与可持续发展研究中心、社会改革与社会发展研究中心、高等教育研究中心、台湾海峡隧道论证学术研究中心。发展研究院成立当年招收 3 名管理科学与工程专业硕士研究生，学籍由清华大学核能与技术研究院代管。

1998 年，清华大学成立公共管理系。当时，随着我国经济体制改革和政治体制改革的逐步深入，各级政府和公共企事业机构的职能正在发生深刻变化。发展公共管理学科，提高国家公务员和各种公共管理骨干的素质成为一项十分重要紧迫的任务。为适应这一形势发展的需要，学校开始筹建公共管理学院。为有利于公共管理学院的筹建和教学、科研、行政工作的开展以及推动相关的教师队伍建设，经 1998—1999 学年度第 5 次校务会议（1998 年 11 月 19 日）讨论，决定先行设置公共管理系，行政隶属暂时挂靠在经济管理学院。任命时任经管学院常务副院长赵纯均兼任系主任，薛澜、王孙禺、宁向东为副系主任。同年，获得行政管理硕士学位授予权。1999 年开办公共管理师资班，在清华其他各个院系和校机关中对公共管理学科感兴趣并有一定基础的年轻教师中招收学员，为公共管理学科和学校行政管理相关人才的培养起到了一定的作用，同时也为 MPA 教学进行了一次全面的练兵。

2000 年 5 月 12 日—13 日，公共管理学院（筹）顾问委员会在北京西苑饭店召开，王大中校长参加并颁发委员聘书。与会委员陈清泰、宋德福、邓特抗、朱高峰、弗雷德·绍尔（Frederick Schauer，美国哈佛大学）、格兰格·摩根（Granger Morgan，美国卡内基梅隆大学）、迈克尔·纳奇（Michael Nacht，美国加州大学伯克利分校）等一致认为，清华大学公共管理学院正式成立的时机已经成熟。

2000 年 10 月 18 日，经 2000—2001 学年度第 3 次校务会议讨论，决定在经济管理学院公共管理系和 21 世纪发展研究院的基础上，成立清华大学公共管理学院。同年 10 月 24 日举行公共管理学院成立大会。学校聘请校友、时任国务院发展研究中心副主任、党组书记陈清泰担任学院首任院长，并设立公共管理学院顾问委员会。建院时设立公共管理学院党总支，2002 年 6 月，经学校党委常委会批准，成立党委。

2004 年，经过近 2 年的建设，由香港伍舜德先生捐资 1 000 万元港币，清华大学配套 2 700 万元人民币建设的公共管理学院大楼落成，学院搬进新楼办公。

之后，学院进入稳步发展阶段，教学中从理论到应用、从国内到国际，拓展生源，增加培养系列，优化培养模式；在科研中，学术研究与政策咨询并重，使学院的研究工作形成特色，持续发展，产生影响。

（二）历任党政负责人名录

公共管理学院历任党政负责人情况见表 19-30-1。

表 19-30-1　公共管理学院历任党政负责人名录

院长/常务副院长	任 职 时 间	党委书记	任 职 时 间
陈清泰	2000-10—2002-06	田 芊	2000-10—2002-06（党总支） 2002-06—2003-03
陈清泰/薛 澜	2002-06—2007-05	苏 竣	2003-03—2005-04
陈清泰/王有强	2007-05—2008-10	刘 颖	2005-04—2008-10
薛 澜	2008-10—	王有强	2008-10—2010-10
		孟庆国	2010-10—

历任学术委员会主任为胡鞍钢（2002—2004）、楚树龙（2004—2007）、薛澜（2007—2008）、于安（2008—　）。

二、教学科研组织

公共管理学院不设系，依托研究方向设立研究所（中心）培养研究生。建院之初设立公共政策研究所、企业与政府研究所、经济合作研究所、NGO（非政府组织）研究所、廉政研究室。2000 年成立的中国科学院-清华大学国情研究中心挂靠在公共管理学院。

2001 年成立社会政策研究所。同年 6 月经学校批准，清华大学台湾研究所从人文学院转入公管学院。2002 年，成立战略研究所。

2005 年，学院科研机构调整，保留校级研究机构中国科学院-清华大学国情研究中心、清华大学台湾研究所，按人才培养方向保留公共政策研究所、NGO 研究所，将企业与政府研究所、廉政研究室、社会政策研究所合并为政府研究所，将经济合作研究所和战略研究所合并为国际战略与发展研究所。至此，6 个常设研究所的学科布局形成并延续至今。

三、教职工

2000 年学院成立之初，共有在编教职工 20 名（教授/研究员 6 名，副教授/副研究员 9 名，讲师/助理研究员 2 名，助教 1 名，教辅人员 2 名），博士后 14 名。经过 10 年的努力，到 2010 年共有在编教职工 49 名，博士后 59 名，非事业编制职员 80 名。

建院之初，延续 21 世纪发展研究院的做法，依托学校"管理科学与工程"博士后流动站，招聘博士后研究人员来院工作。2007 年，获得国家人事部批准设立"公共管理"博士后流动站，随后公共管理学院开始依托"公共管理"博士后流动站招收博士后。

历年教职工人数统计见表 19-30-2。

表 19-30-2　公共管理学院历年教职工人数

年份	教授 （研究员）	副教授 （副研究员）	讲师 （助理研究员）	助教	教育职员	博士后	非事业编制 职员
2000	6	9	2	1	2	14	12
2001	11	10	11	1	3	19	19
2002	11	11	9	0	3	24	25

续表

年份	教授 （研究员）	副教授 （副研究员）	讲师 （助理研究员）	助教	教育职员	博士后	非事业编制 职员
2003	12	12	6	0	2	35	28
2004	15	14	7	0	2	46	34
2005	16	13	7	0	3	48	42
2006	18	13	10	0	3	45	46
2007	18	14	11	0	4	57	61
2008	18	13	12	0	4	63	61
2009	19	13	12	0	4	56	66
2010	20	15	9	0	5	59	80

（一）教授名录

教授名录按类别和学校聘任时间排序。

1. 全职教授/研究员

公共管理学院全职教授名录见表 19-30-3。

表 19-30-3 公共管理学院教授名录

姓名（任职时间）	姓名（任职时间）	姓名（任职时间）
薛　澜（1998 — ）	施祖麟（1999 — ）	胡鞍钢（2000 调入— ）
于永达（2000 校内调入— ）	傅　军（2000 —2003 调出）	楚树龙（2001 调入— ）
殷存毅（2001 校内调入— ）	刘庆龙（2001 校内调入— ）	王　名（2001 — ）
寇廷耀（2001 校内调入—2002 退休）	苏　竣（2002 — ）	王有强（2002 — ）
杨燕绥（2003 — ）	于　安（2003 校内调入— ）	崔之元（2004 调入— ）
齐　晔（2004 调入— ）	韩廷春（2004 — ）	巫永平（2005 — ）
俞　樵（2006 调入— ）	孟庆国（2006 — ）	王庆新（2008 调入— ）
彭宗超（2008 — ）	邓国胜（2010 — ）	

2. 双聘教授

陈清泰（2000— ）　　李善同（2006— ）

3. 长江学者讲座教授

托尼·赛奇（2006—2009）　　王绍光（2007—2010）

4. 客座教授

董开石（2001）　　桥爪大三郎（2001）　　林垂宙（2001）　　青木昌彦（2003）
约翰·桑顿（2007）

（二）教师结构与获奖情况

到 2010 年，学院已形成了多学科、高水平、国际视野与国内经验相结合的教师队伍。具有博士学位教师占 95%，其中在海外获得博士学位者占 50%，教师学科背景涵盖管理学、经济学、政治学、社会学、法学、环境与规划等学科，其中国家杰出青年基金获得者 2 人（胡鞍钢、薛澜）、长江学者特聘教授 2 人（齐晔、薛澜）、入选教育部新世纪优秀人才支持计划 3 人（巫永平、彭宗超、杨永恒）、北京市优秀教师 1 人（王有强）。

四、教学

公共管理学院建院时确定不招收本科生，依托学校"管理科学与工程"一级学科培养博士生，依托"行政管理"二级学科、"区域经济"二级学科培养硕士生。2000 年及之后入学的博士和硕士研究生学籍由公共管理学院管理，原由核研院代管学籍的尚未毕业的研究生自 2001 年春季学期学籍转入公管学院。

2000 年获得国务院学位办批准公共管理学院成为全国首批公共管理硕士（MPA）专业学位试点单位之一，2001 年正式接到通知。经过招生宣传和联考，2002 年 2 月首届 180 名 MPA 硕士生（其中清华本部 133 名，深圳研究生院 47 名）入学。

2003 年，获得国务院学位委员会批准，公共管理学院首批获得"公共管理"一级学科博士、硕士授予权，开始在"公共管理"一级学科招收博士生和硕士生。

2006 年，在国务院学位办主办、MPA 教育指导委员会承办的对全国首批试办 MPA 的 24 所院校进行的评估中，清华大学公共管理学院获得全优的成绩，与中国人民大学 MPA 项目并列第一。在准备评估材料过程中，将学院人才培养的理念凝练成为：中国特色、国际视野、清华品牌。

2006 年，由教育部学位与研究生教育发展中心组织的全国一级学科评估中，学院"公共管理"学科排名并列第四。

2007 年，停止管理科学与工程一级学科的招生，2008 年停止区域经济二级学科的招生，集中精力在公共管理一级学科培养博士生和硕士生。学籍在公共管理学院管理的在读管理科学与工程一级学科（实际在核研院 901 室培养）和区域经济二级学科的研究生继续在公共管理学院完成学业直至毕业。

2007 年，经学校批准设立英文授课的硕士项目 MID（Master in International Development），同年开始招生，首届 13 名 MID 学生来自 8 个国家。2009 年，该项目从全球 70 多所院校中脱颖而出，成为中国唯一入选的全球 10 所首批获得麦克阿瑟基金会支持的国际发展实践硕士项目。项目英文名称改为 Master of Public Administration in International Development，缩写仍为 MID。

2008 年，受教育部和商务部委托招收国际公共管理硕士（IMPA，International Master of Public Administration），采用全英文教学，旨在加强和深化与发展中国家的合作与交流，为发展中国家培养高层次公共管理人才。首届 35 名 IMPA 学生来自 17 个国家。

（一）博士生培养

公共管理学院公共管理博士学位教育致力于为高等院校、研究机构、党政机关、非营利机构等部门培养具有扎实理论基础和独立研究能力的公共管理领域的高级人才。

公共管理博士学位教育实行课程学习与论文研究相结合的培养模式。课程学习的主要目的是

为学生从事本领域研究工作打下坚实的知识基础。课程知识结构主要包括：

（1）基础理论。根据学校有关规定和本学科特点，达到坚实宽广的要求，着重学习经济学、政治学、公共政策、公共管理学的前沿理论。

（2）研究领域。根据本研究领域发展的特点，注重对本领域前沿知识的学习和掌握。从 2008 年起博士生研究方向包括：公共政策、政府管理、国际经济政治与国际组织、公民社会与治理、区域发展与政策（含台港澳地区）、发展规划。

（3）交叉学科。鼓励学生根据论文研究的需求，跨学科选择人文、社科、经济及理工科研究生课程。

公共管理博士学位课程要求包括：

（1）公共必修课程（普博生≥4 学分，直博生≥7 学分）。

（2）学科基础课程（24 学分）。包括方法类课程（社会科学研究方法Ⅱ、政策分析和实证研究方法）、经济、政策类课程（经济学Ⅱ、公共政策Ⅱ）、政治、政府类课程（政治学Ⅱ、公法学）、组织、管理类课程（组织理论Ⅱ、公共管理Ⅱ）。

（3）学科方向课程（6 学分，必须选择二个方向的各一门课程）。2008 年培养方案包括六个研究方向：公共政策、政府管理、国际经济政治与国际组织、公民社会与治理、区域发展与政策（含台港澳地区）、发展规划。

自 2005 年开始，在博士研究生完成学科基础课程学习后，正式进入学位论文研究阶段前，要进行公共管理博士资格考试，即学科综合考试。该考试不仅考核所学课程知识，还要考核学生研究能力。

博士学位论文是博士生培养质量和学术水平的集中反映，应在导师指导下由博士生独立完成。公共管理博士学位论文应是公共政策或公共管理研究领域的有重要学术价值和创造性的学术论文，应对公共政策或公共管理等方面的实践具有建设性指导意义，应能反映出博士生在本领域中已经掌握坚实宽广的基础理论、系统深入的专门知识和科学的研究方法，具备了独立从事教学或科学研究工作的能力。

（二）硕士生培养

公共管理学院公共管理硕士学位教育致力于培养掌握现代公共管理理论、分析方法及技术，从事公共管理研究和公共政策分析的专业人才。

公共管理硕士学位课程要求包括：

（1）公共必修课程（5 学分）。

（2）学科基础课程（18 学分）。包括：社会科学研究方法Ⅰ、经济学Ⅰ、政治学Ⅰ、组织理论Ⅰ、公共管理Ⅰ、公共政策分析Ⅰ。

（3）学科专业课程（≥6 学分）。2005 结合研究机构调整，硕士生培养确定公共政策、政府管理、国际经济政治与国际组织、公民社会与治理四个研究方向，2008 年增设区域发展与政策（含台港澳地区）研究方向。

硕士学位论文实际工作时间一般不少于一年。

（三）公共管理（MPA）专业学位

MPA（Master of Public Administration）专业学位是为公共部门培养复合式、应用型高级专门人才，只授予专业学位证。所招学生要求有 3 年以上工作经验且最好服务于公共部门，学制为二至四年。

2002 年至 2004 年，MPA 培养模式为脱产班（F 班）和非脱产班（P 班）两种类型，自 2005 年开始，全部调整为非脱产班形式。同时，除了保留晚间和周末授课形式外，还在学校的支持下，积极调整人才培养结构，主动适应国家对高级公共管理人才培养需求，针对各省级组织部门推荐的地方政府中层领导干部，采用每年两段式集中学习方式，设立 MPA-E 项目。2010 年，根据教育部的政策调整增设双证（毕业证、学位证）MPA。

MPA 专业学位课程设置包括：

（1）核心课程（21 学分，考试）。包括：社会主义建设理论与实践、英语、公共管理、社会研究方法、公共政策分析、政治学、公共经济学、行政法、电子政务。

（2）方向性必修课（≥ 6 学分，考试）。从 2008 年起培养方案包括 7 个方向必修课：公共政策、政府组织与管理、非营利与公共事业管理、国际事务和战略管理、教育经济与管理、区域发展与城市治理、社会政策与社会保障。

（3）选修课（≥14 学分）。

MPA 学生应参加专业实践，内容包括参加 10 次以上的公共管理与公共政策专题讲座或研讨班，要求围绕专业进行调研，且论文开题通过。

MPA 学生必须在导师的指导下独立撰写学位论文。论文选题必须紧密结合当代公共管理的实践。论文应该理论联系实际，并充分体现学生运用公共管理的理论和方法解决实际公共管理问题的能力与技巧。截至 2010 年，累计已有 4 篇 MPA 论文获评为全国优秀论文。

（四）留学生硕士项目（MID）

MID 项目为全英文授课，自 2007 年开始，旨在为 21 世纪培养国际发展领导与专业人才，让学生在掌握公共管理一般理论知识和分析技术的基础上，加深对中国发展经验的理解，并通过国际比较分析来探讨全球化趋势下国际发展的有效模式。

MID 项目学制在 2007 年和 2008 年为两年，课程学习 1 年，论文研究工作 1 年。2009 年试行一年半学制，缩短论文研究时间。根据同学反映和课程容量的变化，学制在 2010 年改回到两年，其中课程学习一年半，实习和论文工作时间半年。

本项目课程设置包括：

（1）公共必修课程（2 学分，考试）。外国语（汉语/ Chinese Language）。

（2）核心课（必修，12 学分）。包括公共管理专题（Public Management Seminar）、公共政策分析（Public Policy Analysis）、比较政治与政府（Comparative Politics and Government）、定量分析方法（Quantitative Methods）。

（3）选修课（不少于 12 学分，其中，选修课 I 和选修课 II 各不少于 6 学分，在完成 12 学分的基础上，可以选修本校开设的其他有关研究生课程）。

选修课 I 包括：治理与发展（Governance and Development）、发展经济学（Development Economics）、国际政治经济学（International Political Economy）、政策与法（Law and Public Policy）、领导科学与艺术（Leadership）、全球化与治理（Globalization and Governance）、公共政策前沿（Frontier of Public Policy）。

选修课 II 包括：中国政治与政府（Politics and Government in China）、中国经济发展：理论与实践（Economic Development in China：Theory and Practice）、中国社会政策（China's Social Policy）、中国外交战略和政策（China's Foreign Strategy and Policy）、中国哲学（Chinese Philosophy）、中国社会与文化比较研究（Comparative Study of Chinese Culture and Society）。

在课程学习之外，还包括文献综述与选题报告、公共管理实践（Field Study）必修环节。硕士学位论文要求用英文书写，字数不少于 10 000 字。

（五）留学生硕士项目（IMPA）

IMPA 项目为英文项目，自 2008 年开始。该项目要求学生在掌握公共管理一般理论知识和分析技术的基础上，加深对发展问题的理解，并能结合中国的发展经验，通过国际比较来理解发展中国家公共管理实践的共性和特点，从而提高其运用有效的公共治理和公共政策理念及工具解决国家转型和发展过程中所面临的困难问题的能力。

课程采取讲授与讨论相结合的方式，全部必修课程都采用英文讲授。根据实际需要，学生也可以选修学院内其他课程以及其他院系用英语或中文开设的相关课程。课程学习期间，安排本项目学生与中国政府公务员、中国 MPA 学生座谈与交流。本项目学位课程设置包括：

（1）核心课（必修，12 学分）。包括公共组织与管理（Public Organization and Management）、公共政策分析（Public Policy Analysis）、比较政治与政府（Comparative Politics and Government）、公共管理中的分析方法（Analytic Methods for Public Management）。

（2）选修课（不少于 12 学分，其中，选修课 I 和选修课 II 各不少于 6 学分，在完成 12 学分的基础上，可以选修本校开设的其他有关研究生课程）。

选修课 I 包括：治理与发展（Governance and Development）、发展经济学（Development Economics）、国际政治经济学（International Political Economy）、政策与法（Law and Public Policy）、领导科学与艺术（Leadership）、全球化与治理（Globalization and Governance）、公共政策前沿（Frontier of Public Policy）。

选修课 II 包括：中国政治与政府（Politics and Government in China）、中国经济发展与政策（Economic Development and Policy in China）、中国社会政策（China's Social Policy）、中国外交战略和政策（China's Foreign Strategy and Policy）、中国哲学（Chinese Philosophy）、中国社会与文化比较研究（Comparative Study of Chinese Culture and Society）。

（3）语言课（必修，2 学分）。汉语（Chinese Language）。

专业实践为必修环节，包括公共管理实践（Field Study）和文献综述与选题报告。

IMPA 学制 1 年，在一年内完成课程学习与论文。硕士学位论文要求用英文书写，字数不少于 10 000 字。

（六）学生情况

学院历年招生人数、毕业人数、学位授予人数见表 19-30-4。

表 19-30-4　公共管理学院历年招生、毕业及学位授予人数

年份	博　士　生			硕　士　生			MPA	
	招生（含留学生）	毕业	获学位	招生（含留学生）	毕业	获学位	招生	获学位
2000	7			37				
2001	12	1		48（1）	19	19		
2002	16（1）	5	6	50（1）	20		180	
2003	20	4	5	56（1）	38	42	139	
2004	24（2）	3	4	55（1）	46	54	101	66

年份	博 士 生			硕 士 生			MPA	
	招生（含留学生）	毕业	获学位	招生（含留学生）	毕业	获学位	招生	获学位
2005	20（1）	5	5	51（4）	48	50	102	156
2006	16	8	8	43（2）	89	100	165	129
2007	34（4）	11	12	53（16）	52	68	130	134
2008	20（1）	15	12	98（69）	35	35	138	97
2009	19（4）	21	22	103（71）	88	91	148	127
2010	22（1）	16	14	119（86）	94	88	157	91

五、科学研究

学院结合学科发展和学术前沿组织开展科学研究，不断强化研究基地建设、重大研究课题组织、研究队伍建设、研究合作与交流以及科研支撑平台建设。在实施模式上主要通过学院下设的各个研究所（中心）以课题研究的形式开展。

建院十年来，学院教师在公共政策及管理各个领域开展了一系列理论和应用性研究，进行了大量前瞻性、创新性的研究探索，承担各类研究课题 800 余项，其中包括国家杰出青年科学基金、国家自然科学基金重点项目、国家社会科学基金重大攻关课题等重大课题 12 项，国家自然科学基金、国家社会科学基金、教育部人文社会科学规划项目等纵向课题 64 项，发表中英文学术论文近 2 000 篇，其中 CSSCI 收录论文 953 篇，SSCI 收录论文 32 篇，专著、编著、译著 100 余部，名列全国高校同类专业前列。

学院始终将服务国家决策作为重要的使命，在国情研究、政府管理、科技政策、环境政策、社会政策、非营利组织管理、危机管理、发展规划、台湾研究及国际战略等领域取得了一批具有较高水平的研究成果，为国家和各级地方政府决策提供了重要的咨询建议，其中许多重要政策建议被国家领导人批阅或被有关决策机构采纳。其中，2003 年 4 月 28 日薛澜教授为中央政治局集体学习做讲座。薛澜教授、胡鞍钢教授等在国家许多重大政策如国家"十五""十一五""十二五"规划纲要，以及《国家中长期科技发展规划纲要》《国家中长期教育改革和发展规划纲要》等重要文件及重大决策建议的研究与编制工作中发挥了突出作用。目前，学院教师的政策咨询对象几乎涵盖中央及国家的所有部门，尤其在中纪委、中编办、国家发改委、科技部、教育部、文化部、卫生部、民政部、司法部、人保部、水利部、监察部、国台办、国务院应急办等政策部门具有十分重要的政策影响。

（一）研究机构

公共管理学院依托研究方向设立研究所（中心）培养研究生（研究所的变迁情况见"教学科研组织"部分）。2005 年，完成政府研究所、公共政策研究所、NGO 研究所、国际战略与发展研究所、国情研究所（中国科学院-清华大学国情研究中心）、台湾研究所 6 个常设研究所的调整和布局，一直延续至今。

为了更好地服务于国家决策，学院还加强了与国家部委在公共政策研究领域的合作，先后与中国科学院、科技部、国家发改委、教育部等部委或研究机构联合组建了中国科学院-清华大学国情研究中心（2000 年）、清华大学中国科技政策研究中心（2003 年）、清华大学中国发展规划研究中心

（2006 年）、清华大学科技-教育发展战略研究中心（2006 年）等一批重要的公共政策研究平台，有效地凝聚、整合和加强了相关政策领域的研究力量，提高公共政策研究的水平和针对性。

此外，学院还与经济合作与发展组织（OECD）、世界银行、哈佛大学肯尼迪政府学院、兰德公司研究生院、英国发展研究所、德国发展研究所、加拿大国际发展研究中心、印度政策研究所等著名大学、国际组织和思想库共建合作联盟，加强了学术交流与合作；与国际知名的智库美国布鲁金斯学会共建了清华-布鲁金斯公共政策研究中心。

截至 2010 年，学院已经建成初具规模的公共管理图书资料中心、政府文献中心、电子政务实验室等公共政策与管理学科支撑平台。

（二）科研成果

学院历年发表论文及出版著作情况见表 19-30-5；获得省部级及以上奖项的科研项目情况见表 19-30-6。

表 19-30-5　公共管理学院历年发表论文及出版著作情况（不完全统计）

年份	专著	编著、教材、译著	期刊论文	咨询报告	年份	专著	编著、教材、译著	期刊论文	咨询报告
2000	7	15	137	3	2006	19	9	189	7
2001	15	11	151	10	2007	31	13	242	6
2002	8	12	183	4	2008	17	7	162	31
2003	6	16	180	6	2009	6	3	210	42
2004	5	5	59	16	2010	6	3	282	7
2005	6	1	109	3					

表 19-30-6　公共管理学院获奖科研项目情况（省部级及以上）

年份	获奖项目名称	主要完成人	奖励名称及等级
2005	SARS 事件与北京公共危机管理体系建设	薛澜	北京市哲学社会科学"十五"规划项目优秀建设研究成果奖
2006	中国大学贫困生研究	李丛松	第三届全国教育科学研究优秀成果奖二等奖
2006	高等院校教育科技发展战略研究报告	苏竣	
2006	危机管理：转型期中国面临的挑战	薛澜	第三届中国高校人文社会科学研究优秀成果奖二等奖
2006	地区与发展：西部开发新战略	胡鞍钢	第三届中国高校人文社会科学研究优秀成果奖三等奖
2006	听政制度：透明决策与公共治理	彭宗超	
2008	危机管理：转型期中国面临的挑战	薛澜	中国行政管理学会第四届行政管理科学优秀成果奖一等奖
2009	中国跨行政区水污染管理体制诊断与对策建议	王亚华	第四届中国高校人文社会科学研究优秀成果奖二等奖
2009	面向新世纪的我国科技发展若干重大战略问题研究	苏竣	
2009	A Political Explanation of Economic Growth	巫永平	第四届中国高校人文社会科学研究优秀成果奖三等奖
2010	温榆河流域水资源保护与管理政策机制研究	王亚华	北京市水务科学技术奖

（三）学术出版物

《21世纪发展研究通讯》为内部出版物，创始于1996年的清华大学21世纪发展研究院时期，到2004年（在2004年停办）已发行245期。邀请知名学者，围绕国家发展中的重大战略问题和重大政策性问题，特别是教育、科技、工业、能源、交通等关键领域的宏观性、前瞻性、战略性问题，从国家现实需求和长期利益出发，提供高质量的政策研究报告和咨询建议。

《中国国情研究报告》为内部出版物（简称《国情报告》），在2000年成立中国科学院-清华大学国情研究中心之后创办，到2010年已发行906期，邀请知名学者，就中国改革与发展中的重大问题提供及时和高质量的决策知识和信息，专供中国高层干部和高级研究者参阅，受到了中央及有关部委、省委领导的高度重视，累计获中央和国务院领导批示96次，成为影响中央及有关部门决策的重要参考资料。

《公共管理评论》创始于2004年，是公共管理和公共政策研究的专业学术出版物，每年出版2卷，到2010年已出版9卷。创刊主编巫永平。《公共管理评论》包括"论文""评论""教育""书评"等部分，坚持以学术为本，采用国际学术出版物的同行匿名审稿制度，鼓励理论和实证研究相结合，作者群和读者群均为中国的公共政策和公共管理领域学者。

六、对外合作与交流

公共管理学院通过广泛的、多层次的国际合作与交流活动，创造和利用多种资源，建立全球化的国际合作网络，扩大学院的学术声誉和影响力，为学院的教学与科研提供良好的合作与交流平台。

与世界知名的公共政策和公共管理学院在课程建设、师资交流、学生交换、合作研究、案例教学、合作办学、高级培训项目等多个领域进行合作与交流，包括美国的哈佛大学肯尼迪政府学院、锡拉丘斯大学马克斯维尔公民与公共事务学院、哥伦比亚大学、乔治·华盛顿大学、南加州大学、兰德研究生院等；欧洲的法国巴黎政治科学大学、英国伦敦政经学院、德国柏林赫蒂治理学院等；亚洲的日本东京大学、东京工业大学、早稻田大学、名古屋大学、新加坡国立大学李光耀公共政策学院等；中国港澳台地区的香港大学、香港中文大学、澳门大学、台湾大学、新竹清华大学、台湾交通大学、台湾政治大学等。其中公管学院与国务院发展研究中心、哈佛大学肯尼迪政府学院合作举办的"公共管理高级培训班"项目从2002年开始，每年由中央组织部选派不少于50名的厅（局）级及以上干部参加学习，到2010年已举办8期。

与世界银行、经济合作与发展组织、福特基金会、亚洲基金会、德国国际交流和发展中心、布鲁金斯学会、香港政策研究所等重要国际组织和研究机构保持密切沟通，开展包括高层论坛、课程合作、联合设立研究中心等在内的一系列合作。2006年，与布鲁金斯学会联合在清华大学设立清华-布鲁金斯公共政策研究中心。

与日本丰田公司、松下公司等国际知名企业合作，建立研究中心，对我国改革与发展中亟须解决的重大问题进行研究，探索国际合作促进教学科研的新模式。

邀请国外知名学者、政要以及世界500强企业总裁和CEO来院演讲，为全校师生提供与政企学界知名人士面对面交流的机会。曾访问过公管学院的知名学者包括诺贝尔奖获得者蒙代尔教授、斯蒂格里茨教授、莫里斯教授、奥斯特罗姆教授等。

（一）学生国际交流

留学生培养：学院从 2001 年开始招收留学生，与中国学生同样接受中文授课，撰写中文论文。2007 年开始，在学校的整体部署下，招收国际学生，采用全英文授课，包括 MID 项目和 IMPA 项目（详见"教学"部分）。

合作培养：学生交换/出访项目包括清华大学公共管理学院-日本名古屋大学国际开发研究科学生交换项目、清华大学公共管理学院-新加坡国立大学李光耀公共政策学院学生交换项目、清华大学公共管理学院-兰德研究生院博士奖学金项目、清华大学公共管理学院选派学生参加"美国哥伦比亚大学英国曼彻斯特大学研究生暑期研修班项目"等；学生海外课程实践项目包括：清华大学公共管理学院-锡拉丘斯大学马克斯维尔公民与公共事务学院合作举办"高级公共管理硕士"国外课程实践项目等。

（二）教师交流

教师出国进修：从建院开始，学院在重点引进在国外接受过系统公共管理学科训练的教师同时，有计划地安排在国内获得博士学位的教师出国进修 1 年。截至 2010 年 12 月，累计已有 11 位教师到美国哈佛大学肯尼迪政府学院、锡拉丘斯大学马克斯韦尔学院、哥伦比亚大学等国际一流公共管理院校进修公共管理课程。

访问学者：学院邀请到王绍光、孟健军、伍呷、顾林生、Rorbote、谷李军、林由、郑京海、张燕冬、Anthony James Saich、Berthold Kuhn、叶匡时、邵善波、成中英、吕晓波、肖耿等国外学者或政要到学院做访问学者，其中，王绍光、Anthony James Saich 后被聘为教育部长江讲座教授。

（三）科研合作

积极利用国际资源，开展科研合作。目前设立的科研合作机构有：产业发展与环境治理研究中心（CIDEG）、清华-布鲁金斯公共政策研究中心（BTC）、松下中国公共领导力研究中心（CCPL）等。

（四）主持召开国际会议

自 2000 年开始，公管学院主办系列的公共政策与管理国际研讨会，邀请本学科领域知名学者参加，到 2010 年已举办过 2 期。2004 年组织"中美国际环境"研讨会。2006 年组织"打破全球治理僵局"国际研讨会，加拿大前总理保罗·马丁和多个国家的曾任大使出席。

七、实验室和研究基地

（一）图书资料中心

在香港知名律师余锐超先生、余郑霓芝夫人的捐赠基础上，图书资料中心于 2000 年 7 月开始筹建，并于 2000 年 10 月学院成立之际正式开放服务。首任主任刘五一。经过不断努力，图书资料中心努力建成"小而精"的、衬托学院发展战略目标的专业性文献信息平台，为学院教学与科研提供充分、方便和高品质的文献信息服务。

2004 年 11 月，图书资料中心搬进学院新楼内的场地，面积 400 多平方米、阅览座位 80 余个。到 2010 年，中外文图书约 25 000 种、33 000 余册，中英文报刊 70 余种。收藏有全国各省、自治区、直辖市以及相关行业领域的统计年鉴等，我院毕业生学位论文、教材教参、研究报告和内部交换资料等纸质和电子文献。文献资源以经济学、管理学、政治学、社会学、行政法学为重点，覆盖了我院学科建设方向和各研究所的科研重点。

图书资料中心采用专业化、电子化的文献信息加工、服务方式，同时注重与其他图书馆进行业务合作与资源共享，为学院师生提供超越本馆资源的更为丰富的文献信息。在资源捐赠方面，建立起了与世界银行、亚洲基金会等单位的长期捐赠联系，同时也获得了肯尼迪政府学院、Don E. Kash、陈立奇等国外知名教授及学院教师大批专业文献的捐赠。

（二）政府文献中心

从 2001 年起，清华大学公共管理学院开始收集政府文献资料，2005 年 1 月正式成立政府文献中心。首任主任苏竣。根据政府文献学术价值与公共管理学科建设价值的双重取向，政府文献中心将文献采集的范围界定为各级政府工作报告、政策文件、公开出版物、国家法律法规等。截至 2010 年，政府文献中心总共收集了中央和地方自 1949 年以来颁布的各种政策性文件 16.8 万件，并开发了一套涵盖文献采集录入、信息分类、全文检索、统计分析等模块在内的政府文献信息管理系统，实现了政府文献信息资源的增量采集、自动录入、集成化管理、网络化检索、模型化分析、个性化定制等功能。该系统内容丰富齐备、信息量大，管理系统功能完善，是公共管理学科和其他相关学科重要的基础性学科支撑平台。

政府文献中心在支撑教学和人才培养方面，为教师提供丰富的政策变迁的数据和实证，为学生学习公共政策、了解政策的变迁提供鲜活的第一手信息，有助于提高公共政策管理学科教学水平和质量。在科学研究方面，为开展较为科学、系统、全面的政策演进历史与变迁规律研究提供了第一手丰富的政策数据，以及大量的基于政策文本的文献计量定量分析研究，为行政部门的政策制订和政策修订提供了理论指导。在服务社会方面，政府文献中心本着公益性和学术导向的原则，为社会各界提供了大量无偿查询服务和决策咨询支持。

（三）电子政务实验室与 SENS 数据平台建设

电子政务实验室成立于 2002 年 6 月，是清华大学正式批准建设的公共管理学科基础条件平台，是专门从事电子政务研究、教学和咨询的机构。首任主任孟庆国。2010 年，实验室总面积近 100 平方米，建有计算机房、系统模拟与仿真平台，拥有各类设备 50 套（台），以及电子政务模拟、仿真、演示系统平台 10 余套，这些软硬件平台反映了目前电子政务领域的主流应用和水平，能够充分满足实验室开展各类课程教学的需要。在科学研究上，实验室在充分发挥清华大学在公共管理和信息技术领域学科优势的基础上，致力于电子政务的规划、业务模式、流程梳理、绩效评估以及政策法规等领域的基础理论、方法和应用研究，并通过与各级政府部门合作，积极探索符合我国国情的电子政务解决方案，大力推广信息技术在政府管理中的运用。

依托电子政务实验室硬件条件的支撑，学院进一步推进公共经济社会数据库平台（SENS）的建设。借助于"985 工程"二期的支持，主要构建了公共经济社会基础数据库，以及资源调查、环境评估、灾害预测、国土管理、社会发展、城市规划等若干重要的专题数据库。具体包括：人口专题数据库、经济专题数据库、社会发展专题数据库、教育专题数据库、科技专题数据库、资

清华大学志（1911—2010）
第三卷

源环境专题数据库、城市规划专题数据库、交通专题数据库等。在平台上整合了 SPSS15.0 软件包、Expert Choice 11.5 决策分析软件、GAMS 2.50 数学建模软件、Stata/SE 10.0 计量统计分析软件、TDA 等分析工具。

（四）中国公共管理案例中心

中国公共管理案例中心成立于 2004 年 7 月，英文名称为"China Case Center for Public Policy & Management"（简称 CCCPPM）。首任主任慕玲。作为清华大学公共管理学院教学、科研与培训工作的支撑机构，中国公共管理案例中心致力于公共管理领域的案例开发与案例教学方法的研讨，以提高公共管理教学、科研与培训水平，服务于学院的人才培养模式和中国公共管理的理论创新与实践发展。

中心自主建设具有时效性、本土性和典型性的中国公共管理案例库，已经创作完成了 100 多个教学案例，涵盖公共管理、公共政策、危机管理、区域经济、政府治理与改革、领导力、非政府组织管理、政府与市场、廉政建设等多个方向。其中部分案例已授权清华大学出版社出版系列《中国公共管理案例》。

中心投资建设了分类合理、检索方便、服务全面的中国公共管理案例库网站（http：//case.sppm.tsinghua.edu.cn），为国内外的公共管理教育提供案例教学服务。

2007 年 3 月学院与哈佛大学肯尼迪政府学院开展案例项目的双向合作，在案例的翻译、授权使用、联合开发上进行密切合作。

八、培训

2001 年，公管学院针对政府部门、国际组织和社会公共机构的培训需求成立"公共管理高级研修中心"，2004 年调整为"公共管理高级培训中心"，为国家各级政府和社会公共组织提供内容丰富并具有国际水准的非学位培训与咨询服务。

培训中心依托清华大学雄厚的专业师资力量，结合中国社会的公共管理实践经验，借鉴当今先进的公共管理理论及教学方法，研发与创新了大量高层公共管理培训课程。年均培训学员3 000 名。

自 2005 年开始，在培训工作规模化、专业化发展的基础上，培训中心开创并逐渐完善了"研究型培训"模式。作为干部培训的新途径、新方法，这一新模式以提高干部培训的自主创新能力、提高学员的能力、创新干部培训教学内容与方式为宗旨，学研一体化的培训方式切实提升了学员的思维能力、研究能力，得到了合作方组织部门的认可。

结合"研究型培训"模式，自 2008 年开始，培训中心进一步展开"立体化干部培训体系"构建。整合清华大学各学科综合优势资源，开发多媒体课程资源，利用现代网络技术展开干部远程培训。到 2010 年，已建设初步完善的课程资源库，有稳定的合作伙伴，开创并着力于提高干部培训的自主创新能力、创新干部培训教学内容与方式。

作为中组部首批认定的全国干部培训高校基地之一，公管培训中心课程内容的研究性、培训视野的国际性、案例采集的实证性、培训形式的多样性，得到已结业的数万名学员及中央部委及全国各地各级政府组织的高度评价。

第三十一节　马克思主义学院

一、沿革

马克思主义学院成立于 2008 年 7 月，但其历史可以追溯到解放后的清华大学政治课（"政治课"为俗称，在不同时期又被称为"大课""公共必修课""政治理论课""两课""思想政治理论课"等）。清华大学政治课的历史沿革可以分为两大阶段：第一阶段为改革开放以前，第二阶段为改革开放以来。

（一）改革开放以前

1949 年 8 月 30 日，清华大学校务委员会按照华北高等教育委员会的要求，召开有学生代表参加的文法学院教员座谈会，发动本校教员担任大课教学工作，会上推选十位教员加上学生代表组成"共同必修课委员会"，费孝通任召集人。9 月 23 日，"共同必修课委员会"又扩大为"辩证唯物论与历史唯物论教学委员会"，简称"大课委员会"。政治经济学这门课则另外成立一个教学委员会专门负责。

大课委员会设常委会，统辖大课讲员、班教员、秘书组。大课委员会还与清华大学教职工联合会、清华大学学生会共同编辑《学习报》。另外，根据"师生互助，教学相长"的大课教学原则，清华大学学生会也积极参与到大课教学与组织当中，发挥了重要作用。1949 年 11 月 15 日，清华大学学生会第二次首席代表会议通过的《清华大学学生会半年工作计划》中列明："参加大课委员会，反映同学的情况，帮助计划政治课。学生会的各项课外活动应尽可能地联系政治学习的内容。并举办学习报、学习园地、演讲等来结合政治课学习。"并要求"在政治学习方面负责地协助班教员开展工作，保证同学充分的自学，搞好班会和小组的讨论，开展团结友爱实事求是的批评与自我批评"。

1949 年 10 月 5 日，华北大学文工队来清华大学演出五幕剧《思想问题》，这实际上是思想动员，此后大课教学正式开始。与此同时，文法学院也按照华北高等教育委员会的规定进行调整，增添马列主义的课程。自 1949 年秋到 1950 年春，依次开设了"辩证唯物论与历史唯物论""新民主主义论"和"政治经济学"。当时清华大学所有在校学生都参加了大课学习。学生人数约 2 500 人（其中新生占 1/3），一些教师和职员也旁听了部分大课，参加了学习。1950 年 1 月，"进行思想总结，为时一周。这一时期，艾思奇三次来校做动员报告，并指导学习和总结，留下了'艾思奇三进清华园'的佳话"。

1952 年，党中央提出过渡时期的总路线，新中国历史进入社会主义改造时期，高校思想政治理论课有所调整。1952年4月2日，清华大学大课委员会撤销，成立新民主主义论教研组，负责"新民主主义论"的教学工作。1952年下半年，大规模的院系调整开始，清华大学文法等学院各系及师资被调离，只留下少部分教师参与政治课教学。

1952年底，蒋南翔出任清华大学校长。此后，在蒋南翔校长领导下，按照党中央和教育部的有关指示，清华大学进一步开展思想政治理论课体系建设工作。1953年2月20日，遵照中央人民政府高等教育部1952年10月29日的指示成立政治辅导处，蒋南翔兼任主任，何东昌担任副主任。3月13日，高等教育部批复同意成立政治辅导处及主任、副主任人选。1953年9月12日，清华大学成立马克思列宁主义基础教研组、政治经济学教研组，同时将新民主主义论教研组更名为中国革命史教研组，1956年春，清华大学又设立哲学教研组。

受整风、反右派等政治运动的影响，1957年夏季后，政治课教研室各课程暂停，进行思想大辩论，校党委副书记刘冰等还主持并讲授社会主义教育概论课。1959年以后，教学秩序逐步恢复正常。

1960年，清华大学恢复政治课教研室工作，设立中国革命史教研组，主任刘冰，副主任胡健、冯思孝；哲学教研组主任先后由蒋南翔、艾知生担任，副主任林泰；政治经济学教研组主任董新保。

"文革"期间，思想政治理论课各教研组教学工作基本停顿。后期，教师下放到各系参加有关时事政策学习的辅导工作。

（二）改革开放以来

1976年10月"文革"结束以后，清华大学的教学、科研等项工作逐步恢复。十一届三中全会以后，清华大学积极贯彻党和政府加强思想政治工作的要求，对思想政治理论课进行恢复调整，获得了很大的发展。

为适应新时期高校思想政治工作的要求，1978年清华大学根据教育部《改进和加强高等学校马列主义课程试行办法》中提出的"各高等学校一般都应建立马列主义教研室""高等学校的马列主义教研室属于系（处）级的教学单位，直属校党委领导"等指示，恢复政治课，并成立马列主义教研室。马列主义教研室设有3个教研组：中共党史教研组（1980年改为中国革命史教研组）、政治经济学教研组和哲学教研组，1979年又建立自然辩证法教研组。先后担任马列主义教研室主任的有曲方明、丁士塑和贾观。1979年5月，清华大学制订了五年教学计划，其中在培养目标上规定："清华大学作为国家重点理工科大学，主要培养又红又专的高级工程技术、科学研究人才。"关于政治理论课的设置，要求"在一、二、三年级安排，每周课内2小时，课内学时共约210小时"。同月，清华大学教务处制定《关于整顿政治理论课学习纪律的通报》，要求"继续在教学内容和方法上进行改革，更好地贯彻理论与实际结合的方针，使政治理论课切实成为一个重要的社会主义思想阵地"，并规定"今后凡政治课不及格，不能发毕业证书，只发肄业证书"。1979年5月，经1978—1979年度第十三次校长工作会议批准，政治理论班共毕业34名春季毕业生（二年制）。

20世纪80年代初，为适应改革开放的新形势和新要求，清华大学在全国高校中率先将"中共党史"课程改为"中国革命史"，转换教学理念，改革教学方法，更新教学内容，编写出版《中国革命史》和《中国革命史通论》教材，取得良好效果，后成为清华校内首批一类课程。1986年，教育部正式发文，在全国高校中推广清华中国革命史课程教学改革的经验。1988年，该课程教学组荣获全国五一劳动奖章。

1984 年 2 月，清华大学在马列主义教研室的基础上成立了社会科学系。经校长工作会议通过，张慕萍兼任系主任。1984 年 2 月 23 日，按照教育部（84）教计字 011 号文，清华大学开设"马列主义基础"和"思想政治教育"两个专业，自 1984 年起开始招收第二学士学位学生。社会科学系设立 6 个教研组和 5 个研究室。1992 年 1 月 23 日，清华大学成立德育研究室，贺美英兼任主任。

为加强清华大学文科建设，实现综合性的学科布局，1993 年 12 月 26 日，清华大学在原有相关文科系、所、中心的基础上成立人文社会科学学院，中国社会科学院副院长滕藤兼任首任院长（第二、第三任院长为胡显章和李强）。社会科学系系名撤销，分设为哲学与社会学系、历史系。人文社会科学学院设有哲学与社会学系、中国语言文学系、历史系、思想文化研究所、科技与社会研究所、经济学研究所、教育研究所及艺术教育中心等实体机构。

1994 年 6 月 17 日，清华大学成立思想教育研究中心，挂靠人文社会科学学院，贺美英兼任主任。同年，清华大学被国家教委和北京市委教工委、市教委确定为马克思主义理论课和思想品德课（简称"两课"）改革试点单位。

1996 年 10 月，清华大学获准设立马克思主义理论与思想政治教育专业博士学位授予点，是人文学院第一个拥有博士点的学科，也是该专业全国首批博士点之一。1997 年马克思主义理论与思想政治教育专业共录取 5 名博士生，其中 2 名为在职生。2002 年 2 月，"马克思主义理论与思想政治教育"学科被评为北京市重点学科。

1999 年 12 月，清华大学高校德育研究中心成立，主任为刘书林。经教育部组织的专家评审，2000 年 9 月被确定为"教育部人文社会科学百所重点研究基地"之一，并于 2000 年 11 月 10 日正式挂牌成立，成为清华大学首个教育部人文社会科学重点研究基地。

2001 年 1 月，思想政治理论课教学部成立，吴倬、艾四林先后任主任。清华大学思想政治理论课教学部负责清华大学从本科生到博士生的思想政治理论课教学。2003 年 12 月，北京市委教工委、北京市教委确定清华大学为"北京高校马克思主义理论与思想品德课重点建设示范单位"。2007 年 9 月，清华大学思想政治理论课教学团队被评为"北京市优秀教学团队"，后又被评为"国家级教学团队"，成为全国首个思想政治理论课国家级教学团队。

2003 年 12 月 10 日，清华大学党委常委扩大会讨论通过《关于加强清华大学马克思主义研究与教学的若干意见》，并决定于次日成立清华大学马克思主义研究中心（以下简称"马研中心"）。马研中心为教学、科研与学科建设相结合的实体机构，按校级中心建制，人事和财务计划单列，日常行政管理工作挂靠人文学院。马研中心在清华大学"两课"教学与研究中发挥骨干作用，马克思主义理论与思想政治教育学科和博士点依托中心建设。2003 年 12 月 29 日，任命校党委副书记张再兴兼任马研中心主任。人文社会科学学院政治学系转入马研中心，高校德育研究中心依托马研中心管理（张再兴兼任中心主任）。2006 年 1 月，马研中心获得马克思主义理论博士学位一级学科授予权。2007 年，马研中心依托马克思主义理论一级学科，向全国博士后管理委员会办公室申请设立马克思主义理论博士后科研流动站，于该年 8 月获得批准。

2008 年 7 月 1 日，清华大学决定成立马克思主义学院，撤销马研中心建制。7 月 6 日召开了学院成立大会，聘请著名马克思主义理论家邢贲思担任首任院长。校党委常委（后任校党委副书记）邓卫兼任学院党总支书记（后为学院党委书记），艾四林为常务副院长。学术委员会主任由赵甲明担任。清华大学马克思主义学院是清华大学教学、科研与学科建设相结合的实体机构。

二、教学科研组织

2008 年 7 月，马克思主义学院成立，相关机构设置包括：院务会，党委会，学术委员会（主任为赵甲明教授），教学委员会（主任为吴倬），高校德育研究中心（主任为张再兴兼任，后由艾四林兼任），中国政治思想史研究中心（主任为曹德本），教研课程组。

教研课程组包括："思想道德修养与法律基础"课程组，共有教师 8 人；"中国近现代史纲要"课程组，共有教师 7 人；"马克思主义基本原理概论"课程组，共有教师 8 人；"毛泽东思想和中国特色社会主义理论体系概论"课程组，共有教师 8 人。以上 4 个课程组面向全校本科生开设思想政治理论课。

"社会主义与当代世界"课程组，为全校文科硕士生开课，后调整为"中国特色社会主义理论与实践研究"课程组，共有教师 3 人。学院还为全校文科博士生开设"马克思主义与当代社会思潮"课程，后调整为"中国马克思主义与当代"课程。

2009 年 12 月，"马克思主义理论专业外语"课程组成立，面向本院研究生开课。共有教师 5 人。

学院的部分教师在思想政治理论课之外，还开设了文化素质选修课，并有多门课程被清华大学国家大学生文化素质教育基地确定为核心课程。

三、教职工

新中国成立初期，在大课教学过程中，为了取得更好的教学效果，学校组织了强大的大课讲员阵容。以"辩证唯物论与历史唯物论"这一门课程为例，担任大课教学的教师很多都是当时的"名教授"，如吴晗作大课演讲"引论"、费孝通作大课演讲"从猿到人"及"五种生产方式"、吴景超作大课演讲"社会主义革命与和新民主主义革命"及"国家与政治"、任华作大课演讲"社会思想意识"。

从 1951 年下半年开始，高校的思想政治理论课教学进行了一系列调整。一方面，教学体制正规化建设迈出新的步伐，按照具体课目设置的教研组取代大课委员会，负责思想政治理论课的教学工作，与此同时，专业化的师资队伍建设迈出新的步伐，并逐步形成了新中国历史上第一支思想政治理论课专业教师队伍。从 1952 年春季起，全校系统学习新民主主义论，许多著名理论家如胡华、郭大力、孙定国、胡绳、陈家康等都曾来校讲学或作专题报告。该年，清华大学的张岱年、刘桂生等教师被抽调到新成立不久的中国人民大学马列主义班参加师资培训。在 1952 年下半年的院系调整中，清华大学的文、法学院调离，相应的文科师资也大部分被调出，政治课的教学任务则由留下的少数老师承担。

20 世纪 50 年代后期，在蒋南翔校长的大力倡导下，学校党委从各系政治辅导员和青年教师中抽调一批德才兼备的同志充实政治理论教研组。学校还加大了思想政治理论课教师的培训培养力度，一方面进一步加强了教师进修工作，另一方面积极培养年轻教师。仅在 1953 年，新民主主义论教研组教师就分别进修了中国革命史、马列主义基础、政治经济学和苏联社会主义经济建设理论，其中大部分是苏联专家讲课。1953 年下学期，中国革命史和马列主义基础各开了 11 班，学生总数在 1 900 人左右，政治经济学开了 4 班，学生总数 600 人左右。至 1954 年，在蒋南翔校长的大力支持和切实领导下，清华大学政治理论课教师已发展到 3 个教研组共 40 人。

1959 年以后，为保证和提高政治教学的质量，学校实行了"书记挂帅，全党动手"，校长、党委书记蒋南翔、党委第一副书记刘冰以及其他几位副书记分别领导几个政治课教研组，并担任讲课教员，蒋南翔和刘冰分别主讲"哲学"和"社会主义和共产主义概论"课。各系党总支都把政治理论教育工作作为政治思想教育的首要任务，不少总支书记担任了系的辅导组组长。同时，党委着手建立一支政治理论教师队伍，除原有政治理论教员外，从各系抽调一部分党员干部担任专职政治理论教员，还规定各系半脱产干部担任本系兼职理论教员。为恢复与加强教研组工作，校党委从各系抽调应届毕业生或政治辅导员到政治课教研室担任教学工作。政治课教师在教学中注意贯彻理论联系实际的方针，做学生工作，参与学生党团组织生活与时事政策的学习。教学与教书育人工作收到良好的效果。"文革"期间，各教研组教学工作基本停顿；"文革"后期教师分别下放到各系参加有关时事政策学习的辅导工作。

1978 年，清华大学恢复政治课并正式成立马列主义教研室。1979 年，政治课有专任教师 64 人，此后几年变化不大。1984 年社会科学系成立后教师人数有了较大增长，1985 年社会科学系有专任教师 84 人，1986 年社会科学系有专任教师 92 人。1993 年 12 月 22 日前，先后在社科系任教的教授有 19 人，先后被聘为兼职教授的有 10 人：邢贲思、黄枬森、龚育之、李新、苏星、陆学艺、薛谋洪、于维栋、许征帆、郑永廷。2000 年，清华大学复建政治学系，至 2003 年共有教师 7 人；2003 年，马克思主义研究中心成立，至 2008 年共有教师 17 人。

2008 年 7 月，清华大学在原马克思主义研究中心和人文社科学院相关单位的基础上成立马克思主义学院。成立时有教授 16 人：邢贲思、艾四林（2002— ）、蔡乐苏（1994— ）、曹德本（1999— ）、邓卫（2004— ）、韩冬雪（2004— ）、孔祥云（2003— ）、刘书林（1997— ）、刘敬东（2006— ）、王雯姝（2007— ）、吴倬（1996— ）、王宪明（2004— ）、韦正翔（2008— ）、解安（2004— ）、张再兴（1996— ）、赵甲明（1999— ）。

截至 2010 年 12 月，马克思主义学院共有教授 20 人，双聘教授和兼职教授 4 人，副教授 13 人，讲师 5 人，职员 5 人。还有博士后 18 人。

马克思主义学院教授名录见表 19-31-1。

表 19-31-1　马克思主义学院教授名录

姓名（在本院任职时间）	姓名（在本院任职时间）	姓名（在本院任职时间）
艾四林（2008— ）	蔡乐苏（2008— ）	曹德本（2008— ）
邓　卫（2008— ）	韩冬雪（2008— ）	孔祥云（2008— ）
刘书林（2008— ）	刘敬东（2008— ）	王雯姝（2008— ）
吴　倬（2008— ）	王宪明（2008— ）	韦正翔（2008— ）
邢贲思（2008— ）	解　安（2008— ）	张再兴（2008— ）
赵甲明（2008— ）	肖贵清（2009 调入— ）	欧阳军喜（2009— ）
吴潜涛（2010 调入— ）	王峰明（2010— ）	

另有双聘教授 3 人：李捷、李慎明、张国祚；兼职教授 1 人：顾海良。

其中，在中央"马克思主义理论研究和建设工程"中担任首席专家的有邢贲思、李捷、艾四林、曹德本、肖贵清、吴潜涛、刘书林 7 位教授，担任主要成员的有韩冬雪、吴倬、赵甲明、蔡乐苏、刘敬东、王峰明、王雯姝、欧阳军喜 8 位教授。艾四林、刘书林、韩冬雪、吴潜涛、肖贵清、李捷、张国祚 7 位教授担任国家社科基金学科评审组成员。张再兴、艾四林、吴倬、王宪明、

韩冬雪 5 位教授担任教育部学科教学指导委员会委员。此外，多位教师入选新世纪百千万人才工程国家级人选、全国宣传文化系统"四个一批"人才、教育部新世纪优秀人才、北京市跨世纪或新世纪社科理论"百人工程"、北京宣传文化系统"四个一批"人才等等，还有多位教授享受国务院政府特殊津贴。

四、教学

（一）专业设置

1984 年 2 月，清华大学社科系设有马列主义基础和思想政治教育两个专业。1985 年，思想政治教育专业招收硕士研究生。1986 年 7 月，正式获批中共党史（法学）、自然辩证法（哲学）硕士学位授予权。1990 年 10 月 5 日，清华大学马克思主义理论教育（法学）、思想政治教育（法学）正式获批硕士学位授予权。至 1993 年，人文社会科学学院成立前已先后设有 4 个硕士学位授予点：中共党史（法学）、科学技术哲学（哲学）、思想政治教育（法学）和马克思主义理论教育（法学）。思想政治教育专业，1984 年在北京市正式招收思政专业第二学士学位班学生 31 名，同时在校内试办管理工程专业研究生班并招收学生 11 名。从 1984 年至 1993 年，每年招收 1 个第二学士学位班（1988 年未招）；1985 年招收了 3 个本科生班；1984 年和 1985 年招收 2 届研究生班；1985 年至 1993 年每年招收硕士研究生。马克思主义基础专业，从 1989 年至 1993 年，每年招收马克思主义原理方向硕士研究生。中共党史和自然辩证法教研组，从 1985 年至 1993 年，每年招收硕士研究生，到 1993 年共毕业硕士研究生 19 名。

1996 年 10 月，"思想政治教育"专业（后来调整为"马克思主义理论与思想政治教育"）获得博士学位授予权，其研究方向由最初的"当代社会主义理论与实践方向，马克思主义与当代社会思潮方向，政治学原理方向"发展为现在的"马克思主义与社会发展，马克思主义中国化研究，新时期政治教育与当代社会思潮，国外马克思主义与当代西方思潮，中国近现代政治文化，马克思主义发展史"。2006 年 1 月，马研中心获得马克思主义理论博士学位一级学科授予权。2007 年马克思主义理论一级学科获批博士后科研流动站。2008 年 7 月，清华大学马克思主义学院正式成立。经过多年的建设与发展，学院的马克思主义理论学科已成为具有清华特色并在全国具有重要影响的马克思主义理论学科。迄今已毕业硕士研究生近 500 名，博士研究生近 100 名。截至 2010 年 9 月，学院共有在读博士生 51 人，在读硕士生 31 人。

（二）课程设置

1. 本科课程设置

1949 年 10 月 5 日，大课教学正式开始。按照中央教育部统一制定的教学大纲及教学原则，结合清华大学师生的具体实际，清华大学分两个学期开设了辩证唯物论与历史唯物论、新民主主义论和政治经济学三门课程。

从 1951 年下半年，高校政治课教学内容进行了调整，与新中国成立头两年相比，更加强调教学内容的层次性与系统性，不再是搞各个年级段"一刀切"的做法，而是按照大学教育的不同阶段，开设相应的课程，使这几门政治课井然有序地贯穿于整个大学课程体系始终。这一时期，清华大学经历了从综合性大学向多科性工业大学的转变，在校长蒋南翔的重视和领导下，按照党中央和教育部的有关指示，清华大学进一步开展政治理论课体系建设工作。"一九五二年开设政治课一门（新民主主义论）；一九五三年已开设政治课三门（中国革命史、马列主义基础、政治经济学）；拟于一九五五年争取再增设一门辩证唯物主义和历史唯物主义的课程。在正规的政治课以外，还提倡结合其他各门业务课，注意宣传唯物主义的世界观及爱国主义的思想。"（《蒋南翔文集》（上卷），清华大学出版社 1998 年出版，第 522 页）1956 年春，清华大学又设立哲学教研组，"为四年级同学开设了辩证唯物论课程"。此后由于受整风、反右派等政治运动的影响，1957年夏季后，政治课教研室各课程暂停，进行思想大辩论。9 月 30 日，清华大学举行本学年第一次校务委员会扩大会议，党委副书记艾知生代表党委会报告了本学年开设"社会主义教育课程"的计划。原来全校师生员工的政治理论学习都改为"社会主义教育"课程，时间暂定一年。

1958 年，清华大学遵照教育部开设"马列主义基础""政治经济学""辩证唯物主义与历史唯物主义"三门政治课的意见，对教学计划进行修订。

1959 年的清华大学政治理论课学习采取两条腿走路的方针，一方面开设"形势与任务"课，另一方面开设"马克思列宁主义基础"课进行系统的政治理论学习。"马克思列宁主义基础"课包括四门课，即马克思主义哲学、政治经济学、中国革命史、社会主义和共产主义概论。

1960 年，政治课教研室向全校学生进行公共政治理论课教学，为研究生开设了自然辩证法经典著作导读课程。1964 年，中宣部、高教部、教育部召开全国高等学校、中等学校政治理论课工作会议。清华大学介绍了党委抓政治理论课的经验，还由做学生思想工作做得好的教师介绍了经验。毛泽东主席接见了与会全体代表，中宣部部长陆定一作了总结发言。1966 年 5 月"文革"开始，清华大学的政治课教学基本处于停顿状态。

改革开放后，政治理论课重新获得发展。1979 年，在五年教学计划中，对于政治理论课的设置，要求"在一、二、三年级安排，每周课内 2 小时，课内学时共约 210 小时"。1980 年以后，针对当时青年学生的情况，又将党史课改为中国革命史课，并逐步探索出"有的放矢、史论结合、以理服人、以情动人"的教学原则和启发式教学方法。其他政治理论课，也都遵循理论联系实际的原则进行了改革。1983 年 3 月，为配合马列主义理论必修课教学，适应广大学生积极学习马列著作的要求，引导学生更加系统地学习马列著作，清华大学先后开设了"国际共运史概要"和"关于费尔巴哈的提纲""共产党宣言""法兰西内战""国家与革命"等马列原著选修课程，共有 1 500 多名学生选学。1984 年社会科学系成立后，政治理论课获得了较为系统的发展。1985年，清华大学根据《中共中央关于改革学校思想品德和政治理论课程教学的通知》将本科生原 3门政治课改为 4 门课的精神，并结合自身实际情况，由试点到全面推广，最后在本科生中设置了中国革命史、马克思主义哲学、当代资本主义、中国社会主义建设 4 门公共政治理论课。1989年，在本科生中增设了思想品德类限选课程。

1994 年，清华大学被国家教委和北京市教委工委、市教委确定为"两课"改革试点单位。此后，清华大学对政治理论课程进行了一系列调整，为本科生开设"中国革命史通论""当代资本主义""中国特色社会主义建设概论""马克思主义哲学基础" 4 门课程。

2005 年 3 月 9 日，中宣部、教育部发布关于印发《〈中宣部　教育部关于进一步加强和改进高等学校思想政治理论课的意见〉实施方案》的通知（简称"05 方案"）。05 方案规定，高校本科开设 4 门思想政治理论课必修课：马克思主义基本原理（简称"原理"），3 学分；毛泽东思想、邓小平理论和"三个代表"重要思想概论（简称"概论"），6 学分；中国近现代史纲要（简称"纲要"），2 学分；思想道德修养与法律基础（简称"基础"），3 学分。另外，开设"当代世界经

济与政治"等选修课。之后，清华大学逐步实施 05 方案。

2. 研究生课程设置

1984 年，清华大学成立社会科学系，并于此后开始招收研究生。1985 年清华大学社会科学系研究生课程设置见表 19-31-2。

表 19-31-2　1985 年社会科学系研究生课程设置

课程名称（学分）	课程名程（学分）	课程名称（学分）
(1) 研究生班和第二学士学位		
中国思想史（5）	历史唯物主义原理（9）	科学技术史及现代科技专题（5）
马克思主义经典著作选读（10）	逻辑学概论（4）	自然辩证法（6）
第一外国语（10）	世界经济（7）	世界现代史（4）
科学社会主义经典著作选读（6）	法学概论（5）	文献目录学（2）
企业管理概论及组织行为学（8）	社会调查（10）	马克思主义伦理学（6）
中国社会主义经济建设问题（6）	经济法（4）	现代西方哲学评价（5）
西方哲学史（一）（4）	西方文学思潮与作品（5）	计算机原理及应用（6）
第二外国语（10）	思想政治教育概论（4）	党的思想政治工作史（3）
社会思潮与青年思想问题研究（2）	第一外语专业阅读（2）	西方哲学史（二）（4）
社会心理学（4）	高等教育专题研究（2）	文艺概论（3）
专题报告（10）	教学实践（12）	
(2) 硕士研究生中共党史专业		
中国思想史（一）（5）	中国革命史教学研究（6）	第一外国语（10）
中国思想史（二）（5）	中国革命史专题研究（6）	近代中外关系史（12）
中国近现代思想史研究（12）	现代西方哲学评价（4）	中国历史地理（6）
外语提高课（10）	西方思想史（6）	中国近现代史专题讲座（6）
文献目录学（3）	法学概论（2）	第一外国语专业阅读（2）
教学实践（12）	文献阅读选题报告（6）	
(3) 辩证唯物主义与历史唯物主义专业		
第一外国语（10）	历史唯物主义原理（10）	哲学经典著作选读（10）
运筹学（一）（10）	系统科学方法论（10）	自然辩证法（6）
法律基础（2）	运筹学（二）（4）	当代西方主要经济学说评价（3）
第二外国语（10）	第一外国语专业阅读（2）	文献目录学（2）
现代西方哲学评价（4）	西方科学哲学评价（5）	现代科技史（4）
科学学与发展战略（4）	教学实践（12）	现代阅读选题报告（16）
(4) 自然辩证法专业		
第一外国语（10）	科学技术史（一）（8）	西方科学哲学评价（5）
科学技术史（5）	自然辩证法原著（5）	自然辩证法（6）
数值分析（9）	第一外国语专业阅读（2）	法学概论（2）

续表

课程名称（学分）	课程名程（学分）	课程名称（学分）
教学实践（12）	运筹学（一）（10）	西方哲学史（8）
数理逻辑（6）	外语提高课（10）	外国近现代教育史（8）
技术史与技术论（4）	文献阅读选题报告（6）	

1989 年，清华大学在硕士生的政治理论课中，除原有的"自然辩证法"外，又增开"科学社会主义理论与实践"，在博士生中新开了"现代科技革命与马克思主义"。1994 年以后，清华大学对政治理论课程进行了一系列调整，为硕士生开设"社会主义与当代世界""自然辩证法"等两门，为博士生开设"现代科学技术革命与马克思主义"。

2006 年 6 月 21 日，清华大学思想政治理论课领导小组讨论通过了《清华大学关于实施思想政治理论课新课程方案的意见》。2006 年 7 月，马研中心重新修订了马克思主义理论一级学科的博士生和硕士生培养方案。其中培养方向与课程设置分别见表 19-31-3 和表 19-31-4（表中课程名称后括号内为该课程的学分数）。

表 19-31-3　2006 年马克思主义理论（硕士生）课程设置

课程名程（学分）	课程名程（学分）	课程名程（学分）
（1）公共必修课程（≥5 学分）		
① 马克思主义理论课程（≥3 学分）		
历史唯物主义专题研究（3）	科学社会主义理论与实践专题研究（3）	
② 第一外国语（基础部分）（2）		
（2）必修环节（4 学分）		
文献综述与选题报告（1）	学术活动（1）	社会实践（1）
两周专业强化训练（1）		
（3）学科专业课程（≥15 学分，其中考试学分≥12 学分）		
① 基础理论课（≥5 学分）		
必选：马克思主义经典著作选读（3）	必选：马克思主义发展史（2）	
② 专业基础课（≥6 学分）		
中国化的马克思主义（3）	国外马克思主义（3）	马克思主义社会发展理论（3）
马克思主义政治学原理（2）	马克思主义伦理学（2）	思想政治教育专题研究（2）
社会思潮与青年教育（2）	中国政治思想史学术前沿研究（2）	中国传统文化学（2）
资本主义经济理论与实践专题研究（3）	社会主义经济理论与实践专题研究（2）	当代世界经济与政治（2）
③ 专业课（≥4 学分）		
第一外国语（专业部分）（1）	中国革命史研究（3）	中国思想史研究（3）
中国伦理思想史（2）	中国伦理学经典著作选读（2）	应用伦理学（2）
西方政治思想史（2）	国外社会主义专题研究（2）	道德教育理论与实践（2）
比较德育研究（2）	中国哲学专题研究（2）	西方哲学史专题（2）
现代西方哲学评价（2）	现代西方文化哲学专题研究（2）	人生哲学研究（2）
社会心理学（2）	发展经济学（2）	当代中国经济改革研究（2）
马克思经济学与西方经济学比较（3）	马克思劳动价值论专题研究（2）	国际关系理论（2）
国际政治伦理（2）	国际政治经济学（2）	西方国家政治制度专题研究（2）
制度分析（2）	其他院系开设的交叉学科课程（任选）	

表 19-31-4　2006 年马克思主义理论（博士生）课程设置

课程名称（学分）	课程名称（学分）	课程名称（学分）
1. 普博生修读科目		
（1）公共必修课程（≥5 学分）		
马克思主义与当代社会思潮（3）	博士生英语（或其他语种）（2）	
（2）学科专业课程（≥13 学分）		
①基础理论课程（≥5 学分）		
必选：马克思主义经典著作研读（3）	必选：马克思主义发展史（2）	
②专业课程（≥8 学分）		
思想政治教育专题研究（2）	当代社会发展理论研究（2）	马克思主义政治学原理（2）
中国政治思想史学术前沿研究（2）	应用伦理学（2）	中国传统文化学（2）
比较政治学（2）	导师指定的其他课程	
③必修环节（5 学分）		
文献阅读与选题报告（1）	学术活动与学术报告（2）	资格考试（1）
社会实践（1）		
2. 直博生修读科目（原则：普博生全部课程加部分硕士课程）		
（1）公共必修课程（≥8 学分）		
自然辩证法（文科类）（3）	历史唯物主义专题研究（3）	科学社会主义理论与实践专题研究（3）
（以上三门课程中任选一门）		
马克思主义与当代社会思潮（3）	博士生英语或其他语种（2）	
（2）学科专业要求课程（≥25 学分）		
①基础理论课（≥5 学分）		
必选：马克思主义经典著作研读（3）	必选：马克思主义发展史（2）	
②学科专业课（≥20 学分）		
中国政治思想史学术前沿研究（2）	思想政治教育专题研究（2）	当代社会发展理论研究（2）
马克思主义政治学原理（2）	应用伦理学（2）	中国传统文化学（2）
比较政治学（2）	制度分析（2）	《资本论》研读（2）
资本主义经济理论与实践专题研究（3）	当代世界经济与政治（2）	经济思想史（2）
国际政治经济学（2）	马克思经济学与西方经济学比较（2）	发展经济学（2）
制度经济学（2）	社会主义经济理论与实践专题研究（2）	科技的社会研究（3）
技术创新与制度创新（2）	中国思想史研究（3）	西方政治思想史（2）
现代西方哲学评价（2）	中国哲学专题研究（2）	现代西方文化哲学专题研究（2）
人生哲学研究（2）		
其他院（系、所）开设的研究生课程	北京大学开设的相近专业研究生课程	
（3）必修环节（5 学分）		
文献综述与选题报告（1）	学术活动与学术报告（2）	资格考试（1）
社会实践（1）		

2009 年，马克思主义学院修订了攻读硕士学位研究生培养方案，规定：攻读硕士学位研究生期间，需要获得学位要求总学分不少于 27（其中考试学分不少于 20），其中包括公共必修课程 5 学分，必修环节 4 学分，学科专业课程不少于 18 学分。自学学分另计。课程安排见表 19-31-5。

表 19-31-5　2009 年马克思主义理论（硕士生）课程设置

课程名称（学分）	课程名称（学分）	课程名称（学分）
（1）公共必修课程（≥5 学分）		
①马克思主义理论课程（≥3 学分，考试）		
历史唯物主义专题研究（3）	科学社会主义理论与实践专题研究（3）	
②第一外国语（基础部分）（2）		
（2）必修环节（4 学分，考查）		
文献综述与选题报告（1）	学术活动（1）	社会实践（1）
马克思主义研究导论（1）		
（3）学科专业课程（≥18 学分，其中考试学分≥15 学分）		
①基础理论课（≥10 学分）		
马克思主义经典著作研读（3）	马克思主义发展史专题（3）	思想政治教育专题（2）
中国特色社会主义研究（3）	中国近现代政治思想专题（3）	马克思主义文献检索与利用（1）
②专业基础课（≥5 学分）		
中国化的马克思主义（3）	国外马克思主义研究（3）	马克思主义社会发展理论（3）
马克思主义政治学原理（2）	马克思主义伦理学（2）	社会思潮与青年教育（2）
中国近现代史专题（2）	《资本论》研究（2）	中国特色社会主义经济理论与实践专题研究（2）
马克思主义史学理论（2）		
③专业课（≥3 学分）		
中国政治制度发展史（2）	中国思想史研究（3）	中西文化交流与马克思主义在中国的传播（2）
中国伦理学经典著作选读（2）	应用伦理学（2）	西方政治思想史（2）
道德教育理论与实践（2）	比较德育研究（2）	中国哲学专题研究（2）
西方哲学史专题（2）	现代西方哲学评价（2）	人生哲学研究（2）
社会心理学（2）	马克思经济学与西方经济学比较（3）	马克思劳动价值论与当代社会发展研究（3）
西方国家政治制度专题研究（2）	中国新农村建设专题研究（2）	其他院系开设的交叉学科课程（任选）

2009 年修订了《马克思主义学院攻读博士学位研究生培养方案》，要求普博生在攻读博士学位期间需获得学位课程学分不少于 21，自学课程学分另记。直博生修读科目原则上是普博生的全部课程加部分硕士课程。要求直博生在攻读博士学位期间，需获得学位课程学分不少于 33。提前攻读博士生的学分要求同直博生。普博生和直博生的课程设置见表 19-31-6。

表 19-31-6　2009 年马克思主义理论（博士生）课程设置

课程名称（学分）	课程名称（学分）	课程名称（学分）
1. 普博生修读科目		
（1）公共必修课程（≥5 学分）		
马克思主义与当代社会思潮（3）	博士生英语（2）	

续表

课程名称（学分）	课程名称（学分）	课程名称（学分）
（2）学科专业课程（≥11学分）		
①专业基础课程（≥7学分）		
马克思主义经典著作研读（3）	马克思主义发展史（3）	中国特色社会主义研究（3）
中国近现代政治文化专题（3）	思想政治教育专题（2）	马克思主义理论学术前沿（2）
马克思主义文献检索与利用（1）		
②专业课程（≥4学分）		
马克思恩格斯思想研究（2）	列宁思想研究（2）	毛泽东思想研究（2）
中国特色社会主义理论体系研究（2）	《资本论》研究（2）	西方马克思主义专题（2）
中国新农村建设专题研究（2）	社会思潮与青年教育（2）	马克思主义政治学原理（2）
中国近现代史专题（2）	中西文化交流与马克思主义在中国的传播（2）	导师指定的其他课程
（3）必修环节（5学分）		
文献阅读与选题报告（1）	学术活动与学术报告（2）	资格考试（1）
社会实践（1）		
（4）专业选修课程（2学分）		
专业外语（2）		
2. 直博生修读科目		
（1）公共必修课程（≥8学分）		
自然辩证法（文科类）（3）	历史唯物主义专题研究（3）	科学社会主义理论与实践专题研究（3）
以上三门课程任选其中一门		
马克思主义与当代社会思潮（3）	博士生英语或其他语种（2）	
（2）学科专业要求课程（≥20学分）		
①专业基础课（≥12学分）		
马克思主义经典著作研读（3）	马克思主义发展史专题（3）	中国特色社会主义研究（3）
中国近现代政治思想专题（3）	思想政治教育专题（2）	马克思主义理论学术前沿（2）
马克思主义文献检索与利用（1）		
②学科专业课（≥8学分）		
马克思恩格斯思想研究（2）	列宁思想研究（2）	毛泽东思想研究（2）
中国特色社会主义理论体系研究（2）	马克思劳动价值论与当代社会发展（2）	中国新农村建设专题研究（2）
社会思潮与青年教育（2）	马克思主义社会发展理论（3）	马克思主义政治学原理（2）
应用伦理学（2）	中国化的马克思主义（3）	国外马克思主义（3）
《资本论》研读（2）	资本主义经济理论与实践专题研究（3）	当代世界经济与政治（2）
马克思经济学与西方经济学比较（2）	中国特色社会主义经济理论与实践专题研究（2）	中国思想史研究（3）
西方政治思想史（2）	现代西方哲学评价（2）	中国哲学专题研究（2）
现代西方文化哲学专题研究（2）	人生哲学研究（2）	中国近现代史专题（2）

课程名称（学分）	课程名称（学分）	课程名称（学分）
西方马克思主义专题（2）	马克思主义史学理论（2）	
北京大学开设的相近专业研究生课程	其他院（系、所）开设的研究生课程	
3. 必修环节（5学分）		
文献综述与选题报告（1）	学术活动与学术报告（2）	资格考试（1）
社会实践（1）		
4. 专业选修课程（2学分）		
专业外语（2）		

（三）教学成果

1. 课程建设

清华大学是全国较早、较系统地设立思想政治理论课并坚持开展思想政治理论课教学改革的高校之一，同时也是思想政治理论课教学成绩卓著、特色鲜明的高校之一。清华大学已有 5 门思想政治理论课被评为国家精品课程，7 门思想政治理论课被评为北京市精品课程，8 门思想政治理论课被评为清华大学精品课程，3 个学科被评为北京市重点学科。课程名单见表 19-31-7。

表 19-31-7　马克思主义学院获奖精品课程

序号	课 程 名 称	负责人	国家级	北京市	清华大学
1	马克思主义政治经济学原理	刘美珣	2004	2004	2006
2	思想道德修养	刘书林	2004	2004	2006
3	马克思主义哲学原理	吴 倬	2005	2003	2006
4	邓小平理论与"三个代表"重要思想概论	刘美珣	2006	2005	2006
5	思想道德修养与法律基础	刘书林	2009	2009	
6	毛泽东思想概论	蔡乐苏		2006	2006
7	中国近现代史纲要	蔡乐苏		2010	
8	自然辩证法	曾国屏			2007
9	当代社会主义理论与实践	王传利			2008
10	当代世界经济与政治	邢 悦			2008

2. 教材建设

1988 年 4 月 15 日，国家教委颁布《关于编写出版普通高等学校马克思主义理论课（公共课）教材的暂行管理办法》，其中规定："高等学校马克思主义理论课的全国通用教材，仅限国家教委直接组织编写、审定的教材和由国家教委向全国推荐使用的教材。其他有关教材原则上均作为各地教材、校内教材或校际交流教材使用。"此后，清华大学社会科学系相继参与了多项教材编写，如刘美珣主编的《当代资本主义经济特征》，政治经济学教研组编写的《社会主义经济十四题》

及校用教材《现代资本主义经济十题》《中国社会主义建设概论纲要》，张祖千、梅忠德为社会办学主编《社会主义经济建设方针政策》，高达声、魏宏森参加教育部组织编写的《自然辩证法讲义》，思想政治教育教研组编写的《社会思潮与青年教育课程》和《大学生社会学》（讲义），林泰的《唯物史观通论》等。

2008年3月12日，教育部办公厅发出《关于重申高校思想政治理论课教材编写、出版、使用要求的通知》："全国普通高等学校从2008年春季开学起，要统一使用经中央审定的，由中宣部、教育部组织编写的，由高等教育出版社出版的马克思主义理论研究和建设工程高校思想政治理论课2008年修订版教材。"学院有多位教授成为马克思主义理论研究和建设工程重点教材的首席专家和主要成员。清华大学思想政治课教材曾多次获得北京市高等教育精品教材、清华大学优秀教材、清华大学优秀讲义及清华大学优秀电教教材等奖项。其中获北京市高等教育精品教材情况见表19-31-8。

表19-31-8 马克思主义学院获北京市高等教育精品教材情况

序号	教材名称	主编或申报人	获得时间
1	思想道德修养	刘书林	2004
2	中国特色社会主义	刘美珣	2004
3	马克思主义哲学导论	吴 倬	2004
4	当代自然辩证法教程	曾国屏	2006
5	中国近现代史述要	蔡乐苏	2007

3. 教学获奖情况

清华大学思想政治理论课教学也荣获了多项国家、北京市和清华大学教学成果奖。获得国家和北京市普通高等学校优秀教学成果奖情况见表19-31-9和表19-31-10。

表19-31-9 马克思主义学院获国家级教学成果奖情况

序号	获奖成果名称	奖励等级	获奖时间	获奖人（集体主要成员）
1	研究生马克思主义理论课教学改革	二等奖	1993	高达声　李润海　魏宏森　寇世琪（女）丁厚德
2	思想政治理论课研究型教学理念与实践	一等奖	2005	刘美珣　艾四林　蔡乐苏　吴 倬　刘书林
3	深化新课程体系研究，推进教学改革，提高思想政治理论课教学的实效性	二等奖	2009	艾四林　吴 倬　孔祥云　王雯姝　舒 文

表19-31-10 马克思主义学院获北京市教学成果奖情况

序号	获奖成果名称	奖励等级	获奖时间	获奖人
1	中国革命史教学改革	市级奖	1989	朱育和　夏宝兴　郑小筠
2	通过政治理论课教学对大学生进行理想教育	北京市高等教育局局级奖	1989	李润海
3	思想政治理论课研究型教学理念与实践	一等奖	2004	刘美珣　艾四林　蔡乐苏　吴 倬　刘书林
4	马克思主义哲学原理	二等奖	2004	吴 倬等
5	思想道德修养	二等奖	2004	刘书林等

五、科学研究

新中国成立以来，清华大学政治理论课教研组的教师们在教学过程中，围绕开展政治理论学习，积极撰写文章，或论述马克思列宁主义理论，或结合时事政治宣传党的方针政策，或提出改进教学工作的要求和建议，如：林泰撰写《谈马列主义理论学习》，贾观撰写《尼赫鲁向何处去》，金丽华撰写《要掌握马列主义的武器》，董新保撰写《学好"形势与任务"课》，杨树先撰写《正确对待"概论"的学习》，黄寅宾撰写《怎样做好哲学学习总结》，李润海和徐葆耕撰写《把毛泽东思想真正学到手——和一年级同学谈谈如何学习党史》等，有力地推动了政治理论课教学工作的顺利开展。

清华大学社会科学系自 1984 年成立至 1993 年撤销期间，在科研方面形成了 3 个科研方向：中国近代史，马克思主义理论教育与青年研究，科技、经济与社会协调发展。每一方向中都有若干重点课题。10 年中，也逐步开展了国内外的学术交流活动，同美国、德国、苏联以及中国香港一些大学进行学术交流与互访；与德国、中国香港的一些大学互派教师到对方讲学等。从 1984 年至 1993 年间，社科系各教研组的科研工作及成果分述如下：①中国革命史教研组，在 70 年代末 80 年代初，刘桂生、朱育和、赵原璧合作完成《赴法勤工俭学运动史料》100 余万字（3 册）。刘桂生对"五四"前后思想史的研究、杨树先对"一二·九"运动史的研究、朱育和对中国革命史课程体系的研究均取得一定成果。②马克思主义哲学教研组，研究方向是：科学技术革命与历史唯物主义，马克思主义哲学与现代社会发展，人生哲学，当代西方哲学。共出版专著 20 本、编著 3 本、译著 6 本，发表论文 194 篇。获中国科学院专著一等奖 1 项，获北京市社科二等奖 3 项，获北京市社科中青年奖 3 项。③政治经济学教研组，研究方向是：比较经济制度，当代中国经济。科研密切联系改革开放的实践，并为教学与国民经济的主战场服务。共出版有关著作 20 本，发表论文 70 余篇，获省部级奖 1 项。④自然辩证法教研组，10 多年来，对于科学技术哲学的理论进行了多方面的深入研究，特别注意了理论联系实际、科学技术与社会结合，并结合社会主义改革开放和市场经济发展的需要，积极主动贯彻两个面向的方针，形成了自己的特色。共出版教材和有关著作 63 本、译著 3 本，发表论文约 600 篇（其中在国外发表论文 16 篇），获国家省部级优秀成果奖 10 项（其中一等奖 2 项、二等奖 6 项、优秀成果奖 2 项）。承担并完成了国家级、省部市级 51 项科研课题，其中自然科学基金、社科基金 9 项，国际合作项目 8 项，国家科委、国家计委、国家教委、国务院发展中心共 24 项，省市级 8 项；22 项已通过鉴定验收，成果被采用率超过 80%；获国家级、省部级以上奖励 13 项（其中国家级 3 项，省部级 10 项）。⑤思想政治教育教研组，主要研究方向是：社会思潮与青年教育，新时期思想政治工作改革与创新，学生人格发展与心理健康教育，人生价值观教育，青年研究方法。共出版著作 4 本、译著 4 本，在各类杂志及学术会议上发表论文 200 余篇，获得国内各种奖励的科研成果有 18 项。⑥国际政治教研组，获省部级以上奖励 5 项。

经过长期努力，清华大学在马克思主义理论与思想政治教育领域取得了诸多研究成果，主要奖项见表 19-31-11。

2008 年 7 月马克思主义学院成立以来，主持多项国家社科基金重大、重点项目以及几十项省部级科研项目。学院积极参加中央"马克思主义理论研究与建设工程"，主持该工程两项重点教材的编写。学院在马克思主义理论和思想政治教育研究方面已取得了一批有影响的成果。

表 19-31-11　马克思主义学院获科研成果奖情况

序号	年份	获奖成果名称	成果形式	获奖者	获 奖 名 称	获奖等级
1	1989	新时期思想工作的几点理论思考	论文		中宣部纪念党的十一届三中全会十周年理论讨论会论文奖	
2	2002	唯物史观通论	教材	林　泰	北京市第七届哲学社会科学优秀成果奖获奖	二等奖
3	2002	马克思主义政治经济学原理	教材	刘美珣		二等奖
4	2002	跳出政权兴亡周期率：我党三代领导集体的不懈奋斗和追求	论文	李润海		二等奖
5	2004	中国政治思想史	教材	曹德本	北京市第八届哲学社会科学优秀成果奖获奖	二等奖
6	2004	求索——新形势下高校德育中若干新课题的实践与思考	专著	张再兴		二等奖
7	2010	网络思想政治教育研究	专著	张再兴	教育部社科中心"高校德育创新发展研究成果"奖	一等奖
8	2004	规模培养条件下研究生基层集体建制的改革	论文	张再兴 张　毅 黄开胜 郭　钊等	2001—2003年北京高校德育研究会优秀论文	一等奖
9	2006	从唯物史观高度把握以人为本	论文	赵甲明	北京市"贯彻党的十六届五中全会精神 全面落实科学发展观"优秀论文奖	
10	2010	科学发展观对社会主义市场经济发展的意义	论文	赵甲明	北京市第十一届哲学社会科学优秀成果奖	一等奖

六、对外交流与社会服务

（一）对外交流

堅持国际化办学方针，积极开展对外交流，每学期邀请国际著名学者来校讲学、交流。支持优秀青年骨干教师到牛津大学、哈佛大学、斯坦福大学、加利福尼亚大学等世界名校进行为期一年的访学；鼓励教师出国参加国际学术会议；鼓励教师在国外著名学术期刊和出版社发表相关研究成果。

与日本东北大学等合作培养博士研究生，每年派 2～3 名博士研究生到日本学习，通过论文答辩后授予双博士学位；每年安排学生到国（境）外名校进行为期 1～6 个月的访学交流，开阔其学术视野，接触国际学术前沿。

（二）社会服务

利用人才和资源优势，发挥智库作用，通过多种形式服务党和国家的战略任务，服务中国特色社会主义现代化建设。十八大以来，学院教师每年参加中央及省市和学校三级宣讲数十场，主题涉及十八大、"中国梦"、三中全会、社会主义核心价值观、优秀传统文化、群众路线教育等。

积极参加中央马克思理论研究与建设工程，共有 6 名教授担任工程首席专家，9 名教授担任工程课题组主要成员，承担《马克思主义发展史》《中国政治思想史》《思想政治教育学原理》《中国革命史》以及六门思想政治理论课重点教材等的研编任务，承担中宣部《理论热点面对面》

《中国精神教育读本》等的编写任务。

学院 6 名教授担任国家社科基金评委，5 名教授担任教育部思想政治理论课教学指导委员会和分委员会委员。

先后为黑龙江、湖南、江西、四川等省市举办数十期干部培训班，培训副处以上干部及后备干部千余人次。

吴潜涛、韩冬雪、王雯姝、解安等多位教授所撰写的调研与对策建议报告得到中央及相关部门领导的批示，为党和国家有关部门制定有关政策提供学术理论依据。

建立高校骨干教师研修基地，先后为北京市各高校举办骨干教师研修班十余期，培训学员百余名。受教育部委托，接受辽宁、吉林、黑龙江、云南等省高校思想政治理论课在职教师攻读硕士和博士学位，先后有百余名教师完成学业并顺利获得学位，对于从整体上提高全国高校马克思主义学院系统师资队伍的水平作出应有的贡献。

对口支援青海大学马克思主义学院和新疆大学马克思主义学院等，每年派资深教授到该两校开设学术讲座、授课，联合举办大型教学研讨会，联合申报社科基金课题，接受两校骨干教师到清华进修、攻读学位等。

七、图书资料

学院设有图书资料室，每年订阅各类专业期刊 80 多种，藏书 1 万余册，供学院的上百名研究生及访问学者借阅使用。

第三十二节　人文社会科学学院

一、沿革

清华大学人文社会科学学院成立于 1993 年 12 月。

人文与社会科学在清华大学有着悠久的历史传统和辉煌的成就，它的发展经历了 4 个阶段。

（一）清华大学文科的建立与发展（1925—1948）

1925 年，清华成立国学研究院，主任为吴宓，有导师王国维、梁启超、陈寅恪、赵元任和讲师李济等。国学研究院以倡导"中西融会、古今贯通"为学术特色，是中国近代教育史上较早的高等学术机构和 20 世纪 20 年代最重要的国学研究机构。

1926 年，清华大学部设立国文学系（吴在）（括号内未注明的均为系主任）、西洋文学系（王

文显）、历史学系（陆懋德）、政治学系（余日宣）、经济学系（朱彬元）、教育心理学系（朱君毅）、哲学系（暂缺，后为金岳霖）、社会学系（陈达）、东方语言学系（陈寅恪）。

1928 年秋，教育心理学系改为心理学系。

1929 年，清华撤销国学研究院，教师分别转入历史学系和中国文学系。在短短的四年之中，国学研究院共培养了四届 70 余名学生，这些学生毕业后大多活跃在我国教育、学术、文化领域，为弘扬中华民族优秀传统文化尽心尽力，对中国近代文化教育和学术研究作出了突出贡献。

1929 年 6 月，清华本科设文、理、法 3 个学院。其中，文学院设中国文学系、外国语文学系、哲学系、历史学系和社会人类学系（1932 年更名为社会学及人类学系，1934 年恢复社会学系原名）等 5 个系，多数系强调"知识广博"与"中西兼全"的原则，培养"博通"中外文知识的"通才"。法学院设法律学系、政治学系和经济学系。心理学系划归理学院。同年夏，清华大学成立外国语文研究院，由外国语文学系主任王文显兼任主任，有研究生 3 人，研究范围暂限西洋语文方面。

1930 年，文科研究所中国文学部、外国语文部、哲学部、历史学部成立。各部分别设研究课程若干门，由各系教授任导师，指导做专门研究。政治学系开办法科研究所，设政治、经济二学部，政治学部招收国际法方向的研究生。

1932 年，法学院正式设法律学系，由燕树棠主持系务。嗣后国内一部分人士主张停办文法科，教育部亦令清华大学停止招收法律学系学生，系务遂于 1934 年中断，所有政治学系、经济学系学生所需要的法律课程，仍附设于政治学系内。

1933 年 5 月，社会学及人类学系设研究所。

1936 年，文学院有学生 270 人。其中，中外语文系发展规模最大，哲学系及社会学系，因成立较晚，规模稍逊。

1937 年 3 月，清华大学奉教育部令调整后，文学院包括中国文学系、外国语文学系、历史学系、哲学系、人类学系。同年 10 月，北京大学、清华大学、南开大学合并为国立长沙临时大学，临时大学共设 4 个学院 17 个系，其中文学院包括：中国文学系（朱自清）、外国语文学系（叶公超）、历史社会学系（刘崇铉，请辞后由雷海宗担任）、哲学心理教育学系（冯友兰）；法商学院包括经济学系（陈总）、政治学系（张佛泉）、法律学系（戴修瓒）、商学系（方显廷）。

西南联大时期，在长沙临时大学设置的院系基础上稍有发展和调整。其中，文学院设中国文学系（罗常培）、外国语文学系（叶公超）、历史学系（雷海宗）、哲学心理学系（汤用彤）。法商学院设政治学系（张奚若）、法律学系（燕树棠）、经济学系（陈岱孙）、商学系（陈岱孙）、社会学系（陈达）。胡适为文学院院长，方显廷为法商学院院长。文科研究所设有中国文学部、外国语文学部、历史学部、哲学部；法科研究所设有法律学部、政治学部、经济学部、社会学部。文学院各系在教学方针上，大体上与抗战前的清华相近，也融合了北大、南开的特点。文学院在校学生人数较抗战前为多，1945 年达 468 人。法商学院设政治学系、法律学系、经济学系、商学系、社会学系，各系教学方针基本上仍承袭抗战前状况。

1946 年 10 月，复员后的清华大学文学院由冯友兰任院长，仍设有中国文学（朱自清，1948 年病故后由李广田接任）、外国语文（陈福田）、哲学（冯友兰）、历史学（雷海宗）四系。另外，为适应边疆民族问题研究需要，增设语言人类学系（吴泽霖）。同时，设立了中文、历史、哲学、外文、社会、经济、政治研究所。鉴于社会对于法律的需要，法学院除原有政治学（曾秉钧）、经济学（陈岱孙）、社会学（潘光旦）三系外，恢复了法律学系（赵凤喈），同时政治学系仍开设国际公法等法律课程。清华研究院法科研究所也一并恢复，由陈岱孙任所长，赵凤喈兼任政治学部主任。是时法律学系有一、二年级本科生，并招收转学生。法律学系开设的法律课程计有25种，几乎包含了当时所有的法律学科门类，还为其他院系开设法学通论等全校性选修课。

1946年，清华大学成立音乐室，它曾是中国普通高校中唯一的艺术教育机构。

1947年4月，语言人类学系改称人类学系（吴泽霖）。在教学上，"注重研究东方缅藏等民族文化及其语言"，其课程一半以上与法学院的社会学系相同，还设有中国文学系的语言学及地理系的有关课程，该系所开课程只有一门"普通人类学"。另外，为促进文法系同人研究工作，暂设中国近百年史研究室、社区比较研究室与文化比较研究室。

1929年至1949年前，文、法学院各系师资力量雄厚，治学严谨，诲人不倦，学风优良，学术超群。在名师培养与道德文章的熏陶下，造就了一批又一批很有造诣的著名专家、学者、教授，为中外学术界所公认。

（二）解放初期和院系调整后的清华大学文科建设（1949—1977）

解放初期（1949—1952），在文、法学院各系教学秩序正常运行的同时，依照中央人民政府政务院及教育部的部署，为引导全校师生员工进行政治学习，建立了辩证唯物主义与历史唯物主义教学委员会（简称大课委员会）。这一时期，大课委员会邀请中共中央马列学院艾思奇讲授历史唯物主义与社会发展史，中国人民大学何干之、胡华讲授中国新民主主义革命史，马列学院王亚南、郭大力讲授政治经济学。同时，全校师生员工每周进行时事政策学习。

1949年6月，文学院人类学系并入法学院社会学系，并成立边疆社会学组，转年改为少数民族组。华北高等教育委员会指令调整院系，清华大学人类学系及法律学系即行停办，学生可转学或转入北京大学法律系。同年9月，华北高等教育委员会任命吴晗为清华大学文学院院长。

1952年，全国高等院校进行调整，清华大学原有的文学院和法学院各系分别合并到北京大学等校，成为一所多科性工业大学。调整时，清华大学文学院（院长金岳霖）设有中国文学系（吴祖缃）、外国语文学系（吴达元）、哲学系（王宪钧）、历史学系（周一良）；法学院（院长陈岱孙）设有政治学系（曾秉钧）、经济学系（陈岱孙（兼））、社会学系（潘光旦）。

1953年2月，高教部通知：自1953年度起，马列主义基础为各类高等学校及专修科（两年以上）二年级的必修课程。同年9月，经高教部批准，清华大学新建政治课教研室，陆续开设了中国革命史、马列主义基础、政治经济学、哲学4门课程。政治课教研室设有：中国新民主主义革命史教研组（后改名为中国革命史教研组），主任刘弄潮；马列主义基础教研组，主任艾知生（时任校党委副书记）；政治经济学教研组，主任袁永熙（时任校党委书记）；哲学教研组（1956年春设立），主任蒋南翔（时任校长）；分别为全校一、二、三、四年级开设必修的公共政治课。

1957年夏季后，政治课教研室各课程暂停，进行思想大辩论，校党委副书记刘冰等还主持并讲授社会主义教育概论课。

1960年，学校恢复政治课教研室工作，设立中国革命史教研组，主任刘冰（时任校党委副书记）；哲学教研组主任先后由蒋南翔、艾知生担任；政治经济学教研组主任董新保。政治课教研室向全校学生进行公共政治理论课教学，为研究生开设了自然辩证法经典著作导读课程。为恢复与加强教研组工作，校党委从各系抽调应届毕业生或政治辅导员到政治课教研室担任教学工作。政治课教师在教学中注意贯彻理论联系实际的方针，做学生工作，参与学生党团组织生活与时事政策的学习。教学与教书育人工作收到良好的效果。

1966 年至 1976 年"文化大革命"期间，各教研组教学工作基本停顿；后期教师分别下放到各系参加有关时事政策学习的辅导工作。

音乐室一直保留。

（三）清华大学文科的恢复和人文社会科学学院成立（1977—1993）

"文化大革命"结束后，学校逐步向以工科为主，兼有理科、文科和经济管理学科的综合性大学方向发展。

1978 年，清华大学恢复政治课并正式成立了马列主义教研室。马列主义教研室先设了 3 个教研组：中共党史教研组（1980 年改称中国革命史教研组）、政治经济学教研组、哲学教研组，1979 年又建立自然辩证法教研组。曲方明、贾观先后担任马列主义教研室主任。

1979 年 10 月，清华大学建立教育研究室。这是"文化大革命"后全国理工科大学中最早建立的教育研究室，直属学校领导，汪家镠任室主任，有教师 6 名。1986 年 2 月，扩建为教育研究所，李卓宝任所长，时有教师 11 名；下设高等教育、教育管理、普通教育、校史（1992 年分出）等研究室，《清华大学教育研究》杂志编辑部和办公室。1993 年 12 月，教育研究所划归人文社会科学学院。2009 年 3 月，学校决定成立清华大学教育研究院，同时撤销教育研究所建制。

1979 年 11 月，建立文史教研组，隶属校党委宣传部领导，为全校本科生开设人文、社会科学选修课。1985 年 3 月，在文史教研组的基础上，建立了思想文化研究所，直属学校，由学校文科工作委员会领导，所长张岱年（兼）。思想文化研究所下设两个研究室：中国思想文化研究室和西方近现代思想文化研究室。1993 年 12 月，思想文化研究所归属人文社会科学学院。

1983 年 7 月，清华大学成立外语系，李相崇为主任。1998 年 10 月，外语系并入人文社会科学学院。2009 年 9 月，学校决定外语系更名为外国语言文学系。

1984 年 2 月，学校在马列主义教研室的基础上建立了社会科学系，张慕葏兼任主任；社科系设立 6 个教研组：中国革命史教研组、马克思主义哲学教研组、政治经济学教研组、自然辩证法教研组、思想政治教育教研组和国际政治教研组；还设有 5 个研究室：中国近现代史研究室、马克思主义哲学研究室、思想教育研究室、社会主义经济研究室和科技与社会研究室；同时，撤销马列主义教研室建制。1993 年 12 月社会科学系划归人文社会科学学院，分设哲学与社会学系和历史系，同时撤销社会科学系。

1985 年 3 月，清华大学恢复建立中国语言文学系（简称中文系），设语言文学、编辑两个教研组。1993 年 12 月，中国语言文学系归属人文社会科学学院。

1988 年 10 月，校务会通过在中文系设立对外汉语教学中心，张正权兼任主任。2001 年 12 月，对外汉语教学中心从中文系剥离，更名为对外汉语文化教学中心，直接归属人文社会科学学院。

1988 年 11 月，学校成立了文科工作委员会，以加强领导协调文科系、所的工作，张绪潭任主任（时任校党委副书记）。同年，学校拨文科科研经费，支持开展相对独立的文科科研工作，并开始招收硕士研究生。

1992 年 10 月，成立清华大学汉学研究所，挂靠中国语言文学系，李学勤任所长。

1993 年 8 月，学校在原音乐教研室的基础上建立艺术教育中心，郑小筠任主任，挂靠人文社会科学学院。

以上各系、所，有的向全校开设公共课程，有的开设了相关的选修课程；其中历史与文化、文学与艺术、人生与道德、经济与管理等四类限制性选修课，每年有 1 万多人次选修这些课程。

1993 年清华大学暑期干部会明确 "保持与发展清华工科的优势，加强理科、经管学科和文法学科建设"。在上述系、所、中心发展的基础上加快了组建人文社会科学学院的步伐。1993 年 12 月，清华大学人文社会科学学院正式成立，滕藤兼任院长。学院下设哲学与社会学系（李润海）、中国语言文学系（徐葆耕）、历史系（朱育和）、思想文化研究所（钱逊）、科技与社会研究所（魏宏森）、经济学研究所（刘美珣）、教育研究所（江丕权）和艺术教育中心（郑小筠）等实体机构。人文社会科学学院的建立，标志着清华大学人文社会科学学科的发展进入新的阶段。

（四）人文社会科学学院的发展（1994—2010）

1994 年 12 月，清华大学成立思想教育研究中心，挂靠人文社会科学学院，贺美英任主任。

1995 年 8 月，学校恢复建立清华大学法律学系，隶属人文社会科学学院，王叔文任主任。1999 年 4 月，恢复建立清华大学法学院，王保树任院长，人文社会科学学院不再保留法律学系的建制。

1995 年 11 月，学校鉴于人文社会科学学院已成立，撤销文科工作委员会（2001 年又再次设立）。

1995 年，在学院、系、所图书室、资料室的基础上成立文科信息中心。2003 年 3 月，文科信息中心纳入学校图书馆系统，保留清华大学图书馆人文分馆和文科信息中心两块牌子，行政关系隶属人文社会科学学院，谢立军任文科信息中心主任兼人文分馆馆长。2003 年 3 月，学校批准建立文科信息中心实验室，谢立军兼任主任。2010 年，人文分馆隶属关系划归清华大学文科图书馆。

1996 年 5 月，胡显章兼任人文社会科学学院院长。

1997 年 1 月，学校成立清华大学国际问题研究所，隶属于人文社会科学学院。研究重点为美国、苏联和东欧地区、日本及东亚周边国家和地区的政治、经济、文化教育、社会发展及有关双边关系问题，薛谋洪任所长。2007 年 12 月，以国际问题研究所为基础成立国际关系学系，阎学通任主任。

1998 年 10 月，学校成立清华大学传播系，隶属人文社会科学学院，由徐葆耕代理主任。1999 年 7 月，成立国际传播研究中心，李希光任主任。2002 年 4 月，成立清华大学新闻与传播学院，聘请范敬宜担任院长，原传播系建制撤销。

1999 年 3 月，学校成立台湾研究所，隶属人文社会科学学院，刘震涛兼任所长。2001 年 5 月，台湾研究所行政关系调整，划归清华大学公共管理学院。

1999 年，教育部批准清华大学成立国家大学生文化素质教育基地，由校领导兼任主任，挂靠人文社会科学学院。

2000 年 5 月，清华大学复建哲学系、社会学系和政治学系，隶属于人文社会科学学院，同时撤销人文社会科学学院哲学与社会学系建制；万俊仁为哲学系主任，李强兼社会学系主任，李润海为政治学系主任。

2001 年 1 月，思想政治理论课教学部成立，吴倬任主任。2008 年 7 月，思想政治课教学部工作转入马克思主义学院。

2003 年，历史系与思想文化研究所人员合并，保留历史系和思想文化研究所的名称。

2003 年 6 月，学校任命李强为人文社会科学学院院长，胡显章不再兼任人文社会科学学院院长。

2003 年 12 月，学校成立清华大学马克思主义研究中心，张再兴兼主任，日常行政管理工作挂靠人文社会科学学院。2006 年 1 月，马研中心获批马克思主义理论博士学位一级学科授予权。2008 年 7 月，成立马克思主义学院，邢贲思任院长，同时撤销马克思主义研究中心建制。

2004 年 10 月，清华大学认知科学研究基地正式设立，并获教育部和财政部共同资助。2006 年 4 月，心理学与认知科学研究中心成立，隶属人文社会科学学院，负责人蔡曙山。2008 年 5 月，清华大学复建心理学系，心理学与认知科学研究中心并入心理学系，隶属人文社会科学学院，彭凯平任主任。

2005 年 1 月，学校决定将新斋由教职工住宅改造成人文社会科学学院办公楼正式启用；学院中文系、哲学系、国际所、经济所、科技所、院机关等主体单位迁入新斋，学院办公条件有较大改善。

2006 年 6 月，经学校批准：人文社会科学学院简称"人文学院"更改为"人文社科学院"。

2007 年 4 月，清华大学（人文社会科学学院）·野村综合研究所中国研究中心在日本东京成立，负责人李强。

2009 年 4 月，学校复建清华大学国学研究院，挂靠人文社会科学学院（哲学系），陈来任院长。

2009 年 9 月，学校决定重组政治学系，张小劲任主任。

人文社会科学学院历任院长和党委书记名录见表 19-32-1。

表 19-32-1　人文社科学院历届院长和党委书记名录

院　长	任　职　时　间	党　委　书　记	任　职　时　间
滕藤	1993-11—1996-04	王耀山	1993-12—1995-05
胡显章	1996-04—2003-06	孙殷望	1995-05—1998-12
		李树勤	1998-12—2001-11
李强	2003-06—	王孙禹	2001-11—

二、教学科研组织

（一）学院机构

1993 年，人文社会科学学院成立，下设哲学与社会学系、中国语言文学系、历史系、思想文化研究所、科技与社会研究所、经济学研究所、教育研究所及艺术教育中心等实体机构。此后，陆续组建和复建了国际问题研究所、哲学系、政治学系、社会学系等单位，学院的发展取得了引人注目的成绩。

2010 年学院组织机构见图 19-32-1。

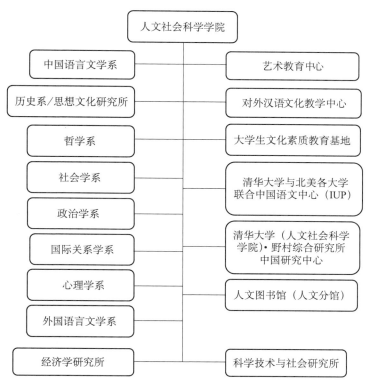

图 19-32-1　2010 年人文社会科学学院组织机构

（二）系、所设置

人文社会科学学院各系、所、中心的情况概述如下。

1. 中国语言文学系

中国语言文学系（简称中文系）建立于 1926 年，初称国文系；1928 年清华学校改为国立清华大学后，改称中国文学系。先后在中文系执教的有陈寅恪（与历史系合聘）、闻一多、朱自清、刘文典、俞平伯、浦江清、王力、杨树达、陈梦家、张清常、沈从文、王瑶等知名学者。中文系在教学上实行"古今贯通、中外融汇"的方针，在学术上既重视微观的谨严又具有宏观上的开阔，曾具有全国性影响。1952 年全国高校院系调整，清华大学中文系并入北京大学。

1985 年清华大学复建中文系，复系后继承和发扬以往的优良学术传统，探索以文为主、文理结合的办学方向。1992 年，成立汉学研究所，1994 年改称国际汉学研究所。1994 年 1 月，中国语言文学系设立"汉语言文学"专业，包括文学、语言学、科技与文化传播和对外汉语教育等 4 个学科方向，开始招生本科生和外国留学生。1998 年 5 月，成立"清华大学语言学研究中心"（中文系和外语系合办）；中心下设三个研究室：理论语言学和应用语言学研究室、计算语言学研究室和汉语及汉字研究室。1998 年，新闻学专业从中文系分离，成立新闻传播系。

在本科教育方面先后开设了以下专业：①汉语言文学本科专业（兼收外国留学生），实行"以文为主，文理结合"式教育；②编辑学第二学士学位班，培养文理结合的复合型人才。1999 年至 2004 年，开办中外文化综合班，以培养从事中外文化交流和比较文化研究人才为目标，实施中英双语教学和中外文化综合培养；从 2005 年起改为人文科学实验班，由人文学院统一招生，从第四学期开始选择专业，部分同学进入中文系学习。

2010 年，中文系有硕士授予权的学科为中国古代文学、中国现当代文学、比较文学与世界文学、文艺学、语言学和应用语言学（含计算语言学）、汉语言文字学，其中中国现当代文学具有博士学位授予权。计算语言学方向实行文理结合，系内设有计算语言学研究室。

2. 历史系/思想文化研究所

历史学是清华大学历史最悠久、成就最辉煌的学科之一。1911 年建校初期就开设有中国史、西洋史等课程，1926 年正式成立历史系。著名学者王国维、梁启超、陈寅恪、陆懋德、蒋廷黻、刘崇铉、雷海宗、张荫麟、吴晗、邵循正、王信忠、孙毓棠、周一良、丁则良、王永兴等都先后在历史系执教，并形成了中西交融、古今贯通的学术传统，培养了一批批高水平的史学人才。

1952 年院系调整，历史系并入北京大学等校，其后 30 多年，历史系在清华不复存在；但中国近现代史的教学与研究并没有中断，中国科技史、建筑史等学科在清华大学继续得到发展。

1978 年 11 月，清华大学建立文史教研组，隶属校党委宣传部领导，为全校本科生开设人文、社会科学选修课。1985 年 3 月，在文史教研组的基础上，建立了思想文化研究所，直属学校，设有中国思想史和西方思想史两个研究室。1993 年 12 月，思想文化研究所归属人文社会科学学院。1999 年，中央工艺美术学院并入清华大学，原中央工艺美术学院具有重要影响的艺术史学科也成为清华史学的一个重要组成部分。2000 年，随着学校文科建设的发展和机构调整，国际汉学研究所并入思想文化研究所（国际汉学研究所名称对外继续使用），原隶属于该所的历史文献专业同时并入。2003 年，历史系与思想文化研究所人员合并，成立新的历史系/思想文化研究所。2009 年，历史系下设有中国古代史、中国近现代史、世界史、思想文化史等教研室，以及简帛与出土文献研究中心、经学研究中心、中国经济史研究中心、中国近代文化与现代化研究中心、国际汉学研究所、东北亚研究中心、旅游文化与文化遗产研究中心等专门研究机构。目前，历史系可以招收历史学各相关领域的博士生、硕士生、本科生（包括外国留学生）。

3. 哲学系

哲学系始建于 1926 年，是中国大学最早建立的哲学系之一，曾在该系任教的著名学者有金岳霖、冯友兰、张申府、邓以蛰、沈有鼎、林宰平、贺麟、潘怀素、张岱年、任华、周辅成等人。1952 年全国高校院系调整后，哲学系教师并入北京大学哲学系和中国社会科学院哲学所。

2000 年 5 月，清华大学哲学系复建，新建的伦理学硕士授予点及原有的科技哲学硕士点（1984 年建立）开始招收研究生。2002 年，完成马克思主义哲学、中国哲学、外国哲学、逻辑学4 个硕士点的建设，并建成伦理学专业博士点，2003 年开始正式招收哲学专业本科生。2004 年，哲学系和科技与社会研究所合建哲学博士后流动站。2005 年，获批哲学一级学科博士点授予权。2008 年，哲学系伦理学被评为北京市重点学科。

4. 社会学系

社会学系始建于 1926 年，1928 年 8 月改名为社会人类学系，1932 年更名为社会学及人类学系，1934 年恢复社会学系原名。作为中国第一个社会学教学和研究机构，清华大学社会学系曾对中国社会学发展产生过重要影响并造就了一批著名的社会学家，如陈达、吴景超、潘光旦、李景汉等。1946 年 10 月，社会学系划归法学院。1952 年全国高校院系调整后，清华大学社会学系划归其他院校。

1984 年 4 月，在马列主义教研室基础上建立社会科学系（简称社科系），1993 年 12 月，人文社会科学学院成立时分设为哲学与社会学系、历史系，同时撤销社会科学系。1999 年，清华大学复建社会学系。至 2010 年，主要招收社会学专业博士研究生和硕士研究生，并招收城市社会学方向（城市规划专业）博士研究生和博士后研究人员。本科生培养采取清华大学新的培养模式，即本科生一、二年级不分专业，通识教育，三年级起进入专业教育方式。

5. 政治学系

政治学系始建于 1926 年，是全国最早建立的政治学系之一。1936 年，清华大学政治学系在国内率先创办研究生教育。清华大学政治学系曾汇聚了一批知名学者、教授，他们钻研知识、潜心著述、创设课程、完善学科，培养了许多著名人才，对中国政治学的发展产生过重要影响。1952 年全国高校院系调整后，清华大学政治学学科被合并到其他院校。

2000 年 5 月，清华大学复建政治学系。政治学系以"政治学理论""国际关系学""中国政治思想与研究方法论"和"科学社会主义"等学科为主要学术支撑点，在发展过程中逐步形成了自己的优势和特色。2003 年 12 月，清华大学马克思主义研究中心成立后，政治学系并入马克思主义研究中心。2008 年 7 月，清华大学马克思主义学院成立后，政治学系的建制仍保留在人文社会科学学院。2009 年，政治学系重组；重组后的政治学系将继承清华政治学的学术传统，重振辉煌历史。

6. 国际关系学系

国际关系学系（简称国关系）成立于 2007 年 12 月，是在原清华大学国际问题研究所的基础上发展组建的。国际问题研究所成立于 1997 年，是一个科研与教学并重的学术机构。国际问题研究所在成立的 10 余年中，在教学和科研方面积累了丰富经验和突出成果，这为国关系的建立奠定了坚实的基础。2003 年，国际关系学科获准博士、硕士授予权。

国关系下设四个教研室：政治学教研室有政治学理论和比较政治学两个专业研究方向；国际关系学教研室主要研究国际关系理论和国际关系史等；国际政治经济教研室主要研究国际政治经济学和比较政治经济学等；外交学教研室包括外交学理论和中国外交等研究方向。

7. 心理学系

心理学系始建于 1926 年秋，最初设立的是教育心理学系，是中国大学最早建立的心理学专业系之一。1928 年改为心理学系，隶属理学院。1932 年，设立心理学研究所（后改为研究部），开始招收研究生。西南联大时期，清华大学心理学系并入联大文学院哲学心理学系，改为心理学组，仍兼受清华理学院领导。1946 年后，清华仍设有心理学系。1952 年全国高校院系调整时，心理学系随理学院并入北京大学。

1979 年 10 月，清华大学建立教育研究室（后改为教育研究所），下设应用心理学研究室。1987 年，清华大学建立了高校最早的学生心理咨询中心，为学生提供专业的心理服务，并开设了青年心理学、社会心理学、健康心理学、认知心理学、咨询心理学等课程，在引导学生身心健康发展、提高学生整体素质的教育过程中，起到了必不可少的作用。2000 年，教育研究所设立了心理学研究室。2006 年 4 月，清华大学成立心理学与认知科学研究中心，为开展心理学理论研究提供了良好的平台。2008 年 5 月，清华大学心理学系复建。

目前，清华大学心理学系有三大主要研究方向：认知与神经科学方向、文化与社会心理学方向和健康与临床心理学方向。同时筹建了一系列相关的心理学实验室，为教学和科研提供了保障。2009年起，心理学系面向全国招收本科生和研究生。

8. 外国语言文学系

外国语言文学系成立于1926年，建系之初称西洋文学系；1928年，改名为外国语文学系（简称外文系）。1929年成立外国语文学研究院，1934年改称外国文学部，隶属文科研究所。抗日战争爆发后外文系一度停办，1939年恢复外国语文学部。我国近现代许多著名学者、教授出自该系，如曹禺、钱锺书、季羡林、荣高棠、查良铮、王佐良、许国璋、李赋宁、英若诚、胡壮麟等，他们为清华大学外文系赢得了极高的声誉。1952年院系调整，外文系并入北京大学，许多著名教授调离清华，留下的部分教师组建俄文教研组。1960年俄文教研组改名为外语教研组，承担全校公共外语课程教学工作。

1983年清华大学恢复重建外语系，设有英语专业，同年8月招收本科生。1985年9月，开始招收研究生班。1998年，外语系并入人文社会科学学院。1999年，增设日语语言文学专业并开始招收本科生。2000年，英语语言文学专业获准硕士学位授予权。2003年，日语语言文学专业获准硕士学位授予权，英语语言文学专业获准博士学位授予权。2008年，英语语言文学入选"二级学科北京市重点学科"。2010年9月，外语系更名为外国语言文学系（简称外文系）。

外文系面向全校开设英、日、德、俄、法五个语种公共外语课程。外文系还设有比较文学与文化研究中心、外国语言学研究中心、翻译与跨学科研究中心、日本语言文化研究中心四个学术机构。

9. 经济学研究所

1926年，清华大学成立法学院，创建经济系。1938年，西南联大时期，经济系与其他院校合并。1946年，清华大学恢复经济系。1952年，全国高等学校院系调整，清华大学经济系被撤并入其他院校，部分经济系师生留在新民主主义教研室。1953年，清华大学成立政治经济学教研室。

1978年，政治经济学教研室成为清华大学新建立的社会科学系中的一个教研室。1979年，政治经济学教研室一分为二，以部分教师为骨干成立了清华大学经济管理工程系，并发展成为经济管理学院，大部分教师仍然留在社会科学系。1993年，政治经济学教研室更名为经济学研究所，成为人文社会科学学院的一个研究所，主要从事理论经济学教学与研究，同时承担部分马克思主义理论课教学工作。

1991年，开始在马克思主义理论与思想政治教育硕士点的当代中国经济方向招收研究生。1997年，开始在马克思主义理论与思想政治教育博士点的邓小平理论与当代中国经济方向招收博士生。2001年，增设政治经济学和经济史硕士点。2003年，增设政治经济学博士点。2006年8月，获批理论经济学一级学科博士学位授权。

经济学研究所还设有中俄转型经济比较中心，与俄罗斯科学院经济学所、圣彼得堡财经大学有长期的学术交流并互派留学生。

10. 科学技术与社会研究所

1978年，清华大学创建自然辩证法教研组（室）。1985年，学校成立了中国第一个科学技术与社会（STS）实体研究机构——科学技术与社会研究室；1986 年，开始招收科技与社会方向的研究生。1993 年，学校将自然辩证法教研室和科技与社会研究室整合，成立科学技术与社会研究所（简称科技所），隶属人文社会科学学院。2000 年，组建清华大学科学技术与社会（STS）研究中心；2004 年，该中心成为清华大学科学技术与社会发展国家创新研究基地。2005 年 6 月，为进一步发挥清华大学在科技传播领域的优势，推进我国科技传播与普及事业的发展，学校决定成立中国科协-清华大学科技传播与普及研究中心。2008 年，清华大学 STS 成为北京市重点学科（交叉学科类）。

STS 是清华大学文科的重点学科，文理交叉特色鲜明，以科技哲学学科建设为中心，设有科学技术史硕士学位点、科技哲学硕士学位点和科技哲学博士学位点，在人文社科学院率先开展博士后工作并建立了第一个博士后流动站。主要研究方向有科技哲学研究、科技史学研究、科技传播与普及研究、科技政策与战略研究、科技与国际（地区）关系研究等。

（三）其他常设实体机构

1. 大学生文化素质教育基地

清华大学国家大学生文化素质教育基地成立于 1999 年，是教育部批准成立的第一批国家大学生文化素质教育基地之一。文化素质基地由学校领导兼任主任，行政挂靠人文社会科学学院。

基地成立以来，积极贯彻"以全面提高大学生综合素质为中心、以提高大学生人文与科学素养为切入点"的素质教育指导思想，逐步建立起文化素质课程、经典导读、校园文化活动和人文实践相结合的文化素质教育体系。2000 年起，每年举办一次全校学生文化素质知识竞赛。开展素质拓展活动，激发了学生的自我教育和创造力；2001 年，被共青团中央确定为全国大学生素质拓展计划首批试点高校。2005 年春季学期开始组织新人文系列讲座，以全面培养和提高学生的文化科学素质，取得了较好效果。同时，通过组织全国性系列活动等，产生了良好的辐射示范作用。

2. 对外汉语文化教学中心

清华大学对外汉语文化教学中心（ICLCC）成立于 1988 年，是清华大学进行国际汉语推广并在汉语文化教学方面与国外大学发展学术交流合作的主要渠道。中心在提升教学质量和完善管理机制的同时，积极引导外国留学生将学习汉语和认识中国结合起来，鼓励留学生学习汉语和中国文化。

中心为清华大学的外国留学生开设硕士、博士研究生学术级汉语学分必修课，并为各国政府公派留学生和外国大学交换生开设公共汉语课程。中心设有 5 个年级、9 个层级的教学班，每个年级均有必修课与选修课，必修课每周 20 学时，选修课由学生自由选择课程与课时。中心还承担了面向港澳地区推广普通话的教学任务，与香港有关大学合作开办普通话研修课程。

中心与国外多所著名大学建立了学术、教学交流合作关系，与国外大学合作开设中文学分课程，并定期派遣教师赴国外大学任教，成为学校对外合作交流与开放办学的一个重要窗口。

3. 清华大学与北美各大学联合中国语文中心（IUP）

清华-IUP 中文中心是由北美大学汉语联合会与清华大学共同设立的汉语语言培训项目，中心以促进北美地区与中国的文化学术交流为宗旨，是培训主要来自北美（美国、加拿大）著名大学的大学生、研究生以及法律、金融等专业人才的国际性教学机构，由中美双方共同管理。清华-IUP中文中心的前身为斯坦福中心，1963年成立于台湾，1997年迁至北京清华大学，更名为清华-IUP中文中心。

1997年9月，由清华大学和北美各大学汉语联合委员会（IUP）合作举办的清华国际汉语培训项目开学，来自美国、加拿大10多所著名大学的学生参加了第一期学习。清华IUP中文中心向学生提供高层次的汉语培训，所有入学的学生都须有两年以上学习汉语的基础，学生中既有本科生、研究生，也有已参加工作的人士和知名学者等。IUP实行小班制密集语言课程的教学，学生们每天都会上三节"合班课"（一个老师、三个学生）和一节"单班课"（一个老师、一个学生），不但课程设置密度大，而且保证每位学生在课堂上都能接受高质量的强化语言训练。十多年来，IUP中文中心的毕业生已遍及中美文化学术交流的各个领域，为中美关系的发展和文化交流作出了积极的贡献。

4. 清华大学（人文社会科学学院）野村综合研究所中国研究中心

清华大学（人文社会科学学院）·野村综合研究所中国研究中心（简称清华大学·野村综研中国研究中心）2007年4月在日本东京成立，以清华大学与日本著名研究机构合作的形式进行课题研究；根据双方协议，其常设研究机构设在清华大学人文社会科学学院。中心以清华大学为基地，同中国其他大学与研究机构建立广泛的联系，邀请中日等国的专家学者组成项目专题组，对中国的社会、经济和产业进行综合性研究。并在此基础上借鉴中日双方的经验和智慧，就中日关系和区域合作等课题开展政策性研究，以期对中国、日本以及东亚地区的经济社会发展作出贡献。

5. 艺术教育中心（详见第四章体育与艺术教育）

三、教职工

（一）基本情况

1993年12月，人文社会科学学院成立时有教职工237人，其中社科系82人、中文系24人、外语系121人、教研所10人。1994年至2010年人文社会科学学院教职工人数见表19-32-2。

表19-32-2 1994年—2010年人文社科学院历年教职工人数

时间	事业编制				合同制			博士后	总计
	教师	教辅人员	职员	合计	校聘	院系聘	合计		
1994	249	5	17	271		7	7		278
1995	196	5	17	218		7	7		225
1996	247	6	17	270		5	5		275
1997	242	7	18	267		3	3		270
1998	152		27	181		4	4		185
1999	227	4	32	263		5	5		268

续表

时间	事业编制				合同制			博士后	总计
	教师	教辅人员	职员	合计	校聘	院系聘	合计		
2000	278	12	20	310		5	5		315
2001	285	13	21	319		9	9		328
2002	272	10	16	298		11	11		309
2003	268	11	16	295		13	13		308
2004	267	6	24	297		15	15	12	324
2005	270	6	25	301		15	15	26	342
2006	263	6	24	293		17	17	46	356
2007	263	10	24	297	13	61	74	62	433
2008	240	9	24	273	8	88	96	65	434
2009	257	11	23	291	8	91	99	88	478
2010	251	10	20	281	5	104	109	91	481

（二）教师队伍

1993 年 12 月，人文社会科学学院成立时有教师 206 人，其中社科系 72 人、中文系 24 人、外语系 106 人、教研所 8 人。1994 年至 2010 年人文社会科学学院教师基本情况见表 19-32-3。

表 19-32-3　1994 年—2010 年人文社科学院教师基本情况

年度	教师人数				合计	年度	教师人数				合计
	教授	副教授	讲师	助教			教授	副教授	讲师	助教	
1994	30	68	82	37	217	2003	78	108	76	6	268
1995	32	67	73	37	189	2004	88	109	68	2	267
1996	34	73	79	28	214	2005	93	111	65	1	270
1997	36	76	74	11	197	2006	99	109	54	1	263
1998	44	53	44	11	152	2007	105	108	50		263
1999	44	77	78	28	227	2008	104	100	34	2	240
2000	66	106	93	13	278	2009	109	101	43	3	256
2001	74	113	84	14	285	2010	113	102	34	2	251
2002	79	105	82	6	272						

说明：1994 年至 1997 年教师数按 1998 年后的教师统计口径，因而与表 19-32-2 中数字不一致。

（三）教授名录

1. 教授名录

教授名录见表 19-32-4。

表 19-32-4　人文社科学院教授名录　　　　　　　　　　　　　　　　续表

姓名（任职时间）	姓名（任职时间）	姓名（任职时间）
人文社会科学学院成立前已在相关系所任职的教授		
李相崇（1980—1986 离休）	刘桂生（1984—1999 退休）	何兆武（1985—1991 离休）
陆　慈（1986—1991 离休）	李卓宝（1987—1992 退休）	吴　琼（1987—1987 退休）
贾　观（1987—1993 退休）	钱　逊（1987—1999 退休）	萧家琛（1988—1993 退休）
史光筠（1988—1994 退休）	程慕胜（1988—2003 退休）	吴古华（1988—2002 退休）
朱育和（1988—2005 退休）	高达声（1988—1995 退休）	杨树先（1988—1988 退休）
林　泰（1988—1999 退休）	江丕权（1988—1996 退休）	黄美来（1989—1990 调出）
李润海（1989—2004 退休）	孙复初（1990—1997 退休）	方　琰（1990—2004 退休）
魏宏森（1990—1997 退休）	徐葆耕（1990—2004 退休）	陈圣信（1991—1992 退休）
刘美珣（1991—2005 退休）	寇世琪（1991—1997 退休）	张正权（1991—1992 去世）
赵静鹏（1992—1993 退休）	黄士增（1992—1997 退休）	曾晓萱（1992—1997 退休）
刘元亮（1992—1995 离休）	葛兆光（1992—2009 调出）	丁厚德（1992—1997 退休）
汪礼瑞（1993—1999 离休）	张良平（1993—　调出）	蒋隆国（1993—1999 退休）
周序鸿（1993—1994 退休）	李崇富（1993—1997 调出）	姚慧华（1993—1995 退休）
孙惠爱（1993—1994 离休）	范德清（1993—1999 退休）	
人文社会科学学院成立后任职的教授		
侯成源（1994—1995 退休）	蔡乐苏（1994—2008 转马院）	王耀山（1994—1995 退休）
蓝棣之（1994 调入—2006 退休）	罗振声（1994—2002 退休）	宋秦年（1994—1999 退休）
孙殷望（1994—2001 退休）	胡伟希（1994—2010 退休）	李兴复（1994—1995 退休）
郑小筠（1995—2001 退休）	吴永麟（1995—2002 逝世）	王　忆（1995—1998 退休）
金丽华（1995—1999 退休）	张云台（1995—1996 退休）	秦　晖（1995 调入—　）
刘建明（1995 调入—2002 转新闻学院）	胡庚申（1996 调入—2010 退休）	曾粤庆（1996—1996 退休）
高敦复（1996—1997 退休）	熊澄宇（1996—2002 转新闻学院）	冯虞章（1996—1996 退休）
孙宝寅（1996—2002 转新闻学院）	吴　倬（1996—2008 转马院）	张铭新（1995 调入—1999 转法学院）
胡天赐（1997—1997 退休）	夏宝兴（1997—1997 退休）	高其才（1997—1999 转法学院）
黄国营（1997 调入—　）	冷德诚（1997—1997 退休）	曾国屏（1997—　）
刘书林（1997 调入—2008 转马院）	樊富珉（1997—　）	赵丽明（1997—　）
曹南屏（1997—1999 转法学院）	罗立胜（1997—2010 转国际处）	马俊驹（1997 调入—1999 转法学院）
崔建远（1997—1999　转法学院）	王亚新（1998 调入—1999 转法学院）	李瑞芳（1998—　）
李树勤（1998—1999 转法学院）	战宪斌（1998 调入—2002 退休）	宋焕成（1998—2008 退休）
曹　莉（1998—　）	于　安（1998—1999 转法学院）	曹南燕（1998—　）
李伯重（1998 调入—　）	李希光（1999 调入—2002 转新闻学院）	王至元（1998 调入—2010 退休）
曹德本（1999 调入—2008 转马院）	王孙禺（1999—2009 转教研院）	于永达（1998 调入—2000 转公管学院）

姓名（任职时间）	姓名（任职时间）	姓名（任职时间）
孙明君（1999— ）	赵甲明（1999—2008 转马院）	万俊人（1999 调入— ）
邹广文（1999 调入— ）	何福胜（1999— ）	王彦花（1999— ）
吴彤（1999 调入— ）	吕中舌（1999— ）	刘世生（1999 调入— ）
杨永林（1999 调入— ）	彭林（1999 调入— ）	刘兵（1999 调入— ）
吴娅茹（1999—2004 退休）	尹鸿（1999 调入—2002 转新闻学院）	孙立平（2000 调入— ）
肖红（2000 调入—2008 调出）	李强（1999 调入— ）	罗选民（1999 调入— ）
刘石（1999 调入— ）	殷存毅（2000—2001 转公管学院）	范红（2000—2002 转新闻学院）
罗钢（2000 调入— ）	许建平（2000— ）	王晓朝（2000 调入— ）
蔡继明（2000 调入— ）	闫学通（2000 调入— ）	刘庆龙（2000—2001 转公管学院）
解志熙（2000 调入— ）	郭于华（2000 调入— ）	蔡曙山（2000 调入— ）
丁夏（2000— ）	王宁（2000 调入— ）	卢风（2000 调入— ）
肖巍（2001— ）	王中忱（2001— ）	刘沛（2001—2005 调出）
王晓毅（2001 调入— ）	谢思炜（2001 调入— ）	崔保国（2001—2002 转新闻学院）
崔刚（2001 — ）	刘勇（2001 调入— ）	寇廷耀（2001—2001 校内调动）
景军（2001— ）	李碧嘉（2001—2002 退休）	李彬（2002— ）
艾四林（2002—2008 转马院）	王小盾（2002 调入—2006 调出）	刘芝琳（2002—2006 退休）
汪晖（2002 调入— ）	史静寰（2002 调入—2009 转教研院）	肖鹰（2002— ）
陈永国（2002 调入— ）	肖广岭（2002— ）	冯峰（2002— ）
李正风（2002— ）	王路（2002 调入— ）	范文芳（2002— ）
陈争平（2002 调入— ）	廖名春（2002— ）	刘江永（2003 调入— ）
李学勤（2003 调入— ）	孔祥云（2003—2008 转马院）	唐少杰（2003— ）
童燕萍（2003— ）	张小军（2003— ）	张美兰（2003— ）
龙登高（2003— ）	刘北成（2004 调入— ）	张祖英（2004—2005 调出）
刘欣欣（2004 调入— ）	王中江（2004 调入— ）	裴晓梅（2004— ）
高淑娟（2004— ）	张绪山（2004— ）	何茂春（2004 调入— ）
封宗信（2004— ）	韩冬雪（2004 调入—2008 转马院）	张国刚（2004 调入— ）
张玲霞（2004— ）	解安（2004—2008 转马院）	王宪明（2004—2008 转马院）
李越（2004—2009 转教研院）	李虹（2005—2009 转教研院）	方朝晖（2005— ）
何红梅（2005— ）	王启龙（2005—2007 调出）	李刚军（2005—2005 退休）
周茂林（2005— ）	罗家德（2005 调入— ）	朱汉城（2005— ）
张文霞（2005— ）	刘敬东（2006 调入—2008 转马院）	贝淡宁（2006— ）
张利华（2006— ）	江铭虎（2006— ）	张威（2006—2010 调出）
袁本涛（2006—2009 转教研院）	王雯姝（2007—2008 转马院）	沈原（2007— ）
孙哲（2007 调入— ）	张海明（2007 调入— ）	田薇（2007— ）
史志钦（2007— ）	何宏华（2007— ）	彭国翔（2008— ）

续表

姓名（任职时间）	姓名（任职时间）	姓名（任职时间）
罗博思（2008 调入— ）	彭凯平（2008 调入— ）	傅璇琮（2008— ）
隽雪艳（2008— ）	孙 凤（2008— ）	张 勇（2008— ）
史傅德（2008 调入— ）	侯旭东（2008 调入— ）	刘精明（2008 调入— ）
景跃进（2009 调入— ）	蓝劲松（2009—2009 调出）	张小劲（2009 调入— ）
彭 刚（2009— ）	林 健（2008—2009 转教研院）	韩立新（2009— ）
曹 峰（2009 调入— ）	陈 来（2009 调入— ）	赵平安（2009 调入— ）
赵日新（2009 调入— ）	刘 东（2009 调入— ）	刘 禾（2009 调入— ）
黄裕生（2009 调入— ）	史天健（2010 调入—2010 去世）	冯元元（2010— ）
王天夫（2010— ）	刘国忠（2010— ）	王婉莹（2010— ）
杨 舰（2010— ）	余石屹（2010— ）	Malcolm Forster（2010 调入— ）
傅世敏（2010— 特别研究员）	李守奎（2010 调入— ）	王 成（2010 调入— ）

2. 兼职教授名录

兼职教授名录见表19-32-5。

表 19-32-5　人文社科学院兼职教授名录

姓名（聘任时间）	姓名（聘任时间）	姓名（聘任时间）
张岂之（1991—2008 转为双聘）	于维栋（1992—2003）	陆学艺（1992— ）
许征帆（1993—2005）	钱理群（1993— ）	李学勤（1993— ）
牟钟鉴（1993— ）	华建敏（1994— ）	胡壮麟（1994— ）
李 琼（1994—2001）	金冲及（1994— ）	齐世荣（1994— ）
陈肇雄（1994—2006）	方克立（1994— ）	赵凤岐（1994— ）
刘洪潮（1994— ）	乌沧萍（1994— ）	王 尧（1994— ）
安子介（1994— ）	顾明远（1996—2003）	何其莘（1996—2003）
梁定邦（1997— ）	仲呈祥（1997— ）	王缉恩（1997— ）
戴秉国（1997— ）	王苠卿（1997— ）	杨洁篪（1997— ）
陈 砾（1997— ）	唐家璇（1997— ）	陈小功（1997— ）
梅兆荣（1997— ）	徐 焰（1997— ）	汪永铨（1997—2005）
闵维方（1997—2005）	刘润清（1997— ）	周流溪（1997— ）
段瑞春（1997— ）	梁慧星（1997— ）	王著谦（1997— ）
刘海年（1997— ）	曾宪义（1997— ）	沈宗灵（1997— ）
陈光中（1997— ）	李国能（1997— ）	李肇星（1998— ）
龙永图（1998— ）	万永祥（1998— ）	蒋黔贵（1998—2003）
吴述尧（1998—2003）	罗志田（1998— ）	杨奎松（1998—2003）
徐 泓（1998— ）	汪 晖（1998—2003）	曾俊伟（1998— ）
朱恩涛（1998— ）	王家福（1998— ）	沈四宝（1998— ）

续表

姓名（聘任时间）	姓名（聘任时间）	姓名（聘任时间）
荣智健（1998— ）	刘震涛（1999— ）	袁行霈（1999— ）
江道涵（1999— ）	赵启正（1999— ）	林茂荪（1999— ）
周 弘（1999— ）	陆南泉（1999— ）	王逸丹（1999— ）
陈万华（1999— ）	深见东洲（1999— ）	胡壮麟（1999— ）
申 丹（1999— ）	何自然（1999— ）	庄绎传（1999— ）
杜诗春（1999— ）	杨 义（2000—2006）	蒋黔贵（2000— ）
李如龙（2000—2003）	孙小礼（2000—2003）	顾海良（2000—2006）
吴树青（2000— ）	陈昌曙（2000—2003）	方汉奇（2000—2003）
王炳照（2000—2005）	罗国杰（2000—2003）	叶 澜（2000—2003）
钱中文（2000—2003）	苏 格（2000—2003）	陶德麟（2000—2003）
郑永廷（2000—2006）	陈 来（2000—2006）	郑杭生（2000— ）
卓新平（2001—2004）	董京泉（2001—2004）	王炳照（2002— ）
金一鸣（2002—2005）	项 楚（2002—2005）	赵敦华（2002—2005）
黄百炼（2002— ）	陆谷孙（2002— ）	衣俊卿（2003—2006）
宋林飞（2003— ）	杨天石（2003— ）	董志凯（2004—2007）
詹福瑞（2004—2007）	俞可平（2005—2007）	李崇富（2005—2007）
王天义（2005—2007）	徐善衍（2005— ）	靳辉明（2006— ）
王 毅（2008— ）	刘大椿（2008— ）	袁贵仁（2008— ）
杨国荣（2008— ）	叶 朗（2008— ）	周远清（2008— ）
吴启迪（2008— ）	傅璇琮（2008— ）	张光裕（2009— ）

3. 双聘教授名录

郭熙保（2002—2005） 胡家勇（2005—2008） 王启龙（2008— ）
张岂之（2008— ） 曲德林（2008— ）

4. 教育部"长江学者奖励计划"特聘教授名录

"长江学者奖励计划"是教育部与香港李嘉诚基金会于 1998 年共同实施的高层次人才计划，包括长江学者特聘教授、讲座教授岗位制度和"长江学者成就奖"。

景 军（2006—2009） 张国刚（2007—2010） 刘 闯（2008—2010）
万俊人（2008— ） 黄一农（2009— ） 陈志武（2009— ）
汪 晖（2009— ）

5. "伟伦特聘访问教授"名录

"清华大学伟伦特聘访问教授"计划由香港实业家利国伟先生捐资设立的"伟伦学术交流中心访问教授基金"提供资助，从 2000 年 9 月起每年聘请 2～4 位海内外有影响的学者到清华大学文科院系工作 5～10 个月，以支持清华的文科建设，名录见表 19-32-6。

表 19-32-6　人文社科学院"伟伦特聘教授"名录

姓名（聘任时间）	姓名（聘任时间）	姓名（聘任时间）
孙正聿（2000-09—2001-02）	喻国明（2001-04—2001-08）	李中清（2001-05—2001-09）
郭熙保（2001-09—2002-01）	周雪光（2002-02—2002-06）	卓新平（2002-03—2002-07）
刘江永（2002-09—2003-01）	滨下武志（2002-09—2003-02）	施莱德（2003-02—2003-07）
叶　朗（2003-02—2003-07）	杨大利（2003-05—2003-07）	眭依凡（2003-10—2004-03）
高坂健次（2004-03—2004-07）	刘　禾（2004-05—2004-09）	贝淡宁（2004-08—2005-01）
黄宽重（2004-08—2005-01）	骆　奇（2004-09—2005-02）	中马清福（2004-10—2005-02）
侯若石（2004-09—2005-02）	包华石（2005-04—2005-06）	梅祖麟（2005-09—2006-01）
金灿荣（2006-02—2006-07）	罗宾·威廉（2007-01—2007-07）	杨英锐（2007-09—2008-01）
张信刚（2007-09—2008-01）	李静君（2008-02—2008-06）	黄万盛（2008-02—2008-07）
王联章（2008-04—　　）	约翰·范本特姆（2008-09—2009-01）	李廷江（2008-10—　　）
顾彬（Wolfgang Kubin）（2009-07—12）	Jeremy T- Paltiel（2009-09—2010-02）	赵炬明（2009-09—2010-02）
时殷弘（2010-2—2010-7）	鲁　索（2010-03—07）	韩相震（HAN Sang-Jin）（2010-03—07）
姚新中（2010-08—　　）	王宏斌（2010-07—　　）	

6. 名誉、客座、顾问教授

名誉教授、客座教授、顾问教授聘任情况见表 19-32-7。

表 19-32-7　人文社科学院名誉教授、客座教授、顾问教授名录

姓名（学衔及授予时间）	姓名（学衔及授予时间）	姓名（学衔及授予时间）
刘君若（客座教授 1986）	王　浩（名誉教授 1986）	安子介（名誉教授 1994）
刘皇发（高级顾问 2000）	张镇中（客座教授 2001）	杜维明（客座教授 2001）
塔拉谢维奇（客座教授 2002）	F. R. Jameson（客座教授 2004）	王赓武（客座教授 2004）
金炯珠（顾问教授 2004）	周雪光（客座教授 2004）	黄正德（客座教授 2004）
李文达（顾问教授 2005）	王士元（客座教授 2005）	Gayatri Spivak（客座教授 2006）
Mary Jacobus（客座教授 2006）	金在烈（顾问教授 2006）	张信刚（名誉教授 2007）
詹姆斯·沃奇（客座教授 2007）	John Searle（客座教授 2007）	福川伸次（顾问教授 2007）
藤沼彰久（顾问教授 2008）	陈志武（客座教授 2008）	

7. 国家级有突出贡献的中青年专家

李润海（1990）

（四）博士后

2000 年 11 月，人文社会科学学院首个哲学博士后流动站设立。2007 年 8 月，学院获批准设立社会学、马克思主义理论、中国语言文学、历史学博士后流动站。至 2010 年底先后进站工作的博士后为 240 名。表 19-32-8 为 2004 年至 2010 年人文社会科学学院博士后进站、在站、出站人数统计。

表 19-32-8　2004 年—2010 年人文社科学院博士后人员情况

年度	进站人数	出站人数	在站人数	年度	进站人数	出站人数	在站人数
2004	12		12	2008	37	21	62（2）
2005	26		38	2009	43	22	82（1）
2006	46			2010	44	34	88（3）
2007	62						

说明："在站人数"栏中括号内为二期人数。

四、教学

（一）本科生培养

本科教育是清华大学培养高层次、高素质、多样化、创造性人才的基础。学院坚持"中西融会，古今贯通，文理渗透，综合创新"的基本理念，实行"通识教育基础上的宽口径专业教育""按院系招生、按大类培养"，注重本科生的实践教学和国际化培养。

1. 专业设置

学院招生与培养本科生、第二学士学位生。1983 年英语专业开始招生，1987 年中文系编辑学第二学士学位班开始招生（1997 年停招），1994 年汉语言文学专业开始招生，1999 年日语专业开始招生，1999 年至 2004 年学院招收"中外文化综合班"，2003 年开始招收"文科实验班"。

2005 年起，学院除英语、日语专业外，其他专业都按"人文学科实验班"（含中国语言文学、历史、哲学专业方向）和"社会科学实验班"（含经济学、社会学、国际政治专业方向）两种班次分别招生和培养。

2. 招生毕业情况

1986 年至 1993 年，社科系毕业本科生 74 人，双学位班 38 人，第二学士学位班 170 人。中国语言文学系从 1985 年至 1993 年，共招收转科生 43 人，第二学位生 107 人，毕业转科生 43 人，第二学位生 87 人。从 1983 年至 1993 年，外语系培养本科毕业生 128 人。1983 年至 2010 年人文社会科学学院招生和毕业人数统计见表 19-32-9 和表 19-32-10。

表 19-32-9　1983 年—1995 年人文社科学院本科生招生、毕业人数

项目	年份	1983	1984	1985	1986	1987	1988	1989	1990	1991	1992	1993	1994	1995
招生人数	本科	18	21	20	18	16	16	13	17	18		20	42	52
	二学位	0	0	0	0	0	0	0	9	2		0	11	28
	合计	18	21	20	18	16	16	13	26	20	缺	20	53	80
毕业人数	本科	0	0	0	0	18	24	18	20	14		12	14	15
	二学位	0	0	0	0	32	11	21	28	12		12	13	22
	合计	0	0	0	0	50	35	39	48	26		24	27	37

表 19-32-10 1996 年—2010 年人文社科学院本科生招生、毕业人数

项目	年份	1996	1997	1998	1999	2000	2001	2002	2003	2004	2005	2006	2007	2008	2009	2010
招生人数	本科	56	48	67	118	111	104	98	137	138	144	161	163	151	170	165
	二学位	3	7	19	3	4	89	95	90	0	0	0	0	0	0	0
	合计	59	55	86	121	115	193	193	227	138	144	161	163	151	170	165
毕业人数	本科	15	16	34	46	45	45	57	86	75	84	81	121	123	140	150
	二学位	33	28	23	19	20	20	12	92	91	90	0	0	0	0	0
	合计	48	44	57	65	65	65	69	178	166	174	81	121	123	140	150

3. 课程设置

人文社会科学学院是清华大学较早实行"通识基础上宽口径专业教育""按院系招生、按大类培养"的院系之一。本科学制四年，人文科学实验班与社会科学实验班的学生在入学后的第一至四个学期，实行不分专业的通识教育，从第五学期开始，每个实验班的同学，可自由选择专业方向。

2009 年，人文社会科学学院本科课程设置如下：

文科实验班：中国散文、西方散文、文字学、中国哲学、西方哲学、现代汉语、古代汉语、中国古代文学史、中国现代文学史、中国古代诗歌选读、语言学概论、逻辑学概论、中国通史、外国诗歌选读、中国小说赏析、外国小说选读、基础写作、比较文学概论、文学原理、中国戏剧名著选讲、影视文学概论、艺术概论、综合英语、英语听说、高级英语、翻译理论与实践、中国文化专题讲座等。

英语专业：综合英语、英语听说、口语、视听、英语国家概况、阅读、英语词汇学、写作、西方文化概论、欧美经典文学作品选读、高级英语、语言学概论、翻译、口译、英国文学、美国文学、第二外国语、英语报刊选读、美国社会与文化、国际商务英语、科技英语阅读、涉外语言策略技巧、现代汉语、古代汉语等。

日语专业：日语精读、日语泛读、日语会话、日语听力、日本文化史、日语基础写作、日本文学概论、日语语法、日本历史、日语视听、日语口译、日本报刊选读、中日交流史、现代汉语、古代汉语等。

本科生主要选修课程：中国古代史、西方文化名著导读、中国古典诗歌研究与赏析、中国古代小说研究与赏析、中国古代散文研究与赏析、西方文学思潮与作品、大学生音乐知识与欣赏、周易哲学与易文化、中国古代思想史、西方文明史、中国近代文化史、《老子》与《庄子》、中国古代礼仪文化、甲骨文与古代中国文明、儒家经典导读、当代国际关系史、口才学基础、大学生心理健康、西方后现代主义思潮评述、社会学概论、人类学概论、伦理学与国际问题研究、科技写作、中国现代小说欣赏、美术欣赏、舞蹈欣赏与实践、传统与现代音乐赏析、摄影艺术实践、影视鉴赏、大学生基础美学、中外戏剧美学与欣赏、美学原理、二外日语、二外德语、二外法语、商贸英语、科技英语等。

（二）研究生培养

1. 概况

人文社会科学学院 1993 年成立时有权授予硕士学位的学科、专业有：科学技术哲学（哲学）、

中共党史（法学）、马克思主义理论教育（法学）、思想政治教育（法学）、教育管理学（教育学）、高等教育学（教育学）、专门史（历史学）、专门用途外语（文学）。

2010 年，清华大学人文社会科学学院共有 8 个博士学位授权点的一级学科：中国语言文学、中国历史、世界历史、外国语言文学、哲学、社会学、理论经济学、政治学；学科专业涉及文学、历史学、哲学、法学、经济学、理学（科技史）等 6 个学科门类。

2. 研究生招生、毕业情况

1986 年至 1993 年，社科系毕业研究生班 17 人和硕士生 81 人；思想文化研究所专门史（中国思想史）专业，自 1985 年 3 月开始招收硕士生，到 1993 年底有在校博士生 2 名、硕士生 7 名，招收"特区经济文化专业在职干部研究生班"一届 29 人；教育研究所自 1990 年开始招收硕士研究生，至 1993 年底共培养硕士研究生 8 人（含在校生）；外语系自 1983 年至 1993 年培养研究生班毕业生 74 人，硕士研究生 18 人。

人文社科学院有来自韩国、日本、美国、巴西、哈萨克斯坦、马来西亚、意大利、越南、泰国、塞尔维亚、缅甸、菲律宾、印度尼西亚、加拿大、新加坡、瓦努阿图等国的留学生，主要集中在本科汉语言文学、英语及社会科学实验班专业，研究生中国语言文学、国际关系、社会学、高等教育学、历史学等专业。学院还接收有港澳台地区学生，分别在本科人文科学实验班及英语专业，研究生国际关系、社会学、历史学等专业学习。表 19-32-11 为人文社科学院研究生招生和毕业人数统计。

表 19-32-11　1994 年—2010 年人文社科学院研究生招生、毕业人数

年　份		1994	1995	1996	1997	1998	1999	2000	2001	2002
招生人数	硕士	32（3）	45（2）	52	64	91（1）	97	160	133	144
	博士				5	15	17	23	30	29
	合计	32（3）	45（2）	52	69	106（1）	114	183	163	173
毕业人数	硕士	17	20	22	48	44	60	83	49	98
	博士								1	4
	合计	17	20	22	48	44	60	83	50	102

年　份		2003	2004	2005	2006	2007	2008	2009	2010	
招生人数	硕士	153（14）	161（5）	129（14）	133（18）	122（39）	124（10）	114（11）	115（22）	
	博士	33（3）	59（3）	63（12）	62（10）	71（9）	65（1）	79（2）	91（4）	
	合计	186（17）	220（8）	192（26）	195（28）	193（49）	189（11）	193（13）	206（26）	
毕业人数	硕士	114（2）	218（16）	110	174	149	124（10）	130（11）	124（22）	
	博士	15	19（4）	14	24	38	40（1）	49（2）	44（4）	
	合计	129（2）	237（20）	124	198	187	164（11）	179（13）	168（26）	

说明：括号内为留学生及港澳台学生人数。

（三）公共课和文化素质课教学

人文社科学院长期承担着全校本科生、硕士生、博士生的文科专业课程、公共外语课程和马克思主义理论课程、思想品德课的教学任务，同时，为了全面提高学生的综合素质、培养学生的

人文精神与科学素养、促进学生全面发展，学院还面向全校学生开设了一百余门有关人文社会科学的文化素质课和外语多语种选修课。

1. 思想政治理论课

学院的马克思主义理论课教学工作，注意追随时代的发展变化，密切结合学生的思想实际，在教学内容和教学方式上进行了坚持不懈的改革；把对全校学生进行思想品德教育、提高学生人文素养作为教学工作的重要内容。思想政治理论课对全校学生开设"邓小平理论与三个代表重要思想概论""马克思主义政治经济学原理""马克思主义哲学原理""中国特色社会主义""思想道德修养"等课程。

2003年，清华大学被确定为北京高校马克思主义理论与思想品德课重点建设示范单位；2006年，被北京市教工委确定为北京高校思想政治理论课骨干教师研修基地。

2008年7月以后，思想政治理论课教学工作划归马克思主义学院。

2. 公共英语课

公共英语课注重培养学生的外语素质，突出语言实际运用能力，适应学校高层次、高质量的人才培养需要。在公共英语教学方面建立了完整有效的大学英语课程体系，即一个目标：清华大学英语水平考试培养英语综合运用能力；两个模式：读写译教学模式、视听说教学模式；三个级别：大学英语1～3级。大学英语选修课程包括三个选修系列课程：①以语言技能为主体，②以语言运用为主体，③以知识介绍为主体。基础课程与选修课程的比例为1:1。"清华大学英语水平（I）考试"已得到教育部高等教育司的认可，并通过大学外语教学指导委员会验证；每学年举行两次考试，每次平均3 000余人。

3. 文化素质课

学院面向全校学生开设的文化素质课每年约80～100门次，已开设的部分课程有：口才学基础，战后中苏关系的演变和发展，农民学与中国传统社会，西方后现代主义思潮述评，古代中国—欧洲交流史，现代西方科学哲学，环境伦理，中国古代通史，中国的统一与台湾问题，科学技术史系列讲座，日本民族研究，审美的历程，现代西方哲学流派，世界名校赏析，东亚文化交流史，心理健康与精神进化，围棋与中国文化，生涯发展规划，现代西方技术哲学，科学技术与社会导论，自然与文化：诗画与炼丹，李约瑟难题：从科学思想比较角度的初探，当代社会主义理论与实践，戏剧中的科学，逻辑学概论，西方哲学史，现代西方哲学思潮，西方文化名著导读，中国近代文化史，中国文化名著导读，《老子》与《庄子》，甲骨文与古代中国文明，儒家经典导读，文物精品与文化中国，国际政治与中国，道家与玄学，"三农"中国，明清文化专题，梵语入门，国际关系分析，社会科学定量分析，《世说新语》与魏晋风度，现代俄罗斯科学技术与社会，科学研究道德入门，昆曲艺术欣赏，中国史要论，自我与社会，人生的经济分析与管理艺术，中国社会，民主的理论与实践，艺术与历史：作为历史的艺术，西方哲学精神探源，中国社会转型与教育问题分析，当代道德问题探讨，追寻幸福，中西伦理比较，国际人力资源开发，网络社会学，科学技术概论，中西文化关系史，艺术史导论，多媒体文艺学，认知科学系列专题讲座，理解自然，中国古典诗歌研究与赏析，中国古代小说研究与赏析，中国现当代文学名著导读，西方文学思潮与作品，科技写作，女书与非物质文化遗产，西方文明史等。

（四）教学成果

1. 课程建设

1994 年至 2010 年，人文社会科学学院有多门课程获国家级、北京市以及清华大学精品课程（含研究生精品课程）。表 19-32-12 为获得国家级和北京市精品课程情况。

表 19-32-12　人文社科学院入选国家级和北京市精品课程

序号	课　程　名　称	负责人	国家级评定时间	北京市级评定时间
1	文物精品与文化中国	彭　林	2003	
2	马克思主义政治经济学原理	刘美珣	2004	2004
3	思想道德修养	刘书林	2004	2004
4	大学英语综合课程	罗立胜	2004	2004
5	马克思主义哲学原理	吴　倬	2005	2003
6	邓小平理论与"三个代表"重要思想概论	刘美珣	2006	2005
7	英语写作（1～4 级水平）	杨永林	2006	
8	国际关系分析	阎学通	2007	2006
9	毛泽东思想概论	蔡乐苏		2006
10	中国古代礼仪文明	彭　林	2008	2008
11	中西文化关系史	张国刚	2009	2009
12	中国古典诗歌研究与赏析	孙明君		2009

2. 教材建设

人文社会科学学院教师积累了丰富的教学经验，至 2010 年年底共出版各类专著、译著、教材等 589 部。其中获全国普通高等学校优秀教材奖 2 项、入选教育部普通高等教育精品教材 3 部、北京市高等教育精品教材 20 部以及清华大学优秀教材、优秀讲义和优秀电教教材多部。人文社会科学学院获国家级和北京市优秀教材、精品教材情况见表 19-32-13。

表 19-32-13　人文社会科学学院获优秀教材奖及入选精品教材情况

年份	教材名称	编著者	奖项等级	出　版　社
\多行\1. 教育部全国普通高等学校优秀教材奖				
2002	研究生系列英语	胡庚生（第二编者）	一等奖	高等教育出版社
2002	新英语教程（第三版）	刘平梅（吕中舌何福胜　范红杨　芳等参编）	二等奖	清华大学出版社
2. 教育部普通高等教育精品教材				
2007	应用社会学（第三版）	李　强	精品教材	中国人民大学出版社
2008	新时代交互英语——预备级综合教程学生用书	刘世生　苏旦丽	精品教材	清华大学出版社
2009	社会分层十讲	李　强	精品教材	社会科学文献出版社

续表

年份	教材名称	编著者	奖项等级	出 版 社
		3. 北京市高等教育精品教材		
2004	研究生英语选修课（系列教程）	罗立胜	精品教材	中国人民大学出版社
2004	思想道德修养	刘书林	精品教材	清华大学出版社
2004	中国特色社会主义	刘美珣	精品教材	清华大学出版社
2004	马克思主义哲学导论	吴 倬	精品教材	当代中国出版社
2004	应用社会学（第二版）（21 世纪社会学系列教材）	李 强	精品教材	中国人民大学出版社
2004	古代中国社会与文化十讲	葛兆光	精品教材	清华大学出版社
2004	宗教学基础十五讲	王晓朝	精品教材	北京大学出版社
2006	中国哲学概论	胡伟希	精品教材	北京大学出版社
2006	当代自然辩证法教程	曾国屏	精品教材	清华大学出版社
2006	逻辑基础	王 路	精品教材	人民出版社
2006	体验英语写作（1～3）学生用书、教师用书	杨永林	精品教材	高等教育出版社
2006	英汉互译实践与技巧	许建平	精品教材	清华大学出版社
2006	新大学俄语综合教程	何红梅	精品教材	高等教育出版社
2006	新英语教程（第四版）读写译学生用书	吕中舌	精品教材	清华大学出版社
2006	中西艺术导论	肖 鹰	精品教材	北京大学出版社
2008	科学技术史二十一讲	刘 兵 杨 舰 戴吾三	精品教材	清华大学出版社
2008	国际关系研究实用方法（第二版）	阎学通 孙学峰	精品教材	人民出版社
2008	工程硕士研究生英语	何福胜	精品教材	清华大学出版社
2008	现代实用日语（基础篇）	张 威	精品教材	高等教育出版社
2008	新世纪日本语教程—中级（MP3 版）	冯 峰	精品教材	外语教学与研究出版社

3. 全国优秀博士学位论文

2005 年，历史系博士生戚学民的学位论文—《严复〈政治讲义〉研究：文本渊源、言说对象和理论意义》被评为全国优秀博士学位论文，导师朱育和。

4. 教学成果

人文社会科学学院的教学严格认真，具有较高学术水平与教学质量；自 20 世纪 80 年代以来，在国家、北京市及学校优秀教学成果评奖中获得多项奖项。表 19-32-14 为获得国家级和北京市优秀教学成果奖情况。

表 19-32-14　人文社会科学学院获国家级和北京市优秀教学成果奖情况

年份	获奖项目	奖项等级	获奖者
	1. 教育部全国普通高等学校优秀教学成果奖		
1989	大学英语教学改革	优秀奖	吴古华
1993	研究生马克思主义理论课教学改革	二等奖	高达声　李润海　魏宏森　寇世琪 丁厚德
1993	建立大学英语教学体系，全面提高学生语言运用能力	二等奖	罗立胜　范　红　何福胜　李兴复 吴古华
2001	"统筹运作，相互渗透，提高大学生的人文与科学素养"的研究与实践	二等奖	胡显章　徐葆耕　袁德宁　程　钢 管志远
2005	思想政治理论课研究型教学理念与实践	一等奖	刘美珣　艾四林　蔡乐苏　吴　倬 刘书林
2005	大学英语综合课程改革与实践	二等奖	罗立胜　张文霞　吕中舌　杨　芳 蔡　蔚
2005	文化素质教育课"文物精品与文化中国"建设	二等奖	彭　林
	2. 北京市普通高等学校优秀教学成果奖		
1989	中国革命史教学改革	市级奖	朱育和　夏宝兴　郑小筠
1989	通过政治理论课教学对大学生进行理想教育	局级奖	李润海
1993	人文选修课"西方文学思潮与作品"	一等奖	徐葆耕
1997	中国革命史教学改革	一等奖	朱育和　蔡乐苏　金丽华　夏宝兴 王宪明
1997	一个文理结合的培养模式——编辑学专业十年改革成果	一等奖	徐葆耕　孙传耀　孙宝寅　曹自学 王宪明
1997	硕士研究生英语应用能力培养模式及实践	一等奖	罗立胜　何福胜　白永毅　刘　颖 吴振一
2001	"统筹运作，相互渗透，提高大学生的人文与科学素养"的研究与实践	一等奖	胡显章　徐葆耕　袁德宁　程　钢 管志远
2001	《新英语教程》（教材）	二等奖	刘平梅　何福胜　吕中舌
2001	清华大学公共英语课程体系　目标管理模式与语言环境的建设	二等奖	罗立胜　范　红　杨　芳　邢　如 程慕胜
2004	思想政治理论课研究型教学理念与实践	一等奖	刘美珣　艾四林　蔡乐苏　吴　倬 刘书林
2004	文化素质教育课"文物精品与文化中国"建设	一等奖	彭　林
2004	"大学英语"综合课程改革与实践	一等奖	罗立胜　张文霞　吕中舌　杨　芳 蔡　蔚
2004	"思想道德修养"课程改革	二等奖	刘书林　肖　魏　王雯姝　吕　嘉 帅松林
2004	提高马克思主义哲学原理课（政治课）教学实效性的理念与方法创新	二等奖	吴　倬　艾四林　邹广文　赵甲明 唐少杰
2008	深化新课程体系研究，推进教学改革，提高思想政治理论课教学的实效性	一等奖	艾四林　吴　倬　孔祥云　王雯姝 舒　文
2008	《新英语教程》系列教材（第四版）	二等奖	吕中舌　何福胜　张文霞　杨　芳 邢　如

五、科学研究

（一）人文社会科学学院跨学科及非实体学术研究机构

人文社会科学学院除了实体研究机构外，还建立了一批跨学科及非实体的学术研究机构和一些国家级文科科研基地，主要研究机构见表 19-32-15（含人文社会科学学院成立前已经设立的主要研究机构）。

表 19-32-15　人文社会科学学院跨学科及非实体学术研究机构一览（校级科研机构）

序号	成立时间	中 心 名 称	负责人
1	1985	思想文化研究所	刘北成
2	1997	国际问题研究所	阎学通
3	1998	清华大学语言学研究中心	黄国营
4	2000	清华大学科学技术与社会研究中心	曾国屏
5	2000	清华大学老年学研究中心	李　强
6	2001	清华大学道德与宗教研究中心	王晓朝
7	2002	清华大学亚洲研究中心	王孙禺
8	2005	中国科协-清华大学科技传播与普及研究中心	曾国屏
9	2007	人文社会科学学院·野村综合研究所——中国研究中心	李　强
10	2008	清华大学-伯克利心理学研究中心	彭凯平
11	2008	清华大学出土文献研究与保护中心	李学勤
12	2009	清华大学日本研究中心	曲德林
13	2009	清华大学国学研究院	陈　来
14	2009	清华大学人文与社会科学高等研究中心	汪　晖
15	2010	清华大学华商研究中心	龙登高
16	2010	清华大学当代国际关系研究学院	阎学通

（二）科研成果

人文社会科学学院按照"以马克思主义为指导，理论与实际相结合，中西融会，古今贯通，文理渗透，综合创新"的原则，开展科学研究。截至 2010 年，学院承担的各类科研项目 370 余项，在研项目 191 项；其中包括国家社科基金项目、国家自然科学基金项目、国家软科学项目等国家级项目 75 项，国家教育部、北京市等省部级哲社项目 122 项，这些科研项目在国家经济、社会、文化建设中发挥了积极作用。

学院承担的科研项目多次获得有关方面的奖励，共获得国家社会科学基金优秀成果奖、全国高校人文社会科学优秀成果奖、北京市哲学社会科学优秀成果奖等各种奖励 200 余项。出版各类著作 589 部，发表论文 2 970 余篇。

（三）学术活动

为推进学术研究贴近前沿，学院积极组织和推动各学科举办了不同类型的学术讲座、沙龙和研讨会，其中许多已形成了制度化、经常性的学术活动。主要有：

清华历史讲堂自 2005 年开始，由历史系主办，邀请海内外学者出席，平均每周一讲；并精选一批有特色的选修课、专题课与有影响的演讲，以课堂录音为底本，辑录出版。目前已出版《清华历史讲堂初编》（2007）、《清华历史讲堂续编》（2008），收录学术讲演 36 讲。

清华经济学讲堂自 2007 年 4 月开始，由经济所主办，不定期地邀请和安排国际国内经济学家的演讲，内容包括介绍学术界前沿研究动态、由学者论述其最新研究课题与成果、围绕热点问题进行学术讨论等。

清华大学科学哲学与技术哲学沙龙自 2001 年 4 月开始，由科技所主办，每月一次。沙龙的创设是科技所发展科学技术哲学，加强学术交流的一项重要举措。沙龙坚持以学术交流、学术研讨为核心，邀请国内外学者和所内外教师就最新研究成果以及本学科学术前沿问题报告心得。2001 年起至 2010 年 12 月，科技沙龙共举办了 99 期。

"清华大学 STS 博士论坛"由哲学博士后流动站、科学技术与社会研究中心联合举办，力图为多学科之间架构沟通的桥梁，为博士后、博士生、硕士生搭设交流平台。

为了推动科技哲学学术研究，拓宽国际国内学术交流空间，把握科技哲学前沿研究动态，清华大学科学技术与社会研究中心组织了"科技哲学前沿论坛"。还有非典型学术沙龙、科技传播与普及沙龙、科技所内部学术沙龙等多项学术活动。

东亚文化讲座，由北京市对东亚研究感兴趣的学者自愿组成的民间学术交流活动，自 2005 年 3 月开始，每月举办一次。

六、对外合作与交流

（一）学生合作培养

本科生公派出国（境）学习，是学校与国外高等学校开展国际合作办学的方式之一。学院按有关校际合作协议，选择国（境）外的著名高校或优势学科，派出在校学生进行学习和交流，派出交流的形式可以是以学期为单位的课程学习，也可以利用假期短期学习、考察或实习，从事短期研究工作，学生在结束学习任务后返校继续完成学业。学院积极为学生创造交流互访的条件，积极组织参与派出和接收交换生。2003 年至 2007 年，学院本科生派往国（境）外各大学交换生共 109 人，接收国（境）外各大学交换生 126 人。

（二）学术交流互访

开展各类学术交流是学院科研工作的一项重要内容，近几年学院积极扩大与国内外学校和科研机构的学术交流。2000 年至 2005 年间全院共举办国际学术会议 50 次，国内学术会议 280 余次，参加各类学术会议 6 000 余人次，对外讲学 500 余人次，接待来访学者 1 200 余人次，与境内外开展合作研究课题 60 余项。

（三）对外汉语推广

对外汉语文化教学中心（ICLCC）是清华大学进行国际汉语推广并在汉语文化教学方面与国外大学发展学术交流合作的主要渠道。近20年来，在中心学习汉语和中国文化课程的各国长期语言进修生累计已达8 000多人，短期进修生逾5 000人。

由北美大学汉语联合会与清华大学共同设立的汉语语言培训项目——清华IUP中文中心，是一个以促进北美地区与中国的文化学术交流为宗旨，培训主要来自北美（美国、加拿大）著名大学的大学生、研究生以及法律、金融等专业人才的国际性教学机构。四十多年来，IUP中文中心的毕业生已遍及中美文化学术交流的各个领域，为中美关系的发展和文化交流作出了积极的贡献。

七、图书资料与实验室

学院设有人文分馆及文科信息中心实验室、外语教学实验室。此外，学院还承担《清华大学学报（哲学社会科学版）》《清华大学教育研究》等核心期刊的编辑出版任务。

（一）人文分馆

清华大学人文图书馆作为清华大学图书馆专业分馆之一，是人文社会科学学院的一个综合性信息服务机构。人文分馆作为文科信息中心主要功能之一，汇集包括中文系、历史系、国际关系学系、外文系、思想文化研究所、科学技术与社会研究所以及教育研究院等资料室，收藏文献资料以人文社会学科为主，包括中外文图书、期刊以及电子数据库，同时系统性收藏本院各专业学位论文与本院教师著作。

2004年7月，人文分馆开始面向全校师生开放，为广大师生提供多层次、全方位的文献信息服务，促进了全校图书文献资源共享。2006年1月，文科信息中心实验室与人文分馆剥离。

据2010年统计，人文分馆合计面积近千平方米，共有阅览座位达百余席，收藏文献资料约17万册。馆内设有专业阅览室、开架书库、特藏文库、学术研讨室等，可提供文献借阅、网络检索和读者培训等服务。

（二）实验室

1. 文科信息中心实验室

2003年3月，学校批准在人文社会科学学院文科信息中心建立文科信息中心实验室；主要负责学院信息网络建设，办公自动化设备技术支持，教学、科研数字化资源应用及制作等。

2. 外语教学实验室

外语教学实验室隶属外文系，长期以来，外语教学实验室承担着全校大学英语课程，日、德、俄、法语各类选修课程，英、日语专业的视听说课，还承担着博士生、硕士生的高级英语交流、写作等课程的教学保障任务。在学校的支持下，外语教学实验室不断更新和发展，特别是国家"211工程"和"985工程"一期项目的实施以及世界银行贷款的支持，外语教学实验室已成为现代化的多媒体"外语实践训练基地"。

（三）学术刊物

1.《清华大学学报（哲学社会科学版）》

《清华大学学报（哲学社会科学版）》于1915年创刊，1986年复刊，是教育部主管、清华大学主办的国内外公开发行的综合性学术期刊，主要刊登人文社会科学及交叉学科等方面的学术论文。《清华大学学报（哲学社会科学版）》于1999年被评为全国百强社科学报，2000年12月，在中国学术期刊编辑委员会组织的全国期刊执行《CAJ—CD规范》评优活动中，荣获执行优秀奖，2002年被评为第二届全国高校百强社科学报、中国人文社科学报核心期刊。

2.《清华大学教育研究》

《清华大学教育研究》于1980年由清华大学教育研究室创办，原名《教育研究通讯》，1986年更改为现名。《清华大学教育研究》是全国教育期刊中创办时间较早、国内外公开发行的教育类和高等教育类核心期刊。它以"百花齐放，百家争鸣"、理论与实践相结合为办刊宗旨，力求全面反映和介绍国内外最新学术成果，跟踪和追赶当今国际学术发展的潮流，在积极保持和发挥清华大学理工学科研究优势的同时，继承和发扬历史上清华的人文社会科学传统，"古今贯通，中西融汇"，为中国的教育改革与发展服务，为教育科学繁荣作贡献。

第三十三节　法学院

一、沿革

清华学校改为大学后，1929年根据《大学组织法》，正式设立法学院，下设政治、经济二系，院长为陈岱孙。当时法律与政治不分，法律课程设于政治学系内。1930年秋季，政治学系开办法科研究所，设政治、经济二学部，政治学部招收国际法方向研究生。1932年经教育部批准，法学院正式设立法律学系，由燕树棠主持系务工作。1935年中断。抗日战争时期，清华大学和北京大学、南开大学在1938年至1946年共同组成国立西南联合大学，三校共建法商学院，下设法律、政治、经济、商学四系，院长为陈序经，法律学系由燕树棠负责。这一时期，法科研究所仍得以保持。

1946年10月，清华大学在北平清华园复校后，在法学院下重设法律学系，由赵凤喈担任系主任，清华研究院法科研究所也一并恢复，由陈岱孙任所长，赵凤喈兼任政治学部主任。1949年

6月，华北高等教育工作会议决定撤销清华大学法律学系。1952年全国进行大学院系调整，整个法学院并入北京大学。

在1988年10月至1994年1月，张孝文担任清华大学校长期间，正式提出恢复法律学系。1994年10月12日，学校成立以王大中校长为主任的法律学系筹建委员会，开始法律学系的筹建工作。1995年9月8日清华大学恢复建立法律学系，隶属人文社会科学学院。1996年由香港知名人士李国能、梁爱诗、陈弘毅发起的"清华大学法律系之友慈善信托基金"在香港成立。1996年4月企业家荣智健向基金捐赠港币3 000万元，作为法律学系系馆明理楼的建设和法律学系发展基金。1999年4月25日清华大学法学院正式复建。清华大学法学院的发展建设得到社会各界的支持和帮助，2009年4月成立了清华大学法学院顾问委员会，最高检察院原检察长贾春旺校友担任主任。

法律学系主任和常务副系主任名录见表19-33-1。法学院历任党政负责人和学术委员会主任名录见表19-33-2和表19-33-3。

表19-33-1　法律学系系主任和常务副系主任名录

系主任	任职时间	常务副系主任	任职时间
王叔文	1995-09—1999-04	李树勤	1996-12—1999-04

表19-33-2　法学院历任党政负责人名录

院长	任职时间	党委（总支）书记	任职时间
王保树	1999-04—2002-06	李树勤（总支）	1999-04—2000-11
王晨光	2002-06—2008-07	李树勤	2000-11—2007-12
王振民	2008-07—	车丕照	2007-12—

表19-33-3　法学院历任学术委员会主任名录

任期	主任	任职时间
第一届	马俊驹	1998-10—2002-10
第二届、第三届	王亚新	2002-10—2008-10
第四届	张明楷	2008-10—

2009年，法学院成立顾问委员会，委员会组成见表19-33-4。

表19-33-4　法学院第一届顾问委员会名录（2009年—　）

顾问委员会	姓名	主　要　职　务
主任	贾春旺	最高人民检察院原检察长
委员	张福森	第十一届全国政协社会和法制委员会主任，司法部原部长
	高西庆	中国投资有限责任公司总经理
	王俊峰	中华全国律师协会副会长，金杜律师事务所管委会主席
	田期玉	公安部原常务副部长，中国警察协会主席
	朱育诚	国务院发展研究中心港澳研究所所长，北京市政协第九届原副主席，中央人民政府驻香港联络办公室原副主任

续表

顾问委员会	姓名	主 要 职 务
委员	解振华	国家发展改革委员会副主任
	戴玉忠	全国人大内务司法委员会委员，中国人民大学刑事法律科学研究中心主任
	杨克勤	中央政法委司法改革办公室副主任，政法研究所所长
	梁爱诗	全国人大常委会香港特区基本法委员会副主任，香港特区律政司原司长

二、教学科研组织

1999 年法学院正式复建，学院的教学工作以学科组的形式开展，科研工作以研究中心及教师独立开展为主。随着教师队伍的建设，逐步按二级学科健全了学科组。2009 年，正式设立法学理论、法史学、宪法与行政法、民法学、商法学、知识产权法学、经济法学、环境资源法学、刑法学、诉讼法学、国际法学等 11 个学科组，每个学科组由 1～2 名教授担任负责人。教师研究方向基本涵盖了法学一级学科下的主要研究领域，并包括交叉学科领域和新兴学科领域。

三、教职工

（一）教职工总体情况

1995 年在编教师职工 3 人，均为教师；1999 年教工增至 34 人，其中教师 30 人。截至 2010 年底法学院在编教职工 62 人，专业教师 53 人，其中教授 28 人，博士生导师 27 人，副教授 21 人，讲师 4 人。具有博士学位的 43 人，83％以上的教师拥有在海外长期学习和研究的经历。2007 年 8 月，国家人事部正式批准设立法学博士后科研流动站，截至 2010 年 12 月，在站研究人员 16 人，累计出站 9 人。随着学院发展，事业编制、非事业编制管理及教辅人员也随之增加，2000 年为 7 人，2010 年已达到 30 人。

代表年份各学科组教师人数见表 19-33-5。

表 19-33-5　法学院各学科组教师人数

学科组（按二级学科）	1995 年	2000 年	2005 年	2010 年
法学理论		6	6	6
宪法与行政法学	1	3	4	6
民商法学		9	18	15
经济法学	1	2	3	4
环境与资源保护法学			1	2
刑法学		3	4	4
诉讼法学		2	4	4
法史学	1	1	2	4
国际法学		6	8	8
总数	3	32	50	53

（二）教授名录

1. 全职教授

法学院全职教授名录见表 19-33-6。

表 19-33-6　法学院教授名录

姓名（任职时间）	姓名（任职时间）	姓名（任职时间）
张铭新（1995 调入—2006 退休）	陈华海（1996—1999）	崔建远（1997 调入—　）
高其才（1997 调入—　）	马俊驹（1997 调入—2008 退休）	曹南屏（1997 调入—2002 退休）
王保树（1998 调入—　）	高鸿钧（1998 调入—　）	张明楷（1998 调入—　）
王 兵（1998—2009 退休）	王亚新（1998 调入—　）	战宪斌（1998 调入—2002 退休）
车丕照（2000 调入—　）	于 安（1998—2003 调出）	傅廷中（2000 调入—　）
朱慈蕴（2000 调入—　）	章 程（1999 调入—　）	施天涛（2000—　）
王晨光（2000—　）	许章润（2001—　）	何美欢（2002 调入—2008 调出）
李兆杰（2002—　）	王振民（2003—　）	贾兵兵（2004 调入—　）
黎 宏（2004—　）	周光权（2005—　）	韩世远（2005—　）
余凌云（2006 调入—　）	张建伟（2007—　）	申卫星（2008—　）
李 旺（2009—　）	郑尚元（2009 调入—　）	林来梵（2009 调入—　）
冯 象（梅汝璈法学讲席教授，2010 调入—　）	苏亦工（2010 调入—　）	王明远（2010—　）

2. 双聘教授

何美欢（2008—2010 逝世）

3. 兼职教授

法学院兼职教授名录见表 19-33-7。

表 19-33-7　法学院兼职教授名录

姓名（任职时间）	姓名（任职时间）	姓名（任职时间）
魏振赢（1995—1997）	许崇德（1995—1998）	王著谦（1995—2001）
沈宗灵（1995—2001）	陈光中（1995—2001）	曾俊伟（1995—2003）
段瑞春（1995—2008）	梁慧星（1995—2008）	刘海年（1995—2008）
曾宪义（1995—2008）	沈四宝（1998—2006）	王家福（1998—2006）
朱恩涛（1998—2007）	陈德恭（1998—2000）	黄毓麟（1998—2000）
郑成思（1999—2006 逝世）	罗豪才（1999—2007）	高西庆（1999—　）
赖源河（2002—2008）	徐 炳（2003—2009）	张文显（2003—2006）
郑成良（2003—2006）	曹建明（2003—　）	信春鹰（2006—　）
张福森（2008—　）	高卢麟（2008—　）	贾春旺（2009—　）
高之国（2010—　）	张月姣（2010—　）	沈德咏（2010—　）

4．名誉教授

奥岛孝康（2002—　）

5．客座教授

李国能（1997—2006）　梁定邦（1997—2000）
陈弘毅（2000—2003）　季卫东（2007—2010）

6．顾问教授

荣智健（1998—　）

四、教学

法学院的办学宗旨是发挥清华大学多学科综合优势，培养国家法治建设亟须的厚基础、宽口径、复合型、高层次的法律人才。培养学生具有坚实的法学理论基础，有较宽的专业面和人文社会科学、自然科学与管理学背景，有较强的计算机应用能力及较高的外语水平。

根据法学院办学宗旨，学院不设系，本科教育按"法学"专业培养，研究生教育按法学一级学科分方向培养。在本科教育方面，1996年开始培养校内双学位学生，1998年开始面向社会招收第二学士学位生。1999年从参加高考的高中毕业生中招收本科生。1999年在香港特别行政区开办中国法学第二学士学位课程。在研究生教育方面，1995年法律学系恢复，办学即从培养大法学硕士研究生（马克思主义理论与思想政治教育专业）开始，相继建立起民商法学、法学理论、经济法学、诉讼法学、刑法学、国际法学、环境与资源保护法学、宪法学与行政法学等8个硕士点，以及民商法学博士点。2006年，获得法学一级学科博士学位授予权。2000年，法学院获得法律专业硕士学位授予权。2005年，在国内率先开办了全英文讲授中国法律课程的法律硕士项目。2010年，在香港举办"中国法律硕士专业学位课程项目"。

（一）本科生教学

清华法学院本科教育，只设"法学"专业，旨在培养学生具有扎实的理论基础、系统的法律知识和较强的实践能力，同时具备必要的自然科学、经济管理知识与人文素养。注重培养学生具有较强的分析能力和创新能力，全面提高学生的综合素质，使毕业生能够熟练地从事法律及其他相关工作。

1．本科生培养

1999年始从参加高考的高中毕业生中招收本科生，学制四年。至2010年12月，已招收学生12届共1 144名，已毕业8届共678名。2007年开始招收法学专业国防生，每年10名，同新闻与传播学院新闻专业10名国防生编为1个班，行政班的隶属，隔年在两院间轮替。2007年，清华法学院成为教育部批准设立的"国际型法律人才培养模式创新实验区"，2009年开始招收法学（国际型人才培养）专业本科生。

代表年份本科生招生及毕业人数情况见表19-33-8。

表 19-33-8　法学院代表年份本科生招生及毕业人数（含留学生、港澳台学生）

代表年份	招生人数	转系生人数	毕业人数	代表年份	招生人数	转系生人数	毕业人数
1999	78	0	0	2005	78	16	83
2000	74	35	0	2010	96	9	88

2. 双学士学位生、第二学士学位生培养

1996 年、1998 年面向校内在读三年级本科生招收法学双学位生，经过 6 年学习，毕业生获得法学专业和原专业的本科学位。两届共招收学生 101 名，73 人获得双学士学位。

1998 年至 2001 年，连续 4 年面向社会招收具有一定实际工作经验的非法律专业的本科毕业生攻读法律第二学士学位。按照教育部的规定进行考试入学，全日制学习，学制 2 年。共招收学生 489 名，469 人获得第二学士学位。

1999 年，经教育部和香港特别行政区政府批准，法学院和香港大学专业进修学院开始在香港地区开办中国法学第二学士学位课程班，2007 年停招。该课程班面向已经取得了一个非中国法第一学位的人士招生，学制 3 年，采取兼读方式进行。课程的设置与内地的第二学士学位课程相同。共招收 580 名，到 2010 年 12 月，共有 501 名获得学位。

2007 年，恢复了校内双学位学生培养模式，招收校内其他专业学有余力的学生，修学法学专业课程，在第一专业学制内，成绩符合要求的学生获得法学学士学位。截至 2010 年 12 月共招收 221 名，已有 43 名获得学位。

3. 课程设置

普通四年学制本科生培养，根据学院办学宗旨和教育部法学本科教学要求制订了培养方案。课程设置包括，人文社科类课程、自然科学基础课程、跨系选修课、专业课、实践环节以及综合论文训练。其中专业课包含必修课与选修课。2001 年之前必修课以教育部确定的 14 门核心课程为准，包括法理学、宪法、中国法制史、刑法、民法、商法、知识产权法、经济法、行政法与行政诉讼法、民事诉讼法、刑事诉讼法、国际法、国际私法、国际经济法。2001 年法学院对本科生培养方案进行了全面改革，将必修课减少至 8 门，包括法学绪论、宪法学、民法总论、商法总论、刑法总论、国际法学、民事诉讼法学、行政与行政诉讼法学。大幅增加了选修课程，将选修课程按学科以及实践课、专题讲座、前沿讲座、文献阅读等类型分为 14 个课组，共 84 门课程。培养方案附指导性教学计划，指导选课，使学生选课课组相互搭配，知识结构合理。此后，本科生培养方案仅做过细微调整，2010 年仍沿用这一培养方案。其他本科类别教育项目，培育方案均比照上述要求制订。

（二）研究生培养

1995 年法律学系恢复即从培养法学硕士研究生开始。依托学校"马克思主义理论与思想政治教育"学科点设置"社会主义法制建设"方向招收硕士生，当年共有 10 名法学硕士研究生在读，生源来自校内其他各专业本科毕业生，之后每年连续通过全国研究生入学考试招收硕士研究生。1998 年获得批准设置民商法学硕士点，2000 年获得批准设置法学理论、经济法学、诉讼法学、刑法学、国际法学等 5 个硕士点，2003 年获得批准设置环境与资源保护法学、宪法学与行政法学 2 个硕士点。1998 年开始招收博士生，挂靠在人文社会科学学院马克思主义理论与思想政治教育

博士点下培养，2000 年获得批准设置民商法学博士点，2006 年获得法学一级学科博士学位授予权。至此研究生培养专业范围涵盖了除军事法学外的所有专业。在 1998 年举办了一期国家机关分流研究生班，专业为民商法学，学制两年，共 13 名学员。2002 年分别在南宁、海口和北京三地举办了研究生进修班，至 2004 年全部结束。2000 年获得法律专业硕士授予权，2001 年开始招收在职法律硕士专业学位生（2006 年暂停招收）及全日制法律硕士专业学位生。2005 年在国内率先开办了全英文讲授中国法律课程的中国法法律硕士项目（LL. M）。

1. 法学硕士生的培养

法学硕士生的培养目标为，通过系统的学习和训练，使学生能够具备坚实的法学理论功底和系统的法律知识，熟练掌握一门外国语，具有独立从事科学研究、教学工作、司法工作、行政工作、律师工作及其他相关工作的能力。1998 年至 2003 年，法学院陆续获得民商法学、法学理论等 8 个二级学科硕士点，按照二级学科硕士点分别制订各学科培养方案，进行人才培养；各学科根据教学发展需要，逐年进行方案修订。2006 年获得法学一级学科博士学位授予权，2007 年 1 月制定了统一的《清华大学法学院法学硕士研究生培养方案》，结束了分学科制订方案的情况，强调以法学一级学科为基础进行人才培养，之后根据教学发展情况，逐年进行修订。2010 年培养法学理论、法律史、宪法学与行政法学、刑法学、民商法学、知识产权法学、经济法学、环境与资源保护法学、诉讼法学、国际法学等 10 个二级学科和方向的硕士研究生。学制为二至三年。

主要课程设置包括公共必修课、必修环节、学科专业要求学分课程等。总学分不少于 23 分，并完成学位论文。公共必修课 5 学分，必修环节 2 学分。学科专业要求学分课程，按研究方向在导师指导下选修，要求不少于 16 学分。学科专业要求学分课程包括法学专业强化课、专业外语、法理学、西方法哲学、法社会学导论、中国宪法的基本理论与实践、比较宪法、中国行政法学、中国行政诉讼法学、刑法总论、刑法各论、欧陆与日本刑法、犯罪学与被害人学、刑法史、民法总论专题研究、物权法专题研究、商法专题研究、外国民法、刑事诉讼法学、证据法、经济法基础理论、市场管理法、环境法专题研究、国际知识产权研究、国际法研究、国际私法研究、国际经济法研究、著名国际法案例分析、国际法前沿问题、海商法等 60 余门，分为学位必修课和选修课两类。

代表年份法学硕士研究生情况见表 19-33-9。

表 19-33-9 法学院代表年份法学硕士研究生招生及获得学位人数

代表年份	2000	2005	2010
招生人数	66	88	101
获得学位人数	17	82	81

2. 法律硕士专业学位生的培养

2000 年，法学院获得法律专业硕士学位授予权，陆续开展在职与全日制两类法律硕士研究生的培养。该项目是为法律职业部门培养具有社会主义法治理念、高层次的复合型、实务型法律人才。2001 年春季开始招收在职法律硕士研究生，每年集中脱产学习三个月，原则上 3 年学成，其他教学要求与全日制项目一致。2006 年暂停招收，共招收学生 491 名，截至 2010 年 12 月，有

489 名获得学位。

2001 年夏季开始招收全日制法律硕士研究生，以后连续招生，初期学制为 2 年。从 2004 级开始，学制修改为 3 年，同时学生培养改为清华大学本部、清华大学深圳研究生院两地办学模式，学生在深圳研究生院学习两年，在法学院学习一年。从 2009 级开始，两地办学模式调整为学生在法学院学习两年，在深圳研究生院学习一年。全日制法律硕士课程以法学一级学科为基础进行设置，课程分必修课和选修课。法律硕士研究生还可通过选修特定的专业课程组来确定自己的主修方向。

2010 年 7 月，经教育部批准，清华大学法学院与香港大学专业进修学院（SPACE）在香港举办"中国法律硕士专业学位课程项目"。招生对象为香港永久居民，该项目旨在培养高层次的实务型法律人才。

主要课程设置中包括必修课：法理学、中国法律史、宪法学、民法学（总论与物权法）、刑法总论、刑事诉讼法学、民事诉讼法学、行政法与行政诉讼法学、经济法总论、国际法等；选修课：外国法律史、商法学、国际经济法、国际私法、知识产权法学、环境资源法学、法律职业伦理、法律方法、刑法各论、合同法、侵权行为法、物权法、比较法总论、比较法专论、海商法、证券法、电子商务与法律问题、税法、劳动法和社会保障法、证据法、非诉讼的纠纷解决机制，等等。

代表年份法律硕士研究生（全日制）情况见表 19-33-10。

表 19-33-10　法学院代表年份法律硕士研究生（全日制）招生及获得学位人数

代表年份	2003	2005	2010
招生人数	100	197	213
获得学位人数	30	98	270

3. 中国法法律硕士项目（The Master of Laws Program in Chinese Law）学生的培养

2005 年，清华法学院在国内率先开办了全英文讲授中国法律课程的中国法法律硕士项目（简称中国法硕士项目（LL. M.））。该项目面向海外法律专业人士（包括法学院在校生）招生，学生修满学分，通过课程考试和论文答辩，被授予法律硕士学位。该项目已成为中国大陆法学院面向海外办学的典范，引起海内外众多知名法学院的关注，美国宾夕法尼亚大学、波士顿大学等多所一流法学院每年派遣学生，参加该项目的学习。截至 2010 年 12 月，累计招收留学生 182 人，已有 83 人获得学位。参加该项目学习的国外大学交换生累计 67 人。

主要课程设置有必修基础课：中国社会与法律制度、中国宪法和行政法、中国民法、中国外资外贸法等；选修专业课：中国公司法和破产法、中国刑法刑事诉讼法、中国知识产权法、中国国际法实践、中国环境法等。

4. 法学博士生的培养

2000 年获得民商法学博士点，2001 年制订专门培养方案。2002 年、2004 年根据博士生培养的发展，对培养方案进行了修订。2006 年获得法学一级学科博士学位授予权，2007 年 1 月根据法学一级学科培养重新制订了培养方案，后根据教学发展情况，逐年进行修订。2010 年培养法学理论、法律史、宪法与行政法学、刑法学、民商法学、经济法学、环境与资源保护法学、诉讼法

学、国际法学等 9 个二级学科博士研究生。全日制攻读法学博士学位的学习年限为 3～5 年。培养
方式为导师负责制与集体培养相结合。

攻读博士学位期间按照培养方案选修课程。主要培养环节包括，制订个人课程学习计划、通
过资格考试、进行文献综述与选题报告、参加社会实践、学术活动、举行学术报告、发表学术论
文等，完成学位论文。

代表年份法学博士研究生情况见表 19-33-11。

表 19-33-11　法学院代表年份法学博士研究生招生及获得学位人数

代表年份	2001	2005	2010
招生人数	13	20	60
获得学位人数	3	16	15

（三）教学成果

法学院重视人才培养工作，在教学方面取得了一些国家级成果。精品课程建设成果及全国百
篇优秀博士学位论文情况分别见表 19-33-12 和表 19-33-13。

表 19-33-12　法学院精品课建设成果

序号	课　程	负责人	入选类别与时间		
			国家级	市级	校级
1	刑法学	张明楷	2008	2007	2007
2	民事诉讼法学	张卫平	2009	2005	2005
3	民法学	崔建远	2010	2010	
4	债法	崔建远			2004
5	法理学	王晨光		2008	2008
6	法律诊所	陈建民			2008
7	刑事诉讼法学	易延友			2008
8	侵权行为法	程　啸			2007
9	物权法	申卫星			2007

表 19-33-13　法学院获全国百篇优秀博士论文名录

时间	论　文　名　称	学生姓名	导师姓名
2007	论股东表决权——以公司控制权争夺为中心展开	梁上上	王保树

五、科学研究

（一）概况

法学院坚持科研与教学同步、理论与实践结合的学术研究特点，重视基础理论的研究，承担
了大量国家发展过程中重大问题的研究。根据教育部学位中心《学科评估高校排名结果》，第一
轮（2002—2004）清华大学法学院整体水平排名第九，第二轮（2006—2008）排名第六；2004 年

教育部学科评估中，清华大学、中国人民大学民商法学科并列第一。法学院科学研究的整体水平处于国内法学院前列。2005 年以来，清华法学院平均每年承担国家级、省部级以及海外等各类项目总计 20 余项。其中平均每年承担国家社科基金项目 2 项，国家、省部委级其他科研项目 10 余项；每年获得来自校外的科研经费 200 余万元；获得国家及省部级奖项 6 项。平均每年发表学术论文 200 余篇，出版学术专著、译著 20 余部。

（二）主要研究方向

法学院主要研究方向包括法学理论、宪法学与行政法学、民商法学、知识产权法学、经济法学、环境与自然资源法学、刑法学、诉讼法学、法史学、国际法学等。对交叉学科及新兴学科进行拓展。

法学理论研究领域代表学者有高鸿钧、许章润、王晨光、高其才、冯象、江山、赵晓力等。在法治理论方面，系统研究法治的起源、价值、运行以及未来发展等问题。在法哲学领域，系统研究历史法学、自然法学以及中国传统法理念等问题。在比较法学领域，系统研究比较法学总论、大陆法系、英美法系、伊斯兰法系等问题。在法社会学领域，侧重法律与社会互动关系的研究，当代中国转型期法律功能的研究和对中国习惯法的研究。

宪法学与行政法学研究领域代表学者有林来梵、王振民、程洁、余凌云、田思源、何海波等。在宪政理论领域，系统研究其中的权力制衡、违宪审查、基本法及"一国两制"等问题。在行政法领域，系统研究行政法治的理想样式；在行政法、警察法领域，系统研究行政契约、行政裁量、警察行政强制等问题。关注社会转型期中国行政法政策的理论与实践研究。

民商法学研究领域代表学者有王保树、崔建远、朱慈蕴、施天涛、韩世远、申卫星、汤欣、程啸、王洪亮、耿林等。2008 年该学科被评为北京市重点学科。在民法总论、商法总论、物权法、侵权行为法、合同法、担保法、公司法、证券法等民商法基础研究领域和卫生法、住房保障法等新兴领域都有扎实的研究。王保树教授担任中国商法研究会会长。

清华法学院在国内率先、持续系统地开展普通法的教学和研究，何美欢教授独创的"普通法精要"课程，在探索法学教育新模式、人才培养等方面取得了突出成绩。

刑法学研究领域代表学者有张明楷、黎宏、周光权、劳东燕等。清华刑法学学科研究，积极倡导刑事法上的"学派论争"，有意识地促进刑事法学派的形成，并注重形成不同于现行刑事法理论的学派，从整体上推进中国刑事法的发展。许多命题如刑法客观主义、法益侵害说、客观的超过要素等都是清华法学院学者率先提出的。

诉讼法学研究领域代表学者有章程、王亚新、张建伟、易延友等。清华法学院的民事诉讼法学科提出了很多全新的范畴和命题，坚持社会调查的实证研究方法。部分学者的专著在日本出版，并被广泛引用。在刑事诉讼学领域，强调对抗制模式的积极意义，凸显对被告人权利的保障。对刑事司法体制、诉讼文化与审判模式、沉默权、证据法等领域都有系统研究。章程教授担任中国民事诉讼法学研究会会长。

国际法学研究领域代表学者有车丕照、李兆杰、傅廷中、贾兵兵、李旺、陈卫佐、张新军、吕晓杰等。主要研究国际法领域的重点、热点和难点问题，包括国家豁免、国际司法管辖、国际人道主义法、WTO 与国内法关系、国际经济法渊源等问题。直接参与国家对外交往的法律实践，参与外交部、商务部、教育部、交通部、中央军委等部门的对外法律事务专家咨询工作。将理论研究与实践的内容反映在教学中。

（三）研究成果

1. 获国家级奖项

2003 年 11 月，周光权专著《法治视野中的刑法客观主义》，获得第三届"胡绳青年学术奖"法学一等奖。

2004 年 12 月，高鸿钧主持，法学院多名教师参与研究的"985"一期重大基础理论研究课题"依法治国的基本理论问题研究"成果《法治：理念与制度》一书获"第十四届中国图书奖"。

崔建远、张明楷、许章润、王振民 4 位教授先后获得第二、三、四、六届"全国十大杰出中青年法学家"称号。

2. 发表论文情况

法学院发表学术论文及科研情况见表 19-33-14。

表 19-33-14　法学院 2000 年、2005 年、2010 年发表学术论文及科研情况

时间	发表论文（篇）	出版著作（种）	科研项目（当年新增）	科研总经费（万元）
2000	72	20		
2005	183	23	36（国家级 3 项，省部级 8 项）	246.65
2010	261	34	38（国家级 1 项，省部级 17 项）	229.18

3. 连续出版物

法学院创办的学术出版物《清华法律评论》，1998 年 12 月开始出版，马俊驹为首任主编，共出版 4 辑。2002 年许章润任主编，《清华法律评论》更名为《清华法学》，共出版 11 辑，2008 年收入 CSSCI 来源辑刊。2007 年 1 月国家新闻出版总署批准创办《清华法学》杂志，王保树为首任主编，双月刊，2007 年 5 月 8 日出版创刊号，2010 年收入 CSSCI 来源期刊；2010 年章程担任主编。

法学院创办的学术出版物《清华法治论衡》，2000 年出版第一辑，高鸿钧担任主编，2008 年收入 CSSCI 来源辑刊，截至 2010 年 12 月已出版 13 辑。

法学院创办 *Tsinghua China Law Review*（《清华中国法律评论》），是第一份由中国法学院学生编辑、在国外正式出版的英文中国法律学术刊物。2009 年 5 月出版第一期（2009 春季号），截至 2010 年 12 月已出版 4 期，已进入 HeinOnline 等主要国际索引系统。

（四）研究机构

1998 年、2000 年先后成立了清华大学商法研究中心、清华大学环境资源能源法研究中心两个校级研究中心。2000 年至 2007 年又相继成立了 7 个院级研究中心，包括民法研究中心、法治与人权研究中心、日本法研究中心、知识产权法研究中心、宪法与公民权利研究中心、国际法研究中心、德国法研究中心等。2008 年，法学院对院级研究中心进行了梳理和调整，形成了 14 个院级研究中心，包括：法律与社会发展研究中心、民事法研究中心、法治与人权研究中心、知识产权法研究中心、公法研究中心、国际法研究中心、卫生法研究中心、欧盟法与比较法研究中

心、程序法研究中心、刑事法研究中心、资本与金融法律研究中心、习惯法研究中心、房地产法研究中心、清华大学法学院香港/澳门法政与发展问题研究中心。2009年，成立了海洋法研究中心、法律与文化研究中心。2010年，成立了两岸法政研究中心、中国司法研究中心、国际私法与比较法研究中心、证据法研究中心、竞争法与产业促进研究中心等。研究中心通过活跃的学术研究、交流活动，推动了法学院科研工作的发展。

清华大学商法研究中心的宗旨是充分发挥清华大学在商法学领域的优势，建设高水平的商法学学科。中心采取开放式研究，以我为主，广泛吸引校外商法学科的研究力量，对商法领域的理论与实践的重大问题进行共同研究。2001年创办的"21世纪商法论坛"，每年举办一次大型国际学术会议，先后出版《投资者利益保护》《全球竞争体制下的公司法改革》《公司收购：法律与实践》《转型中的公司法的现代化》等论文集。对商法学研究发挥了重要作用。

清华大学环境资源能源法研究中心致力于有关环境、自然资源、能源的法律和政策研究。中心综合利用清华大学在环境、资源、能源、管理、法律等领域的多学科优势，开展跨领域的研究。自成立以来，中心在学科建设、人才培养、科学研究、国内外学术交流等方面处于良好的发展态势。2001年创办的"清华环境法论坛"系列讲座，已经成功举办百余次，为环境资源与能源法研究提供了制度化、长期化的学术平台。这些都极大促进了相关学科的发展和交流，并为国家的环境保护和可持续发展事业作出了一定贡献。

六、对外合作与交流

对外合作与交流是清华法学院办学的重要组成部分。法学院与国内兄弟院校保持着密切联系，并已与一批世界一流法学院建立了长期稳定的合作关系。合作与交流形式多样，包括教师互访、学生交换，联合设立研究项目，短期培训，等等。1998年、2000年、2001年，法学院三次正式组团到国内外法学院访问、调研，借鉴办学经验。1998年，访问了纽约大学、哥伦比亚大学、杜克大学法学院，广泛接触了有关人士，就法律学系与这些法学院合作进行了深入交谈。2000年，考察了南京大学、南京师范大学、苏州大学、复旦大学的法学院以及华东政法学院，了解兄弟院校法学教育概况、办学思路及改革措施。2001年，赴美访问了哈佛大学、耶鲁大学、纽约大学、杜克大学、斯坦福大学、加利福尼亚大学伯克利分校等著名大学法学院。

2010年9月，美国前总统吉米·卡特及卡特中心一行访问清华大学法学院。

法学院曾多次举办中国法学会二级研究会年会，如2000年民商法学会年会、2001年环境法学年会等。举办具有影响力的国际研讨会，如从2001年开始，每年举办一次的21世纪商法论坛国际研讨会、隔年举办一次的高技术知识产权保护新进展国际研讨会等。

法学院开展国际合作办学。作为中美政府合作项目之一，清华大学-天普大学法学硕士项目，2001年12月经教育部批准正式启动，由天普大学法学院和清华大学法学院双方授课，学制一年半。成绩合格者可以获得美国天普大学法学院的LL. M. 学位和清华大学法学院的培训证书。2002年9月正式开学，迄今连续举办。2002年以来，引进欧美一流法学院成熟办学模式"暑期学院"（Summer School），相继开办了清华-富兰克林·皮尔斯知识产权暑期班、美国佐治亚大学合作暑期班等一系列涉外暑期学院项目。

通过合作办学协议，每年推荐优秀学生到境外法学院交换学习，交换学习的学校包括荷兰格罗宁根大学、日本九州大学、新加坡国立大学、中国香港大学等。随着法学院国际影响力扩大，留学生比例逐年攀升，留学生来源已经覆盖五大洲的 13 个国家和地区，2010 年，留学生占在校生比例已达 15％。

代表年份法学院接待境外来访及教师派出情况见表 19-33-15。

表 19-33-15　法学院接待境外来访及教师派出境外情况

代 表 年 份	2000	2005	2010
接待来访（人次）	20	65	193
派出教师访问（人次）	10	50	117

七、实验室和研究基地

（一）法律图书馆

法律图书馆是清华大学图书馆的分馆之一。1997 年，法律图书馆在学校图书馆五层开辟一个 20 余席位的阅览室，开始面向读者服务，当年馆藏中文图书 7 000 余册。1999 年 12 月，法律图书馆迁入明理楼内新址，使用面积 2 000 平方米，馆内设有 300 余个阅览席位，是清华大学图书馆第一个专业分馆，也是中国法学院设立的第一个法律图书馆。到 2010 年，法律图书馆馆藏中外法律文献达 110 000 册，同时订阅 200 余种国内外法律报刊。馆内电子阅览室可提供丰富的光盘和网络资源。

法律图书馆与国内外多家法律院校图书馆建立了良好的关系。美国哈佛大学、纽约大学、瑞典隆德大学、中国香港大学以及著名法学家王铁崖、张伟仁等先后捐赠了大量的书刊资料。

2007 年开始，法学院在学校的支持下，积极筹建清华大学法律图书馆大楼。2010 年 9 月，著名美籍华商企业家廖凯原先生捐款 1 亿元人民币建设法律图书馆大楼，支持法学院的发展。至 2010 年底，已落实建设用地和 1/2 建设经费。

（二）模拟法庭

模拟法庭是法学院院馆明理楼重要的组成部分。1999 年底，明理楼正式投入使用；2001 年 12 月，建立模拟法庭实验室。模拟法庭实验室配备了先进的多媒体电教设备、数字摄像录像系统、网络直播系统、同声传译系统、视频会议系统，可容纳 150 人进行模拟审判、仲裁和举办学术会议。每年在模拟法庭举办的国际、国内学术研讨会有几十个，学术讲座上百场。

作为教学实践基地，模拟法庭承担着模拟刑事审判、法律诊所等课程和其他一些法律专业课程的实践环节。通过这些实践环节的训练，学生在理解和应用法律的综合能力及辩才方面都得到了提高。2003 年 4 月，在维也纳举行的第十届"国际商事仲裁模拟法庭比赛"中，清华代表队在 128 个代表队中跻身 16 强，这是历届中国参赛代表队取得的最好成绩。2004 年 4 月，清华大学法学院代表中国参加拉赫斯国际空间法模拟法庭辩论赛亚太地区的比赛，也是我国首次参加这一国际赛事。2003 年开始，清华法学院每年一度举办"理律杯——全国高校模拟法庭比赛"，至 2010 年底，已连续举办 8 届，该项比赛已成为国内重要的模拟法庭赛事。

第三十四节　新闻与传播学院

一、沿革

清华大学新闻与传播学科的学历教育起始于 1985 年。在人文社会学院中文系成立时，设立了科技编辑学专业。1998 年 10 月，该专业从中文系中独立出来成立传播系，由徐葆耕任代系主任；2000 年由人文学院院长胡显章兼任系主任。

2002 年 4 月 17 日，学校正式通过成立新闻与传播学院（简称新闻学院）的决定。2002 年 4 月 21 日，学院成立大会于清华大学主楼召开。学校聘请《人民日报》原总编辑范敬宜任院长，胡显章任常务副院长。

新闻与传播学院实行院为实体的建制，按照一级学科组织教学科研，下不设系。

学院以"素质为本、实践为用、面向主流、培养高手"为宗旨，取得快速发展。

1995 年，获得新闻学硕士学位授予权（在人文学院）。

2000 年，获得传播学硕士学位授予权（在人文学院）。

2003 年，获得传播学博士学位授予权。

2005 年，获得"北京市模范集体"称号。

同年 12 月，新闻与传播学院行政班子换届。范敬宜任院长，李希光任常务副院长。

2006 年，获得新闻传播学一级学科博士、硕士学位授予权。

同年，在全国高等学校新闻传播学学科评估排名中，清华新闻传播学排名第三，仅次于人民大学和复旦大学（中国传媒大学、武汉大学等具有一级学科授予权的学校未参加评审）。

2007 年，获得"北京市德育工作先进集体"称号。

同年，被批准设立新闻传播学博士后流动站。

2008 年，被教育部批准为国家级本科特色专业建设点（全国共 20 个）。

2009 年，在全国高等学校新闻传播学学科评估排名中，清华新闻传播学与武汉大学并列第四（全国所有具有博士学位授予权的学校参评）。

同年，被中宣部、教育部列为国际新闻传播硕士培养基地之一（全国共 5 个）。

同年 12 月，新闻与传播学院行政班子换届，范敬宜继续担任院长，尹鸿任常务副院长。

2010 年 1 月，学院获批开设新闻学专业第二学士学位。第一批招生将从 2011 年秋季学期开始，仅限从校内在读本科生中招收。

同年 10 月，获批开设新闻与传播专业硕士学位。第一批招生从 2012 年春季学期开始。

同年 11 月 13 日，范敬宜院长因病去世，享年 79 岁。11 月 21 日上午范敬宜院长遗体告别仪式在北京八宝山革命公墓大礼堂举行。

同年 12 月 16 日—18 日，学校邀请 7 名国际知名权威专家，对清华大学新闻与传播学科的发展状况进行国际评估。专家对学院的发展方式、学生质量、培养模式、课程设置、科研水平给予了较高评价，认为"学院追求卓越的发展速度令人印象深刻"。

学院历任党政负责人名录见表 19-34-1。

表 19-34-1　新闻与传播学院历任党政负责人名录

职　务	姓　名	任　期	职　务	姓　名	任　期
院长	范敬宜	2002-04—2010-11	党委书记	王健华	2002-05—2009-12
常务副院长	胡显章	2002-04—2005-12			
	李希光	2005-12—2009-12		金兼斌	2009-12—
	尹　鸿	2009-12—			

自 2002 年成立学院以来，范敬宜院长一直兼任院学术委员会主任至 2010 年 5 月，2010 年 5 月以来由郭庆光任学术委员会主任。

学院成立时，邀请国内新闻与传播领域的著名学者、新闻机构负责人和有关领导组成学院的顾问委员会，每 4 年为一届，至今已是第三届。各届顾问委员会组成情况见表 19-34-2。

表 19-34-2　新闻与传播学院历届顾问委员会成员名录

顾问委员会	第一届（2002-04—2006-04）		第二届（2006-04—2010-04）		第三届（2010-04—　　）	
	姓名	主要职务	姓名	主要职务	姓名	主要职务
主任	贺美英	清华大学文科领导小组组长（原校党委书记）	赵启正	全国政协常委兼外事委员会副主任、中国人民大学新闻学院院长	赵启正	全国政协常委兼外事委员会主任
委员	王　晨	《人民日报》总编辑	王　晨	人民日报社社长	王　晨	中共中央宣传部副部长、国务院新闻办公室主任
	邵华泽	中国记协主席、中央委员	邵华泽	中华全国新闻工作者协会主席	蔡　武	中共中央宣传部副部长、文化部部长
	赵启正	国务院新闻办公室主任	龙新民	国家新闻出版总署署长	蔡赴朝	中共中央宣传部副部长、国家广播电影电视总局局长
	石宗源	国家新闻出版总署署长	蔡　武	国务院新闻办公室主任	蔡名照	中共中央宣传部副部长
	龙新民	中共北京市委副书记	赵化勇	中央电视台台长	柳斌杰	国家新闻出版总署署长
	赵化勇	中央电视台台长	庹　震	《经济日报》总编辑	张研农	人民日报社社长
	武春河	经济日报社社长	苟天林	《光明日报》总编辑	庹　震	《经济日报》总编辑
	袁志发	《光明日报》总编辑	蔡赴朝	中共北京市委常委、宣传部长	苟天林	《光明日报》总编辑
	杨　波	中央人民广播电台台长	杨　波	中央人民广播电台台长	朱　灵	《中国日报》总编辑
	李　丹	中国国际广播电台台长	王庚年	中国国际广播电台台长	焦　利	中央电视台台长
	朱瑛璜	《中国日报》总编辑	朱　灵	《中国日报》总编辑	王　求	中央人民广播电台台长

续表

顾问委员会	第一届（2002-04—2006-04）		第二届（2006-04—2010-04）		第三届（2010-04—　　）	
	姓名	主要职务	姓名	主要职务	姓名	主要职务
委员	艾　丰	《经济日报》原总编辑	李良荣	复旦大学教授、教育部新闻学学科教学指导委员会主任	王庚年	中国国际广播电台台长
	何梓华	中国新闻教育学会会长	童　兵	复旦大学教授、国务院学位办新闻传播学评议组召集人	陈小川	《中国青年报》总编辑
	方汉奇	中国人民大学教授、国务院学位办新闻传播学评议组召集人	尹韵公	中国社科院研究员、国务院学位办新闻传播学评议组召集人	尹韵公	中国社科院研究员、新闻研究所所长、国务院学位办新闻传播学评议组召集人
	丁淦林	复旦大学教授、国务院学位办新闻传播学评议组成员	郑保卫	中国人民大学教授、新闻与社会发展研究中心主任	胡正荣	中国传媒大学教授、副校长、国务院学位办新闻传播学评议组召集人
	赵玉明	北京广播学院教授、国务院学位办新闻传播学评议组成员	丁俊杰	中国传媒大学教授、副校长	陈力丹	中国人民大学教授、国务院学位办新闻传播学评议组成员
			胡显章	清华大学教授、清华大学文科工作委员会副主任	黄　旦	复旦大学教授、国务院学位办新闻传播学评议组成员
			柳斌杰 2008-07 增补	国家新闻出版总署署长	罗以澄	武汉大学教授、国务院学位办新闻传播学评议组成员
					张　昆	华中科技大学教授、新闻与信息传播学院院长、国务院学位办新闻传播学评议组成员
					胡显章	清华大学教授、校党委原副书记

二、教学科研组织

学院不设系，教学和学生培养工作由学院统一安排实施。

为了便于科研工作的开展，学院设立了若干研究机构。机构有确定的主要负责人，其他研究人员不固定，教师可跨机构选择性地参加活动。所有机构均为虚体，各项管理工作依托学院进行。

1999 年，国际传播研究中心成立，校级研究机构，主任：李希光。

2001 年，影视传播研究中心成立，院级研究机构，主任：尹鸿。

同年，新媒体传播研究中心成立，院级研究机构，主任：熊澄宇。

2004 年，媒介经营与管理研究中心成立（2008 年更名为"媒介经济与管理研究中心"），院级研究机构，主任：崔保国。

2004 年 5 月，跨院系的校级研究机构"文化产业研究中心"成立，挂靠新闻与传播学院管理，主任：熊澄宇。该中心后被确定为教育部"文化产业创新基地"（"985"二期建设经费支持）。2006 年 12 月被文化部命名为"国家文化产业研究中心"。

2006 年 12 月，校级研究机构"马克思主义新闻学与新闻教育改革研究中心成立"，主任：范敬宜。

2008 年 6 月，由新闻与传播学院与校图书馆共建的跨学科校级研究机构"清华大学伊斯雷尔·爱泼斯坦研究中心"成立。在成立大会上，伊斯雷尔·爱泼斯坦的遗孀艾黄浣碧女士向清华大学图书馆捐赠爱泼斯坦先生的西文书籍 6 382 册。研究中心名誉主任：范敬宜；主任：谢维和。

2009 年 9 月，由清华大学和网易公司合作的"未来媒体联合研究中心"成立，挂靠学院管理。中心主任：崔保国。

2010 年 4 月，新闻研究中心成立，院级研究机构，主任：陈昌凤。

2010 年 4 月，公共关系与战略传播研究所成立，院级研究机构，主任：董关鹏。

三、教职工

（一）全职教职员

2002 年建院时，学院共有教职员 15 人，其中教师 13 人，教授 5 人：孙宝寅、刘建明、熊澄宇、尹鸿、李希光。

2010 年 12 月，学院共有教职员 46 人，其中事业编制 27 人，博士后 10 人，合同制 9 人；教师 23 人，行政管理人员 11 人，实验室管理人员 2 人；教师中教授 12 人，副教授 8 人，讲师 3 人。

在学院工作过的教授（研究员）名录（从 1998 年成立传播系算起），见表 19-34-3。

表 19-34-3　新闻与传播学院教授（研究员）名录

姓名（任职时间）	姓名（任职时间）	姓名（任职时间）
孙宝寅（1996—2004 退休）	刘建明（1995—2009 退休）	熊澄宇（1996—　　）
李希光（1999—　　）	尹　鸿（1999—　　）	胡显章（2000—2005 退休）
王健华（2000—2009 退休）	崔保国（2000—　　）	陆　地（2001—2008 调离）
李　彬（2002—　　）	范　红（2002—　　）	郭镇之（2004—　　）
司久岳（2005—　　）	金兼斌（2007—　　）	陈昌凤（2008—　　）
郭庆光（2008—　　）	史安斌（2009—　　）	

（二）双聘及兼职教授

校内双聘教授：

陆　达（2002-04—2005-03）　　　李　星（2002-04—2005-03）

王　宁（2002-04—2005-03）

校外双聘教授：

范敬宜（2002-04—2010-11）　　　朱瑛璂（2005-09—　　）

校外兼职教授：

赵启正（2004-07—2007-03）　　　李仁臣（2004-07—2007-03）

张西明（2004-07—2007-03）　　周锡生（2004-07—2007-03）
陆小华（2004-07—2007-03，2010-07—2013-06）
孙玉胜（2004-07—2007-03，2010-07—2013-06）
柳斌杰（2010-07—　）　　朱　虹（2010-07—　）　　谢国明（2010-07—　）

（三）在学院工作过的境外专家

1. 高级访问学者

岛津洋一（2002-09—2003-03）　　Robert Keatley（2005-09—2006-02）
曹景行（2006-09—　）　　刘其中（2006-09—2007-07）
Nancy Snow（2007-09—2007-11）　　李　沁（2008-09—2009-07）
李海容（2009-09—2009-12）　　贾文山（2009-09—2009-12）

2. 富布赖特访问学者

Clive Enos（2002-09—2003-04）　　Thomas Berner（2005-09—2006-02）
Gray Swanson（2006-09—2007-02）　　Glenn Mott（2008-03—2009-01）

3. 外籍专家

周乃蓤（Nailene Chou Wiest）（2007-09—　）
Robert Dowling（2007-09—2008-02，2008-09—2009-01）
Ann Morrison（2008-02—2008-07）　　Donald Morrison（2008-03—2008-07）
Gregory Fields（2008-09—2009-07）　　Margaret Freaney（2009-09—　）
Lee Miller（2010-02—　）　　Kiyul Chung（2010-07—　）

四、教学

学院全面贯彻党的教育方针，坚持理论与实践相结合，坚持教育的改革与创新。坚持“素质为本，实践为用，面向主流，培养高手”的办学方向，立足国家发展和社会需求培养人才，走出特色化办学的道路。

（一）本科教学

2001 年，新闻传播学科开始面向全国 6 省市招收本科生，专业方向为新闻学，招生计划为 30 名，文理兼招。与此同时，2001 年和 2002 年还分别从校内其他院系招收转系生 30 余名，采取“2＋2”模式，培养具有交叉学科背景的复合型人才。从 2005 年开始，面向高考生的招生范围扩大到 12 省市，名额增加至 40 名，本科生由此开始 2 个行政班编制。

学院招收本科外国留学生的规模逐年扩大，从 2007 年开始达到每年 20 名左右。

此外，从 2007 年开始招收国防生，为部队培养舆论战人才，名额为 10 名，与法学院国防生（10 名）共同编班，分别依托新闻学院或法学院管理。

从 2011 年秋季学期开始，学院将面向校内在读本科生招收新闻学专业第二学士学位。

历年本科生招生和学士学位授予人数分别见表 19-34-4 和表 19-34-5。

表 19-34-4　新闻与传播学院本科生招生人数

年份	2001	2002	2003	2004	2005	2006	2007	2008	2009	2010	总计
人数	39	43	46	46	55	57	72	77	68	66	569

表 19-34-5　新闻与传播学院学士学位授予人数

年份	2003	2004	2005	2006	2007	2008	2009	2010	总计
人数	35	31	36	35	45	44	60	61	347

本科教育学制为四年，按照学分制管理，实行弹性学习年限。授予文学学士学位。

从 2001 年开始，本科教育经过两年的探索，学院在 2003 年初步形成具有特色的本科培养方案。方案体现了宽厚的通识基础、复合性的知识结构、专业化的职业素质培养；为适应国际化的要求，在课程安排上实现从一到四年级英语、双语课程不断线；将实践教学与课堂教学相结合，并纳入规范化管理。

根据新闻与传播学院 2009—2010 学年度学术委员会通过的本科生的培养方案，2010 级本科生总学分要求 150，其中课程学分 120，集中实践环节 20 学分，综合论文训练 10 学分。

同时允许学生用新闻作品和影视作品替代综合论文训练。

本科生培养课程设置和学分要求见表 19-34-6。

表 19-34-6　新闻与传播学院本科生培养课程设置与学分要求

课程名称（学分）	课程名称（学分）	课程名称（学分）	课程名称（学分）
1. 通识课≥60 学分			
思想政治理论课（14）	体育（4）	外语（8）	通识核心课（≥34）
2. 专业课程≥56 学分			
（1）专业必修课（41）			
新闻传播学引论（3）	马克思主义新闻观（2）（留学生选修）	新闻学原理（3）	初级新闻采写（3）
高级新闻采写（3）	新闻摄影（3）	中国新闻传播史（3）	外国新闻传播史（3）
广播电视采访与报道（3）	新媒体导论（3）	传播学原理（3）	媒介伦理与法规（3）
媒介调查与统计（3）	传播研究方法（3）		
（2）专业方向选修课（≥15）			
以下 4 课组中任选 1 组（≥9）			
新闻实务	广播影视新媒体	出镜记者	传播实务
（3）专业英语课程（≥6）			
3. 任选课≥4 学分			
4. 实践环节≥ 20 学分			
军事理论与技能训练（3）	大一外语强化训练	社会实践（2）（留学生选修）	清新时报工作坊（2）
专业强化夏令营（3）（从媒介批评工作坊、清影工作坊、新媒体应用工作坊及学术研究工作坊中选一）			

续表

课程名称（学分）	课程名称（学分）	课程名称（学分）	课程名称（学分）
媒体见习（2）	专业实习（8）		
5. 综合论文训练 10 学分			

国防生的培养方案中，增加了军事必修课、军事体育、心理战导论、孙子兵法导论、舆论战导论及军事对外宣传等必修课程，并要求学生选修法学相关课程（8 学分）。

新闻学第二学位培养方案共计 47 学分，其中课程 37 学分，综合论文训练 10 学分。课程要求必修课 5 门，专业选修课 3 门，其他可以从培养方案所列课程和新闻与传播学院所开设的课程中任意选择。

第二学士学位培养课程及学分要求见表 19-34-7。

表 19-34-7　新闻与传播学院第二学位学生培养课程设置与学分要求

课程名称（学分）	课程名称（学分）	课程名称（学分）	课程名称（学分）
1. 专业课程 37 学分			
（1）专业必修课≥5 门			
新闻学原理（3）	传播学原理（3）	中国新闻传播史（3）	外国新闻传播史（3）
初级新闻采写（3）	媒介伦理与法规（3）		
（2）专业选修课（以下方向二选一）≥3 门			
① 新闻与传播实务方向			
新闻编辑（3）	广播电视采访与报道（3）	高级新闻采写（3）	网络新闻（3）
新闻评论（3）			
② 出镜记者方向			
播音主持基础（3）	现场采访（3）	出镜报道（3）	新闻评论（3）
（3）专业任选课			
2. 综合论文训练 10 学分			

新闻学辅修专业培养方案共 25 学分，其中专业必修课须达到 15 学分，从培养方案所列课程和新闻传播学院所开设的其他课程中任意选择的学分须达到 10 学分。

（二）研究生培养

从 1996 年开始招收新闻学硕士研究生，2001 年开始招收传播学硕士研究生，至 2002 年前研究生培养工作归人文学院管理。2002 年新闻与传播学院成立，从 2003 年开始新闻与传播学院独立招收、培养和管理研究生，新闻学的专业方向为"新闻学"。2005 年增加"英语新闻采编"方向；2007 年"英语新闻采编"方向改为全英文授课的"全球财经新闻"方向，同时招收中、外学生；2009 年增设"国际新闻传播"方向，为国家定向培养国际新闻传播人才（学制 2 年）。传播学硕士研究生的方向为：影视传播、新媒体传播和媒介经营与管理。学院从 2004 年开始招收传播学博士研究生，在 2006 年获得新闻传播一级学科博士学位授予权后，开始按一级学科招收博士研究生。

历年研究生招生和学位授予人数分别见表 19-34-8 和表 19-34-9。

表 19-34-8　新闻与传播学院研究生招生人数

年　　份	2003	2004	2005	2006	2007	2008	2009	2010	合计
硕士生数	62	52	47	40	53	57	70	92	473
博士生数	0	8	7	10	7	11	13	19	75
合计	62	60	54	50	60	68	83	111	548

表 19-30-9　新闻与传播学院研究生授予学位人数

年　　份	2003	2004	2005	2006	2007	2008	2009	2010	合计
硕士生数（含同等学力）	23	27	42	79	58	53	55	63	400
博士生数	0	1	0	4	8	4	7	10	34
合计	23	28	42	83	66	57	62	73	434

从 2007 年开始，硕士研究生的招生和培养按"新闻传播学"一级学科进行，学制二至三年。

培养方案中，坚持马克思主义新闻观的教育，注重对研究生的学术素养和研究方法的训练，新闻学与传播学相互渗透，研究生培养与国家和社会发展紧密结合，形成了国际化、开放式、有特色的培养方案。从 2008 年开始，对硕士学位论文的要求进行了改革，允许学生用实践作品代替学术论文。

硕士研究生和全球财经新闻方向留学生的课程设置和学分要求见表 19-34-10 和表 19-34-11。

表 19-34-10　新闻与传播学院硕士研究生的课程设置及学分要求

课程名称（学分）	课程名称（学分）	课程名称（学分）	课程名称（学分）
总学分≥32（国际新闻传播方向≥36）			
1. 公共必修课 5 学分			
马克思主义理论课程（3）	第一外国语（2）		
2. 专业基础课≥5 学分			
马克思主义新闻观研究（2）	新闻理论研究（3）	传播学理论研究（3）	新闻史研究（3）
媒介发展史（3）	传播学研究方法（3）	中国对外传播（3）	
3. 专业核心课			
①新闻学方向≥6 学分			
高级新闻采写（3）	高级新闻编辑（3）	高级新闻评论（3）	电视新闻研究（3）
②国际新闻传播≥14 学分			
初级英语新闻采写（4）	高级英语新闻采写（4）	英语特稿写作（2）	英语新闻编辑（2）
中文新闻采写（2）	国际新闻报道（3）	英汉新闻编译（2）	汉英新闻编译（3）
英语新闻评论写作（2）			
③传播学方向≥6 学分			
影视传播研究（3）	电视节目形态研究（3）	电视节目制作（3）	媒介经济学研究（3）
媒介经营管理研究（3）	媒介政策与法规研究（3）	新媒体研究（3）	数字媒体设计（3）

续表

课程名称（学分）	课程名称（学分）	课程名称（学分）	课程名称（学分）
现代媒体艺术研究（2）			

4. 专业选修课≥5 学分

5. 跨学科课程　　新闻学和传播学方向各要求 6 学分

6. 其他必修环节

①新闻学方向和②传播学方向 5 学分

文献综述与选题报告（1）	学术活动（1）	学术基本要素系列讲座（1）	专业实践（1）
专业阅读（1）			

③国际新闻传播方向≥7 学分

文献综述与选题报告（1）	学术活动（1）	学术基本要素系列讲座（1）	专业实践（3）
专业阅读（1）	中国国情专题调研（1）		

表 19-34-11　新闻与传播学院"全球财经新闻"方向留学生
课程设置（全英文）及学分要求

课 程 类 别	课程名称（学分）
总学分≥32	
1. 公共课及专业基础课≥8 学分	Introduction to Mass Communications and Society in Contemporary China（当代中国大众传媒与社会）（2）
	Chinese（汉语）（必修）（2）
	Intercultural communication（跨文化传播研究）（2）
	Media Research Methods（传播学研究方法）（2）
	Chinese Culture and Society 中国文化与社会（英语）等选修（2）
2. 专业核心课≥14 学分	English News Reporting and Writing（初级英语新闻采写）（2）
	English Financial News Reporting and Writing（初级英语财经新闻采写）（2）
	Ethics In Journalism（新闻伦理与职业道德）（2）
	Advanced News Reporting and Writing（高级英语新闻采写）（2）
	Global Business Journalism（advanced）（高级英语财经新闻写作）（2）
	Economics for Journalists（新闻记者经济学基础）（2）
	Accounting and Finance for Journalists（新闻记者会计金融基础）（2）
	Multi-media Business Reporting（多媒体财经报道）（2）
3. 专业选修课≥6 学分	
4. 其他必修环节 4 学分	Pro-Seminar for Master Candidates in Global Business Journalism（硕士研究生学术和职业素养）（1）
	Literature Review and Thesis Proposal（文献综述与选题报告）（1）
	Academic Discussion（学术活动）（1）
	GBJ Internship（专业实习）（1）

　　博士生培养的专业方向为：新闻与传播史论、全球传播、广播影视传播、新媒体传播、文化

产业与媒介经济、新闻传播与社会发展。

博士生培养工作由导师负责，实行导师与集体指导相结合。除导师日常指导，组成由至少3位专家参与的指导小组，小组成员应具有高级职称或博士学位，导师任组长。指导小组全程参与博士生的资格考试、论文开题、中期检查、最终学术报告以及学位论文答辩等培养环节的工作。

2010年12月，学院共有博士生导师10人：尹鸿、李希光、熊澄宇、郭镇之、郭庆光、李彬、崔保国、金兼斌、史安斌和陈昌凤。

博士生培养课程设置和学分要求见表19-34-12。

表 19-34-12　新闻与传播学院博士研究生的课程设置及学分要求（普博）

课 程 类 别	课程名称（学分）	
总学分≥21		
1. 公共必修课 5 学分	马克思主义公共理论课程（3）	
	外国语（2）	
2. 学科专业课≥11 学分	① 基础理论课 5 学分	
	马克思主义新闻观研究（2）	新闻传播学历史、理论与方法研究（3）
	② 专题研讨课≥6 学分	
3. 必修环节 5 学分	文献综述与选题报告（1）	
	学术活动与学术报告（2）	
	资格考试（1）	
	社会实践（1）	

（三）继续教育

从2000年开始，学院面向社会举办新闻学和传播学专业的研究生课程进修班，招收大学毕业后有三年以上实际工作经验的媒体从业人员利用周末进行学习。到2010年底，共举办进修班15期，招收学生735名，其中有440人取得结业证书，56人以同等学力申请获得清华大学新闻传播学科硕士学位。学院还根据用人单位的需要，专门组织以单位为基础的研修班。例如，2001年为中国人民解放军总政治部和北京军区组织了研修班，参加学习的军队宣传方面的负责人达到70人，其中包括5位将军；2008年和2010年为中国国际广播电台举办2期研修班，学习人数为62人。

为更好地为社会服务，满足政府及传媒骨干人才继续学习的需要，学院常年面向单位开设短期培训班。到2010年底，共开设培训班31期，培训学员1488名。培训的主要方面是：面向政府的新闻发言人培训；面向媒体的采编业务和经营管理培训；面向全国新闻院系教师的专业培训。

（四）教学成果、表彰与奖励

国家精品课程：新闻采访与写作（李希光，2004年）；中国新闻传播史（李彬，2010年）。

北京市精品课程：新闻采访与写作（李希光，2003年）；中国新闻传播史（李彬，2007年）。

北京市教学成果奖（二等奖）：新闻与传播教学改革实验研究（范敬宜、李希光、尹鸿、李彬、刘建明等，2004年）；新闻学课堂实践教学的改革与创新（李希光、司久岳、雷建军、赵曙光、张小琴等，2008年）。

北京市高等教育精品教材：《全球新闻传播史》（李彬，2006 年）；《中外广播电视史》（郭镇之，2006 年）。

北京市高校教学名师：李希光（2007 年）。

2005 年 4 月，温家宝总理在看到学院 2003 级学生李强写的回乡调查报告《乡村八记》后，给范敬宜院长回信。信中写道："《乡村八记》是一篇有内容有建议的农村调查，记事真切、细致、生动，读后让人了解到农村的一些真实情况，给人以启示。一位二年级的大学生如此关心农村，实属难得。从事新闻事业，我以为最重要的是要有责任心，而责任心之来源在于对国家和人民深切的了解和深深的热爱，只有这样，才能真正做到用心观察、用心思考、用心讲话、用心作文章。"

2006 年 1 月 16 日，教育部〔2006〕1 号文件：教育部关于印发《清华大学新闻与传播学院教学与实践相结合调研报告》的通知（《光明日报》2006 年 2 月 7 日全文刊登）。

2007 年 6 月 14 日，教育部高教司文件：关于转发《清华大学新闻与传播学院马克思主义新闻观教育经验报告》的通知。

五、科学研究

新闻与传播学院科研的主要研究方向为：

（1）马克思主义新闻理论的构建、新闻改革和新闻教育改革的研究；

（2）传播学理论与研究方法研究；

（3）全球传播研究；

（4）广播影视传播研究；

（5）新媒体传播研究；

（6）文化产业与媒介管理研究。

2002 年至 2010 年底，清华大学新闻与传播学院共承担 357 项课题。国家社科基金 20 项，其中国家社科重大课题 5 项；教育部课题 14 项，其中教育部重大课题 2 项；省部委课题 58 项；其他横向课题 263 项。科研项目在纵向、横向以及跨国合作课题三方面齐头并进，反映了学院科研基础性、应用性和国际化并重的基本思路。

学院在科学研究上取得了一系列重要成果，2002 年至 2010 年底，共出版学术著作 103 种（其中专著 40 种），人均 4.3 种；发表论文 1 138 篇（其中在 CSSCI 源期刊上发表论文 227 篇，SSCI 收录 2 篇）。获得省部级以上奖励 4 项，具体项目见表 19-34-13。

表 19-34-13　新闻与传播学院获得省部级以上奖励项目

获奖时间	项 目 名 称	类　别	获 奖 名 称	获奖人
2002	传播研究典范及其对我国当前传播研究的启示	专题报告	中国高校人文社科研究优秀成果三等奖	金兼斌
2004	信息社会 4.0	专著	北京市哲学社会科学优秀成果二等奖	熊澄宇
2005	北京广播影视事业的改革与发展研究报告	专题报告	北京市哲学社会科学"十五"规划项目优秀成果奖	尹　鸿
2006	传播学引论（增补版）	专著	中国高校人文社科研究优秀成果三等奖	李　彬

六、对外合作与交流

（一）国内合作与交流

学院坚持开放式办学思路，广泛开展与国内传媒业界的合作与交流，签订合作协议，建立教学科研基地。

2002 年 11 月，与新华社新华网签订合作协议，确定为"清华大学新闻与传播学院教学科研基地"（2002—2007）。

2004 年 3 月，与中国新闻社签订合作协议，确定为"清华大学新闻与传播学院教学科研基地"（2004—2007）。

2005 年 1 月，与中国教育电视台签订合作协议，确定为"清华大学新闻与传播学院教学科研基地"（2005—2007）。

2006 年 8 月，与海南日报社签订合作协议，确定为"清华大学新闻与传播学院教学科研基地"（2006—2009）。

2008 年 3 月，与人民网签订合作协议，设立"人民网奖学金"，并确定为"清华大学新闻与传播学院实习基地"（2008）（2009—2011）。

2008 年 4 月，与北京人民广播电台签订合作协议，确定为"清华大学新闻与传播学院实习基地"（2008—2013）。

2009 年 4 月，与国家知识产权局宣传中心签订合作协议（2009—2012）。

2010 年 6 月，与国防大学军队建设与军队政治工作教研部签订建立学科交流合作关系协议书。

（二）国际（境外）合作与交流

学院积极开展国际及境外的合作与交流，拓展师生的国际化视野，增强办学实力。

1. 国际顾问委员会

为了加快步入世界一流新闻与传播学院发展的需要，缩小与国际顶尖级同类学院办学水平的差距，2007 年 11 月成立新闻与传播学院国际顾问委员会，由学校聘请国际知名人士担任顾问委员会委员。2007 年 11 月 28 日，第一届国际顾问委员会在清华大学召开。美国哥伦比亚大学新闻学院教授，前"普利策新闻奖"评委会主席西摩·托平（Seymour Topping）先生被聘为顾问委员会主任。国际顾问委员会名录见表 19-34-14。

表 19-34-14 新闻与传播学院国际顾问委员会名录

姓　　名	任 职 情 况
西摩·托平（Seymour Topping）	哥伦比亚大学新闻学院圣保罗荣誉教授，哥伦比亚大学新闻学院前院长和普利策奖评委会前主席，《纽约时报》前执行主编
James F. Hoge Jr*	国际《外交事务》杂志（*Foreign Affairs*）总编辑，国际记者中心主任
雅·扎苏尔（Yassen N. Zassoursky）	莫斯科大学新闻系资深教授、系主任
吉川俊哉（Shunya Yoshimi）	东京大学信息传播学院教授、院长

续表

姓　　名	任 职 情 况
戴雨果（Hugo de Burgh）	英国威斯敏斯特大学媒体、艺术与设计学院新闻学教授、中国传媒中心主任
杜孟（Serge Dumont）	Omnicom（宏盟）集团高级副总裁、亚太区总裁
郭孔演（Kuok Khoon Ean）	香港郭氏集团总裁
David Schlesinger	路透社总编辑
韩礼士（Merle A. Hinrichs）	环球资源 Global Sources Ltd. 董事长兼首席执行官
Alberto Ibarguen	耐特基金会总裁、首席执政官
杉田亮毅（Ryoki Sugita）**	日本经济新闻社社长
Matthew Winkler	彭博社总编辑
杨名皓（Miles Young）	奥美全球集团董事、亚太集团主席
Raymundo A. Yu Jr.	美林证券亚太区主席兼高级副总裁

注：* 从 2008 年 1 月，由新任国际记者中心主席 Joyce Barnarthan 代替 James F. Hoge Jr.。

　　** 从 2010 年 4 月，由新任日本经济新闻社社长喜多恒雄（Tsuneo Kita）代替杉田亮毅。

2. 国际合作共建研究机构

（1）清华-拜耳公共健康与媒体研究室，2004 年与德国拜耳（中国有限公司）共建，主任：李希光。

（2）清华-奥美公共形象与战略研究室，2005 年与奥美整合行销传播集团共建，主任：李希光。

（3）清华-日经传媒研究所，2006 年与日本经济新闻社共建，主任：崔保国。主要从事关于报纸、出版物的数字化研究和中国传媒产业的研究。

（4）清华-路透全球新闻研究室，2006 年与路透基金会共建，主任：董关鹏。

3. 国际（境外）合作、捐赠及奖学金项目

（1）2003 年 4 月，香港南华早报社在学院设立"南华早报奖学金"，用于奖励品学兼优，并在发表新闻作品方面表现突出的学生；该奖学金同时还资助部分贫困同学。

（2）2003 年 4 月，法国杜孟先生在学院设立"清华-杜孟传播奖学金"，用于奖励品学兼优，并在公共关系研究方面有突出成果的学生。

（3）2004 年 7 月，与韩国 KBS（韩国放送）签订合作协议（2004—2005），促进双方人员交流及资助学生赴 KBS 实习。

（4）2005 年 10 月，香港景范教育基金会设立"范止安奖学金与奖教金"（2005—2006）用于奖励优秀学生、资助困难学生以及奖励在教书育人方面做出突出贡献的教师。

（5）2006 年 3 月，与路透基金会签订合作协议（2006—2009），由基金会每年出资 50 万元人民币，用于中国传媒人才的培训和"清华-路透全球新闻研究室"的工作。

（6）2006 年 2 月，宏盟集团捐赠 500 万元人民币，用于院馆的维修和学院的发展建设，原"文西楼"被冠名为"宏盟楼"。

（7）2007 年，由美林集团、耐特基金会出资，由美国记者中心作为中介与学院签订合作协

议，出资 100 万元人民币用于财经新闻实验室的建设，同时提供财经新闻硕士项目每年 2 位外教及工作人员工资。彭博通讯社在学院建设了彭博数据终端室，免费提供设备和数据。

（8）2007 年 7 月，环球资源集团捐赠 100 万元人民币，用于设立环球资源厅；此外，每年提供 6 万元人民币，作为奖励"全球财经新闻"方向的学生奖学金。

（9）2008 年 9 月，与香港城市大学媒体与传播系签订合作备忘录（2008—2011），双方互派学者和研究人员，互派交流学生。

（10）2009 年 2 月，与东京大学大学院情报学环签订学术交流协议。

（11）2009 年，与台湾世新大学新闻传播学院签订学术交流合作协议。

（12）2010 年，香港嘉里集团郭氏基金会捐款 20 万元人民币，专项支持学院师生在贵州省黔东南自治州丹寨县开展"农民素质提高与社会进步"的专项研究。

七、实验室和图书室

2002 年，在学校"211 工程"和"985 工程"一期经费的支持下，"新闻与传播综合实验室"初步建成，并全面投入使用，为学院的教学和科研提供支持和服务。

到 2007 年，随着学院的办学规模逐渐扩大，原有的实验室设备及空间都不能满足教学需要。在学校的支持下，学院的教学用房得以补充。同时，学院对本科教学实验室进行了全面规划，在"985 工程"二期经费的支持下，至 2007 年底建成理念先进、设施齐全、环境优美的教学实验室 7 个，并为全院师生开辟了无线上网和流媒体点播的系统。教学实验室的使用面积达到 800 余平方米。实验室包括：

平面媒体：印刷媒体实验室；

影视媒体：视听编辑室（I）、视听编辑室（II）；

网络媒体：数字媒体实验室；

摄影：摄影室、洗印室；

数据资源：彭博数据终端室；

研究训练：媒介调查实验室、全球财经新闻实验室。

2008 年 3 月，实验室正式通过清华大学实验室与设备处的评审，注册名称为"新闻传播学实验教学中心"。中心主任金兼斌，执行主任王庆柱。中心由学院统一管理，实现资源共享。

2009 年 1 月，"新闻与传播学实验教学中心"通过专家评估，确认为"清华大学一级实验室"。

2010 年 9 月，随着数字化摄影的发展，2007 年建立的摄影室和洗印室撤销，数字媒体实验室与媒介调查实验室合并。

学院资料室建筑面积 130.4 平方米，使用面积 96.5 平方米。设有音像试听区、报刊阅览区、图书阅览区、研讨小间等功能区间。视听区每个机位提供影碟播放机、电视机供学生观摩音像资料；书库备有基本的文史哲书籍及新闻传播学科重要的专业读本和代表性系列著作；设有教学参考书专栏和学院教师著作专栏；资料室拥有图书 5 062 册，其中外文图书 142 册；影像资料 537件；订阅专业期刊 72 种（含外文期刊 1 种），报纸 19 种（含英语报纸 1 种）；收藏学位论文 966册。每周开馆 72 小时，是一个功能齐全的小型图书馆。

第三十五节 美术学院

一、沿革

（一）中央工艺美术学院时期

20 世纪上半叶的工艺美术教育与实践，为新中国工艺美术事业的发展奠定了基础。1949 年中华人民共和国成立后，随着国家政治经济建设的发展，工艺美术高等教育引起党和政府的重视。国家对工艺美术人才的迫切需求，成为中央工艺美术学院的筹建背景。一批致力于创办中国工艺美术教育的有识之士志同道合地成为学院的创建者。

随着国家经济建设的发展和一系列国家重大设计活动的开展，工艺美术事业受到党和政府的重视，社会和学校都发出了创办工艺美术学院的呼声。1952 年，周恩来总理在检查"建国瓷"工作时说："我国是世界上人口最多的国家，有悠久的文化，工艺美术有光辉的艺术传统。我们又是多民族国家，各民族都有自己的民族工艺，对工艺美术要进行全国性的调查，要关心艺人的工作和生活，要成立工艺美术学院，要培养不同专业的工艺美术设计人才。"

1952 年，中央美术学院华东分院实用美术系合并到中央美术学院实用美术系，庞薰琹、雷圭元、柴扉、顾恒、程尚仁、袁迈、柳维和、田自秉、温练昌、程新民等教师北上北京，并带来大量工艺美术图书资料。同时，清华大学营建学系部分教师也并到中央美术学院，其中调到实用美术系的教师有高庄、常沙娜。合并后，张仃任实用美术系主任，雷圭元任副主任，庞薰琹任实用美术系研究室主任。此后，中央美术学院实用美术系开展了全国工艺美术调查、筹备展览、准备教材、培养师资等一系列建院筹备工作。

1953 年 12 月至 1954 年 1 月，实用美术系参与筹备的首届全国民间美术工艺品展览会在北京劳动人民文化宫展出。周恩来总理观看展览时再次强调："我们要办工艺美术学院，要从小到大逐步发展，要结合生产，要关心人民生产的需要，要学习先进技术。"这个指示对工艺美术学院的建立，对民族传统的认识、办学方向等均产生了重要影响。

1954 年初，实用美术系改为工艺美术系，庞薰琹任系主任，并设立工艺美术研究室，庞薰琹、雷圭元任正、副主任。此时，实用美术系暂停招生，全力投入研究工作。研究室的主要任务是"联系实际，改进工艺，培养师资，准备教材"，为筹建工艺美术学院做必要的各项准备。1954 年至 1956 年，工艺美术系先后选派 5 名青年教师出国留学，以培养师资。1955 年至 1956 年，工艺美术系恢复本科招生，并开设展览设计和染织设计专修班。1955 年，第一次招收留学生，2 名本科生，1 名研究生。

1956 年 3 月 1 日，毛泽东主席在听取中央手工业管理局和中华全国手工业合作联合总社筹备委员会汇报手工业工作情况时说："手工业要向半机械化、机械化方向发展，劳动生产率必须提高。""提高工艺美术品的水平和保护民间老艺人的办法很好，赶快搞，要搞好一些。你们自己设立机构，开办学院，召集会议。"（《加快手工业的社会主义改造》，见《毛泽东选集》，第五卷，265页，北京，人民出版社，1977）这些指示直接促成了中央工艺美术学院筹备委员会的成立。

1956年4月25日，高等教育部、文化部、中央手工业管理局、中央美术学院共同成立了中央工艺美术学院筹备委员会。6月1日，国务院常务会议讨论通过："在中央美术学院工艺美术系的基础上，由文化部与中央手工业管理局和中华全国手工业合作总社合作，在北京建立一所中央工艺美术学院。中央工艺美术学院行政上归中央手工业管理局和中华全国手工业合作总社领导，业务方针上归文化部领导。"并指出："学院的方针任务是：培养具有马克思列宁主义基础，精通专业知识，掌握熟练的技能，全心全意为建设社会主义服务的各种高级的工艺美术设计专门人才。"

1956年6月21日，国务院任命邓洁兼任中央工艺美术学院院长，雷圭元、庞薰琹任副院长。9月，中国第一所现代设计学院——中央工艺美术学院在阜成门外白堆子75号正式开学。11月1日，举行中央工艺美术学院成立典礼。

1956年学院成立时，设立染织、陶瓷、装潢设计3个系和绘画、共同课2个教研室，本科生学制五年，研究生学制二年，进修生学制一至二年。学院还举办多种形式的研究班、培训班等。

1957年，增设室内装饰系。1958年，装潢设计系改为装饰绘画系，率先设商业美术、书籍装帧、装饰画（后改为壁画）3个专业工作室。

1958年9月，学院迁至建国门外建设路37号（即今东三环中路34号）。

1960年，经中共中央宣传部、中央文教小组批准，学院被定为文化部十二所重点学校之一。

1961年，中宣部、文化部在北京召开全国文科教学会议与高等艺术院校教材会议，根据工艺美院提出的草案修改制定了《高等工艺美术学校教学方案的修订草案》，以此引领全国工艺美术教学改革；并以工艺美院教师为主组成工艺美术教材编选工作组，编写《图案基础》《工艺美术论文选》《家具工艺》以及3种中国工艺美术史等教材。同年，文化部所属文化学院停办，其印刷工艺系由工艺美院接办。

1961年底至1962年初，《光明日报》发起"形式美"讨论，张仃发表文章《谈"一点之美"》，强调形式美的相对独立性及其与社会习俗、人民传统审美观念的紧密联系。

1962年，经雷圭元建议，学院招收应用范围广泛、适应性较强的综合性专业"图案班"，旨在培养日用工业品的装饰美术设计、教学和研究人才。

1964年，北京艺术学院因调整撤销，卫天霖、吴冠中、阿老、白雪石、俞致贞等9名教师调入工艺美院，充实了师资队伍，并有25名学生转入学院。

1966年，"文化大革命"开始，学院的正常工作全面中断。

1970年，学院师生下放到河北省获鹿县。1973年，国务院决定学院划归轻工业部领导，返京复校，并成立复校临时领导小组。

1975年，学院开始招收工农兵学员。除原有的染织美术系、陶瓷美术系、装潢美术系、工业美术系、印刷工艺系外，新设立了特种工艺美术系。

1977年，学院恢复高考。1978年3月，"文革"后第一批本科大学生入学，5月招收研究生班。

1978年5月，轻工业部党组批准成立学院临时领导小组。1979年5月，学院新的领导班子组

成，张仃任院长，陈叔亮、雷圭元、吴劳、庞薰琹、方振远、阿老任副院长。

1978年，轻工业部党组批准学院恢复成立党委，罗扬实任书记。

1979年2月，为贯彻文化部全国艺术教育工作会议精神，学院重新制定各专业教学方案，确定本科生学制为四年。

1979年11月，印刷工艺系移交北京印刷学院筹备处。

1980年，学院在中国美术馆举办"中央工艺美术学院师生作品展览"，受到社会各界好评。

1981年，学院成为国务院批准的首批硕士学位授予单位，学科名称为工艺美术历史及研究。

1982年，学院承办由文化部和轻工业部联合主办的"全国高等院校工艺美术教学座谈会"（又称"西山会议"）。会议总结交流了工艺美术教育经验，提出了工艺美术在新的历史时期的发展方向，探讨了各专业的教学特点及课程间的关系。这次会议对于全国工艺美术设计的教学与发展产生了积极影响。

20世纪70年代末、80年代初，吴冠中质疑"内容决定形式"，提出"形式美"理论。

学院相继在全国率先创建工艺美术史系（1983年）、服装设计系（1984年）、工业设计系（1984年）、书籍艺术系（1985年）。随后，全国各地的一些艺术院校也纷纷建立了相应专业。

1986年，工艺美术学院在全国率先获得工艺美术历史及理论专业博士学位授予权，1987年首次招收博士研究生。

1986年2月，"中央工艺美术学院"对外英文名称由"The Central Academy of Arts and Crafts"改为"The Central Academy of Arts and Design"，强调艺术设计理念和特色。1988年，为拓宽专业知识面，打破专业界限，学院成立基础部；本科新生入学后，一、二年级均在基础部按学群编制学习共同基础课程和专业基础课程。同年，学院各专业称谓中的"美术"改为"设计"，各系名称也作相应调整。室内设计系更名环境艺术设计系，特种工艺美术系更名装饰艺术系。1991年，将1985年成立的夜大学部更名为成人教育部。

1986年，中央工艺美术学院工艺实验楼落成，建立实验室管理处，设木工、印染、服装、漆艺、陶瓷、印刷、摄影、装裱、电脑、电教等工艺实验室。1991年，总建筑面积14 400平方米的新教学大楼落成，改善和健全了学院的教学条件。

1994年，学院承办"全国艺术院校工艺美术专业教学计划修订会"。各系制订的教学计划，被会议确定为全国工艺美术设计专业统一的教学计划，最终形成的中央工艺美术学院教学大纲，对全国艺术类院校艺术设计学科的教学产生重要影响。

1994年，学院被中共北京市委教育工委和北京市高教局授予"文明校园""首都文明建设先进单位"荣誉称号，率先成为获此荣誉的北京艺术院校。"团结、求实、敬业、创新"被确定为校训。

1995年，增设展示设计、金属工艺、漆艺等专业，于1996年首次招生。1997年，工业设计、环境艺术设计及工艺美术设计专业（包括染织、服装、陶瓷、装潢）被轻工总会评定为部级重点学科。1997年，学院受教育部委托拟定本科专业目录，提出改"工艺美术"为艺术设计。1998年，教育部颁布《普通高等学校本科专业目录》，正式以"艺术设计"取代了"工艺美术"，二级学科定名为"设计艺术学"。

1998年，轻工业总会将中国轻工业管理干部学院并入学院，在河北省固安县设立固安学区。

1998年，国务院机构改革，学院的主管部门国家轻工业局并入国家经济贸易委员会。同年9月，学院划转北京市领导。

中央工艺美术学院历任行政和党的主要负责人名录，分别见表19-35-1和表19-35-2。

表 19-35-1　中央工艺美术学院历任行政主要负责人名录

姓　名	职　务	任 职 时 间	姓　名	职　务	任 职 时 间
邓　洁	院　长	1956-11—1966-06	雷圭元	副院长	1979-05—1982-12
雷圭元	副院长	1956-11—1966-06	庞薰琹	副院长	1979-05—1982-12
庞薰琹	副院长	1956-11—1957-10	吴　劳	副院长	1979-05—1984-09
王景瑞	副院长	1957-02—1957-05	阿　老	副院长	1979-05—1982-12
陈叔亮	副院长	1957-10—1966-06	方振远	副院长	1979-05—1982-12
张　仃	副院长	1957-10—1966-06	张瑞增	副院长	1981-08—1984-05
刘鸿达	副院长	1961-04—1966-06	李绵璐	副院长	1981-08—1990-05
陈叔亮	院复校临时领导小组组长	1973-09—1974-10	常沙娜	副院长	1981-08—1983-04
				院　长	1983-04—1997-12
王建邦	副组长	1973-09—1974-10	计惜英	副院长	1982-09—1984-09
陆振声	副组长	1973-09—1974-10	张世礼	副院长	1985-04—1992-12
杨　麻	副组长	1973-09—1974-10	林义成	副院长	1986-03—1990-05
姚秦城	院临时领导核心小组组长	1974-10—1978-05	王明旨	副院长	1990-05—1997-12
				院　长	1997-12—1999-11
付石霞	副组长	1974-10—1978-05	王忠信	副院长	1990-05—1997-12
罗扬实	副组长	1974-10—1978-05	杨永善	副院长	1993-01—1999-11
	组长	1978-05—1979-05	才大颖	副院长	1997-12—1999-11
张　仃	院　长	1979-05—1983-04	刘增璞	副院长	1997-12—1999-11
陈叔亮	副院长	1979-05—1982-12			

表 19-35-2　中央工艺美术学院历任党委（党支部、党总支）主要负责人名录

姓　名	职　务	任 职 时 间	姓　名	职　务	任 职 时 间
邓　洁	党支部书记	1956-11—1957-10	计惜英	副书记	1982-09—1983-04
王云凤	党支部副书记	1956-11—1957-10		代理党委书记	1983-04—1984-09
陈叔亮	党支部书记	1957-10—1958-03	昭　隆	副书记	1982-12—1984-12
	党总支第二书记	1959-01—1961-04		党委书记兼纪委书记	1987-02—1992-03
	党委副书记	1961-04—1966-06	蔡诚秀	党委副书记	1982-12—1985-12
王景瑞	党支部副书记	1957-02—1957-05	周显东	党委书记	1984-09—1986-12
张　仃	党总支第一书记	1959-01—1961-04	任维武	党委副书记	1985-04—1988-12
李曙明	党总支副书记	1959-01—1961-04	高沛明	党委副书记	1989-06—1999-11
刘鸿达	党委书记	1961-04—1966-06	张铁山	纪委副书记	1989-06—1993-01
姚泰城	党的核心小组组长	1975-04—1978-05		纪委书记	1993-01—1999-11
付石霞	副组长	1975-04—1978-05	林少岩	党委副书记	1991-08—1993-01
王建邦	副组长	1975-04—1978-05		党委书记	1993-01—1996-06
陆振声	副组长	1975-04—1978-05	赵亮宏	党委书记	1997-12—1999-11
翟树成	副组长	1975-04—1978-05	王庆霖	副书记	1997-12—1999-11
罗扬实	党委书记	1978-05—1982-10	朱仙油	副书记	1997-12—1999-11
杨少先	副书记	1978-12—1983-05			

（二）清华大学美术学院时期

1998 年 9 月，清华大学为创建世界一流大学积极恢复综合性大学的学科布局，与中央工艺美术学院就合并事宜进行磋商，两校取得共识。

1999 年 11 月 20 日，经教育部批准，中央工艺美术学院并入清华大学，更名为清华大学美术学院。教育部任命王明旨为清华大学副校长，清华大学任命王明旨兼任美术学院院长，张凤昌任院党委书记。

1999 年底，学院撤销基础部和装饰艺术系，成立绘画系、雕塑系、工艺美术系，至此学院有艺术设计学系、染织服装设计、陶瓷艺术设计、装潢艺术设计、环境艺术设计、工业设计、绘画、雕塑、工艺美术等 9 个系。2001 年，艺术设计学系更名为艺术史论系。2002 年，成立基础教学研究室，承担全院一年级本科学生的基础课教学。2003 年，在原学群的基础上设立艺术史论、艺术设计、美术三个分部。2005 年，成立信息艺术设计系。2009 年，装潢艺术设计系更名为视觉传达设计系。

2000 年，新建的二级学科美术学获得硕士学位授予权。2001 年，二级学科设计艺术学被评为国家级重点学科。2003 年，美术学获得博士学位授予权，成为继设计艺术学之后的第二个博士点。2003 年 10 月，艺术学博士后科研流动站获准建立。2004 年、2009 年，在教育部的一级学科评估中，以设计艺术学和美术学为主体的清华大学艺术学一级学科两度名列全国第一。2005 年，获得艺术硕士专业学位研究生招生培养资格。2006 年，获得"艺术学"一级学科博士授予权。2007 年，"设计艺术学"国家级重点学科通过国家考核评估。2010 年，"信息艺术设计"交叉学科被评为北京市重点学科。

2003 年，清华大学决定在清华园新建美术学院教学楼，11 月举行美术学院新教学楼奠基仪式。2005 年 9 月，新教学楼落成，学院从光华路校区整体迁入清华园。11 月 1 日，举行美术学院新教学楼落成典礼。

2010 年 10 月，清华大学设计艺术学科国际评估在学院举行，6 位国际评估专家在评估报告中对美术学院的建设和发展给予充分肯定，并对学院发展和国际化建设提出多项建议。

清华大学美术学院历任行政、党委和学术委员会负责人名录，分别见表 19-35-3、表 19-35-4和表 19-35-5。

表 19-35-3　清华大学美术学院历任行政主要负责人名录

姓 名	职 务	任 职 时 间	姓 名	职 务	任 职 时 间
王明旨	院长	1999-11—2005-01	冯远	名誉院长	2008-07—
李当岐	院长	2005-01—2008-07	郑曙旸	常务副院长	2008-07—

表 19-35-4　清华大学美术学院历任党委主要负责人名录

姓 名	职 务	任 职 时 间	姓 名	职 务	任 职 时 间
张凤昌	党委书记	1999-11—2003-01	王进展	党委书记	2005-01—2007-11
李当岐	党委书记	2003-01—2005-01	李当岐	党委书记	2007-11—

表 19-35-5　清华大学美术学院历任学术委员会主要负责人名录

姓　名	职务	任职时间
王明旨	主任	1999-11—2003-05；2003-05—2008-11
刘巨德	主任	2008-11—

二、教学科研组织

（一）沿革

1. 染织服装艺术设计系

染织服装艺术设计系的前身是 1956 年成立的中央工艺美术学院染织系。1961 年，更名为染织美术系。1980 年开设服装设计专业。1984 年，服装设计专业分出成立服装设计系，染织美术系更名为染织设计系。1991 年，染织设计系与服装设计系合并为染织服装设计系。1999 年中央工艺美术学院并入清华大学后，更名染织服装艺术设计系，分染织艺术设计和服装艺术设计两个专业，下设纤维艺术设计教研室、室内纺织品设计教研室、染织 CAD 教研室、服装设计教研室、服装工程教研室、服装 CAD 教研室。学生通过系统的专业学习，具有较强的专业理论水平和整体艺术设计能力，掌握本专业的工艺制作技能，具备现代化经营管理理念。两个专业的应用性很强，面对纺织行业和服装行业的多元需要，主要培养能在科研单位、高等院校以及相关企业从事染织、服装设计和研究的专门人才。

2. 陶瓷艺术设计系

陶瓷艺术设计系的前身是 1956 年成立的陶瓷系。1961 年，更名为陶瓷美术系。1988 年，更名为陶瓷设计系。1999 年学院并入清华大学后，更名为陶瓷艺术设计系，分陶瓷设计、传统陶艺和现代陶艺 3 个专业。陶瓷设计课程旨在培养学生从事陶瓷产品设计的能力，提高我国陶瓷设计的水平，增强我国日用陶瓷产品的国际竞争力；传统陶艺课程，目的是继承传统陶瓷的艺术和技术，发展传统的手工艺文化，并将手工艺与人们的日常生活紧密结合，将艺术引入生活；现代陶艺课程，目的在于培养学生在艺术创作方面的现代意识，充分展示自己的艺术个性，探索陶瓷材料的各种可能性。

3. 视觉传达设计系

视觉传达设计系的前身是 1956 年成立的装潢设计系。1957 年，装潢设计系与室内装饰系合并为装饰工艺系。1958 年，更名为装饰绘画系。1975 年，更名为装潢美术系。1985 年，书籍装帧专业分出成立书籍艺术系，装潢美术系更名为装潢设计系。1990 年，书籍艺术系并入装潢设计系。1999 年学院并入清华大学后，更名为装潢艺术设计系。2009 年，更名为视觉传达设计系，分平面设计、广告设计、书籍设计 3 个专业，较全面地涵盖了视觉传达艺术设计的专业范围，并强调各专业方向交叉互动，提倡灵活的教学方式，注意实践案例教学，经常与国际著名相关院校进行交互式课程教学，以适应国际学术发展的潮流和趋势。

4. 环境艺术设计系

环境艺术设计系的前身是1957年成立的室内装饰系。1957年室内装饰系与装潢设计系合并为装饰工艺系。1958年，从装饰工艺系分出，成立建筑装饰系。1975年，更名为工业美术系。1984年，更名为室内设计系，工业设计专业分出。1988年更名为环境艺术设计系，成为中国最早设立室内设计和景观设计专业方向的系。室内设计的专业内容为建筑内部空间装修、陈设的综合设计，涉及建筑、土木工程、造型艺术、产品设计、声光机电等专业门类。景观设计的专业内容为城市空间视觉形象与建筑景观系统的综合设计，涉及城市规划设计、建筑设计、园林绿化设计、造型艺术以及公共设施等专业门类。

5. 工业设计系

工业设计系成立于1984年，前身是1957年成立的室内装饰系，1975年更名为工业美术系。1984年初创时，设立工业设计专业（即现在的产品设计专业）。1991年，增设展示设计专业。2001年，增设交通工具造型设计专业。工业设计系是在中国最早开始工业设计教学的单位之一，建立了较为符合中国国情的工业设计教学体系，分产品设计、展示设计、交通工具造型设计3个专业，形成设有四年制本科学位课程、两年到三年制普通硕士学位课程、工业设计工程硕士学位课程和艺术设计学下的工业设计研究方向的博士学位课程的多层次的工业设计教学建制。推行跨专业基础课和专业课的两层本科教学结构，并着力实施了以主干设计课带动下的系列专业设计课程教学思路，旨在培养学生成为国内设计教育、产品开发、展示设计、广告设计、环境设计的中坚力量。

6. 信息艺术设计系

信息艺术设计系成立于2005年，本科专业有信息设计、动画设计、数字娱乐设计，研究生专业除上述3个方向外还有新媒体艺术研究方向。信息设计是艺术设计在信息时代的新发展，其中动画和数字娱乐设计是文化产业的代表，新媒体艺术是艺术与信息科技结合的新艺术形态。

7. 绘画系

绘画系成立于1999年，前身为1958年装饰绘画系设立的装饰画（后改为壁画）专业。1975年，以装饰绘画专业为基础成立特种工艺美术系。1988年，特种工艺美术系更名为装饰艺术系。1999年，学院并入清华大学后，在装饰艺术系装饰绘画专业的基础上组建绘画系，设有中国画、油画、版画和壁画4个工作室，并设有材料和技法研究室。绘画系倡导以人类文化为凭借，以民族文化为依托，提倡兼容并蓄，锐意创新；坚持多元化的教学方针，不以画种为界限，实行综合性的教学管理方式，培养热爱艺术、有理想、有道德、有文化、能够从事艺术创作、艺术研究和艺术教育的专门人才。

8. 雕塑系

雕塑系成立于1999年，前身为1975年成立的特种工艺美术系的装饰雕塑专业。1988年，特种工艺美术系更名为装饰艺术系。1999年，学院并入清华大学后，在装饰艺术系装饰雕塑专业的基础上组建雕塑系，设有木雕、石雕、金属雕塑和铸造四个材料实践工作室。具象雕塑、抽象雕塑、环境雕塑和实验艺术是主要课程。雕塑系依托传统、立足当代、关注未来，培养综合素质良好、专业基础扎实、理论学识广博，具有艺术理想和人文精神的雕塑创作、教学和研究的专业人才。

9. 工艺美术系

工艺美术系成立于 1999 年，前身为 1975 年成立的特种工艺美术系，1988 年更名为装饰艺术系。1999 年，学院并入清华大学后，在装饰艺术系金属工艺、漆艺专业的基础上组建工艺美术系。工艺美术系设有金属艺术、漆艺、纤维艺术和玻璃艺术 4 个工艺实验室。工艺美术系提倡以人为本的手工文化，关注人类生活品质，强化科技应用手段，探索新的领域。系统教授中外专业艺术史知识，关注本专业的现状与发展趋势，强调实践动手能力、艺术创作设计能力和社会适应能力。旨在培养能够从事艺术创作和工艺美术设计、教学与研究的专门人才。

10. 艺术史论系

艺术史论系成立于 1983 年，当时的名称为工艺美术历史与理论系，是中国高等院校最早成立的工艺美术史论系，其史论教学始于 1956 年成立的共同课教研室。1986 年，率先获得工艺美术历史及理论专业博士学位授予权。1988 年，更名为工艺美术史论系。1993 年，更名为工艺美术学系。1999 年，更名为艺术设计学系。2001 年，更名为艺术史论系。2003 年，设立博士后流动站。艺术史论系设有设计艺术学和美术学两个二级学科，旨在培养学生具有系统的专业理论知识、广泛的人文素养和较强的写作能力，并对当代美术和艺术设计的创作、生产现状、市场管理有切实的了解，注重理论联系实际，强调实地考察调研，重视创作与设计实践的体会。

11. 基础教研室

基础教研室的前身是 1956 年的绘画教研室。1984 年，成立绘画基础教研室。1988 年并入基础部。1999 年，基础部撤销。2002 年成立基础教研室，下设素描教研组、色彩教研组、图案教研组和工笔重彩教研组，承担全院一年级本科学生的基础课教学。基础学科是应用研究和前沿学科研究取得创新突破的前期积累，是重要的基础理论研究平台和创新实践过程。基础教学旨在通过科学化、系统化的训练方法，提高学生的审美能力，增强学生的造型能力；在广泛吸收不同造型艺术的精华，向优秀的传统文化学习，重视基础理论指导教学的同时，开拓思想，提倡创新精神，突出研究型大学的教学理念。

12. 其他

共同课教研室于 1956 年成立，1984 年改为马列教研室。

基础部于 1988 年建立，大一、大二的学生进入基础部学习，加强基础教育。1999 年，撤销。

成人教育部于 1991 年建立，前身为 1985 年成立的夜大学部，2006 年撤销。

（三）研究所设置变迁

1956 年建院的同时，中央工艺美术科学研究所成立，庞薰琹兼任所长。研究所设理论、刺绣、服装、家具、陶瓷、金工 6 个研究室及民族民间工艺调查组、张景祜泥塑工作室、汤子博面塑工作室，并创办工艺美术内部刊物《工艺美术通讯》《工艺美术参考资料》。1957 年 6 月，研究所并入中央工艺美术学院，改为研究室。

1982 年 1 月 8 日，为进一步提高学术水平和教学质量，学院成立研究部，统一负责全院科研、情报资料、《装饰》杂志、设计中心及工艺教室的工作。

2001 年 5 月 24 日，经教育部批准，清华大学艺术与科学研究中心正式成立。其宗旨是：为清华大学艺术与科学的跨学科基础理论研究及应用研究搭建平台，致力于高水平的学术研究基地和学术交流中心的建设，同时为复合型人才的培养做出试验性探索，研究方向为基础理论研究、应用研究及教育研究。李政道和吴冠中任中心名誉主任，清华大学美术学院书记李当岐任中心主任，鲁晓波任常务副主任。2009 年，美术学院常务副院长郑曙旸任中心主任。

2005 年学院搬迁清华园后，相继成立多所研究所，后经调整至 2010 年底学院共有研究所 22 个，其中院属 17 个：展示艺术研究所、视觉艺术设计研究所、建筑环境艺术设计研究所、纤维艺术研究所、陶艺与公共艺术研究所、装饰材料应用研究所、平面设计系统开发研究所、环境建设艺术咨询研究所、城市建设艺术设计研究所、城市景观艺术设计研究所、通用设计研究所、雕塑艺术研究所、大型历史绘画研究所、服装设计研究所、交互媒体艺术设计研究所、光环境设计研究所、当代艺术研究所；清华大学艺术与科学研究中心成立研究所 5 个：艺术与科学应用研究所、可持续设计研究所、设计管理研究所、设计战略与原型创新研究所、色彩研究所。

为促进学校美术教育的发展，提高现当代美术与艺术等人文学科的研究水平，2010 年 1 月，学校成立清华大学张仃艺术研究中心和清华大学吴冠中艺术研究中心，前者简称张仃艺术中心，后者简称吴冠中艺术中心，均为跨学科非实体研究机构，挂靠美术学院管理，人文社科学院为共同发起方。

三、教职工

（一）历年教职工人数统计

自 1956 年中央工艺美术学院成立至 2010 年底，学院历年教职工人数见表 19-35-6。

表 19-35-6　美术学院历年教职工人数

年份	合计	教师			职工	年份	合计	教师			职工
		人数	教授	副教授				人数	教授	副教授	
1956	119	49	5	4	70	1996	570	245	42	67	325
1966	231	139	9	8	92	1999	551	243	42	72	308
1975	234	116	6	7	118	2000	343	215	49	87	128
1979	318	153	8	7	165	2006	294	193	56	83	101
1983	420	201	9	39	219	2008	292	191	58	87	101
1986	523	232	4	34	291	2010	272	200	64	95	72

（二）代表性年份教师队伍状况

代表性年份美术学院教师队伍状况见表 19-35-7。

表 19-35-7　美术学院代表性年份教师队伍状况

年份	人数	学　历				职　称		
		学士	硕士	博士	其他	高级	副高	中级及以下
1956	49					5	4	40
1966	128					6	7	115
1978	134					6	7	121
1983	201					9	39	153
1996	218	113	31	5	69	31	66	121
1999	243	133	56	8	46	42	72	129
2000	226	125	81	13	7	49	89	88
2006	196	82	81	27	6	56	84	55
2010	200	63	79	52	6	64	95	41

（三）教授名录

1. 全职教授

中央工艺美术学院时期和清华大学美术学院时期聘任的教授名录见表 19-35-8 和表 19-35-9。

表 19-35-8　1956 年—1999 年美术学院教授名录（中央工艺美术学院时期）

姓名（任职时间）	姓名（任职时间）	姓名（任职时间）
庞薰琹（1952—1985 逝世）	雷圭元（1952—1989 逝世）	张光宇（1952—1965 逝世）
张　仃（1952—1984 离休）	柴　扉（1952—1972 退休）	卫天霖（1952—1971 退休）
郑　可（1952—1987 逝世）	高　庄（1952—1984 离休）	张秋海（1952—1974 退休）
吴　劳（1956—1984 离休）	祝大年（1979—1988 退休）	梅健鹰（1979—1984 退休）
程尚仁（1979—1980 逝世）	吴冠中（1979—1988 退休）	潘昌候（1983—1991 离休）
张守智（1986—1996 退休）	温练昌（1986—1996 退休）	尚爱松（1987—1988 退休）
柳维和（1987—1988 退休）	奚小彭（1987—1987 退休）	张振仕（1987—1987 离休）
阿　老（1987—1988 离休）	王家树（1987—1999）	田自秉（1987—1988 离休）
叶喆民（1987—1988 离休）	邱　陵（1987—1988 退休）	常沙娜（1987—1999）
陈若菊（1987—1988 离休）	黄能馥（1987—1988 退休）	罗无逸（1987—1991 退休）
袁运甫（1987—1999）	权正环（1987—1992 退休）	乔十光（1987—1999）
陈汉民（1987—1999）	奚静之（1987—1999）	何镇强（1988—1997 退休）
吴达志（1988—1988 离休）	李绵璐（1988—1995 退休）	邱承德（1988—1994 离休）
曹思明（1988—1988 离休）	郑炯灶（1988—1988 退休）	谷　嶙（1988—1994 退休）
吕晓庄（1988—1995 退休）	胡美生（1991—1995 退休）	黄国强（1991—1995 退休）
金宝升（1992—1992 退休）	陶如让（1992—1992 退休）	朱耀奎（1992—1992 退休）

续表

姓名（任职时间）	姓名（任职时间）	姓名（任职时间）
白崇礼（1992—1992 退休）	陈增弼（1992—1993 退休）	李葆年（1992—1993 退休）
张国藩（1992—1993 退休）	冯 梅（1992—1995 退休）	崔栋良（1992—1996 退休）
辛华泉（1992—1998 退休）	张立国（1992—1999 退休）	袁杰英（1992—1999）
张德山（1992—1999）	李德利（1992—1999）	张世礼（1992—1999）
梁世英（1992—1999）	李永平（1992—1999）	余秉楠（1992—1999）
刘永明（1992—1999）	宋 涤（1992—1999）	杨永善（1992—1999）
严尚德（1992—1998 退休）	刘巨德（1992—1999）	杜大恺（1992—1999）
柳冠中（1992—1999）	王明旨（1992—1999）	张绮曼（1992—1999）
张 錩（1993—1999）	李凤崧（1993—1999）	宋志坚（1995—1996 退休）
林福厚（1995—1997 退休）	蔡厚菊（1995—1997 退休）	祝韵琴（1995—1997 退休）
杨 琪（1995—1998 退休）	庞瑞媛（1995—1998 退休）	罗真如（1995—1999）
黄 林（1995—1999）	高中羽（1995—1999）	杨淑萍（1996—1999）
王小飞（1996—1999）	庄寿红（1996—1998 退休）	钟蜀珩（1996—1999）
潘吾华（1996—1999）	白 山（1996—1999）	张 铜（1997—1997 退休）
邱百平（1997—1999）	张廷禄（1997—1999 退休）	罗 越（1997—1999）
王国伦（1997—1999）	陈进海（1997—1999）	王玉良（1998—1999）
陈雅丹（1998—1999）	李砚祖（1998—1999 ）	

表 19-35-9　1999 年—2010 年美术学院教授名录（清华大学美术学院时期）

姓名（聘任时间）	姓名（聘任时间）	姓名（聘任时间）
王家树（1999—2002 退休）	常沙娜（1999—2003 退休）	袁运甫（1999—2003 退休）
乔十光（1999—2002 退休）	陈汉民（1999—2002 退休）	奚静之（1999—2003 退休）
袁杰英（1999—2000 退休）	张德山（1999—2000 退休）	李德利（1999—2001 退休）
张世礼（1999—2001 退休）	梁世英（1999—2001 退休）	李永平（1999—2002 退休）
余秉楠（1999—2002 退休）	刘永明（1999—2003 退休）	宋 涤（1999—2005 退休）
杨永善（1999— ）	刘巨德（1999— ）	杜大恺（1999— ）
柳冠中（1999— ）	王明旨（1999— ）	张绮曼（1999—2000 调出）
张 錩（1999—2003 退休）	李凤崧（1999—2003 退休）	罗真如（1999—2000 退休）
黄 林（1999—2002 退休）	高中羽（1999—2007 退休）	杨淑萍（1999—2000 退休）
王小飞（1999—2005 退休）	钟蜀珩（1999—2000 退休）	潘吾华（1999—2001 退休）
白 山（1999—2002 退休）	邱百平（1999—2006 退休）	罗 越（1999—2005 退休）
王国伦（1999—2006 退休）	陈进海（1999— ）	王玉良（1999—2010 退休）
陈雅丹（1999—2001 退休）	李砚祖（1999— ）	

姓名（聘任时间）	姓名（聘任时间）	姓名（聘任时间）
包 林（2000— ）	何 洁（2000— ）	李当岐（2000— ）
李象群（2000 调入— ）	刘元风（2000—2002 调出）	鲁晓波（2000— ）
王培波（2000— ）	孙德珊（2000—2004 退休）	郑曙旸（2000— ）
张奉杉（2000—2001 退休）	陈丹青（2000 调入—2008 调出）	曾成钢（2001 调入— ）
陈池瑜（2001 调入— ）	代大权（2001 调入— ）	陈瑞林（2001—2005 退休）
张夫也（2001— ）	杭 间（2001— ）	赵 萌（2001— ）
卢新华（2001— ）	王铁牛（2002 调入— ）	王洪亮（2002 调入— ）
王 敏（2002 调入— ）	吕敬人（2002 调入— ）	严 扬（2002— ）
杜宏祺（2002—2005 退休）	吴冠英（2002— ）	孙玉敏（2002 调入— ）
马怡西（2002— ）	田 青（2002— ）	尚 刚（2002— ）
刘 临（2003 调入— ）	郑 艺（2003 调入— ）	李 燕（2003—2008 退休）
高沛明（2003—2004 退休）	林乐成（2003— ）	蔡 军（2003— ）
魏小明（2003 调入— ）	陆志成（2003— ）	陈 辉（2003— ）
华健心（2004— ）	常大伟（2004—2006 退休）	杜宏宇（2004—2009 退休）
郑 宁（2004— ）	王宏剑（2004 调入— ）	王建中（2004— ）
李正安（2005— ）	唐 薇（2005— ）	茹爱林（2005—2008 退休）
彦 东（2005—2009 退休）	周浩明（2006 调入— ）	祝重寿（2006—2008 退休）
史习平（2006— ）	戴顺智（2006— ）	苏 丹（2006— ）
宋立民（2006— ）	李 薇（2007— ）	唐绪祥（2007— ）
李静杰（2007— ）	邹 文（2008— ）	邓 伟（2008 调入— ）
马 泉（2008— ）	李 睦（2008— ）	苏 华（2009— ）
张 敢（2009— ）	韩敬伟（2010 调入— ）	张歌明（2010— ）
贾京生（2010— ）	李莉婷（2010— ）	赵 健（2010— ）

2. 双聘教授

美术学院现有 5 名双聘教授：

韩敬伟（2006— ），陈云岗（2008— ），黄河清（2008— ），

钱绍武（2008— ），冯远（2010— ）。

四、教学

（一）本科教学

1. 概况

本、专科学生招生与毕业人数见表 19-35-10。

表 19-35-10 1956 年—2010 年美术学院本、专科生人数

年份	本 科		专 科		年份	本 科		专 科	
	招收	毕业	招收	毕业		招收	毕业	招收	毕业
1956	61				1980	102		30	
1957	58				1981	97		15	15
1958	52				1982	109	206	20	30
1959	130				1983	133	90		14
1960	136	16			1984	180	90	66	
1961	62	45			1985	176	78	31	19
1962	23	47			1986	177	88	51	63
1963	91	49			1987	203	128	61	32
1964	66	105			1988	186	135	51	51
1965	100	114			1989	157	171	14	60
1966		75			1990	152	122	20	25
1967		23			1991	157	134	20	19
1968				25	1992	162	102	15	26
1969		66			1993	189	126	25	23
1970		97			1994	215	138	42	19
1975			19		1995	242	124	37	30
1976				25	1996	303	137	21	46
1977	144			20	1997	348	139		40
1978	149			19	1998	350	165		26
1979	105		15						

1999 年后只有本科生

年份	招 收	毕业	年份	招 收	毕业
1999	245	186	2005	316（留 74）	252
2000	242	271	2006	285（留 42）	239
2001	253（留 7）	331	2007	264（留 24）	262
2002	256（留 15）	350	2008	272（留 33）	243
2003	263（留 23）	247	2009	280（留 39）	293
2004	281（留 40）	233	2010	276（留 36）	256

说明：① 括号中的数字为留学生人数。
　　　② 1971 年—1974 年，既无招生，亦无毕业生。

2. 课程设置（以 2006—2007 学年为例）

表 19-35-11 至表 19-35-20 分别列出了染织服装艺术设计系、陶瓷艺术设计系、装潢艺术设计系、环境艺术设计系、工业设计系、信息艺术设计系、绘画系、雕塑系、艺术史论系、工艺美术系的课程设置情况，大一专业课、大一公共课和留学生公共课的课程设置情况见表 19-35-21 至表 19-35-23。

表 19-35-11 染织服装艺术设计系课程设置

专业	年级	专 业 课	选 修 课
染织艺术设计	二	纺织材料学、纺织工艺、印染工艺、装饰色彩、工笔花卉基础、刺绣工艺、服装工艺、计算机设计表达、染织图案基础、染织图案基础、室内装饰效果图、专业文化考察（共31学分）	
	三	织物CAD应用、汽车织物设计、旅游纪念品设计、外国染织纹样史、中国染织纹样史、室内装饰设计表达、室内纺织品设计、服饰面料设计、地毯设计、印染CAD、织物CAD、服装CAD应用、印染CAD应用、刺绣CAD应用、装饰技法、社会实践（共31学分）	计算机绘图表现、装饰图案基础（共4学分）
	四	刺绣艺术设计、印染艺术设计、编织艺术设计、论文写作、毕业设计/毕业论文（共30学分）	刺绣艺术、印染艺术（共4学分）
服装艺术设计	二	纺织材料学、服装造型综合训练、立体裁剪一、服饰色彩、服装工艺一、时装画技法、平面裁剪一、立体裁剪二、立体裁剪三、西洋服装史、中国服装史、专业文化考察（共29学分）	服饰色彩（共2学分）
	三	西洋服装史、平面裁剪二、服装设计一、立体裁剪二、设计管理、平面裁剪二、服装营销学、服装设计二、平面裁剪三、服饰设计、服装学概论、社会实践（共31学分）	时装画技法、材料再造（共4学分）
	四	西洋服装史、服装设计三、立体裁剪三、服装学概论、论文写作、毕业设计/毕业论文（共27学分）	平面裁剪、立体裁剪（共4学分）

表 19-35-12 陶瓷艺术设计系课程设置

专业	年级	专 业 课	选 修 课
	二	传统成型基础·辘轳成型、陶瓷造型基础、陶瓷装饰基础·釉上彩技法、中国陶瓷史、外国陶瓷史、陶瓷工艺基础·坯釉试验、传统陶瓷雕塑、塑造基础·头像、塑造基础·人体、产区调研和博物馆参观（共29学分）	传统陶艺（共4学分）
	三	传统陶艺一·陶器、传统陶艺二、传统陶艺三·瓷器、传统陶艺四·烧成、陶瓷设计·造型、陶瓷注浆与烧成、陶瓷造型的形成与构成、陶瓷设计三、专业考察（共29学分）	陶瓷设计基础（共4学分）
	四	现代陶艺一·平面、现代陶艺二、现代陶艺三·立体、论文写作、毕业创作/毕业论文：陶瓷创意理论/毕业实习：宜兴、景德镇/毕业论文（共27学分）	现代陶艺（共4学分）

表 19-35-13 装潢艺术设计系课程设置

专业	年级	专 业 课	选 修 课
	二	中国传统装饰艺术、音频视频、现代造型艺术、篆刻艺术、字体设计、图形设计、色彩设计、视觉传达设计概论、印刷工艺、文化考察（共32学分）	字体设计、编排设计、标志设计、包装设计（共8学分）
平面	三	数字图像、海报设计、书籍设计概论、插图·手绘、包装设计、标志设计、动画造型、书籍设计、专业实习（共27学分）	摄影、广告设计（共8学分）
广告		编排设计、商业插图、包装设计、市场营销、传播学概论、广告学概论、海报设计、广告文案、消费心理、促销品策划与设计、广告创意与表现、专业实习（共27学分）	品牌设计、广告设计（共8学分）

续表

专业	年级	专 业 课	选 修 课
平面	四	视觉信息设计与阅读、VIS设计、广告设计、包装设计、毕业设计/毕业论文（共27学分）	广告创意与表现（共4学分）
广告		广告设计、影视广告设计、品牌与销售设计、毕业设计/毕业论文（共27学分）	VIS设计（共4学分）

表 19-35-14　环境艺术设计系课程设置

专业	年级	专 业 课	选 修 课
室内艺术设计	二	中外建筑园林史论、设计表达一、设计表达二、空间测绘、空间概念、人体工程学、建筑设计初步、建筑设计、设计表达三、建筑装饰、专业调研与实习（共27学分）	计算机辅助设计、环境艺术设计概论、环境艺术鉴赏、手绘表现技法（共9学分）
	三	中外建筑与园林史论、建筑设计、陈设艺术设计、家具设计基础、居住空间设计、建筑装饰图案、材料构造与工艺、环境心理学、工作空间设计、家具设计、展示设计、景观设计、专业实践（共29学分）	环境艺术设计概论、中外建筑简史（共4学分）、
	四	公共空间设计、施工图与构造设计、照明设计、水景与绿化、毕业设计/毕业论文（共27学分）	设计项目表达、论文写作、色彩设计（共4学分）
景观艺术设计	二	中外建筑园林史论、设计表达一、设计表达二、空间测绘、空间概念、人体工程学、建筑设计初步、建筑设计、设计表达三、建筑装饰、专业调研与实习（共27学分）	计算机辅助设计、环境艺术设计概论、环境艺术鉴赏、手绘表现技法（共9学分）
	三	中外建筑与园林史论、建筑设计、建筑形态学、地景勘测与设计、建筑景观设计、建筑装饰图案、城市规划原理、环境心理学、广场景观设计、小品建筑设计、园艺基础、专业实践（共27学分）	环境艺术设计概论、中外建筑简史、室内设计（共6学分）
	四	城市景观设计、施工图与构造设计、公共设施设计、园林设计、毕业设计/毕业论文（共27学分）	设计项目表达、公共艺术设计、论文写作（共4学分）

表 19-35-15　工业设计系课程设置

专业	年级	专 业 课	选 修 课
第一学期不分专业	二	平面设计表达一、造型基础一、机械制图、工业设计概论、平面设计表达二、造型基础二、计算机辅助设计基础、立体设计表达、材料与成型工艺、金工实习（共27学分）	人机工学概论、色彩设计基础、工业设计初步、平面设计表达（共10学分）
		工业设计程序方法、专业课题训练、专业导论（共13学分）	综合模型训练（共3学分）
产品设计	三	产品设计一、产品设计二、设计调研、设计工程、产品计划、价值分析应用、计算机辅助产品设计、界面设计、产品设计实践与市场调研（共15学分）	产品设计综合应用（共4学分）

续表

专 业	年级	专 业 课	选 修 课
展示设计	三	展示设计概论、展示设计一、展示照明、计算机辅助展示设计、展示设计二、展示空间研究、展示材料与工艺、展示视觉传达、展示设计实践与市场调研（共14学分）	展示设计综合应用（共4学分）
交通工具造型设计		交通工具造型设计概论、交通工具平面设计表达一、交通工具造型设计一、交通工具立体设计表达一、汽车新技术与新材料、交通工具立体设计表达二、交通工具设计实践与市场调研（共15学分）	交通工具造型设计二（共4学分）
产品设计	四	产品设计三、设计战略、综合设计表达、创新产品设计、论文写作、毕业设计/毕业论文（共28学分）	产品开发计划、毕业设计调研（共4学分）
展示设计		展示设计三、展示工程管理、多媒体技术应用、创新展示设计、论文写作、毕业设计/毕业论文（共28学分）	展示策划与管理、毕业设计调研（共4学分）
交通工具造型设计		交通工具造型设计三、交通工具计算机辅助设计、交通工具立体设计表达、论文写作、毕业设计/毕业论文（共28学分）	毕业设计调研（共2学分）

表 19-35-16　信息艺术设计系课程设置

专 业	年级	专 业 课	选 修 课
	二	镜头语言、信息艺术概论、视觉设计、信息图表设计、互动媒体设计、视听语言、数字影音设计、数字动态设计表达、文化考察（共27学分）	人体与景物速写、网络艺术设计（共8学分）
信息设计	三	可用性工程、信息结构、信息设计方法、界面设计、交互设计、交互技术一、信息设计一、新媒体艺术、社会实践（共27学分）	三维扫描与动作捕捉、影视艺术赏析、数字娱乐设计基础、动漫周边产品设计（共12学分）
动画设计		中国传统装饰画、动画艺术概论、动画前期创意、动画美术设计、动漫艺术表现、声音表现、表演基础、原动画技法、影视特效与后期编辑、社会实践（共27学分）	三维扫描与动作捕捉、影视艺术赏析、动漫周边产品设计、摄影美学、创意摄影（共12学分）
动画设计	四	动画创作、三维扫描与动作捕捉、三维动画设计、毕业设计/毕业论文（共27学分）	动画后期制作（共4学分）

表 19-35-17　绘画系课程设置

专 业	年级	专 业 课	选 修 课
	二	透视、摄影、秋季写生：风景和人物、素描：人体、白描：人物、素描：人物、色彩：人物、色彩：静物、花鸟临摹、重彩写生：人物、综合创作、搜集素材与创作（共37学分）	版画技法综合训练、版画技法综合训练、多媒体艺术、白描（共16学分）
国画	三	素描：人像、山水写生、重彩人物写生、创作练习、速写、写意：人物、白描：花鸟、写意、搜集素材与创作（共31学分）	白描、水墨创作（共8学分）
油画		素描人物、坦培拉：水性/油性、油画史、油画人物、素描：人体、油画：人体、油画：人物组合、搜集素材与创作（共27学分）	油画写生：人体、油画创作（共8学分）
版画		木版制作、铜版、丝网、木版水印、铜版、丝网、搜集素材与创作（共27学分）	版画创作（共4学分）
壁画		重彩风景、金属工艺、重彩：人体、壁画创作、综合材料、建筑景观导论、景观艺术设计、搜集素材与创作（共27学分）	公共艺术设计（共8学分）

续表

专业	年级	专 业 课	选 修 课
国画	四	素描：人像、山水写生、创作练习、毕业创作/毕业论文（共27学分）	白描（共4学分）
油画		素描人物、油画人体、油画风景、毕业创作/毕业论文（共27学分）	油画写生：人物（共4学分）
版画		木版制作、铜版、丝网、毕业创作/毕业论文（共27学分）	
壁画		重彩风景、重彩壁画、创作、毕业创作/毕业论文（共27学分）	公共艺术设计（共4学分）

表 19-35-18 雕塑系课程设置

年级	专 业 课	选 修 课
二	雕塑概论、泥塑圆雕胸像、素描人体、泥塑圆雕人体A、雕塑构造、中国雕塑史、浮雕头像、传统雕塑临摹、泥塑圆雕人体、专业考察	木雕（共4学分）
三	西方雕塑史、泥塑圆雕人体B、泥塑圆雕着衣人物、中国传统雕塑彩塑、金属雕塑、素描人体、具象雕塑、浮雕着衣人物/人体、木雕、石雕、铸造、金属	铸造（共4学分）
四	泥塑圆雕等大人体、环境雕塑、抽象雕塑、实验艺术、毕业创作/毕业论文	

表 19-35-19 艺术史论系课程设置

年级	专 业 课	选 修 课
二	工艺美术史专题·外国古代、美术史专题·公共艺术概论、美术史专题·外国古代、美术史专题·壁画史、工艺美术史专题·中国工艺美术史料学、艺术理论专题·中国工艺美学思想史、美术史专题·中国现代艺术、美术史专题·佛教美术、美术史基础·专业写作（共28学分）	
三	工艺美术史专题·中国工艺美术史料学、艺术理论专题·中国美术学史、民族民间专题·民间美术1、美术史专题·中国书法史1、民间民族美术专题·民族服饰研究、设计史专题·中国设计史、美术史专题·中国现代艺术、艺术理论专题·美术史研究方法论、美术史/工艺美术史专题：法国装饰艺术专题/中国书法欣赏与创作研究（共24学分）	民族民间专题·民间美术2、美术史专题·中国书法史2（共4学分）
四	民族民间专题·服饰文化、美术史专题·东方美术史：印度美术/日本美术、美术史专题·中国现当代美术1、美术史专题·西方现当代美术1、毕业论文（共27学分）	美术史专题·西方现当代美术2、美术史专题·中国现当代美术2（共4学分）

表 19-35-20 工艺美术系课程设置

年级	专 业 课	选 修 课
二	白描、构成、雕塑人体、专业史论：漆艺/纤维/金属/玻璃、综合材料/立体造型、黑白画/现代金属工艺基础、漆画/窑制玻璃、雕塑人体（共27学分）	装饰基础、漆艺技法/装饰玻璃（共8学分）
三	浮雕、综合材料实验：漆艺/立体造型：首饰、漆立体/壁毯创作/首饰艺术/窑制玻璃、重彩/器物造型艺术、漆艺/吹制玻璃、纤维艺术/首饰艺术、艺术考察（共27学分）	漆工艺/纤维艺术/金属工艺/装饰玻璃、黑白画/浮雕（共8学分）

续表

年级	专 业 课	选 修 课
四	纤维艺术创作：器物造型艺术/玻璃艺术创作、漆艺技法：金属雕塑/吹制玻璃、漆画/纤维工艺/金属工艺/窑制玻璃、毕业创作/毕业论文：金属艺术/漆艺/纤维艺术/玻璃艺术（共 27 学分）	漆画艺术/装饰玻璃（共 4 学分）

表 19-35-21　大一专业课课程设置

专业	年级	专 业 课
设计	一	速写、设计素描一、设计色彩、设计素描二、构成一、摄影、构成二：色彩、构成三：立体、中国书画、图案、外语强化、社会实践（共 31 学分）
美术		素描：景物/人像、色彩：静物、雕塑：临摹、装饰艺术、书法、解剖、雕塑：写生、色彩风景、素描：人体、外语强化、社会实践（共 34 学分）
史论		专业基础·素描、专业基础·色彩、专业基础·书画、专业基础·设计、专业基础·艺术概论、艺术理论专题·学科概说、专业基础·美术考古、工艺美术史专题·中国断代、美术史专题·中国古代绘画、民族民间美术专题·民间美术专题、外语强化、社会实践（共 30 学分）

表 19-35-22　大一公共课课程设置

年级	公 共 课
一	外语、思想道德修养和法律基础、体育、大学语文、中国美术史/外国美术史、中国近现代史纲要、中国工艺美术史/外国工艺美术史、计算机辅助设计（共 13 学分）
二	外语、体育、马克思主义政治经济学原理、设计概论、邓小平理论概论、外国设计史（共 11 学分）
三	体育、马克思主义哲学原理（共 5 学分）
四	体育（共 2 学分）

表 19-35-23　留学生公共课课程设置

年级	公 共 课
一	中国文化系列讲座、中国美术史/外国美术史、中国工艺美术史/外国工艺美术史、计算机辅助设计、汉语强化（共 12 学分）
二	设计概论、外国设计史、汉语写作、汉语基础（共 7 学分）
三	汉语写作（共 1 学分）

3. 生源基地实验学校设置

为了加强中学教学与大学培养目标的衔接，从 2001 年开始，学院在全国建立生源基地实验学校。截至 2010 年 12 月，学院有 15 所生源基地实验学校。

（二）研究生培养

1. 概况

（1）研究生历年学位授予人数（含留学生）

1957 年，培养硕士生 3 人。1980 年至 1998 年，授予硕士学位 160 人。1990 年至 1998 年，授予博士学位 9 人。1999 年至 2010 年培养研究生的学位授予情况见表 19-35-24。

表 19-35-24   1999 年—2010 年美术学院研究生学位授予情况

时间	普通硕士	同等学力	工程硕士	艺术硕士	普通博士	同等学力博士
1999	15				4	
2000	14				4	
2001	23				6	
2002	43				5	
2003	41	1			1	
2004	50	5			18	
2005	68		7		11	
2006	122	1	10		18	
2007	96	49	13		21	
2008	82	3	6	24	14	
2009	89		8	33	23	1
2010	80	2		40	8	

说明：没有授予学位的年份略去。

（2）研究生学位授予点和研究方向

① 设计艺术学

1981 年，获得硕士学位授予权。1986 年，获得博士学位授予权。2002 年，被教育部评为全国高等学校重点学科。2007 年，获得教育部考核评估通过。2007 年，"艺术设计"（信息艺术设计方向）入选国家第二类特色专业建设点（动漫领域）。2008 年，"艺术设计"专业入选国家、北京市特色专业建设点，"工业设计"专业入选北京市特色专业建设点。

② 美术学

2000 年，获得硕士学位授予权。2003 年，获得博士学位授予权。

③ 艺术学一级学科

2006 年，获得博士学位授予权。2003 年，由人事部批准设立博士后科研流动站。2004 年、2009 年在全国高等学校一级学科整体水平评估中，综合得分连续名列艺术学第一位。2008 年，艺术学被评为北京市重点学科。

④ 研究生学位、研究方向

2009 年研究生学位及其研究方向见表 19-35-25。

表 19-35-25   2009 年美术学院研究生学位及其研究方向

类别	二 级 学 科	
	设计艺术学	美术学
硕士	设计艺术与应用研究	美术创作与理论研究
	设计艺术历史与理论研究	美术历史与理论研究
	工艺美术研究	公共艺术研究
博士	设计艺术历史与理论研究	美术历史与理论研究
	艺术与科学理论研究	视觉艺术理论研究
	设计艺术教育研究	艺术与人文精神研究

（3）研究生类型

学院在稳步扩大研究生招生规模的同时，还丰富研究生培养形式。其中硕士研究生的类型有：文学硕士、艺术硕士、工程硕士、高校教师在职攻读硕士学位。2002 年开始招收工程硕士，2004 年至 2005 年招收公共艺术硕士（即高校教师在职攻读硕士学位），2006 年开始招收艺术硕士，2008 年开始招收"信息艺术设计"交叉学科研究生（美术学院、计算机系、新闻与传播学院）。

3. 课程设置

以 2009 至 2010 学年为例，为研究生设置的学院公共课课程见表 19-35-26。

表 19-35-26　2009—2010 学年美术学院研究生学院公共课课程设置

设计艺术学课程名称（学分）	美术学课程名称（学分）
设计艺术学（1）	美学（1）
设计方法论（1）	中外艺术史（1）
学术基本要素系列讲座（1）	学术基本要素系列讲座（1）
艺术设计方法研究（2）	艺术创作方法研究（2）
艺术原理（2）	艺术原理（2）
马克思主义文艺理论（2）	马克思主义文艺理论（2）

（三）教学成果

1. 精品课程

美术学院精品课程建设成果见表 19-35-27。

表 19-35-27　美术学院精品课程建设成果（1999 年以后）

序号	课　　程	负责人	入选类别与时间		
			国家级	市级	校级
1	综合造型基础（本科）	柳冠中	2006	2005	2006
2	传统陶艺（本科）	郑　宁	2006	2005	2006
3	外国工艺美术史（本科）	张夫也	2007	2006	2006
4	室内设计（本科）	郑曙旸	2008	2007	2006
5	动画设计（本科）	吴冠英	2009	2007	2007
6	中国工艺美术史（本科）	尚　刚	2009	2009	2009
7	传统染织艺术（本科）	田　青	2010	2003	2006
8	纤维艺术（本科）	林乐成		2008	2008
9	服装设计（本科）	李当岐		2009	2009
10	色彩艺术（本科）	李　睦			2006
11	设计方法论（研究生）	柳冠中			2007
12	环艺设计基础训练课程（本科）	苏　丹			2010

续表

序号	课　程	负责人	入选类别与时间		
			国家级	市级	校级
13	外国美术史（本科）	张　敢			2010
14	色彩设计（研究生）	李莉婷			2010

2. 教学成果奖

学院获得的国家级和北京市教学成果奖情况见表 19-35-28。

表 19-35-28　美术学院教学成果奖获奖情况（1999 年以后）

序号	时间	获奖课程名称	奖项	等级	负责人
1	2001	面向 21 世纪的艺术设计重点学科环境艺术设计专业教材建设（教材）	北京市教学成果奖	一等奖	张绮曼　郑曙旸　张　月　苏　丹　刘铁军
2	2001	世界陶瓷艺术史（教材）		一等奖	陈进海
3	2001	工业设计学系统教材（教材）		一等奖	柳冠中
4	2001	外国工艺美术史（教材）		一等奖	张夫也
5	2001	面向当代艺术设计，阐释伟大文化传统——中国工艺美术史教学改革		二等奖	尚　刚　杭　间　邹　文　田自秉
6	2005	服装学概论（教材）		一等奖	李当岐
7	2005	形态构成学（教材）		一等奖	辛华泉
8	2005	锐意创新　基于实践——动画设计学科课程系统建设		一等奖	吴冠英　张　弓　王　川
9	2008	综合造型设计基础		一等奖	柳冠中　邱　松　史习平　刘志国　刘　新
10	2008	西洋服装史（教材）		二等奖	李当岐
11	2008	陶瓷造型艺术（教材）		二等奖	杨永善
12	2008	室内设计课程建设		二等奖	郑曙旸　张　月　刘北光　汪建松　崔笑声
1	2001	面向 21 世纪的艺术设计重点学科环境艺术设计专业教材建设（教材）	国家级教学成果奖	二等奖	张绮曼　郑曙旸　张　月　苏　丹　刘铁军
2	2001	工业设计学系统教材（教材）		二等奖	柳冠中
3	2001	世界陶瓷艺术史（教材）		二等奖	陈进海
4	2005	服装学概论（教材）		二等奖	李当岐
5	2009	综合造型设计基础		二等奖	柳冠中　邱　松　史习平　刘志国　刘　新

3. 获奖教材

学院在教材建设方面的获奖情况（国家级、北京市）见表 19-35-29。

表 19-35-29　美术学院获奖教材情况（1999 年以后）

序号	时间	奖项及等级	获奖教材	负责人
1	2000	北京市第六届哲学社会科学优秀成果奖一等奖	唐代工艺美术史	尚　刚
2	2000	北京市第六届哲学社会科学优秀成果奖二等奖	外国工艺美术史	张夫也
3	2002	北京市第七届哲学社会科学优秀成果奖二等奖	手艺的思想	杭　间
4	2002	全国普通高等学校优秀教材评选一等奖	21 世纪素质教育系列教材——高等学校美育教材系列	李砚祖
5	2002	全国普通高等学校优秀教材评选二等奖	工艺美术概论	李砚祖
6	2002	中国高校人文社会科学研究优秀成果三等奖	俄罗斯美术史话	奚静之
7	2002	中国高校人文社会科学研究优秀成果三等奖	元代工艺美术史	尚　刚
8	2003	第六届国家图书奖	中国丝绸科技艺术七千年：历代织绣珍品研究	黄能馥
9	2005	北京市高等教育精品教材	陶瓷造型艺术	杨永善
10	2005		高等教育自学考试（艺术设计专业）指定教材（共 23 册）	王明旨（主编）
11	2005		动画创制基础系列教材（共 4 册）	吴冠英
12	2005		服装设计基础	鲁　闽
13	2006	北京市高等教育精品教材	艺术学概论	杨　琪
14	2006		外国工艺美术史	张夫也
15	2006		中国插图艺术史话	祝重寿
16	2006		西洋服装史	李当岐
17	2006		展示设计	史习平　马　赛　董　宇
18	2006		设计表达	刘振生　史习平　马　赛　张　雷
19	2006		版画	石玉翎　文中言　宋光智　杨　锋
20	2008	北京市高等教育精品教材	雕塑构造	许正龙
21	2008		中国工艺美术史新编	尚　刚
22	2008		中国工艺美学史	杭　间
23	2008		环境艺术设计	郑曙旸
24	2008		外国设计艺术经典论著选读（上下）	李砚祖
25	2008		服装设计表达	吴　波
26	2008	北京市第十届哲学社会科学优秀成果奖一等奖	中国工艺美学史	杭　间

续表

序号	时间	奖项及等级	获奖教材	负责人
27	2009	高等学校科学研究优秀成果奖（人文社会科学）三等奖	隋唐五代工艺美术史	尚 刚
28	2009	高等学校科学研究优秀成果奖（人文社会科学）普及成果奖	中国传统工艺	杭 间 郭秋惠

4. 教学名师

获得全国和北京市教学名师奖的情况见表 19-35-30。

表 19-35-30　美术学院获得教学名师奖情况

序号	时间	获奖教师	获奖名称
1	2003	李砚祖	第一届北京市高等学校教学名师奖
2	2003	李砚祖	第一届高等学校教学名师奖（国家级）
3	2006	柳冠中	第二届北京市高等学校教学名师奖
4	2007	柳冠中	第三届高等学校教学名师奖（国家级）
5	2008	尚 刚	第四届北京市高等学校教学名师奖
6	2009	郑曙旸	第五届北京市高等学校教学名师奖
7	2010	张夫也	第六届北京市高等学校教学名师奖

5. 首届全国优秀博士论文奖

入选首届全国百篇优秀博士学位论文的情况见表 19-35-31。

表 19-35-31　美术学院入选首届全国百篇优秀博士学位论文情况

时间	学 生	导 师	论文题目
1999	杭 间	田自秉	中国工艺美学思想史

6. 其他奖项

鲁晓波获第三届教育部"高校青年教师奖"（2001 年），杭间获第四届教育部"高校青年教师奖"（2002 年）。

2002 年，张仃、吴冠中获得文化部"造型艺术杰出成就奖"。2004 年，尚爱松、田自秉、吴达志、王家树被中国美术家协会评为"卓有成就的美术史论家"。2006 年，常沙娜获得文化部"造型艺术杰出成就奖"。2007 年，袁运甫获得文化部"造型艺术杰出成就奖"。2008 年，叶喆民、黄能馥被中国美术家协会评为"卓有成就的美术史论家"。

2007 年，何洁被中宣部、人事部、中国文联评为"全国中青年德艺双馨文艺工作者"。

2009 年，综合造型设计基础教学团队（负责人：柳冠中）入选"国家级教学团队"和"北京市优秀教学团队"；综合学科背景下艺术教育创新实验区入选教育部 2009 年人才培养模式创新实验区建设项目。

（四）清华大学艺术与设计实验教学中心

清华大学艺术与设计实验教学中心为校级实验教学中心，清华大学一级实验室，由美术学院管理和建设。2008 年被评为北京市实验教学示范中心，2009 年被评为国家级实验教学示范中心建设单位。

中心承担着美术学院 9 个系（艺术史论系除外）的 15 个专业方向和 1 个基础教研室所开设的各类专业必修课和选修课以及面向全校其他学科、专业开设的艺术素质课程的实验教学任务。在服务于学院教学的同时，还承担着学院科研项目和师生创作实践工作，此外也接受社会课题研究项目及为本科生科研训练计划项目（SRT）服务。2008 年至 2010 年有 8 门实验课程入选国家级、市级、校级精品课程。中心每学年度开设的实验课程总数达 210 余门，授课学生 3 100 余人次，人时数 20 万左右，包括本科生、研究生课程及国际交流 workshop 实验课程等。

中心现设有艺术设计、绘画、雕塑、公共艺术、动画、摄影、工业设计及信息艺术设计等专业领域共 28 个实验室及 1 个网络中心，总面积达 13 160 平方米，设备资产总值 2 800 余万元，设备总数 1 500 余台件。28 个实验室分别为：摄影实验室、人机工学实验室、服装工艺实验室、皮草工艺实验室、传统染织工艺实验室、印染工艺实验室、织绣工艺实验室、陶瓷艺术与设计实验室、综合模型实验室、交通工具实验室、涂装工艺实验室、木工艺实验室、材料与构造实验室、照明与色彩实验室、视觉传达设计实验室、纸纤维工艺实验室、信息艺术设计实验室、纤维艺术实验室、金属工艺实验室、玻璃工艺实验室、首饰工艺实验室、漆工艺实验室、泥塑工艺实验室、木雕工艺实验室、版画工艺实验室及国画工作室、油画工作室、壁画与公共艺术工作室。

五、科学研究与艺术设计、艺术创作

（一）概况

新中国成立初期和学院筹备期间，当时在中央美术学院实用美术系的教师们，一边进行教学，一边筹备学院，一边承担和参与了众多国家级设计工作，如全国政协会徽、国徽、建国瓷、人民英雄纪念碑、首都剧场和北展电影馆、中国人民解放军元帅服和八一勋章、独立自由勋章、解放勋章"三大勋章"等。

1956 年中央工艺美术学院成立以后，学院为国家和社会承担了大量建筑装饰、装饰艺术、日用工业品造型、日用陶瓷等设计任务，多次组织师生参与完成重大工艺美术创作设计任务，产生了广泛的社会影响。

1958 年 12 月，以校内师生为后盾，由副院长雷圭元率领 75 名师生分成 6 个工作组深入工地，参加首都"十大建筑"建筑工程的部分装饰设计工作。学院承担了人民大会堂万人大会堂、宴会厅的天顶灯饰和室内外装饰设计以及中国革命和历史博物馆、民族文化宫、钓鱼台国宾馆、中国人民军事博物馆、民族饭店等建筑装饰与室内设计；完成了人民大会堂、民族文化宫、钓鱼台国宾馆、军事博物馆等建筑的地毯设计及丝质窗帘、锦罗绒沙发面料设计；承担了人民大会堂宴会厅大型中西配套餐具设计与监制生产；完成了民族文化宫和人民大会堂西藏厅、宁夏厅的装饰画和壁画创作等，以及人民大会堂山东、云南、山西、甘肃、辽宁、陕西、北京厅的室内装饰设计。

1959 年开始，在北京市的指示下，学院开始承担每年的国庆节和"五一"国际劳动节的游行

美术设计工作。

1959 年至 1961 年，学院组织各专业教师深入生活"采风"，采风成果以不同形式展出，反响热烈，这也为学院形成重视传统和民间艺术的风气、并在传统的基础上推陈出新起到了重要作用。

"文革"期间，1972 年学院承接了国际俱乐部、北京饭店的室内外建筑装饰和陈设绘画任务。1972 年至 1973 年，部分教师参与了国家文物局组织的"中华人民共和国出土文物展览"的文物临摹、复制及设计工作。1976 年 9 月，学院承担了毛主席纪念堂室内外装饰设计，以及为毛泽东主席遗体设计水晶棺和基座的任务并参与了后期制作施工时的美术工作。

1979 年 9 月，首都国际机场候机楼壁画群及其他美术作品落成，这是由张仃院长主持并担任总设计，以学院师生为主、集合全国 17 个省市 40 余位美术工作者历时 270 天完成的。包括候机楼室内装饰总体设计和家具屏风设计、《哪吒闹海》《森林之歌》《巴山蜀水》《泼水节——生命力的赞歌》《白蛇传》等 11 幅壁画和数十幅国画、油画、玻璃画、磨漆画、贝雕画、书法等作品，从整体上体现了具有鲜明中国特色的艺术新气象，开创了中国现代壁画的新纪元。

1984 年，学院完成庆祝国庆 35 周年首都游行队伍的队形设计及有关彩车、纪念章、奖状等设计。1984 年，第六届全国美术作品展上，学院以绘画基础课教研室的教师为主创作作品 98 幅参展，被评为银质和铜质奖 4 幅。同期还完成中央书记处会议厅大圆桌的设计和加工，国务院、紫光阁总理接待厅的装修和沙发、地毯、茶具、工作人员服装等配套设计，北京地铁站六大站台巨幅壁画（70 米长、3 米高）设计和制作，以及京伦饭店、长城饭店等一批建筑的室内艺术品（壁挂、浮雕、壁画、玻璃画、刻漆等）的设计制作。受外交部委托，为我国驻英国、德意志联邦共和国、比利时大使馆进行室内设计和家具设计。在北京市第一个五星级饭店中国大饭店室内设计中竞标，获得夏宫中式客房等室内空间的设计和制作权。

20 世纪 80 年代，学院师生创作的艺术作品在国内外获奖总计 160 余项。20 世纪 90 年代，获奖总计 180 余项。

20 世纪 90 年代，学院参与了众多的国家重要活动的设计。如 1990 年北京亚运会的总体艺术设计，香港回归专用标志设计，澳门特别行政区区旗、区徽的设计，海峡交流基金会的标志设计，中国人民银行、中国工商银行、中国农业银行、全国妇联标志设计，1995 年世界妇女大会会标设计，第七届全运会标志及点火台主题设计等。1997 年，学院完成人民大会堂香港厅大型屏风设计，香港回归祖国时中央人民政府送给特区政府的礼物——"永远盛开的紫荆花"雕塑的创作设计等。

1999 年以来，学院先后承担的重大任务有：国庆五十周年和六十周年游行彩车设计，澳门回归祖国中央政府赠送特区政府的礼品设计，"两弹一星"功勋奖章设计，北京太庙《中华和钟》设计，中华世纪坛世纪大厅彩石浮雕环形壁画《中华千秋颂》、锻铜浮雕贴金柱《日月光华》、天顶光导纤维《新世纪元年宇宙星空图》、青铜甬道等创作和设计，中央军委办公楼和北京警察博物馆的室内设计，四川广安邓小平雕像创作，三峡坝区艺术设计与文化建设总体规划，中国公路零公里点标志设计，以及中华人民共和国建国五十周年成就展、六十周年成就展等大型主题展览的艺术设计。第 29 届奥运会申办标志、会徽、吉祥物、官方海报、体育图标设计、奥运中心区照明设计、服装、核心图形及第 29 届残奥会吉祥物亦出自校友或学院师生之手。2010 年，为上海世博会设计了湖南馆、城市未来馆、世博会标识系统等。

进入 21 世纪以来，依托于清华大学艺术与科学研究中心，以教学与科研一体化的机制组建艺术设计研究所和美术研究所，作为主攻力量开展项目研究，主要进行以下五个方面的重点项目研究：

（1）艺术与科学基础理论研究：艺术与科学基础理论研究，艺术与科学互动关系及发展趋势研究，艺术与科学的创作实践及成果应用研究，艺术与设计教育研究等。

（2）环境艺术设计研究：城市化与公共艺术，公共系统设计基础理论研究，公共艺术发展趋势与中国公共艺术建设实践研究，城市公共系统设计创新研究，2008 年北京奥运会和 2010 年上海世博会关于城市形象与公共艺术及公共系统设计研究等。

（3）工业设计、染织服装艺术设计、陶瓷艺术设计研究：发达国家品牌战略与著名品牌研究，中国品牌设计发展战略研究，先进制造技术与艺术设计创新研究，产品设计战略与设计管理研究，知识产权战略与设计创新研究等。

（4）视觉传达设计、信息艺术与设计研究：中国信息产业持续发展与信息艺术及交互设计创新研究，新媒体艺术产业化发展方向研究，网络游戏、动画等设计创新的文化策略研究，网络游戏、动画等相关产品产业化设计开发研究等。

（5）绘画艺术、雕塑艺术、工艺美术研究：世界文化遗产保护策略及其理论研究，经济发展与传统艺术文化保护实践与理论研究，国外手工艺术的保护方法与政策研究。中国传统手工艺术与民间工艺研究，传统手工艺术品及艺术品的修复与保护研究等。

（二）研究成果

教师设计和创作获奖情况：2000 年 44 项，2001 年 110 项，2002 年 79 项，2003 年 62 项，2004 年 102 项，2005 年 61 项，2006 年 47 项，2007 年 31 项，2008 年 119 项，2009 年 75 项，2010 年 114 项。

教师发表论文情况：2000 年 48 篇，2001 年 168 篇，2002 年 107 篇，2003 年 150 篇，2004 年 130 篇，2005 年 127 篇，2006 年 266 篇，2007 年 199 篇，2008 年 192 篇，2009 年 285 篇，2010 年 267 篇。

表 19-35-32、表 19-35-33 和表 19-35-34 分别列出了美术学院在 1999 年第九届全国美术作品展、2004 年第十届全国美术作品展和 2009 年第十一届全国美术作品展的获奖情况。

表 19-35-32 1999 年第九届全国美术作品展美术学院获奖作品

序号	获奖作品名称	获 奖 者	获奖等级
1	国务院接待楼室内环境艺术设计	郑曙旸 李凤松 刘铁军 杨冬江 张 伟 林 洋	金奖
2	北京市政府外事接待厅室内环艺设计	潘吾华 黄 艳	铜奖
3	移动电话概念设计	柳冠中 杨 霖 严 扬 蒋红斌 刘志国	银奖
4	中华国宝大典·传世画藏	黄 维	优秀奖
5	50—99CC 摩托车设计	柳冠中 严 扬 蒋红斌 高华云	优秀奖
6	ATM 造型	柳冠中 蒋红斌等	优秀奖
7	北方面馆餐具	郑 宁	优秀奖
8	栖居	章 星	优秀奖
9	和谐、餐具	李正安	优秀奖
10	大成若缺	白 明	优秀奖

表 19-35-33　2004 年第十届全国美术作品展美术学院获奖作品

序号	获奖作品名称	获奖者	获奖等级
1	"涌波"跳刀纹色灰釉瓷钵	高峰	金奖
2	"夜与昼"服装系列	李薇	金奖
3	《午门瑞雪》	白小华	银奖
4	《轮》	叶健	银奖
5	《传承与超越》装帧设计	王红卫　吕淳	银奖
6	《咖啡具》	唐绪祥	银奖
7	《明@style》工业设计	蔡军　王小龙	银奖
8	《大成若缺》2 件	白明	铜奖
9	《鱼·波·月》	祝重华	铜奖
10	《孟良崮》	王宏剑	铜奖
11	《生存、角落、NO-2 韵》	刘立宇	铜奖
12	《洁具设计》	赵超	优秀奖
13	《甲骨文·六感》招贴设计	陈楠	优秀奖
14	《光与影》	华健心	优秀奖
15	《高山流水》	林乐成	优秀奖
16	《期待》	李鲤	优秀奖
17	天籁——瑞士班得瑞音乐品牌推展 POP 系列设计	温雪媛　黄维	优秀奖
18	《点对点快速轨道列车设计》	张烈　付志勇	优秀奖
19	《十二生肖》	周剑石	优秀奖

表 19-35-34　2009 年第十一届全国美术作品展美术学院获奖作品

序号	获奖作品名称	获奖者	获奖等级
1	电线集束卡子	马赛	银奖
2	前门大街景观设计	苏丹　于历战　魏晓东　谭赢	铜奖
3	服装《韵》	李薇	优秀奖
4	《管锥篇——隐语》	白明	优秀奖

六、对外合作与交流

（一）概述

20 世纪 80—90 年代，学院先后在中国香港地区和新加坡、法国高等装饰艺术学院、法国艺术城举办了师生艺术设计作品展，与日本东京艺术大学、日本多摩美术大学、韩国东亚大学等学校举办了校际作品联展。与日本东京艺术大学、日本多摩美术大学、法国高等装饰艺术学院、美国麻省艺术学院、华盛顿哈沃德大学美术学院、洛杉矶艺术中心设计学院、韩国东亚大学艺术学院、英国东伦敦大学、英国诺丁汉郡特艺术设计学院、英国兰开夏大学、德国多特蒙德高等艺术学院等结为友好校际关系。

2000 年至 2010 年，学院还积极邀请或联合境外艺术家、设计师、兄弟院校到学院举办展览，促进各学科的国际交流。先后与韩国教育开发院、韩国大庆大学、英国胡弗汉顿大学、澳大利亚墨尔本皇家艺术学院、俄罗斯列宾美术学院、德国多特蒙德应用科技大学、韩国艺术大学、韩国科技大学、英国普利茅斯大学、新加坡南洋艺术学院、中国台北实践大学、英国皇家艺术学院、芬兰赫尔辛基艺术与设计大学、挪威奥斯陆国立艺术学院、美国帕森斯设计学院、英国伦敦艺术大学、日本札幌市立艺术大学、韩国国民大学造型学院、韩国启明大学服装设计学院、日本金泽美术工艺大学（续签）、日本多摩美术大学（续签）、意大利米兰理工大学设计学院、英国安格利亚·拉斯金大学、英国格拉斯哥美术学院、澳大利亚莫纳什大学（续签）签订了校际合作交流协议。通过这些协议及备忘录的签署，美术学院已经逐步建立起与境外知名艺术院校的密切联系，并开展切实有效的合作。

（二）主要的国际展览与会议

1. 艺术与科学国际作品暨学术研讨会

2001 年 5 月，在清华大学建校 90 周年之际，在著名物理学家李政道与著名画家吴冠中的策划与倡导下，来自 19 个国家 32 所高等艺术院校的 112 位专家学者，与中国科学界、文化艺术界、教育界的专家学者在北京中国美术馆举行了艺术与科学国际作品展暨学术研讨会。此次展出作品566 件，研讨会收到学术论文 160 篇。展览期间，江泽民、李鹏、李瑞环等党和国家领导人参观了作品展览。

2006 年 11 月，在学院成立 50 周年之际，由清华大学与北京市海淀区政府共同主办，清华大学艺术与科学研究中心、清华大学美术学院、清华科技园共同承办，第二届艺术与科学国际作品展暨学术研讨会在学院举行。作品展暨学术研讨会以"当代文化中的艺术与科学"为主题，来自21 个国家和地区的 210 件作品和 130 多篇论文参加了展览和研讨会。

2. 清华国际艺术·设计学术月

2009 年 10 月，学院以"国际设计教育与设计创新"为主题举办首届"清华国际艺术·设计学术月"活动，8 位国际艺术与设计领域的大师来学院举办系列讲座和座谈，交流国际最先进的设计教育理念与经验。

2010 年 10 月，由学院、清华大学艺术与科学研究中心共同主办，以"交叉学科的创新"为主题的第二届"清华国际艺术·设计学术月"在学院举行，先后举办 6 场国际性讲座，参会人数共计 4 000 人次，媒体传播网络点击量超过 370 万次。

3. 其他

2000 年至 2008 年，由工艺美术系承办，学院先后举办了 5 届"从洛桑到北京——北京国际纤维艺术双年展"。为各国艺术家的相互了解与合作架起了一座桥梁。

2000 年 10 月，由学院主办的"清华大学 2000 年国际陶艺交流展"在中国美术馆举行，共展出 300 余件清华大学美术学院师生以及来自 17 个国家和地区的陶艺家的作品，反映了国内外陶瓷艺术的发展状况。

2004 年 9 月，与中央美术学院共同承办国际平面设计协会（AGI）年会及"AGI 会员设计作

品展"。

2004 年至 2010 年，学院连续举办 4 届北京国际新媒体艺术展暨论坛。论坛邀请国际各大知名学府和艺术组织，先后围绕"引领前沿""飞越之线""代码：蓝色""合成时代：媒体中国2008""国际媒体艺术实验室"等主题，就中国现代化和城市化进程中出现的巨大冲击和新兴机遇展开了一系列艺术展示和学术交流活动。

2006 年 10 月，由学院策划，陶瓷艺术设计系承办的"首届 ISCAEE 国际陶艺交流年会"在学院展厅举行，展出世界各地选送的陶艺作品 200 余件，数十所国内外知名大学的专家和学者及400 余名师生参加了本次教育交流年会。

2009 年，学院加入国际艺术院校联盟，积极开展与国际院校的密切合作与交流。2010 年，2010 国际设计院校联盟预备会在学院举行，来自世界各个艺术设计院校的 100 余位来宾参加会议；大会还举行以"中国当代艺术设计语境下的多元与创新"为主题的论坛，并与北京工业设计促进中心联合举行"北京设计之夜"活动。

七、学术出版物和图书馆、美术馆

（一）学术出版物

1.《装饰》杂志

《装饰》杂志创刊于 1958 年，张仃、张光宇、吴劳任执行编委，大 12 开本。《装饰》是当时全国唯一的工艺美术综合性学术刊物。1961 年 5 月，《装饰》出版 12 期以后，因国家经济困难、纸张供应不足而暂时休刊。1980 年 6 月，《装饰》杂志在停刊 19 年后复刊，丁聪任艺术指导，吴劳、李绵璐相继任主编。1983 年，《装饰》由原来的丛刊改为中央工艺美术学院学报（工艺美术季刊）。1993 年，中国装饰杂志社成立。1995 年开始，《装饰》杂志由季刊改为双月刊。2002 年，《装饰》杂志改为月刊。

《装饰》杂志是全国唯一的大型艺术设计综合性期刊，国家新闻出版总署全国百家重点图书室推荐期刊，中国艺术类核心期刊。1999 年、2002 年、2005 年，连续三次获得国家新闻出版总署颁发的"国家期刊奖"。2007 年底，成为中文社会科学引文索引（CSSCI）来源期刊，并于 2009 年继续保持。2009 年，获得中国期刊协会、中国出版科学研究所评出的"新中国 60 年有影响力的期刊"称号。2010 年，获得国家新闻出版总署主持评选的"第二届中国出版政府奖期刊提名奖"。

2.《艺术与科学》

《艺术与科学》始创于 2005 年，16 开本。截至 2010 年底，已出版了 11 卷。

3.《清华美术》

《清华美术》始创于 2005 年，16 开本。截至 2010 年底，已出版了 9 卷。

4. 其他出版物

《工艺美术通讯》始创于 1956 年 10 月，32 开本。1957 年 6 月，因"反右"运动停办，共出8 期。《工艺美术参考资料》始创于 1957 年 1 月，25 开本，5 月因"反右"运动停办，共出 10

期。《工艺美术论丛》始创于 1981 年 10 月，16 开本，到 1982 年停办，共出 3 辑。《工艺美术参考》始创于 1982 年 4 月，16 开本，不定期出版，到 1991 年停办，共出 40 期。

1960 年 3 月，《中央工艺美术学院院刊》作为内部半月刊创刊，6 月停刊，共出 4 期。1987 年 1 月，《中央工艺美术学院院刊》（月报）创刊；至 1999 年 11 月，《中央工艺美术学院院刊》共出版了 132 期。学院并入清华大学后改称《清华大学美术学院院报》，至 2003 年 4 月共出版了 24 期，之后停刊。

（二）图书馆

1956 年，图书馆有图书 6 000 册，实物资料室有实物资料 2 792 件。至 1964 年 5 月，图书馆藏书和实物资料分别多达 50 000 册和 8 240 件。至 20 世纪 80 年代末，图书馆的藏书增加到 17 万册；为方便师生查阅资料，图书馆设立了教师和学生阅览室，并增设中外工艺品藏品陈列室。

1999 年合并后，在大学的技术支持下，学院图书馆开始建立“数字化图书馆”和“数字化博物馆”工程；迁入清华园后，美术学院图书馆成为大学图书馆的分馆，在工作机制、管理模式等方面都有了很大的变化，同时也充实了大量的图书资料，现已发展成为馆藏丰富、具有专业特色的图书馆。至 2010 年底，馆藏图书 20 万册，馆藏中外艺术品近 1.2 万件，其中以中国古代书画、古代陶瓷、古代家具、古代织绣艺术品最有特色。另外，还藏有大量民间美术品、古代石刻碑刻拓片和自然、人文景观和美术品图片。馆藏的艺术品居于中国高等艺术院校艺术品收藏的前列，某些藏品（如明式家具、古代织绣）享有一定的世界声誉。

（三）学院美术馆

“学院美术馆”（Visual Art Center）成立于 2009 年 5 月，隶属学院，杭间任馆长，位于学院大楼 B 区一层，分为 4 个展厅，总面积约 1 800 平方米，通过策展人申请、展览学术审查委员会投票表决的机制，汇聚国内外优秀的现代艺术和设计作品展，完善美术馆的教育功能，是一家面向学校艺术教育成果和综合反映国内外现当代艺术状况的展览机构。自成立以来，已经举办了“美国当代版画十年：1999—2009”“90 年：包豪斯道路——历史、遗泽、世界和中国文献展”等多个富有学术影响力的展览，以及学生毕业作品展等常规展览，为学校与社会营建了丰富、高品位的学术性展览空间。

第三十六节　教育研究院

一、沿革

清华大学文科有着十分悠久的发展历史，其中教育学科是重要的组成部分。

1911年，清华学堂设有哲学教育学科；1926年，清华学校正式建立教育心理学系。西南联大时期，教育部分并入增设的师范学院，设为教育系。抗战胜利后，清华、北大、南开北上复员，教育学系则随联大师范学院留在昆明。此后直至"文革"结束，清华大学未设立教育学科，但与之相关的各项研究活动并没有中断。

改革开放以后，清华大学为加强教育科学研究，于1979年10月建立教育研究室。1986年2月，教育研究室更名为教育研究所。1993年12月，为更好促进学科发展，教育研究所挂靠人文社会科学学院。

2009年3月，经校务会议讨论决定，成立清华大学教育研究院，简称教研院，英文名称Institute of Education，Tsinghua University，英文缩写IOE。清华大学教育研究院的成立，开启了学校教育学科发展的新阶段。

1979年至2010年底，历任主任、所长、院长名录及任职时间见表19-36-1。院学术委员会主任由王孙禹担任。

教育研究院成立后，设立党总支，直属学校党委，李越任党总支书记。

表 19-36-1　教育研究院（所、室）历任负责人名录及任职时间

姓名	职务	任职时间	姓名	职务	任职时间
汪家镠	室主任（兼）	1979—1982	江崇廓	所长	1999—2000
邢家鲤	室主任	1982—1984	杨家庆	所长（兼）	2000—2001
李卓宝	室主任	1984—1985	顾秉林	所长（兼）	2001—2004
李卓宝	所长	1985—1992	谢维和	所长（兼）	2004—2009
江丕权	所长	1992—1995	谢维和	院长（兼）	2009—
王孙禹	所长	1995—1999			

二、研究机构

清华大学教育研究室建于1979年10月，下设应用心理学研究室、校史研究室、基础教育研究室等，直属学校领导；汪家镠兼任室主任、李卓宝任副主任。1982年10月，邢家鲤任教育研究室主任。1984年3月，教育研究室换届，李卓宝任主任。1985年11月，清华大学教育研究室更名为教育研究所，隶属校机关，下设高等教育研究室、普通教育研究室（附中）、校史研究室（党委宣传部）、杂志编辑部、资料室；李卓宝任所长、江丕权任副所长。1992年，教育研究所换届，江丕权任所长。1993年12月，教育研究所由隶属校机关转至人文社会科学学院。

2009年3月6日，经校务会议讨论决定，成立清华大学教育研究院，同时撤销清华大学教育研究所建制。教育研究院为独立实体研究机构。任命谢维和兼教育研究院院长，史静寰为教育研究院常务副院长，李越为教育研究院党总支书记。教育研究院下设高等教育研究所（所长王晓阳）、教育政策与管理研究所（所长袁本涛）、教育技术研究所（所长周潜）、基础教育研究所（所长王殿军）、《清华大学教育研究》杂志编辑部（主编王孙禹）和办公室。

为适应国家高等教育事业快速发展的需要，学校对教育研究给予了充分支持，设立了多个跨学科研究机构。1999年，成立清华大学教育软件研究中心；2000年，设立教育研究所心理学研

究室；2001 年，成立清华大学现代教育技术研究所；2002 年 9 月，由清华大学、北京大学和高等教育出版社共同发起成立大学文化研究与发展中心，挂靠教育研究所；同年 12 月，清华大学成立亚洲研究中心，顾秉林任理事长、胡显章任中心学术委员会主任，王孙禺任中心主任；2003 年 12 月，现代教育技术研究所与教育软件研究中心合并成立教育技术研究所；2009 年 1 月，成立清华大学工程教育研究中心，挂靠教育研究所，吴启迪任中心主任、余寿文任学术委员会主任；2009 年，成立清华大学素质教育研究中心，顾秉林任理事长，李越任中心主任，史静寰任学术委员会主任。

学校为调动全校广大教职工进行教育研究的积极性，于 1986 年 4 月成立教育研究会，作为学校群众性的学术研究团体，设 13 个研究小组，拥有会员 200 余人，高景德任理事长，方惠坚、李卓宝任副理事长。1991 年，理事会换届，方惠坚任理事长；2004 年 12 月，清华大学根据教育部办公厅关于进一步加强高等教育研究机构建设的意见，成立高等教育学会（简称清华高教学会），着重开展高等教育领域中宏观政策、办学理念、教育教学等方面的研究，顾秉林任学会理事长。

三、教职工

1979 年清华大学教育研究室成立时有教职工 8 人，1985 年改建为教育研究所时有教职工 6 人，任职教师有李卓宝、江丕权、罗福午（兼职）等。1993 年教育研究所挂靠人文社会科学学院后，师资队伍不断扩充，至 2010 年，清华大学教育研究院在职教师共计 25 人：其中教授 9 人，副教授 7 人，讲师 9 人，另有兼职教授及其他研究人员多名。1979 年至 2010 年，受聘于教育研究院（室、所）的教职工人数见表 19-36-2。

表 19-36-2　1979 年—2010 年教育研究院（室、所）代表性年份教职工人数

年份	教　职　工			年份	教　职　工		
	合计	教师	职工		合计	教师	职工
1979	8	6	2	2009	68	25	43
1986	8	5	3	2010	79	25	54

至 2010 年，教育研究院聘任教授名录（括号内为聘任时间或调入确认时间）见表 19-36-3。

表 19-36-3　教育研究院教授名录

姓名（任职时间）	姓名（任职时间）	姓名（任职时间）
李卓宝（1987—1992 退休）	江丕权（1988—1996 退休）	江崇廓（1996—2003 退休）
樊富珉（1997—2008 转心理学系）	王孙禺（1999—　）	史静寰（2002 调入—　）
谢维和（2004 调入—　）	李　越（2004—　）	李　虹（2005—2008 转心理学系）
程建钢（2005—　）	袁本涛（2006—　）	林　健（2008 调入—　）
李曼丽（2010—　）		

教育研究院自 2007 年开始招聘博士后研究人员，至 2010 年共计进站 27 人。

四、教学

（一）学位授予

在进行教育研究的同时，清华大学教育研究院承担着重要的人才培养任务。1990 年，教育研究院获准高等教育学硕士学位授予权，当年招收学生 1 人；1993 年，获准教育管理学硕士学位授予权；1998 年，获准教育技术学硕士学位授予权；2003 年，获准教育经济与管理、高等教育学博士学位授予权，获准应用心理学硕士学位授予权（2008 年 5 月清华大学人文社会科学学院恢复建立心理学系，应用心理学专业由教育研究所和人文社会科学学院心理学系共同建设）。2009 年 11 月，教育博士专业学位（Ed. D）授权点获得教育部批准，于 2010 年首次招生 19 人。

至 2010 年，共计招收硕士研究生 230 人、博士研究生 48 人，为高等学校、国家机关、教育管理部门以及重点企事业单位培养输送了高质量的毕业生。此外，教育研究院还招收研究生课程进修班学员、各种培训班学员，旨在为学校和教育管理部门培养教学研究和管理骨干。

1990 年至 2010 年，教育研究院研究生招生及毕业人数（包括教育专业博士研究生人数）见表 19-36-4。

表 19-36-4　1990 年—2010 年教育研究院研究生招生及毕业人数

年份	硕士研究生		博士研究生		年份	硕士研究生		博士研究生	
	招生人数	毕业人数	招生人数	毕业人数		招生人数	毕业人数	招生人数	毕业人数
1990	1				2001	16	8		
1991	1				2002	15	13		
1992	3				2003	20	15	2	
1993	3	1			2004	18	16	10	
1994	6	1			2005	14	14	6	
1995	6	3			2006	14	24	6	
1996	7	4			2007	15	17	6	2
1997	5	4			2008	13	9	5	4
1998	9	8			2009	15	9	7	1
1999	13	4			2010	21	9	25	5
2000	15	5							

（二）课程

1. 专科课程设置

教育研究院于 1990 年招收高等教育管理专科班学生 31 人，1995 年和 1996 年招收办公自动化专科班学生共计 62 人。开设课程主要有：英语、体育、高等数学、中国革命史、管理学基础、电工与电子技术、计算机在办公自动化中的应用、心理学、专业英语、逻辑学概论、微机原理、应用文写作、工程制图、计算机基础及语言程序设计、法律基础、普物实验等。

2. 研究生课程设置

教育研究院设有高等教育学、教育经济与管理学博士和硕士点，教育技术学硕士点，教育专业博士（Ed. D）点。教育研究院提供的研究生教育以更新知识、突出能力，鼓励创新为原则，培养在教育领域内有全面知识基础，有实践应用能力，有探索创新精神和为社会服务意识的专业研究与管理人才。

（1）博士研究生课程

高等教育学普博生总学分不少于20，直博生总学分不少于38。课程包括：马克思主义与当代社会思潮、博士生外语、高等教育的哲学与社会基础、高等教育发展与政策分析、大学心理学专题研究、教育与人力资源开发研究、学位与研究生教育等。

教育经济与管理普博生总学分不少于31，直博生总学分不少于40。课程包括：现代科学技术革命与马克思主义、博士生外语、社会主义经济理论与实践、自然辩证法（文科类）、经济学、公共政策、公共管理、组织理论与教育管理、高等教育学、心理学专题、国际与比较教育研究、教育经济与管理及其他选修课程等。

（2）硕士研究生课程

高等教育学硕士生总学分不少于26。课程包括：自然辩证法（文科类）、科学社会主义理论与实践专题研究、第一外国语（基础部分）、教育研究基础、高等教育学、组织理论与教育管理、中外教育史、教育社会学、教育发展与政策分析、教育统计与测量等。

教育经济与管理硕士生总学分不少于27。课程包括：科学社会主义理论与实践专题研究、第一外国语（基础部分）、教育研究基础、组织理论与教育管理、教育研究方法、公共经济学、公共政策分析、社会心理学、教育统计学、管理经济学、管理信息系统、人力资源开发与管理、运筹学等。

教育技术学硕士生总学分不少于24。课程包括：科学社会主义理论与实践专题研究、第一外国语（基础部分）、信息技术教育应用、高等教育学、知识工程与智能教育、网络教育原理技术与应用、现代远程教育技术、信息存取原理与技术、信息资源管理等。

五、科学研究

教育研究院主要研究领域与方向包括：教育基本理论、中外大学（院校）研究、教育管理与政策分析、学位与研究生教育、教育评估、教育技术与信息网络等。教育研究院在研究上坚持"顶天立地树人"：一方面积极参与国家宏观层面教育改革政策及理论研究工作，为推进全国的教育改革与事业发展贡献力量；另一方面积极配合高校教育改革与教育教学信息化的开展，结合院校实际问题和需求进行深入的研究。

"七五"至"十一五"期间，以教育研究所为主体，承担了国家哲学社会科学、全国教育科学规划项目等有关高等工程科学教育、理工科人才培养、一流大学研究等项目，研究成果获得全国教育科学优秀成果一等奖2项，中国高等教育学会优秀成果一等奖4项，北京市哲学社会科学优秀成果奖4项，以及省部级各类优秀成果奖数十项。其中，国家级奖项主要有："大面积多层次多规格开展因材施教"（1989 年）获全国首届教育科学优秀成果一等奖，"清华大学研究生教育改革试验报告"（1990 年）获高教学会教育研究优秀成果一等奖，《科技妇女成才调查》（1996 年）获国际科学与和平周中国组委会优秀论文奖，"坚持与超越""理工科大学生思维能力培养研究"（1999 年）分获第二届全国教育科学优秀成果一、二等奖，《关于创建世界一流大学的若干理论与实践问题》（2001 年）获中国高等教育学会优秀论文一等奖，《外国教育思想通史》（2003 年）获第三届全国教育图书一等奖，"工程教育与工业竞争力"（2006 年）获第六次全国优秀高教科研成果奖一等奖，"中国教育现代化的区域发展"（2006 年）获第三届全国教育科学优秀成果奖，"Global Engineering for Excellence"（2006 年）获全球工程教育卓越项目杰出研究奖等。

2009 年教育研究院成立以后科研数量和质量都有了较大提升，其中"清华大学对口支援青海大学人才培养的研究与实践""建立中国工程教育专业认证制度的研究与实践""新生研讨课建设与发展——新生与名师互动的研究型教学实践""现代教育技术学科发展研究与教学实践"分别获得第六届高等教育国家级教学成果二等奖。

2010 年，教育研究院在研课题 144 项、出版专著 10 部、撰写研究报告 5 部、发表论文 66 篇。此外，近年来教育研究院在 E-Learning 环境的理论、方法与技术方面也取得了令人瞩目的成果，基于研究成果研究开发的"清华教育在线"系列教育教学软件获 39 个软件著作权登记，其中支持多种教学模式和教学环节的数字化学习系统已在 200 多所高校的三百多万师生的日常教学活动中应用，成为国内应用最为广泛的数字化学习系统。

六、学术交流

清华大学教育研究院与北京大学、北京师范大学、首都师范大学等多家兄弟单位的相应机构建立了密切学术联系。与全国 200 多所高校，清华大学附中、附小、幼儿园，以及北京、新疆、河南等地的多所中学建立了稳定的合作关系。与美国、加拿大、英国、澳大利亚、日本、韩国、中国香港等国家和地区的教育研究机构以及一些国际组织（如经济合作与发展组织、联合国教科文组织、世界比较教育学会等）开展了系列的交流活动。

七、图书资料与学术刊物

1979 年教育研究室创办时，建有图书资料室。经过不断扩充、增设，至 2010 年，教育研究院资料室阅览面积 72 平方米，图书资料室藏书近万册，期刊 300 余种，其中英文期刊多种，供校内外师生查阅。

《清华大学教育研究》于 1980 年创刊，初始名为《教育研究通讯》，1986 年更名为《清华大学教育研究》。国际标准刊号 ISSN 1001-4519，国内统一刊号 CN 11-1610/G4。该杂志面向国内外公开发行，是最早被全国《中文核心期刊要目总览》列为核心期刊的杂志之一。近年来征稿投稿范围不断扩大，质量不断提高，在国内高教界有着广泛的影响。另外，教育研究所编辑的内部资料《教育研究参考资料》，成为《清华大学教育研究》的重要补充。

第三十七节　医学院

一、沿革

2000 年，为顺应国家发展需要及世界高等教育和科学技术发展的趋势，发挥清华大学的综合优势，作为向世界一流大学的目标迈出的重要举措，清华大学决定成立医学院。5 月 26 日，清华大学向教育部递交《清华大学关于建立医学院的请示》。2000 年 10 月 19 日，教育部《关于同意清华大学建立医学院的批复》（教高〔2000〕15 号文件）中明确指出："1. 同意你校建立医学院。2. 医学院以高层次、小规模为办学目标，充分利用学校综合优势，培养综合素质高、具有创新意识和创新能力的高层次医学专门人才。3. 鉴于你校现有办学条件，同意自 2001 年开始招收七年制临床医学专业学生，招生规模 60 名。"

2001 年 9 月 20 日召开的 2001—2002 学年度第 2 次校务会议通过《关于成立医学院的决定》，英文名称 School of Medicine，编号 400。决定指出，医学院由教学系统、科研系统和附属医院三部分组成。任命了医学院行政班子：院长吴阶平，常务副院长赵南明。清华大学医学院于 2001 年 10 月 25 日举行成立大会，首任院长是我国著名医学专家吴阶平院士。医学院下设医学系、药学系、生物医学工程系。1998 年成立的医学科学研究中心所属的研究机构调整到医学院，其中包括：生物医学工程研究所、人类基因组研究所、药物研究所、神经科学研究所和生物芯片研究及开发中心。电机工程与应用电子技术系的生物医学工程专业划入医学院发展成为生物医学工程系。

生物医学工程学科 1979 年创建于清华大学电机工程系，是国内首批建立的生物医学工程学科点之一。1979 年开始招收硕士研究生，1981 年获得硕士学位授予权；1982 年开始招收本科生，1986 年获得博士学位授予权并开始招收博士研究生，1997 年获得一级学科博士学位授予权（不设二级学科）。1998 年建立博士后流动站。2001 年本学科被评为全国重点学科，2007 年再次被评为全国重点学科，以及一级学科重点学科。到 2001 年，已培养生物医学工程学学士 400 人、硕士 130 人，博士 26 人，具有完整的教学体系。该学科点有中国工程院院士、千人计划教授、长江学者特聘教授、国家杰出青年基金获得者、教委首批跨世纪人才基金获得者、国家百千万人才工程入选者。

医学院于 2001 年被教育部批准为首批招收八年制临床医学博士的院校之一。2001 年和 2002 年经清华校内二次招生招收临床医学专业学生 90 人。2002 年 9 月 11 日，教育部与卫生部签署关于共建"清华大学北京协和医学院"的协议。2001、2002 级学生在校内完成两年半的基础课程后，在北京协和医学院完成其他学业。

2006 年，按照教育部、卫生部协议的原则和精神，两校认真落实和积极推进合作共建，并正式签署了《清华大学和中国协和医科大学关于落实两部协议的实施意见》（以下简称《实施意见》）。2006 年 9 月 5 日，"教育部、卫生部共建北京协和医学院（清华大学医学部）大会暨揭牌仪式"在北京人民大会堂隆重举行。全国人大常委会原副委员长吴阶平出席了大会。教育部部长周济，卫生部部长高强，中共北京市委常委、市委教育工委书记朱善璐出席大会并讲话。大会由卫生部副部长蒋作君主持。清华大学校长顾秉林、党委书记陈希，中国协和医科大学校长刘德培、党委书记刘谦出席大会。

2002 年 1 月，教育部与信息产业部签署《关于将北京酒仙桥医院、北京玉泉医院划拨给清华大学作为附属医院的协议》。2003 年，两所医院正式划入清华大学作为附属医院，"酒仙桥医院"更名为"华信医院"或清华大学第一附属医院；玉泉医院为清华大学第二附属医院。2006 年医学院党委换届，召开了医学院和附属医院的党代会，选举产生了新一届党委，明确了医学院与附属医院党委的隶属关系。

医学院于 2006 年 9 月与解放军总医院（301 医院）签订了合作协议，301 医院成为清华大学医学院的教学医院。

为加强和促进我校生命科学与医学的发展及其与其他工程学科间的交叉合作，2003 年 11 月 4 日召开的 2003—2004 学年度第 4 次校务会议通过，成立"清华大学生命科学与医学研究院"，同时撤销清华大学生命科学与工程研究院及清华大学医学科学研究中心。2004 年 1 月 9 日"清华大学生命科学与医学研究院"成立。其主要职能是将分散于全校各院系的有关生命科学、医学及相关的工程学科统一组织和协调起来，建立若干研究所（或研究平台），以利于大跨度的学科交叉和取得重大科技成果。研究院的首任院长由赵南明担任；2007 年 11 月，院长由清华大学常务副校长陈吉宁兼任，施一公担任常务副院长。

2009 年 6 月，施一公担任医学院常务副院长。2009 年 9 月，医学院开始自主招收"医学药学实验班"，培养 8 年制临床医学药学人才，毕业后取得相应专业的博士学位。2009 年第一届学生为校内二次招生，从 2010 年起从高考考生中直接录取。清华大学-哥伦比亚大学高等基因组技术联合研究中心、清华大学积水潭骨科学院、清华大学生物医学影像研究中心、清华大学公共健康研究中心等一批重要教研机构随之成立。北京清华医院也于 2010 年 4 月奠基开工建设。

2009 年，医学院程京被增选为中国工程院院士。

医学院历任党政负责人名录见表 19-37-1。

表 19-37-1　医学院历任党政负责人名录

院长/常务副院长	任职时间	党委（总支）书记	任职时间
吴阶平/赵南明	2001—2009-06	叶宏开	2001-11—2003-09
		王广志（总支书记）	2003-09—2004-07
		裴兆宏	2004-07—2008-05
吴阶平/施一公	2009-06—	王志华	2008-05—2009-12
		洪　波	2009-12—

医学院学术委员会主任有赵南明（2004-09—2009-06）、孙方霖（2009-06—2010-09）、刘国松（2010-09—　）。

二、教学科研组织

（一）教学机构

医学院成立后，生物医学工程系招收四年制本科生，2009 年由王小勤担任系主任。医学药学实验班从 2009 年 9 月起招收八年制医学药学生。2010 年，基础医学系成立，张林琦任系主任。

2010 年，清华大学公共健康研究中心成立，随后将招收公共卫生硕士（专业学位）。

2010 年，清华大学与北京市积水潭医院共同建设清华大学积水潭骨科学院，培养骨科医学领域的拔尖人才。

（二）研究机构

医学院成立后，在医学科学研究中心所属的研究机构、生物医学工程学科的研究机构的基础上，根据学科发展的需要，先后成立了一些研究机构，如下：

清华大学艾滋病综合研究中心；

清华大学生物医学影像研究中心；

生物芯片国家工程中心；

清华大学-约翰霍普金斯生物医学工程联合研究中心；

清华大学-哥伦比亚大学高等基因组技术联合研究中心；

清华大学医学系统生物学研究中心；

血管医学研究所；

脑神经疾病研究所。

（三）临床/教学医院

第一附属医院（华信医院）；第二附属医院（玉泉医院）；北京清华医院；解放军总医院（301）；北京积水潭医院。

三、教职工

医学院成立时，由生物系转入的教师包括长江学者饶子和、程京教授和团队共 13 人，原电机系生物医学工程专业的教职工 9 人。

医学院根据学科发展的需要，积极引进优秀人才，开辟新的学科方向。到 2010 年底，在职人员 79 人，其中有：教授 32 人，研究员 4 人，副教授 11 人，副研究员 8 人，讲师 1 人，助理研究员 5 人，高级工程师 4 人，高级实验师 1 人，工程师 7 人，实验师 1 人，教育职员 5 人（高级职员 2 人，中级职员 2 人，初级职员 1 人）。

医学院教授名录见表 19-37-2。

自医学院成立，即以"生物学""生物医学工程"两个学科的博士后流动站招收博士后科研人员。历年在站人数如下：2002 年 4 人，2003 年 14 人，2004 年 22 人，2005 年 20 人，2006 年 20 人，2007 年 20 人，2008 年 16 人，2009 年 19 人，2010 年 21 人。截至 2010 年底共招收 77 人，已经出站 56 人。

表 19-37-2　医学院教授名录

姓名（任职时间）	姓名（任职时间）	姓名（任职时间）
△白　净（2001 从电机系转入— ）	高上凯（2001 从电机系转入— ）	*△程　京（2003 从生物系转入— ）
周玉祥（2003 从生物系转入— ）	*△饶子和（2004 从生物系转入— ）	胡广书（2001 从电机系转入— ）
刘湘军（2002 调入—2008 调出）	左焕琮（2002 调入— ）	王广志（2003— ）
△裴端卿（2001 调入—2008 调出）	王　钊（2003— ）	吴清玉（2004 调入— ）
高小榕（2004— ）	蒋宇扬（2007 调入— ）	△刘国松（2005 调入— ）
常智杰（2005— ）	△孙方霖（2005 调入— ）	邢婉丽（2005— ）
张晓东（2006 调入— ）	颜　宁（2007 调入— ）	刘　静（2008 调入— ）
△张林琦（2008 调入— ）	吴　励（2009 调入— ）	杜立军（2009— ）
祁　海（2009— ）	李兆平（2010 调入— ）	纪家葵（2010— ）
何　伟（2010— ）	张敬仁（2010 调入— ）	王小勤（2010 调入— ）
苑　纯（2010 调入— ）	李海涛（2010— ）	沈晓桦（2010 调入— ）
郭　伟（2010— ）	郭　华（2010— ）	沈　沁（2010 调入— ）
宋　森（2010— ）	杜亚楠（2010— ）	刘晓冬（2010— ）

说明：注 * 者为中国科学院或中国工程院院士，注△者为长江学者。

四、教学

（一）本科教学

1. 招生及毕业人数

生物医学工程专业本科每年招生 1 个班，历年招生毕业情况见表 19-37-3。

表 19-37-3　生物医学工程专业本科历年招生毕业情况

年　份	招生人数	毕业人数	结业人数	转大专毕业人数
2002 届（1998 级）		29		
2003 届（1999 级）	28	30		1
2004 届（2000 级）	27	30		1
2005 届（2001 级）	25	29		1
2006 届（2002 级）	29	34		
2007 届（2003 级）	29	26	1	
2008 届（2004 级）	29	26		1
2009 届（2005 级）	33	25		
2010 届（2006 级）	30	31	1	

医学药学实验班（临床八年一贯制）每年招生 1 个班，招生情况见表 19-37-4。

表 19-37-4　医学药学实验班招生情况

年份	人数	医学生人数	药学生人数
2009 级	24	16	8
2010 级	39	26	13

2. 课程设置

生物医学工程本科专业 2009 级课程设置见表 19-37-5。

表 19-37-5　生物医学工程本科专业 2009 级课程设置

课 程 类 别		课程名称与学分
人文社会科学基础课程 35 学分		思想政治理论课 4 门 14 学分　体育 4 学分　外语 4 学分　文化素质课 13 学分
自然科学基础课程 37 学分	数学课 23 学分	必修课 16 学分 微积分（1）3 学分　微积分（2）3 学分　微积分（3）4 学分 几何与代数（1）4 学分　几何与代数（2）2 学分 选修课 4 门 7 学分 概率论与数理统计 3 学分　随机数学方法 3 学分 复变函数引论 2 学分　数学实验 4 学分　数值分析 4 学分
	物理课 11 学分	大学物理 B（1）4 学分　　　　大学物理 B（2）4 学分 物理实验 A（1）2 学分　　　　物理实验 B（2）1 学分
	生物/化学课 3 学分	大学化学 B 2 学分　　　　大学化学实验 B 1 学分 现代生物学导论 2 学分　　现代生物学导论实验 1 学分
工程技术基础课 26 学分		工程图学基础 2 学分　　　　电路原理 4 学分　　　　电路原理实验 2 学分 微机原理与应用 4 学分　　计算机程序设计基础 2 学分　数字电子技术基础 3 学分 模拟电子技术基础 4 学分　电子电路实验 2 学分　　　信号与系统 3 学分
专业基础课 9 学分		生物医学工程概论 2 学分　　生理学 3 学分　　　人体解剖与组织学 4 学分
专业课 31 学分	必修课 15 学分	生物医学测量 4 学分　　　　医学图像 4 学分 生物医学信号处理 3 学分　生物医学电子学 4 学分
	任选课 16 学分	LabVIEW 编程与虚拟仪器设计 2 学分 医学仪器的微机接口设计 3 学分 医学仪器专题 2 学分　　　　医学图像与图形处理程序设计 4 学分 医学模式识别 2 学分　　　　数字信号处理 DSP 实验 2 学分 计算机图形学 2 学分　　　　技术创新管理 2 学分 核医学仪器与方法 2 学分 生物医学检测技术及产业化应用 2 学分 高低温生物医学工程学原理 2 学分 微/纳米生物医学技术及产业化应用 2 学分 VC++面向对象与可视化程序设计 4 学分 计算机文化基础 2 学分　　　数据库技术及应用 3 学分 文献检索与利用 1 学分　　　通信技术与网络应用 3 学分 语音信号处理 2 学分　　　　自动控制原理 3 学分
实践环节 17 学分		军事理论与技能训练 3 学分　　生物医学工程基础训练 2 学分 电子工艺实习（集中）2 学分　金工实习 C（集中）2 学分 专业实践综合训练（1）3 学分　专业实践综合训练（2）2 学分 生产实习 3 学分
综合论文训练 15 学分		本硕贯通学生综合论文训练 12～15 周，其他学生不少于 16 周

3. 教学获奖情况

（1）教学成果获奖情况见表 19-37-6。

表 19-37-6　医学院教学成果获奖情况

年份	成果名称	获奖名称	获奖等级	获奖者
2004	数字信号处理——理论、算法与实践（第 2 版）	北京市高等教育精品教材		胡广书
2004	医学图像教学平台的建设	清华大学教学优秀成果奖	二等奖	王广志　丁　辉　洪　波　张志广　高上凯
2006	医学图像课程改革与实践	清华大学教学成果奖	一等奖	王广志　高上凯　丁　辉
2008	"生物医学工程专业综合训练"教学改革和实践平台建设	清华大学教学成果奖	一等奖	宫　琴　梁作清　丁　辉　王广志
2010	研究型"信号与系统"教学改革与实践	清华大学教学成果奖	二等奖	宫　琴

（2）医学院入选清华大学精品课程情况见表 19-37-7。

表 19-37-7　医学院入选清华大学精品课程情况

年份	课程负责人	课程名称
2006	王广志　高上凯	医学图像
2009	宫　琴	生物医学工程专业综合训练

4. 综合论文训练优秀论文获奖者名录

综合论文训练优秀论文获奖者名录见表 19-37-8。

表 19-37-8　医学院综合论文训练优秀论文获奖者名录

序号	年份	学生	指导教师	论文题目
1	2005	汪待发	白　净	近红外光脑功能研究
2	2005	蔡善清	胡广书	人工视觉中的心理物理与图像处理的专题研究
3	2006	娄　彬	洪　波	基于想象运动的便携式脑机接口系统开发
4	2006	张晓梦	温凌锋	生物光学成像前向及逆向问题算法研究
5	2007	刘文博	王广志	乳腺 MRI 图像的计算机辅助诊断软件的设计与实现
6	2007	许　准	白　净	三维空间荧光分子断层成像逆向问题的研究
7	2008	张　涛	白　净	荧光分子断层成像重建算法的研究
8	2008	陈顾潇	白　净	荧光分子成像实验平台控制系统建立及相关实验研究
9	2009	路　宽	白　净	傅里叶变换轮廓术在测量小动物表面轮廓中的应用
10	2009	朱仁骏	宫　琴	听觉系统传输通路信号综合检测平台的研究
11	2010	周赜辰	苑　纯	核磁共振成像（MRI）仿真
12	2010	郑璞洁	高小榕	基于 FPGA 的脑机接口视觉刺激器的设计

（二）研究生培养

医学院成立时，拥有生物学、生物医学工程两个学科的博士授予权。2006 年学校批准内科学、外科学、药理学 3 个学科硕士学位授予权。2004 年至 2010 年底，医学院历年授予学位人数见表 19-37-9。

表 19-37-9　医学院历年授予学位人数

年份	博 士 学 位				硕 士 学 位				
	合计	临床医学	工学	理学	合计	临床医学	工学	理学	专业学位
2004	9	0	9	0	19	0	18	0	1
2005	10	0	6	4	23	0	19	4	0
2006	19	0	7	12	33	0	25	8	0
2007	25	0	9	16	48	1	26	17	4
2008	22	0	8	14	44	0	18	21	5
2009	30	3	11	16	39	4	18	10	7
2010	18	5	7	6	38	6	16	5	11

医学院研究生培养方案包括临床医学（博士生），生物医学工程（博士生、硕士生），生物学（博士生、硕士生），外科学（硕士生），内科学（硕士生），药理学（硕士生）。学院提供的各类研究生专业课程资源见表 19-37-10。

表 19-37-10　医学院研究生专业课程资源

课 程 名 称	课 程 名 称	课 程 名 称
（1）临床医学专业攻读医学科学博士学位研究生课程资源		
实验设计与数据处理	生物物理前沿	生物工程前沿
生物药学工程前沿	生物信息学与功能基因组学	生物大分子结构与功能
基因分子生物学	神经生物学	细胞信号转导与疾病的发生
基因组学和生物信息学	药理学与药理学实验技术	生物统计学
医学免疫学新技术与新进展	分子免疫学	医学心理学
疾病预防与健康促进	肿瘤分子机制与临床	药剂学
发育生物学进展	心脏外科学	神经外科学
肝胆外科学	临床肿瘤学	精神卫生学
医学专业英语		
（2）生物医学工程专业攻读博士、硕士学位研究生课程资源		
生物信息学与功能基因组学	现代生命科学	基因组学和生物信息学
生理系统仿真与建模	数字信号处理	随机信号的统计处理
医学成像系统	生物医学工程前沿动态讲座（必修）	人工智能
模式识别	图像分析与计算机视觉	认知科学引论
核医学仪器与方法	生物物理前沿	生物信息学
生物医学声学的工程分析和处理	计算神经科学导论	生物工程前沿

课 程 名 称	课 程 名 称	课 程 名 称
生物波谱学	基因分子生物学	生物药学工程前沿
分子免疫学	神经生物学	细胞信号转导与疾病的发生
发育生物学进展	药理学与药理实验技术	医学免疫新技术与新进展
细胞骨架	细胞运动及人类疾病	临床肿瘤学概论
（3）基础医学（生物学）专业博士、硕士学位研究生课程资源		
实验设计与数据处理	生物工程前沿	生物大分子结构与功能
生物波谱学	生物物理前沿	基因分子生物学
生物药学工程前沿	分子免疫学	生物无机化学
蛋白质折叠机理	生物信息学	神经生物学
现代生命科学	细胞信号转导与疾病的发生	基因组学和生物信息学
发育生物学进展	药理学与药理学实验技术	酶作用原理
生物统计学	糖生物学基础	
（4）医学外科学专业攻读硕士学位研究生课程资源（适用 2009 年及以后入学）		
实验设计与数据处理	生物物理前沿	生物工程前沿
生物药学工程前沿	生物大分子结构与功能	基因分子生物学
生物信息学与功能基因组学	神经生物学	现代生命科学
细胞信号转导与疾病的发生	基因组学和生物信息学	药理学与药理学实验技术
生物统计学	医学免疫学新技术与新进展	分子免疫学
医学心理学	疾病预防与健康促进	肿瘤分子机制与临床
药剂学	疼痛的机制及临床	临床肿瘤学概论
（5）医学内科学专业攻读硕士学位研究生课程资源（适用 2009 年及以后入学）		
实验设计与数据处理	生物工程前沿	生物大分子结构与功能
生物物理前沿	基因分子生物学	生物药学工程前
生物无机化学	现代生命科学	细胞信号转导与疾病的发生
基因组学和生物信息学	发育生物学进展	酶作用原理
生物统计学	糖生物学基础	医学免疫学新技术与新进展
医学心理学	疾病预防与健康促进	肿瘤分子机制与临床
药剂学	疼痛的机制及临床	临床肿瘤学概论
（6）医学药理学专业攻读硕士学位研究生课程资源（适用 2009 年及以后入学）		
实验设计与数据处理	生物药学工程前沿	蛋白质折叠机理
生物大分子的结构与功能	神经生物学	现代生命科学
细胞信号转导与疾病的发生	基因组学和生物信息学	药理学与药理学实验技术
糖生物学基础	生物统计学	医学免疫新技术与新进展
医学心理学	疾病预防与健康促进	肿瘤分子机制与临床
药剂学	疼痛的机制及临床	临床肿瘤学概论

3. 获奖情况

（1）全国优秀博士学位论文获奖情况见表 19-37-11。

表 19-37-11　医学院获得全国优秀博士学位论文情况

年份	作者	导师	论 文 题 目	学科名称	备注
2008	孙　飞	饶子和	线粒体呼吸链膜蛋白复合物Ⅱ的结构测定与分析	生物学	
2009	王毅军	高上凯	基于节律调制的脑-机接口系统：从离线到在线的跨越	生物医学工程	提名
2010	杨海涛	饶子和	冠状病毒主蛋白酶的结构、抑制剂设计及酶的应用	生物学	提名

（2）校级优秀博士学位论文获奖情况见表 19-37-12。

表 19-37-12　医学院获校级优秀博士学位论文奖情况

年份	作者	导师	论 文 题 目	获奖等级
2004	周　俊	白　净	近红外光漫射成像前向及逆向问题研究	二等奖
2005	潘光锦	裴端卿	多能性基因-Oct4，Nanog 维持干细胞机制研究	二等奖
2006	孙　飞	饶子和	线粒体呼吸链膜蛋白复合物Ⅱ的结构测定与分析	一等奖
2006	杨海涛	饶子和	冠状病毒主蛋白酶的结构、抑制剂设计及酶的应用	一等奖
2006	翟宇佳	饶子和	SARS 冠状病毒非结构蛋白 nsp7-nsp8 复合物的晶体学研究	二等奖
2006	腾轶超	丁海曙	近红外空间分辨光谱技术及其在脑氧无损检测中的应用	二等奖
2007	王毅军	高上凯	基于节律调制的脑-机接口系统——从离线到在线的跨越	一等奖
2007	徐　峰	饶子和	细胞色素 P450 酶系统电子传递及底物结合机制的结构基础	二等奖
2008	王　磊	程　京	细胞电阻抗芯片检测系统的构建及在生物学研究中的应用	二等奖
2010	汪待发	白　净	荧光分子断层成像算法与激发模式研究	一等奖

（3）校级优秀硕士学位论文获奖情况见表 19-37-13。

表 19-37-13　医学院获校级优秀硕士学位论文奖情况

年份	作者	导师	论 文 题 目	获奖等级
2009	娄　彬	洪　波	主动式便携脑机接口系统的关键技术研究	
2010	贾得巍	刘　静	结合血管传热及微波辐照式加热的高效全身热疗方法研究	

（4）校级精品课程获奖情况见表 19-37-14。

表 19-37-14　医学院获校级精品课程奖情况

年份	院系名称	课程编号	课 程 名 称	负责人
2007	医学院	64030023	数字信号处理（2010 年复审通过）	胡广书
2008	医学院	64030013	随机信号的统计处理	胡广书

（5）医学院获北京市高等教育精品教材信息见表 19-37-15。

表 19-37-15　医学院获北京市高等教育精品教材信息

年份	教材名称	主编姓名	主编单位	出版单位
2004	数字信号处理——理论、算法与实践（第2版）	胡广书	医学院	清华大学出版社
2006	现代信号处理教程	胡广书	医学院	清华大学出版社

（6）教学获奖情况见表 19-37-16。

表 19-37-16　医学院教学获奖情况

年份	成果名称	获奖名称	获奖等级	获奖者
2004	热爱教学工作，努力建设高水平的研究生"信号处理"课程	北京市教学成果奖	二等奖	胡广书　张　辉　丁　辉
2008	研究生"信号处理"课程及配套教材建设	清华大学教学成果奖	一等奖	胡广书　张　辉　丁海艳　丁　辉　高小榕

五、科学研究

（一）专利情况

2004 年至 2010 年，医学院共获：发明专利 166 项，实用新型专利 14 项，计算机软件著作权登记证书 7 项，外观设计专利证书 2 项，美国专利 2 项。

（二）论文及科研经费情况

论文及科研经费情况见表 19-37-17。

表 19-37-17　医学院（2004—2010）论文及科研经费情况

年　份	2004	2005	2006	2007	2008	2009	2010
SCI（篇）	60	58	55	64	69	70	118
IF＞5（篇）	14	16	17	7	11	12	30
科研经费（万元）	1 724	2 427	1 114	1 859	2 162	2 147	6 866

（三）获奖情况

项目获奖情况见表 19-37-18，个人获奖情况见表 19-37-19。

表 19-37-18　医学院项目获奖情况

时间	项目名称	奖励名称	获奖等级	校内单位	校内主要完成人
2004	避孕节育身心症状检测咨询技术研究、开发推广及相关探讨	教育部提名国家科学技术奖科技进步奖	二等奖	医学院（2）等 2 单位	刘破资（1）左焕琮（2）岳伟华（4）
2004	微阵列芯片扫描仪的研制	北京市科学技术奖	二等奖	医学院（1）等 2 单位	黄国亮（1）程京（3）周玉祥（4）
2004	吴阶平泌尿外科学（上下卷）	第十四届中国图书奖		医学院	吴阶平

续表

时间	项 目 名 称	奖 励 名 称	获奖等级	校内单位	校内主要完成人
2005	线粒体膜蛋白复合物Ⅱ的三维精细结构研究	"中国高等学校十大科技进展"		医学院	饶子和
2005	生物芯片扫描检测系统的镜头	第九届中国专利优秀奖		医学院	黄国亮
2005	CHIP mediates degradation of Smad proteins and potentially regulates Smad-induced transcription. Mol. Cell. Biol. 24（2）: 856–864（IF: 7.822）	中国细胞生物学学会第九次全国代表大会优秀青年科技论文（福建，厦门）	三等奖	医学院	Li LY, Xin H, Xu XL, Huang M, Zhang XJ, Chen Y, Zhang SP, Fu XY & Chang ZJ
2005	Mechanism of a new type of apoptosis morphologically similar to paraptosis, oncosis and necrosis. 2005 中国药理学术会议. p. 168.	全国药理学会暨全国青年药理学工作者英文学术报告会优秀论文奖		医学院	Qing-liu Hu, Jun-lei Chang, TaoLi-tao, Yan Guo-liang, Xie Ming-chao, Wang Zhao
2007	统化生物芯片和相关仪器设备的研制及应用	国家技术发明奖	二等奖	医学院	程 京　邢婉丽　黄国亮
2007	基于脑电信号的脑-机接口的研究	高等学校科学技术奖	二等奖	医学院	高上凯　高小榕　洪 波　张志广　杨福生　程 明　王毅军
2008	一种微量液体喷射系统	中国专利优秀奖	优秀奖	医学院等	程 京等
2010	小动物多模态光学分子影像呈现方法与系统	国家技术发明奖	二等奖	医学院（2）等单位	白 净　张永红等
2010	禽流感病毒RNA聚合酶PA亚基的结构生物学研究	北京市科学技术奖	一等奖	医学院等	娄智勇　饶子和
2010	射频识别技术在体育运动计时中的应用	中国体育科学学会科学技术奖	三等奖	医学院	王广志　丁 辉等
2010	膜蛋白的结构与功能	中国高等学校十大科技进展			施一公　颜 宁
2010	一种序列特异性寡核苷酸探针及其应用	北京市发明专利奖	二等奖	医学院	程 京等

表 19-37-19　医学院个人获奖情况

时间	获 奖 人	奖 励 名 称	获奖等级
2004	饶子和	国家重点基础研究发展计划（973计划）先进个人	
2004	程 京	第八届中国青年科技奖	
2004	吴清玉	中华医学科技奖	一等奖
2006	程 京、黄国亮	第三届"吴大猷科学普及著作奖"创作类金签奖	
2008	程 京	何梁何利金青年创新奖	
2008	程 京	首届谈家桢生命科学创新奖	
2008	蒋宇扬	广东省科技进步奖	三等奖
2008	蒋宇扬	深圳市科技创新奖	

时间	获奖人	奖励名称	获奖等级
2008	刘 静	第十一届茅以升北京青年科技奖	
2008	颜 宁	李氏基金学术成就奖	
2008	刘静等	中国电子学会电子信息科学技术奖	二等奖
2009	祁 海	第一届"Scopus寻找未来科学之星"生命科学领域金奖	
2010	施一公	赛克勒国际生物物理学奖	
2010	刘国松	葛兰素史克神经科学卓越奖	
2010	程 京	首届中国留学人才归国创业"腾飞"奖"十大杰出人物"	
2010	施一公	求是杰出科学家奖	
2010	施一公	第三届谈家桢生命科学成就奖	
2010	颜 宁	第二届"Scopus寻找青年科学之星"生命科学成就奖	
2010	郭 永	北京市科技新星奖	

六、对外合作与交流

医学院成立以来，先后与香港大学、香港中文大学等签订学生交流、教师互访等协议，更得到郑裕彤医学基金的资助用于香港大学医学院教师到清华大学讲学以及清华大学医学生赴香港考察费用。医学院自2004年起每年6月为香港大学医学院的学生开设二周的"暑期特别选修课"。

2007年8月，由台湾裕元集团、香港美心集团、香港信兴集团、香港李锦记集团共同捐赠的医学科学楼落成。9月，医学院所属分别由人环楼、西主楼、生命科学楼搬入医学科学楼。

2008年以来，医学院陆续和美国约翰·霍普金斯大学、哥伦比亚大学、麻省理工学院麦戈文人脑研究院等学术机构，以及葛兰素史克、拜耳、强生、辉瑞、飞利浦、罗氏制药等国际知名医药企业建立密切合作，组织学术研讨、开展联合研究。

(一) 国际会议

1. 2005 年

(1) 第五届蛋白质科学国际会议（TICPS5）

由中国科学院生物物理研究所、清华大学、北京大学和中国科学技术大学联合主办，于2005年11月4日—6日在中国科学院生物物理研究所举行。

(2) 第27届IEEE生物医学工程学会国际年会之卫星会议——神经工程前沿论坛

2005年8月30日在北京清华大学开幕，作为本次国际年会的会前研讨会，同时也是全球神经工程学科领域一次难得的盛会。论坛为期两天，是在IEEE生物医学工程学会的技术支持和赞助下，由美国约翰·霍普金斯医学院神经工程中心和清华大学医学院生命科学与医学研究院神经工程研究所联合承办的。

2. 2006 年

（1）第四届国际结构基因组大会

2006 年 10 月 22 日至 26 日在北京召开。这是国际结构基因组和结构蛋白质组领域最高级别的学术盛会。在组委会主席饶子和院士和名誉主席梁栋材院士的影响和努力下，有五十余位国际上最著名的结构生物学家到会并做了精彩的学术报告。另外，国际上几乎所有结构基因组研究中心主任和主要学术骨干都参加了本次大会并报告了各研究中心的最新进展。

（2）2006 年国际生物-纳米-信息融合大会暨 2006 年国际生物芯片技术论坛大会

2006 年 10 月 9 日—12 日在生物芯片北京国家工程研究中心召开。本届大会聚焦生物芯片、纳米和生物信息学技术的最新和最前沿的发展与动向，并以主体报告和技术讲座的形式进行了深入的研讨。

3. 2007 年

（1）清华/上海神经所联合学术报告会暨 2007 年清华大学脑智科学学术报告会

2007 年 3 月 29 日在清华大学举行。报告会由中科院上海神经所所长、著名华人神经科学家蒲慕明先生和医学院长江学者特聘教授刘国松博士共同主持。

（2）2007 生命科学前沿学术研讨会

2007 年 7 月 22 日至 24 日在清华大学召开。是一次代表世界生命科学研究领域最高水平的综合性大型国际会议，同时也是华人生物学家协会第 5 次年会。600 余名生命科学研究人员参加了此次学术会议，其中包括 160 位来自北美的华人生物学教授及近百名来自国内的生物学家。

4. 2008 年

（1）清华大学艾滋病科学大会

2008 年 10 月 19 日在清华大学举行。大会就艾滋病病毒母婴阻断的新策略、抗艾滋病病毒新药研发的新思路，艾滋病相关社会政策以及艾滋病与健康传播和新闻倡导等话题展开全面讨论。

（2）清华-约翰霍普金斯生物医学工程联合学术年会

2008 年 10 月 14 日—16 日在清华大学召开。来自美国约翰霍普金斯大学的 10 多位教授与清华大学医学院、材料系、航天航空学院、工程物理系等院系生物医学工程领域的师生，围绕神经工程、医学影像、生物芯片、细胞与组织工程等进行学术交流。清华-约翰霍普金斯生物医学工程联合中心主任王小勤，约翰霍普金斯大学生物医学工程系主任 Elliot McVeigh 等主持年会。

5. 2009 年

（1）麦戈文脑科学前沿学术报告会

2009 年 2 月 24 日—25 日在清华大学召开。来自美国 MIT 麦戈文脑研究所，美国国立健康研究院（NIH），以及清华大学、中国科学院、北京大学、北京师范大学等国内研究单位的近 20 位神经领域的科学家介绍了他们在神经科学前沿的最新研究进展，内容涉及分子与细胞神经科学、系统与计算神经科学、认知与神经疾病等。

（2）听觉神经科学北京国际研讨会（Beijing International Workshop on Auditory Neuroscience）

2009 年 10 月 30 日—11 月 1 日在清华大学召开。由清华-约翰霍普金斯生物医学工程联合研究中心、清华大学神经与认知计算研究中心、清华大学医学院共同主办。会议旨在推进国内外学

者在听觉神经科学与工程领域的交流与合作，为中外学者提供了一个很好的交流平台。除大会专题报告外，还邀请了国内 8 位青年学者报告最新研究成果。来自北京、上海、武汉、四川等地的100 多位师生参会。

（3）2009 北京脑-机接口研讨会暨第 6 届 BCI 2000 展示会

2009 年 12 月 5 日—6 日在清华大学召开。由清华-约翰霍普金斯生物医学工程联合研究中心与清华大学医学院共同主办，共有超过 200 位来自全国各地的师生参加。内容覆盖了国际上脑-机接口领域的最新研究方向，从传统的头皮脑电技术到神经元信号分析、颅内电极记录等前沿动态，从实验室原型系统到临床应用。

（4）病原微生物学前沿研讨会

2010 年 11 月 4 日，由清华大学医学院和海外华人微生物协会共同主办的"病原微生物学前沿研讨会"在清华大学举行。会议由清华大学医学院院长助理、海外华人微生物协会理事张敬仁教授主持。海外华人微生物学协会秘书长、美国印第安纳大学杨晓峰以及来自美国和加拿大从事病原微生物学研究的 11 位华人专家作了精彩报告，就细菌性病原及病原—宿主的相互作用等问题展开交流。参加本次研讨会有来自清华大学、北京大学、中科院微生物所、北京协和医科大学、军事医学科学院、中国科技大学等校师生。

（5）第五届中国健康传播大会暨清华大学公共健康科学大会

2010 年 11 月 5 日—6 日在清华大学召开。清华大学常务副校长陈吉宁致欢迎词，卫生部副部长尹力出席大会并为"清华大学公共健康研究中心"揭牌。卫生部新闻发言人、中国健康教育中心主任毛群安，医学院常务副院长施一公，艾滋病综合研究中心主任何大一，常务副主任张林琦，辉瑞公司疫苗研发中心首席科学官兼资深副主席 Emilio A. Emini，强生医药研发传染病和疫苗领域全球主管 Johan Van Hoof，西安杨森制药有限公司总裁 Thad Huston，英国牛津大学皇家教授 Andrew McMichael，美国哈佛大学教授 Eric J. Rubin，美国杜克大学教授廖化新等出席大会。作为清华大学百年校庆系列活动的一个组成部分，大会为政界、医学科学界、新闻界、企业界等有关各方创造自由交流、观点汇聚的平台，推动我国健康传播事业乃至全球公共卫生事业的发展。

（二）联合研究中心

2008 年 1 月成立清华大学-约翰霍普金斯大学生物医学工程联合研究中心（Tsinghua-Johns Hopkins University Joint Research Center for Biomedical Engineering）。

2009 年 10 月，清华大学-哥伦比亚大学高等基因组技术联合研究中心成立。

（三）国际 / 国内赛事

"首届中国脑-机接口比赛"（China BCI 2010）2010 年 11 月 26 日—27 日在北京举办。由国家自然科学基金委员会主办，清华大学（医学院）承办。脑-机接口的研究是国家自然科学基金委员会"视听觉信息的认知计算"重大研究计划的重要研究方向之一。本届脑-机接口比赛的目的是要交流与展示我国近年来在脑-机接口研究中取得的重要成果，并以此推动在本领域研究的进一步发展。

七、其他重要信息

2006 年赵南明教授获得清华大学突出贡献奖（详见第九章）。

集体获得的重要奖项见表 19-37-20。

表 19-37-20　医学院集体获得的重要奖项

时间	获 奖 名 称	获 奖 单 位
2005	北京市先进班集体	医学院生医 2 班
2006	清华大学毕业班先进集体	医学院生医 2 班
2007	清华大学先进集体	医学院生物医学工程系
2009	清华大学毕业班先进集体	医学院生医 5 班
2010	清华大学先进班集体（本科）	医学院生医 8 班
2010	清华大学先进班集体（研究生）	医学院医研 09 班
2010	清华大学就业工作先进单位	医学院

第三十八节　核能与新能源技术研究院

一、沿革

清华大学核能与新能源技术研究院（简称核研院），是我国高等教育系统规模最大的实体研究院，也是我国早期建立的重要核能研究基地之一。

核能与新能源技术研究院筹建于 1958 年，始建于 1960 年 1 月，早期称清华大学实验反应堆工程基地。1962 年夏末起名为清华大学试验化工厂（简称试化厂），俗称"200 号"（这是屏蔽试验反应堆工程最初在校内基建项目的编号）。1979 年 4 月，更名为核能技术研究所（简称核能所）。1990 年 11 月，更名为核能技术设计研究院（简称核研院）。2003 年 9 月，更名为核能与新能源技术研究院（简称核研院），新名称于 2004 年元旦正式启用，同时保留原"清华大学核能技术设计研究院"的名称，在涉及核工程设计等相应资质时使用。

核研院的主体昌平校区位于风景秀丽的燕山脚下北京市昌平区虎峪村，占地面积 76.1 万平方米，建筑面积 117 666.9 平方米（2010 年底）。核研院在清华大学校内的建筑面积共 9 500 平方米，包括自筹资金于 1991 年建成的能科楼（现能科楼 B 座、C 座）和 2003 年 9 月经学校批准移交给核研院使用的科技产业楼（现能科楼 A 座）。

1958 年 7 月，清华大学决定建立以屏蔽试验反应堆为中心的原子能方面的教学、科研和生产联合基地。在工程物理系主任何东昌的领导下，工程物理系反应堆工程专业（240 专业）师生（学生为物 9、物 0 班）参考苏联 ИРТ - 1000 型反应堆，开始设计游泳池式屏蔽试验反应堆，称806 工程。11 月，选定后八家为反应堆厂址，并开始施工。1959 年上半年，后八家施工停止。根据中共北京市委指示精神，将反应堆厂址迁到昌平县。同年，该反应堆工程被列入国家科委及北京市 1960 年重点项目。

屏蔽试验反应堆称为 901 堆，是我国第一座自行研究、设计、调试建成的核反应堆。1960 年春，参加这座反应堆建设的有 200 多人（包括反应堆工程专业讲师 1 人，助教 10 余人，学生 100 多人），平均年龄只有 23 岁半。屏蔽试验反应堆于 1964 年国庆前夕建成，9 月 27 日手动启动一次成功，10 月 1 日自动启动一次成功。半个多世纪以来，在屏蔽试验反应堆上开展了一系列研究与开发，对我国国防建设和国民经济作出了重要贡献。

"文革"前，200 号完成了另一项重要的国防科研任务，即代号为"712"任务的"溶剂萃取法核燃料后处理"研究。这是清华大学从事放射化工（人工）即核燃料后处理教学和科研的师生员工与当时的二机部院、所、厂的工程技术人员与工人协作完成的。在工物系建系时，放射化工（人工）专业属于工程物理系 110 教研组（放射化工教研组），其专业为"天然及人工放射化学工艺学"，放射化工（人工）又称人工放射性物质化学工艺学，是该专业的一个专门化。1960 年 4 月，该教研组及专业调整到工程化学系，并建立 120 教研组，即放射化工（人工）教研组，专业为人工放射性物质化学工艺学。1965 年 2 月，为完成"712"任务，经学校批准，在 200 号成立工程化学研究室，隶属工程化学系。"712"任务由滕藤、汪家鼎、朱永䵾共同领导完成，其研究成果很快被用于我国生产堆核燃料萃取法后处理厂的设计、建设和运行中。

在"文化大革命"的动乱中，试化厂于 1969 年 12 月上马了"820"工程，对钍增殖堆进行了多方面的探索和研究。由于当时"左"的影响和工程技术难度很大，该工程在 20 世纪 70 年代末的国民经济调整中下马。

1979 年 4 月，试化厂更名为核能技术研究所，各方面工作开始全面复苏。核能所从专门搞核工程、国防科研的单一性研究所，转变为以核为主、面向国民经济多领域的多科性研究所。1979 年底，能源系统分析研究室成立，在国内率先开展能源软科学研究。

经过半个世纪的发展，除了核能、核化工、核技术以外，核研院还在材料、化工、新能源、计算机与控制、电力电子技术、环境科学与技术、核安全分析、能源系统分析等方面进行了广泛深入的研究，取得了一批具有国际先进水平的成果，发展成为了以核为主要特色，以能源、资源与环境为主要研究领域，跨学科的综合性、战略型、高技术研究院，是我国高等教育系统规模最大的产、学、研三结合基地。2010 年设有 20 个研究室，2 个总体室——低温堆总体室、高温堆总体室，1 个校办企业——电力电子厂和 1 个生产车间——金工间。全院设有核能科学与工程研究所、工程化学研究所、核技术及应用研究所、新能源研究所、3E 研究院（能源环境经济研究院）。

核研院历任厂长、院（所）长、总工程师和党委（总支）书记名录见表 19-38-1。

表 19-38-1　核研院历任厂长、院（所）长、总工程师和党委（总支）书记名录

职　务	姓　名	任 职 年 份	职　务	姓　名	任 职 年 份
厂长	何东昌	1963—1966	总支书记	吕应中	1963—1966
所长	吕应中	1979—1985	党委书记	艾知生	1979—1980
所长、院长	王大中	1985—1993		张慕葆	1980—1984
院长	吴宗鑫	1994—2001-02		孙继铭	1984—1988
院长	张作义	2001-02—		何建坤	1988—1990 代理
总工程师	吕应中	1963—1966			1990—1991
	吕应中	1983—1985		江崇廓	1991—1999-01
	王大中	1985—2007-09		徐景明	1999-01—2007-01
	张作义	2007-09—		史宗恺	2007-01—2008-05
				周　羽	2008-05—

核研院学术委员会主任先后由朱永𧶗（1979—2001-02）、吴宗鑫（2001-02—2009-12）、何建坤（2009-12— ）担任。

二、研究室

"文化大革命"前，试化厂未设研究室，当时的工程化学研究室隶属于工程化学系。

20 世纪 70 年代中期，试化厂设有 5 个研究室：反应堆研究室，放射化工研究室，材料研究室，控制研究室，核技术研究室。1979 年更名为核能所后，设置 8 个研究室：反应堆技术研究室，核化学与化工研究室，材料研究室，计算机及控制研究室，核技术研究室，环境技术研究室，热工水力学研究室，反应堆运行研究室。1979 年末，为适应国家能源管理与能源决策的需要，增设了能源系统工程研究室。

1983 年，增设了安全研究室。1984 年，成立了化学工程研究室及计算中心。1986 年，成立了功率电子技术研究室与核电站模拟技术研究室。1987 年，成立了精细陶瓷研究室。1988 年，在反应堆技术研究室的基础上，成立了反应堆物理、反应堆装备、反应堆热工和反应堆结构 4 个研究室，化学化工的两个研究室分别更名为化学与工艺、化工与装备研究室，同时成立了膜技术研究室。这样，核能所共有 18 个研究室。

为适应低温核供热堆和高温气冷堆研究、设计和开发的需要，1991 年 6 月，建立了 200 兆瓦低温堆总体设计室、高温气冷堆总体设计室和低温堆发展研究总体室。同年，撤销了膜技术研究室，设立了稀土分离与应用研究室，成立了反应堆回路研究室和辐射仪器研究室。1994 年，核研院共设有 21 个研究室，它们是：反应堆运行及综合利用研究室，反应堆物理研究室，反应堆热工计算及设计研究室，反应堆结构研究室，反应堆装备研究室，核电站模拟技术研究室，热工水力学研究室，反应堆回路研究室，核安全研究室，核化学工艺研究室，核化工装备研究室，化工分离研究室，稀土分离与应用研究室，新材料研究室，精细陶瓷研究室，计算机和控制研究室，功率电子器件研究室，核技术研究室，辐射仪器研究室，环境技术研究室，能源系统分析研究室。

2010 年 12 月，核研院设有反应堆运行研究室，反应堆物理、热工与系统模拟研究室，反应堆结构研究室，反应堆装备研究室，氦透平与氦风机研究室，热工水力学研究室，反应堆安全研究室，核化学工艺研究室，新型能源及材料化学研究室，资源化工研究室，新材料研究室，精细陶瓷研究室，计算机与控制研究室，功率电子器件研究室，磁轴承技术研究室，核技术研究室，辐射仪器研究室，环境技术研究室，生物质能研究室，能源系统分析研究室等 20 个研究室，2 个总体室——低温堆总体室、高温堆总体室，1 个核工程经济概算中心。

三、教职工

1960 年 200 号基地建设开始时，教职工约 200 人；1964 年底至 1965 年，试化厂有教职工400 余人；1969 年 820 工程开始后，陆续调入一批复员军人、青年工人和工程技术人员，至 1975年 9 月与工程物理系合并，教职工达 1 800 余人，其中教师和技术人员 817 人。1977 年，工程物理系复系，所属教职工返回校内，试化厂教职工为 1 471 人。1978 年，教职工总人数为 1 423 人，其中科研人员 703 人。此后，大批教职工陆续调离，1979 年教职工 1 019 人，1981 年 777 人，1982 年 726 人，1983 年 670 人。其后，每年分配一批青年教师和教辅人员（20～30 人）来此工作，同时约有相当数量的教职工离退休，至 1993 年，核研院教职工总人数稳定在 670 人左右的水平。此后，随着核研院教职工进入退休高峰，队伍规模不断缩小，通过近几年补充新生力量，核研院在编教职工人数稳定在 430 人左右。2010 年 12 月，全院在编教职工 425 人，其中正高职称（教授、研究员）53 人，副高职称（副教授、副研究员、高工、高实）121 人，有中国科学院院士 1 人，中国工程院院士 2 人。

核研院历年教职工人数统计情况见表 19-38-2，教授、研究员名录见表 19-38-3。

表 19-38-2　核研院历年教职工人数

时间	正高职称	副高职称	中级职称	初级职称	职员	工人	总计
1977							1 471
1978							1 423
1979							1 019
1981-02	2	6	137	254	24	354	777
1982							726
1983	2	14	222				670
1984	3	13	208	115	40	268	647
1989	17	96	154	127	20	241	655
1990	22	115	157	113	19	240	666
1991	26	139	138	116	18	236	673
1992	32	144	155	98	12	223	664
1993	43	161	140	102	14	212	672
1994	39	151	139	109	14	216	668
1995	58	143	146	80	17	208	652
1996	62	136	142	65	24	194	623
1997	64	129	127	60	21	185	586
1998	68	119	117	44	20	180	548
1999	72	113	117	34	23	165	524
2000	67	113	113	27	21	168	509
2001	56	105	112	23	22	161	479
2002	62	106	95	11	23	159	456
2003	59	109	118	16	20	150	472
2004	62	110	124	14	22	137	469
2005	58	108	135	15	25	116	457
2006	55	103	135	23	24	102	442
2007	52	102	145	23	20	89	431
2008	48	122	154	12	16	85	437
2009	51	113	169	13	12	74	432
2010	53	121	168	7	11	65	425

表 19-38-3　核研院教授、研究员名录

姓名（任职时间）	姓名（任职时间）	姓名（任职时间）
＊朱永瞻（1978— ）	吕应中（1980—1990 离休）	＊王大中（1984— ）
邱大雄（1985—1997 逝世）	马昌文（1985—2000 退休）	董　铎（1987—2000 退休）
薛大知（1987—2002 退休）	吴宗鑫（1987— ）	罗经宇（1988—2001 退休）
徐元辉（1988—2005 退休）	＊安继刚（1988— ）	冯志一（1988—2000 退休）
林家桂（1989—1998 退休）	云桂春（1989—2000 退休）	郭人俊（1989—2000 逝世）
高祖瑛（1989—2001 退休）	吴元强（1989—2003 退休）	杨自觉（1990—1998 退休）
田杰谟（1990—2001 退休）	张达芳（1990—2000 退休）	何培炯（1990—2002 退休）
吴洪麟（1990—2002 退休）	郑文祥（1990—2006 退休）	钟大辛（1991—1999 退休）
戴为智（1991—1994 退休）	吴少融（1991—2001 退休）	何建坤（1991— ）
汪泰钧（1992—1994 退休）	叶璲生（1992—2001 退休）	吕应运（1992—2001 退休）
邱学良（1992—2001 退休）	奚树人（1992—2004 退休）	马远乐（1992— ）
熊敦士（1993—1993 退休）	翁锡珺（1993—1996 逝世）	王泽民（1993—2003 退休）
王永庆（1993—2005 退休）	焦荣洲（1993—1999 退休）	杜光庭（1993—1997 退休）
徐景明（1993— ）	佟允宪（1993—1994 逝世）	庄　瑾（1993—1995 退休）
张振声（1993—1996 退休）	何树延（1993—2006 退休）	顾树华（1993—2001 退休）
陈永麒（1993—2000 退休）	宋崇立（1994—2005 退休）	施永长（1994—2001 退休）
徐　勇（1994—2008 退休）	张作义（1994— ）	张源芳（1994—1996 退休）
孟昭利（1994—1997 退休）	黄祥瑞（1994—1996 退休）	胡熙恩（1995—2005 退休）
马栩泉（1995—2002 退休）	施仲齐（1995—2005 退休）	经荣清（1995—2005 退休）
张朝宗（1995—2001 退休）	孟祥提（1995— ）	张良驹（1995— ）
彭木彰（1995—1997 退休）	邰德荣（1995—1996 退休）	梅启智（1995—1997 退休）
徐世江（1995—1996 退休）	解正国（1995—1996 退休）	张成群（1995—1997 退休）
辛仁轩（1995—1995 退休）	孙玉良（1996— ）	貊大卫（1996—2000 退休）
秦振亚（1996—2003 退休）	江崇廓（1996—2000 调出）	李金才（1996—2004 退休）
方　栋（1996—2007 退休）	田嘉夫（1996—1997 退休）	李仲三（1996—1998 退休）
包福毅（1996—1997 退休）	徐志昌（1997—1997 退休）	龚闻礼（1997—1997 退休）
周惠忠（1997—2006 退休）	戴遐明（1997—2004 退休）	胡永明（1997—2005 退休）
唐春和（1997—2009 退休）	周嘉贞（1997—2002 退休）	姜胜耀（1997— ）
刘以思（1997—1999 退休）	公锡泰（1997—1998 退休）	张　纯（1997—1998 退休）
黄芳芝（1997—1999 退休）	刘德顺（1998—2007 退休）	苏庆善（1998—2010 退休）
孙永广（1998—2002 退休）	吴秋林（1998—2007 退休）	姚梅生（1998—2003 退休）

续表

姓名（任职时间）	姓名（任职时间）	姓名（任职时间）
周立业（1998—2003 调出）	单文志（1998—1999 退休）	李怀萱（1998—1999 退休）
李德重（1998—2000 退休）	博金海（1999—2000 退休）	于素花（1999—2000 退休）
吴天宝（1999—2001 逝世）	金光宇（1999—2004 退休）	刘继国（1999—2007 退休）
万春荣（1999—2010 退休）	钟文发（1999—2003 退休）	朱钧国（1999—2005 退休）
张阿玲（1999—2009 退休）	周志伟（1999— ）	郭聚豪（1999—2002 调出）
徐小琳（2000—2005 退休）	周世新（2000—2004 退休）	姜长印（2000— ）
居怀明（2000—2005 退休）	毛宗强（2000—2010 退休）	韦志洪（2000—2006 退休）
郭志萍（2000—2001 退休）	张建洲（2000—2000 退休）	王文然（2001—2007 退休）
仲朔平（2001— ）	于溯源（2001— ）	周 羽（2001— ）
张宝清（2001—2005 退休）	石铭德（2001—2001 退休）	张亚军（2002— ）
王建龙（2002— ）	王瑞偏（2002—2009 逝世）	薄涵亮（2002— ）
陈 靖（2002— ）	查美生（2002—2005 退休）	马玉清（2002—2003 退休）
王革华（2002 调入— ）	左开芬（2002—2003 退休）	王家英（2002—2002 退休）
贾海军（2003— ）	梁俊福（2003—2008 退休）	曲静原（2003— ）
王 捷（2003— ）	杨 冰（2003—2005 退休）	王秋萍（2003—2003 退休）
许献洪（2003 调入—2008 调出）	张泉荣（2003—2003 退休）	邓长生（2004— ）
李 富（2004— ）	王建晨（2004— ）	吴莘馨（2004— ）
厉日竹（2004—2010 退休）	萧宏玲（2004—2005 退休）	严玉顺（2004—2005 退休）
徐 光（2004— ）	董玉杰（2005— ）	常华健（2005— ）
吴志芳（2005— ）	张希良（2005— ）	李十中（2005 调入— ）
叶裕才（2005—2006 退休）	张 斌（2005—2006 退休）	邹彦文（2005—2007 退休）
杨志军（2005—2007 退休）	王欣昌（2005—2006 退休）	林登彩（2005—2006 退休）
张佑杰（2006— ）	陈文颖（2006— ）	赵 雷（2006— ）
赵 刚（2006— ）	刘青山（2006—2006 退休）	刘造起（2006—2007 退休）
王培清（2006—2006 退休）	唐亚平（2007— ）	向新程（2007— ）
张力生（2007— ）	董建令（2007— ）	张征明（2008— ）
江 锋（2008— ）	杨明德（2008— ）	梁彤祥（2008— ）
黄志勇（2009— ）	石 磊（2009— ）	赵 璇（2009— ）
郭吉林（2010— ）	黄晓津（2010— ）	段茂盛（2010— ）
徐盛明（2010— ）	屠基元（2010 调入— ）	

说明：注 * 者为中国科学院或中国工程院院士。

（三）博士后

1991 年 8 月，经人事部批准，核研院设立"原子能科学技术"博士后流动站。至 2010 年，核研院设有核科学与技术、化学工程与技术、管理科学与工程、环境科学与工程及材料科学与工程 5 个博士后流动站。建站 20 年来共进站博士后 155 名，2010 年在站博士后 29 名。

四、教学

（一）招生

建院伊始，1960 年至 1966 年七届清华大学的学生中，工程物理系有 600 多名反应堆工程专业本科毕业生结合屏蔽试验反应堆和零功率反应堆的设计、建造和运行，工程化学系有 230 多名放射化工（人工）专业本科毕业生结合溶剂萃取法核燃料后处理研究，分别进行了"真刀真枪"的毕业设计。屏蔽试验反应堆和零功率反应堆建成后，接纳了清华大学和哈尔滨工业大学、西安交通大学有关原子能专业的实习师生 900 多人。这期间，培养了少量本专业研究生和在职研究生。与工程物理系合并期间，培养了反应堆工程、放射化工、反应堆材料、核电子学以及三废处理专业的工农兵学员 900 余人。从 1982 年至 2010 年，核研院接纳了清华大学工物、物理、化工、化学、热能、环境、材料、精仪等系以及其他院校有关专业本科毕业生 1 000 余人从事毕业设计和毕业论文工作。

1979 年至 1981 年，核研院为本院培养在职硕士研究生 21 名。

1982 年 9 月开始对外招收硕士生，1984 年开始招收博士生。

核研院于 1988 年、1989 年，分别成立两个工程硕士班，学生来源从本校各系前三名优秀生中选取，本科生第四年后入学。1988 年入学的工程硕士一班招收 10 人，1989 年入学的工程硕士二班招收 15 人。2006 年，核研院与中核能源科技有限公司举办第一期核能工程硕士班，学员 31 人；2009 年，双方组办第二期工程硕士班，学员 29 人；2010 年，双方组办第三期工程硕士班，学员 19 人；同年，与中核能源科技有限公司及华能山东石岛湾核电有限公司在高温堆示范工程现场举办第四期核能工程硕士班，学员 36 人。

历年研究生招生人数见表 19-38-4。

表 19-38-4　核研院历年（1978—2010）研究生招生人数

年份	硕士生	博士生	合计	年份	硕士生	博士生	合计
1978	25		25	1987	31	5	36
1979				1988	31		31
1980				1989	29	1	30
1981				1990	32	2	34
1982	15		15	1991	32	7	39
1983	14		14	1992	31	10	41
1984	27	4	31	1993	31	11	42
1985	33	8	41	1994	30	23	53
1986	32	9	41	1995	37	38	75

续表

年份	硕士	博士	合计	年份	硕士	博士	合计
1996	39	26	65	2004	60	20	80
1997	51	29	80	2005	54	13	67
1998	46	20	66	2006	44	20	64
1999	33	28	61	2007	47	19	66
2000	36	19	55	2008	55	24	79
2001	48	19	67	2009	62	35	97
2002	48	20	68	2010	71	35	106
2003	60	22	82				

历年研究生授学位情况见表 19-38-5。

表 19-38-5　核研院历年（1980—2010）授学位情况

授学位年度	授博士学位数	授硕士学位数				
		授硕士学位数	脱产研究生	博转硕	在职申请或同等学力	工程硕士
1980		13			13	
1981		11			11	
1984		12	12			
1985		7	7			
1986		14	14			
1987	1	19	19			
1988		31	31			
1989	5	50	47		3	
1990	1	20	19		1	
1991	5	34	31		3	
1992	4	30	27		3	
1993		19	19			
1994	1	37	36		1	
1995	3	24	23	1		
1996	6	34	31	2	1	
1997	5	33	28	4	1	
1998	8	42	37	5		
1999	12	56	49	4	3	
2000	23	66	61	5		
2001	16	43	42	1		
2002	12	45	44		1	
2003	24	47	46		1	
2004	10	50	50			

授学位年度	授博士学位数	授硕士学位数				
		授硕士学位数	脱产研究生	博转硕	在职申请或同等学力	工程硕士
2005	13	57	51			6
2006	17	86	85			1
2007	22	68	68			
2008	20	56	56			
2009	16	58	39			19
2010	11	54	46			8

（二）培养

核研院的研究生培养以其本身的科研结构特点呈现出多学科、多方向的专业结构，并根据学科的发展和人才培养的需求变化，对培养方案进行不断地调整和修订。

截至 2010 年，核研院共开设研究生课程 40 多门，并请国内外著名专家、学者前来讲课，扩大学生的知识面，主要课程有：先进型动力反应堆、核燃料循环战略、核能技术的发展前沿、核反应堆工程概论、核反应堆工程与安全、辐射剂量学、电离辐射探测学、应用核技术、能源与资源管理学、新能源概论、决策与对策模型方法、可靠性工程与风险评价、核材料科学基础、溶剂萃取化学与工艺、核动力技术的热工水力学、核燃料后处理过程与设备概论、蒙特卡罗方法在粒子输运问题中的应用、核反应堆物理设计、应用核物理、能源工业系统中的多相流模拟计算、先进二次电池技术与材料、氢能工程、辐射分子生物学、能源环境经济学、资源管理与可持续发展前沿专题等见表 19-38-6。

表 19-38-6　核研院研究生学位课程目录

类别	课程名称	学分	类别	课程名称	学分
（1）公共课与基础理论课					
公共课	自然辩证法概论	1	基础理课	数值分析	4
	马克思主义与当代社会思潮	2		最优化方法	4
	第一外国语	2			
（2）专业课程					
核科学与技术	核反应堆工程概论	3	化学工程与技术	氢能工程	2
	电离辐射探测学	3		核燃料循环战略	2
	应用核技术	3		先进二次电池技术与材料	2
	可靠性工程与风险评价	3		溶剂萃取化学与工艺	2
	核材料科学基础	2		核燃料后处理过程与设备概论	2
	核反应堆物理设计	2	环境科学与工程	辐射分子生物学	2
	能源工业系统中的多相流模拟计算	3		辐射技术在环境保护中的应用	2
	蒙特卡罗方法在粒子输运问题中的应用	3	管理科学与工程	能源与资源管理学	3

续表

类别	课 程 名 称	学分	类别	课 程 名 称	学分
核科学与技术	辐射信息处理	3	管理科学与工程	新能源概论	2
	核反应堆工程与安全	3		能源环境经济学	2
	核反应堆数值分析与模拟	3		决策与对策模型方法	4
	先进型动力反应堆	2		资源管理与可持续发展前沿专题	2
	核能技术的发展前沿	2			
	概率风险分析方法	2			
	应用核物理	4			
	能源与环境评价方法学	2			

（三）学科专业调整与重点学科建设

1982 年、1984 年分别开始招收硕士生、博士生，共设 10 个专业：反应堆工程与反应堆安全、反应堆物理、核电子学与核探测技术、化学工程、应用化学、核化学化工、管理工程、环境工程、核材料、半导体器件与微电子学。1987 年，增设无机非金属材料专业；同年，管理工程专业改为系统分析专业。1991 年，增设核环境工程、电力电子技术专业；同年，系统分析专业改为系统工程专业。1996 年，对部分专业名称做了调整，按二级学科招生培养，系统工程专业改为管理科学与工程。2000 年 12 月，55 名管理科学与工程学科的研究生转到清华大学公共管理学院培养，此后核研院停止该专业的招生，直到 2008 年，核研院恢复该专业的招生。2004 年，根据学科建设的目标及人才培养的要求，凡是具有"一级学科授权"的学科，全面实施按一级学科招生、培养、毕业、授学位。2009 年，核研院获得全日制工程硕士专业学位的授权点。

核研院的研究生培养的专业设置见表 19-38-7。11 个二级学科均有硕士学位授予权，其中 10 个专业（领域）有博士学位授予权（表中 * 所示）。

表 19-38-7　核研院学科专业设置

一级学科名称	二级学科、专业名称	一级学科名称	二级学科、专业名称
核科学与技术	核能科学与工程*	环境科学与工程	环境工程*
	核燃料循环与材料*	材料科学与工程	材料学*
	核技术及应用*	电气工程	电力电子与电力传动
	辐射防护与环境保护*	电子科学与技术	微电子学与固体电子学
化学工程与技术	化学工程*	管理科学与工程	管理科学与工程*
	应用化学*		
应用型学科点		专业领域	
工程硕士（全日制、非全日制）		核能与核技术	
工程管理硕士		能源环境方向	
工程博士		核能领域*	

（四）培养成果

1999 年，朱永赡教授指导的博士生陈靖完成的论文《二（2，2，4-三甲基戊基）二硫代膦酸萃取分离锕与镧系元素》入选全国首次百篇优秀博士学位论文。

五、科学研究与科技开发

（一）核研院科学研究的情况

1. 核能开发与应用

核研院长期从事核反应堆的研究与开发，特别是先进反应堆的研发工作。40 多年来，先后建成了 3 座实验反应堆。1964 年建成的清华大学屏蔽试验反应堆，是我国第一座自行设计、建造和运行的实验反应堆。1989 年建成的 5 兆瓦低温核供热堆，是世界首座"一体化全功率自然循环"壳式供热堆。2000 年建成的 10 兆瓦高温气冷实验堆，是世界首座模块式球床高温气冷堆。

（1）屏蔽试验反应堆

清华大学屏蔽试验反应堆为游泳池式轻水堆，1964 年建成的 1 号堆芯热功率为 2 000 千瓦。1975 年，在反应堆水池中添置了热功率为 2 800 千瓦的 2 号堆芯，以扩大反应堆的实验能力。2 号堆芯于 1975 年 10 月达到临界，10 月 17 日达到满功率。1968 年、1983 年、1984 年和 1987 年又先后对反应堆进行了几次改造。核研院自 1992 年开始对屏蔽试验反应堆进行了较大规模的更新与改造，1993 年底完成供电系统第一期更新改造，1994 年完成反应堆物理大厅的土建整治，并开始进行第二期改造的设计工作，1995 年 7 月至 1996 年 1 月完成四个系统更新改造的施工、安装，1996 年 2 月至 4 月完成调试试验。国家核安全局组织专家对改造更新工作以及改造更新后的调试试验工作进行了严格的审评与检查，认为"整治后的屏蔽堆硬件和软件基本符合我国核安全法的要求"，并于 1996 年 6 月正式发文批准重新开堆运行。该反应堆 1 米×1 米的水平孔道迄今仍为全国最大的反应堆水平孔道。

40 多年来，在屏蔽试验反应堆上进行了一系列科学研究，包括我国第一艘核潜艇屏蔽材料性能试验和坦克预防中子弹袭击的材料屏蔽试验，航天设施的电子元器件及整机的抗辐射加固辐照试验，医学动物的辐照试验，植物种子辐照，电离室和计数管的定标和坪特性的测试，珍珠和宝石人工改色，食物保鲜，污水净化，中子照相（从 1980 年开始研究，曾进行过长征 2 号多级火箭发射卫星导爆索的无损检查，多种贵重设备关键部件的无损检查等），中子活化分析（从 1974 年开始研究），中子嬗变掺杂（NTD）单晶硅的生产（从 1979 年开始研究，生产能力每年 4 吨），以及高效过滤薄膜——核径迹蚀刻膜（核孔膜）的生产（从 1983 年开始研究和生产），NTD 硅和核孔膜均为国内首次研制成功。此外，1983 年冬至 1984 年春，还利用该反应堆成功地进行了我国首次反应堆余热供暖实验。

"文化大革命"中，全厂教职工在极端困难的条件下奋力拼搏。1968 年，吕应中在狱中提出了我国钍资源综合利用的方案，1969 年 10 月 29 日向中央呈报了《关于研究钍增殖堆的建议》，得到周恩来总理等的支持。后经中央批准，清华大学试化厂承担了利用钍建造增殖堆核电站的研究任务，代号为 820 工程，1973 年列为国家大中型基本建设项目。试化厂教职工在进行 820 工程的科研和设计过程中，付出了极大的努力，对我国钍资源利用的多种方案（熔融金属堆、熔盐堆、高温气冷堆等）进行了多方面的探索，取得了放射性尘埃扩散大气实验、预应力混凝土压力壳的研制成功等多项重大成果。但因总体方案难度很大，短时期难以完成，经国家计委、国家经委同意，于 1979 年停建。

（2）低温核供热堆

1981年，核研院开始进行低温核供热堆概念设计研究。1985年，低温核供热研究被列入国家"七五"重点攻关项目，并决定在核研院建造一座5兆瓦低温核供热试验反应堆。

5兆瓦堆总投资1 600万元，于1985年11月27日破土奠基，1986年3月开始兴建，1987年9月完成土建工程，1989年5月完成安装，9月完成调试，9月28日获得国家核安全局颁发的首次装料批准书，10月9日装放核燃料一次成功，11月3日16时53分临界启动一次成功，12月16日达到满功率，并连续满功率运行100小时一次成功。从1989年12月11日至1990年3月22日，该反应堆以3兆瓦功率向全院工作区5万平方米的全部建筑物连续安全供暖101天。

在5兆瓦堆的设计研究过程中，共取得52项科研成果，攻克13项重大关键技术，获得5项国家专利，有7项技术成果达到国际先进水平，并获得13项部委奖和2项国家级奖。5兆瓦堆获得1992年国家科技进步一等奖，反应堆控制棒步进式水力驱动系统获得1990年国家发明二等奖和1991年中国专利金奖。

从1988年2月至1989年9月，5兆瓦堆顺利通过了国家核安全局组织的近百名专家为期一年半的全面安全审评，这是我国首次对核反应堆进行的安全审评。5兆瓦低温核供热堆于1990年9月17日通过国家计委、国家科委、国家教委和财政部主持的技术鉴定和项目验收。5兆瓦低温核供热堆，是世界上第一座投入运行的"一体化自然循环壳式供热堆"，是世界上第一座使用新型水力驱动控制棒的反应堆。它的运行成功，使我国在低温核供热领域跨入世界先进行列。

低温核供热堆的综合利用被列入国家"八五"攻关计划，5兆瓦低温核供热堆成功地完成了3个冬季的供暖运行，堆的总体性能达到国际先进水平，其供热可利用率高达99%。该堆于1991年8月获得热电联供实验成功，1992年7月获得核能制冷实验成功，并开展利用低温核供热堆进行海水淡化试验研究。

5兆瓦低温核供热堆的建成和连续安全运行，为建造大型200兆瓦核供热堆打下了良好的基础。"200兆瓦核供热堆工程技术"作为"八五"科技攻关的重点课题，被列入《中华人民共和国国民经济和社会发展十年规划和第八个五年计划纲要》中。核研院长期致力于实现低温核供热堆的产业化，目前已经取得了突破性进展。

（3）高温气冷堆

高温气冷堆是一种新型的先进核反应堆，它的安全性好，经济性好，效率高，用途广泛。1986年，高温气冷堆研究与开发被列入国家"863"计划，清华大学核研院为主要承担单位，共完成了43项子课题研究，其中15项达到国际先进水平。

1992年3月，国务院批准2000年之前在清华大学核研院建成一座10兆瓦高温气冷实验反应堆。从1992年至1995年，核研院先后完成了10兆瓦高温气冷实验堆的环境影响评价报告、可行性研究报告、初步安全分析报告和初步设计，并获得了有关部门的审查批准。1995年6月14日，10兆瓦高温气冷实验堆浇灌第一罐混凝土，正式动工兴建，至1997年10月底，顺利完成了主厂房封顶。1998年至2000年，完成了反应堆各系统、设备的加工、制造和安装。2000年11月9日，核研院成功地举行了高温气冷堆应急演习。2000年底，10兆瓦高温气冷堆顺利完成装放核燃料。在建堆的同时，核研院还完成了球形燃料元件制造技术的研发工作，进行了氦回路、燃料元件装卸系统、全数字化控制与保护系统等7项工程性实验，保证了反应堆的安全运行。2000年12月1日，高温气冷实验堆一次成功地实现了首次临界，12月21日，正式达到了临界。

随后，高温气冷实验堆正式进入热试验调试阶段。经过两年的努力，完成了100项安全相关系统的热态调试试验，包括物理、热工、设备性能、系统运行、环境影响等方面的试验，其中在国家核安全局专家现场监督下进行的重要试验达 28 项，如控制棒系统、燃料装卸系统、主氦风机、余热载出系统、氦气净化系统等的试验，对各系统的安全性和运行可靠性进行了严格的考验，全面验证了设计的合理性和设计系统功能。

2003 年 1 月 7 日上午 11 点 11 分，10 兆瓦高温气冷实验堆成功地并网发电。2003 年 1 月 26 日至 29 日，顺利地实现了 10 兆瓦热功率满负荷 72 小时连续运行。实验证明，该反应堆在 10 兆瓦满功率下，主要指标达到设计要求，运行性能良好，成功地实现了项目的预定目标和要求。2003 年 4 月、10 月和 2004 年 9 月，经国家核安全局审查批准，在 10 兆瓦高温气冷实验堆上进行了 3 项验证固有安全性的试验，这些试验展示了模块式高温气冷堆的一个最重要特性：在任何事故下，不采取任何人为的干预，反应堆能保持安全状态。这是在国际上首次通过反应堆的实际运行，验证了模块式高温气冷堆具有优异的固有安全特性。

10 兆瓦高温气冷实验堆于 2003 年 2 月 27 日通过由教育部组织的科技成果鉴定。鉴定意见认为："10 兆瓦高温气冷实验堆的建造是在长期大量科学研究工作的基础上，充分吸取国际上先进经验，自行研究开发、自主设计、自主制造、自主建设、自主运行的世界上第一座具有非能动安全特性的模块式球床高温气冷堆。""10 兆瓦高温气冷实验堆的建造成功标志我国在高温气冷堆技术领域已达到世界先进水平，是我国自主研究和开发先进核电技术取得的一项重大成果，为我国以及世界核能事业的发展做出了重要的贡献。"鉴定委员会建议"应当充分利用这一装置，开展广泛的国际合作，进行大量的实验研究，在经验反馈的基础上，进一步改进和提高"，并"建议国家继续大力支持高温气冷堆技术的研究发展工作，积极推进产业化"。

2003 年，10 兆瓦高温气冷实验堆被列入朱镕基总理在 3 月 5 日第十届全国人民代表大会第一次会议开幕式上代表国务院向大会所作的《政府工作报告》中。

在 10 兆瓦高温气冷实验反应堆的研究、设计、建造、运行过程中，共获得省部级与国家级科技成果奖 27 项，获专利权 13 项。1995 年，制造陶瓷核燃料 UO_2 微球的全凝胶工艺获得国家技术发明三等奖。2006 年，10 兆瓦高温气冷实验反应堆获得国家科技进步一等奖。

10 兆瓦高温气冷实验堆的建成，受到了国际核能界的高度关注和好评。国际原子能机构总干事巴拉迪、南非总统姆贝基、美国能源部部长亚伯拉罕、法国研究与新技术部部长、日本文教科技省政务官、韩国科技部部长等先后到核研院参观。国际核能领域最有影响力的学术期刊《核工程与设计》出版了 10 兆瓦高温气冷堆专辑。国际主流媒体如《金融时报》《新闻周刊》等也对此进行了专题报道。

10 兆瓦高温气冷实验堆的建造成功表明，我国已初步掌握了高温气冷堆燃料元件制造的核心技术，设备研制的关键技术，系统集成和设计技术。鉴于高温气冷堆具有良好的发展前景，2006 年 2 月，建设"大型先进压水堆及高温气冷堆核电站"被列入我国 2020 年中长期科技规划重大专项。

2008 年 2 月 15 日，国务院常务会议讨论批准了高温气冷堆核电站重大专项实施方案。该重大专项的总体目标，是以我国已经建成运行的 10 兆瓦高温气冷实验堆为基础，攻克高温气冷堆工业放大与工程实验验证技术，高性能核燃料元件批量制备技术，力争在 2013 年前后建成具有自主知识产权的 20 万千瓦级模块式球床高温气冷堆商业化示范电站，以及开展氦气透平直接循环发电及高温堆制氢等技术研究，为发展第四代核电技术奠定基础。清华大学牵头承担该重大专项的科研和建设任务，成为唯一牵头负责国家重大专项的高等学校。2008 年 4 月，国家主管部门正式发

文，任命清华大学核能与新能源技术研究院院长兼总工程师张作义担任高温气冷堆核电站国家重大专项总设计师。2009年9月，高温气冷堆核电站示范工程的安全审评获得国家核安全局组织的专家委员会审查通过，达到具备申领建造许可证的条件。

通过实施这一重大专项，建成并运行世界上第一座具有第四代核能系统安全特性的模块式高温气冷堆核电站，将形成高温气冷堆核电站的自主设计、制造、建设和运行的能力和经验，形成和拥有由中国品牌、相关专利与一批专有核心技术以及相关法规和标准组成的完整的自主知识产权及其保护体系，使我国在高温气冷堆领域在世界上处于领先水平。

2. 核化工

核燃料后处理的主要目的是从反应堆用过的核燃料中，提取原子弹核材料钚-239。这是十分敏感的尖端技术，至今不开展国际合作研究，它是国际社会作为防止核扩散的重要内容、严禁扩散的三项敏感技术之一。

1964年至1966年，在200号完成了得到周恩来总理支持的重要的国防科研——溶剂萃取法核燃料后处理（"712"任务）。滕藤、汪家鼎、朱永䶮带领放射化学专业师生与核化工相关厂、院、所合作，研制成功溶剂萃取法核燃料后处理工艺和设备，在新建的710热化学实验室制得二氧化钚产品，用于我国第一颗钚试验原子弹弹头上。此后，采用在200号研究成功的工艺流程和设备建成我国的核燃料后处理厂404厂，并成功投产。与苏联提供的沉淀法相比，节约投资2亿元，相当于建厂费的60%，节约不锈钢材约5千吨，缩短工期2年，使我国在溶剂萃取法核燃料后处理这一重要领域赶上了世界先进水平，对我国"两弹一星"事业作出了重要贡献。

对于核燃料后处理分离出铀和钚以后剩余的高放废液如何进行可靠而经济的处理，是20世纪80年代以来国际核能界关注的热点。

1979年，结束了"820工程"的后处理科研后，朱永䶮教授根据溶剂萃取法具有灵活性高、可以连续操作、能承受较高辐射剂量的优点，以及在核工业中有工业规模长期运行的经验，提出从我国已有的工业萃取剂中，筛选出可用于从高放废液中提取锕系元素的萃取体系，开展从高放废液分离锕系元素的研究。20世纪80年代初，核研院开始研究高放废液的分离技术，发明了我国特有的从高放废液中分离超铀元素的TRPO流程。该流程具有分离效果好、去污系数高、物流相互交叉小等诸多优点，被国外科学家评为当前世界上最有前景的分离流程。

TRPO萃取流程的研究以"超铀元素萃取技术"为题被列入"八五"国家科技攻关计划，国家科委与中国核工业总公司下拨攻关经费，用于TRPO萃取流程处理我国生产堆高放废液的研究。核化学工艺研究室的有关同志针对我国生产堆高放废液浓缩倍数大、盐分含量高的特点，分别研究了采用稀释法和复合体系萃取法的TRPO流程，为TRPO流程处理我国生产堆高放废液的应用铺平了道路。

1994年3月，国家科委和中国核工业总公司有关领导和专家对课题进行了中期评估，评估意见认为："'超铀元素萃取技术研究'课题的研究成果可望减少高放废液长期贮存带来的环境冲击，可以用于高放废液的减容和降级，大大减少需要进一步处理和处置的高放废物数量，是高放废液玻璃固化的一种备用和补充方案，对今后核能的利用和发展将有重要意义。"专家们提出了增加科研内容，在清华大学核研院进行分离法处理我国生产堆高放废液主工艺（去除超铀元素和长寿命裂变产物锶、铯）全流程热实验的建议。国家科委和中国核工业总公司有关领导采纳了专家的建议，决定追加攻关经费，以保证热实验工作的顺利进行。清华大学核研院的科研人员经过一年多的艰苦努力，对原有热实验装置进行维修与改造，研制了可自动取样、易于拆装的50台精密组合式离心萃取器和离子交换除铯等流程热实验装置，于1995年9月初完成了热实验的全部设备的加工和维修工作，并对全部设备在热室外和热室内进行了多次调试和演练，于1996年1月7日下午完成了全流程热实验工作。初步分析结果表明，α核素去除率高于99.6%，锶去除率高于99%，铯去除率高于99%，全面超过了预定目标。"超铀元素萃取技术"以及工艺流程热实验的成功，是将分离法处理我国现有高放废液推向实际应用的关键一步。1997年1月13日，由核研院核化学工艺研究室承担的"超铀元素萃取技术"通过了由中国核工业总公司主持的成果鉴定。

在圆满完成"八五"攻关任务后，核研院以TRPO萃取流程为核心的"高放废液分离技术研究"又被列入"九五"国家科技攻关计划，国家拨出较多经费支持继续进行完善主工艺流程和主要设备研究、辅助工艺流程研究以及工程预可行性研究，成为全校第一项被列入"九五"攻关的研究项目。2000年9月19日，由核研院核化学工艺研究室承担的"九五"国家重点科技攻关课题"高放废液分离技术研究"，通过了由中国核工业集团公司主持的专题验收。

在清华建设世界一流大学"985工程"的支持下，核研院于2001年动工，2002年完成了核化学化工实验室扩建工程，新的实验楼建筑面积2 100平方米，各种配套设施齐全，成为高水平的核化学化工研究基地，为"十五"期间的分离法处理高放废液研究打下了良好的基础。核研院核化学工艺研究室承担的由科技部和国防科工委共同支持的"高放废液分离技术设备流程台架试验研究"被列入"十五""863"计划项目。经全室人员几年的共同努力，顺利完成了半工业规模脉冲筛板柱、离心萃取器台架的设计、加工、安装和调试工作。2005年9月11日至14日、9月26日至29日分别采用模拟高放废液进行了两次设备流程台架80小时连续运转试验。80小时连续运转试验工作进展顺利，设备流程运转正常，高放废液处理效果达到预定要求。该试验的成功进一步表明由清华大学核研院研发的具有自主知识产权的高放废液分离技术，在经过化学研究、流程热验证、设备流程台架试验后，向工业应用又大大迈进了一步。

分离法处理高放废液的研究取得了丰硕的成果。至2006年初，在科研成果上，共获得部委级以上奖13项，其中"三烷基（混合）氧膦（TRPO）的萃取性能及从高放废液中分离锕系元素的研究"获1993年国家自然科学奖三等奖，"从高放废液中去除锕系元素的中国TRPO流程"获1998年国家技术发明奖二等奖，"高放废液全分离流程萃取设备"获2003年国家技术发明二等奖。共获国家专利权14项。共发表论文526篇，其中在国内核心刊物上发表194篇，被SCI（科学论文索引）收录54篇，被EI（工程索引）收录34篇。朱永𫗴院士荣获1999年何梁何利基金科学与技术进步奖。

3. 核技术应用

在核事业中，核能与核技术是两个最主要的领域，分别被称为核领域的"重工业"和"轻工业"。核技术应用是核物理、粒子物理及核能工程等领域各种射线技术在国民经济各部门中应用并与之结合而形成的技术领域。它量大、面广、投资少、收效快。经过40多年的发展，核研院的核技术应用学科已形成电离辐射探测器与探测技术、工业核分析与测控技术、核无损检测技术三个比较稳定的学科方向。

在电离辐射探测器方面，堆用硼电离室是核研院在屏蔽试验反应堆建设过程中为打破苏联封锁而在20世纪60年代初研制成功的。20世纪80年代以来，创造性地发展了用于高能X、γ辐射成像的超高压阵列电离室，达到或超过了国外通用的阵列探测器性能，已获国家发明专利授权以及美、俄等国和欧洲的专利授权。在核分析技术方面，核研院是国内最早开展反应堆中子活化分析研究的单位之一，研究并生产出中子嬗变掺杂（NTD）单晶硅，获 1987 年国家科技进步二等奖。在中子照像研究、核孔膜的研制等方面，都取得了较好的成果。20 世纪 80 年代初就已建成包括 CAMAC 系统、高纯锗探测器以及气动样品传输系统等的活化分析基地。在工业核测控技术方面，核研院研制、开发了一系列以充气电离室探头为特色的工业核测控仪表，并大量制造与推广到各厂矿、企业。数字直读式射线测厚仪已占领了国内带钢测厚方面的大部分市场，并在国内首先研制、开发了充气电离室型核子秤。核研院在核无损检测领域最先开展的是中子照像技术研究。此项工作一直坚持至今。20 世纪 90 年代，已成功地用于运载火箭导爆索的检测工作，为我国航天事业的发展作出了贡献。

进入 20 世纪 90 年代以来，核研院核技术应用集中在集装箱检测技术的研究与发展方面，取得了一系列具有国际先进和国际领先水平的重大成果，并初步形成了产业。国家科委于 1991 年将加速器型大型集装箱检测系统研制列为"八五"攻关项目，拿出核技术应用方面的近半数"八五"攻关计划经费给予支持。核研院是该项目的技术负责人单位，主要进行了总体设计、阵列探测器、屏蔽防护以及配套实验装置等方面的研发工作。

1996 年 1 月，"八五"国家科技攻关项目电子直线加速器源大型集装箱检测系统研制顺利完成，通过国家验收，其中阵列探测器系统属国际首创。这种检测系统采用辐射扫描成像的工作方式，由电子直线加速器产生的高能 X 射线透射在检测通道中移动的集装箱车辆后，由阵列探测器接收形成 1024 个模拟量电流脉冲信号，再经过模数变换处理输入计算机形成图像并显示在工作站的荧光屏上，一个近 20 米长的集装箱车只需 1 分钟就可显示出内装货物的图像，检查人员利用系统提供的多种图像处理功能对集装箱内所装货物进行检查和判断。

核研院在"八五"攻关合作研制成功我国第一套加速器集装箱检测系统后，1997 年又研制、开发了钴-60 集装箱检测系统。该系统采用常规的钴-60 工业探伤源，借助于新型高灵敏度射线探测器与特殊总体设计实现了优良的检测性能。钴-60 集装箱检测系统辐射强度低、安全性好、稳定可靠、易操作、好维修、价格低廉、占地面积小，能长期稳定连续运行。短短几年间，固定式、车载移动式、组合移动式、铁路专用四种检测系统陆续研制成功并投入使用，被专家评议为"在国际上处于领先水平"。

钴-60 集装箱检测系统研制成功后，曾获得 2000 年国家技术发明二等奖、北京市科技进步一等奖、2000 年香港国际发明展览会金奖及唯一的大奖等奖项，实现了产业化并出口国外，为我国打击走私和反恐作出了贡献。

2003 年，核研院又在二维成像检测系统的基础上研制成功了国际首创的钴-60 集装箱 CT 检测系统。"十五"攻关验收专家认为，该系统"在国际上属首创"，"为打私、反恐斗争提供有力的手段……具有十分重要的意义和非常广阔的应用前景"。2008 年，"移动式轿车垂直透视检查系统"研制成功，并应用于北京奥运会体育场馆。

2009 年，核研院研制的高精度 X 射线测厚仪实验成功。测厚仪样机在轧机现场环境下能够长期稳定运行，与轧机 AGC 匹配良好，测量精度与稳定性等各项指标达到甚至超过美国环球测厚仪公司同类产品水平，能够切实满足冷轧钢带生产要求。高精度 X 射线测厚仪的研制成功，使核研院在工业核测控领域又迈出了坚实的一步。

4. 非核领域

在科学技术为国民经济建设服务的方针指导下，核研院开展了非核领域的科学研究和科技开发，积极把核能技术以及由核能技术的发展而带动起来的各种新技术推广应用到国民经济的许多部门和领域，诸如石油、电力、冶金、化工、机械、电子、轻工食品、农业、医药等方面，取得了明显的效益。

例如，把物理模拟、数值模拟的研究方法用于石油部门，与克拉玛依油田、辽河油田合作开展稠油热采的研究，有 6 项成果通过国家级鉴定，为提高我国稠油热采技术作出了积极贡献。核研院自行研制的二维和三维两套油藏物理模拟装置，处于国内领先地位，达到国际水平；自行开发的三维三相多组分稠油热采软件，具有国外最新热采软件相同的功能，而在计算速度与计算能力上都超过了国外，这套软件已在我国所有的稠油田得到了广泛的应用，取得了良好的经济效益。

把溶剂萃取技术应用于湿法冶金和稀土分离领域，完成了金川二期工程应用溶剂萃取法分离精炼镍钴新工艺研究，作为金川资源综合利用研究的一个组成部分，获 1989 年国家科技进步特等奖。采用溶剂萃取新工艺、新设备，建成了完整的高纯稀土分离提纯工业性试验系统。

在处理放射性三废的基础上开展环境技术研究，20 世纪 80 年代中期，开展了钠焰法空气过滤系统现场检测和检漏装置研究并获得成功，针对温室效应引起的环境问题开展了二氧化碳利用的多项研究，进行了城市污水深度处理地下回灌技术研究。

能源软科学研究也取得了很大进展。核研院在我国较早采用系统工程方法进行能源系统分析和能源政策研究，编制了中国中长期能源需求预测模型，对未来我国能源需求量进行了预测。针对全球气候变化带来的影响，进行了全球气候变化的政策和经济学研究，为我国开展环境外交和气候变化国际谈判提供了有力的技术支持。进入 21 世纪之后，核研院又围绕我国可持续发展中面临的能源与资源管理问题进行了研究。

核研院还在我国率先引进了先进的核安全分析方法——概率风险评价，参加了广东大亚湾核电站安全审评工作，并较好地完成了编制核安全规程、审查核安全报告、培训与考核核电站运行人员等任务。

核研院在继续保持原有特色，不断加强核领域的创新能力的基础上，积极开展新能源研究，经过几年的努力，已经初步形成了以氢能为重点，包括新能源材料、新型电池、太阳能光电、生物质能等方面的学科布局，在一些方面已经取得进展，并在国内占有一席之地。

（二）科学研究获奖情况

从 1978 年至 2010 年，核研院共获国家级奖项 25 项，其中国家科技进步奖特等奖一项、国家科技进步一等奖三项；获部委省市级奖项 172 项，其中特等奖一项、一等奖 25 项。

从 1985 年国家实行专利法以来，至 2010 年，核研院共申请专利 583 项，获授权 427 项，其中"反应堆控制棒用对孔式水力步进缸""液-液膜分相萃取分离设备""深水池式供热堆"3 项获得首批专利。

从 1979 年至 2010 年，核研院在国内外学术杂志和国内外学术会议上发表学术论文 8 976 篇，自 1994 年以来，被 SCI 收录的论文 1 800 篇。

核研院 1978 年至 2010 年科研获国家级奖项情况见表 19-38-8。

表 19-38-8　核研院 1978 年—2010 年科研获国家级奖项情况

序号	获奖时间	项目名称	获奖等级	获奖者
1	1978	核测量多道幅度分析器	全国科学大会奖	核研院
2	1978	核燃料后处理工厂工程研究和设计	全国科学大会奖	核研院

序号	获奖时间	项目名称	获奖等级	获奖者			
3	1978	活性炭滤纸快速测氡气和气球法快速测氡方法的研究	全国科学大会奖	核研院			
4	1978	屏蔽实验用原子反应堆	全国科学大会奖	核研院			
5	1987	国家十二个重要领域的技术政策	国家科技进步一等奖	吕应中	邱大雄	田嘉夫	
6	1987	氩气区熔中子嬗变掺杂单晶硅（NTD）的研制及推广应用	国家科技进步二等奖	杜光庭 郭 瑾等	张达芳	刘开敏	徐小琳
7	1987	离心萃取器的研究与开发应用	国家科技进步三等奖	李慎文	周嘉贞等		
8	1987	中长期国家能源模型系统	国家科技进步三等奖	吕应中 寇纪松	刘 豹 张阿玲	顾培亮	吴宗鑫
9	1987	北京市生态系统特点与环境规划研究	国家科技进步三等奖	刘德顺			
10	1988	KG200A-10kHz 高频晶闸管	国家科技进步三等奖	王培清 王均平	张 斌	陈永麒	王东光
11	1988	核电站安全分析软件	国家科技进步三等奖	奚树人 张育曼	彭木彰	郑文祥	赵诩民
12	1988	同位素数字直读式测厚仪	国家发明三等奖	王泽民			
13	1989	金川资源综合利用	国家科技进步特等奖	公锡泰等			
14	1990	舒城等 12 个试点县农村能源建设综合规划方法及其应用	国家科技进步三等奖	顾树华	何建坤	邱大雄等	
15	1990	反应堆控制棒步进式水力驱动系统	国家发明二等奖	吴元强	王大中	胡月东	董 铎
16	1992	5 兆瓦低温供热试验堆	国家科技进步一等奖	王大中 郑文祥 吴鸿麟 李仲三	董 铎 吴元强 张达芳 蒋滨森	马昌文 高祖瑛 郭人俊 王永庆	林家桂 罗经宇 施永长
17	1994	三烷基（混合）氧膦（TRPO）的萃取性能及从高放废液中萃取分离锕系元素的研究	国家自然科学三等奖	朱永䞍 杨大助等	宋崇立	焦荣洲	
18	1995	制造陶瓷核燃料 UO_2 微球的全胶凝工艺	国家发明三等奖	徐志昌	张 萍	唐亚平	张富宏
19	1998	我国二氧化碳排放量预测及减排技术选择研究	国家科技进步三等奖	何建坤 顾树华 郭 元 于素花	吴宗鑫 韦志洪 刘 滨 赵秀生	吕应运 尚春生 王彦佳	张阿玲 马玉清 孙永广
20	1999	从高放废液中去处除锕系元素的中国 TRPO 流程	国家发明二等奖	朱永䞍 王建晨	宋崇立 梁俊福	焦荣洲 刘秉仁	
21	1999	溶剂萃取处理氰化浸金贫液新工艺研究与应用	国家科技进步三等奖	公锡泰 王欣昌等	杨明德	王俊峰	党 杰

续表

序号	获奖时间	项目名称	获奖等级	获奖者			
22	1999	农村能源系统分析与规划方法	国家科技进步三等奖	邱大雄 苏明山	何建坤	顾树华	马玉清
23	2001	钴-60 数字辐射照相集装箱检测系统	国家技术发明二等奖	安继刚 向新程	周立业 王立强	邬海峰	吴志芳
24	2004	高放废液全分离流程萃取设备（核用离心萃取器）研究	国家技术发明二等奖	于文东 段五华	周嘉贞 宋崇立	刘秉仁	吴秋林
25	2006	10兆瓦高温气冷实验反应堆	国家科技进步一等奖	王大中 苏庆善 薛大知 经荣清	吴宗鑫 唐春和 钟大辛 王瑞偏	徐元辉 刘继国 高祖瑛 周惠忠	孙玉良 何树延 张作义

六、实验室和生产车间

2010 年，核研院有一个北京市重点实验室（北京市精细陶瓷实验室）和一个教育部重点实验室（先进反应堆与安全实验室），两个校级实验室（核电站模拟培训中心实验室和精细陶瓷实验室），11 个院级实验室（反应堆综合利用实验室、低温核供热实验室、热工水力学实验室、稠油热采实验室、萃取实验室、核化学化工实验室、新材料实验室、半导体器件中频技术实验室、应用核技术实验室、环境技术应用实验室、先进反应堆工程实验室）。

另有一个校办厂（电力电子厂）和一个车间（金工间）。

（一）核电站模拟培训中心实验室

始建于 1986 年，设在校内西主楼，使用面积 250 平方米，国家共投资约 500 万元。该实验室拥有一台从美国引进的 900 兆瓦压水堆核电厂模拟器和一套从美国引进的 Concept32/6741D 计算机，可用于对核电厂操纵员的教学培训，进行与核电厂模拟技术有关的研究以及多方面的核电安全研究。2004 年 12 月，经国家核安全局批准设备按规定报废，该中心迁移至昌平核研院内。

（二）反应堆综合利用实验室

建成于 1964 年，是核研院最早的实验室之一，使用面积 1 523 平方米，主体设备为屏蔽试验反应堆。具备 1 米×1 米辐照孔道及其配套设备、水下窥视镜、反应堆及其系统设备、7 个不同尺寸的水平辐照孔道、15 个垂直辐照孔道及配套设备，主要从事生物辐照试验、电子元器件抗核加固试验、防伪标识用核孔膜的研究与生产、中子照像技术研究等。

（三）低温核供热实验室

该实验室为 5 兆瓦低温核供热堆，始建于 1986 年，总使用面积 1 500 平方米，其设备为 1989 年建成的 5 兆瓦低温核供热堆以及 1991 年建成的发电实验室和 1992 年建成的制冷实验室。

（四）热工水力学实验室

建于 1965 年，建筑面积 1 500 平方米，辅助面积 200 平方米。1992 年获清华大学一级实验室称号，2000年10月作为先进反应堆与安全实验室获教育部重点实验室称号，2001年4月成为教育部核科学技术网上合作研究中心清华分中心。配备有测控平台、数据采集系统、压力变送器、压差变送器、转子流量计、记录仪表、色谱分析仪、温度控制器等设备。从事高温气冷堆关键技术研究、先进堆关键技术研究、流体力学基础研究、高温热工艺利用研究、海水淡化技术研究。

（五）稠油热采实验室

建于1992年，总使用面积135平方米。配备一维、二维、三维油藏装置系统、HP数据采集器和数据处理系统、粘度计和其他仪器，先后承担了"七五"国家重点科技攻关项目"稠油热采"，对真空物理模拟的应用与发展进行了深入的理论研究，"八五"国家重点科技攻关项目"石油水平井钻采成套技术"。

（六）萃取实验室

始建于1966年，总使用面积3 900平方米。配备有超临界溶剂萃取装置、微藻养殖系统、离心萃取器半工业试验台架、液-液萃取实验系统、空气干燥系统、电化学分析仪、红外光谱仪、燃料电池测试台、高压天平等仪器，从事绿色过程化学、材料化学与电池技术研究。

（七）核化学化工实验室

始建于1966年，扩建于2001年，实验室面积3 000平方米，甲级放化实验室，也是清华大学一级实验室。配备有气相-红外联用、紫外光谱、高压液相、ICP-AES、ICP-MS、原子吸收、超低本底液闪仪、多通道α谱仪、高纯Ge γ谱仪、热重仪、离子色谱、超临界相平衡仪、激光粒度测量仪、比表面测量仪、时间分辨激光荧光测量仪等设备。主要从事乏燃料后处理、先进核燃料循环、高放废液分离、锕系与镧系元素分离、脉冲萃取柱和核用离心萃取器、高温堆制氢以及核孔膜等相关的基础和技术研发工作。

（八）新材料实验室

建于1964年，实验室面积2 730平方米。原名材料实验室，1992年改名为新材料实验室。实验室拥有世界唯一的球形燃料元件生产线和性能检测设备，还配备用于材料合成制备的设备、高中低温真空热处理炉、高温化学气相沉积系统、自动磨抛机、球磨机、粉碎设备、各种机加工设备以及用于材料性能评价的仪器。高温气冷堆燃料元件研究是该实验室的主要方向。

（九）精细陶瓷实验室

精细陶瓷实验室于1987年6月成立，建筑面积近3 000平方米，配备有全套的包括精细陶瓷超微粉体制备、精细陶瓷部件的成型、烧结、无损检测及各种先进的测试仪器设备，并具备精细陶瓷产品的研发及中试条件。1995年被确认为清华大学新型陶瓷与精细工艺国家重点实验室分室，2001年6月被确认为首批北京市重点实验室。

（十）半导体器件中频技术实验室

建于1980年，总面积1 200平方米，包括功率半导体器件实验室、中频电源实验室和晶闸管模块实验室。研究各种电力半导体器件，拓展各种电力半导体器件的应用领域，开发各种大功率高频和超音频电源。

（十一）应用核技术实验室

建于 1964 年，总使用面积 3 500 多平方米。实验室拥有钴源大型客体 DR/CT 系统，工业高精度 CT 检测系统、X 射线凸度仪、测厚仪、箱包行李检查系统、轿车垂直透视安检系统等大型设备，以及百居里钴-60 探伤源、工业高能 X 射线机、二维平板阵列探测器、高纯锗、碲锌镉、碘化钠等探测器、数字多道谱仪、2GHz 高频示波器、逻辑分析仪等专业设备。建有多个专业实验室和配套生产车间。有实验大厅 2 个，X 射线工作室一个，配套包括探测器研发、核电子学、辐射图像处理、机械设计、自动控制、软件开发等多个专业组，以及电离室生产车间、电子学焊接车间、氩弧焊车间，可以完成多种核探测设备产品级的研制加工任务。

（十二）环境技术应用实验室

始建于 1967 年，包括暖通实验室、放射性废水处理及固化实验室、钴源实验室、水处理实验室等，总建筑面积 1 450 平方米。

（十三）先进反应堆工程实验室

2010 年 6 月投入使用，建筑面积 7 000 平方米。实验室分为实验大厅及配楼两大部分，实验大厅东西长 104 米，南北宽 34.7 米，高 24.7 米。实验室供电能力达到 10MW，配有 32 吨和 5 吨天车各一部，是清华大学最大的单体实验室。实验室主要用于进行与高温气冷堆相关的大型实验，建有为国家重大专项"高温气冷堆示范电站"进行的十多项工程验证实验平台，其中"大型氦气工程试验回路"中电加热器的电加热能力达到 6MW。

（十四）电力电子厂与金工间

电力电子厂的前身为 1980 年 6 月成立的器件车间。该厂是清华大学生产效益突出的校办厂之一，包括功率电子器件研究室、半导体器件中频技术实验室和器件车间、整机车间两个生产车间，目前已经初步形成了一个包括从元件、器件至整机的电力电子高新技术产业的雏型和教学、科研、生产三结合基地。

金工间建于 1964 年，承担科研项目中部分专用设备的加工任务。

七、对外合作与交流

早在改革开放初期，核能所就开始了国际交流与合作，并将其作为发展科学技术、赶超国际先进水平的重要途径。20 世纪 70 年代末到 80 年代，核能所有计划地陆续选派一批骨干教师长期出国，密切结合本专业，尽量选择具有国际先进水平的研究课题或方向进行进修，并跟踪本学科的发展前沿。这批教师回国后，在各自的工作岗位上都发挥了骨干作用，作出了突出贡献。

开展国际交往 30 多年来，核研院获得欧洲联盟、联合国开发计划署、国际原子能机构、世界银行、亚洲开发银行、亚太开发中心、联合国教科文组织、加拿大国际发展研究中心、联合国粮农组织等 10 多个国际组织的多项技术援助，与约 40 个国家的高等学校和科研机构开展了不同形式的国际科技交流与合作。与美国麻省理工学院、斯坦福大学、德国柏林工业大学、亚琛大学等著名高等学府，美国橡树岭国立实验室、爱达荷国立实验室、德国于利希研究中心、卡尔斯鲁厄研究中心、日本原子能研究所、瑞士联邦 PSI 研究所、俄罗斯库尔恰托夫研究所等著名的研究机构，德国西门子公司、美国 GE 公司、法国法马通公司等著名企业保持密切的联系。1997 年，经中国国家科委和美国能源部达成协议，在核研院成立了中美能源环境技术中心。1999 年，成立了清华大学能源环境经济研究院（3E 研究院），在中日两国政府的指导和支持下，与日本庆应大学开展合作。2004 年，根据中韩两国核能科技合作框架协议，成立了中韩核能制氢联合研究中心。

从 1979 年至 2010 年，核研院共派出短期出国（境）人员 3 413 人次，长期出国（境）人员 247 人次；共接待国外及港澳台来宾 14 502 人次。南非总统姆贝基（Thabo Mvuyelwa Mbeki），摩洛哥首相阿卜杜勒-拉赫曼·尤素福，国际原子能机构总干事布利克斯（Hans Blix）、巴拉迪（Mohamed Elbaradei）、天野之弥（Yukiya Amano），法国研究与新技术部部长克洛蒂·艾妮蕾（Claudie Haignere），美国能源部部长亚伯拉罕（Abraham），美国核学会主席 L. R. Foulke，美国核管会主席 Nils Diaz 都曾来核研院访问。核研院先后聘请著名核能专家德国西门子-电站联盟副总裁、德国总理科尔的核能顾问弗莱厄（Hans Frewer），德国"高温气冷堆之父"、于利希研究中心反应堆研究所所长、德国科协主席苏尔登（Schulten），德国著名核材料专家、于希利研究中心核材料研究所所长尼克尔（Nickel），德国卡尔斯鲁厄研究中心中子物理和反应堆技术研究所所长、德国反应堆安全委员会主席凯斯勒（Kessler），美籍华人核安全专家、美国国立阿贡实验室多相流研究所所长沙曾鲁 5 位国际知名人士为客座教授，2003 年，聘请模块式高温气冷堆发明人、德国 Lohnert 教授和"磁轴承之父"、瑞士技术科学院院士 Schweitzer 为讲席教授。2009 年，Lohnert 教授荣获中华人民共和国授权国家外国专家局设立的表彰外国专家的国家"友谊奖"。

从 1996 年至 2010 年，核研院共主办国际会议 87 次，如先进型沸水堆技术研讨会、高温气冷堆发展和应用研讨会、亚洲太平洋地区核能研讨会、新能源国际研讨会、第三届综合资源规划国际研讨会、第八届亚洲氢能会议等。

通过 30 余年的国际交流与合作，核研院获得了很大的收益，提高了学术水平，改善了科研软、硬件条件，提升了研究人员的水平，提高了核研院的知名度。1990 年 9 月，德国于利希研究中心根据该中心与清华大学核能所 1985 年签署的合作进行高温气冷堆技术研究的协议，将一批关键设备包括试验回路氦风机、氦气净化系统、高压氦气压缩机、高压氦气罐及氦气阀门等 40 项 54 台件，无偿赠送并运抵核能所。这批无偿赠送的重要设备使核研院高温气冷堆研究的氦气试验回路节省研制和建设费用 150 万元。经过多年努力，在我国外交部、外经贸部、国家科委、核工业总公司和国家核安全局的大力支持、指导和帮助下，在德国友好人士的协助下，经巴黎统筹委员会批准，由德国核化学冶金公司（NUKEM）无偿赠送给核研院的价值 490 万美元的高温气冷堆燃料元件制备部分设备，于 1995 年 5 月 10 日安全运抵核研院。这些燃料元件制造设备的引进成功，不仅节省了近 4 000 万人民币的投资，还赢得了近 3 年的时间，对于保证国家"863"计划重点项目 10 兆瓦高温气冷堆的建成，发挥了重要作用。以此为基础，核研院研发建成了目前世界上唯一的一条高温气冷堆球形燃料元件生产线，为高温气冷堆技术的进一步研发和实现产业化打下了坚实的基础。

第三十九节 高等研究院

一、沿革

高等研究院原名高等研究中心，正式成立于 1997 年 6 月。

1996 年 6 月，时任清华大学校长王大中、副校长梁尤能与诺贝尔奖获得者、美国纽约州立大学石溪分校理论物理研究所主任杨振宁教授磋商在清华大学成立一个开展基础科学研究的专门机构，根据美国普林斯顿高等研究院的经验定名为"高等研究中心"，并聘请杨振宁教授担任中心名誉主任。1997 年 5 月，学校通过了《清华大学高等研究中心章程》。1997 年 6 月 2 日至 3 日，"清华大学高等研究中心成立大会暨 21 世纪基础科学的展望研讨会"在清华大学举行，江泽民主席于 6 月 2 日在人民大会堂接见了参加大会的中、外科学家。经中国科学院院长周光召的推荐，学校聘请美国纽约州立大学石溪分校理论物理研究所荣休教授聂华桐担任中心主任。高等研究中心成立初期，暂时借用经济管理学院（伟伦楼）的部分房间办公。

1998 年，杨振宁先生在香港成立了"清华大学高等研究中心基金会"，积极在香港和美国为高研中心筹募经费。基金会对高研中心的发展，尤其是对人才的引进起了非常重要的支撑作用。

1999 年 10 月 2 日，"清华大学高等研究中心落成典礼"及"清华大学高等研究中心基金会赞助人芳名牌揭幕仪式"在清华大学新理科大楼（后命名为蒙民伟理科楼）举行，高等研究中心使用该楼西翼的部分房间，同时王大中校长向杨振宁颁发了清华大学教授聘书。

2001 年 12 月 14 日，2001—2002 学年度第 6 次校务会议讨论通过了《关于进一步加强高等研究中心建设若干问题的意见》，决定高等研究中心实行独立建制，隶属学校，按照修订的《清华大学高等研究中心章程》的规定运行。

2002 年 6 月，高等研究中心在新理科大楼西翼的扩建工程基本竣工，开始投入使用。

科学馆（Science Building）是曾经培养出一大批杰出的中国物理学家和数学家的清华大学早期四大建筑之一，2005 年学校决定对科学馆进行加固和修缮，给高等研究中心和周培源应用数学中心作为办公地点，这项工程得到了国家的大力支持。2007 年 4 月，该工程完工，高等研究中心迁入了修葺一新的科学馆。

2009 年 4 月 9 日，2008—2009 学年度第 12 次校务会议讨论通过了《关于成立清华大学高等研究院的决定》，决定成立清华大学高等研究院，简称高研院，同时撤销清华大学高等研究中心的建制。2010 年，学校通过了《清华大学高等研究院章程》。

与高等研究中心有关的其他基础设施建设还包括专家公寓和高访公寓。为妥善安置杨振宁教授、林家翘教授回国定居和在清华大学工作，国家拨付专款在清华大学校园内修建专家公寓，并于 2005 年 5 月竣工，杨振宁教授和林家翘教授喜迁新居。后来姚期智教授回国工作，也迁入了专家公寓。此外，为帮助高等研究中心解决来访学者居住的问题，美国友人赛蒙斯夫妇捐资 100 万美元给高等研究中心兴建高访公寓，并提议命名为陈-赛蒙斯楼。该公寓第一期工程的 3 栋楼房于 2005 年 10 月竣工并交付使用，第二期工程的 1 栋楼房于 2009 年初竣工并交付使用。陈-赛蒙斯楼为来高等研究中心访问和工作的国内外学者提供了比较舒适的居住环境和方便的功能设施。

1997 年 6 月至 2010 年 12 月，聂华桐教授担任（原）高等研究中心主任和（现）高等研究院院长。

二、教学科研组织

高等研究中心/高等研究院是一个整体的科研实体，主要开展基础科学方面的理论研究工作。研究的领域本着少而精的原则，选择具有高度学术价值和广阔创新前景的学科，包括凝聚态物理、冷原子物理、纯数学、理论生物物理、理论计算机科学等，但不划分研究室。

高等研究中心/高等研究院培养博士研究生，但不接收本科生和硕士研究生。

2005 年 1 月，清华大学校务会议决定成立"中国考古与艺术史研究所"，聘请普林斯顿大学艺术与考古系前主任、纽约大都会艺术博物馆顾问方闻为清华大学讲席教授和研究所主任，行政挂靠在高等研究中心。

三、教职工

高等研究中心/高等研究院参照普林斯顿高等研究院的人员设置模式，科研人员的职称定为教授、研究员、副研究员，教授为长期职位。同时聘请国内外的杰出科学家为讲座教授或兼职教授。

1998 年，高等研究中心/高等研究院被批准设立物理学和数学博士后流动站，至 2010 年底先后接收国内外博士后研究人员 40 人。

2010 年教师队伍情况见表 19-39-1。教授名录及任职时间见表 19-39-2。

表 19-39-1　2010 年高等研究院教师队伍状况

职务	教授	研究员	副研究员	"千人"教授	兼职教授
人数	5	1	8	2	8

表 19-39-2　高等研究中心/高等研究院教授名录

姓名（任职时间）	姓名（任职时间）	姓名（任职时间）
杨振宁（1997—　）	聂华桐（1997—　）	林家翘（1999—2002 去数学中心）
顾秉林（1997—　）	姚期智（2004—　）	廖沐真（1997—2006 退休）
吴念乐（2006—　）	翁征宇（2001—　）	王小云（2005 调入—　）
翟　荟（2009—　）	张首晟（2009 调入—　）	文小刚（2009 调入—　）
朱邦芬（2000—2003，2003—　兼职）	王亚愚（2008—　）	徐　湛（1997—2007 退休）
张广铭（1998—2004 调物理系）	吴　健（2004—2007 调物理系）	刘玉良（2000—2006 调出）
吕　嵘（2007—2007 调物理系）		

自"长江学者奖励计划"设立以来，经教育部批准，高等研究中心聘请了 6 位知名学者担任长江讲座教授：

张首晟（Stanford，物理，2000—2005）；

文小刚（MIT，物理，2000—2005）；

张寿武（Columbia，数学，2000—2005）；

李东海（UC-Berkeley，物理，2001—2006）；

华泰立（UC-San Diego，生物物理，2002—2005）；

尤　力（Georgia Tech，物理，2005—2008）；

张首晟和文小刚从 2010 年起又被聘为"千人计划"教授。

双聘教授：

欧阳钟灿（2001—　）；于渌（2001—　）；沈向洋（2005—　）；郭百宁（2005—　）；苏肇冰（2001—2010）。

四、教学

高等研究中心/高等研究院不接收本科生，但吸收清华本科生到高研院学习，参加研究训练、进行毕业论文等。从 1998 年由工理基科班第一届开始，许多喜好理论的学生会选择来此研究学习，参加老师的课题小组，在老师指导下进行科研训练，学生还在这里组织了读书班。

高等研究中心/高等研究院只在应届本科毕业生中招收直博生，所录取的学生来自全国多所高等院校，招生学科包括物理学、数学和计算机科学。这些直博生按照相应学科的培养方案完成学分要求，在高等研究中心/高等研究院的博士生导师指导下开展研究工作、撰写博士学位论文、进行论文答辩，然后向相应学科的学位评定分委员会提出学位申请，经审查和批准后被授予相应的博士学位。

高等研究中心/高等研究院自成立至 2010 年底共有 27 名直博生完成学业并获得了博士学位，其中有一批优秀的博士毕业生正日渐成为国际瞩目的学术新星。

高等研究中心/高等研究院不开设本科生和研究生课程，但是部分教师在本校的其他理科院系承担有教学任务。

五、科学研究

高等研究中心/高等研究院在凝聚态物理、冷原子物理、理论计算机科学（包括密码学）的研究方面取得了在国内外产生较大影响、享有较好声誉的研究成果。

凝聚态物理领域的研究成果主要是在高温超导的微观机理、拓扑绝缘体/拓扑超导体、强关联电子系统等方面。冷原子物理领域的研究成果主要是在模拟规范势、自旋-轨道耦合系统、费米气体系统等方面。密码学的研究成果主要是破解了几个已在国际上通用多年、占有关键地位的密码算法。

2006 年，王小云教授先后获得中国科学院颁发的"陈嘉庚科学奖"（信息技术）和香港求是科技基金会颁发的"求是杰出科学家奖"。

六、对外合作与交流

高等研究中心/高等研究院的学术标准是力求和国际一流水平接轨，因此积极开展国际学术交流是始终全力以赴的措施。

1. 聘请国际一流的学者担任高等研究中心/高等研究院学术委员会委员，请他们对研究工作进行咨询，并帮助评核研究人员。2010 年高等研究院学术委员会委员名单：

甘子钊（北京大学物理系）；

田　刚（美国普林斯顿大学数学系）；

沈　平（中国香港科技大学物理系）；

李东海（美国加州大学伯克利分校物理系）；

张寿武（美国哥伦比亚大学数学系）；

郑绍远（中国香港科技大学数学系）；

华泰立（美国加州大学圣迭戈分校物理系）；

欧阳钟灿（中科院理论物理所）；

何天伦（美国俄亥俄州立大学物理系）。

2. 在郑家发先生和微软亚洲研究院的捐赠支持下，设立"杨振宁诺贝尔讲坛"，特别邀请诺贝尔奖级的国际学者来校发表演讲并进行学术交流。

杨振宁诺贝尔讲坛历次演讲者名单（12 位）：

Robert Laughlin，1998 年诺贝尔物理学奖获得者，2001 年；

Murray Gell-Mann，1969 年诺贝尔物理学奖获得者，2002 年；

Douglas D. Osheroff，1996 年诺贝尔物理学奖获得者，2003 年；

姚期智（Andrew Chi-Chih Yao），2000 年图灵奖获得者，2003 年；

Gerardus't Hooft，1999 年诺贝尔物理学奖获得者，2004 年；

Avi Wigderson，普林斯顿高等研究院教授，Yoram Ben-Porat 杰出科学家，2005 年；

陈鸿渭（Moses H. W. Chan），1996 年低温物理 Fritz London 奖获得者，2005 年；

Wolfgang Ketterle，2001 年诺贝尔物理学奖获得者，2005 年；

Richard Karp，1985 年图灵奖获得者，2006 年；

P. James E. Peebles，2004 年邵逸夫奖获得者，2006 年；

Masatoshi Koshiba 小柴昌俊，2002 年诺贝尔物理学奖获得者，2009 年；

Adi Shamir，2002 年图灵奖获得者，2009 年。

3. 积极邀请海内外学者到高等研究中心/高等研究院参加学术会议和进行短、中期学术访问。在近 3 年（2008 年到 2010 年）中，到访高等研究中心/高等研究院的学者共计 134 人，其中有 118 位来自国外。

第四十节 周培源应用数学研究中心

一、沿革

周培源应用数学研究中心是在国际著名应用数学家林家翘先生的倡议下于 2002 年建立的研究型实体中心。其宗旨是：推动数学和经验科学的交叉研究，促进应用数学和经验科学的共同发展，活跃学术思想，开展国际学术交流与合作，培养具有创新能力的应用数学人才。

2002 年，中心的办公地点在理科楼西翼，2004 年迁入荷二楼办公，2007 年正式落户于科学馆一层。

中心聘任长期和短期的研究员开展应用数学的研究，同时培养应用数学专业的博士生和博士后。

中心历任主任及学术委员会主任名录见表 19-40-1。

表 19-40-1 中心历任主任及学术委员会主任名录

姓 名	职 务	任职时间
林家翘	名誉主任	2002—
谢定裕	主任	2002—2008
雍稳安	代理主任	2008
佘振苏	学术委员会主任	2002—

二、教职工

2010 年底统计，中心编制的教师队伍有教授（研究员）2 人：林家翘（聘期 2002 年 8 月— ）、雍稳安（聘期 2005 年 12 月— ）。另有副教授（副研究员）2 人。聘请访问教授黄克逊、杨建科、李兆平等知名学者来中心讲学，进行学术交流。已经出站的博士后 2 人，在站博士后 3 人。

三、教学

中心只招收博士研究生，至 2010 年 12 月，有博士生 4 人，已经毕业 4 人。

2010 年，周培源应用数学研究中心为全校开设三门研究生课程：系统生物学的数学方法、蛋白质结构动力学、非线性双曲偏微分方程，同时还开设了随机微分方程（讨论班）课程。

四、科学研究

中心成立以来，承担国家自然科学基金项目三项（细胞凋亡过程的快慢尺度分析；影响果蝇翅膀发育的基因调控网络的数学模型；复杂介质波动方程反演中的多尺度混合优化方法研究），以及博士点基金、清华大学自主研究计划、骨干人才支持计划支持的多项科研课题。

至 2010 年底，在国内外学术刊物及国际学术会议上共发表论文 30 余篇。发表专著两部：《系统生物学——建模，分析，模拟》和《弹性波动方程的有限差分数值方法》。

五、对外合作与交流

2008 年及 2010 年，主办两次"非线性波理论及其应用"国际会议，会议规模在 150 人左右，其中境外来宾 120 人左右。2006 年主办第二届应用数学前沿研讨会（国际会议）。

2002 年至 2010 年先后聘请了讲席教授 4 名、客座教授 6 名来中心进行学术交流。

中心人员到美国、加拿大、日本、德国、新加坡等国的大学、研究机构进行访问，开展合作研究，应邀作学术报告等学术交流活动。

第四十一节　信息技术研究院

一、沿革

（一）组建与发展

20 世纪 80 年代以来，随着信息革命和信息化浪潮的发展，清华大学信息领域的相关学科有了长足发展，但在基础性、前沿性的创新探索研究方面相对薄弱，并且学科、系（所）彼此分隔，综合优势难以发挥。2002 年底，清华大学召开第 15 次科技工作讨论会，会议以科技创新推动科研管理体制改革为主题，提出"要在信息、生命、能源等领域瞄准国家战略需求发挥学科优势，凝练主攻方向，组织攻关团队，争取和承担国家重大任务"。这些攻关团队是按任务来组织队伍的，信息技术研究院就是按照这样的目标组建起来的科研实体。按照这一思路，信息学院决定在全院工程型、系统型研究基础较好的领域抽调一部分教师组成若干技术研究中心，与各系分开独立管理，组建全新建制的信息技术研究院（简称信研院）。

2003 年 4 月 16 日，经清华大学 2002—2003 学年度第 10 次校务会议讨论决定，清华大学信息技术研究院正式成立。信研院由若干技术研究中心以及多个与海内外企业合作成立的联合研发机构组成,一方面承接较大的工程型、系统型的国家重大项目,另一方面开展学科交叉与融合的基础性创新探索研究。

2003 年 5 月,信研院成立无线与移动通信技术研究中心、数字电视技术研究中心和微处理器与片上系统技术研究中心,并设立未来信息技术研究中心。无线移动中心前身为清华大学电子工程系微波与数字通信技术国家重点实验室 931 工程研究室。数字电视中心大部分技术骨干来自于数字电视传输技术研发中心(1999 年 7 月由清华大学电子工程系微波与数字通信技术国家重点实验室与凌讯科技公司共同组建)。微处理器中心由清华大学计算机科学与技术系、微电子研究所等单位联合成立,是面向微处理器研究、开发和应用的实体。FIT 中心前身为清华大学信息学院网络多媒体技术与协同工作研究中心,是信研院中长期重点发展方向的孵化器。

2003 年 6 月,"软件技术与工程中心"转入信研院,分别成立操作系统与中间件技术研究中心和 WEB 与软件技术研究中心,骨干教师主要来自清华大学计算机科学与技术系。

2003 年 11 月,信研院成为清华信息科学与技术国家实验室技术创新与开发部。

2004 年 1 月,成立电子封装技术研究中心,由微电子所代管。技术人员来自于清华大学微电子学研究所与美国 E-pack 的专家团队。后经中心提议,同时与微电子所充分协商,中心于 2007 年 8 月由信研院转出,由微电子所单独管理。

2004 年 5 月,信研院从中央主楼迁入信息大楼。

2007 年 2 月,成立语音和语言技术研究中心。中心教师来自清华大学计算机科学与技术系智能技术与系统国家重点实验室语音技术中心、电子工程系网络与人机语音通信研究所语音处理技术研发室、电子工程系语音芯片研发组、信研院 FIT 中心、清华信息科学与技术国家实验室的计算机与人工智能研究部等部门。中心面向语音和语言处理技术领域,以语音识别、说话人识别、语言理解为主要研究方向,研发具有自主知识产权的技术和应用。

(二)历任党政和学术负责人

信研院历任党政负责人名单和学术委员会、指导委员会主任名录见表 19-41-1 和表 19-41-2。

表 19-41-1　信研院历任党政负责人名录

院长、常务副院长	任职时间	党支部书记	任职时间
院长:龚　克(兼)　常务副院长:李　军	2003-04—2004-04 2004-04—2004-12	吉吟东	2003-12—2006-03
院长:李　军	2004-12—2007-05	汪东升	2006-03—2009-03
	2007-05—2010-07	曹军威	2009-03—
	2010-07—		

表 19-41-2　信研院历任学术委员会及指导委员会主任名录

职　务	姓　名	任　期
学术委员会主任	王　京	2006-04—
第一届指导委员会主任	李衍达	2003-04—2005-04
第二届指导委员会主任	龚　克	2005-04—2008-04
第三届指导委员会主任	张　钹	2008-04—2010-04

二、技术研究中心

信研院下设若干技术研究中心，各中心主要情况见表 19-41-3。

表 19-41-3　信研院各研究中心简介

成立时间	中心名称	研究方向
2003-05	无线与移动通信技术研究中心	研究开发支持 GSM、GPRS、WCDMA、TD-SCDMA 和 WLAN 等标准的多模移动通信终端专用芯片，并提供完整的系统解决方案；研究开发支持移动通信网与无线域网无缝漫游的无线通信集成系统。 完成由国家发改委、科技部和信产部组织的"中国第三代移动通信系统研究开发项目（C3G）"并获得国家科技进步二等奖
2003-05	数字电视技术研究中心	研究开发地面数字电视广播传输标准（DTMB）及其高、中、低传输速率的多工作模式兼容终端专用芯片和系统解决方案，研究开发支持移动接收广播网与无线单频广播网且具有自主知识产权的系统和设备。 2006 年 8 月，以中心为主要技术提供方的《数字电视地面广播传输系统帧结构、信道编码和调制》标准成为强制性国家标准
2003-05	微处理器与片上系统研究中心	主要研发领域包括 IC 芯片设计、软硬件协同的设计与验证、系统软件与开发工具、片上系统与应用、计算机性能评价、低功耗设计技术、定制设计技术等。 中心自主研发的 32 位嵌入式微处理器 THUMP，面向国内外市场广泛应用，拥有多项发明专利
2003-06	操作系统与中间件技术研究中心	以下一代因特网应用的新型网络操作系统与中间件技术为主要研究方向，并积极参与在移动电话、数字电视、网络计算机等国家重大应用项目的开发工作，使新型操作系统和中间件技术成为自主知识产权的完整解决方案的组成部分，并且在网络技术、普适计算、网格计算、信息微尘设备等前沿领域开展独特的研究工作
2003-06	WEB 与软件技术研究中心	主要研发领域包括：大型信息系统的测试技术，软件测试工具研究；网络环境下的海量数字媒体管理平台；Web 服务和语义 Web，Java 技术、XML 技术和构件库等技术。中心编写的《政务信息资源目标体系》部分内容于 2007 年 9 月正式颁布为国家标准
2004-01—2007-07	电子封装技术研究中心	在电子封装技术的设计、工艺、材料、可靠性及失效分析等方面开展研究与探索，建设系统级封装（SiP）的技术平台
2007-02	语音和语言技术研究中心	以语音识别、说话人识别、语言理解为主要研究方向，通过探索和建立有效的"产学研"模式，研发具有自主知识产权的技术和应用，推动应用基础研究和技术创新。2008 年 3 月，中心起草的《自动声纹识别（说话人识别）技术规范》标准正式颁布为行业标准
2003-05	未来信息技术研究中心	以酝酿信息领域多学科合作的重大项目为宗旨，是服务于信息学院学科群建设和信研院技术创新储备的平台，中心目前的主要研究领域包括：信息安全保护、交通电子信息、视频媒体处理、电子商务技术等

三、教职工

（一）历年教职工人数统计

历年教职工人数统计见表 19-41-4。

表 19-41-4　信研院历年教职工人数统计

年份	在编人数	事业编制	非事业编制	博士后	年份	在编人数	事业编制	非事业编制	博士后
2003	85	27	55	3	2007	129	44	80	5
2004	140	32	103	5	2008	145	43	96	6
2005	146	36	102	8	2009	185	45	133	7
2006	133	43	84	6	2010	200	43	144	13

（二）2010 年底在院教师情况

截至 2010 年底，信研院在编人员共计 200 人，其中事业编制人员 43 人，博士后 13 人，企业编制人员和合同制人员 144 人。另有兼职研究员 6 人，校内外兼职人员 94 人。其中，事业编制人员中具有正高级专业技术职务的有 7 人，副高级专业技术职务 24 人，中级专业技术职务 11 人，六级职员 1 人。事业编制人员中，具有博士学位的 34 人，硕士学位 7 人，其他 2 人。

（三）教授/研究员名录

截至 2010 年底，信研院任职的教授、研究员名录见表 19-41-5。

表 19-41-5　信研院教授、研究员名录

姓名（任职时间）	姓名（任职时间）
李　军（2003 回国确认—　）	王　京（2003 由电子系调入—　）
宋　健（2005 回国确认—2010 调电子系）	郑　方（2004 由计算机系调入—　）
王兴军（2003 由电子系调入—2009 调深圳研究生院）	汪东升（2003 由计算机系调入—　）
许希斌（2005—　）	邢春晓（2008—　）
姚丹亚（2007—2010 调自动化系）	赵　明（2009—　）

四、辅助教学

（一）概况

按照学校的要求，信研院的学生培养工作要为学科建设作贡献，但学科建设以系为依托，因此信研院从 2003 年开始招收研究生（2004 年入学），研究生的培养过程管理和学位审查工作仍由相关系所负责。

信研院严格按照学校对信研院在教学方面的定位，充分落实"学科归属到系，学籍管理到系"的方针，积极协助、配合包括电子系、计算机系、自动化系、微电子所和软件学院在内的各个学生学籍管理单位，在推荐免试研究生、本科生在院综合论文训练、研究生开题和答辩等各个环节，严格管理学生的培养工作。

截至 2010 年底，共有 285 名研究生来信研院学习（其中含硕士生 238 人、博士生 47 人）；共毕业硕士生 246 人，博士生 23 人（含 2003 年前入学）；先后有 224 名本科生在信研院进行了毕业生设计及综合论文训练。在承担大量科研工作的同时，信研院教师从 2004 年至 2010 年先后积极承担了 39 门课程的教学工作（含实验室科研探究课）。

（二）历年来院学习研究生情况

2003 年至 2010 年在信研院学习的研究生人数见表 19-41-6。

表 19-41-6　2003 年—2010 年在信研院学习的研究生人数

研究中心	入学年份							
	2003	2004	2005	2006	2007	2008	2009	2010
无线与移动通信技术研究中心	9	14	12	9	6	6	7	8
数字电视技术研究中心	6	7	7	7	5	4	3	3
微处理器与片上系统技术研究中心	8	9	9	6	7	7	4	5
操作系统与中间件技术研究中心	3	6	3	2	1	1	—	—
WEB 与软件技术研究中心	3	4	5	4	2	2	3	3
电子封装技术研究中心	—	—	1	1	1	1		
语音语言技术研究中心	—	—			4	3	4	3
FIT 技术研究中心	4	6	11	8	9	6	6	7
合计	34	46	48	37	35	29	27	29

（三）开设课程情况（基础课、专业课、试验课）

从 2004 年起，信研院教师在承担大量科研工作的同时，开始按学科归属在各系参与教学工作，截至 2010 年先后共承担了 40 余门课程的教学任务，分为基础课、专业课、试验课三类。

基础课包括：微计算机系统设计、语音信号数字处理、网络安全、高性能计算导论。

专业课包括：多媒体技术及应用、智能交通系统概论、多媒体与网络、宽带无线数字通信、CDMA 系统工程、嵌入式系统设计与实践、计算机科学技术专业实践、通信网络设计实例研究、计算机系统结构、存储技术基础、网络安全探讨、射频通信系统课程设计、移动通信终端设计、信号处理原理、软件开发方法、无线通信发展历程、现代通信原理、近代数字信号处理、无线通信工程、互联网信息处理专题、系统分析理论及方法、自然语言处理、信号与系统（英）、可信计算平台与可信网络连接、先进计算技术应用、软件项目管理、计算机程序设计基础、微处理器设计、C++程序设计与训练、英文科技写作与报告、敏捷供需链管理、企业网络与"系统集成"、密码学及安全计算。

试验课（实验室科研探究课）包括：宽带无线移动通信、嵌入式微处理器设计、网络安全原理与技术、计算机系统结构专业实习、密码学与信息安全。

教学成果中，获得国家精品课及清华大学教学一等奖情况见表 19-41-7。

表 19-41-7　信研院获得国家精品课及清华大学教学成果一等奖情况

年份	课程名称	奖项	授课教师
2008	计算机系统结构	国家精品课	汪东升
2009	汇编语言程序设计	国家精品课	鞠大鹏
2009	实验室科研探究——嵌入式微处理器设计	国家精品课	李兆麟

年份	课 程 名 称	奖 项	授课教师
2009	实验室科研探究——网络安全原理与技术	国家精品课	陈 震 李 军 薛一波 亓亚烜
2009	实验室科研探究——宽带无线移动通信	国家精品课	王 京 粟 欣
2007	"计算机专业实践"课程的创新与实践	清华大学教学成果一等奖	汪东升
2007	基于信息技术的政府管理能力培养——公共管理教育中电子政务类课程与教学实验平台建设		邢春晓

此外，建院以来，在信研院教师指导下，获得清华大学"优秀博士毕业生"2人，清华大学本科生"优秀毕业生""优良毕业生"7人，获选清华大学"良师益友"1人；指导的研究生论文中有清华大学校级优秀论文8篇、系级优秀论文3篇；SRT计划优秀组织奖2项，优秀项目奖1项；还获得清华大学第二十一届学生实验室建设指导奖1项；2003年至2010年信研院教师邬晓钧担任清华ACM代表队主教练，连续8年获得优异成绩。

五、科学研究

（一）概况

信研院自成立伊始，始终围绕信息领域学科交叉的技术创新支撑平台和重大项目组织平台进行科学研究工作，重点把握产业迫切需要的重大技术方向，将清华大学的综合学科优势与满足国家急需相结合，抓住产业和学科进步的重大机遇，在核心技术方向积极组织和参与国家重点和重大项目。在国家新一代宽带无线移动通信网、"核高基"等重大专项项目实施中发挥着核心技术作用，承担了数百项国家纵向项目、国际合作项目以及产业合作项目，陆续推出一批创新成果，形成一批自主知识产权，参与制定国家和行业标准，支持和推动我国民族产业的发展，为我国经济和社会可持续发展的重大项目和相关产业提供技术支持。

2003年至2010年信研院科研经费统计见表19-41-8。

表 19-41-8 信研院科研经费统计　　　　　　　　　　　　　　　　　　万元

年份	重大项目	其他项目	总计	年份	重大项目	其他项目	总计
2003	500	251	751	2007	2 976	3 007	5 983
2004	1 580	527	2 107	2008	1 772	3 556	5 328
2005	2 132	2 254	4 386	2009	3 705	2 214	5 919
2006	1 191	2 359	3 550	2010	5 535	2 529	8 064

1. 科研方向

信研院的科研方向主要为以下三个方面，这些研究方向覆盖全院，不受技术研究中心的划分和限制。

（1）信息系统与服务：电子商务/政务、高速列车运行控制/客服信息系统、海量数字媒体管理系统。

（2）网络与传输：宽带无线移动通信及标准、3G/4G/BWA、DTV 地面传输标准。

（3）信息安全与处理：信息安全与灾备、语音和语言处理、多模态生物特征识别。

2. 承担重大专项

信研院面向国家利益需求和产业进步需要，建立重大项目组织平台，在国家信息化建设中承担战略性、前沿性、前瞻性的重大项目，创造对经济发展、社会进步和国家安全有重要作用的研发成果。在"863 计划"重大项目"新一代蜂窝移动通信系统链路传输技术"等的研发基础上，信研院与十多家学校和企业合作，承担了国家重大专项"IMT-Advanced 新型无线传输技术研发"课题；在"863 计划"重点项目"32 位高性能嵌入式处理器"等项目的研发基础上，信研院还牵头承担了国家"核高基"领域的重大专项课题。

3. 产业合作

信研院注重与国内外相关领域单位建立良好的合作关系，通过项目合作、共建机构和灵活有效的成果转化等多种方式，与合作单位形成共赢的互动关系。几年来与 Samsung、NEC、Actuate、Sony、Intel、IBM、ASTRI、Agilent 等国外企业以及国内数十家重点企业进行了相关领域的合作研究，在无线移动通信、数字电视技术、微处理器技术、海量信息处理技术等方面取得突破。从建院至 2010 年底，信研院承担横向科研项目 341 项，其中国际合作项目 132 项，见表 19-41-9。

表 19-41-9　2003 年—2010 信研院横向科研项目统计　　　　　　　　　　　　　　　项

年　份	2003	2004	2005	2006	2007	2008	2009	2010
横向项目	5	34	50	74	59	54	31	34
国际合作	1	10	10	29	30	26	13	13

从建院至 2010 年底，信研院与国内外知名企业建立了 23 个联合研发机构，并且与企业形成了密切合作伙伴关系。在无线宽带城域网、铁路客运服务信息系统、客运专线客票交易系统、监管农村信用社贷款风险研究、数字水印领域的人机交互、版权保护、数据灾备技术、声纹识别核心技术等研究领域形成了一批有影响力的成果。

至 2010 年底，信研院联合研发机构见表 19-41-10。

表 19-41-10　信研院联合研发机构

序号	时　间	联合研发单位名称	合作单位
1	2003-07—2006-07	数字媒体研究所	清华-国光电器股份有限公司
2	2003-11—2006-01	智能交通系统技术研究中心	深圳市博康科技发展有限公司
3	2003-12—2006-12	华录信息技术研究所	中国华录集团有限公司
4	2004-07—	数字互动技术研究所	北京永新同方信息工程有限公司
5	2004-07—	应用通信系统研究所	天津通信广播集团有限公司
6	2004-10—2006-01	应用电子系统研究所	天地融科技有限公司
7	2004-12—2007-01	数字电视机卡分离研究所	北京数字太和科技有限责任公司
8	2004-12—2007-12	集成电路研究所	瑞萨公司

续表

序号	时　间	联合研发单位名称	合 作 单 位
9	2005-06—2011-04	数据安全研究所	北京威视数据系统有限公司
10	2005-07—2008-07	多媒体传输芯片技术研究所	上海联丰微纳电子技术有限公司
11	2005-08—2008-08	媒体信息技术研究所	神州亿品科技有限公司
12	2005-09—2008-09	声纹处理实验室	北京得意升文技术有限公司
13	2006-02—	金融工程研究所	北京金名创业信息技术有限责任公司
14	2006-03—2009-03	金融信息技术研究所	北京宇信鸿泰科技发展有限公司
15	2006-03—	轨道交通自动化研究所	北京全路通信信号研究设计院
16	2007-07—2009-05	数字版权管理联合研究实验室	Intertrust Technologies
17	2007-07—	多媒体广播与通信联合实验室	香港应用科技技术研究院（ASTRI）
18	2007-01—2010-04	多媒体通信联合研究中心	展讯通信（上海）有限公司
19	2007-10—2010-10	宽带无线城域网研究中心	天津（新技术产业园区）
20	2008-05—	内容分发网络研究所	北京蓝讯通信技术有限责任公司
21	2009-12—	数据和知识工程研究中心	广东环天电子技术发展有限公司
22	2009-06—	环境监测技术联合研究所	广州市怡文科技有限公司
23	2010-11—	先进视听技术联合实验室	四川长虹电器股份有限公司

4. 成果转化

为促使信研院和信息学院各系所的研究成果更好更快地实现产业化，信研院重视与企业的良性互动，并通过灵活的机制和有效的政策促进发明专利等知识产权的形成、交换、共享与转让，与合作单位形成共赢的互动关系。

在数字电视地面传输标准方案的研发中采用了"知识产权共享"的方式进行转化；TD-SCD-MA基带芯片的研发中采用了"知识产权交换"的方式，以及"知识产权转让"的方式将发明专利授权给战略合作伙伴企业。

据不完全统计，信研院建院以来已转让专利成果数十项，获得了知识产权收益数百万元。

5. 标准工作

标准化工作对提高我国产品质量、工程质量和服务质量，规范市场秩序，发挥着重要保证和技术支持作用。信研院积极参与了一系列国家和行业标准的起草和制定，并正在努力跻身国标标准的主流，已发布的标准见表19-41-11。

表 19-41-11　信研院参与制定的国家和行业标准（已发布）

数字电视地面广播传输系统帧结构、信道编码和调制	第一起草人，标准号：GB 20600—2006
政务信息资源目录体系（第1、2、6部分）	主要起草人，标准号：GB/T 21063.1—2007、GB/T 21063.2—2007、GB/T 21063.6—2007
数字电视接收设备条件接收接口规范 第2-1部分 通用传送接口（UTI）技术规范	主要起草人，标准号：SJ/T 11376—2007

续表

数字电视接收设备条件接收接口规范 第 2－1 部分 通用传送接口（UTI）测试规范	主要起草人，标准号：SJ/T 11377—2007
自动声纹识别（说话人识别）技术规范	第一起草人，标准号：SJ/T 11380—2008
安防生物特征识别应用术语	副主任委员、第二起草人，标准号：GA/T 893—2010

6. 省（部）校合作

探索省（部）校合作，是信研院产学研合作的新思路和创新点。几年来，信研院与国家相关部委积极合作，根据国家中长期规划设想，积极组织各相关领域的攻关，提出有自主创新的项目建议。根据《铁道部与清华大学战略合作协议》，信研院联合校内相关单位积极承担了多项"铁道部——清华大学科技研究基金"和铁道部多项重大攻关课题，为促进铁路技术创新和跨越式发展作贡献。在新的产学研合作探索中，信研院组织了各种形式的地方政府和企业交流与对接活动，各技术研究中心积极参加起草重点重大项目的建议。与广东省合作的产学研合作示范项目"亚运城市名片"在广州亚运会期间取得了良好的赞誉，与广东省相关重点企业联手建立了 3 个校企联合研发机构，为广东省的地方经济发展注入活力。此外，信研院与浙江清华长三角研究院等开展了紧密合作，依托清华大学在信息领域的综合优势，面向地区新兴信息产业发展的需求，为地方科技进步、人才培养和经济建设服务。

（二）科研成果

信研院获国家级奖项及专利申请、授权情况分别见表 19-41-12 和表 19-41-13。

表 19-41-12　信研院获国家级奖项情况

序号	年份	获奖科研成果	奖　　项	获奖人（排名）
1	2004	中国第三代移动通信系统研究开发	国家科学技术进步奖二等奖	王　京（3）
2	2007	高性能集群计算机与海量存储系统	国家科学技术进步奖二等奖	汪东升（4）　　鞠大鹏（8） 张悠慧（9）
3	2008	司法语音自动分析和鉴别系统	公安部科学技术奖三等奖	郑　方（1）
4	2008	中国广播影视数字版权管理需求白皮书	国家广播电影电视总局软科学奖二等奖	赵　黎（1）
5	2008	数字档案馆建设方案研究	国家档案局优秀科技成果奖三等奖	邢春晓（1）　　杨吉江（2） 李　超（5）
6	2009	无线移动图像传输系统（动中通）	中国电子学会电子信息科学技术奖二等奖	王　京（1）　　赵　明（2） 许希斌（3）等

表 19-41-13　2003 年—2010 年信研院专利成果统计　　　　　　　　项

年　份	2003	2004	2005	2006	2007	2008	2009	2010
申请专利	13	13	19	27	22	35	42	49
授权专利	6	17	9	10	18	12	25	35

六、对外合作与交流

信研院建院至 2010 年底，共有来自美国、日本、法国、奥地利、古巴等世界各地区的 308 个代表团组及个人来访信研院，并邀请国际著名学者举办学术报告会 144 场。截至 2010 年底，信研院共有 311 人次出访美国、日本、德国、英国、芬兰等世界各国和地区，参加国际学术会议、合作考察和访问参观等活动，其中 2006 年至 2007 年参加学术活动并应邀作特邀报告 13 人次。

七、实验室和研究基地

为促进仪器设备的有效利用和资源共享，信研院自 2008 年 9 月起，利用院内各技术研究中心在"211 工程"和"985 工程"建设期间购置的仪器设备，通过用户协作共用网的方式建设了以电子测试为主的公共技术服务平台，为信息学科建设提供科学仪器设施和专业化服务，促进交叉学科的发展，支撑重大技术的创新。

信研院先后制定了《信研院电子测试平台协作公用网章程》《电子测试平台收费标准》《电子测试平台协作共用网入网设备分级清单》以及《电子测试平台实验室开放收入管理办法》，并起草了《电子测试合同》规范文本，以规范平台管理工作。

电子测试公共技术服务平台分阶段面向院内单位、清华大学各院系，及全社会科研企事业单位提供开放服务，截至 2010 年底，已有 9 家会员单位入网，入网仪器达 56 台，仪器总价约 490 万元。已经为 30 多项纵向课题提供了服务，其中支持"973"计划项目 4 项、"863"项目 3 项，并合作完成了"高速宽带集成光源中微波与光波相互作用机理研究""网络终端系统'AD'芯片""异构协同仿真平台""移动多媒体广播传输系统技术研究和设备开发""通讯系统'射频模块''天线系统'测试""'AP＋BP'宽带协同接入系统研究"等相关项目。

第四十二节　交叉信息研究院

一、沿革

清华大学交叉信息研究院，简称交叉信息院，2010 年 12 月 30 日经清华大学 2010—2011 学年度第 9 次校务会通过成立。交叉信息研究院为实体机构，目标为建设世界一流的交叉信息研究中心和人才培养基地，推动理论计算机科学和量子信息科学的发展，培养具有国际竞争力的创新人才。院长姚期智，世界著名计算机学家，2000 年计算机科学最高奖图灵奖得主，首位

也是迄今为止获此殊荣的唯一一位华裔计算机科学家，美国科学院院士，美国科学与艺术学院院士，中国科学院外籍院士。

2004 年，姚期智辞去普林斯顿大学终身教授教职，全职进入清华大学执教，先后创办计算机科学实验班（2005 年筹建，2006 年开始招生，原名软件科学实验班，2009 年更名为计算机科学实验班）、理论计算机科学研究中心（2005 年筹建，2007 年成立）。2010 年 12 月 30 日，交叉信息研究院成立，理论计算机科学研究中心挂靠交叉信息研究院。

姚期智带领交叉信息院在计算机科学与技术学科和物理学学科两大方向上开展学科交叉建设，致力于理论计算机科学、量子信息、信息安全、网络科学四大领域的科研教学工作，并提出与众不同的人才培养新思路。2010 年 8 月 19 日至 20 日，清华大学组织开展计算机科学与技术学科的首次国际评估，以美国康奈尔大学 John Hopcroft 教授为首的评估专家组对姚期智所领导的研究机构过去 5 年来的飞跃式发展给予了极高肯定。

二、教学科研组织

交叉信息研究院目前设置 1 个研究中心和 2 个国际交流合作研究中心。

（一）理论计算机科学研究中心

清华大学理论计算机科学研究中心，简称理论计算机中心，强调计算机科学与数学的交叉，筹建于 2005 年，经 2007 年 11 月 1 日清华大学 2007—2008 学年度第 4 次校务会通过成立。中心的目标是为中国计算机科学的研究和教育打造一条"超级公路"，成为计算机学科领域的世界领军团队。现任主任姚期智，副主任王跃宣。

（二）清华大学-麻省理工学院-香港中文大学理论计算机科学研究中心

清华大学-麻省理工学院-香港中文大学理论计算机科学研究中心，简称理论计算机科学联合中心，经 2009—2010 学年度第 21 次校务会通过成立。联合中心在 3 所学校的校内承担单位分别为：清华大学理论计算机科学研究中心、麻省理工学院计算机科学与人工智能实验室和香港中文大学理论计算机科学与通讯科学研究所。该中心是麻省理工学院在中国成立的第一个联合中心，同时还是清华大学乃至中国高校和美国顶级大学在理论计算机科学领域建立的第一个联合中心，在清华大学和香港中文大学两校的中心主任由姚期智教授担任，在麻省理工学院的中心主任由 Silvio Micali 教授出任。

（三）清华-奥胡斯交互计算理论中心

清华大学交叉信息院与丹麦奥胡斯大学计算机系合作申请国家自然科学基金-丹麦国家研究基金项目，建立交互计算理论中心，于 2010 年 10 月正式启动。中心在清华大学一方的主任为姚期智教授，在奥胡斯大学一方的主任为 Peter Bro Miltersen 教授。研究方向包括计算复杂性理论、密码学、量子信息学和博弈论。

三、教职工

在姚期智的带领下，交叉信息研究院组建了强大多样化的师资团队。截至 2010 年 12 月，包括全职教师、博士后、讲席教授、兼职教师、访问教授和教育职员在内的教职员工共计 55 名。

（一）在职教师

交叉信息研究院有教授 3 人，他们是：

姚期智（2004 调入—　），王跃宣（2009—　），段路明（2010 调入—　）。

另有副教授 1 人，助理教授 5 人，助理研究员 1 人，兼职教师 2 人。已经出站博士后 1 人，在站博士后 3 人。

（二）讲席教授

聘请的讲席教授名录见表 19-42-1。

表 19-42-1　交叉信息研究院讲席教授名录

讲席教授	姓名（工作单位）	姓名（工作单位）
第一期讲席教授组（2003—2006）		
首席科学家	姚期智（美国普林斯顿大学、中国清华大学）	
成员	邓小铁教授（中国香港城市大学）	堵丁柱教授（美国德州大学达拉斯分校）
	李明教授（加拿大滑铁卢大学）	蔡进一教授（美国威斯康星大学）
	尹依群博士（美国普林斯顿大学）	滕尚华教授（美国波士顿大学）
	姜涛教授（美国加州大学河滨分校）	刘燕虹副教授（美国纽约大学石溪分校）
	Ker-I Ko 教授（美国纽约大学石溪分校）	Zhong Shao（美国耶鲁大学）
第二期讲席教授组（2007—2010）		
首席科学家	姚期智（兼首席科学家）	
成员	Sanjeev Arora（美国普林斯顿大学）	Avrim Blum（美国卡内基梅隆大学）
	Bernard Chazelle（美国普林斯顿大学）	Francis Y. L. Chin（中国香港大学）
	Oded Goldreich（以色列魏兹曼科学研究院）	Shafi Goldwasser（美国麻省理工学院兼以色列魏兹曼科学研究院）
	Fan Chung Graham（美国加州大学圣迭戈分校）	Ronald Graham（美国加州大学圣迭戈分校）
	Maurice Herlihy（美国布朗大学）	Sanjeev Khanna（美国宾夕法尼亚大学）
	Francis Lau（中国香港大学）	Silvio Micali（美国麻省理工学院）
	Christos Papadimitriou（美国加州大学伯克利分校）	Dana Ron（以色列特拉维夫大学）
	Nir Shavit（以色列特拉维夫大学）	Madhu Sudan（美国麻省理工学院）
	Mario Szegedy（美国鲁特格斯大学）	Luca Trevisan（美国斯坦福大学）
	Umesh Vazirani（美国加州大学伯克利分校）	Avi Wigderson（美国普林斯顿大学高等研究中心）
	Frances Foong Yao（中国香港城市大学）	Uri Zwick（以色列特拉维夫大学）

（三）访问教授

Andrej Bogdanov（香港中文大学）；

堵丁柱（德克萨斯大学达拉斯分校）；

施尧耘（密歇根大学）；

Anastasios Viglas（悉尼大学）；

张胜誉（香港中文大学）。

（四）兼职教授

陈　卫（微软亚洲研究院，北京）。

四、教学

（一）本科生教学

根据姚期智"精英教育从本科开始"的人才培养思路，2005年"软件科学实验班"启动；2006年3月招收首批2004级和2005级学生，学籍挂靠计算机系，由姚期智亲自制订培养方案和教学计划，施行独立的培养模式，这个班被清华师生亲切地称为"姚班"；2009年4月，"软件科学实验班"更名为"计算机科学实验班"；2009年9月，"计算机科学实验班"被率先纳入清华大学"清华学堂拔尖创新人才培养计划"；2010年9月25日，"计算机科学实验班"学生学籍从计算机系转入理论计算机科学研究中心；2010年12月30日，"计算机科学实验班"学生学籍归入交叉信息研究院。交叉信息研究院院长姚期智为"计算机科学实验班"首席教授，交叉信息研究院副院长王跃宣为项目主任。

计算机科学实验班每年招生30人左右，致力于培养与美国麻省理工学院、普林斯顿大学等世界一流高校本科生具有同等、甚至更高竞争力的领跑国际拔尖创新计算机科学人才。"姚班"专注于"因材施教"和"深耕精耕"相结合的特色人才培养模式；设置阶梯式培养环节：前两年实施计算机科学基础知识强化训练，后两年实施"理论和安全""系统和应用"两大方向上的专业教育；着力营造多元化、富有活力的学术氛围，建立多方位、多层次的国际学术交流平台；并通过"Yao Award"和"预研计划"等特色培养环节提升人才培养质量。

针对基础学科教学，姚期智亲自为计算机科学实验班制订培养方案，编写教学计划，特设核心课程15门，并亲自执教其中6门。计算机科学实验班设置的15门核心课程见表19-42-2。

表 19-42-2　计算机科学实验班核心课程设置

年　级	学　期	课　程　名　称	学分	教　　员
一年级	秋季	计算机入门	3	John Steinberger
	春季	计算机应用数学	3	姚期智　王跃宣
二年级	秋季	程序设计与算法基础	4	王跃宣
		理论计算机科学（1）	4	姚期智　孙晓明
	春季	理论计算机科学（2）	4	姚期智　孙晓明　Kevin Matulef
		互联网算法	3	姚期智
		现代软件工程	4	邹　欣
三年级	秋季	高等算法	4	Periklis Papakonstantinou
		量子计算	3	姚期智
		操作系统	4	张永光

续表

年 级	学 期	课 程 名 称	学分	教 员
三年级	春季	分布式计算（基础与系统）	4	陈 卫
		计算生物学	3	王跃宣
		密码学基础	4	Christophe Tartary
		当前计算机研究热门课题	2	姚期智
四年级	秋季	计算机科学研究实践	15	各著名研究院所的高级研究主管

截至 2010 年 7 月，计算机科学实验班送走了三届毕业生，共 81 人。其中有 42％的同学选择留校继续读研，54％的同学申请出国留学（赴美国麻省理工学院、斯坦福大学、卡内基梅隆大学、宾夕法尼亚大学等世界名校深造），4％的同学进入 IBM、网易等知名计算机企业工作。截至 2010 年 12 月，"姚班"学生在本科期间已发表和已被接收的论文超过 42 篇，其中作为通信作者或主要完成人的有 26 篇，在 IEEE GLOBECOM、WWW、ICDM、SOSP 等顶级国际会议上进行宣讲。历届"姚班"学生在学期间屡获姚奖学金（Yao Award)、摩根士丹利奖学金、计算机世界奖学金、西南联大奖学金以及 ACM/ICPC、国际数学建模竞赛等各项荣誉。2010 年 8 月，计算机学科国际评估中，评估专家委员会主席 John Hopcroft 教授评价"姚班""拥有最优秀的本科生和最优秀的本科教育"。

（二）研究生培养

交叉信息研究院研究生教育为落实国际化学生培养的计划，长期聘请国际知名学者和访问教授，开设组内课程和专题讲座，派遣优秀研究生前往欧、美及中国香港地区的著名高校交流学习，为学生提供多种实践机会。2004 年 9 月至 2010 年 11 月，所培养研究生学籍在计算机系，2010 年 12 月转入交叉信息研究院。截至 2010 年 12 月，已培养 16 名博士毕业生，受聘于国际信息科学重点科研单位如哥伦比亚大学、普林斯顿大学、微软亚洲研究院等知名研究机构从事科研工作。

五、科学研究

在姚期智的带领下，截至 2010 年 12 月，交叉信息研究院承担的科研项目有：国家重点基础研究发展计划（"973"）项目 1 项，国家高技术研究发展计划（"863"）项目 1 项，中国国家自然科学基金委（NSFC）项目 3 项，中国工程科技中长期发展战略研究项目 1 项（见表 19-42-3），在安全计算学、无线传感器网络等课题上取得了突出的研究成果，并在计算理论与算法方面处于世界领先地位。

表 19-42-3 交叉信息研究院承担的科研项目

类 别	项 目 名 称	负 责 人	批 准 号	执行年限
"973"计划	安全计算学重大理论问题研究	姚期智	2007CB807900	2007-05—2011-08
"863"计划	农业生物—环境信息获取无线传感器网络技术研究	王跃宣	2006AA10Z216	2006-12—2010-10
NSFC	Cryptography in Secure Distributed Computing	Christophe Tartary	61050110147	2010-07—2011-06

续表

类　别	项 目 名 称	负 责 人	批 准 号	执 行 年 限
	量子网络平台 20 年计划	王跃宣	U0970121	2009-11—2010-06
NSFC	面向可溯源的设备网格服务链模型推理和验证研究	王跃宣	60604033	2007-01—2009-12
NSFC	通讯及量子计算复杂性	姚期智	60553001	2006-01—2008-12

截至 2010 年 12 月，交叉信息院师生在国际各高端学术会议和杂志上共发表论文 170 多篇（含已接收论文），其中具有重要理论意义和学科价值的论文超过一半，获评国际会议最佳论文奖 3 篇，在多方安全计算、并发环境可证明安全模型、量子证明系统和实用量子密码分析方向上取得根本的创新，这些成绩实现了我国信息科学领域研究参与国际信息科学学科研讨历史上的零的突破，填补了领域空白。

六、对外合作与交流

截至 2010 年，交叉信息院（理论计算机中心）接待近 200 人次国内外知名学者来访，其中包括 8 位图灵奖（Turing Award）得主：Edmund Clarke（2007 年），Juris Hartmanis（1993 年），John Hopcroft（1986 年），Richard Karp（1985年），Michael Rabin（1976年），Raj Reddy（1994年），Adi Shamir（2002 年），Ronald L. Rivest（2002 年）以及 3 位奈望林纳奖（Rolf Nevanlinna Prize）得主：Avi Wigderson（1994 年），Leslie Valiant（1986 年），Alexander Razborov（1990年）。国际学术交流活动，为学生拓宽学术眼界提供了最为便利的条件，截至 2010 年 12 月，来访学者共进行学术报告 156 场。

与此同时，交叉信息研究院积极为本科生、研究生提供出国参加顶尖学术会议、参与国际学术交流的机会。截至 2010 年 12 月，已选拔逾 300 人次优秀学子赴美国、澳大利亚、意大利、新加坡、日本等国家和中国香港地区的著名高校访问交流。

自 2007 年以来，清华大学交叉信息研究院（理论计算机科学研究中心）已成功举办 10 余次有分量的国际学术会议，包括 PKC 2007、CSTCS 2008、ChinaCS 2020、ICS 2010 等。

理论计算机科学明日之星交流会，是理论计算机科学领域内一年一度的盛会，自 2007 年开始已成功举办 5 届，旨在聚集世界范围内计算机科学领域有才华的年轻学子，提供了解主流研究领域、触碰前沿学术成果的国际化交流平台。

计算机科学创新研讨会，是姚期智创办的高级别国际学术研讨会，在理论计算机领域开辟了一个全新的视野，为更好地把握未来计算机科学的发展态势以及推动计算机科学的进一步发展提供了新的设想和模式。2010 年 1 月，交叉信息院（理论计算机中心）主办首届研讨会（ICS 2010），同步推出会议论文集，由清华大学出版社独立出版，此举在清华大学举办的国际计算机学术会议中开创先河。

中国理论计算机科学人才培养研讨会，2008 年 10 月 13 日—17 日举办，会议邀请数十位有很高国际声望的理论计算机科学领域专家，不仅提供了一个国际化的领域人才培养互动交流平台，同时也增加了国际社会对我国科技文化的认识，推进了我国计算机科学知识的进步与发展。

中国计算机 2020 研讨会，2009 年 10 月举办，邀请了来自世界一流大学的 14 位世界计算机科学的领军人物，包括 7 位图灵奖获得者，着眼于不同角度就计算机科学未来 20 年的发展方向进行讨论，并就中国建设世界一流计算机学科提出了战略建议。此次研讨会上，姚期智教授提出"中国计算机科学2020计划"的发展战略——集合中外学者的力量，全力打造中国计算机科学的"超级公路"，从培养本科生开始，一直到研究生、博士后和教授，直至拥有世界一流的研究人才，有步骤地使中国在2020年成为计算机科学的一流基地。这一计划受到国家领导人的高度重视，正在积极推进中。

第十届"国际公钥密码学会议"暨国际公钥密码学第十周年大会，2007年4月17日举办，这是PKC大会首次在中国举办。来自密码学领域的100多位中外专家会聚清华园，就签名、分析、协议、密码系统等问题进行了交流，推动了国内的密码学研究工作。

第四十三节　深圳研究生院

一、沿革

深圳研究生院成立于2001年，是由清华大学和深圳市政府合作创建的高层次人才培养和高科技研究基地。2000年1月25日，深圳市委书记张高丽与清华大学校长王大中院士会谈时，提出创办深圳大学城、清华大学首家入驻建设的构思。同年10月14日，深圳市政府与清华大学签署合作创建清华大学深圳研究生院的协议书。2001年4月23日，国家教育部下发教研函〔2001〕3号文，正式批准成立清华大学深圳研究生院，明确深圳研究生院直属清华大学，为清华大学唯一的异地办学机构，是清华大学创建世界一流大学的组成部分。同年6月8日，清华大学深圳研究生院正式挂牌成立，举行了首次学科规划论证会。12月21日，深圳研究生院理事会第一次会议召开，确定了深圳研究生院目标任务和管理体制。

建院伊始，深圳研究生院利用深圳清华大学研究院大楼等基础设施条件进行办公、教学和实验室建设。建成南园餐厅和体育运动场，租用高新公寓作为师生宿舍，建起了图书阅览室和院网站。按照"边建设，边办学"的方针，先期开展人才培养、学科规划、队伍建设、基础建设等各方面的工作。依托学校多学科综合优势，服务深圳区域经济和社会发展，重点进行新兴、交叉学科建设，建立"政-产-学-研"紧密型合作新机制的基本原则，信息科学与技术、生命科学与技术、材料、先进制造、环境、物流、工业设计、应用数学等十个学科领域与相关研究方向通过深圳研究生院首批学科规划论证并分步启动建设。工商管理、公共管理、法学、人文社科等第二批学科规划也先后启动。人才培养工作在保持清华大学优良传统和学风的基础上，利用深圳的区域优势，进行全日制理工科研究生为主体，兼有包括工商管理、公共管理、工程领域、法律等专业在职研究生的人才培养工作。设立了院办公室、培养处、科技处、行政处、财务处5个管理机构。制定了财务、人事等主要工作制度。

2002 年，成立了信息、管理、工程和文理 4 个学部，信息学部重点建设宽带网与多媒体、软件工程、网络工程、集成电路、信息通信等学科方向和研究实体；工程学部重点建设环境、材料、先进制造、能源与电工新技术等学科方向与研究实体；管理学部重点建设物流、经济管理、公共管理、项目管理等学科方向与实体；文理学部重点建设海洋生物、媒体传播、设计艺术、应用数理、人文社科等学科方向与研究实体。对内设机构作了新的功能定位和整合，设立培养处、科技处、资源管理处、办公室、新闻中心 5 个管理机构。举行了首批 MPA 开学典礼，这是深圳市第一批开始接受培养的 MPA，同时开学的还有 MBA、JM、计算机、电子、建筑等多个专业的在职研究生新生。依托校本部开始培养博士后。2001 级全日制研究生中的 101 人在校本部完成了一年课程学习之后到深圳报到，成为深圳研究生院迎来的首批全日制学生。10 月，经清华大学校党委批准，深圳研究生院直属党支部正式成立。

2003 年 2 月，提出"国际性、复合式、创业型"的人才培养特色。4 月，胡锦涛总书记在广东省委书记张德江的陪同下到深圳清华大学研究院和清华大学深圳研究生院视察，听取了工作汇报。4 月，深圳研究生院成立首届学术委员会，关志成任主任。成立首届工会委员会，李晓燕为工会主席。5 月，提出学科建设要体现"高原效应""尖峰效应""拳头效应"的思路，首批启动物流、无线通信、环境、新材料、生命科学、能源电工、应用数理和管理科学等 8 个学科。7 月，清华大学首次异地学位授予仪式在深圳研究生院举行。

2003 年 10 月，迁至深圳大学城办学。12 月，进行管理机构改革，原有的 6 个处级部门合并成 3 个，即院办公室、培养处、科技处。至 2003 年底，有教学楼 2 栋、行政办公楼 2 栋、学生公寓 3 栋，实验室楼 6 栋，教室 44 间，语音教室 2 间，多功能会议室 1 个，国际报告厅 1 个，食堂、社康中心等辅助设施 1 栋，图书阅览室及学生活动书屋各 1 个，机房 2 个，羽毛球场 2 个，足球场 1 个，篮球、排球、网球场各 4 个。学院占地面积为 19.34 万平方米，建筑面积为 8.93 万平方米。

2004 年，深圳研究生院初步具备规模培养研究生的条件，对研究生培养模式适时进行了调整：全日制研究生培养由全院研究生第一年在北京校本部上课、其后两年在深圳学习，转变为大部分研究生入学到深圳报到、三年学业主要在深圳完成。首批 400 名 2004 级全日制研究生新生在深圳报到上课。在原有四大学部的基础上增设了生命科学学部，重点开展创新药物和医疗器械领域前沿研究，构建生物学、医学、信息科学、工程科学和管理科学紧密结合的生命科学与技术学科体系，以及与生物医药产业、个人和社会健康保障系统紧密结合的技术平台与体系。获广东省科技厅批准组建"广东省化学生物学重点实验室"，这也是深圳市第二家省重点实验室。环境工程与管理研究中心博士后张维昊经过考核，获准离站，成为深圳研究生院第一位出站博士后。深圳研究生院学部部、教学督导组、安全工作领导小组、实验室建设管理委员会先后成立。9 月，经学校党委常委会议决定，成立深圳研究生院直属党总支，撤销深圳研究生院直属党支部。

2005 年，成立深圳研究生院学生工作指导委员会、院信息资源与服务中心。首次与校本部同步举行了全日制研究生的清华英语水平 Ⅱ 考试。首次在深为全日制研究生开设了网球、篮球、形体 3 门体育课。首次组织研究生进行暑期社会实践。博士后首次获得一等博士后基金资助。

2006 年，深圳市政府资助 9 000 万元与清华共建国家级重点实验室。广东省教育部产学研结合立体视频研发基地落户深圳研究生院。11 月，经学校党委常委（扩大）会讨论通过，决定成立中共清华大学深圳研究生院委员会，撤销深圳研究生院直属党总支建制。教务管理进一步规范化、信息化，历时一年半、分两期建设的教务系统项目完成。依托校本部博士后流动站，首次与企业博士后工作站合作培养博士后。

2007 年，编制了《深圳研究生院"十一五"发展规划（草案）》，总结了建院以来的指导思想和发展理念，明确了"根系清华、立足深圳"的办学定位、办学特色、指导思想和工作举措。12月，管理学部改为物流与管理学部。召开了海洋特色学科建设规划研讨会。

2008 年，深圳研究生院 4 个项目荣获 2008 年"清华大学教学成果奖"。构筑起了"三平台一体系"的教学管理模式，即论文工作平台、课程教学平台、素质教育平台和培养质量监督体系。与深圳市南山区科协合作举办"首届深港澳台博士生南山论坛暨清华大学 196 期博士生学术论坛"。

2009 年，首次招收全日制专业学位工程硕士研究生（83 名），涉及物流、电子、计算机、电机、材料、精仪 6 个专业。结合国家战略需求和深圳市产业特点，建设新能源学科，培育出管理制度设计学，发展物联网、下一代互联网等新兴学科，筹建海洋研究院。联合其他院校和企业发起组建的"先进电池与材料省部产学研创新联盟""无源元器件与集成省部产学研创新联盟"正式成立。中国科学家在深圳宣布完成了世界首个"兰花基因组框架图"，这一国际重大研究成果是由清华大学深圳研究生院、深圳市兰科植物保护研究中心（国家兰科植物种质资源保护中心）共同发起、多个研发团队合作攻关完成。

2010 年，聘请了深圳市前常务副市长、市长科技顾问刘应力教授等 8 名具有社会影响力的专家、学者为院高级顾问，召开了顾问委员会第一次会议。制定了"十二五"发展规划，海洋学科建设获得较大进展；4 个创新基地建设获深圳市发改委批复立项，校园二次规划正式启动；以创新团队为抓手，实现了发展模式的转变；到账科研经费超亿元，专职教师人均科研经费超百万元，建立了 4 个深圳市重点实验室、1 个广东省创新科研团队，科研工作迈上新台阶；与清华大学经管学院合作首次在深圳招收金融硕士，与校本部的院系合作开创了新局面。11 月，根据未来发展规划，进一步整合学科资源，将学部重新调整划分为：生命与健康学部、能源与环境学部、信息科学与技术学部、物流与交通学部、先进制造学部、社会科学与管理学部六个学部，并成立"海洋科学与技术研究中心"和"海洋学科建设办"，筹建海洋学部，重点建设海洋、物流两大特色学科。启动了"百十双庆"系列活动。

截至 2010 年 12 月 31 日，深圳研究生院党委下设 29 个党支部，其中 8 个教工党支部、21 个学生党支部。有中共党员 579 人，其中正式党员 533 人，预备党员 46 人；教职工正式党员 117人，预备党员 2 人；学生正式党员 416 人，预备党员 44 人。有入党积极分子 184 人，其中教工入党积极分子 6 人，学生入党积极分子 178 人。

深圳研究生院历任院长与党委（直属党总支、党支部）书记名录见表 19-43-1。

深圳研究生院学术委员会主任为关志成（2003.4—　　）。

表 19-43-1　深圳研究生院历任院长与党委（直属党总支、党支部）书记名录

姓　名	职　务	任职时间	姓　名	职　　务	任职时间
吴敏生	院　长	2000—2002	梁永明	直属党支部书记	2002—2004
关志成	院　长	2002—2010	刘文煌	直属党支部书记、直属党总支书记、党委书记	2004—2010
陈吉宁	院长（兼）	2010—	赵庆刚	党委书记	2010—
康飞宇	常务副院长	2010—			

二、教职工

2001 年，深圳研究生院初步建立起一支专职与兼职结合的教师队伍。当年年底，有教学、科研和管理方面专职人员 25 人。首批全日制研究生涉及导师 64 人，成为深圳研究生院双基地指导教师。

深圳研究生院不断从海内外引揽、招聘高水平人才，充实专职教师队伍，已经形成了一支以专职教师为主，专职教师、双基地教师和兼职教师三部分相结合的师资队伍。截至 2010 年 12 月 31 日，有专职教师 110 人，在站博士后 34 人，双聘教授 9 人，兼职教授 30 余人，双基地教师 100 余人。其中，具有高级职称者 77 人，占专职教师人数 70%；具有博士学位（含博士后）者 96 人，占教师总人数的 87%。50 岁及以下的中青年教师 90 人，约占教师总数的 82%。此外，双基地教师中，有钱易、卢强、朱静、陈立泉、陈肇元、李龙土等 6 位院士。还聘请了郑健超、李立涅、姚新生、袁隆平、孔祥复、辛世文、相建海、何佳、倪以信、张大鹏作为双聘教授，参与指导研究生和科研工作。在深圳研究生院担任双聘教授和各学科带头人的院士已达 12 位。

深圳研究生院历年全时在院教授名录见表 19-43-2，双聘教授名录见表 19-43-3。

表 19-43-2　深圳研究生院教授名录

姓名（全时在院时间）	姓名（全时在院时间）	姓名（全时在院时间）
吴敏生（2001—2002）	梁永明（2001—2004）	林功实（2001—2003 退休）
关志成（2002— ）	林孝康（2002— ）	钟玉琢（2003—2006 退休）
郭继华（2003— ）	毛乐山（2003—2007 退休）	张锡辉（2003— ）
唐国翌（2003— ）	王黎明（2003— ）	缪立新（2003— ）
蔡国平（2003— ）	黄来强（2003— ）	马　辉（2003— ）
辛　暖（2004—2008 退休）	张晓萍（2004— ）	刘文煌（2004— ）
王乃利（2004—2006 调出）	张雅鸥（2004— ）	叶大田（2004— ）
蒋宇扬（2004— ）	廖庆敏（2004— ）	何朝族（2004— 2009）
路新瀛（2004— ）	林喜荣（2005—2009 退休）	吴开华（2005— ）
黄　维（2005— ）	张旭旭（2005— ）	黎维彬（2006— ）
武小金（2006— ）	夏树涛（2007— ）	戴吾三（2007— ）
王蒲生（2008— ）	吴耀炯（2008— ）	曾国屏（2008— ）
贾志东（2008— ）	何永红（2009— ）	王兴军（2009— ）
孙树清（2009— ）	康飞宇（2010— ）	管运涛（2010— ）
王荣合（2010— ）	赵庆刚（2010— ）	胡洪营（2010— ）
蔡中华（2010— ）		

表 19-43-3　深圳研究生院双聘教授名录

姓名（聘任时间）	姓名（聘任时间）	姓名（聘任时间）
郑健超（2003— ）	姚新生（2004— ）	袁隆平（2004— ）
孔祥复（2004— ）	辛世文（2004— ）	何　佳（2004— ）

续表

姓名（聘任时间）	姓名（聘任时间）	姓名（聘任时间）
张大鹏（2006—　　）	倪以信（2007—　　）	李立涅（2008—　　）
相建海（2010—　　）		

三、教学

（一）研究生培养

自 2001 年成立起，深圳研究生院积极探索异地办好研究生教育的模式，紧紧围绕全日制研究生培养这一中心工作，坚持"四个一"的人才培养标准：同一所学校，同一个品牌，同一个入口（学生入学考试），同一个出口（学生课程考试和论文答辩）。以培养"高素质、高层次、多样化、创造性"的拔尖创新人才为目标，在全面落实清华大学办学理念的同时，结合区域特色，突出"国际性、复合式、创新创业型"的育人特色。

2002 年，101 名 2001 级全日制研究生到深圳研究生院报到，这是深圳研究生院迎来的首批全日制学生。

2004 年 6 月，深圳研究生院培养的首位博士生在深答辩，顺利毕业。

2004 年 9 月，首批大规模的全日制研究生新生在深圳报到上课，标志着深圳研究生院研究生培养模式的转变。

2005 年，首届 MBA 毕业生——杨洪当选"2005 年度深圳十大经济人物"。

2009 年 3 月，清华大学第 23 次教育工作讨论会硕士生定位专题研讨会在深圳召开，深圳研究生院总结提出了以"厚基础理论、博前沿知识、重实际应用、高职业素质"为特点的培养经验。

2009 年 9 月，首次招收了 83 名全日制专业学位工程硕士研究生。与清华大学经济管理学院联合培养全日制金融硕士项目获得批准。在注重培养学术型拔尖人才的同时，面向深圳经济建设主战场，重点培育工程硕士、工程管理硕士、法律硕士、金融硕士等适应区域经济社会发展需求、特别是深圳发展需求的创新创业型人才，同时，率先探索全日制工程硕士教育培养新模式。招生专业覆盖了深圳支柱产业和战略性新兴产业。

截至 2010 年 12 月 31 日，累计招收培养各类学生 5 970 人，其中全日制学生 4 418 人（硕士生 3 837 人，博士生 507 人、二学位 74 人）。已形成创新拔尖人才培养、培养质量保障、国际培养模式和人才素质培养等四个方面的一系列人才培养和质量保障措施，多环节目标和过程控制相结合，基本达到了"同一品牌、同一质量"的培养目的。

深圳研究生院历年招生人数见表 19-43-4，2004 年至 2010 年毕业生获校级优秀学位论文情况见表 19-43-5，2010 年全日制研究生教育学科专业分布情况见表 19-43-6。

表 19-43-4　深圳研究生院历年招生人数

时间	全日制学生招生数	在职生招生数	合计
2001	382 人（其中：硕士生 274 人，博士生 34 人、二学位 74 人）	63	445
2002	276 人（其中：硕士生 247 人，博士生 29 人）	209	485

续表

时间	全日制学生招生数	在职生招生数	合计
2003	257 人（其中：硕士生 211 人，博士生 46 人）	221	478
2004	501 人（其中：硕士生 401 人，博士生 100 人）	150	651
2005	356 人（其中：硕士生 304 人，博士生 52 人）	171	527
2006	439 人（其中：硕士生 391 人，博士生 48 人）	157	596
2007	539 人（其中：硕士生 491 人，博士生 48 人）	122	661
2008	496 人（其中：硕士生 447 人，博士生 49 人）	176	672
2009	589 人（其中：硕士生 538 人，博士生 51 人）	140	729
2010	583 人（其中：硕士生 533 人，博士生 50 人）	143	726

表 19-43-5　深圳研究生院 2004 年—2010 年毕业生获校级优秀学位论文情况

时间	全日制研究生		优秀毕业生	
	校级优秀硕士学位论文	校级优秀博士学位论文	优秀硕士毕业生	优秀博士毕业生
2004	5			
2005	12	1		
2006	10	1		
2007	10	2	3	1
2008	8	6		3
2009	11	5（另有 1 人获北京市优秀博士学位论文奖）	4	2
2010	7	2	3	
合计	63	18	10	6

表 19-43-6　深圳研究生院 2010 年全日制研究生教育学科与专业分布

学科门类		一级学科		专业		层　次	
						硕士	博士
08	工学	0814	土木工程	081402	结构工程	★	
		0830	环境科学与工程	083002	环境工程	★	★
		0804	仪器科学与技术	080401	精密仪器及机械	★	★
		0808	电气工程	080802	电力系统及其自动化	★	★
				080803	高电压与绝缘技术	★	★
		0809	电子科学与技术	080901	物理电子学	★	★
				080902	电路与系统	★	★
				080904	电磁场与微波技术	★	
		0810	信息与通信工程	081001	通信与信息系统	★	★
				081002	信号与信息处理	★	★

续表

学科门类		一级学科		专　业		层　次	
						硕士	博士
08	工学	0812	计算机科学与技术	081201	计算机系统结构	★	★
				081203	计算机应用技术	★	★
		0811	控制科学与工程	081101	控制理论与控制工程	★	★
				081102	检测技术与自动化装置	★	
		0805	材料科学与工程	080502	材料学	★	★
				080503	材料加工工程	★	
		0831	生物医学工程		（不分设二级学科）	★	★
07	理学	0702	物理学	070207	光学	★	★
		0703	化学	070303	有机化学	★	★
				070302	分析化学	★	
				070304	物理化学	★	★
		0710	生物学	071009	细胞生物学	★	★
				071001	植物学	★	★
				071006	神经生物学	★	
		0707	海洋科学	070703	海洋生物学	★	★
02	经济学	0202	应用经济学	020204	金融学	★	★
12	管理学	1201	管理科学与工程		（不分设二级学科）	★	★
		1202	工商管理	120204	技术经济及管理	★	★
01	哲学	0101	哲学	010108	科学技术哲学	★	★
04	教育学	0401	教育学	040110	教育技术学	★	
05	文学	0504	艺术学	050404	设计艺术学	★	★
		专业学位		410100	法律硕士	★	
				430110	集成电路工程	★	
				430102	机械工程	★	
				430104	仪器仪表工程	★	
				430141	物流工程	★	
				430108	电气工程	★	
				430109	电子与通信工程	★	
				430105	材料工程	★	
				430112	计算机技术工程	★	
				430111	控制工程	★	
				430131	生物医学工程	★	

说明：★表示该学科或专业具有硕士或博士学位授予权。

（二）教学成果

深圳研究生院教师在教学活动中硕果累累，2004 年至 2010 年教师获教学成果奖情况见表 19-43-7。

表 19-43-7　深圳研究生院 2004 年—2010 年教师获教学成果奖情况

时间	项 目 名 称	奖项与等级	项目完成人
2004	计算机基础教学系列课程与实验基地建设	清华大学优秀教学成果奖一等奖	钟玉琢等
		北京市教学成果奖一等奖	
2005	计算机基础教学系列课程与实验基地建设	高等教育国家级教学成果奖二等奖	钟玉琢等
	《艺术设计创造力培养方法的研究》	全国高校艺术教育科学论文奖一等奖	黄　维
		清华大学高等教育优秀论文奖二等奖	
	《高校异地办学实现学科建设跨越式发展刍议》	清华大学高等教育优秀论文奖三等奖	林功实等
2006	物流学科课程与教学实验平台建设	清华大学教学成果奖一等奖	缪立新等
	异地开设工商管理类系列公共选修课的探索	清华大学教学成果奖二等奖	林功实等
2007	《多媒体计算机技术基础及应用》	教育部一百门课程的精品教材、北京市精品教材以及国家"九五""十五"规划教材	钟 玉 琢 参 与完成
2008	物流学科实验教学改革与实践	清华大学教学成果奖一等奖	缪立新等
	提高研究生论文水平的探索与实践	清华大学教学成果奖二等奖	关志成等
	异地办学教学管理模式的探索与实践		廖庆敏等
	深圳研究生院设计艺术学科人才培养模式的创新研究		黄　维
	《多媒体计算机技术基础及其应用》（教材）	清华大学优秀教材奖一等奖	钟 玉 琢 参 与完成
	用于实践教学的基于 USB2.0 接口的外置式多通道 A/D 卡	清华大学第十届实验技术成果奖二等奖	毛乐山等
2009	《科学技术史二十一讲》	北京市高等教育精品教材	戴 吾 三 参 与完成
2010	"物流信息技术"课程试验与实践教学探索	清华大学教学成果奖二等奖	缪立新等
	"自然辩证法"课程建设与改革		王蒲生等
	基于深港合作下的国际性研究生培养实践探索		林功实等
	根系清华 立足深圳——培养国际性、创业型、复合式拔尖创新人才的德育实践与探索		杨瑞东等

四、科学研究

建院以来，深圳研究生院的科研工作面向国民经济主战场，紧密结合区域经济和产业的发展需求，科研项目和到账经费始终保持着快速增长的势头，科研工作取得一系列重大突破。

2004 年 7 月，设计艺术研究中心主任黄维设计的北京人才服务中心企业形象识别系统在"中国·北京国际设计博览会"（CIDE）上荣获"2004 中国优秀企业品牌形象设计大奖"。宽带网多媒体中心承担的流媒体集群系统项目获得中国广电总局科技创新一等奖。11 月，由管理学部与中国科技开发院共同申报的"我国企业技术整合研究"软课题被列入"2004 年度国家软科学研究计划"，此项目为深圳市第一次获得国家软课题项目支持。

2005 年，文理学部郭继华教授获得国家技术发明二等奖。能源电工与新技术实验室王黎明教授获得 2005 年度河北省沧州市科学技术特等奖。设计艺术研究中心主任黄维副教授的论文《艺术设计创造力培养方法的研究》荣获教育部首届全国大学生艺术展演活动艺术教育科学论文一等奖。

2006 年 6 月，世界顶尖科学杂志《自然》（*Nature*）发表了论文《传粉：兰花的自发授精策略》，这是由深圳研究生院生命科学学部黄来强教授和深圳市园林集团刘仲健教授带领的科研团队多年联合攻关的成果。这是广东省在《自然》上发表的第三篇研究论文，也为深圳市实现了历史性零的突破，标志着深圳开始在基础研究领域作出重要成果。该项科研成果被评为"2006 年中国生命科学研究领域 7 项重大进展"之一；被《大英百科全书·2006 年鉴》的重大科学突破综述与 2007 年版专册同时收录。在《大英百科全书·2006 年鉴》综述的生命科学——植物科学部分，该成果是被介绍为六项重大突破之一。

2006 年，能源与电工新技术实验室参加国家重点工程建设，获西北电网公司和国家电网公司特等奖、中国电力科学技术一等奖和中国电力科学技术二等奖等多项奖项；与企业合作，研制出 $\pm800kV$ 直流复合绝缘子，取得国际领先的科技成果。2007 年，该实验室再获天津市科技进步二等奖、华北电网科技进步一等奖和河南省电力公司科技进步一等奖。

2007 年，郭继华教授参加的科研项目"正交偏振激光器及基于其振荡特性的精密测量仪器"获国家技术发明二等奖。此次奖励是郭继华教授自 2003 年在深圳研究生院任教以来第二次获得国家发明二等奖；关志成教授参与完成的"我国第一条 750kV 输变电示范工程及其关键技术研究"和"$\pm500kV$ 直流输电外绝缘特性研究"两个项目分获 2006 年度中国电力科学技术一、二等奖；戴琼海教授等申报的项目"IPTV 综合服务系统"获广东省科学技术二等奖；蒋宇扬教授参与完成的"N-磷酰化肽类衍生物诱导肿瘤细胞凋亡机制研究"项目获广东省科学技术三等奖。

2008 年，在第十届高交会参展期间，电力系统实验室参展的变频器系列项目获高交会组委会颁发"成果转化优秀项目奖"。由深圳研究生院和东莞新能源电子科技有限公司共同完成的"汽车用动力型锂离子电池系统的开发和产业化"项目获 2008 年东莞市科学技术奖市长奖。

2009 年 4 月，李勃副研究员参加的项目"高性能低温共烧陶瓷（LTCC）材料"获"中国电子学会电子信息科学技术奖"一等奖。7 月，深圳研究生院和深圳市兰科植物保护研究中心（国家兰科植物种质资源保护中心）共同发起，并联合深圳华大基因研究院、中国科学院植物研究所、台湾成功大学等单位，组成"兰花基因组计划联合体"，启动"兰花基因组计划"，并完成世界首个"兰花基因组框架图"。林功实教授等完成的"强化深港合作背景下硕士研究生培养目标定位研究"课题获中国学位与研究生教育学术研究成果二等奖。设计艺术研究所黄维教授主创的《百泰和合盘》获"中华民族艺术珍品"称号。

2010 年 4 月，罗毅、钱可元教授的"基于非成像光学的发光二极管照明光源二次光学系统研究及其应用"项目获清华大学科研成果推广应用效益奖一等奖；"基于新型二次光学系统的 LED 路灯"获广东省科技进步奖一等奖。5 月，黄维教授主持研制的《百泰和合盘》再获"中国工艺美术文化创意奖"特别金奖。7月，在荷兰马斯特里赫特（Maastricht，Netherland）举办的第78届国际互联网工程组织 IETF 大会上，清华大学计算机科学与技术系教授、深圳研究生院网络中心主任吴建平获得了国际互联网最高奖——乔纳森·波斯塔尔奖（Jonathan B. Postel Awards），这是中国科学家首次捧得该奖项。12月，唐国翌教授参与完成的"耐高温相变材料微胶囊，高储热量储热调温纤维及制备技术"获得国家技术发明二等奖。李勃副研究员获中国产学研合作促进会和北京市人民政府颁发的第二届中国产学研合作创新奖。

2010年，深圳研究生院到账科研经费再上新台阶，达到 11 990 万元，承担国家级科研项目41项，省部级11项，市级57项；获各类科技奖励10项，其中，国家级1项，省部级3项，其他奖励6项；申请专利40项，获得授权专利48项（含往年申请，当年收到证书的）；发表论文430篇，其中三大检索（SCI、EI、CSSCI）327篇，出版著作4部。

深圳研究生院 2001 年至 2010 年科研课题到账情况见表 19-43-8；2002 年至 2010 年承担国家级项目情况见表 19-43-9；2002 年至 2010 年科研论文发表情况见表 19-43-10；2003 年至 2010 年科研成果奖励及专利申请情况见表 19-43-11。

表 19-43-8　深圳研究生院 2001 年—2010 年科研课题到账情况　　　　　万元

年份	纵向	横向	总经费
2001	—	51	51
2002	425	286	711
2003	838	469	1 307
2004	553	1 032	1 585
2005	1 497	2 220	3 717
2006	2 282	1 496	3 778
2007	2 846	2 178	5 024
2008	3 191	2 319	5 510
2009	4 029	2 813	6 843
2010	8 422	3 569	11 990
合计	24 083	16 433	40 516

表 19-43-9　深圳研究生院 2002 年—2010 年承担国家级项目情况　　　　　项

年　份	2002	2003	2004	2005	2006	2007	2008	2009	2010	合计
"863"课题	1		2	1	5	2	3	5	1	20
"973"子课题		1	1			2	3	2	3	12
国家自然基金		1	3	9	6	10	16	17	14	76
国家软课题			1	1						2
国家科技攻关			1							1
自然基金重点			1							1
重大基础研究				2				4	2	8
国家支撑计划					5	3	1	1	3	13
国家发改委					1			2		3

续表

年 份	2002	2003	2004	2005	2006	2007	2008	2009	2010	合计
国家-省联合基金					1					1
博士后基金					12	6	8		10	36
国家重大专项（水专项）							1	2		3
博士点基金							4		6	10
工信部								3	1	4
西部交通建设科技项目								1		1
国家质检总局								2		2
科技部（农业成果转化）							1			1
科技部（国际合作）							1			1
国家环保部重大项目									1	1
合计	1	2	9	13	30	23	38	39	41	196

表 19-43-10　深圳研究生院 2002 年—2010 年科研论文发表情况　　　篇

年份	核心期刊	SCI	EI	CSSCI	ISTP	其他	论文合计
2002	22	1				6	28
2003	77	15	7			24	101
2004	162	23	40	16	16	14	176
2005	231	58	38	27	27	44	275
2006	292	65	46	25	31	34	326
2007	311	58	78	28	24	40	351
2008	387	63	78	29	25	33	420
2009	417	100	142	32		35	452
2010	408	129	163	35		22	430
合计	2 307	512	592	192	123	252	2 559

说明：核心期刊数量包括国内外核心期刊及 SCI、EI、CSSCI 三大检索收录的论文总数。

表 19-43-11　深圳研究生院 2003 年—2010 年科研成果奖励及专利申请情况　　　项

年份	国家奖励	省部级奖励	专利		年份	国家奖励	省部级奖励	专利	
			申请	授权				申请	授权
2003		2	6		2008		4	49	21
2004		2	7		2009		9	52	32
2005	2	1	25	1	2010	1	3	40	48
2006		5	44	6	合计	4	33	268	116
2007	1	7	44	8					

说明：专利授权项目包含往年申请、当年收到证书的。

五、对外合作与交流

深圳研究生院积极推进与海外高校、科研机构和企业间的合作与交流，注重营造浓重的学术氛围，成功主办或承办了一系列具有较大影响的国际和国内学术会议。

（一）与国内外高校间的合作交流

2001年，与美国希拉丘斯大学和香港大学就公共管理专业合作办学签署意向协议，迈出了对外合作办学的第一步。

2002年10月，与新加坡国立大学签订联合培养物流专业硕士研究生协议，研究生学习合格，可获得两校双硕士学位。12月，2001级全日制研究生20人赴香港大学、香港科技大学以及香港理工大学进行了考察。

2003年，紧紧抓住CPEA实施的有利时机，重点加强深港两地高等院校之间的教育和学术交流合作：与香港中文大学合作开办"物流与供应链高级管理"硕士班，与香港城市大学合作筹备开办"传播学"专业硕士班，与香港中文大学合作筹备开办"FMBA"硕士班，与香港大学洽商联合培养环境工程专业的研究生。

2005年3月，香港大学研究生会与深圳研究生院研究生会签署了《清华大学深圳研究生院研究生会-香港大学研究生会友好交流合作意向书》。5月，30名2004级法律硕士生访问香港高等法院、香港大学和香港中文大学。

2005年10月，"清华-京大环境技术联合研究和教育中心"正式成立。2005年、2006年，先后与香港中文大学工学院合作建立了清华-中大供应链和物流管理研究开发中心、媒体科学技术与系统联合研究中心，与香港大学合作建立电力系统研究所，与香港理工大学合作建立清华-理大人体生物研究实验室，与香港城市大学签订合作指导研究生的协议。

2006年，与麻省理工学院、新加坡国立大学、香港理工大学开展项目合作；与加拿大多伦多大学联合申请国家自然科学基金国际（地区）合作交流项目，获资助45万元人民币。

2007年，与香港中文大学联合主办了"第二届京港国际博士生论坛"。选派了4名学生与香港城市大学进行合作培养。环境、制造、艺术等专业开始国际化办学的尝试，互派学生进行短期培训与实习，参与共同研究课题。

2008年，与英国南安普敦大学联合建立"清华-南安普敦网络科学深圳实验室"。与日本京都大学续签"清华-京大环境技术联合研究和教育中心"合作协议。与意法半导体公司续签ASIC联合研究中心协议。

2009年，新增3个海外联合研究机构：清华-南安普敦技术创新中心，清华（电子系）-思科绿色科技联合实验室深圳分室，能源行业清洁技术研发与转化国际中心。与日本京都大学大学院工学研究科签署了网络远程教育合作协议。与香港中文大学工程学院续签"媒体科学、技术与系统联合研究中心"共建协议。

2010年4月，联合校本部化学系、材料系、核研院，与德国慕尼黑工业大学建立"清华大学-慕尼黑工业大学电动车先进电源系统联合研究所"。清华-京大环境技术联合研究和教育中心成立5周年之际，中日双方签署了深圳发展人居环境安全工程战略合作伙伴关系协议。11月，联合南安普敦大学积极推动深圳市政府信息服务建设，与校环境科学与工程系和生命科学学院联合申请的"国家环境保护环境微生物利用与安全控制重点实验室"通过专家论证。

（二）与国内外企业、科研机构、政府间的合作交流

2002年1月，与深圳环保产业协会合作建立深圳环保产业促进中心。2月，与龙岗区政府签订协议，联合成立深圳·清华大学物流规划联合研究中心。3月，与龙岗区政府和深圳物流集团合作建立联合物流研究中心。10月，与深圳赛意法微电子有限公司联合成立ASIC研究中心。

2003年，与深圳水务集团等单位联合申请到国家"863"计划课题"南方地区安全饮用水保障体系""深圳市水环境综合治理"两个国家级重大科研项目。与深圳市经济贸易局、环保局、科技局等单位联合主办首期清洁生产培训班。与教育部合作，主办"教育部直属事业单位人事处长培训班"。与深圳电视台联合主办"清华大学深圳研究生院电视媒体经营管理高级研讨班"。与深圳市福田区合作建立"深圳清华数字物流与智能运输研究中心"。与邯郸华信实业有限公司合作成立创新药物联合研究中心。

2004年，聘请袁隆平院士为校双聘教授，来深圳组织深圳市超级杂交水稻研究重点实验室，与深圳市龙岗区合作成立国家杂交水稻工程技术研究中心清华深圳龙岗研究所。深圳市首次大规模物流师职业资格考试进行，考试所用的教材和试题库全部由深圳研究生院现代物流研究中心编写。环境中心参与制定的《深圳经济特区2010年生活饮用水水质发展规划》通过了全国专家组评审，随后报深圳市政府规划委员会批准实施。举办"清华教授企业行"活动，发挥校企桥梁作用。

2005年，联合广东高科技产业商会及深圳《晶报》相继举办了"如何利用清华资源提升企业竞争力""建设和谐深圳，呼唤和谐管理"两个研讨会，举办了首期创新与管理论坛，众多深圳以及珠三角地区的著名企业家参加了研讨活动。与深圳市中小企业发展促进会签署了战略合作协议书。与深圳市龙岗区签订了产学研全面合作的协议书。

2006年，与深圳市发展和改革局、规划局共同合作，承担了深圳市城市总体规划2006—2020年修编重大课题——"全球生产方式演变下的产业发展转型研究"；参与制定深圳市委市政府2006年"一号文件"《关于实施自主创新战略建设国家创新型城市的决定》；承担市决策咨询委员会重点研究课题"深圳市科技自主创新体系建设"；承担关于知识产权、循环经济、海洋经济等一大批各级政府战略规划制定和软课题研究。与中国香港ASM公司、日本欧姆龙公司、美国GE公司、韩国科学技术院、德国西门子公司等开展项目合作。

2007年，与深圳北科生物科技有限公司成立干细胞研究联合实验室；与深圳市天使投资人俱乐部、深圳市南山区科技局共同建设深圳市天使投资项目路演中心暨超级创新战略联盟。与JP-morgan公司、日本三菱公司等企业签订科研项目合作协议。12月，与云南无线电有限公司联合成立数字化技术研究中心。袁隆平院士领衔的深圳市超级杂交水稻研究重点实验室培育出深圳本地"超级稻"深糯两优1号和深两优5814两种稻品，后者被评为浙江省十大优质大米品牌。

2008年，经过省科技厅的评选和推荐，深圳研究生院深圳市宽带网多媒体重点实验室与TCL集团合作研发的3D LCD-TV和立体手机项目、光学检测实验室与深圳市莫廷影像技术有限公司合作开发的眼后节光学相干断层扫描仪参加广东省教育部科技部产学研成果展览会。参与广东省"企业特派员"计划，7名教师成为"企业特派员"。承接多项深圳市、区发展规划的软课题，包括罗湖区知识产权发展规划研究、深圳市公共技术开发平台发展现状与规划研究、深圳市工业综合评价体系等。

2009年6月，联合相关领域内著名龙头企业近30家，以及国内高等院校和科研院所共同组

建的"先进电池与材料"和"无源元器件与集成"两个省部产学研创新联盟正式成立。8月，举办第三届深圳市民营及中小企业家研修班，有 5 个班级近 300 名学生参加。清华大学中国发展规划研究中心深圳分部完成的"深圳市住宅产业现代化发展战略研究"课题受到评审专家组的高度评价。

2010 年，有序推进两个产学研创新联盟的工作，同时申请升级为国家级创新联盟。新增企业特派员 6 个，拓展产学研合作的范围。承担各类软科学研究项目，先后完成"深圳构建开放型区域创新体系研究""国外战略性新兴产业发展的商业模式创新研究""'后危机时代'下深圳把握战略机遇抢占经济发展制高点策略研究""深圳基本公共服务均等化问题研究"等一系列软科学研究课题。

（三）国际国内学术会议

深圳研究生院在 2002 年至 2010 年间共主办国际国内学术会议 49 次。

2002 年："现代物流技术新进展"国际学术沙龙，中国电机工程学会高电压新技术学术年会。

2003 年：汉字传播暨中越文化国际学术交流会，表面贴装设备制造技术研讨会，深港纺织行业高新技术与应用研讨会。

2004 年：第三届先进陶瓷国际会议，半导体照明国际论坛，第十二届亚洲放电会议，Nature 中国之声论坛，京粤港校园信息化论坛。

2005 年：第十四届国际高电压会议，2005 年度国家自然科学基金管理工作会议，生物物理技术与方法前沿论坛暨第四届全国现代生物物理技术学术研讨会，中俄科技合作成果转化平台建设研讨会，东方人文论坛。

2006 年：海峡两岸可再生能源材料学术讨论会，首届深港台供应链与物流管理前沿论坛，东亚运输学会物流学术研讨会（暨第二届国际交通物流会议筹备会），第四届中日韩三国碳材料学术研讨会。

2007 年：生物质能源学术研讨会，"大电网安全性评估的系统复杂性理论研究"专题学术研讨会，"管理研究中的设计科学"国际研讨会，中俄首届金属电致塑性学术研讨会，第二届交通物流国际学术会议，深圳市中·韩国际共同研究项目环保技术研讨会，国家自然科学基金委天然有机化学学术与发展研讨会，2007 年国际基因组学大会——基因组学及测序技术新进展，第六次中国物流学术年会，国际电池材料协会 2007 年年会，中国电机工程学会高电压技术 2007 学术会议。

2008 年：中英能源科技可持续发展研讨会，中英"海岸带生态系统管理与政策——从生态健康到公众健康"学术研讨会，清华-南安普敦网络科学实验室揭牌暨万维网与产业研讨会，国际网络电视现状与未来报告会，第一届深港澳台博士生南山学术论坛暨清华大学 196 期博士生学术论坛。

2009 年：2009IEEE 图像系统及技术国际研讨会（IST2009），清华大学深圳研究生院-南安普敦大学技术创新中心成立仪式暨产业与创新论坛，全球物流园区及物流企业家变革管理研讨会，先进电池与材料省部产学研创新联盟成立大会暨先进电池与材料高峰论坛，清华大学深圳研究生院-香港中文大学工程学院媒体科学、技术与系统联合研究中心成立三周年学术研讨会，第二届深港澳台博士生南山学术论坛暨清华大学第 228 期博士生学术论坛。

2010 年：中芬低碳城市生活与电动车论坛，首届中韩高电压技术论坛，第三届中俄双边材料外场加工国际会议，中美日新加坡水与环境安全国际研讨会，清华-韩国高电压技术联合论坛，深圳清华-斯坦福-伯克利生物与纳米医药论坛，科学与创新中国知识转移会议。

借助"紫荆大讲坛"等一系列学术活动，先后邀请熊必琳教授、邝宇平院士、施一公教授等知名专家、学者来深作讲座，面向深圳市民传授科学、人文和管理知识，阐释和传播科学理念、人文思想，展示科研成果和平台建设情况。2010 年共接待深圳市政府及企业参观人员 1 400 余人次。

六、实验室和研究基地

深圳研究生院依托学校的综合优势、发挥"高原"效应，结合深圳区域特色、打造"尖峰"效应，注重交叉综合创新、突出"拳头"效应，始终把学科实验室和研究基地的建设作为重点工作来抓。

2001 年 6 月，成立宽带网与多媒体研究中心和环境工程与管理研究中心。12 月，成立软件工程中心。

2002 年 3 月，成立现代物流研究中心。10 月，成立清华大学深圳研究生院-赛意法微电子 ASIC 研究中心、清华大学（深圳）洁净能源联合研发中心。

2003 年 3 月，成立计算机网络技术工程研究中心。10 月，成立能源与电工新技术实验室、半导体照明实验室、电子通信实验室、制造技术与系统研究所、清华大学深圳研究生院-华信实业有限公司创新药物联合研究中心、清华大学深圳研究生院-深圳中药及天然药物研究中心生物技术与创新药物联合实验室。12 月，先后成立人文研究所、艺术设计研究中心、绿色化学电源实验室。

2004 年 3 月，"清华-深圳清洁生产研究中心"成立。4 月，成立国家杂交水稻工程技术研究中心清华分中心、光盘国家工程研究中心分中心、嵌入式系统与技术实验室、光学检测与成像实验室、生物医学工程研究中心。6 月，土建工程安全研究中心和新材料研究所相继成立。7 月，成立创新与管理研究所。9 月，深圳研究生院申报的广东省化学生物学重点实验室获广东省科技厅批准立项，成为深圳市第二家省重点实验室。

2005 年 1 月，成立"香港中文大学-清华大学深圳研究生院供应链和物流管理研究开发中心"。12 月，经中国企业评价协会中国注册职业经理人培训认证办公室批准，"中国注册职业经理人粤港澳考试培训中心"在深圳研究生院设立。

2006 年 1 月，成立生物医药研究中心。8 月，成立"清华大学深圳研究生院-香港中文大学工程学院媒体科学、技术与系统联合研究中心"。10 月，深圳市政府与清华大学举行共建 3 个国家级重点实验室新闻发布会。按照国家重点实验室标准建立健康科学与技术、信息科学与技术、清洁生产 3 个重点实验室，截至 2010 年底，三大重点实验室已建账资产 451 台（件），金额：6 084 万元。其中，10 万元以上设备 116 台（件），重点实验室现具有硬件加速仿真器、频谱仪、示波器、气相色谱-质谱联用仪、电力实时数字仿真器、全自动微生物鉴定系统、X 射线衍射仪、场发射扫描电子显微镜、红外光谱仪、激光扫描共聚焦显微镜、液相色谱-质谱联用仪、蛋白纯化系统等一批大型仪器设备，有力地支持了科研工作的开展。

2007 年，新增两个深圳市重点实验室：循环经济先导技术实验室和基因与抗体治疗技术实验室；广东省化学生物学重点实验室和深圳超级杂交水稻研究重点实验室先后通过广东省和深圳市科技部门的验收。

2008年，深圳市物流工程与仿真重点实验室通过验收。工业生态与环境检测中心通过实验室计量认证现场评审。清洁生产研究中心获广东省表彰，被评为清洁生产优秀服务单位。

2009年，与中旭教育集团联合成立管理制度设计中心。深圳研究生院海洋生物技术中心入驻深圳国家生物产业基地龙岗海洋生物产业园。工业生态与环境监测中心获得美国CPSC（消费品安全协会）认证。新增一个深圳市重点实验室——深圳市热管理工程与材料重点实验室。清华-南安普敦网络科学实验室加入国际网络科学协会实验室联盟。开展实验室规制和整合工作，设置17个研究所，下设55个各类科研机构。

2010年2月，康飞宇教授带领的能源与环境材料研发团队入选广东省首批创新科研团队。4月，深圳研究生院成立海洋科学与技术研究中心。7月，清华大学海洋科技战略研讨会在深圳召开。8月，组建第一批7支科研创新团队，启动第二批创新科研团队的组建工作。9月，获批新建4个市级重点科研机构。至此，已建立深圳市级重点科研机构14个（含市级公共技术服务平台3个）。化学生物重点实验室升级为国家重点实验室"预备队"，成为深圳研究生院第一个省部共建国家重点实验室培育基地。

截至2010年底，已经建立的实验室或科研机构中包含1个国家重点实验室深圳研究室，1个省部共建国家重点实验室培育基地，2个国家工程中心深圳分中心，1个教育部工程中心深圳分中心，1个省级重点实验室，1个国家发展规划研究中心分部，11个深圳市重点科研机构，3个市级公共技术服务平台。1个省部产学研基地，1个广东省引进的创新科研团队，2个省部产学研创新联盟。此外，还有6个与海外高校建立的联合实验室和一些校企合作科研基地。

第四十四节　历史上曾设立的院系

清华在1925年至1952年间曾设有：国学研究院，文学院及所属的中国文学系、外国语文学系、历史学系、哲学系和人类学系，理学院的地学系、心理学系、气象学系、地质学系，法学院及所属的政治学系、经济学系、社会学系和法律学系，工学院及所属的航空工程学系、采矿工程学系、石油工程学系，农学院及所属的植物病理学系、昆虫学系、农业化学系、农艺学系，以及1952年以后曾一度设立的基础课委员会、四川绵阳分校、大兴农村分校等。由于解放初期全国高校院系调整与学校教育体制改革等原因，这些院系（分校）有的并入他校，有的从清华分出建立新校，有的撤销建制，有的停办。在"文革"前工科发展的基础上，1978年改革开放以来，学校逐步恢复综合性学科布局。中国语言文学、外国语言文学、历史、哲学、社会学、法学、政治学、经济学、心理学等先后复建并得到了长足的发展，学校建立了经济管理学院、人文社会科学学院，恢复了理学院、法学院和国学研究院等。另外如地学、气象学、地质学等虽然没有复建院系，但是在理学院设立了相关的研究机构。工科也进行了学科的调整和布局，机械工程学院、航天航空学院等相继成立。凡是已经恢复的院系和学科，在本章第一节至四十三节中已有交代，学校整个学科的建设和发展在第二章中有专门的叙述，在此不再赘述，本节仅对至今没有恢复的院系进行简要的介绍。

一、地学系

1929 年秋成立地理学系。1932 年更名为地学系，分设地理、地质、气象三组。自 1929 年至 1937 年，系主任先后由翁文灏、袁复礼、冯景兰担任。西南联大时期，清华大学地学系与北京大学地质系合组为联大地质地理气象学系，沿袭清华旧制分地质、地理、气象三组；系主任由原北大地质学系主任孙云铸担任，1945 年 11 月由袁复礼代理。这一时期清华地学系主任仍为冯景兰。1946 年复员后，清华大学地学系分地质、地理两组，系主任是袁复礼。原地学系中的气象组分出，单独建成气象学系。

地学系师资力量强，教授有翁文灏、袁复礼、谢家荣、冯景兰、张席褆、王绳祖、洪绂、张印堂、黄国璋、黄厦千、李宪之、涂长望、赵九章、杨遵仪、孟宪民等。

建系之初，地学系拟以进行“界于地质、地理之间的教学和研究”为原则，地理、地质、气象三种学科综合教学，培养学生具有地理、地质、气象三门学识的“通才”。在教学上，不仅讲授书本知识，而且注重测量、制图、气象观测等技能训练。

抗战前，地学系学生人数 1929 年度仅 9 人，最多为 1936 年度共 89 人。毕业学生，自 1931 年至 1937 年有七届共计 44 人；西南联大时期，从 1938 年至 1946 年的九年间，共毕业 166 人；复员后，1946 年至 1948 年，毕业 20 人。毕业生中许多人已成为全国著名学者、教授。

1933 年设立地学研究所，招收研究生一人，翌年即停止招生。

1952 年院系调整，地学系并入北京大学。

二、气象学系

气象学系成立于 1946 年 10 月，其前身为地学系中的气象组。气象学系有教师 7 人，教授有赵九章、李宪之、涂长望等，系主任为李宪之。

复员后新建的气象学系，原拟注重高空气象的探讨与研究，但限于当时的经费，无力购置高空气象所需的仪器设备，且无线电探测仪、无线电测风仪与测雷雨仪，又属非卖品，这个目标未能实现。气象学系的实际工作只能做地面观测和天气预报。气象学系建有气象台，有观测、天气学和气象仪器 3 个实验室，当时经常制作的天气图和发布的华北地区天气预报，对华北地区有关单位和校内有关部门的工作，起到一定的参考作用。

1946 年至 1948 年，气象学系毕业生共有 6 人。

三、地质学系

地质学系成立于 1950 年 3 月，原为地学系中的地质组（1932 年设立）。地质学系系主任为张席褆。

1952 年院系调整，地质学系从清华大学分出，与北京大学、天津大学和唐山铁道学院的地质

系（组）合并，成立了北京地质学院。

四、采矿工程学系

采矿工程学系成立于 1950 年 3 月，系主任为孟宪民。

1952 年院系调整，采矿工程学系从清华大学分出，与北洋大学采矿系、唐山铁道学院采矿系一起并入中国矿业学院。1953 年 9 月，中国矿业学院从天津迁到北京，改名北京矿业学院。

五、石油工程系

石油工程系成立于 1952 年 9 月，系主任为曹本熹。

解放后，为适应石油工业发展需要，于 1951 年 5 月，清华大学化学工程学系增设石油炼制组；同时，采矿系和地质系也分别设立石油钻采、石油地质组，一批著名学者和教师转向石油科学研究和教育事业。

1952 年院系调整中，清华大学以地质系、采矿系、化工系中的石油地质、石油钻采和石油炼制组为基础，与并入清华的原北洋大学的石油组及北京大学化工系合组，成立了石油工程系，下设石油地质、石油钻井、石油炼制与机械设备、石油储运等专业。

1952 年 11 月，中央文化教育委员会正式批准建立北京石油学院。由教育部、清华大学、燃料工业部石油管理总局共同组建筹委会。1953 年 9 月，清华大学石油工程系与大连工学院相关系科合并，正式成立北京石油学院。

六、农学院

清华大学农学院成立于 1946 年，是在原有的农业研究所的基础上扩充而成的。

1921 年，在清华学校时期派遣留美预备生即设立农科。1928 年，清华学校改为清华大学，农科停办。1932 年，教育部曾一再饬令清华大学创办农学院。当时清华当局认为这与本校重文理科的方针相悖，而采取了一个折中的应付办法，于 1934 年 8 月成立了农业研究所，附属于理学院，名义上是作为筹办农学院的过渡措施。

农业研究所成立后，首先设立虫害、病害两组，聘请著名昆虫学家刘崇乐主持昆虫学的研究工作，著名植物病理学家戴芳澜主持植物病理学的研究工作。

1937 年夏秋，抗日战争爆发，清华农业研究所迁至长沙，研究工作曾一度陷于停顿。1938 年再迁昆明，于翌年春租用昆明大普吉镇云南省立农场土地一百余亩，自建平房，作为所址。农业研究所所长为戴芳澜，除原有虫害、病害两组外，又增设植物生理组，由著名植物生理学家汤佩松主持该组工作。

1939 年前，清华农业研究所不招收研究生，只进行专门研究，是清华大学"特种研究所"之一。1939 年度起，农业研究所开始培养研究生，至 1946 年，先后结业者共有 4 人。此外还指导清华理科研究所生物学部研究生及西南联大生物系本科生的学习和研究。

清华农业研究所拥有一大批著名学者、专家，主要有戴芳澜、俞大绂、刘崇乐、钦俊德、汤佩松、殷洪章、娄成后等，形成了一支强有力的农业科学研究队伍。在西南联大时期，清华农业研究所对云南经济作物、植物病虫害等进行调查研究，取得较好成果，对云南农业发展作出重要贡献。

抗日战争胜利后，清华大学制订并实施复员后院系扩充计划，于 1946 年 4 月决定在农业研究所的基础上成立农学院，报请教育部审批。教育部却因北大已接办了日伪时期的北平大学农学院，以"避免重复"为辞，不同意清华再增设农学院。清华当局则以早在十多年前教育部即已饬令清华创办农学院为理由，与部方力争。经过一番周折，清华大学农学院于 1946 年秋成立，至 1947 年才开始招生。

清华大学农学院院长为汤佩松。农学院设有植物病理学系（系主任戴芳澜）、昆虫学系（系主任刘崇乐）、农业化学系（起初称植物生理学系，系主任汤佩松）、农艺学系（系主任韩德章），共四系。前三个系属农业基础科学，只有农艺学系较偏重于技术科学方面。当时农学院曾拟与工学院合办一个农业机械系，但因条件不成熟，未能实现。

农学院创办时，提出"在教授一般农学课程之外，应以造就农业科学研究人才为主旨，研究则以少数重要问题为中心，除由各系互相合作进行研究外，并力求与理工等院取得联系。若是，有系统之研究收效当为较大"。学校和院方负责人认为过去中国农业教育"率多偏重技术训练，缺乏研究之指导"，因而拟将清华农学院办成一个具有较高理论水平的农科研究中心。

农学院对学生的培养方针强调"质重于量"。在课程方面，各系一、二年级基本上学理学院的数、理、化、生物方面的共同必修科目，到三年级（农艺系二年级）开始学本系的农业基础课，如植物生理、植物病理、昆虫分类学等。

农学院重视农业基础理论研究。昆虫学系设有生态学、寄生学、显微学、杀虫剂化学等 4 个研究室；农业化学系有生理、生物化学、微生物学等 3 个研究室；农艺学系有园艺、农业经济等研究室。

农学院各系的科学研究，主要是继续昆明时期的工作。在植物病理方面，进行北平附近农作物病害之调查、北平水生藻状菌之研究，并继续编纂《中国真菌名录暨寄主索引》。昆虫学系主要是继续进行关于昆虫寄生幼虫分类的研究，编纂《幼年昆虫志》。农业化学系则主要进行光合作用之化学问题的研究。

农学院成立后，出版了一期学术刊物《农业记录》，并发起成立了北平生物科学学会。

清华大学农学院院址不在清华园内。1946 年 9 月，农学院迁入原建设总署所属的土木工程专科学校原址（在颐和园对面）。自 1947 年至 1949 年，三年共招本科生 156 人，招收研究生 3 人。

1949 年 9 月，华北人民政府高教委员会决定将北京大学农学院、清华大学农学院和华北大学农学院合并，独立建校。同年 10 月完成并迁工作，1950 年 4 月正式定校名为北京农业大学。

七、基础课委员会

基础课委员会成立于 1959 年，原名基础课工作委员会。

1952 年院系调整后，文、理、法学院各系都并入他校，新成立了数学、物理、化学、力学、俄文等教研组，统称公共课教研组，以后改称基础课教研组。公共课教研组党支部书记是余兴坤。

1956 年成立公共教研组党总支（后改称基础课党总支），总支书记先后为周寿昌（任期 1956—1957-07）、凌瑞骥（任期 1957-07—1957-12）、李卓宝（任期 1957-12—1966-06）。

　　为了提高基础理论课教学质量，加强对基础课各教研组的领导，于 1959 年 3 月 27 日，经 1958—1959 学年度第 13 次校务会议通过成立基础课工作委员会，李寿慈任主任委员，刘绍唐为副主任委员，委员有 11 人。后又增补赵访熊、李卓宝、周昕为副主任委员。

　　1960 年，基础课工作委员会改称基础课委员会，下辖高等数学、普通物理、化学、理论力学、材料力学、外语等 6 个基础课教研组，并设基础课委员会办公室，负责组织领导日常行政工作，李卓宝兼任办公室主任。1964 年，赵访熊接任基础课委员会主任。

　　1966 年 6 月，"文化大革命"开始，基础课委员会瘫痪。1970 年后，基础课各教研组教师分散到各系专业，随各系专业"连队"下厂开门办学，基础课各教研组实际上解体。

　　"文化大革命"期间，成立基础部分党委，分党委书记先后为李卓宝（任期 1970-12—1971-12）、庞文弟（任期 1971-12—1977-05）。

　　1976 年 10 月，"文化大革命"结束。原基础课委员会向校党委提出恢复基础课体制问题，建议将在"文革"期间成立的基础课教改组加以充实改为基础课组，基础课组共 20 人，负责数学、物理、力学、外语、机械零件等几门基础课的改革。

　　1977 年，学校决定恢复基础课教研组，分散在各系的基础课教师回归原单位，同时恢复成立基础课教学研究部，协调各基础课教研组，领导基础课教学改革。基础课教学研究部分党委书记先后为解沛基（任期 1977-05—1979）、吕森（任期 1979—1982）。

　　根据"理工结合"发展战略和学校体制改革的需要，1979 年，数学教研组发展为应用数学系，化学教研组并入化学化工系；1982 年，物理教研组与工程物理系理论物理教研组等合并，恢复成立物理系；理论力学和材料力学两个教研组并入工程力学系。至此，基础课委员会（基础部）正式解散。

八、四川绵阳分校

　　清华大学四川绵阳分校始建于 1965 年。根据中央关于三线建设的指示，高教部确定四所直属高等院校在三线建设分校。清华大学选定在四川省绵阳市郊建设分校，于 1965 年开始兴建，称"651 工程"。分校工程建设负责人为解沛基。清华大学原拟四川绵阳分校建成后将设置化工、工程物理、力学、电子、计算机等系科。至 1966 年夏，因"文化大革命"发生，分校工程建设停止。当时仅完成三幢学生宿舍楼的外部工程和三幢教学楼的一、二层的基础工程。

　　1969 年 11 月，进驻清华大学的军工宣队决定，无线电电子学系绝大部分，以及机械系、仪器系、数学力学系、自动控制系部分师生和基础课部分教师迁往四川绵阳，建设分校。经过一年多努力，初具规模。绵阳分校占地 60 多公顷，教学楼、宿舍楼建筑面积 82 000 多平方米。

　　1970 年，四川绵阳分校开始招生，招收"工农兵学员"，学制三年。

　　1970 年，四川绵阳分校的专业设置有雷达、多路通信、电子管、半导体器件等，1975 年增设激光专业，1976 年又增设无线电机械结构专业。

　　"文革"后，1978 年，经中央同意，撤销四川绵阳分校，全体师生迁回北京清华大学校本部，恢复无线电电子学系建制。

　　四川绵阳分校办学期间，每年招收工农兵学员 200 人左右。从 1974 年至 1980 年毕业的工农兵学员有 1 422 人。

　　清华大学四川绵阳分校撤销后，分校的房地产及教学设施等移交四川省高教局。

四川绵阳分校负责人见表19-44-1。

表 **19-44-1**　四川绵阳分校负责人

负责人	任 职 时 间	备　注
解沛基	1965-01—1966-06	
林基玉	1968—1978	军代表
胡　健	1970—1973	
张慕蕖	1973—1978	

第二十章

附属单位及街道办事处

第一节　清华大学附属中学

一、沿革

清华大学附属中学隶属于清华大学，简称清华附中，是教育部直属高校附中，北京市重点中学，首批示范性普通高中，"国家级德育先进校""北京市绿色学校"。地处清华大学西北角，西邻圆明园，校内优雅肃静，绿树成荫，楼宇错落有致。教学楼、实验楼、图书馆、体育场、篮球馆、食堂、宿舍等设施齐全。现有初中部、高中部、国际部3个教学部门。

2010年，清华大学附属中学占地面积8万平方米、建筑面积6万平方米、体育场（馆）面积22 650平方米。图书馆藏书12万册。固定资产总值9 974万元。普通教室85个、专用教室31个、实验室20个。教职工314人，其中特级教师15人。开设教学班68个，其中，初中班38个、高中班30个。在校生2 538人，其中，初中1 412人、高中1 126人，包括寄宿生658人。2010年应届高考本科上线率100％。

清华附中的前身是1915年创建的成志学校。早期成志学校只有小学及幼稚园两部分。1939年，成志学校随清华大学南迁成为西南联大附中的一部分，1946年迁回北平复校，学校分为初中、小学两部分。1952年，成志学校的中学部与燕京大学附属学校中学部合并，更名为清华大学附设中学。1951年，为把工农干部培养成新型的知识分子，清华大学成立附设工农速成中学；1958年，清华大学附设工农速成中学并入清华大学附设中学。1960年，附设中学扩建为清华大学附属中学，增设高中，初高中均面向全市招生，成为一所完全中学。1978年，成立清华附中二部（只有初中，招收大学部分教工子女入学）。1984年，清华附中停止办初中，保留高中下设的小部分初中特长教学班。附中二部承担起全部清华大学教工二代子女初中阶段的教育任务。1986年，清华附中二部更名为清华大学第二附属中学。1994年底，清华附中与北部山区47中学手拉手共建清华附中分校（高中部）。1999年，清华二附中并回清华附中，仍保留二附中的学校代码。2002年，清华附中与深圳清华研究院、清华附小一起在深圳开办了深圳清华实验学校。2003年，成立民办公助性质的清华大学附属初级中学，主要承担清华大学教工二代子女的义务教育任务并同时向社会招生，同年注销清华大学第二附属中学代码。2004年，清华附中终止同47中的共建，撤销此清华附中分校名称。2009年，成立清华附中国际部。2010年3月在朝阳区承办清华附中朝阳学校。

清华附中除承担清华大学教工二代子女教育的任务，完成为大学发展建设服务的重要功能以外，在自身发展的各个历史时期，还为我国基础教育的发展提供了许多有价值的经验，在教育思想和理念方面作出了许多突出的贡献。率先在中学开展学生军训、农训和综合社会实践等活动，提出"少精严活"的教学特色，尊重学生的个性自由而全面发展的教育理念，以及培养具有国际视野的合格公民的育人目标等。在教育部和大学的支持下，积极开展拔尖创新人才和各类专长人才的培养实验，比如 20 世纪 60 年代开始创办大学预科班，80 年代创立全国理科实验班和马约翰体育特长班，以及后来创建的美术特长班和民乐特长班等，形成了以教学为主体，学科竞赛人才培养、高水平体育人才培养、高素质文艺美术人才培养以及科技创新人才培养为侧重的一体多翼格局。

清华大学附设中学时期仅有 4 名中共党员，当时成立了党小组，直属于清华大学校长办公室党支部；1960 年 7 月成立清华附中党支部；"文革"后，1977 年成立党的领导小组；1981 年 12 月建立党支部；1984 年 6 月成立党总支。2001 年 12 月 27 日清华大学党委常委会议讨论，同意成立附属中学党委。

清华附中万邦儒校长 1993 年被追授为全国优秀中学校长。

清华附中为国家培养了大批优秀毕业生，后来成长为德才兼备的社会主义建设者以及各行各业的领军人才。其中杰出校友有：中共中央政治局委员、国务院副总理刘延东，著名科学家杨振宁、张滂、李鹗鼎、杨起、李德平、霍裕平、杨卫等院士，文学家王元化、宗璞、史铁生、张承志，艺术家罗锦鳞、孙宗潞、范之光、邢仪，以及经济学家许成钢，等等。

清华附中培养学生情况见表 20-1-1。

表 20-1-1　清华附中培养学生情况

学 校 名 称	时　期	毕业人数	备注
清华大学附设成志学校	1946-02—1952-07	193	初中
清华大学附设中学	1952-09—1960-07	991	初中
清华大学附属中学	1960-09—1990-07	5 470	初中
		6 992	高中
	1990-09—1993-07	43	初中
		933	高中
	1994-09—2010-07	6 749	初中
		6 936	高中

说明：总计初中毕业生 13 446 人，高中毕业生 14 861 人。

二、成志学校（1915—1952）

成志学校始建于 1915 年秋，只有小学，是校内教职员工子弟学校；由清华学校庶务长李仲华兼任校长。经费除所收学费外，每月由清华学校补助 60 元。初期没有固定校舍，不得不屡次搬迁，1927 年建成丁所校舍。成志学校由校董事会负责，1925 年董事长是李寿先，校长是李广诚（字仲华）。后来，清华学校成立了教职员公会，成志学校由其所属之教育委员会接办。清华对办好此校十分重视，冯友兰、马约翰、肖公权、朱自清、杨武之、刘崇铉、陈达、潘光旦等著名教授都曾先后被委为校董事会成员。

成志学校学生当时只有十几人，年级、班次也不全，因此采取的是复式教学。开设的课程除国语、算术、音乐、工艺美术、体育外，还设有社会课、自然课，四年级又增设外语。杨振宁博士在《读书教学四十年》一文中曾回忆他在 1929 年至 1933 年间在成志学校学习时的情景。

1937 年，抗日战争全面爆发，清华大学南迁，成志学校也即停办。

抗日战争胜利后，1946 年 12 月 12 日，成志学校正式复课，郑桐荪为校长，校舍仍在丁所。

有初中一年级一个班，学生 14 人；小学六个年级共 4 个班，一、二年级和三、四年级复式教学共两班，五、六年级各一班，共有学生约 90 名。教师编制只有 6 人，工友 1 人。1948 年底，初中发展到 3 个年级，每年级一个班，教师也随之增加到 12 人。李广田曾任成志学校校长。清华大学还成立了成志学校管理委员会，郑桐荪、张子高、朱自清、余冠英、李广田、李锬惟、季镇淮都曾担任过该委员会委员。

解放后，1949 年 11 月成志学校成立了少年儿童队，随后又建立了青年团支部。当时全校师生政治热情很高，团支部经常组织学生参加各种政治活动，如下乡宣传抗美援朝、保家卫国、拥军优属等。许多同学还积极响应号召，报名参军，有 4 名同学光荣参军。教学上，学风严谨。

从 1949 年暑假到 1950 年暑假，大学中文系的季镇淮为成志学校校长，顾蔚云为小学部主任。1950 年秋，季镇淮调回中文系，成志学校没有了专任校长，学校工作由朱鉴荣（教导主任）负责；1951 年春孔祥瑛任校长。

1952 年 7 月，学校考试结束，初三学生毕业，这是成志学校第四届初中毕业生。从 1949 年的首届毕业生算起，共毕业学生 79 人。学生的成绩都很好，前两届的毕业生除参军和少数参加大学工作外，全部升入城里中学。第三届毕业生全部考入师大附中和师大女附中。第四届学生毕业时，师大女附中主动向成志学校提出保送优秀学生免试入学。除保送者外，其余毕业生全考入北京的各中等专业学校，志愿尽早参加祖国建设。

三、清华大学附设中学（1952-08—1960-06）

1952 年春，全国高等院校进行院系调整，为了适应这一新形势，成志学校与原燕京大学附属学校两校的初中部合并，定校名为清华大学附设中学。生源主要是两个大学的教职工子弟，还有少数附近的农民子弟。

清华大学附设中学本着精兵简政的精神，除校长仍为孔祥瑛外，设教导主任 1 人，教务员和总务员各 1 人，图书馆管理员 1 人，工友 3 人。1954 年后增加人事副校长 1 人。从 1952 年至 1956 年，学生班次由原来 3 个增加至 9 个初中班，学生由 100 多人增加到 400 多人。1957 年，招收附近工农子弟入学，班次又有增加。到 1960 年共毕业八届初中毕业生约 1 000 人，大部分升入北京第 19 中学，也有一些被保送到实验中学、北京二中、北京四中等校。

1960 年附设中学建校以后，认真贯彻党的教育方针，促进学生德、智、体全面发展。在政治思想教育方面，除参加国家当时大的政治活动，如"五一""十一"庆祝游行，以及"三反""五反"等运动外，还利用清华、北大的有利条件，请名教授为师生作专题报告，如马约翰作重视体育锻炼强健体魄的报告，钱伟长作有关原子能的报告，王力作有关中国语言文字的报告，梁思成作有关民族建筑艺术的报告，侯仁之作有关北京建城的报告。这些报告开阔了学生的视野，激发了学生为建设祖国学好本领的热情，学生受到爱国主义及奋发图强的教育。此外还请附近贫下中农及解放军战士来校作报告，请当年参加过"一二·九"运动的教师作报告，使学生受到革命传统教育。

学校组织全校师生积极参加义务劳动，1953 年春，附中分担了清华校园的绿化任务，师生们分班分批到各小区劳动，并在海淀长江农业社建立了劳动生产基地。1958 年 5 月间，全校师生参加修建十三陵水库的劳动。此外，每年春秋季，全校师生都要到农村生产队参加劳动。

1952 年以后，全体教师为提高教学质量，积极参加北京市各种有关中学的教学活动，如教育

学讲座，教师的进修、学习等。1955 年秋，认真贯彻北京市委《关于提高教育质量的决定》，在教学上深入钻研教材，加强集体备课，及时总结教学经验，提出改进的意见。

1958 年，贯彻教育与生产劳动相结合的方针，在初二、初三增设了农业基础课，除搞好生物实验园地，让同学参加养猪、养兔、养鸽等活动外，还与附近长江农业社联系，将校门外的十亩荒地辟为菜园，师生亲自参加了从种到收的劳动实践。

学生的体育运动在教师的指导督促下开展很普及，在海淀区和北京市的各级运动会上经常获得好成绩。在 1953 年北京市中学生运动会上，谢庄获得 400 米银牌，还代表北京市参加华北中学生运动会；施湘飞代表北京市参加全国中学生女子游泳接力赛，王易罗、高环的百米赛跑，敖耀贞的 400 米中长跑均获全市中学生运动会第一名；关家麟、王易昆、赵志清曾作为北京市代表参加 1956 年夏在青岛举行的全国第一届少年运动会。

1952 年，学校拟定了《清华附中优秀学生评奖条例》，1953 年第一届毕业生中有王崇宁等 8 位同学获得清华附中优秀奖章，并被保送到北京市重点中学。1954 年以后，北京市教育局制定出三好生评选条例和三好奖章，附中不再发优秀奖章，而是依条例向市教育局申报三好奖章。1955 年 9 月，改革学生成绩评定制度，制定出《清华附中试用 5 级分标准》，从此评定成绩为五分制。

1954 年 12 月北京市教育局下达文件，号召中学应届毕业生参加社会主义建设。1955 级应届毕业生吕成等 14 位同学响应号召走上工作岗位，分配到东郊的无线电及电子管厂。这是附中第一批提前毕业走上第一个五年计划建设岗位的同学。1955 年 6 月，北京市教育局又一次动员中学毕业生报名参加大西北的建设，附中又有 6 位同学被批准到甘肃兰州参加社会主义建设。

清华大学附设中学两任校长：

孔祥瑛（女）校长，任期 1952-08—1958-07；

韩家鳌（男）校长，任期 1958-08—1960-07。

四、清华大学附属中学（1960—　　）

为了总结大学、中学衔接的经验，研究如何提高中学的教育质量，向大学输送高质量的新生，1959 年底，清华大学决定创办清华大学附属中学，并面向全市招生。1960 年 9 月起，清华附中由一个初中子弟学校变为面对全市招生的完全中学。

自 1960 年至 2010 年，在 50 年的历程中，清华附中坚持德智体美全面发展，勇于创新，从学制到教材教法，进行了多方面的探索，先后试办了预科班、理科实验班、马约翰体育特长班、美术特长班等一系列特殊的教学班，为中学教育改革积累了丰富的经验。

（一）办学思想

清华附中的办学思想，是清华大学和清华附中历届领导人认真研究社会的发展和对人才的需要，结合大学办附中的实际以及中学教育的实际，进行多年办学实践的智慧结晶。

1964 年，中央学制问题研究小组为了进行学制改革试验，提出了大学试办预科问题。学校决定当年暑假后在清华附中试办预科。

清华大学附属中学建校初期，清华大学党委对附中提出：一定要坚持德智体全面发展的方向，要努力提高中学数学、语文、外语的水平，积极进行教学改革。在思想教育上，大学党委提出要培养"革命的、科学的、民主团结的和艰苦奋斗的作风"；在教学上，要"少而精，学到手，因材施教，劳逸结合"；在体育上，要"锻炼身体，增强体质，培养学生能健康地为祖国工作五十年"。并提出要求，把清华附中办成全国第一流的中学。

1960年至1966年，是清华附中从建校到崛起的重要时期。根据大学的要求，万邦儒校长提出"思想是方向，教学是中心，身体是基础"的培养方向。既要减轻学生的学习负担，又要提高教学质量；既要打好语文、数学、外语三门功课的坚实基础，又要因材施教培养学生兴趣特长；既要发挥教师的主导作用，又要注意启发学生的积极性、主动性的具体要求。坚持使学生在德、智、体等方面能主动地、生动活泼地得到发展。在狠抓基础的同时，大胆进行教学改革，试办了预科，制定了为期9年的"三级跳"办学规划，经过六年的努力建设，清华附中由子弟校成为北京市一流的中学。

"文革"之后，经过了几年艰难的拨乱反正，1984年明确指出"学校的根本任务是培养人才，这是学校一切工作的出发点"。

以后的10年中，清华附中始终贯彻"学校的根本任务是育人"和"德育为首、全面发展"的方针，围绕如何打好"做人、治学与健体"这些基础，而努力地探索实践。

1995年学校提出：要全面地贯彻教育方针，面向全体学生，全面育人，办出特色，让学生主动地、生动活泼地、健康地成长。为学，健体，做人，兴华。

1999年提出：育人为中心，学生为主体，为了每一个学生个性自由全面的发展。

2007年，在继续坚持全面发展和尊重学生个性的办学思想的基础上，强调学生要综合发展、和谐发展，要切实考虑学生未来的进一步深造、终身的发展和成长。同时学校为适应社会发展新形势需要，努力探索新的培养模式，有重点地培养出一批未来社会急需的创新型人才、精英人物。

清华附中的办学思想，经历了"从注重培养学生全面发展→也注重培养学生个性发展→更注重培养创新型人才"的演变发展过程，具有鲜明的传承性和时代性。

（二）办学特色

清华附中在95年的发展历程中，积累了深厚的办学思想，也形成了自己的鲜明的办学特色，表现在四方面：背靠清华，实施大学中学衔接，进行"一条龙"教改试验；坚持全面育人，注重个性培养，展现学生特长；德育特色；教育科研特色。

1. 背靠清华，实施大中学衔接，进行"一条龙"教改试验

所谓"一条龙"教改试验，就是充分利用清华大学的各类资源优势，统筹中小学培养过程，使清华大学附属学校成为培养学生的有机整体，对学生进行大中小学"一条龙"衔接培养的教育改革。清华附中在"一条龙"人才培养中起着承上启下的重要作用。

1960年清华附中创办时，清华大学党委就明确指出，作为一所重点工科大学，办附中是为了探索加强大学与中学的衔接，提高中学质量，为大学输送高质量的新生，为国家培养人才早期育苗。

1964年秋，根据中央学制问题研究小组提出的办大学预科的改革设想，清华大学在附中试办了两届预科班，进行了下列大胆的改革试验：

教学上的"少而精"有利于"学到手"。事实说明，教学上的"少而精"能够有效减轻学生负担，改革教学内容和教学方法，提高教学质量，指导和帮助学生安排课余时间，培养自学能力，使学生自由支配的时间大大增加，有利于德智体美全面发展。

短短几年，学校朝气蓬勃，团结进取，跻身于全市先进学校的行列。教改初见成效，全面发

展深入人心，教学质量不断提高。

1965—1966 学年度清华附中高中及预科教学计划（各科周课时及总课时）见表 20-1-2。

表 20-1-2　1965—1966 学年度清华附中高中及预科教学计划

科目	政治	语文	外语	数学	制图	物　理		化　学		体育	周课时
						讲课	实验	讲课	实验		
高一	2	5	6	5		2	1	2	1	2	26
高二	2	5	6	5		4	2			2	26
高三	2	4	6	5		3		2	1	2	25
预科一	2	4	6	5		4	2			2	25
预科二	2	4	5	5	2			3	2	2	25

1996 年，在清华大学的领导下，清华大学附属学校（清华附中、二附中和附小）推出了"一条龙"的创新型人才教育改革试验计划，为高素质、创造性人才的培养创造环境。计划中将"英语教学一条龙改革试验""计算机教学一条龙改革试验""体育教学一条龙改革试验""语文教学一条龙改革试验""数学教学一条龙改革试验"作为重要内容，以解决大、中、小学教育衔接中的一些结构性矛盾，努力为受教育者提供最优教育资源，优化教育结构，优化培养过程，为高素质、创造性人才的脱颖而出创造一个适宜的环境。

80 年代，为探索理科拔尖人才和优秀田径后备体育人才的培养途径，受教育部委托，清华大学和清华附中又试办了"高中理科试验班"和"马约翰体育班"；2000 年清华附中与清华大学美术学院合作，创办了高中美术特长班；2003 年为探索初、高中美术特长生的衔接培养，从初中开始面向北京市招收美术特长生。2007 年开始面向全市招收民乐特长生，与美术特长生联合排班，成立清华附中艺术特长班。

清华附中通过开设预科班和"高中理科试验班""马约翰体育班""美术特长班""艺术特长班"等，充分利用清华大学师资、实验室、图书馆和运动场等优势，进行大、中学衔接培养。多种培养模式优势互补，互相促进，均收到了明显的育人效果。

2. 坚持全面育人，注重个性培养，展现学生特长

在清华附中，全面发展的思想深入人心。学校采取了多种有力措施来保证学生全面发展的落实，如：不仅在制订学期工作计划时考虑学生的全面发展，而且对学生每周课外活动时间也进行科学的分配和指导；制定了反映学生思想、学习、体质体能方面的四联成绩通知单；及时发现、培养、树立和宣传学生中德智体全面发展的典型；等等。品学兼优的高 612 班学生刘延东在校加入中国共产党，她是清华附中培养的第一个学生党员，高 624 班学生关天池学习优秀，体育突出，高二时入了党。作为德智体全面发展的突出典型，学校及时总结宣传了他们的事迹，在学生中引起强烈反响。

体育工作坚持"田径为主，速度为纲，力量是基础"的方针，"在普及的基础上提高，在提高的指导下普及，开展群体活动与训练代表队相结合"。从 1964 年到 1966 年，在海淀区、北京市的各次运动会上，清华附中均取得了突出的成绩，成为北京市的体育名校。附中开展文艺活动的指导方针是："要为贯彻全面发展的教育方针服务，提倡自编自演，小型多样，'学生演学生'，反映自己的生活，把思想性和艺术性统一起来。"1965 年，附中曾自编自演了反映学生生活和理

想的大型歌舞《做共产主义接班人》。

活动课是最能突出体现新时期学生在学习中"自主性、活动性、创造性"原则的课程。多年来，学校组织化学实验小组、物理实验小组、生物小组、天文小组、计算机小组、数学建模小组等，提高学生的心理认知水平和独立探索能力，发展学生的爱好特长。劳技课的开设更是培养了学生实际动手能力，深受学生欢迎。近年来，还开设了心理教育课、创造思维课等，均收到很好的效果。

对有个性、有特长的学生，也要使其在学校得到发展。有些学生在某些方面的特长可能影响他一生的选择。教育的改革与创新要与考试制度的改革联系起来，应该考虑如何在改革高考制度、完善会考制度中，重视对学生综合素质、创新精神的考察。

1986年，清华附中与清华大学合办"马约翰体育特长班"，面向全国招生。一般高中招生要达到或接近一级运动员标准，初中招生要达到或接近二级运动员标准。"马约翰体育特长班"，是学校培养优秀体育人才的改革实验。这些学生具有优秀的运动才能和天赋，学校的任务是将其充分发掘，培养其成长。1996年以来，在保证中学知识学习达到基本要求的前提下，对"马约翰体育特长班"的课程设置、课时计划做了相应的改革，以适应有此特质学生的学习需求，并大力发展他们的特长，为国家培养更多的优秀运动员。到目前为止，已培养了112名中学生国家一级运动员，有21人达到国家运动健将标准，4人达到国际健将标准，一大批学生在国际、国内中学生运动会上获奖。

1988年，清华附中受国家教委委托，创办"高中理科试验班"。全国理科试验班是教育部教改实验项目，学生的基础知识扎实，理科成绩优异，有很大的理科发展潜质。根据这些资优学生的个性发展需求，附中对高中教学课程实施改革，调整教学计划，压缩课内学时，扩大自学时间，采用较先进的实验教材，按学生个人的兴趣爱好选择理科学科，发展其特长。"高中理科试验班"取得了优异成绩，造就了一批优秀理科人才。1988年以来，理科班学生有13人获得国际奥林匹克竞赛金银牌15枚，1人在国际科学与工程大赛化学类竞赛中获奖，9名同学获北京市金帆奖和银帆奖。（说明：1996年以前的外省市理科班同学学籍不在附中，有7名学生获国际奥赛奖牌，但当时北京市规定这些学生不能获金、银帆奖。2003年起全国理科实验班（简称理科班）停止招生。）

2000年，清华附中与清华大学美术学院合作，创办了高中美术特长班。美术特长班是小班，每班只有二十几个同学。学校为他们单独制订教学计划，文化课由清华附中的教师授课，美术课是由清华大学美术学院的教师授课。2003年，第一届美术特长班20人毕业，其中有9名学生考上了清华大学的美术学院，在全国同类的美术班中，这个比例是名列前茅的。其中多数同学的文化课考试都过了重点线，还有三四个同学的分数接近清华大学理工科录取线。

2007年北京市成立了青少年科技创新学院，启动了旨在培养青少年科技创新人才的"翱翔计划"。清华附中作为基地学校，承担着信息技术方向学员的组织、指导和培养工作。为了履行好基地学校的职责，成立了专门的翱翔计划办公室，聘请了专门的导师队伍。学校在大学专家的指导下，设计建立用于翱翔计划信息技术学员的专用多媒体教室，可供15名学员同时使用，用于学生开展集体授课、共同学习、彼此交流等活动。2008级翱翔计划学员完成了答辩过程，实现了"在科学家身边成长"，2009年10月，附中举行了首届北京青少年翱翔科学论坛信息技术学科分论坛。这为评价、推进、宣传在高中阶段对拔尖创新人才培养的探索实践起了积极的作用。

3. 德育特色

从 20 世纪 80 年代初开始，学校德育工作方面就明确提出"学校的根本任务是育人"。几十年来，清华附中充分利用社会大环境给学校德育的积极影响，克服负面影响，进行了大量的德育改革和实践，逐步形成了"高一军训、高二下乡劳动、高三集中思想教育和学生党校活动等集中教育"的格局和系列。

1981 年学校成立了学生党课学习小组，之后又创办了学生业余党校，至今已有 1 000 多名学生在党校学习结业，发展党员 16 名。学校业余党校领导重视、管理严格，保证了党课教育的正规化；党课内容确定重点，精选内容，丰富形式，形成体系，确保效果。业余党校教育很好地帮助同学们树立了正确的人生观和世界观，明确了中国共产党的历史使命和奋斗目标。

20 世纪 90 年代以来，随着社会大环境的变迁，学校的德育也出现了新变化。

清华附中的德育工作以"成长、责任、追求"为育人理念，以"为未来领袖人才奠基"为使命，强调全员德育，注重全过程育人、全方位育人，引领学生形成正确的世界观、人生观、价值观，促进学生健康成长。

清华附中的德育工作遵循阶梯式实践模式，以系列主题教育为育人特色，如在初中开设了"走进圆明园""品德与修为""体验式班会"等系列课程，在高中开设了"军训与生涯规划""红十字培训""文化素养提升""国旗下讲话""集中思想教育""社会考察与实践"等系列课程。这些德育活动的设计考虑了学生年龄特点和需求，旨在使学生关注社会的进步，关心人类的生存环境，在实践中积累解决问题的经验，培养创新意识与合作精神。

清华附中德育工作注重为学生搭建丰富多彩的成长平台。学生领袖训练营、模拟联合国、学生党校、几十个学生社团，可以为每位同学提供个人兴趣特长发展的途径，学生节、学科节、电影节、"一二·九"革命短剧比赛等丰富的学生活动为每位同学提供展示才华的舞台。

作为"全国德育示范校"，清华附中始终坚持德育为首，全员、全过程、全方位的育人理念，树立正确的德育观。结合学校实际，开展多种形式的德育主题教育。

学校注重发挥学生团队自主教育的功能，一方面做好各年级团支部建设和支部特色建设工作，通过各种团队活动进行团员的自主教育。团队自主教育与时俱进，不断创新，取得了很好的成效。另一方面，学校搭建旨在促进学生个性发展的各种平台，如：模拟联合国活动，学生领袖训练营活动，与奥运冠军面对面活动等。

在团支部建设方面，学校团委在学期初指导各支部和中队制订工作计划，记录团日志，每学年办一期团刊。同时指导各支部按计划进行团员发展工作和团员档案的管理。还组织各支部开展"青春纪念册"支部文化展示、"诗颂祖国""歌唱祖国"等主题活动。

团队主题活动，主要是以建队仪式暨"迈好中学第一步"演讲、少年团校、"五四"大团日和"六一"大队会等系列活动来开展的。每年 10 月在初一年级举行建队仪式暨"迈好中学第一步"演讲。为纪念"五四"运动 90 周年和迎接新中国成立 60 周年，进行了"青春与祖国同行"五四大团日系列活动。每年"六一"前在初一、初二年级开展"让红领巾更鲜艳"大队会和"青春飞扬"主题团队会。会上总结表彰了团队中优秀的集体和个人，同学们还通过演讲、诗朗诵等形式感悟青年责任。

学校每学期定期召开班主任研讨会，通过专家引领和班主任经验交流，提高班主任的专业队伍建设。通过"师徒结对"的方式，尤其是对新来的年轻教师实行"见习班主任制度"，加快年轻教师的成长。定期举行"班主任基本功培训及展示交流活动"，通过年级组内的"班主任说课"到全校范围的示范班会，全校班主任老师观摩学习。学校还重视班主任的教育科研工作，每个月安排一次年级组活动，每学期至少安排一次年级的"班主任团体辅导"，每一学期班主任提交新学期工作计划和上一学年的工作论文或总结，对于优秀论文，德育处会推荐到一些教育刊物上发表。学校从 2005 年 3 月至 2007 年 3 月，积极参加了教育部"十五"课题"生态体验培养健康人格的德育模式研究"的子课题"清华附中生态体验模式下促进教师发展的实践研究"的研究，并成为生态体验课题的实验基地。

4. 教育科研特色

清华附中在教职员工中广泛开展教育科学研究，以此为动力，推动学校工作发展，用教育理论建设教师队伍，指导教育教学工作，取得了突出的成绩。

（1）学习理论搞研究

学校教科室坚持举办"教育教学论文年会"已有 22 届，近年有 90％的老师撰写文章，论文质量逐年提高。许多论文在各级刊物上发表或在各级评比中获奖。教科室每年编印两期校刊《清华附中教育研究》，两期学习资料《教育思想大讨论》，另为师生编辑《科技信息》、ESD 读本，在 2000 年附中编印的《清华附中教育思想文集》（上、中卷）中整理了其中大量有价值的文章、笔录和教育思想。教科室主办学习研究沙龙，在青年教师中兴起科研之风。学研沙龙的成员迅速成长，很多成长为各级学科骨干教师甚至特级教师。

（2）对毕业生追踪调研

附中重视对毕业生进行追踪调研，并根据反馈的信息，研究培养目标，改革培养过程，进行教改实验。附中于 1980 年重点调查"文革"前培养的学生，先后召开了 17 次座谈会，调查了 200 多位高中毕业生，并将调研情况编辑成册，取名《春秋录》。1984 年又对升入清华大学的 600 多名学生按系逐个发出调查信，反馈了许多有价值的信息。

（三）师资队伍建设

从 1960 年暑假开始，学校定名为清华大学附属中学。学校师资来源于原附设中学、大学分配来的教师以及大学毕业生，大约各占 1/3。1963 年学校初具规模时，全校共有教师 86 人（包括大学来附中兼课教师 9 人），平均年龄 30 岁左右。86 名教师中，大学本科毕业生 72 人，占 84％；大专毕业生 12 人，占 13％；高中毕业生 2 人。男女教师的比例大约各半。

学校始终把干部队伍、教师队伍、职工队伍三支队伍的建设作为基础工作与根本任务，把抓学习、提高素质放在首位，思想素质与业务素质两手抓。

1978 年春季，应附中要求，清华大学招收了中学师资班 35 人，学制四年半。毕业后有物理专业 2 人，化学专业 3 人，数学专业 2 人留在附中工作，为附中的教学、教育以及行政工作充实了力量。1980 年开始调整教师队伍，一部分人调到大学搞行政工作，一部分人充实到附中的实验室、电教、教学行政等岗位。鼓励学历较低的教师不脱产进修和半脱产进修，以达到大专或本科水平。1982 年初，教师总数已从 1977 年的 134 人减为 104 人，大学本科文化程度者从 19.4％上升为 61.5％，高中文化程度者从 31.3％下降为 14.4％。

学校还采用"请进来，走出去"的多种方式组织教职工向先进学习。学校先后请段力佩、温寒江、李意茹、曾桂梅等中学教育战线的专家与先进工作者来校讲学，去北京四中、北京八中、北京师大实验中学、天津一中、天津南开中学、东北师大附中、华南师大附中等校参观学习。

1980年，学校聘请大学的赵访熊、孟昭英、邢家鲤、张三慧、程紫明、宋心琦等15位专家教授组成附中顾问委员会帮助指导学校的教改工作，并对口帮助各教研组进行具体指导。为了记录教师的教学教育情况，建立了教师业务档案。1980年提出教师工作条例，执行工作量制度。1983年开始，按工作量计发奖酬金。对青年教师"大胆使用，悉心培养，热情关怀，严格要求"，要求他们教学与班主任工作双肩挑，合理组织教学小组，老教师对口帮助新教师，对有困难的教师重点帮助，对不能适应中学教育岗位的进行调整。经过几年努力，教师队伍年龄结构较为合理，学历基本达到大学文化水平，一般均能胜任教学与班主任工作。

从1996年起，学校开始制定《1997—2010年清华附中发展规划》，明确提出了"名师工程"，把形成一支师德高尚、业务精湛，以特级教师、学科带头人为核心的高水平教师队伍，作为"名师工程"的核心，努力使清华附中成为造就名师的摇篮。在教师队伍的建设中，学校坚持"高定位、高起点、高要求、高水准"，按照"师德表率、育人模范、教育专家"的名师要求，提出清华附中优秀教师的标准，即：有高尚的师德修养，有先进的教育思想，有突出的教学水平，有较强的科研能力，有良好的计算机辅助教学和外语交际能力。学校把教师教育观念的转变作为"名师工程"的重要内容，鼓励教师大胆进行教育教学改革，努力形成自己的教学风格和教学特色。要求每位教师都树立当名师的思想，争当教育家，不做教书匠。学校积极支持青年教师自发举办"学研沙龙"。在规划各个学科的梯队建设方面，坚持培养为主，引进为辅的方针，在着力培养中青年骨干教师的同时，加大引进优秀拔尖人才的力度，加速高水平、高学历、特级教师、学科带头人队伍的形成。截至2010年，清华附中已经有教职工314人，其中，具有正高级职称1人、副高级职称111人、中级职称82人。专任教师214人，包括本科及以上学历252人；在职特级教师16人、北京市学科教学带头人2人、市级骨干教师9人，39名区学科带头人及19位区级骨干教师。一线教师的年龄分布合理，35岁以下的青年教师在一线教师中所占的比例是45.8%，36～45岁的一线教师所占的比例是31.3%，而46～55岁一线教师所占的比例是18.7%。教师的职称情况：事业编制一线教师，高级教师所占的比例已达到49%，全校一线教师（含合同制教师）高级教师所占比例也已经达到43%，同时涌现出一大批35岁以下的学科带头人和骨干教师。

学校教师的配备符合教育教学要求，教师学历达标。从2008年至2010年，从教师的学历上来看：一线教师中有硕士、博士学位的所占的比例不断提高，2010年事业编制在职一线教师中硕士和博士占比已经达到44.5%，另外还有一些教师正在攻读在职硕士。合同制教师的硕士和博士比例提高更为明显，从25%提高到39.45%。

清华附中特级教师名录见表20-1-3。

表20-1-3　清华附中特级教师名录

序号	姓　名	性别	学科	特级任职时间	备　注
1	孔令颐	男	数学	1986—1992-07	1992年退休
2	颜家珍	女	历史	1991-09—1993-09	1993年退休
3	邵光砚	女	数学	1998-09—2004-04	2004年退休
4	胡新懿	男	化学	1998-09—	1999年调出
5	韩　军	男	语文	1994年6月	2000年调入，2003年调出
6	郭玉珊	男	数学	1997年9月	2000年调入

序号	姓　名	性别	学科	特级任职时间	备　　注
7	赵谦翔	男	语文	1993-09—2008-10	2001 年调入
8	田佩淮	男	地理	2001 年 3 月	2001 年调入
9	王英民	男	英语	2001 年 9 月	
10	闫梦醒	男	化学	2001-09—2010-08	2010 年退休
11	崔　琪	女	语文	2001 年 9 月	
12	秦洪明	男	数学	1999 年 12 月	2002 年调入
13	尹粉玉	女	数学	1998 年 2 月	2002 年调入
14	孟卫东	男	物理	2000 年 9 月	2002 年调入
15	张小英	女	数学	1999 年 9 月	2002 年调入
16	周建国	男	政治	2000 年 9 月	2002 年调入
17	张观成	男	化学	2002 年 9 月	2004 年调入
18	程惠云	女	英语	2000 年 8 月	2004 年调入
19	王俊婷	女	语文	2003 年 8 月	2004 年调入
20	杨建宇	男	语文	2006-05—2009	2009 年退休
21	陈　红	女	历史	2006 年 5 月	
22	杜毓贞	女	政治	2006 年 5 月	
23	孙晓佳	女	数学	1998 年 12 月	2007 年调入
24	陈新福	男	化学	2009 年 5 月	2010 年调入

（四）办学条件

1.1960 年—1970 年

1961 年 7 月，教学楼竣工，建筑面积 7 800 平方米。

1962 年 7 月，食堂竣工（兼礼堂），建筑面积 1 800 平方米。

1962 年 7 月 26 日，学生宿舍楼竣工使用，建筑面积 3 700 平方米。

1963 年，附中师生自己动手在教学楼前修建了 400 米跑道的操场，建筑面积 17 000 平方米，以及宿舍楼南侧的 3 个篮球场，建筑面积 1 000 平方米。

实验室面积 1 505 平方米。

2.1980 年—1999 年

1986 年 10 月，师资培训楼竣工使用，建筑面积 4 068 平方米。

1993 年 11 月，实验楼竣工使用，建筑面积 5 185 平方米。

1997 年 9 月，完成教师网络机房的建设。

1998 年 10 月，初中教学楼、图书馆竣工使用，建筑面积 4 105 平方米。

1998 年，新建操场（煤渣跑道）投入使用，2001 年改建成塑胶跑道，建筑面积 21 000 平方米。

1999 年 9 月，安装 10 个多媒体教室。

3. 2000 年以后

2002 年 6 月，操场看台竣工使用，看台建筑面积 952.5 平方米。

2002 年 6 月，高中教学楼、综合办公楼竣工使用，建筑面积 15 517 平方米。

2002 年 9 月，食堂及报告厅竣工使用，建筑面积 5 792 平方米。

2002 年，建成 1 个学生电视台演播室、1 个学生电子阅览室及 3 个学生机房。所有教室安装多媒体设备，包括背投电视、台式电脑、DVD 机等。

2003 年 7 月，新建宿舍竣工使用，建筑面积 7 320 平方米。

2007 年 9 月，全校多媒体设备改造，用 EPSON 投影机替代背投电视。

2008 年 10 月，新建 2 个通用技术实验室和 1 个设计室，建成 1 个生物组培室。

2009 年 9 月，全校网络改造完成，无线网覆盖学校主要教学场所。教师每人配备笔记本电脑，撤销学生教室的电脑。

2009 年 9 月，新装修的图书馆和音乐小楼投入使用。

2010 年 2 月，全校网络打印系统投入使用。

2010 年 5 月，新建篮球馆竣工投入使用，建筑面积 1 300 平方米。

2010 年 3 月，新初中楼开工，建筑面积约 7 000 平方米。

（五）荣誉奖励

1. 所获北京市级以上称号汇总

所获北京市级以上称号汇总（1981—2010-12）情况见表 20-1-4。

表 20-1-4 清华附中所获北京市级以上称号汇总（1981—2010-12）

序号	时 间	所 获 称 号
1	1986-04	北京市先进工会集体
2	1986-09	北京市先进学校
3	1988-06	全国中小学德育先进校
4	1992-07	首都军（警）民共建社会主义精神文明先进单位
5	1998-05	北京市"红十字"学校
6	1999-12	北京市校园环境示范校
7	2000-09	全国中小学创造教育先进集体
8	2001-10	2001 年度北京市基础教育科学研究先进中学
9	2001-12	北京市贯彻《学校体育工作条例》优秀学校
10	2001-12	北京市 2001 年度教育科研先进学校
11	2002-08	2001—2002 学年中学共青团信息工作先进单位
12	2002-11	北京市示范性普通高中
13	2003-05	北京市基础教育系统电化教育优类校
14	2004-10	北京市中小学科技教育示范校
15	2005-11	北京市首批"阳光心语行动示范校"

续表

序号	时 间	所 获 称 号
16	2006-07	中共青少年党史教育活动基地
17	2006-11	北京市文明礼仪示范学校
18	2007-06	北京市健康促进学校
19	2008-04	北京市学生金帆艺术团
20	2008-10	首都教育系统奥运工作先进集体
21	2008-11	中国射击协会后备人才培训基地、中国射击协会重点射击学校
22	2008-11	北京市中学生业余党校示范校
23	2008-12	北京市中小学艺术教育特色学校
24	2009-06	全国地理教学先进集体
25	2009-07	首都平安示范校园
26	2010-05	北京市创新人才培养"翱翔计划"基地学校
27	2010-06	北京市中小学先进基层党组织

说明：① 清华附中自1981年至2005年连续被评为北京市实施"国家体育锻炼标准""北京市体育传统项目"先进学校。
② 2000-10、2005-11获得北京市科技教育金鹏奖。

2. 国际奥林匹克学科竞赛及其他学科竞赛获奖情况

清华附中学生参加国际奥林匹克数学、物理、化学、信息、生物等学科竞赛，有19人次获得奖牌共23枚，其中17枚金牌，4枚银牌，2枚铜牌。第三届国际青少年数学邀请赛获2枚银牌、2枚铜牌，第八届亚洲物理奥林匹克竞赛获1枚银牌，海峡两岸力学竞赛获1枚金牌。

3. 国际竞赛获奖情况

清华附中学生参加第十届国际天文奥林匹克竞赛获1枚银牌，英特尔国际科学与工程大奖赛（美国植物病理学会）获1枚金牌，英特尔国际科学与工程大奖赛（微生物学类）获1枚银牌，第十六届世界航空模型锦标赛S8D（火箭推遥控滑翔机）获1枚金牌。参加第28届世界遗产大会国际书画大赛获1枚银牌。参加其他国际性竞赛、锦标赛、邀请赛共获12项奖励。

4. 其他获奖情况

清华附中学生获北京市金帆奖24人次，其中理科班6人次，马班（马约翰体育特长班，简称"马班"，学生在高一、高二年级单独编班，高三编到其他班去学习）13人次，其他5人次；获银帆奖90人次，其中理科班9人次，马班60人次，其他21人次。清华附中学生还获北京市金鹏奖，全国青少年航空航天锦标赛P3A-3、P5B-2，第57届国际科学与工程学大赛，24届全国青少年科技创新大赛等奖项。

（六）清华附中历任校长、党支部（党总支、党委）书记名录

清华附中历任校长、党支部（党总支、党委）书记名录见表20-1-5。

表 20-1-5　清华附中历任校长、党支部（党总支、党委）书记名录

校长		党支部（党总支、党委）书记		
姓名	任职时间	姓名	任职时间	职务
万邦儒	1960-08—1966-06	万邦儒	1960-07—1964	党支部书记
		韩家鳌	1964—1966-06	党支部书记
万邦儒	1979-05—1991-12	姜金凤	1977-11—1979-05	领导小组组长
		冯庆延	1979-05—1981-12	领导小组组长
			1981-12—1984-06	党支部书记
			1984-06—1991-02	党总支书记
杨津光	1991-12—1994-05	张蕴环	1991-02—1994-05	党总支书记
郭建生	1994-05—1997-06	沈振基	1994-05—1996-05	党总支书记
赵庆刚	1997-06—2004-12	赵庆刚	1996-05—2001-12	党总支书记
高策理	2004-12—2007-02		2001-12—2003-07	党委书记
王殿军	2007-02—	方妍	2003-07—	党委书记

第二节　清华大学附设工农速成中学

清华大学附设工农速成中学，从 1951 年 9 月第一届学生入学到 1954 年，共招收 4 届学生。1955 年根据教育部的指示，停止招生。1958 年最后一届学生毕业。虽仅有 7 年的历史，但在建国初期，对贯彻学校向工农开门的方针，培养工人阶级知识分子起了一定的历史作用。1958 年停办以后，部分干部、教师及设备并入附设中学。

1951 年建校时，大学教务长周培源兼任工农中学校长，大学历史系教师王永兴任副校长，郭德魁任教导主任兼党总支书记。1952 年院系调整，周培源调北大后，大学政治辅导处主任何礼兼任校长，大学团委副书记李卓宝到校担任副校长，大学文法学院团总支书记万邦儒为教导主任，和副校长郭德魁共同组成学校党组，李卓宝任党组书记。

建校初，从清华大学应届毕业生和在校生中派出一批学习优秀的学生，如物理系张三慧，化学系何其盛，中文系韩家鳌、章熊等，同时聘请了一批有经验的中学教师王鸿遧、黄淑环、许冀闽等，成为工农中学的第一批教师。他们和后来分配来的大学毕业生一起，组成工农中学的教师队伍。

工农中学建校以来，共招收 4 届学生 1 189 人，毕业后升入高等院校继续深造的 567 人，其中升入清华大学学习的 195 人，其他学员则走上新的工作岗位。

这所学校具有两个显著的特点：一是"工农"，即培养对象均为参加革命工作和产业劳动3～5年以上的优秀工农分子，95％以上是党团员，其中许多人是战斗英雄、劳动模范和曾立功受奖者；二是"速成"，即采用新的教学计划、教学大纲和新的教材、教法，经过4年的教学，使学员从入学时的小学程度达到高中毕业的水平。

工农学员在学习中表现出高度的学习责任感和顽强的学习精神。他们把学习中的每一个难点比做一个"敌人"，非消灭不可；把每一难题比作一个"碉堡"，一定攻克才行。他们没有辜负党和国家对他们的培养，完成了中学的学习任务，有的还读了大学及研究生，有的去苏联留学后归国。

第三节　清华二附中

清华二附中前身是清华附中二部。1978年成立清华附中二部，招收大学部分教工子女入学。1984年清华附中停办初中，附中二部负担起全部清华教工子女初中阶段的教育任务。清华附中副校长姜金凤主持二部的工作。1986年二部发展到25个教学班，学生逾千人，教工百人，更名为清华二附中。校长由吴裕良担任，副校长金郁向，党支部书记姜金凤，1988年王一华任支部书记。1992年又任命李觉聪为副校长。1993年5月金郁向任校长。

清华二附中历年在校生和毕业生人数见表20-3-1。

表 20-3-1　二附中历年在校生和毕业生人数

学年度	教学班	在校生数	毕业生数	学年度	教学班	在校生数	毕业生数
1978—1979	10	382		1986—1987	25	1 068	378
1979—1980	10	382		1987—1988	23	961	319
1980—1981	5	176	196	1988—1989	22	921	345
1981—1982	6	252	130	1989—1990	19	786	276
1982—1983	10	443	20	1990—1991	19	736	274
1983—1984	14	570	212	1991—1992	16	585	210
1984—1985	19	802	216	1992—1993	16	606	
1985—1986	21	887	124				

清华二附中受清华大学领导，经费由清华大学拨款。1988年大学成立了附校办公室，以加强对附属中学的领导。二附中的教学业务则由海淀区教育局领导。

清华二附中坚持党的教育方针，德、智、体、美、劳五育并举，培养学生全面发展。智育以教学为中心，不懈地努力提高课堂教学质量，注意打好基础，加强学习能力的培养。广大教师严谨治学，积极探索改革教学内容和方法，教学质量不断提高。1989年至1991年，连续三年毕业升学考试中优良率均接近80％。1991年、1992年毕业升学考试的平均分、优良率和及格率在全区 78 所中学里名列前八名。附中二部阶段共有五届学生毕业，计 898 人，有 716 人升入了高中。1986 年至 1992 年共有六届学生毕业，计 1 802 人，有 1 737 人升入了高中，占毕业生总数 96.4%。其中考入清华附中、北大附中、四中等市重点高中的有 813 人，占毕业生总数的 45.1%。

学校重视学生思想教育工作，一向把德育工作放在首位。广大教师教书育人，言传身教，思想教育工作逐步深入。在进行爱国主义、集体主义、社会主义教育的同时，加强对学生的品德教育；通过贯彻《中学生守则》《中学生行为规范》健全校规，逐步树立了一个"团结、奋进、求实、创新"的新校风。课外活动方面，内容丰富，形式生动活泼，组织了学科小组、科技小组、文艺社团和体育代表队等 20 多个，经常有 50% 以上的同学参加这些活动。同时积极组织学生参加科技、文、体各种竞赛活动。1986 年以来，每年都有百余名学生在市、区中学生竞赛中获奖，连续被评为市、区先进科技活动学校和音乐教育先进校。

1993 年，二附中有高级教师 22 人，一级教师 43 人，二级、三级教师 5 人，并涌现出一批先进教师，陈淼、王庆云、吴裕良、许淑琴、李冰、王加宁先后被评为北京市先进教师和先进教育工作者，32 位教工被评为海淀区先进教师和先进教育工作者。

校舍经过两次修建，有建筑面积 4 200 平方米。1982 年以前先后在附小和大学二院借用教室上课。1982 年在清华校园西北角建成 2 400 平方米的教学楼，1986 年又扩建了图书馆和实验室，并修建了大小运动场各一个。仪器、设备和图书也得到逐步充实。先建有物理实验室、化学实验室和生物实验室，1986 年以后又陆续建成语言实验室、计算机房和电化教室，以及音乐教室、舞蹈教室、美术教室等专用教室。图书馆藏书三万余册，订有报刊 200 余种。1992 年在海淀区中学教学设备及管理首次综合评比中获一等奖。

为了进一步提高教育质量，深入开展教科研，进行教改实验，1992 年二附中和北大附中、人大附中、101 中学等十二校组成群体，开始进行海淀区"'三个面向'义务教育体系研究与实践"课题的实验，二附中承担了"全面提高学生科学文化素质"子课题，在 1992 级进行实验，通过改革教学内容和方法，提高学生的能力和素质，促进学生全面成长。

1999 年，清华二附中并回清华附中，仍保留二附中的学校代码。

第四节　清华大学附属小学

一、概况

清华大学附属小学，创立于 1915 年，早期专为清华教师子弟求学而设，名为"成志学校"。1952 年春，成志学校的小学部与初中部分开，小学部定名为清华大学附设小学，1960 年更名为附属小学。附小位于清华大学校园之西南部，初期与附设中学相连。60 年代，附设中学迁出，其原校舍归附小，附小规模从此扩大。附小校舍占地 15 000 平方米。其中建筑面积为 5 300 平方米，还有一个占地 18 000 平方米、设有 300 米跑道的操场，操场白天归附小使用，早晚为大学教工的体育锻炼场所。2001 年 7 月，清华附小在清华大学的帮助和支持下，在原址进行了全面的翻新修建，校园环境全面改善。2002 年 9 月新校舍竣工。新附小校舍占地 33 000 平方米，其中建筑面积 12 120 平方米，操场占地 18 000 平方米，主操场设有 300 米塑胶跑道和人工草皮足球场，另外还设有专业的棒球场、篮球场和轮滑场地。

二、办学思想和特色

清华附小一贯坚持德、智、体、美、劳全面发展的教育思想，认真贯彻党的教育方针，把德育工作放在首位，全面育人。校训是：立人为本，成志于学。

1985 年至 1987 年，附小就学制、考试制度、教材编定等方面进行改革，对语文教学进行了"注音识字、提前读写"的教学。1986 年，在附小召开了全国性最优秀教学法研讨会，附小被评为北京市先进集体。1985 年至 1988 年，连续四年被评为市小学田径传统项目校、市小学生体育达标优秀校。在音乐教学方面，率先在小学中进行五线谱教学，受到海淀区教育局的肯定，1989 年在附小召开了第四届国民音乐教育研讨会。从 1984 年开始，附小一直坚持教育扶贫，通过走出去、请进来的形式，接待老少边穷地区听课及培训教师 2 500 人，其经济来源由教委拨款及大学补贴。

学校于 2003 年 4 月正式通过 ISO 9001：2000 质量管理体系认证。认证工作提高了学校的管理水平和效率，使各项工作有章可循、有法可依，使学校管理由规范化、科学化、逐步向精细化、自主化发展。

在教学改革方面，按照"三个超越"（即学好教材、超越教材；立足课堂、超越课堂；尊重教师、超越教师），进行语文教学的探索和实践，真正做到为学生生命奠基、为中华民族创造力奠基。

随着教学水平的全面提升，附小先后荣获"国家基础教育课堂改革实验先进单位""中国基础教育英语教学研究资助金项目科研基地""中国古诗文经典诵读工程全国优秀学校""中国少年儿童信息研究基地""中国少年科学院科普培训基地""北京市教育先进集体""北京市田径传统学校""北京市教育科研先进校""北京市健康促进校""北京市文明礼仪示范学校""北京市冰上轮滑培训基地""海淀区德育管理""教学管理先进校""海淀区素质教育优秀校""海淀区教育现代化试点学校""海淀区特色先进学校""海淀区音乐窗口校""海淀区科技教育示范学校""艺术教育特色示范学校""学籍管理先进校""海淀区阳光体育明星学校"（一星级）、"海淀区中小学卫生先进集体""海淀区青少年阳光亮眼操示范学校""海淀区'十一五'时期校本培训先进学校"等。此外，学校的国际间教育交流活动和教育扶贫工作也逐步展开。

2010 年 11 月，附小制定了《清华附小办学行动纲领》，它是以党的教育方针为指南，以《国家中长期教育改革和发展规划纲要》为统领，抓住国家及清华大学"十二五"规划贯彻落实的契机，诊断学校现状，明确"原来在哪里""现在在哪里""将来在哪里"。问题清晰、目标明确后，确立附小今后五年行动纲领。引导师生员工的行为，构建学校提升空间，为学校各方面工作的发展提供指导。

三、学校历任校长名录与各项数据统计

清华附小历任校长名录见表 20-4-1，1951 年至 1965 年附小历年学生情况统计见表 20-4-2。

1966 年至 1974 年"文革"期间附小毕业学生约 1940 余人。1974 年至 2010 年附小历年学生情况统计见表 20-4-3，截至 2010 年的基础设施与重要设备见表 20-4-4，2000 年至 2010 年一线教师学历情况见表 20-4-5，2000 年至 2010 年一线教师职称情况见表 20-4-6，2000 年至 2010 年市、区骨干教师、学术带头人情况见表 20-4-7，特级教师名录见表 20-4-8。

表 20-4-1　清华附小历任校长名录

校长姓名	任职年限	校长姓名	任职年限
顾蔚云	1952—1973	杨丽茹	1991-04—2001-08
叶桂萱	1973—1986	赵　颖	2001-08—2010-11
王淑华	1986—1991-04	窦桂梅	2010-11—

表 20-4-2　1952 年—1965 年清华附小历年学生情况

学年度	班级数	在校人数	招生人数	毕业人数	学年度	班级数	在校人数	招生人数	毕业人数
1952—1953	11	440	80	40	1959—1960	16	640	160	80
1953—1954	12	480	80	80	1960—1961	20	800	240	80
1954—1955	12	480	80	80	1961—1962	24	960	240	80
1955—1956	12	480	80	80	1962—1963	28	1 120	240	80
1956—1957	12	480	80	80	1963—1964	32	1 280	240	160
1957—1958	12	480	80	80	1964—1965	34	1 360	240	160
1958—1959	14	560	160	80					

表 20-4-3　1974 年—2010 年清华附小历年学生情况

学年度	班级数	在校人数	招生人数	毕业人数	学年度	班级数	在校人数	招生人数	毕业人数
1974—1975	37	1 632	164	501	1992—1993	34	1 372	197	209
1975—1976	33	1 397	294	505	1993—1994	34	1 394	214	305
1976—1977	29	1 265	298	312	1994—1995	34	1 299	214	305
1977—1978	30	1 282	309	192	1995—1996	36	1 293	225	246
1978—1979	39	1 618	528	161	1996—1997	36	1 304	232	172
1979—1980	54	1 281	309	192	1997—1998	36	1 336	198	200
1980—1981	52	2 123	320	508	1998—1999	36	1 385	196	244
1981—1982	42	2 321	194	378	1999—2000	36	1 388	196	258
1982—1983	44	1 850	195	248	2000—2001	36	1 352	193	271
1983—1984	42	1 670	185	438	2001—2002	36	1 390	230	273
1984—1985	37	1 522	217	316	2002—2003	36	1 273	174	239
1985—1986	37	1 479	257	348	2003—2004	36	1 351	216	280
1986—1987	35	1 397	243	309	2004—2005	36	1 273	174	239
1987—1988	35	1 381	242	301	2005—2006	35	1 418	187	252
1988—1989	28	1 285	290	226	2006—2007	35	1 408	219	277
1989—1990	33	1 329	213	118	2007—2008	35	1 343	218	272
1990—1991	35	1 407	176	250	2008—2009	35	1 299	224	225
1991—1992	35	1 399	176	248	2009—2010	35	1 313	210	192
1992—1993	34	1 372	197	209					

表 20-4-4　清华附小基础设施与重要设备（2010 年）

基础设施	学校占地面积	33 000 平方米
	校舍建筑面积	12 120 平方米
	体育运动场面积	19 336 平方米
教学及辅助用房	普通教室	6 500 平方米
	实验室	1 470 平方米
	图书室	350 平方米
	微机室	400 平方米
	语音室及辅助用房	730 平方米
数字设备与资源	教学使用计算机	300 台
	图 书	64 630 册
	电子图书数字资源	103GB
	多媒体教室座位数	1 500 个

表 20-4-5　2000 年—2010 年清华附小一线教师学历情况

年份	研究生	大学本科	大学专科	中专	高中	高中以下	年份	研究生	大学本科	大学专科	高中	高中以下
2000		14	35	25	6	4	2006		62	17	6	
2001		19	40		24	4	2007	1	63	16	5	
2002	1	34	38		19	4	2008	1	64	13	5	
2003	1	40	38		19	4	2009	3	62	13	5	
2004		53	26		8	2	2010	8	65	13	3	
2005		62	17		6							

表 20-4-6　2000 年—2010 年清华附小一线教师职称情况

年份	中学高级	小学高级	小学一级	小学二级	未评职称	年份	中学高级	小学高级	小学一级	小学二级	未评职称
2000	3	57	21		3	2006	2	69	10		4
2001	5	54	25		3	2007	2	66	15		2
2002	4	63	21		8	2008	2	65	15		1
2003	4	71	25		2	2009	3	64	15		1
2004		71	15	1	2	2010	5	75	8		
2005		63	16	1	6						

表 20-4-7　2004 年—2010 年清华附小教师中的市、区骨干和学科带头人情况

年份	人数			年份	人数		
	市级骨干	区级学科带头人	区级骨干		市级骨干	区级学科带头人	区级骨干
2004		6		2008	2	7	10
2005	2	9	8	2009	2	17	5
2006	2	9	8	2010	3	17	5
2007	2	8	15				

表 20-4-8　清华附小特级教师名录

调入时间	姓名	学科	评级时间
2002-03—	窦桂梅	语文	1997-09
2006-10—	张　红	数学	2002-09

　　截至 2010 年，清华附小荣获数百项奖励。其中有"国家基础教育课堂改革先进单位"（2004年 11 月）；"2005—2007 北京市教育科研先进学校"（2007 年 12 月）；"主题作文的实践研究成果——北京市教育成果奖（基础教育）"（2009 年 8 月）；"《清华少儿数学》教材成果——北京市教育成果奖（基础教育）"（2009 年 8 月），等等。附小教师也在全国和北京市的教学论文评比和教学比赛中取得了丰硕成果。

第五节　清华大学职工中专部

　　清华大学职工中专部于 1983 年 6 月成立，招收第一届学生，至 1987 年五届共招收学生 114 人。创办的目的是使大学的一部分职工受到系统的正规的中等专业教育，以适应学校发展的需要。

　　招收具有初中毕业实际文化程度，并且有两年工龄的在校正式职工，年龄不超过 35 岁者，专业对口，所在单位同意，经过严格的文化考核（全市统考），德智体全面衡量后择优录取。

　　办学形式基本采取业余，每周两个单元上课。教学计划和课程设置是根据中央业务部门制订的指导性教学计划而制订的，设置了机械与电工、电子技术两个专业。学制三年半，总学时2 000 学时。学校的干部与教师皆由大学干部与教师兼职，经费由大学的职工教育经费供给，教室与实验室皆借用大学的。1988 年停止招生，1992 年停办。

　　学校的隶属关系及历任校长：

　　1983 年—1985 年，隶属人事处职工教育办公室，校长郭杰。

　　1985 年—1988 年，隶属职工教育处，校长王祖键。

　　1988 年—1992 年，隶属附校部，校长杜克敦。

　　学生概况：

　　1983 级，1987 年毕业，电子技术专业 19 人，机械与电工专业 18 人；

　　1984 级，1988 年毕业，机械与电工专业 15 人；

　　1985 级，1989 年毕业，机械与电工专业 30 人；

　　1986 级，1990 年毕业，电子技术专业 18 人；

　　1987 级，1991 年毕业，机械与电工专业 14 人。

　　共 5 届毕业生，总人数 114 人。

第六节　清华大学实验技术中专

　　清华大学实验技术中专班，经国家教委批准于1984年9月成立。办学目的：为国家培养中等科学技术与行政管理人才，并可择优补充学校实验技术人员及行政管理人员。充分利用大学的师资、教室、实验设备等办学条件，由大学提供经费，并向学生和用人单位收取部分培养费，保证了良好的育人条件。

　　1984年至1988年隶属于职工教育处，由大学副校长张思敬分管。中专校长王祖键。

　　1988年至1993年隶属附校办公室，先后由大学副校长周远清、余寿文分管。中专校长刘荫真。1991年停招生，1993年6月划归二附中管理。业务归北京市高教局中专处领导。

　　中专行政管理机构设一室二处：办公室主管行政后勤，教务处负责教育与教学，政教处负责学生思想教育工作并指导学生团总支、学生会工作。党组织属附校办公室支部。

　　理工科设电子技术、机械与电子、建筑结构、物理化学、物资管理等5个专业。

　　文科设文秘、财会2个专业。

　　共招收了七届电子技术专业，六届机械与电子专业，二届文秘专业，其他专业各招一届。

　　教师以外聘为主，最多时58名。只有少量专职基础课教师，最多时14名。

　　学生来源：从参加中考的初中毕业生中录取新生。大多数学生走读，特殊困难者经批准交费住校。为河北省阳原县（清华大学扶贫点）培养了10名学生。

　　1984年至1993年，招生共计7个年级19个班，595名学生（见表20-6-1）。已毕业16个班，507名学生。其余35名学生于1994年7月毕业。学生毕业分配采取自愿的原则，学校推荐，由用人单位和毕业生双向选择，不包分配。学校择优选留部分毕业生到清华大学行政、后勤、实验室、工厂等部门工作，累计共有106名，还有38名去了校办公司；其余大都到兄弟院校及校外企事业单位及公司工作。

表 20-6-1　清华实验中专班师生人数

学　年　度	招生数	在校生数		毕业生人数	教职工人数			
		班数	人数		专职教师	职员数	兼职教师	回聘教师
1984-09—1985-07	97	3	97		2	2	25	2
1985-09—1986-07	133	7	230		9	3	40	2
1986-09—1987-07	60	9	290		11	4	50	2
1987-09—1988-07	115	12	381	94	12	4	58	5
1988-09—1989-07	86	12	373	126	14	6	58～53	6

学 年 度	招生数	在 校 生 数		毕业生人数	教职工人数			
		班数	人数		专职教师	职员数	兼职教师	回聘教师
1989-09—1990-07	68	10	315	36	13	5	53	7
1990-09—1991-07	36	10	293	108	11	4	52～33	6
1991-09—1992-07		6	179	82	9	3	33～21	4
1992-09—1993-07		3	96	61	2	2	25～10	3
1993-09—1994-09		1	35	35		1		1
合计	359	19		542				

中专班学制四年。课程设有普通课、技术基础和专业课，三者的比重基本为 45：35：20。总课时 3 000 学时左右。教材一般选用中专教材，并选用一部分高中和大学的教材。

在安排理论教学的同时，加强了实践教学环节，理论与实际相结合，使学生学过的知识转化成实践能力。凡是重要的实践课都有单独的考核成绩，毕业设计全部由大学老师指导，在大学实验室进行。设计题目多是结合生产实际，进行论文答辩。

学生缺课、缺实验报告、缺作业，其中任何一项一学期的缺失次数达总次数的三分之一者，不准参加该课的考试，成绩按零分计。品德合格、考试成绩及格者，准予毕业，颁发高教局统一验证的中专毕业证书。

图书馆设阅览室一个，藏书 1 200 余本，订阅期刊 100 余种，报纸 20 余份。

实验室主要利用大学实验室，中专自设有电子线路设计实验室、计算机室、物理及化学演示室。

中专班学生专业分布情况见表 20-6-2。

表 20-6-2 清华实验中专班学生专业分布情况

学 年 度	招 生 人 数		毕 业 人 数	
	人数	专业（人数）	人数	专业（人数）
1984—1985	97	电子技术（32） 机械与电子（31） 财会（34）		
1985—1986	133	电子技术（33） 机械与电子（34） 物理化学（31） 文秘（35）		
1986—1987	60	电子技术（30） 机械与电子（30）		
1987—1988	115	电子技术（30） 机械与电子（29） 建筑结构（29） 物资管理（27）	94	电子技术（32） 机械与电子（29） 财会（33）
1988—1989	86	电子技术（28） 机械与电子（26） 行政秘书（32）	126	电子技术（33） 机械与电子（28） 物理化学（31） 文秘（34）
1989—1990	68	电子技术（34） 机械与电子（34）	36	电子技术（36）
1990—1991	36	电子技术（36）	108	电子技术（29） 机械与电子（24） 建筑结构（30） 物资管理（25）
1991—1992			82	电子技术（26） 机械与电子（23） 行政秘书（33）
1992—1993			61	电子技术（34） 机械与电子（27）
1993—1994			35	电子技术

第七节　清华大学幼儿园

清华大学幼儿园始建于 1948 年。1998 年，王梁洁华教授捐资对幼儿园进行全面改扩建，为感谢其义举，清华大学将幼儿园更名为"清华洁华幼儿园"。

到 2010 年，幼儿园占地 16 000 平方米，建筑面积 10 878 平方米，人均绿地 8 平方米，配置专项电教室、阅览室、舞蹈室、电子琴室、图画室及现代化设备的多功能厅；招收 2 至 6 岁幼儿 950 余名，共计 33 个教学班和 9 个亲子班，共有 176 名教职工；是北京市大型一级一类日托园所、北京市示范幼儿园、北京市社区儿童早教示范基地、全国家庭教育研究实验基地、海淀区示范幼儿园。

幼儿园坚持依法办园，认真贯彻国家教育方针、政策，以《幼儿园工作规程》和《幼儿园教育指导纲要》为指导，确立"厚德幼教，专业育人"的办园理念，吸纳国内外先进教育思想，保教并重，推行"教研兴园，科研兴教"的发展思路，深化课改，潜心创清华优质幼教，为学校教职工提供优质服务。

一、沿革

1948 年 9 月，田魏文、黄秀玉、邵景渊等教授夫人自筹房屋、钢琴等设备创建幼儿园。地址为新林院 53 号、40 号，聘请教师是金敏、黄素安，招收幼儿 30 名。

1949 年至 1957 年，幼儿园由校工会主管，扩大到甲所、乙所、丙所，收托婴幼儿 200 名。汤惠英、苏剑文等师大毕业生和一批热爱幼教的工作人员来园工作。

1958 年至 1965 年，幼儿园由后勤处家属委员会主管，其规模进一步扩大，在新林院 41、42、43、51、52、53、62、71、72、81、83 号，二、三、四、五区 32 普吉院甲所、乙所、丙所，新林院 6 号、7 号等 23 幢房开办托、幼儿班，招收婴、托、幼儿达千名以上，有全托班、日托班、半托班。

1965 年，幼儿园开办试验班，胡爱珍、苏剑文担任试验班教师，幼儿毕业时达小学一年级重点班水平。

1966 年，幼儿园部分迁入现址原西平房、数学所（二层），招收托、幼 600 名，工作人员 90名。为解决学校下放职工子女的生活问题，幼儿园大量开办全托班、婴托班。70 年代初，幼儿园部分迁入现址原东平房。

1970 年，"五七"托儿所在二区食堂成立，地址包括丙所、甲所、乙所、古月堂，负责人为孙兰英。接收江西、绵阳教职工子女入托，招收婴（56 天开始）、托、幼 500 名，工作人员

70 名。

1976 年，幼儿园新建北教学楼（三层）。

1978 年，新建东教学楼（二层），开办 3 个小学一年级试验班，幼儿园招收 3 岁以上幼儿，工作人员 100 名。

1983 年，数学楼、东平房划归五七托儿所，招收 2 至 3 岁幼儿。

1987 年至 1995 年，幼儿园隶属大学行政处管理。

1989 年，幼儿园发展成为"二级二类"园所。

1994 年，"五七"托儿所与幼儿园合并，地址为原东平房、原西平房、东教学楼（二层）、北教学楼（三层）、数学楼，收托幼儿 2 至 6 岁。

1995 年，清华劳动服务公司托儿所与幼儿园合并，招收幼儿 800 余名，工作人员 110 名。

1996 年，幼儿园由街道党工委领导。幼儿园引进海淀艺师应届毕业生 14 人。

1998 年，王梁洁华女士捐赠 1 000 多万元港币改扩建幼儿园，新楼奠基并落成。教学楼包括东教学楼（二层）、北教学楼（三层）、数学楼（二层）及新楼（三层）。幼儿园引进北师大、北京幼师、海淀艺师应届毕业生共计 23 人。

1999 年，幼儿园发展成为北京市一级一类园所。

2000 年，幼儿园进行体制改革，成立董事会，成员为何建坤、郑燕康、岑章志、陈克金、狄雪明，法人为陈克金。

2001 年，幼儿园发展成为海淀区示范幼儿园，并改建装修青年教师宿舍，共 7 间 30 个床位。

2002 年，为满足家长不同的教育要求，对有特别潜能的幼儿提供更好的发展空间，幼儿园从小班开设英语、音乐、蒙台梭利三种特色实验班。幼儿园招收 2 至 6 岁幼儿 830 名，28 个教学班，教职工 140 余名。同时，开办 6 个亲子早教班，招收 1 岁半至 2 岁幼儿 60 名。

2003 年，幼儿园成立新董事会，成员为张凤昌、朱赤、赵如发、高斌、杨瑞清，法人为高斌。幼儿园发展成为"北京市社区儿童早期教育示范基地"。

2004 年，幼儿园发展成为"全国家庭教育指导研究实验基地"。

2007 年，幼儿园发展成为"北京市示范幼儿园"。

2009 年，为缓解幼儿园招生压力，学校投资 360 万元扩建 900 平方米的二层南楼；校友王济武、马晓明夫妇捐助近 300 万元加建新楼 C 段 360 平方米二层教室。幼儿园扩班至 32 个，在园幼儿 900 余名，教职工达 153 名。

2010 年，幼儿园尽全力内挖资源解决教职工子女入托矛盾，改造办公楼，增设一个班，全园教学班 33 个，2 至 6 岁幼儿 950 余名，教职工 167 名其中大专以上学历占 92%。招收 1 岁半至 2 岁幼儿 90 名，开办亲子早教班 9 个。

清华大学幼儿园历任园长及书记名录见表 20-7-1。

表 20-7-1　幼儿园历任园长及书记名录

园　长	任职时间	书　记	任职时间	备　注
黄秀玉、王蒂澂	1948	——	——	
蓝浦珍	1949—1951	——	——	
蒋伊文	1951—1958	——	——	
闫道鸣	1959—1965	刘静纯	1958—1960	
		周玉芝	1961—1965	

园　长	任职时间	书　记	任职时间	备　注
张富友	1966—1975	张富友	1966—1975	军代表
张淑芬	1974—1979	纪润平	1974—1979	
田荣嫦	1979—1985	章琪	1979—1983	
		尹传庆	1984—1985	
张淑芬	1985—1988	张淑芬	1985—1993	
汪朝阳	1989—1994			
狄雪明	1994—2002	崔秀荣	1994—1998	
杨瑞清	2003—	刘杰	1999—	

二、教学与课程

幼儿园的教学与课程主要经历三个发展阶段，具体如下：

统一课程模式阶段：20世纪90年代以前，幼儿园以《幼儿园教育纲要》为依据，使用教育部统编教材，按照体育、语言、常识、计算、音乐、美术进行分科教学。

多元课程园本化阶段：90年代，幼儿园贯彻《幼儿园工作规程》，仍然实行分科教学，但走出全国大统一的局面，开始自编和使用园本教材《儿童全面发展活动教程》。90年代末，以《纲要》为依据，学习落实北京市《五大领域》教材，教育目标和内容上从严格的六科转入五大领域，课程初步出现整合。2000年，幼儿园引进和实践香港的主题教育教材，全园课程从传统的分科走入主题教育，幼儿在丰富的主题活动中兴趣和参与性提高。

园本课程建设完善阶段：2001年，幼儿园以《纲要》和《细则》为依据，以陈鹤琴的课程论思想和美国加德纳多元智能论为理论基础，建构"网络式主题活动课程"，树立整体教育思想，重视个体教育，关注幼儿兴趣与需要，实行弹性计划的综合教学，形成园本教育理念和特色案例。2004年，幼儿园制定《家庭教育指导大纲》和社区早教课程，逐步完善园本课程体系，教育对象延伸到0～2岁，教育范围扩展到社区和家庭。

到2010年，幼儿园已形成园本教育理念，阐述为：以多元化的教育唤醒儿童的多元潜能；以"五指活动"的整体教育思想和现代教育理念相结合，实现幼儿的全面和谐发展；在倾听童声中探究，用儿童的百种语言实施网络式主题活动教育；立足幼儿园教育，吸纳独特的家长和社区资源，形成立体教育体系。

幼儿园始终坚持"教研兴园，科研兴教"的发展思路，以教科研为龙头，以课改为载体，促进幼儿园保教质量提升与教师专业化成长。"九五"以来幼儿园承担课题见表20-7-2。

表 20-7-2　"九五"以来幼儿园承担课题情况一览

序号	立项时间	课 题 名 称	立 项 级 别
1	1996	关于5～6岁幼儿独立性发展的研究	海淀区"九五"重点课题
2	2000	探索多元教育途径，开发幼儿创造潜能	中国教育学会"十五"课题实验园；同时立项为海淀区"十五"重点课题
3	2001	IBM电脑游戏软件与我园课程整合研究	北京市"小小探索者"合作研究项目

续表

序号	立项时间	课题名称	立项级别
4	2002	"做中学"科学教育研究	承担北京市教育科研"十五"规划课题幼儿园研究任务
5	2002	0～3岁早期教育研究	北京市教育学会学前教育研究会"十五"课题实验组
6	2003	对高学历家长指导内容与形式的研究	中国学前教育研究会"十五"课题
7	2004	以幼儿为指导对象的家庭教育指导内容与形式研究	中国教育学会家庭教育专业委员会"十五"规划课题
8	2004	生态体验模式与幼儿心理健康教育研究	全国教育科学"十五"规划教育部重点课题子课题
9	2006	1～2岁散居儿童家长游戏指导水平现状与指导策略的研究	北京市学前教育研究会"十一五"重点课题
10	2008	幼儿家庭教育个性化指导的实践研究	中国教育学会家庭教育专业委员会"十一五"重点课题
11	2010	借鉴陈鹤琴教育思想，支持幼儿自主学习的教育策略实践研究	北京市教育学会"十二五"科研课题

　　1997年，幼儿园编写园本教材《儿童全面发展活动教材》及《儿童全面发展活动教程》共计24本，并与英国目标软件公司合作开发幼儿教育软件《恬恬和小旋》（春季版、秋季版、冬季版）共3张，运用于幼儿园教学中。2004年，幼儿园汇集清华幼教近五年的教科研及课改成果，编写《清华幼教》系列丛书《理论篇》《实践篇》《家教篇》，由中国广播电视出版社出版发行。2007年，幼儿园历经三年实践研究的《儿童成长档案》得以完善，由浙江科学技术出版社出版，为深入开展个性化教育及家园共育工作开拓了新的途径与方式。2009年，诠释2004年以来幼儿园新课改成果的《清华幼教园本课程研究与实践》（上、下册）出版发行。

　　截至2010年，幼儿园350余篇教科研论文或案例获全国、市、区级奖励或在核心期刊上发表；30余件幼儿艺术节目或作品获全国、市、区级奖励；50余件自制玩教具获区、市级奖励；接待国内外幼教观摩研讨近100场近万人次。

　　清华洁华幼儿园先后荣获"北京市早期教育工作先进集体""北京市高校幼儿园先进集体""教育部IBM KIDS MART项目全国十佳典范幼儿园"等称号。

第八节　北京华信医院——清华大学第一附属医院

一、概况

　　北京华信医院——清华大学第一附属医院，创办于1959年2月，是集医疗、教学、科研和预防保健为一体的综合性三级医院。是清华大学领导下的国家一类事业法人单位，实行院长负责制。医院前身为原国家信息产业部（前为四机部、机电部、电子工业部）的直属医院，曾称为401 医院、电子总医院、北京酒仙桥医院。1994 年通过三级医院评审，1995 年 2 月被批准为三级合格医院，1995 年起被北京市列为大病统筹定点医院、公费医疗定点医院和首批医保定点医院。2001 年 2 月与北京玉泉医院合并重组，2003 年 4 月由原信息产业部划转移交清华大学管理。

医院位于北京市朝阳区酒仙桥地区，占地面积 5.2 万平方米，建筑面积 7.1 万平方米，编制病床 500 张，实际开放床位 704 张，年门急诊 76 万余人次，住院患者 15 000 余人次，承担酒仙桥辖区内约 8 万人口的卫生防病和预防保健工作。

全院在用医疗设备 6 422 台，价值 2.32 亿元。拥有 2 台双 C 臂血管造影系统、1.5T 磁共振检查仪、64 排电子计算机 X 射线断层扫描仪（CT）、双探头可变角全数字化发射单光子计算机断层扫描仪（SPECT）、IE33、ViVid7 彩色超声诊断系统等一大批国内外先进水平的医疗设备。

医院附设高血压糖尿病研究所、电子工业劳动卫生研究所和高家园社区卫生服务站。

（一）沿革及隶属关系

1958 年 4 月由原华北无线电器材厂、北京电子管厂、北京有线电厂卫生科（所）合并组建"北京酒仙桥职工医院"。

1959 年 2 月 1 日正式开院，名称为北京酒仙桥职工医院，由三厂医院管委会代管。

1959 年 11 月，医院归原三机部十局领导，业务由北京市卫生局领导，后十局改为第四机械工业部。

1979 年 1 月 5 日，第四机械工业部决定医院名称代号为"第四机械工业部第四零一职工医院"。

1983 年 6 月，第四机械工业部改为电子工业部，医院改称"北京酒仙桥医院"，代号为"电子工业部四〇一医院"。

1984 年 2 月，医院名称改为"电子工业部北京电子总医院"，对外仍称"北京酒仙桥医院"。总医院由电子工业部直接领导，为地师级单位，电子部卫生处划归总医院建制。

1988 年 7 月，电子工业部和机械委撤销，成立了机械电子工业部，医院归机械电子工业部领导，改名为"机械电子工业部北京酒仙桥医院"，简称"北京酒仙桥医院"。

1991 年 2 月，医院被机械电子工业部定为一类事业单位，为司局级。

1993 年 6 月，机械电子工业部撤销，电子工业部成立，医院名称改为"电子工业部北京酒仙桥医院"，第二名称为"北京酒仙桥医院"。

1999 年 6 月，电子工业部和邮电部合并成立了信息产业部，医院名称改为"北京酒仙桥医院"。

2001 年 2 月，北京酒仙桥医院与北京玉泉医院合并重组，名称为"北京酒仙桥医院"。

2003 年 4 月，医院由信息产业部划归教育部交清华大学管理，同年 8 月医院名称改为"清华大学酒仙桥医院"。

2003 年 11 月，经清华大学和北京市卫生局批准，医院名称变更为"北京华信医院"，第二名称"清华大学第一附属医院"。该名称自 2004 年 3 月 15 日启用，沿用至今。

（二）历任院长及党委书记名录

华信医院历任院长及党委书记名录见表 20-8-1。

表 20-8-1　华信医院历任院长及党委书记名录

院　长	任　职　时　间	党委书记	任　职　时　间
董　础	1958-04—1970-05	董　础	1958—1960（总支）1960-05—1964-11
李树枫（第二院长）	1965-06—1968-03	辛心宽（第二书记）	1961-10—1981-12
黄永乐	1979-07—1982-09 任院长 1982-09—1990-03 任名誉院长	任德民	1964-11—1981-12
戴庆麟	1982-09—1992-06	刘俊才	1981-12—1983-08
		李迪真	1983-08—1986-06
胡鸿藻	1992-06—2000-10	周守泉	1987-10—1994-02
		胡鸿藻	1994-06—2000-10
朱栓立	2000-10—2003-06	朱栓立	2000-10—2001-04
		曹连义	2001-04—2003-06
陈明哲	2003-06—2006-07	吴剑平	2003-06—2006-01
吴清玉	2006-07—	李　勇	2006-01—2008-02
		关兆东	2008-02—

二、科室设置

1959 年建院初期，医院设有内、外、妇产、儿、眼、耳鼻喉、口腔、皮肤、中医、针灸、结核等临床科室及药剂、检验、放射等基础科室，并在厂区大山子设门诊部，平房居民区设妇幼保健站，另建工业卫生科及各工厂的 6 个车间保健站。1988 年对内、外、妇、儿四大科室进行二级分科，到 1990 年，医院设有 12 个行政职能科室，16 个病房、38 个临床和医技科室，另设 2 个研究所、1 个卫生学校。院外有大山子门诊部、高家园门诊部、分院、预防保健科。

2010 年，现有科室情况如下。

（一）临床医学中心

心脏中心：心脏内科、心脏外科、小儿心内科、心外 ICU、心内 CCU、血管科、心电图室、导管室、心脏彩超室、中心办公室；

消化中心：普外科、消化内分泌科、内窥镜室；

泌尿医学中心：泌尿外科（含碎石室）、肾内科（含血透室）。

（二）医疗和医技科室

儿科（含 NICU）、妇科（含计划生育）、产科（含产房）、呼吸内科（含 RICU）、内分泌科、神经内科（含脑电图室、神经肌电图室）、血液肿瘤科（含放疗室）、干部医疗科、骨科、神经外科、胸外科、麻醉科（含手术室）、眼科、耳鼻喉科、口腔科、皮肤性病科、急诊科、综合 ICU、中医科、感染科、心理咨询、高压氧科；

检验科、药剂科、超声科、放射影像科、病理科、核医学科、输血科、营养科、病案室。

（三）党委行政职能科室

党委办公室、纪委办公室、院办公室、人事办公室、医务处、护理部、门诊办公室、设备办公室、信息中心、医保办公室、总务办公室、保卫办公室、财务办公室、发展办公室、感染办公室、科教办公室、离退休办公室、工会、团委。

（四）研究所

高血压糖尿病研究所、电子工业劳动卫生研究所。

（五）其他科室

预防保健科、体检中心、高家园社区卫生服务站。

三、人员及设备

（一）人员情况

全院人员情况见表20-8-2。

表 20-8-2　华信医院人员情况

时间	全院总人数	卫生技术人数	其他人员	时间	全院总人数	卫生技术人数	其他人员
1959	263	200	63	2002	974	800	174
1984	879	604	275	2003	943	785	158
1988	1 015	760	255	2004	1 067	872	195
1990	1 116	900	216	2007	1 156	897	259
1995	1 045	833	212	2010	1 278	1 076	202
1999	1 025	843	182				

说明：2007年新《劳动合同法》实施，其他人员中增加了63名签订劳动合同的合同制工人。

（二）主任医师、正副教授名录

主任医师、正副教授名录见表20-8-3。

表 20-8-3　华信医院主任医师、正副教授名录

姓名（聘任时间）	姓名（聘任时间）
黄永乐 ★（1982-12—1990-03 退休；教授 1952-06）	戴庆麟 ★（1981-04—1993-12 退休）
孙明慧（1981-04—1992-10 退休）	金家龙（1986-07—1993-12 退休）
张　玮 ★（1986-07—1993-09 去世）	硕启元（1986-07—1988-07 退休）
张绍龄 ★（1986-07—1996-01 退休）	李维光（1986-07—1987-12 退休）
杨俊雄 ★（1987-09—2000-12 退休）	梁玉容（1987-09—1990-02 退休）
刘泰祥（1987-09—1988-10 退休）	邱锦墨（1987-09—1988-02 退休）
赵小庆（1987-09—1986-01 退休）	高　伦 ★（1987-09—1991-02 退休）

姓名（聘任时间）	姓名（聘任时间）
韩一宁 ★（1987-09—1994-01 退休）	周汉玉（1988-07—1994-06 退休）
田景云（1988-07—1991-02 退休）	牟艳欣 *（1988-07—1988-07 退休）
仲伟贤（1989-12—1995-06 退休）	王焕文 ★（1989-12—1998-01 退休）
李美莲 ★（1989-12—1994-12 退休；教授 1998-01）	宋志伟（1989-12—1990-02 退休）
虞人杰 ★（1989-12—1993-12 退休；教授 2000-12）	蒋桂芝（1989-12—1991-02 退休）
夏恩菊（1991-12—1993-03 调出）	吴冬梅（1991-12—1994-06 退休）
江玉文 ★（1991-12—1998-01 退休）	王淑水 ★（1992-12—1998-01 退休）
张 炘 ★（1993-12—1999-12 退休）	高耀先（1993-12—2001-08 退休）
李秋生（1993-12—1998-01 退休）	贾庚湘（1993-12—2001-08 退休）
胡鸿藻 ★（1994-12—2001-08 退休）	陈忠英（1994-12—2001-11 退休）
沈敬华（1994-12—2001-08 退休）	马广义（1995-12—2001-08 退休）
张 文（1996-10—2000-12 退休）	程希廉 ★（1996-10—2001-11 退休）
高振方（1996-10—2001-08 退休）	王友兰（1998-09—2001-11 退休）
姜卫剑（2000-12—2000-12 调出）	刘树贤（2000-12—2003-03 退休）
朱栓立 ★（2000-12— ）	石君玺（2000-12—2005-12 退休）
闪全忠 ▲（2000-12— ）	卢方平（2001-09— ）
赵学增 ※（2003-12—2005-09 调出；教授 2003-12—2005-09）	王湘（2002-12—2008-07 调出）
曹连义 ★（2002-12— ）	王 昕（2002-12— ）
林 静（2002-12— ）	扈文海（2002-03—2002-09 调出）
王俊怡（2003-12— ）	李建军（2003-08—2004-10 调出）
商丽华（2003-12— 副教授 2005-12）	吴清玉 ★（2004-03— 教授 2002-12
张宗明（2004-08— ）	张东亚（2004-12— 副教授 2006-01）
黄超联（2005-12— 副教授 2006-12）	
管德林 ★（2005-05—2008-04 退休）	李胜文（2005-07— 教授 2006-12）
董文川（2006-12— ）	乔 华（2006-12— ）
田进涛（2007-12— ）	郑春华（2007-12—2010-02 调出）
陈正光（2007-08—2010-03 调出；副教授 2007-12—2010-03）	耿进朝（2008-12—2010-11 调出）
李路平（2008-12—2009-01 调出）	朱建平（2009-12— ）
李小梅（2009-01— 教授 2009-01— ）	袁 彪（2009-11— 副教授 2010-12）
陈步星（2010-01—2010-09 调出）	李洪银（2010-12— ）
夏颖丽（2010-12— ）	

说明：注★者为享受政府特殊津贴人员，注▲者为主任技师，注 * 为主任营养师，注※主任药师。

（三）设备情况

华信医院设备情况见表 20-8-4。

表 20-8-4   华信医院设备情况

年份	总值（万元）	主要设备及使用情况
1965	20	
1976	40	血气分析仪、B 超、纤维内窥镜等设备
1987		首台 CT 机投入使用
1988	851	开始使用体外碎石机
1991	1 314	
1997	4 172	
2002	12 063	
2009	24 470	16 排 CT、64 排 CT、核磁共振、两套血管造影系统、SPECT 等大型设备

四、医疗护理和预防保健工作

（一）医疗技术水平发展

1959 年初建院时，技术力量较薄弱，医院只能处理一般常见疾病。60 年代初各项工作走向正轨，制订各级大夫培养计划，完善技术操作规程，定期请北京积水潭医院、北京军区陆军总医院、北医三院的专家教授来院会诊、查房、手术，业务水平有了很大提高，到 1963 年除几种法定传染病、部分神经外科疾病、精神病转院外，其他因技术或设备转院的极少，基本上能独立自主解决医疗问题。即使在"文革"期间，医院还在中西医结合方面进行了有益尝试，取得了一定成绩。"文革"后，医院初步恢复和健全了各项规章制度，建立健全各级人员的职责条例，增设病房，扩充床位，增添先进医疗设备，成立了院医疗技术委员会，使医院的工作秩序步入正轨，医疗技术水平得到恢复、提高和发展。

70 年代，戴庆麟同志作为北京市高血压防治科研协作组副组长，负责北京地区高血压防治科研工作，组织开展了以控制高血压为主的心血管病人的群防群治。其中，为酒仙桥地区电子工业的数十万职工进行了高血压普查。并以各厂保健站为基础，建立起广泛覆盖各工厂的高血压病防治网络，为患者建立档案，发放药品，全面管理治疗高血压病患者，收到良好效果。1979 年，医院组建了高血压研究室，配合北京市的科研任务，重点研究肾素-血管紧张素-醛固酮系统与高血压的防治。20 世纪 80 年代初，医院又与协和医院合作在高血压病防治网的基础上开展了糖尿病防治工作，防治工作成果在国际上受到关注，国际糖尿病联盟（IDF）多次组织来人参观学习，并将医院的高血压糖尿病防治模式称为"中国模式"收录于《国际糖尿病联盟年鉴》。

80 年代开始，院领导班子为加速医院建设和发展制定了"医院发展规划"，配齐了中层干部，提拔了一批优秀的医护人才，加强了病房管理和护理工作。采取各种形式与渠道，注重智力投资，坚持举办外语学习班，提高医务人员外语水平。派部分人员出国考察、参加学术会议和交流，同时医院加大医疗设备的更新与投入。1987 年，在北京市率先引进了 CT 设备，使医疗诊断水平得到大幅度提高。在当时的电子部领导、兄弟单位的大力支持下，在全院广大职工的共同努力下，医院的医疗、预防、保健、教学、科研工作得到全面快速发展。

90 年代后，医院软硬件建设进一步加强，被评定为三级合格医院。医疗科室在二级分科的基础上，进一步向专业化发展。新技术、新疗法的应用，使各科室具有了自己的专业特色，业务水平不断提高。如中西医治疗急腹症、新生儿重症监护、中医治疗不孕症、高血压、糖尿病的防治等，医院不仅能解决各种疑难重症，完成各种大、中型手术，包括心、胸、神经外科手术，还可指导所管地区及朝阳区中、小型医院的医疗业务工作，接受他们转来的疑难重症的诊治、会诊工作。部分专业科室的业务水平已逐步达到北京市和全国先进水平，如新生儿的危重症抢救及监护、检验科的生化、常规检验以及内窥镜介入手术等。医院在不断推行和完善计算机管理的基础上，逐步加强经济管理，进行成本核算，增收节支，堵塞漏洞。进行人事制度与分配制度改革，中层干部和全院职工实行竞聘上岗，优化了干部队伍和人员结构，进一步提高了工作效率，医疗工作持续进步。

2003 年并入清华大学后，医院确定了"突出专科，综合发展"方针，引进知名专家和高学历业务骨干，使医务人员结构不断优化。截至 2010 年底，医院具有硕士以上学历医务人员达 172 名，高级职称以上专业技术人员 130 人，为医院的发展提供了必需的人才保障。购置了双 C 臂血管造影机、64 排 CT、磁共振、SPECT 等一批先进设备，成立心脏医学中心、消化医学中心、泌尿医学中心，开展了心脏大血管外科的手术及肾移植、肝肾联合移植等高新的医疗技术及检查项目，使医疗水平进一步提高。心脏中心外科以治疗复杂、危重和疑难心血管疾病为特色，采用多种创新技术治疗先天性心脏病、冠心病、瓣膜病、夹层动脉瘤等各种心脏疾病。在三尖瓣下移畸形手术、Ross 手术、右室双出口合并大动脉转位手术和单心室分隔手术、法洛氏四联症手术方面具有特色，使我国复杂先心病外科治疗跻身国际先进行列。吴清玉教授独创的全新概念"三尖瓣下移畸形"解剖矫治术，使 98％以上的病人免除了换瓣手术，是心外科领域的重大突破和进展。法洛氏四联症手术矫治效果，被世界著名的心外科专家认为是世界上最好的。2004 年至今，吴清玉教授完成的出生 11 小时新生儿的大动脉调转术，创造了我国心脏外科手术最低年龄，极低体重儿之最；成功完成我国首例单心室分隔术；采用"人工肺"治疗手段长达 17 天救治心脏病患者。2008 年底引进北大医院李小梅教授，2009 年 1 月成立小儿心内科病房，填补医院在儿童心血管疾病内科治疗方面的空白。在射频消融、起搏器、药物治疗小儿心律失常和小儿心脏电生理方面具有较强的专业优势。

儿科是医院重点学科，在新生儿窒息、缺氧缺血性脑病诊治等方面达到国内先进水平。作为朝阳区高危围产儿救治中心，接受朝阳区 18 家助产机构危重新生儿的转诊和救治任务。其中早产儿占 33％，治愈好转率 99％。

2009 年，新的住院大楼全面投入使用，极大改善了患者的住院条件。电容量由 1500 kVA 增加至 5000 kVA，为医院今后的发展提供了充足的电力保障。加强信息化管理，对医院的 HIS 系统进行改进，增加门诊医师工作站等功能；实现耗材的信息化管理。进行人事制度与分配制度改革，创办院报《今日华信》，改版医院网站，举办国际会议，扩大对外交流，通过多种形式提高医院知名度，不断提升医院的社会影响力。

（二）临床主要指标统计

华信医院临床主要指标见表 20-8-5。

表 20-8-5　华信医院临床主要指标

年份	开放床位数（张）	出院人数（人）	病床使用率（％）	病床周转次数（次）	平均住院日（天）	住院手术例数（例）	门急诊人次（人次）
1959	246	6 142	83.30	24.50	11.80	—	438 230
1965	330	5 424	74.40	18.40	14.50	1 297	507 945

年份	开放床位数（张）	出院人数（人）	病床使用率（%）	病床周转次数（次）	平均住院日（天）	住院手术例数（例）	门急诊人次（人次）
1975	274	4 549	71.60	16.60	15.00	1 024	363 103
1976	294	4 442	59.40	15.10	15.20	1 067	316 507
1977	294	4 321	68.90	14.70	16.20	1 186	330 613
1984	364	6 592	94.00	18.10	18.70	2 371	438 927
1995	500	6 014	73.83	11.98	22.77	1 802	436 148
2002	500	8 579	71.75	17.12	14.30	3 855	495 823
2003	500	4 745	57.74	15.20	15.10	1 736	291 893
2006	481	10 730	79.57	22.46	12.80	5 390	555 413
2009	559	14 152	95.07	28.30	12.10	6 713	703 847
2010	638	15 650	112.49	31.30	12.39	5 509	764 411

说明：门急诊量包括院内、原大山子分部门诊、高家园社区和预防保健地段保健门诊。2009 年至 2010 年床位使用率、周转次数均按编制床位数 500 张计算。2010 年以前的手术例数包含介入检查治疗数，2010 年手术例数中不包含介入检查治疗数。

（三）护理工作

全院现有在岗护士 458 人，注册护士 426 人，其中有副主任护师 4 人。分布于全院 18 个病房和手术室、产房、急诊科、综合治疗室、血透中心、ICU 病房 22 个护理单元及门诊各科室。实行护理部、科护士长、护士长三级管理制。从 1979 年起由护理部主持每周召开一次护士长例会，1988 年起坚持每季度护理业务查房，1998 年开始，改变功能制护理模式，全院实行整体护理。2002 年起，对全院护士进行了护理病历书写的培训和训练，2004 年正式将护理记录纳入到患者住院病案中。通过三级医院复审及医院管理年活动，进一步完善各项护理工作制度及考核标准，重新制定了有关护理工作的关键流程、紧急预案和告知内容。2010 年，根据卫生部和北京市卫生局"优质护理服务示范工程"活动方案要求，5 个病房率先开展优质护理服务示范病房试点工作。

1998 年以前承担北京电子卫校学生的临床教学工作。自 2000 年开始接收本市和外省市的大中专护士实习生，每年约 100 人。

重视、鼓励护理人员撰写护理论文。外请资深专家进行撰写护理论文的讲课，组织各科护理骨干参加撰写论文培训班。1993 年首次承办"全国电子系统护理论文研讨会"，于 2005 年 5 月召开了护理工作研讨会。护理论文曾多次在北京市和朝阳区获奖。

（四）预防保健

贯彻以"预防为主"的卫生方针，1959 年 2 月建院时就成立预防保健科（始称地段保健站）。当时传染病流行，医院采取有效措施，对危害职工健康的痢疾、麻疹、肝炎、百日咳、流脑、白喉、乙脑等传染病积极防控，使这些传染病得到有效控制，发病率逐年下降。

经过 50 年的发展，保健科发生了很大的变化。人员结构由原来以中专、大专学历为主，向高学历转化。服务范围涵盖酒仙桥地区工厂、机关、企事业单位，管理 9 个托幼园所、6 所小学、3 所中学以及 8 个社区约 8 万居民的卫生防病和妇幼保健工作，服务项目涉及传染病管

理和疫情报告、免疫规划、儿童保健、围产期保健、女工保健、健康教育、精神卫生、结核病和性病防治等多个方面。随着医学科学的发展，计划免疫由20世纪60年代仅对几种传染病进行预防接种，发展至今有16种预防接种的疫苗，可预防传染病达22种。90年代实行防保"一条龙"地段医制，儿童保健由单纯体检逐步向体格、智能发育、心理卫生等全方位服务转化，开展孕妇、家长学校、智力监测、婴幼儿气质测评、新生儿抚触、婴儿运动操训练等一系列特色服务。

（五）服务社会

50年的发展历程中，医院始终坚持服务社会的公益性质，为北京市、朝阳区，特别是酒仙桥地区居民提供医疗保障和预防保健服务，并且在突发公共卫生事件应对以及北京市的重大活动中，发挥着重要的作用。

1976年唐山地震，全院职工在紧张的抗震抢救工作中，设立临时医疗点，在帐篷里给病人做手术、接生婴儿、抢救危重病人，共接待唐山转来救治伤员88名。

1994年，参加首都医务界为孤残儿童献爱心送健康活动，免费为孤残儿童实施心脏手术。

2003年，在医院转交清华大学管理后的第10天即4月20日，被指定为北京市防治SARS定点医院。在学校的有力领导下，2天内腾空病房、4天内进驻"非典"患者，成立防治SARS指挥部，陈明哲教授、陈克金同志分别担任正副总指挥，转入"战时工作体制"。通过全院职工共同努力，共收治137名非典患者，出院117人，转院8人，死亡12例。治愈率、出院率保持北京市先进水平，工作人员实现了零感染，获"全国三八红旗集体"称号。16名职工受到中组部、卫生部、北京市和清华大学表彰。

汶川地震后，医院派出3支医疗队和一辆救护车奔赴灾区；北京奥运会期间共派出23名场馆医疗保障志愿者、10名城市志愿者和一辆专用救护车，直接参与奥运会的服务和保障工作。112名同志报名成为奥运应急无偿献血志愿者。圆满完成国庆60周年医疗保障任务，获北京市卫生局颁发的"国庆60周年庆祝活动医疗卫生保障工作最佳服务保障奖"。

参与对口支援农村和社区卫生工作。1996年，为对口支援的四川阆中地区捐赠医疗设备总价值达21万元。多次组织医务人员到对口支援的四川省苍溪县、南部县，北京市密云县番字牌乡、溪翁庄乡、怀柔县碾子乡、平谷峪口镇，为当地群众义诊、指导医疗工作，义务接收医务人员来院进修学习。2009年又承担了对口支援内蒙古科左后旗人民医院和四川什邡市的支援任务。

自2006年开始，与北京爱佑华夏慈善基金会、安童基金、爱心天使妈妈、平安之家、牧羊地儿童村、半边天基金会等28家慈善机构合作，联合开展贫困孤残先天性心脏病患者的治疗救助。2010年与中华民族团结进步协会携手开展"关爱健康边疆行中西部地区先天性心脏病义诊筛查"活动，深入到贵州、内蒙古等贫困地区为当地的儿童进行健康义诊普查。参与"爱里的心"救助西藏阿里先天性心脏病患儿的活动，作为该救助活动的定点医院，2010年完成2批20名先心病患儿的救治。

作为北京市防治甲型H_1N_1流感的八家后备医院之一，承担了首都国际机场转诊发热病人的筛查工作。作为北京市网络实验室，第一批承担北京市甲型流感筛查检测工作。随后又承担了甲型H_1N_1流感的确诊检测工作。问题奶粉事件发生后，较好地完成了筛查任务，共接诊筛查婴幼儿3 031名。

（六）信息化建设

1987 年，开始病房计算机管理试点。首先从妇产科推广应用到胸外科、干部病房。随后着手住院处和中心药房计算机管理信息系统的开发工作。财务管理全部科目纳入计算机管理。1998 年，病案首页编目录入和病人基本信息实行计算机管理。

1997 年，开始使用 HIS 系统，实现了划价收费、药房管理、护士工作站、住院结算等功能。2000 年升级为基于 Windows 的 HIS 系统，2004 年对该系统升级，增加了磁卡挂号、物资管理、病案系统，实现了与工伤保险、医疗保险系统的对接。2008 年 7 月，更换新 HIS 系统，并开通门诊医生工作站，为细化管理，提高原始数据的准确性创造了条件。2009 年，"药物咨询及用药安全监测系统"嵌入医生工作站。1994 年，检验科开始计算机管理，2000 年使用了 LIS 系统，2002 年实现了与 HIS 系统的对接，2004 年实现了标本的条码管理。2007 年为高家园社区卫生服务站安装了社区 HIS 系统，满足在该社区服务站就诊患者需要。2010 年，医用耗材信息化管理系统和人事信息管理系统运行。

2004 年开通了宽带网。2005 年外网带宽由 2 兆升级至 10 兆，实现了与清华大学图书馆资源共享。医院网站 2004 年 10 月开通，2006 年报北京市卫生局审核备案，2008 年对该网站进行升级改版。2009 年 2 月 25 日，内部网络办公系统（OA 系统）开通。

五、科研教学

（一）科研工作

1979 年成立高血压研究室，开始参与 WHO 多中心课题研究。电子工业劳动卫生研究所是在原职业病科的基础上发展建立起来的。自 1958 年成立起，一直致力有害作业监测和职业病防护方面的研究。1984 年医院改为电子总医院时，明确总医院成立高血压、糖尿病研究所和电子工业劳动卫生研究所为总医院的附设单位。医院还在中西结合治疗急腹症、孕产妇死亡、新生儿行为测定、血清雌二醇放免分析法等方面开展研究与实践。1984 年成立科研教育科，1987 年改科教处，对教学科研工作加强管理。1979 年至 2003 年参与的科研课题共 70 余项，获奖科研课题 32 项，其中 17 项为自立课题独立完成。1998 年，医院拨专款作为全院科研启动经费，促进医院科研工作。

并入清华大学后，科研工作有了较大进展。2004 年，从校内争取到裕元基金 200 万元。2005 年中心实验室建成并启用，获得国家自然科学基金课题 1 项，填补了医院获得国家自然科学基金课题的空白。

2003 年至 2010 年，医院共获得立项的国家级、省部级和校级科研课题 47 项，获得资助的科研经费 1 635 万元人民币。发表核心期刊论文 567 篇，SCI 论文 22 篇。

（二）教学情况

1958 年医院成立了"北京酒仙桥职工医院护士学校"，招收护理专业学生。1960 年招收了医士班，学校改名为"北京酒仙桥职工医院卫生学校"。1964 年卫生学校停办，1976 年卫校恢复，改名为"北京电子卫生学校"，1996 年停止招生。2001 年 5 月，据市教职〔2001〕20 号文，撤销北京电子卫生学校。自 1958 年至 1995 年共招收 27 个班，培养学生 1 109 名，招收专业为护士、

医士、检验。

1990 年以前，医院先后承担了广元职工医学院、北京医学院卫生系、北京第二医学院医疗系、中医学院等高等院校学生的生产实习和临床教学任务。

1990 年 6 月，院教学办公室成立，建立各教研室、教研组。在完善教学机构设置的同时，建立健全教学管理制度，制订并实施内科、外科、儿科、妇科、麻醉、放射等各科生产实习教学计划。1991 年至 1995 年间开设了内外科学、妇产科学、儿科学、中医学、外语、传染病学、诊断学、预防医学、口腔科学、耳鼻喉学、皮肤科学等十三门学科。分别于 1990 年和 1992 年被机电部及高教部批准为北京高等医学专科学校及北京针灸骨伤学院的教学医院，承担了北京高等医学专科学校生产实习，临床教学以及北京针灸骨伤学院等其他医学院校实习、见习任务。1999 年 11 月，被北京市卫生局、市教委评定为"医学高等院校合格教育基地"。1990 年至 2002 年接收实习人员 1 935 人，承担针灸骨伤学院国际培训部外籍留学生临床实习见习 358 人。

并入清华后，进一步建立和完善教学体系，对教师、教案进行充分准备，设立教学干事，进行基本操作技能的标准化培训，开展教学查房等。2003 年至 2008 年接收实习人员 317 人，2009 年接收河北医科大学临床医学专业五年制本科 24 名医师编班来院实习，标志着医院临床教学工作向规模化、正规化的转变。2005 年，吴清玉、张宗明教授开始招收博士研究生，2009 年医学院认定华信医院 6 人具有硕士研究生导师资格。至 2010 年共培养博士生 10 人，硕士生 5 人。

（三）职工继续教育

医疗行业是一个需要接受终身教育的行业。在基本医学教育完成后，毕业后的医学教育、继续医学教育是每个医务工作者还必须要接受的教育。建院初期，由于技术力量薄弱，举办一期 5 年制业余红专医学院医师班，提高医师业务水平。从 1971 年开始，医院通过举办护改医的医生学习班、医生"西学中"轮训班和多期的外语学习班等，派出医务人员到外院进修，参加学术会议和学习，出国考察等形式，加强医务人员的再教育。1995 年起参加北京市卫生局统一设置的有关医学专业规范化培训和各项考核。1998 年 3 月起，经北京市卫生局同意，医院外科、内科、儿科成为住院医师培训基地，主要承担本院住院医师的培训工作。

从 2005 年 9 月起，按照北京市卫生局要求，住院医师规范化培训必须到北京市卫生局认可的培训基地医院进行，因此医院从 2005 年 9 月至 2010 年底共送出 48 名医师外出培训，至 2010 年底止已有 17 人完成第一阶段培训回院工作。2010 年进行了住院医师培训基地申报工作，经审核 8 个科室达到纸面审核通过，并接受了实地考评。2005 年被授予"北京市继续医学教育先进集体"称号。2008 年、2009 年受北京市医学考评中心委托，作为全国医师资格实践技能考试基地之一，完成北京地区 600 余名考生助理医师资格实践技能考试工作。

（四）对外学术交流情况

医院十分重视对外的交流与合作，多次主办全国多省市学术会议，1994 年和 1998 年医院主办召开了两届中日高血压研讨会。曾赴日本、荷兰、美国、德国等国家和中国香港地区参加国际学术会议及学术考察，接待世界卫生组织糖尿病专家委员会和心血管病专家委员会的主席、副主席及美国、日本、韩国、菲律宾、法国等国的专家教授来访。并入清华大学后，医院的学术地位不断提高，国际交往日益增加，每年都有超过 50 名的各国、各地区专家学者来院进行学术交流。从 2004 年至 2010 年，共组织国际会议 8 次，特别是 2007 年 5 月承办了亚洲心血管外科学会

（ASCVS）第 15 届年会。此次年会是亚洲心血管外科学会自成立 15 年以来，首次由中国大陆承办。参会代表总数近千人，其中来自境外代表 385 人，分别来自 28 个国家和地区，欧美等世界胸心外科领域顶级的专家学者 40 余位参加了会议，本次年会从学术水平、会议规模、境外代表人数和国家及地区分布到大会的组织安排，在我国心胸血管外科史上都是空前的盛会。2005 年 4 月初，受工作在菲律宾的美国华盛顿医院著名心脏外科专家邀请，心脏中心外科手术小组一行 8 人赴菲律宾首都马尼拉亚洲医院，为该院收治的几位严重先心病患者实施手术治疗。这一行动不仅充分显示了医院心脏外科的整体实力，也为医院乃至中国赢得了荣誉。

第九节　清华大学玉泉医院——清华大学第二附属医院

一、医院简介

（一）概述

根据国务院、中央军委 1975 年〔93〕号文件批准，为解决在京职工医疗问题，由国防科工委负责申请建立直属四机部领导的职工医院。1975 年 11 月开始筹建，1976 年 1 月正式下达计划任务书，1977 年 10 月开工至 1983 年 12 月开诊，其间经历了缓建、整顿、停建、续建的过程。由于国家体制改革，部委的合并与调整，医院先后隶属于四机部、电子工业部、机械电子工业部、信息产业部，院名为"电子工业部四〇二医院""北京玉泉医院"。2003 年 4 月正式划归清华大学，2003 年 6 月医院更名为清华大学玉泉医院（清华大学第二附属医院）。

医院位于北京市石景山区石景山路 5 号。占地面积 32 580 平方米，开院时建筑面积 23 000 平方米，床位 206 张，日门诊 600 人次。1988 年床位增至 300 张，1998 年编制床位增至 500 张，开放 351 张。2007 年医院建筑面积增至 52 000 平方米，开放床位 350 张。医院是一所向社会开放的综合性医院、医疗照顾人员定点医院。先后被评定为"爱婴医院""大病统筹定点医院""北京市二级甲等医院""医疗保险定点医院"和"国家公务员体检定点医院"。

2003 年以来，对外交流逐年增加，和加拿大多伦多大学、美国匹斯堡大学、日本大学、日本东京女子医科大学、日本国立国际医疗中心、日本放射线医学研究所、静冈癫痫神经医疗中心、日本医学协会及中国香港护理基金会等建立了交流合作关系。

截至 2010 年 12 月 31 日，医院现有职工 697 人，其中卫生技术人员 512 人（高级职称 83 人，中级职称 153 人，初级职称 265 人，未聘任专业技术人员 11 人）。其他专业技术人员 51 人，行政人员 62 人，工勤人员 68 人，停薪人员 4 人。2010 年，医院共引进各类人员 21 人，其中副高以上人员 1 人，博士 3 人，硕士 11 人，本科 2 人。医疗设备总价值为 9 619 万元。

（二）机构设置

1983年12月开院时所设科室如下。

医疗科室：内科、外科、妇产科、小儿科、中医科、眼科、口腔科、耳鼻喉科、放射科、检验科、药剂科、病理科、功能检查科、保健科、急诊室、手术室。

管理科室：医务科、护理部、人事科、财务科、总务科、保卫科、医院办公室、党委办公室、工会。

2010年底科室设置如下。

1. 门诊科室（含医技科室）

内科、神经内科、干部门诊、老专家门诊、急诊科、普通外科、泌尿外科、骨科、手外科、神经外科、麻醉科（含手术室）、疼痛科、ICU、血液透析、儿科、口腔科、眼科、耳鼻喉科、皮肤科、妇科、产科（含特需门诊）、性医学、中医科（含理疗科）、精神卫生科、感染性疾病科（肠道、发热门诊）。保健室以及电子部门诊部、国税局门诊部。

2. 医技科室

心电图室、经颅多普勒检查室、神经电生理检查室；药剂科、检验科（含病理科）、超声诊断肿瘤消融科、放射诊断科（含CT）、磁共振室、保健科；供应室。

3. 病房科室

（1）产科一病区、产科二（特需）病区、妇科病区；

（2）神经外科一病区、神经外科二病区、神经外科三病区、神经外科五病区、神经外科六病区；

（3）内一（干部）病区、内二（神经内科）病区、内三（普通内科）病区；

（4）普通外科/泌尿病区、骨科病区、手外科病区。

4. 职能科室

医院办公室、党委办公室、医务处（含科教、病案、医患关系办公室、疾病控制科、医疗质量控制办公室）、护理部、感染科、人事处、财务处（含收费、住院处）、行政管理办公室、工会、离退休办公室、医疗保险（物价）办公室、发展办公室、审计办公室、医工科（含计算机室）、感染科、采购中心。

（三）基本建设

1996年至1998年7月，新建新病房楼，建筑面积9 841平方米。

1998年至1999年12月，新建家属宿舍4号、5号楼；建筑面积4号楼2 170平方米，5号楼8 905平方米。

1998年至2000年1月，锅炉房天然气改造工程及锅炉房改造安装工程，改造面积428平方米。

2003年5月至2004年11月，先后完成门诊楼、体检中心、职工食堂改造及装饰工程及新建核磁共振室和发热门诊。改造面积：门诊楼 6 730 平方米，体检中心 400 平方米，职工食堂 825 平方米；新建面积：核磁共振 321 平方米，发热门诊 356 平方米。

2004 年 3 月至 2004 年 11 月，妇产中心改造工程，改造面积 4 500 平方米。

2010 年 4 月，建筑面积 20 000 平方米的医疗教学综合楼取得了北京市规划委员会关于《医疗教学综合楼设计方案的审查意见》的批准。

从 1988 年开始，陆续实现了单机版的财务管理包括凭证和工资管理，病案编目和门急诊统计管理，人事管理系统、药品库存管理。

从 1999 年开始，实现了医院信息管理系统（HIS 网络版），其中包括门诊挂号管理、门诊收费管理、门诊药房管理（处方发药和药品库存）、住院药房管理（摆药、处方发药和药品库存）、药品库存管理、护士工作站管理、物资管理（耗材和固定资产）、科室计价录入管理、物价管理、病案统计管理。

2002 年、2007 年分别对医院信息管理系统进行软件升级。2004 年 7 月医院网站开通。

2007 年，新上了健康体检系统，检验信息系统（LIS）从 DOS 版本升级到 Windows 版本，并完成了与 HIS 系统、健康体检系统的连接，实现了相关信息的共享。

2009 年 8 月，完成门诊挂号、门诊收费系统的改造，实现了门诊医保诊病人划卡实时结算。

2010 年主要工作是为门诊诊间工作站和住院医生工作站的运营做准备。完成了机房改造工作，包括装修工程、电气工程（机房供配电、UPS）、通风工程（空调系统）、机房防雷接地保护系统、消防安全系统。完成了网络设备和网络布线升级改造具体工作，全院共布线 260 个信息点。

（四）改革与管理

1. 以医院发展为中心，确定目标，开拓进取

2003 年医院划归清华大学成为第二附属医院后，为了紧紧围绕清华大学医学学科的建设发展目标，医院转变为临床基地、医学研究基地和医学人才的培养基地。根据发展目标，在结合实际认真分析医院所处的外部环境和自身情况的基础上，明确提出了以神经外科为主的"大专科，小综合"的医院发展模式，以及突出微创、介入和移植等技术特色的科室发展思路。

经过近七年的发展，医院的主要医疗指标都有大幅度的提高，积极开展临床新技术，特别是神经外科以功能神经外科为重点迅速发展。并且成立清华大学生命科学与医学研究院脑神经疾病研究所，以神经外科、神经内科、精神科和疼痛等为主要研究方向，把疾病诊治和科学研究相结合，促进专科建设的全面发展。

根据医院发展的实际，积极创造条件，制定政策引进人才，采取各种形式吸引专家来院工作。同时，加强技术平台建设，以购置和合作等方式引进多种大型高档医疗设备，使我院的主要技术装备在周边地区达到先进水平。

2. 提高医疗水平，狠抓医疗质量，保障医疗安全

医院不断建立和完善各项规章制度并狠抓落实，加强全院医务人员的风险意识教育，对医务人员进行多层次培训，从思想上提高对于医疗安全工作的重视。组建了质控小组，制定了《清华大学玉泉医院临床质控考核标准》，以院科两级质控方式，将规范化服务检查与质量控制结合起来，用质控考核的办法监督和约束医疗行为、服务行为，保证医疗服务质量。医院还成立了医患

关系办公室，专门负责患者的投诉，为持续和整体提高医院服务水平发挥了重要作用。

医疗保险、公费医疗和物价管理严格执行上级有关规定，价格公示，专人负责；提前介入病人的整个治疗过程，减少自费药物比例，强调贵重耗材的审批制度，严格掌握大型检查适应症，做到合理检查和治疗，减少患者住院负担。医院医保病人次均费用低于北京市医保平均水平。通过北京市医保中心的联审互查，医疗保险管理工作成绩优秀，多次在北京市获奖。

3. 结合医院实际情况，改善就诊环境，提高服务水平

医院克服困难对门急诊区域、部分病房、手术室进行装修改造和翻新，更换门诊中英文标识，调整部分门诊科室格局，改善了就医环境。为方便患者就医，开展了复诊预约、电话和预约卡门诊挂号等多种形式的预约挂号，有效缓解了患者就医难的问题。神经外科开展了网上和电话回答患者咨询提问的工作，为患者和同行医生提供专业知识的咨询，同时为出院后患者的继续康复治疗提供技术咨询和支持，取得了良好的社会效益。

4. 加强医院队伍建设，推动人事制度改革

自2001年起，医院就逐步制订和完善人事制度改革方案，对中层干部进行任期述职考核及换届聘任。并定期对干部进行培训，学习相关的政策、法律法规等，提高科室管理能力。

医院积极探索临床、医技、后勤、机关分类运行的规律和特点，逐步完善运行模式，探求符合医院现状和发展需求的定岗定编、业绩考核、奖金分配等制度。建立正常的人才流动机制；逐步实现合同制护士与事业编制护士同工同酬和专业技术职务晋升，选拔和培养骨干护士，形成护理梯队；从医疗队伍中选拔医院的中层管理干部，逐步实现干部队伍的年轻化、专业化与职业化；调整职能处室设置；健全各级人员特别是"三重"岗位人员的轮岗制度，选拔培养后备人才。对后勤服务人员实现定岗定编，业绩考核，加强专业培训，并从专业技术人员中拔选一些优秀人员作为后勤管理干部。

5. 加强医德医风建设，反腐倡廉，规范管理

医院开展多种形式的医务人员职业道德教育，加强医德医风建设。重新修订了《医务人员廉洁行医规定》，注意完善医务人员医德医风评价制度。

根据治理商业贿赂长效机制建设的要求，建立了医疗器械管理委员会，将医用耗材和医疗设备共同纳入管理、完善设备招标采购等制度。重点加强内部管理，规范医药代表接待制度，提高药品采购透明度，加强对药品尤其是抗生素使用的动态监测，对不合理用药情况及时采取措施。规范基建工程中招标、邀标、议价等经济洽谈工作，制定实施细则加以规范，加强纪检、内部审计的监管力度。

加强对干部的廉洁自律教育，进一步提高了党员干部主动接受监督，严格执行纪律的自觉性。制定了医院"三重一大"的有关规定，明确了院里的"重大决策、重要干部任免、重大基建项目和大额度资金使用"，必须经党委会集体讨论决定。加大了医院民主管理、集体决策、照章办事力度，形成了综合有效的行政运行监督机制，规范了医院钱、财、物等方面的管理。

（五）历任院长、党委书记

历任院长、党委书记名录见表20-9-1。

表 20-9-1　玉泉医院历任院长、党委书记名录

任职时间	院　长	党委书记	任职时间	院　长	党委书记
1977-04—1978-10	周凤鸣（临时领导小组组长）		1998-03—2000-10	夏恩菊	
1978-10—1983-04	李树枫	徐清（临时党委）	2000-10—2001-04	曹连义	曹连义
1983-04—1984-10	毛荣根	赵宗荣	2001-04—2003-05	朱栓立	曹连义（临时）
1984-10—1988-03	毛荣根	吴赞祥	2003-05—2004-06	左焕琮	关兆东
1988-03—1992-05	毛荣根	戎国和	2004-06—2008-06	左焕琮	关兆东
1992-05—1993-02	成松春	成松春	2008-06—2008-10	左焕琮	左焕琮
1993-02—1994-02	夏恩菊（代）	成松春	2008-10—	左焕琮	赵雨东
1994-02—1998-03	夏恩菊	成松春			

二、科研与教学

2003 年并入清华大学后，为实现建设医疗、教学、研究型医院的发展目标，医院借助于清华大学的教学、科研平台，通过与学校及其他单位的合作，提倡科研创新，鼓励科研立项，支持医学教育工作。

（一）科研

1. 2003 年并入清华大学后至 2010 年科研成果获奖情况

（1）获 2004 年度国家科学技术进步奖二等奖一项，"O-甲基鸟嘌呤-DNA-甲基转移酶与肿瘤预见性化疗新策略"，左焕琮（第五完成人）。

（2）获 2004 年度教育部提名国家科技进步奖二等奖一项，"避孕节育身心症状检测咨询技术研究、开发推广及相关探讨"，刘破资（第一完成人）。

2. 2003 年—2010 年度发表学术论文情况

2003 年至 2010 年度发表学术论文情况见表 20-9-2。

表 20-9-2　玉泉医院发表学术论文情况

年份	全年发表论文篇数	发表在国内核心期刊论文篇数	SCI 收录论文篇数	年份	全年发表论文篇数	发表在国内核心期刊论文篇数	SCI 收录论文篇数
2003	21	21		2007	60	57	3
2004	32	31	1	2008	92	89	3
2005	40	38	2	2009	110	101	6
2006	51	48	3	2010	95	95	7

3. 科研经费情况

科研经费情况见表 20-9-3。

表 20-9-3　玉泉医院科研经费情况　　　　　　　　　　　　　　　　　万元

项目	国家自然科学基金	首都医学发展基金	支撑计划子课题	国际合作项目	北京市自然基金	"973"子课题	清华裕元	伍舜德基金	合计
科研经费收入	198	114	15	97.75	13	15	425	22.8	853.55

（二）教学情况

医院每年接收临床医学、医学检验、口腔、影像等本、专科毕业实习生临床实习。

精神卫生科主任刘破资教授承担了清华大学医学院学生的"医学心理学"双语教学课程和医学院研究生课程；2006 年 12 月"医学心理学"课程获清华大学"985"二期重点课程建设立项（获课程建设费 8 万元）。2003 年以来接收实习学生人数 208 人，接收进修医师人数 58 人。

（三）职工继续医学教育

贯彻《北京市继续医学教育实施细则》，加强对继续医学教育项目的管理和卫生专业技术人员的业务学习、学分管理。每年卫生专业技术人员继续教育学分达标率超过 95%。

2002 年，与北京医学会男科专业委员会合作完成市级继续教育项目"现代性医学临床与进展"。成功举办国家级继续教育项目"高血压临床试验专题研讨会"。

2004 年，举办"产科热点问题关注学习班"；完成了国家级继续教育项目"高血压临床试验专题研讨会"。

2006 年，与清华大学医学院共同举行分子成像国际研讨会。完成市级继续医学教育项目 3 项：上前牙前突与矫治、临床疼痛学讲习班、清华大学麻醉与镇痛研讨会。

2007 年，完成国家级、市级继续医学教育项目 2 项："临床疼痛学讲习研讨会""小儿神经外科护理新进展学习班"。石景山区级继续医学教育项目 14 项。

2008 年，完成国家级继续医学教育学习班 3 项："疼痛治疗实体培训班""临床疼痛学""妇科肿瘤新进展学习班"。市级继续医学教育学习班 2 项："困难气道管理学习班""小儿神经外科护理新进展学习班"。其他市级讲课 7 项，石景山区级继续医学教育学习班 2 项和区级讲课 10 项。

2009 年，完成国家级、市级继续医学教育学习班 3 项："临床疼痛学""妇科肿瘤新进展学习班""妇科慢性盆腔痛诊治策略研讨会"。石景山区级继续医学教育项目 24 项，其他继教培训讲座 28 次。完成对医务人员传染病防控的全员培训和考核等。

2010 年，完成国家级继续教育项目 1 项，市级继续教育项目 3 项，区级继续教育项目 33 项。

（四）健康教育工作

医院一直重视健康教育工作，设立健康教育委员会，实行三级管理，由业务院长任领导小组组长。在咨询台备多种健教丛书，发放针对儿童、妇女、老年慢性病、性病及其他传染病的健康处方、宣传手册。开展社区讲座、讲课，普及慢性病、常见病的预防知识。我院各科医生在电视台、电台开展健康讲座，发表防病科普文章，为促进全民健康作出积极贡献。

三、医疗管理

（一）医疗服务

建院初期，主要为本系统的干部职工进行医疗服务，并面向社会。1996 年由马晓年主任医师创办的性医学科，开展性健康咨询，青春期性发育异常或障碍，男女性功能障碍测试检查、诊断与治疗，在北京市拥有较高知名度。2001 年并入北京酒仙桥医院后，领导班子提出"大专科小综合"的发展方向；2003 年并入清华大学后确认"大专科小综合"的发展模式，重点发展神经外科及妇产科，积极引进知名专家和高学历业务骨干，不断优化了医务人员结构。

1. 医院专科特色

为了开展医疗工作的需要，医院先后购置了西门子 1.5T 超导核磁共振装置及 16 排螺旋 CT、飞利浦数字血管造影机等一大批先进医疗设备；成立了神经中心和妇产中心，医院专科特色得以进一步加强，医疗水平明显提高。医院新建了网站、成功举办了神经外科、妇科肿瘤学及疼痛医学等多次学术会议，扩大了对外交流，提升了医院在国内的知名度。

神经中心由著名的神经外科专家、显微血管减压术治疗三叉神经痛、面肌痉挛国内创始人左焕琮教授领导，是由神经外科、神经内科、疼痛科、麻醉科等多个科室组成的神经系统疾病诊疗中心，重点进行功能性神经外科疾病的诊治，每年完成功能神经外科手术 2 000 余例，是国内最大的功能神经外科疾病诊疗中心之一，在颅神经微血管减压术治疗三叉神经及面肌痉挛、脊髓栓系、脑瘫、癫痫等外科手术方面处于国内领先水平。疼痛科由我国著名临床疼痛学创始人严相默教授领导，在顽固性癌性疼痛、疱疹病毒感染后神经痛等难治性疼痛治疗方面有较高水平，每年举办两期国家级学习班，学员遍及全国各地。

妇科肿瘤的外科手术治疗，尤其是晚期宫颈癌的手术在国内享有盛誉。每年从全国各地转来的晚期宫颈癌患者有几十例，取得了良好的治疗效果；产科是北京西部地区较大的产科中心。

同时，精神卫生科和性医学科也是医院特色科室之一，精神心理卫生科在刘破资教授带领下开展了健康人群的精神卫生和医学心理咨询，对亚健康人群的抑郁、焦虑、强迫、失眠和早醒的治疗有良好效果。

2. 临床主要指标

玉泉医院临床主要指标见表 20-9-4。

表 20-9-4　玉泉医院临床主要指标

年份	门急诊人次	床位数	出院人数	病床使用率（%）	病床周转次数	平均住院日	住院手术例数	门诊手术例数
1996	141 731	351	3 248	58.3	11.4	20.1	932	238
1997	150 601	351	3 405	49.8	9.7	18.6	970	221
1998	154 481	300	2 947	50.4	9.7	19	840	249
1999	143 632	300	2 967	56.5	9.9	21.2	874	236
2000	151 511	300	3 009	51.3	10	18.8	1 035	215
2001	146 752	300	2 973	55.5	9.9	19.9	986	300
2002	140 473	300	2 763	45.5	9.2	19.3	1 013	239
2003	92 627	170	1 728	45.8	9.3	18	607	157
2004	124 404	231	3 425	75.8	16.5	17	1 837	336
2005	130 446	272	4 301	77.0	17.2	16	2 449	429

年份	门急诊人次	床位数	出院人数	病床使用率（％）	病床周转次数	平均住院日	住院手术例数	门诊手术例数
2006	127 557	300	5 122	76.6	18.5	15	3 200	342
2007	142 965	331	6 342	79.5	19.7	14.6	4 115	427
2008	156 422	331	6 412	71.0	19.4	13.5	4 329	381
2009	164 425	331	6 935	80.5	21	13.9	4 654	447
2010	169 107	331	7 632	88.2	23.1	13.9	4 837	337

说明：资料来源于1996年至2010年医院信息统计。

2003年4月10日，在医院划归清华大学的当天，成为北京市首批收治非典病人的定点医院之一。制定了《非典病人心理护理制度》《非典病人出院消毒措施》，承担了清华大学"非典"攻关项目"SARS生物诊断芯片在临床的应用"的临床部分。医院圆满完成了救治非典病人的任务，获得"五一"劳动奖、全国"三八"红旗集体和首都防治非典先进集体的称号。2008年，"5·12"汶川大地震后，先后9位医护人员、日语翻译、救护车司机，带着本院救护车及部分药品物资奔赴四川救灾，参加市卫生局组建的医疗队赴成都参加救治工作和清华大学组织的调研工作队赴成都开展工作，以及为日本医疗救援队担任翻译。被市卫生局授予医院"首都的骄傲，实业的楷模"称号。

北京奥运会期间，有医师、护士、司机等21人，参加了水立方、公路自行车赛、棒球馆、篮球馆、清华大学训练馆的奥运医疗保障工作。医院急救小分队完成自行车比赛场馆及雕塑公园医疗救治任务。另外，来医院实习的8位男性护士，参加了居委会组织的奥运治安志愿者值勤工作。荣获市卫生局授予的"突出贡献"奖。护理工作赢得北京市卫生局、市总工会及市护理学会共同授予的奥运建功"双千日"文明优质服务系列活动"先进集体"奖。

2009年，为保障国庆60周年的医疗保障工作，组织医院急救队进行急救技能培训和应急演练，完成了10月1日晚上在北京雕塑公园进行的燃放烟花爆竹的现场医疗保障任务。2009年，适龄妇女"宫颈癌"和"乳腺癌"的筛查工作是北京市政府、卫生局为市民服务的十大民生工程之一，作为两家试点医院之一，与老山街道合作开展试点工作，完成宫颈癌筛查1 850人，乳腺癌筛查1 570人。

医院在医疗服务过程中重视社会效益，减轻病人负担，为社会解决困难，回报社会。1994年元月，北京市卫生局开展为北京市儿童福利院孤残儿童献爱心活动，医院给2名孤残儿童进行了唇腭裂修补手术。2005年，动员社会力量和慈善事业捐款完成了病人异体肝脏移植术（30万元），"垂体瘤、腹膜后巨大肿瘤"病人的治疗（约10万元），山西脑脊膜膨出症弃婴的治疗（约3万元，其中医院职工捐款5 980元），重症肺炎病人的抢救治疗（2万元）。每年为5名特困脑瘫患儿免费治疗，为其他符合救治条件的患儿每人减免3 000元手术费（"天使之爱——贫困脑瘫儿童救治行动"）。每年为10名贫困肿瘤病人免费治疗，为20名患者减免部分医疗费用（念慈庵有限公司捐款）。

（二）医疗机构与人员管理

1. 1996年至2010年职工人数统计

1996年至2010年职工人统计见表20-9-5。

表 20-9-5　玉泉医院职工人数

年份	职工人数	高级职称人数	获政府特殊津贴人数
1996	541	46	
1997	533	47	
1998	507	41	
1999	488	48	
2000	471	51	
2001	456	48	
2002	437	50	
2003	407	49	
2004	417	60	
2005	658（含合同制、聘用制人员 230 人）	59	
2006	695（含合同制、聘用制人员 260 人）	62	
2007	735（含合同制、聘用制人员 296 人）	79	10
2008	728（含合同制、聘用制人员 308 人）	96	10
2009	728（含合同制、聘用制人员 303 人）	93	10
2010	697（含合同制、聘用制人员 277 人）	97	10

2. 主任医师、主任药师名录

开院以来聘任的主任医师、主任药师名录见表 20-9-6。

表 20-9-6　玉泉医院主任医师、主任药师名录

姓名（聘任时间）	姓名（聘任时间）
毛荣根（1985-07—1997-03 退休）	项　伟（1987-04—1987-12 退休）
张贞德（1987-04—1987-12 退休）	龚彦荣（1987-04—1989-12 退休）
糜伟真（1987-09—1992-04 退休）	沙荣慧（1987-09—1993-11 退休）
周慧芳（1987-12—1993-11 退休）	周椿英（1987-12—1993-11 退休）
达应庚（1988-06—1997-01 退休）	陈瑞恒（1988-06—1994-12 退休）
闫　滨（1988-06—1998-08 退休）	朴育方（1988-06—1993-11 离休）
孙福全（1988-07—1993-11 退休）	王道宏（1989-12—1993-11 退休）
左焕琮（1991—　　）	夏恩菊（1991-12—2000-12 退休）
黄　蔚（1992-12—1995-06 退休）	郑师方（1992-12—1999-11 退休）
张若妍（1992-12—2000-12 退休）	赵振芳（1993-12—1999-12 退休）
李雅嘉（1993-12—1998-12 退休）	石立极（1994-12—1998-01 退休）
孙慧贞（1994-12—1996-02 退休）	沈宝镒（1994-12—1998-08 退休）
朱　勇（1994-12—1998-10 退休）	黄文仲（1995-12—2003-06 退休）
宗淑贤（1996-10—2002-05 退休）	韩惠元（1998-09—1998-10 退休）
张建兰（1999-12—2006-10 退休）	马晓年（1999-12—2005-10 退休）

续表

姓名（聘任时间）	姓名（聘任时间）
刘破资（2000-09— ）	王建华（2000-12—2005-10 退休）
陈 升（2001-03—2004-04 退休）	马彦彦（2001-06— ）
仲德森（2001-06—2008-04 退休）	叶尔强（2001-09—2011-04 退休）
刘鸿翎（2001-09— ）	邓京城（2001-12—2005-11 调出）
耿同超（2002-09— ）	凌至培（2002-12— ）
唐劲天（2004-10— ）	陈国强（2005-12— ）
常鹏飞（2006-08—2009-02 调出）	戴铁英（2007-09— ）
王世杰（2008-12— ）	李小勇（2009-12— ）
陈春玲（2009-12— ）	冯 璞（2010-12— ）

（三）医疗质量管理

医疗质量是医疗活动和行为最重要的组成部分，涉及医疗活动的各个方面。通过建立医院各种临床委员会，制定医疗质量相关管理制度，保障医疗质量。

1. 成立各种专业委员会

1989年，医院成立了病案委员会。病案委员会对医院病历书写质量负责，制定病案管理的奖惩制度，对病历书写质量进行督促、检查、组织各类评比活动。

2002年5月，成立输血管理委员会及射线防护委员会。保障临床合理用血及辐射安全。

2007年，成立医疗器械不良事件监测小组，对医疗器械使用状况进行监控管理。

2007年，成立技术委员会，对医院发生的医疗争议及纠纷进行医疗技术初步鉴定。2009年成员换届时改称专家委员会。

2009年，成立伦理委员会，指导医院临床、科研伦理问题的解决，防止伦理冲突。定期召开伦理委员会专题会议，对提交申请的新技术进行伦理审查。

2010年底，恢复医院质量控制委员会工作。

2. 加强医疗质量管理的规章制度建设

2005年，医务处根据《中华人民共和国传染病防治法》、国务院《突发公共卫生事件应急条例》等，制定了《清华大学玉泉医院应急管理手册》。

2009年，以卫生部2008版《医院制度汇编》为依据，在原有的1998年版《医院规章制度》和《医院规则制度汇编（医生分册）》的基础上，结合当时医政管理的法律、法规和各项规章制度，制定并汇编了医院医生的《医院规章制度及相关文件》一书。

2010年4月，卫生部颁布了新版《病历书写基本规范》。为保障《规范》的顺利实施，病案室将《规范》印刷成了口袋书，下发给全院在职医师及相关职能科室。

2010年5月，为配合新版《病历书写基本规范》顺利实施，制定了《清华大学玉泉医院医疗知情同意书》，分公共告知部分、临床分科部分，对临床工作涉及的知情同意书进行了规范。

3. 严格执行医师考核，将医疗质量管理工作纳入医生的日常工作中

根据卫生部和北京市卫生局的要求，从 2010 年起组织医师定期考核工作，将医生日常工作与医疗质控工作结合起来，规范医生执业行为，提高服务质量。

4. 医院医疗质控管理工作的组织及实施

2010 年开始，在各职能部门及临床科室的大力支持下，医务处（病案室协助）编撰了月刊《医疗工作简报》，收录医疗工作信息，将各类医疗指标、医院信息及质控要求等及时反馈给相关科室。

1998 年，成立了质量控制委员会，"非典"时期质控会暂停工作。2006 年，成立了质量安全管理委员会。2010 年，恢复医院质量控制委员会，建立由院质控委员会、医务处、科室质控专员组成的三级质量管理体系，制定质控评分标准，结合医师定期考核工作，督促临床医师按时保质的完成各种医疗行为，提高医疗质量，保障医疗安全。

（四）医疗支援

1997 年至 2003 年，对延庆县沙梁子乡卫生院进行了对口支援。2003 年和 2006 年，分别开始对房山区南窖乡卫生院和石景山区杨庄社区卫生服务中心进行对口支援。通过派遣医务人员义诊、派遣专家出诊、疾病防治讲座、发放宣传资料、捐赠款项等形式，切实为当地卫生院解决了一些实际问题，受到受援单位及上级的多次表扬。2010 年 12 月，按照北京市要求，新增房山区佛子庄乡卫生院为对口支援单位。

第十节 清华园街道办事处

一、概述

1958 年成立清华大学家属委员会，位于校内照澜院，属清华大学工会领导，是海淀区中关村街道办事处辖区所属家属委员会。

清华园街道办事处于 1980 年 2 月经北京市人民政府批准成立，由清华大学和海淀区政府双重领导。辖区主要是清华大学校园区，包括科技园区。经过 1980 年至 1993 年的发展，街道建立了履行政府职能的相关机构，并开展居民、民政、劳动、计生、城管等方面工作。在安置待业青年和残疾人方面为学校分忧，同时在学校支持下艰苦创业，兴办集体经济，为辖区百姓规划并开展了社区服务，成为学校后勤服务的重要组成部分。1995 年在街道成立十五周年之际，王大中校长

给街道题词："创建社区化、高质量的街道服务体系，为建设世界一流大学作贡献。"街道办事处的工作以居民工作为基础，以城市管理和社区服务为重点，把辖区建设成社会稳定、秩序良好、环境整洁、生活方便、文化繁荣、经济发达的文明社区。

清华园街道始终坚持"全心全意为清华大学发展服务、为辖区居民生活服务、为安定一方服务"的宗旨。今天的街道办事处已成为既能够规范地履行作为区政府派出机关的政府职能，又能为学校教学、科研和百姓生活服务、安定一方的特殊部门，成为学校工作不可缺少的一个方面。

清华园街道曾荣获"2010年全国社区服务先进街道""首都文明街道""首都平安示范街道""北京市社区服务科技应用示范区""北京市养老服务社会化示范街道""首都教育系统奥运工作先进集体""北京奥运安保先进集体""海淀区学习型先进组织""海淀区社会治安综合治理先进单位"等称号。

二、清华园街道办事处机构及队伍状况

（一）机构沿革

清华园街道组织机构变革见图20-10-1、图20-10-2、图20-10-3。

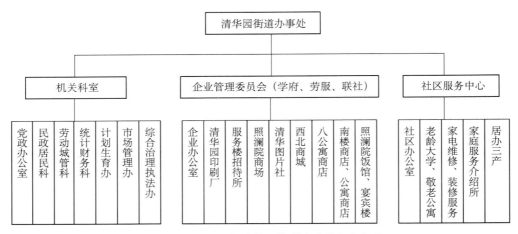

图 20-10-1 1995 年清华园街道办事处组织机构

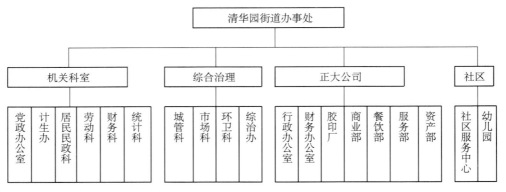

图 20-10-2 2001 年清华园街道办事处机构设置

1996年，幼儿园调整体制，由学校行政处划归街道管理。1997年10月，成立正大商贸公司，取代原企业管理委员会。1998年1月，学校环卫科划归街道管理。2002年5月，街道体制改革，政企分开，正大商贸公司划归学校后勤管理，市场科划给正大商贸公司。2006年5月，环卫科划

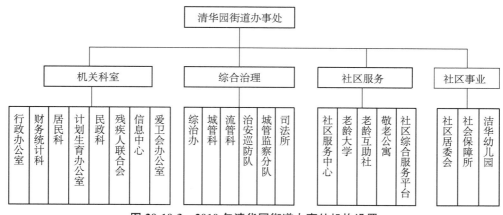

图 20-10-3　2010 年清华园街道办事处机构设置

归学校修缮中心。2010 年 7 月，清华大学后勤综合服务平台划归街道管理，同时冠名"清华园社区综合服务平台"，实行一套人员，两块牌子。

（二）队伍状况

1980 年在编干部 15 人，1986 年至 1992 年在编干部 21～23 人，1992 年在编干部 25～26 人。2001 年，清华园街道共有人员 111 人，其中全民 42 人，集体 25 人，农转工 26 人，企编 18 人。清华正大商贸公司及所属企业 77 人。澜园商贸中心（原超市发公司）队伍全部为海淀企业编制，在职职工 135 人，聘用合同工 34 人。2007 年，清华园街道共有人员 65 人，其中全民 30 名，集体 12 名，农转工 8 名，企编 15 名。2010 年，街道有固定编制人员 74 人（不含幼儿园），其中事业编制 27 人，集体 9 人、农转工 9 人、合同制 29 人。

（三）党组织情况

1980 年 9 月，清华大学党委决定成立清华园街道办事处党委。2007 年 5 月，经清华大学第十二届党委第 25 次常委会议讨论通过，同意成立清华园街道工作委员会。清华园街道党工委于 2007 年 6 月 14 日正式成立，下设 1 个社区党总支，14 个党支部（2 个机关在职支部，1 个幼儿园支部，9 个社区支部，2 个离退休支部）。截至 2010 年底，共有党员 429 名。

（四）主要领导情况

从 1980 年至 2010 年 10 月，街道主要领导任职情况，见表 20-10-1。

表 20-10-1　街道主要领导任职情况

街道办事处主任		党 委 书 记	
姓名	任职时间	姓名	任职时间
张 庆	1980—1985	惠宪钧	1980—1985
穆 刚	1986—1992	沈振基	1986—1995-10
高合林	1992-05—1995-10		
许积年	1995-11—1997-03	陈克金	1995-11—2004-04
赵如发	1997-03—2002-05		
孙 哲	2002-05—2004-04		

续表

街道办事处主任		党委书记	
高　斌	2004-04—2010-10	孙　哲	2004-04—2006-10
		赵如发	2006-10—2010-10
王京春	2010-10—	高　斌	2010-10—

三、政府行政管理

（一）概述

居民工作。根据《中华人民共和国城市居民委员会组织法》指导居委会日常工作，开展社区建设。

民政工作。负责双拥优抚、社会救济、困难群体帮扶、地退人员管理等工作。

劳动与社会保障工作。依据《中华人民共和国劳动合同法》与《中华人民共和国劳动法》进行劳动监察、管理相关企业和外地来京务工人员建立合法劳动关系；协调建设主管部门，监督施工单位依法安全施工；负责校内集体编制人员管理；负责失业人员、下岗再就业人员就业培训及职业介绍，负责社会化管理的退休人员及无社会保障的"一老一小"人员的医保及相关社会福利等政策的落实。

计划生育工作。贯彻基本国策，普及计生知识、控制人口增长，对清华大学基层单位及街道社区居委会的计生工作进行业务指导，对常住及流动人口实行计划生育的全面管理。

（二）居民工作

1. 居委会区划与人口变动

1995年，清华园街道设8个居委会，包括照澜院、新林院、公寓、西楼、南楼、北区、中楼、西南楼。辖区居民5 253户，人口17 512人。2000年，清华园地区共有居民6 198户、人口20 091人。2001年，清华园辖区共8个社区居委会，包括：东楼社区居委会、南楼社区居委会、西楼社区居委会、中楼社区居委会、西南楼社区居委会、西北社区居委会、蓝旗营社区居委会、北区社区居委会，居民8 541户、人口24 586人。2003年7月，荷清苑社区居委会成立，清华园街道增至9个社区居委会。2010年，清华园辖区居民共有9 138户，人口27 623人。东南小区属学院路街道辖区，以"东南小区家委会"社区小组形式纳入学院路街道西王庄社区居委会管理。

2. 居委会干部队伍

1994年至1996年居委会干部22人，1997年至1999年28人，2000年至2002年32人，2003年至2005年28人，2006年至2008年30人，2010年55人。

3. 居民社区建设

1995年，西北小区建成，入住居民1 021户。1996年实行封闭管理后，居委会加强门卫值班、夜间巡逻及机动车出入证管理制度，使小区治安状况得到明显改善。1997年10月，困扰居民两年多、污染环境的 200 米长的臭水沟由街道集资 25 万元得到彻底治理。西北居委会于 1997 年被国家民政部授予"先进居委会"称号，1998 年被北京市公安局评为"北京市先进治保会"，1999 年被北京市公安局授予"北京市社会治安先进治保会标兵"等荣誉称号。

1998 年，东楼小区改扩建完成，入住居民 737 户。学校对东楼社区进行封闭管理试验取得成功。1999 年东楼居委会被评为"首都安全文明居委会"。

1999 年，学校拨款 150 万元，由街道对西楼小区进行环境整治并实行封闭管理，改扩建道路近 1 万平方米，绿化铺装约 5 000 平方米，小区面貌焕然一新。

2000 年在学校大力支持下，投入近 200 万元，完成对西南楼和南楼小区的封闭管理。为迎接建校 90 周年，统一规划楼房区一层院落，新建小院围栏 5 000 延长米，整修旧围栏 3 000 延长米，种树 1 000 棵，建小区景点 6 个，并安装了深受居民欢迎的体育健身器材。

2000 年，在教育部和北京市政府大力支持下，蓝旗营小区正式建成，清华、北大共 1 280 户居民入住，该社区勘界划定为清华园街道辖区。2001 年，组建了蓝旗营居委会及两校房管部门、工会组织、蓝旗营建设办公室和两校居民代表参加的蓝旗营物业管理委员会，招聘北京育新物业公司对小区实行物业管理。2005 年 10 月，蓝旗营业主委员会成立。

2001 年，实施社区老年福利服务"星光计划"。设立"三室一场一校"，即日间照料室、文化阅览室、医疗保健室、健身场地、市民学校。在政府支持下投入 80 万元建设社区为老服务设施，街道把西楼、公寓、南楼三处商店改建成居委会用房，增加社区居民室内活动场所，并安装了室外健身器材。

2001 年至 2002 年，荷清苑小区建成，清华大学 1 053 户居民入住。开始的物业管理由学校后勤负责；2004 年 10 月成立荷清苑业主委员会，并招聘北方物业公司对小区进行物业管理。

2007 年，在学校和海淀区政府的支持下，街道积极努力，投入 160 多万元，为 70 岁以上老人家庭免费安装应急呼叫系统，改造社区公共厕所，修建西院休闲广场，增设南楼、西楼社区路灯，为西楼、西南楼社区铺砖、建花园、植绿、修停车场 2.2 万平方米，完成高 1、高 2 楼外立面维修粉刷 7 000 余平方米，改造幼儿园食堂、院内环境及老龄大学厕所、后院环境等。

2008 年，街道投资 100 多万元，为社区铺砖 1 000 多平方米，绿化面积 1 000 多平方米，对南楼社区实行了封闭管理，配合学校有关部门完成 109 栋楼约 29 万平方米的建筑物外立面粉刷，还配合政府有关部门对辖区周边围墙、临街商铺及小区围栏进行了整治和粉刷，改善了校园周边环境。

2009 年，街道投资近 30 万元，改造西北小区，翻修绿化南北主干道 2 000 平方米，铺设东西两侧道路草坪砖 3 000 平方米，更换小区大门、宣传栏；翻修东楼、西楼社区破损道路 1 000 余平方米；筹资 360 万元对幼儿园实施改扩建工程，拆除旧房 600 平方米，扩建教室 6 间 1 180 平方米，可多接纳幼儿约 150 人。积极争取校友捐助 300 万元，实施幼儿园 C 区加盖二层工程，首层加固改造 414 平方米、加盖二层 404 平方米，可多接纳 2 个班约 50 名幼儿。

2010 年，投入 180 万元，铺装五区、一区、新林 1～7 号楼、外专公寓等处的道路 3 830 平方米，粉刷一区斜街外墙 3 260 平方米，新建清华附小外自行车棚 800 平方米，新建清华附小门外文化墙 30 多延米，铺装清华附小外机动车、班车停车位、翻修道路 1 500 多平方米，新建荷清苑社区残疾人坡道 2 处，改建翻修西楼、中楼、南楼三个老旧小区的自行车棚 28 个共 1 680 平方米。

4. 精神文明建设

街道精神文明建设坚持以文化凝聚力量、以文化提升品质、以文化促进和谐的工作理念，积极响应居民群众的文化需求，充分发挥街道主导、社区平台、群众主体的作用，开展市民教育和主题教育实践活动，办好精神文明宣传栏和社区文明市民学校，组织社区文明创建活动，评选文明示范家庭、社区文明之星、学雷锋标兵、优秀市民学校等各类先进，举办丰富多彩的社区群众文体活动，使教育、体育、文艺三位一体的社区文化活动蓬勃开展，不断培育社区新风尚，营造科学健康、文明和谐的社区氛围，提升市民文明素质和地区文明程度。

2000年以来，街道多次获得"首都文明街道""海淀区文明街道""海淀区精神文明建设"最佳活动提名奖、"海淀区创建学习型组织先进单位"等荣誉，蓝旗营社区、南楼社区、荷清苑社区、西楼社区、东楼社区、西南楼社区被评为"首都文明社区"，东楼社区、西楼社区、西北社区、荷清苑社区、南楼社区、西南楼社区被评为"首都绿色社区"，荷清苑社区还被评为"创建学习型组织先进居民小区"，并荣获首届"北京市魅力社区"称号。此外，东楼社区宣传栏获"首都精神文明建设宣传栏优秀栏"称号，清华园老龄大学被评为"海淀区优秀市民文明学校"等。

5. 维护稳定工作

2004年，统一人民调解委员会名称、印章、标识、徽章、制度、程序，规范了调委会的岗位职责、监督考核、行为准则等。8月，街道司法所成立。2004年8月至2005年7月，调解居民矛盾纠纷138起，成功125起，成功率达91％。

2006年，安置刑释解教人员，为11人办理了低保，18人得到就业安置。调解居民矛盾纠纷128起，成功120起，成功率达94％。

2007年，建立居民广泛参与的人民调解工作机制。下发了《清华园街道关于开展民意协调工作实施意见》，成立清华园街道民意协调委员会领导小组、法律专家指导组和社区民意调解委员会及法律指导员（学生志愿者）。全年组织11次法律知识讲座，2 000余名社区居民参加了法律知识学习活动。全年共调解居民矛盾纠纷141起，成功138起，成功率98％。

2008年，制定了《清华园社区司法行政工作规范手册》，明确社区民调、矫正、安帮、法宣和法律服务等工作职责和考核标准；组织人民调解员专题培训活动，各社区专职调解员50多人参加；全年调解各类纠纷47起，成功率达98％；对"社区矫正、帮教对象"成立街道司法所、中关村派出所、社区居委会组成的三级管理网络。8月，开展"平安奥运"行动，补充和调整居民社区安保巡逻力量，配齐配强专兼职人员，包括城管巡防队30人、社区治安巡逻队58人、社区治安志愿者队伍200人，并按三级日常防控、二级加强防控、一级临战防控的三级预警机制，在街道防控领导小组的指挥下，统一行动，分阶段实施，制定了《清华园街道居民社区安保社会面控制应急预案》《清华园街道居民社区突发公共事件处置预案》《清华园街道居民社区安保人员应对突发事件应急预案》等。11月，为推动校内老旧小区的技防系统建设，街道积极争取区政府和学校的支持，投资260余万元，在7个居民社区（除蓝旗营、荷清苑）安装摄像头72个，与学校总体技防监控系统全面接轨，实现联网，并在街道城管科建立中控室，成立了指挥中心，大大提升了居民社区安全防范水平。

2009年，开展法律进社区活动，组织法律宣传咨询及社区普法讲堂活动11次；加强矛盾纠纷排查调处，调解 28 起，25 起得到彻底化解；开展"无邪教社区创建"活动，组织丰富的群众文化体育活动等。10 月，开展"平安国庆"行动，充分借鉴奥运经验，为国庆 60 周年保驾护航；11 月，召开"与'法轮功'斗争十周年工作座谈会"，把反邪教工作引向深入。

2010 年，调处矛盾纠纷 67 起，成功率达到 100 ％；开展民主法治示范社区创建活动；加强中小学校和幼儿园安全防范工作，制定了《清华园街道关于加强辖区内中小学校和幼儿园安全专项工作方案》，调集人力，加强防卫，并争取学校资金支持，在幼儿园加装监控探头 30 个，提高防控科技含量。同时，对幼儿园实施一期电路改造，新建配电、维修室 5 间，消除因电路老化潜存的安全隐患。

（三）民政工作

1. 双拥优抚工作

清华大学共有两个军（警）民共建单位：清华附中与中央警卫团、清华大学与防化指挥学院。清华园辖区优抚对象共 56 人，逢年过节走访慰问。

2. 社会救助工作

1996 年起，政府对城市居民中凡共同生活的家庭成员人均收入低于北京市最低生活保障标准的给予最低生活保障补助。2006 年补助标准为 310 元/（月·人）。2006 年清华园地区享受北京市最低生活保障金的共有 48 户（80 人），由街道民政科全年共发放低保金近 30 万元。

2009 年，为 10 户 15 人办理了低保金；争取学校、海淀区支持，为街道所管 135 名地退人员发放节日及特别慰问金 1.47 万元；为 14 位地退人员申请了生活困难补助；"爱心家园"救助人数扩大到 98 人。

2010 年，为 103 户困难家庭办理了"爱心家园"救助卡；困补、医疗救助 31 人次；节日慰问优抚对象、困难群众 200 多人次。

3. 地退人员管理工作

1987 年街道管理的地退人员共 486 人。2010 年共有 128 人，其中 123 人为我校退休职工，5 人为外单位转入人员。街道在做好日常管理（工资发放、报销医疗费等）的同时，定期对地退老人进行走访慰问。学校为地退人员发放生活补贴 120 元/月，并享受学校退休人员发放的慰问金和困难补助。

4. 老龄工作

2007 年，清华园地区 60 周岁以上老人共 6 507 人，街道民政科都有详细档案，并依托社区居委会和志愿者，形成三级助老服务网络。6 月，为 70 岁以上"空巢"老人和特殊需要的老人家庭共 354 户安装了"一按灵"应急呼叫系统。

2008 年 11 月，为地区 4 173 名 65 岁以上老人办理老年优待卡；为 94 名特殊困难老人办理"居家养老"服务补助券；为 74 名 90～99 岁的老人办理高龄养老津贴，每人每月享受 100 元，另有 5 位百岁老人享受 200 元/月高龄养老补贴。

2009 年，办理居家养老服务补贴 130 人，高龄津贴 91 人，老年优待卡 4 647 人，为 39 位 80

岁以上的空巢老人免费安装了"一按灵"，为 78 位年满 60 周岁以上无养老保障的老年人免费体检。

2010 年，推进北京市居家养老"九养"政策落实。建立孝星评比制度，评出清华园地区孝星 59 名（市级 34 名、区级 25 名）；建立老年餐桌制度，将老人月 100 元的服务券打入老人专用饭卡，校内 6 个食堂老年餐桌挂牌，352 名老人受益；建立雇佣保姆费折抵制度，灵活老人用服务券购买服务时间方法，361 名老人受益；建立百岁老人补助医疗制度；推进社区托老所建立；为 30 位 80 岁以上空巢老人免费安装"一按灵"，为 51 位 80 岁以上行走不便且经济困难的老人安装坐便器扶手；为 7 位老人配备"小帮手"电子服务器；为 770 位 80 岁以上老人办理居家养老券，为 81 位 90 岁以上老人办理高龄津贴。

5. 慈善公益事业

2006 年，街道成立了"爱心家园"，民政科每年筹款 10 万元，用于救助特困人员。2007 年，清华园街道募集善款 18 万元、衣物 10 000 件。2008 年，街道募集善款 10 万元、衣物 9 500 件。此外，"5·12"四川汶川地震后，街道动员全校师生员工共募集 90 余万元。2009 年，街道募集善款 42 万元人民币、衣物 7 639 件。2010 年，青海玉树地震后组织三次募捐，募集善款 218 万元、衣物 4 287 件。

6. 残疾人事业

2003 年，清华园街道正式成立了残疾人联合会。

2006 年，清华园地区持证残疾人 208 人，就业安置适龄劳动力 103 人。9 个社区成立了残疾人协会，以西楼社区为基地，建成康复指导站。同年 10 月，在南楼社区成立了清华园地区精障康复俱乐部。

2007 年，为 21 名中重度残疾人办理了最低生活保障补助 390 元/（月·人），将 16 人免费加入到北京市大病医疗保障，安置 17 人从事社区公益岗位服务工作。

2009 年，清华园地区持证残疾人 220 名，其中有求职需求并有一定劳动能力的 110 人，除 1 人外，均已安排就业，就业率达到 99％。

2010 年，清华园地区持证残疾人 309 人，为 27 名精障残疾人办理免费服药政策享受申请，为 15 户肢体残疾人家庭安装无障碍设施，为 24 人办理每月享受 430 元的重残无业补助。

（四）劳动与社会保障工作

1. 劳动监察工作

1998 年至 2003 年，共办理外来务工人员就业证 6 573 个，组织外来务工人员参加培训共 7 129 人次。

2003 年至 2004 年受理辖区内 236 家企业进行企业劳动年检。2005 年劳动年检制度取消，改为书面审核。书面审核企业 225 家。

2000 年至 2007 年，组织企业劳动法规培训 12 次，参加培训企业共 100 多家，人员 600 多人次。配合海淀区劳动局对地区企业施工工地开展 12 次专项检查，处理劳动纠纷案件 86 起，为农民工追讨拖欠工资 526 万元，补签劳动合同 216 份，补缴社会保险 385 万元。

2009 年，开展"劳动用工规范一条街工程"活动，纳入规范企业 45 家，涉及职工人数 568 人，日常检查单位 105 家。

2. 集体编制职工管理

清华园街道在 1980 年成立之初，街道成立了劳动服务公司，承担起了安置待业知青的工作。当时学校一些单位需要录用一些职工，由于编制的问题，也通过街道劳动服务公司代办招工手续，并进行人事档案管理，大集体编制职工最多时达到 266 人。2010 年，街道劳服管理的在职集体职工共 138 人、退休职工 37 人，分布在全校 30 个单位。

3. 就业服务

2004 年 5 月，街道职业介绍所正式更名为清华园街道社会保障事务所，其职能也由就业服务工作扩大为社会保障事务，包括职业介绍与就业培训、失业人员管理服务、社会化退休人员管理、社会保障政策落实等项工作。2007 年，通过各种途径实现就业 204 人，其中 61 人在社区公益性岗位安置。2009 年，组织了 2 次招聘会，为 180 名失业人员推荐就业。

4. 社会保障新措施

2007 年 10 月起，为居民办理"一老一小"大病医疗保险共 745 人，其中老人和小孩的参保率分别为 100％和 94％。12 月起，为没有养老保障的 174 位老人办理福利养老金，每人每月发放 200 元生活费。2008 年 7 月至年底，为无业居民办理大病医疗保险 71 人。2009 年，为 10 人办理了低保；为劳动年龄内无业居民办理大病医疗险 82 人；每月为 60 余户低保户发放低保金总额约 4 万余元。

5. 社会化退休人员管理

2004 年至 2007 年，在街道社保所享受医疗报销服务的总人数为 541 人，办理医疗报销金额达 160 余万元。2009 年，为 548 人报销药费 20 多万元。

6. 保障性住房申报工作

2008 年，审核申报廉租房 5 户，落实廉租房补贴 3 户；审核申报经济适用房 15 户，6 户进入待选程序；审核申报限价商品房 213 户，全部进入轮候程序。11 月 20 日，海淀区启动公开摇号选房，清华园辖区有 104 户摇中限价商品房。2009 年，推动政策性住房工作规范化开展，全年为地区 25 户申请政策性租赁住房。

（五）计划生育工作

1992 年，清华大学计划生育办公室划归清华园街道办事处，学校成立清华园地区计划生育委员会。计划生育工作分为院系、行政单位和社区两个工作系统。各院系、行政单位计生干部和基层单位宣传员负责联系在编教职工、合同制员工、学生的计生工作；社区居委会专职计生干部和居民小组计生宣传员负责常住人口、流动人口的计生工作。

1993 年，清华园地区育龄妇女 8 963 人，流动人口 1 200 人，新生儿上报户口 94 人，领取独生子女父母光荣证共 14 人。制定了《清华园地区计划生育协会章程》《清华园地区计划生育宣传

员岗位职责》。1994 年，制定了《清华园地区计划生育药具管理制度》。

2000 年，地区育龄妇女 7 751 人，流动人口 2 000 余人，新生儿上报户口 252 人，领取独生子女父母光荣证共 41 人。

2003 年，北京市政府下发《落实〈北京市人口与计划生育条例〉规定的有关奖励等问题的通知》，增加了独生子女父母年老时一次性奖励 1 000 元的政策。

2004 年，为 1 024 名退休教职工办理了补发奖励费，之后每年为 100 余名独生子女父母办理奖励费发放。制定了《清华园地区人口与计划生育综合治理部门分工职责》。

2006 年，为流动人口育龄妇女 117 人体检；开展"亲情牵手"活动，招募学生志愿者与独生子女病故或意外死亡的家庭结对子，进行亲情关怀、精神慰藉。

2008 年，地区育龄妇女 1.47 万人，流动人口 5 000 余人，新生儿上报户口 252 人，领取独生子女光荣证 304 人。北京市全面启动独生子女家庭特别扶助工作，从 12 月起，对独生子女病故或意外死亡的年满 50 岁已婚夫妇，给予夫妇双方每人每月 200 元的生活补助。

2009 年，为 7 户困难独生子女家庭送去慰问金 1 万多元，为 10 户送去米面油等生活必需品，11 户特别扶助家庭得到补助。

2010 年，办理生育服务证 204 个、家庭意外伤害保险 934 份，奖励放弃生育二胎 1 人，为伤残家庭 11 户 21 人、死亡家庭 12 户 22 人申请了特别扶助金。

四、城市管理

（一）概述

城管工作包含了规划管理、市容监察、工商管理、环境保护、卫生防疫、消费者权益保护等行政执法工作，以及安全文明小区建设、校园环境治理、市场管理等方面工作。主要职能科室有综治办、城管科、城管监察分队、治安巡防队、市场办、消费者协会。

（二）校园环境综合治理

1987 年，街道正式成立了城管科，并成立了"校园环境综合检查办公室"，配合中关村派出所、工商所对校园经商秩序、外来人口、社会治安综合治理等联合执法。为了解决百姓的"菜篮子"，在原经营面积 300 平方米、60 个摊位的基础上，扩大了副食、水产等经营内容。1992 年又扩建 300 平方米；1995 年建成 600 平方米的封闭式照澜院集贸市场大棚。

1992 年 11 月，清华园消费者协会正式成立。

1995 年，成立"市场管理办公室"。年底，街道投资 298 万元，在照澜院原菜棚位置建成 1 600 平方米的三层商业楼。

1997 年 2 月，街道成立"住宅装修管理办公室"，并制定《清华大学住宅装修管理办法》，为居民办理住宅装修手续，及时处理因施工扰民引发邻里纠纷及各类违规违章行为等。

1998 年 1 月，街道制定了《清华大学住宅区违法建设处理办法》。1999 年依据本《办法》依法拆除居民区违法建设 52 户、面积 1 200 余平方米。

1998 年 1 月，学校环卫科由修缮中心划归街道。街道投入 30 万元先后购置 7 辆卡车，清理积存垃圾 1 000 余吨，在校内基本取消了马车运垃圾；封闭、取消了 400 余个居民楼房的垃圾道、垃圾箱，实行垃圾定时定点投放，做到垃圾日产日清；建立封闭式垃圾转运站；筹资为保洁员建成 200 平方米的集体宿舍，配有食堂、浴室和厕所，改善了他们的居住生活条件。

1999 年 1 月，投入 80 万元在 2 公寓北侧原二员工食堂菜窖处新建了 500 平方米的封闭式集贸市场，方便了居民购物和买菜。4 月，街道兼并海淀区超市发所属清华分公司在清华院内的门店，成立了澜园商贸中心。投入 200 万元对原照澜院商店进行了改扩建，营业面积 1 100 平方米、经营品种 8 000 余种。7 月，在西北小区商场改建了 300 平方米的超市。8 月，海淀区城管监察队伍进驻校园，成立了"海淀区城管监察高校分队"，配合街道加强城市管理执法工作。

1999 年至 2001 年，学校拨款 350 万元，由街道负责对校园内老旧居民住宅小区进行改造，对东楼、西楼、西南楼、南楼 4 个校内居住小区实行封闭管理。

2000 年，街道在居民区开展了违法建设集中整治工作。共拆除违法建设 2 000 平方米，家属区摩托车铁棚 126 个；清理居民区一层住户堆物堆料 1 000 多卡车。

2001 年，在学校支持下，由街道牵头，与后勤五单位共同集资 2 000 万元，在照澜院集贸市场和"小吃一条街"旧址上建成 6 000 平方米的大型购物中心，改善了居民社区的购物环境，同时也丰富了百姓的"菜篮子"。同年，正式组建城管治安巡防队。

2002 年，学校青年公寓纳入北区社区居委会管辖。

2006 年，整治学校北门外大石桥三角地周边环境，拆除私搭乱建；街道、保卫部、紫荆物业中心等部门组建的校园巡察队，实行"三区"联动，坚持日常巡察和阶段性集中整治相结合。

2007 年至 2008 年，街道在社区建设方面先后投入资金近 300 万元，完成了东楼社区、南楼社区、西楼社区和西南楼社区的环境综合整治。

2008 年，街道筹款 82 万元，对校内奥运训练场馆周边（12 个点位）进行了环境整治工作。4 月，在 9 个社区居委会成立"流动人口与出租房屋管理服务站"。经摸排调查，辖区外来人口办理暂住证共 4 141 人，境外人员办证 291 人，登记出租房屋共 391 户。

2009 年，与城管监察高校分队、中关村派出所和清华保卫处开展联合整治，拆除校内新林院 8 号院、照澜院 1 号等处违章建设 300 余平方米，并对校园南门、东门、西北门外违章搭建的棚亭（共 5 处）进行了强拆取缔处理。

2010 年，整治一区斜街，拆除 86 平方米户外私搭乱建，取缔无照餐饮经营 6 家，拆除非法广告牌匾 30 余块，规范复印冷饮商铺 12 家，铺装道路 800 平方米，外墙粉刷 1 200 平方米，建绿化带 30 余米；攻克查处违法建设难点，拆除楼房区上账的 40 户 525.49 平方米违法建设，另拆除 3 户帐外违法建设 35 平方米，该工作被评为 2010 年学校后勤优质项目。

五、社区服务

1991 年 4 月，在学校和区政府的支持下，街道集资 10 万元建成清华园"敬老公寓"，把在清华园分散居住的 8 位孤寡老人集中供养。敬老公寓位于照澜院中心区，由一个古朴典雅的四合院组成，占地 450 平方米，建筑面积 215.5 平方米。

1992 年 10 月，在学校领导的关心指导和教育基金会、人事处、离退休处、工会、街道等有关部门的大力支持下，清华园老龄大学正式成立。其办学宗旨是：根据离退休教职工的需求和特点开设各种课程，使老年人老有所学、老有所为、老有所乐，促进身心健康。老龄大学的成立，标志着清华大学离退休教职工将有一个属于自己的精神家园。它为老同志提高生活品位、提高继续教育、营造老年和谐环境创造了良好条件，成为学校老龄工作的重要载体和组成部分。2002 年建立了老龄大学专用教室，还设立了资料室和作品展厅等，面积近 200 平方米。

1992 年至 2010 年，老龄大学开设的课程由 3 科增加到 30 多科，在校学员人数由 3 个班的 70 人发展到每学期招收学员近千人次，从最初只开设书法、绘画和文学赏析等几门课程发展到开设音乐类、书法绘画类、摄影类、文学类、英语类、手工艺品制作类、计算机操作 7 大类 30 多门课程、20 多个教学班。清华园老龄大学已被中国老年协会吸收为团体会员，多次被评为海淀区优秀市民学校，近年来还接待了包括台湾老年社会大学师生在内的 10 多个团体前来参观访问。

1996 年 4 月，街道成立了"老龄互助服务社"。该社从最初的 70 多名，发展到 2010 年有 534 人，平均年龄 70 岁，其中两院院士、教授、局级干部占 60％以上。服务社建立家庭服务档案，定期上门访问，无偿联系、有偿服务。

1998 年，清华园社区服务中心成立。在原有的敬老公寓、老龄大学、老龄互助服务社基础上，增加家政服务、医疗保健服务、殡葬服务、职业介绍服务等。

2000 年 5 月，在同方公司赞助下，清华园社区服务中心建成因特网、应急呼叫系统和热线电话"三网合一"的社区服务网络系统，还免费为 2 000 户 60 岁以上老人家庭安装了应急呼叫系统。同年 8 月，街道投入 20 万元建立"数字家园"局域网，以地理信息系统为支撑，将辖区居民人口、住宅小区管理数据及街道职能科室服务项目与市、区政府主干网及校园网联通，提高了社区管理服务水平。

2001 年，推进社区医疗服务试点工作，在一区 65 号装修了近 80 平方米的社区医疗服务站，并配备了设备和医护人员。当年，为近 200 名残疾人建立康复档案，为近 800 名社区居民开展了医疗检查和咨询服务。

2006 年 9 月，街道建立便民服务大厅，搭建"一站式"综合服务平台。年介绍保姆、小时工 400 多人次，出医疗车 1 300 多人次，为 400 多户家庭提供小维修服务，法律咨询服务 100 多人次，处理师生员工维权案件 60 余起。10 月，"爱心家园"成立。

2007 年 4 月，学校投资 60 多万元扩建殡仪馆。5 月，街道与校团委合作搭建清华学生"敬老助老实践教育基地"，启动"朝夕长相伴，爱心永相连——清华学生服务社区空巢老人"的志愿活动。6 月，街道为 128 户"空巢"老人、86 户"非空巢"80 岁以上的老人家庭及 140 户 70 岁以上有特殊需要的老人家庭共 354 户安装了"一按灵"应急呼叫系统。

2009 年 12 月，清华园街道被确立为"北京市社区服务科技应用示范区"在北京市科委、海淀区科委的支持下，投资 400 万元启动了"清华园社区综合服务平台（二期）工程"建设，在后勤综合服务平台的基础上，打造居民健康服务系统、社区为老服务系统、安全监控指挥系统以及社区服务会员卡系统"四大系统"。

2010 年，街道大力推进社区信息化平台项目建设，不断拓展平台服务项目，涉及 20 多类服务。全年，接待来访客人 3 349 人次，电话接待量 20 万余次；发放一键通电话 3 000 部，覆盖辖区所有 70 岁以上老人家庭。12 月，"清华园社区综合服务平台（二期）工程"通过北京市科委专家验收，该工程集成应用近 20 项先进技术，形成近 10 项实用成果，进一步提升了街道在健康医疗服务、为老服务、安全保障、便民服务等方面的公共服务能力。2010 年 12 月，清华园街道被列为北京市推进社区信息化建设 4 家试点单位之一。

六、集体经济

清华的集体经济是伴随着清华园街道办事处的成立起步的。1980 年创立之初，一方面是清华部分教职员工子女的待业安置需求，另一方面是帮助解决学校的庞大后勤服务，街道办事处在自身经济基础薄弱又无拨款来源的情况下，由学校提供部分场地，开办了各种生产、商业、服务网点。经历几年的发展，这些集体企业通过自身努力逐步发展壮大，做到了以创收养服务，也为以后的发展打下了经济基础，逐步实现了由安置型向服务经营型的转变，取得了一定的社会效益和经济效益。

1997年7月，北京清华正大商贸公司成立，归清华园街道办事处管理，将原有的十几个街道集体企业进行撤并，以帮助残疾人及教职员工子女就业。2002年5月，正大公司与街道办事处脱离，实现政企分家，划归清华大学后勤系统管理。

1980年至1997年街道集体经济发展统计见表20-10-2。

表 20-10-2　1980 年—1997 年街道集体经济发展统计

年份	企业个数	产值（万元）	利润（万元）	年份	企业个数	产值（万元）	利润（万元）
1980				1989	20	796.1	83.1
1981	11	27.0	2.0	1990	17	609.3	77.8
1982	12	84.4	8.1	1991	18	758.0	92.9
1983	13	130.0	14.8	1992	19	914.2	110.5
1984	13	173.6	24.1	1993	19	960.0	100.2
1985	11	196.4	34.9	1994	19	1 128.0	110.0
1986	13	221.5	36.9	1995	19	1 410.0	121.0
1987	20	573.2	80.2	1996	22	1 650.0	135.0
1988	20	711.1	92.0	1997	12	1 840.0	146.0